ラリタヴィスタラの研究

中 巻

外薗幸一著

大東出版社

まえがき

筆者が大乗仏伝経典であるラリタヴィスタラ（大遊戯経）の研究に志したのは、大学院（九州大学）に入学して２年目（当時24歳）の時からであり、現在70歳になったので、実に46年間もこの研究に費やしていることになる。これは言うまでもなく筆者のライフワークである。

平成６年（1994年）に『ラリタヴィスタラの研究　上巻』（大東出版社）を出版し、その研究成果に対して九州大学より「博士（文学）」の学位を授与された。『上巻』に発表したのは、ラリタヴィスタラ全27章のうち、第１章から第14章まででであったので、第15章以下については、筆者の勤務する大学の紀要に発表する形で、少しずつ研究の進捗に取り組んできた。しかし、『上巻』の公刊以来25年が経過しようとするほどの永きにわたって、次巻の刊行が遅延したことについて、筆者が忸怩たる思いを抱いていることは言うまでもない。筆者は、せっかく恵まれた研究環境に置かれていながら、多くの時間を大学行政の役職や学部長、大学院研究科長などの管理職業務に費やした。また、梵語原典を読解する専門的研究よりも、学生に対する講義資料の作成作業にかなりの時間を割かなければならなかった。そのためにライフワークとする研究のほうは遅々として進まず、第27章までの原文校訂と和訳を完了できたのは、定年退職の前年（2017年）であり、筆者の年齢がすでに69歳になった時のことだったのである。

『上巻』の出版に際してご尽力をいただいた大東出版社の担当者も定年退職され、新しい担当者である本間信久氏から、途中までの成果を『中巻』として出版したらどうか、という話をいただいたのは、10年ほど前のことである。そこで、第15章から第21章までを『中巻』として出版することにして、日本学術振興会に「科学研究費補助金（研究成果公開促進費）」を、数年間続けて申請したが、どうしても補助金の認可を得ることができなかった。不認可の理由としての「所見」は「独創性又は先駆性がもう少し高いと良い」というもので、この所見が変更される見込みは極めて薄いと判断され、「決して認可しない」という強い意思のようなものが感じられたので、5年（5回）ほど申請したところで補助金獲得を諦めることにした。幸いにも勤務大学から支給された退職金があったので、妻と相談して「自費出版」という形をとることにした。出版費用は決して安くはないが、ライフワークを世に残すことは研究者としての責務であり、指導していただいた諸先生や諸先輩、同学諸氏の恩顧に報いる唯一の方法だと思うものである。

研究自体はすでに全27章について完了しているので、今回の『中巻』に引き続いて、残りの第22~27章を『下巻』として出版する予定である。この作業は一年以内で完了させるつもりであり、すでにその準備にかかっているところである。

2018年12月7日

外薗　幸一　しるす

目　次

まえがき

第一部　論文

仏伝文学と大乗仏教(総論) …… 3
第1節　大乗仏教の源流 …… 3
第2節　大乗仏教の展開 …… 12
第3節　原始大乗について …… 23
第4節　大乗経典の成立 …… 26
第5節　仏伝文学と大乗思想 …… 29

第二部　本文校訂

CHAPTER 15　Abhiniṣkramaṇa-parivartaḥ(出家品) …… 40
CHAPTER 16　Bimbisārôpasaṃkramaṇa-parivartaḥ (ビンビサーラ来詣品) …… 158
CHAPTER 17　Duṣkaracaryā-parivartaḥ(苦行品) …… 176
CHAPTER 18　Nairañjanā-parivartaḥ(ナイランジャナー[河]品) …… 226
CHAPTER 19　Bodhimaṇḍôpagamana-parivartaḥ(菩提道場往詣品) …… 254
CHAPTER 20　Bodhimaṇḍavyūha-parivartaḥ(菩提道場荘厳品) …… 302
CHAPTER 21　Māradharṣaṇa-parivartaḥ(降魔品) …… 328

第三部　和訳

第一部

論文

仏伝文学と大乗仏教（総論）[1]

第１節　大乗仏教の源流

仏教の中に大乗と呼ばれる思想・信仰が、どのようにして起こってきたのか。それを明らかにすることは学術的に重要であり、仏教の思想史のみならず、仏教思想の特徴や本質を解明するためにも必須の課題である。しかしながら、それを十分に解明するのは決して容易ではない。概略的には、大乗仏教とは「初期仏教以来の出家中心的な伝統に異議を唱え、在家も含めた全信者の救済を志向して起こった仏教革新運動の潮流」であり、「より広い信仰基盤を求めて仏教を拡大しようとした運動」であった、と言えるであろう。それはあくまでも、仏教内部の革新運動・潮流であり、従来とは別の開祖を立てたり、独立した組織・僧団を形成したりする特定宗派だったのではない[2]。しかも、同じく大乗を標榜する多くの経典の間でも、それぞれの核心をなす思想・主張には大きな相違点が見られる。その点においても大乗仏教は、多くの思想が支流となり、それらが集合して一つの大きな河を構成している仏教内部の一大潮流である。しかし、それだけに

1　筆者はかつて「仏伝文学と大乗仏教」という一論稿を発表した。『私学研修』第141号（財団法人「私学研修福祉会」、1996）に投稿したものであるが、その後の学界動向や研究の進展を踏まえると、かなりの増補改編が必要な状況にある。本稿は、そのような状況を踏まえて、先に発表した論考を書き直したものである。

2　「大乗仏教は、発生場所も、その創始者も確定することができない。そもそも大乗仏教というものを単一の宗教思想としてとらえること自体、無理がある。大乗仏教には膨大な数の経典が存在しているが、それらは大乗仏教という一つの思想を多くの人たちがそれぞれの立場から語った、というようなものではない。むしろ、もともと別個に存在していた複数の集団が、それぞれの立場から新しいスタイルの仏教を創作し、独自の経典を作成し、それが時代とともに融合し、からみ合いながら全体として大乗という大きな潮流を形成していったと見る方が合理的である。大乗とは、複数の源泉から同時並行的に発生してきた一種の社会現象と見るべき新たな仏教運動なのである」。佐々木閑「大乗仏教起源論の展望」（シリーズ大乗仏教１『大乗仏教とは何か』第三章、春秋社、2011年）76頁。

大乗仏教を短い言葉で定義することは不可能である[3]。「大乗仏教の成立」は学界永遠の課題であろう、と言われるのも[4]、そのような事情による。

「大乗」（Mahāyāna；摩訶衍（まかえん））という言葉は「大きな乗り物」を意味するが、これは、従来の部派仏教を、大衆救済の理念を欠く「小さな乗り物（小乗）」であるとして批判する意識のもとに用いられたのであり、仏教の中に起こった革新的な信仰運動が自らを「大きな乗り物」と自負する言葉として成立した[5]。「小乗」はHīnayānaの訳語であるが、この場合のHīna（ヒーナ）は「捨てられた」という意味を原意とし、Hīnayānaとは大乗教徒が伝統的・保守的な部派仏教を卑しめて、そのように呼んだのである[6]。それ故、いわゆる大乗仏教の中には、従来の仏教に対立する多くの思想や理念や信仰が内包されている。

「大乗」を、全く普通の意味で「大きな乗り物」と見るならば、その言葉自体はすでに「阿含部の本文に」現れている[7]。また、ジャイナ教の聖典の中にも、大乗に当たる言葉Mahājānaが登場するという[8]。これらは「大乗」という言葉が全くの新造語ではなく、一般的に使用されるものであったことを示す証拠であるが、これが「小乗仏教と大乗仏教」というような文脈の中で用いられる場合には、その「大乗」[9]という言葉の中に様々の特

3　「大乗なる概念は、諸研究全体をすくい取る仮設的概念として理解する必要がある」。それは「方広（あるいは方等）、菩薩、仏、六波羅蜜など種々の概念を対象とする『包括的な解釈の枠組み』として理解しておくのがよい」。下田正弘「経典研究の展開からみた大乗仏教」（シリーズ大乗仏教１『大乗仏教とは何か』第二章、同上書）64頁参照。

4　金岡秀友『大乗仏教　―その行動と思想―』（評論社、昭和50年）222頁。

5　「小乗」という言葉は、「大乗」を意識する人々が伝統的仏教に対する蔑称として用いた造語であり、自ら「小乗」を標榜する教団や、「小乗仏教徒」を自称する人々が存在するわけではない。

6　「部派仏教の教理の特徴は、出家主義という点である。出家して比丘となり、戒律をきびしく守って修行する。在家と出家の区別をきびしくし、出家を前提として教理や修行形態を組織している。つぎにこれは、隠遁的な僧院仏教である。彼らは僧院の奥深くかくれて、禁欲生活をなし、学問と修行に専心する。故に街頭の仏教ではない。他人の救済よりも、まず自己の修行の完成をめざす仏教である。そのために大乗教徒から『小乗』（Hīnayāna）と呼ばれて、卑しめられた」（平川章『インド仏教史』上巻、春秋社、1974年、144頁）。

7　宮城信雅「大乗仏教興起の一面観」（『宗教研究』第３年第９号、大正７年）2頁。

8　『中村元選集12〈原始仏教の成立〉』（春秋社、昭和44年）149頁。

9　大乗仏教運動のなかで成立した経典（大乗経典）の名称については、当初から「大

色ある思想や理念が含まれることを念頭に置かねばならない。

大乗仏教とは一体どのような内容を含む新興仏教運動であったのか。従来の部派仏教を「小乗」と貶（けな）したのであるから、何よりも「大衆の救済」を前面に押し出した運動であったことは言うまでもないが、そのような傾向を生み出し、あるいはそれに拍車をかけた契機は何であったのか。すなわち「大乗仏教の源流」は何か。近年の有力な学説[10]を基底にして、諸説の概略をまとめれば、次のように整理することができる。

（1）部派仏教からの発展

大乗仏教が従来の部派仏教を小乗として批判するものであったにしても、その思想的根幹において多くのものを部派仏教から継承したであろうことは容易に推定し得る。しかし、その場合でも、部派仏教の内部から批判の声があがったのか、それとも、部派の外にいる人々が伝統的仏教の改革をもくろんで大乗運動を起こしたのか、については議論の分かれるところである。「明治期以降の仏教学で、最初に主張されたのは前者であった」[11]。つまり、部派仏教が源泉となって、その内部から大乗仏教が発生してきたとする主張が、最初に認められた学説であった。根本分裂によって発生した上座部と大衆部とのうち、「特に大衆部の方から大乗仏教が現れてきたという伝説を記した文献」[12]の存在が、その学説の有力な根拠となっていた。しかし、上座部も大衆部も枝末分裂によってさらに多くの部派に分かれたのであるが、二十部にも達するそれらの諸部派と大乗仏教との関係になると、どの部派が大乗仏教と緊密な関係にあるのか、具体的なことは分かっていない。ただ、大衆部系の部派のほうが、上座部系の部派

乗」であったのではなく、最初は「遺曰」「惟曰」（vevulla あるいは veulla の音写）が用いられ、次に「方等」（vaitulya の訳）が、その後に「方広」（vaipulya の訳）等の呼称が用いられ、「さらに大乗という言葉がポピュラーになった時、『大乗経』と改名された」という。辛島静志「大衆部と大乗」（『印度学仏教学研究』66-1〔405~411頁〕）参照。

10　平川彰『インド仏教史　上巻』（春秋社、1974年）331~352頁。

11　佐々木閑「大乗仏教起源論の展望」（上掲書）77頁参照。

12　同上参照。

よりは大乗仏教への親近性が強いと考えられる。しかし、上座部系の部派もまた大乗仏教と強い関係を有し、その思想に多くの養分を提供しているのであるから、「大衆部が発展して大乗仏教になった」というような単純な図式で考えることはできない、とされる。[13]

(2) 仏伝文学、「讃仏乗」のながれ

仏陀の所行を讃美し、文学的興趣(きょうしゅ)をもって物語る人々が「讃仏乗(さんぶつじょう)」と呼ばれる流れを形成したが、その中でも特に仏陀の伝記を中心として物語るものを「仏伝文学」[14]と称する。これは、仏陀に対する尊崇の念の高まりと並行しており、やがて「釈尊が仏陀となるに至った過程」「仏陀となるための修行に対する反省」「仏陀たるの特質」などに関する考察と結びつき、様々な仏陀観や仏身論に展開する。そのような仏陀観や仏身論は、「精進努力してついに仏果を得た修行完成者」という仏陀のイメージから、「衆生済度のために慈悲を行ずる救済者」というイメージへの転換を促した。釈尊の成仏を理想化する傾向は、「長期間にわたる輪廻のなかで菩薩として積んだ善業を賛美する前生談」、つまりジャータカ（本生談）に始まるが、やがて、自利的修行をする菩薩よりも利他的修行をする菩薩の姿がクローズアップされ、菩薩であってすでに救済者として活動する者が、成仏するやさらに「仏国土」（浄土）という「衆生済度のための理想郷」を造るという神話的思想が生み出された。大衆救済を唱道する大乗仏教においては、菩薩も仏陀も救済者として描かれることになるが、その展開は、ジャータカに始まり、仏伝文学を経て、大乗神話たる讃仏文学へと続く流

13　しかし、この問題についての最近年の研究によれば「大乗経典は大衆部が生み出したものであり、上座部・有部は当初大乗経典を受け入れなかった」と推定されている。辛島静志「大衆部と大乗」（上掲論文）406頁参照。

14　仏伝とは「仏陀の伝記」の意味であるが、「これは近代の学者の造語である」（平川彰『初期大乗仏教の研究Ⅰ（平川彰著作集第三巻）』、春秋社、1989年、263頁）。この語彙（「仏伝文学」）は「新造語で、どの仏教辞典にも採録されていない」が、「山田龍城著『梵語仏典の諸文献　―大乗仏教成立論序説　資料編』（平楽寺書店、1959年）あたりが、その市民権を得た始まりか」（平井宥慶校註「太子瑞雄本起経」、『新国訳大蔵経　太子瑞雄本起経・仏所行讃（本縁部１）』、大蔵出版、2002年、21頁参照）。

れと並行している。その流れのなかでは、特に「衆生の仏陀に対する浄信」と「仏陀の衆生に対する慈悲の問題」とに焦点が当てられ、それはそのまま「大乗仏教における大衆救済の理論」へと展開することになる。

(3) 仏塔信仰

仏塔は釈尊入滅後、その舎利（しゃり）を分けて供養したことに由来するが、それはもともと仏教的な風習ではなく、インド古来の信仰に根ざしたものであった。そこでは在家者による仏陀崇拝がインドの伝統的な祈りの精神と結びついていたのである。仏教は本来「出家中心の宗教」であったが、仏塔の周りには敬虔な祈りによって救いを求める多くの在家信者が存在した。大乗仏教は、これら在家者と結びつき、「在家重視の仏教」という側面を強く帯びるのであるが、それは戒律や教義を重視する部派仏教に対して、仏陀の救済力（慈悲）に頼る新たな教義や思想を必要とした。「仏塔」はそれら新たな教法の生まれる宗教的場所のひとつであったとも考えられる。

大乗仏教の起源としての仏塔を強調する立場は、従来の「大衆部起源説」を否定して、部派仏教の外側で起こった改革運動とみる学説として提唱された。つまり、仏塔を拠点とする在家者たちが、「出家しなくても修行することが可能だ」と考え、「その修行の結果は、従来の僧団出家者たちよりも一層すぐれたものであり、小乗の出家者の最終到達目標である阿羅漢を越えた存在、つまり仏陀にまで行き着くことができると考えた」。彼らは仏塔に集まり、「自分たちの考えを練り上げ、そしてシャカムニ直説という建て前のもと、様々な大乗経典を創作していった」というのである。このような学説は、その提唱者である平川彰の名をとって、一般に「平川説」と呼ばれる。この平川説に従うならば、「大乗仏教は、それ以前の小乗仏教とは断絶した場所で新規に創り出された在家者の仏教ということになる」が、この平川説は、1968年以降30年以上にわたって強力な定説として学界に支持されてきた[15]。

しかし、近年、平川説に対する批判が多方面から出されている[16]。それらの批判は、従来の部派仏教と大乗仏教との間を截然と分離することができない、とする観点からのものが殆どである。つまり、大乗仏教の起源に釈尊以来の伝統的仏教があるという学説が、平川説に反対する立場から復活してきたのである。しかしながら、この新しい動向は、平川説を否定してかつての「大衆部起源説」に戻ろうとするようなものではない。それはむしろ、平川説をある意味で継承しながら、その中に「訂正の必要性が見いだされてきたという流れ」である。すなわち、「大乗を大衆部の枝の先に位置づけるといった単純な構図」で理解するのではなく、「小乗仏教という長い伝統を持つ固定化した世界から、なぜ大乗のような革新的宗教運動が広く同時発生してきたのか」[17]という難解な疑問の解明に対して、多くの学者が多方面からアプローチしようとしているのである。

しかし、現在のところ、大乗仏教を一つの起源に収束させることはできない状況にある。それというもの、大乗仏教運動は「単一の起源から発生

15　佐々木閑「大乗仏教起源論の展望」（上掲書）78~79頁参照。

16　平川彰『初期大乗仏教の研究』（春秋社、昭和43年）が、大乗仏教の起源として「在家者集団」を重視していることに対して、近年、強い批判を提起する学者が少なくない。それは、平川説が拠りどころとした「大乗の教団と部派教団との異質性」「仏塔を根拠とした在家仏教の存立可能性」「律の規定から出家者は仏塔供養に関与しなかったはず」というような論拠に対する反論として提起されている。例えば佐々木閑「大乗仏教在家起源説の問題点」（佐々木閑『インド仏教変移論』、大蔵出版、2000年、307~334頁参照）は、平川説の四つの根拠のいずれもが不十分なものであることを論証し、「大乗仏教は部派僧団の中の一部の比丘とそれを支持する在家菩薩たちによって展開したと考えても矛盾はない」（333頁）と結論している。下田正弘『涅槃経の研究　―大乗経典の研究方法試論』（春秋社、1997年、10頁以下）には、これらの批判についての総括的論述が見られるが、それによれば、平川説とそれに「全面的に与し」た静谷正雄の『初期大乗仏教の成立過程』（百華苑、昭和49年）との「二つの仕事によって、仏塔を基盤とした在家者の集団から、徐々に法師として結実するに至る仏教専門家が生まれ、部派に対抗する新しい仏教が生み出され、それが大乗と名乗るに至る、との大筋が立てられる。わが国において今世紀の初めから支持され続けてきた大衆部起源説は、ここに至って、在家・仏塔起源説にその定説の座を譲らざるをえないことになる」（11~12頁）と述べられているが、この「在家・仏塔起源説」が、佐々木閑や下田正弘をはじめとする多くの学者から批判の対象とされている「平川説」である。

17　佐々木閑「大乗仏教起源論の展望」（上掲書）80頁参照。

したものではなく、同時発生的な一種の社会現象として現れてきたもの」[18]と考えられるからである。つまり、「大乗は多元的に発生した」のであり、「大乗の起源を単一のグループや単一の部派に求めることは不合理」[19]なのである。この点において実は、平川説は決して誤っているとは言えない[20]。平川説に対する反論は、大乗仏教の起源を「在家仏教信者の集団だ」とする点を否定するものであって、「大乗が仏塔信仰から始まったという説の方は、いまも否定されてはいない」のであり、「大乗の成立に関しては、今後も仏塔信仰との関連性を十分考慮しつつ、研究を進めていく必要がある」[21]。

以上のように、大乗仏教には大きく三つの源流があると考えられるのであるが、それらはあくまでも源流であって、構成要素ではない。すなわち三つを寄せ集めたものが大乗仏教であるというのではなく、むしろこれらを否定し克服することによって大乗仏教は成立したのである[22]。そこには絶えざる思想的格闘があった。格闘による止揚（しよう）の連続によって大乗仏教は次第に深まってきたのであるが、もしそこに何か一貫した理念があるとすれば、それは「一切衆生の救済」ということであり、それに向かって理論

18　同上、81頁参照。
19　同上、84頁参照。
20　平川説を「大乗仏教の起源を仏塔信仰のみに求める立場」と見なすならば、その立場は確かに正鵠を得たものとは言えないであろう。しかし、個々の論拠の不十分さや誤解を捨象して、大局的に「大乗仏教の思想的淵源」を考察する場合、「仏塔信仰が大乗運動に多大な思想的エネルギーを与えたこと」自体は否定できない。この点について、平川彰『初期大乗仏教の研究』に「仏塔信仰が大乗仏教の有力な源流の一つであることは、若干明らかにし得た」（「はしがき」3頁）、「大乗仏教の源流は唯一つであったときめる必要はない」（780頁）などと記されている点を無視すべきではない。仏塔信仰・仏塔崇拝を「大乗仏教の源流のひとつ」と見なすことは、恐らく間違いではないと思われるからである。
21　佐々木閑「大乗仏教起源論の展望」（上掲書）88~89頁参照。
22　例えば、下田正弘『涅槃経の研究』（同上書）には「仏塔の位置づけに関してわが国の学界は、在家や大乗仏教に引き寄せすぎているために、処々に無理な立論や解釈が認められる」（91頁）、「大乗経典の特色は、けっして仏塔を扱うという材料の新しさにあるのではなく、むしろそうした仏塔信仰を否定して、新たな経典や教理へと昇華させた点に存することを認めざるを得なくなる」（135頁）、「『法華経』に限らず、ほんらいの初期大乗仏教では、部派と同様に仏塔信仰を背景としつつも、それを変更し、場合によってはさらに否定することに経典製作の意図が注がれたことは重要な点として改めて理解しておくべきである」（145頁）などと述べられている。

は更新されてきたと言えるであろう。その意味で大乗仏教運動を「常に仏陀の精神を汲み、仏陀が出現し活動せられた意趣は、全く一切衆生救済にあり、衆生救済の究極目標は衆生を成仏せしめるにあったとし、かかる大慈悲の仏陀を絶対尊信し、その悲願に従って救済され成仏せしめられようとの念願を持ち、それに適わしい行動をする仏教徒の運動」[23]と定義する考え方は妥当なものであるが、その運動は、決して、最初から最後まで同一内容の思想信仰に基づくものだったのではない。その内容の進化発展に伴って様々の大乗経典が作成されたのであり[24]、また、それら大乗経典に先行するものとしての本生談（ほんしょうだん）や仏伝文学にも思想的展開の跡をうかがうことができる。

(4) 大乗仏伝としての『ラリタヴィスタラ』について

「仏伝」とは「仏陀の伝記文学」の略称であり、仏教の開祖釈尊の生涯を物語る一類の文学作品を指す。仏伝と呼ばれるものには、梵語原典が残っているもの、漢訳にのみ残っているもの、チベット語訳として残っているものなどがあって、決して少なくはないが、それぞれがみな同じ内容のものとなっているわけではない。なぜなら、「仏陀釈尊に対する見方」(仏陀観) というものが、時代が移るにつれて変わっていくから、釈尊の生涯に起こった出来事に対して人々が抱くイメージが変化して、ある出来事は無視されるようになったり、他の出来事は極端に誇張されたりする、ということが起こるからである。

古い仏伝においては、釈尊は、歴史的実在の人物として、普通の人と同じような悩みを抱え、一般の修行者と同じような苦行に従事したものと考

23　宮本正尊編『仏教の根本真理』(三省堂、昭和32年) 226頁。

24 「大乗経典は、民衆の間で愛好された仏教説話に準拠し、あるいは仏伝に取材し、戯曲的構想をとり入れながら、その奥に深い思想的意義を寓せしめた宗教的文学作品である」(前田惠学『仏教要説　―インドと中国―』、山喜房仏書林、昭和43年、54頁)。また、「大乗経典は、これらの出家のぼさつたちの仏教的学殖と文学的才能とが、当初から仏塔を中心に団結していた在家のぼさつ団の思想的基盤・経済的実力に結びついて初めて完成されたものであろう」(紀野一義『法華経の探求』〈サーラ叢書14〉、平楽寺書店、1962年、60頁)。

えられているが、後代になればなるほど、釈尊の人間くさい面は消えていって、永遠の救済者として全知全能の能力を持つものと考えられるようになってくる。

やがて、「釈尊は自分の苦悩を解決するために生まれてきたのではなく、最初から衆生済度を本願として生まれてきた」とか、「釈尊はすでに遠い昔の前生において成仏しており、何度も生まれ変わっては衆生済度に働いているのであるから、釈尊がこの世で示す出来事は、誕生も苦行[25]も成道も入滅も、すべて衆生済度の方便として示されたものにすぎない」というような考え方が確立してくる。そして、これが「衆生済度」を第一義とする大乗仏教の精神と呼応するものであったことは言うまでもない。ここに至って、釈尊は「永遠不滅の真理であり、絶対的救済者であるもの」（法身）が人の姿を借りて現れた「化身仏」である、とされるようになる。

ラリタヴィスタラは、以上のような大乗的精神に満ちた仏伝の典型的なものである。ラリタヴィスタラ（Lalita-Vistara）の「ラリタ」とは「遊戯」の意味であり、「ヴィスタラ」とは「広大なる」の意味である。それ故、ラリタヴィスタラとは、仏陀の生涯を「永遠なる救済者たる菩薩が、無限なる慈悲と広大なる威神力とによって、自由自在に衆生を済度する働き」として捉える観点から書かれた仏伝であり、仏伝文学と大乗思想との橋渡しをする位置にある経典である。

それ故、ラリタヴィスタラには、釈尊の行動を「衆生済度の方便」として説明する傾向が強い。例えば、有名な「四門出遊」の伝説について、ラリタヴィスタラには、一般の仏伝とは異なり、重大な内容変更が認められる。この伝説は、釈尊が出家する以前に、カピラ城の郊外の園林に遊観し

25　上座部系の一大部派である根本説一切有部の『毘奈耶破僧事』に説かれるところによれば、往昔、迦攝［かしょう］如来に対して、「正覚［しょうがく］）の名を得たらんには、要［かなら］ず須［すべか］らく苦行すべきに、彼は勤苦［ごんく］せざれば如何［いかん］ぞ能［よ］く正覚を得ん」と謗［そし］ったので六年受苦を行ずるに至った、という（『大正大蔵経』第二十四巻、156~158頁；『国訳一切経』律部二十四、210~215頁参照）。苦行を「悪業の報い」とする上座部系の思想と、「衆生済度の方便」とする大乗の思想とは、全く異なる仏陀観を背景とするものである。

ようとして、順次、東・南・西の城門より出て行った時、それぞれ老人・病人・死人を見たことによって、人間の生存が老病死の苦悩に満ちていることを自覚し、最後に北門から出遊した時に出家者を見て苦悩を脱却しうる希望を抱き、自ら出家することを決意した、という内容のものである。すなわち、釈尊出家の動機を説明するために仏伝作者たちが考案した巧妙なドラマとして有名な伝説であるが、これは、釈尊の心に凡人と異ならない苦悩があったと見なす視点に立っている。しかるに、ラリタヴィスタラにおいては、すでに釈尊は「自在に衆生を済度する絶対的救済者」としてイメージされているから、たとえ出家以前であるとしても、老病死の現実を知らない者としては描き得ない。そこでラリタヴィスタラは、この伝説を極めて簡略に記しながら、「釈尊は知ってはいたが、（故意に）老・病・死・出家者について（御者に）質問した」と断っている（第14章参照）。またここでは、老人・病人・死人・出家者等は「菩薩自身の威神力によって、（浄居天の）天神たちによって化現されたもの」として描かれている。

このように、ラリタヴィスタラにおいては、苦悩する人間としての釈尊の姿は消えて、救済者たる釈尊の姿がクローズアップされるのであるが、この傾向があまりにも極端になれば、もはや伝記文学としての仏伝は成り立ち得ない。なぜなら、永遠なる救済者にとって、この世における生涯の出来事は、無限なる救済活動のひとこまにすぎず、また、個人としての人間的言動を特殊な出来事として物語ることは、超越的・絶対的な救済者という仏陀のイメージを損なうものとなってしまうからである。

それ故、大乗思想が進展すればするほど、仏伝文学の意義は失われていく。その観点に立てば、ラリタヴィスタラの内容は、仏伝文学が仏伝としての意義を保ちうる最後の段階を示している、とも言えるであろう。

第２節　大乗仏教の展開

ところで、上記三つの源流に基づく大乗仏教の進展を、大きな枠組みの中でとらえるとすれば、そこには二つの重要なモメント（契機）があると思われる。一つは「仏教自身の思想的展開」であり、もう一つは「インド古来の民衆的信仰」である。

まず、第一のモメントについて、論述する。

「出家の宗教」であった仏教は、僧院宗教として在家との懸隔を次第に増大する傾向にあったが、それはやがて、修行を自己満足的なものとなし、大いなる理念や活力を喪失せしめ、また支持基盤の弱体化を招くなど、衆生救済を本務とする宗教としてのエネルギ－を減退せしめる方向に向かった。このような傾向は仏教内部において反省されるべき事柄であった。

かくして、スコラ的（煩瑣）な学問と術語の詮索とに明け暮れるアビダルマ的僧院仏教の在り方に不満を持つ人々は、釈尊自身の悟りを自らの禅定体験や瞑想の中に追体験しようと努力し、「仏陀とは何か」「悟りの真実とは何か」ということを純粋な直観によって捉えようとした[26]。そして、仏陀の本質・悟りの真実が「衆生救済」にあり「慈悲」にあることを洞察することによって、部派的僧院仏教（小乗）を越えるものとしての大乗的思想・理念・信仰が起こってきた。それ故、仏教内部の大乗的動向は「僧院宗教的在り方に対する反省」と「禅定瞑想に基づく修行」とに促されたものと言えるのであるが、そのような動向を準備したものが、ジャータカやアヴァダーナ等の「前生談文学」、および「仏伝文学」であった[27]。

これらの文学は、その内容のおもしろさや平易さを理由として、在家の民衆に説かれることが多かったし、仏塔に刻まれる彫刻の題材となり、あるいは仏塔参拝者に対して物語られるものでもあったので、仏塔信仰との

26 「最近、平川説の仏塔に代わって、アランヤを大乗発生の中心地と考える説が流布している。アランヤとは、本来『森林』を意味するインド語であるが、仏教では『町や村からある程度離れた、人気のない郊外の地』を意味するようになった」「最近のある説では、その『アランヤに住んで独自の生活を送る修行者』が『独自の思想を展開し』、その結果として大乗を生み出したと言うのである」（佐々木閑「大乗仏教起源論の展望」、上掲書、89頁）。

27 「仏伝文学、ジャータカ、アヴァダーナ等の間に明確な区別はつけ難いが、これらの説話文学の作者たちが、大乗思想の興起に何らかの役割を果たしたことを推定してよいであろう」（平川彰、上掲書、341頁）。

関係も緊密であったが、他方では、釈尊の悟りや修行に関する考察、菩薩による利他行の考察などを推進することによって、上述の「仏教内部の大乗的動向」と結びついたのである[28]。

荒牧典俊の指摘するところによれば[29]、「本生・仏伝物語文学」から大乗仏教へと連なる流れとして、「聴聞効果」に基づく宗教体験という側面があるという。すなわち「本生・仏伝物語文学を物語ることによって本生菩薩・釈迦菩薩などのヒーローたちと共同体的存在になるという『聴聞効果』が、さらに讃菩薩讃仏文学を礼賛して三昧のエクスタシーにおいて諸仏に見（まみ）え『不退転』を体得するところまで深まっていく」のであり、そこから「大乗経典文学が展開していく」という[30]。大乗経典には仏教内部に生じた新しい宗教体験にもとづく思想や理念が表現されているのであり、そのような宗教体験の始まりは、本生談や仏伝文学を聴聞する人々の間に起こった、と考えることができる[31]。

次に、もう一つのモメントとしての「インド古来の民衆的信仰（ヒンドゥー的信仰）」について、論述する。

大乗仏教の中には、ヒンドゥー的なものと共通する発想や考え方がしばしば認められる。例えば、ヴェーダ聖典を「天啓（てんけい）」と見なすインド古来の

28 「大乗仏教は、釈尊の本意を求める民衆、大衆伝道に志すバーナカたち、さらには出家サンガの外に出て釈尊の悟りを追体験しようと激しい禅定を修行した人びと、そういう人びとの願いが結集されて成立してきた」と言える。「バーナカたち」とは「文学的・芸術的表現に巧みな語部（かたりべ）たち」であって、前生談文学や仏伝文学も彼らによって作られ、物語られたと考えられ、やがて大乗経典を宣揚する者として「ダルマ・バーナカ」（法師）と呼ばれる人々が登場するようになる（竹村牧男『大乗仏教入門』、佼成出版社、昭和61年、33頁参照）。

　なお、渡辺章悟「説法師（dharmabhāṇaka）考」（『印度学仏教学研究』66-1〔398~404頁〕）には「大乗では説法師は善男子・菩薩とされることもある。さらに菩薩にも善男子にも、出家・在家の区別はない。菩薩の説法師も聞法者も互いに『善男子』と呼びあい、この語に上下の差別がないのである。このような説法師が大乗仏教の中核を担い、あらたに大乗経典の創作をになった可能性も否定できない」と述べられている（398頁参照）。

29 荒牧典俊「十地思想の成立と展開」（『講座・大乗仏教３』所収、春秋社、昭和58年）87頁以下参照。

30 同上論文、92頁参照。

31 ただし、人々を一種のエクスタシーに導く「聴聞効果」の宗教体験は「遠くリグ・ヴェーダ以来の言葉の霊力」を信じるヒンドゥー的傾向に由来する。同上論文、107頁参照。

信仰は、大乗経典を作り出した人々の発想に影響を与えていると思われる。大乗運動が興ったのは年代的には西暦紀元前後の頃と考えられているので、大乗経典と呼ばれるものが登場するのも釈尊入滅後四、五百年を経てからのことであるが[32]、禅定瞑想の体験によって仏陀の心に共感しようとした神秘主義的傾向の強い大乗的思想家たちにとって、彼らの説く言葉はいわば一種の「霊感」を通じて現われる「仏陀自身の言葉」であった。彼らは時間の隔たりを越えて仏陀の教えを直接聞くのであり、したがってそれは「仏説」なのである。釈尊の金口直説でないことを自らよく知っていた大乗経典の作者たちは、「仏陀の加護を受けて真実が説かれるならば、それは、仏説である」と主張して、古来の聖典（阿含）を継承する部派仏教に対抗した。このような神秘主義的傾向は般若経において特に顕著である[33]。

また、大衆の救済を本義とする大乗仏教においては、「難解な教義を理解する智慧」や「解脱のための厳しい修行」による「超俗的救済」（エリート的救済）よりも、「一途な信仰」による「易行的救済」（庶民的救済）の論理が求められたが、それはヒンドゥー教におけるバクティ信仰（誠信；信愛）の影響を受けている。バクティはバガヴァッド・ギーターにおいてクリシュナ神に対して捧げられるべきものとして説かれており、「たとい極悪の人なりとも、他意なき誠信に満ち、われを敬愛するとせば、彼は実に善人なりと考えらるべきなり」[34]というクリシュナの言葉にあるように、悪者をも救済する力のあるものとして庶民に希望を与えるものであったが、このような発想こそ大乗仏教の大衆救済の理念に不可欠のものであっ

32 「前一世紀から後三世紀ごろまでの間に、般若経をはじめ維摩経・法華経・阿弥陀経・十地経等の初期の大乗経典があらわれた」。山口益他著『仏教学序説』（平楽寺書店、1961年）360頁参照。
33 『大智度論』や般若経においては、仏法の名に値するものは「必ずしも歴史上のゴータマ・ブッダの直接の説法であることを要しない。仏・如来の加護力によって耳識に達したものは、そのまま釈尊の説法であるということにもなる。また説かれたことが真実ならば、それは釈尊が説かれたこととなるとする」。坂部明「般若経の仏陀観」（『玉城康四郎博士還暦記念論集』、春秋社、昭和52年、117~134頁）120頁以下参照。
34 辻直四郎『バガヴァッド・ギーター』（講談社、昭和59年）第九章第30偈。

た[35]。

「南無阿弥陀仏」の称名念仏によって「悪人もまた極楽浄土に往生できる」とする浄土思想は、「浄信」（Prasāda）を重視するものであり、これがヒンドゥー教のBhaktiとよく似たものであることは言うまでもない[36]。中村元によれば「極楽浄土の観念」にはヒンドゥー教の影響が多々認められる[37]。総体的に見て、極楽浄土がインド古来の「天国」の観念を承けていることは間違いなく、経典に登場する「ナーラーヤナという神名」や「ローケーシュヴァラという仏名」等がヴィシュヌ神やシヴァ神の呼称と連絡し、あるいはまた、極楽浄土の菩提樹を飾る図形（Makara[38], Svastika[39], Nandy-āvarta[40]等）も、ヒンドゥーの民間信仰を承けたもので

35　杉本卓洲は「Yakṣaと菩薩」（『金沢大学文学部論集　行動科学科篇』第３号別冊所収、昭和58年、79~108頁）という論文において、Divyâvadāna所載の物語（仏像崇拝の問題をめぐるもの）を紹介しているが、その中で「Māraの犯した罪も仏へのBhaktiやPrasādaによって浄化されることが極言され、この点はBhagavad Gītāに見られるBhaktiによる悪者救済の倫理観とパラレルな内容をもつものとして注目に値する」（99頁）と述べている。大乗の菩薩は「一般民衆の祈願に応える存在」として、YakṣaやNāgaと同様なBhakti崇拝の対象となったと考えられている。
　ただし、辻直四郎『バガヴァッド・ギーター』（333頁）には「バガヴァッド・ギーターにおける仏教の影響に関し、明確な証拠を挙げて論定することは容易でない。共に古代インド思想界の伝統を背景としている以上、仏典とバガヴァッド・ギーターとの間に、類似する語句・比喩・思想が、散在することはあえて怪しむに足りない。しかし語句の類似から広汎な結論を導きだすことも危険である」と記されている。

36　ただし、「仏教徒はバクティの観念を早くから知っていた」のであるが「浄土教はバクティを説かなかった」。すなわち、「インド一般にBhaktiを説いた代表的典籍は『バガヴァッド・ギーター』であるが、それに対応する教えを浄土経典の中に見出し得ない」のであり、それ故、原始浄土教は、日本で伝統的に見られる「弥陀一仏」に対する信仰の絶対性を説くような「排他的」なものではなく、「他の種類の信仰をも許容するものである」とされる。中村元『東西文化の交流』（『中村元選集』第９巻）157~160頁参照。

37　中村元、同上書、138~156頁。

38　神話上の水生動物で、漢訳仏典では摩竭魚［まかつぎょ］、摩伽羅、摩訶羅などと音写される。人びとに親しまれた架空の海獣で、塔門・台座・髪飾り・耳輪などの装飾的図形として用いられた。中村元編著『図説佛教語大辞典』（東京書籍、昭和63年）638頁参照。

39　svastikaは卍字（左旋または左万字）の形を指すが、二本のカギ型の組合せが逆になった形（卍を裏返した形：右旋・右万字）はśrīvatsaと呼ばれる。svastikaとśrīvatsaはしばしば混同されるが、ナチスが用いたのはśrīvatsaの形である。ヴィシュヌ神（クリシュナ神）の胸の旋毛に起源を持ち、瑞兆の相を表したが、仏教・ジャイナ教では仏陀・ジナの胸・手・足・頭髪に現われた吉祥の印の表象となった。中村元『佛教語大辞典』（同上書）1288頁参照。

40　nandiはヴィシュヌ神（クリシュナ神）を指し、āvartaは「旋回」の義であるから、もとはヴィシュヌの毛髪の旋回せるを意味するものとされる。śrīvatsaの形の四つの

ある。浄土経典は「ヒンドゥー教のプラーナ聖典の叙述に類似している」とも言われ、「弥陀三尊」に関しては、ヒンドゥー教における「三神一体」の観念との類似性が示唆され、阿弥陀仏の脇侍（わきじ）[41]たる観世音菩薩と大勢至菩薩[42]は、シヴァ神とヴィシュヌ神に相当するものとされている。いずれにしても、浄土思想には多くのヒンドゥー的信仰の影を認めることができるのであるが、このような傾向が顕著になってきたのは、大乗仏教の在家性と深い関係がある。在家民衆にとって救済の眼目は解脱にあるよりも、むしろ「生天（しょうてん）」（天界に再生すること）にあり、それが容易に実現することこそが望まれた。このような大衆の心情に適合し、しかも単なる天界ならざる「仏国土」（輪廻の中に位置づけられない天国）として「極楽浄土」が考案されたものと考えられるのである[43]。

先端がさらに右回りに折れ込んで二周した渦巻き四つが繋がった四角形になっている。『望月佛教大辞典〈増訂版〉』4756頁参照。

41 「脇士［きょうじ］」（脇に立つ士）あるいは「脇立ち」ともいう。仏の両脇に立つ菩薩・羅漢などで、「常に仏に随侍し、仏を助けて衆生を導く」とされる。釈迦如来の脇侍は文殊・普賢菩薩、薬師如来の脇侍は日光・月光菩薩、阿弥陀如来の脇侍は観音・大勢至菩薩とされる。中村元『佛教語大辞典』230頁参照。

42 梵語の Avalokiteśvara は「観自在菩薩」とも訳され、略して「観音」ともいう。『法華経』観世音菩薩普門品に説かれるところでは、「人がこの菩薩を念ずれば、いかなる災厄をも除去することができ」、「大慈大悲の権化」として「度すべき衆生の機縁に応じて、ありとあらゆる身を現じる」。『華厳経』においては、「南海補陀落山に住するこの菩薩を善財童子が訪う」。「三十三観音を始めとして、多くの種類や身形が説かれる」が、変化形でない基本型の観音を「聖観音」（二臂で右手に蓮華を持ち、左手は立てて外に向ける）とする（『図説佛教語大辞典』、上掲書、168頁参照』）。観音の住處とされる「補陀落」の梵語は Potalaka であるが、「チベットではダライ・ラマを観音の化身とし、ラサにはポタラ宮がある」（総合佛教大辞典編集委員会編『総合佛教大辞典』、法蔵館、1987年、229頁参照）。「観音の起源にはヒンドゥー教のシバ神の影響が考えられる。クシャーナ朝時代の貨幣にシバ神の像が打刻されているが、その像にオエショ Oesho という神名が刻まれている。オエショとはおそらくサンスクリットのイーシャー Īśā のなまりで、イーシャーは〈主〉を意味し、シバ神の異称となっている。インド一般ではイーシャーの代りにこれと同じ意味を持つイーシュヴァラ Īśvara の呼称も用いられ、これを中国仏教では〈自在〉と訳す」（山折哲雄監修『世界宗教大事典』（平凡社、1991年）428頁）。大勢至菩薩の梵語は Mahāsthāmaprāpta（「大いなる勢力を獲得した者」の意）であるが、単に「勢至菩薩」とも呼ばれる。極楽浄土において、観音菩薩とともに阿弥陀如来の脇侍を務め、「観音が慈悲をもって衆生に接するのに対し、智慧の光をもって一切衆生を照らし、三途（三悪道）の苦しみを離れしむる」（『図説佛教語大辞典』、上掲書、394頁参照）。「観世音が慈悲を象徴するのに対し、勢至は智慧を象徴するとされる。観世音菩薩に次いで仏になるともいわれたが、観世音ほどには単独尊としての信仰を集めなかった」（『総合佛教大辞典』、上掲書、822頁）。

43 「一切衆生の解脱救済をもって究極の理想とする大乗仏教の立場からすれば、この

ところで、大乗仏教と特に関係の深い部派は大衆部であるが、その部派に属する説出世部では「仏陀の超越的性格」を強調する。仏陀は「世間を超越した存在（出世間的）でありながら、しかも世間に随順する」という考え方が、説出世部の仏伝である『マハーヴァスツ』の中に見られるが[44]、この考え方にはヴィシュヌ神の超越性とその「権化」（Avatāra）の思想に通じるところがある[45]。「大乗仏教の成立とほぼ同じ頃、ヒンドゥー教では最高神ヴィシュヌが人々に対する神の恩寵として権化するという信仰があった」[46]が、この思想が仏教に摂取されることによって、仏陀は世俗を超越した神聖な存在でありながら、衆生に対する慈悲の故に世俗世界に随順する、あるいは、菩薩としてこの世に留まり種々の方便を用いて衆生を救済する、という思想に展開する。そもそも釈尊以前の仏陀として多くの過去仏を考えるようになったところにも、すでに権化の観念が現れていると見なすことができる。そして、このプロセスは「真理（法）の常住性」から「仏陀の常住性」へと進むことによって、元来「無神論」であったはずの仏教が「永遠の法身仏」という理念を持つようになり、またその仮の姿として「応身仏、化身仏」が出現するという、発達した仏身論を展開するようになり、有神論的な色彩を次第に強めていく。それはまた、初期仏

一般大衆にこそ救済の主たる対象が存していなければならないのであり、まさにかかる点で論理的にも、また心情的にも生天思想が大乗仏教のうちに取り込まれ、止揚せしめられ、一切衆生の救済の不可欠の契機となって往生思想へと深化せしめられてゆくのは必然的ともいえるのである」（河波昌「往生思想と菩薩道の完成」〔『西義雄博士頌寿記念論集 菩薩思想』115~131頁〕、大東出版社、昭和56年、117頁）。また、藤田宏達『原始浄土思想の研究』（岩波書店、昭和45年、529頁）にも、「極楽浄土往生の思想が、原始佛教以来の生天思想に影響を受けて成立したものであるということは、もはや議論の余地のない明白な事柄であるといってよい」と記されている。

44　高原信一「マハーヴァスツに見られる『大我』について」（『干潟博士古希記念論文集』〔283~294頁〕、九州大学、昭和39年）291頁参照。

45　「ヴィシュヌ信仰の聖地マトゥラーには大衆部が紀元前に存在したことは Mathurā Lion Capital の銘文より知ることができる」ので、大衆部の主張が同一の地方において盛んであったヴィシュヌ派の教理の影響を受けたに違いないことは容易に推定し得る。伊原照蓮「法華経とプラーナ」（『哲学年報』第41輯〔23~41頁〕、昭和57年）34頁参照。

46　塚本啓祥「コンピュータによる仏教混淆梵語の研究（1）」（『印度学仏教学研究』37-1〔892~899頁〕）897頁。

教が否定したはずの「実在論的」[47]主張を取り入れることでもあった。法身思想は「仏を永遠の実在的存在と見なすこと」に極めて近く、また、仏と衆生との同質性を考えて一切の衆生の中に仏性を認める如来蔵（にょらいぞう）の思想は、個人の中に永遠なる実在（梵我）を想定する考えに極めて近い。これら「法身思想」や「如来蔵思想」は、いわばウパニシャッドの「梵我思想」の仏教的焼き直しであるとも言える[48]。

このような事情のために近年「如来蔵思想は仏教にあらず」と主張する学者もある[49]ほどだが、これは仏教がヒンドゥー教との相互影響と格闘を通して到達した地点であり、「限り無くヒンドゥー化した仏教思想」と言うべきであろう。なぜなら、いかに「梵我」の思想によく似ているとはいえ、それが「仏性」であり「如来蔵」である限り、仏・如来の本質たる慈悲の理念を離れたものではあり得ない、と思われるからである。

インド・アーリア人の信仰は元来「有神論的」であり、自然神崇拝の多神教から次第に一神教的信仰に近づいてくる。インドに侵入してきたアーリア人は土着の原住民の信仰にも影響されて、その「有神論的」傾向に「神

47　「実在論」とは、「言葉や観念・想念に依存せず独立に存在する外界の事物の実在性を把握する立場」を指す。最も初歩的な実在論である「素朴実在論」は、「知覚や経験が鏡のようにものの実在性を模写し反映するという素朴な模写説を前提する」が、広義の実在論は、「感覚され知覚されうる外界のものの実在性のみならず、人類が獲得する真なる知識の実在性、したがって観念的・理念的なものの実在性をも許容する」。「インドでは、古来、日常使われる言葉の対象（常識に考えられている世界の諸相）が実在するか否かについて、激しい論争がたたかわされてきた。実在すると主張する側の代表は、ニヤーヤ学派、バイシェーシカ学派、ミーマーンサー学派などである。それによれば、個物はもちろんのこと、普遍とか関係とかも実在することになる。実在するからこそ、われわれは言葉によって意思を他人に伝え、言葉によって考え、行動し、生活することができるというわけである。これに対して、仏教（経量部、ないしその系統をひく論理学派）は、実在するのは刹那［せつな］（瞬間）に消滅する個物のみであり、普遍などは、われわれの分別によって捏造された虚妄なもので、たんなる名称、言葉としてあるにすぎないとする。これに類似した説を、ベーダーンタ学派、サーンキヤ学派も唱えている」（『世界宗教大事典』、上掲書、820頁）。

48　大衆部由来の心性本浄説から発展した如来蔵思想が、大乗仏教が主唱した「能救済主義」を「ヒンズー教的な解脱主義、被救済思想」に戻していったのであり、その流れの中で、「梵我一如」の異名でしかない「仏性の法界帰入」が説かれた、という指摘がある。山口瑞鳳「三輪清浄の布施―大乗仏教の目的は解脱でない」（『成田山仏教研究所紀要第十五号　仏教文化史論集II』〔577~608頁〕、成田山新勝寺、1992年）577~578頁参照。

49　松本史朗「如来蔵思想は仏教にあらず」（『印度学仏教学研究』35-1、370~375頁参照。

秘的・呪術的」傾向を結びつけて、現世利益(げんぜりやく)的な祭式主義と密儀的な神秘主義とを発展させてきた。これがいわゆる「インド古来の民衆的信仰」の土台にあるものであって、その上に「幸福な来世（天界）」「汎神論的一元（梵我）の実在」「解脱の超俗性」「絶対的な一神(いっしん)」「純一無雑な信仰（バクティ）」などの観念が成立・発展してくる。これら、ヒンドゥー的な信仰の特徴を整理すれば、「呪術性[50]」「神秘性」「実在性」「超越性」「浄信性」ということになるであろう。

仏陀の舎利や仏塔に対するインド民衆の精神・信仰も、以上のような特徴に基づくものであったと思われる。すなわち、仏陀の教えを理解して仏塔を崇拝するというのではなく、仏陀のような聖者の力にすがって現世や来世の幸福を実現したいと望んだのであり、他の聖地に期待するのと同じことを仏塔に対しても期待したのである[51]。したがって仏塔の果たすべき役割は、何よりも衆生に対する絶対的救済の約束でなければならず、そうでなければ民衆の崇拝は、それを約束してくれる他宗派の聖地・聖者に向かうことになる。

時あたかも、「超越的一神」や「絶対的帰依」に基づく救済の思想がヒンドゥー教の中に着々と形成され、シヴァやヴィシュヌやクリシュナ[52]に

50　中国や日本において『法華経』がひとびとの心を捉えたのは「その呪術性・狂信性・庶民性であった」。金岡秀友『大乗仏教　―その行動と思想―』（評論社、昭和50年）42頁参照。

51「仏塔は、在家信者の土着信仰的発想から救済者とみなされた仏陀の遺骨を納め、礼拝するために建立されたとも理解しうる。教団は時と共に在家信者の行為に妥協して、『仏塔』に託された宗教的意義を仏教として容認していった」。山口瑞鳳、上掲論文、601頁参照。

52　Kṛṣṇa は「黒い神」の意で、ヴィシュヌ神の第八番目の化身とされ、ヒンドゥー教の諸神のなかで最も民衆に親しまれている。クリシュナは、もともと実在した人物と見られており、ヤーダヴァ族に属するヴリシュニ族の英雄であった。「生前からヤーダヴァ族の宗教的指導者として半ば神として尊敬を受けていたクリシュナは、その父の名に因んでヴァースデーヴァとも呼ばれ、やがて彼自身が説いた神バガヴァットと同一視されるようになった」「クリシュナをバガヴァット（至上者）として信仰する人々は、やがて実践道徳と神への絶対的信仰（バクティ、誠信・信愛）を深めていくとともに、当時のインド諸思想、中でもサーンキヤ・ヨーガ思想を取り入れて教義内容を整え、民間に勢力を広げ、叙事詩の時代までにヴェーダ以来の太陽神であるヴィシュヌとバガヴァットと呼ばれるクリシュナ・ヴァースデーヴァとが同一視されるようになった」（菅沼晃編『インド神話伝説辞典』、東京堂出版、昭和60年、139~140頁参照）。

関する興味ある神話が人々の心を捉えつつあった。これらの神々に対する熱烈な信仰はその後ますます発展する。仏教は、これらの信仰と闘うことによって、自らの失地をできるだけ小さなものにする必要があった。しかし、そのためには、ヒンドゥー的な信仰を可能な限り取り入れて、民衆の心を引きつける魅力ある物語を考案し、それによって仏陀の超越性・絶対性を説かねばならなかった。そして、ここにおいても、大きな役割を果たすのは言うまでもなく「前生談文学」であり、「仏伝文学」であった。これらの文学はヒンドゥー的な文化や伝説を土台にしながら、その中に仏教的な理念や思想を織り込むものとして形成されていくのである[53]。

例えば、ラリタヴィスタラの第八章は、誕生直後の釈尊が神殿（devakula：天祠）に参詣したことを伝えているが、これは恐らく、当時インド民衆の間に「新生児の宮参り」という風習があったことを物語るものである。そして、ラリタヴィスタラにおけるその部分の描写によれば、幼い王子釈尊が神殿に足を降ろすや否や、祀られていた権威あるヒンドゥーの神々の像のすべてが、あたかも生命あるものの如くに立ち上がり、王子の前に平伏し、また、菩薩（王子）の智慧や福徳は天神などとは比較にならぬほど偉大である旨の偈頌を説いたので、これを見て多くの天子が「最勝なる菩提」（無上正等覚）への心を起こしたとされ、このように衆生を菩提に導く効果があるということを理由として、菩薩は神殿への参詣に同意したのである、と結ばれている。仏伝作者によって創作されたと思われるエピソードには、このような「ヒンドゥー教に対する仏教側の神聖性の優越を示唆する構想のもの」が少なくない。

かくして、大乗仏教運動の骨格をなすものは「仏教内部の思想的展開」と「ヒンドゥー教的信仰」であるということになる。そして、それらが対

53　Jātaka（本生談）は「輪廻思想を仲介にして、当時印度で語られていた寓話、又は民話を釈尊の前生に結びつけて、仏陀となった釈尊の前生における修行の物語としたものである」（徳岡亮英「七波羅蜜について」、『日本佛教学会年報』51号所収、19頁）とすれば、これが「仏教とヒンドゥー教の融合」の序章をなすものであることは明らかである。

立し、あるいは融合するところが仏塔であり、あるいは「前生談・仏伝文学」であり、その発展した姿が大乗仏教である。この展開は常に「仏教的なものとヒンドゥー的なものとの対立・融合」であり、言い換えれば「仏教がヒンドゥー化していく過程」でもある[54]。仏教はヒンドゥー的なものによって変化を余儀なくせしめられ、ヒンドゥー的なものは仏教的に変更されて初めて仏教内に摂取された[55]。

以上のような鳥瞰図（ちょうかんず）を念頭に置いて、仏塔信仰や仏伝文学を検討するならば、それらを通じて発展してきた「大乗」が、「仏教的ヒンドゥー教」であり「ヒンドゥー教的仏教」であることが了解せられるであろう[56]。

また、仏教がヒンドゥー教と闘うために容易すべき新たな思想・信仰の課題は、次のようなものであったと思われる。

1．大衆救済のための論理の形成（易行道（いぎょうどう）の構築）

2．絶対的救済仏の思想（業報因果説の超越）

3．世界（大宇宙）と個人（小宇宙）の本質に関する「実在論的思考」（信仰対象の具象化）

54　袴谷憲昭『仏教教団史論』（大蔵出版、2002年）には、「仏教のインド社会への安定した浸透と共に、仏教の方も逆にインド的思考に徐々に犯されていったのである。それが、目に見えるように顕在化していったのが、仏教史上において大乗仏教の興起といわれる時代だったのではないかと私は考えている」（155頁）と述べられている。

55　仏教とヒンドゥー教との相互影響は大乗仏教になって初めて現われたというのではなく、すでに初期仏教の時代から見られたに違いない。例えば、業・輪廻の思想はヒンドゥー的信仰としてすでに存在していたものを仏教も採用し、仏教的に解釈・説明しようとする努力（仏教化）がなされた。これに関して、奈良康明が「釈尊の信者たちは、当然のことながら、信者になる以前はヒンドゥー教徒だった。いや、仏教の信者になってからも、依然としてヒンドゥー教徒であり続けたのではないかと考えられる。仏教徒であって同時にヒンドゥー教徒だ、というのは奇妙に聞こえるかもしれない。しかし、現代の日本において、仏教徒であってしかも神道も信じているという人が少なくないのと同様に考えればいい」と述べているのは示唆的である。『仏教説話体系25 アバダーナ物語（一）』（すずき出版、1985年）解説311~322頁参照。

56　仏教は「大乗」に至って「無神論的有神論」「有神論的無神論」とでも呼ぶべきものとなる。大乗思想家の超越的哲理は、どこまでも仏教の無神論的立場に立ちながら、しかも限りなく有神論化していくのであり、それは必然的に呪術性や神秘性をも含む汎神論的色彩の濃いものとなる。

第３節　原始大乗について

大乗仏教の源流が以上のようなものであり、また、その展開の枠組みが以上のようなものであったとした場合、仏教史の中で「大乗とは一体どこからを言うのか」という問題が残る。

仏塔信仰にしても仏伝文学にしても、それ自体がただちに大乗仏教なのではなく、むしろ、初期仏教から部派仏教全体を通じてそれらは存在したのであり、小乗的発想においてもそれらは重視され得たのである。仏塔に対する崇拝の念は部派によって異なり、仏塔供養の果報を重視する部派は多くはないが、それが仏陀の舎利塔であるかぎり在家・出家を問わず尊崇されたことは容易に推定しうる[57]。「仏伝」も部派に所属する形をとっているものが多く、それぞれの部派の仏陀観に応じて仏伝が編まれたものと考えられる。

元来、前生談文学や仏伝は「律」（律蔵）と深い関係にあった。律とは「出家の比丘や比丘尼のための生活規定」であって、禁止されるべき事項や罰則などを記したものであるが、その中には、そのような規定が設けられた「因縁」（ニダーナ）として仏陀や仏弟子の言動が記されることがあり、また、比丘や比丘尼の生活態度に対する手本として教訓的に前生談が語られたりしているのである。そのように、出家者のためにも意義あるものであった仏伝や前生談は、起源的には「部派所属の律蔵」と深い関係にあった。それ故、大乗的な思想や理念は、すでに部派仏教時代の当初から、仏塔信仰や仏伝文学等を媒体として醸成されたということになる。そして、

---

57 「仏塔供養に否定的態度をとったのは、上座部、説一切有部、大衆部、制多山部、西山住部、北山住部、東山住部、化地部、分別説部等の多くを数え、肯定的なのは法蔵部、飲光部、根本説一切有部等少数であった」が、「仏塔の生成発展の上で、出家者たちの働きを軽視することは出来ない」のであり、「大衆部系の制多山部・西山住部・北山住部は、『ストゥーパに供養をなしても大果は得られない。』と宣告しながら、実際には最も数多くのストゥーパの寄進を受けていたのである。このような矛盾に対して、種々の解釈が試みられてはいるが、教団側の理念と、現実の信仰上の趨勢との間には、大きなギャップがあったものと解する方が自然であろう」。杉本卓洲『インド仏塔の研究』（平楽寺書店、1984年）7頁、10頁（註16）参照。

大乗の語が出来る以前に、すでに大乗的な思想や理念は姿を現わしていた[58]。

そこで、「一体どの時点をもって大乗の始まりとなすか」という問題が起こる。これについては、静谷正雄による「原始大乗」という考え方の提唱があり、特に「大乗」たることを自称する『小品般若経』をもって一大転機を画するものと見なし、それ以後を「初期大乗」とし、それより前を「原始大乗」とする[59]。また、「原始大乗」の教義的特徴としては「作仏を理想とし、四無量心や六波羅蜜の実践を説き、誓願を重んじ、阿弥陀仏のごとき現在他方仏の信仰を説き、仏塔供養を重んじ、若干の三昧を説き、あるいは菩薩の階位を考え、ないしは礼仏懺悔の法を示す」などを挙げている。例えば、「六波羅蜜」は大乗仏教を通じて重視される菩薩の修行道であるが、それは「仏伝文学の中で成立したもの」であり、起源的には「大乗以前のもの」である。そして、「六波羅蜜の中でも特に般若波羅蜜を強調する立場の人々」が最初に「大乗」を標榜したのであり、それが「大乗の始まり」であるということになる[60]。あるいはまた、「阿弥陀仏」についても「大乗仏教になって突如として現われたものではなく、その背後には原始仏教より部派仏教（とくに大衆部系統）への仏陀観の展開史があり、それとの連関の下で、次第に成熟してきたものである」[61]と言われるように、それは、釈尊の修行や悟りに関する考察を通じて展開した仏陀観に促されて登場してきた、絶対的救済仏の理念であった[62]。そして、言うまでもなく、阿弥陀仏となるべく過去世に修行した法蔵菩薩の伝説は、「前生

58　「大乗の語が出来る以前に大乗的であり得たことはたしかだ」。L．ルヌー・J．フィリオザ／山本智教訳『インド学大事典　第３巻』（金花舎、1981年）215頁参照。

59　静谷正雄『初期大乗仏教の成立過程』（上掲書）44頁参照。

60　「仏塔信仰集団に現われた新しい仏教を見ながらも、なかでも特に六波羅蜜のなかの般若波羅蜜を徹頭徹尾尊重するという立場の指導者から、大乗運動は興ってきたのです」（竹村牧男、上掲書、54頁）。

61　藤田宏達、上掲書、334頁。

62　「阿弥陀仏は、いわば釈尊が大乗の菩薩の理想像として見直され、大乗仏教徒にとって救済仏として望まれたところに出現した仏である、といってよいであろう」（同上書、369頁）。

談文学」の形式に基づく神話である[63]。

さて、以上のような「初期大乗に先行する原始大乗」は、「仏塔供養」や「前生談・仏伝文学」と深い関わりを持ちながら、禅定・瞑想を得意とする脱僧院的意欲に満ちた比丘ら[64]によって醸成されたものと思われるのであるが、これについて注意しておくべきことは、大乗的思想の展開を促した要因が、さらにその展開を受けて自ら変化し、新たな内容を帯びるものへと進んでいったということである。「仏塔供養」は「経典崇拝」や「仏像崇拝」へと変わり、「原始的なジャータカ」は「凄惨な布施行を高揚する大乗的ジャータカ」へと変化し[65]、「前生の誓願」に着目していた仏伝作

63　ジャータカ・アヴァダーナ（前生談文学）と仏伝文学とは切り離しがたく結びついており、仏教文献の中に一つのジャンルを形成するものである。なぜなら、それらはいずれも仏陀の讃美にかかわる文献であり、また、仏陀を超人化し神格化する動向に寄与したものであり、大乗仏教の思想的展開とともに内容的発展を遂げたものだからである。何よりも、釈尊の今生が前生の行為と結びつけて考えられ、「前生の修行に思いを馳せることによって、今生の成道を説明する」というような発想こそ、大乗的仏陀観の展開を促したものであったから、そこでは常に、前生談と今生談とが結びついていなければならなかったのである。それ故、われわれはこれらをまとめて「前生談・仏伝文学」と呼ぶことにする。もう少し的確な短い表現でこのジャンルを示すことができればよいのであるが、今のところ適切な呼び方が見つからない。なお、ジャータカは「仏陀の前生談」であり、アヴァダーナは「仏弟子・信者の前生談」であると一般に言われるが、両者の関係は極めて緊密であり、文献的には両者の混同も見られるので、とりあえず「前生談文学」としてまとめて示す。

ジャータカ（本生）とアヴァダーナ（譬喩）との相違について一言するならば、前者は、過去物語を中心とする説話文学であるのに対して、後者は現在物語を重視する教訓説話であるということができる。後者には「行為（業）における善因楽果悪因苦果の法則の厳密な実現性を強調する立場」が明瞭に現れているが、前者にはそれがあまり強く意識されておらず、「現在の出来事と似たようなことは過去にもあった」として過去物語が示されることが多い。

64　辛島静志の論文「初期大乗経典は誰が作ったか　―阿蘭若住比丘と村住比丘との対立―」（『佛教大学綜合研究所紀要別冊・仏教と自然』、2005年、45~70頁）によれば、インド文化では昔から「araṇya（郊外、荒野）と grāma（村）の対立が見られる」が、これは「仏教においても見られる」ものであり、「阿蘭若住比丘たちは主として瞑想と頭陀行を専らにするが、村住比丘たちは在家者と交際し、説法し、また僧院を管理している」。また、大乗経典『諸法無行経』によれば、対立する二つのグループ（「頭陀行比丘」と「村志向比丘」）が同じ阿蘭若中の僧院に住んでいることもあり、「頭陀行僧は、同じく阿蘭若に住みながらも村での説法に心が向いている僧に対して反感をもっている」ことが分かる。このような対立関係が反映していると思われる『法華経』「勧持品」の偈には、阿蘭若住比丘たちからの非難に対する村住比丘たちの対抗心や心構えが示されており、この偈の内容から、『法華経』は「村住あるいは村志向の比丘たちによって作られたと考えられる」と結論されている。

65　「大乗仏教になると上求菩提の為めにボサツ行を行ずるよりは下化衆生の為めに上求菩提をすることになるのでその修行は一層悲壮なものとなる。かくして大乗的本生話が盛んに作り出されるに至る。菩薩本縁経五の月光王（Candraprabha）頭施の如

者の意識は、「永遠なる救済仏の神通自在なる慈悲行」へと転回する。このような変化が更なる思想的展開を準備するのである。

また、大乗経典にしても、ある時期に一挙に成立したというようなものではなく、その原形たるべき部分の成立は非常に早く[66]、次第に増補付加されて自ら「大乗」を名乗るほどに発展したということも考えられる。したがって、例えば「仏伝文学と大乗仏教とではどちらが先か」というような問題を、あまり単純に割り切って考えるのは危険である。「仏伝はすべて大乗以前のものであり、大乗経典はすべて仏伝以後のものである」と考えるのは間違っており、起源的には極めて古い大乗経典もあれば、大乗的潤色に満ち満ちた仏伝もある、と言わねばならない。ただし、思想的展開の順序として考えた場合、仏伝は大乗仏教に先行するのである[67]。

第４節　大乗経典の成立

大乗仏教運動の中から大乗経典が生まれてくることになるが、それらは大体において、初期仏教の聖典（阿含）や部派仏教を通じて伝承された経典を土台にして、書き直されたものである。同一のエピソードでも、「小乗的」（部派中心の出家主義的）な精神に基づくものと「大乗的」（部派を超えた在家主義的）な精神によって改作されたものとの間には、大きな違いが生じることになる。「大乗」は、本質的に「仏陀の本意（ほんい）」に帰ることをもくろむものであるから、その起源的思想や理念は初期仏教の文献の中

き、賢愚経三二の快目王（Sunetra）眼施の如きがその例である」（干潟龍祥「本生経類と法華経の関係」、金倉圓照編『法華経の成立と展開』〔607~623頁〕、平楽寺書店、1970年、614頁）。

66　例えば、般若経の中で最も原初的な形態をとどめているのは『道行般若経』であるが、「その原形は前一世紀には成立していた」。塚本啓祥『法華経の成立と背景』（佼成出版社、昭和61年）264頁参照。

67　「仏伝文学の訳出は道行般若経や法鏡経等より少しくおくれるが、しかしそれだから仏伝の原典の成立も道行般若経より後であるとは言えない」「種々なる点から考えて仏伝は、般若経や他の大乗経典よりも以前に存在していたと考えられる」。平川彰「六波羅蜜の展開」（『印度学仏教学研究』21-2、530~542頁）535、536頁参照。

に散説されているということが多い[68]。その意味でも大乗経典の中には仏教古来の伝統が看取（かんしゅ）されるのであるが、更に、当面「小乗」として批判の矛先を向けた部派仏教の文献に対して、それを「換骨奪胎して大乗思想を以て潤色する」[69]ことこそ、大乗経典作成の主要な動機であったに違いない。

それ故、例えば、「指鬘（しまん）」（Aṅgulimāla）の物語[70]を題材とした主要な経典に五部がある中で、四部（雑阿含経（ぞうあごんきょう）巻三十八、増一阿含経（ぞういちあごんきょう）巻三十一、佛説鴦掘摩経（ぶつせつおうくつまきょう）、佛説鴦掘髻経（ぶつせつおうくつけいきょう））は小乗経に属し、一部（央掘摩羅経（おうくつまらきょう））は大乗経典であるとする研究[71]があるが、それによれば、かつて殺人鬼として重罪を犯したアングリマーラ（指鬘）が、改心して仏弟子となってからは大いに努力して徳高い人物となったという古来の小乗的エピソードは、指鬘を生まれながらの菩薩と見なし、前生の誓願をもって現世に生まれた者であるとし、この世で犯した悪行も「畢竟（ひっきょう）は他人を救済する方便行たるに外ならない」というように説明することによって大乗経典へと変化する。このように「小乗経典が大乗的に変化せらるゝには、大体に於て小乗経に

68 「大乗が、アゴンをひろい意味で肯定し、それを大乗経典に仕上げていることは、アゴンという鉱石から黄金を精錬するのでなくして、アゴンそのものを新しい光の下に黄金となしたともいえよう」（山田龍城『大乗仏教成立論序説』、平楽寺書店、1959年、17頁）。

69 『維摩経』の成立に関して「古き小乗的経典を換骨奪胎して大乗思想を以て潤色して大乗経典となし」云々と言われている。「維摩詰所説経解題」（『国訳一切経』経集部六、291~313頁）296頁参照。

70 サーヴァッティー（舎衛城）に聡明な青年があり、あるバラモンを師として学問に励んでいた。ある時、師のバラモンが何かの要件で外出した折に、かねてよりこの青年に懸想していた師の妻は、夫の不在中を好機として、青年を誘惑しようとした。真面目な青年は、道ならぬこととして、それを拒否した。妻はこれを逆恨みして、帰ってきた夫に、「この青年に犯された」と嘘を言ったところ、師はそれを真に受けて、青年を罰しようと考えた。そして一計を案じて、青年に「お前はすでにすべてを学び終わったが、最後の仕上げが一つだけ残っている。それは早朝の大通りに出て、剣で通行人の首をはね、一人から一本ずつの指を切り取り、百本の指で首飾りを作ることができたら、それで卒業になる」と言い渡した。青年は、これを聞いて非常に驚き苦しみ悩んだが、師の命令を絶対と思い、師から与えられた利剣を持って、大通りに出て通行人を殺し、指を集めて首飾りを作り始めた。そこで彼はアングリマーラ（指の首飾り；指鬘）と呼ばれ、人々に恐れられた。水野弘元『釋尊の生涯〈増訂版〉』（春秋社、1972年）232頁参照。

71 松本文三郎「小乗より大乗へ（指鬘譚の変化）」（『宗教研究』新1-3〔1~17頁〕、大正13年）

於ける物語の輪郭を其儘に継承し、唯其説法を小乗的より大乗的に変化するにある」[72]のであり、この点でも、大乗経典が、仏教内部の伝統を尊重し、そこからの発展を企図しているものであることが明らかである。

かくして、「大乗仏教はアゴン仏教及び部派仏教の中にその種子を下し、その中ではぐくまれたことが認められる」[73]のであるが、大乗経典には部派仏教の伝統に新たな思想的潤色が加わっているのであり、その思想的展開を可能にしたものこそ「前生談・仏伝文学」と呼ばれるべきジャンルの文献である。例えば、「仏陀の入滅をとり扱った」ものとして「涅槃経」と呼ばれる一群の経典があるが、それらの経典の中には、やはり小乗的なものと大乗的なものとが混在しており、子細に比較検討することによって大乗経典の成立を明らかにし得る好個の資料となっている[74]。これに関して山田龍城は「涅槃経がアゴンから大乗経典に進展したのを契機として、四念處[75]の不浄・苦・無常・無我から、常・楽・我・浄となり、アゴンと大乗との別はあっても涅槃経には一貫したものが見られた。そしてその中間において譬喩文学に属する涅槃経、すなわち西晋訳の方等泥洹経〔「方等般泥洹経」の誤写であろう〈筆者註〉〕が現存することも、大乗経典が徐々に形成された経過の一端を語るようである」[76]と述べている。ここで譬喩文学と呼ばれているところのものは「アヴァダーナによって代表される、ボサツについての記述を含む、かなり範囲の広い一群の文献」を指しており、ジャータカやアヴァダーナを包括するジャンルの文献を意味する。したがってまた、「大乗経典が生れた由来は、譬喩文学を通してボサ

72　同上論文、7頁。
73　山田龍城、上掲書、334頁。
74　下田正弘『涅槃経の研究　―大乗経典の研究方法試論』（上掲書）にも「従来、大乗の涅槃経と非大乗系（小乗）の涅槃経とは、その所説の内容から判断して、ほとんどの場合まったく別の作品として扱われてきた。しかし実際には、この両者は大切な点で連続する面を有しており、モチーフの引用という、単に形式的な側面からのみならず、内容的な面からも密接なつながりが確認されるものである」（59頁）と述べられている。
75　新訳では「四念住」という。「さとりを得るための四種の修行方法」であり、「身は不浄なり、受（感受）は苦なり、心は無常なり、法（すべての事物）は無我なり」と観ずること。中村元『佛教語大辞典　縮刷版』（東京書籍、昭和56年）528頁参照。
76　山田龍城、上掲書、471頁。

ツ思想が昂（たか）められ、讃佛に重点を置く『大乗運動』において更に前進せしめられたということができる」[77]とも言われるのである。

以上の検討を念頭におけば、前生談・仏伝文学の大乗仏教に対する関係について、次のようなことを指摘することができる。すなわち、

1．前生談・仏伝文学は部派仏教の中で醸成されたが、その系統は部派仏教の中では傍流であり、僧院宗教的な主流に対して、脱僧院的・在家的性格の強い傾向を有していたのであり、その中から大乗的な思想が生まれてきた。

2．前生談・仏伝文学の内容は、大乗的な思想の発展とからみあって変化していったのであり、相互に影響を与え合う関係にあった。

3．大乗的な仏陀観や菩薩思想が確立してくると、前生談・仏伝文学の内容もそれに応じて変化していった。

第５節　仏伝文学と大乗思想

平川彰に倣（なら）って、三つの「大乗仏教の源流」を考えるならば、次のようにまとめることができる。

1．その運動の主体となった信者教団という観点からは在家的な「仏塔信仰」との関わりが深い[78]。

77　同上書、158頁。

78「大乗仏教は、部派教団と並列的に存在した『在家仏教』の流れが発達して、成立した教団」であり、「その生活の基盤は仏塔信仰であった」とする平川説（『初期大乗仏教の研究』779頁参照）を「大乗仏教在家教団起源説」と称して、それに反対する袴谷憲昭は、伝統的仏教教団（部派教団）とは別途に「在家教団」というものは存在しなかったとする立場から、「大乗仏教出家教団起源説」を唱えている（『仏教教団史論』110頁）。その立場では、大乗経典に登場する「菩薩」とは、大抵の場合、「善男子」「善女人」と呼びかけられる「在家菩薩」を指しており、そのような「在家菩薩」が「自分たちだけで全く別途な在家仏教教団を構成したとしても宗教的には全然意味をなさなかったはず」（同書、409頁）である。したがって、大乗経典といえどもそれを作成したのは伝統的出家教団（部派教団）であって、「今後の大乗経典の研究は、その当の研究対象の大乗経典がどのような伝統的仏教教団の中で形成されてきたかが明らかにされなければならないであろう」（同書、110頁）と述べている。なお同書では、ショペン（Schopen）の「大乗仏教発祥の地を経巻崇拝の中心地である pṛthivī-pradeśa に求める「大乗仏教経巻崇拝地起源説」（296頁以下参照）と、ショペンの新説「大乗仏教周辺地域起源説」（「大乗仏教は地理的にも文化的にもインドの周辺に興り、五、

2．信仰の対象たる仏陀釈尊の超越化・神格化という観点からは「前生談・仏伝文学」における讃仏活動を経過している。

3．信仰の内実を菩薩行として理論づけていく過程にあっては、部派（特に大衆部）の教義から深い影響を受けている。

それ故、大乗運動の特徴は、一方に在家性・庶民性・大衆性を持ちながら、他方に超越性・脱俗性を持つというところにあり、これら矛盾する性格を結びつけるための理論の構築が「般若経」を初めとする大乗経典の任務であったとも言える[79]。そして、そのための思索は、どこまでも「仏陀の慈悲」を中心として展開するのであり、「脱俗的な智慧」を「世俗随順の方便的慈悲」に結合する方向へと進み、衆生救済の意欲はヒンドゥー的な（家系、職業、汚（けが）れの観念、女性蔑視などの）差別思想との格闘を通じて、次第に「一切衆生の救済可能性を認める理論」を発展させるのである。

以上の考察によれば、「前生談・仏伝文学」と「大乗経典」との間にはひとつの断絶を想定すべきであると思われる。前者は、部派仏教の中にありながら常に在家的なものと関係しつつ、しかも仏陀釈尊の超人的絶対的救済仏という側面を謳（うた）いあげてきたが、それはあくまでも客観的な立場から仏陀を描いているのであり、そこには自らの仏性（ぶっしょう）を反省したり自分を菩薩の立場に置いて考察したりするという主体性はあまり見られない。それに対して、後者の場合、在家性と超越性との融合統一の問題を常に自分の問題として考察し、禅定・瞑想の体験を通じた深い考察と直観により、大乗的な教義を神学的に基礎づけようとする意欲がみなぎっている[80]。つま

六世紀になってようやくインドの公けの場に姿を現わすようになった」（110頁）とが、それらに反対する立場から論じられている。

79　在家にありながら菩薩としての活動に従事するということは「非僧非俗」と言うべき立場に立つことを意味する。例えば「その在家者は菩薩として般若を実践するところから、現実の在家道を超克しなければならない、という意味では非俗、またその菩薩としての実践は声聞道をも超克するという意味では非僧ともいえる。非僧非俗の立場として、般若経が発展する」。宮本正尊編『仏教の根本真理』（上掲書）244頁参照。

80　「大乗経典が、深い禅定の体験を基盤として展開していることは、多くの学者によって支持されていることである。大乗経典を作り出した人々は、彼ら自身深い禅定の体験者であったと見ることができる。その禅定の体験にもとづいて、空を始めとする色々な教理が、打ち建てられたのである。したがって、これら大乗仏教特有の教理を考える場合に彼らの宗教的瞑想や三昧と呼ばれるものとの関連を無視することはでき

り、前者において次第に深まってきた仏陀の本質に関する考察が、主体的に自己の問題として取り上げられた時に、「解脱（智慧）と救済（慈悲）とに関する新たな理論」が生まれ、それが後者において「大乗」と自覚される地平にまで高まったものと考えられるのである[81]。それ故、仏伝文学を大乗仏教の一つの源流と考えるにしても、その流れは決して前者が自然に発達して後者となったというようなものではなく、視点の大きな転回（非主体的視点から主体的視点へ）を経ていることを明瞭に認識すべきである。

ところで、釈尊の伝記を描こうとする動機は決して一律なものではなく、例えば、「教団の規定（律）が定められた由来に関連して仏陀や仏弟子たちの行動を物語る」という構成にもとづいて、あるいは、「釈尊の言動を手本として自分の修行の反省に役立てる」という目的により、仏伝が描かれる。そしてその場合、釈尊の修行や悟りを自己の問題として捉えるか否かが、声聞乗と大乗との別れ道となる。したがって、仏伝にも声聞乗（小乗的）なものと大乗的なものとがある。大局的に見て、律蔵の中に胚胎した仏伝は、もともと部派的（小乗的）なものである。他方、釈尊の前生を「過去仏に対する供養」や「過去仏からの授記」等の物語によって潤色し、「前生の善行」（善業）と「今生の成道」とを結びつける形式を持つ仏伝は大乗的である。これら、大乗的な仏伝においては、釈尊は過去世からの修行の蓄積に基づき、「成道の確定した者」としてこの世に誕生する。それ故、「この世の誕生の一声はまさしく仏となることを予言するもの」[82]

ない」（芳村博実「信解（Adhimukti）の対象となる仏陀（Buddha）」、『日本佛教学会年報』第53号〔51~66頁〕、昭和62年度、64頁）。

81 「大乗教徒は声聞乗の人々が仰いで仏陀の行動を嘆賞したるを転開して俯［ふ］して如実に自らの行動に表現せんとしたのである」（久野芳隆「菩薩十地思想の起源、開展、及び内容」〈『大正大学学報』第6･7輯〔63~158頁〕〉、昭和５年、132頁）と言われるように、釈尊のものであった「成仏」を自己の問題として捉えるようになった時に、声聞乗は大乗へと展開したのであり、その展開を準備し促進せしめたものが仏伝文学であった、と言うことができる。

82 「釈尊の前生物語を約五百ほど集めた『ジャータカ』は、前生の菩薩が布施等の利他行実践に終始した物語集である。それ故に、出家して三十五歳で成道した釈尊には、過去世からの因位の修行があり、そしてこの世の誕生の一声はまさしく仏となることを予言するものであったと、このように仏伝編集者たちにうけとめられていたと思わ

であり、いわゆる「誕生偈」を発して、「これが自分にとって最後の生である」こと、また、「世間において最勝なる存在である」ことを自ら宣言する。これは「成仏を確定しうる菩薩行の存在」に関する考察、および「釈尊はすでに成道に確定したものとしてこの世に誕生した」という信仰を前提とするものである。そして更に、「成道に確定した釈尊の本懐は何か」と考察を進めるならば、それは「自己一身の涅槃」ではなく「衆生の済度」にある。釈尊成道後の四十五年間にわたる遊行教化の生活がそれを物語っている。それ故、「誕生偈」の内容も「衆生済度の決意を表明する」ものへと進展しなければならない[83]。

以上のようなプロセスを経て、仏伝の大乗化は進んでいく。

仏伝の大乗化によって、釈尊の救済仏たる側面はますます強くなり、菩

れる」（早島鏡正「仏陀観展開の基調」、『日本佛教学会年報』第53号〔1~19頁〕、昭和62年度、11~12頁）。

83 「誕生偈」については、平等通昭『印度仏教文学の研究』第二巻（印度学研究所、昭和48年）69~80頁に詳しく論じられているが、われわれの論旨に照らしてまとめてみるならば、まず、マハーヴァスツ（É. Senart : *Mahāvastu* II, Paris, 1890, p.24, line 8）では ayaṃ dānim eko bhavo paścimo tti（「今や、この生存は唯一にして最後なり、と」。＊本文中末尾の 'tti'(iti) の用例については BHSG § 4.19参照）とのみ述べられており、「これが最後の生である」との文句が「世間において最尊なり」との文句と同じほどに（あるいは、それよりも）古い起源のものであることを示唆している。また、『仏本行集経』（『大正大蔵経』第三巻、687中）は、四方に七歩行ったとする点でかなり進んだ構想となっているにもかかわらず、内容としては「我於世間。最為殊勝」と「我断生死。是最後邊」だけが挙げられており、「度一切衆生」に類する言明が含まれていない。以上のことは、これら両経の誕生偈に未だ大乗的側面が希薄であることを物語るものである。「本起・本行」系仏伝の中では、『異出菩薩本起経』の「天上天下。尊無過我者」（『大正大蔵経』第三巻、618上）や、『太子瑞応本起経』の「天上天下。唯我為尊。三界皆苦。何可楽者」（同、473下）には、まだ「度一切衆生」に類する表現は認められない。しかし、『修行本起経』（同、463下）では「天上天下。唯我為尊。三界皆苦。吾當安之」とされ、『太子瑞応本起経』の「何可楽者」（何ぞ楽しかる可き者あらん）が「吾當安之」（吾當［まさ］に之を安んずべし）へと変わった形となっている。これに対して、『過去現在因果経』（同、625上）では「我於一切天人之中。最尊最勝。無量生死。於今盡矣。此生利益一切天人」（我、一切天人の中に於て、最尊最勝なり。無量の生死、今に於て盡きぬ。此の生に、一切天人を利益せん）とあって、上記三種の言明がいずれも含まれている。さらに、『普曜経』（同、494上）になると、「我當救度天上天下。爲天人尊。断生死苦三界無上。使一切衆無為常安」と記されて、仏の出世の眼目は何よりも衆生済度にありとする見方が明瞭に表わされている。『方広大荘厳経』（同、553上～中）や梵本ラリタヴィスタラ（S. Lefmann : *Lalita Vistara*, Halle, 1902, pp.84~85）に於ては、四方上下の六方にそれぞれ七歩行ったとされ、その最初（東方への七歩）の歩行において「衆生済度」が言明されており、第三の西方歩行において「世間に於て最尊最勝なり。此れ我が最後邊の身（最後の生）なり」と述べられている。

薩行の一般化に伴う「多仏」や「多菩薩」の思想と結びついて、仏伝における釈尊のイメージが他の仏陀や菩薩に投影され、それと並行して、釈尊自身の個性や歴史的実在性などは次第に失われていく。いわば、釈尊は永遠なる救済仏へと昇華し、衆生済度を旗印とする多くの菩薩や仏・如来の中に埋没するのである。かくして、仏伝がその意義を失ったところ、そこに、それら新たな菩薩や仏・如来を主人公とする大乗経典が登場することになる[84]。

したがって、仏伝文学から大乗経典へと流れるプロセスに関しては、大きく見て、次のような段階を指摘することができる。

1．仏伝への関心の高まる段階

2．仏伝の中に大乗的発想が生まれる段階

3．仏伝が大乗経典へと発展する段階（釈尊個人をテ－マとするものから、多仏・多菩薩をテーマとするものへ）

4．仏伝が大乗的思想によって超克される段階

以上の論述から予想されるように、前生談・仏伝文学の中に認められる大乗仏教の萌芽は実に潤沢（じゅんたく）なものであり、大乗仏教の中心的な思想や理念のいくつかは前生談・仏伝文学の中から芽を出し、あるいはまた、（その観念の原初的なものは古くからあったとしても）前生談・仏伝文学を経由することによって大乗的な意味を獲得し大いなる発展を見せた思想も数多い。これらの点についてはすでに多くの学者による指摘があるが、未だ総合的に考察されているとは言えない状況にある[85]。

84 「大乗経典は其の組織が劇詩的であるので、十分に修飾され、誇張された仏陀が描かれてをる」「釈迦牟尼佛ばかりでなく、大日、弥陀、阿閦、薬師、寶生、彌勒、文殊、普賢、観自在、勢至等の多くの佛菩薩が説いてある。而して、吾人は、此等の諸佛菩薩大慈大悲の行跡の中に、明かに釈迦牟尼の勇猛なる面影を認むることが出来るのである」「後世の経典編集者が以上の諸佛を記述するに當って其の構想の一半を、佛傳から得て来て居るということは、覆ふ可からざる事実である」（大屋徳城『釈迦』、内外出版協会、明治42年、287頁）。

85 その主要な原因は仏伝文学や前生談文学の研究があまり進んでいないところにある。従来、これら説話文学の意義はあまり重要視されてこなかった嫌いがあるが、この研究を進めることは今後の仏教学にとって重要な課題である。それ故、例えば、「こ

今、先学によって部分的に指摘されている事柄を集め、あるいは筆者の気づいたところをまとめて示せば、次のような点を指摘することができる。

1．成道直後数週間の釈尊の心境の描写に大乗仏教に発展する思想的根拠が認められる。

2．大乗経典の形式や内容の中に、前生談・仏伝文学と共通の精神が流れている。

3．菩薩思想　　4．六波羅蜜

5．十地思想　　6．授記思想

7．廻向思想　　8．誓願・本願

9．多仏思想　　10．方便思想

以上の1．から10．の各項目については、本書に続いて公刊予定の『ラリタヴィスタラの研究　下巻』の「第一部」に、「仏伝文学と大乗仏教（各論）」と題する論文として掲載する予定である。

のアヴァダーナ経典が大乗仏教に欠くことのできない大きな役割を占めていることを改めて認識する必要があるだろう。と同時に、この分野の解明が、部派仏教、大乗仏教発達の重要な手がかりを教えてくれるものと思われる」と言われている。石上善応「譬喩（アヴァダーナ）経典について」（『大正新脩大蔵経会員通信』第９号、昭和36年）２頁参照。

第二部

本文校訂

TEXTUAL CRITICISM
(Continued from the First Volume)

略号表（abbreviations）

1. Texts

R. = Rajendralala Mitra: *The Lalita Vistara* (Bibliotheca Indica Work No. 15, Calcutta, 1877). In Lefmann's Varianten [*Lalita Vistara* II, 1908] this is abbreviated to 'k'.

L. = S. Lefmann: *Lalita Vistara* I & II, Halle, 1902 & 1908.

V. = P. L. Vaidya: *Lalita-Vistara* (Buddhist Sanskrit Texts No.1), Darbhanga, 1958.

S. = Śāntibhikṣu Śāstrī: *Lalitavistara*, Lucknow, 1984. This is a Hindi Translation of Lalitavistara, but only in Gāthās(not in prose) the translator gives the sanskrit texts.

2. Manuscripts

T1 = Ms. of the Tokyo University Library, S. Matsunami's Catalogue, No.334.

T2 = Ditto, No.335.

T3 = Ditto, No.336.

T4 = Ditto, No.337.

T5 = Ditto, No.338.

T6 = Ditto, No.339.

*T:all = All mss. of the Tokyo University Library
〔In Chap.1~14 it means T2~T6 ; In Chap.16~27 it means T1~T5〕

* T2~4 = T2,T3,T4

* T3~6 = T3,T4,T5,T6 and so on.

N1 = Nepal-German Manuscript Preservation Project, Manuscript No.3-255 (Reel No.A 123/2)

N2 = Ditto, No.3-278 (Reel No.B 100/3)

N3 = Ditto, No.3-699 (Reel No.A 228/11)

N4 = Ditto, No.4-9　(Reel No.B 99/5)

N5 = Ditto, No.4-785 (Reel No.B 99/4)

* N:all = N1~N5

* N3~5 = N3, N4, N5

* N2~4 = N2, N3, N4 and so on.

C1 = Ms. of Cambridge University Library, C. Bendall's Catalogue, Add. 918.

C2 = Ditto, Add. 1370.

B = Ms. of the Bibliothque Nationale, Paris. Cabaton's Catalogue, No.97~98.

H = Ms. of the Bodleian Library, Oxford, Aufrecht's Catalogue (Pars Octava, p.403a), Hodgson 7.

*C1/H = C1,C2,B,H

*N1/C2 = N1,N2,N5,C1,C2

*N1/B = N1,N2,N5,C1,C2,B(=N1/C2 + B)

*N1/H = N1,N2,N5,C1,C2,B,H(= N1/B + H)

*N2/H = N2,N5,C1,C2,B,H

*All mss. = T:all+ N:all+ C1/H

A(L.'s Varianten) = Ms. A in Lefmann's Varianten.

This is the ms. of the Royal Asiatic Society in London.

S(L.'s Varianten) = Ms. S in Lefmann's Varianten.

This is the ms. of the Société Asiatique in Paris.

L(L.'s Varianten) = Ms. L in Lefmann's Varianten.

This is the ms. of the India Office Library in London.

* As for the last three(A, S, L) we depend only on the Lefmann's Varianten, for we don't have the copies of these mss.

3. Works

Tib. = Tibetan Translation of the Lalitavistara, "Rgya cher rol pa" in Bkaḥ gyur.

方広 =『方廣大荘厳経』(大正新脩大蔵経 187). Chinese Translation of the Lalitavistara.

普曜 =『普曜経』(大正新脩大蔵経 186). A ChineseTranslation of the (old) Lalitavistara.

Mv = É. Senart : *Le Mahāvastu* (I, II, III), Paris, 1882,1890,1897.

BHSG = *Buddhist Hybrid Sanskrit Grammar and Dictionary* Vol. I : Grammar, by F. Edgerton, New Haven, 1953.

BHSD = Ditto, Vol.II : Dictionary.

Mvyut = *Mahāvyutpatti*(翻訳名義大集), Ed. by R. Sakaki, Kyoto, 1916.

4. Other abbreviations

corresp. to = corresponding to

acc. to = according to

marg. = marginal ; written on the margin

m.c. = metri causa ; metrically

* As for the rest, we follow the Edgerton's abbreviations [BHSG, pp. xxvii~xxx].

5. Symbols

The following symbols are used for textual readings.

〈 〉 indicates that this part is to be added, although it is not in the principal mss.(T1, T3~6).

[ ] indicates that this part is to be deleted, although it is in the principal mss.(T1, T3~6).

( ) indicates that this part is difficult to decide the reading, whether it is to be deleted or not.

6. Instructions

(1) The texts of mss. are not always distinct, therefore sometimes we can not read them with certainty. In such cases we express our slight doubt with a question mark(?), as T2?, T4? etc.

(2) In T3 the corners of some leaves are completely damaged, and there we can not see the texts at all. We express the blank with the word "invisible", which is distinguished from "obscure". "obscure" is generally used to mean "too indistinct to read the text, though it is not lost".

(3) In order to establish our Text, we depend in principle on five mss. of Tokyo and four published works (R., L., V., S.), and we check all variants of these mss. and works strictly. On the other hand we refer to the variants of other mss. partially only when we admit the necessity for comparing them.

(4) The figures written on the left-side of our text are the page-numbers of Lefmann's Text.

CHAPTER 15

(Abhiniṣkramaṇa-parivartaḥ)

198 atha khalu bhikṣavo bodhisattvasyâitad abhūt,[1] ayuktam etan[2] mama[(3...] syād[...3)] akṛtajñatā[4] ca yad aham aprativedya mahārājñaḥ śuddhodanasyânanu-[5]jñātaś[6] ca[7] pitrâbhiniṣkrameyam.[8] sa rātrau praśāntāyāṃ svakād upasthāna-prāsādād avatīrya rājñaḥ śuddhodanasya[9] prāsādatale pratiṣṭhito[10] 'bhūt. pratiṣṭhitamātrasya[11] ca punar[12] bodhisattvasya sarvo 'sau prāsāda ābhayā sphuṭo 'bhūt. tatra rājā prativibuddhas[13] tāṃ prabhām adrākṣīt.[14] dṛṣṭvā[15] ca punas tvaritaṃ[16] tvaritaṃ[17] kāñcukīyam āmantrayām[(18...] āsa.[...18)] kiṃ[19] bhoḥ[20] kāñcukīya sūryo 'bhyudgato yenêyaṃ prabhā[21] virājate. kāñcukīya āha. adyâpi tāvad deva[22] rajanyā[23] upārdhaṃ[24] nâtikrāntam.[25] api[(26...] ca[...26)] deva,

[Meter ... Vasantatilakā]

1. sūryaprabhāya bhavate[27] drumakuḍyachāyā[28]
   saṃtāpayanti[29] ca tanuṃ[30] prakaroti gharmaṃ,[31]
   haṃsāmayūraśukakokilacakravākāḥ[32]
   pratyūṣakālasamaye[33] svarutāṃ[34] ravanti.
2. ābhā iyaṃ[35] tu nara[(36...] deva[...36)] sukhā manojñā
   prahlādanī[37] śivakarī[38] na karoti dāhaṃ,[39]
   kuḍyāṃś[40] ca vṛkṣa[(41...] abhibhūya[...41)] na câsti[42] chāyā
   niḥsaṃśayaṃ[43] guṇadharo iha adya prāptaḥ.
3. so prekṣate daśadiśo nṛpatī[44] viṣaṇṇo[45]
   dṛṣṭaś[46] ca so kamalalocana[47] śuddhasattvaḥ,

Variants and Notes

1 T3 invisible; T4,T5 abhūd(N3) 2 T3 invisible; T4 etat(N3)
(3…3) T3 invisible; T4 mamākṛta°[omits 'syād']; T5 mama syāt kṛta°. cf. N3 mama tajñātā[omits 'syād akṛ'].
4 T5 °jñātā 5 T3,T4 suddho°
6 T2 °danasyānunujñātaś; T3 °danatujñātaś; T4 °danasyānujñātaś; T5 °danasya anujñātyaś; V. °danasya ananujñātaś. cf. N2,N4,B °danasyānanujñātaś; N3 °danasyānujñātyaś; A(L.'s Varianten) °jñātāḥ; Tib. phas gnaṅ ba med par (= an-anujñāta).
7 A(L.'s Varianten) omits 'ca'.
8 T2 pitrā niṣkrameyaṃ(R.,L.,V.); T3 pitābhiniskrameyaṃ(N3,N4 °bhiniṣ°); T4 pitur abhiniskrameyaṃ['ra' is marg.]; T5 pitrābhiniṣkrameyaṃ. cf. A(L.'s Varianten) api tābhini°; Tib. mṅon par ḥbyuṅ ba (= abhiniṣkramaṇa).
9 T3,T4 suddho°
10 T2 °sthito 11 T3 pratisthita°
12 T3 obscure; T4 punaḥ 13 T3 °vibuddhaḥ
14 T3~5 adrākṣīd(N3,N4; L.) 15 T2 dṛṣṭā
16 T3 tvari[omits 'taṃ'] 17 T3,T4 kāṃcu°; T5 kācu°
(18…18) T2 āmaṃtrayati sma(R. āmantra°) 19 R. kim
20 T5 bho[omits 'ḥ'] 21 T2 bhā prati°; T3 invisible; R. bhā pra°
22 T2 eva(N4; R.,L.,V.); T3 obscure. cf. N3 deva; Tib. lha(= deva).
23 T3,T4 rājanya(N3); T5 rajanya. cf. N1,N2,N4,N5,C1/H rajanyā; Tib. dguṅ(= rajanī).
24 T2,T3 upārddhaṃ; R. upārdhvaṃ. cf. N3 upordhaṃ?; N4 upordhan?
25 T3 °taṃ(L.) (26…26) T2 api vā (R.); T3 omits.
27 T4,T5 śravate(N3). cf. N4 bhavate.
28 T3 °kutsye chāyā?; T4 °kuḍyaṅkayā; T5 °kuḍyaṃ chayā
29 T2 santāpayati(N2,N4,B; R.); T3 saṃtāpayaṃti; T4,T5 santāpayanti(N3); L.,V. saṃtāpayāti. cf. N1,N5,C1,C2,H santāpayāti. m.c. °yāti *or* °yanti.
30 T2 tanum(R.)
31 T2,T4 gharmmaṃ; T5 rmaṃ[omits 'gha']; V. dharmam(S. °maṃ). cf. N4 dharmmaṃ; Tib. tsha ba (= gharma).
32 T4,T5 omit 'ḥ'. 33 T2 pratyuṣa°
34 T3 ṣvarutān; T4,T5 ṣvarutāś(N3); L. svarutā. cf. N1/B svarutāṃ; N4 svarūto; B svarūtāṃ; H svaruto; BHSG,§8.102.
35 T2 iyan(R.) (36…36) R.,L.,V. naradeva
37 T2 śubha°(R.,L.,V.). cf. N3 śiva°; N4,B,H subha°; Tib. dge(= śiva; śubha).
38 T3 tu(N3); T4 tu na('na' is marg.); T5 tu na. cf. N4 na; Tib. bgyid ma lags (= na karoti).
39 V. dāham. cf. N4 pāpaṃ.
40 T5 kuḍyāṃ(N3); L.,V. kuḍyā. cf. N4 kuḍyāś?
(41…41) T2 vṛkṣā abhi°(R.); T3 --- °bhūyu; T4 vṛkṣa bhūyu[omits 'abhi'](N3); T5 vṛkṣa bhibhūyu [omits 'a']. cf. N1/H vṛkṣābhibhūya; N4 vṛkṣa abhibhūya.
42 T4 vāsti(N1,N4,C1,C2,H; N3?)
43 T4,T5 nissaṃśayaṃ(N3; L.). cf. N1/H niḥsaṃśayaṃ; N4 niḥśaṃsayaṃ.
44 T2 °patir(R.); T3 invisible
45 T2 niṣaṇṇo(R.); T3 invisible; T4 viṣaṇye(N3). cf. A(L.'s Varianten) viṣaṇya; Tib. mi dgaḥ (= viṣaṇṇa). 46 cf. N4 dṛṣṭaṃ.
47 T2 'ntike 'malalocana(R.); T3 invisible; T4 °locanu

199 so ’bhyutthituṃ[1] śayani[2] icchati[3] na prabhoti[4]
pitṛgauravaṃ[5] janayate vara[6] śuddhabuddhiḥ[7][8].
4. so ca[(9...] sthihitva[...9)] purato nṛpatiṃ[10] avocat
mā bhūyu vighna prakarohi[11] ma[12] caîva[13] khedaṃ[14],
naiṣkramyakālasamayo[15][16] mama[17] deva yukto[18]
hanta kṣamasva nṛpate sajanaḥ sarāṣṭraḥ.
5. taṃ[19] aśrupūrṇanayano nṛpatir[20] babhāṣe
kiṃcit[21] prayojanu[22] bhaved vinivartane[23] te[24],
kiṃ yācase mama varaṃ vada sarvu[25] dāsye[26]
anugṛhna[27] rājakulu[28] māṃ[29] ca[(30...] idaṃ[...30)] ca rāṣṭraṃ[31].
6. tada bodhisattva avacī[32] madhurapralāpī[33]
icchāmi deva caturo vara[34] tān[35] mi dehi,
yadi śakyase[36] daditu mahya vaso[37] ti[38] tatra[39]
tad[40] drakṣyase[41] sada[42] gṛhe na ca niṣkramiṣye[43].
7. icchāmi deva jara[44] mahya na[45] ākrameyā[46]
śubhavarṇa[47] yauvanasthito bhavi nityakālaṃ[48],
ārogyaprāptu bhavi no ca[49] bhaveta[50] vyādhiḥ[51]
amitāyuṣaś[52] ca bhavi no ca[53] bhaveta[54] mṛtyuḥ[55]
(saṃpattitaś[56][57] ca vipulān[58] na[59] bhaved vipattiḥ[60]).
8. rājā śruṇitva vacanaṃ paramaṃ[61] duḥkhârto[62]
asthānu[63] yācasi kumāra na me ’tra śaktiḥ[64].

1 T3 °utthitaṃ?; T5 °utthita. cf. N3 °utthitaṃ; N4 °utthittaṃ.
2 T2 śayanam(R.). cf. N4 sayanam.
3 T4,T5 iti[omit 'ccha'](N3)
4 T3 prabhotī
5 T2 pitugau°(N4; R.)
6 T2 bala°(R.). cf. Tib. dam pa (= vara).
7 T3 suddha°. cf. N4 śuddhaḥ.
8 T4,T5 omit 'ḥ'.
(9…9) T2 cāsthito hi(R.)
10 T2,T5 °tim(N3,N4; R.)
11 cf. N4 prakarotu.
12 T2,T5 mā(R.); T3 māñ; T4 maṃ(N3). cf. N4 ima.
13 cf. N4 ceva.
14 V. khedam
15 T3~5 naiskra°(N3). cf. N4 niṣkra°.
16 cf. N4 °samaye.
17 T2,T4 yatha(R.)
18 T3 yukte?; T4,T5 yuktaṃ(N3)
19 T2,T5 tam(N3; R.)
20 L.,V.,S. °patī. cf. N3 °pati(H?); Other mss. °patir.
21 T2,T3 kiñcit(N3). cf. N4 kaścit.
22 T2 °yojana(N4; R.)
23 T2~5 °varttane(N3,N4; R.)
24 T5 ta
25 T2 sarva(V.); T5 sarvva(R.)
26 T4 dāsyai?; T5 dāsyāṃ. cf. N3 dāsyāy.
27 T2 °gṛhṇa(R.,V.). cf. N4 'anu' is marg.
28 T2,T4 °kula(R.)
29 T2 māñ(T3?; R.). cf. N4 māś.
(30…30) T2 ca idañ(N4; R.); T3 invisible. cf. N3 cedaṃ.
31 V. rāṣṭram
32 cf. N4 abravī.
33 T2 °pralāpi
34 cf. N4 bala.
35 T3~5 tāt(N3,N4). cf. Tib. de ni (= tān).
36 T4,T5 sakhyase(N3); R. śakyate. cf. N4 sakyase.
37 T5 caso; L.,V.,S. vase. cf. N3 obscure; N4 vaśo.
38 T5 bhā. cf. N3 lacks from here('ti') to 'mṛt' of next Gāthā(No. 7d).
39 T5 tatraḥ
40 T3 tada(N1,N4,N5,C1,C2); T5 lacks this line(from 'tad' to 'niṣkramiṣye'). cf. B tadra; H omits; Tib. ḥon taṅ.
41 T3,T4 drakṣase. cf. N2 drakṣyasa; N4 drachyase?
42 T3 daśa
43 T3,T4 niskra°(N4)
44 T5 jare
45 cf. N1,N5,C1,C2,H nu.
46 T4 °meryyā(N1/H,N4); L.,V.,S. °meyyā. cf. BHSG,§29.30.
47 cf. N4 subha°.
48 V. °kālam. cf. H °kāraṃ.
49 T4 omits 'ca'.
50 T4 bhavateta. cf. N1 bhavet(C1/H); N4 bhaveda.
51 T2,T5 vyādhir(R.)
52 T2 °yuṣañ; T5 °yuṣaḥ(N1/C2). cf. B °yuṣu; H °yuṣa.
53 cf. N1,N5,C1/H omit 'ca'.
54 S. bhaved. cf. N4 bhaved; C1/H bhavet.
55 S. vipattiḥ. cf. N4 vipattiḥ(marg. ta mṛtyuḥ saṃpattiś ca vipulā nu bhave); Tib. rgud pa (= vipatti); Mv II,p.141,line7~10 & p.146,line 11~15.
56 S. omits this lime(from 'saṃpattitaś' to 'vipattiḥ'). Tib. has no word corresp. to this line.
57 T2 sampattitaś(R.)
58 T2,T4,T5 vipulā(N1,N3~5,C1,C2,B; R.,L.,V.); T3 vipulāṃ(N2). cf. H vipuro.
59 T4 nu(N3; L.,V.). cf. N1 na ca bhavi no ca (C1,C2,B; H?); N2 na; N5 ra ca seti ca bhavi no ca.
60 T2 vipattī(R.)
61 T4 omits 'ṃ'(N3).
62 T2~5 °rtto(N3,N4; R.)
63 T2,T5 asthāna(N1,C1/H; R.); T3 invisible; T4 asthātu(N3). cf. N2 asthānu(N4,N5).
64 T3 invisible; T5 śaktir(N3). cf. N4 na saktiḥ?

200 jaravyādhimṛtyubhayataś[1] [(2...] ca [...2)] vipattitaś ca
kalpasthitīya[3] ṛṣayo 'pi[4] na jātu muktāḥ[5].

* ----- *

9. yadi dāni[6] deva caturo vara no[7] dadāsi[8]
jaravyādhimṛtyubhayataś[9][10] ca vipattitaś ca,
hanta(ḥ)[11] śṛṇuṣva nṛpate aparaṃ[12] varâikaṃ[13]
asmāc[14] cyutasya[15] pratisaṃdhi[16] na me bhaveyā[17].

10. śrutvâiva[18] cêma[19] vacanaṃ[20] narapuṅgavasya[21]
tṛṣṇāṃ[22] tanuṃ[23] ca kari chindati putrasnehaṃ[24],
anumodamī[25] hitakarā jagati[26] pramokṣaṃ
abhiprāyu[27] tubhya paripūryatu[28] yanmataṃ[29] te[30].

atha khalu[31] bhikṣavo bodhisattvaḥ pratikramya[32] svake prāsāde 'bhiruhya[33] śayane niṣasāda[34]. na câsya kaścid[35] gamanaṃ[36] vā[37] āgamanaṃ vā[38] samjānīte[39] sma.

iti hi bhikṣavo rājā śuddhodanas[40][41] tasyā[42] rātryā[43] atyayena sarvaṃ[44] śākyagaṇaṃ[45] saṃnipātyâināṃ[46] prakṛtim ārocayati sma. abhiniṣkramiṣyati[47] kumāras[48] tat kiṃ kariṣyāmaḥ. śākyā āhuḥ[49]. rakṣāṃ deva kariṣyāmaḥ[50]. [(51...] tat kasmāt. [...51)] ayaṃ[52] ca mahāñ[53] śākyagaṇaḥ[54] sa câikākī. tat[55] kā tasya śaktir asti balasâbhiniṣkramitum[56][57][58].

tatra taiḥ[59] śākyai(ḥ)[60] rājñā[61] ca[62] śuddhodanena[63][64] pañca śākyakumāraśatāni

1 T5 jjara°(N3). cf. N4 jara°. (2…2) T4,T5 omit 'ś ca'(N3).
3 T5 kasya°(N3). cf. BHSD, kalpa-sthiti. 4 T2,T4 hi(R.)
5 T3,T4 muktaḥ; T5 mukto(N3)
----- T2 inserts "śrutvā vacanam atra pituḥ kumāro 'vocī"(N2 ---avacī; R.); T3~5 omit this insertion (N1,N3,N5,C1/H); L. [śrutvā vacanam atra pituḥ kumāro 'vaci]. cf. N4 marg.; Tib. has no word corresp. to this insertion.
6 T5 dānim. cf. All mss. except T5 dāni; Tib. ḥdi dag (= tāni?).
7 T3 ṇe 8 cf. C2,H dadāmi.
9 T5 jarā°(N3) 10 T5 °bhayaś[omits 'ta']
11 T2 hantaṃ(R.); T3 hante[*or* hanta?]; T4,T5 hantaḥ(N3; L.,S.); V. hanta. cf. N1/H hanta; N4 datta? Metrically either 'hantaḥ'(= hanta?) or 'hante' may be possible.
12 T5 'paraṃ(N3; H?). cf. N1,C1,C2 'para; N2,N5,B paraṃ; N4 aparaṃ.
13 cf. N1,C1,C2 varaikatam; N2,N5,B varaikam; N4 varekam; H varaikaṃ.
14 T3 asmā(N2,N4,N5,B); T4,T5 asyā(N1,N3,C1,C2,H). cf. Tib. ḥdi nas (= asmāt).
15 T3 cyutasye; T4 cutasya. cf. H 'cyutasya?
16 T2 °sandhi(R.). cf. N4 °sañci.
17 T5 bhaveryyā. cf. N3 bhaveyyā; N4 bhaveṣya.
18 T2 °tvaivam(R.) 19 T2 eva(R.); T5 cemaṃ
20 T5 vacanan(N3) 21 T3~5 °puṃgava°(N3; V.)
22 T2 tṛṣṇā(N3,N4; R.,L.,V.) 23 T2 tanuñ(N4; R.). cf. N3 tanu.
24 V. °sneham
25 T2,T4,T5 anumodanī(N3; R.,L.,S.); T3 anudamodamī. cf. N4 anumodamī; BHSD,anumodanī. Contextually we read 'anumodamī'[1. sg.].
26 S. jagataḥ 27 T2 °prāya(R.)
28 T2 °pūryyatu(N3,N4; R.)
29 T2,T4,T5 °matan(N3,N4; R.); T3 invisible. cf. N4 janmataṃ; Tib. has no word corresp. to 'yanmataṃ te'. 30 T4 me(N3,N4); T3 invisible
31 cf. N3 kha[omits 'lu']. 32 T4 pratikarmma
33 L. °ruhma[misprint]
34 T3,T4 niṣadada. cf. N3 niṣudada; N4 nisasāda.
35 T4 kacid; T5 kaṃciṃ(N3) 36 cf. N3 gamana; N4 gamanañ.
37 cf. N4 ca. 38 T2 omits 'vā'(R.).
39 T2 sañjā°(N3?; R.) 40 T3,T4 suddho°(N3)
41 T3 invisible; T4,T5 °dana[omit 's'](N3) 42 T3 tasyāṃ
43 T3,T5 rātryāṃ
44 T2 sarvaḥ(R. sarvvaḥ); T3 sarvvaṅ?; T4 sarvvaṃ; T5 sarvva(N3; N4?)
45 T2 °gaṇaḥ(R.). cf. N4 °gaṇa.
46 T2 sannipatyainām(R.); T3 sannipātyainām; T4 saṃnivṛtyainām; T5 saṃnipatyainām. cf. N3 saṃnityainām; N4 sannipatyetām. 47 T3~5 °niskra°(N3,N4)
48 T3~5 kumāro(N3); V. kumāraḥ. cf. N1/H kumāras; N4 kumāra.
49 cf. N4 āha. 50 T5 °yāmas(N3,N4)
(51…51) T3~5 tasmād(N3). cf. N4 tat kasmād; Tib. de ciḥi slad du she na (= tat kasmāt).
52 T2 ayañ(N3; R.). cf. N4 ayaś.
53 T3 mahā?; T4,T5 mahāṃ(N2~5,B,H). cf. N1,C1,C2 mahā. mahāṃ = mahān.
54 T2 chākya°(R.) 55 cf. N4 tan.
56 T2 balād abhi°(N1/C2,N4,H; R.,L.,V.); T3 invisible. cf. B barād abhi°; BHSG,§8.41.
57 T3 invisible; T4 °niskra° 58 R.,L. °mituṃ
59 T2 tai[omits 'ḥ'](R.)
60 T2 'śākyaiḥ' is marg.(R. omits); T3~5 śākyaiḥ(N3); L.,V. śākyai. cf. N1/H,N4 śākyai.
61 T3~5 rājā(N3)
62 T2 omits 'ca'(N1/H,N4; R.,L.,V.). cf. N3 inserts 'ca'.
63 T3 suddho°
64 T2 inserts 'ca'(R.,L.,V.). All mss. except T2 omit 'ca'.

kṛtâstrāṇi [(1...]kṛtayogyāni[...1)] iṣvastraśikṣitāni mahānagnabalôpetāni pūrve[2] naga-
radvāre[3] sthāpitāny abhūvan, bodhisattvasyârakṣârtham.[4] ekâikaś[5] ca śākya-
201 kumāraḥ pañcarathaśata[6]parivāraḥ,[7] ekâikaṃ[8] ca rathaṃ[9] pañcapattiśatapari-[10]
vāraṃ[11] [(12...]sthāpitam abhūt,[...12)] bodhisattvasyârakṣârtham.[13] [(14...]evaṃ dakṣiṇe paścime
uttare[15] nagaradvāre pañca pañca[16] śākyakumāraśatāni kṛtâstrāṇi [(17...]kṛtayogyāni
[...17)]iṣvastraśikṣitāni[18] [19]mahānagnabalôpetāni,[...14)] [(20...]ekâikaś[21] ca śākyakumāraḥ pañca-
rathaśataparivāraḥ ekâikaṃ[22] ca rathaṃ[23] pañcapattiśata[24]parivāraṃ[...20)] [(25...]sthāpitam
abhūt.[...25)] bodhisattvasyârakṣârtham.[26] mahallakamahallikāś[27] ca śākyāḥ sarva-
catvaraśṛṅgāṭaka[28][(29...]pūgarathyāsv ārakṣârthaṃ[...29)] sthitā abhūvan.[30] rājā ca[31] śud-
dhodanaḥ[32] pañcabhiḥ śākyakumāraśataiḥ[33] sārdhaṃ[34] parivṛtaḥ puras-
kṛtaḥ[35] svake[36] gṛhadvāre hayeṣu ca gajeṣu ⟨ca⟩[37] samabhiruhya jāgarti[38]
sma.

mahāprajāpatī[39] ca gautamī[40] svaṃ[41] ceṭīvargam āmantrayate sma.

[Meter ... Āryā]

11. [(42...]jvāletha[...42)] dīpavimalā(ṃ)[43]
dhvajâgri maṇiratna[44] sarvi sthāpetha,[45]
olambayātha[46] hārāṃ
prabhāṃ kuruta sarva[47] [(48...]gehe[...48)] 'smin.

12. saṃgīti[49] yojayethā[50]
jāgaratha[51] atandritā[52] imāṃ[53] rajanīṃ,[54]
pratirakṣathā[55] kumāraṃ
yathā avidito[56] na gaccheyā.[57]

(1…1) T2 kṛtayogyānīṣv°(N4; R.); T3 kṛtayosyāni iṣv°
2 T3 yūtha?; T4 pūrvve(N4; R.); T5 pūrvva(N3). cf.A(L.'s Varianten) pūrvva; H lacks 'pūrve nagaradvāre sthāpitāny'(?).
3 cf. N4 nagare°.
4 T2 °tvasya "rakṣaṇārthaṃ(R.); T3 °tvasyārakṣaṇāyārthaṃ; T4 °tvasya lakṣaṇārthaṃ; T5 °tvasya rakṣaṇārtham(L. ---°rthaṃ; V.). cf. N1/H,N3 °tvasya rakṣaṇārthaṃ; N4 °tvasya rakṣārthaṃ. We read 'bodhisattvasyârakṣārtham' in accordance with the following equivalents(Note 13, 26).
5 T4 sahaikaś(N3). cf. N4 ekaikañ.
6 T3 paṃcaśataratha°; T4 paṃcarathaśata°. cf. N4 pañcarathasata°; H lacks 'śataparivāraḥ ekaikaṃ ca rathaṃ pañca'.
7 cf. N4 °vāra[omits 'ḥ'].
8 T2 ekaikaś(R.); T5 ekaikañ(N3,N4)
9 T2 rathaḥ(R.)
10 T4 °pattisata°
11 T2,T4 °varāḥ(R.)
(12…12) T2 sthāpito 'bhūd(R.); T3 sthāpitām abhūt(N4,C1); T4,T5 sthāpitāny abhūt(N3). cf. N1, N2,N5,C2,B sthāpitām abhūd; H lacks 'sthāpitam ---°rtham'.
13 T2 °tvasya "rakṣaṇārthaṃ; L. °tvasya rakṣaṇārthaṃ(V. °rtham); R. °tvasyā rakṣaṇārthaṃ. cf. N1,C2 °tvasya rakṣaṇārthaṃ(C2 ---rakṣāṇā°); N2,N5,B °tvasyā rakṣaṇārthaṃ; N4 °tvasya rakṣārtham.
(14…14) T2 marg.
15 cf. N3 yuttare?
16 T2 omits this 'pañca'(N4); T4 paṃca
(17…17) T2 °yojānīṣv°(N4); T3 invisible
18 T3 °aṣṭra°?
19 T2 inserts 'tāni'.
(20…20) T2 omits.
21 T3 ekaikaṃ
22 T3 ekaikaś(R.); T5 ekaikañ(N3,N4)
23 R. rathaḥ
24 R. pañcaśatapatti°. cf. N4 °pattirasaṃta°; H pañcaśatapatti°.
(25…25) T2 sthāpitāny abhūvan(marg.); T4 sthāpitām abhūt; T5 sthāpitāny abhūt(N3); R. sthāpito abhūt. cf. N4 saṃsthāpitām abhūt; H sthāpitam abhūt.
26 T2 marg.; T3 invisible; R.,L. °tvasya rakṣārthaṃ(V. °rtham). cf. N1,N4,N5,C1/H °tvasya rakṣārthaṃ; N2 °tvasya rakṣaṇārthaṃ.
27 T3 °mahallakāś
28 T2,T5 °yuga° for °pūga°(N3?; R.). cf. N4 °puṃga°.
(29…29) T3 °thyāṃ vā rakṣā°
30 V. abhavan. cf. N4 'bhūvan.
31 T2 omits 'ca'(R.).
32 T4 suddho°
33 T2 omits 'śākya'(N4 marg.; R.).
34 T2~5 sārddhaṃ(N3,N4; R.)
35 T3 puraskṛto; T5 puraṣkṛtaḥ
36 T4 svagṛhe['gṛ' is marg.]
37 T2 inserts 'ca'(N1/B,N4; R.,L.,V.); T3~5 omit(N3). cf. H omits 'gajeṣu ca'.
38 T2~5 jāgartti(N3,N4; R.)
39 T2 °prajāvatī(R.)
40 L.,V. gotamī. cf. N1,C1,C2 gautami; N2~5,B,H gautamī.
41 T2,T5 omit 'svaṃ'(N1/H; R.,L.,V.). cf. N3 inserts 'svaṃ'; N4 inserts 'śca'; Tib. raṅ gi (= svam).
(42…42) T2 dvāre pradīpa°(R.); T3 invisible; T4 'dvāre pra' is marg.. cf. N3 jvāle pradīpa°.
43 T2 °vimalāṃ(N1/H[*but* C2?], N4; R.,L.,V.); T3~5 °vimalā(N3)
44 T2 inserts 'vimala'(R.); T4,T5 insert 'vimalā'(N3). Metrically 'vimala'(*or* vimalā) is not necessary.
45 T2 sthāpeyā(R.); T4 obscure; L.,V. sthāpethā. cf. N1,N5,C2,B,H sthāpethā; N2 sthayathā; N3 sthāpitha; N4 sthayethā; C2 sthāpetha?
46 T3,T4 olaṃba°; T5 °bayatha
47 T3 sarva?; T4,T5 sarvva(N3,H; R.); L.,V.,S. sarvi. cf. N1 sava; N2,N5,C1,C2 sarva; N4 sarvi; B sarve.
(48…48) L.,V.,S. gehesmin. cf. N1,C1,C2 hesmiṃ; N2,N4 gehesmiṃ; N5,B,H gehesmin; Tib. khyim ḥdi(= gehe 'smin).
49 T2 saṅgīti(R.)
50 T2,T4 yojayathā(R.); T5 yojayatha; S. mojayethā
51 T5 °rathā. cf. N3 °ratho.
52 T4 ataṃdritā; T5 'tadritā(N3?); S. atindritā
53 cf. N3 imā[omits 'ṃ'].
54 T3 obscure; T4 rajanī; V. °nīm; S. °nāṃ
55 T5 °kṣatha
56 T2 'vidito(R.); T3 °ditaṃ['avi' is invisible]. cf. N4 aviditā.
57 T5 gacchayatha

13. varmita[1] kālapahastā[2]
asi[3]dhanuśara[4]śaktitomaragṛhītāḥ,
priyatanayarakṣaṇârthaṃ[5]
karotha sarve[6] mahāyatnaṃ[7].

14. dvārā⟨ṃ⟩[8] pithetha[9] sarvān[10]
(11... suyantritān argaḍāṃ ...11) dṛḍhakapāṭāṃ,
muñcatha[12] (13... mā ca ...13) akāle
mā[14] agrasattva[15] imu[16] [17] vrajeyā.

15. maṇihāramuktahārāṃ[18]
mukhapuṣpaka[19] ardhacandra[20] siṃhatalāḥ[21],
mekhalakarṇikamudrika
sunibaddhāṃ[22] nūpurāṃ kuruta[23].

16. yadi (24... sahasa niṣkrameyā ...24)
naramaruhita mattavāraṇavicārī[25],
tatha tatha parākramethā[26]
yathā vighātaṃ[27] na vindeyā[28].

202 17. yā nāri[29] śaktidhārī
śayanaṃ parivārayantu[30] vimalasya,
ma[31] ca bhavatha[32] middhavihatāḥ[33]
pataṃga[34] iva rakṣathā[35] netraiḥ[36].

18. chādetha ratanajālair[37]
idaṃ[38] gṛhaṃ pārthivasya rakṣârthaṃ[39],

1 T2,T5 varmmita(N3,N4; R.)
2 cf. N4 °hastāḥ.
3 T3~5 aśi°(N3)
4 cf. N4 °sara° for °śara°.
5 T3 °rakṣārthaṃ(S.). m.c. °rakṣaṇārthaṃ.
6 T4,T5 sarvva(N3). cf. N4 sarvve.
7 V. °yatnam
8 T2 dvārāṃ(N2,N5,B; R.,V.); T3 dvāra; T4,T5 dvārā(N1,C2,H; L.,S.). cf. C1 dvāre?
9 T2 pidhetha(R.); T4 pithe 'tha; T5 pithethe(N3?)
10 T2 sarvā(N1,C1,C2,H; R. sarvvā; L.); T3~5 sarvvān(N3); V. sarvāṃ. cf. N2,N5 sarvāṃ; N4 sarvvāṃ.
(11…11) T2 sayaṃtritagaḍāṃ(R. sayantri°); T4 suyaṃtritanṛrgaḍān; T5 suyaṃtritan argaḍāṃ(N3); L.,S, suyantritānirgaḍāṃ; V. suyantritāṃ nirgaḍāṃ. cf. N1,C2 śruyaṃtritān argaḍāṃ; N2 suyaṃtritā nirgaḍāṃ; N4 suyantrita nirgaḍāṃ; N5 obscure; C1 śuyantritān agaḍāṃ; B suyaṃtritān argaḍāṃ (H ---argaḍā); BHSD,nirgaḍa(1).
12 T3,T4 muṃcatha
(13…13) T3 mārga?
14 cf. N3 nāṃ.
15 T2,T4 atra satva(R. ---sattva); T3 agrasatvo; T5 agrasatva(N3). cf. N4 'mārgasatvo' for 'mā agrasattva'.
16 T2 iti(N1,N4,N5,C1,C2,H; R.); T3~5 inu; L.,V.,S. itu. cf. N2,B itu; N3 ina. Acc. to Tib.[ḥdi] we read 'imu' though no ms. supports it.
17 T2 inserts 'na'(N1,N5,C1,C2,H; R.,L.,V.,S.). cf. N2~4 omit. Metrically 'na' should be deleted.
18 T2 °muktahārāñ(N4; R.); T4 °muktaṃ hārāṃ; T5 °muktāhārāṃ(N3)
19 T2,T4 °puṣpake(N4; R.,L.,V.,S.). cf. N3 °puṣpaka; BHSD,mukhapuṣpaka;方広「花鬘」.
20 T2 arddhacandrān(R.); T3 invisible; T4 addha caṃdra; T5 arddha candrā(N3). cf. N4 arddha candraḥ; BHSD,ardhacandra;方広「半月垂」.
21 T2 śṛṅkhalā°(R.); T3 invisible; T5 saṃhatalāḥ; L.,S. saṃśṛkhalāḥ; V. saśṛṅkhalāḥ. cf. N3 saṃhatalā; N4 siṃhatalā; BHSD,? saṃśṛkhalā; Tib. seṅ ge śiṅ lo (= siṃha-tāla).
22 T5 °baddhā[omits 'ṃ']. cf. N3 lacks 'ba'.
23 T3,T4 kurutaḥ(N4)
(24…24) T2,T5 sahasā niṣkra°(N4; R.); T3 sahasar nniskra°; T4 sahasa niskra°(N3)
25 T3,T5 °vāraṇaḥ; T4 mantavāraṇa°. cf. N3 manuvāraṇa°.
26 T2 °krameyā(S.); V. °kramathā
27 T3 omits 'ṃ'(S.); T5 vighātan(N3)
28 T3~5 viṃdeyā(N3)
29 T2 nārī(R.). cf. N3 nāni.
30 T3 invisible; T4,T5 °yaṃtu. cf. N4 paripārayaṃtu.
31 T2~5 mā(N3?; N4; R.). m.c. ma.
32 T3~5 bhavata(N3). cf. N4 bhavatha.
33 T2 siddhivihatāḥ(R.); T4,T5 siddhavihatāḥ(N3). cf. N4 siddhivihatā[omits 'ḥ']; Tib. gnid kyis log pa (= middha-vihata).
34 T2 pataṅga(R.,S.)
35 T3 lacks 'kṣa'(T4 marg.; N3).
36 T3,T5 netre(N3)
37 T4,T5 °jālaiḥ(N3); L.,V.,S. °jālai. cf. N1/B,N4 °jālair; H °jārair.
38 T3 ida. cf. N3 iha.
39 V. °rtham

venūravāṃś[1] ca ravathā[2]
imāṃ rajani[3] rakṣathā virajāṃ[4].
19. anyonya bodhayethā[5]
ma[6] vasayathā[7] rakṣathā[8] imāṃ rajanī⟨ṃ⟩[9],
[(10...]mā hu[...10)] abhiniṣkrameyā[11]
vijahya rāṣṭraṃ[12] ca rājyaṃ[13] ca.
20. etasya nirgatasyā[14]
rājakulaṃ [(15...]sarv' imaṃ[...15)] nirabhiramyaṃ[16],
ucchinnaś ca bhaveyā
pārthiva[17]vaṃśaś[18] cira'nubaddha[19], iti[20].

atha khalu bhikṣavo 'ṣṭāviṃśati[21]⟨mahā⟩[22]yakṣasenāpatayaḥ[23] pāñcikaya-kṣasenāpatipūrvaṃgamāni ca pañcahārītī[24]putraśatāny ekasmin saṃ[25]nipātyâivaṃ[26] mataṃ cārayanti[27] sma. adya mārṣā bodhisattvo 'bhiniṣkramiṣyati[28]. tasya[29] yuṣmābhiḥ pūjākarmaṇe autsukyam āpattavyam[30].

catvāraś ca mahārājāno[31] aḍakavatīṃ[32] rājadhānīṃ[33] praviśya tāṃ mahatīṃ yakṣaparṣadam āmantrayate sma. adya mārṣā bodhisattvo 'bhiniṣkra-[34]miṣyati. sa yuṣmābhir hayacaraṇa[35]parigṛhīto niṣkrāmayitavyaḥ[36]. sā[37] (ca)[38] [(39...]yakṣaparṣad[...39)] āha.

[Meter ... Daṇḍaka(ra-gaṇa)]

21. vajradṛḍha[40] [(41...]abhedya[...41)] nārāyaṇo[42] ātmabhāvo guru
vīryabala-upetu[43] so[44] 'kampiyo[45] sarva[46]sattvôttamaḥ[47],

1 T2 varṇaravāṃś(R. varṇṇa°); T5 °ravāś(N3)
2 T2 ravethā(R.); T3~5 rathavā(N3). cf. N4 ravathā; Tib. bud ciṅ loṅ.
3 T2 rajanīṃ(R.); T4,T5 rajanī(N3,N4). m.c. rajani.
4 T5 pirajāṃ(N3); V. °jām
5 T2 bodhayathā(N4; R.)
6 T2,T5 mā(R.); S. mava. cf. N4 maṃ.
7 T2 vaseyathā(R.); T3 vaśayathā; S. sayathā. cf. N4 ca sayathā; BHSD,vasati(vasayati).
8 cf. N4 rakaṣatha.
9 T2 rajanīṃ(R.,L.,S.); T3~5 omit 'ṃ'(N3,N4); V. °nīm
(10…10) T2 mā ca(R.); T3 māhuḥ; S. māhu. cf. N4 nā hu?; BHSD,hu & hū.
11 T2 °kramethā(R.,V.); T3,T4 abhiniskra°(N4)
12 T2 rāṣṭrañ(R.); T3 invisible; S. rāṣṭaṃ. cf. N4 rāṣṭraś.
13 T2,T5 rājyañ(N3; R.); T3 invisible; T4 rāhyaṃ. cf. N4 rājyaś.
14 T2 °gatasya(R.). cf. N4 nirggatasya.
(15…15) T2 sarvimaṃ(R. sarvvi°; L.,V.,S.); T3,T4 sarviman; T5 sarvviman(N3). cf. N4 sarvvima; Tib. ḥdi kun.
16 T4 °abhiraṃmyaṃ; T5 °abhiraṃmyam(N3); V. °abhiramyam. cf. N4 °abhiramya.
17 T3 pathiva°
18 T3 °vaṃsaś(N4)
19 T2~5 cirānubaddha(N3,N4; R.); L.,V.,S. ciranubaddhaḥ. m.c. cira'nu°.
20 S. omits 'iti'.
21 T2 inserts 'mahā'(N1/H,N4; R.,L.,V.); T3~5 omit(N3). cf. A(L's Varianten) omits 'mahā'; Tib. chen po (= mahā).
22 T2 °jakṣa° for °yakṣa°
23 T3 °patayo
24 T2 pañcahāritī°(N1,N5,C1/H; R.,L.,V.); T3 paṃca°. cf. N2,N3 °hārītī°; N4 pañca ca hāriti°; BHSD,Hārītī.
25 T5 ekasmiṃ. cf. N4 ekaikasmiṃ.
26 T4 sannipatyevaṃ(N3)
27 T2 vicārayanti(N4,H; R.,L.,V.); T3 cārayati; T4,T5 cārayaṃti(N3). cf. N1/B vicārayaṃti.
28 T3,T4 °niskra°(N3)
29 T2 'tasya' is marg.(R. omits).
30 R.,L. °tavyaṃ
31 T3,T4 °rājānaḥ. cf. N4 °rājā[omits 'no'].
32 T5 'ḍakavatī[omits 'ṃ']; V. alaka°. cf. N3 'ḍavatī; BHSD,Aḍakavatī.
33 T5 omits 'ṃ'(N3). cf. N4 °dhāniṃ.
34 T3,T4 °niskra°(N3)
35 T5 hayaraṇa°; L.,V. hayavaracaraṇa°. cf. N1/B,N4 omit 'vara'; N3 hayacaṇa°; H hayaścaraṇa°; Tib. lacks the word corresp. to 'vara'.
36 T3,T4 niskrā°. cf. N4 'bhiniskra°.
37 cf. N4 sa.
38 T2 inserts 'ca'(N1/H,N4; R.,L.,V.); T3~5 omit(N3). Tib. has no word corresp. to 'sā ca'.
(39…39) T3 °parṣadar āhuḥ. cf. N4 °parṣada āha.
40 T2 vajjra°(R.)
(41…41) T5 °dṛḍhābhedya(N3)
42 T3 nārāyaṇai
43 T2 °balanipetu; S. °upeta. cf. N4 'dharṣetuṃ' for 'upetu'.
44 cf. N4 sā.
45 T3~5 kaṃpiyo(N3). cf. N4 kampiyā.
46 T4,T5 sarvva°(N3,N4; R.); L. sava°[misprint]
47 T5 °tamo(N3)

[(1...]girivaramahameru utpāṭya[...1)] śakyaṃ[2] nabhe[3] dhārituṃ kenacit
na tu jinaguṇa meruśailair[4] guruḥ[5] puṇya[6]jñānâśritaḥ[7]
śakya[8] netuṃ kvacit.[9]

203 vaiśramaṇa[10] āha.

[Meter ... Vasantilakā]

22. ye mānagarvita narā[11] guru[12] teṣu[13] śāstā[14]
ye premagauravasthitā laghu te vijāni[15],
adhyāśayena[16] abhiyujyatha gauraveṇa[17]
laghu taṃ hi vetsyatha[18] khagā iva tūla[19] pesiṃ[20].

[Meter ... Śloka]

23. ahaṃ[21] ca purato yāsye yūyaṃ[22] ca vahathā hayaṃ[23],
naiṣkramye[24] bodhisattvasya puṇyam[25] ārjayatā[26] bahuṃ[27].

atha khalu bhikṣavaḥ[28] śakro devānām-indro devāṃś[29] trāyatriṃśān[30] āmantrayate sma. adya mārṣā[31] bodhisattvo 'bhiniṣkramiṣyati.[32] tatra[33] yuṣmābhiḥ[34] sarvaiḥ[35] pūjākarmaṇe[36] autsukair[37] bhavitavyam.

[(38...]tatra śāntamatir[39] nāma devaputraḥ sa evam āha.[...38)] aham tāvat kapilavastuni[40] mahānagare sarvastrīpuruṣadārakadārikāṇām[41] apasvāpanaṃ[42] kariṣyāmi.

lalitavyūho[43] nāma devaputraḥ sa evam āha. [44]ahaṃ api sarvahayagajakharôṣṭragomahiṣastrīpuruṣadārakadārikāṇāṃ[45] śabdam antardhāpa[46]yiyāmi.

vyūhamatir[47] nāma devaputraḥ sa evam āha. ahaṃ gaganatale[48] sapta-

(1…1) T2 girir iva mahāmerur utpādya(R.); T5 °merūtpāṭya; L. °meru utpāṭhya[misprint?]. cf. N3 °mahamorūtpāṭya; N4 °mahimeru utpādya? All mss. °pāṭya *or* °pādya.
2 T2 śakyo(R.)
3 T4 na te(T3?; N3); R. nabha
4 T3 meruśīlair. cf. N4 merusaire.
5 T3 omits 'ḥ'(N4).
6 T3,T4 punya°
7 T5 °jñānāṃśritaḥ. cf. N4 °śritāḥ.
8 T2 śakyate(R.). cf. N4 sakya.
9 cf. N4 kecit.
10 T2 vaiśra[omits 'maṇa']; R.,L.,V. vaiśravaṇa. cf. N3,N4 vaiśramaṇa.
11 T4 varo; T5 naro(N3). cf. N4 naraḥ.
12 T2 gurus(R.); T3 invisible
13 T4 meṣa(N3); T3 invisible. cf. N4 teṣa.
14 T3 invisible; T4 śāstrā
15 cf. N4 vijāti; Tib. tshor.
16 T2 adhyāsayena(N4)
17 T3 gauravena
18 T3~5 vakṣatha(N3). cf. N4 vetsyatha.
19 T3 bhūla. cf. N4 tula.
20 T2 peśīṃ(R.); V. peśim
21 T2,T4 ahañ(R.)
22 T2 yūyañ(N3,N4; R.)
23 V. hayam
24 T3,T4 naiskra°. cf. N4 niṣkra°.
25 T3,T4 punyam
26 T2 ārjamo(R.); T3 ārjayatā?; T5 ārjjayatā; L.,V.,S. ārjayāmo. cf. N1/H ārjayāmo; N4 ārjayamā; BHSD,ārjayati. m.c. ārjayatā(impv. 2 pl.).
27 T2,T5 bahu[omit 'ṃ'](N3; R.); T3,T4 bahuḥ; V. bahum. cf. N4 bahuṃ.
28 T4 bhikṣavo[marg. 'ḥ']
29 T2 devās. cf. N3 devāṃ; N4 devānāṃ.
30 T2 trayastriśān(R. °triṃśān); T5 trāyatriṃśakānām(N3 omits 'tra'). cf. N4 trāyatriṃsānām.
31 T4 mārṣāḥ. cf. N4 māṣā.
32 T3,T4 °niskra°
33 cf. N4 tata.
34 T2 yusmābhiḥ
35 T2 omits 'sarvaiḥ'(R.).
36 T2,T5 °karmmaṇe(N4; R.). cf. N3 °karmmaṇa.
37 T2 autsukyena(N1/H; R.,L.,V.). cf. N3 autsukair; N4 autsukyena?; L(L's Varianten) °sukyair; BHSD,autsuka. autsuka = autsukya.
(38…38) In T2 this sentence is shifted below[Note 44](R.).
39 T3,T4 sānta°[In T3 'matir' is invisible]. cf. 方広「静慧」；普曜「寂意」.
40 T4 repeats 'pilavastu'; T5 kapilavat kapilavastuni(N3)
41 T2,T4 °dārikāṇāṃ(R.,L.,V.); T3 °dārikāṇāṃm. cf. N3 °dārikāṇām; N4 °dārikānām.
42 T2 asvāpanaṃ(R.); T3 apaśvāpaṇaṃ; T4,T5 apaśvāpanaṃ(N3); L.,V. prasvāpanaṃ. cf. N1 eprasvāpanaṃ; N2,N4,N5,B,H apasvāpanaṃ; C1,C2 eprasvāyanaṃ; Tib. gnid kyis log pa.
43 T3~5 laḍita°. cf. N3 laḍi°[lacks 'ta']; N4 lalitavyūho;方広「荘厳遊戯」；普曜「光音」.
44 T2 inserts 'tatra śāntamatir --- ---sa evam āha'[See above Note 38](R. --- śāntasumatir ---).
45 T4 °dārikānāṃ
46 T2,T4,T5 antarddhā°(N3; R.)
47 cf. 方広「厳慧」；普曜「清浄」.
48 T3~5 gagaṇa°(N3,N4; L.)

rathavistārapramāṇaṃ[1][2] ratnavedikāparivṛtaṃ sūryakāntamaṇiratna[ṃ]prabhôj-[3][4] jvalitam[5] ucchritacchattradhvajapatākaṃ[6][7] nānāpuṣpâbhikīrṇaṃ nānāgandha-ghaṭikānirdhūpitaṃ[8][9] mārgavyūhaṃ kariṣyāmi, yena mārgeṇa bodhisattvo[10] 'bhigamiṣyati.[11]

airāvaṇo[12] nāma[13] nāgarājā[14] sa evam āha. aham api svasyāṃ[15] śuṇḍā-[16]yāṃ[17] dvātriṃśadyojanapramāṇaṃ kūṭāgāraṃ[18] māpayiṣyāmi.[19] yatrâpsaraso[20]
204 'bhiruhya[21] tūryasaṃgīti(saṃ)prabhaṇitena[22][23] mahatā gītavāditena bodhisattva-syôpasthānaparicaryāṃ[24] kurvantyo[25] gamiṣyanti.[26]

svayaṃ[27] ca śakro devānām-indra[28] evam āha. ahaṃ dvārāṇi[29] vivari-ṣyāmi. [(30...] mārgaṃ ca saṃdarśayāmi.[...30)]

dharmacārī[31] [(32...] devaputra āha.[...32)] ahaṃ vikṛtam antaḥpuram upadarśa-yiṣyāmi.

saṃcodako[33] [(34...] devaputra āha.[...34)] ahaṃ bodhisattvaṃ[35] śayanād utthāpa-yiṣyāmi.[36]

tatra varuṇaś ca[37] nāgarājo manasvī ca[38] nāgarājaḥ sāgaraś ca[39] nāga-[(40...]rājo 'navataptaś[...40)] ca nāgarājo[41] nandôpanandau (ca)[42] nāgarājāv[43] evam[44] āhuḥ. vayam api ⟨bodhisattvasya pūjākarmaṇe⟩[45] kālânusārimegham abhinirmā-yôragasāracandanacūrṇavarṣam[46] abhipravarṣayiṣyāmaḥ.[47][48]

iti hi bhikṣavo devanāgayakṣagandharvaiś[49] câyam evaṃrūpo[50] niśca-yâbhiprāyaś[51] cintito 'bhūd[52] vyavasitaś[53] ca.

1 T2 °vistara°(R.)

2 T2 omits 'ṃ'(R.).

3 cf. N4 ratnaṃ vedikāparivṛtta.

4 T2 °ratnapra°(R.,L.,V.); T3~5 °ratnaṃ pra°(N3). cf. N4 obscure; Tib. nor bu rin po che me śel gyi ḥod ḥbar ba.

5 T3~5 °bhojva°(N3,N4)

6 T3 invisible; V. uchrita°. cf. N4 omits 'm ucchrita'.

7 T3 invisible; L.,V. °paṭākaṃ. cf. N3 °patākaṃ; N4 °paṭākaṃ; BHSD,paṭākā.

8 T2 °gandhadhūpavaṭikā°(R.); T4,T5 °gandhakaṭikā°(N3). cf. N4 °gandhaghaṭikā°.

9 T5 °nidhūpitaṃ(N3; L.,V.). cf. N4 °nidhūpitāni; BHSD,nirdhūpita.

10 cf. N4 bodhisatva.

11 T2 'bhiniṣkramiṣyati(N1/H; R.,L.,V.); T3 bhigamiṣyati. cf. N3 'kigamiṣyati; N4 abhigamiṣyati; A(L's Varianten) 'bhigamiṣyati.

12 T5 erāvaṇo. cf. 方広「伊鉢羅王」；普曜「伊羅末龍王」.

13 T3,T4 omit 'nāma'(N3). cf. N4 inserts; Tib. shes bya ba (= nāma).

14 T2 °rājaḥ; T5 omits 'nāga'?

15 T2 inserts 'ca'(R.,L.,V.). cf. N3,N4 omit; A(L's Varianten) omits.

16 cf. N4 su asyāṃ.

17 cf. N4 suddhāyāṃ.

18 T3,T5 omit 'ṃ'(N3?).

19 T2 mārjayiṣyāmi(R.)

20 cf. N4 yatrā 'psaro.

21 T3 bhiḥruhya

22 T2 turyya°(R. tūryya°)

23 T2 °sampra°(R.); T3 omits 'saṃ'; T4 °saṃpraṇitena[lacks 'bha'](T5 omits 'ṃ'; N3); L.,V. °saṃprabhaṇitena. cf. N1,N2,C1,C2,B °saṃprabhaṇītena; N4 °saṃpraṇitena; N5 °saṃprabhaṇīte[omits 'na'](H?); BHSD,saṃprabhaṇita.

24 T3 °tvasyograsthāna°

25 T4,T5 kurvvantyo(N3; R.). cf. N4 kurvvanti.

26 T3,T4 gamiṣyaṃti. cf. N4 āgamiṣyanti.

27 cf. N3 tvayaṃ?

28 T3 °indraḥ sa; T5 °indro. Tib. lacks the word corresp. to 'sa'.

29 T4,T5 insert 'ca'(N3).

(30…30) T2 omits ; T3 invisible; T4 ---sandarśayāmi(N3); R. mārgañ sandarśayiṣyāmi. cf. N4 mārggañ sandarśayiṣyāmi.

31 T2 dharmmacārī(N4; R.); T3 invisible; T4 varmacārī; T5 varmmacārī(N3). cf. Tib. chos spyod (= dharmacārin);方広「法行天子」；普曜「法行菩薩」.

(32…32) T5 °putrāha(N3). cf. N4 °putra evam āha.

33 T2 sañcodako(N4; R.). cf. 方広「開発天子」.

(34…34) T5 °putrāha(N3)

35 T3 °satvo; T4 °satva

36 T5 lacks 'mi'.

37 T2 inserts 'nāma'(N1,N4,N5,C1/H; R.,L.,V.). cf. N2 omits(N3?); A(L's Varianten) omits; Tib. lacks the word corresp. to 'nāma'.

38 T3 °rājo

39 T4 lacks 'ga'.

(40…40) cf. N4 °rāja anava°.

41 cf. N4 nāganāgajaḥ?

42 T3 inserts 'ca'; Other mss. omit(R.,L.,V.).

43 T3,T5 °rājāno; T4 °rājo. cf. N3 °rājāv; N4 °rājaiḥ.

44 T5 caivam

45 T2 bodhisattvasya pūjākarmmaṇe(N4 bodhisatvasya ---; R.; L.,V. ---pūjākarmaṇe); T3~5 omit (N3). cf. A(L's Varianten) omits; Tib. byaṅ chub sems dpaḥ la mchod paḥi las gyi phyir.

46 V. °nirmāya uraga°. cf. N3 omits 'ga'.

47 T2 omits 'pra'(N1/H; R.,L.,V.). cf. N3,N4 insert 'pra'.

48 cf. N4 °yiṣyāmi.

49 T3 °gandharvaiḥ

50 T2,T5 evaṃrūpa°(N3,N4; R.)

51 T2 omits 'niścayā'(R.); T4 lacks 'prā'; T5 niścayābhiniś(N3). cf. N4 niścayābhiprāyaś.

52 T2~5 'bhūt(N3,N4; R.)

53 T3,T5 vyavasitāś(N3); T4 vyavaśitāś. cf. N4 vyavasitaś.

bodhisattvasya[1] ca dharmacintânupraviṣṭasya[2] saṃgītiprāsādeṣu[3] sukha-
śayanagatasyântaḥ[4]puramadhya[5]gatasya pūrvabuddhacaritaṃ[6] (vi)cintayataḥ[7]
sattvahitam[8] anucintayataś[9] catvāri pūrvapraṇidhānapadāny āmukhībha-
va⟨n⟩ti[10] sma. katamāni catvāri. pūrvaṃ mayā svayaṃbhuvām[11] ādhipa-
teyatām[12] abhilaṣatā[13] sarvajñatāṃ prārthayamānenâivaṃ saṃnāhaḥ saṃ-
naddho 'bhūt.[14] sattvān[15] duḥkhitān[16] (17... dṛṣṭvā aho ...17) vatâhaṃ[18] saṃsāramahācā-
rakabandhanaprakṣiptasya lokasaṃniveśasya saṃsāracārakaṃ bhittvā[19]
bandhanapramokṣaśabdaṃ[20] côdīrayeyaṃ tṛṣṇāpāśanigaḍa[21]gāḍhabandhana-[22]
baddhāṃś[23] ca sattvān pramocayeyam.[24] idaṃ prathamaṃ[25] pūrvapraṇi-
dhānapadam āmukhībhavati sma.

205 aho vatâhaṃ[26] (saṃsāra)[27]mahâvidyândhakāragahana[28]prakṣiptasya lo-
kasyâjñānapaṭalatimirâvṛta[29]nayanasya prajñācakṣurvirahitasyâvidyāmohân-
dhakārasya[30] mahāntaṃ dharmâlokaṃ[31] kuryām. jñānapradīpaṃ[32] ⟨côpa-⟩
saṃhareyaṃ[33] trivimokṣa[34]mukha[35]jñānabāṣpâuṣadhi[36]saṃprayogeṇa[37] côpāyapra-
jñājñāna[38]saṃprayuktena[39] sarvâvidyā[40]ndhakāramohatamas(timira)[41]paṭala[42]kālu-
ṣyam[43] apanīya prajñācakṣur viśodhayeyam.[44] idaṃ dvitīyaṃ pūrvapra-
ṇidhānapadam āmukhībhavati[45] sma.

aho vatâhaṃ[46] mānadhvajôcchritasya lokasyâhaṃkāramamakārâbhini-
viṣṭasyâtmâtmīya[47]grāhânugata[48]mānasasya saṃjñācittadṛṣṭi[49]viparyāsavipary-

1 T2 °tvasyaivaṃ(R.,L.,V.); T4 °tvasyaiva. cf. N3 °tvasya van?; N4 °tvasya[omits 'ca'].
2 T2 °cintām upa°(R.); T3 °cittonupra°; T5 °cittānupra°(N4)
3 cf. N4 °prāsādaiḥ. 4 V. °gatasya antaḥ°
5 T4,T5 °puraḥmadhya°(N3)
6 T4 °buddhaś caritaś(N3); T5 °buddhaś caritaṃ; V. omits 'ṃ'.
7 T2 viciṃtayaṃtaḥ; T3,T4 cintayataḥ[omit 'vi'](N3); T5 piścintayataḥ(?); R.,L.,V. vicintayataḥ. cf. N4 vicintayantaḥ; Tib. rnam par sems śiṅ (= vicintayat).
8 T2 sarvasattva°(R. sarvva°; L.,V.). cf. N4 sarvvasattva°; Tib. lacks the word corresp. to 'sarva'.
9 T3 °cintayantaḥ(N4); T4 °cintayataḥ
10 T3,T5 °bhavati[omit 'n'](N3); T4 °bhavaṃti? cf. N4 āmukhibhavanti; BHSD,āmukhībhavati.
11 T2 svayambhuvām(R.); T3~5 svayaṃbhutām(N3)
12 T2 ādhipatyam(R.); T3 ādhipateyatā. cf. N4 adhipate / patām; BHSD,ādhipateyatā(1).
13 T3 omits 'abhilaṣatā'; T5 abhilaṣatāṃ. cf. N4 abhileṣanā.
14 cf. N4 'bhū[omits 't']. 15 T3 satvānāṃ
16 T3 duḥkhitā[omits 'n']; T5 duḥkhitāṃ
(17...17) T4 dṛṣṭvāho; T5 dṛṣṭvā 'ho(N3); V. dṛṣṭā aho
18 V. batāhaṃ 19 T2~5 bhitvā(N3,N4)
20 cf. N4 °pramokṣaṃ.
21 T2 tṛṣṇāyāḥ sannigaḍa°(R.); T4,T5 tṛṣṇayā sanigaḍa°(N3; V.); L. tṛṣṇāyā sanigaḍa°. cf. N1,N5, C2,B tṛṣṇayā saṃnigaḍa°(H?); N2,C1 tṛṣṇāyā saṃnigaḍa°; N4 tṛṣṇāyā saṃnirāgaḍa°; Tib. sred paḥi shags pa daṅ sgrog (= tṛṣṇāpāśanigaḍa°).
22 T4 °gāḍhaṃ baṃdhanaṃ; T5 °gāḍhaṃ bandhanaṃ(N3)
23 T3,T4 °baddhāś[omit 'ṃ'] 24 T2 °yeyaṃ(R.,L.)
25 T2,T3 prathama[omit 'ṃ'](R.) 26 V. batāhaṃ. cf. N3 vatāyaṃ.
27 All mss. except N4 insert 'saṃsāra'(R.,L.,V.). cf. N4 omits; Tib. lacks the word corresp. to 'saṃsāra'. 28 T3 °gahaṇa°. cf. N4 °gahane°.
29 T5 °timilāvṛta°(N3). cf. N4 °ṭimilāvṛta°.
30 T2,T5 °vidyāmohāndhasya[omit 'kāra'](R. °vidyāmāhā°). cf. N4 °vidyāmohatamo 'ndhasya.
31 T2 kuryyāṃ(N3; R.); T3 kuyāt; T4,T5 kuryāṃ(L.). cf. N4 kuryyāt.
32 T2 °dīpaś; T3,T4 °dīpa[omit 'ṃ']; R. °dīpañ
33 T2 copasandadeyaṃ(R. °deya); T3~5 omit 'copa'(N3); L. copasaṃhareyaṃ(V. °hareyam). cf. N4 copasaṃharayeyaṃ?; Tib. ñe bar bsgrubs la.
34 T3 trivikṣa°[omits 'mo']
35 T2 °mokṣasukha°[marg. mukha]; R.,L.,V. °mokṣasukha°. cf. N1,N4,C1,C2 °mokṣamukha°; N2,N3,N5,B,H °mokṣasukha°; Tib. rnam par thar paḥi sgo (= trivimokṣamukha).
36 T2 °jñānavatā auṣadhi°(R.); T3,T5 °jñānavaśpauṣadhi°; T4 °jñānavaspauṣadhi°(N3); L.,V. °jñānavatauṣadhi°. cf. N1,C1,C2 °jñānavatauṣaṣi°; N2,N5,B °jñānavatauṣadhi°; H °jñānavatoṣadhi°?; Tib. mig sman ri lu. 37 T4 °yogena
38 T4,T5 °prajñāna°[omit 'jñā'](N3) 39 T4 °saṃyuktena[omits 'pra']
40 T5 sarvva°. cf. N4 omits 'sarvā'.
41 T2 °kāratamo mahattimira°(R.); T3 °kāramohatamaḥ[omits 'timira']; T4 °kāratamo[omits 'timira']; T5 °kāramohatamo[omits 'timira']; L.,V. °kāratamohataṃ mahattimira°. cf. N1,N2,C2, B,H °kāratamohata mahattimila°; N3 °kāratamo[omits 'moha' and 'timira']; N4 °kāramohatamas timira°; N5 °kāratamohata mahāttimila°; C1 °kāratamohata madatimila°; Tib. gti mug gi mun pa daṅ rab rib (= moha-tamas-timira). 42 T4,T5 °patala°(N3)
43 T4 °kāruṣyam. cf. N3 °kānuṣyam. 44 T2 °yeyaṃ(R.,L.)
45 T2 omits 'mu'. cf. N4 āmukhibhavati. 46 T3 vatāha[omits 'ṃ'](N3); V. batāhaṃ
47 T2 °niviṣṭasyātmiya°['vi' is marg.](R. °ātmīya°); T3,T4 °niviṣṭasya ātmāmīya°; T5 °niviṣṭasyātmānīya°(N3); L.,V. °niviṣṭasyātmanīya°. cf. N1,C1,C2 °niviṣṭasyātmānmīya°; N2 °niviṣṭasyānmātmīya°; N4 °nivistasyātmātmīya°; N5 °niviṣṭasyātyātmīya°; B °niviṣṭasyātmātmīya°; H °niviṣṭasyātmāmīya°?; BHSD,ātmanīya;-grāha; ātmātmīya.
48 T2 °gamāna°[omits 'ta'](N2,N5,B; R.,L.,V.). cf. N1,N3,N4,C1,C2,H °gatamāna°; Tib. daṅ ldan paḥi (= anugata).
49 T3,T5 °viparyāśa°; T4 omits 'viparyāsa'.

astasyâsaṃgraha[1]gṛhītasya⟨ārya⟩[2]mārgôpadeśenâsmimāna[3]dhvajaprapātanaṃ kuryām.[4] itîdaṃ[5] tṛtīyaṃ[6] pūrvapraṇidhānapadam āmukhībhavati[7] sma.

aho vatâhaṃ[8] ⟨a⟩vyupaśāntasya[9] lokasya tantrâkulajātasya[10] guṇâ⟨va⟩-[11]guṇṭhita[12]bhūtasyâjavaṃ[13]javasamāpannasyâsmāl[14] lokāt paraṃ lokaṃ[15] para-lokād imaṃ lokaṃ saṃdhāvataḥ[16] saṃsarataḥ saṃsārād avinivṛttasyâ-[17]lāta[18]cakrasamârūḍhasyôpasamikaṃ[19] prajñātṛptikaraṃ[20] dharmaṃ[21] saṃpra-[22]kāśayeyam.[23] itîdaṃ caturthaṃ[24] pūrvapraṇidhānapadam[25] āmukhībhavati sma. imāni[26] catvāri pūrvapraṇidhānapadāny āmukhībhavanti sma.

tasmiṃś[27] (ca)[28] kṣaṇe dharmacāriṇā[29] devaputreṇa śuddhāvāsakāyi-[30]kaiś[31] ca (32... devaputrair ...32) vikṛtam[33] antaḥpuram upadarśitam abhūt. visaṃ-[*]sthitaṃ bībhatsarūpam upadarśya ca gaganatalasthās[34] te[35] bodhisattvaṃ gāthābhir adhyabhāṣanta.[36]

[Meter ... Mixture of Upajāti and Vaṃśamālā]

24. athâbruvan devasutā mahârddhayo[37]
vibuddhapadmâyatalocanaṃ taṃ,[38]
kathaṃ tavâsminn[39] upajāyate ratiḥ
śmaśānamadhye[40] samavasthitasya.

206 25. saṃcoditaḥ[41] so ’tha surêśvarebhiḥ[42]
nirīkṣate[43] ’ntaḥpura[44] taṃ[45] muhūrtaṃ,[46]
saṃpreṣataḥ[47] paśyati tāṃ vibhagnāṃ[48]
śmaśānamadhye[49] vasito[50] ’smi[51] bhūtaṃ.[52]

1 cf. N4 °saṃgrāha°; BHSD,saṃgraha.
2 T2 °gṛhītasyārya°(N2,B; R.,L.,V.); T3~5 °gṛhītasya°[omit 'ārya'](N3). cf. N1,N4,N5,C1,C2,H °gṛhītasyāryya; Tib. ḥphags paḥi lam (= ārya-mārga).
3 All mss. except T3 °sminmāna°(R.,L.). cf. BHSD,asmimāna; Tib. ṅaḥo sñam paḥi ṅa rgyal.
4 T2 kuryyāṃ(R.); L. kuryāṃ. cf. N3 kuryyām; N4 kuryyād?
5 cf. N4 idaṃ[omits 'iti'].
6 T3 tṛtīya[omits 'ṃ'](N4)
7 T2 °bhavanti
8 V. batāhaṃ. cf. N4 vatāham.
9 T2 vyupaśāntasya(N1/C2,H; R.,L.,V.); T3~5 mānadhvajocchritasya(N3). cf. N4 avyusāntasya [marg. mānadhvajocchritasya?]; B vyupaśānta[omits 'sya']; BHSD,vyupaśānta; Tib. rnam par ma shi ba (= a-vyupaśānta).
10 T2,T5 tandrā°(R.,L.,V.); T3 taṃtrā°; T4 taṃtra°. cf. N1/H,N4 tantrā°; N3 tantra°; BHSD,tantrā-kulajāta; Tib. thags(= tantra).
11 T2 guṇāva°(N4; R.,L.,V.); T3,T4 guṇā°[omit 'va']; T5 gunā°[omits 'va'](N3)
12 T3 °gunṭhikabhūta°(N4)
13 T2 °javajava°[omits 'ṃ'](R.)
14 T2 °syā 'smāl(R.)
15 T2 omits 'lokaṃ'(N4; R.).
16 T2 sandhā°(R.); T3,T5 satvā°(T4 emends 'satvā' to 'saṃdhā'; N3). cf. N4 sadhā°[omits 'ṃ'].
17 T2 anivṛtta°(R.); T4,T5 abhinivṛtta°(N2,N5,B,H; L.,V.). cf. N1,C1,C2 abhinivṛta°; N4 abhivṛtta°; Tib. mi ldog pa.
18 T2 °asyā 'lāta°(R.)
19 T2 °paśāmakaṃ(R.); V. °paśamikaṃ
20 T4 omits 'pti'(N3).
21 T3~5 omit 'ṃ'(N3).
22 T2 omits 'saṃ'(R.).
23 T2,T4,T5 °yeyaṃ(R.,L.)
24 T3 °tham. cf. N4 caturtha[omits 'ṃ'].
25 T4,T5 omit 'pada'(N3).
26 cf. N4 inserts 'ca'.
27 T3 tasmin. cf. H tasmi?
28 T2,T4,T5 insert 'ca'(R.,L.,V.); T3 omits(H). Tib. lacks the word corresp. to 'ca'.
29 cf. N4 °cāriṇī.
30 T3,T4 śuddhāvāśa°
31 T2,T3 °kāyikair(N4?; R.)
(32…32) T2,T3 omit 'ca'(R.); T5 --- °putraiḥ. cf. N4 omits 'ca devaputrair'.
33 T2 vikṛtavigalitam(N2,N5,B,H; R.,L.,V.). cf. N1,C1,C2 kṛtavigalitam[omit 'vi']; N3 vvikṛtam [omits 'vigalita']; N4 vvikṛtavijātitam; Tib. lacks the word corresp. to 'vigalita'.
* In N2 there is a great confusion, i.e. some texts of Chap.15[from here⟨visaṃsthitaṃ⟩ to 'ivāśuci-madhye'(L., p. 207, line 6)] and of Chap.13[from 'ca sūrato'(the end of Gāthā No.54d) to 'nivṛtāś' (the end of Gāthā No.66a)] are interchanged.
34 T3,T4 gagaṇa°(L.)
35 cf. N4 omits 'te'; Tib. lacks the word corresp. to 'te'.
36 T3 °bhāṣataḥ(N4); T4 °bhāṣantaḥ
37 T2 maharṣayo(R.); T3,T4 mahardhayo; T5 maharṣayaṃ(N3). cf.N4 maharṣaye['ye' is marg.].
38 V. tam. cf. Tib. lacks the word corresp. to 'taṃ'.
39 T3,T5 bhavāsminn(N3); T4 bhavesminn
40 T4 smaśāna°
41 T2 sañco°(R.)
42 T2~5 °bhir(N3; R.). cf. N4 svarebhir[omits 'sure'].
43 R. nirīkṣyate
44 T2 °puraṃ(N4; R.)
45 T2 omits 'taṃ'(R.). cf. N4 tat?; Tib. lacks the word corresp. to 'taṃ'.
46 T2~5 muhūrttaṃ(R.); V. °rtam. cf. N4 suhūttamaṃ.
47 T2 saṃkṣepataḥ(R. saṅkṣe°); L.,V.,S. saṃpreṣate. cf. N3 saṃpreṣa[omits 'taḥ paśyati']; N4 saṃprekṣata; BHSD,saṃpreṣate; BHSG,§2.26; Tib. bltas nas.
48 T2,T5 vilagnāṃ(R.); T3 vinagnāṃ; T4 vinagnā; L.,V.,S. bibhatsāṃ. cf. N1,C1,C2 vihāyaso; N2 vihāso; N3 vilagnā; N4,B,H vibhāso; N5 vibhāmo; JAOS 66,§72; Tib. smad par gyur pa. Contextually we read 'vibhagnāṃ' though no ms. supports it.
49 T3 lacks 'na'; T4,T5 chmaśāna°(N3)
50 T2 hi sthitāṃ(R.); T3~5 vaśito(N3). cf. N4 hi sthito.
51 T2 sma(R.); T4,T5 smi(N3,N4)
52 T2 bhūtāṃ(N4; R.); V. bhūtam. cf. BHSD,bhūta(1).

adrākṣīt[1] (2...khalv api...2) bodhisattvaḥ sarvāvantaṃ nārīgaṇaṃ[3], vyavalokayan[4] paśyati[5]. tatra[6] kāścid vyapakṛṣṭavastrāḥ[7], kāścid vidhūtakeśyaḥ[8][9], kāścid[10] vikīrṇâbharaṇāḥ[11], kāścid[10] vibhraṣṭamukuṭāḥ[12], kāścid[10] vihatair aṃsaiḥ[13], kāścid[14] vigopitagātryaḥ[15], kāścid visaṃsthitamukhāḥ, kāścid viparivartitanayanāḥ, kāścit prasravantīlālābhiḥ[16], kāścic[17] chvasantyaḥ[18], (19...kāścit prahasantyaḥ, kāścit kāśantyaḥ...19), (20...kāścit pralapantyaḥ...20), kāścid dantān[21] kaṭakaṭāyantyaḥ[22], kāścid[23] vivarṇavadanāḥ, kāścid visaṃsthitarūpāḥ, kāścit pralambitabāhavaḥ[24], kāścid vikṣiptacaraṇāḥ[25], kāścid udghāṭitaśīrṣāḥ[26], kāścid avaguṇṭhitaśīrṣāḥ, kāścid viparivartitamukhamaṇḍalāḥ[27], kāścit pradhvastaśarīrāḥ[28], kāścid vinagnagātryaḥ[29][30], kāścin nikubjāḥ[31] khurakhurāyamāṇāḥ[32], kāścin[33] mṛdaṅgam upagṛhya[34] parivartitaśīrṣaśarīrāḥ[35], kāścid vīṇāvallakyapaviddhapāṇayaḥ[36], kāścid veṇuṃ[37] dantaiḥ kaṭakaṭāyantyaḥ[38], kāścit kimpalanakulaśamyatāḍâpakarṣitavādyabhāṇḍāḥ[39][40], kāścin nimeṣônmeṣaparivṛttanayanāḥ[41][42], kāścid vivṛtâsyāḥ[43]. evaṃ[44] vikṛtaṃ[45] dharaṇītalagatam[46] antaḥpuraṃ nirīkṣamāṇo[47] bodhisattvaḥ śmaśānasaṃjñām[48] utpādayati sma.

tatrêdam ucyate.

[Meter ... Mixture of Upajāti and Vaṃśamālā]

26. tāṃ[49] dṛṣṭva[50] udvigna sa lokanāthaḥ[51]
karuṇaṃ[52] viniśvasya[53] idaṃ[54] jagāda,

1 T3 adrākṣat? cf. N4 adrākṣīd; Tib. lacks the word corresp. to 'adrākṣīt'.
(2...2) cf. N4 omits.
3 V. °gaṇam. cf. N4 nāriganaṃ.
4 R. °lokan[omits 'ya']
5 cf. N4 omits 'paśyati'.
6 cf. N4 omits 'tatra'; Tib. lacks the word corresp. to 'tatra'.
7 T5 vyapagata°. cf. N4 vyapakṛtsa°.
8 T2 vidhuta°(R.)
9 T5 °keśāḥ. cf. N4 °kesyaḥ.
10 cf. N4 kācid.
11 T5 omits 'ḥ'(N4).
12 T3 omits 'vi'.
13 T2 aṃśair(R.); T3 amsaiḥ(N4?); T4 aṃśaiḥ(N1/B,N3; L.); T5 aṃśmaiḥ. cf. H omits 'aṃsaiḥ'; Tib. phrag pa. aṃśa = aṃsa.
14 T2 omits 'kāścid'(R.). cf. N4 kācid.
15 cf. N4 vikopitagātraḥ; BHSD,vigopita; Tib. rnam par ḥkhrugs (= vyākula?).
16 T2 prasavantyo(R. prasrava°); T3 prasraṃvaṃtir; T4 praśravantī°(N3); T5 praśavantī°. cf. N4 prasravantīlālābhiḥ.
17 T2 kāścid(R.); T4,T5 kāścit(N3)
18 T2 dhasantyaḥ(R.); T3 chvasanyaḥ; T4,T5 svasatyaḥ. cf. N3 svamantyaḥ; N4 chvasantyaḥ.
(19...19) T2 omits 'kāścit kāśantyaḥ'(R.). cf. N4 kāścit kāsantyaḥ kāścit prahasantyaḥ; Tib. kha cig ni lud pa lu / kha cig ni rgod (=kāścit kāśantyaḥ kāścit prahasantyaḥ).
(20...20) cf. N4 marg..
21 T3 dantā; T4,T5 dantāṃ. cf. N4 dhāntā.
22 T3 kaṭakaṭāpaṃyaṃtyaḥ; T4 kaṭakaṭāpayantyaḥ(N3)
23 T2 kācid
24 T4 pralaṃbilaṃbita°(N3)
25 T2~5 vikṣiptavadanāḥ(N3); R. °caranāḥ
26 T2 utghāṭita°; T4,T5 udghātita°(N3)
27 T2 viparītavarttita°(R.). cf. N4 viparivartta°.
28 T3 praveṣṭa°. cf. N4 pradhvaṣṭa°.
29 T2~5 vibhagna°(R.,L.); V. vibhugna°. cf. BHSD,vinagna; Tib. sgren mor gyur (= vinagna). Acc. to BHSD we regard 'vibhagna' as a scribal error for 'vinagna' though no ms. supports it.
30 T2 °gātrāḥ(N4; R.)
31 T5 nikukṣāḥ(N3). cf. N4 nikuryyaḥ; BHSD,nikubja.
32 V. °māṇāḥ
33 T3 kāścit
34 V. upaguhya
35 T2 varivarttitaśīrṣa°; T3,T4 parivarttiśīrṣa°(N3); T5 parivarttiśīrṣā°. cf. N4 omits 'śīrṣa'.
36 T2 °vallakyādyaparibuddha°(N4 °parividdha°; R.; L.,V. °paribaddha°); T3 °vallakyāpaviddha°; T4 °vallakyāpabaddha°(N2,N3); T5 °vallakyādyabaddha°. cf. N1,N5,B,H °vallakyādyapabaddha°; C1 °vallakyādyapabaddha°(C2 °barddha°); Tib. rgyud gsum paḥi steṅ du lag pa brkyaṅ.
37 T3,T5 veṇu[omit 'ṃ'](N3,N4); T4 veṇur
38 cf. N4 kaṭākaṭāparyyantyaḥ.
39 T2 °sampa°[for °śamya°](N1,N5,C1,C2,H; R.); T3 °śasya°; T5 °śampa°; L.,V. °saṃpa°. cf. N2 °saṃmya°(*or* °saṃmpa°); N3 °śamya°; N4 °saṃspa°; B °samya°; BHSD,śamya; Tib. khar baḥi sil khrol.
40 T2 °tāḍāvakarśita°; T4 °tāḍāvakarṣita°(R.); T3 °tāḍapakarṣita°
41 T3 nimoṣonmeṣa°; T4 'nmeṣa' is marg.
42 T2 °parivartta°(R.); T3 °parivṛtya°
43 T2 vivṛttāsyā(R.); T5 vivṛtāsyār(N3)
44 T5 evam. cf. N3 avam; N4 evan.
45 T2 tadvikṛtaṃ(N4 omits 'ṃ'; R.,L.,V.); T3,T5 vikṛtavantaṃ. cf. N1,N5,C1/H tadvikṛtan; N2 dvikṛtan; N3 vikṛtan; Tib. lacks the word corresp. to 'tad'.
46 T3,T4 dharaṇitala°(N4); T5 dharaṇītara°
47 T3 °māno
48 T3 smasāna°
49 T4,T5 tān(N3)
50 cf. N4 dṛṣṭa.
51 T5 °nāthaṣ. cf. N3 °nathaṣ.
52 cf. N4 karuṇā.
53 T3 visvasya[omits 'ni']; T4 viniṣvasya; T5 vinisvasya(N4). cf. N3 viniṣṭasya.
54 T3,T5 jagādaḥ

aho[1] vatā kṛcchragatā[2] prajêyaṃ[3]
kathaṃ ratiṃ[4] vindati[5] rākṣasīgaṇe.[6]

[Meter ... Drutavilambita?]

27. atimoha[7]tamâvṛta[8] durmati[9]
kāmaguṇair[10] (11...niguṇair guṇa...11)saṃjñinaḥ,[12]
vihaga pañjara[13]madhyagatā yathā
na hi labhanti[14] kadāci[d][15] viniḥsṛtiṃ.[16]

207 atha bodhisattvo 'nena punar api dharmâlokamukhenântaḥpuraṃ pratyavekṣamāṇo[17] mahākaruṇāparidevitena sattvān paridevate sma. iha te bālā hanyante[18] āghatana[19] iva vadhyāḥ.[20] iha te bālā rajyante[21] citraghaṭeṣv[22] ivâmedhyaparipūrṇeṣv[23] avidvāṃsaḥ. iha te bālā majjanti[24] gaja[25] iva[26] vārimadhye.[27] [28](iha te bālā rudhyante[29] caurā[30] iva cārakamadhye.) iha te bālā [31]abhiratā varāhā[32] ivâśucimadhye. iha te (33...bālā adhya...33)vasitāḥ[34] kukkurā[35] ivâsthikaraṅkamadhye(ṣu).[36] iha te bālāḥ prapatitā[37] dīpa[38]śikhāsv iva pataṃgāḥ.[39] iha te bālā[40] badhyante kapaya[41] iva[42] lepena.[43] iha te bālāḥ[44] paridahyante jālôtkṣiptā[45] iva jalajāḥ.[46] iha te bālāḥ parikuṭyante[47] śūlākāṣṭheṣv[48] ivôrabhrāḥ.[49] iha te bālā[50] avasajjante[51] kilviṣakāriṇa[52] iva śūlâgre. iha te bālāḥ[53] saṃsīdanti[54] jīrṇagajā[55] iva paṅke.[56] iha te bālā[57] vipadyante[58] bhinnayānapātra[59] iva mahāsamudre.[60] iha te bālāḥ prapatante[61] mahāprapāta iva jātyandhāḥ.[62] iha

1 R. batā
2 cf. N4 kṛtsna°.
3 T2~4 vrajeyaṃ(N1~4,C2,B,H; R.,L.,V.); T5 prajeyaṃ?(N5?). cf. C1 vajeyaṃ; S.,p.408,fn.11; Tib. skye dgu dag ni (= prajā).
4 T3 rati?; T5 ratim(N3). cf. N4 ranti.
5 T5 viṃdati. cf. N4 vandati.
6 T2 °gaṇaiḥ(R.). cf. N4 rākṣaṣigaṇaiḥ.
7 S. ativa moha°. cf. N1,C1,C2 api moha°.
8 T2 °vṛte(N1/H,N4; R.)
9 T2,T5 durmmati(R.); S. durmatī. cf. N4 emends 'durvvati' to 'durmati'.
10 T4 kāṃsaguṇair; S. niguṇa kāmaguṇair. cf. N4 kāmaguṇai[omits 'r'].
(11...11) T2,T5 nirguṇa°[omit 'guṇair'](N1,C2,B; R.); T4 nirguṇai[marg. rguṇa]; S. omits 'niguṇair'. cf. N2,C1,H niguṇa°[omit 'guṇair']; N4 nirgguṇe guṇa°; BHSD,niguṇa.
12 T2 °sañjinaḥ(R. °sañjñinaḥ); T5 °saṃjñino(N1/H,N3)
13 T5 paṃjara°(T3?)
14 cf. N4 rabhasthi.
15 T2 kadāścid; T3~5 kadācid(N1,N3,N5,C1/H; R.); L.,V.,S. kadāci. cf. N2 kadād; N4 kadācit. Metrically 'd' should be deleted.
16 T3 viniḥsṛtiḥ; T4,T5 viniḥśṛti(N3); V. °sṛtim. cf. N4 niśṛti[omits 'vi']; BHSD,viniḥsṛti.
17 T3 °māno
18 T3 hante(N3); T4 'nya' is marg..
19 T2 āghātina(N1,N4,N5,C1/H; R.); T3 āghāṭana; T5 āghātana(L.,V.). cf. N2 aghātina; N3 āghatana; BHSD,āghatana & āghātin; Tib. bsad paḥi gnas. āghatana = āghātana.
20 T3,T5 vadhyā[omit 'ḥ'](N3); T4 dadhyā; R. badhyāḥ. cf. N4 madhyāḥ.
21 cf. N4 rajyanti.
22 T3 cittakhaṭāṣv(N3); T4,T5 cittaghaṭeṣv
23 T4 ivāmadhyapūrṇṇaṣv
24 T4 marjjanti(N4)
25 T2 gajā(R.,V.)
26 T5 ivā
27 T5 °madhyente
28 T2,T5 insert 'iha ---cārakamadhye'(N1/H,N4; R.,V.; L. brackets); T3,T4 omit(N3). cf. A(L.'s Varianten) omits. Acc. to Tib. this should be inserted.
29 cf. N2 rudhyaṃti; N1,N4,N5,C1/H rudhyanti.
30 T5 corā
31 T5 inserts 'magnaṃte'.
32 T3 varāha; T5 valāhā(N3,N4)
(33...33) T5 balādhy°. cf. N3 bālā 'dhy°.
34 T4,T5 °avaśitāḥ(N3; L.). cf. N4 °avasitāḥ; BHSD,adhyavasita.
35 T3,T4 kurkurā(N4). cf. N3 kurkkurā.
36 T2 °karaṅkamadhye(N1/H; R.,L.,V.); T3 °karaṃkeṣu[omits 'madhye'](N4 'madhye' is marg.); T4,T5 °karaṃkamadhyeṣu(N3)
37 T3,T4 prapatitāḥ. cf. N3 prapatitār.
38 T4 dāpa°. cf. N3 ddīpa°.
39 T2 pataṅgāḥ(N4; R.); T5 pataṃgā(N3)
40 T4 bālāḥ
41 T5 kapaye. cf. N4 kaṃparyya.
42 T5 omits 'iva'(N3 'i' is marg.).
43 T2 valayena(R.). cf. BHSD,lepa.
44 T5 bālā. cf. N3 bālāṣ.
45 T4,T5 °kṣipta(N3)
46 T5 jalajā[omits 'ḥ'](N3)
47 T2 parikrudhyante(R.); T4 parikuṭyaṃte; T5 parikruḍyante(N3,N5); L.,V. parikrūḍyante. cf. N1,C2,H parikruṭyante(C1?; B?); N2 parikruṣyante; N4 parikṣadyaṃnte[marg. ku]; BHSD, ?parikrūḍyate; Tib. yoṅs su gtubs pa.
48 T2 sukāṣṭhesv(R. °ṣṭheṣv); T3 ṣūnākā°; T4 sūnākā°(L.,V.); T5 ṣṭanākā°. cf. N1/B śūnākā°; N3 mūnākā°; N4 sūrākāstheṣv; H śūkārāṣṭai; Tib. śa ḥtshoṅ gi gnas kyi.
49 T2 ivoragāḥ(R.); T5 ivorabhrā(N3)
50 T3 bālāḥ
51 T3 avasajyaṃte?; T4 avasajjaṃta; T5 avasaṃjyaṃte. cf. N3 avasaṃjaṃte; N4 avasarjjante.
52 T4 °kāriṇar; V. kilbiṣa°
53 T4 bālā
54 T3 saṃśīdante; T4 saṃjīryante; T5 saṃśīdaṃte. cf. N3 sañjjīyante?
55 T3~5 °gaja
56 T3~5 paṃke
57 T4 bālāḥ
58 T2 vidyante[omits 'pa']
59 T2~5 °pātrā(N3; R.). cf. N4 bhinnayāna iva pātrā.
60 T2 °samundre; T5 °samudra
61 T3~5 °taṃte. cf. N4 prapatanti.
62 T3 jānyatvāḥ; T4,T5 jātyaṃdhāḥ(N3)

te bālāḥ paryādānaṃ[1] gacchanti pātālasaṃdhigatam[2] iva vāri.[3] iha
te bālā[4] dhūmāyante kalpasaṃkṣaya[5] iva mahāpṛthivī.[6] [(7...]iha te[...7)] bālā
bhrāmyante kumbhakāracakram[8] ivâviddham.[9] iha te bālāḥ pari-
bhramanti[10] śailântargatā[11] iva jātyandhāḥ. iha te bālā[12] viparivartante[13]
kurkurā[14] iva gardūlabaddhāḥ.[15][16] iha te bālā mlāyante grīṣmakāla
iva tṛṇavanaspatayaḥ. iha te bālāḥ parihīyante[17] śaśîva kṛṣṇapakṣe.
ābhir bālā bhakṣ⟨y⟩ante[18] garuḍenêva[19] nāgāḥ.[20] ābhir bālā grasyante
mahāmakareṇêva[21] potaḥ.[22] [23]ābhir bālā[24] lupyante corasaṃghenêva[25][26] sār-
thaḥ.[27] ābhir bālā bhidyante (mahā)mārutenêva[28] śālāḥ.[29] ābhir bālā
208 hanyante dṛṣṭīviṣair[30] iva jantavaḥ.[31] āsvādasaṃjñino[32][33] bālāḥ[34] kṣaṇyante
madhudigdhābhir iva kṣuradhārābhiḥ.[35] ābhir bālā uhyante dāru-
skandhā[36] iva jalâughaiḥ.[37] ābhir bālāḥ[38] krīḍanti dārakā[39] iva svamūtra-
purīṣaiḥ.[40] ābhir bālā āvartyante[41] aṅkuśenêva[42] gajāḥ.[43] ābhir bālā
badhyante dhūrtair[44] iva[45] bālājātīyāḥ.[46] iha te bālāḥ[47] kuśalamūlāni
kṣapayanti[48] dyūtâbhiratā[49] iva dhanam.[50] ābhir bālā[51] bhakṣ⟨y⟩ante[52]
rākṣasībhir iva vaṇijāḥ.[53] ity ebhir[54] dvātriṃśatâkārair[55] bodhisattvo[(56...]
[...56)]’ntaḥpuraṃ (pari)tulayitvā[57] kāye aśubhasaṃjñāṃ[58][59] vibhāvayan[60] prati-[61]
kūlasaṃjñām[62] upasaṃharan[63] jugupsasaṃjñām utpādayan[64] svakāyaṃ[65]

1 T2 paryyavadānaṃ(R.). cf. BHSD,paryādāna.
2 T3 °sandhi[omits 'gatam']; T4.T5 °saṃdhigata. cf. N3 pātālāsandhigata; N4 °samvigatam.
3 T3,T4 vāriḥ
4 T3 bālāḥ
5 T3 kalpaśaṃkhyaya
6 T5 °pṛthivyāṃ. cf. N3 °pṛthivyā.
(7…7) T2~4 ābhir(N1,N2,N4,N5,C1/H; R.,L.,V.). cf. N3 'bhir; Tib. ḥdi na byis pa de dag ni (= iha te bālāḥ).
8 T2 °kārakacakram(R.,L.,V.). All mss. except T2 °kāracakram[omit 'ka']; Tib. rdsa mkhan gyi ḥkhor lo (= kumbhakāracakra).
9 T2,T4 °viddhaṃ(N4; R.,L.); T3 ivābaddhaṃ. cf. N3 °viddham; BHSD,āviddha.
10 T2 °bhrāmyante(R.); T4 °bhramaṃti. cf. N4 °bhramyante.
11 T3 omits 'lā'; T4,T5 °gata(N3). cf. N4 sailāntarggatā.
12 T3,T4 bālāḥ
13 T2 °varttate; T3~5 °varttante(R.)
14 T2 kukkurā(R.); T5 kurkkura(N3). cf. N1,N5,C1,C2,B kurkkurā; N2 kuhyarā?; H kukkulā.
15 T2 sakhaṇḍabala°(R.); T3 satkūla°; T4,T5 satkula°(N1,N3,C1,C2); L.,V. śardūla°. cf. N2 gardūra°; N4,N5,B gardūla°; H satvadūla°; S(L.'s Varianten) gandūla°; L(L.'s Varianten) gadūla°; BHSD,śardūla; Tib. stuṅ(*or* ltoṅ?).
16 T4,T5 °baddhā[omit 'ḥ'](N3)
17 T3 °yaṃte; T4 °yaṃta
18 T2~5 bhakṣante(N2~5,B,H); R.,L.,V. bhakṣyante. cf. N1,C2 bhakṣane; C1 bhakṣaṇe.
19 T3 garuḍaiva. cf. N3 garuḍenaiva.
20 T2 pannagāḥ(N1/H,N4; R.,L.,V.); T5 pannagā. cf. N3 nāgā(A); Tib. klu.
21 T3 °makareṇa iva
22 T2 potakāḥ(R.); T5 pota(N3)
23 cf. N1,C1,C2 omit 'ābhir ---sārthaḥ'.
24 T5 bbālā(N3). cf. N4 bbālāpi.
25 T4,T5 caura°(N3,N4)
26 T3 °saṃghenaiva. cf. N4 °saṃghena.
27 T2 sārthāḥ(R.); T3 sarthaḥ; T4,T5 sārtha(N2,N3,N5,B,H). cf. N4 sārthaḥ.
28 T2,T5 māruteneva(N3; R.,L.,V.); T3,T5 mārutenaiva. cf. N4 mahāmāruteneva; Other mss. omit 'mahā'; Tib. rluṅ dmar chen po (= mahāmāruta).
29 T3 sālāḥ(N4); T5 sālā
30 T2 dṛṣṭaviṣair(R.). cf. N2,N4,H dṛṣṭiviṣair.
31 T5 jantava(N3). cf. N4 yantavaḥ.
32 T4,T5 āśvāda°(N3)
33 T2 °sañjino(R. sañjñino)
34 T4,T5 bālā(N3)
35 T2 °bhir bālajātīyāḥ(N1,N4,N5,C2,H; R.,L.,V.); T5 °bhir[omits 'bālajātīyāḥ'](N3). cf. N2 °bhir bālalajātīyāḥ; C1 °bhir bālajātiyāḥ; B °bhir bālājātīyāḥ; Tib. has no word corresp. to 'bālajātīyāḥ'.
36 T3~5 °skaṃdhā(N3)
37 T5 °ghair(N3); R. jaloghaiḥ
38 T3~5 bālā(N3). cf. N4 bbālāḥ.
39 T5 dāraka(N3)
40 T2 svamutra°; T3~5 °purīṣe(N3)
41 T2 badyaṃte(R. °yante)
42 T3 aṃku°(N1,N2,C1,C2,B); T4,T5 'ṅku°(N3; L.,V.). cf. N4 aṅkusair iva; N5,H aṅkuśeneva.
43 T5 gajā(N3)
44 T2 dhūrttakair(N2,N5,B,H; R.); T3 dhūrtrair; T4,T5 dhūrttair; L.,V. dhūrtakair. cf. N1,C1,C2 puttaikair; N3 dhūrttar; N4 dhūttakair; Tib. gyon can gtis.
45 T3 i[omits 'va']
46 T3 °jātīyo // la // ?; T4,T5 °jātīyāla(N3)
47 T2 bālā(H; R.,L.); T5 bālāṣ(N3). cf. N1/B,N4 bālāḥ.
48 T3 kṣipanti; T5 kṣipayanti
49 V. dyatā°. cf. N4 emends 'dhū' to 'dyū'.
50 T2~4 dhanaṃ(N4; R.,L.)
51 T3 bālāḥ
52 T2~5 bhakṣante(N1,N3,C1,C2,H); R.,L.,V. bhakṣyante. cf. N2 kṣyante; N4,N5,B bhakṣyante.
53 T2,T4 vaṇijaḥ; T3 vanijāḥ; T5 vanijā(N1/H); R. baṇijaḥ. cf. N3 vaṇija; N4 vāṇijyāḥ?
54 T3 ebhi; T5 etir
55 T3,T4 °triṃśatā ākāraiḥ; T5 °kārai. cf. BHSD,dvātriṃśata; BHSG,§19.34.
(56…56) T4,T5 °satvāntaḥ°(N3)
57 T2 paripūrayitvā(R.); T3~5 tulayitvā[omit 'pari'](N2); L. pari tulayitvā; V. paritulayitvā. cf. N1,N5,C1/H paritulayitvā; N3 tulatvā; N4 pariturayitvā; BHSD,paritulayati; Tib. yoṅs su brtag pa byas nas (= paritulayitvā).
58 T2,T5 'śubha°(N1/H,N3; R.,L.,V.). cf. N4 aśubha°.
59 T5 °saṃjñā[omits 'ṃ'](N3,N4)
60 T2 vicārayann(R.); T5 vibhācayan; L.,V. vicārayan. cf. N1,N2,N4,C1/H vicārayan; N5 vibhārayan; Tib. rnam par sgom.
61 T2 aprati°(R.)
62 T5 omits 'saṃ'. cf. N4 °kuśalasaṃjñām.
63 T3,T4 °saṃhara(N3); T5 °saṃharaṃ
64 T4 udayan[omits 'tpā'](N3)
65 T2 svakam āyuḥ

prativibhāvayan kāyasyâdīnavaṃ[1] saṃpaśyan[2] kāyāt[3] kāyâbhiniveśam uccālayan[4] ⟨śubhasaṃjñāṃ[5][6] vibhāvayan⟩[7] aśubhasaṃjñām[8] avakrāmayan[9] adhaḥ pādatalābhyāṃ[10] yāvad ūrdhaṃ[11][12] mastakaparyantaṃ[13] paśyati sma aśucisamutthitam aśucisaṃbhavam[14] aśucisravaṃ[15] nityam. tasyāṃ ca velāyām imā[16] gāthā[17] abhāṣata.[18]

[Meter ... Śārdūlavikrīḍita]

28. karmakṣetraruhaṃ[19] tṛṣāsalilajaṃ[20] satkāyasaṃjñākṛtaṃ[21]
aśrusvedakaphârdra[22] mūtravikṛtaṃ śoṇītabindvākulaṃ,[23]
vastīpūyavasāsamastakarasaiḥ[24] pūrṇaṃ[25] tathā[26] kilbiṣaiḥ[27]
nitya[28] prasravitaṃ[29] hy amedhya
sakalaṃ[30] durgandhanānāvidhaṃ.[31][32]

29. asthīdantasakeśaromavikṛtaṃ[33][34] carmâvṛtaṃ lomasaṃ[35]
antraplīhajakṛdvapôṣṇarasanair[36][37] ebhiś citaṃ durbalaiḥ,[38]
majjāsnāyunibaddhayantrasadṛśaṃ[39][40] māṃsena śobhīkṛtaṃ[41]
nānāvyādhiprakīrṇasokakalilaṃ[42][43] kṣuttarṣasaṃpīḍitaṃ,[44]
jantūnāṃ[45] nilayaṃ[46] anekasuṣiraṃ[47] mṛtyuṃ[48] jarāṃ[49] câśritaṃ[50]
dṛṣṭvā ko[51] hi vicakṣaṇo[52] ripunibhaṃ
manye śarīraṃ svakaṃ.[53]

209 evaṃ ca bodhisattvaḥ (54... kāye ...54) kāyânugatayā smṛtyā[55] viharati sma. gaganatalagatāś[56] ca devaputrā[57] dharmacāriṇaṃ devaputram evam āhuḥ.[58]

1 T4 °nava[omits 'ṃ'](N3). cf. N4 °navan.
2 T3,T5 °paśyaṃ; T4 śaṃmyasyaṃ(N3). cf. N4 saṃpaśyat.
3 T4 kāyān(N3,N4)
4 T2 uccārayañ(R.); T4 uccālayaṃ(T5 °yam); L.,V. uccārayan. cf. N1~4,C1,B,H uccārayaṃ; N5 ucārayaṃ; C2 uccāraṃyaṃ; Tib. skyod.
5 T2 inserts 'śubha° --- vibhāvayan'(N1/H,N4; R.,L.,V.); T3~5 omit(N3). Acc. to Tib. this should be inserted.
6 T2 chubha°(R.). cf. N5 śubhaṃ.
7 T2 vibhāvayann(R.). cf. N1 vibhāvayaṃ; N4 vibhāvayat; N5,C1,B,H vibhāvayan(C2 °yaṃn).
8 T3~5 śubha°[omit 'a']
9 T3 °mayann; T4 °mayaṃ; T5 °mayam(N3). cf. N1/C2 °mayat; B °mayet.
10 T5 °tarābhyāṃ(N3)
11 T5 yāvadd(N3)
12 T2~5 ūrddhaṃ(N3; R.); V. ūrdhvaṃ. cf. N4 ūrddha.
13 T4,T5 maṣṭaka°(N3)
14 cf. N4 inserts 'ayam'.
15 T2 °sravan(R.); T3~5 °śravan(N1/H,N3). cf. N4 °śravaṃ. śrava = srava.
16 T2 imāṃ(N1/B,N4; R.,L.,V.); T3 obscure. cf. N3,H imā; Tib. ḥdi dag.
17 T2 gāthām(N1/H,N4; R.,L.,V.). cf. N3 gāthā.
18 T3,T4 °ṣataḥ. cf. N2,C1,H abhāṣat.
19 T2,T4 °kṣatra°(N1,N2,N4,N5,C2,B,H; L.,S.). cf. C1 °kṣetra°(N3?); BHSD,kṣatra; Tib. las kyi shiṅ (= karmakṣetra); 方広「業田」.
20 T2 tṛṣṇāsa°(R.); T3 tṛṣāśalilajaṃ; T5 tṛṣā ca śalilajaṃ(T4 'la' is marg.). cf. N3 tṛṣā ca śalijaṃ?; N4 tṛṣāśarīrajaṃ.
21 T2 °sañjñīkṛtaṃ(R.; L.,V.,S. °saṃjñī°); T5 °kṛtam. cf. N1/B,N4 °saṃjñī°; H °saṃjñi°; N3 °saṃjñākṛtaṃm.
22 T2 °kadāha(R.); T3~5 °kaṣārdra(N2,N5). cf. N1,C2 °kahārdra(B?); N3 °kaṣādra; N4 °kahārdrā?; C1 °kahādra; H °kaphārdra; Tib. mchil ma.
23 T2 śoṇītavindv°(R.,L.,S.); T3 soṇītacaindākulaṃ(T5 soṇītaraindā°; N3); T4 soṇītavaindvākulaṃ; V. °kulam. cf. N1,N2,C2 śoṇītaviṃdākulaṃ(N5,C1 °vidā°); N4 soṇitavindākulaṃ; B śoṇitaviṃdā-kula; H śonitaviṃdākulaṃ; JAOS66,§71; Tib. khrag gi thigs pas gaṅ.
24 T2,T4,T5 vastipūya°(N3; R.); V. bastī°. m.c. vastī°. basti = vasti.
25 T2 °vasāsṛmastaka°(R.)
26 T3~5 pūrṇan(N3,N4)
27 T2,T5 kilviṣair(N3; R.); L. kilviṣaiḥ; S. kilviṣai. kilviṣa = kilbiṣa.
28 R. nityaṃ. cf. N4 nityaṃ.
29 T3,T5 praśravitaṃ(N3); T4 praśavitaṃ. cf. N4 pragavitaṃ.
30 T2 saṅkulaṃ(R.). cf. N4 saṃkuraṃ.
31 T2 durgandhi°(N4; R.)
32 V. °vidham
33 T3 obscure. cf. N:all,C1,C2,B asthi°; H asthī°. m.c. asthī.
34 T2 °vikṛtañ(R.); T3 obscure
35 T3 lomaśaṃ(V.); T4 lomasaṃ[marg. manta]; T5 lomasam(N1,N3,N5,C1,C2,B). cf. N2,H roma-sam(N4 °saṃ). lomasa = lomaśa = romaśa.
36 T2~4 antaḥ°(N:all,C1,C2,B; R.,L.,V.,S.); T5 anta°[omits 'ḥ']. cf. H astraḥ°. Acc. to Tib.[rgyu ma] we read 'antra' though no ms. supports it.
37 T2 °jakṛdvasoṣṭha°(R.); T3 °jakṛdvapoṣva°(N2,N4 °yakṛd°; B); T4 °jaṃkṛdvapauṣva°?; T5 °jaṃkṛ-dvaseṣva°; V. °yakṛd°. cf. N1,C1,C2 °jagakṛdvapoṣva°; N3 °jakṛdvasoṣva°; N5 °yakṛdvasoṣṇa°; H °jadvasoṣṇa°; BHSD,jakṛt; Tib. mtsher pa. jakṛt = yakṛt.
38 T2 durbalaṃ; T5 durbbalaiḥ(N3,H); R. durbbalaṃ; L.,S. durbalai. cf. N1,N2,C1,C2 durbalaiḥ; N4 durbbalaṃ; N5 durbaraiḥ; B dubalaiḥ.
39 T4 majja°; T5 marjjā°(N3,N4)
40 T2 °yaṃtraśadṛśaṃ; T3 °jantrasadṛśaṃ
41 T2 śobhi°; T3,T4 sobhī°
42 T3,T4 omit 'nānā° --- °saṃpīḍitaṃ'(N3).
43 T2 °śokakalilaṃ(R.,V.); T5 °vyādhisvakitnatvakariṇaṃ? cf. N1/B °sokalilaṃ[omit 'ka']; H °soka-kalilaṃ; Tib. mya ṅan khyab la. soka = śoka.
44 T5 kṣittarkṣasaṃprīditaṃ; V. °pīḍitam
45 T3,T4 jaṃtūnāṃ; T5 jatūnān
46 T2 nirayaṃ(R.); T5 nilayam(N3)
47 T3 °suśiraṃ; T4 °susiraṃ(N3); T5 °suciraṃ
48 T5 mṛtyu[omits 'ṃ']
49 T2 jarāñ(R.); T5 javāṃ
50 T5 °rita[omits 'ṃ']
51 T4 kā
52 T4 °kṣaṇā(N3)
53 T5 svakam(N3; V.)
(54…54) T4 °satvakāye(N3); T5 °satve ye
55 T3 °gayā[omits 'ta']
56 L. gagaṇa°
57 T3,T4 °putrāḥ
58 T3~5 āha(N3)

kim idaṃ mārṣā[1] siddhārtho[2] vilambate[3] 'ntaḥpuraṃ[4] câvalokayati[5] smitaṃ[6] côpadarśayati[7] cittaṃ[8] côdvejayati bhūyaś cakṣur[9] niveśayati. athavā jalanidhigambhīro[10] 'yaṃ[11] na śakyam asya pramāṇaṃ grahītum[12]. athavā 'saṅgasya[13] mā khalu viṣayeṣu[14] sajjate manaḥ[15]. mā khalv amaraḥ[16] (ca)[17] saṃcodito[18] vismarati pūrvapratijñām iti.

dharmacāry āha. kim evaṃ kathayata[19]. [(20…]nanu yūyam[…20)] asya pratyakṣā[21] [(22…]pūrvam eva[…22)] bodhā⟨ya⟩[23] caratas [(24…]tathāvidhā niḥsaṅgatâbhūt[…24)] naiṣkramyatyāge[25], ca kim aṅga[26] punar[27] etarhi[28] [(29…]caramabhavâvasthitasya saṅgo[…29)] bhaviṣyati.

1 T2 mārṣa(R.); V. mārṣāḥ. cf. N1,N5,C1/H mārṣāḥ; N2,N3 mārṣā; N4 obscure; BHSG,§8.27.
2 T4 siddhārthaṃ. cf. N3 siddhārthan.
3 T3,T4 vipulaṃte(N3 °lante); T5 vipurante
4 T2 antaḥ°(R.)
5 T2 vyava°(R.); T4 ca vyavalokati; T5 ca vyavalokayati(N3)
6 T2 sma / tañ(R.); T3~5 sma(N3); L.,V. sma / taṃ. cf. N4 obscure; Tib. ḥdsum; S.,p.412,fn.20; 方広「熙怡微笑」.
7 V. codapa°[misprint]
8 T5 citta[omits 'ṃ']
9 T5 cakṣu[omits 'r']
10 T2 javejala°(R.); L.,V. javajala°. cf. N1,C1,C2 javala°; N2,N5,B,H javajala°; N3 jala°; N4 obscure; Tib. lacks the word corresp. to 'java'.
11 T5 yan(N3); V. 'yam
12 T2 °tuṃ(R.)
13 T3,T4 asaṃgasya; T5 'saṃgasya(N3); V. asaṅgasya
14 T2 viṣaye[omits 'ṣu'](N1/H; R.,L.,V.). cf. N4 obscure; A(L.'s Varianten) viṣayeṣu; Tib. yul rnams la.
15 T5 mano(N3)
16 T2 amalaiḥ(N5,B; R.); T3~5 amarair(N3; L.,V.). cf. N1,C1,C2,H amalair; N2 amalaiś; N4 obscure; Tib. lha rnams kyis.
17 T2~5 omit 'ca'(R.,L.,V.). cf. N2 inserts 'ca'; N5 inserts 'ra'; Other mss. omit.
18 T2 sañcodito(R.); T3,T4 asaṃ°(N1,C1,C2,H; L.,V.); T5 aṃsañ°(N3 asañ°). cf. N2,N5,B saṃ°; N4 obscure; Tib. bskul ba yi.
19 T2 °yate(R.); T4 °yataḥ
(20…20) T2 nūnam(R.)
21 T2 °akṣāt(R.); T4,T5 °akṣa(N3; L.,V. °akṣa°). cf. N1/B °akṣā; N4 obscure; H prakṣā[lacks 'tya'].
(22…22) V. pūvem ava[misprint]
23 T2 bodhāya(R.,L.,V.); T3~5 bodhā[omit 'ya'](N3). cf. N4 obscure; Tib. byaṅ chub kyi phyir.
(24…24) T2 °vidhā niḥsaṅgatā 'bhūt(R.); T4,T5 °vidhāni saṃgatābhūn(N3)
25 T3,T4 naiskra°(N3)
26 T3~5 aṃgo(N3)
27 T3,T4 punaḥ
28 T2 eva tarhi(R.)
(29…29) T2 °sthitasyāsaṅgo(R.); T3~5 °sthitasya saṃgo

atha khalu bhikṣavo bodhisattvaḥ[1] kṛtaniścayaḥ[2] saṃvejitamānaso[3]
vyavasitabuddhiḥ[4] salīlaṃ[5] savilambitaṃ[6] [(7...]paryaṅkād avatīrya[...7)] saṅgīti-
prāsāde[8] pūrvâ⟨bhi⟩mukhaḥ[9] sthitvā dakṣiṇena pāṇinā ratnajālikām[10] apa-[11]
nāmya prāsādakoṭigato[12] daśanakhakṛtakarapuṭo[13] bhūtvā [(14...]sarvabuddhān
samanvāhṛtya[...14)] sarvabuddhebhyaś ca namaskāraṃ kṛtvā gaganatalam[15]
avalokayati sma. so 'drākṣīd[16] gaganatalagatam[17] amarâdhipatiṃ[18] daśaśa-
tanayanaṃ[19] devaśatasahasraparivṛtaṃ[20] puṣpa(dhūpa)gandhamālyavilepana-
cūrṇacīvara[21]cchattradhvajapatākâvataṃsakaratna[22]hāradāmaparigṛhītam ava-
natakāyaṃ[23] bodhisattvaṃ namasyamānaṃ sthitam.[24] caturaś ca lokapā-
lān yakṣarākṣasagandharvabhujagagaṇasaṃparivṛtān[25][26][27] saṃnaddha⟨dṛḍha⟩-[28][29]
varmitakavacitān[30] asidhanuśaraśaktitomaratriśūlahastān[31] salīlaṃ[32] maṇima-
kuṭavilambitacūḍān[33] bodhisattvaṃ namasyamānān[34] sthitān[35] paśyati sma.
[(36...]candrasūryāv api[...36)] devaputrau vāmadakṣiṇayoḥ[37] pārśvayoḥ[38] sthitāv apa-
śyat.[39] puṣyaś ca nakṣatrâdhipatir [(40...]upasthito 'rdharātrasamayaṃ[...40)] ca saṃ-
prāptam.[41] dṛṣṭvā ca bodhisattvaś chandakam āmantrayate sma.

[Meter ... Rathoddhatā]

30. chandakā capalu[42] mā [(43...]vilamba he[...43)]
aśvarāja[44] dada me alaṃkṛtaṃ,[45]

1 T5 °satvas. cf. N3 °satvaṣ.
2 T4 °caya
3 T2 saṃvarṇṇita°(R.). cf. BHSD,saṃvejita.
4 T3 vyavaśita°
5 T2 salīlam(R.,L.,V.); T4 salīḍaṃ(T3?; N3); T5 sarīḍaṃ. cf. N4 śarīḍaṃ.
6 T2 avalambita(R.); T3 obscure; T4,T5 savilaṃbitaṃ(N3,N4); L.,V. avilambitaṃ. cf. N1,N2,N5, C2,H avilaṃbitaṃ(C1 °bita; B 'vilaṃ' is marg.).
(7…7) T5 paryaṃkāva°
8 T3,T4 °prāsāda; T5 °prasāde(N3)
9 T2 pūrvābhimukhaḥ(R. pūrvvā°; L.,V.); T3 pūrvāmukha; T4 pūrvāmukhaḥ(T5 pūrvvā°; N3; N4?). cf. A(L.'s Varianten) pūrvvamu°. Is it better to read 'pūrvamukhaḥ'?
10 T2 latna°
11 T2 ava°(N1/H,N4; R.,L.,V.). cf. BHSD,apanāmayati.
12 T2 °koṭīgato(N4; R.,L.,V.); T4 °koṭigatā. cf. Tib. steṅ(= koṭi).
13 T5 omits 'kara'(N3).
(14…14) T5 °buddhā satvāhṛtya. cf. N3 °buddhām anvāhṛtya; N4 °buddhāṃ samanvāhṛtya.
15 T3,T4 gagaṇa°(N4; L.)
16 T5 drākṣī[omits 'd'](N3?). cf. N4 'drākṣīt.
17 T3,T4 gagaṇa°(N4; L.)
18 T3,T5 °pati[omit 'ṃ'](N3)
19 T3 °nayaṃ[omits 'na']
20 T2 puṣpadhūpagandha°(N4; R.,L.,V.); T3,T4 omit 'dhūpa'(N3); T5 puṣpagandhadhūpa°. cf. Tib. me tog daṅ / spos daṅ.
21 T3 °vilepaṇacīvaracūrṇṇa°
22 T4 °sakaṃratna°. cf. N3 omits 'saka'.
23 T5 evanata°
24 cf. N4 inserts 'paśyanti sma'.
25 T2 °bhujaṃga°(N4); T5 °gagana°. cf. N3 °bhugaja gagana°.
26 R.,L. °sapari°[omit 'ṃ']. cf. N1/H,N3 omit 'ṃ'.
27 T5 °vṛtāt(N2,N5). cf.N4 °vṛtāṃ.
28 T2,T5 sannaddha°(N3; R.); T3 sanaddha°
29 T2 inserts 'dṛḍha'(R.,L.,V.); T3~5 omit(N3,N4). Acc. to Tib.[sra ba] this should be inserted.
30 T3 °varmitakavacān. cf. N3 °varmmakavaritān; Tib. go cha sra ba bgos (= dṛḍhavarmakavacita?).
31 T2 asidhanuḥ°(R.); T3,T4 aśidhanu°
32 T2 salīla(R.); T4,T5 salīḍaṃ. cf. N4 śalīḍaṃ.
33 T2 maṇimukuṭāvalambita°(R.; V. °mukuṭavilam°); T3 °vilaṃbilaṃbicūḍāṃ; T4 °vilaṃbitacūḍāṃ (T5 °cūḍā). cf. N3 °vilaṃbitacūḍān; N4 maṇimukuṭāvilaṃbitacūḍāṃ.
34 T3,T4 °mānāṃ(N3); T5 °mānā. cf. N4 °mānaṃ.
35 T3,T4 sthitāṃ(N4)
(36…36) T4 °sūryāpi
37 T3 omits 'pārśvayoḥ'; T4 pārśvaye?
38 T4 sthita?; T5 sthitā(N3)
39 T3,T5 apaśyan(N3); T4 apaśya
(40…40) T2 upasthito['pa' is marg.] 'bhūt // arddharātreś ca samayaṃ(R.; L.,V. ---ardharātriṃ ca samayaṃ); T3 upasthito rdharātrasamayaṃ ca; T4 upasthitārddharātriṃ ca; T5 upasthitā 'rddharātri samayañ ca. cf. N1/H insert 'bhūt'(but N2 bhūd); N3 upasthito 'rddharātriṃ ca; N4 upasthito 'bhūt // arddharātrisamayaś ca; BHSD,ardharātri; Tib. nam phyed tsam na.
41 T2 samprāptaṃ(R.)
42 T2,T4 ca khalu(R.)
(43…43) T2 vimba he(R. vilamba he); T4,T5 vilaṃbahe(N3); L.,V.,S. vilambahe. cf. BHSG,§30.8.
44 T2 °rājaṃ; T3 obscure; T4 °rāju; T5 'śvarāja(N3). cf. N4 °rājyaṃ.
45 T2 alaṅkṛtaṃ(R.); T3 obscure; T5 'laṃkṛtaṃ(N3); V. °kṛtam

sarva siddha mama eti maṅgalā
　　　　¹　　　　 (2...　 ...2)

arthasiddhi dhruvam adya bheṣyate.
　　　　³

atha chandaka idaṃ vacanaṃ śrutvā udvignamanā evam āha.
　　　　　　　　　　　　(4...　　　　 ...4)

[Meter ... Unknown]

31. kva gamiṣyase vikasitabhrū
　　*　　　　　　　　　　⁵

　　　　kamaladalaśuddhalocana,
　　　　　　　　　　　⁶

　　nṛpasiṃha saradindupūrṇa
　　　 ⁷　　　　 ⁸

　　　　kumudaśasâṅkamudita.
　　　　　 ⁹　　　 ¹⁰

[Meter ... Unknown **]

32. navanalinakomalavibuddhapadmavadanā
　　　 ¹¹　　　　　　　 ¹²　　 ¹³

　　hāṭakasudhātaravitaruṇavimalaśaśiteja
　　 ¹⁴　　 ¹⁵　　 ¹⁶　　　 ¹⁷

　　　　ghṛtahutârciragnimaṇividyu(t)prabhôjjvalitatejo,
　　　　　 ¹⁸　　 ¹⁹　　　　　 ²⁰　 ²¹　 ²²

　　vāraṇamattalīlagajagāmi
　　 ²³　　 ²⁴　　 ²⁵

　　　　govṛṣamṛgêndrahaṃsakrama sukramā sucaraṇā.
　　　　　 ²⁶　　　　 ²⁷　　 ²⁸

bodhisattva āha.

[Meter ... Unknown(6+4+4+2mātras + 7, 8, 9 gaṇas?)]

33. chandaka yasya arthi mama pūrvi(? pūrvaṃ)
　　　 ²⁹　 (30...　 ...30)　　 ³¹　　 ³²

　　tyakta karacaraṇanayanā
　　　　　 ³³

　　　　tatha uttamâṅga tanayā bhāryā,
　　　　(34...　　　　　 ...34)　 ³⁵

　　priyāś ca rājyadhanakanakavasana(? -vasanā)
　　　　　　　　 ³⁶　　　　　 ³⁷

ratha ratnapūrṇa gajaturaga anilajavavega vikramavarāḥ,
(38...　 ...38)　 (39...　　 ...39)　　　　　　　 ⁴⁰

1 T2 °siddhi(N4; R.,L.,V.,S.)
(2...2) T5 pratimaṃgaly. cf. N3 pratimaṃgalau; N4 pratimaṅgalāḥ.
3 T4 °siddhiṃ. cf. N3 rtha°[omits 'a'].
(4...4) T2,T5 śrutvodvigna°(N3; R.). cf. N4 udvighna°.
* cf. Hermer śmith: Les duex prosodies du vers bouddhique(*Bulletin de la Société Royale des Lettres de Lund*, 1949–1950, Sweden, pp.1~43), p.21,line 6. The meter of this line(31ab) is called "Lalita" by H. Smith.
5 T2 °bhru(R.); T4 emends '-bhūt' to '-bhrū'.
6 T2 °śulocana[omits 'ddha']; T3 °dalasuddhalocana; R.,L.,V.,S. °dalaśubhalocana. cf. N1,N2,C2,B,H °dalaśuddhalocana(N4 'dala' is marg.; N5,C1 omit 'dala').
7 T3 nṛpāsiṃha(N3) 8 T4 saradiṃdu°; L.,V.,S. śaradindu°
9 T3~5 kovida°(N3). cf. Tib. ku mu da.
10 T2 °śaśāṅkaparimudita(N4 °saśāṃka°; R.); T3~5 °śaśāṃkamudita(N3); L.,V. °śaśāṅkamuditā(S. °mudita). cf. N1/H °śaśāṃkaparimudita; Tib. dgaḥ baḥi pad maḥi rdsiṅ bu (= muditanalini?).
** cf. Hermer Smith,op.cit., p.27.
11 T5 omits 'nava'. cf. N4 navanaḍini°. 12 T4 omits 'padma'(N3).
13 T2,T5 °vadana(R.) 14 T3 hātaka°
15 T2 °saudhānta°(R.); T3~5 °sudhānta°(N3,B; L.,V.,S.). cf. N1/C2 °sudhāṃta°; N4,H °sudhāta°; S., p.413,fn.22; Tib. sbyaṅs paḥi (= sudhauta; sudhāta).
16 T2 °ritāruṇa°[omits 'av'](R.). cf. N1,C1,C2 °taruṇateja°; N2 °taruṇavitaruṇa°.
17 T2 °tejo(R.). cf. All mss. except T2 °teja; Hermer Smith(op.cit.) °tejā.
18 T3~5 smṛta°(N3); S. ghṛtā°. cf. N2 vṛta°; B ghṛtā°; Tib. mar(= ghṛta).
19 S. °hutirarcir°. cf. N2 °hatārcir°; B °hutārcir°.
20 T2,T5 °vidyutpra°(R.,L.,S.); T3,T4 °vidyupra°; V. °vidyuttapra°[misprint]. cf. Hermer śmith(op. cit.) °vidyu[t]°. 21 T3,T5 °bhojva°(N3,N4)
22 T3,T4 °tejāḥ. cf. N1 °tejā; N4 °teja.
23 cf. N1,N4,N5,C1/H dhāraṇa°; N2 dhāramaṇa°; Tib. graṅ po (= vāraṇa).
24 T4,T5 °līḍaga°(L.,S.). cf. N3 °laṃḍaga°.
25 T2 °gāmin(R.). cf. All mss. except T2 °gāmi; Hermer Smith(op.cit.) °gāmī.
26 cf. N4 °kramā. 27 T2 sukrama(R.). cf. N4 omits.
28 T2,T5 sucaraṇa(R.) 29 T5 chandā(N3)
(30...30) T2,T5 yasyārthi(R.); T4 yaśya arthi; L. yasya ārthi; V. yasya arthiṃ? cf. N3 paśyārthi; N4 yasya arthi; Hermer Smith(op.cit.) yasya arthi.
31 T2 mayi(N4; R.,L.,V.,S.)
32 T2 pūrva(R. pūrvva; L.,V.,S.); T4,T5 pūrvvi(N3,N4). cf. Hermer Smith(op.cit.) pūrvaṃ.
33 T2 °nayana(N4; L.,V.,S.); T3,T4 °caraṇatanayā(N3); T5 °caraṇatayā. cf. Hermer Smith(op.cit.) °nayanā.
(34...34) T2 'tayanā' is marg.; T3 tatha uttamānayanāḥ; T4 tatha uttamāṃganayanāḥ['tta' and 'ga' are marg.]; T5 tathottamānayanā(N3?); R. tatha uttamāṅganar[omits 'tanaya']; L.,V.,S. 'tanaya' for 'tanayā'. cf. N1/H,N4 tatha uttamāṅga tayanā.
35 T2 bhāryyā(N4,N5,H); T3,T5 bhārya(N3; L.,V.,S.); T4 bhāryaḥ; R. bhāryyaṃ. cf. N1,C1,C2,B bhāryā; N2 bhāyā. 36 T3 °dhanya°?
37 T2 vasanāṃ(R.). cf. N2 °vasaṃna; Other mss.(than T2,N2) °vasana; Hermer Smith(op.cit.) °vasanā.
(38...38) T2,T4,T5 omit 'ratha'(R.,L.,V.); S. ratnapūrṇaratha. cf. All mss. except T3 omit 'ratha'; Tib. rin chen gaṅ paḥi śiṅ rta (= ratha ratnapūrṇa).
(39...39) T3 °turaga ali°; T5 °turagānila°(N3; L.,V.,S.)
40 T2,T5 vikramabalāḥ(N3; R.,L.,V.,S.). cf. N4 vikramavarā; Tib. mchog(= vara).

śīla[1] mi rakṣi kṣānti paribhāvi(? -bhāvī)[2]
vīryabaladhyānaprajñaniratāś[3] [(4…]ca āsi[…4)] bahukalpakoṭinayutāṃ[5],
[(6…]kiṃ tu[…6)] spṛsitva[7] bodhiśivaśānti(ṃ)[8][9]
jaramaraṇapañjaranirastasattvaparimocanasya[10][11][12]
[(13…]samayo hy upasthitu[…13)] mamā[14].

211 chandaka āha. śrutaṃ [(15…]mayā āryaputra[…15)] yathā tvaṃ [(16…]jātamātra eva[…16)] naimittikānāṃ brāhmaṇānām[17] upanāmito darśanāya. taiś câsi [(18…]rājñaḥ śuddhodanasyâgrato[…18)] vyākṛto[19], deva vṛddhis te rājakulasya. āha, kim [(20…]iti. āhuḥ[…20)],

[Meter ... Mixture of Upajāti and Vaṃśamālā]

34. ayaṃ kumāraḥ[21] śatapuṇyalakṣaṇo[22]
jāto[23] [(24…]tavā ātmaja[…24)] puṇyatejitaḥ[25],
sa cakravartī catu[r]dvīpa[26] [(27…]īśvaro[…27)]
bhaviṣyate[28] saptadhanair upetaḥ.

35. sacet[29] punar lokam[30] avekṣya[31] duḥkhitaṃ[32]
vijahya-m-antaḥpuri[33] niṣkramiṣyati[34],
avāpya bodhiṃ[35] ajarâmaraṃ[36] padaṃ
tarpeṣyate[37] dharmajalair[38] imāṃ[39] prajāṃ[40].

[(41…]hantâryaputrâsti[42] tāvad [(43…]eva tad[…43)] vyākaraṇaṃ[44] nêdaṃ[45] nâsti[…41)], kiṃ[46] tu śṛṇu[47] tāvan mamârthakāmasya[48] [(49…]vacanam. āha[…49)] [(50…]kim iti.[…50)] āha, deva

1 T2 śīlu(R.,L.,V.,S.). cf. N4 siru.
2 S. °bhāva[misprint]. cf. All mss. °bhāvi; Hermer Smith(op.cit.) °bhāvī.
3 T2 °prajñā°(T4?; N4; R.,L.,V.,S.)
(4...4) T2,T5 cāsi(R.); T3,T4 ca āśi; L.,V.,S. cāsmi. cf. N4 ca aśi; Hermer Smith(op.cit.) °nirato 'smi.
5 T2 °koṭiniyutā(R.); L.,V.,S. °koṭinayutā. cf. N4 °koṭiniyutānāṃ; N5 °koṭiniyutānī.
(6...6) T2 kin tu(N4; R.); T3,T4 kin ti. cf. N3 kiṃ ti.
7 T2 spṛśitva(N1/H; R.,L.,V.,S.)
8 T4 bodhiṣviva°. cf. N3 bodhiṣṭiva°; N4 bodhisiva°.
9 T2 °śāntiṃ(N4; L.,V.,S.); T3~5 °śānti(N3); V. °śāntim
10 T2,T5 jarā°(N3,N4; R.,L.,V.,S.)
11 T3,T4 °paṃjara°(N4)
12 T2 °nirata°(R.); T3~5 °niraṣṭa°(N3; L.,V.,S.). cf. N1/H,N4 °nirasta°; BHSD,?niraṣṭa. niraṣṭa = nirasta
(13...13) T2 samayo 'dyupa°(R.,L.,V.,S.); T3,T5 samayādyuva°(N3,C1); T4 samayāhyuva°. cf. N1, C1,H samayādyupa°; N2 samayo dyu vyava°; N4 samayo hy upa°; N5,B samayādyu vya°.
14 T2 mama(N1/H; R.,L.,V.,S.). cf. N3,N4 mamā; Hermer Smith(op.cit.) mamā.
(15...15) T3,T4 mayārya°; T5 mayāryya°(N3)
(16...16) T5 °mātraiva(N3). cf. N4 °mātraṃ // evaṃ.
17 T5 brāhmaṇām[omits 'ṇā']. cf. N4 brahma°.
(18...18) T4,T4 omit(N3); T5 rājña sauddhodanasya[omits 'agrato']. cf. N4 rājñā śuddhodanasyā 'grato. Acc. to Tib. this should be inserted.
19 T2 vyākṛtaḥ(R.,L.,V.). cf. All mss. except T2 vyākṛto.
(20...20) T2 iti // te āhuḥ(R.,L.,V.); T3 iti / āha; T4 iti āha(N1,C1,C2,B,H); T5 ity āha(N3). cf. N4 iti taṃ āhuḥ; N2 iti te āhu / chaṃdaka āha; N5 iti āhuḥ.
21 T4,T5 omit 'ḥ'(N3).
22 T5 'rakṣaṇo' for 'lakṣaṇo'(N3)
23 T2 jātas(N4; R.,L.,V.,S.)
(24...24) T2 tavātmajaḥ(R.); T5 tavātmaja(N3). cf. N4 tavā ātmajugu.
25 T3~5 °tejituṃ(N3)
26 T2~5 catur°(N3,N4; R.); L.,V.,S. omit 'r'(m.c.). cf. N1,C2 omit 'r'.
(27...27) T2,T5 °peśvaro(N3; R.)
28 T2,T5 °yati(N3; R.,V.); L.,S. °yatī
29 R.,L.,V. sa cet
30 T4 lomam(N3)
31 T3 avekṣa
32 T4 °khitaḥ; T5 °khito(N3)
33 T2 vijahyāntaḥpuraṃ(R.); L.,V. vijahyamāntaḥpuri; S. vijahya-m-āntaḥpuri. cf. N3 jahyam-antaḥpuri; N4 vijahym antaḥpuraṃ; BHSG,§4.59.
34 T3,T4 niskra°. cf. N3 niskamiṣyati.
35 All mss. bodhim(R.). m.c. bodhiṃ.
36 T2 °maraṇaṃ(R.)
37 T2 tarpayiṣyate(R.); T5 tarppaṣyate
38 T4 °jalen; T5 °jalena
39 T5 māṃ
40 V. prajām
(41...41) R. brackets.
42 T3 prajāṃ hatāryaputrāsti; T4 prajāhaṃtāryaputrāsti?(N3 °haṃcāryya°?); V. hanta āryaputra asti.
(43...43) T2 etat(N4); T3~5 etad(N3; R.)
44 T5 °kāraṇan(N3)
45 T3 nedan
46 T2~4 kin(N3,N4; R.)
47 T3~5 tāvat(N3,N4)
48 T3~5 mahārtha°(N3). cf. Tib. bdag gi (= mama).
(49...49) T3,T4 vacana āha[omit 'm']; T5 vacanāha(N3)
(50...50) T4 omits(N3); T5 kim ity āha. cf. N4 kiṃ iti / āha.

[(1...]yasyârthe iha[...1)] kecid anekavidhāni[2] vratatapāṃsy ārabhante 'jinajaṭā-[3]
makuṭa[4]cīvara[5]valkala[6]dharā dīrgha[7]nakhakeśa[(8...]smaśravo [...8)]'nekavidhāni[9] kā-
yasyâtāpanaparitāpanāni samutsahante,[10] tīvraṃ ca [(11...]vratatapam ārabhante.[...11)]
kim iti. vayaṃ devamanuṣyasaṃpatti⟨ṃ⟩[12] pratilabhemahîti.[13] sā ca saṃ-
pat tvayâryaputra pratilabdhā. idaṃ[14] ca rājyam[15] ṛddhaṃ[16] ca[17] sphītaṃ[18]
ca[19] kṣemaṃ[20] subhikṣaṃ ramaṇīyam ākīrṇabahujanamanuṣyam. imāni
côdyānāni varapravarāṇi ⟨nānāvidha⟩[21]puṣpaphalapratimaṇḍitāni nā-
nāśakunigaṇanikūjitāni. [(22...]puṣkiriṇyaś[...22)] côtpalapadmakumudapuṇḍarīkô-
paśobhitā[23] haṃsamayūrakokilacakravāka[24]kroñca[25]sārasanikūjitāḥ puṣpita-
sahakārâśoka[26]campakakuravaka[27]tilakakeśarâdinānādrumatīrôparibaddhā[ḥ][28]
⟨nānā⟩[29]ratnavṛkṣavāṭikā[30]samalaṃkṛtā[31] aṣṭāpadavinibaddhā[32] ratnavedikā-
parivṛtā ratnajāla[33]saṃchannā[ḥ][34] yathârtukāla[35]paribhogā[ḥ][36] grīṣmavarṣa-[37]
śaraddhemantasukhasaṃvāsāḥ.[38] ime ca śarada[39]bhranibhāḥ[40] kailāsa[41]par-
212 vatasadṛśā mahāprāsādā[42] vaijayantasamā dharmasudharmakṣemā⟨ḥ⟩[43]
śokavigata[44]prabhṛtayo vitardi[45]niryūha[46]toraṇagavākṣaharmya[47]kūṭāgāraprāsāda-
tala[48]samalaṃkṛtā[ḥ][49] ratnakiṅkiṇījāla[50]samīritāḥ.[51] idaṃ câryaputrântaḥ-[52]
pura⟨ṃ⟩[53] tuṇava[54]paṇava[55]vīṇāveṇuśamya[56]tāḍāvacarākimpalanakula[57]sughoṣaka-
mṛdaṅgapaṭahanṛtya[58]gītavāditra[59]saṃgītisaṃyoga[60]suśikṣitaṃ[61] hāsyalāsya[62]krīḍita-
ramitasukhila[63]madhurôpacāram. tvaṃ ca deva[64] [(65...]yuvā anatikrānta[...65)]yauva-
no navo[66] dahras[67] taruṇaḥ komalaśarīraḥ śiśuḥ [(68...]kṛṣṇakeśaḥ avikrī-
ḍitaḥ[...68)] kāmaiḥ.[69] atiramasva tāvad[70] amarâdhipatir iva daśaśatanayanas[71]

(1...1) T4 yasyārtha iha; T5 yasyārtheha(N3)
2 T2 °vidānāni
3 T3 apinajaghā°; T4 apinajagā°. cf. N3 'pinajagā°; N4 ajinajaṭā°.
4 T2 °mukuṭa°(R.). cf. N4 °makuṭā°.
5 cf. Tib. rtsva(= vīraṇa).
6 T3,T4 °dharāḥ(N4); L. °dhārā. cf. N1,C1,C2 °dhīrā; N2,N5,B °dhārī; N3 °dharā; H °dhārā.
7 T3 dergha°
(8...8) T2 °śamaśrucāneka°(R. °śmaśru°; L. °smaśru°); T3,T5 °smaśruvo 'neka°; T4 °smaśruvo neka°(N3); V. °śmaśru ca, aneka°. cf. BHSG,§12.61.
9 T2 °vidhānāni
10 T3 mutsahaṃte[omits 'sa']
(11...11) T2 °tapaḥ samāra°(R.); T3 °tapa ārabhaṃte; T4 °tapaṃ ālaṃbhaṃte; T5 °tapam ānabhaṃte
12 T2 °pattiṃ(N4; R.,L.,V.); T3~5 °patti(N3)
13 T3~5 °labhāma°(N3). cf. N4 °labhaima°.
14 T3 omits 'ca'.
15 T2 rājyaṃ(R.); T4 rājyaṃm(T3?)
16 T2 samṛddhañ(R.); T5 ṛdva
17 T3 omits 'ca'(N4).
18 T2 sphuṭañ(R.); T4 sphītaṃ(V.); T5 sphītañ(N3)
19 T3,T4 omit 'ca'(N4).
20 T5 kṣamaṃ
21 T2 inserts 'nānāvidha'(N4; R.,L.,V.); T3~5 omit(N3). Acc. to Tib. this should be inserted.
(22...22) T2 puṣkariṇyot°[omits 'ca']; T3,T4 puskiriṇyaś cot°; T5 puṣkiriṇyoś cot°; R.,L.,V. puṣkariṇyaś cot°. cf. N3 puṣkiṇyaś cot°.
23 T3 °sobhitāḥ; T4 °śobhitāḥ; T5 °śobhito(N3)
24 T2 omits 'cakravāka'(R.); T3~5 °cakravākakokila°(N3). cf. Tib. khu byug daṅ / ṅur pa daṅ.
25 T2 °krauñca°(N3; R.)
26 T2 °sahakārā 'śoka°(N3; R.)
27 T2 °kuvalaka°(R.); V. °kurabaka°
28 T2 °baddhā(N4; R.,L.,V.); T3~5 °baddhāḥ(N3). All mss. except T2 °baddhāḥ.
29 T2 inserts 'nānā'(N4; R.,L.,V.); T3~5 omit(N3). cf. Tib. sna tshogs (= nānā).
30 T5 °vātikā°(N3; L.). cf. A(L.'s Varianten) °vātika°.
31 T4 °kṛtāḥ
32 T2 aṣṭāpadāvini°['vi' is marg.](R. omits 'vi'). cf. N4 aṣṭāpadāvinībaddha.
33 T3 omits 'saṃ'.
34 T2 °channā(N4; R.,L.,V.); T3~5 °channāḥ(N3)
35 T2 yatharttukāla°(R.); T3 athartukāla°; T4 yathānukāla°. cf. N3 yathanukāla°.
36 T2 °bhogā(N4; R.,L.,V.); T3~5 °bhogāḥ(N3)
37 T2 °varṣā°(R.,V.)
38 T2 °vāsyā(R.); T3 °vāsaḥ; T4,T5 °vāsa(N3). cf. N1/H °vāsā; N4 °vāsāḥ.
39 T2~4 sarad°(N4; R.)
40 T4,T5 omit 'ḥ'(N3).
41 V. kailāsa°. kailāśa = kailāsa.
42 T4,T5 °prāsāda(N3). cf. N4 °prāśādā.
43 T2 °kṣetrasamā(R.); T3 °kṣemā; T5 °kṣemasamā[T4 'ma' is marg.](L.,V.). cf. N4 emends 'kṣema' to 'kṣetrasamā'; Tib. has no word corresp. to 'samā'.
44 T3 sokavisadaya°; T5 śokaviśadaya°(N3). cf. Tib. mya ṅan bral (= śoka-vigata).
45 T3 vitadi°[omits 'r']
46 T2 °niyyūha°[omits 'r']
47 T5 °harma°[omits 'y']
48 T2 omits 'tala'(N4; R.).
49 T2 °kṛtā(N4; R.,L.,V.); T3~5 °kṛtāḥ(N3)
50 T3,T4 °kaṃkaṇījāla°; L. °kiṅkiṇījāla°
51 T2 omits 'ḥ'(R.); T5 °samīrita
52 T5 °putrā 'ntaḥ°; V. °putra antaḥ°
53 T2 °puraṃ(N4; R.,L.,V.); T3~5 °pura(N3). cf. H °pure.
54 T3 puṇa°[omits 'va']; T4 puṇava°(N3)
55 T5 °panava°
56 T2 °veṇusampa°(R.; L.,V. °saṃpa°); T3 °veṇusaṃmya°(N4,H); T4 °vīṇavasaṃmpa°(N3); T5 °veṇavasaṃmya°. cf. B °veṇusamya°; BHSD,śamya.
57 T5 °nasukula°
58 T3,T4 'nṛtta' for 'nṛtya'
59 T3,T4 'vādita' for 'vāditra'
60 V. °saṃprayoga°
61 T4,T5 °suśikṣito(N3). cf. N4 °suśikṣitāṃ.
62 T4,T5 hāśyalāśya°(N3)
63 T2 'sukhita' for 'sukhila'(R.)
64 T2 devaputra(N4; R.)
(65...65) T2 yuvā nātikrānta°(R.); T3 yuvā anabhikrānta°(V.); T5 yuvānatikrānta°; L. yuvānabhikrānta°. cf. N3,N4 yuvā 'natikrānta°.
66 T5 navau(N3)
67 T5 daharas(V.); R. dantas. cf. N4 dahra.
(68...68) T5 °keśo 'vikriḍitaṣ(N3 --- 'vikrī°); L. °keśo 'vikrīḍitaḥ
69 T3~5 kāmair(N3)
70 T2 omits 'ati'(R.); T3,T4 atiramaśca(N3); T5 atiramaśva; L.,V. abhiramasva
71 T4,T5 °nayana[omit 's'](N3). cf. N4 °nayanāś.

tridaśâdhipatis[1] tataḥ[2] paścād vṛddhībhūtā[3] abhiniṣkramiṣyāmaḥ[4][5].

tasyāṃ[6] ca velāyām imāṃ gāthā⟨m⟩[7] abhāṣata[8].

[Meter ... Āryā]

36. ramatā[9] ca ratividhijñā[m][10]

amarâdhipatir yathā tridaśaloke,

paścād[11] vṛddhībhūtā

vratatapasaṃ[12] ārabhiṣyāmaḥ.

bodhisattva āha. alaṃ [(13...] chandaka anityāḥ [...13)] khalv ete kāmā adhru-[14]
vā[ḥ][15] aśāśvatā[16] vipariṇāmadharmāṇaḥ[17] pradrutāś[18] capalā[ḥ][19] girinadī-
vegatulyāḥ[20]. avasyāyabinduvad[21] acirasthāyina[22] ullāpanā[23] ṛktamuṣṭivad[24][25]
asārāḥ kadalīskandhavad[26] durbalā[27] āmabhājanavad[28] ⟨bhedanâtmakāḥ⟩[29]
śaradabhranibhāḥ[30] kṣaṇād bhūtvā na bhavanti. acirasthāyino [(31...] vidyuta
[...31)] iva nabhasi saviṣabhojanam[32] iva pariṇāmaduḥkhā[33] mālutā⟨latê⟩vâsu-
khadā[34] abhilaṣitā[35] bālabuddhibhir[36] udakabudbudôpamāḥ[37] kṣipravipari-[38]
ṇāmadharmāṇaḥ. marīcisadṛśāḥ[39][40] saṃjñāviparyāsasamutthitāḥ, māyā-
sadṛśāś[41] cittaviparyāsavithāpitāḥ[42][43]. svapnasadṛśā(ḥ)[44] dṛṣṭiviparyāsapari-[45]
grahayogeṇa, [(46...] atṛptikarāḥ [...46)] [(47...] sāgara iva [...47)] duṣpūrā,[48] lavaṇôdakavad[49] tṛṣṇā-[50]
213 karāḥ[51]. sarpaśirovad[52] asparśanīyā[53] mahāprapātavat parivarjitāḥ paṇḍi-
taiḥ. sabhayāḥ saraṇāḥ[54] sâdīnavāḥ[55] sadoṣā iti jñātvā vivarjitāḥ prā-
jñair[56] vigarhitā[57] vidvadbhir[58] jugupsitā[ḥ][59] āryair[60] vivarjitā[61] budhaiḥ[62].
[a]parigṛhītā[63][64] abudhair[65] niṣevitā[66] bālaiḥ[67].

1 T3 tṛ°(N4)
2 T2 °patiḥ(R.,V.)
3 T5 vṛddhi°(N4)
4 T3,T4 abhiniskra°(N3)
5 T3~5 °ṣyāmas(N3). cf. N4 °ṣyāmiḥ.
6 T4,T5 omit 'ca'.
7 T2 gāthām(N4; R.,L.,V.); T3~5 gāthā(N3)
8 T3,T4 °ṣataḥ
9 L.,V.,S. ramatāṃ. cf. All mss. ramatā.
10 T3 °vijñānm; T4 °vidhijñāṃ(L.,V.,S.); T5 °vidhijñām(N3,N4)
11 T2 tataḥ paścād(N4; R.)
12 All mss. except N4 °sam(R.). cf. N4 °saṃ(m.c.).
(13...13) T5 °dakānityā(N3)
14 T3,T4 kāmāḥ(N4)
15 T2 °ruvā(N4; R.,L.,V.); T3~5 °ruvāḥ(N3)
16 T3,T4 °vatāḥ; T5 °vato(N3)
17 T3 °dharminaḥ; T5 °dharmāṣ. cf. N3 °dharmmāṇaṣ.
18 T3,T4 padrutāś(N3)
19 T2 capalā(N3,N4; R.,L.,V.); T3~5 capalāḥ
20 T2 °tulyā(N3; R.)
21 T3 avaśyāya°(V.). avasyāya = avaśyāya.
22 R.,L. °vinduvad. vindu = bindu.
23 T3,T4 °yino(N4); T5 °yine(N3)
24 T2,T3 °panāḥ(R.); T4 °pano. cf. N3 ullāvane; N4 ullāpannāḥ.
25 T2 rikta°(R.,V.); T3,T4 °muṣṭikavad; T5 °muktikavad(N3). cf. BHSD,ṛkta(= rikta).
26 T4 °skaṃdavad; T5 °skaṃdava. cf. N3 °skaṃdavar; N4 °skandhevad.
27 T2~4 °balāḥ(R.)
28 T2 āmabhojana°(R.); T3,T4 °vac(N3); T5 āsabhājanavac. cf. N4 āmrabhojanavat.
29 T2 vedanā°(R.); T3~5 omit(N3). Acc. to Tib. this should be inserted.
30 T3~5 charad°(N3). cf. N4 sarad°.
(31...31) T3,T4 vidyuta iti; T5 vidyuteva. cf. N3 vidyuteti; N4 vidyut iva.
32 T2 omits 'sa'(R.).
33 T2 vipari°(N4; R.); T3 °duḥkhāḥ
34 T2 mārutalatevāsukhadā(R.°dāḥ); T3,T4 mārutevālusukhedāḥ(N3 °khedo?); T5 mārutevāsukhadā; L.,V. mārutālatevāsukhadā. cf. N1,C1,C2 omit 'late'; N2,N4,N5,B,H insert 'late'; BHSD, mālutā; Tib. ḥkhri śiṅ ma lu ta.
35 T2,T5 abhilikhitā(N3; R.,L.,V.); T3,T4 abhilakhitā. cf. N4 abhilakṣitā; Acc. to Tib.[ḥdod par bya ba] we read 'abhilaṣitā' though no ms. supports it.
36 T3,T4 °bhiḥ(N4)
37 T4,T5 omit 'ḥ'(N3).
38 T2 kṣipraṃ(N4; R.,L.,V.)
39 T2,T4,T5 māyāmarīci°(R.,L.,V.). cf. N3 mayāmarīci°; N4 omits 'māyā'; Tib. lacks the word corresp. to 'māyā'.
40 T4,T5 omit 'ḥ'(N3).
41 T3,T4 °dṛśāḥ
42 T4,T5 °yāśa°(N3)
43 T2 'tithapitāḥ' for 'vithāpitāḥ'(R. tithayitāḥ); T3 °vidhapitāḥ°(T4 omits 'ḥ'); T5 °vidhāpitāḥ (N3 omits 'ḥ'; L.,V.). cf. N4 °viṭhapitāḥ; N5,B °vidhāṃpitā; Acc. to Tib.[rnam par bsgrubs pa] we read 'vithāpitāḥ' though no ms. supports it.
44 T2,T3 °sadṛśāḥ(R.); T4 °śadṛśāḥ; T5 °sadṛśā(N3; L.,V.). cf. N4 °sadṛsāḥ.
45 T3~5 °yāśa°(N3)
(46...46) T2 °yogenāpti°(R.); T5 °yogeṇā 'tṛpti°; L.,V. °yogenātṛpti°. cf. N1/H °yogeṇātṛpti°(*but* N2 °yogenā°); N3 °yogeṇā / tṛpti°; N4 °yogena atṛpti°.
(47...47) T5 śāgareva
48 T2 duḥkhapūrāḥ(R.); T3,T4 duḥpūrāḥ; T5 duḥpurā(N3). cf. N4 duṣparāḥ.
49 T2 °daka iva(N4; R.,L.,V.); T5 °dakeva
50 T2 tṛṣā°(N4; R.,L.,V.)
51 T2 'kulā' for 'karāḥ'(R. kulāḥ)
52 cf. N1 savaśiro ca(C1,C2 sarva°); H sarpi°.
53 T2,T4 duḥsparśanīyāḥ(R. duspa°; V.); T3 asparśanīyāḥ; T5 dusparśanīyā(N3 °nīyo; L.). cf. N4 dusparsanīyāḥ.
54 T5 śaraṇāḥ
55 V. sadoṣāḥ
56 T2 °jñaiḥ(R.); T3 prājñā
57 T3,T4 °hitāḥ(N4)
58 T2~4 °bhiḥ(R.)
59 T2 °tā(R.,L.,V.); T3~5 °tāḥ. cf. N3 °tām.
60 T2 āryyaiḥ(R.). cf. N1,C2 āryyaṃ.
61 T3,T4 °tāḥ(V.)
62 T2 buddhair(N4); T3~5 budhair(N3)
63 T2~5 apari°(N3,N4); R.,L.,V. pari°. cf. All mss. apari°; Tib. yoṅs su bzuṅ ba (= parigṛhīta).
64 T3,T4 °tāḥ
65 T2 abudhaiḥ(R.); T5 abuddhai(N3)
66 T3 niṣevitāḥ; T4 nikhevitāḥ
67 T3~5 bālais(N3)

tasyāṃ ca[1] velāyām imāṃ[2] gāthā⟨m⟩[3] abhāṣata[ḥ][4].

[Meter ... Vaṃśamālā]

37. vivarjitā[5] sarpaśiro[6] yathā budhaiḥ[7]
vigarhitā[8] mīḍhaghaṭo[9] yathâśuciḥ,[10]
vināśakā(ḥ)[11] sarvaśubhasya[12] chandaka(ḥ)[13]
jñātvā hi kāmān na mi[(14...] jāyate[...14)] ratiḥ.[15]

tadā chandakaḥ śalyaviddho[16] yathā krandamānas tato 'śrunetro[17] duḥkhī eva⟨ṃ⟩[18] vākyam[(19...] abravīt[...19)].

[Meter ... Daṇḍaka(ra-gaṇa)]

38. devā[20] yasyârthi kecid⟨d⟩[21] ihā
tīvra[(22...] 'neke[...22)] vidhā[23] ārabhante vratān,[24]
ajina[jaṭā]dhara[25] sudīrghakeśānakhāsmaśru[26] cīrās[27]-tathā-
valkalādhāri[28] śuṣkâṅga[(29...] 'neke[...29)] vratān[24] āśritāḥ[30]
śāka[31]sāmāka[32]gardūla[33]bhakṣāś[34] ca omūrdhakāś[35]
câpare govrataṃ[36] saṃśritāḥ,[37]
kim[(38...] iti[...38)] vaya[39] bhavema śreṣṭhā[40] viśiṣṭā[41] jage
cakravartīvarā[42] lokapālās[43] tathā śakra vajraṃdharā[44]
yāma devâdhipā nirmitā brahmaloke ca
dhyānaḥ-sukhā[45] kāṅkṣiṇaḥ,[46]
tad[47] ida[48] nara[49]variṣṭha rājyaṃ tava sphītam[50] ṛddhaṃ[51]
subhikṣaṃ[52] tathā[(53...] "rāma-udyāna[...53)]prāsāda-ucchrepitaṃ[54]

1 T5 omits 'ca'(N3,N4). 2 T4 imā[omits 'ṃ'](N3)
3 T2 gāthām(N4; R.,L.,V.); T3~5 gāthā(N3) 4 T2 °ṣata(N4; R.,L.,V.); T3~5 °ṣataḥ(N3)
5 T2~4 °tāḥ(N4; R.) 6 T2 °śirā(R.); T4 śarpa°. cf. N4 sarppiśirā.
7 T2,T5 budhair(N3; R.); T3 budhai(N1/H; L.). cf. N4 budhaiḥ.
8 T4,T5 vvivarjjitā(N3 °varjitā) 9 T2 °ghaṭā(R.); T3,T5 °ghaṭe; T4 nīḍha°
10 T2 yathā 'suciḥ(R.). cf. N4 yathāsuciḥ. 11 T2~4 °śakāḥ(N4; R.); T5 °śakā(N3; L.,V.)
12 T2,T3 'sukhasya' for 'śubhasya'(R.); T5 sarvvasya śubha(N3). cf. Tib. dge ba (= śubha).
13 T2,T5 °daka(N1/H; R.); T3,T4 °dakaḥ(N3); L.,V.,S. °dakā. cf. N4 °dakāḥ.
(14...14) T2,T4,T5 vijāyate(N3; R.); T3 vijayate. cf. N4 miṃ jāyate; Tib. ṅa ni dgaḥ mi skye.
15 T3 rati[omits 'ḥ'] 16 T3 °viddhau
17 T3 aśru°. cf. N3 aśurvanetro; N4 aśrunetroḥ.
18 T2 evaṃ(R.,L.,V.); T3~5 eva(N4). cf. N3 e[omits 'vaṃ'].
(19...19) T3,T4 vākyābravīt. cf. N4 vākyā 'bravīt.
20 T2~5 deva(N3,N4; R.). Metrically we read 'devā' though no ms. supports it.
21 Metrically 'ci' must be long though no ms. supports it.
(22...22) T2 ''tīvrāneka°(R.); T5 tīvrāneke; L. tīvraneke°; V. tīvra neka°
23 T2 °vidhān(R.) 24 R. bratān
25 T2~5 insert 'jaṭā'(N3; R.,L.,V.,S.). cf. N4 ajinaṃvara; Tib. has no word corresp. to 'jaṭā'.
26 T2 °keśanakhaśmaśru(R.); T3 °keśo nakhā smaśru; V. °keśānakhā śmaśru
27 T2,T4,T5 cīvarās(R.); S. cīrāl-
28 T2 °valkaladharā(R.); T3 °valkaladhārī; T4 °valkalādhārī; T5 °valkarādhārī(N3); L.,V.,S. °valkalādhāra. cf. N4 °valkāladhāri. m.c. °dhāri(*or* °dhāra).
(29...29) T2 śuṣkāṅgāneke(R.); T3,T4 śuṣkāṃganeke(N3 omits 'ṃ'; L.,V. °kāṅga°). cf. N4 suṣkāṃganeke.
30 T3 āsritāḥ; T5 āśritā(N3; L.,V.) 31 T3 sāka°(N4)
32 T2 °śyāmāka°(R.,V.); T4 °syāmaka°; T5 °sāmaka°(N3); L. °syāmāka°. cf. N4 °syāmāka°. sāmāka = śāmāka = śyāmāka.
33 T2 °garddula°(R.); T3~5 °gaddūla°(N3). cf. N4 °gardūla°; BHSD,gardula(gardūra, gardūla).
34 T3 °bhakṣaś. cf. N4 °bhakṣyāś.
35 T2 ūrddhamurddhakāś(R. ūrddhvamur°); T4 ormūrddhakāś; T5 mūrddhakāyāś. cf. N3 omūrddhakāś; N4 umūrddhakāś; BHSD,omūrdhaka.
36 T2 °vratāṃ(N4; R.,L.,V.) 37 T4,T5 °śritā[omits 'ḥ'](N3)
(38...38) T2 kiṃ tu(R.,L.,V.,S.); T3,T4 kin ti(N3). cf. N2 kinta; N4 kintri; Tib. ji ltar.
39 T2 vayam(R.); T5 vataṃ(N4) 40 T3 sresṭhā
41 T3~5 viśiṣṭeva(N3). cf. N4 viśiṣṭāḥ. m.c. viśiṣṭā.
42 T5 °vattīvarā[omits 'r']; V. °vartivarā 43 T3 °pālā; T4 °pālāḥ
44 T2 omits 'ṃ'(R.); T5 vajrandharā(N4)
45 T2 dhyānasukhā°(N4; R.); T5 dhyāḥ°[omits 'na']; L. dhyānā sukhā°; V.,S. dhyānāsukhā°
46 T2~5 kāṃkṣiṇaḥ(N3) 47 cf. N4 tat.
48 T2,T4 idaṃ(N4; R.); T5 idan(N3) 49 T3 'ratna' for 'nara'
50 T2 sphītaṃm 51 T2 ṛddha[omits 'ṃ']. cf. N4 ṛrddhiṃ.
52 T2 subhikṣañ ca(R.)
(53...53) T2 tathā ''rāmodyāna°(R.); T3,T4 tathā rāma udyāna°(N4); T5 tathā rāmodyāna°(N3,N5, B); L. tathā / ārāmodyāna°(V. tathā ārā°; S. tathā, ārā°). cf. N1,C1,C2,H tathāvāmodyāna°(N2 tathācāmo°). 54 T2 °sāda ucchriyitaṃ(R.); T5 °sādocchre°

vaijayantaḥ-samaṃ[1] [(2…]istrigāraś ca ’yaṃ[…2)] vīṇa[3]veṇūravair[4]
gītavādyai[5] ratīnṛtta[6]⟨saṃgīti⟩[7]saṃyogi[8] saṃśikṣitaṃ
bhuñja[9] kāmān[10] imān[11] mā[12] vrajā[13] sūrataḥ[14].

214 bodhisattva āha.

[Meter ... Daṇḍaka(ra-gaṇa)]

39. chandaka śṛṇu yāni duḥkhāśatām[15] arpitā[16] pūrvi[17]
janmântare[18] bandhanā[19] rundhanās[20] tāḍanās[21] tarjanāḥ[22]
kāmahetor mayā, no ca [(23…]nirviṇṇa ’bhūt[…23)]
saṃskṛte[24] mānasaṃ[25],
pramadavaśagataṃ[26] ⟨ca⟩[27] mohâkulaṃ[28] dṛṣṭijālâvṛtaṃ
andhabhūtaṃ [(29…]purā,[…29)] ātmasamjñāgrahā[30] kārakāvedakā-[31]
vītivṛttā[32] ime [(33…]dharma ajñānataḥ[…33)] saṃbhutā[34],
[(35…]capalacala anitya[…35)] meghaiḥ samā vidyubhiḥ[36]
saṃnibhāḥ[37], osabindûpamā[38] ṛktatucchā[39] asārā(ḥ)[40]
anātmā(ś)[41] ca [(42…]śūnyā svabhāvā[…42)] ime sarvaśaḥ[43],
na ca[44] mama viṣayeṣu saṃrajyate mānasaṃ[45] dehi me
chandakā kaṇṭhakâlaṃkṛtaṃ[46] aśvarājôttamaṃ[47], pūrṇa[48] me[49]
[(50…]maṅgalā ye[…50)] purā cintitā bheṣyi[51] sarvâbhibhūḥ[52]
sarvadharmêśvaro dharmarājo muniḥ.

1 T2 vaijayantasamaṃ(R.); T5 °samam(N3); L.,S. vaijayantāsamaṃ(V. °samam). cf. N4 vaijayanti samaṃ.
(2…2) T2 istrigāra sva°[omits 'yaṃ'](R.); T3,T4 °gāraś ca yaṃ(T5 'va' for 'ca'; N3); L.,V.,S. istrigāra svayaṃ. cf. N4 istrikārā svayaṃ; N5,H istrikā svayaṃ; B istriśārā svayaṃ; BHSG,§21.5; Tib. bud med ḥdi dag rnams kyaṅ. 3 T2 veṇuvīṇā°(N4; R.,L.,V.,S.); T3,T5 vīṇāveṇu°. cf. N3 vīṇaveṇu°; Tib. pi baṅ daṅ ni gliṅ bu (= vīṇā-veṇu). m.c. vīṇaveṇū.
4 T4 °ravai[omits 'r'](N4; L.,V.,S.) 5 T2 °yair(R.)
6 T2 atinṛtya°'R.); T5 ratīnṛtya°(N3; L.,V.,S. ratī nṛ°). cf. N4 ratinṛtta°. nṛtta = nṛtya.
7 T2 inserts 'saṅgīti'(R.; N4 saṃgīti; L.,V.,S. saṃgīti); T3~5 omit(N3). Acc. to Tib. this should be inserted.
8 T2 °sayoga(R. °saṃyoga); T3 °saṃyegi; T5 °saṃmyogi. cf. N4 °saṃyoga.
9 T3~5 bhuṃja 10 T3 kāmār; T5 kāmon
11 T3,T4 imāṃ; T5 imā(N3) 12 T3 sā; T4,T5 nā
13 T2 vraja(R.)
14 T2 sūrata(R.); T5 śurasaḥ; L.,V.,S. sūratā. cf. N3 sūrataḥ.
15 T2~4 duḥkhaśatām(N3,N4; R.); T5 omits 'khā'; S. duḥkhāśatā-m-. Metrically we read 'duḥkhā' though no ms. supports it.
16 T2 arṣitā(R.); T3 avvitā; T4 arvitā(N4); T5 arppitā. cf. N3 arvvitā.
17 T2 pūrva; T4 pūrvva(N3,N4; R.) 18 T3~5 °tarā(N3)
19 T4,T5 °dhano(N3). cf. N5 °dhanās. 20 T5 ruṃdhanos; L.,V.,S. °dhanā[omit 's']
21 L.,V.,S. tāḍanā[omit 's'] 22 L.,V.,S. tarjanā[omit 'ḥ']
(23…23) T2 nirvid abhūt(N3,R. nirvvid ---); T3 nirvīd abhūt; T4 emends 'vinirvīd abhūt' to 'vinirvīnnobhūt'['nno' is marg.]; T5 nirvvisubhūt; L.,V. nirviṇṇabhūt(S. °bhūta). cf. N1 nirvinnabhūt; N2 nirviṇṇābhūt; N4 nirvviṇḍabhūt; N5 nirviṃśubhūt; C1,C2 nirvinvabhūt; B nirvinnābhūt; H nirvinabhūt? 24 T2 °kṛta(R.)
25 V. °sam 26 T2 °vasagatañ(R.); T3 °vadagataṃ
27 T2 inserts 'ca'(R.,L.,V.,S.); T3~5 omit(N3). Metrically this should be inserted.
28 T3 'vahā' for 'mohā'(N3) (29…29) T5 purātma°(N3)
30 T4 omits 'gra'(N3); S. °grāha°[misprint]. cf. H °graha.
31 T2,T5 'vedanā' for 'vedakā' (R.,L.,V.,S.). cf. N3,N4 vedakā; BHSD,vedaka(2).
32 T2 °vītivṛtā(H); T3 °vībhivṛtā; T5 °vītivṛrttā(N3). cf. N4 °vinivṛtā; BHSD,vedaka(2).
(33…33) T2,T5 dharmmājñānataḥ(N3; R.); L. dharma-ajñānataḥ. cf. N4 dharmma ājñānataḥ.
34 T2 sambhūtā(R.); T3~5 saṃbhūtā(L.,V.,S.). cf. H saṃbhūtaḥ; BHSD,saṃbhuta. Metrically we read 'saṃbhutā' though no ms. supports it.
(35…35) T2 °calā 'nitya(R.); T5 °calānitya; L.,V.,S. °cala 'nitya. cf. N3 capalavalānitya.
36 T2 vidyudbhiḥ(R.)
37 T2 sadṛśāḥ(R.,L.,V.,S.); T3,T5 sannibhāḥ(N3 omits 'bhāḥ'); T4 emends 'sanni' to 'sadṛśā'['dṛśā' is marg.]. cf. N1/H sādṛśāḥ.
38 T4 osabidūpamā[omits 'n'](N3 omabidū°); T5 aughabiṃdupamā; R.,L.,S. osavindū°. cf. N4 usabindupamā; BHSD,avaśya,osa(= avaśyāya).
39 T3 'rikta' for 'ṛkta'(V.); S. ṛ(?ri)kta°. cf. N1/H °tucchāś ca; BHSD,ṛkta.
40 T2~5 asārāḥ(N3; R.); L.,V.,S. asārā. cf. N4 asārā; Other mss. asārāḥ.
41 T2 °tmā[omits 'ś'](N4; R.,L.,V.,S.); T3~5 °tmāś(N3)
(42…42) T2 śūnyasvabhāvā(R.,L.,V.,S.). cf. N3 śūnyā svabhāvā; N4 śūnya svabhāvā.
43 T3 sarvasaḥ; T4 sarvvasaḥ(N4); T5 sarvvaśaḥ narvaśaḥ
44 T4 va(N3) 45 T3 mānasan(N3?)
46 T2 °laṅkṛtam(R.); T5 kacchakālaṃkṛtam. cf. N3 kanthakā°.
47 V. °mam 48 T2 pūrṇṇaṃ(N4; R. pūrṇaṃ)
49 T2 evaṃ(R.)
(50…50) T2,T5 maṅgalāyai(T4,N3 maṃga°; T5; R.,L.,S.). cf. N4 °galāya; B °galāyaiḥ.
51 T2 bheṣye; T3,T5 tepi; T4 neṣi(N3) 52 T4 omits 'ḥ'(N4; V.).

chandaka āha.

[Meter ... Mixture of Upajāti and Vaṃśamālā]

40. imāṃ vibuddhâmbujapattralocanāṃ[1]
vicitrahārāmaṇiratnabhūṣitāṃ,[2][3]
ghanapramuktām[4] iva vidyutāṃ[5] nabhe
nôpekṣase śayanagatā⟨ṃ⟩[6][7] virocatīṃ.[8]

41. imāṃś[9] ca veṇūn[10] paṇavāṃ[11] sughoṣakāṃ
mṛdaṅgavaṃśāṃś[12] ca sagītavāditāṃ,[13][14]
cakoramaurāṃ[15] kalaviṅkanāditāṃ[16]
yathâlayaṃ[17] (18... kinnariṇāṃ ...18) vihāsyase.

42. sumanôtpalāṃ[19] vārṣikacampakāṃs[20] tathā
sugandhamālā⟨ṃ⟩[21] guṇapuṣpasaṃcayāṃ,[22]
(23... kālâgurūn ...23) uttamagandhadhūpitāṃ[24]
nôpekṣase[25] tān (26... anulepanān ...26) varān.

43. sugandhagandhāṃś[27] ca rasāṃ[28] praṇītāṃ[29]
susādhitāṃ[30] vyañjanabhojanāṃs[31] tathā,
saśarkarāṃ[32] pānarasāṃ[33] susaṃskṛtāṃ[34]
nôpekṣase[35] deva kahiṃ[36] gamiṣyasi.

1 T3~5 °āṃbuja°
2 T2 vicicitrahārāṃ(R.,V. vicitra°). cf. N3 omits 'tra'.
3 V. °ṣitām
4 T3~5 ghaṇa°(N3)
5 T5 omits 'ṃ'(N3).
6 T2 sayana°(N4)
7 T2 °gatāṃ(N4; R.,V.); T3~5 °gatā(N3; L.,S.). cf. N1/H °gatāṃ.
8 T2 °canāṃ(N4; R.); V. °catīm. cf. N2 virocanīṃ.
9 T3 imāṃ[omits 'ś']. cf. N1,N2,C1,C2,H imāś; N4 imaṃś.
10 T2 veṇu°(N4; R.); T3 veṇū; T4 veṇūṃ
11 T3 omits 'ṃ'; T5 panavāṃ(N3)
12 T3~5 mṛdaṃga°(N3)
13 T2 saṅgīti°(R.); T5 saṃgīta°(N3,H; V.). cf. N1,N2,C1/H saṃgīti°; N4 obscure; N5 saṃgītiṃ; Tib. glu dbyaṅs. m.c. sagīta(= saṃgīta).
14 V. °ditām
15 T2 cakorasvarāṃ['rāṃ' is marg.](N5,H; R.); T4 cakārasaurāṃ; T5 cakolasaurāṃ; L.,V.,S. cakorasorāṃ. cf. N1,C1,C2 cakokilasvarāṃ; N2 cakorasvarā; N3 cakorasaurāṃ; N4 obscure; B cakorasaurā; BHSD,maura(= mora); Tib. rma bya (= mayūra).
16 T3 kalaviṃkanāditān; T4 kalapiṃganādinān; T5 kalapiṃgarādinān; L.,S. karaviṅkanāditāṃ. cf. N1/H karaviṃkanāditāṃ(N4 kalaviṃka°); N3 kalaviṃganāditāt.
17 T2 yathā "layaṃ(R.)
(18…18) T2 kinnarīṇāṃ kathaṃ vihāyase(R.); S. kinnarīṇāṃ-v-ihāsyase. cf. BHSG,§10.203.
19 T5 °palām
20 T3 °caṃpakās; T4 °caṃpakāṃs; T5 °campakās
21 T2 °mālāṃ(N4; R.,L.,V.,S.); T3,T5 omit 'ṃ'(T4 sugaṃdha°; N3).
22 T2,T5 °sañcayāṃ(R.); T3 °saṃcayān; V. °saṃcayām. In B(the Ms. of Paris) the leaf No.115b is not printed by mistake, therefore we can not collate the text of B (from 'saṃcayāṃ' to 'nāvāmimā'; L.,p.214,line 19 ~ p.216,line 5) at all.
(23…23) T2 °gurūttama°
24 T2 °dhūpanāṃ(N4; R.,L.,V.,S.); T3 °dhūpitān; T4.T5 °dhūpinān(N3). cf. N2 °dhūpyuṃnāṃ; N5 °dhūpanā; Tib. rab bdugs (= dhūpita).
25 T2 no 'pekṣase(R.); T3,T4 nāpekṣase. cf. N3 nāpakṣase; Tib. mi gzigs sam (= na upekṣase).
(26…26) T2 °panāmbarān(R.); T3 °panāṃ varāṃ(N4); T4 atulapanān varān
27 T4 sugaṃdhagaṃdhāṃś; T5 °gandhāś(N4)
28 T2 rasān(R.)
29 T2 °ṇītān(R.)
30 T2 °dhitān(R.); T3 omits 'sā'.
31 T3 vyaṃjanabhojanās; T4 vyaṃjanabhājanāṃs
32 T2 sasarkarān(R.); T3 sasarkarā; T5 saśarkkarā. cf. N3 saśarṣarā; N4 sasakkarāṃ.
33 T2 °rasān(R.); T4 pāṇarasāṃ; T5 pāṇarasā(N3). cf. N1,C1,C2 omit from here(pānarasāṃ) to '-varāmbarāṃ' of next Gāthā No.44c.
34 T2 °kṛtān(R.); T5 omits 'saṃ'(N3).
35 T4,T5 nāpekṣase
36 T2 kahiṅ(R.)

215 44. śīte[1] ca[2] uṣṇān [(3…]anulepanāṃ varāṃ[…3)]
uṣṇe[4] ca tān[5] uragasāracandanāṃ[6],[7]
tāṃ[8] kāśikāvastravarâmbarāṃ[9] śubhāṃ[10][11]
nôpekṣase[12] deva kahiṃ[13] gamiṣyasi.

45. ime ca[14] ⟨te⟩[15] [deva][16] kāmaguṇā hi pañca[17]
samṛddha deveṣv iva devatānāṃ[18],
ramasva[19] tāvad[20] ratisaukhya-anvitaḥ[21]
tato vanaṃ yāsyasi[22] śākyapuṃgava(ḥ)[23].

bodhisattva āha

[Meter ... Daṇḍaka(ra-gaṇa)]

46. aparimitânantakalpā[24] mayā[25] chandakā[26] bhukta[27] kāmāni[28]
rūpāś[29] ca[30] śabdāś[31] ca[30] gandhā rasā[32] sparśa[33] nānāvidhā
divya ye māṇuṣā no ca tṛptā[34] abhūt,
nṛpativarasutena [(35…]aiśvaryu[…35)] kārāpito[36] cātudvīpe[37] yadā[38]
[(39…]rūja ’bhūc[…39)] cakravartī[40] samanvāgato[41] saptabhī[42] ratnabhiḥ
istrigārasya madhye gataḥ,[43]
tridaśapati[44] suyāmadevâdhipatyaṃ[45] ca[46] kārāpitaṃ[47][48]
yebhya[49] câhaṃ[50] cyavitvā[51] ihâbhyāgato[52]
[(53…]nirmiteṣū ⟨ca⟩ deveṣu[…53)] māno”tmikā[54] ca
śriyā uttamā bhukta pūrve mayā,
surapuri[55] vaśavarti[56] mārêśvaratvaṃ[57] ca kārāpitaṃ[58]

1 cf. N3 inserts 'sugandha --- --- praṇītāṃ'(Gāthā No.43a) before 'śīte' by mistake.
2 T3 omits 'ca'. (3…3) T2 °lepanān varān(R.); T4 atulepa° ---; T5 °lepanāṃ varān(N3); L.,V.,S. °lepanāmbarāṃ. cf. N2 °lepanāṃ varāṃ; N4 °lepanā varāṃ; N5 °lepanāṃ varālī; H °lepanā balā; Tib. dam pa (= vara).
4 T3 uṣṇai 5 T5 tānn(N3). cf. N4 tāṃ; H tan.
6 cf. N4 dardarasāra°.
7 T2 °candanān(R.); T3 °candanalelanāṃ varāṃ; T4 °caṃdanāṃ
8 T2 tān(R.); T4 omits 'tāṃ'(N3).
9 T2 kāśika°(R.); T3 kāsikā°. cf. N4 kāsikāṃ.
10 T2 °varāmbarān(R.); T3,T4 °varāṃbarāṃ(N3,N4); T5 omits 'varām'; S. °varambarāṃ[misprint]
11 T2 śubhān(R.). cf. N4 śubhā. 12 T4,T5 nāpekṣase. cf. N4 nopyeṣyase?
13 T3 kahiṅ(R.) 14 T3 hi(?)
15 T2 inserts 'te'(N1,N4,N5,C1,C2; R.,L.,V.,S.); T3~5 omit(N2,N3,H). Tib. lacks the word corresp. to 'te'.
16 T2~5 insert 'deva'(R.); L.,V. bracket; S. omits. cf. N4 omits; Other mss. insert; Tib. lacks the word corresp. to 'deva'. Metrically this should be deleted.
17 T4,T5 paṃca 18 V. °tānām
19 T4 ramaśca; T5 ramaśva(N3?) 20 T4 d[omits 'tāva']. cf. N3 tad.
21 T3 °aṃnvitas; T4 °aṃnvitaḥ; T5 °anvitas(N3). cf. N4 °avintas ?
22 T2 yāsyati(N1/C2,N4,H; R.,L.,V.,S.). cf. N3 yāsyabhi.
23 T2 °puṅgavaḥ(N4; R.,L.,V.,S.); T3 °puṃgaṃvaḥ; T4,T5 °puṃgava. cf. N3 °vuṅgava?
24 T3 aparimiti ananta°; T4 aparimita ananta°(N4). cf. N3 aparimitānante.
25 T3,T5 mamā(N3?); T4 gamā 26 T2 °daka(R.)
27 T2 bhuktā(R.)
28 T2,T5 kāmāni māṃ[insert 'māṃ'](R.); T4 kāmā ni°. cf. N4 kāmāni mā.
29 T5 rūpāṃś. cf. N4 rūpā. 30 cf. N4 omits 'ca'.
31 T5 śabdāṃś. cf. N4 śabdā. 32 T3 rasāś ca
33 T2 sparśatā(R.); T4 sparśā; T5 sparśatāṃ. cf. N3 spartā.
34 T2 tṛptir(R.); L.,V.,S. tṛptīr. cf. N1/C2 tṛptī; N4 tṛptīṃ; H tṛpti; A(L.'s Varianten) tṛptām; BHSG,§10.32.
(35…35) T2 °sutenaiśvaryya°(N1,N5,C1,C2,H; R.); T4 °sutena aiśvarya°(N4; L.,V.,S.); T5 °sutenaiśvaryū°. cf. N2 °sutenaisvaryā°; N3 °sutenaiśvaryyu.
36 T2 °kārārṣitaṃ(R.); T5 kārāpitāś; L.,V.,S. kārāpitaṃ. cf. N1,N5,C1,C2 kārāpitāṃś; N2 °ropitāṃś[omits 'kā']; N3 kārāpitaś; N4 kārāpitāṃ; BHSG,§38.62.
37 T2,T5 cāturdvīpe(N3,C1; R.); T3 vānudvīpe; T4 cāturdīpe. cf. N4 cāturddīpe. m.c. cātudvīpe.
38 T2,T5 mahā(N1,C1,C2,H; R.). cf. N2,N5 sadā.
(39…39) T2 rājye 'bhūc(R.); T4,T5 rājā bhūc(N3); L.,S. rājabhūc(V. rāja bhūc). cf. N1/C2,H rājya bhūc; N4 rājya bhūt.
40 T2~5 °varttī(H; R.). cf. N1/C2 °vartti.
41 T2 °gataḥ(N1,N5,C1,C2,H; R.,L.,V.,S.). cf. N2 °gataṃ; N3,N4 °gato.
42 T2 saptabhi(N1,N2,N5,C1; R.,L.,S.); T5 sapta[omits 'bhi'](N3). cf. N4,H saptabhiḥ; C2 saptabhir. 43 T3,T4 kṛtaḥ(N4). cf. Tib. ḥdug pa (= gata).
44 T2 tridaśpati°; S. tṛśepati? cf. N4 tṛdaśa°.
45 T2 °ṣu yāmā°[omits 'deva'](R.); T3 suyāmasuyāma°; T5 sayāma°
46 T2 °patyañ(R.) 47 T3 na
48 T2 kārārṣitaṃ(N4; R.)
49 T2 yebhyaś(R.,L.,V.,S.); T4 yebhyaḥ; T5 tebhyaś. cf. N4 yebhya(m.c.).
50 T2 cāhañ(R.). cf. H cahaṃ.
51 T5 civitvā(N3). cf. N2 cāvitvā; C2 cyavitva.
52 T2 iha gato(R.). cf. N1/C2,N4 ihāgato; H ihāto.
(53…53) T2 nirmmitā nirmmiteṣu(R.)[T2 'deveṣu' is marg.]; T3,T4 nirmtaṣū deveṣu; T5 nirmmiteṣu deveṣu(N3); L.,V.,S. nirmito nirmiteṣu. cf. N4 nirmito nirmmiteṣu ca deveṣu.
54 T2 mānātmikā(N4; R.); T3,T4 mānomikā(N3,N5); T5 mānyartmikā; L.,S. māno-ātmikā; V. māno ātmikā. cf. N1,N2,C1,C2,H mānotmikā.
55 T2 surapati(N4; R.) 56 T2,T3 vasavartti(N4; R.); T4,T5 vaśavartti
57 T2,T4 māneśvara°(N3; R.); T5 °ratvañ; V. °vatvaṃ[omits 'ra']. cf. N4 māneṣu aratvaṃ.
58 T2 kārārṣitaṃ(N4; R.)

bhukta[1] kāmāḥ samṛddhā[2] varā[3] no ca tṛptī[4] abhūt[5]
kiṃ puno[6] (7...ady' imāṃ...7) hīna saṃsevatas[8]
tṛpti[9] gacched ahaṃ,[10] sthānam etan[11] na saṃvidyate.[12]

47. api (13...ca imu...13) jagaṃ[14] apekṣāmy[15] ahaṃ chandakā[16]
duḥkhitaṃ śoka[17]kāntārasaṃsāra[18]madhye[19] sthitaṃ[20]
kleśavyāḍâkule[21] uhyamānaṃ[22] (23...sadā,
216 aśaraṇam...23) aparāyaṇaṃ moha'vidyândhakāre[24]
jarā[25]vyādhimṛtyor[26] bhayaiḥ pīḍitaṃ[27]
janmaduḥkhaiḥ[28] samabhyāhataṃ[29] vyāhataṃ[30] śatrubhiḥ,[31]
aham iha[32] samudāniyā[33] dharmanāvaṃ mahātyāga[34]śīlavrata-
kṣāntivīryābalān[35] dārusaṃbhāra[36] saṃghātitāṃ[37]
sāra-m-adhyāśayair vajrakaiḥ saṃgṛhītā⟨ṃ⟩[38] dṛḍhā⟨ṃ⟩,[39]
svayam[40] aham abhiruhya nāvām (41...imām ātmanôttīrya...41)
saṃsāra-oghād[42] ahaṃ tārayiṣye anantaṃ[43] jagat[44] śoka-[45]
saṃsārakāntāraroṣôrmirāgagrahâvartavairâkule[46] dustare,[47]
eva cittaṃ[48] mama.

[Meter ... Vaṃśasthā]

48. tad ātmanôttīrya[49] idaṃ bhavârṇavaṃ
savaira[50]dṛṣṭigraha[51]kleśarākṣasaṃ,[52]
svayaṃ taritvā[53] ca anantakaṃ[54] jagat
sthale sthapeṣye[55] ajarâmare śive.[56]

1 T2 bhuktaṃ(N4; R.) 2 T3~5 °ṛddhāḥ(N3)
3 T2 balān(R.); T5 carā. cf. N3 varo.
4 T2 tṛptīr(N1,N2,N5,C2,H; R.,L.,V.,S.); T4 tṛpti; T5 tṛptir(N3,C1). cf. N4 tṛptī.
5 cf. N4 abhūvan.
6 T2 punar(H; R.). cf. N1,N2,C1,C2 punā; N4 punaḥ; N5 punār.
(7…7) T2 adya māṃ(N4,N5; R.,L.,V.); T3,T4 adyimāṃ; T5 'dyemāṃ; S. adyamāṃ. cf. N3 'dyimāṃ?; N1,N2,C1,C2 °dyimāṃ; H ārudyamāṃ; Tib. da --- ḥdi (= adya imāṃ).
8 T2 °sevitas(R.); T3,T4 °sevataḥ. cf. N4 °sevata.
9 T2 tṛptiṃ(N4; R.) 10 T3 akaṃ
11 T3,T4 etaṃ. cf. N4 etat. 12 T5 samvi°(N3); R. °vidyat
(13…13) T2 ca idaṃ(R.); T5 cemu 14 T5 jagam(N3). cf. N4 jagat.
15 T2 upekṣāmy(R.); T4 apakṣāmy. cf. N4 apekṣyāmy.
16 T2 chandaka(R.). cf. N3 chandākā.
17 T3 soka°(N4)
18 T2 omits 'saṃsāra'(R.,S.); T5 °sasāra°[omits 'ṃ']. cf. Tib. ḥkhor ba (= saṃsāra).
19 T3,T4 °madhya(N3) 20 V. sthitam
21 V. °vyālākule: S. °vyāḍākulenopāyāsena. cf. N4 kleśavyādhikulasaṃkule. Acc. to Tib.[ñam ṅas] 'upāyāsena' should be inserted, but no ms. sopports it.
22 T2 dahya°(R.). cf. N3 hyamāna. (23…23) T5 sadāśaraṇam(N3)
24 R.,L.,V.,S. mohavidyā° 25 T2 jara°(R.)
26 T2 °mṛtyu(N1/H,N4; R.); T4,T5 °mṛtyo; L.,V.,S. °mṛtyū°. cf. N3 °mṛtyor.
27 V. °tam 28 T4 °duḥkhai[omits 'ḥ']
29 T2,T5 samatyāhataṃ(R.); T4 sapabhy°. cf. N3 sapatyāṃ hataṃ; N4 samābhy°.
30 T3 omits 'vyāhataṃ'(T4 marg.). cf. Tib. rnam par gnod pa (= vyāhata).
31 T5 °bhir(N3) 32 T2 imaṃ(N4; R.)
33 T2 °udānīyā(R.); T5 °udāniyāṃ 34 T2 omits 'tyāga'(R.).
35 T2 °vīryyabalāṃ(N4; R.); T3~5 °vīryabalān(N3 °vīryya°); L.,V.,S. °vīryābalāṃ. m.c. °vīryā°.
36 T2 dānasambhāra°(R.)
37 T2 °saṃghānāṃ; R. °saṅghātāṃ. cf. N3 °saṃghāti taṃ; Tib. bsgos te.
38 T2 °gṛhītāṃ(N4; R.,L.,V.,S.); T3~5 omit 'ṃ'(N3).
39 T2 dṛḍhāṃ(R.,L.,S.); T3 dṛḍhā; T4 emends 'dṛḍha' to 'dṛḍhāṃ'; T5 dṛḍha(N3); V. dṛḍhām. cf. N1,N2,C1,C2,H dṛśaṃ. 40 T4 svayaṃm
(41…41) T2 imātmānā 'vatīryya(R.); T3 imāṃ anitanottīrya(N3 imām ---); T4 emends 'imāṃ' anitanotirya' to 'imāṃ anitanotīrya'; T5 imātmanitanotīrya; L.,V. imātmāno 'vatīrya; S. imāmātmano 'vatīrya. cf. N1 imātsāno 'vatīrya(C1 imānsāno ---; C2,H imānmāno ---); N2 imām ātmano 'vatīrya; N4 imām ātmāno avatīryya; B imām ātmānā 'vatīrya?; Tib. hdag ñid rgal te.
42 T2 °oghair(R.); L.,V.,S. °oghe. cf. N4 °oghe; C2 °oghai(C1?).
43 T2,T5 'nantaṃ(R.); T3 anaṃtaṃ; T4 anantañ. cf. N3 'nantañ.
44 T3 jagac 45 T3 choka°; T4,T5 soka°(N3,N4)
46 T2 °grahāvyākule vairākule(R.); S. °grahavarta°. cf. N4 °grahāvyākule varttavairākule.
47 T4,T5 duṣṭare(N3) 48 T3 cintaṃ; T4,T5 citta[omit 'ṃ'](N3)
49 cf. N4 ātmano 'ttīryya. 50 T5 sarvvaira°. cf. N3 savvaira.
51 T4 °dṛṣṭirgraha° 52 V. °kṣasam
53 T3 tvaritvā 54 T3 antakaṃ[omits 'na']
55 T2 'ntarikṣe; T3 sthapekṣe; R. 'ntarīkṣe. cf. N2 sthāpayiṣye; N4 sthapiṣye.
56 cf. N3 śivaṃ?; N4 sive.

tadā chandako bhūyasyā mātrayā prarudann evam āha. deva eṣa vyavasāyasya[1] niścayaḥ.

bodhisattva āha

[Meter ... Vaitālīya]

49. śṛṇu chandaka mahya niścayaṃ
mokṣasattvârtha[2] [(3...]hitârtham[...3)] udyataṃ,[4]
acalâcalam[5] avyathaṃ[6] dṛḍhaṃ[7]
merurājêva yathā suduścalaṃ.[8]

chandaka āha. [(9...]kīdṛśa[...9)] āryaputrasya niścayaḥ.

bodhisattva āha.

[Meter ... Vasantatilakā]

50. vajrâśaniḥ[10] paraśuśaktiśarāś[11] ca[12] varṣe[13]
[(14...]vidyut pratānajvalito[...14)] kvathitaṃ[15] ca[16] lohaṃ,[17]
ādīptaśailaśikharāḥ[18] prapateyu[19] mūrdhni[20][21]
[(22...]nâiva[...22)] [(23...]ahaṃ puna[...23)] janeya gṛhâbhilāṣaṃ.[24]

[Meter ... Āryā?]

217 51. [(25...]tada amara⟨śata?⟩ nabhagatāḥ[...25)]
kilikilā[26] muñciṣū[27] kusumavṛṣṭiṃ,[28]
jaya he paramamatidharā[29]
jagati abhayadāyakā nātha.[30]

1 T3,T4 vyasāyasya[omit 'va'](N3)
2 T2 °satvārthaṃ(N4; R.); L. °satvārtha. cf. N3 °satvāthi.
(3...3) T4 hitārtha ud°; T5 hitārthod°(N3) 4 V. °yatam
5 T3 acalācalacam. cf. N3 maralācalam.
6 T2 avyayaṃ(N4; R.,L.,V.,S.). cf. N3 avyathaṃ; Tib. gnod pa med.
7 T2 dṛḍha[omits 'ṃ'](N4)
8 T3,T5 suduścayaṃ(N3); T4 suduścaraṃ; V. °calam. cf. N4 suduścalaṃ; Tib. mi gyo.
(9...9) T5 kīdṛśārya°(N3 °śāryya°)
10 T2 vajrāsani[omits 'ḥ'](R. vajrāśani); T3 vajrāsaniḥ(N4); T5 vajrāśaniṣ(N3)
11 T3 paru°[omits 'śu']; T5 paruśu°. cf. N3 paruṣa°; N4 parasu°.
12 T2 ma(R.) 13 T3,T5 varṣa. cf. N3 karṣa.
(14...14) T2 °prabhāna°(N4; R.); T3 vidyupra°[omits 't']; T4 °prātāna°. cf. N1,C1,C2 °patāna°; BHSD,pratāna.
15 T2 °jvalitaṃ(N1,N2,N4,C1/H; R.); T5 °jvalitā; L.,V.,S. °jvalitaḥ. cf. N3 °kvalito; A(L.'s Varianten) °jvalito. 16 T2 kvathitañ(R.)
17 T3 lohāṃ; V. loham 18 T5 ādīkaśaira°(N3)
19 T5 °śikharā[omits 'ḥ'](L.,V.,S.). cf. N4 °sikharā; H °śikhalā.
20 T3~5 prapateya(N2,N3). cf. N1,N4,C1/H prapateyu.
21 T2 mūrddhni(R.); T5 mūddhni(N3). cf. N1,C1,C2 mūrddhi.
(22...22) T2 no vā ahaṃ(R.); T5 naivāhaṃ(N3)
(23...23) T2 punar jjaneya°(R.)
24 T4 gṛhābhilākhaṃ(T5 gahābhi°); V. °lāṣam
(25...25) T2 tadā amaranabhagatāḥ(R.,L.,V.,S.); T3 tada amaraṇabhagatāḥ; T4 tada amaranabhagatāḥ(N4); T5 tadāmaraṇabhavagatāḥ(N3 omits 'va'). Metrically 'śata' should be inserted, but no ms. supports it. Acc. to Tib. and 方広, this and next lines(51ab) are not the parts of verse but of prose. In Tib., furthermore, two lines in verse which perhaps compose the first half of Gāthā No.51 are inserted just after these two lines.
26 V. kilakilā. cf. N1,N2,N4,C1,C2,H kilakilā. m.c. kilīkilā, but no ms. supports it.
27 T2 muñciṣu(H; R.,L.,V.,S.); T3,T4 muṃciṣū; T5 muṃciṣu(N1,N2,C1,C2). cf. N3 muñciṣū; N4 muciṣu; B muṃciṣa.
28 T3 °vṛṣṭi[omits 'ṃ']; T4 °vṛṣṭiḥ(L.,V.,S.); T5 °vṛṣṭir(N3). cf. N4 °vṛṣṭiṃ; BHSG,§10.60.
29 cf. N4 paraṃ mati°.
30 T3,T4 nāthaḥ(N3). cf. A(L.'s Varianten) nāthā.

[Meter ... Ricirā]

52. na rajyate[1] puruṣavarasya mānasaṃ
nabho yathā tamaraja[2]dhūmaketubhiḥ,
na lipyate viṣayasukheṣu[3] nirmalo[4]
jale yathā navanalinaṃ[5] samudbhūtaṃ[6].

atha khalu bhikṣavo bodhisattvasya niścayaṃ viditvā śāntamatiś[7] ca devaputro lalita[8]vyūhaś[9] ca[10] devaputraḥ kapilavastuni mahānagare[11] sarvastrī[12]puruṣadārakadārikānām[13] apasvāpanam[14] akurutāṃ[15] sarvaśabdāṃś[16] cântardhāpayām āsatuḥ.

atha khalu bhikṣavo bodhisattvaḥ sarvaṃ[17] nagarajanaṃ prasuptaṃ [(18...]viditvā, ardha[...18)]rātrasamayaṃ[19] côpasthitaṃ jñātvā puṣyaṃ ca nakṣatrâdhipatiṃ yuktaṃ jñātvā sāṃprataṃ niṣkramaṇa[20]kāla[21] iti jñātvā chandakam āmantrayate sma. chandaka māṃ[22] mêdānīṃ[23] khedaya. prayaccha me[24] kaṇṭhaka⟨ṃ⟩[25] samalaṃkṛtya mā ca vilambiṣṭhāḥ[26].

samanantarô[27]dāhṛtā[28] ca[29] bodhisattvenêyaṃ vāg[30], atha tatkṣaṇam[31] eva catvāro[32] lokapālā[33] bodhisattvasya vacanam upaśrutya[34] svakasvakāni (ca)[35] bhavanāni gatvā bodhisattvasya pūjākarmaṇe svaiḥ[36] svair vyūhais tvaritaṃ[37] tvaritaṃ[38] punar api kapilavastu[39]mahānagaram āgacchanti sma.

tatra[40] dhṛtarāṣṭro[41] mahārājo gandharvâdhipatiḥ pūrvasyā(ṃ)[42] diśa[43] āgato 'bhūt. sārdham anekair gandharvakoṭīniyuta[44]śatasahasrair[45] nānā(vidha)[46]tūryasaṃgītisaṃ[(47...]pravāditena. āgatya[...47)] ca[48] kapilavastumahānagaraṃ

1 T4 rajyata['jya' is marg.]; T5 raṃjyate
2 cf. N4 omits 'raja'.
3 T5 viṣamasukheṣu
4 T2 nirmmala(R.); T5 nirmale
5 T5 navanali[omits 'naṃ']. cf. N4 nadinaṃ.
6 T2 samutbhavaṃ; T4,T5 samudbhavaṃ(N3; R.,L.,S.; V. °bhavam). cf. N4 samudgataṃ.
7 T3~5 sānta°(N3,N4)
8 T3~5 laḍita°(N3,N4)
9 T3 °vyūhaṃś; T5 °vyūha[omits 'ś']
10 T5 omits 'ca'.
11 R. mahānagaravare
12 cf. N3,N4 sarvve.
13 T2,T3 °dārikānāṃ(R.); T4,T5 °dārikāṇāṃ
14 T2 °panaṃ(R.)
15 T3,T5 akurutā[omit 'ṃ'](N3); V. °tām
16 T3 °śabdāś[omits 'ṃ'](N4); T5 °śabdāṃ[omits 'ś'](N3)
17 T3~5 sarvvan(N3). cf. N4 sarvva.
(18...18) T2 viditvā 'rddha°(R; L.,V. --- 'rdha°); T4 viditvā arddha°(N4); T5 viditvārddha°(N3)
19 T2,T5 °rātrisamayaṃ(N3; R.,L.,V.). cf. N4 °rātrasamayaṃ.
20 T3,T4 niskra°(N3)
21 T2,T5 °kālam(N3; R.). cf. N4 °kālaṃ.
22 T2,T5 mā[omit 'ṃ'](R.); T3 mās(N3); T4 mām?
23 T4 me idāniṃ[the first 'i' is marg.]. cf. N3 medānaṃ; N4 idāniṃ[omits 'me'].
24 T4 repeats 'prayaccha me'(N3).
25 T2 °kaṃ(N4; R.,L.,V.); T3~5 omit 'ṃ'(N3). cf. N4 kaṃthakaṃ.
26 T3~5 vilaṃbi°. cf. N4 vilaṃbiṣṭāḥ.
27 T5 samanta°[omits 'na'](N3)
28 T4,T5 °hṛtasya. cf. N3 °hyatasya.
29 T2 'sya(R.)
30 T2 vāk(R.,V.)
31 T5 takṣaṇam[omits 't'](N3)
32 T4 catvālo
33 T2~4 °pālāḥ(N4; R.). cf. N3 °pālo?
34 T4,T5 aśrutya(N3)
35 T2 inserts 'ca'(N4; R.,L.,V.); T3~5 omit(N3).
36 T5 svai[omits 'ḥ']
37 T2 turitaṃ(R.); T3 tvarita[omits 'ṃ']
38 T2 omits this 'tvaritaṃ'(R.); T5 tvaritaṃ gatvā[inserts 'gatvā]
39 T5 kapiravastu°(N3)
40 cf. N4 tataḥ.
41 T2 omits 'ta'. cf. N3,N4 °rāṣṭo.
42 T2 pūrvasyān(N1); T3 pūrvvasyān(N4,C2; R.); T4 pūrvvasyāṃ(H); T5 pūrvvasyā(N3); L.,V. pūrvasyā. cf. N2 pūrvasyā; N5,C1,B pūrvasyāṃ.
43 T2 diśi(R.); T4 diśaḥ. cf. N4 disi.
44 T3 °koṭīpiyuta°; T4 °koṭīnayuta°; L.,V. °koṭiniyuta°. cf. N1/H °koṭiniyuta°.
45 T3 °śahasraiḥ[omits 'śata'](N4 °sahasrair)
46 T2 omits 'vidha'(N4; R.,L.,V.); T3~5 insert(N3).
(47...47) T3~5 °vāditenāgatya(N3,N4). All mss. except T2 °vāditenāgatya.
48 T2 omits 'ca'(R.).

pradakṣiṇīkṛtya yathâgataḥ pūrvāṃ[1] diśam upaniśrityâsthāt[2] bodhisattvaṃ[3] namasyamānaḥ.

dakṣiṇasyā(ṃ)[4] diśo[5] virūḍhako (6...mahārājo ’bhyāgato...6) ’bhūt[7]. sārdham anekaiḥ[8] kumbhāṇḍakoṭīniyutaśatasahasrair[9][10] nānā⟨muktāhārapāṇipralam-[11]
218 bitair nānāmaṇiratnaparigṛhītair vi⟩vidhagandhôdakapūrṇaghaṭaparigṛhītaiḥ.[12] āgatya ca kapilavastumahānagaraṃ[13][14] pradakṣiṇīkṛtya yathâgata eva dakṣiṇāṃ[15] diśam upaniśrityâsthāt[16] bodhisattvaṃ namasyamānaḥ.

paścimāyā(ṃ)[17] diśo virūpākṣo (18...mahārāja(ḥ)...18) āgato ’bhūt. sārdham anekair[19] nāgakoṭīniyutaśatasahasrair[20][21] nānāmuktāhārapāṇipralambitair[22][23] nānāmaṇiratnaparigṛhītair[24][25] gandhacūrṇa[ghaṭikā]puṣpavarṣameghasamutthi-[26][27]taiś ca mṛdubhiḥ sugandhibhir nānāvātaiḥ[28] pravāyadbhiḥ[29]. āgatya[30] ca kapilavastumahānagaraṃ pradakṣiṇīkṛtya yathâgata eva paścimāṃ[31] diśam upaniśrityâsthāt[32][33] bodhisattvaṃ[34] namasyamānaḥ[35].

uttarasyā(ṃ)[36] diśaḥ[37] kuvero[38] (39...mahārāja āgato...39) ’bhūt. sārdham anekair[40] yakṣakoṭīniyutaśatasahasrair[41][42] jyotīrasamaṇiratnaparigṛhītair dīpikā-[43]pāṇiparigṛhītaiś[44] ca[45] jvalitôlkāpāṇiparigṛhītair[46][47] dhanurasiśaraśaktitomara-[48]triśūlacakrakanayabhindipālâdinānāpraharaṇaparigṛhītair[49][50][51][52] dṛḍhasaṃnaddhavarmitakavacitaiḥ.[53] āgatya ⟨ca⟩[54] kapilavastumahānagaraṃ[55][56] pradakṣiṇīkṛtya yathâgata evôttarāṃ[57] diśam upaniśrityâsthāt[58] bodhisattvaṃ[59] namasyamānaḥ.[60]

(61...śakraś ca...61) devānām-indraḥ sārdham[62] trāyatriṃśaddevair[63] āgato

1 T3,T4 pūrvvān. cf. N4 eva pūrvva°[inserts 'eva'].
2 T3~5 °nisri°(N3) 3 T3,T5 °satvan
4 T2 °syān(N1,N3,C2,H; R.); T3,T4 °syāṃ(N2,N4,N5,C1,B); T5 °syā(L.,V.)
5 T2 diśi(N4; R.) (6...6) T4 emends "-rājābhy-" to "-rājo 'bhy-".
7 T5 'bhūgat. cf. N4 'bhūgata. 8 T3 aneka°. cf. N4 anakaḥ.
9 T2 °koṭiniyuta°(N3; R.,L.,V.); T3 °koṭīnayuta°; T4 °nayuta°[omits 'koṭī']. cf. N4 °koṭīniyuta°.
10 T3,T4 °sahasraiḥ
11 T2 inserts 'muktā --- ---°gṛhītair vi-'(N4; R.,L.,V.); T3~5 omit(N3). Acc. to Tib. this should be inserted. 12 T3~5 °gṛhītair(N3)
13 T2 °vastuni mahā°(R.) 14 T3 omits 'ṃ'.
15 T3 dakṣiṇān. cf. N3 dakṣiṇasyān.
16 T3 upanisritya sthād; T4 upaniḥsrityāsthāt; T5 upaniḥsrityasthāt(N3). cf. N4 upasrityasthāt.
17 T2 evaṃ paścimāyā(R.); T3,T4 °māyāṃ(N1/B); T5 °māyā(N3,H; L.,V.). cf. N4 °māyān.
(18...18) T2 mahārājā "gato(R.); T3 mahārājaḥ āgato; T4 nāma rājā āgato; T5 nāma rājāgato (N3); L.,V. mahārāja āgato. cf. N1/H mahārājāgato; N4 mahānāgarāja āgato.
19 cf. N4 anyakair.
20 T3,T4 °koṭīnayuta°(N4); L.,V. °koṭiniyuta°. cf. N1/H °koṭiniyuta°; N3 °koṭīniyuta°.
21 T3,T4 °sahasraiḥ 22 T2 omits 'pāṇi'(R.).
23 T3 °bitai[omits 'r'] 24 T4,T5 omit 'maṇi'(N3).
25 T3,T4 °gṛhītaiḥ
26 T2 omits 'ghaṭikā'(N4; R.,L.,V.); T3~5 insert(N3). Tib. lacks the word corresp. to 'ghaṭikā'.
27 T3 °varṣameghā°; T4,T5 °meghavarṣa°(N3) 28 T5 °vātair. cf. N3 °vāntair.
29 T2 pravāyatbhiḥ; T3 °yadbhir(N4) 30 T5 agatya
31 T4 °cimān. cf. N3 °cimāyāṃ; N4 °cimāyā. 32 T3~5 upanisri°(N3,N4)
33 T3 °sthā[omits 't'] 34 T5 omits 'ṃ'(N3).
35 T3 namasyān?; T4 °māna[omits 'ḥ']
36 T2,T5 °syā(N2,N3,N5,B; R.,L.,V.); T3,T4 °syāṃ(N4,H). cf. N1,C1,C2 °syān.
37 T5 diśa(N3). cf. N4 disaḥ. 38 T5 kuvera(N3); V. kubero
(39...39) T2 °rājā "gato(R.); T3,T4 °rājā āgato; T5 °rājāgato(N3). cf. N4 °rāja āgato; A(L.'s Varianten) °rājo "gato. 40 T2 anekaiḥ(R.); T3 anekai
41 T2,T5 °koṭiniyuta°(N3; R.,L.,V.); T3 °koṭīniyu°[omits 'ta']. cf. N4 °koṭīnayuta°.
42 T3,T4 °sahasraiḥ(N4) 43 T5 dīpakā°. cf. N3 ddīpakā°.
44 T2 °gṛhītair; R. °gṛhītai 45 T2 omits 'ca'(R.).
46 T3 jvālitolka° 47 T2,T3 °gṛhītaiḥ(R.); L. °gṛrītair[misprint]
48 T3 dhanuraśi°(T4 ddhanur°); T5 vvaturasisara°(N3). cf. N4 dhanurasisara°.
49 T3 °kanaka°; V. °kaṇaya° 50 T4,T5 °bhiṇḍi°(N3)
51 T2 °pālonānā°[omits 'ādi'](R. °pāla°) 52 T3~5 °taiḥ(N3)
53 T3 °kavacitair(N4); T4 °naddhakavacitavarmitair(T5,N3 °varmmitair)
54 All mss. except N4 omit 'ca'. cf. N4 inserts; Tib. hoṅs nas kyaṅ(= āgatya ca).
55 T4 kapilavastuṃ 56 R. °nagaravaraṃ
57 T4 omits 'ṃ'(N3). cf. N4 eva uttarān.
58 T3 upanisrityā°; T4,T5 upaniḥśri°. cf. N3 upaniḥśristhāt; N4 upanisrityā 'sthād.
59 T5 omits 'ṃ'(N3).
60 T3,T4 namasyan; T5 omits 'ḥ'. cf. N3 namasyala?; N4 namasyat.
(61...61) T4 śakrasya 62 T3 sārddhan(R.)
63 T2 trāyastriṃśad°(R.); T3 °triṃśair devair; T4 °triṃśadevair(V.). cf. N4 °trayastriṃsair devair.

’bhūt. divyapuṣpagandha[1]mālyavilepanacūrṇacīvaracchattradhvajapatākâ[2]va-taṃsakâ[3]bharaṇa[4]parigṛhītaiḥ[5]. āgatya ca kapilavastumahānagaraṃ[6] prada-kṣiṇīkṛtya yathâgata[7] ⟨eva⟩[8] saparivāra(ḥ)[9] [(10...]upary antarīkṣe[...10)] ’sthāt[11] bodhi-sattvaṃ[12] namaskurvan.

iti hi bhikṣavo[13] chandako bodhisattvasya vacanam upaśrutyâśru[14]-pūrṇanayano bodhisattvam evam āha. āryaputra[15] tvaṃ ca kālajño[16] ve-lajñaḥ[17] samayajñaḥ[18], ayaṃ[19] ca [(20...]’kālasamayo[...20)] gantuṃ[21] (tat[22] kim ājñāpa-yasi)[23] iti[24].

bodhisattva āha. chandakâyaṃ[25] (sa)[26] kālaḥ[27].

219 [(28...](chandaka)[...28)] āha. kasyâryaputra[29] kālaḥ[30].

bodhisattva [(31...]āha.[...31)]

[Meter ... Mixture of Upajāti and Vaṃśamālā]

53. yat[32] tan[33] mayā prārthitu dīrgharātraṃ
[(34...]sattvānam arthaṃ[...34)] parimārgatā[35] hi[36],
avāpya bodhiṃ[37] ajarāmaraṃ padaṃ[38]
[(39...]moce jagat[...39)] tasya kṣaṇā[40] upasthitaḥ[41].

iyam atra dharmatā.

1 T2 °puṣpadhūpagandha°(N4; R.) 2 T2,T3 °patākā°(N4; R.,V.)
3 T2 omits 'vataṃsakā'[marg. vastrā]; T3 °catasyakā°; R. omits 'vataṃsakā'. cf. N4 °vastrā°; Tib. me tog rna rgyan (= avataṃsaka). 4 T5 °sakāsaraṇa°
5 T3~5 °gṛhītair(N3,N4). cf. All mss. except T2 °gṛhītair.
6 T2,T5 omit 'ca'(N3; R.,L.,V.). cf. N4 inserts 'ca'.
7 T3 °gataḥ(N4)
8 T2 inserts 'eva'(N1/H; R.,L.,V.); T3~5 omit(N3,N4).
9 T2,T3,T5 °varāḥ(R.); T4 parivārya[omits 'sa'](N3 °våryya); L.,V. °vāra. cf. N4 °vāra.
(10…10) T2 paryyanta°(R.). cf. N3,N4 uparyy anta°.
11 T4 antarikṣe(V.) 12 T5 °satvan(N3)
13 T2 bhikṣavaḥ(N4; R.); L.,V. bhikṣavaś. cf. Other mss.(than T2,N4) bhikṣavo.
14 T3,T4 °śrutya aśru°. cf. N3 upanaśru°; N4 'śru' is marg.; A(L.'s Varianten) upaniśrutya aśru°.
15 T4 °putro; T5 °putrā(N3) 16 T5 kārajña(N3)
17 T2 velajñaś ca(R.,L.,V.); T4 'velajñaḥ' is marg.. cf. N3 velajño; N4 velajñaḥ; B velajña. All mss. except T2 omit 'ca'.
18 T4 omits 'samayajñaḥ'(N3); T5 samayajñaś. cf. N1/H samayo; Tib. ran pa mkhyen pa (= samayajña).
19 T5 omits 'ayaṃ'. cf. N1,C1,C2 'yaś; N2,N5,B,H 'yaṃś; N3 yaṃ; N4 ayañ.
(20…20) T2 kālo 'samayo(R.); T3 kālo[omits 'samayo']; T4 cākālo[omits 'samayo'](N3); T5 cakāla samayo yaṃ; L. cākālo 'samayo; V. ca akālo 'samayo. cf. N1,C1,C2 ca kāla samayo(N2,N5 ca kālaḥ ---; B ca kālar ---); H ca kāle[omits 'samayo']; N4 ca kālo 'samayo.
21 T5 gaṃtum; V. gantum 22 T5 iti(for 'tat')
23 T2 inserts 'tat ---°payasi'(T5 iti ---;N2,N4,N5; R.,V.); T3,T4 omit(N1,N3,C1/H); L. brackets. Acc. to Tib. this should be inserted.
24 T2 °payasīti(R.); T3,T4 omit 'iti'(N3); T5 °payasv iti. cf. N4 °payasi iti.
25 V. chandaka, ayaṃ
26 T2,T5 insert 'sa'(N4; R.,L.,V.); T3 T4 omit N3). Tib. lacks the word corresp. to 'sa'.
27 T5 kāra
(28…28) T2 omits 'chandaka --- ---kālaḥ'; T3,T4 chandaka āha(R.,L.,V.); T5 chaṃdakāha(N2). cf. N1,N3,N5,C1/H chandakāha; N4 āha[omits 'chandaka']. Acc. to Tib. 'chandaka' should be deleted.
29 cf. N4 kasya āryyaputra. 30 T5 kāla[omits 'ḥ'](N4)
(31…31) T5 °satvāha 32 cf. N1,N2,C1,C2,H yan.
33 T3,T4 tat(N3,N4). cf. N1/H omit 'tan'.
(34…34) T2 satvatrāṇārthaṃ; T3 satvā anarthaṃ; T4,T5 satvān arthaṃ(N3); R. sattvatrānārthaṃ. cf. N4 satvānam arthāyaḥ; N2,N5,B,H satvānam arthaṃ(N1,C1,C2 omit 'sa'); Tib. sems can rnams kyi don ni.
35 T5 °mārgato. cf. N4 imam āgatā. 36 T5 hy(N3)
37 T2,T5 bodhim(N4; R.) 38 T5 omits 'ṃ'.
(39…39) T2 mocejjagat(N4; R.); T4 mośu jagan. cf. N3 moṇḍa jagan.
40 L.,V.,S. kṣaṇo. cf. N4 obscure; Other mss. kṣaṇā; BHSG,§8.24.
41 T5 omits 'ḥ'(N3).

tatrêdam ucyate.

[Meter ... Mixture of Upajāti and Vaṃśamālā]

54. bhaumântarīkṣāś[1][2] ca tathâiva pālāḥ[3]
śakraś ca devâdhipatiḥ svapakṣaḥ[4],
yāmāś ca devās[5] tuṣitāś ca nirmitāḥ[6]
paranirmitôdyukta[7] tathâiva devāḥ[8].

55. varuṇo manasvī[9] api nāgarājā
anāvataptaś[10] ca tathâiva sāgaraḥ[11],
abhiyukta te câpy abhipūjanârthaṃ[12]
naiṣkramyakāle[13][14] narapuṃgavasya[15].

56. ye câpi rūpâvacareṣu devāḥ[16]
praśāntacārī[17] sada[18] dhyānagocarāḥ,
abhiyukta te câpy abhipūjanârthaṃ
trailokyapūjyasya narôttamasya.

57. daśaddiśo[19] 'bhyāgata bodhisattvāḥ[20]
sahāyakāḥ pūrvacariṃ[21] carantaḥ[22],
drakṣ⟨y⟩āmahe[23] niṣkramaṇaṃ[24] jinasya
pūjāṃ[25] kariṣyāma[26] tathânurūpāṃ[27].

1 T2 bhaumā 'nta°(R. bhaumā "nta°)
2 T4,T5 °tarikṣāś(N3)
3 T2 pālā(R.)
4 T2 emends 'sayajñaḥ' to 'sayakṣaḥ'(R. sayajñaḥ); T3 svapālāḥ; L.,V.,S. sayakṣaḥ. cf. N1,C1,C2 sapakṣaḥ; N2,N4,N5,B sayakṣaḥ; N3 svapakṣaḥ; H sapakṣa; Tib. raṅ gi phyogs (= svapakṣa).
5 T2,T3 devā(R.)
6 T4,T5 omit 'ḥ'(N3).
7 T2 °nirmmitod°(N4); R. °nirmmitād°
8 T4 dyuktāḥ(N3)
9 T3,T5 manasvi; T4 manasva. cf. N3 manasvā; N4 manaśvi.
10 T2 anavota°(R.); T5 anavata°(N4). cf. N3 anovata°; BHSD,Anavatapta. m.c. anāva°.
11 T3~5 sāgarāḥ(N2,N3); L.,V. māgaraḥ[misprint]. cf. N4 sāgaraḥ; BHSD,Sāgara.
12 T4 atipūja°(N3)
13 T3,T4 naiskra°(N3)
14 T3~5 °kālo(N3). cf. N1/H,N4 °kāle.
15 T2 °puṅga°(N4; R.,L.,S.)
16 T5 omits 'ḥ'(N3).
17 T3~5 prasānta°(N3)
18 L.,V. saha. cf. N3 sada; N4 'da' is marg.; Tib. rtag tu (= sadā).
19 T2 T5 daśadiśo(N3,N4; R.); L.,V.,S. daśādiśo
20 T3~5 śuddhasatvāḥ(N2,N3,N5,H; L.,V.,S. °sattvāḥ). cf. N1,N4,C1,C2,B bodhisatvāḥ; Tib. byaṅ chub sems dpaḥ (= bodhisattva).
21 T2 °cariñ(N4; R.)
22 T2 ca ratnāḥ(R.); T3~5 carantā(N3). cf. N1,N4,N5,C1,C2 carantāḥ. Is it better to read 'carantā(ḥ)' ?
23 T2~5 drakṣā°(N3); R.,L.,V.,S. drakṣyā°. cf. N1/H,N4 drakṣyā°.
24 T3,T4 niskra°
25 T2 omits 'ṃ'.
26 T2,T4 °yāmi(N3,N5,H; R.,L.,V.,S.). cf. N1,N2,N4,C1,C2 °yāma; B emends 'mi' to 'ma'.
27 T5 °rūpān; V. °rūpām

58. (1...sa câpi...1) guhyâdhipatir[2] mahâtmā
pradīpta[3]vajro[4] nabhasi pratisthitaḥ,[5]
saṃnaddha[6]gātro[7] balavīryavikramaḥ
karena[8] gṛhya jvalamāna[9] vajraṃ.[10]

59. candraś ca sūryo[11] ubhi[12] devaputrau
[13]pradakṣiṇaṃ[14] (15...vāmaku su...15)pratisthitau,[16]
daśâṅgulī[17] añjalibhir[18] gṛhītvā[19]
naiṣkramya[20]śabdā[21] 'nuvicārayanti.[22]

60. puṣyaś ca nakṣatra[23] sapāriṣadyo[24]
audārikaṃ[25] nirmiṇi[26] ātmabhāvaṃ,[27]
sthitvâgratas[28] tasya narôttamasya
manojñaghoṣâbhirutaṃ[29] pramuñcat.[30]

61. (31...sarve 'dya siddhāḥ...31) śubha tubhya[32] maṅgalāḥ[33]
puṣyaś[34] ca yuktaḥ samayaś ca gantuṃ,[35]
ahaṃ 'pi[36] yāsyāmi tvayâiva sārdhaṃ[37]
anantarāyo[38] bhava rāgasūdana(ḥ).[39]

220 62. saṃcodakaś[40] codayi devaputro[41]
uttiṣṭha[42] śīghraṃ[43] balavīrya-udgataḥ,
duḥkhair[44] hatāṃs[45] tāraya sarvasattvān[46]
naiṣkramyakālaḥ[47] samupasthitas te.

(1...1) T4 sarvvāpi(N3)
2 T3,T4 °patiṃ. cf. BHSD,Guhyakādhipati.
3 T2 ādīpta°(N4; R.)
4 T4 °vajā
5 T2,T4 pratiṣṭhitaḥ(N4; R.)
6 T2,T3,T5 sannaddha°(R.); T4 saṃnarddha°
7 T4 °gātrā
8 T3,T4 karuṇāya(N3). cf. N4 kareṇa.
9 L.,V.,S. °mānu. cf. N4 °māṇu; Other mss. °māna.
10 T3 vajrāṃ; T4,T5 vajrām(N3); V. vajram
11 T5 sūryāv(N3 sūryyāv)
12 T5 abhi°
13 T4 omits this line[pra- --- -sthitau](N3).
14 T2 omits 'ṃ'(R.).
(15...15) T2 vāmakeṣu pra°(R.); T3 vāmatu supra°. cf. N4 vāma sa vyapra°; BHSD,vāmaka.
16 T2 °ṣṭhitau°(R.)
17 T3~5 daśāṃgulī(N3). cf. N4 daśāṅgulim.
18 T2 añjali[omits 'bhir'](N4; R.); T3~5 aṃjalibhir
19 T2 pragṛhī°(N4; R.)
20 T3,T4 naiskra°
21 T3~5 °śabdo(N3; L.,V.,S.). cf. N2,N4 °śabdā; BHSG,§8.36. Tib. lacks the word corresp. to 'śabda'.
22 T4,T5 °rayaṃti. cf. BHSD,anuvicārayati.
23 T3 nakṣatru; R. nakṣatre
24 T2 °ṣad yo(R.); T5 °ṣadyau
25 T2 omits 'ṃ'(R.); T4 odāri[omits 'kaṃ'](N3). cf. BHSD,audārika.
26 T2 nirmmita(R.); T5 nirmmiṇi(N3,N4)
27 V. °bhāvam. cf. N4 °bhāvāṃ.
28 T5 omits 'tas'.
29 T3 °ghoṣāṇiru°
30 T3~5 °muṃcat(N3)
(31...31) T3 sarva dya siddhāḥ; T4 sarvvādya siddhāḥ(N3); T5 sarvvārthasiddhāḥ. cf. N1,N2, C1,C2,B sarvārthasiddhāḥ.
32 L.,S. tūbhya[misprint]
33 T3,T4 maṃgalāḥ; T5 maṃgalā(N3)
34 T2 puṣyañ
35 T4,T5 gaṃtuṃ(N4); V. gantum
36 T2 pra°(R.); T3~5 hi(N3,N4). cf. Tib. bdag kyaṅ.
37 T2,T5 sārddham(N3,N4; R.); T4 sārddhaṃ
38 All mss. anuttarāyo(R.,L.,V.); S. anutta(? nanta)rāyo. cf. Tib. bar chad ḥbyuṅ mi ḥgyur (= anantarāya bhava); BHSD,anuttarāyo.
39 T3 omits 'ḥ'; Other mss. °sūdanaḥ(R.,L.,V.,S.)
40 T2 sañco°(R.)
41 T2,T5 °putra(N3; R.,L.,V.,S.). cf. N4 °putro.
42 T5 utiṣṭha
43 R. omits 'ṃ'.
44 T5 omits 'r'.
45 T5 omits 'ṃ'.
46 T3 sarvasatvāṃ; T5 sarvvasatvon
47 T3 naiskramya°(N3); T4,T5 naiskamya°

63. samāgatā devasahasrakoṭyaḥ
pravarṣamāṇāḥ[1] kusumān[2] manojñān,[3]
sa câpi paryaṅkavare[4] niṣaṇṇo[5]
devair vṛto bhrājati dīptatejāḥ.[6]

[Meter ... Śārdūlavikrīḍita]

64. nagare istrika[7] dārakāś ca puruṣā
yāś câbhavan[8] dārikāḥ[9]
sarve te[10] śayitā[11] kilāntamanaso
īryāpathebhyaś[12] cyutāḥ,
hastī[13] aśvagavāś[14] ca sārikaśukāḥ[15]
kroñcā[16] mayūrās tathā
sarve te śayitā kilāntamanasaḥ
paśyanti rūpaṃ[17] na te.

65. ye cā[18] te dṛḍhavajratomaradharāḥ[19]
śākyaiḥ[20] sutāḥ[21] sthāpitāḥ
hastī-[22]aśvaratheṣu[23] toraṇavare[24]
te câpy avasvāpitāḥ,[25]
rājā rājakumāra pārthivajanaḥ[26]
sarve prasuptâbhavann[27]
api[28] cā[29] nārigaṇā[30] vinagnavasanā[31][32]
suptā[33] na te buddhiṣu.[34]

1 T4 °māṇān(N1,N5,C2,H); T5 °māṇāt(N3,C1); L.,V.,S. °māṇā. cf. N2,N4 °mānāḥ; B °māṇāḥ.
2 T3 kusumāṃ(N4); T5 kusumāt
3 T3 °jñāṃ(N4)
4 T5 paryyakavarā(N3 °yyaṃka°)
5 T3~5 niṣarṇṇo
6 T4,T5 °tejaḥ(N3; L.,V.,S.). cf. N1,N4,N5,C1,C2,B °tejā; N2,H °tejāḥ; BHSG,§16.29.
7 T2 istrikā(R.)
8 T3,T5 °vad. cf. N4 °vaṃ.
9 T3 omits 'ḥ'.
10 T3 ta
11 T2 śayitāḥ(R.). cf. N4 sayitāḥ.
12 T2 īrṣāpathe°(R. irṣā°); T3 īrṣyāpathe°; T4,T5 irṣyāpathe°(N3). cf. N1,N5,C1/H iryyāpathe°; N2 īryāpathe°; N4 īryyāpathe°.
13 T2,T5 hasty(N3; R.); T3 hastī?; L.,V. hasti. cf. N1/H hasti; N4 hastī. m.c. hastī.
14 T2 aśvaś ca gavaś(R.)
15 T3 śārikaśukāḥ(T4,T5 omit 'ḥ'). cf. N3 śārikaṇḍakā; N4 sārikaśukāḥ.
16 R. krauñcā
17 T5 rūpan(N3)
18 T2 vā(N3,N4; R.)
19 V. omits 'ḥ'.
20 T5 śākyai[omits 'ḥ'](H; L.,S.). cf. N4 śākya°.
21 T3,T4 sutā[omit 'ḥ'](N4; L.,S.). cf. N1,N3,N5,C1/H sutāḥ.
22 T3 omits this line[hastī- --- avasvāpitāḥ].
23 T2,T5 hastyaśva°(N2,N3,B; R.); L.,V.,S. hasti-aśva°. cf. N1,C1,C2 hastyāśva°; N4 hastī aśva°; N5,H hastya°[omit 'śva'].
24 T2,T4 tomaravare(N3; R.); T5 catvaravara. cf. N4 tomaraṇavare; Tib. rta babs (= toraṇa).
25 T2,T5 avasthāpitāḥ(N3; R.). cf. N4 avesthāpitāḥ.
26 T3 °janāḥ
27 T2,T3 °bhavan(N4; R.); T4 °bhavat; T5 °bhavata; V. prasuptā bhavan
28 T5 'pi. cf. N3 '-bhavatāpi' for '-bhavann / api'.
29 T2,T4,T5 ca(R.). cf. N4 emends 'cā' to 'ca'. m.c. cā.
30 T2 nārīgaṇā(R.)
31 T2 vilagna°(R.); T3~5 vibhagna°(N3). cf. N4 vinagna°; BHSD,vinagna; Tib. gos bral gcer bur gyur kyaṅ.
32 T2,T3 °vasanāḥ
33 cf. N4 svapnā.
34 L.,V.,S. buddhiṣū. cf. N4 budhyiṣu; Other mss. buddhiṣu.

66. so ca brahmaruto manojñavacanaḥ[1]
kalaviṅkaghoṣasvaro[2]
rātrau nirgatu[3] ardharātrasamaye[4]
taṃ chandakaṃ[5] abravīt,
sādhū[6] chandaka dehi kaṇṭhaku[7] mama[8]
svālaṃkṛtaṃ[9] śobhanaṃ[10]
mā vighnaṃ[11] kuru me dadāhi capalaṃ
yadi me priyaṃ manyase.
67. śrutvā[12] chandaku[13] aśrupūrṇanayanas[14]
taṃ svāminaṃ[15] abravīt
kva tvaṃ yāsyasi sattvasārathivarā[16]
kiṃ[17] aśvakāryaṃ[18] ca te,
kālajño[19] samayajña dharmacaraṇo[20]
kālo[21] na gantuṃ[22] kvacit
dvārās te pithitā[23] dṛḍhârgaḍakṛtāḥ[24]
ko dāsyate[25] tān[26] tava.[27]
68. śakreṇā[28] manasâtha[29] cetanavaśā⟨t⟩[30]
te dvāra[31] muktā(ḥ)[32] kṛtāḥ
dṛṣṭvā chandaku[33] harṣito[34] puna[35] dukhī[36]
aśrūṇi so ’vartayī,
221 hā dhik ko mi[37] sahāyu[38] (39... kiṃ nu ...39) kurumī[40]
dhāvāmi kāṃ vā diśaṃ[41]

1 T2 omits 'ḥ'; V. °vasanaḥ
2 T3 kalaviṃga°; T4,T5 kalapiṃga°(N3). cf. N4 kalaviṃka°.
3 T4 nirgatuṃ(N1/B); L.,V.,S. nirgata. cf. N3,N4,H nirgatu.
4 T3 °rātrisamaye. cf. N3,N4 °samaya; N5 omits from here(samaye) to 'aśrupūrṇanayanas'(of the next Gāthā No.67a).
5 T5 chaṃdakaṃ; T5 chandakam(N3,N4)
6 T2,T5 sādhu(N4; R.)
7 T2 kaṇṭhaka(R.,S.). cf. N4 kaṃthakaṃ.
8 T3 mamā; T4 na mamā; T5 samā(N3). cf. N4 sama.
9 T2 svālaṅkṛtaṃ°(R.); T4,T5 śvālaṃkṛtaṃ(N3)
10 T3 sobhaṇaṃ; T4 sobhanaṃ(N4)
11 T4 vignaṃ(N3)
12 V. omits this line[śrutvā --- abravīt](misprint).
13 T2,T5 chandaka(R.,L.,V.,S.). cf. N2 chaṃdana; N3 chandaku; N4 chanda[omits 'ku'].
14 cf. N5 omits from 'samaye'(of the Gāthā No.66b) to here(-nayanas). See above[Note 4].
15 T2,T5 svāminam(N3,N4; R.)
16 T2 °sārathivara(R.)
17 T2,T5 kim(N3; R.)
18 T2 °kāryyañ(R.); T3~5 °kāryañ(N4)
19 T2 °jña(N4; R.); T5 °jñaḥ(N3; L.,V.,S.)
20 T2 °caraṇe(N4; R.); T4,T5 °caraṇā(N3)
21 T3~5 nu(N3). cf. Tib. dus ma lags. Contextually this should be read 'na'.
22 T3 gantu[omits 'ṃ']; T4,T5 gaṃtu
23 T2 pihitā(R.). cf. N4 pithitāḥ.
24 T2 °galakṛtāḥ(B; R.); T3,T4 °gaḍagatāḥ(T5 omits 'ḥ'); L.,V.,S. °galakṛtā. cf. N1,C1,C2 dṛḍhāgalikṛtā; N2,N5 dṛḍhāgalakṛtā; N3 dṛḍhaṃ garḍagatā; N4 dṛḍha gaḍakṛtā; H dṛḍhaṅgalikṛtā.
25 T2 dāsyase
26 T3,T4 tāṃ(V.). cf. N4 tat.
27 T3 mama(N3?); T4 mamaḥ
28 T2 śakreṇa(N4; R.); T3 invisible
29 T2 manasā 'tha(R.)
30 T2 °vaśāt(N2; R.,L.,V.,S.); T3 °vasā; T4,T5 °vaśā(N3). cf. N1,C1,C2,N4 °vasāt; N5,B,H °vasān.
31 S. dvārā[misprint]
32 T2,T4 muktāḥ(N1~3,N5,C2,B,H; R.); T3,T5 muktā(N4; L.,V.,S.). cf. C1 muktās.
33 T2 chandako(N1/H; R.); T5 chandaka(N3,N4; L.,V.,S.)
34 T2 harṣitaḥ(R.); T5 harṣpito(N3?)
35 T2 punaḥ
36 T2 duḥkhī(N4; R.); T5 duḥkhy(N3)
37 T2 'si(R.); T3,T5 si(N3,N4). cf. Tib. bdag(= mama; me).
38 T2 sahāya(R.)
(39…39) T2 kiñ ca(R.); T3~5 kiṃ tu(N3,N4; B?; L.,V.); S. kiṃ tu(?nu). cf. N1,C1,C2 ki nu; N2 kim nu; N5 kiṃ va nu?; H kiṃ nu. Contextually we read 'kiṃ nu'.
40 T2 kurumi(N4; R.)
41 T5 diśam(N3). cf. N4 disāṃ.

ugraṃ[1] tejadhareṇa[2] vākyu[3] bhaṇitaṃ[4]
śakyaṃ[(5...] na[...5)] saṃdhāritum[6].
69. sā senā caturaṅginī[7] balavatī
kiṃ[8] nū[9] karotī[(10...] ihā[...10)]
rājā rājakumāra pārthivajano[11]
nêmaṃ hi budhyanti te,
strīsaṃghaḥ[12] śayitas[13] tathā
yaśavatī[14] osvāpitā[15] devataiḥ[16]
hā dhig gacchati[17] sidhyate 'sya praṇidhir[18]
yaś cintitaḥ pūrvaśaḥ[19].
70. devā(ḥ)[20] koṭisahasra hṛṣṭamanasas[21]
taṃ[22] chandakaṃ[23] abruvan[24]
sādhū[25] chandaka dehi kaṇṭhaka[26] varaṃ
mā khedayī nāyakaṃ[27],
bherīśaṅkhamṛdaṅgatūryanayutā[28][29]
devâsurair[30] vāditāḥ[31]
nâivêdaṃ pratibudhyate puravaraṃ[32]
osvāpitaṃ[33] devataiḥ.
71. paśya cchandaka[34] antarīkṣavimalaṃ[35][36]
divyā prabhā śobhate[37]
paśya tvaṃ bahubodhisattvanayutāṃ[38]
ye pūjanāyâgatāḥ[39],

1 T5 ugran(N3)
2 T2 tejavareṇa(R.); S. tejudhāreṇa. cf. N4 tejasāvaṇa?
3 T2 vākya(N4; R.)
4 T3~5 bhaṇito(N3). cf. N4 bhaṇitaṃ; A(L.'s Varianten) bhanito. Is it better to read 'bhaṇito'?
(5…5) T3,T4 sakyena; T5 śakyeṇa(N3). cf. N4 sakyan na; A(L.'s Varianten) śakyena; Tib. brgya byin (= śakreṇa?).
6 T2 sandhārituṃ(N4; R.); V. °ritum
7 T3~5 °aṃginī(N3)
8 T2 kin(R.); T4 kīṃ. cf. N3 ki[omits 'ṃ'].
9 T2 nu(N1,N5,C1/H; R.); T3,T5 bhū(N3?; L.,V.); S. sū. cf. N2,N4 tu.
(10…10) T2 karohīha hā(N2 omits 'hā'); R.,L.,V.,S. karotīha hā. cf. N1,C1,C2 karoti hā; N3,N5,B,H karotīhā; N4 karoti ihā.
11 T2 °janā(N4; R.)
12 R. °saṅghaḥ. cf. N3 °saṅgaḥ.
13 T2 sayitas
14 T3,T5 śayivatī; T4 śayuvatī(N3); L. śayavatī. cf. N1/H,N4 śayavatī; BHSD,śayavatī,Yaśavatī; Tib. grags ldan (= yaśavat).
15 T3~5 ośvāpitā(N3). cf. N4 usvāpitā.
16 T5 devatair(N3)
17 T2 gacchatu(N4; R.)
18 T3 omits 'r'; T5 praṇidhīr
19 T3 pūrvasaḥ(T4 pūrvva°)
20 T2,T4,T5 devāḥ(N3; R.,L.,V.,S.); T3 devā[omits 'ḥ'](N1/H,N4)
21 T4 °manasaḥ(N4)
22 T4 taṃc; T5 tañ. cf. N3 tac.
23 T2,T5 °dakam(N3; R.)
24 T3 aśruvan; T4 aśruvān(N3). cf. N4 te bruvan.
25 T2 sādhu(N4; R.)
26 cf. N4 kanthaka.
27 V. °kam
28 T3~5 °śaṃkha°(N3). cf. N4 °saṃkha°.
29 T3~5 °mṛdaṃga°(N3)
30 T2 °surais(R.)
31 T2 coditāḥ(R.); V. omits 'ḥ'. cf. N3 vvāditāḥ.
32 T2 omits 'ṃ'(R.); T5 °varam(N3). cf. N4 °vare.
33 T2 osvāpanaṃ. cf. N3 °pitan; N4 usvā°.
34 Metrically this should not be read 'chandaka' but 'cchandaka'.
35 T2 antarikṣe; T3~5 antarīkṣi(N3); R. antarīkṣe. cf. N1,N2,N4,C1,C2,H antarīkṣa°; N5 antarīkṣe(B?). It is possible to read 'antarīkṣi vimalā', but acc. to Tib.[bar snaṅ dri ma med la] we read 'antarīkṣavimalaṃ'.
36 T4 °vimalaḥ. cf. N3 °vimala; A(L.'s Varianten) °malā.
37 T3,T4 sobhate(N4)
38 T4,T5 °nayutān(N3). cf. N4 omits 'ṃ'.
39 T4 °gatā[omits 'ḥ'](N3); T5 °gato

śakraṃ paśya[1] śacīpatiṃ[2] balavṛtaṃ[3]
dvāre[4] sthitaṃ bhrājate
devāṃś[5] câpy asurāṃś[6] ca kiṃnaragaṇāṃ[7][8]
ye[9] pūjanârthâgatāḥ.

72. śrutvā chandaku[10] devatāna[11] vacanaṃ
taṃ[12] kaṇṭhakaṃ[13] ālapī
(14... eṣv ā gacchati ...14) sattvasārathivaraḥ[15]
tvaṃ tāva heṣiṣyase,[16]
so taṃ varṣikavarṇa[17] kāñcanakhuraṃ[18][19]
svālaṃkṛtaṃ[20] kṛtvanā[21]
upanetī[22] guṇasāgarasya vahanaṃ
rodantako[23] durmanā.[24]

73. eṣo[25] te varalakṣaṇā[26] hitakarā[27]
aśvaḥ[28] sujātaḥ śubho
gacchā[29] sidhyatu[30] tubhya eṣa[31] praṇidhir
yaś cintitaḥ[32] pūrvaśaḥ,[33]
ye[34] te vighnakarā vrajantu[35] praśamaṃ[36]
āsāvrataṃ[37] sidhyatāṃ
bhavahī[38] sarvajagasya saukhyadadanaḥ
svargasya śāntyās[39] tathā.

222 74. sarvā[40] kampita[41] ṣaḍvikāra[42] dharaṇī
śayanād yadā[43] sôtthitaḥ[44]

1 T3 inserts 'ca'.
2 T3,T5 °pati[omit 'ṃ'](N3); T4 °patiḥ
3 T3 °vṛtāṃ
4 T3 dvāra(or dvāre?); R.,L.,V.,S. dvāra°. cf. All mss.(except T3) dvāre.
5 T2 omits 'ṃ'(N4).
6 T2,T5 omit 'ṃ'(N4; R.).
7 T2,T5 kinnara°(N3,N4; R.,L.,V.,S.)
8 T2,T3 omit 'ṃ'(R.); T4 °gaṇāḥ; T5 °gaṇās(N3)
9 T3~5 te (N3). cf. N4 ye; Tib. gaṅ dag (= ye).
10 T2 chandako(N1,N5,C2,B,H; R.); T4 chaṃdaku; T5 chandaka(N3; L.,V.,S.). cf. N2,C1 chaṃdako; N4 chaṃdaka.
11 T5 devatā[omits 'na']
12 R. omits 'ṃ'.
13 T5 omits 'ṃ'(N3). cf. N4 kanthakam.
(14...14) T2,T3 eṣāgacchati(N4; R.); L.,V. eṣvāgacchati. cf. BHSG,§21.5; Tib. ḥdi bshud. In accordance with S.[p.432,line 2] we read 'eṣv ā(= āḥ) gacchati'.
15 T3 °varaṃ(N4); T5 °varas(N3; S.)
16 T2 heśiṣyate; T3,T4 heśiṣyase(N3); T5 dośiṣyase
17 T2 varṣisuvarṇṇa°(R.); T3 varṣiku varṇa°(L.,V.,S.); T4 varṣiṣu varṇa°(N3; H omits 'varṇa'); T5 varvviṣuvarṇṇa°. cf. N1,N2,N4,C1,C2 varṣikavarṇṇa°; N5 varṣikaṣuvarṇṇa°(B 'ka' is marg.).
18 T4,T5 kāṃcana°. cf. H omits 'kāñcanakhuraṃ'.
19 T3 °ṣuraṃ(for 'khuraṃ); T5 omits 'ṃ'. cf. N4 °khūlaṃ.
20 T2 °laṅkṛ°(R.); T5 °kṛta[omits 'ṃ']
21 T5 hṛsvanā; R. kṛttanā
22 T2 °neti(R.)
23 T3 rodaṃtako
24 T5 durmmaṇā(N3)
25 V. eṣā[misprint]
26 T2 °lakṣaṇo(R.)
27 T2 °karo(R.); T4 °karāḥ
28 T5 omits 'ḥ'(N3).
29 T2 gaccha(N4; R.,L.,V.); T4 emends 'gacchā' to 'gaccha'; S. gaccha(ā). cf. N3 gacchā. m.c. gacchā.
30 T3 siddhyatu
31 V. eva
32 T4,T5 cintitaṃ(N3)
33 T3 pūrvasaḥ; T4 pūrvvasaḥ(N4?)
34 T3 tad
35 T4 °jaṃtu(N4)
36 T3 prasamaṃ(N4); T5 praśamam(N3)
37 T2 sā sā(R.); L.,V.,S. āsāṃ. cf. N1,C1,C2 āsī°; N2,N4,N5,B,H āsāṃ.
38 T2 devo bhava hi(R.); T4 devehī(N3)
39 T3,T5 matyās; T4 śāntyā[omits 's']. cf. N4 sāntyās; Tib. shi ba (= śānti).
40 cf. N4 sarvve.
41 T2 °pitā(R.); T3~5 kaṃpita(N3,N4)
42 T2 °vikārā(R.,L.). cf. N3 °viṣara; Other mss.(than T2,N3) °vikāra.
43 T3,T4 yathā(N3); S. yakā[misprint]
44 T5 omits 'ḥ'(N3).

ārūḍhaḥ śaśipūrṇamaṇḍalanibhaṃ
taṃ[1] aśvarājôttamaṃ[2],
pālā[3] pāṇiviśuddhapadmavimalā[4]
nyasayaṃsu[5] aśvôttame[6]
śakro[7] brahma[8] ubhau ca tasya purato
darśenti[9] (10... mārgo hy ayaṃ ...10).

75. ābhā tena pramukta acchavimalā[11]
obhāsitā[12] medinī
sarve[13] śānta[14] apāya[15] sattva[16] sukhitā[17]
kleśair[18] na bādhyī[19] tadā,
puṣpā[20] varṣiṣu tūryakoṭi raṇiṣū[21]
devâsurā⟨s⟩[22] tuṣṭuvuḥ[23]
sarve kṛtva[24] pradakṣiṇaṃ[25] puravaraṃ[26]
gacchanti harṣânvitāḥ[27].

[Meter ... Pramitākṣarā]

76. puravarôttami[28] devata[29] dīnamanā
upagamya[30] gacchati mahāpuruṣe,
purata⟨ḥ⟩[31] sthitā karuṇadīnamanā[32]
girayā[33] samālapati[34] padmamukhaṃ[35].

77. tamasâkulaṃ (36... bhuv' imu ...36) (37... sarvu puraṃ ...37)
nagnaṃ[38] na[39] sobhati[40] tvayā rahitaṃ[41],

1 T2,T5 tam(N3; R.)
2 V. °tamam
3 T2~5 mālā(N3~5; R.). cf. N1,N2,C1/H pālā; Tib. skyoṅ ba (= pāla).
4 T3 pāṇi ca suddha°
5 T2 nyasyañ ca(R.); T3~5 nyasayatsu(N3); L.,V.,S. nyasayiṃsu. cf. N1 nyaśayaṃsu(C1 °yaṃsū); N2 nyaseyaṃsu; N4 obscure; N5 nyaśeyasu(C2 °yaṃsu); B nyaseyesu; H tmāśayasu?; BHSG,§32.38; Tib. bteg.
6 T4 aśottame
7 T4,T5 śakrā(N3)
8 T2 brahmā(R.)
9 T2 darśyanti(N1,N5,C1,C2,B; H?; R.,L.,V.,S.); T4 darśyenti(N2,N3). cf. N4 darśenti; BHSG, §25.2; Tib. ston(= darśayati).
(10…10) T2 mārgottamaṃ(R.); V. --- ayam
11 T4 °vimalo(N3)
12 cf. N4 ubhrāsitā.
13 T4 sarvva
14 T2 śāntam(R.). cf. N4 sāntam.
15 cf. N4 apāyu.
16 T3 śānta
17 cf. N4 sukhitāḥ.
18 T5 klair
19 T2 vādhyā(R.); T3,T5 vādhya; T4 vādhyai(N3); L.,V.,S. vādhyī. cf. N1,N2,N4,N5,B vādhyī (C2?); C1 vādhvī?; H vādhi; BHSG,§43(p.221); Tib. gnod pa med. In the calligraphy of Nepalese mss. there is no difference between 'v' and 'b'.
20 T3 puṣpe
21 T2,T5 raṇiṣu(N3; R.)
22 T2 °surās(N1,N4,N5,C1/H; R.,L.,V.,S.); T3~5 °surā(N3). cf. N2 devās[omits 'asura']; A(L.'s Varianten) °suraḥ.
23 T3 saṃstuvuḥ; T4,T5 tustuvuḥ. cf. N3 tusthavuḥ.
24 T2 kṛtya(R.)
25 T5 omits 'ṃ'(N3). cf. N4 °dakṣiṇī.
26 S. sura°[misprint]
27 T3~5 °vitāṃ(N3). Is it better to read '-vitāṃ'⟨nom.pl.⟩?
28 T2 °tamī(N4; R.). cf. N3 °tami; A(L.'s Varianten) °tamaṃ; L(L.'s Varianten) °tama. 'puravarottami devata' seems to be unmetrical.
29 T2 daivatalakṣmī(R.); T3 daivata(N4); T5 devatā(H). cf. N3 devata.
30 cf. N4 upa[omits 'gamya'].
31 T2 purataḥ(N4; R.,L.,V.,S.); T3,T5 omit 'ḥ'; T4 pura[omits 'taḥ'](N3)
32 cf. N4 karuṇāruṇamanā.
33 cf. N4 lilayā.
34 cf. N4 samīlayati.
35 V. °mukham
(36…36) T2 bhūmiṣu(R.); T3~5 bhuvimu(N3,N4; L.,V.,S.). cf. N1,N5,C1,H bhūtimu; B bhūvimu?; BHSG,§32.109, §21.55; Tib. sa ḥdi.
(37…37) T2 sarvapurāṃ; T3 sarthu puraṃ; L.,V.,S. sarvapuraṃ(R. sarvva°). cf. N3 savu puraṃ; N4 sarvvapuraṃ. cf. N1,N2,C1/H sarvapuraṃ(N5 sava°).
38 T2 nagaraṃ(N1,N4,N5,C1/H; R.,L.,V.,S.). cf. N2 na[omits 'gnaṃ']; N3 nagnan; Tib. sgren mor (= nagnaṃ).
39 cf. N1,C1,C2,H ra; N2 ca; N5,B omit.
40 L.,V.,S. śobhati. cf. N2 śobhati; Other mss. sobhati.
41 V. °tam

na mamâtra[1] kāci[2] rati prītikarī
tyaktaṃ tvayā ca[3] [(4...]yadi 'daṃ[...4)] bhavanaṃ.[5]

78. na punaḥ śruṇiṣyi[6] rutu pakṣigaṇe[7]
antaḥpure[8] madhura veṇuravaṃ,[9]
maṅgalyaśabda[10] tatha gītaravaṃ
pratibodhanaṃ[11] [(12...]tava anantayaśaḥ.[...12)]

79. [(13...]darśe na[...13)] bhūyu[14] surasiddhagaṇāṃ[15]
kurvantu[16] pūja[17] tava rātridivaṃ,[18]
ghrāyiṣyi[19] gandha[20] na ca divya punaḥ
tvayi nirgate nihatakleśagaṇe.

80. nirbhuktamālyam[21] iva[22] paryuṣitaṃ[23][24]
tyaktaṃ tvayâdya bhavanaṃ hi tathā,
naṭaraṅgakalpa[25] pratibhāyati me
tvayi nirgate na bhuyu[26] tejaśirī.[27]

81. ojo balaṃ harasi sarvapure
na ca sobhate[28] aṭavitulyam[29] idaṃ,[30]
vitathaṃ ṛṣīṇa[31] vacanâdya[32] bhutaṃ[33]
yehī[34] viyākṛtu[35] bhuvi[36] cakrabalo.[37]

82. abalaṃ[38] [(39...]balaṃ bhuv' imu[...39)] śākyabalaṃ
ucchinna[40] vaṃśa[41] iha rājakule,[42]

1 T2 mamā 'tra(R.) 2 T2 kāvi°(R.)
3 T2 omits 'ca'(R.). cf. N4 'tvayādyayamidaṃ' for "tvayā ca yadi 'daṃ".
(4...4) R.,L.,V.,S. yadidaṃ. Contextually it is proper to read "yadi + 'daṃ(= idaṃ)".
5 V. °nam
6 T3 śruṇiṣmi; S. śruṇiṣya. cf. H śruṇiṣi; BHSG,§26.3, §31.35.
7 T3 °gaṇāḥ; T4 °gaṇā; T5 °gaṇā°(N3). cf. N1/H °gaṇe; N4 °gaṇa.
8 T2 'ntaḥpure(N5,B; R.); T5 °ntaḥpure(N3). cf. N1,C1,C2 'ntaḥpuraṃ; N2,H 'ntapure; N4 antaḥpure. 9 V. °vam
10 T2 maṅgala°(R.); T3,T5 maṃgalya°; T4 maṃgala°(N3). cf. N4 maṅgalya°.
11 T2,T5 °dhanan(N3; R.)
(12...12) T2 tavāntayaśaiḥ(R. tavānanta°); T3 --- °yasaḥ(N4 --- °yaśā); T5 tavānantayaśaḥ(N3)
(13...13) T2 drakṣe na; R. drakṣeṇa. cf. N4 drakṣeṇa; BHSG,§43(p.216).
14 T2 bhūya(N4; R.)
15 T2 °gaṇāḥ(N4; R.); T3 surasaṃghaṇaṃ[omits 'ga']; T4,T5 surasaṃghagaṇān(N3). cf. Tib. grub(= siddha). 16 T5 kurvvaṃtu(N4)
17 T2,T4,T5 pūjā(N3,N4; R.,L.,S.). cf. All mss. except T3 pūjā. m.c. pūja.
18 T3 rātradinaṃ; V. °divam. cf. N4 rātriṃdivaṃ.
19 T3 ghrāyiṣye; T4 ghrāyiṣya; T5 prāyiṣya. cf. N4 ghrāyiṣi.
20 T2 gandhaṃ(R.) 21 T2 nirmukta°. cf. BHSD,nirbhukta.
22 T3 °mālya[omits 'm'] 23 T3 omits 'iva'.
24 T2 paryyuṣisthitaṃ(R.); T5 paryeṣitaṃ. cf. N4 paryyasthitaṃ.
25 T3,T4 naṭaraṃga°; T5 nataraṃga°(N3) 26 T2,T4 bhūyu(R.,S.); T5 bhūya(N3,N4)
27 V. °śiri. cf. N4 °sirī. 28 T2,T5 śobhate(N3; R.,L.,V.,S.)
29 T2 'ṭa°(N3; R.); T4 ata°; T5 'ta° 30 V. idam
31 cf. N4 ṛṣiṇa; BHSG,§10.202. 32 T3 vacānādya
33 T2 bhūtaṃ(N4; R.); T3,T5 nutaṃ
34 T2,T5 ye hi(R.). cf. N4 yaihī; BHSG,§8.109.
35 T2 vyākratu(R.); T3 ciyākyā; T4 vipākya(N3?). cf. N:all,C1/H vyākṛtu; BHSD,vyākaroti; Tib. luṅ bstan. 'viyākṛtu' seems to be unmetrical. Is it better to read 'viyākhya'(= vyākhyā)?
36 T2 bhūvi; T3~5 tubhya(N3?). cf. N1/H,N4 bhuvi(*but* C1 tuvi).
37 T2 °balā(R.); T3~5 cakravaro(N3). cf. N4 cakrabalo; Tib. ḥkhor lo stobs (= cakrabala).
38 T2,T4 acalaṃ(R.); T5 'balaṃ(N3). cf. N4 acaraṃ.
(39...39) T2 balantu viṣu(R.); T3 balaṃ bhutimu; T4 balaṃ bhuvimu(N3,N4; L.,V.,S.); T5 palaṃ bhuvimu. cf. BHSG,§32.109, §21.55; Tib. sa ḥdir.
40 T3 ucchibhu; T4 icchiṃtu[marg. nna]; T5 obscure. cf. N3 icchantu?; Tib. ḥchad(= ucchinna).
41 T3,T4 vaṃsa. cf. N4 vansa. 42 T4 omits 'rāja'(N3).

āsā[1] pranaṣṭa[2] iha śākyagaṇe[3]
tvayi nirgate mahati puṇyadrume[4].

223 83. aham[5] eva tubhya[6] gati[7] gacchayamī
yatha[8] tvaṃ[9] prayāsi[10] amalā vimalā[11],
api cā[12] kṛpākaruṇa[13] saṃjaniya[14]
vyavalokayasva[15] bhavanaṃ[16] tvam[17] idaṃ[18].

84. vyavalokya câiva bhavanaṃ matimān[19]
madhurasvaro giram[20] udīritavān[21],
nâhaṃ pravekṣi kapilasya puraṃ[22]
aprāpya[23] jātimaranântakaraṃ[24].

85. sthānâsanaṃ[25] śayanacaṅkramaṇaṃ[26]
na [(27…]kariṣy’ ahaṃ[…27)] kapilavastumukhaḥ[28],
[(29…]yāvan na[…29)] labdha[30] varabodhi[31] mayā
ajarâmaraṃ[32] padavaraṃ[33] hy amṛtaṃ[34].

1 T2 āśā(R.,V.). cf. N4 asā.
2 T2 praṇaṣṭā(N4); R. pranaṣṭā
3 T3 °gaṇāḥ
4 T4,T5 punya°(N3)
5 T4 ahaṃm; T5 'ham(N3)
6 T5 tubhyi(N3)
7 T3 gami. cf. Tib. daṅ lhan cig (= saha).
8 T2,T4 atha(N3; R.)
9 T3~5 tvat(N3)[This 'tvat' seems a scribal error for 'tvan'(= tvaṃ).]
10 T5 °yāmi
11 T3 vimalāḥ; T5 vima[omits 'lā']
12 T2~5 ca(N3,N4; R.). cf. All mss. ca, but metrically this is to be 'cā'.
13 T2 kṛpāṅkaruṇā(R.). cf. N4 kṛpāṃkaruṇāṃ.
14 T2 sañjaniyya(R.); T3 saṃjanaya. cf. N4 saṃjaniyi.
15 T3 °lokayaṃ sva°
16 T3 bhanaṃ[omits 'va']
17 T2 svam(R.)
18 V. idam; S. ihaṃ[misprint]
19 cf. N4 matīmāṃ.
20 T3 riram. cf. N4 girīm.
21 T3 udīrivān[omits 'ta']. cf. N4 udirītavāṃ.
22 T5 puram(N3)
23 T3,T4 avāpya(N3). Metrically 'aprāpya' seems better than 'avāpya'.
24 T3 °kaṃ[omits 'ra']; V. °karam
25 T3 sthānāśanaṃ
26 T3,T4 °cakramaṇaṃ; T5 °caṃkramaṇaṃ(N3; V.). cf. N4 °cakramanaṃ.
(27…27) T2 kariṣye 'haṃ(R.); T3,T5 kariṣyehaṃ(N1~3,C1/H); T4 kariṣy ahaṃ(N4; N5?); L.,S. kariṣya 'haṃ; V. kariṣyahaṃ
28 T2 °mukhaṃ(N4; R.,L.,S.); T4,T5 °mukha(N3); V. °mukham
(29…29) T2 yāvanta?; S. yāvanta
30 T2,T4 labdhaṃ(N4; R.)
31 T4 valabodhiṃ. cf. N3 vabodhi[omits 'ra'].
32 cf. N4 °maraṇaṃ.
33 T3,T5 padaṃ varaṃ
34 V. amṛtam

[Meter ... Unknown (4 mātras × 6)]

86. yad asau jagatpradhāno niṣkrāntu[1] bodhisattvo
tasyā[2] nabhe[3] vrajanto[4] stavayiṃsu[5] apsarāṇī,[6]
eṣa mahadakṣiṇīyo eṣa mahapuṇya[7]kṣetraṃ[8]
puṇyâ[9]rthikāna[10] kṣetraṃ[11] amṛtāphalasya[12] dātā.

87. eṣa[13] bahukalpakoṭī dānadamasaṃyamenā[14]
samudā[(15...]nitā ’sya[...15)] bodhiḥ[16] sattvakaruṇāyamānā,[17]
eṣa pariśuddhaśīlo suvratu[18] akhaṇḍacārī[19]
na ca kāma nâiva bhogāṃ[20] prārthentu[21] śīlarakṣī.

88. eṣa sada kṣāntivādī chidyanta[22] aṅga-m-aṅgo[23]
[(24...]na ca[...24)] krodha[25] nâiva[26] roṣaḥ sattva[27]paritrāyaṇârthaṃ,[28]
eṣa sada vīryavanto avikhinna[29] kalpakoṭyaḥ[30]
samudā[(31...]nitā ’sya[...31)] bodhir[32] yaṣṭāś[33] ca yajñakoṭīḥ.[34]

89. eṣa[35] sada dhyānadhyāyī[36] śānta[37]praśānta[38]citto
dhyāyitva sarvakleśān[39] mociṣya[ti][40] sattvakoṭī⟨ḥ⟩,[41]
eṣo asaṅgaprajñaḥ[42] kalpair[43] vikalpa⟨yuktair⟩[44]
mukto[45] vimuktacitto jinu[46] bheṣyate svayaṃ[47]bhūḥ.

1 T3,T4 niskrāṃtu; T5 niṣkrāṃtu. cf. N3 niskrāntu; N4 niṣkrāṃta.
2 T3 nasyāṃ. cf. N4 na tasyā. 3 S. name[misprint]
4 T2 vrajantā(R.). cf. BHSG,§7.69.
5 T2 °yisu(R.); T3 tavayitsu; T4 stavayinsu; T5 tavayitsv(N3)
6 T2 apsarāṇi(N1/H,N4; R.); T3,T4 apsarāṇāṃ(L.,S.); T5 °rāṇām(N3; V.). cf. BHSG,§16.24.
7 T2,T5 mahatpuṇya°(N3; R.). cf. N4 mahaṃpuṇya°.
8 T2 °kṣetra(R.); T4 °kṣetraḥ. cf. N3 °kṣetre.
9 V. puṇyar°[misprint] 10 T2 °thikān(R.)
11 T5 kṣatram(N3,N4). cf. Tib. shiṅ(= kṣetra).
12 All mss. amṛtaphalasya(R.). Metrically we(and L.,V.,S.) read 'amṛtāphalasya' though no ms. supports it.
13 T3~5 ena(N3,N4; L.,V.,S.). cf. N2,N5 eva; BHSG,§21.83.
14 T2 °saṃyama(R.). cf. N4 °saṃyame[omits 'nā'].
(15…15) All mss. except N4 °ānitāsya(R.,L.,V.). cf. N4 °ānitasya; S. p.435; Tib. ḥdis ni byaṅ chub yaṅ dag bsgrubs. 16 T5 omits 'ḥ'(N3).
17 T2 °yamāno hi(R.). cf. N4 °yatāhi.
18 T2,T5 suvrato(N1/H,N3;R.); L.,V.,S. suvrata. cf. N4 suvratā.
19 T2,T5 'khaṇḍa°(N1/H,N3;R.). cf. N4 °cāri.
20 T2 bhogaṃ(R.)
21 T5 omits 'ntu'. cf. N4 prārthitu; BHSG,§18.8.
22 T2 chidyantāṃ(R.); L.,V.,S. chidyanti. cf. N1/H,N4 chidyanti; N3 chidyanta.
23 T2 aṅgamaṅgena(N1,N5,C2,B; R.); L.,V.,S. aṅgamaṅge. cf. N2,N4 aṅgamaṅge(H?); N3 aṃgamaṃgo; C1aṃgamaṃgeva; BHSG,§4.60,§8.103.
(24…24) T4 'ca' is marg.; T5 omits 'na ca'.
25 T2 krodhu(N1/B,N4; H?; R.,L.,V.,S.)
26 T2 na caiva(N1/H,N4; R.); T3~5 naiṣa(N3)
27 T4,T5 satvaṃ(N3)
28 T2 °rthaḥ(R.); V. °rtham. cf. H °patrāṇārthaṃ; BHSD,paritrāyaṇa.
29 T2 'vicchinnaḥ(R.); T5 'viṣinna(N3). cf. BHSD,vikhinna.
30 T2 °koṭyāḥ(N4; R.)
(31…31) T2 °ānitasya(N4; R.); L.,V. °ānitāsya
32 T3 bodhīr?; T4 bodhi(N3); T5 bodhiś. cf. N4 bodhīr.
33 T2 yaṣṭā(R.,L.,V.,S.); T4 śraṣṭā(N3); T5 raṣṭā? cf. N1,N4,C1,C2 yyaṣṭāś; N2,N5,B,H yaṣṭāś.
34 T5 omits 'ḥ'(N3). 35 T5 preṣa(N3?)
36 T5 °dhāyī. cf. N4 °dhyāyi. 37 T3~5 sānta°(N3)
38 T3,T5 °prasānta°(T4 marg.; N3)
39 L.,V.,S. °kleśāṃ. cf. N3 °kleśān; N4 °kleśāṃ; H °kleśā.
40 T2 mocayiṣyati(N1/H,N4; R.); T3,T4 yoviṣyati(N3); T5 mociṣyati; L.,V.,S. moceṣyi
41 T2 °koṭīḥ(N4; R.,L.,V.,S.); T3~5 °koṭī. cf. N3 sattvaṭī[omits 'ko' and 'ḥ'].
42 T2 'saṅgaprājñaḥ(R.); T3 asaṃgaprajñaḥ; T4 asaṃgaprajñā; T5 saṃgaprājña; L.,V.,S. asaṅgaprājñaḥ. cf. N1/H,N4 asaṅgaprājñaḥ; N3 saṃgaprajñā.
43 cf. N1,N5,C1,C2,B omit 'r'; H kalpa°.
44 T2~4 vikalpamukto(R.,L.,V.,S.); T5 vikālpamukto(N3). cf. N1/B vikalpacitto; N4 vvikalpamukta; H vikalpa[omits 'mukta' or 'citto'].
45 T2~5 omit 'mukto'(N1/H,N3;R.); L.,V.,S. kalpair. cf. N4 muktā.
46 T2,T5 jina(N4; R.) 47 T2 svayam°(R.)

224 90. eṣa sada maitracitto[1] karuṇāya pāraprāpto
muditā-upekṣadhyāyī[2] brahme[3] pathe[4] vidhijño,[5]
eṣo[6] 'tidevadevo[7] devebhi[8] pūjanīyaḥ[9]
śubhavimala[vi]śuddhacitto[10] [11]guṇanayutapāraprāptaḥ.[12][13]

91. śaraṇaṃ[14] bhayârditānāṃ dīpo acakṣukānāṃ[15]
[(16…]layano upadrutānāṃ[…16)] vaidyaś[17] cirâturāṇāṃ,[18][19]
rājavara[20] dharmarājo [(21…]indraḥ[…21)] sahasranetro
brahmasvayaṃbhubhūtaḥ[22][23] kāyapraśrabdhacitto.[24]

92. dhīraḥ prabhūtaprajño[25] vīro viviktacittaḥ[26]
śūraḥ[27] kileśaghātī[28] ajitaṃjayo jitâriḥ,
siṃho bhayaprahīṇo[29] nāgaḥ[30] sudāntacitto[31]
ṛṣabho gaṇapradhānaḥ[32] kṣāntaḥ[33] prahīṇakopaḥ.[34][35]

93. candraḥ prabhāsayantaḥ[36] [(37…]sūryo 'vabhāsakārī[…37)]
ulkā pradyotakārī[38] sarvaṃtamovimuktaḥ,[39]
padmaṃ[40] anopaliptaṃ puṣpaṃ suśīlagandhaṃ[41]
meruḥ[42] akampi[43] śāstā pṛthivī yathôpajīvyo
[(44…]ratanākaro akṣobhyaḥ.[…44)]

94. ena[45] jitu kleṣamāro ena[46] jitu skandhamāro[47]
ena[48] jitu mṛtyumāro [(49…]nihato 'sya[…49)] devamāro,[50]
eṣa mahasārthavāhaḥ[51] kupathapra⟨ti⟩sthitānāṃ[52]
aṣṭâṅgamārgaśreṣṭhaṃ[53][54] deśeṣyate[55] nacireṇa.[56]

1 T3 °citta; T4 °cittā(N3)
2 T2 mudito prekṣa°(R.); T4 muditā upeṣya°(marg. kṣa); T5 muditopekṣa°; L.,V. mudito upekṣa°; S. mudito-upekṣa-dhyāyī. cf. N4 muditā upekṣyadhyāyi.
3 T2 brāhma°(R.); L.,V.,S. brāhme. cf. N1/B,N4 brāhme; N3 brahme; H brāhmaṇa.
4 T2 °pathe(R.); T3~5 pathi(L.,V.,S.). cf. All mss. except T2 pathi. m.c. pathe.
5 T2 °jñaḥ(R.,L.,V.,S.); T5 vijño. cf. N3,N4 vidhijño.
6 T3~5 ati°(N3,H). cf. N4 'ti°(m.c.). 7 T5 °devadevā(N4)
8 T2 °bhiḥ(N4; R.); T4 deveti; T5 devobhi
9 T2,T5 °nīyo(N3; R.,L.,V.,S.). cf. N4 °nīyāḥ.
10 All mss. °viśuddha°(R.); L.,S. °śuddhi°[omit 'vi']; V. °śuddha°[omits 'vi']
11 T4 °cittā. cf. N4 °cinto.
12 T2 guṇaniyuta°(N4; R.,L.,V.,S.). cf. N3 guṇanayuta°.
13 T2 °pāramiprā°(N4; R.); T5 omits 'pāra'(N3).
14 T4 śaraṇan
15 T2 'cakṣuṣāṇāṃ(R.); T5 'cakṣukānā; L.,V.,S. acakṣuṣāṇāṃ. cf. N1,C1 'cakṣuḥkānāṃ; N2,N5,B, H 'cakṣukānāṃ; N3,N4 acakṣukānāṃ; C2 cakṣuḥkānāṃ.
(16…16) T2 nayano upa°(R.); T4 yamo upa°; T5 rayanopa°. cf. N3 yanopa°?
17 L. upadratānāṃ[misprint]; S. upadutānāṃ[misprint]
18 T3 vaidyaṃ 19 V. °rāṇām
20 T2 rājā vala°(R. --- vara°); T3 rājova; T4,T5 rājeva(N3; L.,V.,S.). cf. N1/H,N4 rājāvara; Tib. rgyal po dam pa.
(21…21) T2 °rāja indraḥ(R.); T5 °rājenduḥ. cf. N3 °rājendruḥ; N4 °rājo indraḥ; A(L.'s Varianten) °rājendraḥ. 22 T3,T4 brahmā°
23 T2 °svayambhūtaḥ(R.); T3 °svayaṃbhūbhūtaḥ; T4,T5 °svayaṃbhubhūt(N3 °bhubhūta)
24 T2 °praśasta°(R.); T3 °praśrabdhā°; T4,T5 °praśabdha°(N1,N3,N5; H?; L.,V.,S.). cf. N2,B °praśrabdha°; N4 °prasabdhacinto?; BHSD,praśabdha-.
25 T3 prabhūtajihvo(N3); T4 'prajño' is marg.. cf. Tib. śes rab (= prajñā).
26 T2 vinirmmuktacittaḥ(R.) 27 T3~5 sūraḥ(N4). cf. N3 sūra.
28 T2 °ghāti. cf. N4 °ghātīṃ. 29 T2 °prahīno(N3; R.,L.,S.)
30 T4,T5 omit 'ḥ'(N3). 31 T5 °cinto(N3)
32 T4,T5 omit 'ḥ'(N3). 33 T2 omits 'kṣāntaḥ'(R.); T5 kṣāntiḥ
34 T2 prahīna°(N4; R.,L.,S.) 35 T3,T4 °kopaś. cf. N4 °kāyaḥ.
36 T4 °yaṃtaḥ
(37…37) T2 sūryyāvabhāṣakarī(N4 °bhāsakarī; R.)
38 T2 °dyotakarī(N4; R.); T4 prakṣāntakārī(N3); T5 °dyontakārī
39 T2,T3 sarvatamo°(N1/B; N4,H sarvva°; R. sarvva°; L.,V.); T4,T5 sarvvantamo°(N3 omits 'mo'); S. tārā tamo°. cf. Tib. skar ma.
40 T3 madyaṃ; T5 padmaṃm. cf. N3 padmam.
41 T3 suśīlasatvaṃ; T4 suśīlaṃ patraṃ(N3); T5 suśīlaṃ gandhaṃ; L.,V.,S. suśīlapatraṃ. cf. N1,N5,C1,C2,H svaśīlagandhaṃ; N2 suśīlagaṃdha; N4 suśīlagandhaṃ; B suśīlapatraṃ; Tib. khrims dri gdaḥ.
42 T2 merūr?; T5 merur(N3; R.,S.); L.,V. merūr. cf. N4 meruḥ; H meru.
43 T3~5 akaṃpi(N3). cf. H kapī. We regard 'akampi' as a form of nom. sg. of 'akampin'.
(44…44) T2 °karo 'kṣo°(R.); T5 °kalo akṣo 'bhyaḥ(N3). Metrically this part is unnecessary, but Tib. has the equivalent for it.
45 T2 enañ(R.). cf. N4 enaṃ; BHSG,§21.83. 46 T2 enañ(R.). cf. N5 eva; H enāṃ.
47 T4 skaṃda°(N3);T5 skanda° 48 T2 enañ(R.)
(49…49) T4 nihatāsya; T5 nihatasya(N3). cf. N2 eṣa jitu; N4 nihatā 'syā.
50 T2,T4,T5 devaputramāro(N2,N3,N5,B; R.); L.,V.,S. deva(putra)māro. cf. N1,C1,C2,H devaputrasyamāro; N4 māro[omits 'devaputra']; Tib. lha yi bdud.
51 T2 mahāsārthavāhaḥ(N4; R.); T5 mahasārthavāho(N3; L.,V.,S.)
52 T2~4 omit 'ti'(N2~5,B; R.); T5 °pasthitānāṃ; L.,V.,S. °pratisthitānāṃ. cf. N1,C1,C2,H kupathe pratisthitānāṃ. m.c. °pratisthi°. 53 T3~5 aṣtāṃga°(N3)
54 T4 omits 'ṃ'; S. °mārga dyeṣthaṃ[misprint]
55 T2~4 deśayiṣyate(N:all,C2,B,H; R.); T5 deśayiṣyate / [adds a daṇḍa]. cf. C1 deśayiṣyato.
56 L.,V.,S. nacireṇā. cf. N5 nacire[omits 'ṇa']; Other mss. nacireṇa.

225 95. jara[1]maraṇa[2]kleśaghātī[3] tamatimiravipramukto[4]
bhuvi[5] divi ca sampraghuṣṭo[6] jina[7] bheṣyati[8] svayaṃbhūḥ,[9]
stuta stavitu[10] aprameyo varapuruṣarūpadhārī
yat puṇya[ṃ][11] tvāṃ stavitvā[12] bhoma[13] yatha[14] vādisiṃhaḥ.[15]

iti hi bhikṣavo[16] (17...'bhiniṣkrānto bodhisattvo...17) niṣkramya[18] śākyān atikramya krodyān[19] atikramya mallān[20] maineyānām[21] anuvaineye[22] nigame[23] ṣaṭsu[24] yojaneṣu[25] (tatra) bodhisattvasya[26] (27...rātriprabhāto 'bhūt...27). tato[28] bodhisattvo[29] (30...kaṇṭhakād avatīrya...30) dharaṇitale[31] sthitvā[32] taṃ mahāntaṃ devanāgayakṣagandharvâsuragaruḍakinnaramahoragasaṃghaṃ[33] visarjayati[34] sma. visarjya[35] câsyâitad[36] abhūd,[37] imāny ābharaṇāni kaṇṭhakaṃ[38] ca[39] chandakasya haste visarjayāmîti.[40]

atha bodhisattvaś[41] chandakam āmantryâitad[42] avocat. gaccha tvaṃ chandakêmāny[43] ābharaṇāni kaṇṭhakaṃ[44] ca gṛhītvā nivartayasva.[45] yatra ca paradeśe chandako nivṛttas tatra caityaṃ[46] sthāpitam (abhūt).[47] adyâpi[48] tac caityaṃ[49] chandakanivartanam[50] iti jñāyate.

punaś ca bodhisattvasyâitad[51] abhavat, kathaṃ hi[52] nāma cūḍā ca pravarjyā[53] cêti.[54] sa khaḍgena cūḍāṃ[55] chittvā[56] anrarikṣe[57] kṣipati[58] sma. sā ca trāyatriṃśatā[59] devaiḥ parigṛhītâbhūt[60] pūjârtham.[61] adyâpi[62] (ca)[63] trāyatriṃśatsu[64] deveṣu cūḍāmaho vartate. tatrâpi caityaṃ sthāpitam abhūt. adyâpi ca tac[65] cūḍāpratigrahaṇam (66...iti jñāyate...66).

1 All mss. jarā°(R.). m.c. jara°.
2 T4 °maraṇaṃ°(N3)
3 T5 °ghaṭī(N3)
4 T2 omits 'vi'(R.). cf. N4 °muktā.
5 T4,T5 bhūvi(N3)
6 T2 saṃghuṣṭo[omits 'pra'](R. saṅghu°); T3 saṃpraghuṣye; T4 saṃpraghūṣyati; T5 saṃpradyuṣyati(N3). cf. N4 saṃghuṣṭā[omits 'pra']; A(L.'s Varianten) saṃpraghuṣyati; BHSD,saṃpraghuṣṭa; Tib. grags pa yi.
7 T2 jino(N1/H; R.); T4 jana(N3); L.,V.,S. jinu. cf. N4 jina.
8 L.,V.,S. bheṣyate. cf. All mss. bheṣyati.
9 T2 svayam°(R.); T3,T4 svayaṃbhuḥ; T5 °bhū [omits 'ḥ'](N3). Is it better to read 'svayaṃbhuḥ'?
10 T5 stavisva. cf. N3 stavitv.
11 T2,T3,T5 puṇyaṃ(N1/B,N4; R.); T4 punyaṃ (H); L.,V.,S. puṇya. cf. N5 puṇya. Metrically 'ṃ' should be deleted.
12 Metrically it may be proper to read 'stavitva', but no ms. supports it.
13 T2 bhavāmo(N1/H; R.); T3~5 bhavema (N3). cf. N4 bhavāma. Metrically we read 'bhoma' [agree with L.,V.,S.] though no ms. supports it.
14 T2 yathā(N4; R.); T5 obscure. cf. N5 yaḥ.
15 T3,T4 °siṃho. cf. N3 vādivādisiṃho; N4 vādasiṃhoḥ rāja. Contextually it is proper to read 'vādisiṃhāḥ(nom. pl.)', but no ms. supports it.
16 T5 omits 'vo'.
(17…17) T2 niṣkrānto bodhisattvo[omits '(a)bhi'](N4; R.); T3,T4 bhiniskrānto bodhisattvo(N3 --- °satvā); T5 bodhisatvo niṣkrānto bodhisatvo
18 T2 'tikramya(N4; R.,L.,V.); T3,T4 niskramya(N3). cf. N1,C1,C2 'bhikramya.
19 T3 kronnyān? cf. N4 emends 'krośān' to 'kroḍyān'(?).
20 T4 mallāt(N3)
21 cf. N4 minīyānām; 方広「彌尼国」.
22 T4 anuvaineyai(N3); T5 anuvenaiye. cf. N4 anumīya; BHSD,anuvaineya; Tib. rjes su dpag pa (= anumāna). Is it better to read 'anumaineya' or 'anumīya'?
23 T2 nirgame(R.)
24 T2 ṣaḍhsu(R.); T4 ṣatsu
25 T2 inserts 'tatra'(N4; R.,L.,V.); T3~5 omit(N3).
26 T2 omits 'sya'.
(27…27) T2 rātriḥprabhātābhūt(R.); T3 rātriḥpra° --- ; T4 rātriḥprabhā 'bhūt[omits 'to'](N3 rātripra°); T5 rātriprasāṃtā 'bhūt. cf. N4 rātriṃprabhāto 'bhūt.
28 T4 omits 'tato'(N3). cf. N4 tata.
29 T3 bodhisatvaś; T4 omits(N3); T5 bosatvaś[omits 'dhi']
(30…30) T3 chandakād avatīrya[omits 'kaṇṭhakād avatīrya']; T5 chandakād avatīrya ca kaṇṭhakā vatīrya. cf. N3 kaṇṭhakāvadatīryya; N4 kaṇṭhakād avatīryya.
31 T2 dharaṇītate; R.,L.,V. dharaṇītale. cf. N3 dharaṇitale; N4 dharaṇītale.
32 T3,T4 sthitvās
33 T3 °saṃgha[omits 'ṃ']. cf. N3 °saṃho?
34 T4 viśarjayati
35 T2 visṛjya(R.); T4 visarjyā(N3 °rjjyā)
36 T2 ca asyaitad(R.). In T3 some lines[from here(-tad) to 'bodhisattva'(Note 51)] are marg..
37 T2 abhūt(N4; R.,L.,V.). cf. Other mss.(than T2,N4) abhūd.
38 T2 kaṇṭhakañ(N3; R.). cf. N4 emends 'chandakañ' to 'kaṇṭhakañ'(?).
39 T4,T5 omit 'ca'(N3).
40 T5 °jayāmi iti
41 T4 °satvaḥ(N4)
42 T2 āmaṃtr°; T3 amatryetad. cf. N4 āmantrya etad(?).
43 T2 chandaka imāny(N4; R.,L.,V.). cf. N1,C1,C2 chandakamāny.
44 T2,T5 kaṇṭhakañ(N3; R.). cf. N4 chandakañ.
45 T2~4 nivarttasva[omit 'ya']. cf. N4 emends '-tayati' to '-tasva'.
46 T5 omits 'ṃ'(N3).
47 T2 inserts 'abhūt'(N4; R.,L.,V.); T3~5 omit(N3).
48 T3,T4 insert 'ca'; T5 inserts 'yat'(N3 yaṃ).
49 T3,T4 omit 'ṃ'(N3).
50 T3 °nivarttam[omits 'na']
51 In T3 some lines[from 'tad'(Note 36) to here(bodhisattva)] are marg..
52 V. ca
53 T4 veti(N3)
54 T3 omits 'sa'.
55 T3 khaḍgeṇa
56 R.,L. chitvā
57 T2,T5 antarīkṣe(N3 nta°; R.,L.,V.)
58 T3 kṣinti[omits 'pa']; T5 kṣipaṃti. cf. N4 kṣipanti.
59 T2 trāyastriṃśata(R. °śatā); T3,T4 traya°(N4)
60 R. °hītā 'bhūt. cf. N4 °hīto 'bhūt.
61 L. °rthaṃ
62 T3~5 atodyāpi. cf. N3 todyāpi.
63 T2 inserts 'ca'(N4; R.,L.,V.); T3~5 omit(N3).
64 T2 trāyas°(R.); T3 trayatriṃśatsu(T4 °triṃsatsu). cf. N4 trayastriṃśati.
65 cf. N4 tac cetyaṃ.
(66…66) T4,T5 abhijñāyate(N3). cf. N4 iti / prajñāyate.

purar api bodhisattvasyâitad abhūt, kathaṃ hi nāma pravrajyā
ca kāśikāni[1][2] vastrāṇi. saced vanavāsânurūpāṇi[3] kāśāyāni[4] vastrāṇi labhe-
yaṃ[5] śobhanaṃ[6] syāt.

226 atha śuddhāvāsakāyikānāṃ[7] devānām etad abhūt, kāṣāyair[8] bodhisat-
tvasya kāryam iti. tatrâiko devaputro divyaṃ[9] rūpam antardhāpya[10] lub-
dhakarūpeṇa kāṣāyavastraprāvṛto[11] bodhisattvasya purato 'sthāt.[12]

atha bodhisattvas tam[13] etad avocat. sacen[14] me tvaṃ[15] mārṣa[16] kāṣā-
yāni[17] vastrāṇi dadyā[18] imāni[19] (20… te 'haṃ …20) kāśikāni[21] vastrāṇi dadyām.[22]

(23… so 'vocat. …23) (24… etāni vastrāṇi …24) tava śobhante,[25] imāni mama.[26]

bodhisattva āha. ahaṃ[27] tvāṃ[28] yācāmi.[29]

tatas tena lubdhakarūpiṇā[30] devaputreṇa bodhisattvāya kāṣāyāni[31]
vastrāṇi dattāny abhūvan. kāśikāni[32] (33… ca vastrāṇi …33) gṛhnīte[34] sma.

atha sa devaputro[35] gauravajātas[36] tāni vastrāṇy[37] ubhābhyāṃ pāṇi-
bhyāṃ[38] śirasi kṛtvā tata eva[39] devalokam agamat teṣāṃ pūjârtham.[40]
tac ca[41] chandakena dṛṣṭam abhūt, tatrâpi caityaṃ[42] sthāpitam.[43] adyâpi
tac[44] ⟨caityaṃ⟩[45] kāṣāyagrahaṇam ity evaṃ jñāyate.

yadā ca[46] bodhisattvena cūḍāṃ[47] chittvā[48] kāṣāyāni[49] vastrāṇi prā-
vṛtāni[50] tasmin[51] samaye devaputraśatasahasrāḥ[52] hṛṣṭās[53] tuṣṭā[54] udagrā[55] ātta-
manasaḥ[56] ⟨parama⟩pramuditāḥ[57] prītisaumanasyajātā[58] hīhīkārakilikilāpra-[59]

1 T3 kāsikāni
2 T3 inserts 'ca'(N4).
3 T3 vanavāsāni rūpāṇi; T4 vanāvāsāni(N3); T5 vanavāsāni. cf. N4 vanavāsānurūpāṇi; Tib. tshul daṅ mthun paḥi (= anurūpa).
4 T2 kāṣāyāṇi(R.,V.)
5 V. °yam
6 T3,T4 sobha°
7 T3 suddhā°
8 T5 omits 'r'.
9 T4 omits 'ṃ'.
10 T2,T5 antarddhāpya(N4; R.); T4 omits 'r'.
11 T2 °vṛta
12 T3,T4 'sthād
13 T5 taṃ
14 T2 omits 'sacen'(R.); T5 sacet(N3,N4)
15 T2 tvam(R.)
16 T5 mārṣā(N4; L.,V.)
17 T2,T3 °yāṇi(R,V.); T5 kāṣāyāyāni(N3)
18 T2 dadyāt(R.); T3~5 dadyād(N3,N5,H); V. dadyāḥ. cf. N1,N2,N4,C1,C2,B dadyā.
19 T3 imāṃ
(20…20) R. tehaṃ
21 T3 kāsikāni. cf. N4 °kāṇi.
22 T4 omits 'dadyām'(N3); T3,T5 dadyāt
(23…23) T3,T5 so vocad; T4 omits(N3); R. sāvocat
(24…24) T4 omits(N3).
25 T2~4 sobhaṃte(N4 sobhante)
26 T5 mama ca[inserts 'ca']
27 R. ahan
28 T4 tvā[omits 'ṃ']. cf. N4 tvayi.
29 cf. N4 yācayāmi.
30 T2 °rūpeṇa(R.)
31 T2 °yāṇi(R.,V.)
32 T3 kāsikāni
(33…33) T2,T5 omit(N3; R.,L.,V.). cf. N4 vastrāṇi ca; Tib. gos ka śi pa rnams kyaṅ.
34 T2 gṛhṇīte(R.,V.)
35 T5 °putrā(N3)
36 T3,T4 °jātaḥ
37 T2 vastrāṇi(N4; R.,L.,V.)
38 T2 omits 'pāṇibhyāṃ'(R.).
39 T3~5 eta. cf. N3 eda(?).
40 L. °rthaṃ. cf. N4 pūjāsatkārārthaṃ.
41 T2 omits 'ca'(N1/H; R.,L.,V.). cf. N3,N4 insert; Tib. de yaṅ (= tac ca).
42 T3,T4 omit 'ṃ'.
43 T2 °pitaṃ(R.,L.)
44 T3~5 tat(N3)
45 T2 inserts 'caityaṃ'(N1/H,N4; R.,L.,V.); T3~5 omit(N3). cf. Tib. mchod rten de (= tac caityaṃ).
46 T2 omits 'ca'(R.).
47 T3~5 mukuṭam(N3). cf. N4 cūḍāṃ; Tib. gtsug phud (= cūḍā).
48 L. chitvā
49 T4 °yāṇi(V.)
50 T2 prāvṛttāni(N1/C2,N4; R.,L.); T4,T5 prāvṛtya(N3). cf. B prāvṛrttāni; H prāvṛttāṇi; Tib. bgos pa.
51 T5 tasmiṃ. cf. N3 tasmi.
52 T2 °sahasrā(R.,L.,V.). cf. N4 devaputrasahasrāṇi[omits 'śata']; Other mss.(than T2,N4) °sahasrāḥ.
53 T2,T4 hṛṣṭāḥ(R.); T3,T5 hṛṣṭā(N3). cf. N4 hṛṣṭas.
54 T3,T4 tuṣṭāḥ
55 T3,T4 udagrāḥ
56 T5 ātmanasaḥ. cf. N3,N4 ātmananaḥ.
57 T2 paramamuditāḥ[omits 'pra'](R.); T3 omits 'parama'; T4,T5 omit 'paramapramuditāḥ'(N3); L.,V. paramapramuditāḥ. cf. N4 paramapramuditāḥ; Tib. mchog tu rab tu dgaḥ nas (= paramapramudita).
58 T3 °jātāḥ. cf. N4 °jātāṃ.
59 T4 °kilakilā°

kṣeḍitanirnādanirghoṣa[1]śabdam[2] akārṣuḥ.[3] siddhārtho[4] bho mārṣā[5] kumāraḥ
pravrajitaḥ.[6] so 'yam anuttarāṃ[7] samyaksaṃbodhim abhisaṃbudhya dharma-
cakraṃ[8] pravartayiṣyati.[9] asaṃkhyeyāñ[10] jātidharmāṇaḥ[11] sattvāñ[12] jātyā[13]
parimocayiṣyati. yāvaj jarāvyādhi[14]maraṇaśokaparidevaduḥkhadaurmanasyôpāyāse-
bhyaḥ[15] parimocya saṃsārasāgarāt pāram uttāryânuttare[16] kṣeme abhaye[17]
227 aśoke[18] nirupa[19]drave śive virajasi[20] amṛte[21] ⟨dharma⟩[22]dhātau pratiṣṭhāpayi-
ṣyatîti. sa ca (23...śabda⟨ḥ⟩...23) paraṃparayā yāvad[24] akaniṣṭhabhavanam abhy-
udgato 'bhūt.

tato 'ntaḥpurikābhiḥ (25...kumāram apaśyantībhiḥ...25) grīṣmikavārṣikahai-
mantikeṣu prāsādeṣv[26] āsaneṣu ca gṛheṣu (pari)[27]mārgamāṇā[28] yadā na
paśyanti sma. tadâikī[29]bhūtābhiḥ kurarī[30]bhir ivôtkruṣṭam[31] abhūt. tatra
kāścit[32] striyaḥ[33] paramaśokârtā[34] hā[35] tātêti krandanti sma. ⟨[36]kāścid
bhrātaḥ kāścid bharta[37] iti krandanti sma.⟩ ([38]kāścid[39] dhā[40] nāthêti[41] kran-
danti[42] sma.) kāścid dhā[43] svāminn[44] iti. kāścin[45] nānā[46]priyavacanapralā-
paiḥ kāścin nānākāyaparisarpikayā rudanti sma. kāścic chīrṣôpa-
karṣikayā[47] kāścid anyonyamukhâva[48]lokitayā rudanti sma.[49] kāścic cakṣuḥ[50]-
parivartikayā[51] [52]kāścid[53] ūrūṃ[54] pāṇibhiḥ[55] prasphoṭayantyaḥ kāścid dhṛ-
dayaṃ[56] ⟨pāṇibhis tāḍayantyaḥ⟩[57] kāścid bāhuṃ[58] pāṇibhiḥ prasphoṭayantyaḥ
kāścic chirāṃsi[59] kāścic[60] chiraḥ[61] pāṃśum[62] avakirantyo[63] rudanti sma. kāś-
cid vikṣiptakeśyaḥ[64] kāścit[65] keśaṃ luñcantyaḥ[66] kāścid ūrdhabāhavaḥ[67]

1 T2 °prakṣeḍitanirnāditanirghoṣa°(R. °ninādita°); T4 °prakṣeḍitānirnādaghoṣo°; T5 °prakṣeḍitāni nirnādaghoṣo°(N3?); L. °prakṣeḍitā nirnādanirghoṣa°(V. °prakṣveditā nir°). cf. N4 °prakṣeḍite nirnādite nirghoṣa°.
2 T2 °śabdān(N4; R.)
3 cf. N4 inserts 'devaputraḥ parasparam āha'.
4 T2 °rthaḥ(R.); T3 °rtha; T4,T5 °rthā
5 V. mārṣāḥ. cf. N4 mārṣāḥ.
6 T3 inserts 'siddhārtho bhoḥ mārṣāḥ kumāraḥ pravrajitaḥ'.
7 T5 °tarāyāṃ(N3)
8 T3 omits 'ṃ'.
9 T4 °yiṣyaty; T5 obscure. cf. N3,N4 °yiṣyatya.
10 T2 °khyeyān(R.); T3 aśaṃkhyeyo; T4 °khyeyāṃ; T5 obscure. cf. N3,N4 'saṃkhyeyāṃ.
11 T2 °dharmmān(N4 °mānaḥ; R.)
12 L. satvāñ; V. sattvān. cf. N4 satvāṃ.
13 T2 jātyāḥ(R.)
14 T3 omits 'vyādhi'.
15 T3 °pāyāśebhyaḥ
16 cf. N4 uttāryya anuttare.
17 T2 'bhaye(R.,L.,V.)
18 T2 'śoke(R.,L.,V.)
19 T2,T5 nirūpa°(R.)
20 T2 virajaske(N1/H,N4; R.); L.,V. virajase. cf. N3 virajasi; BHSG,§16.8.
21 T2 'mṛte(N4 mṛte; R.,L.,V.); T3 amṛta
22 T2 inserts 'dharmma'(N4; R.); T3~5 omit(N3); L.,V. insert 'dharma'. cf. Tib. chos kyi dbyiṅs la (= dharmadhātau).
(23…23) T2 śabdaḥ śabdaparam°(R.; L.,V. --- °paraṃ°); T3~5 śabdaparaṃ°[omits 'ḥ'](N3)
24 T5 vad[omits 'yā']
(25…25) T4 omits(N3); T5 --- apasyantistrībhi(N4 --- apaśyantibhir); L. brackets. Acc. to Tib, this should be inserted.
26 T3 °deṣu
27 T2 inserts 'pari'(N4; R.,L.,V.); T3~5 omit(N3). cf. Tib. tshol shiṅ.
28 T4,T5 °mānā(N3); V. °māga°[omits 'r']. cf. N4 °māṇāṃ.
29 T3,T4 tadekī°(N3; L.); T5 tadekā°; V. tadā ekī°. cf. N4 tadaikī°.
30 T4 kumārī°. cf. N4 emends 'kumārī' to 'kurarī'.
31 T2 °kuṣṭam(R.); T5 ivokṛṣṭam. cf. N4 ivokruṣṭam.
32 T2 kāścit tāḥ[inserts 'tāḥ'](R.); T5 kāści[omits 't']. cf. N4 kāṃcit.
33 T4 triyaḥ[omits 's']. cf. N3 tiyaḥ; N4 strīyaḥ.
34 T2~5 °śokārttā(N4 °rttāḥ; R.)
35 T3 ha
36 T2 inserts 'kāścid bhrātaḥ --- sma'(N4; R.,L.,V.); T3~5 omit(N3). Acc. to Tib. this should be inserted.
37 T2 bhantar(R.). cf. N4 bhatta.
38 T5 omits 'kāścid dhā --- sma'(N4). Acc. to Tib. this should be deleted.
39 T2 kāscin(T4?; R.). cf. N1,C2 kāści[omit 'd'].
40 T2 omits 'dhā'(T4?; N1/H; R.); T3 dhāna[or vāna?](N3?). cf. A(L.'s Varianten) mahā°.
41 T3,T4 nātha iti
42 T4 kraṃdaṃti
43 T2 vā(N3?; R.)
44 T4 svāmin
45 T4,T5 kāścit(N3)
46 T4,T5 omit 'nānā'(N3). cf. Tib. sna tshogs (= nānā).
47 T2 chiropakarṣayā(R.); T4 chīrṣāpa°; T5 °pakaṣikayā[omits 'r']
48 T3 °mukhavilo°(N4 °khāvi°)
49 T4 inserts 'kāścit svavadanāni vastrair ucchādya rudanti sma'(T5,N3 --- savadanāni ---). cf. N4 emends 'ucchādya' to 'pracchādya'(marg.).
50 T2 omits 'ḥ'(R.).
51 T4 °varttitayā(N3)
52 T2 inserts 'kāścit svavadanāni vastrair ācchādya rudanti sma'(R.; L.,V. --- vastrair ucchādya ---). cf. N1/H --- vastrair ucchādya --- .
53 T3 kācidd(N4)
54 T2 urū(R.); T4,T5 ūruṃ; L.,V. ūrū
55 T5 °bhir(N3)
56 V. omits 'ṃ'.
57 T2 inserts 'pāṇibhis tāḍayantyaḥ'(R.,L.,V.); T3~5 omit(N3,N4). Acc. to Tib.[rduṅ shiṅ ṅuḥo] 'pāṇibhis' should be deleted.
58 T2 bāhu(B,H); L.,V. bāhūn. cf. N1,C1,C2 bāhū; N2~5 bāhuṃ.
59 T4 chirāṃśi
60 T3 kāści
61 T3 rasa[omits 'chi']; T4 chira[omits 'ḥ']; T5 chiraṃ(N3). cf. N4 chirasa['chi' is marg.].
62 T2 pāṃśubhir(N1/H; R.,L.,V.); T3 pāṃsum(N4). cf. N3 pāṃśum.
63 T4,T5 °kiraṇyo(N3)
64 T2,T3 omit 'ḥ'(N4).
65 T5 kātkit
66 T2 viluñcantyaḥ(R.,L.,V.); T3 luṃcantyaḥ; T4,T5 luṃcaṃtyaḥ(N3). cf. N1,C1,C2 virupayaṃtyaḥ; N2 viluṃcaṃtyaḥ; N5 viluṃcantyaḥ; B vilupaṃtya; H viluvaṃtyaḥ; Tib. ḥbal shiṅ.
67 T2,T4,T5 ūrddha°(N3,N4); R. ūrdhva°; L. °bāhava[omits 'ḥ']. cf. B,H °bāhuvaḥ; A(L.'s Varianten) °bāhuḥ.

uccair utkrośanti [1] sma. kāścin [2] (3... mṛgya iva ...3) digdhaviddhāḥ [4] sahasā pra-
dhāvantyo rudanti sma. (5... kāścit svavadanāni vastraiḥ pracchādya
rudanti ...5) sma. kāścin [6] mārutakampitā [7] iva [8] kadalyaḥ [9] viprakampyamānā [10] ru-
danti sma. kāścid dharaṇitale [11] (vi)[12]nipatitāḥ kiṃcitprāṇāḥ. [13] kāścij [14] jālôt- [15]
kṣiptā [16] (17... iva matsyāḥ ...17) pṛthivyāṃ parivartyamānā [18] rudanti sma. kāścin [19]
(20... mūlacchinnā iva ...20) vṛkṣāḥ [21] sahasā dharaṇitale [22] nipatya rudanti sma.

taṃ ca [23] śabdaṃ rājā śrutvā [24] śākyān [25] āmantrayate sma. kim
etad uccair antaḥpure [26] śabda⟨ḥ⟩ [27] śrūyate. [28] [29] śākyā [30] vijñāya ka-
228 thayanti [31] sma. kumāraḥ [32] kila mahārājântaḥpure [33] na dṛśyate. rājā
āha. [34] kṣipraṃ nagaradvārāṇi pithayata[ḥ]. [35] kumāram abhyantare [36] mṛgayā-
maḥ. [37]

teṣāṃ [38] antarbahir [39] [40] mṛgayamāṇā⟨nāṃ⟩ [41] na paśyanti sma.

[42] mahāprajāpaty (43... api gautamī ...43) paridevamānā [44] mahītale [45] parivartate [46]
sma, rājānaṃ [47] (ca) [48] śuddhodanam [49] evam āha. kṣipraṃ māṃ mahārāja
putreṇa samaṅginīṃ [50] kuruṣvêti.

tato rājā caturdiśam aśvadūtān [51] preṣayati [52] sma. gacchata [53] yāvat [54]
kumāraṃ na paśyatha [55] tāvan [56] mā nivarteyātha. [57]

[58] naimittikair [59] vaipañcikaiś [60] ca vyākṛtam abhūt. maṅgaladvāreṇa
bodhisattvo [61] 'bhiniṣkramiṣyatîti. [62] te [63] maṅgaladvāreṇa gacchantaḥ paśyanti
(64... sma, ...64) antarāpathi [65] puṣpavarṣa⟨ṃ⟩ [66] prapatitam. [67] teṣām etad abhūd, [68] anena
pathā [69] (70... kumāro ...70) 'bhinirgata [71] iti.

1 T3 ukrośanti 2 T3,T4 kāścit(N4)
(3...3) T5 mṛgyeva(N3?)
4 T3 digvavidvāḥ?; T4 °viddhā[omits 'ḥ'](N3); T5 digvidigvā
(5...5) T2,T4,T5 omit(N3; R.,L.,V.). cf. N1/H --- paricchādya --- (N4 --- pracchādya ---).
6 T2~4 kāścit(R.). cf. N4 kāści.
7 T3 °kampita; T4 omits 'kampitā'(N3); T5 °taṃpitā
8 T5 omits 'iva'. 9 T4 kalpaḥ; T5 kadayeva. cf. N3 kadalye.
10 T2 prakampa°(R.); T3 viprakaṃpyamāna(T4,N3 °māṇā); T5 prakaṃpyamāṇā; L.,V. pravikampya°. cf. N4 pravikaṃpyamāṇāḥ; Tib. lus ḥkhyor shiṅ; BHSD,pravikampati.
11 T2 dharaṇītale(N4; R.,L.,V.)
12 T2,T3 omit 'vi'(N4; R.); T4,T5 vini°(N3; L.,V.). cf. Tib. ḥgyel te.
13 T2 omits 'ḥ'. cf. N4 kaścit°. 14 T2 kāścit(R.)
15 T5 jālā°[omits 'ut'](N3) 16 T2,T4,T5 °kṣipta°(N3; R.,L.,V.)
(17...17) T2,T4 °matsyā iva(R.,L.,V.); T5 °matsyo iva(N3)
18 T3 °mānāḥ; T5 paripartya°(N3). cf. N4 parivarttamānā.
19 T3,T5 kāścit(N4)
(20...20) T5 °chinneva. cf. N3 °chinnava; N4 mulā°; Tib. rtsa nas phyuṅ ba.
21 T5 vṛkṣakāḥ 22 T2,T4 dharaṇītale(R.,L.,V.)
23 T3 ja 24 T3 śrutya
25 T4 śākyānāṃ(T5 °nām) 26 T4 antaḥpura(T5,N3 omit 'ḥ')
27 T2 śabdaḥ(N4; R.,L.,V.); T3~5 omit 'ḥ'(N3). 28 T4 śruyate
29 T2 inserts 'te'(R.). 30 T4 śākyāḥ(N4)
31 T5 omits 'tha'. 32 T5 omits 'ḥ'(N3).
33 T2 °rājā 'ntaḥpure(N4; R.); T4 °rāja antapure(V. --- antaḥ°). cf/ N3 °rājāntapure.
34 T2 "ha(R.). cf. N4 rājāha.
35 T2 °yataḥ(N4; R.,L.,V.); T3~5 omit 'ḥ'(N3).
36 T4,T5 °antara(N3) 37 T5 °yāmaḥs(N3). cf. N4 °yāmas.
38 T2 te(R.,L.,V.). cf. N1,C1,C2 taḥ; N4 taisāṃ.
39 T2 sāntarbahir(R.,L.,V.); T5 antarbahi. cf. N1,C1,C2 sāntabarhi; N2,H sāntarbahi(N5?; B?); N3 antarbbahi; N4 bahir[marg. antar?]; BHSD,sāntarbahi.
40 T2 inserts 'mṛgayante sāntarbahir'(R.); T4 inserts 'mṛgayaḥ te ṣāntarbahi'(T5 mṛgayas te ṣāṃtarbāhi); L.,V. insert 'mṛgayante sma / sāntabahir'. cf. N1,C2 mṛgayante sma / sānte bahir(C1 erases 'nte sma --- bahir'; N2 mṛgayante smāntabahir; N3 mṛgayas te ṣāntarbbahi; N4 omits; N5 mṛgayate ṣāntarbahi; B mṛgayante sma / sāntarbahir; H mṛgayante sāntarbahi.
41 T2 °māṇā(R.); T3 °mānā(L.,V.); T4 °māno; T5 mṛgamānā[omits 'ya']. cf. N3 mṛgayāmo; N4 mṛgoyamānā. 42 T2 inserts 'tadā'.
(43...43) T2 °prajāvaty api(R.); T5 °prajāpatyāpi(N3). cf. N4 °prajāpati[omits 'api'].
44 T5 °devamanā(N3) 45 T5 °talo
46 cf. N4 °varttante; Tib. ḥgre ldog ciṅ. 47 T4 rājāno
48 T3 inserts 'ca'; Other mss. omit(R.,L.,V.). 49 T3,T4 suddho°
50 T2 saṅginī[marg.]; T4 samaṅginī; T5 samaṃginī; R. saṅginīṃ
51 T2 aśvam ārohadūtān; R. aśvārohadūtān; T3~5 °dūtāṃ(N3)
52 T3 °yanti; T4 prepayati 53 T3 gacchatha; T4,T5 gaccha(N3)
54 T4 yāvan 55 T2,T5 paśyata(N3,N4; R.)
56 T3~5 tāvat. cf. N4 tāva.
57 T2 nivarttatha; T3 nivarttayātha(B); T4 nivarttaiyātha; T5 nivarttayetha(N1,N3,N5,C1,C2,H); R. nivarttayatha(L.,V. °vartaya°). cf. N2 nivarttayatha; N4 nivarttateyātha; BHSG,§26.13.
58 T2 inserts 'yat'(R.).
59 T3 naimikaiś; T4 °ttikaiś. cf. N4 naimittaka.
60 T3,T4 omit 'vaipañcikaiś'(N3). cf. Tib. mtshan mkhan (= vaipañcika).
61 T3 °satvau 62 T3,T4 °niskra°
63 T4 °kramītīti (64...64) T4,T4 smāntarā°
65 T2 °pathe(N4; R.)
66 T2 °varṣaṃ(N5,B; R.,L.,V.); T3~5 omit 'ṃ'(N1~4,C1,C2,H).
67 L. °patitaṃ. cf. N4 pravarṣitaṃ. 68 T2 abhūt(N4; R.,L.,V.)
69 T4 yathā(N4) (70...70) T4 kumāraubhi°
71 T3 °gatā. cf. N3 bhinirggata; N4 nirgata[omits 'abhi'].

te svalpam antaraṃ gatvā taṃ devaputraṃ paśyanti[1] sma bodhisat-
tvasya kāśikavastrāṇi[2] śirasi [(3...]kṛtvā (ādāya)[...3)] āgacchantam. teṣām etad
abhūd,[4] imāni khalu[5] kumārasya kāśikavastrāṇi.[6] [(7...]mā khlav[...7)] anenâîṣāṃ
vastrāṇām arthe[8] kumāro jīvitād vyaparopitaḥ[9] syād[10] gṛhītâinam[11] iti. bhūyaḥ
paśyanti sma tasya pṛṣṭhataś[12] chandakaṃ kaṇṭhakam[13] ābharaṇāni[14] câdāyâgac-[15]
chantam. tatas te parasparam ūcuḥ. mā tāvad[16] bhoḥ sāhasaṃ[17] kārṣuḥ,[18]
eṣa chandako ’bhyāgacchati[19] kaṇṭhakam[20] ādāya yāvad enaṃ prakṣyāmaḥ.[21]
te chandakaṃ[22] paripṛcchanti[23] ⟨sma⟩. he chandaka mā khalv anena[24]
puruṣena kāśikānāṃ[25] vastrāṇām[26] arthāya[27] kumāro jīvitād vyaparopitaḥ[28]
229 syāt.[29] [(30...]chandaka āha.[...30)] na hy etad[31] api[32] tv [(33...]anena kumārāya[...33)] kāṣāyāṇi[34]
vastrāṇi dattāni. kumāreṇa [(35...]câsmai etāni[...35)] kāśikāni[36] vastrāṇi dattāni.
atha sa devaputras[37] tāni vastrāṇy[38] ubhābhyāṃ pāṇibhyāṃ[39] śirasi
kṛtvā [(40...]tata eva[...40)] devalokam[41] agamat ⟨teṣāṃ pūjârtham[42]⟩.
(evaṃ ca)[43] te bhūyaś[44] chandakaṃ[45] paripṛcchanti[46] sma.[47] tat kiṃ[48]
manyase chandaka gacchāmo vayaṃ[49] [(50...]⟨śakyaḥ⟩[...50)] śākyakumāro[51] pratini-[52]
vartayitum. sa āha. mā khalv[53] anivartyaḥ kumāro [(54...]dṛḍhavīrya⟨parākra-
maḥ⟩.[...54)] evaṃ ca tenôktam.[55] tāvad ahaṃ punar api kapilavastumahā-[56]

1 T2 paśyati[omits 'n'] 2 T3 kāsikāni. cf. N4 kāśikāni.
(3…3) T2 omits 'ādāya'(N4; R.,L.,V.); T3,T4 kṛtvā ādāya āga°; T5 kṛtvādāyāga°(N3). cf. Tib. mgo la thogs te.
4 T2 abhūt(C1; R.,L.,V.). cf. Other mss.(than T2,C1) abhūd.
5 T4,T5 omit 'khalu'(N3). cf. N4 kumāra khalu(for 'khalu kumārasya', and 'sya' is marg.?).
6 T2,T4 kāśikāni; T3 kāsikāni(N4)
(7…7) T2 mārṣā tu(R. mārṣa tu). cf. N4 mā khalva.
8 T3 artha(N3,N4); T4 atha; T5 arthāya
9 T2 vyavaropitaḥ(R.); T4 vyayaropayitaḥ; T5 vyavaropayitaḥ. cf. N3 vyaparopayitaḥ.
10 T2 syāt(N4; R.,L.,V.)
11 T2 gṛhṇītainam(R.,V.); T3 gṛhītenam; L. gṛhnītainam. cf. N1,N2,C1/H gṛhnītainam(N4 °naṃ); N3,N5 gṛhītainam; Tib. ḥdi dag khyer bar (= gṛhīta + enam).
12 T2 omits 'ś'(N4); T3,T4 pṛṣṭhataḥ(R.); T5 pṛṣṭhatataś
13 T3 kanthakam(N4) 14 T3,T4 omit 'ābharaṇāni'(N3); T5 ābharaṇam. cf. N4 ābharāṇāni; Tib. rgyan rnams (= ābharaṇāni).
15 T3 ādāyāga°[omits 'ca'](N3); T4,T5 ādāya ga°[omit 'ca']. cf. N4 ca ādāyāga°.
16 T4 tāvan; T5 tāva[omits 'd']. cf. N4 tāvat. 17 L.,V. insert 'mā'. cf. All mss. omit 'mā'.
18 T2 kārṣīḥ(R.); T4 kāṣṭaḥ(N3); L.,V. kārṣṭa. cf. N1,C1,C2 kārṣu; N2,N4,H kārṣuḥ; N5,B kārṣṭaḥ.
19 T3 abhy°. cf. N3 'bhyāgati[omits 'ccha']. 20 cf. N4 kanthakam.
21 T4 prakṣāmaḥ. cf. N4 pravajyāmaḥ.
22 T3,T4 chandaka[omit 'ṃ']; T5 chaṃdakaṃ
23 T2 inserts 'sma'(N4; R.,L.,V.); T3~5 omit(N3).
24 T2 anenaiva(N4; R.,L.,V.). cf. N3 anena[omits 'eva'].
25 T3 kāsikānāṃ. cf. N4 kāsikānāñ ca. 26 T2 vastrām[omits 'ṇā']
27 T2 arthe(N4; R.)
28 T2 vyavaropiḥ[omits 'ta'](N4; R. °ropitaḥ) 29 T3,T4 syāc. cf. N4 omits 'syāt'.
(30…30) T5 chandakāha(N3). cf. N4 chandake āha.
31 T2 etat(R.,V.) 32 T3 omits 'tv'; V. tu. cf. N4 tu.
(33…33) T3 kumāro anena 34 T2 kāṣāya°(R.); T5 kāṣāyāni(N3,N4; L.)
(35…35) T2 cāsmai(R.); T3,T4 cāsyetāni(N3); T5 cāsyaitāni(L.,V.). cf. N1/H cāsmai etāni; N4 cā 'smai etāni.
36 T2 kāśika°[omits 'ni'](R.); T3 kāsika°[omits 'ni']. cf. N4 kāsikāni.
37 T3 °putraḥ; T4 °putra[omits 's']
38 T3,T5 omit 'vastrāṇy'(N3). cf. N4 vastrāṇi. 39 L. paṇi°[misprint]
(40…40) T3 etad evaṃ; T4 tata evaṃ(N4); T5 tata etad. cf. N3 tata e[omits 'va']; A(L.'s Varianten) tatraivaṃ; L(L.'s Varianten) tatra evaṃ; Tib. de ñid nas (= tataḥ eva).
41 T5 devaṃ 42 T2 inserts 'teṣāṃ pūjārtham'(N4; R.,L.,V.); T3~5 omit(N3). Acc. to Tib. this is to be inserted.
43 T2 omits 'evaṃ ca'(N4; R.); T3,T4 insert(T5,N3 evañ ca; L.,V.).
44 T3,T4 omit 'bhūyaś'(N3); T5 bhuya. cf. N1,C1,C2 bhūya; N2,N5,B,H bhūyaś; N4 bhūyaś ca.
45 T3,T4 omit 'ṃ'. 46 T5 °pṛcchati[omits 'n']
47 T2 omits 'sma'(R.). 48 T5 ki[omits 'ṃ'](N3,N4)
49 V. vayam
(50…50) T2 śakyaḥ[omits 'śākya'](N2,N4,B; R.,L.,V.); T3~5 śākya°[omit 'śakyaḥ'](N3). cf. N1, N5,C1,C2,H śakyāḥ; A(L.'s Varianten) śākya°. Acc. to Tib. both 'śakyaḥ' and 'śākya-' should be inserted. 51 T2 °kumāraḥ(N4; R.,L.,V.)
52 T2 omits 'prati'. 53 T2 khalu(R.,V.)
(54…54) T2 °vīryyaparākramaḥ evañ(N4 --- evaṃ; R.); T3,T4 °vīrya evaṃ[omit 'parākramaḥ']; T5 °vīryaivañ[omits 'parākramaḥ'](N3 °vaṃ); Tib. brtul ba (= parākrama).
55 T2,T5 insert 'na'(N4; R.,L.,V.) 56 T4 °vastunī; T5 °vastuni(N3)

nagaraṃ[1] na pravekṣyāmi[2] yāvan[3] me 'nuttarā[4]samyaksaṃbodhir nâbhisaṃ[5]buddhêti.[6] yathā ca[7] kumāreṇôktaṃ tathâiva tad bhaviṣyati. tat kasmād,[8] anivartyaḥ kumāro[9] dṛḍhavīryaparākramaḥ.[10]

tataś[11] chandakaḥ[12] kaṇṭhakam ābharaṇāni[13] câdāyântaḥpuraṃ[14] prāvikṣat.[15] tatas tāny ābharaṇāni[16] cireṇa kālena bhadrikasya śākyakumārasya mahānāmno[17] 'niruddhasya câbadhyante[18] sma. tāni[19] [(20...] mahānārāyaṇasaṃghaṭana-kāny ardhanārāyaṇasaṃhananāni[...20)] na śaknuvanti[21] sma[22] dhārayitum. yadā na kaścit tāni dhārayituṃ śaknoti[23] sma. tadā mahāprajāpatyā[24] gautamyā[25] cintitam abhūt. yāvad aham imāny ābharaṇāni paśyāmi tāvan[26] mama hṛdaye[27] śoko bhaviṣyati. [(28...] ya⟨n⟩ nv[...28)] aham imāny ābharaṇāni[29] puṣkiriṇyāṃ[30][31] prakṣipeyam[32] ⟨iti⟩.[33] tato mahāprajāpatī[34] ⟨gautamī⟩[35] tāny ābharaṇāni puṣkiriṇyāṃ[36] prakṣipati[37] sma. adyâpi [(38...] sā ābharaṇapuṣkiriṇîty[...38)][39] evaṃ saṃjñāyate.

tatrêdam ucyate.

[Meter ... A kind of Atijagatī ? (ta⟨*or* ja⟩, ta, na, ra, ga)

96. niṣkrāntu[40] sūro[41] yada[42] [(43...] vidu bodhisattvo[...43)]
nagaraṃ vibuddhaṃ kapilapuraṃ samagraṃ,[44]
manyanti[45] sarve[46] śayanagato[47] kumāro
anyonya[48] tuṣṭāḥ[49] pramudita[50] ālapante.[51]

97. gopā vibuddhā [(52...] tatha api[...52)] istrigāro[53]
śayanaṃ[54] nirīkṣī[55] na [(56...] ca dṛśi[...56)] bodhisattvaṃ,[57]

1 T2,T5 omit ‘na’(N4; R.,L.,V.).
2 T2,T3 °vekṣāmi; T4,T5 °veṣyāmi(N3,N5). cf. N1,N2,N4,C1/H °vekṣyāmi.
3 T4,T5 yāvat(N4). cf. A(L.’s Varianten) yāvan na.
4 T2 nānuttarā(R.); L.,V. nānuttarāṃ. cf. N3 ’nuttarā°; N4 nānuttarāṃ.
5 T2 °sambodhir(R.); T4 °saṃbodhim(N4; L.,V.). cf. N3 °saṃbodhis.
6 T2 abhisambodhyete(R. °bodhyeti); T4 abhisaṃbuddheti(N4 °budhyate); T5 nabhibuddheti; L.,V. abhisaṃbudhyeti. cf. N1/B abhisaṃbudhyeti; N3 abhibuddheti; H abhisaṃbudhyati.
7 T2 omits ‘ca’(N4; R.). 8 T2 kasmāt(R.,L.,V.)
9 T2 kumāraḥ
10 T2 °kramataḥ(R.); T5 °krama[omits ‘ḥ’](N3). cf. N4 °kramas.
11 T3 tataḥ(N4); T5 taś[omits ‘ta’](N3) 12 T2 chakaḥ[omits ‘nda’]
13 T5 ālābha° 14 T3 cādāya antaḥ°
15 T4,T5 prāviṣyat(N3). cf. N4 prāvikṣaṃs. 16 T3 ābharaṇāni. cf. N4 ābharaṇāṃni.
17 T3,T5 mahānāmo(N3); T4 mahānāmā. cf. N2,H mahānāmnā.
18 T2 cāvādhaṃte(R. °dhante); L.,V. cābadhyanta. cf. N3,N4 cābadhyante; H ca badhyante.
19 T3 mahāṇārā°
(20…20) T2 °saṃghatanakāyasyārthaṃ nārāyaṇasaṃghatana(R. saṅgha° --- °saṅghatana); T3 °saṃghaṭanakāyasyārdhanārāyaṇasaṃhatanā(T4,T5,N3 °kāyasyārthanārā°); V. °saṃghaṭanakāyārthamanye nārāyaṇasaṃhananā(L. brackets ‘nārāyaṇasaṃhananā’). cf. N1,C1,C2,H °saṃghatanakāyasyārthānyena; N2 °saṃghatanakāyasyārtha(N5 omits ‘kāyasyārtha’); N4 °saṃghaṭanakāyārthamanye nārāyaṇasaṃhatanā [‘saṃgha- --- -yaṇa’ is marg.]; B °saṃghatanakāyārtha nārāyaṇasaṃhatanā; BHSD,saṃghatana; Tib. sred med kyi bu chen po ltar mkhregs pa daṅ / sred med kyi bu phyed ltar mkhregs paḥi.
21 T3 maknu°; T4 °vaṃti(N3) 22 T5 omits ‘sma’.
23 T2 saknoti; T3 satseti 24 T2 omits ‘mahā’(R.).
25 T3 gautamyāś 26 T3~5 tāvat(N3,N4)
27 T4 hṛdaya. cf. N3 hṛdeya.
(28…28) T2 na nv(R.); T3~5 yanv(N3,N4; L.); V. yannv
29 T3 imāṇy 30 T3 ābharaṇāṇi
31 T2 puṣkariṇyāṃ(H; R.,L.,V.); T3,T4 puskiriṇyāṃ(B); T5 puskariṇyāṃ. cf. N1,N4,N5,C1,C2 puṣkiriṇyāṃ; N2 puṣkaṇyā. 32 T4,T5 °peyaṃ
33 T2 inserts ‘iti’(N4; R.,L.,V.); T3~5 omit(N3). cf. Tib. sñam mo (= iti).
34 T4,T5 °prajāpatyā(N3). cf. N4,C1,H °prajāpati.
35 T2 inserts ‘gautamī’(N4; R.,L.,V.); T3~5 omit(N3). cf. A(L.’s Varianten) gautamyā; Tib. gau ta mīs.
36 T2 puṣkariṇyāṃ(R.,L.,V.); T3 puskiriṇyāṃ. cf. N3,N4 puṣkiriṇyāṃ.
37 T5 praprati. cf. N4 prakṣipanti.
(38…38) T4 sā ābharaṇāni; T5 sābharaṇāṇi(N3)
39 T2 °puṣkaraṇīty(R.,L.,V. °kariṇīty); T3 °puskiriṇīty
40 T3,T4 niskrāntu 41 T2 śūro(R.,L.,V.,S.). sūra = śūra.
42 T3 yadi (43…43) T3 vibuddhasūro
44 V. °gram 45 T2,T3 manyaṃti
46 T3 sarva(N4 sarvva) 47 T2,T3 °gataḥ(N4; R.); T4,T5 °gata(N3)
48 T2 ’nyonya(N4; R.)
49 T2 hṛṣṭā; R.,L.,V.,S. hṛṣṭāḥ. cf. N3 tuṣṭāḥ; N4 hṛṣṭāḥ; Tib. mgu shiṅ (= tuṣṭa; hṛṣṭa).
50 T2 °muditā(R.); T5 °muditā°(N3)
51 T2 ālāpante; T5 °labhante(N3); L.,V. ālabhante; S. ārabhante. cf. N1,C1,C2 ārabhante; N2,B ālabhante; N4,H ālayante; N5 āravante; Tib. tshig kyaṅ smra (= ālapante).
(52…52) T2,T5 tathāpi(N3; R.)
53 T2 °gāre(R.); L.,V.,S. °gārā. cf. N1,N2,C1,C2 °gārā; N3 °gāro; N4 istrigāro; N5,B istrikārā; H istrikāgārā; BHSD,stry-āgāra. 54 T2 sayanaṃ
55 T2 nirikṣī(R.); T3,T4 nirīkṣa; T5 nirīkṣe(N3). cf. N1/H,N4 nirīkṣī(*but* C2 omits ‘ni’); BHSG, §32.16.
(56…56) T2 darśi(R.). cf. N3 °yana dṛśi; N4 ca dṛsi; C1 darśī.
57 T5 omits ‘ṃ’(N4); V. °sattvam

utkrośu[1] mukto[2] narapatino agāre[3]
hā vañcitā[4] smaḥ[5] kahi[6] gatu[7] bodhisattvo.[8]
98. rājā śruṇitvā[9] dharaṇitale nirasto[10]
utkrośa[11] kṛtvā aho[12] (13... mama ekaputro ...13),
so stīmito[14] hī[15] jalaghaṭasaṃprasikto[16]
āśvāsayantī[17] bahuśata śākiyānāṃ.[18]
99. gopā śayāto[19] dharaṇitale nipatya
keśāṃ[20] lunātī[21] avaśiri[22] bhūṣaṇāni,[23]
aho subhāṣṭaṃ[24] mama (25... puri nāyakenā ...25)[26]
sarvapriyebhir[27] naciratu[28] viprayogaḥ.[29]
100. rūpāsurūpā vimala[30] vicitritâṅgā[31]
acchā viśuddhā jagati priyā[32] manāpā,
dhanyā[33] prasastā[34] divi bhuvi pūjanīyā
kva tvaṃ gato 'sī[35] mama śayi chorayitvā.
101. na pāsyi[36] pānaṃ[37] na[38] (39... ca madhunā ...39) pramād⟨y⟩aṃ[40]
bhūmau śayiṣye jaṭamakuṭaṃ[41] dhariṣye,[42]
snānaṃ[43] jahitvā[44] (45... vratatapa ācariṣye ...45)
yāvan na drakṣye[46] guṇadharu[47] bodhisattvaṃ.[48]
231 102. udyāna sarve (49... aphala apattrapuṣpā ...49)[50]
hārā viśuddhā tamarajapāṃśutulyāḥ,[51]

1 T2 °krośa(R.); T4,T5 °krosu(N4; L.,S.). cf. N1,C1 ulkāsu; N2,B ukrosu; N3 utkromu; N5 mukrosu; C2 utkāsu; BHSD,utkrośa.
2 T2 muktvā(R.); T4,T5 mukta(N3). cf. N1/H muktā.
3 T2,T5 'gāre(N3; R.)
4 T4,T5 vaṃcitā(N3); V. °tāḥ. cf. N4 vecchitā.
5 T2,T5 sma[omit 'ḥ']; T3 smo; T4 śo°(N3). cf. N4 smā.
6 T2 kahiṅ(R.). cf. N4 kaṃhi.
7 T3 gaṃtu; T4 ganu(N3). cf. N4 gantu.
8 T2 °satvaḥ(R. °sattvaḥ)
9 T2 śrūṇitvā(R.)
10 T3 nivasto; T4 nivaṣṭā(N3); T5 nirastā(N4)
11 T2 utkrosu(R.,L.,S.); T4 utkośa(N3); V. utkrośu. cf. N1,N2,C2,H ulkāsu; N4,N5 utkosu; C1,B utkāsu; A(L.'s Varianten) utkrośa.
12 T3 omits 'aho'. Metrically 'o' must be short.
(13...13) T5 mamaika°
14 T2,T3,T5 stomito(N3,N4; R.); T4 stāmito(N5); L.,V.,S. stemito. cf. N1,C1,C2 stamito; N2,B stemito; H stromito; BHSD,?stemita.
15 cf. H hi; BHSG,§32.28.
16 T3~5 °praśikto(N3,N4). sikta = śikta.
17 T2 °sayito(R.); T5 āśvāśayantī
18 T3 sāki°; V. °yānām. cf. N4 śākyayānāṃ.
19 T2,T4 sayāto(N3; R.); T3 sayāte; T5 sajāto. cf. N1/H,N4 śayāto; JAOS66,§76.
20 T5 omits 'ṃ'. cf. N4 keṣāṃ.
21 T2 lunāti(N4; R.)
22 T4,T5 °śirī(N3); T4 °śiriṃ. cf. BHSD,avaśirati.
23 T4,T5 °ṇānī(N3,N4)
24 T2 subhraṣṭaṃ(R.); T3,T4 śubhārṣṭaṃ(N3); T5 śubhāṣṭaṃ
(25...25) T3 pariyāna°; T4,T5 pariṇāya°(N3). cf. Tib. sṅon(= puri; pūrvi).
26 T2 °kena(R.)
27 T2 °yebhi[omits 'r'](R.)
28 T2 nacire tu(R.); T3 naciranu; T5 nnaciratu(N3). cf. N4 nnaciretu.
29 T4 viprayāgaḥ
30 T2 suvimala(R.). cf. N4 suvipula.
31 T3,T5 °tritāṃgā; T4 °tritāṃgāḥ
32 T2 priya(R.)
33 T4 dhanyāṃ. cf. N3 dharmmaṃ.
34 T2,T3 praśastā(N4; R.,V.)
35 T2 'si(R.,V.); T3~5 ṣī(N3,N4)
36 T2 pāsya(H); T3 pāsmi; T4 pāśyi(N3); T5 pāsi; R. pāsye
37 T5 pānan(N3)
38 cf. N5 nṛ?(*or* vṛ?); B ne; H omits.
(39...39) T2 °cātsye su°(R.); T3 ca madu na; T4 ca maru na(N3); T5 ca madhura(N1,N2,C1,C2,B); L.,V.,S. ca madhu na. cf. N4 ca ru na['ma' is marg.?]; N5 va madu; H madhu; Tib. rgyags pa rnams kyis (= madanaṃ?).
40 T2 °prasādaṃ(R.); T3~5 pramādaṃ(N3,N4; L.,V.,S.). cf. H pramodaṃ; BHSD,pramāda; Tib. rgyags mi bgyi.
41 T2 jaṭāmukuṭaṃ(R.). cf. N4 jaṭāmakuṭāṃ.
42 T3 dhariṣyai?
43 T3~5 sthāmaṃ(N3). cf. Tib. khrus bgyi (= snāna).
44 T5 jajitvā
(45...45) T2 °tapā āca°(R.); T5 °tapāca°(N3)
46 T4 drakṣe(N3); T5 drakṣa
47 T2 °dhara°(N4; R.)
48 T5 omits 'ṃ'; V. °sattvam
(49...49) T2 aphalapatra°(R.)
50 T3,T4 °puṣpāḥ
51 T2 omits 'ṃ'; T5 omits 'ḥ'(N3).

vesmaṃ[1] na śobhī[2] aṭavi pura⟨ṃ⟩[3] prakāsaṃ[4]
yat tena tyaktaṃ[5] naravarapuṃgavena[6][7].

103. hā gītavādyāḥ sumadhuramañjughoṣāḥ[8][9]
hā istrigārā[10] vigaḍita[11] bhūṣaṇāni[12],
hā hemajālaiḥ[13] parisphuṭam[14] antarikṣaṃ[15]
na bhūyu[16] drakṣye[17] guṇadharaviprahīṇā[18].

104. mātṛsvasā[19] cā[20] paramasukṛcchraprāptā[21]
āśvāsayātī[22] ma[23] rudahi[24] śākyakanye[25],
(26… pūrve ca …26) uktaṃ naravarapuṃgavena[27][28]
kartâsmi loke jaramaraṇāt[29] pramokṣaṃ[30].

105. so cā[31] mahârṣī kuśalasahasracīrṇaḥ[32]
ṣaḍyojanānī[33] pratigatu[34] rātriśeṣe[35],
chandasya[36] detī hayavaru bhūṣaṇāni[37]
chandā[38] gṛhītvā kapilapuraṃ prayāhī[39].

106. mātāpitṝṇāṃ[40] mama vacanena pṛcche[41]
gataḥ[42] kumāro ma[43] ca[44] puna[45] śocayethā[46],
buddhitva bodhiṃ[47] punar iha-m-āgamiṣye[48]
dharma⟨ṃ⟩[49] śruṇitvā bhaviṣ[y]atha[50] sāntacittāḥ[51].

107. chando rudanto[52] pratibhaṇi nāyakasya
na me ’sti śaktir[53] balata[54] parākramo vā[55],

1 T3 veśmaṃ(V.); T5 vesman(N3)
2 T2 śobhi(N4; R.); T3,T4 sobhī; T5 śobhabhī
3 T2~5 omit 'ṃ'(R.); L.,V.,S. puraṃ. cf. N1,N4,C1/H puraṃ; N2,N5 pulaṃ; N3 puva; A(L.'s Varianten) puravaraṃ.
4 T2 °kāśaṃ(R.,V.); T3 °kāso; T4 °kāmaṃ(N3); T5 °kāsaḥ. cf. N4 °kāsa.
5 T3 inserts 'ca'.
6 T3 omits 'vara'.
7 T2 °puṅgavena(N4; R.,L.,S.)
8 T3 samadhura°
9 T3,T4 °maṃjughoṣāḥ; T5 °maṃjuśrīghoṣāḥ
10 T3 °gāra. cf. N4 istryīgārā; C1 ihāstrigārā; H istrikāgārā.
11 V. vigalita. cf. BHSD,vigaḍita;? bhūṣaṇā.
12 T2 °bhūṣaṇābhiḥ(N1,N5,C1/H; R.,L.,V.,S.). cf. N2 bhūṣaṇābhi; N4 bhūṣaṇāniḥ.
13 T3 °jāli; T4 °jāliḥ(N3); T5 °jāliṃ
14 cf. N4 parisphutām; BHSD,parisphuṭa.
15 T2 antarīkṣaṃ(N2,C1,H; R.)
16 T2 bhūya(N4; R.)
17 T5 drakṣe(N3). cf. N4 drakṣa.
18 T3 °hīṇāḥ; T4,T5 °hīnā(N3,N4). cf. N1,N5,C1/H °hīṇāṃ.
19 T4,T5 mātṛśvasā(N3)
20 T2,T5 ca(R.)
21 T5 °kṛcchaprāpto(N3 °prāptā)
22 V. °sayāti
23 T2 mā(R.); T4 emends 'ma' to 'mā'; T5 anikhedaṃ. cf. N4 tā.
24 T2 ruda[omits 'hi'](R.); T3,T4 rudahī(N3). cf. N4 rudahi(m.c.).
25 T2 °kampe
(26…26) T3 pūrvaiva
27 T2 omits 'vara'(R.); T3 °varā°
28 T2 °puṅgavena(N4; R.,L.,S.)
29 T3 °maraṇāḥ
30 V. °kṣam
31 T2,T5 ca(R.); T3 caṃ(N3); T4 ham?
32 T3 °cīrṇṇaṃ
33 T2 ṣaṭayojanāni(R.; V. ṣaḍyo°). cf. N1/H ṣaṭyojanāni(N4 °nānī).
34 T2 °gantu(N4,C1,H; R.). cf. N1,N2,N5,C2,B °gaṃtu.
35 T3 rātriseṣaḥ; T4,T5 rātriśeṣa(N3). cf. N4 rātrisaṣe.
36 T4 chandakasya
37 T3 °ṇānī. cf. N3 bhūyaṇāni.
38 T2,T5 chando(R.)
39 T2 °yāhi(N4; R.,L.,V.,S.)
40 V. mātāpitaṇāṃ. cf. N4 °pitṛṇāṃ.
41 T2 pṛccheḥ(R.). cf. N4 pṛcchet; BHSD, pṛcchati; BHSG,§29.10.
42 T3,T4 śataḥ(N3); T5 gataḥ kumāra puna gataḥ[inserts 'gataḥ kumāra puna']
43 T2,T5 na(N3,N4; R.,L.,V.,S.); T4 omits.
44 T4 omits 'ca'.
45 T2 punaḥ(R.)
46 T3~5 socayātha(N3). cf. N4 socayathā(N5 śoca°); BHSG,§26.15.
47 T2,T4 omit 'ṃ'(N3; R.).
48 T2~5 aham[for 'iham'](N3,B; R.). cf. N1/C2,H iham; BHSG,§4.59; Tib. ḥdir(= iha).
49 T2 dharmmaṃ(R.; L.,V.,S. dharmaṃ); T3,T5 omit 'ṃ'; T4 dharmmu. cf. N3 dharmma; N4 dharmaṃ.
50 All mss. bhaviṣyatha(R.,L.,V.,S.). cf. BHSG,§31.28. Metrically 'vi' must be short.
51 T2 śānta°(N4; R.,L.,V.,S.). sānta = śānta.
52 T2 ruditvā(R.). cf. N4 rudantī.
53 T2 omits 'r'(R.). cf. N4 omits 'śaktir'.
54 T2 bala[omits 'ta'](R.)
55 T3 vāḥ

232 haneyu mahyaṃ[1] naravarajñātisaṃghāḥ[2][3]
chandā[4] kva nīto guṇadhara[5] bodhisattvo.[6]

108. mā bhāhi[7] chandā[8] pratibhaṇi bodhisattvaḥ[9]
tuṣṭā [(10...]bhavitvā api[...10)] mama jñātisaṃghāḥ,[11]
śāstārasaṃjñā[12] tvayi sada bhāviṣ(y)anti[13]
premeṇa[14] mahyaṃ [(15...]tvayam api[...15)] vartiṣ(y)ante.[16]

109. chando gṛhītvā hayavaru[17] bhūṣaṇāni[18]
udyāna prāpto naravarapuṃgavasya,[19][20]
udyānapālaḥ[21] pramuditu vegajāto[22]
ānandaśabdaṃ[23] pratibhaṇi śākiyānāṃ.[24]

110. ayaṃ[25] kumāro-hayavaru chandakaś ca
udyāna prāpto[26] [(27...]na ca[...27)] puna[ḥ][28] śocitavyo,[29]
rājā[30] śruṇitvā[31] parivṛtu śākiyebhiḥ[32]
udyāna prāpto[33] pramuditu vegajāto.[34]

111. gopā viditvā dṛdhamati bodhisattvaṃ
no câpi[35] harṣī[36] na ca [(37...]gira s(r)addadhāti,[...37)]
asthānam[38] etad vinigatu[39] yat[40] kumāro[41]
aprāpya[42] bodhiṃ[43] punar [(44...]iha āgameyā.[...44)]

112. dṛṣṭvā[45] tu rājā hayavaru chandakaṃ[46] ca
utkrosu[47] kṛtvā dharaṇitale[48] nirasto,[49]

1 T2 omits 'ṃ'(R.). 2 T4 omits 'ra'(N3).
3 T3~5 °saṃghaḥ(N3); R. °saṅghāḥ. cf. N4 °saṃghā[omits 'ḥ'].
4 T3 chandāṃ; T5 chandān(N3). cf. N4 chanda.
5 L.,V.,S. °dharu. cf. N1/B,N4 °dharu; N3,H °dhara.
6 T2 °satvaḥ(R. °sattvaḥ)
7 T2 trāhi(R.); T4 tāhi(L.,V.,S.). cf. N4 bhohi; BHSD,bhāti; Speyer, p.151.
8 T2,T4,T5 chando(N3; R.)
9 T2,T3 °satvaḥ; T4,T5 °satvo(N4; L.,V.,S. °sattvo). cf. N3 °satvā.
(10...10) T5 bhavitvāpi(N3) 11 R. °saṅghāḥ. cf. N4 °saṃghā.
12 T2 śāstā rasajñā(R.); T4 sāstācasaṃ°; T5 sāstārasaṃ°(N3). cf. N4 śastāsaṃ°['ra' is marg.?]; BHSG,§13.19.
13 T2 bhaviṣyanti(C2; R.); T3 bhāṣanti; T4 bhāviṣanti(N3); T5 bhāviṣaṃti; L.,V. bhāviṣyanti; S. bhāvayiṣanti. cf. N1,N5,C1,B,H bhāviṣyanti(N2 °yaṃti); N4 bhāviṣyante; BHSG,§31.28. Metrically 'vi' must be short. 14 T2 prameya; R. pramena
(15...15) T2 tvayi no vi°(R.); T3~5 tvayam avi(N3). cf. N4 tvayam api; Tib. khyod laḥaṅ (= tvayam api).
16 T2 varttiṣyante(N1,N4,C1,C2,B; R.; L.,V.,S. varti°); T3~5 varttiṣante(N3). cf. N2 varttiṣyaṃte; N5 varttante; H varttinteṣya; BHSG,§31.28. Metrically 'ti' must be short.
17 T5 °vara
18 T3~5 °ṇānī(N3). Is it better to read '-ṇānī'?
19 T2 naravavaru(R. naravaru). cf. N4 naravaru.
20 T2 °puṅgavasya(N4; R.,L.,S.) 21 cf. N4 °pālāḥ.
22 T2 °jātaḥ(R.) 23 T2,T3 omit 'ṃ'(R.).
24 T3,T4 sākiyā°(N4); T5 śākiyāṇā[omits 'ṃ']; V. °yānām
25 cf. N1,C1,C2 kumāra°; Other mss. kumāro°; Tib. gshon nu ḥdi yi rta mchog. m.c. kumāro.
26 cf. N4 prāptā.
(27...27) T3,T4 na sa. cf. N3 na ma; N4 bhava.
28 All mss. punaḥ(R.); L.,V.,S. puna. m.c. puna.
29 T3 socitavyāḥ; T4,T5 socitavyo(N3). cf. N4 socitavyau.
30 T4,T5 rāja(N3) 31 V. śraṇi°
32 T4 sākiyebhiḥ(T5,N3 °bhir). cf. N4 sākiyabhiḥ.
33 cf. N4 prāptā. 34 T2 °jātaḥ(R.); T5 °jāte
35 T2,T4 vāpi(N3; R.)
36 cf. N1 harṣi; N5 haṣī; H harṣā; BHSG,§43(p.239).
(37...37) T2 giraṃ śradda°(R.); T3 śira sadda°; T4 śira sidda°; T5 śira sida°(N3); L.,V.,S. gira śradda°. cf. N4 gira sadda°; A(L.'s Varianten) giraṃ śrada°; Tib. tshig(= gir). sraddadhāti = śraddadhāti. 38 T3 aṣthānam
39 T2 vinirgatu(R.). cf. N4 vinirggatu; BHSD,vinigata; JAOS 66,§77; Tib. ldog par ḥgyur ba (= vinivarta, vinivartana). 40 cf. N4 yatra.
41 T2 kumāraḥ(R.)
42 T5 ayaṃ prāpya. cf. N3 hy aprāpya? 43 T2 omits 'ṃ'(N4; R.).
(44...44) T2 ihāga°(R.); T3 iha āgameyyā(T4 itta āga°); T5 iha āgameyya(N3 --- °meryyā)
45 R. dṛṣṭā. cf. N4 dṛṣṭā. 46 T2,T5 °dakañ(N3,N4; R.)
47 T3 utkretsu; V. utkrośu. cf. N4 uktosa; A(L.'s Varianten) utkrāsu.
48 cf. N4 dharaṇītale. 49 T2 nirastaḥ(R.); T5 nirastā

hā mahya putrā sukuśalagītavādyā[1]
kva tvaṃ[2] gato 'sī[3] vijahiya[4] sarvarājyaṃ[5].

233 113. sādhū[6] bhaṇāhī[7] vacana[8] mamêha[9] chandā[10]
kiṃ[11] vā prayogaḥ[12] kva ca gatu[13] bodhisattvaḥ,
kenâtha nīto[14] vivarita[15] kena dvārā[16]
pūjā ca tasyā[ḥ][17] katha[18] kṛta devasaṃghaiḥ[19].

114. chando bhaṇātī[20] śṛṇu mama pārthivêndrā[21]
rātrau prasupte [(22...]nagari[...22)] sabālavṛddhe[23],
so mañjughoṣo[24] mama bhaṇi[25] bodhisattvo[26]
chandā[27] dadāhī[28] mama laghu aśvarājaṃ[29].

115. so[30] bodhayāmī[31] naragaṇi[32] nārisaṃghaṃ[33]
suptāḥ[34] prasuptāḥ[35] na ca gira[36] te śruṇanti[37],
so[38] rodamāno dadi[39] ahu[40] aśvarājaṃ
hanta vrajāhī[41] hitakara yena kāmaṃ[42].

116. śakreṇa dvārā vivarita yantrayuktāḥ[43]
pālā⟨ś⟩[44] catasro hayacaraṇeṣu[45] śliṣṭāḥ[46],
ārūḍhi[47] sūre[48] pracalita[49] trisahasrāḥ[50]
mārgo nabhesmin[51] suvipulu[52] yena krānto[53].

117. ābhā pramuktā vihata[54] tamo'ndhakāraḥ[55][56]
puṣpā[57] patiṃsū[58] turiyaśatā raṇiṃsū[59],

1 cf. N4 °vādya.
2 T5 taṃ
3 T2 'si(R.,V.); T3~5 ṣī(N3). cf. N4 si.
4 T2 vijahīya(N4; R.)
5 V. °jyam
6 T2,T5 sādhu(N4; R.)
7 T2 bhaṇāhi(N4 bhanāhi; R.,V.)
8 T2 vacanaṃ(R.)
9 cf. N3 mamaha; N4 mame[omits 'ha'].
10 T2,T5 chanda(N3; R.)
11 T2 ko(R.)
12 T5 omits 'ḥ'(N3).
13 T2,T5 gantu(N3; R.); T4 gaṃtu
14 T5 nīte
15 cf. N4 vicarīta.
16 T2~4 dvārāḥ(R.)
17 T2 tasyā(R.,L.,V.,S.); T3~5 tasyāḥ(N3). cf. N4 tasyāṃ.
18 T2 kathaṃ(N4; R.)
19 R. °saṅghaiḥ
20 T2 bhaṇāti(N4 bhanāti; R.)
21 T2 °vendra(R.); T4 °vendrāḥ
(22…22) T2 nagariṣu bāla°(N4 °risu bā°; R.)
23 T3 °vṛddhā; T4,T5 °vṛddhāḥ(N3). cf. N4 °vṛddhe.
24 T3,T4 maṃju°. cf. N4 °ghoṣā.
25 T4,T5 bhaṇito(N3)
26 T2 °satvaḥ(R. °sattvaḥ)
27 R. chando
28 T2 dadāhi(N4; R.,V.)
29 V. °rājam
30 S. so°. cf. H soha; Tib. bdag gis (= aham). We regard 'so' as an abbreviation of "so 'ham".
31 T2 °yāmi(R.,V.)
32 R. °gaṇa°. cf. N4 °gaṇa.
33 T2 nārīsaṃghaṃ°(R. °saṅghaṃ); T5 nārisaghaṃ
34 T2 omits 'ḥ'(N4; R.,L.,V.,S.).
35 L.,V.,S. omit 'ḥ'. cf. N4,B,H omit 'ḥ'; Other mss. °suptāḥ.
36 T2 giraṃ(N4; R.)
37 cf. N4 śruṇentāṃ.
38 See above(Note 30). cf. Tib. bdag ni (= aham).
39 T3 vadi
40 T3 omits 'ahu'.
41 T4 prajāhī(N3)
42 T4 omits 'ṃ'(N3); V. kāmam
43 T2 yaṃtra°
44 T2 pālāś(N4; R.,L.,V.,S.); T3~5 omit 'ś'(N3).
45 All mss. except N4 °caraṇe(R.,L.,V.,S.). cf. N4 °caraṇeṣu.
46 T2,T4 viśliṣṭāḥ(T5,N3 omit 'ḥ'; R.); T3 bhiśliṣṭāḥ; L.,V.,S. śiliṣṭāḥ. cf. N1,N4,N5,C1/H śliṣṭāḥ; N2 sreṣṭhāḥ; BHSD,śiliṣṭa. Is it better to read "hayacaraṇe 'bhiśliṣṭāḥ"?
47 T2 ārūḍha(N3?; N4); T5 āruḍhi?; R. āruḍha; L. āruḍhi[misprint ?]
48 T2 śūraḥ(R.); L.,V.,S. śūre. cf. N4 sura. sūra = śūra.
49 T2 °calitas(N4; R.)
50 T2 °hasraḥ(R.). cf. N4 trisāhasra.
51 T2 nabhe 'smin(V.); T3,T4 °smiṃ(N4); T5 bhesmiṃ[omits 'na']. cf. N3 rabhesmiṃ.
52 T2 suvipula(N4; R.,L.,V.,S.). cf. N5 suvipule; H suvipulaṃ.
53 T2 krāntaḥ(R.); T5 krāntā(N3,N4)
54 T5 viharata
55 T2 °tamondha°(V.)
56 T2 °kārā(R.,L.,V.,S.); T4,T5 °kārāḥ(N3). cf. N2 °kārāṃ; N4 °kāraṃ.
57 T3 puṣpāḥ
58 T2 patitaḥ su°(R.); T3 patitsū; T4 patinsū; T5 patisū. cf. N3 patiḥ sū; H varṣatiḥ su°.
59 T2,T5 raṇiṃṣu; R. raṇiṣu. cf. N3 raṇiṣūṃ.

devā[1] staviṃsū[2] tatha ’pi hi[3] câpsarāṇī[4]
nabhasā[5] prayāto parivṛtu devasaṃghaiḥ[6].

118. chando gṛhītvā hayavaru bhūṣaṇāni[7]
antaḥpure[8] (9... so upagatu ...9) rodamāno[10],
234 dṛṣtvā tu gopā hayavaru chandakaṃ[11] ca
saṃmūrchayitvā[12] dharaṇitale nirastā[13].

119. udyukta sarvo[14] suvipula[15]nārisaṃgho[16]
vāriṃ[17] gṛhītvā snapayiṣu[18] śākyakanyāṃ[19],
mā[20] hâiva kālaṃ[21] kariṣ[y]ati[22] śokaprāptā[ḥ][23]
dvābhyāṃ priyābhyāṃ bahu bhavi viprayogo[24].

120. sthāmaṃ janitvā sudu[ḥ]khita[25] śākyakanyā
kaṇṭhe[26] (27... ’valambyā hayavara-aśvarājo ...27),
anusmaritvā[28] purimaka[29] kāmakrīḍāṃ
nānāpralāpāṃ[30] pralapati śokaprāptā[31].

1 V. devāḥ
2 T2,T5 °viṃsu(R.); T3 ṣṭavīṃṣū; T4 °viṃṣū(N3)
3 cf. N4 omits 'hi'.
4 T2 °rāṇi(R.). cf. N4 ca apsa°.
5 cf. N3 narasā.
6 R. °saṅghaiḥ. cf. N3 °saṃghaiś.
7 T3 °ṇāṇi
8 T4 antapure[omits 'ḥ']
(9…9) T4 sau upa°; T5 sopagamatu(N3?)
10 T2 °mānaḥ(R.)
11 T2 chandakañ(N1,N2,N4,C1,C2,B; R.); T3,T5 kaṇṭhakañ(N5,H); T4 kaṇṭhakaṇṭhakaṃ(N3 °kañ). cf. Tib. ḥdun pa (= chandaka).
12 T5 omits this whole word.; R. °mūrccha°
13 T3 niraṣṭo; T4,T5 niraṣṭā(N3). cf. N4 niraste. niraṣṭa = nirasta.
14 T4 sarvvā(L.,V.,S. sarvā); T5 sarvvo(N3; R.)
15 T3 suvipulā°(H). cf. N4 suvipura°.
16 T2 °saṃghaḥ(R. °saṅghaḥ); T5 °saṃghāḥ(N3; L.,V.,S.). cf. N4 °saṃgho.
17 T2 omits 'ṃ'(R.).
18 T3,T4 supayiṣu(N3; N4 °yisu); R.,L.,S. snapayisu. cf. Tib. ḥkhru var byed.
19 V. °kanyām
20 T2 ā[for 'mā'](R.)
21 T5 omits 'ṃ'.
22 T2 kariṣyasi(R.); T3,T5 kariṣyati(N3; L.,V.,S.); T4 kariṣyabhi. cf. N4 kaliṣyati. Metrically 'ri' must be short.
23 T2 °prāptā(N4; R.,L.,V.,S.); T3~5 °prāptāḥ(N3)
24 T2 °yogaḥ(R.); T5 °yogā(N3,N4)
25 T2 suduḥkhitu(N4; R.); T3~5 suduḥkhita(N3; L.,V.,S.). Metrically 'du' must be short though no ms. supports it.
26 cf. N4 kaṇṭhā.
(27…27) T2 balaṃ vyāhaya varāśvarājaṃ(R.); T3,T4 valaṃvyā hayavara aśvarājo(T5,N3 --- °varāśva°); L.,V.,S. --- °rāje. cf. N4 bala vyāhaya balu aśvarājāṃ?
28 T4 'sma' is marg.(N3 omits).
29 T2 purimūka(R.)
30 T2 °prakāraṃ(R. °kārāṃ); L.,V.,S. °pralāpī. cf. N3 °pralāpāṃ; N1/B,N4 °prakārāṃ; H °prakārā.
31 T3 °prāptāḥ?; T4,T5 °prāptāṃ(N3)

[Meter ... Āryāgīti or Skandhaka]

121. hā mahya[1] prītijananā
hā mama narapuṃgavā[2] vimalacandramukhā,[3]
hā mama surūparūpā
hā mama varalakṣaṇā[4] vimalatejadharā.[5]

122. hā mama aninditâṅgā[6]
sujāta[7] anupūrva-udgatā[8] asamā,[9]
hā mama guṇâgradhāriṃ[10][11]
naramarubhiḥ[12] pūjitā paramakāruṇikā.[13]

123. hā mama balôpapetā[14]
nārāyaṇasthāmavan[15] nihataśatrugaṇā[ḥ],[16][17]
hā mama[18] sumañjughoṣā[19]
kalaviṅkarutasvarā[20] madhurabrahmarutā.[21]

124. hā mama anantakīrte
śatapuṇyasamudgatā[22] vimalapuṇyadharā,[23]
hā mama anantavarṇā
guṇagaṇapratimaṇḍitā ṛṣiṇa[24] prītikarā.[25]

125. hā mama sujātajātā
lumbinivana-uttame[26] bhramaragītarute,[27]
hā mama vighuṣṭaśabdā[28]
divi bhuvi abhipūjitā vipulajñānadrumā.[29][30]

1 T2 mama
2 T2 °puṅgavā(N4; R.,L.,V.,S.); T5 °puṃgavo
3 T4 °mukhāḥ. cf. N4 °mukhāṃ.
4 T5 omits 'va'.
5 cf. N3 °tejaja°[repeats 'ja'].
6 T2 °tāṅga(N4; R.); T3,T5 suninditāṃgā(N3); T4 aniṃditāṃgā. cf. Tib. ma smad (= anindita).
7 This line seems to be unmetrical bacause of the deficiency in 2 moras.
8 T5 sujātaṃ(N3)
9 cf. N4 °urggatāḥ.
10 T3 guṇagra°
11 T2 omits 'ṃ'(R.); T3,T4 °dhārin
12 T2 narumaru°; S. naramarabhiḥ
13 T4,T5 °ṇikāḥ(N3)
14 S. omits 'pa'. cf. BHSD,upapeta.
15 T5 nārāyana°; L.,V. narāyaṇa°. cf. N3 omits 'ṇa'; N4 nārāyaṇa°.
16 T2 °sthāmavān(R.); T3 °sthāman
17 T2 °gaṇā(N4; R.,L.,V.,S.); T3~5 °gaṇāḥ(N3)
18 T4 mamā(N3)
19 T3~5 sumaṃju°; V. sumañja°
20 T3,T5 kalaviṃka°(N4); T4 kalaviṃga°; S. kalaviṅku°. cf. N3 kalaviga°.
21 T3 °rutāḥ
22 T5 °puṇyasumud°
23 T3,T4 °puṇyaśarā(N3). cf. Tib. bsod nams rgya chen (= vipula-puṇya).
24 T2,T5 ṛṣigaṇa°(N4; R.,L.,V.,S.). cf. N3 ṛṣīṇa; A(L.'s Varianten) ṛṣīṇāṃ; Tib. draṅ snoṅ tshags rnams (= ṛṣi-gaṇa).
25 T5 °karāḥ(N3)
26 T3~5 luṃbi°
27 T2 °binīvanottame°(R.); T3 °binivaṇa uttame; T4 °binivara uttame; T5 °binivarottame(N3); L., V.,S. °binivana uttame. cf. N4 °binīvana uttame; Tib. nags mchog (= vana-uttama).
28 T4 'ghu' is marg.. cf. N3 omits 'ghu'.
29 T2,T3,T5 vimalapuṇya°(T4 °punya°; N3; R.,L.,V.,S.). cf. N4 vimala°[omits 'puṇya']; Tib. ye śes sdoṅ po che (= vipula-jñāna-druma).
30 Metrically 'na' must be short.

126. hā mama rasārasâgrā[1]
bimbôṣṭhā[2] kamalalocanā[3] kanaka[varṇa][4]nibhā,
hā mama[5] suśuddha[6]dantā
gokṣīratuṣārasaṃnibhās[ah][7]itadantā[8].

235 127. hā mama sunāsa[9] subhrū[10]
ūrṇā[11] bhru[12]mukhântare[13] sthitā te[14] vimalā[15],
hā mama suvṛtta[16]skandhā[17]
cāpôdara eṇejaṅghā[18] vṛttakaṭī[19].

128. hā mama gajahastôrū[20]
karacaraṇaviśuddhasobhanā[21] tāmranakhā[22],
imi[23] tasya bhūṣaṇānī[24]
puṇyehi[25] kṛtāni pārthive[26] prītikarā[27].

129. hā mahya[28] gītavādyā
varapuṣpavilepanā śubharitu[29]pravare[30],
hā mahya[31] puṣpagandhā
antaḥpuri gīta[32]vāditair harṣakarā[33].

130. hā kaṇṭhakā[34] sujātā[35]
mama bhartu[36] sahāyakas[37] tvayā kva[38] nīto,
hā chandakā nikaruṇā
na bodhayasi gacchamānake[39] naravariṣṭhe[40].

1 T2,T3,T5 rasarasāgrā(N2,N3,N5,B,H; R.,S.). cf. N1,C1,C2 rasaragra; N4 rasarasāgro; BHSD,rasāgra. Metrically we read 'rasārasāgrā' though no ms. supports it.
2 T4,T5 biṃbo°
3 T3 °locana
4 All mss. inserts 'varṇṇa'(R.); L.,V.,S. kanakanibhā. cf. Tib. gser mdog ḥdra (= kanaka-varṇa-nibha). Metrically 'varṇa' should be deleted though no ms. supports it.
5 T3 ma[omits the other 'ma']
6 T2 śuddha°[omits 'su'](N4; R.); T4 susuddha°(N3)
7 T2,T3 °sannibhāsahita°(R.); T4,T5 °saṃnibhāsahita°(N3,N4); L.,V.,S. °saṃnibhasahita°. cf. N1/H °saṃnibhāḥ sahita°; Tib. lacks the word corresp. to 'sahita'. Contextally it is proper to read 'saṃnibhā-sita' though no ms. supports it.
8 T5 °daṃtā
9 T4,T5 sunāśa(N3)
10 T2 omits 'subhrū'(R.).
11 T2 urṇṇā(R.)
12 T3 'bha' for 'bhru'; S. °bhrū°. cf. N3 °bhra°.
13 T3 omits 're'.
14 T2 teja(R.); T3~5 omit 'te'(N3; L.,V.,S.). cf. N2,N4,B te; N5 ta; Tib. lacks the word corresp. to 'te'. Metrically 'te' should be inserted.
15 T3 vimalā te[adds 'te']
16 cf. N4 suvṛtti.
17 T4,T5 °skaṃdhā(N3)
18 T2 eneyajaṃgha°(R. °jaṅgha°); T3 eṇaghaṃgha; T4,T5 enajaṅgha(N3); L.,V.,S. eṇeyajaṅgha°. cf. N1,N5,C1/H eṇeyajaṃgha°; N2 eṇejagha°; N4 eneyajagha°; BHSD,eṇī; Tib. e neḥi byin pa. Metrically we read 'eṇe(= eṇeya)-jaṅghā'.
19 cf. N4 °vṛttaketi.
20 T2,T3,T5 gajadantoru(T4 °daṃtoru; N3~5; R.). cf. Tib. glaṅ poḥi sna (= gaja-hasta).
21 T2 °śobhanā(R.,L.,V.,S.); T3 °sobhaṇā. cf. N3,N4 °sobhanā. sobhana = śobhana.
22 T3 °nakhāḥ
23 T2,T5 iti(N1/H,N4; R.,L.,V.,S.). cf. N3 imi; Tib. ḥdi dag.
24 T2 bhūṣaṇāni(N4; R.,V.); T3 bhūṣaṇanī; T4 bhūṣaṇāṇī. cf. N3 bhūṣaṇānīṃ.
25 T2~4 puṇyāha(N3,N4; R.); T5 puṇyāhi. cf. Tib. bsod nams dag gis (= puṇyehi).
26 T4,T5 pārthiva(N3,N4)
27 T3 °karāḥ
28 T5 mahyaṃ
29 T2 śubharṭu°(N1/H,N4; R.,L.,V.,S.); T4 emends 'ri' to 'ṛ'. cf. N3 śubharitu°.
30 T2 °pravarā(R.)
31 T5 mahyaṃ
32 T3 'gīti' for 'gīta'
33 T3,T4 °karāḥ
34 T3 chandakā; T4 chandakāḥ(T5 chaṃda°; N3). cf. N4 kaṇṭhakā; Tib. bsṅags ldan (= kaṇṭhaka).
35 T4,T5 sujāta(N3)
36 T2 bharttuḥ(R.)
37 T2,T4 sahāyaka[omit 's'](R.)
38 Metrically it may be proper to read 'kvā' or 'kahi', but no ms. supports it.
39 cf. N4 omits 'ke'; BHSG,§3.64. Metrically 'ke' must be short.
40 R. °variṣṭe. cf. N4 omits 'nara'.

131. gacchaty[1] ayaṃ hitakaro[2]
ekā gira[3] tasmin(n)[4] [(5…] antari na […5)] bhaṇi[6] kasmāt[7],
itu[8] adya[9] puravarāto[10]
gacchati naradamya[11]sārathiḥ[12] kāruṇikaḥ[13].

132. katha[14] vā[15] gato[16] hitakaro[17]
kena ca[18] niṣkrāmito[19] itu[20] [(21…] sa rājakulāt […21)],
katamāṃ[22] diśām[23] anugato
dhanyā vanagulmadevatā yâsya[24] sakhī[25].

133. atiduḥkha mahya chandā
nidhi darśaya[26] netra uddhṛtā[27] cakṣu[28] dadā[29],
sarvair[30] jinaiś[31] ca chandā[32]
mātāpitṛ nitya varṇitā[33] pūjaniyāḥ[34].

134. tān api[35] jahitva nirgatu
kiṃ[36] ⟨?aṅga⟩ punaḥ[37] [(38…] ima istri […38)](?rī)kāmaratiṃ[39],
hā dhik priyair viyogo
naṭaraṅga[40]svabhāva[41](?vā)saṃnibho[42] anityo[43].

135. saṃjñāgraheṇa bālā
dṛṣṭiviparyāsa[44] niśritā[45] janmacyutau[46],
prāg eva tena bhaṇitaṃ[47]
nâsti jarāmaraṇa[48]saṃskṛte kaści[49] sakhā.

1 T3,T4 gacchati(N4) 2 cf. N4 hitakarā.
3 T2 giraṃ(R.)
4 T2,T4,T5 tasminn(N3; R.,L.,V.,S.); T3 tismi. cf. N4,B tasmin. Metrically 'mi' must be short.
(5…5) T2,T4,T5 antare na(N2,N3,N5; R.); T3 antareṇa(N1,N2,C1,C2). cf. B tarena; H antareṇa na.
6 T2 bhaṇasi(R.); T4,T5 bhasi(N3,N5,H; L.,V.; S. °bhasi). cf. N1,N2,C1,C2,B bhaṇi; N4 obscure; BHSD,bhasati; JAOS 66,§72. We regard 'bhaṇi' as a form of aor. 2 sg. of 'bhaṇati'.
7 T5 kasmād(N3) 8 T5 imu. cf. N3,N4 inu.
9 T5 adyanta. cf. N3 atvadya?; N4 antaḥ.
10 T2 °varato(R.). cf. N4 (antaḥ-)°puravarāto.
11 T3 naradattasya 12 T4 °śārathi; T5 °sārathi(N3)
13 T5 °ṇikatha. cf. N4 °ṇikāḥ. 14 T2 kathaṃ(N4; R.); T5 atha(N3,N5)
15 cf.N4 cā. 16 cf. N1/H omit 'gato'.
17 cf. N4 °karā. 18 T2 vā(N4; R.)
19 T3 niḥkramito; T4 niṣkramito(N3,B; V.); T5 niṣkrasito. cf. N1,C1,C2 niṣkāsito; N2 niṣkrāmito; N4 niṣkrāmitā; N5 niṣvāsito; H niṣkrāsito. Metrically it is proper to read 'niṣkrā-'.
20 T5 imu. cf. N3,N4 inu.
(21…21) L. sarāja°. Tib. lacks the word corresp. to 'sa'.
22 T5 katamān(N3). cf. N4 omits 'ṃ'. 23 T2 diśam(R.,S.). cf. N4 disām.
24 T2 yā 'sya(R.) 25 T2 saṃmukhī(R. samukhī); T4 śakhī
26 L.,V.,S. darśiya. cf. N3 darśaya; N4 darśiya.
27 T3 udhṛtā; T4,T5 uddhṛto(N3). cf. N4 uddhrito.
28 T2 cakṣur(R.)
29 T3 dadāḥ 30 T5 sarvvai[omits 'r']
31 T2 janaiś(R.,L.,V.); T3 jjanaiś; T4 emends 'jinaiś' to 'janaiś'. cf. N3 jjinaiś; N4 jinaiś; Tib. rgyal ba (= jina). 32 S. omits 'chandā'.
33 T2 varttitā(R.); T3 varṇṇitāḥ. cf. N1,C1,C2,B varṇṇito; N2 varṇṇitāṃ.
34 T2 pūjanīyā(R.); T3~5 pūjanīyāḥ(N1/H,N3,N4; S.). cf. BHSG,§3.42. Metrically it is proper to read 'varṇita pūjanīyāḥ' or 'varṇitā(ḥ) pūjaniyāḥ', but no ms. supports it.
35 T5 avi
36 This line sems to be unmetrical. Metrically it may be proper to read 'kim aṅga punaḥ ima istrīkāmaratiṃ', but no ms. supports it.
37 T2 punar(R.,L.,V.,S.). cf. N3 punaḥ; N4 puna.
(38…38) T2 imaṃ istri°(N1/H; R.); T4 ima iṣṭi°; T5 imeṣṭi°(N3). Metrically it may be proper to read 'istrī', but no ms. supports it.
39 T3 °ratiḥ; T4,T5 °rati(N3); V. °ratim 40 T5 nataraṃga°(N3; N4 °raṅga°)
41 T2 repeats 'svabhāva'. Metrically it is proper to read 'svabhāvā', but no ms. supports it.
42 T2 °sannibho(R.); T3,T4 °saṃnibhe; T5 °saṃninibhe(N3); L.,V.,S. °saṃnibhā. cf. N1/H,N4 °saṃnibhā.
43 T2 anityaḥ(R.); T4 anityā(N2; L.,V.,S.); T5 'nityā(N3). cf. N1,N4,N5,C1/H anityāḥ. Contextually we read '-saṃnibho anityo'.
44 T4,T5 °yāśa 45 T4,T5 niḥśritā(N3). cf. N4 nisṛtā.
46 T2 °cyuti(N1/H,N4; R.,L.,V.,S.); T3~5 °cyutī(N3). We regard 'cyutī' as a scribal error for 'cyutau'. 47 T5 bhanitaṃ. cf. N3 bhāṇitaṃ.
48 T2 °ṇaṃsaṃ°(R.)
49 T2 kāścit(N4; R.); L.,V.,S. kāści. cf. N3 kaści.

136. paripūryato[1] 'sya[2] āsā[3]
spṛśatū[4] varabodhi(m)[5] uttamāṃ[6] drumavariṣṭhe,[7]
buddhitva[8] bodhivirajāṃ[9]
[(10...]puna(r) api[...10)] etū[11] ihā[12] [(13...]puravare asmin.[...13)]

[Meter ... Rathoddhatā]

137. chandakaḥ[14] parama[15]dīnamānaso[16]
gopikāya[17] vacanaṃ śruṇitvanā,[18]
sâśru[19]kaṇṭha[20] gira[21] saṃpra[22]bhāṣate
sādhu gopi niśṛṇohi me vacaḥ.[23]
236 138. rātriye rahasi yāmi madhyame
sarvanārigaṇa[24] saṃprasuptake,[25]
so tadā ca śatapuṇya-udgato[26]
ālapāti[27] mama dehi kaṇṭhakaṃ.[28]
139. taṃ[29] niśāmya[30] vacanaṃ tadantaraṃ[31]
tubhya prekṣami[32] śayāni[33] suptikāṃ,[34]
uccaghoṣu[35] ahu tatra muñcamī[36]
utthi[37] gopi ayu yāti te priyo.[38]
140. devatā vacanu[39] taṃ[40] nirodhayī[41]
eka[42] istri[43] [44] [(45...]na ca[...45)] kāci[46] budhyate,[47]
rodamāna[48] samalaṃkari[49]tvanā[50]
aśvarāju[51] dadamī narôttame.[52]

1 T3 aparipūryate. cf. N4 paripūryyatā.
2 T4 sma(N3); T5 smi
3 V. āśā
4 T2 spṛśatu(R.,S.); T3 spṛsatū; T4,T5 spṛsatu(N3,N4). Metrically it is proper to read '-tū'.
5 T2,T5 °bodhim(N3; R.,L.,V.,S.); T3,T4 omit 'm'(N4).
6 T5 uttamān(N3,N4)
7 T2,T5 °variṣṭe(N4; R.); T4 °variṣṭa. Metrically 'ri' must be short.
8 T4 omits 'tva'(N3); T5 buddhitvā
9 T2 bodhiṃ ṣirajāṃ; T4,T5 °virajaṃ(N3); S. bodhi virajāṃ. cf. N4 °virajā[omits 'ṃ'].
(10...10) T2 punar api(N4; R.,L.,V.,S.); T3 puna pi; T4,T5 puna[omit 'api'](N3)
11 T2 eti(R.); T4 etu(N4; S.). cf. N3 e[omits 'tū'].
12 T2 omits 'ihā'(R.); T5 hā[omits 'i'](N3)
(13...13) T2 puravare 'smin(N1/H --- 'smiṃ; R.); T3~5 puravaresmin(N3). cf. N4 valesmiṃ [omits 'pura']. Metrically we read 'puravare asmin' though no ms. supports it.
14 T5 atha chandakaḥ[inserts 'atha']
15 T4 omits 'ra'.
16 T3~5 °manaso(N3). m.c. °mānaso.
17 T3 gopikāma. cf. N4 gopikāmama.
18 T2 śruṇitvaināṃ(R.); T4,T5 śrunitvanā(N3). cf. N4 śruṇitvenā.
19 cf. N3 śāśru°; N4 sāsru°.
20 T2 °kaṇṭhaka°(R.)
21 T2 °giraṃ(R.); T4,T5 giraḥ(N3)
22 T2 sampra°(R.)
23 T5 vaca[omits 'ḥ'](N3). cf. N4 vacanaḥ.
24 T2 °nārīgaṇa(R.); L. °nārigaṇi. cf. All mss. except T2 °nārigaṇa.
25 cf. N2 °suptaka; N4 °suptike.
26 T2 °udgataḥ(R.). cf. N4 °urggato.
27 T2 ālapati(N1/H; R.); L.,V.,S. ālapeti. cf. N3 ālapāti; N4 ārapātiṃ; BHSG,§43(p.228).
28 V. kaṇṭhakam. cf. N4 kanthakaṃ.
29 T2,T3,T5 tan(N3,N4; R.)
30 T2 niśamya(R.). cf. N4 nisāmya.
31 T4 tadanantaraṃ; T5 tadaraṃ. cf. N3 tadanantaran; N4 tadanantarantu['na' is canceled with a mark].
32 T4,T5 prekṣasi(N3,N4); R. prekṣemi
33 T2 śayāna(N4; R.); T3,T4 sayāmi(N3); T5 mayāmi. cf. BHSD,śayā; Tib. gzims mal (= śayyā, śayana). Contextually it is proper to read 'śayāni' or 'sayāni'(loc. sg. of śayana).
34 T2 suptikam(R.); T5 °kām(N3; V.)
35 T2 uccair ghoṣaṃ(R.). cf. N4 uccaghoṣa.
36 T2 muñcayī(R.); S. muñcami
37 S. uttha
38 T3~5 priyā(N3~5). cf. N1,N2,C1/H priyo.
39 T2,T5 vacanaṃ(N4; R.); T4 emends 'vacatu' to 'vacanaṃ'.
40 T3 tan
41 T2 nirādhayī; V. °dhayi. cf. N4 °dhayi.
42 T2 ekā(R.)
43 T4 astri(N3); T5 asti
44 cf. N3 inserts here some needless sentence which is a repetition of the Gāthā No.138ab.
(45...45) T2 na[omits 'ca'](R.); T4 emends 'na ca' to 'na pi'; L.,V.,S. napi. cf. N1/H,N4 na pi; N3 na ca; A(L.'s Varianten) na va.
46 T2 kāpi(R.); T4 kāni(N3). cf. N4 kāci; H kācit; A(L.'s Varianten) kācid.
47 T2 vibudh°(R.). cf. N1/C2,N4,H °yati; B vibudhyati.
48 T2 codyamānaḥ(R.). cf. N4 rodamānu.
49 T2 °akaṅkari°(R.)
50 T2 °karisvanā(N4; R.); T3 °karitvenā; T4 °karitvamā(N3)
51 T2 °rājaṃ(R.); T3 °rāja(N4)
52 T4 °ttamo. cf. N3 °ttamā.

141. kaṇṭhako[1] hisati[2] ugratejavān[3]
kr̥śamātru[4] svaru[5] tasya gacchatī,[6]
no ca[7] kaści[8] śr̥ṇute[9] purôttame
devatābhi[ḥ][10] osvāpana⟨ṃ⟩[11] kr̥taṃ.[12]

142. svarṇarūpyamaṇikoṭitā[13] mahī[14]
kaṇṭhakasya caraṇaiḥ[15] parāhatā,[16]
sā[17] raṇī madhuru[18] bhīṣmasobhanaṃ[19]
no ca keci[20] śr̥ṇuvanti[21] mānuṣāḥ.[22]

143. puṣya[23] yuktu[24] abhu[25] tasmi[26] antare
candrajyotiṣa[27] nabhe pratiṣṭhitāḥ,[28]
devakoṭi[29] gagaṇe[30] kr̥tâñjalī[31]
onamanti sirasâbhivandiṣuḥ.[32]

144. yakṣarākṣasa[(33...]gaṇā[...33)] upasthitā[34]
lokapāla[35] caturo mahârddhikāḥ,[36]
kaṇṭhakasya[37] caraṇāṃ[38] kare nyasī[39]
padmakeśaraviśuddhanirmale.[40]

145. so ca puṇya[41]śata[42]teja-udgato
āruhī kumudavarṣikôpamaṃ,[43]
ṣaḍvikāra dharaṇī prakampitā[44]
buddhakṣetra[45] [(46...]sphuṭa ābha[...46)] nirmalāḥ.[47]

1 T5 kaṇṭhakā. cf. N4 kanthako.
2 T2 hi pati(N4; R.); L.,V.,S. hiṣati. cf. B hiṣati; Other mss. hisati.
3 T2 °tejaṣāṃ(R.); T3~5 °tejasāṃ(N3); L.,V. °tejasvī(S. ugra teja°). cf. N1/C2,N4 °tejavān; B,H °tejasān; Tib. gzi ldan. teja = tejas.
4 T2 °mātra(N4; R.); S. °mātu
5 T3 ścaru
6 T2 gacchati(N4; R.,S.)
7 T2 omits 'ca(N4; R.).
8 T2,T4,T5 kaścic(R.). cf. All mss. except T3 kaścic.
9 T2,T4,T5 chṛṇute(R.,L.). cf. All mss. except T3 chṛṇute.
10 T2,T5 devatābhiḥ(R.); T3,T4 devatebhiḥ; L.,V. devatābhi; S. vadetābhi. cf. N3 devabhiḥ; N4 devatābhi?; N5 devatā 'bhiḥ.
11 T2 °panaṃ(R.,L.,V.,S.); T3~5 °pana(N3). cf. N4 uśvāpanaṃ; BHSD,osvāpana.
12 V. kṛtam
13 T3 °koṭiśatā(N4). cf. BHSD,koṭayati(2).
14 T2 mahi
15 L. caraṇai[omits 'ḥ']. cf. N3 caraṇai: N4 caraṇaiḥ.
16 T4,T5 °hatāṃ(N3)
17 T2 so(R.)
18 T2,T5 madhura(N4; R.,L.,V.,S.). cf. N3 madhuru.
19 T2 °śobhano(R.); T3 °sobhaṇaṃ(N3); L.,V.,S. °śobhanā. cf. N1/B °sobhanā; N4 °śobhanā; H bhiṣmaśobhanā.
20 T2,T5 kecic(N1,N4,N5,C1/H; R.). cf. N2 kaścic; S(L.'s Varianten) kecit.
21 T2 chṛṇuvanti(N:all,C1/H; R.,L.,S.); T5 chṛṇuvaṃti
22 T3 mānavāḥ
23 S. puṣpa
24 T2 yukta(N1/B,N4; R.,S.); T3,T5 vṛṣṭi. cf. N3 yaktu; H yuktā?
25 T2,T3,T5 abhūt(N1/H; R.); T4 abhū(N3,N4). m.c. abhu.
26 T2 tasmin(R.). cf. N4 tasmiṃ.
27 T4 'candre' for 'candra'
28 T2 °sthitāḥ(R.); T5 °ṣṭhitā; L.,V.,S. °sthitā. cf. N:all,C1/H °ṣṭhitāḥ.
29 T4,T5 °koṭī(N3,N4)
30 V. gagane
31 T3,T4 kṛtāṃjalī
32 T2 śirasā 'bhivandiṣu(R. --- °vadiṣu); T3 °bhivāndaśaḥ(N3); L. śirasā bhivandiṣū(V. śirasābhi°; S. śirasā 'bhi°). cf. N2,H °bhivandiśaḥ; N5 °bhivandiṣuśa.
(33…33) T2 °gaṇair upa°(N1/H; R.,L.,V.,S.); T3 °gaṇā upari°; T5 °gaṇopa°(N3). cf. N4 °gaṇai upa°.
34 T2,T3 °sthitāḥ(R.)
35 T2 °pālāś(N2); R. °pālāḥ; L.,V. °pāla°. cf. N1,N5,C1/H °pālāḥ. m.c. °pāla.
36 L.,S. mahardhikāḥ
37 T4,T5 kanthakasya(N3,N4)
38 T2 caraṇa(R.); T3 caraṇān. cf. N3 caraṇāṅ; N4 caraṇai.
39 T3,T4 ṇyasī(N3); T5 ṇyabhī
40 T2,T5 °nirmmalaṃ(N3; R.); T3 °nirmalāṃ; T4 °nirmala?; L.,S. °nirmalaṃ; V. °nirmalam. cf. N1,C2 °nirmmalāṃ; N2 °nirmalāḥ; N4 °nirmmalāḥ; N5 °nirmmarlya?; C1 °nirmalaṃ; B °nirmala / ; H °nirmmalaḥ. Contextually we read '-nirmale' though no ms. supports it.
41 T4 punya°
42 T2 omits 'śata'(R.). cf. N3 omits 'ta'.
43 T2 °pamāṃ; V. °pamam. cf. N4 °pamā[omits 'ṃ'].
44 T3~5 °kaṃpitā(N3)
45 T4,T5 buddhakṣatra(N4)
(46…46) T2 sphuṭābha°(N3; R.); T3,T5 sphuṭā ābha; T4 sphuṭā āṃbha; L.,V. sphuṭa ābha°. cf. N4 sphuṭa ābha. Metrically this should not be read 'sphuṭā ābha' but 'sphuṭa ābha'.
47 T2,T4 °nirmmalāḥ(N3; R.); L.,V. °nirmalā(S. ābha nirmalā). cf. N4 nirmmalā.

146. śakra[1] devataguruḥ[2] śacīpatiḥ[3]
svāma dvāra[4] vivarī tadantare,
devakoṭinayutaiḥ[5] puraskṛto[6][7]
so vrajī[8] amaranāgapūjitaḥ.[9]

147. saṃjñamātra[10] iha jāni[11] kaṇṭhako[12]
lokanātha[13] vahamī[14] nabho'ntare,[15]
devadānavagaṇāḥ[16] sa-indrikāḥ[17]
ye vahanti[18] sugatasya gacchataḥ.

148. apsarā[19] kuśala gītavādite[20]
bodhisattvaguṇa bhāṣamānikāḥ,[21]
kaṇṭhakasya[22] balu[23] te dadantikāḥ[24]
muñci[25] ghoṣu[26] madhuraṃ manoramaṃ.[27]

237 149. kaṇṭhakā[28] vahahi[29] lokanāyakaṃ
śīghraśīghra ma janehi[30] khedatāṃ,[31]
nâsti te[32] bhayam apāya durgatī[33]
lokanātham abhirādhayitvanā.[34]

150. ekameka[35] abhinandate suro[36]
vāhanaṃ[37] (38... siya 'hu ...38) lokanāyake,
no ca kiṃcid[39] api[40] deśu[41] vidyate
devakoṭicaraṇair[42][43] na marditaṃ.[44]

1 T2 śakro(R.)
2 T2 devaguruḥ(R.,L.,V.); T4 devaguru(N3); T5 devataguru(N4); S. deva(taguruḥ)
3 cf. N4 sacipatiḥ. 4 T2 dvārāṃś ca (R.)
5 T3~5 °koṭī°(N3,N4). m.c. °koṭi°.
6 T2 °niyutaiḥ(R.); L. °nayutai; S. °nayute. cf. N3 °nayutaiḥ?; N4 °nayuteḥ.
7 T2 °kṛtaḥ(N4; R.) 8 T2 'vrajī(R.). cf. N4 vrajīd['jī' is marg.].
9 T4,T5 °pūjito(N3; L.,V.,S.). cf. N1/H °pūjitaḥ; N4 °pūjitāḥ.
10 T2,T4,T5 saṃjñāmātra(N3,N4; R.). cf. N4 saṃjñamātram.
11 All mss. jāti(R.,L.,V.,S.). Acc. to Tib.[śes] we read 'jāni'(aor. 3 sg. of √jñā) though no ms. supports it. 12 T4 kanthako. cf. N4 kanthakā.
13 T2 °nāthaṃ(N1/H; R.); L.,V. °nāthu. cf. N3,N4 °nātha.
14 T2 vahati(H; R.); T5 vahatī(N4; L.,V.,S.). cf. N1/B vahati / ; N3 vahamī.
15 T3 nabhottare(N4); T4 anantare[omits 'nabho']. cf. N3 anantāre?
16 T3 °dānagaṇāḥ[omits 'va']; L.,V.,S. °gaṇā[omit 'ḥ']. cf. N5 °gaṇa; Other mss. °gaṇāḥ.
17 T2 omits 'ḥ'(R.). cf. N4 °indrakāḥ. 18 T3~5 vahantī(N3). m.c. vahanti.
19 T2 apsarāḥ(N4; R.) 20 cf. N3,N4 °vādita.
21 T3,T5 bhāṣiṇikāḥ; T4 bhāṣiṇikā(N3). cf. N2 bhāṣamānakāḥ; Other mss. bhāṣamānikāḥ.
22 T3,T4 kanthaka[omit 'sya']. cf. N3 kaṇṭhaka[omits 'sya']; N2,N4,N5 chandakasya; N1,C1/H kaṇṭhakasya.
23 T2,T4 bala(N2; R.); T3,T5 cala. cf. N1,N5,C1/H balu; N3 vasa; Tib. stobs(= bala).
24 T3,T5 tadantikāḥ
25 T3,T4 suci(N3); T5 muṃci. cf. N4 suñci.
26 T2,T5 ghoṣa(N4; R.) 27 V. °ramam
28 T2 kaṇṭhako(R.); T4 kanthakā(N4)
29 T2~5 vahati(N1,N3,C1,C2,B; R.). cf. N2,N4 vahahi; N5 vahanti; H vahantihi; BHSG,§43 (p.230). Contextually it is proper to read 'vahahi'(impv. 2 sg.).
30 T3 janahi. cf. N4 'marjjanehi' for 'ma janehi'.
31 T3,T5 khedakān; T4 khedikān(N3); V. °tām. cf. N1/H,N4 khedatāṃ; BHSD,kheda-tā.
32 V. me
33 T2,T4 °gatiṃ(N2,N3,N5,B,H; R.,L.,V.,S.); T5 °gati(N1,C1,C2). cf. N4 °durggatī; BHSG,§10.23.
34 T2 abhidhārayitvanā(N1/H,N4; R.,L.,V.). cf. N3 abhirādhayitvanā; Tib. mñes par byas na.
35 T2 ekamekam(N4; R.) 36 T2 śūro; R. śuro. cf. N4 sūro.
37 T2,T5 omit 'ṃ'(R.).
(38…38) T2 smi aha(R.); T3 siya hu; T4 emends 'śiya vāhanaṃ si bahu' to 'si ahu'; T5 siya vahāna siya bahu; L.,V.,S. smi ahu. cf. N1/H,N4 si ahu; N3 śiya vāhana siya hu. We regard 'siya' as a form of 1 sg. of √as(cf. BHSG,§29.40).
39 T2,T3 kiñcid(N4; R.)
40 T2 iha(N4; R.). cf. N1,N5,C1,C2 ihapi; N2 arha; N3 anapi; B idamapi; H adapi.
41 T2,T4,T5 deveṣu(N1/H,N3; R.); T3 deṣu. cf. N4 desu. deśu = deśaṃ.
42 T4,T5 °koṭī°(N3,N4) 43 T3 °caraṇai[omits 'r'](N4)
44 T3 manditaṃ(N4); V. °tam. cf. N3 mardditaṃ; Tib. non pa.

151. paśya kaṇṭhaka[1] nabho'ntare[2] imāṃ[3]
māṛgu[4] saṃsthitu[5] vicitraśobhanaṃ,[6]
ratnavedika[7]vicitramaṇḍitaṃ[8]
divyasāravaragandhadhūpitaṃ.[9]

152. ena kaṇṭhaka śubhena karmaṇā[10]
trāyatriṃśabhavane[11] sunirmite,[12]
apsaraiḥ[13] parivṛta[i]ḥ[14] puraskṛto
divyakāmaratibhī[15] ramiṣyase.[16]

153. sādhu[17] gopi[18] ma[19] khu[20] bhūyu rodahī[21]
tuṣṭu[22] bhohi[23] paramapraharṣitā,
drakṣase[24] nacirato[25] narôttamaṃ
bodhiprāptam[26] amaraiḥ[27] puraskṛtaṃ.[28]

154. ye narāḥ[29] sukṛtakarmakārakāḥ[30]
te na gopi sada[31] roditavyakāḥ,[32]
so ca puṇyaśatateja-udgato[33][34]
harṣitavya [(35…]na sa[…35)] roditavyakaḥ.

155. saptarātru[36] bhaṇamānu gopike
sā[37] viyūha[38] ⟨napi śakya[39] kṣepituṃ,[40]
yā[41] viyūha⟩ abhu[42] tatra pārthive
niṣkramanti[43] naradevapūjite.

1 T4 kanthaka(N4)
2 T3,T5 nabhantare; T4 śubhaṃ nabhantare?; V. nabhontare. cf. N1/H nabhontare; N3 nabhantara; N4 nabhottara.
3 T2 imaṃ(R.,L.,V.,S.); T4 imān. cf. N1/H,N4 imāṃ; N3 imām. It may be possible to regard 'imāṃ' as a form of acc. sg. masc.(cf. BHSG,§8.38).
4 T2 mārgaṃ; T5 mārga(N1/H,N4; R.)
5 T2 omits 'ṃ'.
6 T3 °sobhanaṃ; T4 omits 'ṃ'(N3); T5 °śobhaṃna; V. °śobhanam
7 cf. N4 'vedita' for 'vedika'.
8 cf. N3 'vicitru' for 'vicitra'.
9 V. °dhūpitam
10 T2 °maṇās(R.); T4,T5 °maṇo(N3)
11 T2 trāyastriṃśadbhavane(N4 °triṃśabha°; R.)
12 T2 sunirmmite(N4; R.); T3,T4 sunirmitā; T5 sunimmitā; L.,V.,S. sunirmito. cf. N1,N3,C1,C2,H sunirmmitā°; N2 sunimitā°; N5,B sunirmitā°. Contextually we read 'sunirmite'(loc. sg.).
13 T5 (sunimmitā)psaraiḥ(N3 sunirmmitā°); L.,V.,S. apsarai[omit 'ḥ']. cf. All mss. °raiḥ.
14 T2 °vṛtaḥ(N4; R.,L.,V.,S.); T3~5 °vṛtaiḥ(N3). Contextually it is proper to read '-vṛtaḥ'.
15 T4,T5 °ratībhi(N3)
16 T2 °ṣyasi(N4; R.)
17 cf. N1,C1,C2 omit from here(sādhu) to 'narāḥ'(the second word of next Gāthā)[Note 29].
18 T5 gopir
19 T2 mā(R.)
20 T2 khalu(R.)
21 T2 rodihi(N4; R.)
22 T2 tuṣṭa(N4,H; R.,L.,V.,S.). cf. N2,N3,N5,B tuṣṭu; BHSG,§9.13.
23 T4 tohi(N3)
24 T2 drakṣyase(N4; R.)
25 T3~5 nacirabho(N3)
26 T2 °prāptaṃ(R.). cf. N4 °prāptaḥm.
27 L.,S. amarai[omit 'ḥ']. cf. N3 amarair; N4 amaraiḥ; BHSG,§8.107.
28 V. °kṛtam
29 cf. N1,C1,C2 omit from 'sādhu'(the beginning of Gāthā No.153)[Note 17] to here(narāḥ).
30 T2,T4,T5 °kārakās(N3,N4; R.). cf. N3 'satkṛta' for 'sukṛta'.
31 T3 sava. cf. N3 mada.
32 T2 omits 'ḥ'(N4); T4 nodita°. cf. N3 nādita°.
33 T3,T4 punya°
34 T3 °udgatā
(35…35) cf. N4 sa na.
36 T2 °rātri(N1/H,N4; R.); L.,V.,S. °rātra. cf. N3 °rātru.
37 R. so
38 T3~5 omit 'napi --- viyūha'(N3). cf. A(L.'s Varianten) api śakya pi°, svā vi°.
39 cf. N4 sakṛ.
40 T2 jñepi°(R.); V. °tum. cf. N4 kṣapi°.
41 T2 yo(R.)
42 T2 abhūt(R.); T3 abhū
43 T3,T4 niskra°(N3)

156. lābha[1] tubhya[2] paramā acintiyā
[(3...]yaṃ ty[...3)] upasthitu jage hitaṃkaro[4],
mahya saṃjña[5] svaka-m-eva[6] vartate
tvaṃ[7] hi bheṣyasi[8] yathā [(9...]narôttama(ḥ),[...9)] iti.

[(10...]abhiniṣkramaṇa[11]parivarto[12] nāma[13] pañcadaśamaḥ[...10)]

1 T2 lobha(R.); S. lābhās. cf. N4 rābha.
2 T4 tulya
(3...3) T2 yattv(R.); T4 yaty(N4); T5 yaṃ vi°. cf. N1,C1,C2,H yaṃ ty; N2,B yaṃ vy°; N3 yany; N5 paṃ ty; BHSG,§20.22. We regard 'ty'(= ti) as a form of inst. sg. of 'tvaṃ'.
4 T2 hitaṅkare(R.)
5 T2 sañjñi(R.); T3~5 saṃjñā(N3); L.,V. saṃjñi. cf. N1,N2,N4,C1/H saṃjñi; N5 saṃjña. m.c. saṃjña.
6 cf. BHSD,?svakam.
7 T3 va?
8 T2 bheṣyaṣi(R.)
(9...9) T2 naroma iti; T3,T4 omit 'ḥ'(N4; R.); T5 narottameti(N3); L.,V.,S. narottamaḥ iti. cf. N1,N5,C1/H omit 'ḥ'; N2 narottamā iti.
(10...10) T2 iti lalitavistare abhiniṣkramaṇaparivartto nāma pañcadaśaḥ(R. omits 'lalitavistare'); T5 iti abhiniṣkramaṇaparivartto nāma pañcadaśamaḥ; L.,V. iti śrīlalitavistare 'bhiniṣkramaṇaparivarto nāma pañcadaśamo 'dhyāyaḥ(S. --- pañcadaśo 'dhy°). cf. N3 abhiniskramaṇaparivartto pañcadaśaḥ; N4 abhiniṣkramaṇaparivarttaḥ pañcadaśamaḥ.
11 T3,T4 °niskra°(N3)
12 T4 °varttaḥ(N4)
13 T3 nāmaḥ; T4 omits 'nāma'(N3,N4).

CHAPTER 16

(Bimbisārôpasaṃkramaṇa-parivartaḥ)

evaṃ khalu [(1...]bhikṣavaś chandako[...1)] bodhisattvâdhiṣṭhānena[2] rājñaḥ śuddhodanasya[3] gopāyāḥ[4] [5]śākyakanyāyāś[6] ca[7] sarvasya cântaḥpurasya sarvasya ca śākyagaṇasya śokavinodakathām[8] akārṣīt[9].

238 iti hi bhikṣavo bodhisattvo lubdhakarūpāya[10] devaputrāya kāśikāni[11] vastrāṇi dattvā[12] tasya[13] sakāśāt[14] kāṣāyāni[15] vastrāṇi gṛhītvā svayam eva[16] prāvrajan[17] lokânuvartanām upādāya sattvânukampāyai sattvaparipācanârtham[18].

atha bodhisasattvo [(19...]yena vaṃśakyā[...19)] brāhmaṇyā āśramas[20] tenôpasaṃkrāmat[21]. sā bodhisattvaṃ vāsena bhaktena côpanimantrayate sma.

tato bodhisattvaḥ[22] padmāyā[23] brāhmaṇyā āśramaṃ gacchati sma. tayâpi[24] bodhisattvo vāsena bhaktena côpanimantrito 'bhūt.

tato raivatasya brahmârṣer āśramam[25] agamat[26]. asāv api bodhisattvaṃ[27] tathâivôpanimantrayate[28] sma. tathâiva rājyako[29] 'pi damadaṇ-[30]ḍikaputro[31] bodhisattvam[32] upanimantrayate[33] sma.

iti hi bhikṣavo bodhisattvo 'nupūrveṇa vaiśālīṃ mahānagarīm[34] anuprāpto 'bhūt.

tena khalu punaḥ samayenârāḍaḥ[35] kālāmo[36] [(37...]vaiśālīm upanisṛtya[...37)] prativasati[38] sma. mahatā[39] śrāvakasaṃghena[40] sārdhaṃ tribhiḥ[41] śiṣyaśataiḥ[42]. sa śiṣyebhya[43] ākiṃcanyâyatanasahavratāyai[44] [45]dharmaṃ deśayati sma. sa bodhisattvaṃ[46] dūrata[47] evâgacchantaṃ dṛṣṭvâścaryaprāp[48]taḥ śiṣyān[49] āmantrayate sma. paśyata[50] paśyata bho rūpam asyêti. te 'bruvan[51]. evaṃ[52] hy etat[53] paśyāmaḥ. enam[54] ativismayanīyam.

Variants and Notes

(1…1) T2,T4 °kṣavaḥ cchan°(R.)
2 L.,V. °dhisthānena
3 T3~5 suddho°
4 T3 gopāyāś ca[inserts 'ca']
5 T5 inserts 'śakyakanyāyāḥ'.
6 T3 °kanyāyāḥ
7 T3 omits 'ca'.
8 T2 °vinodanakathām(R)
9 T4,T5 akārṣīd
10 T5 labdhaka°
11 T3 kāsikāni
12 T2,T3 datvā; T4 dattā; T5 dattāni
13 T5 inserts 'ca'.
14 T3,T5 sakāsāt; T4 sa[omits 'kāśāt']
15 T2 °yāṇi(R.)
16 T2,T4 evaṃ(N1,N3,C1,C2,B; R.,L.) cf. N2,N4,N5 eva(H?); Tib. ñid(= eva).
17 T2 pravrajyāṃ(N2,N4,N5,H; R.,L.); T3,T5 prāvrajaṃ; T4 prāvrajāṃ (N3); V. pravajyāṃ. cf. N1,C2 pravajyāṃ; C1 pravajyī?; B pravrajya; Tib. rab tu byuṅ ṅo. It may be possible to regard 'prāvrajan' being used as a form of 3 sg..
18 T2 °pācananārthaḥ
(19…19) T2 yenaiva śākyā(R.,L.,V.); T3 yetevaṃ sakya? cf. N1,C2 yenaivaṃ kyā; N2,B yenaivaṃ śakyā; N3,N5 yena vaṃśākyā; N4 yena vaṃsākṣā?; C1 yenaivaṃ tyakyā; H enaivaṃ śākti; Tib. rigs ldan (= vaṃśakī?);方広「鞞留梵志苦行女人」.
20 T3 āśramaṃs
21 T3 °saṃkrāmaṃ
22 T4,T5 omit 'ḥ'.
23 T2,T4,T5 padmāyāḥ(R.). cf. BHSD,padmā;方広「波頭摩梵志苦行女人」.
24 T2 tayā 'pi(R.)
25 T5 āśramanam
26 T3 agamad
27 T4 °satvo; T5 °satvas
28 T3 tathopanimantrayati
29 T2 rājako(R.,L.,V.); T3 rājyake. cf. N:all,C1/H rājyako; Tib. ḥod ldan; BHSD,Rājaka.
30 T2,T3 trima°(R.); T4,T5 tṛma°(N1,N3,C1,C2,B); L.,V. datṛma°. cf. N2,N4,N5 datṛma°; BHSD, ?dattrima-daṇḍika-putra; Tib. gdul baḥi be con can;方広「光明調伏二仙人」. 'tṛma' should be regarded as a scribal error for 'dama'.
31 T3 omits 'ka'.
32 T4,T5 °satvāṃ
33 T3 °trayati
34 T2 omits 'ga'.
35 T2 °yenā "rāḍa(R. --- °ḍaḥ); T3,T4 °yenādāḍaḥ
36 R.,L. kālāpo. cf. N1~4 kālāmo; N5 kālāme; C1 kāmo; C2,B kārāmo; H kārāmā; Tib. sgyu rtsal śes kyi bu riṅ ḥphur; BHSD,Ārāḍa.
(37…37) T3 vaiśālīmu ni°; T4 vaiśālīsu ni°; T5 ghaiśālī upani°. cf. N1,N3,N5,C1,C2,B vaiśālīm upanisṛtya; N2,N4 vaiśālīm upaniśritya(H --- °nīsṛtya); BHSD,upaniśritya; Tib. gnas bcas śin; 方広「城傍」.
38 T4,T5 °vaśati
39 T5 mahato
40 T3~5 °saṃgheṇa
41 T4 stribhiḥ
42 T2 omits 'ḥ'.
43 T3 °bhyaḥ(R.); T4 śikhyebhyaḥ
44 T3 kākiṃcanyāya ta°[omits 'na']; T4 ākiṃcanyāyana°[omits 'ta'](T5 ākiṃcinyā°); Tib. ci yaṅ med paḥi skye mched;方広「無所有處定」.
45 T2 inserts 'sārddhaṃ'.
46 T4 omits 'ṃ'; T5 bosatva[omits 'dhi' and 'ṃ']
47 T5 dūrataṃ
48 T2 dṛṣṭvā "ścaryya°(R.); T3,T4 dṛṣṭvā āścarya°(V.); T5 dṛṣṭā āścarya°
49 T3 śiṣyāṇ; T4 śiṣyāṇām
50 T4 yasyata
51 T3 bruvann; T4 bruvaṃn
52 T3~5 eva(N2~5,B,H; L.). cf. N1,C1,C2 evaṃ; Tib. de bshin du (= evaṃ).
53 T2 etaṃ(R.); T5 etat hi[inserts 'hi']
54 T3 abhivis°

tato ’haṃ bhikṣavo yenârāḍaḥ[1] kālāmas[2] tenôpasaṃkramyârāḍaṃ[3] kālāmam[4] etad avocat. careyam ahaṃ bho[5] ārāḍe[6] kālāme[7] brahmacaryam. so ’vocat.[8] cara bho[9] gautama tathārūpe[10] dharmâkhyāne yasmiñ[11] śrāddhaḥ[12] kulaputro ’lpakṛcchreṇâjñām ārādhayati.[13]

239 tasya me bhikṣava[14] etad abhūd,[15] asti me [(16...]chando ’sti[...16)] vīryam asti smṛtir[17] asti samādhir[18] asti prajñā [(19...]ya⟨n⟩ nv[...19)] aham eko ’pramatta[20] ātāpī vyapakṛṣṭo vihareyaṃ[21] tasyâiva dharmasya prāptaye sākṣāt[22] kriyāyai.[23]

atha khalv ahaṃ bhikṣava[ḥ][24] eko ’pramatta(ḥ)[25] ātāpī vyapakṛṣṭo viharann[26] alpakṛcchreṇâiva[27] taṃ dharmam adhyavagacchan[28] sākṣād akārṣam.[29]

atha khalv ahaṃ bhikṣavo yenârāḍaḥ kālāmas[30] tenôpasaṃkramyâitad avocat.[31] etāvad[32] bho[33] tvayârāḍa[34] dharmâdhigataḥ[35] sākṣāt kṛtaḥ.[36] so ’vocad,[37] [(38...]evam etad[...38)] bho gautama. tam aham[39] avocat.[40] mayâpi[41] bho eṣa dharmaḥ sākṣāt kṛto ’dhigataḥ. so ’vocat. tena hi bho gautama yad ahaṃ dharmaṃ jānāmi bhavān api taṃ jānāti yaṃ bhavāṃ[42] jānāty[43] aham[44] api taṃ jānāmi.[45] tena hy āvām ubhāv apîmaṃ[46] śiṣyagaṇaṃ parihārāvaḥ.[47]

iti hi [(48...]bhikṣava(ḥ)[...48)] ārāḍaḥ kālāmaḥ[49] paramayā[50] pūjayā māṃ pūjayati sma. antevāsiṣu ca māṃ samānârthatayā sthāpayati sma.

tasya me bhikṣava[ḥ][51] etad abhūd,[52] ayaṃ khalv ārāḍasya[53] dharmo[54] na nairyāṇiko[55] na niryāti tatkarasya[56] samyagduḥkhakṣayāya[57] [(58...]ya⟨n⟩ nv[...58)] aham[59] [(60...]ata uttari[...60)] paryeṣamāṇaś[61] careyam.[62]

1 T3,T4 yena rāḍaḥ; T5 yena ārāḍaḥ
2 T3 kālāpaḥ; T4 omits 'kālāmas'(N3); T5 kālāpas(H; L.,V.). cf. N1/B,N4 kālāmas.
3 T4 °kramyāntarāḍaṃ; T5 °kramyānta ārāḍaṃ; V. °rāḍa[omits 'ṃ']
4 T3,T5 kārāpam(N3); T4 kārāmam(N2; H?); L.,V. kālāpam. cf. N1,N5,C1,C2,B kālāmam; N4 kālāpam.
5 T3 no(?)
6 T3,T4 arāḍe
7 T3,T5 kālāpe.(N3; N4?; L.,V.). cf. N1,C1,C2 kārāme; N2,N5,B,H kālāme.
8 T3 vocad; T4,T5 vocac
9 T3~5 omit 'bho'. cf. Tib. kye(= bhoḥ).
10 L.,V. °rūpeṇa. cf. N1,N2,N4,N5,C2,B,H °rūpeṇa; N3 °rūpe; C1 °rūpyaṇa.
11 T2 yasmin(R.,V.); T3 yasmiṃ
12 T2 śārddhaṃ(R.)
13 T2 ādhārayati. cf. BHSD,ājñā.
14 T4,T5 °vaḥ(R.)
15 T2 abhūt(N4; R.,L.,V.). cf. N3 abhūd.
(16…16) T2 cchandaḥ / asti(R.)
17 T2 smṛtiḥ / (R.)
18 T2 omits 'asti samādhir'; R. samādhiḥ
(19…19) T2 yannv(R.,V.); T3~5 yatv(N3,N4); L. yanv
20 R. °mattaḥ
21 T3 omits 'ṃ'; T5 vihare 'yaṃ
22 From here('t' in sākṣāt) we can find the text of T1(Ms. No.334), therefore we add the writings of T1 to our variants-list for a while. cf. Kōichi Hokazono, On the Sanskrit Manuscript of the Lalitavistra, No.334, in the Tokyo University Library, *Journal of Indian and Buddhist Studies (Indogaku Bukkyōgaku Kenkyū)*, Vol.XXXIII, No.1, December 1984.
23 T1 °yaiḥ
24 T1,T3~5 °vaḥ(N3?); T2 °vo(N1/H; R.,L.,V.). cf. N4 °va.
25 T1 pramatta(N3?); T3,T4 °ttaḥ(N1/H,N4; R.); T5 pramotta; L.,V. °tta
26 T2 viharan tv(R.)
27 T2 °ṇaivaṃ(N4; R.,L.,V.). cf. N3 °ṇaiva.
28 T1 °gacchat; T2 adhyagacchaṃ(R.); T3 adyagacchat; T5 adyacagacchat
29 T1 akoṣṭham(N3); T2 akārṣaṃ(B; R.,L.); T3,T5 akārṣum; T4 akāṣṭam(N4,N5; H °ṭaṃ). cf. N1 akārtham; N2 akāṣaṃ.
30 T1,T3,T5 kālāpas(N3; L.,V.); T4 emends 'kālāpas' to 'kālāmas'. cf. N1/B,N4 kālāmas; H kārāmas.
31 T2 avocam
32 T1 tāvad; T2 etāvan
33 T2 bhoḥ(R.); T3 bhos
34 T1 tvayānāḍa; T2 tvayā "rāda(R.); L. tvayā 'rāḍa; V. tvayā ārāḍa. cf. C1 tvayāroḍa(H?).
35 T2 dharmmo 'dhigataḥ(R.; V. dharmo 'dhi°). cf. BHSG,§8.22.
36 T1,T4 kṛtāḥ(N3?)
37 T1 emends '-cat' to '-cad'; T2 °cat(N4; R.,L.,V.); T3~5 vocad(N3)
(38…38) T2 etād
39 T1 ahaṃm
40 T2 avocam
41 T2 mamāpi
42 T1,T2 bhavān(N1,C1/H; R.,V.); L. bhavāñ. cf. N2 bhagavān; N3 bhavānya(?); N4 bhavāna.
43 T1 emends '-ti' to '-ty'; T2 jānāti(N1,N2,N4,C1/H; R.,L.,V.); T4 jānyaty; T5 prajānaty. cf. N3 prajānāty?; N5 omits 'yaṃ bhavāṃ jānāty'.
44 T1 ahaṃm
45 T1 jānāti
46 T1,T5 api maṃ; T3 api imaṃ
47 T2 °hārāvaḥ(R.). cf. N1,C1,C2 pariharevaḥ; N2,N5 parihevaḥ; N3 pariharāvaḥ; N4 pariharāvaṃ; B emends 'parihivaḥ' to 'pariyāvaḥ'; H parihayevaḥ; BHSD,pariharati;方広「教授」.
(48…48) T1 bhikṣavaḥ ārāḍaḥ(N4); T2 bhikṣavo "rāḍaḥ(N1/B; R.); T3 bhikṣavaḥ anāḍaḥ(T4 --- arāḍaḥ; N3 °va arā°); T5 bhikṣava ārāḍaḥ(L.,V.). cf. H bhikṣavo ārāḍaḥ.
49 T1,T5 kālāpaḥ(L.,V.); T3,T4 kalāpaḥ. cf. N1,N2,N4,N5,C2,B kālāmaḥ; C1 kālamaḥ; H kārāmaḥ.
50 T3 omits 'paramayā'.
51 T1,T3~5 bhikṣavaḥ(N3,N4); T2 bhikṣava(N1/H; R.,L.,V.)
52 T2 abhūt(N4; R.,L.,V.). cf. Other mss.(than T2,T4) abhūd.
53 T1,T3,T4 arāḍasya(N3,N4)
54 T1 dharmmā; T4,T5 dharmā
55 T2 niryyā°(R.). cf.N4 neryya°.
56 T1 tatkataparasya(N4); T2~4 tat katarasya (N1~3,C1,C2; B 'ta' in 'katara' is marg.; R.,L.,V.). cf. N5 tatkarasya; H tatkutarasya; Tib. de byed pa; BHSD,katara.
57 T2 samyak duḥ°(R.)
(58…58) T2 yannv(R.,V.); T1,T3~5 yatv(N3,N4); L. yanv
59 T1 ahaṃm; T5 a'ham. cf. Mv(II, 119.5) yannūnāhaṃ(for 'yan nv aham').
(60…60) T1 eta urttari; T2 uttare(R.)
61 T1 pāṣyamānaś; T4 °mānaś
62 T3 carem[omits 'ya']

atha khalv ahaṃ bhikṣavo yathâbhirāmaṃ[1] vaiśālyāṃ vihṛtya magadheṣu[2] [3]caryāṃ caran,[4] yena māgadhakānāṃ rājagṛhaṃ nagaraṃ tad anusṛto yena ca pāṇḍavaḥ parvatarājas tenôpasaṃkrānto[5] 'bhūvam.[6] tatrâhaṃ pāṇḍave[7] parvatarāja[8]pārśve vyāhārṣam.[9] ekāky[10] advitīyo[11] 'sahāyo[12] 'nekair[13] devakoṭīnayuta[14]śatasahasraiḥ saṃrakṣitaḥ.[15]

240 tato[16] 'haṃ kālyam[17] eva[18] saṃnivāsya pātracīvaram ādāya tapoda-[19]dvāreṇa rājagṛhaṃ mahānagaraṃ piṇḍāya prāvikṣat.[20] prāsādikenâbhikrāntena pratikrāntenâlokitavilokitena[21] saṃmiñjitena[22] prasāritena prāsādikena saṃghāṭīpaṭapātracīvaradhāraṇenâvikṣiptair indriyair[23] abahirgatena[24] mānasena nirmitavat[25] tailapātradharavad[26] yugamātraṃ[27] paśyan.[28] tatra[29] ⟨māṃ⟩ rājagṛhakā[30] manuṣyā[31] dṛṣṭvā vismitā abhūvan. (32... kiṃ svid ...32) ayaṃ brahmā[33] bhaviṣyati śakro devānām-indro[34] (35... 'ho svid ...35) vaiśramaṇo[36] (37... 'ho svit ...37) kiṃcid[38] giridaivatam.[39]

tatrêdam ucyate.

[Meter ... Puṣpitāgrā?]

1. atha vimaladharo hy anantatejā(ḥ)[40]
   svayam iha pravrajiyāna[41] bodhisattvaḥ,
   sāntamanu[42] dānta[43] īryavanto
   viharati[44] pāṇḍavaśailarājapārśve.

2. raja(ni)[45] vinirgata[46] jñātva[47] bodhisattvaḥ[48]
   paramasudarśanīyaṃ[49] nivāsayitvā,[50]
   pātru[51] pratigṛhīya[52] nīcamānasena[53]
   praviśati rājagṛhaṃ (54... sa piṇḍapātraṃ. ...54)

1 T1 yathārāma; T4,T5 omit 'ṃ'. 2 T1 madhyeṣu; T5 magadhyeṣu(N4)
3 T1 inserts "caryyā prakrānto 'bhūt / so haṃ magadheṣu"(N4 caryyāṃ --- magadhyeṣu); T2 inserts "ca prakrānto 'bhūvaṃ / so 'haṃ magadheṣu"; T5 inserts 'prakrānto bhūvan': R.,L.,V. insert "ca prakrānto 'bhūt / so 'haṃ magadheṣu". cf. N3 omits; N1/B insert 'ca prakrānto bhūt / so haṃ magadheṣu'; Tib. has no word corresp. to this insertion.
4 T1 caryyāt(N4) 5 T1 tenoprasaṃ°; L. °saṃkānto[misprint]
6 T1 'bhūvan(N4); T3~5 bhūvaṃ(N3) 7 T2 pāṇḍava°
8 T1 parvvate 9 T4 vyahārṣam; T5 vyāhārṣum
10 T1,T4,T5 ekākī(N3,N4) 11 T1,T4 dvitīyo(N3,N4)
12 T1,T3~5 sahāyaḥ(N3,N4); T2 asāhāya[marg.]; R. omits. cf. N1,C1,C2 omit; N2,B,H 'sahāyo; N5 'sahāyo 'sahāyo. 13 T1,T3~5 anekair(N3,N4). cf. N1/H 'nekair.
14 T1,T2,T5 °koṭiniyuta°(N3; R.); L.,V. °koṭinayuta°. cf. N4 °koṭīniyuta°.
15 T5 °kṣitas 16 T3 ato
17 T2 kālpam; L.,V. kalyam. kalyam = kālyam. 18 T3 evaṃ
19 T1,T3 tapota°(T4?; N2; N3?); T2 taptoda°(R.); T5 tathāta°(H). cf. N1,C1,C2 tathāgata°; N4 tatota°; N5 taṣota°?; B tathāgat°; Tib. chu dron can; BHSD,Tapoda;方広「温泉門」.
20 T2 °vikṣaṃ
21 T1 pratikrāntenālokitaḥ ālokitena; T2 pratikrāntavyavalokitena(N1,N5,C1,C2,H; R.); T3 omits 'pratikrāntena'; T4 pratikrāntenālokitaḥ vilokitena(N3,N4); T5 pratikrānālokitaḥ vilokitena; L.,V. pratikrāntena vyavalokitena. cf. N2,B pratikrānte vyavalokitena; A(L.'s Varianten) °lokitavilokitena; Tib. ldog pa daṅ / mdun du lta ba daṅ / gyas gyon du lta ba daṅ / .
22 T1,T4 sammijitena; T2 sammiñjitena(R.); T3 sasmijitena; T5 sasmiṃjitena
23 T1 °yaiḥ 24 T1 ca bahigatena; R. avahir°
25 T1 nimmitavat; T5 nirmmitavart 26 T1,T5 °dharaved
27 T1,T3~5 omit 'ṃ'. 28 T1 paśyat; T3 pasyat; T5 paśyas
29 T1,T3~5 omit 'māṃ'(N2,N3); T2 inserts(N1,N4,N5,C1/H; R.,L.,V.). cf. Tib. has no word corresp. to 'māṃ'
30 T3 omits 'ha'. 31 T2 °yāḥ(R.)
(32…32) T1,T4 kiṃścid(N3); T3 kaścid; T5 kiṃśud(?). cf. N1/H kiṃ svid; N4 kiścid.
33 T3 brahma 34 T2 °indra(R.,V.); T3 °indraḥ
(35…35) T1,T4 ahocid; T2 āho svid(R.); T3 ahaścid; T5 'hościd. cf. N1/H 'ho svid; N3 'hośvid; N4 ahościd.
36 T1 vaiśravaṇo(N1/B,N3; L.,V.); T2 °śravaṇa(R.); T3,T4 °maṇaḥ(N4). cf. H °śramaṇo.
(37…37) T1 'hocit; T2 āho svit(R.,V.); T3,T4 ahościt(N4); T5 'hościt(N3). cf. N1/H 'ho svit.
38 T1 kiṅ; T2 kiñcit(N4,H; R.); T3 kaścit; T4 kiṃd; T5 omits. cf. N1,C2,B kiṃcit; N2 kiñcid; N3 kid(?); N5 kiṃcita; C1 kiṃścit.
39 T5 gīrīdevatāsti haivataṃ. cf. N3 hirihaivataṃ; N4 vihaivataṃ.
40 T1,T4,T5 °tejā(N:all,C1,C2,H); T2 °tejaḥ; T3 °tejāḥ(R.); L.,V.,S. °tejo. cf. B °tejo; BHSG,§16.12 & §16.29. 41 T2 °jiyān(R.)
42 T2 śānta°(R.,L.,V.,S.). cf. N2,H °mana; N3,N4 sānta°. 'sāntamanu' is not metrical because it is short of 1 mora.
43 T1 iryyā°(N1,N5,C2); T5 irya°(N2,B; L.). cf. N3 iryā°; N4 īryya°; C1,H iryyā°.
44 T1,T4,T5 viharata
45 T2~4 rajani(N1/H,N4; R.,L.,V.,S.); T5 raja(N3). cf. BHSG,§9.23.
46 T1 vinirggata(N3); T2 vinirgatu(N1,N5,C1/H; R.); T5 nirgata; L.,V.,S. vigatu. cf. N2 vigatu; N4 vinirgata. 47 T3 jñāś ca
48 R.,L. °satvaḥ
49 L.,V.,S. °śaniyaṃ. cf. All mss. °śanīyaṃ(though it is unmetrical).
50 T4 nivāśayitvā 51 T2,T5 pātra(N3,N4; R.,L.,V.,S.)
52 T1,T2,T4 pratigrahīya(N1,N3,C1,C2,B; R.). cf. N2 pragrahīya; N4,H pratigṛhīya; N5 pratigahīya.
53 T2 sthiramānasena(N2; R.); L.,V.,S. nīcamāno. cf. N1,C1,C2 omit 'nīca'; N3~5,B,H nīccamānasena. 'nīcamānasena' seems to be unmetrical. (54…54) T3 °pātaṃ; R.,L. sapiṇḍa°(V. °tram)

3. kanakam iva sudhātu[1] jātarūpaṃ
kavacitu lakṣaṇi[2] triṃśatā dvibhiś[3] ca,
naragaṇa tatha nāri prekṣamāṇā[4]
na ca bhavate[5] kvaci[6] tṛpti darśanena.

4. vīthī[7] racita[8] ratna[9]vastradhānyair[10]
avaśiriyā[11] janu yāti pṛṣṭhato 'sya,
ko nu[12] ayu adṛṣṭapūrvasattvo[13]
yasya prabhāya[14] puraṃ vibhāti sarvaṃ[15].

5. upari sthihiya[16] nāriṇāṃ[17] sahasrā(ḥ)[18]
[(19...]tatha-r-iva dvāri[...19)] tathâiva vātayāne,
rathya[20] bharita[21] [(22...]śūnya gehi[...22)] kṛtvā
[(23...]naravaru prekṣiṣu[...23)] te ananya[24]karmā[25].

6. na ca bhuyu[26] krayavikrayaṃ[27] karontī[28]
na ca puna[29] soṇḍa[30] pibanti[31] madyapānaṃ[32],
na ca gṛhi[33] na ca vīthiye[34] ramante[35]
puruṣavarasya nirīkṣamāṇa[36] rūpāṃ[37].

7. puruṣa[38] tvaritu[39] gatva rājageham[40]
avaciṣu rāja sa bimbisāra[41] tuṣṭo[42],
deva parama tubhya labdha lābhā
svayam[43] iha brahma pure carāti[44] piṇḍaṃ[45].

241 8. keci[46] avaci śakra devarājo
apari bhaṇanti suyāma[47] devaputraḥ,

1 T1 sudhāsu; T3 sudhāṃtu; T4,T5 sudhānu(N3,N4). cf. N1/H sudhātu. sudhāta = sudhauta. cf. Lv., Chap. 15, Gāthā No.32.
2 T2 lakṣaṇa°(N1,N2,N5,C2,B; R.,L.,V.,S.). cf. N3 lakṣaṇi; N4 lakṣaṇī; C1,H lakṣaṇaṃ.
3 T2 dvitīś; R. dvitiś. cf. N5,H dvitiś; B dvitiñ.
4 T2 °māṇau(R.); L.,V.,S. °māṇo. cf. N1,C1,C2 °māṇai; N2,N5,B °māṇe; N3,N4 °māṇā; H °māṇo.
5 T2 bhavata(R.)
6 T1 kvaccit; T2,T4,T5 kvacit(N3,N4). m.c. kvaci.
7 T2 vīthi(R.,L.,V.,S.). cf. All mss. except T2 vīthī. m.c. vīthi.
8 T2 racitaṃ(N4; R.)
9 T1,T3~5 rakta°(N3,N4). cf. Tib. rin chen (= ratna).
10 T1 °vastrayair; T2 °vastradhāryyaiḥ(N1,N4,C1,C2,H °dhāryyair; R.); T4,T5 °vastradhāryair(N2, N3,B); L.,V. °vastradhāryai(S. °vastra dhāryai). cf. N5 °vastradhāryer; Tib. ḥbrus (= dhānyair).
11 T1 iva śiriyā; T5 °riyāṃ. cf. BHSD,avaśirati(1).
12 T1,T4 insert 'abhu'(N3,N4); T3 inserts 'syabhu'; T5 inserts 'yabhu'.
13 T5 °satvā; S. adṛṣṭipūrva°
14 T2 prabhā[omits 'ya'](R.)
15 V. sarvam
16 T2 sthihiyaṃ
17 T2 nārīṇāṃ(N4; R.). cf. H nāriganāṃ.
18 T1,T5 sahasrāṃ(N3,N4); T2 sahasrāḥ(N1/H; R.,L.,V.,S.); T3,T4 sahasrā
(19…19) T2 tatha siddvāri(R.). cf. N1,C1,C2,B tatharivavuddvāri; N4 tathasivadvāri; N5 tatha 'rivevudvāri.
20 cf. N1,C1,C2 rathā; N4 rathye.
21 T1,T3,T4 bhari[omit 'ta'](N3,N4)
(22…22) T2 gehaṃ śūna(R.); T3 śūnya geha; L.,V.,S. gehi śūnya. cf. N1/H geha śūnya; N3,N4 śūnya gehi.
(23…23) S. nakhara prekṣitu
24 T5 'nanya°
25 T2 °kāmā(R.); L.,V.,S. °karmāḥ. cf. N1/H °kāmāḥ; N3,N4 °karmmā.
26 T2 bhūyu((R.,S.)
27 T2 °vikriyaṃ; R. °vikraya
28 T1 emends 'karonti' to 'karontī'; T2 karoti(N1,C1,C2; R.). cf. N2,N5,B,H karonti; A(L.'s Varianten) karotī.
29 T2 punaḥ(R.)
30 T2,T5 saunda(N1/H; R.,L.,V.,S.). cf. N3 soṇḍa; N4 sauṇḍi. soṇḍa = śauṇḍa.
31 T2 vipanti; T5 pibaṃti; R.,L. pivanti
32 T2 omits 'madya'(R.); V. °pānam
33 T2 gṛhī(R.); T5 gṛhita
34 T2 vithīye(R.)
35 T3 ramaṃte
36 T1,T5 °māna(N3,N4); T3 nirīṣyamāṇa
37 T1,T4,T5 rūpān(N3); T2 rūpaṃ(N1/H; R.,L.,S.; V. rūpam). cf. N4 rūpām.
38 T2 tvaritva(R.). cf. H tvaṃri.
39 T2,T5 gacchitva(N5; R.); T3 gaccha; L.,V.,S. gacchi. cf. N1,N3,N4,C1,C2,H gatva; N2 gacchitvatva; B gacchatva.
40 T5 rājagṛhaṃ
41 T2 bimbasāra
42 T2 tuṣṭaḥ(R.)
43 T1 svayaṃm
44 T2 caroti(R.); T4 carāpi
45 V. piṇḍam
46 T2 kecid; R. kecit
47 T5 sayāmu

tatha[(1...] api[...1)] saṃtuṣitaś[2] ca[3] nirmitaś câpy[4]
apari[5] bhaṇanti sunirmiteṣu[6] devaḥ.

9. keci[7] puna[8] bhaṇanti candrasūryau
tatha[(9...] api[...9)] rāhu[10] baliś[11] ca vemacitrī,[12]
keci[13] puna[14] bhaṇanti vācam evaṃ[15]
ayu so pāṇḍavaśailarājavāsī.[16]

10. vacanam ima[17] śruṇitva[18] pārthivo 'sau
parama-udagramanā[19] sthito[20] gavākṣe,
prekṣati varasattva[21] bodhisattvaṃ
jvalatu śirīya[22] sudhātu kāñcanaṃ[23] vā.

11. piṇḍa[24] dadiyu[25] rāja bimbasāraḥ[26]
puruṣam avoca[27] nirīkṣa kva prayātī,[28]
dṛṣṭva[29] girivaraṃ sa gacchamāno[30]
avaciṣu deva gataḥ sa śailapārśvaṃ.[31]

12. rajani vinirgata[32] jñātva bimbisāro[33]
mahatajanaiḥ[34] parivārito narendraḥ,[(35...]
upagami[...35)] pāṇḍavaśailarājamūle
śiriya[36] jvalantu[37] tam addṛśāti[38] śailaṃ.[39]

13. caraṇi[40] vrajitu[41] yāni oruhitvā
paramasugaurvavu[42] prekṣi bodhisattvaṃ,[43]
merur iva yathā hy akampyamāno[44]
nyasiya tṛṇāni niṣaṇṇa[45] so[(46...] narendraḥ.[...46)]

(1…1) T1 tathā api(N4); T2 tathā 'pi(R.); T5 tathāpi(N1/H,N3)

2 T1,T4 °tuṣitas(N3); T2,T5 °tuṣita(B,H; R.); L.,V.,S. °tuṣitaṃ. cf. N1,N2,N4,C1,C2 °tuṣitaṃ.

3 T1,T4 va(N3,N4; L.,V.,S.); T2,T5 omit 'ca'(N1/H; R.).

4 T5 cā 'py; L.,V.,S. ca. cf. N4 cā°; Other mss.(than T5,N4) cāpy.

5 T1,T4 ari[omit 'pa'](N3). cf. N4 °pari(i.e. cāpari).

6 T1,T5 sunirmmite sa; T2 sunirmmitiṣu(R.); T3,T4 sunirmite sa. cf. N3 sunirmmite ma; N4 sunirmmitesu; A(L.'s Varianten) °rmmito sa; BHSD,Sunirmita; Tib. rab ḥphrul;方広「他化主」.

7 T1,T2 kecit(N4; R.)

8 T2,T3~5 punar(N3,N4; R.). m.c. keci puna.

(9…9) T1,T5 tathāpi(N1/H,N3; R.); T2 tathā 'pi; L.,V.,S. tathapi. cf. N4 tathā api.

10 T2 inserts 'ca'(N1/H; R.,L.,V.,S.). cf. N3,N4 omit 'ca'.

11 T2 rāhur(R.); T3 rā[omits 'hu']. cf. BHSD,Rāhu & Vemacitra.

12 cf. H lacks from here(vema-) to the end of Gāthā No.11. See below(Note 31).

13 T2 kecit(N4; R.)

14 T1,T2,T4,T5 punar(N3,N4; R.). m.c. puna.

15 T5 evam

16 T1 pāṇḍarasaira°; T5 pāṇḍavasaira°

17 T2 imu(N1/B; R.,L.,V.). cf. N3 ima; N4 imaṃ; BHSG,§21.55.

18 T2 śruṇitvā(N1,N5,C1,C2; R.); L.,S. śuṇitva. cf. N2~4,B śruṇitva.

19 T2 °manāḥ(R.)

20 T3 sthite

21 T2 varaṃsatva

22 T3 śarīya

23 T1 °canam; T3,T4 kāṃcanaṃ

24 T2 piṇḍaṃ(R.)

25 T2 dadiya(N1/B; R.,L.,V.,S.). cf. N3 dadiyu; N4 dadiyuḥ; BHSG,§43(p.215). We regard 'dadiyu' as opt. 3 pl. form of √dā.

26 T2 vimbasāraḥ(R.); T3,T5 biṃbasāraḥ(N1,C1,C2,B); V. bimbisāraḥ; S. bimba(?mbi)sāraḥ. cf. N2,N4 bimbasāraḥ; N3 bibasāraḥ; N5 biba 'sāraḥ; BHSD,Bimbisāra. It is proper to read 'bimbisāraḥ', but no ms. supports it.

27 T1 avocat['t' is marg.]; T2 avocan(R.,L.,V.,S.). cf. N1,N3,N5,C1,C2 avoca; N2,B avoya; N4 avocat; BHSG,§32.114.

28 T2 prayāti(N1/B,N4; R.,S.); T3 omits 'pra'.

29 R. dṛṣṭvā

30 T2 °mānaḥ(R.)

31 T3 śailā°; V. °pārśvam. cf. N3 °pārśveṃ; N4 °pārśve. cf. H lacks from 'vema-'(of Gāthā No.9) to here(-pārśvaṃ). See above(Note 12).

32 T2 vinirgatu(N1/H; R.); L.,V.,S. vigatu. cf. N3 vinirggata; N4 vinirggataṃ. 'vigatu' is fit for meter, but no ms. supports it.

33 T2 bimbasāro; T3~5 biṃbi°(N1,N3,C1/H). cf. N2,N4 bimbisāro; N5 obscure.

34 T2 mahatijanaiḥ(H mahatī°; R.). cf. N1,N2,C1,C2 jahatijanaiḥ; BHSG,§18.32.

(35…35) T1 narendropagaṇi; T4 narendraḥ upagaṇi(N3,N4); T5 narendraḥ upaśami

36 T2 śirīya(R.); T3 śiri[omits 'ya']

37 T3,T5 jvalaṃtu

38 T1 andaśāti(N3); T2 adṛśāti(N1/H; R.,L.,V.,S.); T3,T5 aṃdṛśāti; T4 addaśāti. cf. N4 andṛśāti (*or* addṛśāti?); BHSG,§32.58. m.c. adṛśāti or addaśāti(possibly andṛśāti?).

39 V. śailam

40 T2,T5 dharaṇi(N2,N4,C1/H; R.,L.,V.). cf. N1 dharaṇī; N3 caraṇi; Tib. rkaṅ gis.

41 T1,T5 vrajatu(N3,N4); T2 vrajita(N1/H; R.)

42 T1 paramagauravu(N3); T2 °gaurava(N1,N5,C1/H; R.,L.,V.,S.); T3,T4 parasugauravu; T5 paramasagauravu. cf. N2 parasugaurava; N4 paramagaurava?; Tib. mchog tu gus pas.

43 V. °sattvam

44 T1,T3~5 akaṃpya°(N3,N4); T2 akampa°(R.,V.)

45 T3 niṣarṇṇo

(46…46) T2 savastike narendraḥ(R.); L.,V.,S. sostikena. cf. N1,N2,C1,C2,B sostikena; N3, N4 so narendraḥ; N5 sostikenā narendraḥ; H svastikena; Tib. skyil mo kruṅ ḥdug pa (= sostika); BHSD, sostika.

14. śirasi caraṇi[1] vandayitva rājā
vividhakathāṃ [(2...]samudāharitva 'vocat,[...2)]
dadami tava upārdhu[3] sarvarājyād[4]
rama[5] iha kāmaguṇair[6] [(7...]ma aśnu piṇḍaṃ.[...7)]

15. prabhaṇati[8] ⟨gira⟩[9] bodhisattva[10] ślakṣṇā⟨ṃ⟩[11]
dharaṇipate ciram āyu[12] pālayasva,[13]
aham api[14] pravijahya rājyam iṣṭaṃ
pravrajito[15] nirapekṣi[16] śāntihetoḥ.[17]

16. [18]daharu taruṇayauvanair[19] upetaḥ[20]
śubhatanuvarṇanibho 'si vegaprāptaḥ,
vipuladhana[21] pratīccha[22] nārisaṃghaṃ[23]
[24]iha mama[25] rājyi[26] vasāhi bhuṅkṣva[27] kāmān.[28]

17. paramapramudito[29] 'smi darśanāt[30] te
avaci[31] sa māgadharāja[32] bodhisattvaṃ,[33]
bhavahi[34] mama sahāyu sarvarājye[35]
ahu tava dāsye[36] prabhūta[37] bhuṅkṣva[38] kāmān.[39]

18. mā[40] ca puna[41] vane vasāhi śūnye
ma[42] bhuyu[43] tṛṇeṣu vasāhi[44] bhūmivāsaṃ,[45]
paramasukumāru[46] tubhya[47] kāyo[48]
iha mama rājyi[49] vasāhi bhuṅkṣva[50] kāmān.[51]

242 19. prabhaṇati gira[52] bodhisattva[53] ślakṣṇām[54]
akuṭila premaṇiyāṃ[55] hitânukampī(ṃ),[56]

1 T1 varāṇi; T2 caraṇa(R.)
(2...2) T2 °haritvā 'vocat(R.); L.,S. °haritvavocat; V. °haritva vocat
3 T1,T4 upārthu(N3); T2 upārddhaṃ(R. omits 'ṃ'); L. upādhu[misprint?]. cf.N4 upārdhu; BHSD,upārdha.
4 T1,T4,T5 °rājyā[omit 'd'](N3,N4)
5 T1,T4 druma(N3,N4). cf. Tib. spyod(= rama).
6 T1,T5 omit 'r'(H).
(7...7) T1 aśvadiṇṇaṃ; T2 ahaṃ ca piṇḍaṃ(R.,L.,V.); T3 ma aśvapiṇḍaṃ; T4 ya aśvapiṇḍaṃ; T5 aśvapiṇḍaṃ(N3,N4); S. ahaṃ ma piṇḍaṃ. cf. N1/B ahañ ca piṇḍaṃ; H tehaṃ ca piṇḍaṃ; Tib. ma ḥphan; BHSG,§28.58. We regard 'aśnu' as impv. 2 sg. form of √aś.
8 T1,T3~5 prabhaṇi(N3,N4)
9 T1,T5 omit 'gira'(N3,N4); T2 giri(N1/H; R.,L.,V.,S.); T3,T4 sa. cf. Tib. tshig(= gir). It is proper to read 'gira' in accordance with the style of Gāthā No.19a(See below) though no ms. supports it.
10 T2 °satvaḥ(R. °sattvaḥ); T3 °satvu
11 T1,T4,T5 ślakṣṇā(T3 sla°; N3,N4); T2 ślakṣṇaṃ(N1/H; R.,L.,V.,S.)
12 T2 āyuḥ
13 T3 °yaśva
14 T3 a[omits 'pi']
15 T5 pravajito
16 T3 °pekṣa
17 T2 omits 'ḥ'.
18 T5 inserts 'sa prāha'. cf. L(L.'s Varianten) inserts 'rājāha'.
19 T2 dahara°(R.)
20 T1 °yauvaner; T4 °yovaner
21 T1 vipuradhara; T4,T5 vipuladhara. cf. Tib. nor(= dhana).
22 T1 emends 'prati' to 'pratī'.
23 T1 nārīsaṃ°
24 T2 inserts 'tu'(R.).
25 T5 masa
26 T2 rājye
27 T1,T4,T5 bhuṃkṣva; T3 bhukṣva
28 T1 kāmāt(N:all,C1/H); L.,S. kāmāṃ; V. kāmām
29 T5 omits 'to'. cf. H °mudita.
30 T2~4 darśanān(N3,B,H); T5 darśanāṃ. cf. N1/C2,N4 darśanāt.
31 T2,T5 avaciṣu(N1/H; R.); L.,V.,S. 'vaciṣu. cf. N3,N4 avaci.
32 T3 °rāji. cf. B °rājā.
33 V. °sattvam. cf. H °satvo(?).
34 T1,T3,T4 tava hi(N3,N4); T2 bhava hi(R.). cf. N1/H bhavahi; Tib. mdsod cig.
35 T1 °rājyo(N3,N4); T2 °rājyaṃ(N1/H; R.,L.,V.,S.); T4 °rājyā
36 T4,T5 dāsya(N3,N4,H); L.,V.,S. dāsyi. cf. N1/B dāsye. 'e' should be counted as metrically short.
37 T5 °bhūtaṃ(T2?; N4; R.)
38 T1 bhukta; T3,T5 bhukṣva; T4 bhuṃkṣva(N3,N4)
39 L.,V.,S. kāmāṃ. cf. N1/H,N3 kāmān; N4 kāmāt.
40 T4 repeats this gāthā as a whole(i.e. from 'mā' to 'kāmān').
41 T2 punar(R.)
42 T2,T5 mā(R.)
43 T2,T5 bhūyu(R.); T4 nuyu(N3,N4)
44 T5 cāsaṃvāhi
45 V. °vāsam
46 This line is unmetrical, for it drops 1 mora.
47 T1 °kumāruṃ(?); S. ṣamasukumāra. cf. N1,C1,C2 paramakusumāru.
48 T2 kāyaḥ(R.). cf. B kāyā.
49 T1 rāji; T2 rājye
50 T1 bhuṃkva; T2 bhukṣva; T3 bhuṃkṣa; T4,T5 bhuṃkṣva(N3,N4)
51 L.,V.,S. kāmāṃ. cf. N1,N2,C2,B,H kāmāṃ; N3,N4 kāmān; N5,C1 kāmā.
52 T2 giri(R.,L.,V.,S.). cf. N1/H giraṃ; N3,N4 gira.
53 T2 °satvaḥ(R. °sattvaḥ)
54 T1 ślaṣyām(N3); T2 ślakṣṇaṃ(R.,L.,V.,S.); T3 slakṣṇām; T4 ślavyām. cf. N4 ślakṣṇām.
55 T2 °maṇīyāṃ(N2; R.); T5 °maṇiyā(L.,V.,S.). cf. N1/H,N3 °maṇīyāṃ.
56 T1 °kampīṃ; T2 °kampī(R.,L.,V.; S hitā 'nu°); T3,T5 °kaṃpī(N1/B,N3); T4 °kaṃpīṃ(N4). cf. H °kampi.

svasti dharaṇipāla[1] te ’stu nityaṃ
na ca ahu[2] kāmaguṇebhir arthiko ’smi.

20. kāma[3] viṣasamā anantadoṣā[4]
naraka[5] prapātana[6] pretatiryayonau,[7]
vidubhi[8] vigarhitā[9] câpy[10] anārya kāmā[11]
jahita[12] mayā yatha[13] pakvakheṭapiṇḍaṃ.[14][15]

21. kāma drumaphalā yathā patantī[16]
yatha-m-iva[17] abhra valāhakā[18] vrajantī,[19]
adhruva capalagāmi mārutaṃ[20] vā
vikiraṇa[21] sarvaśubhasya[22] vañcanīyā.[23]

22. kāma[24] alabhamāna[25] dahyayante[26]
tatha[(27…] api[…27)] labdhu[28] na tṛpti vindayantī,[29]
yadi[30] puna(r)[31] avaśasya[32] bhajyayante[33]
tada mahaduḥkha janenti ghora[34] kāmāḥ.

23. kāma dharaṇipāla ye ca divyā[35]
atha[36] api mānuṣa kāma ye praṇītā,[37]
eku naru labheta[38] sarvakāmā⟨ṃ⟩[39]
na ca so tṛpti[(40…] labheta[…40)] bhūya[41] eṣan.[42]

24. ye tu dharaṇipāla[43] śānta[44] dāntā[45]
ārya[(46…] anāśrava[…46)] dharmapūrṇasaṃjñā,[47]
prajñaviduya[48] tṛpta te[(49…] sutṛptā[…49)]
na ca puna kāmaguṇeṣu[50] kāci[51] tṛptiḥ.

1 T2 dharaṇīpāla(R.)
2 T2 ahaṃ(R.)
3 T2 kāmaṃ(R.)
4 T1 anantādoṣā; T3 °doṣāḥ
5 T2 narake(N4; R.)
6 T3 omits 'na'. cf. H °pātane.
7 T1 °tiryyayonau(N3); T2 °tiryyagyonau(N1,N4,N5,C1,C2; R.); L.,V.,S. °tiryagyonau. cf. N2,B,H °tiryagyonau; BHSD,tirya. tirya = tiryag.
8 T2 vidubhir(R.)
9 L.,V.,S. °hita. cf. N5 vimahitā; Other mss. vigarhitā. 'vigarhita' seems fit for meter, but no ms. supports it.
10 T1 vāpy
11 T2 kāmāḥ(R.)
12 cf. B garhitu; H garhita.
13 V. yathā
14 T1 hṛkva°. cf. BHSD,pakva.
15 V. °piṇḍam
16 T1,T4 petaṃtī(N3); T2 patanti(N4; R.)
17 T1 yathamivaṃ; R. yathā iva. cf. N3 yathānivam.
18 T3 valahakā; R. balāhakā(V. °balā°)
19 T1 emends '-janti' to '-jantī'; T2 °janti(R.,V.); T4,T5 vrajaṃtī(N3)
20 T1 nārum; T4 māru(marg. taṃ). cf. N3 nāruṃ; N4 māruṃ.
21 T3 vikaraṇa. cf. BHSD,vikiraṇa.
22 T3 sava°[omits 'r']
23 T2 °nīyāḥ(R.); T3,T4 vaṃca°
24 T2 kāmam(R.)
25 T2 °mānā(R.)
26 T2 dahyante(R.); T3 °yaṃte(T4?)
(27…27) T1,T5 tathā pi; T2 tathā 'pi(R.)
28 T1 laghu; T2 labdhā(R.); V. labdha
29 T2 °yanti(R.); T3,T5 °yaṃtī(T4?; N3). cf. N4 °yantī; BHSG,§38.9.
30 T2 yadā(R.); L.,V.,S. yada. cf. N1/H yada; N3,N4 yadi; Tib. gaṅ tshe.
31 T1,T4,T5 puna(N1/C2,N3,H; L.,V.,S.); T2 pure(B; R.); T3 punar. cf. N4 pune.
32 S. avaśya[misprint?]
33 T1 bhaijyayante; T2 tajjayante(R.); T3 bhajyayanta; T4 bhajyayaṃte; T5 bhakṣayaṃte(N3); L., V.,S. bhakṣayante. cf. N1,C1,C2 bhakṣante; N2,N5,B,H bhakṣayante; N4 bhajyayante.
34 T1 ghola
35 T2 divyāḥ
36 T2 tatha(R.,L.,V.,S.); T4 emends 'atha' to 'tatha'(N4). cf. N3 atha.
37 T1 praṇitā; T2,T3 °ṇītāḥ(R.)
38 T2 labheti(N1/H; R.)
39 T1,T3~5 °kāmā(N3); T2 °kāmāṃ(N1/H,N4; R.,L.,V.,S.)
(40…40) T4 labheta tṛpti(T1 --- tṛptiṃ; N4); T5 ca bho 'tṛpti. cf. N3 labhota tṛpti.
41 L.,V.,S. bhūyu. cf. N1/B bhūyu(H?); N3,N4 bhūya.
42 T1 eṣaṃ(T4?; N3,N4); T2 yeṣaḥ; T3 eṣat; T5 eṣa; R. eṣaḥ. cf. BHSG,§43(p.205).
43 T2 dharaṇīpāla(R.)
44 T1,T4,T5 sānta(N3,N4); T3 śāntu
45 T5 dāṃtā; R. dāntāḥ
(46…46) T2 āryānāśrava(R.)
47 T2 °sañjñā(R. °jñāḥ)
48 T2,T4 °viduṣa(N2,N4,N5,B,H; R.,L.,V.,S.). cf. N1,C1,C2 °viduḥkha; N3 °viduya; BHSG,§16.52.
(49…49) T1,T3~5 teṣu tṛptā; T2 te sutṛptāḥ(R.)
50 T5 omits 'ṣu'.
51 T2 kācit(R.)

25. kāma dharaṇipāla[1] sevamānā
purima[2] na vidyati[3] koṭi[4] saṃskṛtasya,
lavaṇajala[5] yathā naro[(6...] hi[...6)] pītvā[7]
bhuyu[8] tṛṣa[9] vardhati kāmasevamāne.

26. api ca dharaṇipāla paśya kāyaṃ[10]
adhruvam asāraku duḥkhayantram[11] etat,
navabhi[r][12] vraṇamukhaiḥ[13] sadā śravantaṃ[14]
na mama narâdhipa kāmachandarāgaḥ.[15]

27. aham api vipulāṃ[16] vijahya kāmāṃ[17]
tatha[(18...] api[...18)] istrisahasradarśanīyāṃ,[19]
anabhiratu[20] bhaveṣu nirgato[21] 'haṃ
paramaśivāṃ[22] varabodhi prāptukāmaḥ.[23]

(rājâha)[24]

28. katamadiśi[25] kuto[26] "gato[(27...] 'si[...27)] bhikṣo
kva ca tava janma kva te pitā kva mātā,
kṣatriya-m-atha[28] brānmaṇo 'tha[29] rājā
parikathi[30] bhikṣu yadī[31] na bhārasaṃjñā.[32][33]

243 (bodhisattva āha)[34]

29. śrutu[(35...] 'ti[...35)] dharaṇipāla[36] śākiyānāṃ[37]
kapilapuraṃ paramaṃ sa-ṛddhisphītaṃ,[38][39]
pitu mama śuddhodano[(40...] 'ti[...40)] nāmnā
tatu[41] ahu[42] pravrajito[43] guṇâbhilāṣī.[44]

1 T2 dharaṇīpāla(R.) 2 R. purimanu
3 R. vidyāti° 4 T5 ko[omits 'ṭi']
5 T1 lavaṇūjala(?): T3 lavaṇu jala(N3); T4 lavaṇv ajala; T5 valanajala. cf. N4 lavaṇajala.
(6…6) T1,T4,T5 hi naro(N:all,C1/H;); T2 hi nara(R.); T3 nare hi; L.,V.,S. hi nāru. 'hi naro' is unmetrical. Metrically we read 'naro hi' though no ms. supports it.
7 T2 pitvā(N4,H; R.,L.,S.). cf. N1/B,N3 pītvā; BHSG,§43(p.220).
8 T2 bhūyu; R. bhūya 9 T2 tṛṣu(R.)
10 T5 kāyam 11 T:all °yaṃtram
12 T1 nacabhir; T2 nabhavarbhi; T3,T4 navabhir(N2~5,H; R.); T5 vabhir[omits 'na']; L.,V.,S. navabhi. cf. N1,C1,C2,B navabhi.
13 T5 °mukhai[omits 'ḥ']. cf. N1,C1,C2,B vrīṇa°.
14 T1,T3,T4 śravaṃtaṃ; T5 śravaṃ; V. sravantaṃ
15 S. °chanrāgaḥ[omits 'da'](misprint?)
16 T2 vipulān(R.); T4 vipulā 17 T2 kāmān(R.)
(18…18) T2 tathā 'pi ca(R.); L.,V.,S. tathapi ca. cf. N1/H tathāpi ca; N3,N4 tatha api; A(L.'s Varianten) tathā api.
19 T2 °sahasrān darśanīyān(R.); V.,S. °sahasra darśa°
20 T2 anabhiranu°(R.); T5 °bhirata 21 T1,T5 nirgganto
22 T5 palama° 23 T3 °kāmāḥ
24 T1 omits 'rājāha'[marg. rājā]; T2,T5 rājā prāha(R.); T3 omits(N3); T4 omits[marg. rājāha]; L.,V. insert 'rājā āha'. cf. N1/H rājāha; N4 rā[omits 'jāha'].
25 T2 katamadiśaṃ(R.); V.,S. katama diśi 26 T1 kuta; T5 kutā(N3)
(27…27) T1~3 gato si(N4; R.,L.,V. --- 'si); T4 si[omits 'gato'](marg. agato?); T5 gatāsi. cf. N3 si[omits 'gato']; Tib. byon. Our description("gato 'si) agrees with S..
28 T2 kṣatriya atha(R.,L.,V.,S.). cf. N3,N4 kṣatriyam atha.
29 T2 inserts 'vā'(R.).
30 T1 parikathita; T2 parikatha(N1/H; R.,L.,V.,S.). cf. N3,N4 parikathi; BHSD,parikathā; Tib. gsuṅs. We regard 'parikathi' as opt.(*or* impv.) 2 sg. form of 'parikatheti'.
31 T4 emends 'yadi' to 'yadī'; T5 yadi(N4). cf. N3 yadī.
32 T3,T5 cāra° 33 T2 °sañjñā(R.)
34 T2 inserts 'bodhisatva āha'(N1/H; R.,L.,V. °sattva āha); T3,T5 omit(T1 'bhikṣu' is marg.; T4 'bodhisatva' is marg.; N3). cf. N4 bo[omits 'dhisattva āha'].
(35…35) T1,T5 śru śruti(N3); T2 śruteti(R.); T3 śrutu ti(L.,V.,S.); T4 śruṇu ti. cf. N1,N4,C1,C2 śrute ti; N2 śrata ti; N5 śrata śruti; B śṛṇu ti; H śruta ti; A(L.'s Varianten) śruśruti ti.
36 T2 dharaṇīpāla(R.) 37 T3 °yāṇāṃ
38 T2 suṛddhi°(N1/H; R.,L.,V.,S.); T4 saṛddha°(N3); T5 saṃṛddha°. cf. N4 suṛddha°.
39 V. °sphītam
(40…40) T1,T4,T5 śuddhodano ti(T3 suddho°; N3,N4); T2 °daneti(R.,L.,V.,S.)
41 T1,T3~5 tanu(N4,B; L.,V.,S.); T2 sutu(R.). cf. N1,C1 tate; N2 ta; N3 tatu(*or* tanu?); N5 omits; C2 tete; H tata?; BHSD,tanu; Tib.der(= tatas). 42 T4 emends 'anu' to 'ahu'; T5 anu ahu
43 T5 pravajito 44 T4 guṇobhilāṣī

(rājâha[1])

30. sādhu tava sudṛṣṭa[2] darśanaṃ[3] te
yatu[4] tava janma vayaṃ [(5...]'pi tasya[...5)] śiṣyā,[6]
api ca mama kṣamasva[7] āśayenā[8]
[(9...]ya maya[...9)] nimantritu[10] kāmi[11] vītarāgo.[12]

31. yadi tvaya anuprāpti[13] bhoti[14] bodhis[15]
tada mama[16] [(17...]bhoti vibhakti[...17)] dharmasvāmin,[18]
api ca mama parā[19] sulabdha lābhā
mama vijite vasasîha[20] yat svayaṃbho.[21]

32. punar[22] api caraṇāni[23] vandayitvā[24]
kṛtva[25] pradakṣiṇu gauraveṇa[26] rājā,
svakajanaparivārito[27] narendraḥ[28]
punar[29] api[30] rājagṛhaṃ[31] anupraviṣṭaḥ.[32]

33. magadhapuri[33] praveśi lokanātho
vihariya[34] śāntamanā[35] yathâbhiprāyaṃ,[36]
arthu[37] kariya[38] devamānuṣāṇāṃ[39]
upagami[40] tīru[41] nirañjanā[42] narendraḥ.

[(43...]bimbisārôpasaṃkramaṇaparivarto nāma ṣoḍaśamaḥ[...43)]

1 T1,T3 omit 'rājāha'(T4 marg.; N3); T2 rājā āha(R.,L.,V.); T5 se prāha. cf. N1/H rājāha; N4 'rā' is marg.[omits 'jāha'].
2 T3 sadṛṣṭa(T1?; N3)
3 T3 darśanan(N4)
4 T1,T3,T4 yanu(N2~4,H; L.,V.,S.); T2 yattu(R.); T5 nu[omits 'ya']. cf. N1,C2 yena; N5,B yatu; C1 yana; Tib. gaṅ las (= yatas).
(5…5) R. pitasya
6 T2 śiṣyāḥ(R.,L.,V.,S.). cf. N3,N4 śiṣyā.
7 T5 kṣamasya
8 T2 °yena(R.,S.); T3 āsayenā
(9…9) T1 ya mayā; T2 ayam api(R.); T5 yam api?(N4); L.,V.,S. yam api. cf. N1/H yam api. Tib. has no word correep. to 'ya maya'.
10 T2,T3 nimaṃtritu
11 T2 kāma(N1/H; R. °kāma°; L.,V. kāma°; S.). cf. N3,N4 kāmi.
12 T2 °rāgaḥ(R.)
13 T2 lacks from here(anu-) to 'mama' of next line[Note 16].
14 T2 marg. anuprāpti vā(?); R.,L.,V.,S. anuprāptu. cf. N1,N5,C1/H anuprāptu; N2~4 anuprāpti; BHSG,§9.13.
15 R.,L.,V.,S. bodhiḥ. cf. N:all,C1/H bodhis.
16 T1,T3~5 mana(N2~4,B). cf. N1,N5,C1,C2,H mama; Tib. bdag la.
(17…17) T1,T3~5 soti bhoti(N3,N4,B,H); T2 seti bhoti(N2,N5; R.,L.,V.,S.). cf. N1,C2 sobhi bhoti (C1?); Tib. chos kyi bgo bśaḥ mdsod. Contextually we read 'bhoti vibhakti' though no ms. supports it.
18 T1 obscure; T4 °svāmiṃ(N4,B,H; L.,S.); V. °svāmim. cf. N1,C1,C2 °svāmī; N3 °svāmi.
19 All mss. purā(R.,L.,V.,S.). Acc. to Tib.[mchog tu] we read 'parā' though no ms. supports it.
20 T1,T3 vayasīha(T4 emends 'vaya' to 'vasa'); T5 vayasiha. cf. Tib. bshugs pa. Tib. has no word corresp. to 'iha'.
21 T1,T4 svayaṃbhoḥ; T2 °yambho(R.); T5 srayaṃbhoḥ(?)
22 T5 panar
23 T1,T4,T5 caraṇāṇi
24 T4 vadayitvā['da' is marg.]
25 T2 kṛtvā(R.,S.)
26 T5 gaulaveṇa
27 T5 °vālito
28 T1,T4 omit 'ḥ'; T5 nalendra[omits 'ḥ']
29 T1 puna[omits 'r']
30 T1 pi[omits 'a']
31 T1,T2,T5 °gṛham(R.)
32 T3 omits 'anu'.
33 T2 °purī(R.)
34 T5 vihaliya
35 T1,T4 sānta°; T5 māntā°
36 T2 °prāyam(R.,V.)
37 T2,T5 artha(R.)
38 T2,T3 kariye(R.); T5 kariyaṃ
39 T1,T2,T5 °ṣāṇām(R.)
40 T2 upagatu(R.); T5 upagati
41 T1 tiru(?); T2 tīra(R.); T5 mī(?)
42 T3 niraṃjanā; T4 niraṃjano; T5 niraṃñjanā; S. °janāṃ
(43…43) T2 iti lalitavistare bimbasāropasaṅkramaparivartto nāma ṣoḍaśaḥ(R.); T4 biṃbisāropasaṃkramaṇaparivartto nāma śoḍaśamaḥ(T1 omits the second 'ṃ'; T3 --- nāmaḥ --- ; N3); T5 iti bimbisāropasaṃkramaṇapavivartto nāma śoḍaśamaḥ; L.,V. iti śrīlalitavistare bimbisāropasaṃkramaṇapavivarto nāma śoḍaśamo 'dhyāyaḥ(S. iti śrīlalita° --- śoḍaśo 'dhyāyaḥ). cf. N4 bimbisāropasaṃkramaṇapavivartto nāma śoḍadaśamaḥ.

CHAPTER 17

(Duṣkaracaryā-parivartaḥ)

tena khalu[1] punar[2] bhikṣavaḥ samayena udrako[3] [4]rāmaputro[5] rāja-
gṛhaṃ nāma[6] mahānagaram[7] upanisṛtya[8] viharati sma, mahatā[9] śiṣya-
gaṇena[10] sārdhaṃ[11] saptabhiḥ śiṣyaśataiḥ.[12] sa tebhyo naivasaṃjñānāsaṃ-[13]
jñāyatanasahavratāyai[14] dharmaṃ[15] deśayati[16] sma. adrākṣīt[17] khalv api
bhikṣavo bodhisattvo[18] udrakaṃ[19] rāmaputraṃ[20] [(21...]saṃghinaṃ gaṇinaṃ[...21)] ga-
ṇâcāryaṃ jñātam abhīpsitaṃ[22] bahujanapūjitaṃ[23] paṇḍitaṃ[24] sammatam.[25]
dṛṣṭvā câsyâitad[26] abhūt.[27] ayaṃ khalv [(28...]apy udrako[...28)] rāmaputraḥ[29] saṃ-
ghī[30] gaṇī[31] gaṇâcāryaḥ[32] jñāto[33] 'bhīpsito bahujanapūjitaḥ[34][35] paṇḍitaḥ[36] saṃ-
244 mataḥ.[37] na[38] ced aham asyântikam upasaṃkramya vratatapam[39] āra-
bheyaṃ,[40] nâiṣa[41] mamântike viśiṣṭasaṃjño[42] bhaven[43] nâpi [(44...]pratyakṣajñā-
nena[...44)] jñāto bhaven nâpi saṃskṛtānāṃ sâśravānāṃ[45] sopādānānāṃ dhyāna-
samādhisamāpattīnāṃ doṣo datto bhavet.[46] [(47...]ya⟨n⟩ nv[...47)] ahaṃ tathārūpam
upāyam[48] upadarśayeyaṃ[49] yenâite[50] ca pratyakṣā[51] bhaveyuḥ dhyānagocarā-[52]

Variants and Notes

1 T5 ṣaru
2 T1,T3,T4 punaḥ(A); T5 nar[omits 'pu']
3 All mss. rudraka?; R.,L.,V. rudraka. cf. BHSD(Rudraka Rāmaputra), = Udraka R° [Clearly a corruption for Ud°]; 方広「摩羅之子名烏特迦」;普曜「鬱頭藍弗」;Mv(II,p.119ff.) udrako. We regard 'ru' as a confusion of 'u'.
4 T2 inserts 'nāma' (N1/H,N4; R.,L.,V.). cf. Tib. has no word corresp. to 'nāma'.
5 cf. N3 nāma°; H rāja°.
6 cf. N4 omits 'nāma'; Tib. has no word corresp. to 'nāma'.
7 T1,T3,T5 nagaram[omit 'mahā'](T4 °raṃ). cf. N3 omits 'mahā'(A); Tib. groṅ khyer chen por (= mahānagaram).
8 T2 upanihṣṛtya(R.). cf. N4 upaniśritya; C1, C2 upasṛtya; S(L.'s Varianten) °niśṛtya; BHSD,upaniśritya.
9 T3 mahatāḥ
10 T3 °gaṇaiḥ; T5 śiṣye gaṇena
11 T1,T4 sārddhaṃ(R.); T5 sārddhan
12 T4 śiṣyagaṇaiḥ(N3,N4); T5 śiḥṣyaśataiḥ
13 T1 omits 'saṃjñānā'(N3). cf. B 'nāsaṃjñā' is marg.
14 T1 °sahasratāyair; T3 °pratāyai [omits 'saha']. cf. N4 °sahavratāye; N5 °sahasrāpuyai; C2 omits 'yai'; BHSD,sahavratā.
15 T1,T3,T4 °man; T5 dharmma[omits 'ṃ'](N3)
16 T3 °yanti; T5 °yaṃti
17 T1 °kṣit; T3 °kṣī [omits 't']
18 T1,T3,T4 °satvaḥ(N4)
19 All mss. rudrakaṃ? (T5 omits 'ṃ'); R.,L.,V. rudrakaṃ. See above[Note 3].
20 T5 lāma°. cf. N1,N5,C1,C2 nāma°.
(21…21) T1 saṃghe gaṇinaṃ; T2 saṅgheganinaṅ(R.);T3 saṃghai gaṇinaṃ; T4 saṃgha gaṇinaṃ; T5 saṃgheganinaṃ(N5; L.,V.). cf. N1,C1,C2,B saṃghagaṇinaṃ; N2 saṃghamaṇinaṃ; N3 saṃghe gaṇinara; N4 saṃghair gaṇitaṃ; BHSD(gaṇin & saṃghin); Tib. tshogs daṅ ldan pa tshogs can.
22 T5 abhipsitaṃ(H)
23 T2 omits 'jana'(R.).
24 T2,T3,T5 paṇḍita°[omit 'ṃ'](N3,N4; R.,L.,V.)
25 T1 samataṃ; T2 °janasamatam(R.); T3 °sammana; T4 saṃmataṃ(L. °saṃmataṃ; V °saṃmatam); T5 °janasaṃmataṃ(N1,N2,C1/H). cf. N3 °saṃmanaṃ; N4 °samataṃ; N5 °janasamataṃ.
26 T1 omits 'ta'.
27 T1,T4,T5 abhūd
(28…28) T1,T2 T5 api rudrako(R.,L.,V.); T4 apy udrako[emends 'u' to 'ru' in marg.]
29 T1,T4 °putro(N3,N4); T5 namaputro
30 T1,T3~5 saṃghe°(N3~5,H; L.,V.); T2 saṅghe° (R.). cf. N1,N2,C1,C2,B saṃgha°; BHSD,saṃghin.
31 T1,T3,T5 °gaṇe(N3); T2 °gaṇinaṅ(R.); T4 °gaṇinaṃ(N5,H). cf. N1,N4,C1,C2 °gaṇi; N2 °gaṇī; B °gaṇa.
32 T1 ganācā°; T2 °cāyyo(R. °cāryyo)
33 T1 jñātā
34 T1,T4,T5 bahujanaḥ(N3~5,H); T2 omits 'na'.
35 T4 pūjito
36 T2,T4 paṇḍita°(R.,L.,V.); T5 paṃdita°. cf. N2,H paṇḍitaḥ.
37 T1 °samataḥ(N5); T2,T3 °sammataḥ(R.)
38 All mss. sa(R.,L.,V.). cf. Tib. ma brtsams na (= na ārabheyam).
39 T1,T4 omit 'tapa'(N3); T2,T3 omit 'm'(N4); T5 vratapatam
40 T5 ālabheyaṃ
41 T5 naikha
42 T1 °saṃjñā(C1,C2)
43 T2 bhavet(N4; R.). cf. N5,H bhavem; C1 bhavaṃ; C2 bhava.
(44…44) T1,T3,T4 omit(N3,N4); T5 °jñāto jñānena bhaveyī[omit 'nāpi']; T2 --- bhavet yānāti°(R.). cf. N1,N2,C1,C2,B --- bhaveya[omit 'nāpi']; N5 °jñānema jñāto bhaveyā[omits 'nāpi'].
45 T3 sāsravāṇāṃ(T4 sāśra°)
46 T1,T4 bhave[omit 't'](N3); T3 bhaved. cf. N1,N5,C1,C2 bhaveta.
(47…47) T1,T3,T4 yanv(L.); T2 yan nv(R.,V.); T5 yatv. cf. N1,N2,C1,C2 yaṃ nv.
48 T2 upādāya(N1/H,N4; R.); T3 upādāyam(T4 'dā' is marg.); T5 upāyayam. cf. N3 upāyam; Tib. thabs(= upāya).
49 T2 upasandar°(R.); L.,V. upasaṃdar°
50 T5 yenaiva. cf. N2 naite[omits 'ye'].
51 T5 pratyakṣa(N3)
52 T3 °gocara°; T5 °gocalā°

ṇāṃ ⟨ca⟩[1] samāpattyārambaṇānāṃ[2][3] lokikasamādhīnām[4][5] aniḥsaraṇatā[6] darśitā[7] bhavet.[8] [(9...]ya⟨n⟩ nv[...9)] ahaṃ udrakasya[10] rāmaputrasya sakāsam[11] upasaṃkramya[12] svasamādhiguṇaviśeṣôdbhāvanârthaṃ[13] śiṣyatvam abhyupagamya[14] saṃskṛtasamādhīnām[15] asāratām upadarśayeyam.[16]

atha khalu[17] bhikṣavo bodhisattva[18] idam artham[19] adhikṛtya yena udrako rāmaputras[20] tenôpasaṃkrāmad[21][22] [(23...]upasaṃkramya udrakaṃ rāmaputram[...23)] [(24...]etad avocat.[...24)] [(25...]kas te mārṣa śāstā[...25)] kasya vā dharmaṃ[26] deśitam ājānāsîti.[27] evam ukte udrako[28] rāmaputro bodhisattvam[29] evam āha. na me mārṣa[30] kaścic chāstā.[31] api[32] tu khalu punaḥ[33] svayam eva[34] mayêdaṃ[35] samyagadhigatam.[36]

bodhisattva āha. kiṃ bhavatâdhigatam.[37] āha. naivasaṃjñānāsaṃjñāyatanasamāpatter[38][39] mārgaḥ.

bodhisattva āha. [(40...]labhemahi (vayaṃ)[...40)] bhavataḥ[41] sakāsād[42] [(43...]avavādânuśāsanīm[...43)] asya[44] samādher[45] mārgam. [(46...]āha. bāḍham[...46)] astv iti[47] yāvad [(48...]datto 'vavādo[...48)] 'bhūt.[49]

tato bodhisattva ekântaṃ[50] gatvā paryaṅkam[51] ābhujyôpaviśati[52] sma. samanantarôpaviṣṭasya[53] ca bodhisattvasya puṇyaviśeṣeṇa[54] ca jñānaviśe-

1 T1,T3~5 omit 'ca'(N3,N4); T2 inserts(R.,L.,V.). cf. Tib. daṅ(= ca).
2 T1,T3~5 samāpaty°
3 T2 °ālambanānāṃ(R.); T4 °āraṃbaṇānāṃ
4 T2,T5 laukika°(N1/H,N4; R.,L.,V.). cf. N4 lokika°.
5 T1 °ādhināṃ. cf. N4 °ādhīnāṃ; C1,H °ādhināṃm.
6 T1 aniśraka(N3); T2 aniḥśaraṇaṃ(R omits 'ṃ'); T4 aniḥśaranaka['rana' is marg.]; T5 anisaḥraṇaka. cf. N1/H aniḥśaraṇa°; N4 anikaśra; A aniśara°; BHSD, a-niḥsaraṇa.
7 T2 darśitaṃ; T3 darśanā; T5 darśitāṃ. cf. N1 darśino; N2,C1,C2,B darśito.
8 T1,T4,T5 bhaved(N3); T3 bhave. cf. N1,C1,C2 bhaveyu; N2,N4,N5 H bhavet; B bhaveyuḥ.
(9...9) T1,T3~5 yanv(L.); T2 yan nv(R.,V.)
10 T1 °kasyā. Acc. to precedent(the previous page, Note 3) we read 'udraka' (for 'rudraka') though no ms. supports it.
11 T1 śākāsaṃm; T2 sakāśam(R.,V.)
12 T1 upasakraṃmya
13 T1,T5 °viśeṣobhā°[omit 'd']
14 T2 °udgamya(N4; R.). cf. N5 °upagatā.
15 T1 'saṃ' is marg..
16 T1 °yeyaṃm; T2 °yeyaṃ; L.,V. °yeyam iti. cf. All mss. omit 'iti'; Tib. sñam mo (= iti).
17 T1 khalva
18 T3,T4 °satvaḥ. cf. C1 °satvo.
19 T2 arthavaśam(R.,L.,V.). cf. N1/H arthavasam; N3,N4 artham(A); Tib. has no words corresp. to 'vaśa'.
20 T1 omits from here(rāma-) to 'udrako'[Note 28]. cf. N1,C1,C2 nāma°.
21 L. tainopa°[misprint]
22 T2 °samakrāmat; T3 °saṃkrāntamad; R. °saṅkrāmat
(23...23) T2,T5 °kramya rudrakarāma°(N1,C2,H; R.); T3 °kramyrodrakaṃ rāma°; T4 °kramya rudrakaṃ rāma°(N2,B; L.,V.). cf. N3,N4 °kramya rudrakarāmaṇa°; N5 °kramya udrakarāma°; C1 °kramya rudrako rāma°.
(24...24) T3 evam āha
(25...25) T4 repeats(N3,N4); T3 kas te mārṣā sāstā. cf. N1 kasta mārṣaṃ --- (C1 kata---); H kas tava mārṣā ---.
26 T3,T4,T5 dharman(N3~5 dharmman)
27 T2 ājānāsi. ity(R.,L.,V.); T3 ājānāmīty(N2); T4 ājānāmīhy(N3); T5 ājānāmīhīty. cf. N1,N5,C1, C2,H ājānāsyaity; N4 ājānāhi; B ājānāsīty; Tib. has no word corresp. to 'iti'.
Being based on most mss., it is proper to read 'ājānāsīty', but we emend 'ājānāsīti' because this word is placed at the end of sentence.
28 T1 omits from 'rāma-'[Note 20] to here(udrako).
29 T5 bosadhi°
30 T3 mārṣā(N4,H)
31 cf. N4 chāstāṃ.
32 T5 aṣi
33 T5 puṇaḥ
34 cf. N5 yeva.
35 cf. N4 ayaṃ idaṃ.
36 T1,T3,T4 °adhigataṃ(T5 omits 'ga'); L.,V. °adhigatam iti. cf. All mss. omit 'iti'.
37 T1 °gatā; T2 °vatā 'dhigatam(R.); T3,T4 °gata; T5 °gataṃ(L.)
38 T1,T5 ākiñcanyāyatana°(N3); T2 naivasañjñānāsañjñāyatana(R.); T3,T4 ākiṃcanyāyatana°(N4). cf. Tib. ḥdu śes med ḥdu śes med min skye mched (= naivasaṃjñānāsaṃjñāyatana).
39 T5 °samāpate? cf. N4 °samādhisa.
(40...40) T1 omits; T2 vayaṃ labhemahi(R.); T3,T4 labhemahi[omit 'vayaṃ'](N3,N4); T5 rabhemahi[omits 'vayaṃ']; L.,V. labhemahi vayaṃ. cf. C1 kiṃ labhemahi vaya.
41 T1 cetava; T4 ca tava(N3,N4); T5 bhavataṃ
42 T2 sakāśād(R.,V.)
(43...43) T1,T5 avavādanusāsanī(N3); T2 avavādānuśāsanīyasya(R.,L.,V.). cf. N1,C2,B avavādānusāsanīm asya(H?); N2,C1 avavādānusāsanīmesya; N4 avavādīnusāsanī; N5 avavādānusāsanīṃ yasya; BHSD,avavāda; Tib. lacks the word corresp. to 'asya'.
44 T1 saṃmyaksamādhir; T2 samādhe[omits 'r'](C1); T5 saṃsyasamādhye. cf. N3 samyasamādher; N4 samyasamādhyer.
45 T1 mārga[omits 'm']
(46...46) T2 mahāvāḍham(N5; R.); L. āha / vāḍham. cf. H mahāvāḍhas.
47 T5 īti
(48...48) T2 dattovavādo(R.). cf. N5 dattāvarādo; H dattovarādo.
49 T5 bhū(N2). cf. H omits.
50 T1,T4,T5 ekāṃtaṃ(N3,N4)
51 T1 paryyaṃkam(N3); T5 paryakam(N2)
52 T1,T5 ābhujyo praviśati(N4,H); T2 āruhyopaviśati(R.); T3 ābhuṃjyo pravisati; T4 ābhuṃjyo praviśati(N3). cf. N1,C1,C2 °paviṃśati; N2 °paśati. Contextually we read 'upaviśati' for 'praviśati'.
53 cf. H °taropra°.
54 T2 omits 'ca'(N1/ H; R.).

ṣeṇa ca[1] pūrvasucarita[2]caryā[3]phalaviśeṣeṇa ca[4] sarvasamādhiparicaya[5]viśe-
ṣeṇa ca dhyānapramukhāni[6] sarvāṇi[7] laukikāni [lokôttarāṇi][8] samāpatti[9]-
śatāny āmukhī[10]bhavanti sma sākārāṇi[11] saviśeṣāṇi[12] [(13...]yathâpi tac citta-
[...13)]vaśavartitvāt[14].

245 atha (ca)[15] bodhisattvaḥ[16] smṛtaḥ saṃprajānan⟨n⟩[17] utthāyâsanād[18] ye-
nôdrako[19] rāmaputras[20] tenôpasaṃkrāmad[21] upasaṃkramya, udrakaṃ[22] rāma[23]-
putram evam āha. asty anyo[24] 'pi mārṣa kaścid uttare naivasaṃ-
jñānā[25]saṃjñāyatana[26]samāpatter[27] mārgaḥ. so 'bravīn[28] nâstîti.

tato bodhisattvasyâitad[29] abhavat.[30] na khalu udrakasyâivâsti[31] ⟨śrad-
dhā⟩[32] vīryaṃ[33] smṛtiḥ samādhiḥ[34] prajñā, mamâpy asti śraddhā[35] vīr-
yaṃ[36] smṛtiḥ samādhiḥ[37] prajñā.[38]

atha bodhisattva[39] udrakaṃ[40] rāmaputram[41] evam āha. mayâpy eṣa
mārṣa dharmo[42] 'dhigato yatra tvaṃ[43] niryātaḥ. so 'vocat.[44] tena hy
āgaccha tvaṃ câhaṃ[45] cêmaṃ gaṇaṃ[46] pariharāvaḥ.[47] samānârthe ca
bodhisattvaṃ sthāpayati [(48...]sma ācārya[...48)]sthāne[49] ca.[50] bodhisattva āha. nâiṣa
mārṣa mārgo[51] nirvide[52] na[53] [(54...]virāgāya na[...54)] nirodhāya[55] nôpasamāya[56] nâbhi-
jñāyai na saṃbodhaye[57] na śrāmaṇāya[58] (na brāhmaṇāya)[59] na nirvāṇāya[60]
saṃvartate.

iti hi bhikṣavo bodhisattva[61] udrakasya[62] rāmaputrasya[63] saśiṣyasyâvar-

1 T2 omits 'ca'(N1/H; R.). cf. N2 omits 'jñānaviśeṣeṇa' too.
2 T1 omits 'su'; T3 omits 'ta'. cf. C1 'caritra' for 'carita'.
3 T5 'cayā' for 'caryā' 4 T2 omits 'ca'(R.).
5 T1 'caryya' for 'caya'(N4). cf. N1,C1,C2 °samādhiparisamādhiparicaya°[insert 'parisamādhi']; N2 'caryā' for 'caya'; H omits 'sarva--- ṣeṇa ca'.
6 T1 omits 'mu'. 7 T1 sarvvāni
8 T1 roko°. cf. N4 lokota°; N5 'loko°. Acc. to Tib. and from the context 'lokôttarāṇi' should be deleted though all mss. insert it. 9 T3 'sama-' for 'samā-'(N4)
10 T5 'khi' for 'khī' 11 T5 sākālāṇi
12 T1,T5 soddeśāṇi(N3,B); T2 sādeśāni(N4; R.); T3,T4 soddeśāni(L.,V.). cf. N5 sodeśāni. Acc. to Tib.[bye brag daṅ bcas par] we read 'saviśeṣāni' though no ms. supports it.
(13…13) T1 yathācittacirttavaśa°; T5 yathāpi cirtti°[omits 'vaśavarti']. cf. N1,N3,C2,B,H yathāpi ta vaśa°; C1 yathāpi ta cirtti°[omits 'vaśavarti']; BHSD,yathāpi.
14 T1,T3~5 °tvād(L.). cf. N4 °tvāt; Other mss.(than T2,N4) °tvād.
15 T1,T3~5 omit 'ca'(N3,N4). cf. Other mss. insert 'ca'.
16 T5 bodhisaḥ
17 T1 saṃprajānaṃ(N:all, C1/H); T2 samprajānan(R.; V. saṃ°); T3 saṃprajātaṃ; T4 saprajānāṃ; T5 sampranāṃ; L. saṃprajānann 18 T1 utthāyāṃ sanād; T2 utthāyāśanād
19 T1 yeno rudrako; T2,T3,T5 yena rudrako(R.,L.,V.). cf. N3~5 yenodrako; N2 omits 'udrako --- upasaṃkrāmad'.
20 T1 omits 'ma'; T3,T4 omit 's'; T5 °putrā. cf. N3,N4 °putro.
21 T2 °saṃmkrāmat(R. °saṅkrā°; V. °saṃkrā°) 22 All mss. rudrakaṃ(R.,L.,V.)
23 T5 nāma°(N4) 24 T5 ānye. cf. C1 'anyāni' for 'anyo 'pi'.
25 T1,T5 ṇaivasaṃjñānā°(N3,N5,H; N4 °jñānāṃ); T4 omits 'saṃjñānā'.
26 T3 omits 'yatana'.
27 T5 °samādhir. cf. N1,N2,N4 °samāpatte[omit 'r']
28 T1,T5 'bratīn; T2 'bravīt(N4,C1; R.,V.). cf. H bravī[omits 'n'].
29 T5 °syai etad
30 T1,T4,T5 abhavan. cf. N4 abhavat; H abhan[omits 'va'].
31 All mss. rudraka°(R.,L.,V.)
32 T1,T3~5 omit 'śraddhā'; Other mss. insert. cf. Tib.dad pa (= śraddhā);普「藍弗無信。獨吾有信」.
33 T1 viryyaḥ; T4,T5 vīrya[omit 'ṃ'](N2,B). cf. N1/C2,N3,N4,H vīryya[omit 'ṃ'].
34 V. omits 'samādhiḥ'. cf. H omits 'ḥ'. 35 T5 śuddhā. cf. H omits 'śraddhā --- prajñā'.
36 T1 vīryya[omits 'ṃ']; T4 vīrya[omits 'ṃ'] 37 T1,T4,T5 omit 'ḥ'(N:all,C1,C2).
38 T5 prajñāḥ
39 T2,T5 °sattvo(N3; R.,L.,V.); T3 °satva(N4); T4 °satvaṃ
40 cf. N4 emends 'udra' to 'rudra' in the margin. 41 T1,T5 nāma°(N3)
42 T1,T4 madhyā(N3,N4). cf. C1,C2 dharmā.
43 T2,T5 tvan(N1~3,N5,B; R.). cf. C1,C2 tvaṃn. 44 T3 vacat
45 T1,T3,T4 omit 'ṃ'(N3). 46 T5 ganaṃ
47 T5 paliha°; L.,V. °harāva iti. cf. All mss. omit 'iti'; Tib. shes(= iti).
(48…48) T1 sma cāryya°; T4 smācārya°(B) 49 T1 °sthānena(N3~5)
50 T1,T5 omit 'ca'(N3~5). 51 T1 māgo; T5 māgau
52 T1 nirvvide(N3,N4); L.,V. nirvṛtaye. cf. H ni[omits 'rvide']; A(L.'s Varianten) nivarttaye; L(L.'s Varianten) nirvṛttaye; Tib. yid ḥbyuṅ ba (= nirvid).
53 cf. H omits 'na'. (54…54) T3 °gāyeṇa
55 T2,T4 virodhāya(N3,N4; R.); T5 nidhāya
56 T2,T3 nopaśamāya(N2; R.,V.). cf. N1,C1,C2 mopa°.
57 T2 sambodhāya(R.); T5 saṃbodhaya(N4) 58 T1 omits 'śramaṇāya'; T2 śravaṇāya; T4,T5 śramaṇāya(N3~5,C2,B; R.). cf. C1 śrāmaṇāya; H śramanāya; BHSD,śrāmaṇa.
59 T1 omits 'na'(N2); Other mss. insert 'na brāhmaṇāya'(N4 '-nāya' for '-ṇāya'; R.,L.,V.) Tib. and 方広 have no words corresp. to this insertion. 60 T1 nirmmāya
61 T1,T2,T5 °satvo(N3); R.,L.,V. °sattvo. cf. N4 °satva.
62 All mss. rudrakasya(R.,L.,V.) 63 cf. H omits 'sya'.

janāṃ[1] kṛtvā[2] yāvad alam iti kṛtvā prākrāmad[3] alaṃ[4] mamânenêti.[5]

tena khalu punaḥ samayena pañcakā bhadravargīyā[6] udrake[7] rāmaputre[8] brahmacaryaṃ[9] caranti[10] sma. teṣām etad abhūt.[11] yasya khalu vayam arthāya[12] [(13…]dīrgharātraṃ ghaṭāmahe[…13)] udyujyāmahe[14] na ca śaknumo [(15…]'ntaṃ vā[…15)] paryantaṃ[16] câdhigantuṃ[17] tac chramaṇena[18] gautamenâlpakṛcchreṇâdhigataṃ[19][20][21] sākṣātkṛtam. tac câsya na rocate,[22] [(23…]atha côttari[…23)] paryeṣate. niḥsaṃśayam[24] eṣa[25] śāstā[26] loke[27] bhaviṣyati. yac[28] câiṣa sākṣātkariṣyati, tad asmabhyaṃ[29] saṃvibhakṣyatîti.[30] evaṃ[31] vimṛṣya[32] pañcakā[33] bhadravargīyā[34] udrakarāmaputrasakāsād[35][36] apakramya[37] bodhisattvam anvabadhnan.[38]

246 iti hi[39] bhikṣavo ⟨bodhisattvo⟩[40] yathâbhipretaṃ rājagṛhe[41] vihṛtya magadheṣu[42] cārikāṃ[43] prakrāmat[44] sārdhaṃ[45] pañcakair[46] bhadravargīyaiḥ.

tena khalu punaḥ samayenântarāc ca rājagṛhasyântarāc[47] ca gayāyāṃ[48] [(49…]yo 'ny⟨atam⟩o[…49)] gaṇa utsavaṃ karoti[50] sma. tena [(51…]ca gaṇena[…51)] bodhisattvo[52] 'bhinimantrito[53] 'bhūt[54] vāsena bhaktena[55] ca[56] sārdhaṃ pañcakair[57] bhadravargīyaiḥ.[58]

atha khalu bhikṣavo bodhisattvo magadheṣu cārikāṃ[59] [(60…]caran yena[…60)] māgadhakānāṃ gayā tām anusṛtya[61] tām[62] [(63…]anuprāpto 'bhūt.[…63)] tatra khalv[64] api bhikṣavo bodhisattvaḥ[65] prahāṇârthī viharati[66] sma gayāśīrṣe[67] parvate.

1 T1 °varjaṇāṃ; T2 °varjanī°(N5; R.,L.,V.); T3,T4 °varjāṇāṃ; T5 °varjjanāṃ(N3,H). cf. N1,N2, C2,B °varjanāṃ; N4 °varjjaṇāṃ; C1 °varjanā.
2 T2 °kṛtya(R.); L.,V. °kṛtva. cf. All mss. except T2 kṛtvā.
3 T2 prākrāmat; R.,V. prakrāmat; L. prakrāmad. cf. N1,N3,N4,C1,C2,B prākrāmad; N2,N5 prakrāmad; H prākrā[omits 'mad']. 4 cf. C1 ra; H omits 'alaṃ'.
5 T5 mamyaneneti. cf. N1~3,C1,C2 °nenati; H mamānaneti.
6 T1 °vagīyā. cf. N4 °vargīyāḥ.
7 All mss. except N4 rudrake(R.,L.,V.). cf. N4 udrake.
8 T1 °putraṃke; T4,T5 °putrake(N3,N4). cf. N1,N5,C2 nāmaputre.
9 T1,T4,T5 omit 'caryaṃ'(N3,N4); T2 °caryyaṃ(R.); T3 omits 'ṃ'.
10 T1,T5 calaṃti; T3,T4 caraṃti(N1,N2,C2). cf. N3,N4 calanti; C1,H carati.
11 T3 abhūd. cf. N1,C2 abhūta; H abhū. 12 T1 ārthāya(N3)
(13…13) T5 omits 'rātraṃ gha'.
14 T1 omits 'udyujyāmahe'(H); T2 udyatāmahe; R. udyuktāmahe
(15…15) T1 ktaṃ rā(?). cf. C1 'ntaṃ vo.
16 T1 pajyantaṃ. cf. N5 paryyaḥntaṃ; C1 paryata; C2 paryyaṃtaṃ; H omits.
17 cf. N1,N4,N5,C1 vādhi°; C2 vodhi°; H omits 'cā'.
18 T2 chravaṇena; T5 chragaṇena. cf. N1 chrameṇena; N4 chramanena.
19 T3 gatamenā°; T5 gautamyanā° 20 V. °pakakṛ°[inserts 'ka']
21 T1 °gantuṃ(N3~5; L.,V.); T5 °gatuṃ. cf. N1,C1,C2 °gataṃ; N2 °gantaṃ; B emends '-gantuṃ' to '-gatuṃ'; H °gaṃtuṃ. 22 T5 locate
(23…23) T1,T4 tathonura(N3,N4); T3 'thonura; T5 tathorttari; L.,V. tathā cottari. cf. N1,N2,C2,B atha cottari; N5,C1 atha vottari; H atha ccottari; A(L.'s Varianten) tathonuttara°; Tib. de las(= atha).
24 T1,T4,T5 niḥśaṃsayam
25 T5 ekha 26 T5 sāstā
27 T3 omits 'loke'. 28 cf. N2,N5,B,H tac.
29 cf. N1,N5,C1,C2,B asmabhyaḥ; N2 asmatabhyaḥ; H asmebhyaḥ.
30 T1 saṃbhavikṣyatīti; T3~5 saṃvibhajyatīti. cf. N1,C1,C2 savi°[omit 'ṃ']; N3,N4 saṃbhaviṣyatīti; N2,N5,B,H saṃvibhakṣyatīti. In most mss. 'kṣya' and 'jya' are often confused.
31 T5 eva[omits 'ṃ']
32 T1 visiṣya; T4 vimiṣya(N3,N4). cf. N1/H vimarṣya. vimṛṣya = vimṛśya.
33 T3 pañcaka° 34 T1 °vagīyā. cf. C1 °vatīyā.
35 T:all rudraka°(R.,L.,V.). cf. C1 rudrakaṃ; H rudrako.
36 T2 °kāśād(R.,V.). cf. H °kāsā°.
37 cf. H °vakramya; A(L.'s Varianten) avakramya.
38 T1 anvamanvabandhuṃ(N3 °bandhnaṃ); T2 avabandhuḥ; T3,T5 anvabadhnaṃ; T4 anvamanvabadhnaṃ; R. ababandha. cf. N1,C1,C2 anvabandhanvanma(B °vanta); N2 anvanta; N4 evavadadhnaṃ; N5,H anvabandhaṃ. 39 T5 inserts 'ti hi'.
40 T1,T3~5 omit 'bodhisattvo'(N3,N4); T2 inserts(R.,L.,V.). Acc. to Tib. this should be inserted.
41 R. °gṛhaṃ. cf. N1/H °gṛhaṃ. 42 T5 °dheṣa
43 T5 vālikāṃ. cf. N4 cārikā[omits 'ṃ']. 44 T1 prakrāman; T3 prakramaṃ; T4,T5 prakraman. cf. N1,C1,C2 prāmat; N2,B prākrāmat; N3 prakramana(N4 °maṇa); N5, H prakrāmat; BHSG §32.3. 45 T5 sārddha[omits 'ṃ']
46 T1,T5 °kai[omit 'r'](N5,C1,H) 47 T1,T4 rājagṛhāc; V. °hasya antarāc
48 T5 gayāyāṃ; L.,V. gayāyā. cf. Tib. ri ga yā;方広「伽耶山」; BHSD,antarāt.
(49…49) T1,T3~5 anyo(N3,N4); T2 anyatamo(R.); L.,V. yo 'nyatamo. cf. N1,N2,N5,C1,B,H yo 'nyatamo; C2 yo 'nyotamo. 50 T5 kaloti
(51…51) T1 cānena(N4); T4 ca raṇenaṃ. cf. N3 cānana.
52 L. bodhimattvo[misprint]. cf. C1 °satva. 53 cf. C1 abhi°; H °niṣkramantrito.
54 T5 bhūt va. cf. N3 bhūtat. 55 T1,T5 bhakteṇa(N3)
56 T1,T4,T5 omit 'ca'(N:all,C1/H). 57 T1,T4,T5 °kaiḥ(N1/H,N3,N4)
58 T1 °vagī°[omits 'r'] 59 T2 caryyāñ(R.); L.,V. caryāṃ. cf. N1,N5, C1,C2 caryyāṃ(N2 omits 'ṃ'); N3,N4 cārikāṃ; B caryāṃ; BHSD,cārikā.
(60…60) cf. N4 caraṇena?; C1 cara 'nyena.
61 T1 anusṛtyas; T3 omits 'anusṛtya'; T5 anusṛtas(N2,N4). cf. N3 anusṛtyata(B,H °tyatas).
62 T3 omits 'tāṃ'. cf. N1,C1,C2 tayāṃ; N3 stāṃ?; N5 tem.
(63…63) T4 °ptābhūt(B) 64 T5 ṣalv
65 T1,T4,T5 °satvo 66 T3 virati[omits 'ha']; T5 vīharati
67 T1,T3 °śīrṣa°(H; R.); Other mss. °śīrṣe. Is it better to read 'gayāśīrṣaparvate'?

tatrâsya viharataḥ[1] tisra[2] upamāḥ pratibhānti[3] sma aśrutapūrvā avijñā[4]tapūrvāḥ[5]. katamās[6] tisraḥ[7]. ye kecit[8] te[9] (10...khalv api...10) śramaṇa[11]brāhmaṇāḥ[12] kāmebhyo[13] 'navakṛṣṭakāyā[14] (viharanti sma, kāmebhyo)[15] anavakṛṣṭacittā(ś)[16] ⟨ca⟩[17] viharanti[18] sma.[19] yâpi[20] caîṣāṃ[21] kāmeṣu nandiḥ[22] kāmeṣu rāgaḥ[23] kāmeṣu cchandaḥ[24] kāmeṣu tṛṣṇā[25][26] kāmeṣu pipāsā[27] kāmeṣu[28] mūrchā[29] kāmeṣu paridāhaḥ[30] kāmeṣv adhyavasānatā[31] sâpy[32] anupaśāntā,[33] kiṃ câpi te ātmôpakramikāṃ[34] ⟨śarīrôpatāpikāṃ⟩[35] duḥkhāṃ[36] tīvrāṃ[37] kharāṃ[38] kaṭukāṃ[39][40] vedanāṃ[41] vedayante. atha tarhy[42] abhavyā eva[43] te uttari[44] manuṣyadharmād alamārya[45]jñānadarśanaviśeṣaṃ[46] sākṣātkartum.[47] tad yathâpi[48] nāma puruṣo 'gnyarthī[49] jyoti(r)gaveṣī[50] jyotiṃ[51] paryeṣamāṇaḥ[52] sa ārdra(ṃ)[53] kāṣṭham ādāyârdrāṃ[54] côttarâraṇim[55] udake pratiṣṭhāpya[56] mathnīyād[57] (58...abhavyo 'sāv agnim...58) utpādayituṃ tejaḥ prāduḥkartum.[59] evam eva ya[60] ime śramaṇa[61]brāhmaṇāḥ kāmebhyo[62] 'navakṛṣṭakāyā[63] anavakṛṣṭa[64]cittāś

1 T2 °ratas(R.,L.,V.). cf. N1,C1 °ratiḥ; C2 °rati[omits 'ḥ'].
2 T1 tisram; T3,T4 tisraḥ
3 cf. N4 pratimābhānti; C2 °bhāti[omits 'n'].
4 T1,T4,T5 abhijñā°(N3~5,H); L.,V. anabhijñā°. cf. N1,C1,C2 arabhijñā°; N2,B anabhijñā°.
5 T1 °pūrvvā(N3,N4); T4 °pūrvā['na' is marg.]; T5 °pūrvāta
6 T1,T5 katamā[omit 's'](N3,N4); T4 katamāḥ. cf. N3 takamā.
7 T2 tisra[omits 'ḥ']
8 T3 keci(N3)
9 T1,T3,T4 omit 'te'(N4).
(10…10) T3 lv ami[omits 'kha']
11 T2 śravaṇa°
12 T1 °brahmaṇāḥ
13 T1,T3 kāmanyo; T4 kāmabhyo
14 T3,T4 °kāyāḥ; T5 omits 'yā'. cf. H omits " 'nava- --- kāmebhyo".
15 T1,T3~5 omit the words in brackets(N3,N4); T2 inserts(R.,L.,V.). cf. N1,C1,C2 viharati kāme° [omit 'sma']; N2 omits 'kāmebhyo'. Acc. to Tib. these should be inserted.
16 T1,T3~5 °cittā[omit 'ś'](N3,N4); T2 'navakṛṣṭacittāś(R.,L.,V.). cf. N1,C1,C2 naṣacittāś[omit 'kṛṣṭa'; N2 omits 'anava- --- sma'; B napakṛṣṭacittāś.
17 T1,T3~5 omit 'ca'(N3,N4); T2 inserts(R.,L.,V.). Contextually 'ca' should be inserted.
18 T2,T4 viharati[omit 'n']; T5 vihalati
19 cf. N1,N5,C1/H omit 'sma'.
20 T2 yā 'pi(R.)
21 T3 omits 'ṃ'. cf. N3 ceṣāṃ; N4 teṣāṃ.
22 T1 naṃdi(N3); T2 nandī(N4,N5,B,H; R.); T4 naṃdiḥ; T5 nandi(N1,C1,C2). cf. N2 nadī.
23 T5 omits 'ḥ'.
24 T1 omits 'ḥ'(N3,N4); T5 chaṃdiṃ
25 T3 tṛṣṇāḥ; T5 tṛṣṇāṃ
26 cf. H omits 'kāmeṣu--- mūrchā'.
27 T1,T4 pipāśāḥ(N4); T3 pipāsāḥ(N3)
28 T2 omits 'kāmeṣu'(N5; R.).
29 T1 mūchā; T2 omits(N5; R.); T3,T4 mūrchāḥ; T5 mūrchāṃ
30 T1,T3 parihāraḥ(T4?; N2,N3); T2 paridāhā; T5 parihāla. cf. N1 kāmeṣu paridāhaḥ kāmeṣu mūchā [The word order is changing places] (C1--- mūrchā; C2--- paridāhaṃ---; B--- paridāta[?] --- mūrchāḥ); N4 kāmeṣu paridāhaḥ kāmeṣu mūrchā kāmeṣu parihāraḥ; Tib. yoṅs su gduṅ ba (= paridāha).
31 T3 aryavasānatā; T5 ādhyāvasānutā. cf. N2 adhyaṣasānaso; N4 a'dhyava°; BHSD,adhyavasāna(tā).
32 T2 sā(R.); T3 sāṃpy; T5 py. cf. N2 tāpy; B sā°[omits 'apy'].
33 T1 uśāntā; T2 vyavaśāntā(R.); T3,T5 upaśāntā(N2); T4 upaśāntā['nu' is marg.](N3,N4). cf. N1, C1,C2 unupasāntā; N5,H upasāntā; B °nupasāntā; Tib. ñe bar shi ba ma yin (= anupaśānta); Mv(II.pp.121~3) aprativinītā.
34 T1 ātmopra°; T5 āplovakramikān. cf. N3 ātmovakra°.
35 T1,T3~5 omit 'śarīropapatāpikāṃ'(N3); T2 śarīropaprakramikāṃ[?](R.); L.,V. insert. cf. N4 inserts(N5,C1,C2,B,H sarī°). Acc. to Tib.[lus la gduṅ bar byed pas] this should be inserted.
36 T5 omits 'ṃ'.
37 T5 tivrāṃ
38 T2 'kharām' is marg.; T5 ṣarām
39 T2 °kām(N3; R.,L.,V.); T5 omits 'kaṭukāṃ'.
40 T2 inserts 'amanāpāṃ'(R.,L.,V.). cf. N2,N5,B amanāpā[omit 'ṃ']; Tib. has no words corresp. to 'amanāpāṃ'.
41 T5 vedannā. cf. N5 omits 'vedanāṃ'.
42 T5 tahy[omits 'r']. cf. N1,C1,C2 ter; N4 tarhi; H hy.
43 T1 evaṃ; T5 evas
44 T5 uttiri?
45 cf. BHSD,alam-ārya.
46 T1 °jñātā nadarśanaviśeṣa; T2 omits 'darśana' (N1/H; R.); T3~5 omit 'ṃ'(N3). cf. N4 °darśaṇaviśeṣa; Tib. mthoṅ ba (= darśana).
47 T1 °kattuṃ; T4,T5 °karttuṃ
48 T2 yathā 'pi(R.)
49 T1,T5 °arthā. cf. N2 'grorthī; N4 'gnyarthi.
50 T1,T3,T4 jyotirgaveṣī(L.,V.); T2 omits(N4; R.); T5 jyotigavevī(C1 °veṣī). cf. H jyotigaveṣimāṇa; Mv(II.pp.121~3) jyotiarthiko jyotigaveṣī.
51 T2 jyotiḥ(R.); T5 omits 'ṃ'(N1,N4,C1,C2,H). cf. BHSG,§16.37.
52 T1 paryyaṃṣamāṇāḥ; T3 omits 'ḥ'. cf. H paryyeṣimāṇaḥ.
53 T1,T5 ādra(N1/H,N3,N4); T2 ārdre; T3,T4 ārdra°(N2,B; R.); L.,V. ārdraṃ
54 T2 ādāya ārdrāṃ(R.,V.). cf. N1,C1,C2 ādāyādrā(C1,C2; N4 °drāṃ); H ādāyārdrā.
55 T2 °raṇīm(B,H; R.,L.,V.); T1,T3~5 °raṇiṃ(N3,N4). cf. C2 °ranīm.
56 T2 prakṣipya(R.,L.,V.); T3 pratisthāpya. cf. N3,N4 pratiṣṭhāpya; C1 prakṣikopya.
57 T1,T3 °nīyāc(T4?; N3,N4); T2 °nīyāt(R.,V.); T5 nathnīyāc. cf. H marthīyād.
(58…58) T1,T3,T4 abhavyāv asāv agnim(N3,N4; A); T5 abhavyānasāgnis. cf. N1,C1,C2,B abhavyā 'sāv agnim.
59 T2 prāduṣkar°(R.,L.,V.); T3 prāduskar°; Other mss. prāduḥkar°.
60 T2,T5 omit 'ya'(R.); T4 yaḥ
61 T1 śramaṇe; T2 śravaṇa°. cf. N1,C2 śraṇa°; C1 yena°
62 T5 kāmyebhyo
63 T2 °kāya°(R.); T4,T5 °kṛṣṭaḥ°(N4). cf. N3 °kṛkāṣṭhaḥyā°.
64 T2 omits 'anavakṛṣṭa'(R.); T3,T4 navakṛṣṭa°(T5?; N3 °kṛṣṭha°). cf. N4 'navakṛṣṭa°.

ca viharanti,[1] yâpy eṣāṃ kāmeṣu nandiḥ[2] kāmeṣu rāgaḥ kāmeṣu[3]
cchandaḥ[4] kāmeṣu tṛṣṇā[5] kāmeṣu pipāsā[6] (7...kāmeṣu mūrchā...7) kāmeṣu
247 paridāhaḥ[8] kāmeṣv[9] adhyavasānaṃ[10] tad apy anupaśāntam,[11] kiṃ câpi[12]
te ātmôpakramikāṃ[13] śarīrôpatāpikāṃ[14] duḥkhāṃ tīvrāṃ[15] kharāṃ kaṭu-[16]
kāṃ[17] vedanāṃ vedayante,[18] atha tarhy[19] abhavyā[20] evôttari[21] manuṣya-
dharmād alamāryajñānadarśanaviśeṣaṃ[22] sākṣātkartum.[23] iyaṃ bodhisattva-
sya prathamā upamā pratibhāti[24] sma.

bhūyaś câsyâitad[25] abhūt. (26...ya ime...26) śramaṇabrāhmaṇāḥ[27] kāmebhyo[28] vyapakṛṣṭakāyacittā[29][30] viharanti,[31] yâpi[32] teṣāṃ[33] kāmeṣu nandîti[34] sarvaṃ[35] kartavyaṃ[36] yāvaj[37] jyotiṃ[38] paryeṣata[39] iti, sa[40] ārdraṃ[41] kāṣṭham ādāya sthale pratiṣṭhāpyârdrāṃ[42] côttarâraṇiṃ[43] mathnīyād[44] (45...abhavyo 'sāv...45) agnim utpādayitum. evam eva ya[46] ime śramaṇabrāhmaṇā[47] (48...iti...48) sarvaṃ[49] pūrvavat[50] kāryaṃ[51] yāvad abhavyā (52...uttari manuṣyadharmād...52) alamāryajñānadarśanaviśeṣaṃ[53] sākṣātkartum.[54] iyaṃ[55] (56...dvitīyā upamā...56) pratibhāti sma pūrvam aśrutā câvijñātā[57] ca.[58]

punar aparaṃ[59] ya ime śramaṇabrāhmaṇāḥ,[60][61] bhava⟨n⟩taḥ[62] kāmebhyo vyapakṛṣṭakāyacittā[63][64] viharanti, yâpi[65] teṣāṃ kāmeṣu (66...nandiḥ iti...66) sarvaṃ[67]

1 T2 °ranti sma[inserts 'sma'](R.); T5 vihalanti. cf. N1,C1,C2 viharati.
2 T2 nandī(R.). cf. H omits 'kāmeṣu nandiḥ'.
3 T2 kāmaṣu
4 T1 omits 'ḥ'; T5 chaṃndaḥ
5 T5 tṛṣṇāḥ
6 T1 pipāśāḥ; T3 piṃpāsāḥ; T5 pipāsāṃ. cf. H pipāśā.
(7...7) T2 omits(R.); T3 --- mūrchāḥ
8 T2 omits 'ḥ'(H). cf. N4 °dāhaṃ.
9 T2,T5 kāmeṣu(R.)
10 T1,T4 °sānaḥ(N4); T2 °sānatā(R.); T3 ardhava-śānaḥ?; T5 dhyavasānas(N3 adhy°). cf. N1/H adhyavasānās; A(L.'s Varianten) apyavasānaḥ. Contextually we read '-sānaṃ' though no ms. supports it.
11 T1,T3~5 upaśāntaṃ[omit 'an'](N3~5,H); T2 upaśāntam(R.). cf. N1,C2,B anupaśāntaṃ; C1 anu-śānta.
12 T1 vādi(N3)
13 T5 'tmovakra°. cf. N3 'nyoyakra°.
14 T1 śariropa°; T2 omits this whole word(N1,N2,N5,C1,C2,B,H; R.); T5 śarilopa°
15 T5 tivrāṃ. cf. N3 omits 'ṃ'.
16 T5 katu°
17 T2 inserts 'śarīropatāpikāṃ'(N1,N2,N5,H; C1,C2 'ṭā' for 'tā'; B omits 'ṃ'; R.).
18 T2 vyadayante? cf. N3 omits 've'.
19 V. tarhi. cf. N1,C1,C2 hy; N2,B,H te hy; Tib. de dag (= te). Tib. has no words corresp. to 'tarhi'. Is it better to read 'te hy'?
20 T3 °vyāḥ. cf. N2 abhavyo; H ābhavyā.
21 T5 evāstali. cf. B evāttari.
22 T3 °jñānamārgadar°[inserts 'mārga']
23 T5 °katum[omits 'r']
24 cf. N4 °bhānti.
25 T3 cāsyetad
(26...26) T3 iya me(A). cf. B ye ime.
27 T2,T5 śravaṇa°
28 T5 kāmyabhyo
29 T3,T4 vyupakṛ°(N3,N4); T5 vyuprakṛ°. cf. BHSD,vyavakṛṣṭa.
30 T5 °citta(N5). cf. N1,C1,C2 omit 'cittā'; N4 °kāyācittā; B °kāryāca.
31 T1,T3~5 viharati[omit 'n'](N3); T2 °ranti sma(R.). cf. N2,N4,C1 °raṃti.
32 T2 yā 'pi(R.)
33 T3,T4 ceṣāṃ
34 T1 nandī[omits 'iti'](N3,N4); T5 nanditi(N1,C1,C2)
35 T2 pūrvat sarvaṃ[inserts 'pūrvat']; T5 sarva[omits 'ṃ']; R. pūrvvavat sarvvaṃ
36 T2 karttavya[omits 'ṃ']
37 T1,T2,T5 yāvat(N3,N4; R.)
38 T2 jyotiḥ(R.); T5 jyoti[omits 'ṃ'](H)
39 T1 paryyaṣate; T2 paryyaṣata. cf. H paryyanta?
40 T1,T3 so. cf. N3,N4 sā.
41 T1,T4 draṣṭaṃ(ā); T2 ārdra°(N1,N2; R.); T3,T5 draṣṭuṃ?. cf. N3,N4 draṣṭu.
42 T1 °pyādrāṃ(T5 omits 'ṃ'; N3,N4); T2 sthāpayitvā ārdrāṃ(N1,C1,C2 --- ādraṃ; N2 omits 'ṃ'; R.,L.,V.); T3 pratisthāpyā°
43 T1,T4 cottarāraṇiṃ(T5 °raniṃ; N4); T2 °raṇīṃ(R.)
44 T2,T3 °yāt(R.,V.); T4 vadhnīyād(A?)
(45...45) T4 abhavyāsāv(N3,N4); T5 abhavyo sov. cf. N1,C1,C2 abhavyo sāvā(N2 --- sacā; N5 --- sav).
46 T1,T4,T5 yaḥ(N3,N4)
47 T1 śravaṇa°
(48...48) T5 °maṇa ti. cf. N3 °maṇāti; H °maṇāya iti.
49 T1 sarvva[omits 'ṃ']
50 T1,T4 pūrvva(N3,N4); T3 pūrvvaṃ. cf. C1, C2 pūrvat; H pūrvvāṃ; Tib. sṅa ma bshin du (= pūrvavat).
51 T1 kāyaṃ[omits 'r'](N3,N4)
(52...52) T1 manuṣyadharmmād urttaryy(T5 --- uttari; N3,N4 --- uttaryy); T3,T4 manuṣyadharmād uttary
53 T5 ryya°[omits 'alamā']
54 T3 śākṣāt°; R. °kattum
55 T4 iya[omits 'ṃ'](N3)
(56...56) T1,T4 dviyopamā(N3); T3 dvitīyopamā(N4); T5 dvitīyopamma. cf. N1,N2,C1,C2 dvitīya upamā(N5,B,H dvitīyaṃ---). Is it better to read 'dvitīyopamā'?
57 T3 cābhijñātā(N2,B). cf. N1,C1,C2 cānabhijñā; N5 cābhivijñātā.
58 T1,T4,T5 omit 'ca'(N3,N4). cf. H ra.
59 R. apare
60 T1,T2 śravaṇa°
61 T2 °maṇā[omit 'ḥ'](R.,L.,V.); Other mss. °maṇāḥ
62 T1,T3~5 bhavataḥ[omit 'n'](N3,N4); T2 bhavantaḥ(R.,L.,V.). cf. BHSD,bhavant.
63 T3,T5 vyupa°(N3,N4)
64 T4 °kārya°[inserts 'r']
65 T2 yā 'pi(R.)
(66...66) T1 nandiḥ kāmeṣu nandiḥ; T2 nandīti(R.); T3~5 nandiḥ[omit 'iti'](N3,N4)
67 T5 omits 'ṃ'.

peyālaṃ[1], tad apy eṣām upaśāntam[2]. kiṃ câpi[3] te[4] ātmôpakramikāṃ[5] śarīrôpatāpikāṃ[6] ⟨duḥkhāṃ⟩[7] tīvrāṃ[8] kharāṃ[9] kaṭukāṃ vedanāṃ[10] vedayante, atha khalu[11][12] bhavyā[13] eva te uttari manuṣyadharmād alamāryajñānadarśanaviśeṣaṃ[14] sākṣātkartum. tad yathâpi[15] nāmêha[16] syāt puruṣo (17... 'gnyarthī ...17) jyotir[18] gaveṣī[19] jyotiḥ[20] paryeṣamāṇaḥ[21] sa śuṣkaṃ[22] kāṣṭham[23] ādāya śuṣkāṃ[24] côttarâraṇiṃ[25] sthale[26] pratiṣṭhāpya mathnīyāt[27] sa bhavyo 'gnim[28] abhinirvartayituṃ[29] tejaḥ prāviṣkartum[30]. evam[31] eva[32] ya ime bhavantaḥ[33] śramaṇabrāhmaṇā[34] iti sarvaṃ[35] yāvad vedanāṃ vedayanta (36... iti ...36), atha ca punar[37] bhavyā eva[38] te uttari manuṣyadharmād alamāryajñānadarśana-[39]viśeṣaṃ sākṣātkartum[40]. iyaṃ[41] tṛtīyā[42] upamā pratibhāti sma[43] aśrutapūrvā câvijñātapūrvā[44] ca.

248 atha khalu bhikṣavo bodhisattvasyâitad[45] abhūt[46]. ahaṃ (47... khalv etarhi ...47) kāmebhyo[48] vyapakṛṣṭakāyo viharāmi[49] vyapakṛṣṭacittaś[50] ca. yâpi[51] me[52] kāmeṣu nandîti sarvaṃ yāvat tad[53] api me upaśāntam. kiṃ câpy[54] aham ātmôpakramikāṃ[55] śarīrôpatāpikāṃ[56][57] duḥkhām iti peyālaṃ[58] yāvad vedanāṃ vedmi[59]. atha khalv[60] ahaṃ[61] bhavya[62] evôttari[63] manuṣyadharmād[64] alamāryajñānadarśanaviśeṣaṃ[65][66] sākṣātkartum.

iti hi bhikṣavo bodhisattvo[67] yathâbhipretaṃ gayāyāṃ vihṛtya gayāśīrṣe[68] parvate[69] jaṅghāvihāram[70] anucaṅkramyamāno[71] yenôruvilvā[72] senāpatigrāmakas[73][74] (75... tad anusṛtas tad ...75) anuprāpto 'bhūt[76]. tatrâdrākṣīn[77] nadīṃ[78]

1 T2 pūrvavat(R. pūrvva°); V. peyālam
2 T5 upuśānta[omits 'm']
3 T5 vāpi
4 cf. N1,C1,C2 tra.
5 T1,T4 omit 'ṃ'(N3,N4); T5 ātmovakra°. cf. N1,N4,C1,C2 °pakami°; N2 ātmāpa°.
6 T5 śariro°
7 T1,T3~5 omit 'duḥkhāṃ'(N3,N4); T2 inserts(R.,L.,V.). cf. Tib. sdug bsṅal(= duḥkha).
8 T5 trīvrī. cf. N4 omits 'ṃ'.
9 cf. N1,C2 khalā.
10 T5 °nān. cf. N3 °nām.
11 T5 kharu.
12 L.,V. insert 'punar'. cf. N3,N4 omit 'punar'; N1/H omit 'atha khalu punar'.
13 T2 abhavyā(N4,N5,H; R.)
14 T3 °viseṣaṃ. cf. N1,C1,C2 omit 'darśana'.
15 T2 yathā 'pi
16 V. nāma iha. cf. A(L.'s Varianten) nāma iha.
(17…17) T5 gnarthā
18 T1 omits 'r'.
19 T5 gaveṣi. cf. H omits 'jyotir gaveṣī'.
20 T1,T3,T4 omit 'ḥ'(N4).
21 T1 prajyaṃṣa°
22 T3 śuskaṃ. cf. N4 śuṣkāṃ(H omits 'ṃ'); C1 śuṣyaṃ.
23 T5 kāṣṭhan
24 T2 śuṣkaṃ(R.); T3 śuskāṃ. cf. H omits 'ṃ'.
25 T1 °tarāṃ raṇiṃ; T4 °tarāṃ dharaṇiṃ
26 T5 sthāle
27 T1,T4 °yāṃ; T3,T5 omit 't'(N4).
28 T1,T4,T5 omit 'm'(N3,N4).
29 T1,T4 pratinivarttayituṃ(T5 °nirvar°; N3,N4). cf. N1/H abhinivar°.
30 T1 prāvijyatuṃm; T3,T4 prāviskartuṃm; L. prāduṣkartuṃ(V. °tum). cf. N4 prāviskartukāṃ?; H °katuṃ[omits 'r']; A(L.'s Varianten) prātka°.
31 T2 evaṃ(R.)
32 T2 omits 'eva'(H; R.).
33 T5 bhavaṃntaḥ
34 T1 śravaṇa°
35 T1 sarvva(N3,H); T2 sarve; T3,T4 sarva(C1)
(36…36) T1 °yantīti; T5 °yanta itiḥ. cf. N1,C1,C2 °yante iti.
37 T3,T4 punaḥ; T5 puna(N3,N4; H)
38 T1 evaṃ
39 T5 °jñānasaṃna°. cf. N3 omits 'da'.
40 T1,T5 °kartuṃm(N3); R. omits 'r'. cf. A(L.'s Varianten) °karttum iti.
41 T3~5 iya[omit 'ṃ'](N3)
42 T1,T3 °yām(N3,N4; ā); T4 °yāṃ?; T5 tṛthiyām. cf. N1, C1,C2 tṛtīyopamā; H tṛtiya upamā. Is it to be read 'tṛtīyā-m-upamā'['m' is saṃdhi-consonant]?
43 T1,T4 insert 'pūrvvam'(T3,T5 pūrvam; N3,N4).
44 V. ca avijñāta°. cf. N1,C1,C2 cānabhijñāta°; N2,N5,B,H cābhijñāta°; N4 cābhijñātaṃ.
45 T5 °satvasya tad
46 T1,T5 abhūd(N3)
(47…47) T1 khalu pi tarhi; T5 khalv erhi. cf. N1,C1,C2 khalv atahi; N4 khalu etarhi.
48 L. kāmabhyo[misprint]
49 T5 vihālāmi
50 T5 °cittarś
51 T1 yāmi(N3)
52 cf. N1,C1,C2,H omit 'me'.
53 cf. N1,C1,C2,H omit 'tad'.
54 V. cāpi(N4)
55 T5 ātmāpasaṃkra°. cf. C1 ātmoprakra°; H āṃmāpakra°.
56 T5 sarīro°
57 T1,T4,T5 °pikān(N3,N4)
58 T1,T3~5 peyālo(N3,N4; A). cf. BHSD,peyāla.
59 T2 vadmi; T5 vedmī; L. vedni[misprint?]
60 T4,T5 khalu
61 T5 ham[omits 'a']. cf. N3 aham.
62 T1 bhavy
63 T1 evorttaman; T3 evotta; T4 evottamaṃ(N4); T5 evottamam(N3). cf. A(L.'s Varianten) °ttarima.
64 T5 manuṣedharmmād
65 T3 omits 'darśana'.
66 T3 °viseṣaṃ
67 T1,T5 °satva(N3,N4)
68 T2 °śīrṣa°(T3?; N2,H; A; R.)
69 T1,T4 insert 'te'(N3,N4).
70 T1,T3~5 jaṃhā°(N3). cf. N2 omits 'jaṅ'; N4 jahā°; BHSD,jaṅghā-vihāra.
71 T1 anucakraṃmyamāno; T2 °māṇo(R.,L.,V.); T3 anucaṃkramye māno; T4 anucaṃkramyamāno (N1/H,N3,N4); T5 anucaṃkramemāno
72 V. °rubilvā
73 T4 °patir grā°. cf. N3,N4 °patir ggrā°.
74 T5 °grānakas
(75…75) cf. A(L.'s Varianten) tenāvasāritam.
76 T5 bhū[omits 't']
77 cf. N4 tatra adrākṣīt.
78 T4 omits 'ṃ'(N3); T5 nadi. cf. H nādīn.

nairañjanām[1] acchôdakāṃ[2] sūpatīrthāṃ[3] prāsādikaiś ca drumagulmair[4]
alaṃkṛtāṃ[5] samantataś[6] ca gocaragrāmam.[7] tatra khalv api bodhi-
sattvasya mano 'tīva[8] prasanno[9] 'bhūt.[10] samo[11] batâyaṃ[12] bhūmipradeśo
ramaṇīyaḥ[13] pratisaṃlayanânurūpaḥ[14] paryāptam[15] idaṃ prahāṇârthikakula-[16]
putrasyâhaṃ[17] ca prahāṇârthī[18] (19... ya⟨n⟩ nv ...19) aham[20] ihâiva tiṣṭheyam.[21]

iti hi bhikṣavo[22] bodhisattvasyâitad abhūt.[23] pañcakaṣāyakāle[24] 'ham[25]
iha[26] jambudvīpe[27] 'vatīrṇo[28] hīnâdhimuktikeṣu sattveṣv[29] ākīrṇatīrthyavargeṣu[30][31]
nānādṛṣṭipraskanneṣu[32] kāyapiṇḍagrāhâbhiniviṣṭeṣu[33] nānāvidhaiś câtāpana-
paritāpanaiḥ[34] kāyaśuddhiṃ[35] paryeṣante[36] prajñāpayanti[37] ca saṃmūḍhāḥ.[38]
tad[39] yathā mantravicārakair,[40] hastapralehakair,[41] ayācanakair,[42] anāmantra-
ṇakair,[43] anekamūlakair,[44] amatsyamāṃsakair,[45][46] avārṣikaiḥ,[47] surātuṣôdakavarja-
nair,[48] ekatripañcasaptakulabhaikṣagrahaṇair,[49][50] mūlaphalaśaivālakuśapattrago-[51][52][53]
mayagomūtrapāyasadadhisarpiḥphāṇitâmapiṣṭakabhakṣaṇapānaiḥ,[54][55][56][57][58] sārasikāka-
potasaṃdaṃśikôtsṛṣṭasaṃprakṣālakaiḥ,[59][60][61] grāmyâraṇyābhiś[62] ca vṛttibhiḥ, go-
vratamṛgaśvavarāhavānarahastivrataiś[63][64][65] ca, sthānamaunavīrāsanaiś[66] (67... ca, ...67) ekâ-
lopakair[68] (69... yāvat saptâlopakaiḥ,[70] ekabhaktā ...69) ekâhorātracāturthyapañcaṣaṭka-[71][72]

1 cf. N4 nerañja°. 2 T5 °dakaṃ
3 T2 °tīrthyāṃ(N2,B; C1,C2 omit ‘ṃ’; R.); T4 °tīrthā[omits ‘ṃ’](N1,N3); T5 °tirthaṃ. cf. H sūpratīrthyā; Monier-Williams: *Sanskrit-English Dictionary*, p.1242(sūpatīrtha);方広「涯岸平正」.
4 T5 dumagulmar? 5 T1,T3~5 omit ‘ṃ’(N3,N4; H).
6 cf. B samantaś; H samataś. 7 T1,T5 °grāmaṃ; T2 °grāmām(R.,V.); T3,T4 °grāmaṃs; L. °grāmāṃ. cf. N3,N4 °grāmaṃ(A); BHSD,gocara(3).
8 T1 ca; T4 vīca(N3). cf. N2 vatīca. 9 T2 °sannam(R.,L.,V.). cf. N3,N4 °sanno.
10 T2 abhūt(R.,L.,V.); T3~5 bhūt. cf. A(L.'s Varianten) 'bhūt.
11 T1 samā 12 T5 omits ‘ṃ’; R.,L. vatāyaṃ. cf. C2 vatāṃyaṃ.
13 T5 ramaṇiyaḥ 14 T1 °saṃrayanā°; T5 °salayaṇā°. cf. H °saṃlayano nurūrpyaḥ. 15 T5 paryavāptam(N1,C1,C2,H paryya°; N2,B)
16 T1,T3 prahaṇārthikaḥ(N3~5,H); T4 prahāṇārthikaḥ(T5 prahānā°). cf. N1,C1,C2 prahaṇārthika°.
17 V. °putrasya / ahaṃ 18 T1 °rthāṃ. cf. C1 °rthi; H prahaṇārthi.
(19…19) T1~4 yanv(N3; L.); T5 yaty(N4); R.,V. yan nv. cf. N5,C1 yan nv.
20 T1 ahaṃm(C1,C2). cf. N4 ahaṃ. 21 T3 tistheyaṃ; T5 tiṣṭhayaṃḥ
22 T4 bhikṣava 23 T5 abhūta. cf. H abhū[omits ‘t’].
24 T1 °kāleya(N3). cf. N2 pañcapāyakāle; N4 °kāṣāyakāleya; C1 °kavāyakāle; H °kaṣāyākāle;方広「五濁悪世」. 25 T1,T3 omit “ 'ham”; T4 haṃ
26 T1,T4 omit ‘iha’; T3 ha. cf. H ihaṃ; Acc. to Tib. ‘aham iha’ should be inserted.
27 T1 jambūdvīpe; T3,T4 jaṃbūdvīpe(N2) 28 T3 °tīrṇna; T5 °tirṇno
29 cf. N1/H sarveṣv(but C2 sarvveṣv). 30 T1,T3,T5 °tīrthyā°(T4 emends ‘yā’ to ‘ya’; N3, H). cf. N4 °tīrtha°; BHSD,tīrthya. 31 T1 °vargeṣma
32 T1,T3 °skaṃneṣu(N3,N4); T2 °skandheṣu(T4?; H; R.); T5 °skaṃdeṣu. cf. N1/B °skaṃdheṣu; BHSD,praskanda. 33 T5 °pīṇḍa°. cf. N1/H °piṇḍā°.
34 T5 repeats ‘paritā’. 35 T5 °śuddhai
36 T1 praryyaṣante; T4 paryeṣaṃte; T5 paryyāṣante
37 T1 prajñaptayanti; T4 prajñapayaṃti(N3) 38 T1,T4,T5 saṃmūḍhas(N3); T2 omits ‘saṃ’(N1, N5,C1/H; R.). cf. N2 mūḍhā; N4 saṃmūḍhāḥ. 39 T3 stan?
40 T2 mantranirvi°(N1,C1/H; R.). cf. N2,N5 mantranivi°; BHSD,-vicāraka.
41 T3,T4 °lehakaiḥ; T5 °lekair
42 T1,T3,T4 āyācanakair(N3); T2 nāpāvanakair (R.); T5 āyācanakaiḥ; L.,V. nayācanakair. cf. N1/H nāyācanakair; N4 ayācanakair; BHSD,nayācanaka; Tib. mi sloṅ ba.
43 T1,T4 omit ‘anāmantraṇakair’(N3,N4); T2 anāmaṃtrakair; T3 aṇāmantraṇakair; T5 anāmantrakair(R.); L. brackets. cf. N1/H anāmantraṇakair; BHSD,-āmantraṇaka; Tib. mi smra ba.
44 T2 °mūlikair(R.,L.,V.). cf. N3,N4 °mūlakair; BHSD,-mūlika.
45 T5 amatsyā°(N2)
46 T1,T4 °mānsakair(N4); T3 °māṃsair; T5 °mātsakail(N3 °kair)
47 T1 aṣikaiḥ; T5 avāṣikaiḥ. cf. N1,C1,C2,H ārṣikaiḥ; N3,N4 arṣikaiḥ; B avarṣikaiḥ.
48 T1 surātuṣoḍakavarjjanaiḥr(T3 °varjvanair?; T4 °varjjanaiḥ); T2 °dakavisarjanair(R.); T5 sarātuṣoḍakavarjjanair(N3). cf. N4 surātuṣodakavarjanair.
49 T1,T3,T4 °bhīkṣa°(N3; N4?; N5,H); T2 °bhikṣā°(R.,L.,V.); T5 °bhikṣa°(N1,N2,C1,C2,B). Contextually we read ‘bhaikṣa’ though no ms. supports it.
50 T3,T4 °ṇaiḥ 51 T1 mmūla°; T5 mmala°
52 T1 °saivāla°[for ‘śaivāla’](N4); T2 °śaivālaka°(R.,L., V.); T3 °sevā°[omits ‘la’]; T4 °sevāla°(N3); T5 °saivakala°[erases ‘ka’]. saivāla = sevāla = śaivāla = śaivala.
53 T4 °kuṣa°(N3). cf. N4 °kusa°. 54 T1,T4 °pīyaśa°[for ‘pāyasa’]; T5 °pāsa°[omits ‘ya’]. cf. N3 °pāyaśa°; N4 °pāyaśaṃ. 55 T1 °sarppiphānitā°; T3 sarpiphāṇitā°; T5 sarppiḥphānitā°(N3,N4) 56 T5 °madhupi°[inserts ‘dhu’]
57 T1,T3~5 °katallakṣaṇa°(N3) 58 T3 °pāṇaiḥ
59 T1 sārasikākopāṭa°(N3); T2 sārathikāpotaka°(R.); T3 sārasikākopota°(T4 °kopāṭa,); T5 sālasikākopoṭa°; L.,V. sārasikāpotaka°. cf. N4 sārasikakāpotaka°; BHSD,sārasi; Tib. phug ron (= kapota).
60 T1,T4 °sadaṃsikot°(N3); T2 °sandeśikot°(R.); T5 °sadasikot°. cf. N4 °saṃdarśikot°.
61 T2 °samprakhyālakaiḥ(R.); T3 °kair 62 T3 grāmoraṇyābhiś; T5 grāmyālaṇyābhiś
63 T1 °tasṛgāśva°; Other mss. °tamṛgāśva°. Acc. to Tib.[ri dags daṅ khyi daṅ] this should be ‘mṛgaśva’(mṛga + śvan) though no ms. supports it. 64 T3 °vāraṇahasti°
65 T5 °vatais 66 T5 °virā°(N4)
(67…67) T2,T5 caikā°(N3; R.) 68 T1,T4,T5 °lopakaiḥ(N3,N4); T2 °lāpṛkai?; R.,L.,V. °lāpakair. cf. BHSD,-ālopaka. (69…69) T1,T4,T5 omit(N3,N4).
70 T2 °lāpakair(R.; L.,V. °kaiḥ) 71 T3 horā°[omits ‘ekā’]. cf. N4 eka ahorā°.
72 T1 °ṣaṭkaṃ(N2,N3); T3~5 °ṣaṭ°[omit ‘ka’](N4)

249 kālântarāś[1] ca, pakṣakṣapaṇa[2]māsakṣapaṇa[3]candrâyaṇaiś[4] ca, gṛdhrôlūkapa[5]-kṣadhāraṇaiś[6] ca, phala⟨ka⟩[7]muñjâsanavalkaladarbhavalvajô[8]ṣṭrakambalâja-kambala[9]keśakambala[10]carmanivasanaiś[11] ca, ā⟨r⟩drapaṭa[12]stopaka[13]jala[14]śayanaiś[15] ca, bhasma[16]śarkarā[17]pāṣāṇaphalaka[18]kaṇṭaka[19]tṛṇamusala[20]śayanâ[21]vāñcchirôtkuṭuka[22]-sthaṇḍila[23]śayanaiś[24] ca, ekavāsadvitri[25]catuṣpañcaṣaṭsaptabahuvāsobhir[26] nagna[27]-bhāvaiś[28] ca, sthānâsthāna[29]vidhibhiś[30] ca, dīrghakeśanakhaśmaśru[31]jaṭāmukuṭa[32]-dhāraṇaiś[33] ca, ekakola[34]tila[35]taṇḍulâhāraiś ca, bhasmamaṣi[36]nirmālyô[37]ddhṛtatamo[38]-rajapāṃśu[39]paṅkaparimrakṣaṇaiś[40] [41]⟨ca⟩[42] lomamuṇḍakeśa[43]nakhacīrapaṅka[44]karaṅka[45]-[46]dhāraṇaiś ca, uṣṇôdakataṇḍulôdaka[47]srāvita[ka][48]kāmbalika[49]sthālīpānīya[50]pānaiś[51] ca,[52] aṅgāra[53]dhātukaṣāya[54]tridaṇḍa[55]muṇḍa[56]kuṇḍikakapāla[57]khaṭvâṅga[58]dhāraṇaiś[59] ca śuddhiṃ pratyavagacchanti saṃmūḍhāḥ. dhūmapāna[60]âgnipāna[61]âditya[62]nirī[63]kṣaṇa[64]-

1 T1 °kālāntarāntaraś; T3,T5 °kālāntarāntarāś(N3; N4 °kālāṃta°); T4 °kalāntarāntarāś

2 T1,T4,T5 °kṣapana°(N3,N4)

3 R. omits 'māsakṣapaṇa'(T2 marg.); T1,T5 °kṣapana°(N3,N4)

4 T1,T5 °candrāyanaiś(N3,N4); T2 °cāndrāyaṇaiś(R.,L.,V.); T4 °candrāpanaiś. cf. N2 °caṃdrāyanais; A(L.'s Varianten) °candrayanaiś. candrāyana = cāndrāyaṇa.

5 T1 gṛddhorūka°(N4); T3 gṛdhrollūka°; R.,V. gṛddhrolūka°(T2?); L. gṛddholūka°. cf. N2 gṛdhrolūka°; Other mss. gṛddholūka°.

6 T5 °dhālaṇaiś

7 T1~4 phala°[omit 'ka'](R.,L.,V.); T5 phara°[omits 'ka']. cf. N5 omits 'phala';BHSD,phala.

8 L.,V. °balbajo°

9 T1,T3~5 °kaṃbala°

10 T1,T4 omit 'keśakambala'; T3,T5 °kaṃbala°

11 T1 °carmmakaṭiveśanaiś; T2 °carmmaniveśanaiś(R.; L.,V. °carma°); T3,T5 °carmanivaśanaiś; T4 °carmakanivaśanaiś. cf. N1,N5,C2 °varmmanivasanaiś(N2,C1 °varma°; H °niveśanaiś); N3, N4 °carmmakaniveśanaiś; B °carmanivasanaiś; BHSD,nivāsana.

12 T1,T3~5 ādra°(N3,N4); T2 ārdra°(R.,L.,V.)

13 T1,T3~5 °paṭostomaka°(N3~5); T2 °paṭastoka°(R.); L.,V. °paṭāstopaka°. cf. N1,C2 °paṭostopaka°; N2 °paśastopaka°; C1 °paṇastopaka°; B °paṭāstopaka°; H °paṭostopama°; BHSD,?āstopaka; Tib. stegs buḥi steṅ. stopaka = staupika?

14 T1,T2,T4,T5 °jāla°(N3,N4; R.,L.,V.). cf. Tib. chuḥi naṅ(= jala).

15 T3 °śayannaiś; T5 °sayanaiś

16 T3~5 bhaśma°(N3,N4)

17 T1 °śarkkalā°(N3,N4); T5 °sarkkalā°; L.,V. °śarkalā°. cf. BHSD,śarkalā.

18 T1 °phalakai°; T2 omits 'ka'(R.)

19 T3 °kaṃjaka°; T5 °kaṇḍuka°(N3,N4)

20 T1,T5 °muśara°(N3,N4); T2,T4 °muśala°

21 T1,T3,T4 °nāvāṃ°(N4; N3 °vāñ°); T2 °nāvāk°(R.,L.,V.); T5 °navāñ°. cf. N1,N2,C1,C2,B °nāvāñc°(H?); N5 °nāvāś°; BHSD,avāśiro.

22 T1 °chinokuṭukaṃ°(N3,N4); T2 °chiraḥkuṭṭaka°(R.); T3 °chinotkuṭuka°; T4 °chinodkutuka°; T5 °chinotkutukaṃ°. cf. N1,N2,N5,B °chirokuṭuka°(H?); C1,C2 °chirokuṭaka°.

23 T1 °sthādila°; T3,T5 °sthāṇḍila°(N3,N4). cf. BHSD,sthaṇḍila-śayana. Is it better to read 'sthāṇḍila'?

24 T5 °sayanaiś

25 T3 °triśca°

26 T1 omits 'r'. cf. N4 °bhiḥ.

27 T1 gagna°; T4 vagna°

28 T1 °lāyaiś[for 'bhāvaiś']; T5 °lāvaiś

29 'sthānāsthāna' is incomprehensible. Acc. to Tib.[ḥkhru ba daṅ mi ḥkhru ba] this should be 'snānāsnāna', but no ms. supports it.

30 T1 °vidibhiś

31 T5 °keśanakaśanakha°[erases 'ka']

32 T5 omits 'ṭa'; L.,V. °makuṭa°. mukuṭa = makuṭa.

33 T2 °valkaladhā°[inserts 'valkala'](R.)

34 T2 ekakāle(R.)

35 T1 °taṃṇḍurā°

36 T1,T3,T4 bhaśma°(N3,N4); T5 bhaśmā°

37 All mss. °mapi°[for 'maṣi']; L.,V. °masi°. cf. Tib. snag tsa (= maṣi).

38 T1 °yoddhata°; T4 °yodvṛta°. 'uddhṛta' is incomprehensible; Tib. rdul ḥthul ba.

39 T2 °rajaḥ°(R.)

40 T1 °palkā°(N3); T3~5 °paṃka°. cf. N4 °pankā°.

41 T1,T3~5 °ṇaiḥ(N3,N4)

42 T1,T3~5 omit 'ca'(N3,N4).

43 T2 romamañju°(R.); T5 lomamañjaja°; L.,V. lomamuñja°. cf. N1,N5,C1,C2,B romamuñja°(N2, H °muṃja°); N3 lomamuṇḍa°; N4 lomamuñja°; Tib. miḥi thod pa.

44 T1,T2 °cīvara°[insert 'va'](N4; R.,L.,V.). cf. N3 °cīra°; Tib. tshul buḥi smad gyogs(= cīra).

45 T1,T4,T5 °paṃkā°(N2,N3,H); T3 °paṃka°(N1,N4,N5,C1,B); L.,V. °pañjara°. cf. C2 °paṃkaṃ; Tib.rdsab(= paṅka).

46 T1,T3~5 °karaṃkā°(N3). cf. N1,C1,C2 °karaka°; N2,N4,B,H °karaṃka°; N5 °ṭaraka°. Acc. to Tib.[keṅ rus] this should be 'kaṅkāla', but no ms. supports it.

47 T1 °taṇḍuro°

48 T1 °kaparivitaka°; T2 °kapariśrāvita°(C1; R.); T3 °kaśrāvitaka°; T4 °kasrāvitaka°(N3); T5 °kaparisrāvitaka°(N4); L.,V. °kaparisrāvita°. cf. N1,N2,N5,C2,B,H °kaparisrāvita°; BHSD,parisrāvita.

49 T1,T3,T4 °kāṃbalika°(N3,N4); T2 °kambalika°(R.)

50 T1,T3 °sthānīpānīya°; T5 °sthālīpāya°

51 T1,T4 °pāṇaiś; T5 °pāṇai[omits 'ś']

52 T5 omits 'ca'.

53 T1,T3,T4 agāra°; T5 aṃgāra°. cf. Tib. mdag ma (= aṅgāra).

54 T5 °kāṣāya°

55 T1 °triṇḍada°

56 T2 °muṇḍika°(R.,L.,V.); T5 °maṇḍi°. cf. N3,N4 °muṇḍa°; BHSD,muṇḍika.

57 T1 °kāpāla°

58 T5 °lagadvāṃga°

59 T5 °dhālaṇaiś

60 T2 dhūpapā°

61 T1 °pāvāgni°

62 T2 °pānā 'di°(R.)

63 T1,T4 °divya°[for 'ditya'](N3,N4)

64 T1 °nīrīkṣaṇa°(N3,N4); T5 °nīvīkṣaṇa°

pañcatapâika[1]pādôrddha[2]bāhusthānâika[3]cara[4]ṇaiś ca tapaḥ saṃcinvanti[5]. tuṣâ-
dyaṅgāra[6]dāhanikumbhasādhana[7]pakvaśilā[8]pacanâgnij⟨v⟩ala[9]praveśânaśana[10]maru-
tīrtha[11]gamana[12]maraṇaiś ceṣṭāṃ[13] gatiṃ mṛgayante. oṃkāravaṣaṭ[14]kāra[15]svadhā-
kārasvāhākārâśīstuti[16]cayanā[17]vāhanajapyamantrâdhyayana[18]dhāraṇa[19]karaṇaiś[20] ca[21]
śuddhiṃ pratyavagacchanti[22]. śuddhaṃ[23] câtmānaṃ[24] manyamānā[25] imān[26] āśra-
yante. tad yathā brahmêndra[27]rudra[28]viṣṇu[29]devī[30]kumāra[31]mātṛkātyāyanīcandrâdi[32]-
tyavaiśramaṇa[33]varuṇa[34]vāsavâśvinau[35] nāgayakṣagandharvâsura[36]garuḍakinnarama-
horaga[37]rākṣasabhūtakumbhāṇḍa[38]preta[39]pārṣadagaṇa[40]pitṛ[41]piśācāṃś ca devârṣirā-
jârṣi[42]brahmârṣīṃś[43] ca namasyanti, teṣu ca śarasaṃjñino[44] bhavanti[45]. pṛ-
thivy[46]aptejovāyvākāśaṃ[47] câśrayante. giri[48]darī[49]nadyutsasaro[50]hradataḍāga[51]sāgara-
saraḥpalvala[52]kūpapuṣkariṇī[53]vṛkṣagulmalatātṛṇa[54]sthāṇugôṣṭhaśmaśānacatvaraśṛṅ-
gāṭa[55]kântāra[56]āpaṇa[57]mukhāni câśrayante[58]. gṛhastambhôpala[59]muṣalâsi[60]dhanu[61]paraśu-
śara[62]śakti⟨tri⟩[63]śūlāṃś[64] ca namasyante[65]. dadhighṛtasarṣapayavapratisarā[66]dūrvā[67]-
maṇikanakarajata[68]âdibhiś ca maṅgalaṃ pratyavagacchante[69]. evaṃ[70]vidhānîme[71]

1 T1,T4 °tapo ka°(N3,N4); T2 °tapa eka°; T3 °tapokapo°; T5 °tapo eka°
2 T1,T3 °pāḍorddha°; T2 °pādorddhva°(R.); T4 °pāṭorddha°; L.,V. °pādordha°. cf. N4 °pādorddha°.
3 T3 °sthānaiḥ. Acc. to Tib.[gnas gcig na ḥdug pa] this should be 'eka-sthāna', but no ms. supports it.
4 T1,T3,T5 °karacara°[insert 'ra']
5 T3 saṃcinvanti
6 T2 °alaṅgāra°?; T3 °agāra°(N3,N4); T4 °aṃkāra°; T5 °agāla°
7 T3,T4 °kuṃbhasādhana°. cf. BHSD,?dāhani. 'sādhana' is incomprehensible.
8 T:all °pakṣa°(N4; R.). cf. N3 °pakva°; Tib. rdo bsregs pa (= pakvaśilā).
9 All mss. °jala°(R.,L.,V.). cf. Tib. me ḥbar ba (= agnijvala).
10 T1,T2,T4 °praveśana°(R.,L.,V.); T3 °praveśānasana°; T5 °praverśana°. cf. N3,N4 °praveśanaśana°; Tib. ḥjug pa daṅ zas mi za ba (= praveśa-anaśana).
11 T1,T2,T4,T5 °maruttīr°(N3,N4; R.)
12 T5 °gamaṇa°
13 T1 ceṣṭāṅ; T5 omits 'ṃ'.
14 T3 oṅkāra°(R.)
15 T1,T4 °kāraś ca dhākārasva°; T5 °kāraś ca sva°
16 T1,T4 °kārāsīstuti°; T2 °kārā "śīḥstuti°(R.); T3 invisible; T5 °kālāsīstuti°; L.,V. °kārāśīrvacanastuti°. cf. All mss. omit 'vacana'; A(L.'s Varianten) °rāsīvacana°. āśī = āśis.
17 T1,T3~5 °cayana°(N3,N4). cf. N1,N2,C1,C2 °vayā°; N5,B,H °cayāna°.
18 T1 °mantrādhyvāyana°?; T5 °mantīdhyaya°[omits 'na']
19 T5 °dhālaṇa°
20 T2 °karṇaiś; T5 omits 'ś'.
21 T5 omits 'ca'.
22 T1 pratyavega°; T5 °gacchati
23 T1,T3~5 śuddhaś. cf. A(L.'s Varianten) śuddhāś.
24 T1,T3~5 omit 'ṃ'.
25 T5 °māna
26 T2 imānn(R.); T5 imam
27 T5 °virṣṇu°[inserts 'r']
28 T4,T5 °devi°
29 T5 omits 'māra'.
30 T1 °mātṛkākā°[inserts 'kā']
31 T3~5 °yāyani°
32 T2 °drā "di°(R.)
33 T1,T2 °śravaṇa°(R.,L.,V.); T4 °śravāṇa°; T5 °śrāvaṇa°
34 T5 omits 'varuṇa'(N1,C1,C2).
35 T1,T4 °vaśavā°; T2 °vā 'śvinau(R. °vina); T3 °vasavā°; T5 °vāśavāśvine
36 T2 °rvā 'sura°(R.); T5 °rvāsula°
37 T3 °gayakṣarā°[inserts 'yakṣa']
38 T1,T2,T4,T5 °pretabhūtakumbhāṇḍa°(T3 °kuṃbhāṇḍā°; N3,N4; R.,L.,V.). cf. N1/B °bhūtakumbhāṇḍapreta°(H °bhūkum°); Tib. ḥbyuṅ po daṅ grul bum daṅ yi dags daṅ(= bhūtakumbhāṇḍapreta).
39 T3 °pārśvada°
40 T1,T3,T5 °gaṇapretapi°(T4 emends 'preta' to 'pati'; N3,N4); T2 °gaṇapatipi°(R.,L.,V.). cf. Tib. mtshun(= pitṛ?); BHSD,pārṣada.
41 T1 T3~5 °cāś[omit 'ṃ']
42 T1 devaparṣarājar°; T3 devarṣirajar°
43 T1 °rṣiś; T2~4 °rśīś[omit 'ṃ']; T5 °rṣāś
44 T1,T3,T4 °saṃgino(N3,N4; A); T5 °saṃginebhi. cf. Tib. ḥdu śes so (= saṃjñin); BHSD,saṃjñin(4).
45 T5 bhavaṃnti
46 T5 pṛthivyāp°; L. pṛthibyāp°. cf. N4 pṛthivya 'p°.
47 T1 °vāyau "kāśaṃ; T2 °vāyvākāśāṃś(R.); T5 °kāsaṃ
48 V. girī°
49 T3 invisible(N2 omits); Other mss. °nadī° [for 'darī'](R.,L.,V.). Acc. to Tib.[ri sul] we read 'darī', though no ms. supports it.
50 T1 °utsaro°[omits 'sa']; T4,T5 °utsaśaro°
51 T5 °tadāga°
52 T1,T4,T5 °pālva°(N3,N4; L.)
53 T1,T5 °puṣkiriṇīkūpa°; T2,T4 °puṣkariṇīkūpa°(R., L.,V.). cf. N1/H °kūpapuṣkariṇī°; Tib. khron pa daṅ rdsiṅ bu (= kūpapuṣkariṇī).
54 T3,T4 °sthānu°
55 T1 °śṛṃṅgāṭa°; T3 °śṛṃgāta°
56 T2 °kā 'nta°(R.)
57 T1 °rāyana°(N4); T4 °rāyaṇa°; T5 °rāpaṇaśa°. cf. N3 °rāṇaṇa°.
58 T3 °yaṃte sma[adds 'sma']
59 T3 °staṃvopala°
60 T1,T5 °mukhalāsi°(T4?; N3,N4); T2 °muṣalā 'si°(R.); T3 °muśalāśi°; V. °musalāśi°
61 T2 °dhanuḥ°(R.)
62 T1,T4,T5 omit 'śara'(N3,N4; A).
63 T1,T3~5 omit 'tri'(N3; A); T2 inserts(N4; R.,L.,V.). Acc. to Tib.[rtse gsum pa] this should be inserted.
64 T2 °lāś[omits 'ṃ']
65 T4 °yaṃte; L.,V. °yanti. cf. N1/H °yanti; N3,N4 °yante.
66 T5 °salā°
67 T1 °dūvvā°; T2 °durvā°(R. °durvvā°); T5 °durvvāṃ?
68 T5 °kalaja°
69 T1 pratyeva°; T2 °gacchanti(N1/H; R.,L.,V.); T3 °gacchaṃto; T4 °gacchaṃte. cf. N3,N4 °gacchante.
70 T1,T3,T4 vaṃ°[omit 'e'](N3)
71 T2 °vidhāni ime(R.,V.); T5 °vidhā[omits 'nīme']; L.°vidhāniīme[misprint?]. cf. N1/H °vidhānīm.

⟨’nya⟩[1]tīrthyā⟨ḥ⟩[2] kurvante[3] āśrayante ca saṃsārabhayabhītāḥ[4].

iha ca[5] kecit [putrair][6] manyante svargâpavargāv asmākam[7] etebhyo[8] (9...nirvartsyata iti...9). mithyā[10]mārgaprayātā[11] aśaraṇe[12] śaraṇa[13]saṃjñino[14] ’maṅgalye[15] maṅgalasaṃjñino[16] ’śuddhyā[17] śuddhiṃ[18] manyante[19]. (20...ya⟨n⟩ nv...20) ahaṃ tādṛśaṃ[21] vratatapoviśeṣam ārabheya⟨ṃ⟩[22] yathā sarvapara[23]pravā[24](25...dina⟨ś ca⟩...25) nigṛhītā⟨ḥ⟩[26] syuḥ karmakriyāpraṇaṣṭānāṃ[27] ca sattvānāṃ karmakriyâvipraṇāśam[28][29] ādarśayeyaṃ[30] dhyānagocarāṇāṃ[31] ca rūpâvacarāṇāṃ[32][33] devānāṃ[34] dhyānaviśeṣ[35]ôpadarśanād āvarjanaṃ[36] kuryām[37] iti.

iti[38] hi[39] bhikṣavo bodhisattva[40] evaṃ cintayitvā ṣaḍvarṣikaṃ[41] mahāghoraṃ[42] vratatapaḥ suduścarāṃ[43] (44...suduṣkarāṃ duṣkaracaryāṃ...44) ārabhate[45] sma. kena kāraṇenôcyate[46] duṣkaracaryêti,[47] duṣkara[48]kārikâiṣā[49] tenôcyate[50] duṣkaracaryêti[51]. na sa kaścit sattvaḥ sattvanikāye[52] saṃvidyate[53] manuṣyo vā amanuṣyo vā[54] yaḥ samarthas[55] tathārūpa(ṃ)[56] duṣkaraṃ[57] carituṃ,[58] anyatra caramabhavikād[59] bodhisattvād[60] yo[61] āsphānaka[62]dhyānaṃ[63] samāpadyate[64] ⟨sma⟩.[65] kena kāraṇenôcyate[66] āsphānakam[67] iti.[68] sa caturtha[69]dhyā(70...nam ādita...70) eva samāpadyamāna[71] āśvāsa[72]praśvāsa[73]ânuparodhayati[74] saṃniro-

1 T:all omit 'anya'(N3,N4,B; R.,L.,V.). cf. N1,C1,C2 anyatīrthyā(N5 °thyaṃ; H °thya); N2 atīrthyā; Tib. gshan mu stegs (= anyatīrthya). 2 T1,T4 tīrthyā(N3,N4); T2 tīrthyāni; T3 tīrthyau; T5 tīrthya(B); R. tīrthāni; L.,V. tīrthyāḥ 3 T2 kurvanti(R. kurvvanti)
4 T1,T4 °bhayātītā; T5 °bhāyābhītā 5 T2 omits 'ca'(R.).
6 T1 putre; T2,T3,T5 putrair(T4?; N2~5,C1,C2,B; R.); L.,V. paratra. cf. N1,H putrai. Acc. to Tib. and from the context this seems to be unnecessary.
7 T1,T4 asmākaṃm 8 T5 entebhyā
(9…9) T1 nirvvatsyateti; T2 nirvvatsyete iti(R.); T3, T4 nirvatsyata iti; T5 nivasyante iti; V. nirvartyeta iti
10 T5 mirthyā° 11 T3,T4 °yātāḥ
12 T2 asaraṇe 13 T5 saraṇa°
14 T1,T4 °saṃginaḥ(N3); T3 °saṃjñinaḥ; T5 °saṃgina°. cf. N4 °saṃgitaḥ.
15 T1,T3,T4 amaṃgalye(N3); T5 amaṃgale. cf. N4 amaṅgalye.
16 T1 °samjñinaḥ(N3 omits 'ḥ'; N4); T3 °saṃginaḥ; T4 °saṃjñānaḥ; T5 °sagina
17 T1 aśuddhyā; T2 'suddhe(R.); T3 aśuddhā; T4 asuddā; T5 asuddhā(N3,N4)
18 T1,T4,T5 suddhi(N3,N4) 19 T1 maṃnyante(N3); V. manyate
(20…20) T1~4 yanv(L.); T5 yatv; R.,V. yan nv 21 T5 °dṛsaṃ
22 T1,T3,T4 omit 'ṃ'; T5 ālabheya[omit 'ṃ']; (N3); L.,V. ālabheyaṃ. cf. N4 ālabheyaṃ.
23 T1 omits 'rva'. 24 T5 °palapra°
(25…25) T1 T3~5 °dina[omit 'ś ca'](N3,N4); T2 °dino[omits 'ca'](R.); L.,V. °dinaś ca. cf. N2/H °dinaś ca(N1?).
26 T1 nigṛhitā; T2 nigṛhītāḥ(R.,L.,V.); T3~5 omit 'ḥ'(N3,N4).
27 T1 °praṇastāṇāṃ(T4 °stānāṃ; N3,N4); T2 °pranastāṇāñ(R.); T5 °vaṇastāṇāṃ
28 T3 °kriyavi° 29 T1 °pranāśam; T5 °praṇāśasam
30 T2 adhidarśayeyam(R.); V. °yeyam 31 T3 omits 'rā'; T5 dhyānāgo°
32 cf. N2,N5,H omit 'rūpāvacarāṇāṃ'. 33 T2,T5 insert 'ca'(N3,N4; R.,L.,V.).
34 T5 devāṇāṃ 35 T3 °viseṣo°
36 T1 āvarjjanāṃ(T3~5 āvarja°) 37 T1 kuryyātm; T5 kṛryām
38 T3,T4 omit 'iti'. 39 T5 omits 'hi'.
40 T3 °satvo; T4 °satvaḥ 41 T1 ṣaḍvār°?; T2 paḍvār°(R. ṣaḍ°); T5 ṣardvaṣikaṃ
42 T1 °gholaṃ
43 T1,T2,T4,T5 suduṣkarāt(N3,N4; R.,L.,V.); T3 duskarād. cf. N1,N5 omit; H suduḥkarā. Acc. to Tib.[śin tu spyad par dkaḥ ba] we read 'suduścarāṃ' though no ms. supports it.
(44…44) T2 suduṣkaracarcyām(R. °caryyām); T3 duskarāṃ duskaracaryāṃ; T4 suduskarāṃ suduskaracaryām; T5 duṣkarā duskaracaryyām(N1, N5, C1 suduḥkarāṃ --- ; N3 suduṣkarān ---). cf. N4,H suduṣkarāṃ duṣkaracaryyām; Tib. śin tu bya bar dkaḥ baḥi dkaḥ ba spyad pa.
45 T1 ālabhate(N1,N5,C1,C2,B; L.,V.)
46 T1,T2,T4 kāraṇena ucyate(N3,N4); T5 kālaṇena ucyaṃte
47 T1 duṣkararyyeti[omits 'ca']; T2 omits 'duṣkaracaryeti'(R.); T3,T4 duskara°(N3); T5 °caryati
48 T1,T3,T4 duskara°(N3); T5 skara°[omits 'du']
49 T1 °kārikaiṣāṃ; T2 °kārikā eṣā(R.); T5 °kālikaiṣā
50 T2 tena ucyate(R.) 51 T3 duskaracanyeti(T4 °caryeti; T5 °cayeti)
52 T1 parinikāye; T3 svatvanikāye; T5 pavinikāye
53 T3 °vidyaṃte 54 T5 vāḥ
55 T5 °arthaḥ 56 T1,T3~5 omit 'ṃ'(N3,N4); T2 °rūpaṃ(R.,L.,V.)
57 T1,T3,T4 duskaraṃ 58 T2,T3 °tum(R.,V.)
59 T1 °vikā(N4); T5 °viko(N3); T2 °vikāt(R.) 60 R.,V. °sattvāt(T2 marg.)
61 T2 ya(R.,L.,V.). cf. N4 yā; Other mss. yo.
62 T1,T3~5 sthānaka°(N3); T2 °nakaṃ(H; R.). cf. N4 sthānakaṃ; Tib. mkhaḥ khyab(= āsphāraṇaka[= āspharaṇaka?]); BHSD,āsphānaka. Is this should be emended to 'yo ''sphānaka'?
63 T5 °dhyāṃnaṃ 64 T1 omits 'pa'.
65 T1,T3~5 omit 'sma'(N3); Other mss. insert (R.,L.,V.).
66 T2 °ṇena ucyate(R.) 67 T3,T4 asthānakam; T5 'sphākaram. cf. N3 'sthānakaṃm; N4 āsthānakam; N5 asphānakam; C1 āsphānam.
68 T1 omits 'sa'; T2 tarhi(R.); T5 saṃ. cf. N1, C1,C2 sa hi; N4 tarddhi; N5,H tadvi.
69 T1 caturthaka°[adds 'ka']; T3,T4 caturthaṃ. cf. C1 caturtho.
(70…70) T1,T2 °nasyādita(N4; R.); T4 °naṃ ādita; T5 °na āditra; L. °na ādita. cf. N3 °na ādita.
71 T3,T4 °māno 72 T3 āsvāsa°
73 T1 °praśvāsīnuparo°; T3 °prasvāsānupaniro°(T4 omits 'ni')
74 T5 inserts 'sma'.

dhayati. akalpa⟨ṃ⟩[1] taṃ[2] dhyānam avikalpam[3] aniñjam[4] amanyitam[5] aspan-
danaṃ sarvatrânugataṃ ca[6] sarvatra[7] cânisritam.[8] na ca tad[9] dhyānaṃ
jātu kenacit[10] samāpannaṃ[11] pūrvaṃ[12][13] śaikṣeṇa[14] vâśaikṣeṇa[15] vā pratyeka-
buddhena vā caryāpratipannena[16] vā bodhisattvena.[17] ataś[18] ca (19...⟨āsphā-
nakaṃ⟩[20] nāmôcyate[21] ākāśam, aspharaṇam[22] akaraṇam[23] avikaraṇaṃ[24] tac
ca sarvaṃ[25] spharatîti[26] hy ākāśasamaṃ[27] tad dhyānaṃ tenôcyate[28] āsphā-...19)
nakam[29] iti.

atha khalu bhikṣavo bodhisattvo[30] lokasyâścaryasaṃdarśanârthaṃ[31]
tīrthikānāṃ[32] ca darpanirghātanârthaṃ[33][34] parapravādināṃ[35] ca nigrahârthaṃ[36]
251 devānāṃ câvarjanârtham[37] ucchedaśāśvatavādināṃ[38] ca sattvānāṃ karma-[39]
kriyāpraṇaṣṭānāṃ[40] karmakriyâvatāraṇârthaṃ puṇyaphalôdbhāvanârthaṃ[41] jñā-
naphalasaṃdarśanârthaṃ[42] dhyānâṅgavibhajanârthaṃ[43][44] kāyabalasthāmasaṃdar-[45]
śanârthaṃ cittasauryasaṃjananârthaṃ[46][47] câsaṃskṛtāyāṃ[48] pṛthivyāṃ[49] pary-
aṅkam ābhujya[50] niṣīdati[51] sma. niṣadya[52] ca svakāyaṃ cetasā nigṛh-
nīte[53] sma, niṣpīḍayati[54] sma.

tato me bhikṣavo haimantikāsv[55] aṣṭakarātrīṣu[56][57] tathā kāyaṃ ni-
gṛhnato[58] niṣpīḍayataḥ[59] kakṣābhyām api svedāḥ praśravanti[60] sma, lalāṭād[61]
api svedāḥ praśravanti sma, ⟨bhūmau nipatanti sma⟩,[62] avasyāyanta[63]
ūṣmāyanto[64] bāṣpāyantaḥ.[65] tad yathâpi[66] nāma balavān puruṣaḥ[67] durbala-
tara⟨ṃ⟩[68] puruṣaṃ grīvāyāṃ gṛhītvā[69] niṣpīḍayed,[70] evam eva bhikṣava[71]

1 T1,T3~5 omit 'ṃ'(N3,B,H); Other mss. °paṃ(R.,L.,V.)
2 T2 tad(R.,L.,V.). cf. N1/C2 tata; N3 taṃ(A); N4,B,H tat; BHSG,§21.11.
3 T5 avīka°
4 T2 aniṅganam(R.); T3 aniṃjam; T4 anijam; L.,V. aniñjanam. cf. N3 aniñjam; N4 aniñjanam.
5 T2 apanītam(R.,L.,V.). cf. N1,C1,C2 ayanita; N2,B ayanitam; N3 amanyitam; N4 apanyitaṃ; N5,H apanitam; BHSD,manyita; Tib. sems pa med pa (= amanyita).
6 T1 repeats 'sarvatrānugataṃ ca'.
7 T4 °trā; T5 saṃrvatra
8 T2 cāniḥsṛtam(R.); T5 cānīśritan
9 cf. N1/C2 tata; N4 satva tad; B,H tat.
10 T3,T4 kenavi°(for 'kenacit')
11 T1 samārtti; T3 °samapatta; T4 °samāpattiṃ; T5 samāpartti(N3; N4?)
12 T5 omits 'ṃ'.
13 T2 inserts 'vā'(R.).
14 T1 taikṣaṇa(N4); T2 śaukhyena(R.); T5 śakṣana; L.,V. śaiṣyeṇa. cf. N1,N2,N5,B śaiṣyeṇa; N3 śaikṣeṇa; C1,C2 omit.
15 T1,T4 vā śaiṣyaṇa; T2 vā aśaukhyena(R.); T3 vā śaikṣeṇa; T5 vā śiṣyeṇa; L.,V. vā aśaiṣyeṇa. cf. N1,N5 vā aśaiṣyeṇa; N2 omits; N3 vāśaiṣyeṇa; C1,C2 vā aśaiṣyaṇa; B vā aśaiṇa?; H vā aśikṣaṇa.
16 T2 caryyā 'prati°(R.)
17 T5 °satvona
18 T5 abhaś
(19...19) T2 ca āsphā°(R.); L.,V. cāsphā°. cf. N1/H cāsphā°.
20 T1,T3~5 omit 'āsphānakaṃ'(N3,N4); Other mss. insert(R.,L.,V.).
21 cf. N1/H nāmnocyate.
22 T2,T5 asphuraṇam(R.)
23 T1 akeraṇam; T2,T4,T5 omit(R.).
24 T1 api keśaraṇaṃ; T4 apikaraṇaṃ(N3 °ṇan); T5 avikarṇan(N1)
25 T5 omits 'ṃ'.
26 T2 sphuratīti(R.); T5 pharatīti
27 T2 omits 'sa'; T5 ākāsasamaṃ
28 T5 °cyete
29 T3,T4 āsthā°(N4?)
30 T2 °satva; R. °sattvaḥ
31 T5 °caryā°
32 T5 tīthi°[omits 'r']
33 T1 darppanenir°
34 T5 omits 'ṃ'.
35 T2 °vādīnāñ; T5 °vrādināñ
36 T5 omits 'ṃ'.
37 T1 ca varjanārthaṃm; T5 ca varddhanārtham?
38 T2 °dasāśva°
39 T1 krarma°
40 T3 °pranaṣṭā°; T5 °ṣṭāṇāṃ
41 T3 omits this whole word.; T4 punya°
42 T2 jñānabala°(R.)
43 T3~5 dhyānāṃga°(N3). cf. BHSD,dhyānāṅga.
44 V. omits 'ṃ'.
45 T1 °maśaṃ°
46 T5 cirtta°
47 T2 °śauryyasañja°(R.; L.,V. °śaurya°); T5 °saṃñja°. saurya = śaurya.
48 T5 vāsaṃ°; V. ca asaṃ°
49 T5 pṛthīvyāṃ
50 T1 ābhujyā; T2 āruhya(R.); T4 ābhuṃjya. cf. N4 ābhūṃjya.
51 T5 nipidayati. cf. N4 niṣīdanti.
52 T5 niṣīdya
53 T2 nigṛhṇīte(R.,V.)
54 T5 niṣidayaṃti
55 T1 °tikāś(N4)
56 T1,T4 cāṣṭa°(N3,N4)
57 T2,T5 °triṣu(N4; R.,L.,V.). cf. N5 °karātiṣu; H °karatriṣu.
58 T2 °hṇato(R.,V.); T5 °hnate
59 T5 omits 'ḥ'.
60 T5 °vaṃnti
61 T1 lālāṭād; T5 lalātāv
62 T1,T3~5 omit the words in brackets(N3,N4); Other mss. insert(R.,L.,V.). Acc. to Tib and from the context these are to be added.
63 T1,T4,T5 avaśyāyaṃta(T3 avasyā°); T2 avaśyāyanto(R.); L.,V. avaśyāyanta
64 T2 uṣṇāyanto(R.); T5 uṣmā°(N1,C1,C2,B). cf. N2 unmāyantaḥ(H ūṣmā°).
65 T1 voṣpā°; T5 °yantas
66 T1 yathā[omits 'api']; T2 yathā 'pi(R.)
67 T5 puruṣo(N3; L.,V.). cf. N4 puruṣaḥ.
68 T1,T3,T4 omit 'ṃ'(N3); T2 °taraṃ(N4; R.,L.,V.); T5 °tala. cf. N1,C1,C2,H °talaṃ; Mv(II.p.124.5) durbalaṃ[omits 'tara'].
69 T5 gṛhitvā
70 T5 niṣīḍayed; T2 °yet /(R.,L.,V.)
71 T3,T4 °kṣavaḥ

imaṃ kāyaṃ cetasā nigṛhnato[1] niṣpīḍayataḥ[2] kakṣābhyām api svedāḥ
praśravanti sma, lalāṭād api svedāḥ praśravanti sma, bhūmau ni-
patanti[3] sma, avasyāyanta[4] ūṣmāyanto[5] bāṣpāyantaḥ[6].

tasya me bhikṣava[7] etad[8] abhūt[9]. (10...ya⟨n⟩ nv ...10) aham[11] āsphānakaṃ[12]
dhyānaṃ (13...dhyāyeyam. tato me bhikṣava[14] āsphānakaṃ dhyānaṃ ...13) dhyā-
yataḥ[15] mukhato nāsikātaś[16] câśvāsapraśvāsāv[17] upaniruddhāv abhūtāṃ[18], karṇa-
cchidrābhyām[19][20] uccaśabdamahāśabdā[21][22][23] niścaranti[24] sma. tad yathâpi[25] nāma
karmāragargaryā⟨ṃ⟩[26] mathyamānāyā⟨m⟩[27] uccaśabdamahāśabdo[28][29] niścaraty[30],
evam[31] eva[32] [33] bhikṣavo mukhanāsikābhyām[34][35] āśvāsapraśvāsāv[36] (37...uparuddhāv
abhūtāṃ ...37), śrotracchidrābhyām[38] uccaśabdamahāśabdo[39] niścara[n]ti[40] sma.

tasya me bhikṣava[41] etad abhūt[42]. (43...ya⟨n⟩ nv ...43) ahaṃ[44] bhūya[45] āsphā-
nakaṃ dhyānaṃ dhyāyeyam[46] iti. tato me[47] mukhanāsikāśrotrāṇy[48][49] upa-
252 ruddhāni[50] abhūvan[51]. teṣûparuddheṣu vāyur[52] ūrddhaṃ[53] śiraḥkapālam[54] upa-
nihanti[55] sma. tad yathâpi[56] nāma bhikṣavaḥ puruṣaḥ[57] kuṇḍayā[58] śaktyā[59]
śiraḥkapālam[60] upahanyād[61] evam[62] eva[63] bhikṣavo[64] mukhanāsikāśrotreṣûpa-[65][66]
ruddheṣv[67] āśvāsapraśvāsāv[68] ūrddhaṃ[69] śiraḥkapālam[70][71] upanighnanti[72] sma.

tāṃ câvasthāṃ[73] dṛṣṭvā[74] bodhisattvasya tatrâike[75] devā[76] evam āhuḥ[77].

1 T1 °hnatā; T2 °hṇato(R.,V.) 2 T1 niḥpī°; T5 niḥ[omits 'pīḍayataḥ']
3 T5 °taṃnti
4 T1 avaśyāyaṃta; T2 avaśyāyanta(R.,L.,V.); T3 avasyāyaṃta(T4,T5 °yaṃto)
5 T1,T4 ūṣmāyaṃtaḥ(N4); T2 uṣṇāyanto; T3 ūṣmāyaṃto(N3); T5 uṣmāyaṃto(R. °yanto)
6 T1,T4 °yantas; T3 bāpyāyaṃtas; T5 bāṣpāyan[omits 'taḥ']
7 T3 °kṣavar; T5 °kṣavaḥ 8 T5 eta[omits 'd']
9 T3 abhūd; T5 bhūt
(10…10) T1~4 yanv(L.); T5 yatv(N3); R.,V. yan nv
11 T1 ahaṃm 12 T1,T4 omit 'ṃ'.
(13…13) T1,T4,T5 omit(N3,N4; A); T2 omits 'dhyānaṃ'(R.).
14 T3 °kṣavaḥ 15 T2 dhyāyato(R.,L.,V.)
16 T1,T3,T4 nāśātaś(N4); T5 nāsātaś(N3). Acc. to the following phrases we read 'nāsikātaś'[agree with R.,L.,V.].
17 T1 cāsvosaprasvāśov; T3,T5 cāsvāsaprasvāsāv(T4 °praśvāsāv); V. °śvāsā. cf. N3 cāsapra°.
18 T2 °tām / (R.,V.) 19 T1,T3,T4 karṇṇacchidrā°(T5?; R.)
20 T1,T3,T4 °bhyāṃ 21 T2 uccaiḥ°(R.). cf. N4 ūcca°; H uccai°.
22 L.,V. °śabdā ma°. cf. N1,N2,C1,C2,B uccaiḥśabdā ma°.
23 T1 °śabda; T5 omits 'śabdā'. cf. N4 °śabdāṃ.
24 T5 niścalanti 25 T2 yathā 'pi(R.); T5 yathā[omits 'api']
26 T1,T5 °gargayā(N1,N3,C1,H); T2 °gargarāyāṃ(R.); T3,T4 °gargaryā(C2); L. °gargaryāṃ; V. °gagayā. cf. N4 °garggayāṃ; N2 kamanigargayā; B karmarirgargayā?
27 T1,T3~5 omit 'ṃ'(N3); T2 °yām(R.,L.,V.). cf. N4 °yāṃ.
28 T2 °śabdo(R.,L.,V.); T5 draccaśabda°. cf. N3,N4 °śabda°.
29 T3 °śabdā 30 T2 °carati(N4; R.,L.,V.); Other mss. °caraty
31 T5 ovam 32 T1 evaṃ; T3 ava?
33 T2,T4,T5 insert 'me'(N3,N4; R.,L.,V.). Tib. has no word corresp. to 'me'.
34 T1,T4,T5 °nāśikā° 35 T1,T5 °bhyāṃm(T4?)
36 T1 āsvāśaprasvāśav; T3 āsvāsaprasvāsād(T4 °prasvāsāv)
(37…37) T1 uparuddhābhūdha?; T2 --- abhūtām(R.); T3,T4 uparuddhābhūvan(N3 omits 'n'); T5 uparuddho abhūva. cf. N1,C1,C2,H --- abhūvatāṃ; N2,N4,B --- abhūtāṃ.
38 T4 yatracchi°(N3 matra°; N4 ṣlotra°?); L.,V. śrotachi°. cf. N1,C2,B,H śrotacchi°; N2,C1 śrotracchi°; BHSD,śrota. 39 T2 uccaiḥśabdo(N1,N2,C2,H; B omits 'u'; R.); L.,V. uccaśabdo. cf. N3,N4 uccaśabda°(A); N5 obscure; C1 uccaiśabdo.
40 T1,T3~5 °caranti(N3,N4); T2 °carati(R.,L.,V.) 41 T1,T3,T4 °vaḥ
42 T1,T4,T5 abhūd; T3 abhū (43…43) T:all yanv(L.); R.,V. yan nv
44 R. aham 45 T1,T3,T4 bhūyaḥ(N4); T5 yaṃ[omits 'bhū']
46 T1 dhyāyayam
47 T2 inserts 'bhikṣavo'(R.,L.,V.); Other mss. omit. Tib. has no word corresp. to this insertion.
48 T1,T3,T4 °nāśikā° 49 T3 °trāny
50 T1 upavarddhāni; T3,T5 uparibaddhāni; T4 upabaddhāni
51 T1,T3~5 abhūvaṃs(N3); L.,V. cābhūvan. cf. N1,C1,C2 cāvabhūvan; N2 cābhūcet; N4 abhūvan; B,H cābhūvan. 52 T3 vāyuḥ
53 T1 urddha?; T5 uddhaṃ; R. ūrddhvaṃ; L. ūrdhaṃ; V. urdhvaṃ. cf. N1,N4 urddhaṃ.
54 T4 °kapālām; T5 śilakapālām 55 T1,T3,T4 upasaṃharati(N3,N4); T5 upasaṃhalaṃti. Acc. to Tib.[gnod par gyur] this should be 'upanihanti'.
56 T2 yathā 'pi(R.)
57 T1,T3,T4 omit 'ḥ'; T5 purukha cf. N4 omits from here[puruṣaḥ] to 'bhikṣavavo'[Note 64].
58 T5 kuṣṭayā(N3,N4) 59 T5 śatyā
60 T1 °kapāraṃm; T4 °kapālakapālam; T5 °kapālakam
61 T1,T5 °hatyād; T2 °hanyāt(R.) 62 T4 omits 'evam'(N1,N3,C1,C2).
63 T4 inserts 'me'(N3; L.,V.). cf. N1,C1,C2 ma; N2,B,H omit. Tib. has no word corresp. to 'me'.
64 T2 °kṣavaḥ(R.); T5 bhi 'kṣavo 65 T1,T3~5 °nāśikā°
66 T5 °śotre°[omits 'r'] 67 T2 °ruddheṣu(R.,L.,V.)
68 T1 āśvāsaṃpraśvāsaṃ; T2 °praśvāsā(N4; R.,L.,V.); T3 āsvāsaprasvāsāv; T4 āśvāsaprasvāsav (T5 °prasvāsāv; N3)
69 T1 vuddha; T5 uddhaṃ; R. ūrddhvaṃ; L. ūrdhaṃ; V. urdhvaṃ. cf. N3 ūrddhaṃ; N4 urddhaṃ.
70 T5 śiriḥ°(N3) 71 T1,T5 °kapālā; T3 °kapālaṃ; T4 °kapālāṃ(N3,N4)
72 T1 upaghnanti[omits 'ni']; T3~5 samupavadhnanti(N4 omits 'pa'). cf. N1,C1,C2 °ghnatiḥ; N3 upasaṃharati.
73 T2 omits 'ṃ'; T5 °sthān 74 T5 dṛṣṭā(N1)
75 T1 tatraikā; T2 tatra kecid(R.,L.,V.); T3 tatraika(N4); T5 tataike. cf. Other mss. tatraike.
76 T1 devaṃ; T5 deva. cf. N3 devam; N4,B devāṃ; H devaḥ.
77 T5 omits 'ḥ'.

kaṣṭa(ṃ)[1] bhoḥ[2] kālagato batâyaṃ[3] siddhārthaḥ kumāraḥ.[4] apare evam āhuḥ.[5] nâyaṃ[6] kālagataḥ.[7] api[8] tu dhyānavihāra[9] eṣo 'rhatām[10] evaṃ-[11]vidha iti.

[12]tasyāñ[13] ca velāyām imā(ṃ)[14] gāthā(m)[15] abhāṣanta.[16]

[Meter ... Upajāti]

1. mā khalv[17] ayaṃ śākyanarendragarbho
hy apūrṇasaṃkalpa[18] (19…ihâiva 'raṇye…19),
kṛtvā trilokaṃ[20] du[ḥ]khitaṃ[21] hy anāthaṃ
kālaṃ kariṣyaty[22] akṛtârtha eva.

2. hā sattvasārā[23] sadṛḍhapratijñā[24]
saddharmayajñena[25][26] (27…nimantritā 'bhū…27),
vayaṃ purā te tuṣiteṣu[28] nāthā[29]
kva sā pratijñā[30] tava śuddhasattva.

atha te devaputrās trāya(s)triṃśeṣu[31] deveṣu gatvā māyādevyā[32] evam arthaṃ[33] śrāvayanti,[34] kālagataḥ[35] kumāraḥ.[36]

atha māyādevī apsarāgaṇaparivṛtā[37] ardharātrasamaye nairañjanāyās tīre[38] yena bodhisattvas[39] tenôpasaṃkrāntā.[40] sā paśyati[41] (sma)[42] bodhisattvaṃ[43] śuṣkagātraṃ[44] kālagatam[45] iva. dṛṣṭvā[46] [47] [48]bāṣpagadgadakaṇṭhayā[49] roditum ārabdhā.[50]

1 T1,T5 kaṣṭaḥ(T4?; N3,N4); T2 kaṣṭaṃ(R.,L.,V.); T3 kaṣṭa[omits 'ṃ']
2 T1,T5 bho(N3,N4; L.)
3 T1,T4,T5 'yaṃ[omit 'bata'(N3,N4); T2 vatā 'yaṃ(R.); L. vatāyaṃ. cf. H yam; Tib. lacks the word corresp. to 'bata'.
4 T1 omits 'kumāraḥ'; T5 omits 'ḥ'.
5 T5 omits 'ḥ'.
6 T2 nā 'yaṃ(R.)
7 T2,T5 °gato(R.)
8 T2 'pi(R.)
9 T1 dhyāne
10 T5 °hatam
11 T5 omits 'ṃ'.
12 T1,T3,T4(and N3) lack from here[tasyāñ] to 'tenopajagāma'[two pages later Note 49(L.,p.253, line 22)], only T4 adds the last sentence[yena svabhavanaṃ tena pajagāma] in the margin.
13 T5 syā[omits 'ta' and 'ñ']; L.,V. tasyāṃ. cf. R. brackets 'tasyāñ --- abhāṣata'[Note 16].
14 T2 ime(R.); T5 imā(N1,N2,C2,B,H); L.,V. imāṃ. cf. N4 imāṅ; N5 obscure; C1 imāṃ.
15 T2 gāthe(R.); T5 gāthā(N1,N2,N4,C2,B); L.,V. gāthām. cf. C1,H gāthām; N5 obscure.
16 T2 abhāṣata(N1,C2,B,H; R.); T5 abhāṣat(N2,C1). cf. N4 abhāṣaṃtaḥ; N5 obscure.
17 cf. N4 khalu.
18 T2 apūrṇṇasaṅkalpa(R.); T5 apūrṇṇasaṃkalpa(N4)
(19…19) T2 ihaivāraṇe(R.); T5 ihaiva vaṇe; L.,V. ihaiva raṇye; S. ihaivaraṇye
20 T5 omits 'ṃ'.
21 T5 duḥkhi°(T2 'ḥ' is marg.; N4; R.); L.,V. dukhi°. m.c. dukhi°.
22 T2 kāri°; T5 kali°
23 T2 °sāra(N4; R.); T5 °sāla
24 T2 omits 'sa'(T5?; R.). cf. N4 sadṛ°.
25 T2 sadharmma°; T5 sadharma°
26 cf. N4 °yajñana.
(27…27) T2 nimaṃtritā 'bhūt(R. nimantri°); T5 °tritābhū(N4; L.); V. °tritābhūt
28 T2 tuṣite[omits 'ṣu'](R.); T5 tuṣita[omits 'ṣu']
29 T2,T5 nātha(N4; R.)
30 T2 dṛḍhapratijñā(R.)
31 T2 trayastriṃśad°(R.); T5 trāyastriṃśeṣu(N4); L.,V.,S. trāyatriṃśeṣu
32 cf. N4 māyāyādevyā[inserts 'yā'].
33 T5 omits 'ṃ'.
34 T2 °yanti sma[adds 'sma'](H; R.); T5 śrāvayaṃnti
35 T5 °gaḥ[omits 'ta']
36 T5 kumāla[omits 'ḥ']. cf. N4 kumāra[omits 'ḥ'].
37 T2 apsaroga°(R.). cf. N4 apsaraga°.
38 T5 trīre
39 T2 °tvaḥ(R.)
40 T2 tena upasaṅkramya(N4 °krantā; R.)
41 T2 paśyanti
42 T2 inserts 'sma'(R.,L.,V); Other mss. omit.
43 All mss.(that can be referred) śuddha°(R.). cf. Tib. skams(= śuṣka).
44 T2 °gātram / (R.,V.)
45 cf. N4 °gataṃ.
46 T5 dṛṣṭā
47 cf. N4 inserts 'ca'.
48 T2 vāspa°(R.)
49 T5 °kaṃṇṭhayā; V. °kaṇṭhā. cf. N4 °kaṇṭha.
50 T5 °dhāḥ. cf. N4 ālabdhā.

tasyāñ[1] ca velāyām imā(ṃ)[2] gāthā(m)[3] abhāṣata.

[Meter ... Śloka]

3. yadā [(4...]jāto 'si[...4)] me putra vane[5] lumbinisāhvaye[6],
siṃhavac câgṛhītas[7] tvaṃ prakrāntaḥ[8] saptapadā(n)[9] svayaṃ.[10]

4. diśāṃ[11] câlokya[12] caturo[13] vācā te pravyāhṛtā[14] śubhā,
iyaṃ me paścimā jātiḥ sā te na paripūritā.[15]

253 5. asitenâbhinirdiṣṭo[16] buddho loke bhaviṣyasi,
kṣuṇaṃ[17] vyākaraṇaṃ[18] tasya na dṛṣṭā[19] [(20...]tena 'nityatā.[...20)]

6. cakravartiśriyaṃ[21] putra[22] nâpi[23] bhuktā manoramā,[24]
na ca bodhim[25] anuprāpto[26] yāto[27] 'si nidhanaṃ[28] vane.

7. putrârthe[29] kaṃ[30] prapadyāmi kasya[31] krandāmi duḥkhitā,
[(32...]ko me[...32)] [(33...]dady ekaputrasya[...33)] kiṃcitprāṇasya[34] jīvitaṃ.[35]

bodhisattva āha.

[Meter ... Upajāti]

8. [(36...]kâiṣā atīvā[...36)] karuṇaṃ rudantī[37]
prakīrṇakeśī[38] vinivṛttaśobhā,[39]
putraṃ[40] hy atīvā[41] paridevayantī[42]
viceṣṭamānā[43] dharaṇītalasthā.[44]

māyādevī[45] āha.

1 L.,V. tasyāṃ. cf. C1,H tasyāṃ; Other mss. tasyāñ.
2 T2,T5 imā(N1,N2,C2,B; R.); L.,V. imāṃ. cf. C1,H imāṃ; N4 imāṅ.
3 T2 gāthā(N1,N2,C2,B,H; R.); L.,V. gāthām. cf. N4,C1 gāthām.
(4…4) R. jātosi
5 T5 vana
6 T5 rumbini°
7 T5 °hītās
8 T5 prakātaḥ. cf. N1,C1,C2,B prakāntaḥ; N2,N4,H prakrāntaḥ; BHSD,prakānta.
9 T2 °padān(R.); T5 °padāt(N1,N2,N4,C1/H); L.,V.,S. sapta padā. 'saptapadā(n)' is unmetrical.
10 T2 svayam(R.,V.)
11 T2 diśāñ(N4; R.); T5 diśāś
12 S. cā lokya
13 T5 catura; L.,V.,S. cature. cf. N1,N4 caturo; N2,B cature; C1,C2 caturā; H caturaṃ; BHSG,§19.15&17.
14 T5 °vyākṛtā. 'te pravyāhṛtā' in unmetrical.
15 cf. N4 paritāpṛci.
16 T5 asitenāsinir°(N1,N4,C1,C2 omit 'r'; N2,B). cf. H asitenābhinir°? Maybe 'asinir-' is a scribal error for 'abhinir-'.
17 T2 kṣuṇṇaṃ(R.,L.,V.,S.). cf. N4 kṣūṇaṃ; Other mss. kṣuṇaṃ; BHSD,kṣuṇa.
18 T5 vyākalaṇaṃ
19 cf. N1,C1,C2 ṣṭā[omit 'dṛ'].
(20…20) T2 tena nityatā(R.,L.,V.); T5 te[omits "na 'nityatā"](N1,N2,C1/H). cf. N4 tenānityatā; Tib. mi rtag (= anityatā).
21 cf. N1,N2,B cakravarttī°.
22 S. °śrayaṃ
23 L.,V.,S. napi. cf. N5 napi; Other mss. nāpi.
24 T5 manolamā
25 cf. N1 bodhisatv; N4 bodhir; N5 bodhi.
26 T5 sanuprāptā. cf. N5 prāptā[omits 'anu'].
27 T2 jāto(R.)
28 T5 omits 'ṃ'.
29 R. puttrārthe. cf. N4 putrārtha.
30 T5 omits 'ṃ'.
31 L.,V. kaṃ va; S. kaṃ vā. cf. N4 kasyaṃ; Other mss. kasya.
(32…32) T2 kāmañ(R.); T5 kāma(N1,N2,C1,C2,B). cf. N4,N5 kāme. Acc. to Tib. we read 'ko me'[agree with L.,V.,S.].
(33…33) T2 caivaikaputrasya(R. °puttrasya); T5 vady eka°(N5,C1,C2,B). cf. N1,N2,N4 vedy; H vaccakaputrasya; Tib. sbyin(= dadi). 'dadi' is to be regarded as a form of opt. 3 sg.(cf. BHSG, §29.14).
34 T2 °prāṇāsya(R.); T5 °prāṇisya. cf. BHSD,kiṃcit-prāṇa.
35 T2 jīvitam(R.,V.,S.)
(36…36) T2 kaiṣātīva(N1,N2,C2,B,H; R.); T5 kaiṣātiva; L.,V.,S. kaiṣā ati tvāṃ. cf. N5 keṣātīva; C1 taiṣātīvra; BHSG,§20.10. Metrically we read 'atīvā' though no ms. supports it.
37 T2 rudante; T5 rudato?; R. rudate; L.,V.,S. rudāsi. cf. N1,N2,N4,N5,B,H rudate(C1?); C2 rudaṃte. From the context and meter we read 'rudantī' though no ms. supports it.
38 T5 prakirṇṇa°; L.,V.,S. °keśā. cf. N1,N5,C1,C2,B prakīrṇṇakeśī(N2 °keśīr; N4 °kesī; H °keśā).
39 T2 ca vivṛtta°(R.); T5 vivṛtta°(N1/H). cf. N4 vinivṛtta°.
40 R. puttraṃ
41 All mss.(that can be referred) atīva(R.). Metrically we read 'atīvā' though no ms. supports it.
42 T5 °yaṃnti
43 T5 °māno
44 T2 °talesthā; T5 dhalaṇītarasthā. cf. N4 dharaṇitala°.
45 cf. N4 devī māyā.

[Meter ... Śloka]

9. mayā tu daśamāsā(ṃ)[1] vai[2] kukṣau vajra ivā[3] dhṛtaḥ,
sā te ’haṃ putrakā mātā vilapāmi[4] suduḥkhitā.

atha bodhisattvo[5] ⟨mātaram⟩[6] āśvāsayann[7] uvāca.[8] na bhetavyaṃ[9] putra[10]lālase.[11] śramaṃ[12] te saphalaṃ kariṣyāmi.[13] amoghaṃ[14] buddhaparityāgam. asitanirdeśaṃ[15] ca vyaktaṃ kariṣyāmi, dīpaṃkarasya[16] vyākara-[17]ṇaṃ vyaktīkariṣyāmi (ca).[18]

[Meter ... Upajāti]

10. api[19] śatadhā[20] vasudhā vikīryeta[21]
meruḥ[22] plave(c)[23] câmbhasi ratnaśṛṅgaḥ[24]
candrârkatārāgaṇa[25] bhū pateta[26]
pṛthagjano[27] nâiva ahaṃ[28] mriyeyaṃ,[29]
yasmān[30] na śoko[31] [(32...]tvayi atra[...32)] kāryo[33]
na vai cirād[34] drakṣyasi[35] buddhabodhiṃ.[36]

sahaśravaṇād[37] eva[38] devī māyā saṃpraharṣitaromakūpajātā bodhisattvaṃ[39] māndārava[40]puṣpair abhyavakīrya tri(ḥ)pradakṣi[41]ṇīkṛtvā[42] divyais[43] tūryaiḥ[44] saṃpravādyamānair[45] yena sva[46]bhavanaṃ tenô[47]pajagāma.[48]
254 tasya[49] me bhikṣavaḥ[50] etad abhūt. santy eke śramaṇabrāhmaṇāḥ[51]
ye[52] ’lpâhāratayā[53] śuddhiṃ manyante. [(54...]ya⟨n⟩ nv[...54)] aham alpâhāratayā pratipadyeyam iti. abhijānāmy ahaṃ bhikṣava(ḥ)[55] ekam evâdvitīyaṃ

1 T2 °māsān(R.); T5 °māsā(N1/H); L.,V. daśamāsāṃ(S. daśa mā°). cf. N4 °māṣā.
2 T5 cai(N1,C1,C2) 3 T2 iva(R.)
4 L. vilāpāmi[misprint?]. cf. N4 vilayāmi; Other mss. vilapāmi.
5 T2 °satvasya; T5 °satvo(N1/H); R.,L.,V.,S. °sattva. cf. N4 °satvom.
6 T2 omits 'mātaram'(N2,N4; R.,L.,V.,S.); T5 hāsaya(N1,C1,C2 °yaṃ; N5,H; B °yan). Acc. to Tib.[maḥi] 'mātaram' should be inserted though no ms. supports it.
7 T5 omits 'ya'(H). 8 T5 uvaca
9 T2 °tavyam(R.) 10 T2 putraṃ(N1,C1,C2; R.)
11 T2,T5 lābhase(N4,N5,B,H; R.). cf. N1,N2,C1,C2 labhase. Acc. to Tib.[bu la byams pa] and from the context we read '-lālase'[agree with L.,V.,S.].
12 T2 °man(N4; R.); T5 °maṃn
13 T5 kaliṣ°; L.,V.,S. kariṣyasi. cf. N1,N2,C1/H kariṣyāmi; N4 kariṣyasi; N5 kariṣyāsi; H kariṣyāti.
14 T5 omits 'ṃ'. 15 cf. N4 °nidesañ.
16 T5 dipaṃ° 17 T5 vyāvyākara°
18 T2,T5 omit 'ca'(R.); L.,V.,S. insert. cf. N4 inserts; Other mss. omit.
19 This line is unmetrical. Metrically it is proper to read 'apī śatādhā vasudhā vikīryet', but no ms. supports it.
20 cf. N4 satadhā.
21 T2 °ryyataḥ(N4,N5,B,H; R.); T5 °ryata. cf. N1 vikīryyete; N2 vikīryataḥ; C1,C2 vikīryyate.
22 cf. H omits 'meruḥ'.
23 T2,T5 plave(N4,N5; R.,L.,V.,S.). cf. N1,C1,C2 pūrvec; N2 plavec; B pravec; H prave.
24 T5 °śṛṃgaḥ. cf. N4 °sṛṅgaḥ.
25 T5 caṃndrārkkatālāgaṇa. cf. N1,C2 cāndrārka°; N2 caṃdrārka°.
26 T5 patetaḥ(N2,N5,B). cf. N4 tetaḥ[omits 'pa'].
27 T2 pṛthakjano; R.,L.,V. pṛthag jano[not a compound]. cf. N2 pṛthakajanā; N4 pṛthagjanā; N5 pṛthajaro. 28 cf. H omits 'ahaṃ'.
29 T2 °yeyam(R.,V.); T5 mṛye°(N1/B,N4). cf. H mṛteyeyaṃ.
30 S. tasmān. cf. H yasmā.
31 T5 śoke(N1/C2,H). cf. N4 sokā; B śokaḥ.
(32…32) T2 tvayā 'tra
33 T2 omits 'kāryo'[marg. atra kāryyā]. cf. N2 kāryā; N4 kāryyā.
34 T5 cirān. cf. N1/H,N4 cirā.
35 T2 drakṣati?. cf. N2 drakṣasi. 36 T2 °bodhim(R.,V.). cf. N1,C1 omit 'ṃ'.
37 T5 omits 'd'. cf. N4 sahasravaṇād. 38 T5 omits 'eva'.
39 T5 omits 'ṃ'. 40 R. omits 'va'.
41 T2 vipra°?; T5 triḥpra°(N1,N4,N5,B; R.); L.,V. tripra°. cf. N2,C1,H tripra°; C2 triṃpra°.
42 T2 °kṛtya(R.)
43 T2 divya°(R.,L.,V.); T5 divyas(N2,N5,B). cf. N1,C1,C2,N4 divyais.
44 T2 omits 'ḥ'; T5 bhūyaiḥ. cf. H turyyaiḥ.
45 T5 °pravāryyasāvai 46 T5 sobha°
47 T2 tena upa°(R.) 48 cf. N4 °jagāmaḥ.
49 From here we get again the text of T1,T3,T4(and N3)[See above(two pages before, Note 12)].
50 T2 °va(N2; R.,L.,V.). cf. Other mss.(than T2,N2) °vaḥ.
51 T2 °ṇā(R.,L.,V.). cf. All mss. except T2 °ṇāḥ.
52 T5 ya 53 T5 °hālatayā; V. alpā°
(54…54) T1~4 yanv(L.); T5 yatv; R.,V. yan nv. cf. N2 yaṃ nv.
55 T1,T3,T4 °vaḥ(N4); T2 °va(R.,L.,V.); T5 °vo(N3)

[(1...]kolam āhāram[...1)] āhartum[2]. syāt khalu punar[3] [(4...]bhikṣavo yuṣmākam[...4)] eṣā[5] buddhir[6], mahattaraṃ[7] tatra kāle kolam[8] [(9...]āsīd iti[...9)]. na khalv evaṃ[10] draṣṭavyam. atha khalv idam[11] eva tatra[12] kāle[13] kolam abhūt. tasya me bhikṣavaḥ[14], ekam eva kolam āhāram[15] āharato[16] 'dvitīyaṃ kāyo[17] 'ty-arthaṃ[18] [(19...]karṣito 'bhūd[...19)] durbalaḥ[20]. tad yathâpi nāma bhikṣava(ḥ)[21] āsī-[22]takīparvāṇi vā[23] [(24...]kālaparvāṇi vā[...24)] evam eva me[25] 'ṅgapratyaṅgāny[26] abhūvan. tad yathâpi[27] nāma karkaṭakapārśukā[28] evam eva ⟨me⟩[29] pārśukā[30] abhūvan[31]. tad yathâpi nāma vāhanakāra[32]sālāyā(ṃ)[33] vā[34] hastisālāyā(ṃ)[35] vā[36] jīr-ṇāyā(m)[37] ubhayato vivṛtāyā(ṃ)[38] gopānasyāntarikāś[39] ca virājante vyava-bhāṣante[40] evam eva ⟨me⟩[41] pārśukā[42] antaḥkāye[43] ubhayato[44] virājante sma vyavabhāṣante[45] sma. tad yathâpi[46] nāma vartan[y]āveṇy[47] unnatâvanatā[48] bhavati samaviṣamā[49] evaṃ[50] me pṛṣṭhīkaṇṭako[51] 'bhūd unnatâvanataḥ[52] sama-viṣamaḥ[53]. tad yathā tiktâlābus[54] taruṇo[55] lūna[56] āmlāno ⟨bhavati[57] saṃ-mlānaḥ⟩[58] saṃ(ut)puṭakajāta(ḥ)[59] evam eva (me)[60] śira(ḥ)[61] āmlānam[62] abhūt[63] saṃmlānaṃ[64] sam(ut)puṭakajātam[65]. tad yathâpi[66] nāma grīṣmāṇāṃ paścime[67] māse kūpatārakā dūragatā bhavanti[68] kṛcchreṇa[69] saṃprakāśyante[70] evam[71] eva me 'kṣitārakau[72] dūragatāv abhūtāṃ kṛcchreṇa[73] saṃprakāśyante[74] sma. tad yathâpi[75] nāmâjapadaṃ[76] vôṣṭrapadaṃ[77] vā evam eva me[78] kakṣā-

(1…1) T1,T4,T5 kolāhāram(N2,N3,C2,B); T4 kolālalam. cf. N1 kolāharam; N4 kolaṃ āhāram; N5 kolāhāra; H korāhāram. Is it better to read 'kolāhāram'?
2 T1 āṃhatuḥ?; T2 āharttuṃ(R.); T5 āhaṃrttaḥ. cf. N3,H āhartuḥ(N5 omits 'ā'); N4 ābhūtuḥ?
3 T1 puna[omits 'r']
(4…4) T1 bhikṣavaḥ yuṣmākaṃ(T4 --- °kam); T2 bhikṣavo yuṣmākaṃ(R.,L.,V.); T3 yuṣmākaṃ bhikṣavaḥ[The word order has changed places]. cf. N3,H bhikṣavo yuṣmākam.
5 T1 eṣo
6 T1 omits 'r'; T2 buddhiḥ(R.,L.,V.). cf. N2~4,B,H buddhir.
7 T1 maharttara
8 T4 kālam
(9…9) T1 āṣid iti; T5 āsidi / ti
10 T2 enaṃ; T4 īvaṃ
11 T1,T3~5 iyad(N3; L.,V.). cf. N1,C2 idaṃm; N2,N4,N5,C1,B,H idam; Tib.ḥdi(= idam).
12 T1,T2,T4 tatrā°(R.)
13 T5 omits 'kāle'.
14 T2 omits 'ḥ'(R.,L.,V.); Other mss. °vaḥ.
15 T1 omits 'āhāram'; T5 āhālam
16 T5 omits 'ha'.
17 T5 śuskakāryyā
18 T1 omits 'ṃ'.
(19…19) T1 kāyatodbhū?; T2 kṛśito 'bhūd(R.); T3 karṣito 'bhūt(T4 --- bhūd; T5 --- bhūdu); L.,V. karśito 'bhūd. cf. N3 karthito bhūd(N4 --- bhūt). karṣita = karśita.
20 T2 durlabaḥ; T5 durbaraḥ. cf. N3 durbbaraḥ.
21 T1,T3,T4 °vaḥ(N4); T2,T5 omit 'ḥ'(N3; R.,L.,V.).
22 T3 āśī°. cf. N1,N5,C1,C2 asī°; H asi°.
23 T1,T4,T5 omit 'vā'(N3,N4).
(24…24) T1,T2,T4,T5 omit(N2~4; R.); L.,V. kālāparvāṇi vā. cf. N1,N5,C2,B kālaparvāṇi vā(C1 omits 'vā'; H °parvvāṇi vā); BHSD,kāla; Mv (II.p.124.12) kāla; Tib. ka li kaḥi (= kālikā).
25 T2 omits 'me'(R.).
26 T1 aṃga°; T2 aṅga°(N4; R.); T5 'gaṃ°
27 T2 yathā 'pi(R.)
28 T1 kaketakapā°?; T2 °parśukā(R.); T3 karkaṭapā°[omits 'ka'](N2; L.,V.). cf. N1,C1,C2,B karkkaṭapāsukābhūt(N5,H omit 'ṭa'); N3 karkaṭakapā°; N4 karkkaṭāpā°; BHSD,pārśukā.
29 T:all omit 'me'(R.); L.,V. insert. cf. N5,H omit 'evam eva me pārśukā abhūvan'; B inserts 'me'; Other mss. omit.; Tib. ṅaḥi(= me).
30 T1 paśukā; T2,T4,T5 parśukā(R.). cf. N1, N2,C1,C2,B pārśvakā.
31 T3 °vans; T5 bhūvan[omits 'a']. cf. N4 'bhūvan.
32 T1 °kāsara°[inserts 'sa']. cf. BHSD,vāhanāgāra; Mv(II.p.124.14) vāhanāgāra; Tib. bshon pa.
33 T1,T3~5 omits 'ṃ'(N3); T2 °śālāyāṃ(R.,V.); L. °sālāyāṃ. cf. N4 °sārāyā. sālā = śālā.
34 T3,T4 omit 'vā'(N3,N4).
35 T1 omits 'hastisālāyāṃ'; T2 °śālāyāṃ(R.,V.); T3~5 omit 'ṃ'(N3); L. °sālāyāṃ. cf. N4 °sārāyāṃ.
36 T1 omits 'vā'.
37 T1 jīrṇṇāyo; T2 jīrṇṇāyām(R.; L.,V. jīrṇā°); T3 jīrṇṇāyā; T4 jīrṇṇāyāṃ(N4); T5 jīrṇṇayā(N3)
38 T1,T3~5 omit 'ṃ'(N3); T2 vivṛttāyāṃ(R.; L.,V. vivṛtā°). cf. N4 vivṛtāyāṃ; Other mss. omit 'ṃ'.
39 T5 °yāta°[omits 'n']
40 R.,L.,V. °bhāsante. cf. All mss. °bhāṣante.
41 T1,T3~5 omit 'me'(N1,N3,N4,C1,C2); T2 inserts(N2,N5,B,H; R.,L.,V.). cf. Tib. ṅaḥi(= me).
42 T2 par°(R.)
43 T2 °kāya(R.)
44 T3 ubhayaṃto
45 R.,L.,V. °bhāsante. cf. N1,C2 °bhāsayante(C1 °yaṃte); Other mss. °bhāṣante.
46 T2 yathā 'pi
47 T1,T3~5 varttanyāveṇy(N3,N4); T2 varttanī vā veṇy(R.); L. vartanyā veṇy(V. --- veṇī). cf. BHSD,vartanā(-veṇī); Mv(II.p.124.16) vaṭṭanaveṇī.
48 T2 unnatā 'va(R.); T5 umnatāva°
49 T1,T3~5 °visama(N3,N4)
50 T1,T5 omit 'ṃ'.
51 T2 pṛṣṭhakāṇḍako(R.)
52 T3 °nabhaḥ
53 T1 samaṃvisama; T3 obscure; T4,T5 samavisama(N3,N4)
54 T1 tiktalavus;T2 tiktakālāvus(R.;L.,V. °lābus); T4 tiktālavus(N3,N4); T5 tiktalāvus. cf. N1,C1, C2 tiktārāvus; N2,N5 tiktālāvu(H?)
55 T3~5 taruṇau(N3,N4)
56 cf. N1,C1,C2 bhūta; N2,N5 bhūna; H bhūt.
57 T1 °lāna(B); T3~5 °lānaḥ(N3,N4). cf. N2, N5 °lānaṃ.
58 T1,T3~5 omit(N3,N4,H).; T2 bhavati sasamlānaḥ(R. --- sammlānaḥ). Acc. to Tib. these should be inserted.
59 T1,T5 samutpuṭakajāta(N3,N4; L.; V. °jātaḥ); T2 sampuṭakajātaḥ[omits 'ut'](R.); T3 saputputakajāta; T4 saṃpupuṭakajāta?. cf. N1,C1,C2 satpuṭakajātaḥ(N2,N5,B saṃpuṭaka°; H saṃputaka°); BHSD,sampuṭa, °ṭaka.
60 T3 inserts 'me'; Other mss. omit(R.,L.,V.). Acc. to Tib. 'me' should be inserted.
61 T1,T4 śiraḥ(N4); T2 śiro(R.); T3 śarīraḥ; T5 śira(N3; L.,V.)
62 T2 'mlānam(R.); T3,T4 amlānam
63 T3 abhū; T5 abhūn
64 T1 mamlāmaṃ; T2 saslānaṃ(R.); T3 samlāna; T4 samlānaṃ(N4). cf. N3 saṃmlānaṃ.
65 T1 sasmutpuṭaka°; T2 samutpuṭaka°(R.,L., V.); T3 sasputpuṭaka°; T4 saṃtyupuṭak satpuṭaka°. cf. N2 omits 'ka'; N3 satpunpuṭa°; N4 sampuṭa°.
66 T2 yathā 'pi
67 T1 °cima. cf. N2 °cimakāle.
68 T5 bhanti[omits 'va']
69 T1 kṛccheṇa
70 T1 °kāsyante; T2 °kāśante(R.); T3 °kāśyaṃte; T4 °kāsyaṃte(N4); T5 °kāsyetaṃ(N3). cf. N1, N2,C1,C2 °kāśyete; N5,B,H °kāśyate.
71 T5 evaṃm
72 T1 'akṣitā°; T5 kṣi 'tā°. cf. N3 omits from here['kṣi°] to 'me'[Note 78].
73 T5 kṛccheṇa
74 T1 sapra°[omits 'ṃ']; T2 sasprakāśete(R. sampra°); T4 °yaṃte(N4); T5 °kāsyate; L.,V. °kāśyete. cf. N1,C2 °kāśyetī(C1 °yeti); N2,N5,H saṃprakāśyante; B °kāśyatānte.
75 T2 yathā 'pi
76 T5 nāmaja°
77 T1 roṣṭra°
78 cf. N3 omits from "'kṣi"(Note 72) to here[me].

kukṣivakṣādīny abhūvan.[1] tato[2] yadâhaṃ[3] bhikṣavaḥ pāṇinā[4] kukṣiṃ[5] spṛ-[6]
śāmîti pṛṣṭhikaṇṭakam[7] evâsprārṣam[8][9] uttiṣṭhāmîti[10] câbhisaṃskurvaṃs[11][12]
255 tathâivâvakubjāḥ[13][14] prāpatan[taḥ],[15][16] kṛcchreṇôtthito[17] 'pi pāṃśukṛtāni[18] gātrāṇi
pāṇinā[19] pramṛjato[20] me pūtikāni lomāni[21] kāyāc chīryante[22] sma. yâpi
me 'bhūt paurāṇā[23] śubhavarṇā[24][25] tanuḥ sâpy antaradhāt.[26] yathâpîdaṃ[27]
rūkṣapradhānaṃ[28][29] prahitâtmanaḥ.[30] sāmantāś ca me gocaragrāmavāsinaḥ,[31]
evaṃ saṃjānante sma. kālako[32] vata[33] bhoḥ śramaṇo[34] gautamaḥ.[35] śyāma-[36]
ko vata[37] bhoḥ śramaṇo[38] gautamaḥ. madguracchavir[39] vata[40] bhoḥ śra-
maṇo[41] gautamaḥ. yâpy asya sâbhūt[42] paurāṇā[43] śubhā varṇanibhā[44] sâpy[45]
antarhitā.[46]

tasya me bhikṣavaḥ[47] etad abhūd,[48] ya⟨n⟩ nv[49] ahaṃ bhūyasyā[50]
mātrayâlpâhāratayā[51] pratipadyeyam[52] iti. abhijānāmy ahaṃ bhikṣavaḥ[53]
ekam eva taṇḍulam advitīyam āhāram[54] āhartum.[55] syād[56] bhikṣavo yuṣ-
mākam[57] evaṃ[58] mahattaras[59] taṇḍulas[60] tasmin kāle[61] 'bhūd iti. na khalv
evaṃ[62] draṣṭavyam. athâitāvān[63] eva tasmin kāle taṇḍulo 'bhūt. tasya
me bhikṣava(ḥ)[64] ekaṃ[65] taṇḍulam[66] āhāram[67] āharataḥ,[68] kṣipraṃ[69] kāyo[70] 'bhūd
iti pūrvavad[71] yāvan[72] madguracchavir[73] vata[74] bhoḥ śramaṇo gautama[75] iti.

(1…1) T2 °vakṣa ādiny abhūvan(R. ---ādīny ---); T3 °vakṣādīnābhūvan
2 T5 teto
3 T2 yadā 'haṃ(R.); T5 yadudāhaṃ?
4 T1,T4 pāṇina; T5 pāṇināṃ
5 T1,T4 kukṣi[omit 'ṃ']; T5 kukṣī
6 T5 spar°
7 T2 pṛṣṭha°(R.); T3 pṛṣṭhī°
8 T2 evāmprā°(R.)
9 T2 °prākṣam(N1,N2,C1,C2,H; R.,L.,V.). cf. N3~5 °prārṣam. We regard 'asprārṣam' as a form of aor. 1. sg.
10 T3 °mi iti; T4 uṣṭiṣṭhāmīti(T5 °miti; N3,N4)
11 T1 cobhi°
12 T1 °kurvvans; T3 °kurvas[omits 'ṃ']
13 T2 tathaiva[omits 'ava'](R.); T3 tathaiva ca
14 T3 omits 'ḥ'?; L.,V. °kubjaḥ. cf. N1,N2,B °kubjakaḥ; N3,N4 °kubjāḥ; N5 kukṣākukṣujaḥ?; H kubjakataḥ.
15 L.,V. insert 'prayāmeṇa'. cf. All mss. omit; Tib. has no word corresp. to this insertion.
16 T1,T2,T4 prāpatantaḥ(N4; R.); T3 prāyataṃ tat; T5 prāpataṃtaḥ(N3,H); L. prāpataṃ / tataḥ(V. °tam / ---). cf.N1,C1,C2 prāpatam; N5 prāpayaṇaḥ; B prāpatat. Tib. has no word corresp. to 'tataḥ'.
17 T1,T5 kṛccheṇo°
18 T2 pāśu'[omits 'ṃ']; T5 °kṛtāṇi
19 T1 pāṇiṇā; T5 omits 'pāṇi'.
20 T3 °mṛjito. cf. N1/H °mṛjyato.
(21…21) T2 pūtiromāṇi(R.,L.,V.); T4 erases 'kāni'. cf. N1/H pratilomāni; N3 pūtikāni lomāni; N4 obscure.
22 T4 omits 'rya'; T5 chrīyente
23 T2 °rāṇī(R.,L.,V.); T4 °rāṇāṃ(N4)
24 T1 śubho; T3~5 śubhā°(N3,N4). cf. N1/H śubha°.
25 T1,T3,T4 omit 'varṇā'(N3); T2 °varṇṇā(N2,N5,C1/H; R.); T5 varṇṇa°(L.,V. varṇa°). cf. N1,N4 varṇa.
26 T1 antaravad; T3 antavān; T4,T5 antaradhād(N3,N4; L.,V.)
27 T2 tathā°(R.) cf. BHSD,yathāpi.
28 T1 rūpya°; T2 rakṣaḥ°(R.); T3~5 rūṣya°(N3). cf. N1,N2,C/H rukṣa°(N5 omits 'kṣa'); N4 obscure.
29 T2 omits 'ṃ'(R.); T5 °prabhānaṃ. cf. BHSD,pradhāna.
30 T2 °tmakatvāt(R.); T3 prahitānmanaḥ
31 T2 °sina(R.,L.,V.); Other mss. °sinaḥ.
32 T5 kārako
33 V. bata
34 T1 °maṇa; T5 °maṇaṃ
35 T1 gauttamaḥ; T5 omits 'ḥ'.
36 T1,T3,T5 syāma°
37 V. bata
38 T3 śravaṇo; T5 śramatho?
39 T1,T3,T5 °cchavi[omit 'r'](N3; N4?); L.°chavir
40 V. bata
41 T5 °maṇe
(42…42) T2 asyābhūt(R.,L.,V.). cf. N1,N2,C1,C2,B asya sābhūt(N4?); N3 asyasā 'bhūt; N5, H asyamābhūt. Tib. has no word corresp. to 'sā'.
43 T1,T4 °rāṇāṃ(N4); T2 °rāṇī(R.,L.,V.). cf. N1/H °rāṇā.
(44…44) T2 śubhavarṇṇā tanuḥ(N1/H °varṇṇa ---; R.); T3~5 śubhā varṇṇanibhā(T1?; N3); L., V. śubhavarṇā nibhā. cf. N4 obscure; BHSD,nibhā.
45 T5 py[omits 'sā']
46 T1,T4 °hitāḥ; T5 antahitās[omits 'r'](N1/H antar°; N3 astar°)
47 T2 omits 'ḥ'(N1/H; R.,L.,V.). cf. N3,N4 °vaḥ.
48 T2 abhūt(N1/H; R.,L.,V.). cf. N3,N4 abhūd.
(49…49) T1,T3~5 yanv(L.); T2 yan nv(R.,V.)
50 T5 °yasyāṃ
51 T2 mātrayā 'lpāhāratāyai(R.); T3 mātrayā alpā°
52 T1 ptatidyaye; T3,T4 omit 'm'(N3); T5 °yeyaṃ
53 T2 omits 'ḥ'(R.,L.,V.); Other mss. °vaḥ
54 T2 omits 'āhāram'; T5 āharam
55 T1 ārhatuṃ; T5 ārharttuṃ; R. āhārayituṃ
56 T2 syāt(R.)
57 T1,T3,T5 °kaṃm
58 T5 omits 'ṃ'.
59 T1,T4 °taraṃ(N4; L.,V.); T5 °taran(N3)
60 L.,V. °laṃ. cf. N1/H °laṃ; N3,N4 °las.
61 T1 kāre
62 T1,T5 omits 'ṃ'.
63 T2 °tāvan; T5 athautavan
64 T1,T3,T4 °vaḥ(R.); T2,T5 omit 'ḥ'(N3,N4; L.,V.).
65 T1,T4 evaṃ; T5 ekuṃ
66 T3 daṇḍulam
67 T2 omits 'āhāram'(N1,N5,C1,C2,H; R.,L.,V.); T5 āhālam; Other mss. insert. Acc. to Tib.[zas su] this should be inserted.
68 T2 āhartuḥ(R.)
69 T5 kripa(for 'kṣipraṃ')
70 T2 kāmo
71 T3 pūrvavat
72 T2~4 yāvat(R.)
73 T1 madgute; T3,T5 maṃgura°; T4 madgulya°. cf. N3 maṅgura°.
74 V. bata
75 T3 °maḥ

yâpy asya[1] ⟨sâbhūt paurāṇā⟩[2] śubhavarṇā[3] tanuḥ sâpy antarhitêti.[4]

tasya[5] me bhikṣava(ḥ)[6] etad abhūd,[7] [(8...]ya⟨n⟩ nv[...8)] ahaṃ bhūyasyā
mātrayâlpâhāratāyai[9][10] pratipadyeyam[11] iti. abhijānāmy ahaṃ bhikṣava(ḥ)[12]
ekam eva tilam[13] advitīyam[14] āhāram[15] āhārayituṃ[16] peyālo[17] yāvat sâpy[18]
asya[19] ⟨śubha⟩[20]varṇatanur[21] antarhitêti.[22]

tasya me bhikṣava(ḥ)[23] etad abhūt. santy[24] eke[25] śramaṇabrāhmaṇā
ye[26] anāhāratayā[27] śuddhiṃ manyante. [(28...]ya⟨n⟩ nv[...28)] ahaṃ sarveṇa sarvam
anāhāratāyai [(29...]pratipadyeyam iti.[...29)] tato ’haṃ bhikṣavo ’nāhārasthito ’bhū-
vam.[30] tasya me bhikṣavo ’nāhārasya kāyo ’tīva[31] śuṣko ’bhūt kṛśo[32]
durbalaḥ.[33] tad yathâpi[34] nāmâsītakīparvāṇi[35] vā kālāparvāṇi[36] vā, tato
dviguṇatriguṇacaturguṇa[37]pañcaguṇadaśaguṇaṃ[38] me [(39...]kṛṣāny[...39)] aṅgapratyaṅgāny[40]
256 abhūvan.[41] tad yathā karkaṭaka[42]pārśukā[43] vāhana[44]śālāyāṃ[45] vā[46] gopānasī
⟨pārśve⟩,[47] dvivartanā[48]veṇī⟨vat⟩[49] pṛṣṭhīkaṇṭakaḥ,[50] tiktâlābuvac[51] chiraḥkapā-
laṃ, kūpatārakā ivâkṣitārake.[52] so ’haṃ bhikṣavaḥ sādhukam uttiṣṭhā-
mîti gātrāṇy[53] abhisaṃskurvann[54] avakubjāḥ[55] prāpatam.[56] kṛcchreṇâpi[57] côtthi-[58]
taḥ pāṃśukṛtāni[59] me gātrāṇi[60] pramṛjataḥ[61] pūtimūlāni[62] lomāny[63] aśīryanta.[64]
yâpi[65] me sâbhūc[66] śubha[67]varṇa[68]tanunibhā[69] sâpy[70] antaradhā[nā]d,[71] yathâpi[72]
[(73...]tad rūkṣa[...73)]pradhānaprahitâtmakatvāt. sāmantāś[74] ca me gocaragrāmavāsino[75]
janāḥ,[76] evaṃ saṃjānante[77] sma. kālako vata[78] bhoḥ śramaṇo gautamaḥ.

1 T2 asyā(R.)
2 All mss. except T2 omit the words in brackets; T2 'bhūt paurāṇī(R.; L.,V. sābhūt ---). Acc. to Tib. and in accordance with precedent(the previous page, Note 42 & 43) these should be inserted.
3 T:all °varṇṇā(N3; R.); L.,V. °varṇa°. cf. N1/H °varṇṇa°; N4 obscure.
4 T5 omits 'r̥'.
5 T2 emends 'yasya' to 'tasya'.
6 T1,T3,T4 °vaḥ; T2,T5 omit 'ḥ'(N3; R.,L.,V.).
7 T2 abhūt(N4; R.,L.,V.)
(8…8) T1,T3~5 yanv(L.); T2 yan nv(R.,V.)
9 T2,T3,T5 mātrayā 'lpā°(R.)
10 cf. N2 °ratayai; C1 °ratayā; Other mss. °ratāyai.
11 T1 °padyaya[omits 'm']; T3,T4 °padyeya[omit 'm'](N3; N4?); T5 prapadyayaṃ
12 T1,T3,T4 °vaḥ(N4); T2,T5 omit 'ḥ'(N3; R.,L.,V.).
13 T5 omits 'm'.
14 T5 dvi°[omits 'a']
15 T5 omits 'āhāram'.
16 T1 āhara°
17 T2 peyālaṃ(N4; R.,L.,V.). cf. N3 peyālo; BHSD,peyāla.
18 T2 sā 'py(R.); T5 sāpe
19 T5 sya[omits 'a']
20 T1,T3~5 omit 'śubha'(N3); T2 inserts(N4; R.,L.,V.).
21 T2 °varṇṇā tanur(R.); T1,T3~5 varṇṇatanur(N3,N4)
22 T1 anterhiteti
23 T1,T3,T4 °vaḥ(N4); T2,T5 omit 'ḥ'(N3; R.,L.,V.).
24 T1 T3,T5 saṃty
25 T5 āke
26 T1 ya
27 T1,T4 anāhāratāyā(N3,N4; T5 °hālatā°); L.,V. 'nāhā°
(28…28) T:all yanv(L.); R.,V. yan nv
(29…29) T1 °padyayeti; T3,T4 °padyeyeti(N3,N4; A); T5 °padyayam iti
30 T1,T3,T5 bhūvan; T2 'bhūt(N4); T4 bhūvans. cf. N1/H bhūt; N3 'bhūvam.
31 T1 'tīvarṇṇa; T5 'tiva
32 T3 kr̥so
33 T1,T4 durbbala(N3,N4); T3 durbalas; T5 durbala
34 T1,T4,T5 yathā[omit 'api'](N3,N4)
35 T1,T3~5 nāmāśītakī°(N3,N4); T2 nāmāsitakī°(R.,L.); V. nāma āsitakī°
36 T1 kola°; T2 'kāle(R.); T4,T5 kāla°(N3,N4)
37 T1 dviguṇastriguṇaścatuguṇa°(T4,T5 °caturguṇa°)
38 T1 omits 'ṃ'(N3,N4); T2 °guṇāni(R.)
(39…39) T1 kr̥ṣādyaṃ aṅga°; T2 kr̥śāṅga°(R.); T3 kr̥ṣāny aṃga°; T4 kr̥ṣādy aṃga°(N3,N4); L.,V. kr̥śāny aṅga°. kr̥ṣa = kr̥śa.
40 T1,T3~5 °aṃgāṇi(N3); T2 °aṅgāṇi(R.)
41 T3~5 abhūvaṃs(N3)
42 T3 kakvaṭaka°; T4 karkaṭa°[omits 'ka'](T5 karkkaṭa°?). cf. N3,N4 karkkaṭaka°.
43 T2 °parśukā(R.). cf. N1,C1,C2 °pārśvakāḥ(N2,N5,B omit 'ḥ').
44 T1 vāhane; T3 vāhaṇa°
45 T2 omits 'ṃ'(R.); T5 °yām(N3)
46 T2 iva(R.)
47 T1,T3,T5 omit 'pārśve'(N3,N4); T2 inserts(T4 marg.; N1/H; R.; L.,V. bracket). Acc. to Tib.[rtsib logs] 'pārśve'(or 'pārśuke') should be inserted.
48 T1,T3,T4 dvivarttanā°(T5 dvirva°; N3,N4);T2 dviparivarttanā(R.; L.,V. °vartanā). cf. N1/H dviparivartta°[omit 'nā'].
49 T1,T3~5 omit 'vat'(N3,N4); T2 veṇīvat(N1/H; R.,L.,V.)
50 T2 prathitakaṇṭaka[omits 'ḥ'](R.)
51 T3 °būvac; R. °vuvac
52 T1 ivokṣi°; T2 ivā 'kṣi°(R.)
53 T1 grātrāṇy
54 T2 °saṅkurvann[omits 's'](R. °kurvvann)
55 T1,T3,T4 acakubjāḥ; T2 ca kubjaḥ(R.); L.,V. avakubjaḥ. cf. N1/C2,H acakubjaḥ; N3,N4 cakubjāḥ; B avakubjaḥ.
56 T2 °patan(R.); L. °pataṃ
57 T1 kr̥cche°[omits 'r']
58 T1 vāsthi°; T4 vosthi°
59 T3 °kr̥tāti
60 T1 grātrāṇi
61 T5 prasr̥ja°
62 T5 inserts 'me'.
63 T2 romāṇy(R.,L.,V.); T3 invisible. cf. N3,N4 lomāny.
64 T1,T4 °yantaḥ(N3,N4); T5 aśiryantiḥ
65 T2 yā 'pi(R.); T5 ye pi
66 T2 sā 'bhūt(R.); T3 sābhūt(N4)
67 T1,T4 chubhā°(N3); T5 chubha°
68 T2 °varṇṇā°(R.)
69 T5 °nirbhā(N3,N4)
70 T5 sāpya
71 T1 aharadhānād; T2 antaradhāt(N2,N4,B; H?; R.,L.,V.); T3~5 antaradhānād(N3). cf. N1,C1,C2 aṃtadhābhūd.
72 T1 yathā[omits 'pi']; T2 tathāpi(R.); L.,V, tad yathāpi[insert 'tad']. cf. N2,N4,C1,B insert 'tad'(H?).
(73…73) T2 tadrakṣaḥ°(R.). cf. N4 nāma drakṣa°.
74 T1 mānaṃtāś(T1,T4 sāna°). cf. N4 samantāś.
75 T5 °grāgavāsino. cf. N4 °vāsinaḥ.
76 T2 omits 'ḥ'(N4; R.,L.,V.).
77 T5 omits 'saṃ'(N3).
78 V. bata

śyāmako vata[1] bhoḥ śramaṇo gautamaḥ.[2] madguracchavir[3] vata[4] bhoḥ
śramaṇo gautamaḥ. yâpy (5... asya sâbhūt ...5) paurāṇā[6] śubha[7]varṇa[8]nibhā[9] sâpy
antar[10]hitêti.

rājâpi tadā śuddho[11]danaḥ [prati]pratidivasaṃ[12] bodhisattvasyântike[13]
dūtaṃ[14] preṣayati[15] sma.

iti hi bhikṣavo bodhisattvo lokasyâdbhuta[16]kriyāsaṃdarśanârthaṃ[17] pūr-
vavad yāvat karmakriyāpraṇaṣṭā[18]nāṃ sattvānāṃ[19] karmakriyâ[20]vatāraṇârthaṃ
puṇya[21]saṃcayānāṃ[22] côdbhāvanârthaṃ mahājñānasya ca guṇasaṃdaśa[23]nâr-
thaṃ dhyānâṅgānāṃ[24] ca vibhajanârtham ekatila[25]kolataṇḍulena ṣaḍvarṣāṇi[26]
duṣkara[27]caryām[28] upadarśayati sma adīna[29]mānasaḥ. ṣaḍvarṣā[30] bodhisattvo
yathā niṣaṇṇa[31] evâsthāt[32] paryaṅkena[33] na cêryāpathā[34]⟨c⟩ cyavate sma.
nâtapāc[35] chāyām[36] agaman na chāyāyā ātapaṃ[37] na ca vātātapa[38]vṛṣṭi[39]-
paritrāṇam akaron, na ca[40] daṃśamaśaka[41]sarīsṛpān[42] apanayati[43] sma. na
côccāraprasrāvaśleṣma[44]siṃghāṇakān[45] utsṛjati[46] sma. na ca saṃmiñjanapra[47]-
sāraṇam akarot. na ca pārśvôdara[48]pṛṣṭhi[49]sthānenâsthāt.[50] ye[51] 'pi ca [te][52]
257 mahāmeghā durdina[53]varṣâ[54]śani[55]śaradgrīṣma[56]haimantikās[57] te[58] ⟨'pi⟩[59] bodhisat[60]-
tvasya kāye[61] nipatanti sma. na cântato[62] bodhisattvaḥ pāṇinâpi[63] pracchā[64]-
danam akarot. na cêndriyâṇi[65] pithayati[66] sma. na cêndriyârthān[67] gṛhṇīte[68]
sma. ye[69] ca tatrâgaman[70] grāmakumārakā[71] vā grāmakumārikā[72] vā gopā[73]-
lakā vā paśupālakā vā tṛṇahārikā vā kāṣṭhahārikā vā gomayahārikā[74]

1 T5 vanta; V. bata 2 R. gautamo
3 T1 °cchavi[omits 'r'] 4 T1 omits 'va'; V. bata
(5…5) T2 asyābhūt; T5 asya mābhūt; R. asyā 'bhūt
6 T2 °rāṇī(R.,L.,V.). cf. N4 °rāṇāṃ; Other mss. °rāṇā. 7 T1,T4,T5 śubhā°(N3,H)
8 cf. N1,C1,B °suvarṇṇa°(C2 °rṇa°). 9 cf. N1,N4,N5,C1,B °nirbhā.
10 T1,T5 atar°[omit 'n'] 11 T3 suddho°
12 T1,T4 pratipratidivaśaṃ; T3,T5 pratipratidivasaṃ(N3;L.,V.); T2 pratidivasaṃ(N4; R.). cf. BHSD,pratipratidivasaṃ. 13 T1 °tika
14 T1,T5 drutaṃ 15 T5 °yaṃti
16 T1,T4 °bhutā°; T5 °bhutatā°
17 T5 °kriyāṃsadarśanārtha[omits the last 'ṃ'] 18 T3,T4 °pranaṣṭā°
19 T3 omits 'sattvānāṃ'. 20 T2 °kriyā 'va°(R.)
21 T4 punya° 22 T5 °yāṇāñ
23 T5 °darśaṇā°(for 'daśanā') 24 T1 °gārāñ; T5 °gaṇāñ
25 T2 ekaṃ(for 'eka') 26 T5 °varṣāni
27 T3~5 duskara°(N3)
28 L. °caryānuvartayantam; V. °caryām anuvartayantam. cf. All mss. omit 'anuvartayanta'.
29 T5 adina°
30 T1 ṣaḍvaṣā; T2 °varṣāṇi(R.); T3 ṣaccavarṣāṃ; T5 ṣaḍvaṣo. cf. N3 ṣaḍvarṣā(N4 °ṣāṃ).
31 T1,T3,T4 niṣarṇṇa(N3,N4); T2 'niṣaṇṇa; T5 nirṣarṇṇa
32 T1,T3~5 evasthāt(N3). cf. N4 evāsthāt.
33 T2 paryyaṅke[omits 'na'](R.); T5 paryakena[omits 'ṅ']
34 T1,T3~5 °pathā[omit the last 'c'](N3,N5,B,H); T2 ca īrṣyāpathāc(R.); L.,V. ca īryāpathāc. cf. N1, C1 ceryāpathāta(C2 veryā°); N4 ca īryyāpathāc. 35 T1 nātayāc; T5 obscure
36 T2 chāyāyām(R.); T5 chāyāg 37 T2 ātapan(R.); V. ātapam
38 T1 vātāpata° 39 T4 °vṛṣṭir°; T5 °cyaṣṭi°?
40 T1 ce; T2 omits 'ca'. 41 T2,T3 °masaka°
42 T1,T4,T5 °śarīśṛpān 43 T5 omits 'na'.
44 T5 °praśāvarṇṇaśma°
45 T1,T4,T5 °siṃhānakān(N2,N3; L.,V. °ṇakān);T2 °ghāṇān. cf. N1,N5,C1,B,H °siṃhāṇakān(C2 °sihā°); N4 °siṃghānakān. 46 T2 °sṛjaṃti; T3 °sṛjanti
47 T1 saṃmijana°; T2 samyag jānu°(R.); T3,T4 saṃmiṃjana°(N3); T5 samiṃjana°; V. samiñjana°. cf. N4 saṃmiñjana°.
48 T1 pārśvedara°; T3 pārsvodara°; T5 pārśvaudara°
49 T2 °pṛṣṭha°(R.,L.,V.). cf. All mss. except T2 °pṛṣṭhi°; BHSD,pṛṣṭhi.
50 T1,T3~5 °sthānenāsthād(N3,N4); T2 °sthāne 'nācchād(R.)
51 T1 ya
52 All mss. except N4 insert 'te'(R.,L.,V.). cf. N4 omits. Contextually 'te' should be deleted.
53 T5 dudina°[omits 'r']
54 T1,T3,T4 °meghāśani°(N2,N3); T2 omits 'śani'(R.); T5 °meghāsani°(N4 'meghā' is marg.)
55 T1,T3~5 °sarad°(N3). cf. N1,C1,C2 °śarat°; N4 °sarat°.
56 T3 °hema° 57 T2 °tikā[omits 's'](R.); V. °tikāḥ
58 T2 omits 'te'(R.).
59 T:all omit 'pi'(N3; R.); L.,V. 'pi. cf. N1/H,N4 pi.
60 T5 kedhi° 61 T5 kāya(N1,N4,C1,C2)
62 cf. N1/C2 °tareto; N4 °taro; B °tare; H °tarato; BHSD,antatas.
63 T2 pāṇinā 'pi(R.) 64 L. prachā°
65 T4,T5 °yāni
66 T2 vipathayati(R.); T5 pithayaṃti. cf. BHSD,pithati.
67 T1,T4 °rthāṃ(N3); T3 °rthī; T5 °rthā(N4)
68 T2 °hṇīte(R.,L.) 69 T5 ya
70 T1,T5 °gamaṅ(T4?); T3 °gamaṃ 71 T1 °kumārākā
72 T1 grāmārikā[omits 'maku']; T3 grāmakumārakā
73 T4 °pālikā; T5 °pārakā 74 T4 °hārihā

vā te bodhisattvaṃ[1] pāṃśupiśācam iti[2] manyante[3] sma. tena ca krīḍanti[4] sma. pāṃśubhiś câinaṃ[5] mrakṣayanti[6] sma.

tatra bodhisattva(ḥ)[7] tai⟨ḥ⟩[8] (9…ṣaḍbhir varṣais…9) (10…tāval lūhanyūnadurbalakāyaḥ…10)[11] saṃvṛtto[12] ’bhūt. yad asya karṇaśrotābhyāṃ[13][14] tṛṇatūlakaṃ[15] prakṣipya nāsāśrotābhyāṃ[16] niṣkāsyate[17] sma. nāsāśrotābhyāṃ[18] prakṣipya[19] karṇaśrotābhyāṃ[20] niṣkāsyate[21] sma. karṇaśrotābhyāṃ[22] prakṣipya mukhadvāreṇa[23] niṣkāsyate[24] sma.[25] mukhadvāreṇa[26] prakṣipya karṇanāsikāśrotābhyo[27][28] niṣkāsyate[29] sma. nāsāyāṃ[30] prakṣipya[31] karṇanāsikāmukhadvāreṇa[32][33] niṣkāsyate[34] sma.[35]

ye ca te devanāgayakṣagandharvâsuragaruḍakinnaramahoragā[36] [maṣnuyâmanuṣyāḥ][37] bodhisattva(sya)[38] guṇeṣu pratyakṣās[39] te rātriṃdivaṃ[40] (sam)adhiṣṭhāya[41] bodhisattvasya pūjāṃ[42] kurvanti[43] sma, praṇidhānāni[44] ca kurvanti[45] sma.

tatra bodhisattvena taiḥ[46] ṣaḍbhir[47] varṣair[48] duṣkaracaryāṃ[49][50] saṃdarśayatā paripūrṇāni[51] dvādaśanayutāni[52] devamanuṣyāṇāṃ tribhir[53] yānaiḥ[54] paripācitāny[55] abhūvan.

tatrêdam ucyate.

[Meter ... Āryā]

11. tasya ca[56] guṇânvitasya[57] puro[58] viniṣkramya[59] bodhisattvasya,[60]
cintā upāyayuktā[61] sattvârthahitāya[62] utpannā.[63]

1 T5 omits 'ṃ'. 2 T1 ipi?; T4,T5 api
3 T2 mante[omits 'yan']; T3,T5 manyaṃte; T5 manyate
4 T1,T4 krīḍaṃti; T5 kriḍanti
5 T3 omits 'ṃ'; T5 ainaṃ[omits 'ca'] 6 T3 prakṣapanti; T4 mrakṣayaṃti
7 T1,T3,T4 °satvaḥ; T2,T5 °satvas(N3,N4; R.,L.,V. °sattvas)
8 T1,T3~5 omit 'ḥ'(N3); T2 taiḥ(M4; R.,L.,V.)
(9...9) cf. N1,C1,C2 ṣaḍvarṣas; N2,N5,B,H ṣaḍvarṣais; N4 ṣaḍvarṣaiḥ.
(10...10) T2 tāvan nūnaṃ(R.) 11 T5 °durbara°
12 T5 °vṛttā 13 T1 varṇṇa°(N3)
14 T2 °śroto°(R.); T3,T4 °śrotrā°. cf. BHSD,śrotā. śrotā = srotas.
15 T5 tṛna° 16 T1,T4,T5 nāśāśrotā°; T2 omits from here[nāsā°] to 'prakṣipya'[Note 19]; T3 nāsāśrotrā°; R. nāśāśroto°. cf. N4 nāsāśrotā°.
17 T1 niṣkrāsyante?; T3 niskrāsyate(T4 °yaṃte; N3 °yante); T5 niskāsyante. cf. N4 niṣkramyanti.
18 T1,T5 nāśāśrotā°(N3); T3,T4 nāśāśrotrā°; R. nāsāśroto°. cf. N4 nāsāśrotā°.
19 T1,T4 omit 'prakṣipya'(N3); T2 omits from 'nāśā-'[Note 16] to here[prakṣipya].
20 T1,T4 omit this whole word(N3); T2 °śroto°(R.); T3 °śrotrā°. cf. N4 °śrotā°.
21 T1 tiskrāsyanti; T3 niskāsyati; T4 niskrāsyati; T5 niskāsyante. cf. N3 niskrasyati; niṣkramyante.
22 T2 °śroto°(R.); T3,T4 °śrotrā°. cf. N3,N4 °śrotā°.
23 T5 °dvāleṇa. cf. N3 omits from here[mukha°] to 'prakṣipya'[Note 31].
24 T1 omits 'niṣkāsyate'; T3,T4 niskrāsyate; T5 niskāsyate. cf. N4 niṣkraṃmyante.
25 T1 omits 'sma'. 26 T1 omits 'mukhadvārena'; T5 °dvāleṇa
27 T1,T3,T4 °nāśikā°(N3). cf. N4 °nāsā°.
28 T1,T5 °śrotābhi; T2 °śrotobhyo(R.); T3 °śrotābhir; T4 °śrotrābhi. cf. N4 °śrotā[omits 'bhyo'].
29 T1 niskrāsyāte; T3,T4 niskrāsyate; T5 niskāsyate. cf. N4 niṣkramyante.
30 T1,T3,T4 nāśā°; T5 omits from here[nāsā°] to 'sma'[Note 35].
31 cf. N3 omits from 'mukha-'[Note 23] to here[prakṣipya].
32 T1,T3,T4 °nāśikā°(N3); T2 °nāśinā° 33 T1,T3,T4 omit 'ṇa'(N3).
34 T1,T3 niskāsyate(N3); T2 °yaṃte; T4 niskrāsyate. cf. N4 niṣkrāmyante.
35 T5 omits from 'nāsā-'[Note 30] to here[sma]. 36 T2,T3 °raga°(R.). cf. N4 °ragāḥ.
37 T2 omits 'ḥ'(R.,V.; L. brackets); T1,T3~5 manuṣyāmanuṣyāḥ(N1~3,N5,B,H). cf. C1,C2 °manuṣyaḥ; N4 omits this whole word. Tib. has no words corresp. to this insertion.
38 T1,T3~5 omit 'sya'(N3); Other mss. insert(R.,L.,V.).
39 T1,T3,T4 °kṣāḥ(V.). cf. N3,N4 °kṣās.
40 T1 rātridivam; T2,T4 rātriṃdivam(R. rātrindi°); T5 rāmtrīndivam
41 T1,T5 adhisthāya(N3); T2,T4 adhiṣṭhāya(R.); T3 adhiṣṭhitā; L.,V. samadhiṣṭhā. cf. N1/H samadhiṣṭhāya; N4 samadhitiṣṭhatāṃ; BHSD,samadhiṣṭha.
42 T1,T5 omit 'ṃ'. 43 T2,T5 omit 'r'.
44 T1 praṇidhāti
45 T3 kurvate; T4 kurvvante; T5 kurvanti?. cf. N3,N4 kurvvanti.
46 V. omits 'ḥ'. 47 T5 ṣaḍbha
48 T1 vaṣaiḥ; T4 varṣaiḥ(N3,N4); T5 varṣaḥ 49 T1,T3~5 duskara°(N3,N4)
50 T5 omits 'ṃ'. cf. N4 °cayyāyāṃ. 51 T5 omits 'ni'.
52 T2 °niyutāni(R.); T5 dvādasa°. cf. N4 omits 'ni'.
53 T1,T3 tribhi(L.). cf. N3,N4 tribhir.
54 T1,T4 yāṇaiḥ; T5 yyāṇaiḥ(N3; N4 °naiḥ) 55 T5 paripāritāny
56 T3 omits 'ca'. 57 T4 guṇānnitasya. cf. N4 °tasyā.
58 T1,T3,T4 tasyāḥ(N3); T5 tasmāt; L.,V.,S. purād. cf. N1/H puro; N4 purād. We regard 'puro'(= puraḥ) as a form of abl. sg. of 'pur'.
59 T1,T4 viniskrāmya(N3); T3 °niskra°; T5 viniskrāme. cf. N4 viniṣkramya.
60 T3 °sye 61 T2 °ktāḥ(R.); T3 °kta
62 T3 satvahitāya[omits 'artha'] 63 T2~4 °nāḥ(R.)

12\. pañcasu[1] kaṣāyakāle[2] hīne dharmâdhimuktike[3] ⟨loke⟩[4],
jāto ’smi[5] jambu[6]dvīpe karma[7]kriya[8]-uddhare[9] loke.

258 13\. ākīrṇa tīrthikagaṇai⟨ḥ⟩[10] kautūhalamaṅgalair[11] ime[12] yuktāḥ[13],
kāyôpakramakaraṇair[14] manyante[15] bālisāḥ[16] śuddhiṃ[17].

14\. agnipraveśamaru[18]prapāta[19] pāṃśu[20]bhasmâdi[21]mrakṣitā[22] nagnāḥ[23],
kāya[24]paritāpanârthaṃ[25] pañca[26]tapayogam anuyuktāḥ[27].

15\. mātrā[28]visāra[29]karaṇā[30] kecid[31] dhastâvalehakā[32] abudhāḥ,
na ca kumbha[33]mukhakaroṭān[34] [(35...] na dvāra[...35)]muśa[36]lântarāc ca[37] gṛhnanti[38].

16\. na ca yatra śvānu[39] bhavatī [(40...] na hâihibhaṇitena[...40)] tiṣṭhavākyasya[41],
kulabhikṣa[42] ekagṛhyā[43] śuddhaṃ[44] [(45...] manyanti[...45)] ’hâtmānaṃ[46].

17\. varjenti[47] sarpitailaṃ[48] phāṇita[49]dadhidugdha[50]matsyamāṃsāni[51],
syāmāka[52]sāka[53]bhakṣā[54] mṛṇāla[55]garḍula[56]kaṇā[57]bhakṣāḥ[58].

18\. mūlaphalapattra[59]bhakṣāḥ kuśacīvara[60]carmakambala[61]dharāś ca,
apare[62] bhramanti[63] nagnāḥ satyam idaṃ moham[64] anyad iti mūḍhāḥ.

19\. dhārenti[65] ūrddha[66]hastā[67] ūrddhaṃkeśā(ṃ)[68] jaṭā(ṃ)ś[69] ca dhārenti[70],
mārgān[71] [(72...] tu vipra[...72)]naṣṭā[73] amārga[74]saṃsthā[75] sugatigamanakāmāḥ[76].

1 T2 pañcasa°(R.); T5 pamñcasu 2 T1,T4 kāṣayakāla(N3); T5 kakhāyakāla
3 T1 karmmavimuktike; T2 dharmmādhi°(N1,N5,C2,H; R.; N2,C1,B dharmā°); T3 dharmadhimu° (T5 dharmma°); T4 dharmavimu°(N3 dharmma°); L.,V. dharmādhimu°. cf. N4 karmmādhiyuktike.
4 All mss. omit 'loke'(R.); L.,V.,S. insert. cf. Tib. ḥjig rten (= loka). From the context and meter this should be inserted.
5 T1 smin; T2 'smiṃ(R.). We regard 'asmi' as a form of loc. sg.(cf. BHSG,§8.67).
6 T3,T4 jaṃbu° 7 T2 dharmma°(R.; L.,V.,S. dharma°); T5 karmma°(N1,N3,N4,C2,H). cf. N2,C1,B karma°; N5 karmmā°; Tib. las(= karman).
8 T1 °kriyā(N4; S. °kriyā-) 9 T1,T3,T4 uddhure(N3; L.,V.,S.); T5 urddhare. cf. N1/H uddhare; N4 uddhura; Tib. bor(= uddhara).
10 T1,T3 °gaṇai(N3?; L.,S.); T2 °gaṇaiḥ(N4; R.,V.); T4,T5 °gaṇe
11 T1,T4 °maṃgalair; T3 kautūhalaṃgalair[omits 'ma']; T5 kautūhalaṃmagalair
12 T4 ima 13 T4 omits 'ḥ'(L.,V.,S.). cf. All mss. except T4 yuktāḥ.
14 T1 °raṇai[omits 'r'](L.,V.,S.); T5 °krammakalaṇai[omits 'r']. cf. N1,N5,C1,C2,B °raṇaiḥ(H?); N2, N3 °raṇair; N4 °kramaṇair[omits 'karaṇa']. 15 T1,T3~5 manyaṃte
16 T2 bāliśāḥ(N2,N5,B; R.,L.,V.,S.). cf. N1,C1,C2 bāriśāḥ; N3,N4 bālisāḥ; H bāliśā.
17 T1 muddhiṃ(N3 omits 'm'); T2 śuddhiṃ(R.,V.); T4,T5 suddhiṃ
18 T1,T4,T5 °veśanamaru°(H °manu°); T2 °veśanameru°(R.). cf. N1,C1,C2 °veśaṇamanu°(N5?); N2, B °veśaśamanu°; N3,N4 °veśamaru°. This pāda is unmetrical. 19 S. °pratāpa
20 T2 pāśu°[omits 'ṃ']; T4 pāṃsu°. m.c. pāṃśū°, but no ms. supports it.
21 T1 °śmādi°[omits 'bha']; T3~5 °bhaśmādi°(N3)
22 T2 °mraksitā(N1/H; R., S.); L.,V. °makṣitā. cf. N3 °mrakṣitā; N4 °mucchitā; BHSD,makṣita.
23 T1 omits 'ḥ'. 24 S. kāyā°
25 T5 omits 'ṃ'. 26 T1,T3,T4 paṃcā°
27 cf. N4 °yuktaḥ. 28 T2 maṃtra°; R.,L.,V.,S. mantrā°. cf. N3 mātrā°; N4 yuktā°.
29 All mss. °vicāra°(R.,L.,V.,S.) 30 T2,T3 °karaṇāḥ(R.). cf. N4 °kārthaḥ; Other mss. °karaṇā. Acc. to precedent(L.,p.248,line16-17) this pāda is to be read 'mantravicāraka-', but we emend 'mātrāvisārakaraṇā' with reference to Tib.[lag pa bskyuṅ ste rgyu ba](cf. Monier-Williams: *Sanskrit-English dictionary*, p.1001(visārita,°tāṅga). 31 T1 kecird
32 T1 °valaṃkā 33 T1,T4,T5 kuṃbha°
34 T2,T3 °karotānn(R.); T5 °karotānn
(35…35) T1,T4 na ddhāra°(N3); T2,T3 uddhāra°(R.); T5 udvāla°; L.,V. na dhāra°. cf. N1/H na dvāra°; N4 advāra°.
36 T1,T2,T5 °kuśalā°(N1/H,N3; R.,L.,V.); T4 °mukusalā°. cf. N2,N4 °muśalā°.
37 T5 °lāntarā[omits 'c']. cf. N1,C1,C2 °lāntarād; N4 °lāṃvarā.
38 T2 gṛhṇanti(R.,V.); T3 gṛhnāti?; T4,T5 gṛhṇaṃti(N3). This pāda is unmetrical.
39 T1,T2 cānu°(R.); L.,V. svānu°(S. svānu[divides from 'bhavatī']). cf. N1/H svānu; N3,N4 śvānu.
(40…40) T1 nehaihitaṃ tenena; T2 na ca hitaṃ tena(R.); T3 na haihibhan tena; T4,T5 na haihitaṃ tena(N3); L.,V. na cāhitaṃ tena(S. --- te na). cf. N1,N2,C1,C2,B na cehitaṃ tena; N4 na ca hitatena; N5,H na ca hitaṃ tena. Contextually we read 'na hā+ehi+bhaṇitena' though no ms. supports it.
41 T5 °vākyasā. cf. BHSD,tiṣṭhavākya.
42 T2,T5 °bhiksu(R.) 43 T2 °gṛhyāḥ(R.); S. eka gṛhyā[not a compound]. cf. N4 °gṛhya.
44 T2 śuddhiṃ(R.); T5 śurddhaṃ. cf. N4 śuddhi.
(45…45) T1 manyatihā°; T3,T5 manyaṃtihā°; T4 matyaṃtihā°(N3 omits 'ṃ'); R.,L.,V.,S. manyantihā°(T2 emends 'ti' to 'tī'). Tib. lacks the word corresp. to 'iha'.
46 T2 °mānam(R.,V.) 47 T5 varjjasmi. cf. N4 varjjanti.
48 T3 marṣitailaṃ; T5 sapitela 49 T2 madhuphāṇita°[adds 'madhu'](R.); T5 hāṇita°
50 T3 °dugdhā° 51 T1,T3,T5 °mānśāni
52 T3 śyāmaka°; T5 syāmaku°
53 T1,T4 °sake°(N3); T2,T3 °śāka°(R.,V.); T5 omits 'sāka'.
54 T1,T4 °sakṣā(N3); T3 °bhakṣa. cf. N4 °bhakṣāḥ. 55 T1,T3~5 mṛṇāla°(N3,N4)
56 T1 °gaḍū°[omits 'la']: T2,T4,T5 °garḍūla°(N3; N4 °dūla°; R.)
57 T1 °karaṇagāsakṛ°(for 'kaṇā')?; T3 °gāsakṛd°(N4); T5 °kaṇāsakad°. cf. Tib. gsegs(= kaṇā).
58 T3 °bhakṣaḥ
59 T1 mūlayantraphala°; T2,T4,T5 °patraphala°(N3; R.); S. phalamūlapatra°
60 T5 °civara° 61 T1,T4 °kaṃbala°; T5 °kaṃbara°
62 T1 apara(N3); T5 apale 63 T5 °maṃti
64 R. mogham 65 T1,T3,T5 dhāranti
66 T1 urddha°; T5 uddha; L.,S. ūrdha°; V. ūrdhva°. cf. N3,N4 ūrddha°.
67 T4 °stā[omits 'ha']; T5 °hastāv
68 T1,T4 bhūrddhakeśāṃ(N3); T2 ūrddhakeśā(R.; V. ūrdhvaṃ ---); T3 bhūd ūrddhakeśāṃ; T5 urddhakeśāṃ; L.,S. ūrdhaṃkeśā. cf. N4 ūrddhakeśāḥ.
69 T1 jaṃghāś(T4 omits 'ṃ'; N3?); T2 jaṭāś(N4; R.,V.); T3 jaṭāṃ; T5 jaṭāṃś(L.,S.).
70 T1 dhāranti
71 T1 mārgās; T5 mārgānu?; S. mārga-n-. cf.N4 mārgga.
(72…72) T1,T3 uvipra°; T2 anupra°(R.); T4,T5 vipra°(N3); L.,V.,S. atipra°. cf. N4 tu vipra°.
73 T1 °praśaṣṭā; T2 °praviṣṭāḥ(R.); T4,T5 °pranastā(N3). cf. N4 °pranastā.
74 T1 samāga°; T2,T3 sumārga°(R.); T4 samārga°(T5 °rgga°). cf. N4 amārga°.
75 T2 °sthāḥ(N4; R.)
76 T1 °kāyāḥ; T3 °kāmā; T5 °kāmās(N3). cf. N4 omits 'gamana'.

20\. tṛṇamusala[1]bhasma[2]śayanāḥ[3] kaṇṭakaśayanāś[4] ca utkuṭuka[5]dhyāyi,[6]
sthita kecid ekapāde[7] ūrddha[8]mukhāś candrasūryapaśyantaḥ.[9]

21\. utsāṃ sarastaḍāgāṃ[10] sāgarasaritaś[11] ⟨ca⟩[12] candra[13]sūryau[14] ca,
vṛkṣa[15]giriśailaśikharāṃ[16] kumbhaṃ[17] dharaṇīṃ[18] namasyante.[19]

22\. vividhaiś[20] ca kāraṇais te kāyaṃ pariśodhayanti[21] saṃmūḍhāḥ,[22]
mithyādṛṣṭi[23]parītāḥ[24] kṣipraṃ prapatanty[25] apāyeṣu.[26]

23\. yan[27] nūnam[28] ahaṃ vratatapa[29] duṣkara[30]caryāṃ[31] samārabhe ghorāṃ,[32]
yad[33] duṣkaraṃ[34] na śakyaṃ[35] carituṃ devair[36] manuṣyair[37] vā.

259 24. āsphānakaṃ[38] ca[39] dhyānaṃ dhyāyeyaṃ[40] vajra[41]kalpadṛḍha[42]sthānaṃ,[43]
yaṃ[44] dhyānaṃ na samarthāḥ pratyekajinâpi[45] darśayituṃ.[46]

25\. santîha[47] devamanujāḥ[48] tīrthika[49] lūha[50]vratena hṛṣyante,[51]
teṣa[52] paripākaheto(ḥ)[53] duṣkara[54]vrata[55] ārabhe[ya][56] tīvraṃ.[57]

26\. paryaṅkam[58] ābhujitvā[59] upaviṣṭo 'bhū(t)[60] sthale[61] asaṃstīrṇe,[62]
kolatilataṇḍulena[63] āhāra[64]vidhi⟨m⟩[65] vidarśayati.[66]

27\. āśvāsa[67]viprahīnaḥ[68] praśvāsa[vi][69]varjita[70] na[71] cêñjate[72] balavān,[73]
ṣaḍvarṣāṇi[74] pravaraṃ[75] dhyāyaty āsphānakaṃ[76] dhyānaṃ.[77]

28\. kalpaṃ[78] no [(79…] na vikalpaṃ[…79)] [(80…] na cêñjanaṃ[…80)(81…] nâpi[…81)] manyana[82]pracāraṃ,[83]
ākāśa[84]dhātuspharaṇaṃ[85] dhyāyaty[86] āsphānakaṃ[87] dhyānaṃ.[88]

1 T1,T3 °muśara°; T2,T4,T5 °muśala°(N3; R.). cf. N4 °muṣara°.
2 T1,T3~5 °bhaśma°(N3) 3 T2 °śayanāś ca; T5 °śanā[omits 'ya' and 'ḥ']
4 T1 °sayanāś 5 T1,T4,T5 utkuṭa°(N3; L.,V.,S.); T2 utkaṭa°(R.). cf. N4 utkuṭuka°(A).
6 T5 °dhāyi 7 T1 ekepāde. cf. N4 ekapādai.
8 T1 urddha°; R. urddhva°; L.,S. ūrdha°; V. ūrdhva°. cf. N3 ūrddha°; N4 ūrdha°.
9 T2 °sūryyam apaśyantaḥ(N4 --- apasya°; R.)
10 T1,T4 ṣarāsta aṃgā(N3); T3 sarāsta°; T5 ṣarāstatrāgāṃ; V. sarasata°. cf. N4 vatsarāṣṭu aṃgā.
11 T1 sāgalaisaritaś; T3 śāgara°. cf. N4 sāgaraśaric.
12 All mss. omit 'ca'(R.); L.,V.,S. insert. Metrically 'ca' should be inserted.
13 T3 cadrandra°? 14 T5 °sūryyo. cf. N4 °sūryyāc.
15 T1 vṛkṣā° 16 cf. N4 °śiṣarāḥ.
17 T1 omits 'ṃ'(N4); T4 kuṃbhaṃ(N3); T5 kuṃbhan 18 T5 dharaṇin(N3 °ṇīn)
19 T3,T4 °yaṃte(N3); T5 °yaṃta; S. °yanti 20 T5 yanavidhaiś
21 T3,T4 parisodhayaṃti; T5 °śodhayaṃti(N2,N3); S. °śoṣayanti. cf. N1,N4,N5,C1,C2,B °śodhayanti; H °śoṣayanti; Tib. yoṅs su skem par byed (= pariśoṣayati).
22 T2 sammū°(R.); T5 omits 'ṃ'. cf. N4 omits 'ḥ'. 23 T1,T4,T5 °dṛṣṭī°(N3)
24 T1 °paritā(N3); T2,T4 omit 'ḥ'; T5 °paritāṃ
25 T1,T3~5 °taṃty. cf. N3 prataṃty[omits 'pa']; N4 patanty[omits 'pra'].
26 T1 apāyaṣu 27 T1 yad; T3,T5 yaṃ; T4 ya(N3). cf. N4 yat.
28 T1,T3,T4 bhūnam(N3); T5 nam[omits 'nū']. cf. N4 nūnam.
29 T2 vratatapo(R.); T5 vratatrapa. cf. N3 vratapa. 30 T1,T3~5 duskara°
31 T5 omits ṃ'. 32 T1 dyānāṃ; T2 ghorām(R.,V.)
33 T1,T5 ya(N3); L.,V.,S. yaṃ. cf. N2,N4,N5 yad. 34 T1,T3~5 duska°
35 T2,T5 śakyañ(N4). cf. N3 omits 'ṃ'. 36 T1,T4 omit 'r'; T5 dever
37 T1,T5 omit 'r'. 38 T2 °nakañ(R.); T5 °ṇakaś
39 T1 omits 'ca'. 40 T3 yena(for 'dhyāyeyaṃ')
41 T4 vaja°; T5 vivajra° 42 T1 °kadṛṣṭa°; T4 °kadṛdha°[omits 'lpa'](N3)
43 T2 °sthānam(R.); L.,S. °sthāmaṃ(V. °mam). cf. N1/H,N4 °sthāmaṃ; N3 °sthānaṃ; Tib. gnas pa (= sthāna). 44 T2 yad(R.). cf. N4 ya.
45 T2 °jinopi(N4); T5 pratyaṃkajinādhi(N3) 46 T2 °tum(R.,V.)
47 T2 santiha(N4); T3,T4 saṃtīha 48 T2,T5 °jās(N3,N4; R.)
49 T2 °thikā(N4); T5 tirthika 50 T2 lobha°(R.)
51 T1 hyaṣyante; T2 kṛṣyante(R.); T3 hṛṣyaṃte; T4 hyaṣyaṃte(N3); T5 hyaṣyate. cf. N4 hṛṣyante.
52 T:all teṣāṃ(R.). cf. H teṣā; Other mss. teṣāṃ. m.c. teṣa.
53 T1,T4 paripācakahetoḥ(T5 °hetor); T2 paripācanaheto(R.); T3 paripākahetoḥ(L.,V.,S. °heto). cf. N1,N2,N5,C1 paripācakaheto(N3 °hetor; C2 omits 'to'); N4 paripākaheto.
54 T1,T3~5 duskara° 55 T1,T3~5 °vratatapa(N1~3; R.; L.,V.,S. °tapa°); T2 °vratata. cf. N4 °vrata[omits 'tapa']; Tib. has no word corresp. to 'tapa'.
56 T1,T3,T4 ārabheya(N3); T2 ārabheyaṃ(N1,N2; R.); T5 ālabheyaṃ; L.,V.,S. °rabheya. cf. N4 ārabhe[omits 'ya']. Metrically 'ya' should be deleted.
57 T2 tīvram(R.); T5 tivraṃ; L.,S. sūtīvraṃ(V. °vram). cf. N1/H,N4 sutīvraṃ; N3 tīvraṃ.
58 T3,T4 paryaṃkam; T5 paryaṃkarmm° 59 T1,T3,T4 ābhumjitvā
60 T1,T3~5 bhū(N3,N4); T2 'bhūt(R.,L.,V.,S.) 61 T1,T3,T4 stale(N3); T5 bāle. cf. N4 sthale.
62 T1,T4 asamtīrṇnaḥ(N3); T3 asaṃstīrṇnaḥ; T5 'saṃkīrṇnaḥ. cf. N4 asaṃkīrṇnaṃ.
63 T1 °taṇḍulan(N3); T2,T4,T5 °taṇḍulenā°(N4; R.); L.,V.,S. °taṇḍulenā[divide from the next word]
64 T2,T4 °hāra°(N4; R.); T5 °hāla°
65 T1,T3~5 omit 'ṃ'(N3); Other mss. °vidhiṃ(R.,L.,V.,S.). m.c. °vidhiṃ.
66 T2 nidar°(R.) 67 T2 omits 'vi'.
68 T3 °hīṇaḥ; T5 °hīna[omits 'ḥ'](N3). cf. N4 °hīṇāḥ.
69 T1,T3~5 āśvāsavi°(N3); T2 omits 'vi'(R.,L.,V.,ś.). cf. N1/H,N4 praśvāsavi°.
70 T1 °varjitā(N3,N4); T2~4 °varjito(T5 varjji°; N1/H; R.); L.,V.,S. °varjitu. cf. A(L.'s Varianten) °varjita. This pāda seems to be unmetrical unless 'arj-' is short.
71 T5 nañ
72 T1 ca ta; T2 ceṅgate(R.); T5 cañjate. cf. N4 ceñjitā. 73 T3 balabāṃ
74 T5 °vṛrṣāṇi 75 T2 omits 'ṃ'(R.); T5 pracalaṃ
76 T3 omits 'ṃ'. 77 T2 °nam(R.,V.)
78 T1,T2,T5 alpan(N3); T3 alpaṃ; T4 kalpan[emends 'a' to 'ka']. cf. N4 kalpa; Tib. rtog(= kalpa).
(79...79) T1 nadhikalye?; T2 nadhikalpana(R.); T3 na vikalpa[omits 'ṃ'](N3); T4 na dhikalpa; T5 ca vikalpan (80...80) T2 nañ°[omits 'ca'](N3); T5 pañ°[omits 'ca']
(81...81) T1,T4 janānāṃ pi; T2 °janā nā 'pi(R.); T3 °janā nāpi(N3); T5 °jamā nāpi(N4)
82 T2 manye[omits 'na'](R.); T1,T3,T4 manyena(N3; L.,V.,S.). cf. N4 manyana°; BHSD,manyanā. m.c. manyana°. 83 T5 °pracālāṃ; V. °ram
84 T4 ākāsa° 85 T1 °phalanaṃ[omits 's']; T2 °sphuraṇaṃ(R.)
86 T3 °yaṃty 87 T3 omits 'ṃ'; T5 °nakan
88 T2 °nam(R.,V.)

29. na ca[1] ātapātu[2] chāyāṃ chāyāyā[ṃ][3] nâtapaṃ[4] gataś[5] câsau,
[(6...] merur iva[...6)] niḥpra[7]kampyo[8] dhyāyaty[9] āsphānakaṃ[10] dhyānaṃ[11].

30. na [(12...] ca vātavṛ[...12)]ṣṭichadanaṃ[13] na[14] daṃśa[15]maśakā(ḥ)[16]sarīsṛpā[17] trāṇaṃ[18],
avikopitayā[19] caryā[20] dhyāyaty[21] āsphānakaṃ[22] dhyānaṃ[23].

31. na[24] ca[25] kevalam ātmârthaṃ[26] dhyāyaty[27] āsphānakaṃ[28] [(29...] sa vai [...29)] dhyānaṃ[30],
anyatra karuṇacitto[31] bhāvī[32] lokasya vipulârthaṃ[33].

32. ye grāmadārakāś[34] ca gopālāḥ kāṣṭhahāra[35]tṛṇahārāḥ[36],
pāṃśu[37]piśācakam iti ta⟨ṃ⟩[38] manyante[39] pāṃśunā[40] ca [taṃ][41] mrakṣanti[42].

33. asuciṃ[43] taṃ[44] vikirante[45] vividhās[46] te[47] kāraṇāś[48] ca[49] kārenti[50],
na [(51...] ca iñjate[...51)] bhramati[52] [vā][53] dhyāyaty āsphānakaṃ dhyānaṃ[54].

34. na ca namati[55] no[56] vinamate ⟨na⟩[57] kāyaparirakṣaṇāṃ[58] spṛśati[59],
kiṃcit[60] nôccāra[61]prasrāvaṃ[62] śabdeṣu na saṃtrasī[63] na paraprekṣī[64].

260 35. saṃśuṣka[65]māṃsa[66]rudhiraś[67] carma[68]snāyvasthikāś[69] ca avaśiṣṭā(ḥ)[70],
udarāc[71] ca pṛṣṭhivaṃśo[72] vidṛśyate[73] vartitā[74] yathā veṇī.

36. [(75...] ye te [...75)] kṛtâdhikārā[76] [(77...] devāḥ 'suranāga[...77)]yakṣagandharvā(ḥ)[78],
pratyakṣa[79] guṇadharasyā[80] karonti[81] [(82...] te 'rcāṃ[...82)] divārātrau.

1 T1 ce 2 T1 yānu[omits 'āta']; T2 °pāc(R.); T3~5 °pānu(N3). cf. N4 ābhayāta.
3 T1,T3,T4 °yāṃ(N4); T2 omits 'ṃ'(R.,L.,V.,S.); T5 °yān(N3)
4 T1,T4,T5 omits 'ṃ'(N3); T2 °paṅ(R.). cf. N4 nātapad. 5 T1 gatāś
(6…6) T1 marārava 7 T2 niṣpra°(N4; R.,L.,V.,S.)
8 T1,T5 °kaṃpyā; T2 °kampo(R.); T3,T4 °kaṃpyo(N3,N4) 9 T1 °yatyā; T3 °yaṃty. cf. N4 °yati.
10 T1 omits 'ka'(N3). 11 T2 °nam(R.,V.)
(12…12) T1 ce veddhāṣṭa°; T3 ca tāvavṛṣṭi°; T4 yāvad vṛṣṭi°; T5 ca vātadṛṣṭi°. cf. N3 ca vaddṛṣṭi°; N4 ca vātavṛṣṭi°.
13 T1 °cchedanaṃ; T2 °cchadana[omits 'ṃ'](R.; S. °naṃ). cf. N3,N4 °chadanaṃ.
14 T3 omits 'na'. 15 T1,T4 daṃsa°(N4)
16 T1,T4,T5 °maśakāḥ(N4); T2 °maśakā°(R.,L.,V.,S.); T3 °masakāḥ(N3)
17 T1,T3,T4 °sṛpa(N3,N4); T2 °sṛpā°[unites with the next word](R.,L.,V.); T5 °sarisṛpa
18 T2 °ṇam(R.,V.) 19 T1,T2 °kopatayā(R.); T5 °kopitaryā(N4)
20 T2 caryyāṃ(R.); T5 caryya 21 T1 dhyāyasty; T5 dhyayaty
22 T1,T3 omit 'ṃ'; T5 °kan 23 T2 °nam(R.,V.)
24 T1,T4 omit this line[from 'na' to 'dhyānaṃ']. 25 T3,T5 omit 'ca'.
26 T3 omits 'ṃ'; T5 ālartha 27 T3,T5 °yaṃty
28 T5 omits 'ṃ'.
(29…29) T2 omits 'sa vai'(N4; R.,L.,V.,S.). Metrically these are necessary.
30 T2 °nam(R.,V.) 31 T1 karaṇacittā(N4)
32 T1,T2,T5 bhāvi(N4; R.). cf. N1,C1,C2 bhāvāṃ; N2 B bhāvaṃ; N3,N5,H bhāvī; Tib.bsgom. 'bhāvī' seems to be regarded as a form of aor. 3 sg. of √bhāvayati.
33 T1 vipule balaṃ; T2 vipulārtham(R.,V.); T4 vipulo balaṃ(N3; A); T5 vipulārthalaṃ. cf. N1/C2 vipulābalaṃ; N4 vipulārtheḥ; B vipulārthabalaṃ; H vipulārthaṃ.
34 T2 omits 'kā'. 35 T3 °hara°. cf. N4 °hārāḥ.
36 T3 °harāḥ. cf. N4 °hārā[omits 'ḥ']. 37 T3 pāṃsu°
38 T1,T3,T4 ta[omit 'ṃ'](N3,N4); T2,T5 omit 'taṃ'(N1/H; R.); L.,V.,S. taṃ
39 T3,T4 maṃnyaṃte(N3 °yante) 40 T3 °nāṃ
41 T1,T4,T5 insert 'taṃ'(T3 ta; N3); T2 omits(N4; R.,L.,V.,S.). cf. Tib. de la (= taṃ). Metrically 'taṃ' is unnecessary. 42 T1,T4 prekṣanti(N3 prakṣa°); T5 mrakṣenti
43 T1 asuciṃta; T2 aśuciñ(R.); T3 asucinn; T4 asuciṃna(N4); T5 asucinna(N3); L.,V.,S. asucīnā
44 T1,T2,T4,T5 ca(N3; R.,L.,V.,S.); T3 omits(N4). 45 T1 kirante[omits 'vi'](T5 emends '-ti' to '-te'; L.,V.,S.); T3 avakirante; T4 kiraṃte. cf. N1/H vikirante(N4 °ranta). Metrically we read 'asuciṃ taṃ viki-' though the support of mss. is not enough.
46 T1 °dhā[omits 's']; T2 °dhāṃs(R.). cf. N4 vividhāś. 47 T1 teḥ; T2 ca(R.). cf. N1/H ca te.
48 T2 °ṇāṃ(R.); T5 kālanāś. cf. N4 kāraṇāḥ. 49 T2 omits 'ca'(N4; R.).
50 T2 karonti(R.); T3 kārāntī; T4 kārānti(N3); T5 °kālānti. cf. N4 kārenti.
(51…51) T1 ca ijñate(T4?); T2 ceṅgate(N3 °gāte; R.); T5 ca jñāyate. cf. N1,N5 ceñjate; N2 veñjate; N4 ca iñjate. 52 T1,T4 tramati(N3); T5 bhramaṃti
53 T1,T3,T4 insert 'vā'(N1~3,N5,C1,H; N4 vo ; L.,V.,S.); T2 ca(R.); T5 cā(C2; B?). From the context and meter 'vā' is unnecessary. 54 T2 °nam(R.,V.)
55 T5 namaṃti 56 T1 nā
57 T1,T3~5 omit 'na'(N3,B); T2 inserts(N1/C2,N4,H; R.,L.,V.,S.).
58 T1 °parilakṣaṇāṃ(N3); T5 °rakṣanāṃ; L.,V.,S. omit 'ṃ'. cf. N4 omits 'ṃ'; N2 °parikṣanāṃ.
59 T3 spṛsati(N4) 60 T1 kiṃcirtta; T2 kiñcin(N5;R.); T4 kiṃci; T5 kiṃcitta(N3); L.,V.,S. kiṃcin. cf. N1,N4,C1,C2,B kiñcit; N2,H kiṃcin.
61 Metrically it is proper to read "kiṃci na 'ccāra-", but no ms. supports it.
62 T1,T3,T4 °śrāvaṃ(N3); T5 °śāvaṃ(H); L.,V.,S. °sravaṃ. cf. N2,N4 °srāvaṃ; B °śrāvvaṃ.
63 T1,T4 mantrasī(T3 °traśī; N3); T5 santrasī(R.). cf. N4 saṃtrasī. Metrically it is proper to read 'śabde na saṃtrasi', but no ms. supports it. 64 T5 panapre°. cf. N4 parepre°.
65 T2,T4 saṃsuṣka°; T3 saṃśuska° 66 T3 °mānsa°
67 T1 °rudhīraś; T2,T5 °rudhira(R.); T4 °rudhiraṃś; L.,V.,S. °rudhiraṃ. cf. N4 °rudhiraś.
68 T3 cama°[omits 'r']. cf. N3 rmma°[omits 'ca']. 69 T1 °snāyu 'sthi°. cf. N4 °snāyu asthi°.
70 T1 apasiṣṭā(T5?; A); T2,T3 °śiṣṭāḥ(R.); T4 ayasiṣṭāḥ; L.,V.,S. °śiṣṭā[omit 'ḥ']. cf. N1/H,N4 °śiṣṭā; N3 apasiṣṭa. 71 T1 udarāś; T2 udarañ(R.); T3,T4 udārāś(T5?; N3)
72 T1 pṛthvivebho?; T3 pṛṣṭhivanto; T4 pṛthvivabhau(N3); T5 pṛṣṭhivabhau. cf. N4 pūṣṭhivaṃsā.
73 T2 vinidṛś°(R.); T3 °yante; T5 °yaṃto. cf. N4,B nidṛśyate; H vinidṛśyante.
74 cf. N2 varttanā; N4 varttanāya; B,H vattitā. Metrically it is proper to read 'dṛśyate['te' may be short] vartita', but no ms. supports it. (75…75) T1 pate
76 T4 omits 'kā'; T5 °kālā (77…77) R.,L.,V. devāḥ sura°; S. devāsura°
78 T1 °rvvā(N3); T2 °rvāḥ(L.,V.,S.; R. °rvvāḥ); T3,T4 °rvāṃ; T5 °rvā. cf. N4 °rvvāḥ.
79 T2 °kṣā(R.) 80 T2 °sya(R.)
81 T5 karāti (82…82) T1,T2,T5 te vā(R.); T3 terccāṃ; T4 tervā; L.,V.,S. pūjāṃ. cf. N1,N2,C2 teryyā(C1 teryā); N3 tervā te; N4 teṣān; T5 teryyāṃ; B tercyāṃ (H?); Tib. has no word corresp. to 'te'.

37. praṇidhiṃ[1] ca kurvate[2] te vayam[3] api etādṛśa[4] bhavamahe[5] kṣipraṃ[6],
[(7]yatha eṣa[7)] gagaṇacitto[8] dhyāyaty[9] āsphānakaṃ[10] dhyānaṃ[11].

38. na ca kevalam ātmârthī[12] na dhyānasvādanān[13] na sukhabuddhyā[14],
anyatra[15] karuṇabuddhyā[16][17] kariṣyi[18] arthaṃ[19] vipula[20] loke.

39. nihatāḥ parapravādā(ḥ)[21] dhyāmīkṛta[22] tīrthikā[23] mativihīnāḥ[24],
karmakriyā ca[25] darśita[26] yā proktā kāśyape[27] vācā.

40. [(28]ku nu muṇḍakasya[28)] bodhi[29] [(30]bodhir iha[30)] sudurlabhā[31] bahubhi[32] kalpaiḥ[33],
janatāyās[34] tuṣṭyarthaṃ[35] dhyāyaty āsphānakaṃ[36] dhyānaṃ.

41. dvādaśanayutāḥ[37] pūrṇā vinīta[38] marumānuṣās[39][40] tribhir yānaiḥ[41],
[(42]etad adhikṛtya[42)] sumati(ḥ)[43] dhyāyaty āsphānakaṃ dhyānaṃ[44].

duṣ[45]karacaryā[46]parivarto[47] nāma[48] saptadaśamaḥ[49]

1 T1 praṇadhaś; T2 °dhiñ(N4; R.); T4,T5 °dhiś(N3)
2 T4 kute[omits 'rva'](N3). cf. N4 kurvvante. 3 T1,T4 ca yam(N3)
4 T:all etādṛśā(N2,N3,N5,H; N4 °dṛsā; R.); L.,V.,S. tādṛśa. cf. N1,C1,C2 tādṛśā; B eva tādṛśā. m.c. etādṛśa(though most mss. 'etādṛśā').
5 T1 bhecamahe; T2 bhavemahi(N1/H,N4; R.); T4,H5 bhavemahe; L.,V.,S. bhavāmahe. cf. N3 bhavamahe. 'he'(of '-mahe') must be regareded as metrically short syllable.
6 T2 °pram(R.,L.) (7...7) T2 yathaiṣa(R.); T5 yatha yaṣa?
8 T5 gamaṇa°; V. gagana° 9 T3 °yaṃty. cf. N4 °yati.
10 T3 omits 'ṃ'. 11 T2 °nam(R.,V.,S.)
12 T3 °rtho(R.); L.,V.,S. °rthaṃ. cf. N2 °rtha; Other mss. °rthī.
13 T1,T4 °danāṃ(T5 °nām); T2 dhyānāśvā°; T3 dhyānyosvādanāṃ; T4 dhyānāsvā°(R.). cf. N1,N5, C1,C2,B dhyānaṃ svādanān; N2,N3,H dhyānasvādanān; N4 dhyānāṃ[omits 'svādanān'].
14 T3,T4 °budhyāḥ(N3). cf. N1,N5,C1,C2,B buddhyānā; N4 sukhaśvādanābuddhyā.
15 cf. N2,N4 nānyatra; H omits 'anyatra karuṇabuddhyā'.
16 T1 karaṇa°. cf. N4 karuṇā°. 17 T3~5 °budhyā(N3); S. °buddhadhyā
18 T1 kariṣya; T2 kariṣyaty(N1/H,N4; R.,L.,V.,S.); T4 kariṣmi; T5 kariṣyati. cf. N3 kariṣyi.
19 T1,T4 omit 'ṃ'(N3).
20 T1 vipanna; R.,L. vipula°[unite with the next word]. cf. C2 vipulaṃ.
21 T1,T2,T5 omit 'ḥ'(N3; R.,L.,V.,S.); T3,T4 °vādāḥ(N4)
22 T1,T5 dhyāmi°; T2 dhyānī°(R.) 23 T1 °thika; T5 tirthikā
24 T1 °vihināḥ 25 T1 ya; T3,T5 va(N3,N4)
26 T1 darśīta; T2 darśitā(R.); T3 dasita 27 T1 °yapa(N4)
(28...28) T2 kakucchanda°(N5; R.); T4 kukucchaṇḍakasya?; T5 krarkkucchaṇḍakasya; L. krakuchandakasya(V.,S. °kucchan°). cf. N1,N4,N5,C1,C2,H krakuchandakasya; N2 cchandakasya[omits 'kraku']; N3 kunumuṇḍakasya; B kurakucchandasya[omits 'ka']; Tib. mgo reg (= muṇḍaka).
29 T2 bodhisatvasya(R. °sattvasya); T5 omits 'bodhi'(N4).
(30...30) T2 omits(N1/H; R.).
31 T1,T3~5 sudullabhā(N3 sudurlla°);T2 sudullabhaṃ(R.). cf. N4 sudurlabhā.
32 T1,T2,T4,T5 °bhiḥ(R.) 33 cf. N3,N4 kalpair.
34 T1 jatāyā[omits 'na' and 's']; T2 janatā°[omits 'yās'](R.); T4 janatāya; T5 janatāyāstu; L.,V.,S. janatāyā[omit 's']. cf. N1/H janatās[omit 'yā']; N3 janatāyā; N4 janatāstuḥ.
35 T1 ity artha(N3,N4); T5 ity arthaṃ(L.,V.,S.); T3 tutyarthaṃ; T4 tyarthaṃ. cf. N1,N5,C1/H tuṣtyarthaṃ (N2 omits 'ṃ'); Tib. dgaḥ byaḥi phyir (= tuṣṭy-arthaṃ).
36 T2 °nam(R.,V.)
37 T1 dvādaśīna°; T2 °niyutāḥ(N4 °tār; R.); L.,V.,S. omit 'ḥ'. cf. N1/H,N3 °nayutāḥ.
38 T1,T5 vibhīta; T4 vibhāta? 39 T2 omits 'maru'(R.).
40 T3 °mārutās 41 T1 yāni
(42...42) T1 etādhikṛtya; T3~5 eta dhikṛtya(N3). cf. N4 etad adhikṛtya.
43 T1,T3,T4 sumatiḥ; T2,T5 sumatir(N3; R.); L.,V.,S. sumati[omit 'ḥ']. cf. N4 sumati.
44 T2 °nam(R.,V.). cf. N4 °nam iti.
45 T2 adds 'lalitavistare'; T5 adds 'iti'(R.); L.,V.,S. add 'iti śrīlalitavistare'.
46 T1,T3~5 duskara°(N3)
47 T1 °parivatto(N3); T2 °parivato?; T3~5 parivartto(N4; R.)
48 T3~5 nāmaḥ(N3). cf. N4 nāma.
49 T2 °daśaḥ(R.); L.,V. °daśamo 'dhyāyaḥ. cf. N3 omits 'saptadaśamaḥ'; N4 °daśamaḥ.

CHAPTER 18

(Nairañjanā-parivartaḥ)

māraś ca bhikṣavaḥ pāpīyān[1] bodhisattvasya ṣaḍvarṣāṇi[2] duṣkara-[3] caryāñ[4] carataḥ pṛṣṭhataḥ pṛṣṭhataḥ[5] samanubaddho 'bhūt. avatāra-[6] prekṣī[7] avatāragaveṣī na ca kadâcit kiṃcid[8] avatāram adhyagacchat.[9] so[10] 'vatāram anadhigacchan[11] nirviṇṇo[12] vipratisārī prākrāmat.[13]

261 tatrêdam ucyate

[Meter ... Śloka]

1. ramaṇīyāny araṇyāni[14] vanagulmāś ca nīravāḥ,[15]
prācīnam[16] uruvilvāyāṃ[17] yatra nairañjanā[18] nadī.

2. prahāṇāyôdyataṃ[19] tatra satataṃ[20] dṛḍhavikramaṃ,[21]
parākramantaṃ[22] vīryeṇa yogakṣemasya[23] prāptaye.[24]

3. namucir[25] madhurāṃ vācāṃ[26] bhāṣamāṇa[27] upāgamat,[28]
([29]śākyaputrā[30] samuttiṣṭha kāyakhedena kiṃ[31] tava.)[32]

4. (33... jīva bho ...33) jīvitaṃ[34] śreyo jīvan[35] dharmaṃ[36] cariṣyasi,[37]
jīvaṃ hi[38] tāni kurute yāni kṛtvā na socati.[39]

5. kṛśo[40] vivarṇa[41] dīnas[42] tvam[43] antike maraṇaṃ[44] tava,
sahasrabhāge[45] maraṇam[46] ekabhāge[47] ca jīvitaṃ.[48]

6. dadataḥ[49] satataṃ[50] dānam[51] agnihotre[52] ca juhvataḥ,[53]
bhaviṣyati mahatpuṇyaṃ[54] kiṃ prahāṇe[55] kariṣyasi.

Variants and Notes

1 T1,T3~5 pāpīyām̄(N3, N4). cf. 方広「魔王波旬」.
2 L. paḍ°[misprint] 3 T1,T3~5 duskara°(N3)
4 T1 °caryyāñ; T2 °caryyām̄(N4; R.); L.,V. °caryām̄. cf. N3 °caryāñ.
5 T1,T5 omit the second 'pṛṣṭhataḥ'(N3). 6 T3 omits 'ra'.
7 T1,T4,T5 °kṣīd(N3) 8 T1 kicid; T2 kiñcid(N4; R.)
9 T1 adhyega°(N4) 10 T5 mā
11 T1 anugacchanti; T2 adhigacchan[omits 'an'](R.); T4 'dhi' is marg.; T5 anidhigacchan
12 T1 nivvirṇṇe; T2 nirvivarṇṇo; T4 nirvvirṇṇe; T5 niṣirṇṇo; R. nirvivarṇo
13 T3 prākrāmen; T4 prākrāman; R. prākāmat 14 T2 aranyāni; T3 āraṇyāni; T5 alaṇyāni
15 T1 nīradhaḥ; T2 vīrudhaḥ(R.); T5 vīrudhā; L.,V.,S. vīrudhāḥ. cf. N1,N2,N5,C2,B,H vīrudhāḥ; N3 nīrravāḥ; N4 nīravāḥ; C1 virudhāḥ; Tib. sgra med; Monier's *Sanskrit-English Dictionary*, nīrava(= soundless).
16 T2 omits 'm'(R.); T5 prācinaṃ 17 T1 aruvil°; V. urubil°
18 T3~5 °raṃja°(N3). cf. N4 °raja°[omits 'ñ'].
19 T1 prahānāyo°(N3,N4); T5 prahānāyoṃdyatām̄
20 T1,T4,T5 śata°(N4) 21 T2 °vikram[omits 'ma']; R.,V. °mam
22 T1,T4 °maṃtaṃ(N4). cf. N3 °manta[omits 'ṃ].
23 T5 °kṣemasyaṃ. cf. N4 °kṣamasya; BHSD,yogakṣema.
24 T1 °tayeḥ 25 T1 namuciṃ
26 R.,L.,V.,S vācaṃ. cf. N1,N5,C2,B vācaṃ; N2,H vāca; N3,N4 vācām̄; C1 vācanaṃ.
27 T1,T4,T5 °māna(N3,N4); L.,V.,S. °māṇo. cf. N1,C1,C2 °māṇa; N2 °māṇā; N5,H °māṇo; B °mānā.
28 T1 °gataṃ; T3 °gamaṃ
29 T1,T3 omit this line.; T4 marg.(N3); Other mss. insert(R.,L.,V.,S.). cf. Tib. has no word corresp. to this insertion. 30 T2,T4,T5 °putra(N:all; C1/H ; R.)
31 T4,T5 kāyaṣedena 32 T5 tayā
(33…33) T1 jīvanto. cf. H jīvito; Tib. ḥtsho bar gyis (= be alive !); Ernst Windisch, *Māra und Buddha*, Leipzig,1895, p.4. Acc. to the text of Padhānasutta(PTS, *Sutta-Nipāta* p.74) and Tib. we read 'jīva bho', though no ms. supports it. 34 T5 omits 'śreyo'.
35 T1,T3 jīvitaṃ(T4 marg.; N3,N4); T5 omits. cf. N1 jīvaṃ(N5,C1/H); N2 jīrvaṃ.
36 T1,T4 dharmmañ(N3); T2,T5 dharmma[omit 'ṃ'](R.)
37 T1 °yami 38 T1 hī
39 T1 sāceti; T2 śocati(R.,V.). cf. N1, N5, C2 sobhati; C1 śobhati.
40 T1 kreśā; T4 krṣo; T5 kṛso(N3,N4). cf. N1 kṛṣe; N2,N5,C1/H kṛṣo.
41 T:all vivarṇṇo(N3); R.,L.,V.,S. vivarṇo. cf. N1/H vivarṇṇa; N4 vivarṇṇā. m.c. vivarṇa.
42 T1 nis[omits 'dī']; T3 nas[omits 'dī'] (N4); T4 'dī' is marg.;T5 dinas(N3 'di' is marg.)
43 T1 tvaṃm(N5); L.,V.,S. tvaṃ. cf. N3 tvam; N4 tvaṃ; B tvaṃs; H tvām̄.
44 All mss. except H maraṃan. cf. H maraṇaṃ.
45 T3 śahasra°
46 L.,V.,S. °naṃ. cf. N4 °ṇaṃ; Other mss. °ṇam.
47 T1 ekeyoge 48 T2 °taṃm; R.,V. °tam
49 T2 dada taṃ(R.) 50 T1,T4,T5 satatañ(N3,N4)
51 L.,V.,S. dānaṃ. cf. All mss. dānam.
52 T2 ahorātrañ(N1,N4,C1,C2; R.); T3 °hotra; L.,V.,S. °hotraṃ. cf. N2,H °hotraṃ; N3 °hotre; N5,B °hotraṃñ. 53 T2 °vate(R.)
54 T1 °purṇyaṃ; T3,T4 °punyaṃ. cf. N4 mahāpuṇyaṃ.
55 T3 °hāṇau; S. °hāṇena

7. duḥkhā[1] mārge[2] prahāṇasya[3] duṣkaraś[4] cittani[5]grahaḥ[6],
imāṃ[7] vācaṃ[8] tadā māro bodhisattvam athâbravīt[9].
8. taṃ tathā vādinaṃ[10] māraṃ bodhisattvas tato ’bravīt,
pramattabandho[11] pāpīyaṃ[12] svenârthena[13] tvam āgataḥ.
9. anumātraṃ[14] hi me puṇyair artho[15] māra[16] na vidyate,
artho yeṣāṃ[17] tu puṇyena[18] tān[19] evaṃ[20] vaktum arhasi.
10. nâivâhaṃ[21] amaraṃ[22] manye[23] maraṇântaṃ[24] hi jīvitaṃ[25],
anivartī[26] bhaviṣyāmi[27] brahmacarya[28]parāyaṇaḥ.
262 11. śrotâṃsy[29] api[30] nadīnāṃ hi[31] vāyur[32] eva[33] viśoṣayet[34],
kiṃ punaḥ[35] śoṣayet[36] nâyaṃ[37] śoṇitaṃ[38] prahitâtmanāṃ[39].
12. śoṇite[40] tu viśuṣke vai tato māṃsaṃ[41] viśuṣyati,
māṃseṣu kṣīyamāneṣu[42] bhūyaś[43] cittaṃ prasīdati[44],
bhūyaś chandaś[45] ca vīryañ[46] ca samādhiś câvatiṣṭhate[47].
13. tasyâîva[48] me viharataḥ prāptasyôttamavedanāṃ[49],
cittaṃ[50] nâvekṣate[51] kāyaṃ paśya[52] sattvasya śuddhatāṃ[53].
14. asti chandaṃ[54] tathā vīryaṃ[55] prajñâpi mama vidyate,
(56… taṃ na …56) paśyāmy[57] ahaṃ loke vīryād[58] yo māṃ[59] vicālayet[60].
15. varaṃ[61] mṛtyuḥ[62] prāṇaharo[63] dhig[64] grāmyaṃ[65] (66… no ca jīvitaṃ …66),
saṃgrāme[67] maraṇaṃ śreyo (68… yac …68) ca jīvet[69] parājitaḥ[70].

1 T2,T4,T5 duḥkho(N2,H; R.); L.,V.,S. duḥkhaṃ. cf. N1,N5,C1,C2 dukho; N3,N4 duḥkhā; B durkho.
2 T1,T4,T5 mārga(N2); T2 mārgaḥ(N1,N5,C1/H; R.); L.,V.,S. mārgaṃ. cf. N3,N4 mārgga.
3 T1,T4,T5 °hānasya
4 T1,T3~5 duskaraṃ(N3); T2 duṣkaraṃ(C1; L.,V.,S.). cf. N1,N2,N4,N5,C2,B,H duṣkaraś.
5 T1 cirttini° 6 L.,S. °grahaṃ; V °graham. cf. All mss. °grahaḥ.
7 T2 imā[omits 'ṃ'] 8 T1 yāvan(N3); T2 vācāṃ; T5 vān. cf. N4 yāvat.
9 T5 °bravit 10 T2 vāditataṃ
11 T1 °badhyo; T3 °bandhoḥ; T4 °baṃdho(N4); T5 pramaṃttabaṃdho
12 T2 pāpīyaḥ; R. pāpīyāṃ; V. pāpīya. cf. N4 pāpīyāṃ.
13 T1 svaparārthena
14 T1 omits 'mātraṃ'; T5 °mātra[omits 'ṃ']; R.,V. aṇumātraṃ
15 T1 atho[omits 'r'] 16 T3 mārair
17 T2 yeṣān(R.) 18 T1,T4,T5 punyena(N3)
19 T5 tāny 20 T1 eva[omits 'ṃ']
21 T1 cevāha(N3); T3,T4 nevāham; T5 naiveham. cf. N4 cyevāhaṃ.
22 T1 mamanaṃ(N3,N4); T2 maraṇaṃ(N1/H; R.,L.,V.); T4 amanaṃ; S. °maraṇaṃ. cf. Tib. mi ḥchi (= amara). 23 T5 manya(N4)
24 T1,T3,T4 maraṇaṃna(N3,N4); T5 malaṇanna. cf. N1/H maraṇāntaṃ.
25 T2 jīvitam(R.,V.) 26 T1,T5 anirvartti
27 cf. N4 °ṣyāti. 28 R. °caryyā°
29 T2 omits 'ṃ'; V. sro° 30 cf. N4 āpi.
31 T1 hī 32 T1 vāyu[omits 'r']
33 T1 varṣa; T3 ekha?; T4,T5 eṣa(N1~3,N5,C2,B,H; L.,V.,S.). cf. N4 eṣaṃ; C1 eva.
34 T1 viśodhayet(N3,N4); T3,T5 viśodhayat 35 T1 puna[omits 'ḥ']. cf. N3 pune.
36 T1 sodhayet; T3 sodhayen(N3); T4 soṣayen; T5 sodhayakān. cf. N4 śoṣayet.
37 T2 kāyaṃ(N1/H; R.,L.,V.,S.). cf. N3 nāyaṃ; N4 nāyuṃ.
38 T1 śonitaṃ(N3,N4;L.); T2 śoṇita(R.); T3 śoṇitāt; T5 sonitaṃ
39 T2 °nām(R.,V.) 40 T1,T5 śonite(N3,N4; L.)
41 T1,T5 māṃsa[omit 'ṃ'] 42 T1,T2 °māṇesu(R.,V.)
43 T1 bhūya[omits 'ś'] 44 T1 prasidati; T3 praśīdati
45 T3 chandañ
46 T2 vīryyaś; T5 viryañ; R. vīryyañ; L.,V.,S. vīryaṃ. cf. N3,N4 vīryyañ.
47 T1 °tiṣṭhet; T3 °tisthate
48 T1,T3,T4 tasyeva; T2 °vaṃ(N1/B; R.); S. °va(ṃ). cf. N3,N4,H tasyaiva.
49 T2 °nām(R.); T4 °macetanāṃ(N1,N3,C1/H; L.,V); T5 prāptarsyarttama°; S. °syottacetanā[omits 'ma' and 'ṃ']. cf. N2,N4,N5 °mavedanāṃ; Tib. tshor ba (= vedanā).
50 T1 citaṃ; T5 cirtta. cf. Tib. srog(= jīva). 51 T1 °kṣata; T5 nāvacchete
52 T2 yasya(R.) 53 T2 °tām(R.,V.)
54 T1 cchandan(N3,N4); T2 cchandas(R.) 55 T5 viryaṃ
(56…56) T5 tan na (N3); S. na taṃ 57 T1 paśyamy
58 T5 vīryaṃd? 59 T1 mā[omits 'ṃ'](N3,N4)
60 T1 °layetu; T2,T5 °layat 61 T5 valaṃ
62 T1 mṛttu; T4,T5 mṛtyu(N3,N4; L.,S.). cf. N1/H mṛtyuḥ.
63 T5 prāṇalo[omits 'ha'] 64 T1,T4 pi(N3,N4); T5 pī
65 T3 grāmyaṃ ca[adds 'ca']; T5 grāmyañ ca. cf. N1/C2 add 'ca'(H?).
(66…66) T1,T4,T5 nopajīvitaṃ(N2,N3,N5,B; H?; L.,S.; V. °tam); T2 no ca jīvitam(R.). cf. N1,C1,C2 no ca jīvitaṃ; N4 no ca pajītaṃ.
67 T1,T3 taṃgrāme; T2 saṅgrāme(R.). cf. N4 taṃgrāmye.
(68…68) T2 na ca(R.,S.); T5 yarcca. cf. B nacca; Tib. de lta min (= na ca?); BHSD,yac ca.
69 T1 jīval. cf. N4 jīvat. 70 T5 parājītaḥ

16. nâśūro[1] jāyate[2] senāṃ jitvā caînā(ṃ)[3] na manyate,[4]
śūras[5] tu jāyate[6] senāṃ laghu māra jayāmi te.[7]

17. kāmās te prathamā senā dvitiyā[8] aratis[9] tathā,
tṛtiyā[10] kṣutpipāsā[11] te tṛṣṇā senā caturthikā.[12]

18. pañcamī[13] styānamiddhaṃ[14] te bhaya⟨ṃ⟩[15] ṣaṣṭhī[16] nirucyate,[17]
saptamī vicikitsā[n][18] te krodhamrakṣau[19] tathâṣṭamī.

19. lābhaślokau[20] ca[21] satkāro[22] mithyalabdhaś[23] ca yad yasaḥ,[24]
ātmānaṃ yaś ca utkarṣed[25] yaś ca vai dhvaṃsayet parāṃ.[26]

20. eṣā[27] hi namuceḥ senā kṛṣṇabandho[28] pratāpinaḥ,[29]
atrâvagāḍha[30] dṛśyante[31] eke[32] śramaṇabrāhmaṇāḥ.

21. yā te senā (pra)dharṣayati[33] lokam[34] enaṃ[35] sadevakaṃ,[36][37]
263 bhetsyāmi prajñayā[38] tāṃ[39] te[40] āmapātram ivâmbunā.[41]

22. smṛtiṃ[42] sūpasthitāṃ[43] kṛtvā prajñā⟨ṃ⟩[44] caîva subhāvitāṃ,[45]
saṃprajānaṃ[46] cariṣyāmi[47] [48]kiṃ kariṣyasi durmate.[49]

evam[50] ukte māraḥ[51] pāpīyān duḥkhī[52] durmanā[53] anāttamanā[54] vipratisārī[55] tatrâivântaradhāt.

atha khalu[56] bhikṣavo bodhisattvasyâitad abhūt.[57] ye[58] kecic chramaṇā[59] brāhmaṇā vā atītânāgatapratyutpanneṣv[60] adhvasv[61] ātmôpakramikāṃ[62][63] śarīrôpatāpikāṃ[64] duḥkhāṃ[65] tīvrāṃ[66] kharāṃ[67] kaṭukām[68] amanā-

1 T2 na śūro(R.); T3 invisible. cf. N1/H nāśūro.
2 T5 jāṃyate; V. jayate. cf. N1,N2,C1,C2,B jayate.
3 T1,T5 cenā; T2 caināṃ(N2; R.,V.); T3 invisible; T4 cenāṃ; L.,S. cainā. cf. N1,N4,N5,C1,B cainā(H?); N3 canā; C2 caitā.
4 T1,T5 manyete; T2 manyase(R.)
5 T1,T3,T4 sūras(N3,N4); T5 suras
6 V. jayate. cf. N2,B jayate.
7 T2 tvāṃ
8 T2 dvitīyā(N4; R.,L.,V.,S.); T5 dvitīyāṃ. cf. N3 dvitiyā.
9 T2 te ratis(R.)
10 T2 tṛtīyā(N4; R.,L.,V.,S.); T5 tṛtīyāṃ. cf. N3 tṛtiyā.
11 T5 kutpipāsā; S. kṣuptipāsā. cf. N4 kṣutpipāśā.
12 All mss. except T3 °thikāḥ.
13 T1 emends 'cami' to 'camī'; T3,T4 paṃcamī; T5 paṃcaṃmi
14 T1 styānasiddha; T2 sthānamicchan(R.); T5 styānamiddhan(N4)
15 T1 taya; T2 bhayaṃ(N1/B; R.,L.,V.,S.); T3~5 bhaya[omit 'ṃ'](N3,N4,H)
16 T1 ṣasti
17 T1 nirucyete
18 T1,T3~5 °kitsān(N3,N4); T2 °kitsā(N1/H; R.,L.,V.,S.)
19 T1,T4 °mrakṣo; T2,T5 °makṣau(R.). cf. N3,N4 °mrakṣā.
20 T2~5 lobha°(R.,L.,V.). cf. C1 lābhā°; Tib. ḥthob(= lābha).
21 T1 °śloko(N4). cf. N2 °ślokaś.
22 T2 saṃskāro(N4; R.); T4,T5 saṃskārau(N3; L.,V.). cf. Tib. bkur sti(= satkāra); BHSD,saṃskāra.
23 T1 °labdhañ; T2 mithyālabdhañ(R.; L.,V.,S. °bdhaṃ); T4,T5 °labdhaṃ(N3,N4). cf. N1/C2,H mithyālabdhaś(B omits 'ś ca').
24 T2 yaśaḥ(N2; R.,V.)
25 T1 uṣkṛṛṣed. cf. N4 utkarṣe.
26 T2,T3 parān(R.)
27 T5 eṣo
28 T1 °bandhū; T2 °bandhoḥ(R.,V.); T3 °vaṃtoḥ; T4 °vaṃto(N3); T5 °vadyau?. cf. N4 °bandho.
29 T1 palāyinaḥ. cf. N3,N4 pratāyinaḥ.
30 T2,T4 °gāḍhā(R.,L.,V.,S.). cf. N3,N4 °gāḍha.
31 T2 °yantaḥ; T4 dṛśyaṃte; R. °yanta; S. dṛṣyante
32 T:all ete(N3,N4; R.,L.,V.,S.). cf. N1,C1,C2 eka; B,H eke; Tib. kha cig (= eke).
33 All mss. except T2 omit 'pra'(L.,V.,S.); T2 pradhar°(R.). Either 'dharṣayati' or 'pradharṣayati' seems to be unmetrical.
34 T2 °ṣayanti; T5 °ṣajati
35 T1 lokem
36 T1 etaṃ; T5 ena[omits 'ṃ']
37 T2 °kam(R.,V.); T5 saṃde°
38 T1,T3 prajñāyā
39 T1,T5 tān(N3,N4)
40 T2 ta(R.). Tib. lacks the word corresp. to 'te'.
41 T1 ivābuṇā; T3 ivābunāṃ; T4 ivābunā; T5 ivāṃbunā
42 T5 smṛti[omits 'ṃ']
43 T5 supa°
44 T1 prajñāś; T2 prajñāṃ(N1/B; R.,L.,V.,S.); T3~5 prajñā(N3,N4,H)
45 T1 śubhāṣitām; T2 °tām(R.,V.). cf. N4 subhāṣitāṃ
46 T1,T3,T5 sapra°[omit 'ṃ'](N3,N4); R. sampra°
47 T5 °jānañ(N3)
48 cf. C1 inserts here some unnecessary repetions(the parts from L.,p.245.22 to p.246.21).
49 T1 durmateḥ(T4?)
50 T1 evaṃm
51 T1 māraṃ
52 T2 duḥkhito(R.); T4 marg.
53 T1 durmano
54 T1 anāttaṃmanā; T5 āttamanā[omits 'an']
55 T5 °tisāra
56 T3 khaluṃ; T5 kharu
57 T3 abhūd
58 T5 ya
59 T1 chravamaṇe?; T3 °maṇā vā['vā' is marg.]; T5 chramaṇa
60 T5 atitā°
61 T1 pratipanneṣv[omits 'ut']
62 T1 adhvaṣu; T2 adhaḥ sv(R.); T3,T4 adhvaṣv(N3); T5 aṃdyeṣṭ. cf. N4 adhaṣṭ.
63 T1 °pakrā°; T5 ātmoprakra°
64 T5 sarī°
65 T5 duḥkhān
66 T5 tivrā
67 T2 omits 'kharāṃ'(R.); T5 khaṃrāṃ
68 T1,T3,T4 kaṭukāṃ

pāṃ[1] vedanāṃ[2] vedayanty[3] etāvat paramaṃ[4] te duḥkham anubhavanti.[5]

tasya me bhikṣava[6] etad[7] abhūd,[8] anayâpi[9] khalu mayā caryayânayâpi[10] [(11...]pratipadā na[...11)] kaścid[12] uttari[13] manuṣyadharmād[14] alam[15]-āryajñā[16]nadarśanaviśeṣaḥ sākṣātkṛto[17] nâyaṃ mārgo bodhe⟨r⟩[18] nâyaṃ mārga āyatyāṃ jātijarāmaraṇānām[19] ⟨saṃbhavānām⟩[20] astaṃgam(an)āya,[21][22][23] ⟨syāt[24] [(25...]tad anyo[...25)] mārgo bodher āyatyāṃ jātijarāmaraṇaduḥkhasamudayānām[26] astaṃgamāya.⟩[27]

tasya me bhikṣava[28] etad abhavat.[29] yad[30] ahaṃ pitu⟨r⟩[31] udyāne jambucchāyāyāṃ[32] niṣaṇṇo viviktaṃ kāmair[33] viviktaṃ pāpakair akuśalair dharmaiḥ savitarkaṃ savicāraṃ vivekajaṃ prītisukhaṃ[34] prathamaṃ dhyānam[35] upasaṃpadya vyāhārṣaṃ, yāvac caturthaṃ[36] dhyānam upasaṃpadya[37] vyāhārṣaṃ,[38] syāt sa[39] mārgo bodher[40] jātijarāmaraṇaduḥ[(41...]khasamudayasaṃcayāyā astaṃgamāyêti.[...41)] tad[42] anusāri[43] (ca)[44] me vijñānam abhūt. sa mārgo bodher[45] iti.[46]

tasya [(47...]me etad[...47)] abhūt.[48] nâsau mārgaḥ śakya[49] evaṃ[50] daurbalya-[51]
prāptenâbhisaṃboddhum.[52] sacet punar aham abhijñā[53]jñānabalenâivaṃ[54]
264 lūha[55] durbalakāya[56] eva[57] bodhimaṇḍam upasaṃkrameyaṃ,[58] na me paś-
cimā [(59...]janatā anukampitā[...59)] syāt.[60] na câiṣa[61] mārgo[62] bodheḥ.[63] [(64...]ya⟨n⟩ nv[...64)]
aham audārikam[65] āhārām[66] āhṛtya[67] kāyabalasthāmaṃ[68] saṃjanayya[69] paś-

1 T1 ātmanāpāṃ. cf. N3,N4 amanāyāṃ. 2 T4 'vedanāṃ' is marg..
3 T1,T5 °yaty[omit 'n'](N4); T3 °yaṃty; T4 °yany; V. °yanti
4 T1 palama; R. paraman 5 T3,T4 °vaṃti; T5 °vaṃnti
6 T1,T4 °vaḥ(N4) 7 T2 ed[omits 'ta']
8 T2 abhūt(N4; R.,L.,V.) 9 T2 anayā 'pi(R.)
10 T1 caryyā mānayāpi(N3); T2 caryyayā 'nayā 'pi(R.); T3,T4 caryāyānayāpi; T5 caryyayānayāpi; V. carayayā anayāpi. cf. N4 caryyā 'yānayāpi. (11…11) T2 °pādakaḥ(R.)
12 T1 kacid; T5 kaccid 13 T5 urttali. cf. N4 urttari.
14 T4 manukhya°; T5 manaṣya° 15 T5 aram°
16 T1,T2 °āryya°(R.); T3 °āryā°; T4,T5 °āryo°. cf. N3,N4 °āryyā°; BHSD,alam-ārya.
17 T2 °ṛtaḥ(R.,V.)
18 T1 bodha; All mss except T1 bodhe[omit 'r']; R.,L. bodher; V. bodheḥ
19 T2 omits 'maraṇānām'; R.,L.,V. °maraṇa°. cf. N1/H °maraṇa°; N3,N4 °maraṇānām.
20 T1,T3,T5 omit 'saṃbhavānām'(N3,N4); T2 sambha°(R.); T4 saṃbhavā?[marg.]; L.,V. saṃbhavānām. cf. N1/H saṃbhavānām. 21 T1,T3,T4 aṣṭāṃgamanāya; T2 astaṅgamāya(N5, C1,C2; R.); T5 aṣṭaṃganāya; L.,V. astaṃgamāya. cf. N1,N2,N4,B aṣṭaṅgamanāya; N3 aṣṭagamanāya; H astagamanāya. 22 T2 inserts 'ca'(R.).
23 T1,T3~5 omit from 'syāt' to 'astaṃgamāya'(N3,N4,H); Other mss. insert(R.,L.,V.).
24 cf. N1,C1,C2 syāhaṃ; N2 dyā; N5 syādis; B syād yā
(25…25) cf. N1,N2,C1,C2,B omit 'tad anyo'; N5 tanyo. 26 T2 °samudāyānāṃ(R.)
27 T2 astaṅgamāya(R.); L.,V. °māyeti. cf.N1,N2,C1C2,B °māya[omit 'iti']; N5 °māyau[omit 'iti'].
28 T1,T3,T4 °vaḥ 29 T2 abhūt
30 T2 yan nv(R.). cf. N1,N5,C1/H yanv; N2 yaṃnv.
31 T1,T3~5 omit 'r'(N3,N4); Other mss. pitur(R.,L.,V.)
32 T1 jaṃbū°; T3,T4 jaṃbu°; T5 jambuchayāyā 33 T1,T5 omit 'r'.
34 T1 emends 'pri' to 'prī'. 35 T1 °naṃm; T5 °nas
36 T1,T5 caturtha°[omit 'ṃ'](N1,N3,N4,C1,C2,B; R.,L.,V.). cf. N2,H omit from 'yāvac' to 'vyāhārṣaṃ; N5 caturthaṃ. 37 T5 °pade
38 T2 °rṣam(R.,V.); T5 °rṣāṃ. cf. N4 °rṣa[omits 'ṃ']. 39 T1 ma
40 T1,T5 bodhi(N3,N4,H); T3,T4 bodhiḥ. cf. N1,N5,C1,C2,B bodhir.
(41…41) T1 °samudanayāsaṃbhayāyāstuṃga°(N3 °samudayāsabha°); T2 °samudayānām asambhavāyāstaṅga°(R.; L. asaṃbha---taṃga°; V. °samudāyā°); T3 °samudayāsaṃcayāyāstaṃga°(T4 °saṃbhavāyāstaṃga°; T5 °samudanayāyāsaṃcayāyāstega°. cf. N1,N5,C1,C2,B °samudayānām asaṃbhavāyāstaṃga°(N4 °staṅga°; H °nām saṃ°); N2 °samudayanām asaṃbhavoyāstaṃga°; Tib. ḥbyuṅ ba rnams nub par ḥgyur ba.
42 T1 °māyati(N3) 43 T3 °sāriṃ. cf. N1/H °sārī.
44 T1,T3~5 omit 'ca'(N3,N4; A); T2 inserts(R.,L.,V.). 45 T1,T3,T4 bodhes(N3,N4). cf. H bodhir.
46 T1,T3,T4 omit 'iti'(N3,N4).
(47…47) T2 ma etad(R.); T5 mya etad; L.,V. mamaitad. cf. H me tad[omits 'e'].
48 T1,T3,T4 abhūn 49 T5 śake; V. śakyaḥ
50 T5 eva[omits 'ṃ']. cf. N3 evan(C1). 51 R. daurbbalya°. cf. N3 dobālya°.
52 T1 °bodhu[omits 'ṃ']; T2 °sambo°(R.); T5 °bodha; L. °bodhuṃ
53 T1 ebhījñā°; T3,T5 abhijña°
54 T2 °lenaivā°(R.); L.,V. °lenaiva. cf. N3 °lenaiva.
55 T1,T4 lūhaṃ(N3,N4; L.,V.); T2 °haṃ[omits 'lū'](R.); T5 luha[omits 'ṃ']
56 T1,T3 °kāye 57 T2 evaṃ(N4)
58 T1 °kramyayaṃ; T3 °karameyan
(59…59) T1,T4~5 jānatā anu°(N3,N4); T2 janatānu°(N1/B; R.,L.). cf. H jānatānu°; BHSD,jānatā; 普曜「将無後世邊地諸国有識者乎」. 60 T1 °kampita
61 T2 syān(R.). cf. N4 omits 'syā'. 62 R. caiva
63 T1 bodhe; T3 bodher; T4 bedher; T5 bodheyaṃ
(64…64) T1 yaṃtv; T2 yan nv(R.,V.); T3~5 yanv(L.)
65 T1 aupārakam; T3 ohārikam; T5 auhārikam 66 T1,T3,T5 āhāram
67 T3~5 ākṛtya 68 T5 °sthama
69 T1 saṃjāraryyaḥ; T4 saṃjānayya; T5 saṃjānaryyaḥ

cād bodhimaṇḍam upasaṃkrameyam.[1]

tatra bhikṣavo ye[2] te lūhâdhimuktā[3] devaputrās te mama [(4...]cetasaś cetasâiva[...4)] parivitarkam ājñāya yenâhaṃ[5] tenôpasaṃkramya mām evam[6] āhuḥ.[7] [(8...]mā sma[...8)] tvaṃ satpuruṣâudārikam[9] āhāram āhara,[10] vayaṃ te romakūpair[11] ojaḥ prakṣepsyāmaḥ.[12]

tasya me bhikṣava(ḥ)[13] etad abhūd,[14] ahaṃ khalv[15] anaśana[16] ity[17] ātmānaṃ pratijāne, sāmantāś[18] ca[19] 〈me〉[20] gocaragrāmavāsino janā(ḥ)[21] evaṃ saṃjānante[22] (sma)[23] yathânaśanaḥ śramaṇo gautamaḥ.[24] [(25...]itîme ca[...25)] me[26][27] lūhâdhimuktā[28] devaputrā romakūpair[29] ojaḥ[30] prakṣipanti,[31] sa mama[32] paramo mṛṣāvādaḥ syāt. tato bodhisattvo[33] mṛṣāvādaparihārârthaṃ tān devaputrān pratikṣipyâudārika[34][35] āhāre[36] cittaṃ[37] nāmayati[38] sma.

iti hi bhikṣavaḥ[39] ṣaḍvarṣavratatapaḥsamuttīrṇo[40][41] bodhisattvas[42] tasmād[43] āsanād utthāyâudārikam[44] āhāram āhariṣyāmîti[45] vācaṃ niścārayati[46] sma. tad yathā phāṇīkṛtaṃ[47] muṅgayūṣaṃ[48] hareṇukayūṣam[49] annâudana-[50]kulmāṣam[51] iti.[52]

atha khalu bhikṣavaḥ[53] pañcakānāṃ[54] bhadravargīyānām[55][56] etad abhūt. tayâpi tāvac[57] caryayā tayâpi tāvat[58] pratipadā śramaṇena gautamena na śakitaṃ[59] kiṃcid uttari manuṣyadharmād alam[60]-āryajñānadarśana-viśeṣaṃ[61] sākṣātkartuṃ,[62] kiṃ punar etarhy[63] audārikam[64] āhāram āhare[65] sukhallikāyogam[66] anuyukto viharann[67] avyakto [(68...]bālo ’yam[...68)] iti ca man-

1 T1 °kramyeyaṃ 2 T5 ta
3 T2 lubdhādhi°(R.); T5 lahādhi° (4...4) T1 cetasyā cetaḥ; T2 cetaś cetasaiva(R., L.); T3,T4 cetasā cetaḥ(N3,N4; A); T5 cet[omits 'asaś cetasaiva']. cf. N1/H cetaḥ cetasaiva. Contextually we read 'cetasaś cetasaiva' though no ms. supports it.
5 T3,T5 °haṃs(N4) 6 T3 evav
7 T1,T2,T5 āhu[omit 'ḥ'](N3,N4; R.); T3 āhun; T4 āhur. cf. N1/H āha.
(8...8) T1,T2 yasya(N5,B; R.); T3 yāsye; T4,T5 yāsya(N3,N4). cf. N1,C1,C2 yāmā; H sā.
9 T1 °puruṣodā°; T4 °puruṣadā°; V. °puruṣa audā°. cf. N3 °puruṣādāridārikam; N4 °puruṣodārikām.
10 T1 āhāra; L. āharer; V. āhareḥ. cf. N1/B,N3 āhara; N4 āharer?; H hara[omits 'ā'].
11 T1,T4 °kūpai[omit 'r']; T2 °kūpe(N3,N4,H; R.). cf. N5 °kūpaija.
12 T5 prakṣapsyāmas(N3 prakṣe°; L.,V. °yāma iti[add 'iti']. cf. All mss. omit 'iti'.
13 T1,T3~5 °vaḥ(N3,N4); Other mss. °va[omit 'ḥ'](R.,L.,V.)
14 T2 abhūt(N4,C1; R.,L.,V.)
15 T1 khalu(N4); T5 khalu punar[adds 'punar']
16 T3 anasana; T5 anasanada 17 T1 im(N3)
18 T2 samantā; T3 māsaṃtāś; T4 sāsaṃtāś; T5 sāmantā(R.). cf. N4 sāmantaś.
19 T2 omits 'ca'(N1/H; R.).
20 T1,T3~5 omit 'me'(N3,N4); Other mss. insert(R.,L.,V.). cf. Tib. bdag(= me).
21 T1,T3,T4 janāḥ(N4); Other mss. janā(R.,L.,V.) 22 T4 °jānate(N3); T5 °jānaṃnte?
23 T1,T3~5 omit 'sma'(N3,N4); Other mss. insert(R.,L.,V.). 24 T2,T5 omit 'ḥ'(R.).
(25...25) T1,T5 itime ca(N3,N4); T2 itīva(N2,N5,B; R.,L.,V.); T4 itivi?. cf. N1,C1,C2,H itiva; Tib. ḥdi dag gis (= ime). 26 T4 mo?. cf. C1 omits 'me'.
27 L.,V. insert 'khalu'. cf. All mss. omit. 28 T2 lubdhādhi°(R.); T3 °mukti
29 T2 °kūpa(R.); T3 ropakū° 30 T1,T4 ājaḥ
31 T3 °panti sma[adds 'sma']; T5 °kṣipranti 32 T5 ma[omits 'ma']
33 T3 °satvaḥ 34 T1 pati°
35 T2 °kṣippaudarikā°(R.); L.,V. °dārikam. cf. N2 °darika. °rika = °rike(loc. sg.).
36 T1 ārike āhāre(N3; N4 cancels 'ārike'); T2 °hāre(R.); L.,V. āhāram āhartuṃ. cf. C1 āhāra; All mss. omit 'āhartuṃ'. 37 T1,T3,T4 cittan(N3); T5 cintan
38 T5 nāmadṛyati 39 T1,T5 °kṣavo(N3)
40 T4 omits 'ḥ'. 41 T1,T4 °rṇṇāṃ; T5 °rṇṇa
42 T4 °satva; L.,V. °sattvo. cf. N2,N4 °satvaḥ. 43 L.,V. 'smād. cf. All mss. tasmād.
44 T1,T3,T4 utthāyodāri°(N3,N4); T2 utthāyaudari°
45 T1 ārīṣyāmīti; T2 āhārayiṣyāmīti; T5 āhārīṣyāmiti(N4 °mīti)
46 T1 niścarayanti; T5 niścārayaṃti 47 T1,T4,T5 pāṇī°(T3?; N3,N4); T2 hānī°(R.)
48 T1,T4 puṃgayūṣaṃ; T2 mudgaṃ pūṣaṃ(R.); T5 mugapūṣaṃ; L.,V. mudgayūṣaṃ. cf. N1,N2,C2 muṃgayūṣaṃ; N3 pugaṃpūṣaṃ; N4 puṅgapūṣaṃ; N5 mugayūṣaṃ; C1 muṃgaṃyūṣaṃ; B yugaṃyūṣaṃ; H mugaṃyūṣaṃ.
49 T2 omits this whole word(N1/H; R.); T3 harenuṣayūṣaṃ; T4 °yūṣaṃ(N4; L.,V.); T5 hareṇakayūṣaṃ(N3 °yūṣam)
50 T1,T4 athodara°(N3); T2 yathodana°(R.); T3,T5 athodana°(N4); L.,V. mathyodana°. cf. Tib. zan(= anna); BHSD,mathya. 51 T1 °kulmāṣat; T2 °kulmāsam
52 T1 imi 53 T1,T4,T5 °kṣavo
54 T1,T4 paṃcānāṃ(N4); T3 paṃcakānāṃ; L.,V. pañcānāṃ. cf. N3 pañcānāṃ.
55 T3 bhavya° 56 T:all °yāṇām(R.)
57 T1,T5 tāvat 58 T2 omits 'tāvat'(R.).
59 T2 śakkitaṃ(R.); T3 sakitaṃ 60 T5 aram°
61 T5 °viśerṣaṃ 62 T3 śākṣāt°
63 T1,T5 etehy(N3,N4); T2 etaddhy(R.); T3 etahy; V. etarhi. cf. Tib. ḥdi.
64 T2 audari°(R.)
65 T1,T4 āhāra(N1,N3,N4,C1,C2); T2 omits(N2; R.); L.,V. āharan. cf. N5 āhā; B āhara; H obscure. We regard 'āhare' as a form of Opt. 3 sg.; BHSG,§29.12.
66 T1,T3,T4 mukha°(N3); T2 utkhanikāyogam(R.); L.,V. sukhallikānuyogam. cf. N1,C1,C2,H sukhallikānuyogam(N2,N5,B mukha°); N4 sukhallikāyogam; BHSD,sukhallikā.
67 T5 vihalann (68...68) cf. N4 bāla ayam.

yamānā bodhisattvasyântikāt prakrāmaṃs[1] te vārāṇasīṃ[2] gatvā ṛṣipatane[3] mṛgadāve[4] vyāhārṣuḥ.[5]

265 tatra bodhisattvam ādita eva duṣkaracaryāṃ[6] carantaṃ daśa[7] grāmikaduhitaraḥ[8] kumārya upagacchan[9] darśanāya vandanāya[10] paryupāsa-[11]nāya ca. tair api pañcakair[12] bhadravargīyair[13] upasthito 'bhūt, ekakolatilataṇḍulapradānena[14] ca pratipādito[15] 'bhūt. balā ca nāma[16] dārikā balaguptā ca [priyā ca][17] supriyā ca vijayasenā ca atimuktakamalā[18] ca sundarī ca kumbhakārī[19] ca uluvillikā[20] ca jaṭilikā[21] ca[22] sujātā ca nāma grāmika[23]duhitā,[24] ābhiḥ[25] kumārikābhir[26] bodhisattvāya sarvās[27] tā(ḥ)[28] yūṣa[29]vidhāḥ[30] kṛtvôpanāmitā[31] abhūvan.[32] tāś[33] [34]câbhyavahṛtya[35] bodhisattva⟨ḥ⟩[36] krameṇa[37] gocaragrāme[38] piṇḍāya[39] caran[40] varṇarūpabalavān[41] abhūt. tadagreṇa bodhisattvaḥ sundaraḥ śramaṇo mahāśramaṇa[42] ity ācakhyau.[43]

tatra ca[44] bhikṣavaḥ sujātā[45] grāmikaduhitā[46] bodhisattvasya duṣkara-[47]caryāṃ[48] carata ādita[49] eva bodhisattvasya vratatapaḥsamuttāraṇârthaṃ[50] (51...śarīro 'py...51) āyatanahetoś[52] ca pratidivasam[53] aṣṭaśatānāṃ[54] brāhmaṇānāṃ bhojayati[55] (56...sma. evaṃ...56) ca praṇidadhāti[57] sma, mama bhojanaṃ bhuktvā (58...bodhisattvo 'nuttarā(ṃ)...58) [59]samyaksaṃbodhim abhisaṃbudhyetêti.[60]

tasya me bhikṣavaḥ ṣaḍvarṣavyativṛttasya kāṣāyāni[61] vastrāṇi parijīrṇāny abhūvan.[62] tasya me ⟨bhikṣava⟩[63] etad abhūt. saced ahaṃ kopīna[64]pracchādanaṃ[65] labheyaṃ[66] śobhanaṃ[67] syāt.

1 T2 °krāmantas(R.); T3 °mans; T5 prakāmaṃs(N3); V. °krāman. cf. N4 °krāmat.
2 T2 vārānasīṃ; T3 vāraṇaśī; T5 vārāṇasī
3 T1,T5 °pattane(N3,N4)
4 T5 °dāvya
5 T1 vyahā°; T5 vyāhārṣasta. cf. N3 °hārṣus.
6 T1,T3,T4 duskara°
7 T5 daśaṃ
8 T2 omits 'ḥ'; T5 grāgika° cf. BHSD,grāmika.
9 T2 upatasthu(N1,C1,C2; R. °sthur); T3 upatasmed?. cf. B emends 'gacchan' to 'tasthu'.
10 T2 ca[omits 'vandanāya']; T3 omits 'vandanāya'; T4 vaṃdanāya
11 T1 payuṣāsa°?; T4 paryupāśa°
12 T5 omits 'r'.
13 T3 omits 'r'.
14 T5 ekakolitalataṃṇḍula°?
15 T2 'bhū; T3 bhūd
16 T3 nāmā
17 All mss. except N2 insert 'priyā ca'(N2 omits 'ca'; R.); L.,V. omit. Tib. has no word corresp. to this insertin.
18 T1,T3 °kamātā; T5 atimaktakamātā
19 T5 kuṃmbhakāro
20 T3 uruvi°. cf. BHSD,Uluvillikā
21 T5 jatilikā
22 T3,T4 omit 'ca'.
23 T1,T4 grāmaka°(N3,N4); T5 grāmaku°
24 V. °hitāḥ
25 T1 ābhi; T4 ābhir(N3)
26 T1 kumārīkābhi; T5 °rikābhi[omits 'r']
27 T2 sarve(R. sarvve)
28 All mss. except H tāḥ(R.); L.,V. tā(H).
29 T2 pūṣa°; T5 yūpa°
30 All mss. °vidhayaḥ(R.). cf. Tib. rnam pa (= vidha).
31 T1 T4,T5 °pavāśitā(N3,N4); T3 °pavāsitā(H). cf. N1/B °panāmitā; Tib. phul lo.
32 T1,T3,T4 °vans(N3,N4)
33 T2 tāṃś(R.)
34 T3 inserts 'cābhyavahṛtā abhūvans tāś'(T5 --- 'bhūvans ---)
35 T3 omits 'va'.
36 T1 °satvo; T3~5 °satva(N3,N4); Other mss. °satvaḥ; R.,L.,V. °sattvaḥ
37 T2 kameṇa
38 T1 °grāma
39 T2 piṇḍān(R.)
40 T1,T3~5 caraṃ(N3);T2 abhyācaran(R.)
41 T1 °baravān
42 T1,T4,T5 °maṇaḥ
43 T1 āvakhyo?; T2 ācakṣate(N1/H; R.,L.,V.); T3,T4 āvakhyau(N3). cf. N4 āvakṣate. We regard 'ācakhyau' as a form of perf. 3 sg. of √ā-khyā.
44 T2 omits 'ca'(R.).
45 T3,T5 sujāta
46 T1 grāmikaḥ duhitā
47 T1,T3~5 duskara°(N3)
48 T1 °caryā[omits 'ṃ](T5 °caryyā)
49 T1,T4 caranta(N3,N4); T3 carataḥ(V.); T5 calanta
50 T1 °samanuttara°; T4 °samuttara°(R.); T5 samurttala°. cf. BHSD,samuttāraṇa.
(51…51) T:all śarīrāpy(N2,C1,C2,B; R.); L.,V. śarīrasyāpy. cf. N1,N3~5 śarīro py; H śarīrāsyā-puṣṭihato. We regard 'śarīro' as a form of acc. sg..
52 T5 āyana°[omits 'ta'](V.)
53 T1 °divaśam
54 T2 aṣṭaśataṃ(N1/H; R.,L.,V.)
55 T1,T4,T5 bhojāyati
(56…56) T1,T3~5 smaivaṃ(N3)
57 T1 praṇidhāti[omits 'da']; T4 'ṇi' is marg.; T5 pranidadhāti
(58…58) T1 °satvānu°; T5 °satvānur°
59 T1,T2,T4 °rāṃ(N4; R.,L.,V.); T3,T5 omit 'ṃ'(N3).
60 T2 °sambodhyatām iti['dhya' is marg.]; T5 °sambudhyateti; R. °sambudhyatām iti
61 T1,T2,T5 °yāṇi(R.,V.)
62 T3 °vans
63 T1,T3~5 omit 'bhikṣava'(N3,N4; A); Other mss. insert(R.,L.,V.).
64 T1 kāpīta°?; T2 kaupīnaṃ(R.); T5 kopīṇa°; L.,V. kaupīna°. cf. N1/H kaupīna°; BHSD,kopīna.
65 T5 °pacchā°; R.,V. °pracchā°
66 V. °yam
67 T1,T5 sobhanaṃ(N3); T3 socanaṃ; T4 sobhana(N4)

tena khalu punar[1] bhikṣavaḥ samayena[2] sujātāyā[3] grāmikaduhitur[4]
dāsī[5] rādhā nāma[6] kālagatâbhūt.[7] sā[8] sānikaiḥ[9] pariveṣṭya śmaśānam
apakṛṣya [(10...]tyaktā 'bhūt.[...10)] tam[11] aham adrākṣaṃ[12] pāṃśukūlam.[13] tato 'haṃ
taṃ[14] pāṃśukūlaṃ[15] vāmena pādenâkramya[16] dakṣiṇaṃ[17] hastaṃ[18] prasāryâ-
vanato 'bhūt[19] taṃ[20] grahītum.[21]

266 atha bhaumā devā antarīkṣāṇāṃ[22] devānāṃ[23] ghoṣam anuśrāvayanti
[(24...]sma.[...24)] āścaryaṃ[25] mārṣā[26] adbhutam[27] [(28...]idaṃ mārṣāḥ.[...28)] yatra hi[29] nāmâivaṃ[30]
mahārājakulaprasūtasya cakravartirājyaparityāginaḥ[31] pāṃśukūle[32] cittaṃ[33]
natam iti. antarīkṣā[34] devā bhaumānāṃ[35] devānāṃ śabda⟨ṃ⟩[36] śrutvā
cāturmahārājikānāṃ[37] devānāṃ ghoṣam udīrayanti sma. cāturmahārā-
jakāyikās[38] trāyatriṃśatas,[39] trāyatriṃśā[40] yāmānāṃ,[41] yāmā(ḥ)[42] tuṣitānāṃ[43]
tuṣitā[44] nirmāṇaratīnāṃ,[45] nirmāṇaratayaḥ paranirmitavaśavartināṃ,[46] ⟨para-
nirmitavaśavartino⟩[47] yāvad brahmakāyikānāṃ, iti hi[48] tatkṣaṇaṃ tal-
lavaṃ tanmuhūrtaṃ yāvad akaniṣṭhabhuvanād[49] ekaghoṣa[50] eka[51](saṃ)nir-[52]
nādo 'bhyudgato[53] 'bhūd,[54] āścaryam idaṃ mārṣā adbhutam[55] idam. yatra[56]
hi nāmâivaṃ[57] mahārājakulaprasūtasya[58] cakravartirājyaparityāginaḥ[59] pāṃśu-[60]
kūle[61] cittaṃ[62] natam iti.[63]

atha[64] bodhisattvasya punar[65] apy etad abhavat.[66] labdhaṃ mayā
pāṃśukūlaṃ,[67] saced udakaṃ labheyaṃ śobhanaṃ[68] syāt.[69] tatas tatrâiva
devatā[70] pāṇinā mahīṃ[71] parāhanti[72] sma. tatra puṣkiriṇī[73] prādurabhūt.[74]

1 T1 puna[omits 'r'];T4 'pu' is marg. 2 T5 samreyana?
3 T1,T4,T5 °tāyāṃ(N3,N4); T3 sujātayā 4 T3 grāmakaduhituṃ
5 T1,T4,T5 dāśī(N3,N4) 6 T2 nāmnā(R.)
7 T2 °gato 'bhūt; R. °gatā 'bhūt 8 T3 mā
9 T2 śāṇakaiḥ(R.,L.,V.); T5 sānicakaiḥ(N3,N4). cf. N1/C2 sāṇakaiḥ; B sānakaiḥ; H sārṇṇakaiḥ. sānika = śāṇika = śāṇaka.
(10...10) All mss. tyaktā bhūt(T2 'bhūt); L.,V. parityaktābhūt
11 T1 taṃm; T2 tad(N1/H; R.,L.,V.)
12 T2 evādrākṣaṃ((N1/H; R.); T3 udrākṣaṃ; T5 adrākṣa; L.,V. evādrākṣīt. cf. N3, N4 adrākṣaṃ.
13 T2 pāṇḍudukulam(R. °dukūlam)
14 T1,T2,T5 tat(N3,N4; R.,L.,V.); T3 omits 'taṃ'; T4 tan. cf. N1/H taṃ.
15 T2 pāṇḍudukulam(R. °dukūlam) 16 T5 °kramena[erases 'mena']
17 T2 omits 'ṃ'(R.). 18 T4 omits 'ṃ'.
19 T1 bhūt; T2 'bhūvan(R.); T3~5 bhū(N3,N4,H)
20 T2 tad(R.,L.,V.). All mss. except T2 taṃ. 21 T1 grahātuṃ; T3,T5 grahatuṃ; T4 grahetuṃ(N3,N4); L. grahītuṃ. cf. N1,N2,C1,C2,B grahītuṃ; N5,H grahaṃtuṃ.
22 T2 antarikṣā°(R.) 23 T1 devāṇā[omits 'ṃ']
(24...24) T3 smāś° 25 T1 °caryya[omits 'ṃ'](N4); T2 °cāryyaṃ; T3~5 °caryāṃ; R. °caryyaṃ. cf. N2,B āścarya; N3 āścaryo.
26 T5 māṣāḥ(H). cf. N3 mārṣāḥ. 27 T1,T4 °taṃ(N4); T5 omits 'adbhutam'(N3).
(28...28) T1,T4 mārṣāḥ idaṃ hi(N4); T5 idaṃ hi[omits 'mārṣāḥ'](N3)
29 T1,T4,T5 omit 'hi'(N3,N4). 30 T3 nāṃmevaṃ
31 T1 °pariginaḥ[omits 'tyā'] 32 T2 pāṇḍudukūle(R.); T5 pāṃśuku[omits 'le']
33 T1 cirtta[omits 'ṃ']; T2 cittan(R.) 34 T2,T3 antarikṣā(R.); T5 aṃntarikṣā
35 T3 bhomā°
36 T1 śarbda; T2 śabdaṃ(N4; R.,L.,V.); T3~5 śabda(N3)
37 T3 °rājakā°
38 T1,T2,T4,T5 °rājikās(N1/H,N3; R.); L.,V. °rājikās devās[add 'devās']. cf. N2 °rājakāyikās.
39 T1 omits(N1,C1,C2,); T2 trāyastri°(R. trayas°); L.,V. °śataḥ. cf. N2,B,H °śataḥ; N3,N4 °śatas.
40 T2 trayastri°(R.); T3 °śānāṃ; T5 °śāyānāṃ 41 T5 yāmāgā
42 T1~4 yāmā[omit 'ḥ'](N3,N4,H); T5 yānāṃ; R.,L.,V. yāmās. cf. N1/B yāmāḥ.
43 T1 omits(A); T3 tuṣitānānāṃ; T5 tuṣitānaṃ. cf. N3,N4 tuṣitānāṃ.
44 T1,T4 tuṣitāḥ; T5 omits. 45 T1 °ratināṃ; T5 nirmmānaragatīnān?
46 T1 paranimitavasavarttināṃ; T4 °vasavar°; T5 °varttinā[omits 'ṃ']
47 T:all omit this whole word(N3,N4); R.,L.,V. insert. cf. N1,C1,C2 paranimmitavaśavarttīmo; N2 vaśavarttimo; B paranirmitavasavartino; H panirmitavaśavarttito; Tib. gshan ḥphrul dbaṅ byed pas.
48 T1 inserts 'bhikṣavaḥ'(N1,N4,C1/H); T2,T5 bhikṣavas(N2,N3; R.,L.,V.); T4 bhikṣavo. Tib. has no word corresp. to this insertion. 49 T3 °bhavanād
50 T1 ekeghoṣa 51 T2 ekaḥ(R.)
52 T1 °sanirn°[omits 'ṃ']; T2 °saṃnir°(N1,N4,C1,C2; L.,V.); T3 °nir°[omits 'saṃ']; T4,T5 °sanir° [omit 'ṃ'](N2,N3,B,H; R.); BHSD,nirnāda & saṃnirnāda.
53 T1 bhyugato 54 T2 'bhūt(N4; R.,L.,V.); T1,T3~5 bhūd(N3)
55 T1 ardbhutam 56 T5 yada
57 T5 omits 'ṃ'. 58 T1 °kuprasūtrasya; T5 °kulabhūtasya
59 T1 omits 'tyā'; T4 omits 'gina'. 60 T2 pāṇḍudu°(R.)
61 T1 T3~5 °kula(N3). cf. N4 °kūlaṃ. 62 T1,T4 cirttan; T5 ciṃttan. cf. N4 omits.
63 T1,T4,T5 ity 64 T1 artha
65 T5 punal 66 T1,T4,T5 abhaval; T2 abhūt
67 T2 pāṇḍudu°(R.); T3,T4 pāṃsukulaṃ(T5 omits 'ṃ')
68 T1T3~5 sobha°(N3)
69 L.,V. syād iti[add 'iti']. cf. All mss. omit 'iti'. 70 T2 °tāḥ(R.)
71 T1,T5 mahī[omit 'ṃ'](N4); T2 mahiṃ
72 T1,T4 °hantī(N3); T5 °haṃnti. cf. N4 parāyantī; BHSD,parāhanati.
73 T2 puṣkariṇī(N1/H; R.,L.,V.); T5 puṣkiṇiṇī 74 T1,T4,T5 °bhūd(N3)

adyâpi sā pāṇi[1]hatêti puṣkiriṇī[2] saṃjñāyate.

punar api bodhisattvasyâitad abhavat.[3] labdhaṃ[4] mayā pānīyaṃ,[5]
sacec chilāṃ labheyaṃ yatrêdaṃ pāṃśu[6]kūlaṃ prakṣā[7]layeyaṃ śobha-[8]
naṃ syāt.[9] tatrâiva śakreṇa śilā tatkṣaṇam evôpa[10]nikṣiptâ[11]bhūt. tatra[12]
bodhisattvas[13] tat pāṃśu[14]kūla[15]⟨ṃ⟩ prakṣālayati[16] sma.

atha śakro[17] devarājo bodhisattvam evam āha. dadêdaṃ[18] satpu-
ruṣa[19] mahyam, ahaṃ prakṣālayiṣyāmîti.[20] tato bodhisattvaḥ svayaṃ-
kāritāṃ[21] pravra[22]jyāyāḥ saṃdarśayantaḥ[23] tat[24] pāṃśukūlaṃ[25] śakrasyâdatvā
267 svayam eva prakṣālayati sma. sa śrāntaḥ[26] klāntakāyo[27] ’vatīrya puṣ-
kiriṇīm[28] uttārayiṣyāmîti.[29] māreṇa (ca)[30] pāpīyasā[31] irṣyā[32]dharmaparītena[33]
puṣkiriṇyā[34] abhyucchritāni[35] taṭāni[36] nirmitāny[37] abhūvan.[38] tasyāś[39] ca puṣ-
kiriṇyās[40] tīre mahān[41] kakubhapādapaḥ.[42] tatra devatāṃ bodhisattvo[43]
lokânuvṛttyā[44] devatânugrahârthaṃ[45] câbravīd,[46] āhara[47] devatā[48] vṛkṣa-
śākhā(m).[49] tayā vṛkṣa[(50...]śākhā ’vanā[...50)][(51...]mitā ’bhūt.[...51)] tāṃ bodhisattvo[52] ’valam-
byôttarati[53] [(54...]sma. uttīrya[...54)] ca tasya[55] kakubhapādapasyâdhastāt[56] (tat)[57]
pāṃśukūlaṃ[58] [(59...]saṃghāṭī(ṃ) kṛtvā[...59)] sīvyati[60] [(61...]sma. adyâpi[...61)] tat[62] pāṃśukūla-[63]
sīvanam[64] ity evaṃ saṃjñāyate[65] sma.

atha[66] vimalaprabho nāma śuddhāvāsakāyiko[67] devaputraḥ sa divyāni
cīvarāṇi[68] kāṣāyaraṅgaraktāni kalpikāni[69] śramaṇasārūpyāṇi bodhisattvāyô-
panāmayati[70] sma. bodhisattvaś ca[71] tāni gṛhītvā[72] pūrvāhne[73] nivāsya[74]

1 T5 paṇī°
2 T2 puṣkariṇī(H; R.,L.,V.). cf. Other mss.(than T2 and H) puṣkiriṇī.
3 T2,T5 abhūt(R.) 4 T5 lapdhaṃ
5 T1 pāṇiyaṃ; T4,T5 pāṇīyaṃ 6 T2 pāṇḍudu°(R.)
7 T4 pakṣā°[omits 'r'] 8 T1,T3~5 sobha°(N3)
9 L.,V. insert 'atha'. cf. All mss. omit 'atha'. 10 T2 evāpa°
11 T2 °ptā 'bhūt(R.)
12 T2 tato(R.,L.,V.). cf. Other mss.(than T2) tatra.
13 T1,T4 °satva[omit 's']; T3 °satvaḥ 14 T2 pāṇḍudu°(R.)
15 T1,T3,T4 °kūla[omit 'ṃ'](N2,N3); T2 °kūlaṃ(N1,N4,N5,C1/H; R.,L.,V.); T5 °ku[omits 'laṃ']
16 T5 °layaṃnti 17 T5 sakro
18 T1 tadehaṃ; T2 dehīdaṃ; T3,T4 tadedaṃ(N3); T5 tadeta; L.,V. dadasvedaṃ. cf. N1 dada taṃ; N2,B tadetaṃ; N4,N5,C1,C2,H dadetaṃ. 19 T1 °puruṣaṃ
20 T2 prakṣālayāmīti(R.); T3 °yāmi[omits 'iti'] 21 T1,T4,T5 °kāritā[omit 'ṃ']
22 T5 prava°[omits 'r'](N3)
23 T1 śandarśa°(N3,N4); T2 °śayituṃ(N1,N4,N5,C1/H; R.,L.,V.); T3 °śayantaś?; T4 °śayaṃtaḥ
24 T3 obscure; T5 t[omits 'ta'] 25 T2 pāṇḍudu°(R.); T4 omits 'laṃ'.
26 T1,T4,T5 srāntaḥ(N3,N4) 27 T1,T4,T5 °kāyā. cf. N4 °kāya.
28 T1,T2 puṣkariṇīm(N1/H; R.,L.,V.). cf. N3,N4 puṣkiriṇīm.
29 T1,T4,T5 uttarīṣyā°(N3,N5); T2 uttariṣyā°(N1,C1/H; R.,L.,V.). cf. N2 uttaliṣyā°; N4 uttārayiṣyā°.
30 T1,T3~5 omit 'ca'(N3,N4); Other mss. insert(R.,L.,V.).
31 T1 pāpiya(N3); T3 pāpīyāṃ; T4 pāpīya. cf. N4 pāpīyāsa.
32 T2 īrṣyā°(R.,L.,V.); T5 iṣyā°. cf. Other mss.(than T2 and T5) irṣyā°.
33 T1 °paritena. cf. N1,C1,C2 °parittena; N2,N4,N5,B °parīttena; N3,H °parītena
34 T1 puṣkiriṇya; T2 puṣkariṇyā(N1/H; R.,L.,V.); T3 puṣkiriṇyāṃ; T4 puskiriṇyā(N3,N4)
35 T1 atyucchatāni; T2 atyucchritāni(N1,C1,C2; R.,L.,V.); T3 abhyucchitāni; T4 abhyucchṛtāni; T5 abhyuṃcchratāni. cf. N2,N5,B,H °[yā]tyucchritāni; N3 abhyucchrutāni; N4 abhyucchritāni.
36 T1 tapani. cf. N3 repeats 'tatāṇi'. 37 T5 ninirmi°
38 T1,T4,T5 °vans(N3)
39 T1 tasya; T4 tasyāṃ; T5 tasyā(N3). cf. N4 tasyāñ.
40 T2 puṣkariṇyās(N1/H; R.,L.,V.); T4 °riṇyāṃs(N4). cf. N3 puṣkiriṇyās.
41 T1 mahā; T3,T4 mahāṃ
42 T1 °pādapadaḥ; T2,T3,T5 °pādapas(N1/B; R.). cf. H 'kṣaravṛkṣapādas; 方広「阿斯那」; Tib. sgrub byed (= arjaka?). 43 T1,T4,T5 °satva
44 T1,T2,T4,T5 °vṛtyā(R.); T3 lokānutyā 45 T1,T3~5 °grahaṃ[omit 'artha']
46 T2 °vīt(N1/H,N4; R.,L.,V.); T5 cābrāvīd. cf. N3 cābravīd.
47 T1 āhāra(N2,N5,B,H); T2 āha / he(R.); T5 āhala. cf. N1,C1,C2 āhana.
48 T2 devate(N1/H; R.,L.,V.); T3 devato. cf. N3,N4 devatā.
49 T1,T5 °śākhā[omit 'm'](N1/H,N3); T2 °śākhām(R.); T3 °sāṃkhāṃ; T4 °śākhāṃ(N4); L.,V. °śākhām iti [add 'iti']. cf. All mss. omit 'iti'. (50…50) T2 °śākhāva°(R.,L.,V.)
(51…51) T1,T5 °mitā bhū(N3,N4); T3 °mitābhūt(L.,V.); T4 °mito bhū
52 T1 °satva; T4,T5 °satvā(N4)
53 T1 valaṃbyottareti; T4 valaṃbyottarati(N3,N4); T5 valaṃbyorttalati
(54…54) T1 smārttīrya?; T2 sma avatīryya(N4; R.); T3 smottīrya; T4 smyottīrya(N3); T5 smorttīrya. cf. N1,C1,C2 smāvattīryā; N2,B smāvatīrya; N5,H smāvatīryya.
55 T2 tat(R.). cf. N1 tan. 56 T4 °pādapasyadhestāt; T5 °pādasyādhastāt
57 T3 omits 'tat'; Other mss. insert(N3 tan; R.,L.,V.). Tib. lacks the word corresp. to 'tat'.
58 T2 pāṇḍudukūlaṃ(R.)
(59…59) T1,T3,T5 saṃghāṭīkṛtvā(N:all,C1/H); T2 saṃghaṭṭīkṛtya(R. saṅgha°); T4 saṃghāṭīṃ kṛtvā; L. saṃghāṭīkṛtyā; V. saṃghāṭīkṛtya.
60 T1 śivyati; T2 sīvayati(R.); T4,T5 śīvyati(N3,N4). cf. N1/B sīvati; H sīvatī.
(61…61) T1,T4 smādyāpi; T3,T5 smodyāpi 62 T5 tal
63 T1 °kūlaṃ(V.); T2 pāṇḍudukūla°(R.) 64 T1 °śivenam; T3,T4,T5 °śīvanam
65 T1 °jñāte[omits 'ya'] 66 T2,T5 a°[omit 'tha'](R.) cf.方広「離垢光」.
67 T1 surddhāvāśakāyikā(T5 °yiko); T3 suddhā°; T4 suddhāvaṃśa°
68 T5 cīvalāṇī 69 T2 kalpitāni[marg.]; R. omits 'kalpikāni'.
70 T5 °mayaṃti 71 T5 cā
72 T5 gṛhitvā
73 T2 pūrvāhṇe(V.); R. pūrvvāhṇe; L. purvāhne[misprint]
74 T1,T4,T5 nivāśya(N3,N4)

saṃghāṭīprāvṛtya[1] gocarâbhimukho[2] ’bhūt.

tatra devatābhir[3] uruvilvāsenāpatigrāmake[4] nandikagrāmikaduhituḥ[5]
sujātāyā ārocitam abhūd[6] ardharātrasamaye. yad arthaṃ [(7...]tvam ayā[...7)]
yajñaṃ[8] yajase tam[9] asmād[10] vratād[11] uttīrṇaḥ sa[12] śubham[13] audārikam[14]
āhāram āhariṣyati[15]. tvayā ca pūrve[16] praṇidhānaṃ[17] kṛtaṃ mama bho-
janaṃ bhuktvā[18] [(19...]bodhisattvo[...19)] ’nuttarāṃ[20] samyaksaṃbodhim abhisaṃbu-
dhyeta[21] iti. yat te karaṇīyaṃ[22] tat kuruṣvêti[23].

atha[24] khalu[25] bhikṣavaḥ sujātā[26] nandikagrāmikaduhitā[27][28] teṣāṃ[29] deva-
tānāṃ tad vacanaṃ śrutvā śīghraśīghraṃ[30] gosahasrasya kṣīrān[31] sa-
ptakṛtsārôddhṛtād[32] agryam[33] ojomaṇḍa⟨m⟩[34][35] gṛhnīte[36] sma. gṛhītvā ca
sā tatkṣīram abhinavam-abhinavais[37] taṇḍulair[38] abhinavāyāṃ[39] sthālyām
abhinavā⟨ṃ⟩[40] cullīm upalipya[41] tad[42] bhojanaṃ sādhayati[43] sma. tasmiṃś
268 ca sādhyamāne[44] imāni pūrvanimittāni[45] (saṃ)dṛśyante[46] sma. tasmin khalv
api kṣīre śrīvatsasvastikanandyāvartapadmavardhamānâdīni[47][48] maṅgalyāni
(saṃ)dṛśyante[49] sma. tatas tasyā etad[50] abhūt. yādṛśānîmāni nimittāni[51]
saṃdṛśyante niḥsaṃśayaṃ[52] [53] bhojanaṃ bhuktvā bodhisattvo ’nuttarāṃ
samyaksaṃbodhiṃ[54][55] prāpsyati. sāmudrajñānavidhijñaś[56][57] ca naimittikas[58]
taṃ (pra)deśaṃ[59] saṃprāpto[60] ’bhūt. so ’pi [(61...]tathâivâmṛtâdhigamanam
eva[...61)] vyākṛtavān[62]. tataḥ sujātā[63] taṃ[64] pāyasaṃ[65] pakvaṃ[66] sthaṇḍilam
upalipya puṣpair avakīrya[67] gandhôdakenâbhyukṣyâsanaṃ[68] prajñapya[69]

1 T2 saṃghaṭṭī°(R. saṅgha°)
2 All mss. except H gocarābhimukho(T5 °muṣo); L.,V. gocaragrāmābhimuko. cf. H gramacarābhimukho.
3 T3 °bhiḥ
4 T1 °grāka; T5 °pratigrā°; V. urubilvā°
5 T1 nandike°
6 T2,T3 abhūt(R.)
(7...7) T1 tvamapāya°; T2,T4,T5 tvaṃ mahā°(N:all,C1/H; R.,L.,V.). cf. N3 tvamayā°. Tib. has no word corresp. to 'mahā'.
8 T1,T5 °yajña[omit 'ṃ'](N3); T3 °yajñāṃ
9 T2 sa(R.); L.,V. omit 'tam'.
10 T2 tasmād(R.,L.,V.); T3 asmad
11 T1 vrato. cf. N2,B omit.
12 V. saḥ /
13 T2 'bha' is marg.; L.,V. subhagam. cf. N1,C1,C2 murgat; N2 muṅgam; N3,N4 śubham; N5 gam; B mudgam; H māgamy; Tib. bzaṅ po (= śubha).
14 T1 ādāri°; T2 audari°(R.); T4 odāri°; T5 audākam[omits 'ri']
15 T4 āhayiṣyati
16 T1 pūrvva; T2 pūrvaṃ(R. °rvvaṃ); T5 pūrva
17 T1,T3~5 omit 'ṃ'.
18 T5 bhuktā
(19...19) T5 °satvānu°
20 T1,T5 omit 'ṃ'.
21 T1,T4,T5 °saṃbudhyata; T2 °sambhotsyata(R.)
22 T1 kalaṇī°?; T5 omits 'ṃ'.
23 T1,T3 °ṣvety; T5 kuluṣvety
24 T1 artha
25 T5 khala
26 T3 sujāta
27 T1 nandike°
28 T1 °grāma°[omit 'ka'](V.); T4,T5 °grāmaka°
29 T1 teṣān; T2 tāsāṃ(R.)
30 T1,T4,T5 śīghraṃ śīghraṃ(L.); T2 śīghraṃ[omits 'śīghra'](N1/H; R.,V.); T3 śīghra śīghra. cf. N3,N4 śīghraśīghraṃ.
31 T1 kṣīran; T2 kṣīraṃ(N1/H;R.); T4 kṣīra?; T5 kṣīrat(N3); L.,V. kṣīrāt. cf. N4 kṣīrāṃ.
32 T2 °kṛtasāro°(R.); T3 °kṛtsārodhṛtāṃd; T5 °kṛtsāraddhṛtādaḥ
33 T1 agram; T5 grām? cf. N3 agyam?; N4 agran.
34 T1 oja°
35 T1 T3~5 omit 'ṃ'(N3,C1); Other mss. °ḍaṃ(R.,L.,V.)
36 T1 gṛhnāti; T2 gṛhṇīte(R.)
37 T1 abhinavatinavais; T2~4 abhinavamabhi°(N:all,C1/H); T5 abhinavais[omits 'abhinava']; L. a(bhinavama)bhinavais(V.?). cf. Tib. sar pa sar pa dag.
38 T1 taṇḍulaṃ; T5 taṇḍulai[omits 'r']
39 T1 ratinavāryyaṃ; T5 bhinavārya
40 T1 abhinā(N3,N4); T2 abhinavāṃ(N1/H; R.,L.,V.); T3,T5 omit 'ṃ'; T4 abhinava['va' is marg.]
41 T1 uparipya
42 T5 d[omits 'ta']
43 T1 moṣadhayate; T5 sāṣayati
44 T1 sodhyamāna; T2 °māna(R.); T5 °mānye
45 T1 °nirmmitāni
46 T1,T3~5 omit 'saṃ'(N3,N4); Other mss. insert(R. san°; L.,V.).
47 T1,T2,T4 °naṃdyāvartta°; T5 °naṃāvartta°
48 T5 °vadharmmādīni
49 T1,T3~5 omit 'saṃ'(N3,N4); Other mss. insert(R. san°; L.,V.).
50 T5 yatad
51 T1 nimmirttāni; T2 pūrvanimittāni(N1/H,N4; R. pūrvva°; L.,V.). cf. N3 nimittāni; Tib. has no word corresp. to 'pūrva'.
52 T1,T3~5 niḥśaṃsayaṃ
53 T2 inserts 'idaṃ'(N1/H,N4; R.,L.,V.). cf. N3 omits; Tib. has no word corresp. to 'idaṃ'.
54 L. mamyak°[misprint]
55 T1 °saṃbubodhi; T5 omits 'ṃ'(N3,N4).
56 T2 sāmudrika°(R.). cf. N4 samudrika°; N5,H samudraka°; BHSD,sāmudra.
57 T1,T5 °vidhiś[omit 'jña'](N3); T3 °vidhijñāś; T4 °vidhijñānaś. cf. N4 °vidhijñaś.
58 T1,T4 naimittakaṃ(N3); T5 naimittikaṃ(N4 °kaṃs)
59 T1,T4 deśaṃ[omit 'pra'](N3); T2 pradeśaṃ(N1/H,N4; R.,L.,V.); T3 desaṃ[omits 'pra']; T5 deśa [omits 'pra']
60 T1,T3,T5 saprāpto(N3); T2 omits 'saṃ'(H; R.,L.,V.). cf. N1/B,N4 saṃprāpto.
(61...61) T5 °gameneva
62 T5 vyākṛtāvān
63 T4 sujāta; T5 sujārta
64 T1 tataṃ
65 T1 pāyama; T4 pāyaśaṃ; T5 pāyasam
66 T1,T4 omit 'ṃ'; T5 pakvā?
67 T5 avakirya
68 T1,T3 °ukṣāsanaṃ; T5 omits 'sa'; V. °ukṣya āsanaṃ
69 L.,V. prajñāpya. cf. All mss. prajñapya; BHSD,prajñapayati.

satkṛtyôttarāṃ[1] nāma ceṭīm[2] āmantrayate[3] sma. gacchôttare brāhmaṇam ānayâham[4] idaṃ madhupāyasam[5] avalokayāmi.[6] sādhv (7… ārye 'ti …7) pratiśrutya[8] pūrvāṃ[9] diśam[10] agamat.[11] sā tatra boshisattvaṃ paśyati[12] sma. tathâiva dakṣiṇāṃ bodhisattvam eva[13] paśyati sma. evaṃ paścimā⟨yā⟩m[14] uttarāyāṃ[15] yām[16] eva[17] diśaṃ gacchati[18] sma. tatra tatra bodhisattvam evâdrākṣīt.

tena[19] khalu punaḥ samayena śuddhāvāsakāyikair[20] devaputraiḥ sarve 'nyatīrthikā[21] nigṛhītā[22] abhū⟨va⟩n[23] na kaścit[24] saṃdṛśyate[25] sma. tataḥ sâgatvā[26] svāminīm evam āha. na khalv ārye 'nyaḥ[27] kaścid[28] dṛśyate śramaṇo[29] vā[30] brāhmaṇo vā 'nyatra[31] yato[32] yata[33] eva gacchāmi tatra tatra śramaṇa(m)[34] eva sundara(ṃ)[35] paśyāmi. sujātā āha. gacchôttare[36] sa eva brāhmaṇaḥ[37] sa[38] eva śramaṇaḥ.[39] tasyâivârtham[40] ayam[41] ārambhas[42] tam[43] evânaya.[44] sādhv[45] (46… ārye 'ty …46) uttarā[47] gatvā bodhisattvasya caraṇayoḥ[48] praṇipatya[49] sujātāyā[50] nāmnā[51] nimantrayate[52] sma. tato bhikṣavo bodhisattvaḥ sujātāyā grāmikaduhitur[53][54] niveśanaṃ gatvā prajñapta[55] evâsane nyaṣīdat.[56]

atha (57… khalu bhikṣavaḥ …57) sujātā grāmikaduhitā[58] suvarṇamayīṃ[59] pātrīṃ madhupāyasasya[60] pūrṇāṃ[61] bodhisattvasyôpanāmayati sma.

269 atha bodhisattvasyâitad abhavat.[62] yādṛśam[63] idaṃ sujātāyā[64] bhojanaṃ[65] dattaṃ niḥsaṃśayam[66] aham adyâinaṃ[67] [bhojanaṃ][68] bhuktvânut-[69]

1 T1 sakr̥tyottaro(T3 °ttarāṃ); T4 omits 'ṃ'; T5 sakr̥tyottalā(N3 °ttarā). cf. N4 saṃkr̥tyottarāṃ.
2 T5 cetīn — 3 T5 °yata
4 T5 ānāyāhuṃ; V. ānaya / aham — 5 T1,T4,T5 °yaśam
6 T1 avaroka°
(7…7) T1 āyeti(N3); T2 āryyeti(R.); T3,T4 āryeti; T5 aryati; L.,V. ārya iti. cf.N1/B,N4 āryeti; H ayeti?
8 L. inserts '(uttarā)'(V. not brackets). cf. All mss. omit; Tib. lacks the word corresp. to 'uttarā'.
9 T1,T4,T5 pūrvvān — 10 T5 disam
11 T3 agama[omits 't'] — 12 T5 pasyati
13 T1 ava
14 T:all omit 'yā'(N3,N4; R.,L.,V.). cf. N1/H °māyāṃ(C1 omits 'pa').
15 T2 uttarāṃ(R.,L.,V.); Other mss. uttarāyāṃ
16 T2 omits 'yām'(N1/H; R.,L.,V.). cf. N3,N4 insert 'yāṃ'.
17 T5 evaṃ — 18 T5 gacchaṃti
19 R. omits from 'tena' to 'abhū<va>n'[Note 23](T2 marg.).
20 T1,T4 suddhāvāśa°(N3,N4); T3 suddhāvāsa°; T5 suddhārvaśa°
21 T1,T4 syaḥ tirthikā; T5 nyastīrthikā. cf. N3 (sarvvai)syaistīrthikā; N4 (sarvvai)syaḥtīrthikā.
22 T2 °hītvā
23 T1 bhūn; T2 abhūvan(N1/B; L.,V.); T3,T4 abhūn(N3,N4); T5 abhūt. cf. H abhūvā.
24 T3 kaści[omits 't'] — 25 T3 sa°[omits 'ṃ']; R. san°
26 All mss. sāgatvā(R. sā gatvā); L. sā "gatvā; V. sā āgatvā
27 T1,T4,T5 syaḥ(N3,N4); V. anyaḥ
28 T1 kaci; T5 kaści — 29 T5 °maṇa
30 T1~3 omit 'vā'(R.). — 31 T5 ṇyatra; V. anyatra
32 T2 yadā(R.); T5 yatra — 33 T5 yatra
34 T1,T3~5 omit 'm'(N3,N4); Other mss. °ṇam(R.,L.,V.)
35 T1 su[omits 'ndaraṃ'](N3,N4); T2 sundaraṃ(N1/H; R.,L.,V.); T3 suṃdara; T4 suṃdaraṃ['raṃ' is marg.]; T5 śundara
36 T1 °ttara — 37 T5 omits 'ḥ'.
38 T5 śa — 39 T2,T5 °maṇas(N3; R.)
40 T1 tasyavārthi; T2 tasyaivārthe(N1/B; R.,L.,V.); T3 tasyavārtha(N3); T4 tasyevārtha; T5 tasyāvārthaṃ. cf. N4 tasyaivarthaṃ(H omits 'ṃ').
41 T1 ayaṃm; T2 'yam(N2,N5,B; R.,L.,V.). cf. N1,C1,C2 yaṃm; N3,N4 ayam; H yam.
42 T1 āraṃtas; T3,T4 āraṃbhas(N3,N4); T5 ārabhas; V. ārambhaḥ. cf. H āraṃs[omits 'bha'].
43 T1 tāḥ; T3~5 tad(N3)
44 T1 devānaya; T2 evānaya(R.); T3 evānaye; L.,V. evānayeti. cf. All mss. omit 'iti'.
45 T1 mādhv
(46…46) T1,T3,T4 āryety(N3); T2 āryye ity(R.); T5 āryaṃ ty; L.,V. ārya ity. cf. N1,C1,C2 āryye ity; N2 ārye ity; N4,N5 āryya ty; B ārya ity; H āryya ity.
47 T1,T3 uttarāṃ; T5 utarāṃ — 48 T1,T4 °ṇayo; T2 °ṇayor(R.)
49 T1 praṇipratya; T2 nipatya[omits 'pra'](R.); T4 pranipatya
50 T5 sujātāyāṃ; L. sujātā yā
51 T1 nāmno(N4); T2 nāmnopa°(N1/B; R.,L.,V.); T5 mno[omits 'nā']. cf. N3 nāmnā.
52 T1 mimaṃtrayate; T2,T4 nimaṃtrayate(N3); T5 nimantrayete. cf. N4 nimantrayate.
53 T3 grāmaka° — 54 T1 °duhitu[omits 'r']
55 T1,T3,T4 prajñapya(N3;A); T5 prajñāpā. cf. N2 omits 'pta'; N4 obscure.
56 T2 nyasīdat(R.); T3 nyaṣīdad; T5 nyapīdat — (57…57) T3 omits; T1,T4,T5 bhikṣavaḥ(N3)
58 T3 grāmaka° — 59 T1,T3,T5 omit 'ṃ'.
60 T1,T4 °pāyaśasya(N3; N4?); T2 °pāyasa°[omits 'sya'](R.,L.,V.); T3 °pāyaśaś ca; T5 °paśaṃś ca. cf. N1/H °pāyasasya.
61 T1T3,T4 pūrṇṇaṃ; T2 saṃpūrṇṇāṃ(R.); T5 pūrṇṇa
62 T1,T4,T5 abhavad — 63 T5 yādr̥sam
64 T2 sujātayā(R.,L.,V.); Other mss. sujātāyā(N4 obscure)
65 T2 upanāmitaṃ(N1/H; R.,L.; V. °tam); T5 darttaṃ. cf. N3,N4 dattaṃ.
66 T1 niḥsaṃsayam; T5 niḥśaṃsayam
67 T1 adya[omits 'enaṃ']; T3,T4 adyenaṃ(N3)
68 T1,T4,T5 insert 'bhojanaṃ'(N3,N4; V.); T2 marg.; T3 bhojana[omits 'ṃ']; R. omits; L. brackets. cf. N1/H omit; Tib. lacks the word corresp. to 'bhojanaṃ'.
69 V. bhuktvā anu°

tarā(ṃ)[1] samyaksaṃbodhim abhisaṃbhotsye[2].

atha bodhisattvas[3] tad bhojanaṃ[4] pratigṛhya[5] sujātāṃ grāmikaduhi-[6]taram etad avocat. iyaṃ bhagini suvarṇapātrī kiṃ kriyatām[7]. sā āha[8]. tavâiva bhavatv iti. bodhisattva āha. na mamêdṛśena[9] bhājanena[10] prayojanam. sujātā[11] āha. yathêṣṭaṃ[12] kriyatām. nâhaṃ vinā bhājanena kasyacid[13] bhojanaṃ prayacchāmi[14].

atha bodhisattvas taṃ piṇḍapātram[15] ādāyôruvilvāyā[16] niṣkramya[17] nāganadīṃ[18] ⟨pūrvāhna⟩[19]kālasamaye nadīṃ[20] nairañjanām upasaṃkramya taṃ[21] piṇḍapātraṃ[22] cīvarāṇi[23] câikānte nikṣipya[24] nadīṃ[25] nairañjanām avatarati sma gātrāṇi[26] śītalīkartum[27].

bodhisattvasya khalu punar[28] bhikṣavaḥ snāyato 'nekāni devaputraśatasahasrāṇi[29] divyâgarucandanacūrṇavilepanair[30] nadīm[31] ālodayanti[32] sma. divyāni ca nānāvarṇāni[33] kusumāni jale[34] kṣipanti sma. yad uta bodhisattvasya pūjākarmaṇe[35].

tena khalu punaḥ samayena nairañjanānadī[36] divyair[37] gandhaiḥ[38] puṣpaiś ca samākulā[39] vahati[40] sma. yena ca[41] gandhôdakena[42] bodhisattvaḥ snāto[43] 'bhūt,[44] ⟨taṃ⟩[45] devaputrakoṭīniyutaśatasahasrāṇy[46] abhyutkṣipya[47] svakasvakāni bhavanāni[48] nayanti sma caityârthaṃ pūjârthañ[49] ca.

yāni ca bodhisattvasya keśaśmaśrūṇy[50] abhūvan tāni[51] sujātā[52] grāmikaduhitā[53] maṅgalyānîti kṛtvā[54] caityârthaṃ[55] pūjârthañ[56] ca parigṛhṇīte[57]

1 T1,T3~5 omit 'ṃ'(N3; N4?); Other mss. °rāṃ(R.,L.,V.)
2 T5 abhīsabho°; T2 °bhotsyate(L.,V.). cf. Other mss. than T2 °bhotsye.
3 T1 °satva[omits 's']
4 T3,T5 omit 'ṃ'.
5 T2 °gṛhṇan(R.)
6 T3 grāmaka°
7 T4 krīya°; T5 kriyataṃ
8 T2 "ha(R.)
9 T1 °dṛśa
10 T5 bhojaṇena
11 T1 sujāto
12 T5 jathe°
13 T2 kasyaścid
14 T1,T3~5 °cchāmy
15 T3,T5 °pātam
16 V °rubilvāyā
17 T1 niṣkrāsya; T3~5 niskramya
18 T3,T5 omit 'ṃ'(N3).
19 T1,T3,T5 omit 'pūrvāhna'(T4 marg.; N3;N4?); T2 pūrvāhṇa°(R. pūrvvā°; V.); L. pūrvāhna°. cf. N1 pūrvāhni°; N2,N5,C1/H pūrvāhna°.
20 All mss. except T3 omit 'ṃ'(N4?); T3 nadīn
21 T3 tasmiṃ
22 T3~5 °pātaṃ(N3,N4)
23 T5 civa°
24 T5 nikṣipā
25 T3,T4 nadī[omit 'ṃ']; T5 nādī
26 T5 gotrāṇi
27 T1 śītaḥlī°; T5 śītarī°
28 T1 punaḥ
29 T1 omits 'tasa'.
30 T1 divyāgura°(N4); T2,T4,T5 divyāguru°(N1/H,N3; R.,L.,V.). cf. Tib. lhaḥi a ga ru.
31 T5 °virepa°
32 T1 ārāḍayati; T2 ālokayanti(R.); T3,T4 āloḍayaṃti; T5 ālodayaṃti
33 T5 °varṇṇā[omits 'ni']
34 T5 jaro?
35 T4 °karṣaṇe
36 T5 °nādī; T2 nadī nairañjanā(R.)
37 T1 dīvya?; T3 divyaiḥ; T4 divyai[omits 'r']
38 T5 omits 'ḥ'.
39 T5 °kurā
40 T2 bhavati(R.)
41 T5 ya
42 T3 gandhaudakena
43 T1,T3,T4 bhūd(N3; N4?)
44 T2 inserts "tena khalu punaḥ samayena śuddhāvāsakāyikair devaputraiḥ sarva anyotīrthikā nigṛhītā 'bhūvan"(R. --- abhūvan).
45 T1,T3~5 omit 'taṃ'(N2,N3; N4?); Other mss. insert(R.,L.,V.). cf. Tib. de(= taṃ).
46 T1,T2,T4 °srāṇi; T5 °śataśahasrāṇi
47 T3 abhiut°
48 T1 bhavonāni
49 L.,V. °rthaṃ. cf. N3 °rthaṃ; N4 °rthañ.
50 T3~5 keśasma°
51 T2 abhavan(R.); T3 abhūvaṃs; T4,T5 abhūvaṃ
52 T1,T2,T5 insert 'sarvāṇi'(L.,V.); T4 sarvvāṇi(N3,N4; R.). Tib. has no word corresp. to 'sarvāṇi'.
53 T3 grāmaka°; T4 grāmeka°
54 T2 omits 'kṛtvā'(R.).
55 T3 cetyā°
56 T1 pūjārthaṃ(T2 marg.; L.,V.); R. omits. cf. N3.N4 pūjārthañ.
57 T2 °gṛhṇīte(R.,V.); T3 parigṛhīte; T5 parīgṛhnīte

sma.

270 nady-uttīrṇaś[1] ca bodhisattvaḥ pulinaṃ[2] nirīkṣate[3] smôpaveṣṭukāmaḥ.[4] atha yā[5] nairañjanāyāṃ nadyāṃ nāgakanyā sā[6] dharaṇitalād[7] abhyudgamya[8] manomaya⟨ṃ⟩[9] [10]bhadrâsanaṃ bodhisattvāyôpanāmayati[11] sma. tatra bodhisattvo niṣadya yāvad arthaṃ[12] taṃ[13] madhupāyasaṃ[14] paribhuṅkte[15] sma sujātāyā[16] grāmikaduhitur[17] anukampām upādāya. paribhuṃjya[18] ca[19] tāṃ[20] suvarṇapātrīm anapekṣe vāriṇi[21] prakṣipate[22] sma. kṣiptamātrāṃ[23] ca tāṃ sāgaro nāgarājaḥ[24] citrīkārabahumānajāto[25] gṛhītvā[26] svabhavanâbhimukhaḥ[27] prasthito 'bhūt pūjārhêti kṛtvā. atha daśaśatanayanaḥ puraṃdaro[28] garuḍarūpam abhinirmāya vajratuṇḍo[29] bhūtvā sāgarasya nāgarājasyântikāt[30] tāṃ suvarṇapātrīṃ[31] hartum[32] ārabdhaḥ,[33] yadā na śaknoti[34] sma, tadā svarūpeṇâdareṇa[35] yācitvā trāyatriṃśa(d)bhavanaṃ[36] nītavān[37] (38... caityârthaṃ pūjârthañ ...38) ca. nītvā ca[39] pātrīyātrāṃ[40] nāma parvāṇi[41] pravartitavān.[42] adyâpi ca trāyatriṃśeṣu[43] deveṣu[44] prati(saṃ)vatsaraṃ[45] pātrīmaho vartate. tac ca bhadrâsanaṃ[46] tayâiva[47] nāgakanyayā parigṛhītaṃ[48] caityârthaṃ[49] pūjârthañ ca.

samanantaraparibhuktaś[50] ca[51] bhikṣavo bodhisattvena (52... audārika ...52) (53... āhāro 'tha ...53) tatkṣaṇam[54] eva[55] bodhisattvasya puṇyabalena[56] prajñābalena ca[57] pūrvikā[58] kāye[59] śubhavarṇapuṣkalatā[60] prādur-abhūt. dvātriṃśac ca mahāpuruṣalakṣaṇāni[61] aśītiś[62] cânuvyañjanāni[63] vyāmaprabhatā[64] ca.[65]

1 T5 nadumttīrṇṇaś
2 T1,T4 puḍitaṃ; T3 puḍinaṃ(ā); T5 puḍitan(N3). cf. N4 puḍita; C2 purinaṃ. puḍina = pulina.
3 T4 virīkṣate; T5 nirīkṣete
4 T1 smopavyeṣṭu°; T2 sma / upaveśa°(R.); L.,V. sma / upaveṣṭu°. cf. N3,N4 smopaveṣṭu°.
5 T1 ya; T4 sā
6 T5 sa
7 T1 dharaṇitarād; T2 dhaṇītalād; R.,L. dharaṇītalād. cf. N3,N4 dharaṇitalād; H dharaṇītalad.
8 T1 °uṅgamya; T2 °udgatya(R.); T5 °uṃgamye. cf. N3 °uṃgamya.
9 T1,T4 omit 'ṃ'(T3?; N3); T2 maṇimayaṃ(R.,L.,V.); T5 namomaya. cf. Other mss. manoramaṃ; Tib. yid las byuṅ baḥi(= manomaya).
10 T2 inserts 'manoramaṃ'(R.; L.,V. bracket). Tib. has no word corresp. to this insertion.
11 T1 °nāmayoti?; T3 °nāyati[omits 'ma']
12 T1 omits 'ṃ'.
13 T5 omits 'ṃ'.
14 T3 °pāyaśaṃ
15 T1,T5 °bhukte; T3,T4 °bhuṃkte
16 T5 sujātāyāṃ. cf. N2 omits from 'sujātāyā' to 'prakṣipate sma'.
17 T1,T3~5 grāmaka°
18 T2 °bhujya(H?; R.,L.,V.). cf. N3 °bhuṃjye; C1 °bhujyaṃ; Other mss. °bhuṃjya.
19 T2 omits 'ca'(N1,N5,C1/H; R.).
20 T1,T4 omit 'ṃ'.
21 T1 anapakṣe(N4); T2 anapekṣo(N1,N5,C1/H; R.,L.,V.); T5 anepakṣa. cf. N3 anapekṣe.
22 T2 °kṣipati(N1,N5,C1/H; R.,L); T5 °kṣipaṃte; V. prākṣipati. cf. N3,N4 °kṣipate.
23 T1 °mātraṃ; T2,T5 °mātrāñ(R.)
24 T2 °rājo(R.); T5 °rājaś(N3; L.,V.). cf. N1,N5,C1/H °rājaḥ; N2,N4 °rājāḥ.
25 T2 citrakāra°(R.); T5 citrikāra°(N1/H); L.,V. cittikāra°. cf. N3,N4 citrīkāra°.
26 T2 gṛhītā
27 T1 svabhavonā°
28 T5 puraṃndraro
29 T1,T4 vajradaṇḍo
30 T1,T4,T5 °tikāṃ
31 T5 sarvarṇṇapītrī
32 T1 kastum?; T5 hirtum
33 T1 ārarddhaḥ; T2 ārabdho(N1/H; R.,L.). cf. N3,N4 ārabdhaḥ.
34 T1 śakyoti; T5 saknoti
35 T1 svarūpyaṇādareṇa; T5 svarūpenādareṇa
36 T1 trāyatriśard°; T2 trayastriṃśad°(N1/H; R.); T3,T4 trāyatriṃśa°(N3,N4); T5 trāyatrīṃśa°; L.,V. trāyatriṃśad°
37 T3,T4 nītavāṅś
(38…38) T1 yaś caityartha pūjārthañ; T3 caityertham pūjārthañ; T5 caityarthaṃ pūjārthañ; L. caityārthaṃ pūjārthaṃ; V. pūjārthaṃ caityārthaṃ. cf. N3,N4 caityārthaṃ pūjārthañ.
39 T2 omits 'ca'(N1/H; R.,L.V.). cf. N3,N4 insert.
40 T1,T3,T5 pātrā°(N3,N4); T2 omits 'ṃ'.
41 T1 parvvāṇi; T2 parvaṇi(N1/B; R. parvvaṇi; L.,V.); T3 parvaṇīṃ; T4,T5 parvvaṇāṃ. cf. N3, N4 parvvaṇī; H parvvāṇī.
42 T1 prarvvativān
43 T2 trayastri°(R.)
44 T1 omits 'deveṣu'.
45 T2 pratisatisamvat°; T3 omits 'saṃ'; Other mss. pratisaṃvat°(R.,L.,V.)
46 T5 bhadrāsaman
47 T3,T4 tayeva
48 T1 parihitaṃ; T5 omits 'ṃ'.
49 T1 omits 'ṃ'.
50 T1 stamenantara°; T4 stamanantara°(N3,N4); V. samantara°
51 T2 °bhuktañ
(52…52) T1,T3,T4 °satvena odārika(N3); T2 °satvenaudārika(N1/H,N4; R.,L.V)
(53…53) V. āhāraḥ / atha
54 T5 tatkṣunam
55 T5 e[omits 'va']
56 T3,T4 punya°
57 T2 omits 'ca'(R.,L.,V.); Other mss. insert.
58 T2 pūrvvika°(R.)
59 T2 °kāya°(R.)
60 T1 °puṣkaratā(L.,V.); T2 °puṣkaratatā; R. °puṣkaratayā. cf. N1,C1,C2,H °puṣkaratayā; N2,N4, N5,B °puṣkalatayā; N3 °puṣkalatā.
61 T1,T4,T5 omit 'puruṣa'(N3,N4).
62 T5 aśitaś
63 T5 °janānī
64 T2,T5 vyoma°(R.)
66 T2 °prabhāś(R.)

tatrêdam ucyate.

[Meter ... Śārdūlavikrīḍita]

23. ṣaḍvarṣa[1] vrata[2] uttaritva[3] bhagavān[4] evaṃ[5] matiś[6] cintayan[7]
sace[d][8] 'haṃ[9] dhyāna-abhijñajñānabalavān[10] evaṃ[11] kṛśâṅgo[12] 'pi san,[13]
gaccheyaṃ drumarājamūlaviṭapaṃ[14] sarvajñatāṃ[15] budhyituṃ[16]
no[17] me syād anukampitā[18] hi[19] janatā evaṃ[20] bhavet paścimā.

271 24. [(21…]ya⟨n⟩ nv[…21)] audārika bhuktva[22] bhojanavaraṃ kāye balaṃ[23] kṛtvanā
gaccheyaṃ drumarājamūlaviṭapaṃ[24] sarvajñatāṃ budhyituṃ,[25]
[(26…]mā 'me[…26)] itvarapuṇya[27] devamanujā lūhena[28] jñānêkṣiṇo[29]
no śaktāḥ[30] siya[31] [(32…]buddhinā ca[…32)] amṛtaṃ kāyena[33] te durbalāḥ.

25. sā ca grāmikadhīta[34] pūrvacaritā[35] nāmnā[36] sujātā iti
yajñā(n)[37] nitya[38] yajāti[39] eva[40] manasā siddhe(d)[41] vrataṃ[42] nāyake,[43]
sā[44] devāna[45] niśāmya[46] codana tadā[47] gṛhyā[48] madhūpāyasaṃ[49]
upagamyā[50] naditīri[51] hṛṣṭamanasā nairañjanāyā[52] sthitā.[53]

26. so [(54…]cā[…54)] kalpasahasracīrṇacarito[55] śāntapraśāntêndriyo[56]
devair[57] nāgagaṇair ṛṣiḥ[58] parivṛto āgatya[59] nairañjanāṃ,[60]
tīrṇas[61] [(62…]tāraku pāra[…62)] sattva[63] matimāṃ[64] [65] snāne[66] mati(ś)[67] cintayan[68]
oruhyā[69] nadi snāpi[70] śuddhavimalo[71] lokânukampī[72] muniḥ.

1 T1 ṣarvvarṣa; T5 ṣaḍvarṣar
2 T2 vratatapa(R.); T3 prati; T5 vratata
3 T1 omits 'tta'; T5 urttaritva
4 T3 bhagavāṃn
5 T5 eva[omits 'ṃ'](N4)
6 T2 matiṃ(R.,L.,V.). cf. N1/H abhi°[unite with 'cintayan']; N3,N4 matiś.
7 T2 cintayet(R.)
8 T5 ced[omits 'sa']; Other mss. saced; L.,V. S. so. cf. Tib. gal te (= sacet). 'sace' seems to be unmetrical.
9 All mss. ahaṃ(R.)
10 T5 °abhī°?
11 T3,T5 eva[omit 'ṃ']
12 T1,T3,T4 kṛśāṃgo; T5 kṛsāṃgo
13 T1 sana
14 T2 °viṭapī(R.); T3 °vitapaṃ; L. °mūla vi°
15 T5 °jñamāṃ
16 T1 budhituṃ; T2 budhyatuṃ(R.); T5 omits 'ṃ'; V. buddhituṃ
17 T1,T5 nā
18 T1,T3~5 °kaṃpitā
19 T2 ca(R.)
20 T5 yavaṃ
(21…21) T1,T4 yatv(N3,N4,C1); T2 yattv(R.,L.,V.,S.); T3 yatt(T5?). cf. N1,N2,C2,B yanv; N5 yaṃtv.
22 T1 bhukṣva(N3?); T2 bhuttka(R.); T4 bhuṃkṣva; T5 bhukta?
23 T5 baraṃ
24 T2 °viṭapī(R.); T3 °vitapaṃ; L. °mūla vi°
25 T2 buddhyatum(R.); T3 buddhituṃ
(26…26) T1 māmaiva itvara°; T2 āhaivaṃ te ca(R.); T3 māma itvara°(N4); T4,T5 māme itvara°; L., V.,S. mā haivetvara°. cf. N1,N5,C1,C2 mā haivatvara°; N2 mā haivetvara°; N3 māme ityatyāra°?; B māme vatvara°; H obscure; Tib. ḥdi dag (= ime).
27 T4 °punya
28 T3 lūheṇa
29 T1,T4 jñānaikṣiṇo(N3); T2 °kṣiṇā(R.)
30 T1,T4 śaktā[omit 'ḥ'](N3,N4; L.,V.,S.); T2 śaktā°(R.); T5 śaktāṃ. cf. N2,B śaktāḥ.
31 T2 °si ya(R.); T3 śiya(N4). cf. Other mss. siya; BHSG,§43(p.205).
(32…32) T:all buddhinā ya(N4,B; R.); L. buddhyanāya; V.,S. budhyanāya. cf. N1,C1,C2 ddhināya [omit 'bu']; N2 budhyanāya; N3 buddhino ca; N5 buyudhyanāya; H budhyānāya?; BHSD,budhyana.
33 T1 kāyana(N4)
34 T5 °kaṣīta
35 T5 °carītā
36 T1 mnānā
37 T1,T5 yajñā(N3,N4; L.,V.,S.); T2 yajñāṃ(N1/H; R.); T3 yajñān; T4 yaṃjñā
38 T1 nityu(N1/H; L.,V.,S.); T2 nityaṃ(R.); T5 nītya. cf. N3,N4 nitya.
39 T2 yajati(N1/H;R.)
40 T5 eṣam; R.,L.,V.,S. eva°[unite with 'manasā']. cf. N1/H evaṃ.
41 T1,T2 siddhe(N1,N4,N5,C1/H; R.,L.,V.,S.); T3,T4 siddhed(N3); T5 siddhad. cf. N2 siddha.
42 T1 ddhutaṃ?
43 T3 nāyakai. cf. N4 nāyakaiḥ.
44 T5 te sma
45 T1 devā; T2 devān(R.)
46 T1,T3,T4 niśāsya(N3,N4); T2 niśamya(R.); T5 nisātya
47 T1 tajādā
48 T1 gṛhnā
49 T1,T5 madhubhājanaṃ; T3 madhūbhojanaṃ; T4 madhūsajanaṃ. cf. N1,C2,H madhupāyaṃsaṃ; N2,N5,C1,B madhūpāyasaṃ; N3 madhubhojana(N4 °naṃ); Tib. ḥo thug (= pāyasa).
50 S. °gamya
51 T3,T5 °tīra(N4)
52 T2 °janānā(R.); V. °janāyāḥ
53 T3 sthitāḥ(N4); T5 sthitāṃ
(54…54) T2 cākalpa°(R.,L.,V.); T5 cyekalpa°?. cf. N1,C1,C2 ca kalpa°.
55 T2 °caritaḥ(R.); T3 °cīrṇṇaṃ carito
56 T1 omits 'pra'; T3 sāntaprasān°; T5 śāntaṃ prasāntedriyo
57 T1 deva°
58 T2 ṛṣī(R.,L.,V.,S.). cf. N1,N5,C1,C2,H ṛṣi; N2~4,B ṛṣiḥ.
59 T3 āgatyan
60 T2 °janām(R.,V.)
61 T2 tīrṇṇasthā(R. tīrṇa°); T3 cīrṇṇas
(62…62) T1 tāre kumāra°; T2 ca kumāra(R.); T3~5 tārakumāra°(N:all, C1/H); L.,V. tāraku pāra°. cf. Tib. pha rol (= pāra).
63 T2 sasatva(R.); L. °sattva°
64 T1 matimaṃ(N3); T2 matimān; T4 matima; T5 matimā[omits 'ṃ']
65 In T4 some texts of Chapter 19 [L.,p.274,line3~21] wrongly move into here(N3).
66 T1,T4 snātre(N3); T4 snāte(N4)
67 T1,T4 mati(N1/H,N3); T2 matiṃ(R.,L.,V.,S.); T3,T5 matiś(N4)
68 T1 °tayen(N4); T3,T5 °tayaṃ. cf. N1/H vicintayan.
69 T5 uruhyā. cf. N1,C1,C2,B oruhya; H omits from here to the end of this chapter.
70 T5 snāpe
71 T1,T3~5 °vimalā(N3,N4)
72 T1,T3~5 °kaṃpā(N3,N4). cf. N1/B °kaṃpī.

27. devā(ḥ)[1] koṭisahasra hṛṣṭamanasā[2] gandhāni[3] cūrṇāni[4] ca
oruhyā[5] nadi[6] loḍayanti[7] salilaṃ[8] snānârthu[9] sattvôttame,[10]
snāto[11] snātvana[12] bodhisattva vimalas[13] tīre[14] sthita(ḥ)[15] sūrataḥ[16]
hariṣū[17] devasahasra snānasalilaṃ[18] pūjârtha[19] sattvôttame.[20]

28. kāṣāyāni[21] ca vastra[22]nirmalaśubhāṃ[23] tān[24] devaputro[25] dadet[26]
kalpīyāni[27] ca saṃnivāsya[28] bhagavāṃs[29] tīre hi nadyā[30] sthitaḥ,
nāgākanya[(31…][sahasra] udagra[…31)]hṛṣṭamanasā bhadrâsanaṃ[32] sā[(33…] nyaṣīt[…33)]
yatrâsau niṣasāda[34] śāntamanaso[35] lokasya cakṣuṣkaraḥ.[36]

29. datvā[37] bhojanu[38] sā[39] sujāta[40] matimāṃ[41] svarṇāmaye[42] bhājane
vanditvā caraṇāni[43] sā pramuditā paribhuṅkṣva[44] me[45] sārathe,[46]
272 bhuktvā bhojana[47] yāvad artha[48] matimān pātraṃ[49] jale[50] prākṣipat[51]
tāṃ[52] jagrāha[53] puraṃdaraḥ[54] suraguruḥ[55] pūjāṃ[56] kariṣyāmy ahaṃ.[57]

30. yada bhuktaṃ ca jinena bhojanavaraṃ[58] odārikaṃ[59] tatkṣaṇe
tasyā[60] kāyabalaṃ[61] ca tejaśiri[(62…] ca[…62)] pūrvaṃ[63] yathā saṃsthitaṃ,[64]
dharmā[65] kṛtva[66] kathā sujāta[67] maruṇāṃ[68] kṛtvā ca arthaṃ[69] bahuṃ[70]
siṃhā[71] haṃsagatir[72] gajêndragamano[73] bodhidrumaṃ prasthitaḥ.[74]

nairañjanā[75]parivarto[76] nāmâṣṭādaśamaḥ[77]

1 T1,T2,T4,T5 devāḥ(R.,L.,S.); T3 omits 'ḥ'(V.).
2 T3,T5 °manaso. cf. C1 omits from 'hṛṣṭamanasā' to 'devasahasra' in this gāthā.
3 T1,T2,T4 gatvāni(N1,N4,N5,C2; R.); T5 garsvani?; L.,V.,S. gandhāmbu. cf. N2 gaṃdhāni; N3 gatvani; B gandhāni. 4 T3 pūrvvāṇi
5 T1 oluhyā 6 T1 nadī
7 T1 lāḍayanti; T4 °yaṃti(N3,N4); R. lodayanti
8 T1 śārīlaṃ?; T2,T4 śalilaṃ(N3,N4; R.); T5 salila[omits 'ṃ']
9 T1,T4 snātvānu(N3); T2 snānārtha(N1,C2; R.,L.,V.,S.); T3 snātārthu(N4); T5 snāyāṣa. cf. N2, N5,B snātārtha. 10 T5 satvottamo
11 T2 snānā(R.,L.,V.,S.); T3 snātā. cf. N1~3,B snātā; N4 snātājña; N5 snānejñā; C2 omits.
12 T2 snātva ca(R.); T3 snatvana(N4); T5 snatvane. cf. N5 tvana[omits 'snā'].
13 T1,T5 vimalaḥ(N3) 14 T1 stīre(N3); T5 stīle
15 T1,T4,T5 omit 'ḥ'(N3); T2,T3 sthitaḥ(N4; R.,L.,V.,S.)
16 T2 sūrato(R.)
17 T1,T3 hariṣu(N2); T2 harṣur(R.,L.,V.,S.); T5 haripū. cf. N1,N5,C2 harṣu; N3 hariṣū; N4 harirṣū(B °rṣu). 'hariṣū' seems to be unmetrical unless two short syllables are regarded as a long.
18 T1,T4 °śalilaṃ(N4); T2 °śalila(N3); R. °salila. cf. N5 °salilaṃ.
19 cf. C2,B °rthaṃ. 20 T1 satvorttame; T2 satvotame
21 T1 kāyāniyāṇi; T3 kāṣāyāṇi(R.) 22 T2 vastrāṇi(N1/B; R.)
23 T3 °śubhāṃs(N4); Other mss. °śubhāṃ(R.); L.,V.,S. °śubhā. cf. N5 virmalaśubhāṃ.
24 T2 tāṃ(N2,B; R.); L.,V.,S. tā. cf. N1,C1,C2 taṃ; N3,N4 tān.
25 T1 °putrā 26 T1 tade; T2 'dadat(R.); L.,V.,S. dade. cf. N1, N3, C1,C2 dade; N2 dadet; N4 dadat; N5 da; B dadata.
27 T1 kasyāyāni 28 T1 sani°; T2 sanni°(N3; R.); T5 saṃnni°
29 T5 omits 'ṃ'. 30 T2 nadyāṃ(R.); V. nadyāḥ
(31...31) T2 °kanyodagra°(R.); T5 °kanyāsahasra udagra°(N3,B); L.,V.,S. °kanya udagra°. cf. N1 °kanyā udagra°; N2 °kanyāsagasrodagra°; N4 °kanyāsahasra udagra°; N5 °kanyādagra°(C1,C2).
32 T1 bhadrāśanaṃ. cf. N2 bhadrāsane.
(33...33) T1,T3,T4 manyaṣī(N3,N4); T2 sā 'nyasīt(R.); T5 manyaṣi. cf. N1 sā nyaṣīt; N2 nyaṣīdat; N5,C1,C2 so nyaṣīt(B omits 'so'). 34 T5 nikhasāda
35 T1 norttamaraso; T3 nāntamanaso; T4,T5 nāttamanaso. cf. N4 sāntamanaso.
36 T1,T3,T4 caksuskaraḥ(N3,N4); T5 cakṣuskvaraḥ 37 V. dattvā
38 T2 bhojanaṃ(R.); T4 bhojatu. cf. N1,N5,C1,C2,B bhojanī; N2,N4 bhojana.
39 T2 omits 'sā'(R.). 40 T1,T3~5 susākha(N3)
41 T1 matimāna; T2,T4 matimān(N3,N4); T5 matimāt?
42 T1 svalyāmaye; T5 °maya 43 T5 calanāṇi?
44 T1,T3 paribhuṃkṣva; T4 pabhuṃkṣva; T5 palibhuṃkṣva
45 T3,T5 se 46 T5 sālathe
47 L.,V.,S. bhojanu. cf. N1/B bhojanaṃ; N3,N4 bhojana.
48 T3,T4 arthu 49 T1 mitimān; R. matimāṃ
50 T1 prātraṃ(N4); T2 pātrīṃ(R.,L.,V.,S.); T3 pātriṃ. cf. N1,N5 prātrī; N2,C1,C2,B pātrī; N3 pātraṃ. 51 T2 °kṣipet(N4; R.)
52 T3 tāñ 53 T1 jagrāhe
54 T1,T4 omit 'ḥ'; T2,T3 purandaraḥ(R.); T5 pulaṃdaras. cf. N3 puraṃdaras.
55 T2 omits 'ḥ'; T4 myaruguruḥ?; T5 muruguruḥ
56 T5 omits 'ṃ'. 57 T2 aham(R.,V.)
58 T2 °varam(R.); T5 bhojanaṃ[omits 'vara'] 59 T1 oḍālikaṃ; T2 audā°(N4; R.)
60 T2 tasya(R.) 61 T3 kāyibalañ; T5 omits 'ṃ'.
(62...62) T1 °śirire; T2 °śiriyā(N1/B; R.,L.,V.,S.); T5 °śirira(N3). cf. N4 °śiriya.
63 T1,T3,T5 omit 'ṃ'(N3,N4); T4 pūrvve 64 T2 sasthitam; R.,V. saṃsthitam
65 T2 dharmmāṃ(R.); T3 dharmmyāṃ 66 T1 kṛtvā; R. kṛtya
67 T1,T4 ca sākha(N3); T3 susākha; T5 ca sukhākhajāta. cf. N4 sujāta.
68 S. omits 'kṛtvā'. 69 T1 atha; T3 artham
70 T1,T3~5 bahuḥ(N3). cf. N4 bahuṃ. 71 T2 sihā; L.,V.,S. siṃho.
72 T1,T4,T5 omit 'r'(N3,N4). 73 T1 °gamanā
74 T1,T3 saṃsthita iti; T2 saṃprasthitaḥ(R. samprа°); T4 prasthita iti(N:all,C1,C2,B); T5 pasthitaḥ; L.,S. saṃsthitaḥ // iti(V. omits 'iti'). Contextually we read 'prasthitaḥ'.
75 T2 iti śrīlalitavistare nairañjanā°(L.,V.,;S. iti śrī la°); T5 iti nairañjanā°(R.)
76 T5 °palivartto 77 T2 °daśaḥ(R.); T3 nāma aṣṭādaśamaḥ (T5 omits 'ḥ'); L.V. °daśamo 'dhyāyaḥ; S. °daśo 'dhyāyaḥ. cf. N3,N4 nāmāṣṭādaśamaḥ.

CHAPTER 19

(Bodhimaṇḍôpagamana-parivartaḥ)

iti hi bhikṣavo bodhisattvo[1] nadyāṃ nairañjanāyāṃ[2] [3]snātvā ca[4] bhuktvā ca[5] kāyabala[6]sthāmaṃ[7] [8]saṃjanayya[9] yena ṣoḍaśâkāra[10]saṃpannaiḥ[11] pṛthivī[12]pradeśe[13] mahābodhidrumarāja[14]mūlaṃ[15] tena pratasthe vijayāya[16] tayā[17] gatyā yâsau[18] mahāpuruṣāṇāṃ gatir, anuccalitagatiḥ[19] indrayaṣṭi[20]gatiḥ[21] susthita[22]merurājagatiḥ[23] ajihmagatiḥ[24] akuṭilagatiḥ[25] anupadrutagatiḥ[26] apadrutagatiḥ[27] avilambita[28]gatiḥ[29] aluḍitagatiḥ[30] askhalitagatiḥ[31] asaṃghaṭṭita[32]gatiḥ[33] alīnagatiḥ[34] nâtivilambitagatiḥ[35] acapalagatiḥ[36] salīla[37]gatiḥ[38] vimala[39]gatiḥ śubhagatiḥ[40] adoṣagatiḥ[41] amohagatiḥ[42] araktagatiḥ siṃhagatiḥ[43] haṃsarāja[44]gatiḥ[45] nāgarājagatiḥ[46] nārāyaṇagatiḥ[47] dharaṇi[48]talâsaṃsṛṣṭagatiḥ sahasrâracakradharaṇi[49]talacitragatiḥ[50] jālâṅguli[51]tāmranakhagatiḥ[52] dharaṇi[53]talanirnādagatiḥ[54] śaila[55]saṃghaṭṭana[56]gatiḥ[57] utkūlanikūla[58]samakara[59]caraṇatala[60]gatiḥ jālântarâbhā[61]raśmyutsarjana[62]sattva[63]saṃspṛśanasugatigamanagatiḥ vimalapadma[64]kramanikṣepaṇagatiḥ[65] pūrvaśubha[66]sucaritagamanagatiḥ [67]pūrvabuddhasiṃhâ⟨sanâ⟩bhi[68]-
273 gamanagatiḥ vajra[69]dṛḍhâbhedyâśaya[70]gatiḥ[71] sarvâ[72]pāya[73]durgatipithana[74]gatiḥ

Variants and Notes

1 T5 °satve
2 T4 nairamjanāya; T5 nairamjanāyām(N3)
3 From here(snātvā) to 'sarvapāramitā'(four pages later, line 10; L.,p.274. line 19) the texts of T4 (and N3) are inserted into Chap.18(in the middle of Gāthā No.26) in confusion.
4 T5 omits 'ca'.
5 T2 omits 'ca'(N1/H; R.,L.,V.).
6 T1 °balai°
7 L.,V. omit 'ṃ'. cf. N1/H omit 'ṃ'; N3 °mañ; BHSG,§17.10.
8 T1,T4 insert 'ca'(N3).
9 T1 saṃjanaryya(N3 sañja°; N4 omits 'ṃ'); T4 °janaṃyya; T5 °jātaṃnaryya. cf. N2 °janayā.
10 T5 ṣāḍaśākāla°. cf. N1,C1,C2 °kāraṃ°; 方広「十六功徳之地」.
11 T1,T4,T5 °pannaḥ(N4); T2 °panna°(B; R.,L.,V.). cf. N1,N2,C1,C2,H °pannā; N3 °yatnaḥ.; N5 °yatnā.
12 T1,T4 pṛthīvī°(N4); V. pṛthīvi°
13 T1,T3,T4 °pradeśo(N:all, C1~H); T5 °pradarśe
14 T3 °rājo°(N4); T5 °rājā°
15 T1 °mūle
16 L.,V. vijayayā. cf. N1 vijayaṃyā; N2,N5,C1/H vijayayā;方広「降伏彼魔怨故」.
17 T2 inserts 'ca'(N1/H; R.,L.,V.).
18 T4 yā so; R. yā 'sau
19 T1 accalitagītaiḥ; T2 anuccarita°(R.); T4 atuccaccalita°; T5 °gatir(L.,V.). cf. N1,N5,C1/H °gati; N2 omits 'anuccalitagatiḥ'.
20 L.,V. indriyeṣṭi°. cf. N1,N2,C1,C2,B indriyeṣṭi°; Other mss. indrayaṣṭi°; Tib. dbaṅ poḥi mchod sdoṅ lta buḥi stabs;方広「如虹蜺而行」.
21 T4 omits 'ḥ'.
22 T2 susaṃsthitagatiḥ(N1,N5,C1,C2,B; R.,L.,V.); T5 omits(N2,H). N3,N4 susthita°.
23 T2 °gatir(N1/H; R.,L.,V.); T5 merūlājagatir. cf. N3,N4 merurājagatiḥ.
24 T2 °gatir(N1/H; R.,L.,V.); T5 omits 'ḥ'. cf. N3,N4 °gatiḥ.
25 T2 °gatir(R.,L.,V.); T5 akutilatir. cf. N3,N4 °gatiḥ.
26 T2 °gatir(R.,L.,V.); T5 omits 'ḥ'. cf. N3,N4 °gatiḥ.
27 T1,T2 omit 'apadrutagatiḥ'(N1; R.,L.,V.); T5 °gatir(N3,N4,C1). cf. N2,C2,B,H apradrutagatir (N5 pra°);方広「遅慢」.
28 T1 āvalavigata°?; T3~5 avilaṃbita°(N3 omits 'ṃ'; N4)
29 T2,T5 °gatir(R.,L.,V.)
30 T2 omits 'aluḍitagatiḥ'; T5 alulitagatir(R.; L.,V. aluḍita°). cf. N3,N4 °gatiḥ; BHSD,aluḍita.
31 T1 asphālitagatiḥ; T2,T5 °gatir(R.,L.,V.). cf. N3,N4 °gatiḥ.
32 T3,T5 asaṃghaṭita°(N1/H; L.,V.); R. asaṅgha°. cf. N3,N4 asaṃghaṭṭita°; BHSD,saṃghaṭita.
33 T2 °gatir(R.,L.,V.); T5 °gatiṃr. cf. N3,N4 °gatiḥ.
34 T1 anīlagatiḥ; T2,T5 °gatir(R.,L.,V.). cf. N3 alīnagatiḥ; N4 alīnairgatiḥ.
35 T1 nātibalabitagatiḥ; T2 avilambitagatir(R.); T3 °laṃbita°(T4 marg.; N3,N4); T5 omits(N1/H; L.,V.). cf.Tib. ha caṅ mi sdod paḥi stabs (= na-ativilambitagati).
36 T1 nautibalagatiḥ; T3,T3 nāticapalagatiḥ(N3,N4); T5 acapalāgatiḥ. cf. N1/H acapalagatiḥ; Tib. mi g-yos paḥi stabs (= acapalagati).
37 T2 salīḍha°(R.); T4 salīḍa°(N5; L.); T5 salīra°. cf. N1~4,C1/H salīla°.
38 T2 °gatir(R.); T5 omits 'ḥ'.
39 T1 vilaṃbi°; T3,T4 vilaṃbita°; T5 vimalā°
40 T2,T5 °gatir(R.,L.,V.)
41 T2,T5 °gatir(R.,L.,V.)
42 T2,T5 °gatir(R.,L.,V.)
43 T2 °gatir(R.,L.,V.); T5 omits.
44 T5 hatsyarāja°?
45 T2,T5 °gatir(R.,L.,V.)
46 T1,T3,T4 insert 'siṃharājagatiḥ'(N3,N4). Tib. has no word corresp. to this insertion.
47 T1,T5 nārāyana°; R. °gatir
48 T1,T2 dharaṇī°(R.L.); T5 dhalaṇī°
49 T2,T5 °dharaṇī°(R..,L.,V.)
50 T3 °citraṇagatiḥ(inserts 'ṇa')
51 T2 °gulatā°; T5 jālaṃgulitā°
52 T5 omits 'ḥ'.
53 T2 dharaṇī°(R..,L.,V.); T5 dhalaṇī°
54 T1 °nādigatiḥ
55 T2,T5 śailarājasaṃ°[insert 'rāja'](R.,L.,V.). cf.方広「如山相撃出大音聲」.
56 T2,T5 °saṃghaṭana°(R.,L.,V.)
57 T5 omits 'ḥ'.
58 T1,T4 omit 'nikūla'.
59 T1,T3,T4 omit 'kara'(N3,N4). cf. Tib. mñam par byed paḥi (= samakara).
60 T2,T5 omit 'tala'(R.,L.,V.). cf. Tib. mthil(= tala).
61 T1,T4 jālāntarātā°; T2 jālākarābhā°(R.)
62 T5 °raśi ut°
63 T1,T4 °sarjjanagatiḥ[insert 'gatiḥ'](N3)
64 T1 °krarma°[inserts 'r']
65 T1,T4 °nikṣepana°(N1,C1,C2); R. °nikṣapaṇa°; L.,V. °nikṣipaṇa°. cf. N2,N5,B,H °nikṣapaṇa°; N3, N4 °nikṣepaṇa°.
66 T1,T3,T4 sarvva°
67 T1 inserts 'dharaṇitalagatiḥ'.
68 All mss. omit 'sanā'(R.,L.,V.); T1,T2,T4 omit 'bhi'(N3). cf. Tib. seṅ geḥi khri (= siṃha-āsana).
69 T1,T4 vajrā°
70 T1 °dyāśayā°; T3 °dyāmaya°
71 T2 inserts 'sarvopāyagatiḥ'(N1/B; R. sarvvo°); T5 sarvāpāyagatiḥ(H); L.,V. (sarvopāyagatiḥ) [bracket]. cf. N3,N4 omit; Tib. has no words corresp. to this insertion.
72 R. sarvvo°
73 T1 °pāyaṃ°[inserts 'ṃ']
74 T1,T3,T4 °vithana°(N4); T5 °pithina°(N1/H); L.,V. °pithita°. cf. N3 °cithana°; Tib. gcod pa.

sarvasukhasaṃjananagatiḥ[1][2] mokṣapathasaṃdarśanagatiḥ[3] mārabalâbalaka-[4][5]raṇagatiḥ kugaṇigaṇaparapravādisahadharmanigrahaṇagatiḥ[6][7][8][9][10] tamaḥpaṭala-[11][12]kleśavidhamanagatiḥ[13] saṃsārapakṣâpakṣakaraṇagatiḥ[14] śakrabrahmamahe-śvaralokapālâbhibhavanagatiḥ[15] trisāhasramahāsāhasrâikaśūragatiḥ[16] svayaṃ-bhūr-anabhibhūtagatiḥ[17][18] sarvajñajñānâbhigamanagatiḥ[19][20] smṛtimatigatiḥ[21] su-gatigamanagatiḥ[22][23] jarāmaraṇapraśamanagatiḥ[24][25] śivavirajo-mārâbhayanirvāṇa-[26][27]puragamanagatiḥ[28] īdṛśyā[29] gatyā bodhisattvo[30] bodhimaṇḍaṃ[31] saṃprasthito[32] 'bhūt.

iti hi bhikṣavo [33… yāvac ca …33] nadyā[34] nairañjanāyā(ḥ)[35][36] [37… yāvad ⟨ca⟩ …37] [38… bodhimaṇḍa ity …38] asminn[39] antare vātabalāhakair[40] devaputraiḥ saṃmṛṣṭam[41] abhūt.[42] varṣabalāhakair[43] (devaputrair)[44] gandhôdakena siktam[45] abhūt, puṣpaiś [46… câvakīrṇam abhūt. …46] [47… ye cêha …47] trisāhasramahāsāhasralokadhātau[48][49] vṛkṣās te[50] [51… sarve yena bodhimaṇḍas …51] tenâbhinatâgrā abhūvan.[52] ye 'pi[53] ca tadaho-jātakā[54] bālakās[55] te 'pi bodhimaṇḍaśīrṣakāḥ[56][57] svapanti[58] sma. ye 'pi cêha trisāhasramahāsāhasralokadhātau[59][60] sumerupramukhāḥ parvatās[61] te 'pi sarve[62] yena bodhimaṇḍas [63… tena …63] praṇatā abhūvan.[64] nadī⟨ṃ⟩[65] (ca)[66] nairañjanām upādāya yāvad [67… bodhimaṇḍo 'sminn …67] antare kāmâvacarair devaputraiḥ [68… krośamātraṃ vistārapramāṇaiḥ …68] (padmair)[69] mārgo[70] 'bhivyūhito[71] 'bhūt. tasya ca mārgasya vāmadakṣiṇayoḥ[72] pārśvayoḥ[73]

1 T3,T4 sarvvasatva°[insert 'satva'](N3,N4; L.,V. °sattva°). Tib. has no word corresp. to 'sattva'.
2 T1 °janena°; T4 °jana°[omits 'na']
3 T1,T3,T4 omit this whole word(N3,N4); T5 omits 'ḥ'. Acc. to Tib. this should be inserted.
4 T1 māla°
5 T2,T5 °balāpa°[for °balābala°](R.)
6 T1 kugaṇī°; T2,T5 kugati°(R.)
7 T3 °prara°; T5 °pana°
8 T2 °pravādī°
9 T1,T3 °dharmaṇa°(N4 °rmma°); T4 °dharmeṇa(N3 °rmme°)
10 T3 omits 'ṇa'; T5 omits 'ḥ'.
11 T1,T3 omit 'ḥ'; T2 karmma°(R.)
12 T5 °patala°
13 T3,T5 °maṇa°
14 T2 omits 'kṣa'.
15 T2 omits 'na'(N1,N5,C1/H; R.,L.,V.). cf. N2 omits 'vana'; N3,N4 °bhavana°.
16 T1 °sraikapura°;T3,T4 °sraikasūra°; T5 °srekeśvara°
17 T1 °bhuravabhi°(N3); T2 °bhūrabhi°(N5,B; R.); T3 °bhūraṇabhi°(N4); T4 °bhuratobhi°; T5 omits 'bhūranabhi'; L.,V. °bhvanabhi°. cf. N1,C1,C2 °bhūgatir anabhi°; N2,H °bhū°[omit 'ranabhi']. Is 'r' a saṃdhi-consonant ?
18 T1 omits 'ḥ'(N3); T2 °bhugatiḥ[omits 'ta']; T4 bhūtragati[omits 'ḥ']; T5 °bhūgatiḥ[omits 'ta'](R.)
19 T1 omits 'jña'(N3).
20 T3 °nāviga°
21 T1,T3,T4 omit 'ḥ'(N3; N4?).
22 T2,T5 samabhi°(R.)
23 T2 °gamanagatir(R.); T3 °mamanagatiḥ; T5 °gaṇagatir
24 T5 jalā°
25 T3,T5 °prasamana°; T2,T5 omit 'na'(R.).
26 T2 emends 'vījā' to 'virajā'(R. °vījā°); Other mss. °virajo°(H omits 'vi'); L.,V. °virajā°
27 T1,T2,T4 °marābhaya°(N3; R.); T3 °marāvaya°(N4); T5 °manobhaya°(N5); L.,V. °malābhaya°. cf. N1,C1,C2,B °malābhaya°; N2,H °manābhaya°. Acc. to Tib.[bdud kyi ḥjigs pa med pa] we read 'māra-abhaya' though no ms. supports it.
28 T1 repeats 'gamana'; T1,T5 omit 'ḥ'(N3).
29 T1 idṛśyā
30 T1,T4 omit(N3); L. bodhimattvo[misprint]
31 T1,T3,T4 omit 'ṃ'(N3,N4).
32 T3 °prasthā
(33…33) T1,T4 yāvat[omit 'ca'](N3)
34 T1 nadyāṃ
35 T5 nailaṃñja°
36 T2,T5 °nāyā(N1~3,N5,C1/H; R.,L.,V.); T1,T3,T4 °nāyāḥ(N4)
(37…37) T1 yād[omits 'va' and 'ca']; T2 yāvac ca(N1/H; R.,L.,V.); T3 invisible; T4 yāvad[omits 'ca'](N3,N4); T5 yāvat[omits 'ca']
(38…38) T2 °maṇḍāde(R.); T3 invisible; T5 °maṇḍa ty[omits 'i']; L.,V. °maṇḍādes. cf. N1/H °maṇḍādes; N3,N4 °maṇḍa ity.
39 T2 tasminn(N1/H; R.,L.,V.); T3 invisible; T5 asmiṃnn. cf. N3,N4 asminn.
40 T4 °balāhavaur
41 T:all saṃsṛṣṭam(N3~5; R.). cf. N1,N2,C1/H saṃmṛṣṭam; Tib. phyag dar byas pa. Contextually it is proper to read 'saṃmṛṣṭam'.
42 T4 abhūd
43 T1 omits 'r'; T5 omits 'ha'.
44 T1 devaputrai[omits 'r']; T2,T5 devaputrair(N1/H; R.,L.,V.); T3,T4 omit(N3,N4). Tib. has no word corresp. to 'devaputrair'.
45 T1 śiktam
(46…46) T1 °kīrṇno bhūt
(47…47) T2 yāvad eva(N1/H; R.,L.,V.); T5 ye ca te. cf. N3,N4 ye ceha.
48 T4 trisāhasro
49 T4 omits 'mahāsāhasra'(T2 marg.; R.); T5 °mahāsāhasrai
50 T3 omits 'te'.
(51…51) T1,T3,T4 omit.
52 T2 abhūn[omits 'va']
53 T3 omits "'pi".
54 T2 tadahojāta°(N1/C2,H; R.,L.); V. tadahojātā. cf. N3,N4 tadahojātakā; B tadahājāta°?
55 T1,T4 bālās(N3); T2 °bāladārakās(N1/C2,H; R.); T5 °bāladālakās; L. °bāladārikās (V. bāla°[divides from the previous word]). cf. N4 bālakās; B °bāladārikās?
56 T3 bodhimaṇḍe(N4)
57 T1,T4 °śīrṣāḥ(N3); T3 °śīrṣā(N4); T5 °śirṣkāḥ; L. omits 'ḥ'. cf. N5 °śīrṣakā; H °śīṣakāḥ; Tib. mgo bstan te.
58 T2 svapati[omits 'n']; T5 °paṃnti.
59 T5 triṃsā°
60 T3,T4 °hasrelo°
61 T3 parvvatāḥ
62 T1 sarvva
(63…63) T5 omits 's tena'(R.).
64 T2 'bhūvan; T5 abhūvat
65 T1,T3~5 omit 'ṃ'(N:all, C1/H): T2 °dīṃ(R.,L.,V.)
66 T1,T2,T5 omit 'ca'(N1/H; R.); T3,T4 insert(N3,N4; L.,V.).
(67…67) T1,T4,T5 °maṇḍāsminn(N3,N4)
(68…68) T2 krośavistāraikapramāṇo(N1/B; H obscure; R.,L.,V.); T3 invisible; T4 omits 'ṃ'(N3,N4); T5 °pramānaiḥ. cf. 方広「縦廣一拘盧舍」.
69 T1,T4,T5 insert 'padmair'(N3,N4); T2 omits(N1/B; H obscure; R.,L.,V.); T3 invisible. cf. Tib. has no word corresp. to 'padmair'; 方広「以爲花臺」.
70 T1 obscure; T3 invisible; T4 mārgā(N3). cf N4 mārga.
71 T1,T4 vyūhito[omit 'abhi'](N3,N4). cf.BHSD,abhivyūhayati.
72 T2 omits 'yoḥ'(R.); T5 °kṣinayāḥ
73 T1 pārśveyoḥ

saptaratnamayī[1] vedikā[2] 'bhinirmitā[3] 'bhūt, [(4...]saptatālânuccaistvena[...4)] upariṣṭād[5] ratnajāla[6]saṃchannā[7] divyacchattradhvajapatākā[8]samalaṃkṛtā iṣukṣepe[9] ca[10] saptaratnamayās [(11...]tālā(ḥ)[...11)] abhinirmitā abhūvan, tasyā vedikāyā[12] abhyudgatāḥ[13]. sarvasmāc ca tālād[14] ratnasūtraṃ[15] dvitīye[16] tāle[17] avasaktam[18]
274 abhūt[19]. dvayoś ca tālayor[20] madhye puṣkiriṇī[21] māpitâbhūt[22]. gandhôdakapari[23]pūrṇā[24] suvarṇavālikā[25]saṃstṛtā[26] utpalapadmakumuda[27]puṇḍarīkasaṃchannā[28] ratnavedikā[29]parivṛtā vaiḍūrya[30]maṇiratnasopānapratyuptā[31] ādibalākā[32]haṃsacakravākamayūrô[33]pakūjitāḥ[34]. taṃ ca mārgam[35] aśīty[36]apsaraḥsahasrāṇi[37] gandhôdakena siñcanti[38] sma. aśītyapsaraḥsahasrāṇi[39] muktakusumair abhyavakiranti[40] sma divyair[41] gandhavadbhiḥ[42]. sarvasya ca tāla(vṛkṣa)sya[43] purato ratnavyomakaḥ[44] saṃsthāpito[45] 'bhūt. sarvasmiṃś[46] ca ratnavyomake[47] aśīty[48]apsaraḥsahasrāṇi candanâgaru[49]cūrṇa(ka)puṭa[50]parigṛhītāni kālānusā[51]ridhūpagandha[52]ghaṭikā[53]parigṛhītāni[54] sthitāny[55] abhūvan. sarvasmiṃś[56] ca ratnavyomake[57] pañcâpsaraḥ[58]sahasrāṇi divyasaṃgīti[59]saṃpravāditena[60] sthitāny abhūvan[61].

iti hi bhikṣavo bodhisattvaḥ prakampyamānaiḥ[62] kṣetrai(ḥ)[63] raśmi[64]koṭīniyutaśatasahasrāṇi[65] niścārayan[66]. tūrya[koṭī]śatasahasraiḥ[67] pravādyamānaiḥ[68], mahatā puṣpâugheṇa[69] pravarṣatā[70], ambaraśata[71]sahasrair[72] bhrāmya-[73]

1 T5 saptalatnamayi. cf. N4 °mayā. 2 T1 vedīkā
3 T1 bhīnir°(N3); T3 bhir nir°(N4); T4 bhīnirmito
(4…4) T1 °tālo bhūccaistenopa°; T2 °tālā uccais°[omits 'anu'](R.); T3 °tālānuccaistvenopa°(N4); T4 °tālābhūccaistenopa°(N3); T5 °tārānucaistvena upa°. cf. N1/H °tālānuccaistvena upa°.
5 T5 °ristād 6 T1 °jālaṃ°; T5 °jāra°
7 T1,T3,T4 °channāṃ(N4). cf. N3 °channān. 8 T2,T3,T5 °patākā°(R.,V.)
9 T1 °kṣepa(N1,N3,C1,C2,H); T2 °kṣape(R.); T5 ikṣukṣepa. cf. N4 °kṣepe.
10 T1,T4 va(N3); T2 omits 'ca'(N1/H; R.,L.,V.). cf. N4 inserts 'ca'.
(11…11) T1,T3,T4 tālāḥ abhi°(N4); T2 tālā abhi°(N1/H,N3; R.,L.,V.); T5 tālābhi°
12 T1 vedīkāyā 13 T2 °gatāt(R.)
14 T5 omits 'tā'.
15 T2 °sūtrād(R.); L.,V. °sūtrā. cf. N1,C1,C2 °sūtrā; N2,N3,H,N5(?) °sūtraṃ; N4 °sūtra(B).
16 T2 dvitīya(R.); T5 dvitiya
17 T2,T5 tālam(N1/H; R.,L.,V.). cf. N4 ca tāle[inserts 'ca'].
18 T1,T3,T4 'vaśaktam(N3,N4) 19 T3 abhūd
20 T1 omits 'r'; T5 tārayor
21 R.,L.,V. puṣkariṇī. cf. N2,H puṣkariṇī; Other mss. puṣkiriṇī.
22 T2 māpitā 'bhūt tā(R.) 23 T1 °dakaṃ pari°
24 T1,T4 °pūrṇāḥ 25 T1 °vārukā°; T2,T4 °vālukā°; T5 °vārikā°
26 T1,T4 °tṛtāḥ 27 T3 omits 'padma'; T5 utparapadma°
28 T1 °rīkādisachannā[omits 'ṃ'; T5 °channāḥ]; T3 invisible; T4 °rīkādisaṃchannā
29 T1 °vedīkā° 30 T1,T2 vaidūryya°(R.; V. °dūrya)
31 T3 °paryuptā(N4); T4 °pradyuptā(N3); T5 °pratyuptāḥ(N1,N5,C1/H; L.). cf. N2 °sopānatyuptāḥ [omits 'pra'].
32 T1 obscure; T2 ātibalāhakā°(R.); T4 āḍibalakā°; T5 ātibalākā
33 T5 °hansacavākramayiropa°
34 T1,T2,T4 omit 'ḥ'(N3,N4; R.,V.); T3 °kūjito. cf. N1,N5,C1,C2 B °kūjitāḥ; N2,H °kūjikāḥ.
35 T2 māргav(V.) 36 T1,T4 aśīry°; T5 aśity°
37 T2 °sahasraṇī; T5 °apsarassaha° 38 T3 siṃcati; T4 siṃcaṃti; T5 siñcati
39 T1 atītyepsaraḥ°; T5 °apsarassahasrāni 40 T5 °kirani
41 T1 divyai[omits 'r'] 42 T5 °bhīḥ
43 T1,T4 tālasya ca(N3); T2,T5 tālavṛkṣasya(N1/H; R.,L.,V.); T3 tālasya(N4)
44 T3 ratnavomakaḥ; T4 vyomaka[omits 'ratna']. cf. BHSD,vyomaka; Tib. mkhaḥ rten; 方広「妙臺」; 普曜「堘」.
45 T2,T5 saṃsthito(N1/H; R.,L.,V.). cf. N3,N4 °sthāpito.
46 T1 sarvvasmiś; T2 sarvasmiñ(R. sarvva°); T5 sarvasmin
47 T1,T4 °vyomako(N3,N4); T3 °vomako 48 T1 aśītity°
49 T1,T3,T4 candana°[omit 'agaru'](N3,N4); T5 candanaguru°(N1,C1,C2,H); L.,V. candanāguru°. cf. N2,N5,B candanāgaru°; Tib. a ga ruḥi.
50 T1,T3,T4 °cūrṇapuṭa°[omit 'ka'](N3,N4); T2 °cūrṇapuṭā°; T5 °cūrṇakapuṭā°(N1/H; R.,L.,V.)
51 T2 kārānu°(N1/H; R.,L.,V.) 52 T2 omits 'gandha'(N1/H; R.,L.,V.).
53 T2 °ghaṭitāpari° 54 T5 omits 'ni'.
55 T1 cetāny; T3,T4 ca tāny(N3,N4)
56 T1 sarvvasmiś; T2 sarvasmiñ; T5 sarvasmiṃ 57 T3 °vomake
58 T1 paṃcasapsaraḥ; T2 pañcapañcāpsaraḥ°(N1/H; R.,L.,V.); T3 paṃcāpsaraḥ°(N3,N4 pañcā°); T5 pañcapañcāpsaras°. cf. Tib. lṅa khri; 方広「五千天諸娯女」; 普曜「五千玉女」.
59 T1,T3,T4 omit 'saṃ'. 60 T2,T5 °vādita°(R.)
61 T3 abhūvann iti 62 T2 prakampa°(R.); T5 prakaṃpamānai
63 T1,T3,T4 kṣetraiḥ(N3,N4); T2 kṣatrai; T5 kṣatraiḥ; R.,L.,V. kṣetrai. cf. N1,N5,C1,C2,B kṣetrai; N2,H omit from here(kṣe-) to '-sahasraiḥ'[Note 67].
64 T2,T5 rasmi°
65 T1 °sahasrakoṭiniyutaśata°; T3 °koṭīnayutaśata°(N4); T4 °śatasahasrakoṭīnayuta°(N3 °koṭīniyuta°); T5 °koṭiniyutasahasrāni[omits 'śata']
66 T1 °yans; T2 °yaṃs(N1/H; R.,L.,V.); T5 °yaṃ. cf. N3,N4 °yan.
67 T1,T3,T4 °koṭīśatasahasraiḥ(N3,N4); T2 omits 'koṭī'(N1,N5,C1,C2,B; R.,L.,V.); T5 °koṭisatasahasraiḥ 68 T2 °nair(N3; R.); T5 omits 'ḥ'.
69 T1 puṣpaudyena(N3 °yeṇa); T2 puṣpāḍhyena(R.,L.,V.); T3 puṣpādyena; T4 puṣpodyeṇa(N4); T5 puṣpodyena(N1/H). cf. Tib. char chen po. 70 T1 prarvvarṣato
71 T1,T4 apsaraśata°; T2 apsaras°[omits 'śata'](N1/H; R.,L.,V.); T3 abaraśata°(N4). cf. N3 ambaraśata°(?); Tib. gos(= ambara). 72 T1,T3,T4 °raiḥ
73 T5 trāmya°

mānaiḥ,[1] dundubhiśatasahasraiḥ parāhanyamānaiḥ,[2] [3]pragarjadbhiḥ[4] (5...haya-
gajavṛṣabhaiḥ, pradakṣiṇīkurvadbhiḥ...5) śukasārikā[6]kokilakalaviṅka[7]jīvaṃjīvaka-
haṃsakroñcamayūra[8]cakravāka(cāṣa)[9]śatasahasraiḥ,[10] upanāmyamānair[11] maṅgalya-
śatasahasraiḥ,[12] anenâivaṃrūpena[13] mārgavyūhena bodhisattvo[14] bodhimaṇḍaṃ[15]
gacchati[16] sma. yāṃ[17] ca rātriṃ bodhisattvo[18] bodhim[19] abhisaṃboddhu-[20]
kāmo 'bhūt tāṃ eva[21] rātriṃ[22] vaśavartī[23] nāma trisāhasra[24]mahāsāha-[25]
srâdhipatir[26] brahmā[27] tāṃ[28] mahatī⟨ṃ⟩[29] brahmaparṣadam āmantryâivam[30]
āha yat[31] khalu[32] mārṣā[33] jānīyād,[34] eṣa[35] sa bodhisattvo mahāsattvo
mahāsaṃnāhasaṃnaddho mahāpratijñânutsṛṣṭo[36] dṛḍhasaṃnāhasaṃnaddhaḥ,[37]
aparikhinnamānasaḥ,[38] sarvabodhisattvacaryāsu[39] nirjātaḥ,[40] sarvapāramitāsu
pāra(ṃ)gataḥ,[41] sarvabodhisattvabhūmiṣu[42] vaśitāprāptaḥ,[43] sarvabodhisattvâ-[44]
śayasuvidhijñaḥ,[45] sarvasattvêndriyeṣv anugataḥ, sarvatathāgataguhya-
275 sthāneṣu supraviṣṭaḥ,[46] sarvamārakarmapathasamatikrāntaḥ, sarvakuśala-[47]
mūleṣv aparapratyayaḥ,[48] sarvatathāgateṣv[49] adhiṣṭhitaḥ,[50] sarvasattveṣu[51]
pramokṣamārgadeśayitā[52] mahāsārthavāhaḥ, sarvamāramaṇḍalavidhvaṃsana-[53]
karaḥ[54] trisāha(sramahāsāha)[55]srâikaśūraḥ,[56] sarvadharmabhaiṣajya[57]samudānīto[58]
mahāvaidyarājo[59] vimuktipaṭṭâvabaddho[60] mahādharmarājaḥ,[61] mahāprajñāpra-
bhôtsarjakaḥ[62] (63...mahāketurājaḥ,...63) aṣṭalokadharmânupaliptaḥ[64] mahāpadmabhū-
taḥ, sarvadharmadhāraṇya[65]sasaṃpramuṣitaḥ[66] mahāsāgarabhūtaḥ,[67] (68...anunaya-...68)
pratighâpagataḥ[69] acalaḥ[70] aprakampyo[71] mahāsumerubhūtaḥ,[72] sunirmalaḥ[73]

1 T1,T4 °mānair(N3); T2,T3 °māṇair(N4;R.); T5 °māneḥ
2 T2,T5 °mānair(N1/H; R.,L.); T4 °māṇaiḥ. cf. N3,N4 mānaiḥ.
3 T2 inserts 'garjjadbhiḥ'(R.); T5 inserts 'garjadbhiḥ'(N2,N5,B,H; L.,V.). cf. N1,C1,C2 garjabhiḥ; N3,N4 omit this word.
4 T1,T4 °garjadbhir(R. °garjjad°); T2 °garjjatadbhir; T5 omits this word(N5). cf. N1/H, N4 pragarjadbhiḥ(N3 omits 'ḥ').
(5…5) T1 °kurvvādbhiḥ; T3 omits these two words. 6 T1 śukaśarikā°; T2,T3 śukaśārikā°(R.)
7 T1,T4 °kalaviṃga° 8 T2 °krauñca°(R.)
9 T1,T4 °vākacāsatata°(N3); T2 omits 'cāṣa'(N2,H; R.L.,V.); T3 °vākavāsaśata°(N4); T5 °vākamahācakravāka°(N1,N5,C1,C2,B). cf. Tib. has no words corresp. to 'cāṣa'.
10 T2,T3,T5 °srair(N1/H,N4; R.,L.). cf. N3 °sraiḥ.
11 T1 °mānaḥ; T3.T4 °mānaiḥ(N4; L.,V.); T5 °mānai. cf. N3 °mānair.
12 T2,T5 °srair(N3; R.,L.). cf. N4 °sraiḥ. 13 T1,T2 omit 'ṃ'(R.).
14 T5 °satva 15 T1 omits 'ṃ'.
16 T3 gacchanti 17 T1,T3,T4 omit 'ṃ'.
18 T5 °satva 19 T5 bodhimaṇḍam
20 T2 amisambo° 21 T5 eka
22 T4 rātrīṃ 23 T1 °vartta; T4 °varttir; T5 vasavarttī
24 T5 triṃsāha° 25 T1 °mahāśāha°
26 T1,T5 °pati[omit 'r'] 27 T5 brahma
28 T2 omits 'tāṃ'(N1/H; R.,L.,V.); T3 tā[omits 'ṃ'](N4). cf. N3 tāṃ; Tib. de(= tāṃ).
29 T1 sahatī(?); T2 sahāmpatiṃ(R.); T3 mahatī(N3,N4); T4 mahaṃtī; T5 saṃhāṃprati; L.,V. sahāpatir. cf. N1,C1,C2,H sahāpati; N2,N5,B sahāṃpati; Tin. chen po (= mahat).
30 T2 pārṣadam[omits 'brahma'](R.); T5 brahmaparṣadām
31 T1 inserts 'tvaṃ'. 32 T5 ṣaru
33 T2 mārṣa(R.): T5 māmārṣā
34 T2 jānīyāḥ(N1,N5,C1,C2,B; R.,L.,V.); T5 jāniyāḥ. cf. N2 jānīyā; N3,N4 jānīyād; H yānīyā.
35 T5 yaṣa 36 T2 °jñānusmṛto(R.)
37 T1,T3,T4 °sannaddhaḥ(N4); T2,T5 °sannaddho(N3; R.; L.,V. °saṃna°)
38 T1 aparikhina°; T2 'parikhinna°(N3; R.,L.,V.); T5 'pariṣinna°. cf. N4 aparikhinna°.
39 T5 °caryasu 40 T1 niryātaḥ(R. niryyā°); T2 niryāta
41 T1~4 pāragataḥ[omit 'ṃ'](N3,N4); T5 pāraṃgataḥ(N1/H; L.,V.); R. pāraṅgataḥ
42 T5 °miṣur 43 T1,T4,T5 vasitā°
44 T5 sarvvā° 45 T1 °śayaśuviśuddhaḥ; T2 °śayavi°[omits 'su']; T3,T4 °śayasuviśuddhaḥ(N2~4,B,H; R.,L.,V.). cf. N1,N5,C1,C2 °śayasuvidhijñaḥ; Tib. bya ba śin tu mkhyen pa (= suvidhijñaḥ).
46 T5 'supratiṣṭaḥ 47 T5 śarvva°
48 T1 omits 'ḥ'; T4 °yayā; T5 apalapratyaya 49 T5 omits 'rva'.
50 T2 °gatair(N1/H; R.,L.,V.). cf. N3,N4 °gateṣv. 51 T1,T3~5 sarvvasatva
52 T1 omits 'śa'. 53 T5 °mālamamṇḍala°
54 T5 °karas(N3) 55 T1,T3~5 trisāha°[omit 'mahāsāha'](N3,N4); T2 trisāhamahāsāha°(N1,C1,C2); R.,L.,V. trisāhasramahāsāha°. cf. N2 trisāhasrair mahāsāha°; N5,B,H trisāhasrai mahāsāha°; Tib. has no words corresp. to 'mahāsāhasra'.
56 T3,T4 °kasūraḥ 57 T1,T3,T4 °bhaiṣaja°
58 T1 °udānita; T3 °udānītaḥ(N1/H,N4; L.,V.); T4 °udānīta(T5 'ta' is marg.; N3)
59 V. °rājaḥ
60 T1,T4 °paṭṭabaddho(N3); T2 paṭṭābaddho(R.,L.,V.). cf. N4 paṭṭāvabaddho.
61 T2 °rājo(R.) 62 T2 °sarjanakaro(R.; L.,V. °karaḥ); T5 °sarjaka[omits 'ḥ'](N3). cf. N1/H °sarjanakaraḥ; N4 °sarjakaḥ.
(63…63) T2,T5 °rājo 'ṣṭa°(N3; R.) 64 T1 °uparipṭaḥ; T2 °upalipto(R.)
65 T2 °dhāriṇyāsam°(R. °dhāraṇyā°) 66 T1 °mukhitaḥ(N4); T2 °mukhito(R.)
67 T4 omits 'ga'. (68…68) T2 °bhūto 'nu°(N3; R.)
69 T2,T5 °gato(N3; R.). cf. N4 °gataḥ.
70 T2,T5 'calo(N3; R.); L.,V. acalo. cf. N1/H acalo; N4 acalaḥ.
71 T1,T3,T4 aprakaṃpyo(N4); T2 prakampī(R.); T5 'prakaṃpyo(N3); L.,V. 'prakampī. cf. N1/B 'prakaṃpī(H °kaṃpi). 72 T5 °sumerūbhūtaḥ
73 T5 sunirmmāruḥ(?)

suparisuddhaḥ[1] svavadāpitabuddhir[2] mahāmaṇiratnabhūtaḥ,[3] sarvadharmavaśavartī[4] karmaṇyacitto[5] mahābrahmabhūto,[6] bodhisattvo bodhimaṇḍam[7] upasaṃkramati.[8] mārasainyapradharṣaṇârtham[9] anuttarāṃ[10] samyaksaṃbodhim abhisaṃboddhukāmaḥ.[11] daśabalavaiśāradyâṣṭādaśaveṇikabuddhadharmaparipūraṇârthaṃ,[12] mahādharmacakrapravartanârthaṃ,[13] mahāsiṃhanāda-[14]nadanârthaṃ,[15] sarvasattvān dharmadānena saṃtarpaṇârthaṃ[16] sarvasattvānāṃ dharmacakśuḥśodhanârthaṃ,[17] sarvaparapravādīn(āṃ)[18] sahadharmeṇa nigrahârthaṃ, pūrvapratijñāparipūrisaṃdarśanârthaṃ,[19][20] sarvadharmâîśvaryavaśitāprāptyartham.[21] tatra yuṣmābhir[22] mārṣā[23] sarvair eva bodhisattvasya pūjôpasthānakarmaṇy utsukair[24] bhavitavyam.[25]

atha khalu vaśavartī mahābrahmā tasyāṃ[26] velāyāṃ[27] imāṃ[28] gāthām[29] abhāṣata.[30]

[Meter ... Śārdūlavikrīḍita]

1. yasyā tejatu[31] puṇyataś[32] ca śiriye brāhmaḥ[33] patho jñāyate
maitrī vā[34] karuṇā [(35...] upekṣa muditā [...35)] dhyānāny abhijñās[36] tathā,
so 'yaṃ kalpasahasracīrṇacarito[37] bodhidruma⟨ṃ⟩[38] prasthitaḥ[39]
pūjāṃ sādhu[40] karotha[41] tasya munino[42] āśāvrate[43] sādhanaṃ.[44]

2. yaṃ gatvā śaraṇaṃ[45] na[46] durgatibhayaṃ prāpnoti nâivâkṣaṇaṃ[47]
deveṣv iṣṭasukhaṃ[48] ca prāpya vipulaṃ[49] brahmâlayaṃ[50] gacchati,
276 ṣaḍvarṣāṇi[51] caritva duṣkaracariṃ[52] yāty[53] eṣa bodhidrumaṃ

1 T1 suparisurddhaḥ(T3 °suddhaḥ; T5 °śurddhaḥ)
2 T2 sarvabalayitabuddhir(R. sarvva°); T3,T4 svavadapitabuddhir(T1 °buddhi; N4,N5); T5 svavedayitabuddhir(N1,B; C1,C2 °dapita°); L.,V. svavadarpitavimalabuddhir. cf. N2,H omit this word; N3 svavadeyita; BHSD,?avadarpita; Tib. śin tu dkar baḥi blo daṅ ldan pa.
3 T3 omits 'tna'.
4 T1 °vartti; T3 °vartta
5 T2 sarvakammanya°(N1/H; R. sarvva°); L., V. sarvakarmaṇya°. cf. N3 karmaṇya°; N4 kammanya°; Tib. has no words corresp. to 'sarva'.
6 T5 °brahmābhūto
7 T5 °maṃṇḍam
8 T2 °saṅkrāmati(T3,T5 °saṃkrā°; R.)
9 T4 °dharṣarthaṃ[omits 'ṇā']
10 T5 omits 'ṃ'.
11 T2 °kāmā; T5 °kāmo(R.)
12 T3 °daśaveṇikā°(N4); R. °daśavaiṇikā°; V. °daśāveṇika°
13 T1 °prarvvartta°; T3 omits this whole word.
14 From here(mahā°) to 'saṃtarpaṇārthaṃ'[Note 16] the texts of T1 are moved after 'nigrahārthaṃ'[Note 19], and unnecessary words (sarvvasatvānān dharmapūraṇārthaṃ) are added by mistake.
15 T2 °nādanādanārthaṃ(R.,L.,V.); T5 °nādananārthaṃ[omits 'da'](B). cf. N1,N3~5,C1,C2 °nādanadanārthaṃ; N2,H omit this compound; BHSD,nādana; Tib. bsgrag pa (= nadana).
16 T1 śaṃtapyanārthaṃ; V. °rtha[omits 'ṃ']
17 T2 °cakṣurviśodha°(N1,N2,C2; R.,L.,V.). cf. N3,N4 °cakṣuḥśodha°; N5,C1,B,H °cakṣuviśodha°.
18 T1,T4 °vādī[omit 'nāṃ'](N3,N4); T2 °vādīnāṃ(N1/H; R.,L.,V.); T3 °vādīn; T5 °vādīṃ
19 Some texts of T1 are moved here(See above Note 14).
20 T3 °jñāṃ pari°; V. °jñāpāri°
21 T1 °prāptārthaṃ; T2 °vasitāprāpty°. cf. N3 °dharmaisveryya°.
22 T1 omits 'r'.
23 T2 mārṣāḥ(R.)
24 T1 omits 'r'; T5 unsukai
25 T4 'vyaṃ' is marg.; T5 °vyaḥ(?)
26 T1,T5 omit 'ṃ'.
27 T1 verāyāṃ; T5 velāyān
28 T2 omits 'ṃ'(R.).
29 T1~4 omit 'ṃ'(R.); T5 gāthāṃ
30 T1,T3,T4 abhāṣataḥ
31 T2 tejena(R.); T3 tejanu
32 T3,T4 punya°
33 T1,T2 brahmaḥ(N4)
34 T1,T5 omit 'vā'; S. cā
(35…35) R.,L. upekṣamuditā[as a compound]
36 T2 omits 's'(R.).
37 T4 omits 'sra'.
38 T1,T3~5 omit 'ṃ'(N3); T2 °maṃ(N4; R.,L.,V.,S.)
39 T3 °sthito
40 T1,T5 sādhū
41 T5 kalotha
42 T2 muninā(R.)
43 T1,T5 ādivrate(N3); T3 āsovrate; T4 arcivrate; L.,V. āśivrate; S. āśi(r)vrate. cf. N1,C1,C2 āsādhvaprate; N2 āsādhyate(B omits 'te'); N4 ādisāvrate; N5 ahavrate; H āsādhyavrata; Tib. bsam paḥi brtul shugs (= āśāvrata).
44 T1 sādhanā[omits 'ṃ']; T2 sādhanāṃ(R.,V.; L.,S. °nāṃ); T3,T4 sādhano(N3,N4); T5 sādhuno. cf. N1,C1,C2 syadhano; N2,N5,B,H sādhanaṃ.
45 T5 śalaṇan
46 T1 omits 'na'.
47 T1,T3,T4 °kṣayaṃ(N3,N4); T5 °kṣamaṃ. cf. Tib. mi khom (= akṣaṇa).
48 T2,T3 °sukhañ(R.)
49 T1 vipuraṃ; T2 vipulāṃ(R.)
50 T1 brahmarayaṃ
51 V. omits 'r'.
52 T1,T3,T5 duskaracariṃ(T4 'ca' is marg.); S. duṣkara-cariṃ
53 T3~5 yāny(N3,N4)

sādhū[1] sarvi udagrahṛṣṭamanasaḥ[2] pūjâsya[3] kurvā[4]mahe.

3. rājâsau[5] trisahasri[6] īśvaravaro[7] dharmêśvaraḥ pārthivaḥ[8]
śakro[9]brahmapure[10] ca candrasuriye[11] nâsty asya kaścit samaḥ[12],
yasyā jāyata[13] kṣetra[14]koṭiniyutāḥ[15] saṃkampitāḥ[16] ṣaḍvidhāḥ[17]
sâîṣo[18] 'dya vrajate mahādrumavaraṃ[19] mārasya[20] jetuṃ[21] camūn.[22]

4. mūrdhnaṃ[23] yasya (24… na śakyam …24) īkṣitum iha brahmâlaye 'pi[25] sthitaiḥ
kāyo yasya varâgralakṣaṇadharo[26] dvātriṃśatâlaṃkṛtaḥ[27],
vāg[28] yasyêha[29] manojñavalgu[30]madhurā[31] brahmasvarā[32] susvarā
cittaṃ yasya praśānta[33] doṣarahitaṃ[34] gacchāma tatpūjane.[35]

5. yeṣāṃ[36] vā mati brahmaśakrabhavane[37] dhyāne[38] sukha(ṃ)[39] kṣepituṃ[40]
athavā sarvakileśabandhanalatāṃ[41] chettuṃ[42] hi tāṃ[43] jālinīṃ[44],
aśrutvā parataḥ[45] spṛseyam[46] amṛtaṃ pratyekabodhiṃ[47] śivāṃ[48]
buddhatvaṃ[49] yadi[50] vêpsitaṃ[51] tribhuvane pūjetu[52] so[53] nāyakaṃ.[54]

6. tyaktā[55] yena sasāgarā vasumatī[56] ratnāny anantāny[57] atho[58]
prāsādāś ca gavākṣaharmyakalilā(ḥ)[59] yugyāni[60] yānāni ca,
bhūmy ālaṃkṛta[61] puṣpadāma rucirā udyānakūpāsarāḥ[62]
hastā pādaśirô[63]ttamâṅga[64]nayanāḥ[65] so bodhimaṇḍônmukhaḥ.[66]

iti hi bhikṣavaḥ[67] [68]trisāha(sramahāsāha)sriko[69] mahābrahmā imaṃ[70] trisāhasramahāsāhasraṃ lokadhātuṃ tatkṣaṇaṃ[71] (72… samam adhyatiṣṭhat …72) pāṇitalajātam.[73] apagatasarkarakaṭhallam[74] utsadamaṇi[75]mukti[76]vaiḍūrya[77]śaṅkha-

1 T2,T5 sādhu
2 T3 udagrahyamanasaḥ
3 T1,T3,T4 pūjāṃ sma; T5 pūjāṃ ca(N3 omits 'ca'). cf. N4 pūjātma.
4 T4 kūrvā°; T5 kurva°(?)
5 T2 rājā 'sau(R.); T5 rājāṃ sau
6 T1 triśahasrai; T2 trisahasra(R.)
7 T5 īśvalavaro
8 T1 omits 'r'.
9 L.,V.,S. śakrābra°. cf. N1/B,N3 śakrobra°; N4,H śakrabra°.
10 S. °brahma pure[not a compound]
11 T2 °sūryyau(R.); T4 omits 'ndra'; T5 °surīye(?)
12 T5 kaścin
13 T1,T5 jāyate; T2 jāte(R.)
14 T2 kṣatra°
15 T1 °koṭinayuta(N3); T4 °koṭinayutāḥ(N1/H; N4); L.,V.,S. °koṭinayutā
16 T1,T4 °kalpitāḥ; T2 °kampitā(R.,L.,V.,S.); T3 °kaṃpitāḥ(N1,N2,N4, C1/H); T5 °kanpitāḥ. cf. N3 °kaspitāḥ; N5 omits 'saṃkampitāḥ'.
17 T2 omits 'ḥ'(N1/H; R.,L.,V.,S.). cf. N3,N4 °dhāḥ.
18 T3~5 sovo
19 T1 °valaṃ; T3 °vara[omits 'ṃ']
20 T1 omits 'māra'.
21 T1 jevre
22 T3 camūṃ
23 T1 mūrddhni(N3,N4; R.); T2 mūddhnī; T4 mūddhniṃ; T5 mūrddhnaṃ
(24...24) T1 namatkṛm(?); T4 namaskṛm(N3,N4); T5 sa sakyam
25 T1 omits 'api'.
26 T5 °dhalo
27 T2 °śatā 'laṅkṛtāḥ(R. °kṛtaḥ); S. dvatriṃ°
28 T3,T5 bhāg(N3,N4)
29 cf. N4 esyeha.
30 T3,T5 manojñavarṇṇama°(N4)
31 T1 °madhuro
32 T1 brāhmāni ca; T3~5 vākyāni ca(N3,N4)
33 T1 praśānte; T3 prasānta
34 T3 omits 'ṃ'.
35 T5 talpūjaneḥ
36 T5 omits 'ṃ'.
37 T1 °bhavanai; T5 °bhavanair(N3; N4 °naiḥ); S. brahma śakra bhavane[not a compound]
38 T1,T2,T4 nityaṃ(N3,N4; R.,L.,V.,S.); T5 nityadhyānya. cf. N1/H dhyāne; Tib. bsam gtan (= dhyāna)
39 T:all omit 'ṃ'(N3,N4; R.,V.); L.,S. sukhaṃ(N1/H)
40 R. kṣeyituṃ
41 T1 omits 'ṃ'(N4); T5 °dhanaratāṃ
42 T3,T4 cchetuṃ; T5 cchatuṃ
43 T1 tā[omits 'ṃ'](N4); T5 tāñ(N3)
44 T2 °nīṃm(R.,V. °nīm); T3 jalīniṃ; T5 jālitī. cf. N3 jalinī; N4 yālinīṃ.
45 T2 purataḥ
46 T2 spṛśeyam(N1/H; R.,L.,V.,S.). cf. N3,N4 spṛseyam. spṛseyam = spṛśeyam.
47 T1,T4 omit 'ṃ'(R.).
48 T5 śivām(N3)
49 T3 omits 'ṃ'.
50 T1 yadī
51 T1~4 vetsitaṃ(N1,N5,C1,C2,B; R.); T5 vensitaṃ(N3?). cf. N2,N4,H vepsitaṃ.
52 T1 pūjo tu(N3); T2 pūjetv(N1/H; R.,L.,V.,S.); T3 pūjo nu; T5 pūjo bhu. cf. N4 pūjātu.
53 T2 asau(N1,N2,N5,C2,B,H; R.,L.,V.,S.). cf. N3,N4 so; C1 aso.
54 T2 °kam(R.,V.)
55 T4,T5 tyaktvā
56 T2 °matīṃ
57 T1 inakāny
58 T2 athā
59 T:all °kalikā(N2,N3,H; R.,L.,V.); S. °kalilā. cf. N1,N4,N5,C1,C2,B °kalikāḥ; BHSD,kalikā; Tib. maṅ ldan pa.
60 T2 yugpāni
61 T2 ākaṅkṛta(R.)
62 T1 °kūpāśarāḥ; T2 °kūpāmalā(R.)
63 T5 pādasirotta°
64 T1 °māga°[omits 'ṅ']; T4 °māṃga°
65 L.,V.,S. omit 'ḥ'. cf. N1,N3,N5,C1,C2,B °nayanāḥ; N2,N4 °nayanā(H °ṇayanā).
66 T1,T5 °maṇḍānmu°
67 T2,T5 bhikṣavas(R.,L.,V.); T3 bhikṣavaḥs(N4). cf. N1/H bhikṣavaḥ.
68 T2 omits from here(tri-) to 'imaṃ'[Note 70].
69 T1,T4 omit 'sramahāsāha'(N3); T3,T5 trisāhasramahāsāhasriko(N1/H; N4; R.,L.,V.). cf. Tib. has no words corresp. to 'mahāsāhasra'.
70 T5 imaṃn. cf. N3 iman.
71 T1,T4 °kṣaṇān; T5 °kṣaṇan(N3). cf. N4 °kṣaṇāt.
(72...72) T1 samam adhyetiṣṭhet(N4); T2 samadhyatiṣṭhata(R.); T5 samam adhyatiṣṭhan(N3)
73 T5 paṇitara°
74 apagatakurkara°(T4 emends 'ku' to 'sa'); T2 apagatasakaṭhillam(R.); T5 apagatasakkara°; S. apagataśarkara°
75 T5 unsada°
76 T2 °muktāvajra°(R.)
77 T1,T2 °vaidūryya°(R.)

śilāpravāḍarajatajāta[1]rūpaṃ[2] nīlamṛdukuṇḍalajāta[3]pradakṣiṇanandyāvarta[4]kācilin-
277 dikasukhasaṃsparśaiś[5] ca tṛṇair imaṃ trisāhasramahāsāhasraṃ[6] loka-
dhātuṃ saṃchāditam adhyatiṣṭhat.[7] sarve[8] ca tadā ⟨mahā⟩samudrā[9]
dharaṇitala[10]saṃsthitā abhūvan. na ca jalacarāṇāṃ[11] sattvānāṃ kācid[12]
viheṭhâbhūt.[13] imaṃ câivaṃ[14] lokadhātum alaṃkṛtaṃ[15] [ca][16] dṛṣṭvā ca
daśasu dikṣu [17]śakrabrahmaloka[18]pālair[19] bodhisattvasya pūjākarmaṇe [20]bud-
dhakṣetraśata[21]sahasrāṇi samalaṃkṛtāny abhūvan. bodhisattvaiś ca div-
yamānuṣyakâtikrāntaiś[22] [ca][23] pūjāvyūhair[24] daśasu[25] dikṣv[26] aprameyāṇi[27]
buddhakṣetrāṇi pratimaṇḍitāny[28] abhūvan[29] bodhisattvasya pūjākarmaṇe.
sarvāṇi[30] ca tāni[31] buddhakṣetrāṇy[32] ekam[33] iva[34] buddhakṣetraṃ[35] saṃ[36]dṛś-
yante[37] sma[38] nānāvyūhâlaṃkārâlaṃkṛtāni.[39][40] na ca bhūyo lokântarikā na[41]
kālaparvatā na[42] cakravāḍamahācakravāḍāḥ[43] prajñāyate sma. sarvāṇi ca
tāni[44] buddhakṣetrāṇi[45] bodhisattvasyâbhayā sphuṭāni saṃdṛśyante[46] sma.[47]
ṣoḍaśa[48] ca bodhi⟨maṇḍa⟩[49]paripālakā[50] devaputrāḥ.[51] tad yathā, utkhalī[52] ca
nāma devaputraḥ,[53] mutkhalī[54] [(55...]ca nāma[...55)] devaputraḥ,[56] prajāpatiś[57] ca
śūrabalaś[58] ca keyūrabalaś[59] ca supratiṣṭhitaś[60] ca mahindharaś[61] ca[(62...]
[...62)]avabhāsakaraś[63] ca vimalaś ca dharmeśvaraś[64] ca[65] dharmaketuś ca

1 T1,T2,T4 °pravālarajatajāta°(R.,V.); T5 pravālajata°[omits 'rajata']
2 T1 °rūpyaṃ(L.,V.); T2 °rūpya(N1/H; R.); T5 °rūpa[omits 'ṃ']. cf. N4 °rūpaṃ.
3 T1,T4 °mṛdukuṃḍalajāta°; T2 °mṛdukakuṇṭakajāta°(R.)
4 T1 °naṃdyāvarttaṃ; T2 °nadyāvartta°(R.); T3 °nandyāvartta°(T4,T5 °naṃdy°)
5 T1 °sukhaspaśaiś; T5 °sukhaṃ saspaśaiś
6 R. °mahāhāhasraṃ[misprint]
7 T1 adhyetiṣṭhaṃ; T2 adhyatiṣṭhata(R.); T4 adhyatiṣṭhaṃ
8 T5 sarva
9 T1,T3,T4 samudrā(N3,N4); T2 mahāsamudrā(N1/H; R.,L.,V.); T5 mudrā[omits 'mahāsa']. cf. Tib.rgya mtsho chen po (= mahāsamudrā).
10 T1,T3~5 dharaṇitale(N3); T2 dharaṇītale(N4); L.,V. dharaṇītala°. cf. N1/H dharaṇitala.
11 T5 °calāṇāṃ(T4 emends 'rā' to 'lā'); L. °calānāṃ(N2,N5,B). cf. N1,N3,N4,C1, C2,H °carāṇāṃ.
12 T2 kaścid(R.)
13 T1,T5 viheṭhābhūd; T2 viheṭho 'bhūt; T3,T4 vihethābhūd
14 T:all caiva[omit 'ṃ'](N3,N4,H; R.,L.,V.). cf. N1/B caivaṃ; Tib. de ltar (= evaṃ)
15 T5 alakṛtañ[omits 'ṃ']
16 T2 omits 'ca'(N1/H; R.,L.,V.); T1,T3~5 insert(N3,N4).
17 cf. N1,C1,C2 omit from here(śakra-) to 'dikṣu'[Note 26].
18 T5 °brahmāloka°
19 T1,T5 omit 'r'.
20 cf. N2 omits from here(buddha-) to 'abhūvan'[Note 29].
21 T2 °kṣatra°; T4 °kṣetrāṇī ekaśata°; T5 °kṣetrasata°
22 T1,T4 °krāṃtaiś; T2 °krāṃtaiḥ(N5,B; R.,L.,V.). cf. N3,N4 °krāntaiś; H °krāntai.
23 T2 omits 'ca'(N5,B,H; R.,L.,V.); T1,T3~5 insert(N3,N4).
24 T5 °vyūhaṃ
25 T5 darśasu
26 T1,T4,T5 dikṣu
27 T1 °yāni(N4; L.). cf. N3 °yāṇi.
28 T3 omits 'ny'; T5 °maṃṇḍi°
29 cf. N2 omits from 'buddha-'[Note 20] to here(abhūvan).
30 T1 sarvvāni; T5 savāṇī
31 T5 tāṇi
32 T1,T3,T4 °kṣetrāṇi(N2,N4,H); T2 °kṣatrāṇy; T5 °kṣetrāṇiṇi. cf. N1,N5,C1,C2,B °kṣetrāṇy; N3 °kṣetrāṇi tāni buddhakṣetrāṇi[repeats 'tāni buddhakṣetrāṇi'].
33 T2 ekasminn(R.)
34 T2 eva(R.); T5 ivu
35 T1 buddhakṣetre; T2 marg.; R. omits.
36 T1 śaṃ°; T5 omits 'saṃ'.
37 T1 °dṛśyaṃte; T3,T4 °dṛśyate(N1,N3,N4,N1,C1,C2,B). cf. N2,N5,H °dṛśyante.
38 T2 omits 'sma'(N5; R.).
39 T1 °kālālaṃ°; T5 °vyūhālaṃkālākṛtāni[omits 'alaṃ']. cf. N3 °vyūhālaṃkṛtāni[omits 'alaṃkāra'].
40 T2 inserts 'ca'(N1/H; R.,L.,V.). cf, N3,N4 omit 'ca'.
41 T2 na ca[inserts 'ca'] (N1/H; R.,L.,V.). cf, N3,N4 omit 'ca'.
42 L.,V. insert 'ca'. cf. All mss. omit 'ca'.
43 T5 °mahācavāḍāḥ[omits 'kra']; V. cakravālamahācakravālāḥ
44 T1 tāṇi
45 T1,T2 °kṣatrāṇi
46 T5 śaṃdṛsyante
47 T5 omits 'sma'.
48 T5 ṣoḍasa
49 T1,T3~5 omit 'maṇḍa'(N3,N4); T2 inserts (N1/H; R.,L.,V.). cf. Tib. byaṅ chub kyi sñiṅ po (= bodhimaṇḍa).
50 T5 °paripālikā(V.)
51 T5 °putrās(N3)
52 T1,T3~5 utkhulī(N3,N4). cf. N1,N2,N5 utkhalī; C1,C2 utkhanī; B,H utkharī; BHSD,Utkhalin; Tib. ut ka li;方広「轉進天子」; 普曜「轉進菩薩」.
53 T2 °putram(R.); T4,T5 °putra(N1/H,N3,N4); L. °putras.
54 T1 omits ; T2 utkhalī(R.); T3,T4 mutkhulī(N3,N4); T5 mukhavulī; L.,V. sūtkhalī. cf. N1,N2, N5,C1 mutkhalī; C2,B,H mutkharī; BHSD,Mutkhalin; Tib. mut ka li; 方広「無勝天子」; 普曜「無進菩薩」.
(55…55) T1 omits.
56 T1,T2 omit(N1/H; R.,L.,V.); T4,T5 devaputra[omit 'ḥ'](N3,N4). cf. Tib. lhaḥi bu (= devaputra).
57 T1 omits 'ś'; T3,T5 °patī(N3,N4); °prati. cf. N1/H °patiś; 方広「施輿天子」; 普曜「施与菩薩」.
58 T1,T3~5 sūra°(N3,N4)
59 T5 keyūlabalabalaś. cf. N2,H omit; 方広「愛敬天子」; 普曜「愛敬菩薩」.
60 L.,V. supratisthitaś. cf. N1/H supratisthitaś; N3,N4 supratitiṣṭhitaś.
61 T2 mahīdharaś(R.); L.,V. mahiṃdharaś. cf. N1,N5,C2,B mahindharaś; N2,C1 mahiṃdharaś; H mahindhara[omits 'ś'].
(62…62) T5 cāva°
63 T5 °kalaś
64 T2 dharmmacaraś(R.); T5 dharmmaśvara
65 T5 omits 'ca'.

siddhayātraś[1] (2...ca apratihatanetraś...2) ca mahāvyūhaś ca śīlaviśuddha-
gandhaś[3] ca padmaprabhaś (4...ca. itîme...4) ṣoḍaśa[5] bodhi⟨maṇḍa⟩paripālakā[6]
devaputrāḥ sarve 'vaivartyakṣānti[7]pratilabdhāḥ[8]. te bodhisattvasya pū-
jârthaṃ bodhimaṇḍaṃ maṇḍayanti[9] sma. samantād aśītiyojanāni sap-
tabhī[10] ⟨ratna⟩vedikābhiḥ[11] parivṛtaṃ[12] saptabhis tālapaṅktibhiḥ[13] (14...sapta-
bhī...14) ratnakiṅkiṇījālaiḥ[15] saptabhī[16] ratnasūtraiḥ[17] parivṛtam. saptaratna-
pratyuptaiś ca jāmbūnadasuvarṇa[18]paṭṭaiḥ[19] suvarṇasūtrair[20] jāmbūnada⟨su-
varṇa⟩padmaiś[21] câvakīrṇam[22]. sāravaragandha[23]nirdhūpitaṃ[24], ratnajālasaṃ-
channam. ye ca[25] daśasu dikṣu nānālokadhātuṣu vividhā vṛkṣāḥ
santy abhijātā[26] abhipūjitā[27] divyamānuṣyakās[28] te 'pi sarve tatra
278 bodhimaṇḍe saṃdṛśyante[29] sma. yāś[30] ca daśasu dikṣu nānāprakārā
jalajasthalajāḥ[31] [32] puṣpajātayas[33] tā api sarvās tatra bodhimaṇḍe saṃ-
dṛśyante[34] sma. ye 'pi (ca)[35] daśasu[36] dikṣu nānālokadhātuṣu bodhi-
sattvā[37] bodhimaṇḍān (38...alaṃkurvanty...38) apramāṇapuṇyajñānasaṃbhāravyūhais
te 'pi tatra bodhimaṇḍe[39] saṃdṛśyante[40] sma.

iti hi bodhimaṇḍa[41]paripālakair[42] devaputrais tādṛśā vyūhā bodhi-
(43...maṇḍa ...43) abhinirmitā (44... abhūvan. ...44) yān dṛṣṭvā[45] devanāgayakṣagandhar-
v⟨âsur⟩āḥ[46] svabhavanāni[47] śmaśānasaṃjñām utpādayām āsuḥ[48]. tā⟨ṃ⟩ś[49]
ca vyūhān[50] dṛṣṭvâtyarthaṃ[51] citrākāram[52] utpādayām āsuḥ. udānaṃ[53]
côdānayām[54] āsuḥ, sādhv aho 'cintyaḥ puṇyavipāka[55]niṣyanda[56] iti. cat-

1 All mss. except N3 siddhapātraś(R.,L.,V.). cf. N3 siddhipātraś(?); Tib. ḥgro grub; BHSD,Siddhapātra; 方広「所行吉祥天子」; 普曜「吉恐菩薩」. We read 'siddhayātra'(or siddhiyātra?) on referring to Tib. (2…2) T2 cāprati°(R.)
3 T1,T3~5 śīlabuddhanetraś(N3,N4); T2 śīlaviśuddhanetraś(N2,B,H; R.,L.,V.). cf. N1,N5,C1,C2 śīlaviśuddhagandhaś; BHSD,Sīlaviśuddhanetra; Tib. tshul khrims rnam dag dri ldan (= śīlaviśuddhagandha); 方広「清浄戒香天子」. (4…4) T1 ca iti me(N4); T5 cetī[omits 'me']
5 T1,T3~5 omit 'maṇḍa'(N3); T2 inserts(N1/H,N4; R.,L.,V.).
6 T2 °pratipālakā['kā' is marg.](B; L.,V.); R. °pratipāla[omits 'kā'];. cf. N1,N5,C1,C2 °pratipāla; N2,H °pratipālaka; N3 °paripālakā; N4 °paripārakā; B °pratipālakā.
7 T1 °tyakānti° 8 T1,T2,T5 °labdhās(N3; R.,L.,V.)
9 T2 °yati; T5 °yaṃnti
10 T1 saptabhi(N1/C2,H); T2 omits 'bhī'(B; R.); T3 sabhir; T4,T5 saptabhir(N3,N4)
11 T1 vedīkābhiḥ[omits 'ratna'](N3,N4); T2 ratnavedikābhiḥ(T4 'ratna' is marg.; N1/H; R.,L.,V.); T3 vedibhiḥ; T4 T5 vedikābhi. cf. Tib. rin po che sna bdun.
12 T1,T4 omit from here(pari-) to 'ratna'[Note 14](N3,N4).
13 T2 omits 'ḥ'.
(14…14) T3,T5 omit. cf. N1,N5,C1,C2,B saptabhī ratna°; N2,H saptabhi ratna°.
15 T1,T4 °kiṃkaṇījālaiḥ(N3); T3 °kaṃkiṇī°(N4); T5 °kiṃkiṇī°(N1,N2,C1/H; N5 omits 'ṃ'); L. °kiṅkinījālaiḥ 16 T1,T4,T5 °bhiḥ; T2 omits 'bhī'(R.); T3 °bhi
17 T2 omits 'ḥ'. 18 T1,T4 jaṃbū°(N3); T5 jāṃbū°
19 R.,L.,V. °paṭaiḥ. cf. N1,N5,C1/H °paṭṭaiḥ; N2,N3 °paṭaiḥ; N4 invisible[miscopy].
20 T1,T4,T5 °sūtrai[omit 'r']; T3 °sūtraiḥ
21 T1,T3~5 insert 'suvarṇa'(N3,N4); T2 omits(N1/H; R.,L.,V.).
22 T3,T5 omit 'ṃ'. 23 T1 sāravalagandhaṃ
24 T5 °nidhū°[omits 'r'] 25 T5 cca
26 T1,T4,T5 °jātāḥ 27 T2 omits this word(R.); T5 °jitāṃ
28 T3 °mānuṣās 29 T4 °yate[omits 'n']
30 T5 sāś 31 V. jalastha°[omits 'ja']
32 T2 °laja°(R.) 33 T1,T3,T4 °jātayaḥ
34 T3 °yate[omits 'n']
35 T1,T3~5 omit 'ca'(N3); T2 inserts(N1/H; R.,L.,V.). cf. N4 invisible[miscopy].
36 T1 darśasu 37 T5 omits 'bodhisattvā'.
(38…38) T1 °maṇḍālaṃ°(N1/H; L.,V.); T2 °maṇḍālaṅ°(R.); T5 °maṇḍon alaṃ°. cf. N3,N4 °maṇḍān alaṃ°. 39 T1 °maṇḍa
40 T5 °dṛsyate[omits 'n']
41 T2 inserts 'bhikṣavo'(N1/H; R.,L.,V.); T5 bhikṣa. cf. N3 omits; N4 invisible[miscopy]; Tib. has no word corresp. to this insertion. 42 T5 °pārakai[omits 'r']
(43…43) T2 °maṇḍābhi°(R.); T5 °maṇḍe 'bhi° (44…44) T1,T3~5 °mitābhūvan
45 T1,T4,T5 yā(N3,N4); T3 yāṃ 46 T1,T4 °gandharvvāḥ[omit 'asura'](N3,N4); T2 °gandharvāsurāḥ(N1/H; L.,V.; R °dharvvā°); T5 °gaṃdharvāḥ. cf. Tib. dri za daṅ lha ma yin (= gandharva-asura). 47 T3 °bhavaneṣu; T5 °bhavanānā(?)
48 T3 āsus; T4 āsu[omits 'ḥ']
49 T1,T3~5 tāś(N3,C1); T2 tāṃś(N1,N2,N5,C2,B,H; R.,L.,V.). cf. N4 invisible[miscopy].
50 T1,T3,T4 vyūhāṃ 51 T2 dṛṣṭvā 'ty°(R.); T3 dṛṣṭvā ny°
52 T2 citrīkāram(N5,B,H; R.,L.,V.). cf. N1,C1,C2 citrikā°; N2 vitrīkā°; N3,N4 citrākā°. citrākāra = citrīkāra.
53 L.,V. insert 'evam'. cf. All mss. omit 'evam'.
54 T1 codana° 55 T3,T4 punya°
56 T2,T3 °nisyanda

vāraś[1] ca bodhivṛkṣadevatāḥ.[2] tad yathā, veṇuś[3] ca valguś[4] ca sumanaś[5] ca ojopatiś[6] ca, ete[7] catvāro bodhivṛkṣadevatā bodhisattvasya pūjârthaṃ bodhivṛkṣaṃ[8] māpayanti[9] sma. mūlasaṃpannaṃ[10] skandhasaṃpannaṃ[11] nānā[12]śākhāpattrapuṣpaphala[13]saṃpannam[14] ārohapariṇāhasaṃpannaṃ prāsādikaṃ[15] darśanīyaṃ[16] vistīrṇam[17] aśītis tālān[18] uccaistvena[19] tadanurūpeṇa pariṇāhena[20] citraṃ[21] darśanīyaṃ manoramaṃ[22] saptabhī[23] ratnavedikābhiḥ parivṛtaṃ saptabhī[24] ratnatālapaṅktibhiḥ[25] saptabhiḥ[26] ⟨ratna⟩kiṅkiṇījālaiḥ[27] saptabhī[28] ratnasūtraḥ[29] samantād[30] anuparivṛtam[31] anuparikṣiptaṃ[32] pārijātakakovidāraprakāśam atṛpta[33]cakṣurdarśanam.[34] sa ca pṛthivīpradeśa[35]⟨s⟩ trisāhasra[36]⟨mahāsāhasra⟩[37]lokadhātu(r)[38]vajranābhir[39] dṛḍhaḥ sāro[40] 'bhedyo[41] vajramayaḥ[42] saṃsthito[43] 'bhūd,[44] yatra[45] bodhisattvo niṣaṇṇo 'bhūd[46] bodhim abhisaṃboddhukāmaḥ.

iti hi bhikṣavo bodhisattvena bodhimaṇḍam upasaṃkramatā[47] tathārūpā kāyāt prabhā pramuktâbhūd[48] yayā [(49...] prabhayā sarve[...49)] 'pāyāḥ[50] śāntā abhūvan, sarvāṇy[51] akṣaṇāni[52] pithitāny[53] abhūvan, sarvadurgativedanāś[54] côpaśoṣitā[55] abhūvan.[56]

279 ye ca sattvā vikalêndriyā abhūvan[57] te[58] paripūrṇê[59]ndriyatām[60] anuprāpnuvan.[61] vyādhitaś ca vyādhibhyo vyamu[62]cyanta[ḥ],[63] bhayârditāś[64] câśvāsa[65]prāptā[66] abhūvan.[67] bandhana[68]baddhāś ca bandhanebhyo[69] vyamucyanta[ḥ].[70] [(71...] daridrāś ca sattvā [...71)] bhogavanto[72] 'bhūvan. kleśasaṃtaptāś[73]

1 T5 catvālaś
2 T4,T5 °devatās
3 cf. Tib. ḥod ma; 方広「毘留」; 普曜「足跡」.
4 cf. Tib. sñan ldan; 方広「薄畏」; 普曜「邊豆」.
5 T1,T4 śamanaś(N3,N4); T5 śumanaś. cf. Tib. wid bzaṅ; 方広「蘇摩那」; 普曜「善意」.
6 T4 ojāpatiś(B; L.,V.). cf. Other mss.(than T4,B) ojopatiś; Tib. mdaṅs ldan ma; BHSD,Ojopati; 方広「烏珠鉢底」; 普曜「布精」.
7 T5 eta
8 T2 omits 'ṃ'(R.); T5 °vṛkṣam
9 T2 māyānti; T5 māpayaṃnti; R. māyayanti
10 T5 °saṃpaṃnnaṃ
11 T3 °saṃpaṃnnaṃ; T5 °saṃpaṃnnan
12 T2,T5 omit 'nānā'(N1,N4,N5,C1,C2,B; R.,L.,V.). cf. N2,H omit 'nānā---pannam';N3 adds 'nānā'; Tib. sna tshogs (= nānā).
13 T5 °puṣpaphula°
14 T4 °pannaṃ(N1/H,N4; L.,V.)
15 T4 omits 'ṃ'. cf. N3 °dikan.
16 T2 °nīyam(N3;R.); T5 darśānīyaṃ
17 T2 omits 'vistīrṇam'(N1,N5,C1,C2; R.).
18 T2 tālam(R.); T5 tālām
19 T2 uccaistena; T5 ucaitvena
20 T1,T4 pariṇāheṇa(T5 paliṇā°)
21 T5 omits 'ṃ'.
22 T1,T3,T5 manomayaṃ(N3,N4). cf. Tib. yid du ḥoṅ ba (= manorama).
23 T1,T4 saptabhi(N3,N4); T5 saptabhiḥ
24 T1,T5 saptabhi. cf. N1 saptabhiḥ.
25 T1,T4,T5 °tālāpaktibhiḥ(N3,N4); T3 °tālapaṃktibhiḥ
26 T2 saptabhī(R.,L.,V.). cf. All mss. except T2 saptabhiḥ.
27 T1,T3 kaṃkiṇījālaiḥ[omit 'ratna']; T2 ratnakiṅkiṇījālaiḥ(R.,V.; L. °kiṅkinī°); T4 kaṃkiṇaijālaiḥ; T5 kiṃkiṇījālaiḥ(N3; N4 kiṅki°). cf. N1,N2,N5,C1,B ratnakiṃkinījālaiḥ(C2,H °kiṃkiṇī°).
28 cf. N4 saptabhi.
29 T1,T4,T5 °sūtrais(N3)
30 T1,T5 mamantād; T2 sam[omits 'antād'](R.)
31 T1,T4,T5 anaparivṛtaiḥ(N3,N4); T2 anuparivṛtaṃ(marg. uccatvena); L.V. anuparivṛtair. cf. N1/H omit this word.
32 T2 omits this word(R.).
33 T1 atṛptaṃca°
34 T1,T5 °darśananaṃ
35 T1,T3~5 omit 's'(N3,N4); T2 °deśas(N1,N5,C1,C2,B; R.,L.,V.). cf. N2,H °deśaḥ.
36 T1 trisahasra°
37 T1,T3~5 omit 'mahāsahasra'(N3,N4); T2 inserts(N1/H; R.,L.,V.).
38 All mss. °dhātur°(R.); L.,V. °dhātu°
39 T2 °vajreṇābhi°(R.,L.,V.); T3 °vajraṇārbhir. cf. N1,N5,C1,C2,B °vajranābhi(N2,H °vajraṇā°); N3 °vajranābhir; N4 °vajranātir; Tib. rdo rjeḥi dkyil (= vajra-nābhi).
40 T5 sālo
41 T1,T2 T4 'bhedya(N3,N4;R.,L.,V.); T3 bhedyā; T5 'bherdya. Acc. to Tib. and from the context we read '-dyo va-' though no ms. supports it.
42 T1,T4,T5 °maya(N3,H4)
43 T1,T4 masthito(N3,N4); T3 sasthito(C1,C2,H). cf. N1 sthito.
44 T1 abhūd; T2 'bhūt(R.,L.,V.); T3 bhūt(N4); T4,T5 bhūd(N3)
45 T1,T3 yanu(N3,N4)
46 T2 'bhūt
47 T3 °kramyatā; T5 omits 'ṃ'.
48 T2 muktā 'bhūd[omits 'pra'](R.); L. muktābhūd (V. °bhūt). cf. N1/H muktābhūd; N3 pramuktābhūd(N4 °bhūt).
(49…49) T1,T3,T4 omit 'prabhayā'(N3); T5 sarvvaprabhayā.
50 T5 apāyā
51 T3 sarvāny
52 T2 akṣarāṇi(R.)
53 T2 prathitāny[emends 'pra' to 'pi']; R. pithinitāny
54 T1 °gativadanāś; T4 °durggati°
55 T1 °śomitā; T3~5 °śāmitā(N3,N4). cf. Tib. bskams pa (= upaśoṣita).
56 T5 °bhūvan; V. anubhavan
57 T1,T3~5 abhūvaṃs
58 T2 inserts 'sarve'(T5 sarva; N1,N2,N4,C1,C2,B; R. sarvva; L.,V.). cf. N3 omits; N5,H insert 'save'; Tib. has no word corresp. to 'sarve'.
59 T2 paripūrṇyen°
60 T1 °driyātā; T2 °driyāṇy(R.)
61 T1 suprāpnuvaṃ
62 T2,T5 vyāmu°(N1/H,N4; R.); T3 vimu°
63 T1,T3~5 °mucyantaḥ(N2~5,B; T2 °mucyanta(R.,L.,V.). cf. N1,C1,C2 °mucyate; H °mucyaṃte.
64 T1,T4,T5 °ditaś(N3,N4)
65 T1,T4 ca āśvāsa°(N4); T3 ca āśvāśa°
66 T5 °prāpta
67 T1,T4,T5 abhūvaṃ; T2 omits 'va'.
68 T5 ndhana°[omits 'ba']
69 T5 bandhanyebhyo
70 T1 nyamucyantaḥ(N3,N4); T2 vyāmucyanta(R.); T3 vyamucyantaḥ(T4 °yaṃtaḥ); T5 vimucyantaḥ; L.,V. vyamucyanta. cf. N1 vyāmucyaṃte(C1; C2 omits 'ṃ'); N2,N5,B,H vyāmucyantaḥ.
(71…71) T2 daridrasattvāś ca(R.); T1,T4 daridrāś ca satvāḥ
72 T5 bhomavaṃnto
73 T2 °santaptāś(R.); T5 °saptāś

ca[1] niṣparidāhā[2][3] abhūvan.[4] bubhukṣitāś ca sattvāḥ[5] pūrṇôdarā abhūvan. pipāsitāś[6] ca tṛṣâpagatā[7] abhūvan.[8] gurviṇyaś ca sukhaṃ[9] prasūyante[10] sma. jīrṇadurbalāś[11] ca balasaṃpannāḥ[12] saṃvṛttāḥ[13]. na ca kasyacit sattvasya[14] tasmin[15] samaye[16] rāgo[17] bādhate sma[18] dveṣo vā moho vā krodho[19] vā[20] lobho vā khilaṃ[21] vā vyāpādo[22] vā īrṣyā vā mātsaryaṃ[23] vā. na ca[24] kaścit[25] sattvas[26] tasmin samaye mṛyate[27] sma. na cyavate sma. nôpapadyate sma. sarvasattvāś ca tasmin samaye maitracittā(ḥ)[28] ⟨hitacittāḥ⟩[29] parasparaṃ mātāpitṛsaṃjñino[(30...] 'bhūvan.[...30)]

tatrêdam ucyate.

[Meter ... Śloka]

7. yāvac câvīciparyantaṃ[31] narakā ghoradarśanāḥ[32],
duḥkhaṃ praśānta⟨ṃ⟩[33][34] sattvānāṃ sukhaṃ[35] vindanti[36] vedanāṃ[37].

8. tiryagyoniṣu yāvantaḥ sattvā[38] anyonyaghātakāḥ[39],
maitracittā [(40...]hi te[...40)] jātāḥ[41] spṛṣṭā[42] bhābhir[43] mahāmuneḥ[44].

9. pretalokeṣu[45] yāvantaḥ pretāḥ kṣuttṛtprapīḍitāḥ[46],
[(47...]prāpnuvan te[...47)] 'nnapānāni[48] bodhisattvasya[49] tejasā.

10. akṣaṇāḥ[50] pithitāḥ[51] sarve[52] durgatiś côpaśoṣitāḥ[53],
sukhitāḥ[54] sarvasattvāś[55] ca divyasaukhyasamarpitāḥ.

11. cakṣuḥśrotravihīnāś[56][57] ca ye cânye[58] vikalêndriyāḥ[59],
sarvêndriyaiḥ susaṃpūrṇā(ḥ)[60] jātāḥ sarvâṅgaśobhānāḥ[61].

1 T2 inserts ‘satvā’(R. sattvā).
2 T1,T3~5 nispari°(N3,N4)
3 T2 °dāhakā(R.)
4 T1 abhūt
5 T3 omits ‘ḥ’.
6 T1,T4 pipāśitāś
7 T3 tṛṣā apagatā; T5 tṛṣo pagatā
8 T4 omits ‘bhū’.
9 T2 sukhena(N1/H; R.,L.,V.); T5 suṣaṃ
10 T4,T5 prasūyate[omit ‘n’]
11 T1 °durbbālāś
12 T2 °pannā[omits ‘ḥ’](N1/H; R.,L.,V.); T3 °pannās
13 T1 saṃvṛtāḥ(?); T2 abhūvan(N1/H; R.,L.,V.); T5 samvṛtto. cf. N4 saṃvṛttāḥ(N3 omits ‘ḥ’).
14 T5 omits ‘sya’.
15 T5 omits ‘n’.
16 T1 samaya; T5 omits ‘sa’.
17 T1,T4 insert ‘na’(N3,N4); T2 ‘na’ is marg.. cf. N2,H insert ‘vā’.
18 T2 omits ‘sma’(N1/H; R.,L.,V.). cf. N3,N4 insert ‘sma’.
19 T4 ‘krodho’ is marg..
20 T4 ‘vā’ is marg..
21 L.,V. khilo. cf. All mss. except C1 khilaṃ(C1 omits ‘ṃ’).
22 T3 vyāpādaṃ
23 T1 mānsaryam(N3); T2 mātsaryyo(N1,C1,C2,B; R.): T3~5 mātsaryam(N4); L.,V. mātsaryo. cf. N2,N5,H mātsaryo.
24 T2 omits ‘ca’(N1/H; R.,L.,V.). cf. N3,N4 insert ‘ca’.
25 T1 kacit[omits ‘ś’]
26 T1 satvaḥ; T4 satva
27 T1 mṛyete; T2 mriyate(N1/H; R.,L.,V.). cf. N3,N4 mṛyate; BHSD,mṛyati,°te.
28 T1,T3~5 °cittāḥ(N3,N4); T2 °cittā(N1/H; R.,L.,V.)
29 T1,T3~5 omit ‘hitacittāḥ’(N3,N4); T2 inserts(N1/H[B marg.]; R.,L.,V.). cf. Tib. phan paḥī sems (= hitacitta).
(30…30) T1 °saṃgīnābhūvan (?); T5 °saṃgino bhūvan
31 T1 °vīcirpar°; T4 °panyaṃtaṃ; T5 °paryaṃtan(N3)
32 T1 gholadar°
33 T4 prasān°
34 T1,T3~5 omit ‘ṃ’(N3,N4); T2 °taṃ(N1/H; R.,L.,V.,S.)
35 T1~4 kṣipraṃ(N3,N4; R.); T5 sukhāṃ(N2,N5; B omits ‘ṃ’). cf. N1,C1,C2,H sukhaṃ; Tib. bde ba (= sukha).
36 T1,T3,T4 viṃdaṃti(N3); T2 vihanti(R.); T5 vedaṃnti. cf. N4 vidanti.
37 T2 vedanām(R.,V.,S.)
38 T1,T4 satvāḥ
39 T5 omits ‘ḥ’.
(40…40) T2 hitacittā(R.); L.,V.,S. hite[as a compound]. cf. Tib. de dag (= te).
41 T3 omits ‘ḥ’.
42 T1,T3~5 spṛṣṭa(N3,N4)
43 T3,T5 bodhir; T4 bhobhir
44 T1 °munaḥ; T4 °muṇaiḥ
45 T1 omits ‘ṣu’.
46 T2 kṣuttarṣa°(N1,N2,C1/H; R.,L.,V.,S.). cf. N4 kṣuttṛtpra°(N3?); N5 kṣutarṣa°. We regard ‘tṛt’ as a sandhi-form of ‘tṛṣ’.
(47…47) T1,T4 prāpnuvaṃte(N4); T2 prāpnuvanty(N1/H[H °vaṃty]; R.,L.,V.,S.); T3 prāpnuvas te. cf. N3 prāpnuvante.
48 T2 anna°(N1/H; R.,L.,V.,S.); T3 nnapānnāni
49 T3 °sattvasye
50 T2 akṣarā(R.)
51 T2,T4 omit ‘ḥ’.
52 T1,T5 sarvva
53 T2 omits ‘ḥ’(R.,L.,V.,S.). cf. All mss. except T2 °tāḥ.
54 T4 omits ‘ḥ’.
55 T1 sava°[omits ‘r’]
56 T1,T5 cakṣuḥśrota°(N2~4,B,H); T4 cakṣuśrotra°(V.); L.,S. cakṣuśrota°. cf. N1.N5,C2 cakṣuśrota°; C1 cakṣuśrotra°.
57 T3 °vihīṇāś
58 T1 cānya
59 T3 °driyaḥ; T4 °driyā[omits ‘ḥ’]
60 T1,T3,T4 susaṃpūrṇṇāḥ(N4); T2 suparipūrṇā; T5 susaṃpūrṇṇā[omits ‘ḥ’] (N1/H, N3); R. sasampūrṇṇā; L. sasaṃparṇā; V.,S. sasaṃpūrṇā. cf.Tib. de dag ---rdsogs śiṅ (= te saṃpūrṇāḥ).
61 T3 °sobhanāḥ

280 12. rāgadveṣâdibhiḥ kleśaiḥ sattvā[1] bādhyanta[2] ye sadā,
śāntāḥ[3] kleśās tadā[4] sarve[5] jātāḥ sukhasamarpitāḥ.
13. unmattā⟨ḥ⟩[6] smṛtimantaś[7] ca daridrā dhaninas tathā,
vyādhitā roganirmuktā[8] muktā bandhanabaddhakāḥ.
14. na khilaṃ na ca mātsaryaṃ[9] vyāpādo na ca[10] vigrahaḥ.
anyonyaṃ[11] saṃprakurvanti[12] maitracittā[13] sthitās[14] tadā.
15. mātuḥ pituś caîkaputre[15] yathā prema pravartate,[16]
tathânyonyena[17] sattvānāṃ putraprema[18] tadâbhavat.[19]
16. bodhisattvaprabhājālaiḥ[20] sphuṭāḥ[21] kṣetrā[22] [23]acintiyāḥ,[24]
gaṅgāvālikasaṃkhyātāḥ[25] [26] [27] samantād vai diśo daśaḥ.[28]
17. na bhūyaś cakravāḍāś[29] ca[30] dṛśyante kālaparvatāḥ,
sarve te vipulā[31] kṣetrāḥ[32] dṛśyanty[33] (34…eka⟨ṃ⟩ yathā…34) tathā.
18. pāṇītalaprakāśāś[35] ca dṛśyante[36] sarvaratnikāḥ,
bodhisattvasya pūjârthaṃ sarvakṣetrā[37] alaṃkṛtāḥ.[38]
19. devāś ca ṣoḍaśa tathā bodhimaṇḍôpacārakāḥ,[39]
alaṃcakrur[40] bodhimaṇḍaṃ[41] aśītir[42] yojanâyataṃ.[43]
20. ye ca kecin[44] mahāvyūhāḥ kṣetrakoṭiṣv[45] [46] anantakāḥ,[47]
te (48…sarve tatra…48) dṛśyante[49] bodhisattvasya tejasā.
21. devā nāgās tathā yakṣāḥ kinnarāś ca mahoragāḥ,
svāni svāni vimānāni (50…śmaśānānîva…50) menire.

1 T1,T4 satvāḥ
2 T2 bādhanta(R.)
3 T2,T5 śānta°[unite with 'kleśās'](N1/H; R.,L.,V.,S.); T3 sāntaḥ. cf. N3 śāntā; N4 invisible.
4 T1,T3~5 tathā(N3; N4?); R. emends 'tathā' to 'tadā'. cf. Tib. de tshe (= tadā).
5 T3 sarva
6 T1 utmantā; T2 unmattāḥ(N1/H; R.,L.,V.,S.); T3,T4 unmattā[omit 'ḥ'](N3); T5 utmattā. cf. N4 invisible.
7 T1 smiti°
8 T2 °nirmmuktā(R.)
9 T2 mātsaryyaṃ(R.); T5 māṃsaryaṃ
10 T1 omits 'ca'(S.).
11 T2 sampra°(R.)
12 T1,T4,T5 °kurvvanti(R.). cf. BHSD,saṃprakaroti; Tib. phan tshun byed pa.
13 T2,T5 °cittāḥ(R.,V.)
14 T3 sthitā[omits 's']
15 T2 inserts 'hi'(R.).
16 T:all pravarttate(R.)
17 T1,T3~5 tathā anyonyaṃ(N3). cf. N4 invisible.
18 S. putra prema[not a compound].
19 T1 °bhavet; T2 tadā 'bha°(R.)
20 T1 bodhisatvo pra°
21 T1,T4,T5 omit 'ḥ'(N3). cf. N4 invisible.
22 T1,T4 kṣetrāḥ; T2 kṣatrā
23 T2 inserts 'hy'(N1/H; R.,L.,V.,S.). cf. N3 omits; N4 invisible.
24 T3 omits 'ḥ'.
25 T1,T3~5 gaṃgā°(N2,N3,B,H)
26 T2 °vālukasaṃ°(R. °saṅ°)
27 T1,T4,T5 omit 'ḥ'.
28 T4,T5 omit 'ḥ'(N3; R.,L.,V.,S.). cf. N1/H daśaḥ; N4 obscure.
29 T2 °vālāś(R.,V.)
30 S. ya
31 V. vipulāḥ
32 T2 kṣatrā; T5 omits 'ḥ'(R.).
33 T3,T5 dṛśyante
(34…34) T1,T4 eka yathā(N3); T2 ekaṃ yathā(N1/B; R.,L.,V.,S.); T3 kathayā; T5 ka yathā(H). cf. N4 invisible.
35 T2 pāṇitala°(N1/H, N4;R.,L.,V.); S. pāṇitatala°. m.c. pāṇītala°.
36 T5 °yaṃte
37 T2 sarvekṣatrā
38 T2 alaṅkṛtāḥ(R.); T5 omits 'ḥ'.
39 T1 bodhisatvopacārakā(T3~5 °cārakāḥ). cf. N3 °satvoyatcopacārakāḥ; N4 °satvopacārakāḥ; Tib. byaṅ chub sñiṅ poḥi (= bodhimaṇḍa).
40 T1,T3~5 °cakru[omit 'r']; T2 alañcakrur(R.)
41 T2,T5 °maṇḍam(R.)
42 T2 aśīti°[omits 'r'](R.)
43 T1,T3~5 yojanāvṛtaṃ(N3,N4); L. yojanāvṛttaṃ(V.,S. °vṛtam). cf. N1/H yojanāyataṃ; Tib. khyon(= āyata).
44 T1,T3,T4 kecit
45 T1,T2 kṣatra°
46 T2 °koṭīṣv(N1/H; R.,L.,V.,S.)
47 T2 anantākāḥ
(48…48) T2 ca sarvatra(R. sarvva°)
49 T3,T4 dṛśyaṃte
(50…50) T1 śo evam eva maṇḍaṃ(?); T3,T5 smaśāna eva menire(T4 --- menine). cf. N1,N2,N5, C2,B śmaśānānīva menire; N3 śmaśā eva merine; N4 invisible; C1 śmaśāni iva menire(H 'va' for 'iva').

22. tāṃ[1] vyūhāṃ[2] saṃnirīkṣyêha[3][4] vismitā⟨ḥ⟩[5] suramānuṣāḥ,
sādhu[6] puṇyasya[7] nisyandaḥ[8] saṃpad[9] yasyêyam īdṛśī.

281 23. karoti [(10...]nâiva côdyogaṃ[...10)] kāyavāṅ[11] manasas[12] tathā,[13]
sarvârthāś[14] câsya sidhyanti[15] ye 'bhipretā manorathaiḥ.[16]

24. abhiprāyā yathânyeṣāṃ pūritāś[17] caratā purā,
vipākaḥ[18] karmaṇas tasya [(19...]saṃpaj jātêyam[...19)] īdṛśī.

25. alaṃkṛto[20] bodhimaṇḍaś caturbhir[21] bodhidevataiḥ,
pārijāto[22] divi yathā tasmād api viśiṣyate.

26. guṇāḥ[23] śakyā na te vācā sarve[24] saṃparikīrtituṃ,[25]
ye vyūhā bodhimaṇḍasya devatair abhisaṃskṛtāḥ.[26]

1 T2 tān(R.,L.,V.,S.). cf. N1,C1,C2 omit from 'tāṃ' to 'tathā'[Note 13]; N2,N3,N5,B,H tāṃ; N4 obscure.
2 T2 vyūhān(N2,N5,B,H; R.,L.,V.,S.). cf. N3 vyūhāṃ; N4 obscure.
3 T2 sanni°(R.); T5 sani°
4 T1,T4 °rīṣyeha(N3; N4?); T3,T5 °rīkṣehaṃ
5 T1,T3~5 vismitā(N3; N4?); T2 vismitāḥ(N2,N5,B,H; R.,L.,V.,S.)
6 T1 sādhū; T2 sādhuḥ(R.,L.,V.,S.). cf. N2,N3,N5,B,H sādhu(N4?).
7 T4 punyasya
8 T1 niḥsyaṇḍa; T2 nisyanda[omits 'ḥ']; T4,T5 niḥsyaṃdaḥ(N3; N4?). cf. N5,B niḥsyandaḥ; N2, H nisyandaḥ.
9 T2 sampad(R.)
(10…10) T2 vai tato yogaṃ(R.)
11 T1 kāyavāk(N4 °vāg); T4 kāyavāṃ(T5 obscure; N3); S. kāya vāṅ
12 T2 manasā(N2,N5,B,H; R.,L.,V.,S.). cf. N3,N4 manasas.
13 cf. N1,C1,C2 omit from 'tāṃ'[Note 1]to here(tathā).
14 T3 sarvarthāś; T4 sarvve 'rthāś
15 T1,T2,T5 siddhyanti(N1/H?; N4; R.,L.,S.); T4 siddhyaṃti. cf. N3 sidhyanti.
16 T2 manoramāḥ(R.); L.,V.,S. manorathāḥ. cf. N1/H manorathāḥ; N3,N4 manorathaiḥ.
17 T5 dūritāś?
18 L.,S. vipākā; V. vipākāḥ. cf. N1/H vipākā; N3,N4 vipākaḥ.
(19…19) T1 saṃparjjāteyam; T2 sampajjāteyam(R.); L.,V.,S. saṃpadyāteyam. cf. N1,N2,C1/H saṃpadyanteyam(N5 omits 'ṃ'); N3,N4 saṃpajjāteyam.
20 T2 alaṅkṛto(R.)
21 T1,T2,T5 caturbhi; T3 catubhir
22 T1 pārito jāto; T4 pārijāte
23 T3 guṇaḥ
24 T1 sarvva
25 T2 samparikīrttitum(R.; V saṃpari°)
26 T1 omits 'ṃ'.

iti hi bhikṣavas tayā bodhisattvasya kāyapramuktayā prabhayā kālikasya nāgarājasya bhavanam avabhāsitam[1] abhūt.[2] viśuddhayā[3] vimalayā kāyacittaprahlādaûdbilyajananyā[4] sarvakleśâpakarṣiṇyā[5] sarvasattvasukhaprītiprasādaprāmodyajananyā.[6][7] dṛṣṭvā ca punaḥ kāliko nāgarājas[8] tasyāṃ velāyāṃ svasya[9] parivārasya purataḥ[10] sthitvêmā[11] gāthā[12] abhāṣata[ḥ].[13]

[Meter ... Śārdūlavikrīḍita]

27. krakucchande[14] (15...yatha ābha...15) dṛṣṭa[16] rucirā dṛṣṭā[17] ca konāhvaye[18]
yadvat kāśyapadharmarāja-m-anaghe[19] dṛṣṭā[20] prabhā[21] nirmalā(ḥ),[22][23]
niḥsaṃgaṃ[24] varalakṣaṇo[25] hitakaro utpannu[26] jñānaprabho
yenêdaṃ bhavanaṃ virocati[27] hi me svarṇaprabhâlaṃkṛtaṃ.[28]
28. nâsmiṃ[29] candraraviprabhā suvipulā[30] saṃdṛśyate[31] veśmani[32]
no câgner[33] na maṇer[34] na (35...vidyud amalā...35) no ca prabhā[36] jyotiṣāṃ,[37]
no vā[38] śakraprabhā[39] na[40] brahmaṇa prabhā no ca prabhā āsurī
ekântaṃ tamasākulaṃ mama gṛhaṃ prāgduṣkṛtaiḥ[41] karmabhiḥ.
282 29. adyêdaṃ[42] bhavanaṃ virājati śubhaṃ[43] madhye ravirdīptivat[44]
cittaṃ[45] (46...prīti janeti...46) kāyu sukhito (47...gātrā bhutā...47) śītalāḥ,[48]
taptā[49] (50...vālika yā...50) śarīri[51] nipatī jātā[52] (53...sa me...53) śītalā[54]

1 T4 abhā°[omits 'va']
2 T1 'bhūt; T2,T3 abhūd(R.)
3 T3 visuddhayā.
4 T2 °prahlādovilya°(R.); V. °prahlādaudvilya°
5 T T1,T3~5 °kleśopa°(N3,N4). cf. N1/H °kleśāpa°; Tib. sel ba (= apakarṣin).
6 T3 °sukhīprīti°
7 T5 °prasādaprasāda°[repeats 'prasāda']
8 T5 nāmarājas; T3,T4 nāgarājaḥ
9 T2 omits 'sya'(R.).
10 T3,T4 omit 'ḥ'.
11 T1 sthityemā; T3~5 sthitemā(N3; N4?). cf. N1,N5,C1,C2,B sthitvemā; N2,H sthitvā imā.
12 T5 gāthāṃ
13 T1,T4,T5 abhāṣataḥ(N3,N4); T2 abhāṣata(B;R.); T3 athābhāṣataḥ. cf. N1/C2,H abhāṣat.
14 T1,T5 °cchanda(N3,N4); T3 krakutsanda; L.,V.,S. krakuchande. cf. N1,N2,C1/H krakucchande; N5 kakucchande; 普曜「拘留秦佛」.
(15…15) T1 yathābhā; T2 yathā ābha(N1/H; R.); T3~5 yathābha(N3,N4)
16 T1 dṛṣṭā(N2,N3,B); T5 dṛṣṭvā(N4). cf. N1,N5,C1,C2 dṛṣṭa; H dṛṣṭva.
17 T5 dṛṣṭvā(N1/C2,N3,N4,H). cf. B dṛṣṭā.
18 T1,T3 korāhvaye(N3,N4); T2 kanakāhvayaṃ(R.); T4 kārāhvaye[emends 'rā' to 'na']; T5 kanakāhvaye(L.,V.,S.). cf. N1,C1,C2 kanakāhva[omit 'ye']; N2 konāhvaye; N5 kākanakāhvaye; B kokāhvaye; H kānāhvaye; 普曜「拘那含牟尼佛」.
19 L.,V.,S. kāśyapi(for kāśyapa°). cf. N1/C2,H kāsyapa; N3,N4 kāśyapa; B kāsyapi; 普曜「迦葉」.
20 T1 °rājamaṇaghe; T2 °rājamuni(N1,N5,C1/H; R.); T3,T5 °rājamanighe; T4 °rājamuṇighe? cf. N2 °rājamana; N3,N4 °rājamanaghe; BHSD,§4.59.
21 T1,T3~5 dṛṣṭvā(N3~5,H); R. dṛṣṭāḥ. cf. N1,N2,C1,C2,B dṛṣṭā.
22 T3 praṃbhā
23 T1 nirmmalāḥ(R.); T2 nirmmalā; T3,T4 nirmalāḥ(N1/H,N3,N4?); T5 nirmmarāḥ; L.,V.,S. nirmalā
24 T2 niḥsaṃśayaṃ(N1/H; R.,L.,V.,S.); T4 niḥsaṃyaṃ['śa' is marg.]; T5 niḥsaṃga(N3; N4?). Metrically we read 'niḥsaṃgaṃ' (= niḥsaṃśayaṃ?); Tib. the tsom med.
25 T5 valarakṣaṇo(N3)
26 T1,T2,T5 utpanna(N1/H; R.,L.,V.,S.). cf. N3 utpannu(N4?).
27 T1 virocatī
28 T2 °laṅkṛtam(R.; V. °laṃkṛ°)
29 T2~4 nāsmiṃś(R.); S. nāsmi
30 T5 omits 'su'.
31 T2 saṃdṛśyete; R. sandṛśyate
32 T1 vesmani
33 T1 omits 'r'.
34 T3 omits 'r'.
(35…35) S vidyu-d-amalā
36 T4 cā
37 T2 jyotiṣām(R.,V.)
38 T3 cā(S.); T4 omits 'vā'.
39 T1 omits 'prabhā'.
40 T1 omits 'na'.
41 T1 omits 'ḥ'; T2 prāduṣ°[omits 'g'](R.); T3~5 °duskṛtair
42 T1,T3 adya naṃ; T4 adyenaṃ
43 T5 śubham
44 T1 ravidīptavat(N1,C1/H); T2 raviṃdīptimat(R. raviṃ dī°); T5 ravidīptavan; L.,V.,S. raviṃdīptivat. cf. N2,N3 ravirdīptavat(N4?); N5 raviṃdīptavat.
45 T2 citte(R.)
(46…46) R.,L.,S. prītijaneti[compound]
(47…47) T1 gātrābhuto; T2 gātro 'dbhutā(R.); L.,V.,S. gātrādbhutā. cf. N1/H gātrodbhutā; N3 gātrābhutā(N4?); JAOS 66,§72(should be read 'gātrodbhutā').
48 T5 śītalaḥ; L.,V.,S. śītalā. cf. N1,N3,N5,C1,C2,B śītalāḥ(N4?); N2,H śītalā.
49 T1 saptā
(50…50) T2 vālukayā(R.)
51 T2 śarīra(R.); T5 śalīri
52 T2 jāto(R.)
(53…53) T5 sama
54 T1,T4,T5 śītalāḥ; T2 śītalaṃ(R.)

suvyaktaṃ bahukalpakoṭicarito[1] bodhidrumaṃ gacchati.

30. śīghraṃ[2] gṛhnata[3] nāgapuṣpa[4] rucirāṃ[5] vastrāṃ sugandhāṃ[6] śubhāṃ[7]
muktāhārapinaddhakāṃś[8] ca balayāṃś[9] cūrṇāni dhūpôttamāṃ,[10]
saṃgītiṃ[11] prakurudhva[12] vādya[13] vividhā[14] bherīmṛdaṅgaiḥ[15] śubhaiḥ[16]
hantā[17] gacchatha pūjanā[18] hitakaraṃ pūjârha sarve[19] jage.

31. so 'bhyutthāya ca nāgakanyasahitaś[20] caturo diśaḥ prekṣate
adrākṣīd[21] atha meruparvatanibhaṃ svālaṃkṛtaṃ[22] tejasā,
devair[23] dānavakoṭibhiḥ parivṛtaṃ brahmêndrayakṣais[24] tathā
pūjāṃ[25] tasya karonti[26] hṛṣṭamanaso[27] darśenti[28] mārgo hy ayaṃ.[29]

32. saṃhṛṣṭaḥ sa hi nāgarāṭ[30] sumuditaś[31] câbhyarcya[32] lokôttamaṃ
vanditvā[33] caraṇau[34] ca gauravakṛtas[35] tasthau[36] muner[37] agrataḥ,
nāgākanya udagra hṛṣṭamanasaḥ kurvanti[38] pūjāṃ muneḥ[39]
puṣpāṃ[40] gandhavilepanāṃś[41] ca kṣipiṣus[42] tūryāṇi[43] nirnādayan.

33. kṛtvā cāñjali[44] nāgarāṭ[45] sumuditas[46] tuṣṭāva[47] tathyair[48] guṇaiḥ
sādhū[49] darśitu[50] pūrṇacandravadane[51] lokôttame[52] nāyake,
yatha[53] me dṛṣṭa[54] nimitta[55] pūrva-ṛṣiṇāṃ[56] paśyāmi[57] [(58…] tān eva […58)] te[59]
adya tvaṃ vinihatya māra[60] balavān[61] iṣṭaṃ padaṃ[62] lapsyase.[63]

1 T1 °koṭīca°; T3 bahukoṭikalpacarito
2 T5 omits 'ṃ'.
3 R.,V. gṛhṇata
4 S. nāga puṣpa[not a compound]
5 L.,V.,S. omit 'ṃ'. cf. All mss. except C1 rucirāṃ; C1 rucirā.
6 T1 sugandhāc; T2 omits 'ṃ'(R.); T4 sugaṃdhāc(N3; N4?); T5 sugaṃdhāṃc
7 T1,T4,T5 chubhāṃ(N3; N4?)
8 T1 pinarddhatāś; T2,T4 pinaddhatāṃś(N1/H; R.,L.,V.,S.); T3,T5 pinaddhanāś(N3; N4?). cf. Tib. rgyan(= pinaddhaka). Acc. to Tib. we read 'pinaddhakāṃś' though no ms. supports it.
9 T1,T4,T5 balayāś; T3 balayāṃ
10 T1 dhūporttamāṃ; T2 °ttamān(R.); T3,T5 °ttamaṃ; T4 °ttamāṃ(N1/H,N3,N4); L.,V.,S. °ttamā
11 T2 saṅgītiṃ(R.)
12 T1 °dhvaṃ; T2 prakudhva[omits 'ru']; V. prakṛrudhva
13 T3 cādya; L. vādya°[unites with 'vividhā']
14 T:all vividhāṃ(R.)
15 T1,T3~5 °mṛdaṃgaiḥ
16 T5 omits 'ḥ'; R. śubhair
17 T2 hantaṃ(R.). cf. Tib. brduṅ shiṅ (= beating); BHSG,§3.6 (hantā = hanta).
18 S. pūjānā
19 T5 sarvva
20 T1 °kanyā°
21 T1 °kṣīt; T5 'drā°
22 T2 °laṅkṛtaṃ(R.); T3 śvālaṃ°
23 T1 omits 'r'.
24 S. brahmamendra°
25 T5 pūjān
26 T1 karoṃti; T2 karoti
27 T2 °manaśaḥ; R. °manasaḥ
28 T3,T4 darśanti; T5 darśeti
29 T2 ayam(R.,V.)
30 R. °rāja(T2 emends 'ja' to 'ṭ')
31 T3 °ditaḥ
32 T1 cābhyetya(N3; N4?); T3,T5 cānyesya
33 T1,T4 vaṃdi°
34 T2 caraṇai
35 T1,T3,T4 °kṛtaḥ
36 T3,T4 tastho(T5?)
37 T2 munir
38 T1 kurvvantu
39 T1 omits 'ḥ'.
40 T1,T2,T4 puṣpaṃ(N1,N5,C1,B; R.,L.,V.,S.); T5 puṣpa(N3; N4?). cf. C1 puṣpāṃ; N2,H omit from here(puṣpāṃ) to 'vayaṃ'(the end of Gāthā No.41).
41 T1 gaṃdhānirepanāś; T5 omits 'ṃ'; L.,V.,S. °panā[omit 'ṃś']. cf. N1,N3,N5,C1,C2,B °panāṃś (N4?).
42 T1 kṣipīṣūs; T4 kṣipiṣūr?
43 T1 tūryyāni; T4 turyāni['tu' is marg.]
44 T3,T4 cāṃjali
45 T1,T4 nāgarāt(N3); T5 nāgaron
46 T2 °ditaḥ(R.)
47 T1 tuṣṭāca
48 T1,T5 tasyai(N3; N4?); T4 tasyair
49 T1,T2 sādhu(N1,N5,C1,C2,B; R.); L.,V.,S. sādhur. cf. N3,N4 sādhū.
50 T2 darśatu(R.)
51 T3 svarṇṇa°; T5 obscure
52 R. lokattame
53 T3 atha; R. yathā(T2 emends 'thā' to 'tha')
54 T1,T3~5 dṛṣti(N3,N4); T2 dṛṣṭaṃ(R.). cf. N1,N5,C1,C2 B dṛṣṭa. Contextually it is proper to read 'dṛṣṭa'.
55 T2 nimittaṃ(R.); T3 nimitti
56 T2 °ṛṣīṇāṃ(R.); T3 pūrvalaṣiṇā; T5 pārvvarṣiṇāṃ
57 T2 paśyāma(N1,N5,C1,C2,B; R.)
(58...58) T1,T4,T5 teneva(N3,N4); T2 tānaiva(R.); T3 tenaiva. cf. N1,N5,C1,C2,B tān eva.
59 T2 me(R.)
60 T2 māraṃ(R.); L.,V. māra°[unite with 'balavān']
61 T3 balavānn
62 T3 phalaṃ
63 T1,T5 lapsase; T3 prāpsyase; S. lapyasyase. cf. N1,N3~5,C1,C2.B lapsyase.

34. yasyârthe damadānasaṃyama[1] pure sarvâsti[2] tyāgī[3] abhūt[4]
yasyârthe damaśīlamaitrakaruṇākṣāntībalaṃ[5] bhāvitaṃ[6],
283 yasyârthe dṛḍhavīryadhyānaniratah[7] prajñāpradīpaḥ[8] kṛtaḥ
sâîṣā[9] te[10] paripūrṇa[11] sarvapraṇidhī[12] adyo[13] jino bheṣyase.

35. yadvad[14] vṛkṣa sapattrapuṣpa saphalā[15] bodhidrumaṃ[16] saṃnatāḥ[17]
yadvat kumbhasahasra[18] pūrṇasalilā[19] kurvanti prādakṣiṇaṃ[20],
yadvac cāsagaṇāś[21] ca saṃpramuditā[22] snigdhaṃ[23] rutaṃ kurvate
haṃsāḥ[24] kroñcagaṇā[25][26] yathā ca gagaṇe[27] gacchanti līlânvitāḥ[28]
kurvante sumanāḥ[29] pradakṣiṇam[30] ṛṣiṃ bhāvī[31] tvam adyârhavān.

36. yatha[32] cā[33] [(34...]kāñcanavarṇa-ābha rucirā[...34)] kṣetraḥśatā[35] gacchate
śāntāś câpi yathā[36] apāyanikhilā[37] duḥkhair vimuktā[38] prajāḥ,
yadvad vṛṣṭita[39] candrasūryabhavanā vāyur[40] mṛdur vāyate
adyā[41] bheṣyasi sārthavāhu[42] tribhave jātījarāmocakaḥ[43].

37. yadvat[44] kāmaratī vihāya ca surās tvatpūjane 'bhyāgatāḥ[45]
brahmā brahmapurohitāś[46] ca amarā[47] utsṛjya [(48...]dhyānaṃ sukhaṃ[...48)],
ye kecit[49] tribhave[50] tathâîśvarapare[51] sarve ihâbhyāgatāḥ[52]
adyā[53] bheṣyasi vaidyarāt[54] tribhuvane[55] jatījarāmocakaḥ[56].

1 T5 daṃma° 2 T2 sarvāsthi(B; R.); T2 sarvvāsti(N3,N4); L.,V.,S. sarvā ti. cf. N1,N5,C1,C2,H sarvāsti; BHSD,2 asti.
3 T1 kalpāśī 4 T2 abhūd(R.)
5 T1,T2,T5 °karuṇākṣānti°(N1,N3~5,C1,C2,B; R.,V.);L.,S. °karuṇā kṣānti°. m.c. °kṣāntī°.
6 T2 °tam(R.,V.); T5 tevitaṃ
7 T1,T3~5 damavīrya°(N3,N4); T2 dṛḍhavīryya°(N1,N5,C1,C2); L.,V.,S. damavīrya[divide from the next word]. cf. B dṛḍhavīrya°; Tib.brtan(= dṛḍha).
8 T5 omits 'ḥ'. 9 T1,T3~5 seṣā(N3; N4?)
10 cf. N3 omits 'te'. 11 T3~5 pratipūrṇa(N3; N4?)
12 T1 °praṇīdhī: T2 °praṇidhi(R.); V. sarva pra°[not a compound]
13 T1 ahya; L.,V.,S. adyā. cf. All mss. except T1 adyo; BHSG,§3.82; JAOS 66,§57.
14 T2 yad[marg. yadvat]; R. yad[omits 'vad'] 15 T1,T5 omit 'sa'.
16 T3 bodhidrutaṃ
17 T2 sannatā[omits 'ḥ'](R.); T1,T4,T5 sannatāḥ 18 T1,T3~5 kuṃbha°
19 T1 pūrṇaśalīlā; T3~5 pūrṇaśalilā 20 T2 °kṣiṇam(R.,V.)
21 T2 cāpsaragaṇāś(T4 emends 'sa' to 'psa' and inserts 'ra' in the margin; N1,N5,C1,C2,B; R.,L.,V.,S.). cf. N3,N4 cāsagaṇāś; Tib. tsa śaḥi (= cāśa). cāsa = cāśa.
22 T1 saṃpraditā[omits 'mu']; T2 sampramuditāḥ(R.)
23 T1,T2 omit 'ṃ'(R.). 24 T5 omits 'ḥ'(T4 marg.; V.).
25 T1 sraikṣāca°; T2 krauṃca°(R. krauñca°); T4 kroṃca°; T5 praca°
26 T1 T3~5 °gaṇāḥ 27 T1,T5 gagaṇai; T3 gagane(V.,S.)
28 T1,T4 līḍāṃnvitaṃ; T5 līḍānvitaṃ(N3 omits 'ṃ'; N4; L.,S.); V. līlānvitaṃ. cf. N1,N5,C1,C2,B līlānvitāḥ.
29 T2 sukhinā(R.) 30 R. omits 'm'.
31 T2 bhāvi(N1,N5,C1,C2,B; R.,L.,V.,S.). cf. N3,N4 bhāvī.
32 T2 yathā(R.) 33 All mss. except T3 vā(R.,L.,V.,S.)
(34…34) R.,V.,S. °varṇa ābha rucirā; L. °varṇa ābharucirā
35 T2 kṣatrāśatāṃ(R. kṣetrā°); T3 kṣetraḥsatā; L.,V. kṣatrāśatā; S. kṣetrāśatā. cf. N1,N5 kṣetrāśatāṃ; N3 kṣetraḥśatā(N4?); C1 kṣatrāśatā(C2,B °śatāṃ).
36 T2 tathā
37 T3 °khilāḥ; V. apāya nikhilā[not a compound] 38 T2 °ktāḥ(R.)
39 T1 viṣṭiṣṭata?; T3 viṣṭita(T4?; T5; N3~5). cf. N1,C1,C2,B vṛṣṭita; BHSD,vṛṣṭita.
40 T1,T2 vāyu[omit 'r']; R. vāyū 41 T2 adya
42 T2 °vāha(R.) 43 T1 jātijināocako; T2 jātījarāmocako(R.,L.,V., S.); T5 jātijalāmocako. cf. N1,N5,C1,C2,B jātijarāmocako.
44 T1 yat[omits 'dva']. cf. C1 omits the whole of this Gāthā(No. 37).
45 T1,T2,T4,T5 omit 'ḥ'(R.). 46 T1,T4,T5 °hitaś
47 T1,T4,T5 amarār
(48…48) T2 --- sukhaṃm(R.,V. °kham); S. dhyānaṃ-sukhaṃ[compound]
49 T5 kecin 50 T1 °bhavet
51 T1,T4,T5 tathaiva ca pure(N1,N4,N5,C2,B; R.,L.,V.,S.); T3 tathaiśvarapure. cf. N3 tathaiṃvacapure?; Tib. dbaṅ phyug dam pa (= aiśvara-para).
52 T2 omits 'ḥ'(R.). 53 T2 adyo(C2; R.)
54 T1 °rāṃ; T2 °rāja(N4; R.,S.); T5 °rā[omits 't'](N3); L.,V. °rāju. cf. N1,N5,C2,B °rājas.
55 T2 tribhave(N1,N5,C2,B; R.,L.,V.,S.). cf. N3,N4 tribhuvane.
56 T1 jātījalāmocako; T2 jātījarāmocako(N1,N3,N5,C2,B; R.,L.,V.,S.); T5 jātijarāmocako. cf. N4 jātījarāmocakaḥ.

38. mārgaś câpi yathā viśodhitu[1] surair[2] yenâdya tvaṃ gacchase[3]
etenâgatu[4] krakucchandu[5] bhagavān kanakâhvayaḥ[6] kāśyapaḥ,
yatha vā[7] padma[8] viśuddhanirmalaśubhā[9] bhitvā[10] mahīm[11] udgatāḥ[12]
yasmin[13] nikṣipase[14] kramān[15] atibalāṃ[16] bhāvi[17] tvam[18] adyârhavān.
39. mārāḥ[19] koṭisahasra'nekanayutā[20] gaṅgā[21] yathā vālikā⟨ḥ⟩[22]
te[23] tubhyaṃ[24] na samartha[25] bodhiviṭapāc[26] cāletu kampetu[27] vā,
284 yajñā naikavidhāḥ sahasranayutā[28] gaṅgā[29] yathā vālikāḥ[30]
yaṣṭās[31] te caratā hitāya jagatas tenêha[32] vibhrājase[33].
40. nakṣatrāḥ[34] saśaśī satārakaravī[35] bhūmau pate⟨d⟩[36] ambarāt[37]
svasthānāc ca[38] calen[39] mahāgirivaraḥ[40] śuṣyed[41] atho[42] sāgaraḥ,
caturo dhātava[43] kaści[44] vijñapuruṣo[45] darśeya[46] ekâikaso[47]
nâiva tvaṃ drumarājamūla[(48...] [...48)]'pagato aprāpya bodhy utthihet[49].
41. lābhā mahya[50] sulabdha vṛddhi vipulā dṛṣṭo[51] 'si yat sārathe[52]
pūjā[53] câiva kṛtā guṇāś[54] ca kathitā bodhāya côtsāhitaḥ[55],
sarvā nāgavadhū[56] ahaṃ ca sasuto[57] [(58...]mucyem' ito[...58)] yonitaḥ[59]
tvaṃ yāsī[60] yatha mattavāraṇagate gacchema[61] evaṃ vayaṃ[62].

iti hi bhikṣavaḥ kālikasya nāgarājasyâgramahiṣī[63] suvarṇapravāsā nāma sā[64] saṃbahulābhir[65] nāgakanyābhiḥ parivṛtā[66] puraskṛtā nānāratna[67]cchattraparigṛhītābhiḥ[68] nānātūrya[69]parigṛhītābhiḥ[70] nānāmuktāhāraparigṛhī-

1 T1,T4 viśodhita; T3 visodhitu; T5 viśvadhita
2 T1,T5 omit 'r'. 3 T5 gacchaste
4 S. etenā gatu
5 T1,T2,T5 °chanda(T4?; R.); T3 krakuṃsanda
6 T5 kanakākṣanakā°[inserts 'kākṣana']
7 Contextually it is proper to read 'cā', but no ms. supports it.
8 T5 padmavidma[adds 'vidma']
9 T2 °śubhāṃ(R.); T3 visuddha°; V. viśuddha nirmala śubhā[not a compound]
10 V. bhittvā; S. mitvā 11 T3 mahī; T5 mahim
12 T2 omits 'ḥ'(R.); T3 bhyudgatā; T5 uṅgatāḥ
13 T4 yasmiṃ(L.,V.,S.). cf. Other mss. than T4 yasmin.
14 T2 vikṣi°(T4 emends 'ni' to 'vi'; N1,N5,C1,C2,B; R.). cf. N3,N4 nikṣi°.
15 T1 kraman; T2 kramād 16 T2 atibalād(R.); T3 abhibalāṃ
17 T4,T5 bhāvī(N3,N4) 18 T1 obscure; T5 nam(N3,N4)
19 T3 omits 'ḥ'.
20 T1 koṭīsahasranevānayutā; T2 °nekaniyutāṃ(R. °niyutaṃ); V. °sahasra neka°[not a compound]
21 T1,T3~5 gaṃgā
22 T1,T3~5 omit 'ḥ'(N3,N4); T2 vālikāḥ(N1,N5,C1,C2,B; L.,V.,S.); R. vālikās
23 T1 tes; S. omits 'te'. 24 T3 bhubhyaṃ
25 T1 mama°; T4 śama° 26 T1,T4,T5 °vitapāc
27 T1,T3~5 kaṃpetu 28 T1,T4 °nayutāḥ; T2 °niyutāḥ(R.); T5 °nayugāḥ
29 T1,T3~5 gaṃgā 30 T2 omits 'ḥ'(R.).
31 T1 yaṣṭā[omits 's'] 32 T2 teneka(R.); T5 tene[omits 'ha']
33 T5 °rājasya 34 L.,V.,S. omit 'ḥ'. cf. All mss. nakṣatrāḥ.
35 T1 °kavī[omits 'ra']
36 T:all pate[omit 'd'](N3,N4; R.); L.,V.,S. pated. cf. N1,N5,C1,C2,B pated.
37 T1.T3,T5 caṃcarāt(T4 emends 'caṃ' to 'a'; N4); T2 accarāṭ(R.). cf. N1,C1,C2 ambarāṭ; N3 cañcarā; N5 asbarāṭ(B °rāt); Tib. mkhaḥ las (= ambarāt).
38 T4 omits 'ca'(B). cf. N4 caṃ. 39 T1,T3~5 calet(N4). cf. N3 calen.
40 T1 °girīri°[inserts 'rī'] 41 T1 śuṣod; T2 śuṣped(R.); T5 śuṣpad
42 T1 arthe; T5 athe 43 T2 °vaḥ[inserts 'ḥ'](R.)
44 T2 kaścid(R.); T3 kañci 45 T4 vijñāpu°(N4)
46 T2 darśaya(R.)
47 T1 °kasā(B); T2 °kaśo(R.); T3 °katā; L.,S. °kasaḥ; V. °kaśaḥ. cf. Other mss. °kaso.
(48...48) T1 °mūlopa°; T2 °mūlupa°(N1,N5,C1,C2,B; R.,L.,V.,S.); T3~5 °mūla pa°(N3,N4)
49 T5 tthihet[omits 'u'] 50 T1 mahyaṃ; T5 mahe
51 T1 vipurā 52 T5 sāratheḥ
53 T1 pūjāñ; T3,T4 pūjāṃ 54 T5 guṇāñ
55 T2 °hitāḥ(N1,N5,C1,C2,B; R.); T3 °hitā. cf. N3,N4 °hitaḥ.
56 T2 °vadhur; R. °vadhūr
57 T5 susuto; L.,V.,S. sasutā. cf. Other mss. than T5 sasuto.
(58...58) T5 mucyamito; R.,L.,V.,S. mucyemito. cf. BHSG,§4.45.
59 R. yonitas 60 T1,T3~5 yāṣī(N3,N4)
61 T2 gacchāma(R.)
62 R.vayam; L.,S. vayaṃ // iti; V. vayam // iti. cf. All mss.(that can be referred) omit 'iti'; N2,H omit from 'puṣpāṃ'[two pages before, Note 40] to here(vayaṃ).
63 T1,T3~5 °mahiṣyā(N3,N4) 64 T2 omits 'sā'(R.).
65 T1,T5 omit 'r'; T2 samba°(R.) 66 T1 °vṛtāḥ
67 T3 omits 'ratna'. 68 T2 °bhir(R.)
69 T2 nānādravyapari°(R.); T3~5 nānāduṣyapari°(T1 °duṣyepari°?; N1/H,N3,N4); L.,V. nānādūṣyapari°. cf. BHSD,2 duṣya,dūṣya; Acc. to Tib.[sil sñan] we read 'tūrya' though no ms. supports it.
70 T2 °bhir(R.,V.)

hītābhiḥ[1] nānāmaṇi[2]ratnaparigṛhītābhiḥ[3] divyamānuṣyakamālya[vilepana][4]guṇa[5]-
parigṛhītābhiḥ[6] nānāgandhaghaṭikāparigṛhītābhiḥ[7] nānātūrya[8]saṃgīti[9]saṃpra-
vāditaiḥ[10], nānāratnapuṣpair[11] bodhisattvaṃ gacchantam abhyavakiranti[12]
smâbhiś[13] ca[14] gāthābhis[15] tuṣṭuvuḥ[16].

[Meter ... Bhujaṅgaprayāta]

42. abhrāntā atrastā[17] abhīrū[18] achambhī[19]
alīnā adīnā[20] prahṛṣṭā[21] dudharṣā[22],
araktā aduṣṭā[23] amūḍhā alubdhā
viraktā vimuktā namas te mahârṣe[24].

285 43. bhiṣaṅkā[25] viśalyā vineyān[26] vineṣī[27]
suvaidyā[28] jagasyā dukhebhyaḥ[29] pramocī,
alenā atrāṇā[30] adīnāṃ[31] viditvā
(32... bhavā lenu ...32) trāṇo[33] (34... triloke 'smi ...34) jātaḥ.

44. prasannā prahṛṣṭā yathā[35] devasaṃghāḥ[36]
pravarṣī[37] nabhasthā[38] mahāpuṣpavarṣaṃ[39],
mahācelakṣepaṃ[40] karontī[41] yathême
jino bheṣyase 'dyā[42] kuruṣva[43] praharṣaṃ[44].

45. upehi drumêndraṃ[45] niṣīdā[46] achambhī[47]
jinā[48] mārasenāṃ[49] dhuna[50] kleśajālaṃ[51],

1 T2 °bhir(R.) 2 T2 omits 'maṇi'(R.).
3 T2 °bhir(R.) 4 T1 °virepana°; Other mss. °vilepana°(R.,L.,V.). Acc. to Tib. and from the context this should be deleted though all mss. insert it.
5 L.,V. °guṇṭha°(for °guṇa°). cf. All mss. °guṇa°; Tib. phreṅ ba brgyus pa (= mālyaguṇa); BHSD, ?guṇṭha. 6 T2 °bhir(R.)
7 T2 omits this whole word(R.); T5 °ghaṭikepari°
8 T2 °turyya° 9 T2 °saṅgīti°(R.)
10 T1 omits 'ḥ'; T2 °sampravāditair(R.); T3 omits 'saṃ'; T4 °saṃpravāditair(N1/H,N3,N4; L.,V.); T5 °saṃprakāritai
11 T2 °puṣpavarṣair[inserts 'varṣa'](R.,L.,V.); T1,T3,T5 °puṣpai[omit 'r']. cf. N1,C1,C2 °puṣpavaṣyai; N2,H °puṣpavarṣai; N3,N4 °puṣpair; N5 °puṣpavarṣe(B °varṣa); Tib. has no word corresp. to 'varṣa'. 12 T3 °avāki°
13 T3 smābhir; L.,V. sma / ābhiś. cf. Other mss. than T3 smābhiś.
14 T3 omits 'ca'. 15 T1,T4,T5 °bhir; T3 °bhiḥ
16 T1,T4 abhistūvuḥ; T5 abhistūcuḥ(?)
17 R. atrastrā. This word(atrastā) is unmetrical unless 'atr' is short.
18 T1,T5 abhiruḥ; T2 abhīrur(N1/B; R.); T4 abhīruḥ(N3,N4). cf. H abhiru.
19 T2 acchambhī(N1/B; R.). cf. H astambhī.
20 T5 adinā
21 T1,T4 praduṣṭāhṛṣṭa; T3 praduṣṭā hṛṣṭā; T5 praduṣṭā hṛṣṭa(N3,N4)
22 T3 duddharṣā 23 T5 araduṣṭa?
24 T1 maharṣaṃ
25 T2 bhiṣaktā(R.); T3 viṣaktā. cf. N2 abhiṣaṅkā.
26 T2 vineyād(N1/C2,H; R.); L.,V.,S. vineyā. cf. N3,N4 vineyān; B vineyā.
27 T2 vinaiṣī(R.); T5 vineṣi. cf. N1,C1,C2 biteṣī; N2~4,B,H vineṣī; N5 vineyī.
28 T3 savaidya 29 T1,T2,T4 duḥkhebhyaḥ(T3 omits 'ḥ')
30 This word(atrāṇā) is unmetrical unless 'atr' is short.
31 T2 adīnā(N3; R.); T5 adinā; L.,V. ahīnā; S. a hīnā. cf. N1,C1,C2 ahīṇā; N2,N5,B,H ahīnā; N4 adīnāṃ.
(32…32) T1 bhavālebhu; T4 bhavāletu(N3,N4); L. bhavālenu(V. bhavāle nu°). cf. N2,N5,H bhavā layanu. 33 T2 trāṇā(R.)
(34…34) T1,T3,T4 nṛlokesmi(N3,N4); T2 'smi' is marg.; T5 nṛlokesi; L.,V.,S. trilokesmi. cf. N2 trilokesi; H trilokasmi. 35 T2 yayur(R.)
36 R. °saṅghāḥ 37 T3 invisible; T4 °varṣā
38 T1,T4,T5 nabhastalāt(N3,N4); T3 invisible. cf. N1/H nabhasthalāt.
39 T2 °varṣam(R.,V.); T3 invisible; L. mahatpu°. cf. N1/H mahatpu°; N3,N4 mahāpu°.
40 T2 mahācaila°(N2,H; R.,L.,V.,S.); T3 mahābalakṣepa[omits 'ṃ']; T5 mahavela°(N3,N4,B). cf. N1,N5,C1,C2 mahāvaila°. 41 T1,T2,T5 karonti(N1/H,N3,N4; R.)
42 T2 vyā°[unites with the next word](R.) 43 T1 kuluṣva
44 T2 °harṣam(R.,V.); T5 praharṣo 45 T3 °dran
46 T1 niṣidā; T2 niṣīda(R.); T3 nirīṣā 47 R. acchambhī
48 T1,T2,T4,T5 jitā(N1/C2,N3,N4,H; R.). cf. B jinā; BHSG,§43(p.213); 'jinā' is impv. 2 sg. form of √ji.
49 T2,T5 omit 'ṃ'(R.). cf. N3 °senān. 50 T2 punaḥ(R.)
51 T2 °jālam(R.,V.)

vibudhya[1] prasāntāṃ[2] (3...varām agrabodhiṃ...3)[4]
yathā paurvakais[5] tair[6] vibuddhā jinêndraiḥ[7].
46. tvayā[8] yasya[9] arthe bahūkalpakoṭyaḥ[10]
kṛtā duskarāṇī[11] jagan[12] mocanârthaṃ[13][14],
prapūrṇā[15] ti sâsā[16] ayaṃ prāptu[17] kālo
upehi drumêndraṃ[18] spṛśasvâgrabodhiṃ[19][20].

atha khalu bhikṣavo bodhisattvasyâitad abhavat[21]. kutra niṣaṇṇais[22] taiḥ pūrvakais[23] tathāgatair anuttarā samyaksaṃbodhir[24][25] abhisaṃbuddhā[26] iti. tato 'syâitad[27] abhūt[28]. tṛṇasaṃstare[29] niṣaṇṇair iti[30].

atha[31] khalv[32] antarikṣagatāni[33] śuddhāvāsakāyikādevaśatasahasrāṇi[34][35] bodhisattvasya[36] cetobhir eva cetaḥparivitarkam ājñāyâivaṃ[37] vāco[38] (39...'bhā-
286 ṣanta...39). evam etat[40] satpuruṣâivam[41] etat tṛṇasaṃstare[42] satpuruṣa niṣadya[43] taiḥ pūrvakais[44] tathāgatair anuttarā samyaksaṃbodhir[45][46] abhisaṃbuddhā[47].

adrākṣīt[48] khalv api bhikṣavo bodhisattvo[49] mārgasya dakṣiṇe[50] pārśve svastikaṃ yāvaśikaṃ[51] tṛṇāni lunantaṃ[52], nīlāni mṛdukāni sukumārāṇi ramaṇīyāni[53] kuṇḍalakajātāni[54] pradakṣiṇāvartāni[55] mayūragrīva-[56]saṃnibhāni[57] kācilindikasukhasaṃsparśāni[58] sugandhīni[59] varṇavanti[60] manoramāṇi[61]. dṛṣṭvā ca punar[62] bodhisattvo[63] mārgād apakramya yena sva-

1 V. vibuddhya
2 T2 praśān°(N1,N2,N4,N5,C2,B,H; R.,L.,V.,S.). prasānta = praśānta.
(3...3) T1 varāgra°; T3 varāṃ atra° 4 T5 omits 'ṃ'.
5 T1 pūrvvakes; T4,T5 paurvvakais 6 R. tad
7 T3 °drais 8 T1,T5 tayā(N3,N4)
9 T1 jasya 10 T1,T4 bahūnkalpa°; T2,T3 bahukalpa°(R.)
11 T2 duṣkarāṇi(N4; R.); T5 duskarāṇā; L.,V.,S. duṣkarāṇī. cf. N1/H duṣkarāṇī; N3 duskarāṇī.
12 T1 jagat(N4) 13 T3 tyoca°
14 T2 °rtham(R.,V.) 15 T1 °pūrṇṇa(N4)
16 T1,T5 sāmā(N3,N4); T2 āsā(L.,S.); T4 sārā; R.,V. āśā. cf. N1/B sāsā; H so sya. āsā = āśā.
17 T1,T4 prāpta(N3,N4) 18 T1 drumeṃdraṃ
19 T1 spṛsvā°[omits 'śa']; T3 spṛsaśvā°; T5 spṛsasvā°
20 T2 °bodhim(R.); L.,S. °bodhiṃ // iti; V. °bodhim // iti. cf. All mss. lack 'iti'.
21 T2 abhūt; T5 abhavet? 22 T1 nirṣaṇṇais
23 T1,T2 paurvakais; R. paurvikais 24 T1,T3~5 saṃmyak°
25 T2 °sambodhir(R.) 26 T2 °sambuddhā(R.); T4 ābhi°
27 T1,T3~5 'syetad(N3). cf. N1/H,N4 'syaitad.
28 T5 abhūn
29 T1,T2,T4,T5 °stara(N1/B,N3; R.); T3 °staraṇa. cf. N4 °stare; H °sthātara.
30 T1,T3~5 ity(N3). cf. N4 iti. 31 T1,T5 artha
32 T2 khalu(R.)
33 R.,L.,V. antarīkṣa°. cf. N3 antarikṣa°; N1/H,N4 antarīkṣa°.
34 T3 suddhā°; T5 śurddha°
35 T2 °kāyikadevaputraśata°(R.); V. °kāyikadevaśata°. cf. N4 °kāyikādevaputraśata°.
36 T3 omits 'sya'. 37 T3,T4 ājñāyevaṃ. cf. N4 ājñāya evaṃ.
38 T2 vācā°['vā' is marg.]; R. cā°[omits 'vā]
(39...39) T1,T3~5 bhāṣantaivam(N1/H, N3); T2 °bhāṣaṃta evam(R. °bhāṣanta); L.V. bhāṣante sma / evam. cf. N4 bhāṣantaḥ / evam; All mss. lack 'sma'.
40 T1 et[omits 'ta']; T5 etan(N3) 41 T5 sanpuṣaivam; V. satpuruṣa, evam
42 T1 °saṃntare; T5 °sastare[omits 'ṃ'](N4) 43 T4 niṣadye
44 T2 paurvikais(R.); T3 pūrvakaiḥ 45 T1,T3,T4 saṃmyak°
46 T2 °sambodhir(R.)
47 T2 °sambuddhā(R.); L.,V. °buddhā iti[add 'iti']. cf. All mss. lack 'iti'.
48 T2 inserts 'sa'(R.). 49 T5 omits 'bo'.
50 T1 dakṣiṇa
51 T2 yāvasikaṃm(R.,V. °kam); L. yāvasikaṃ. cf. N1,N5,C1,C2,B yāvaśikaṃs(N2 yāvaṣi°); N3 yāvaśikaṃ; N4 yāvasikaṃ; H yāvanikaṃs. yāvaśika = yāvasika.
52 T1,T4 luṃnaṃtaṃ(T5?); T2 lunāti sma(R.); L.,V. lūnāti sma. cf. N1,C1,C2 lunanta; N2,H lunantaṃ; N3,B omit; N4,N5 lūnāti sma.
53 T1 °yāṇi
54 L.,V. kuṇḍala°[omit 'ka']. cf. H kuṇḍala°; Other mss. kuṇḍalaka°.
55 T3 °varttāṇi 56 T1 mayūrā°(?)
57 T2 sanni°(R.) 58 T2,T3 °śāṇi
59 T2 sugandhāni(R.) 60 T5 vārṇṇa°(?)
61 T1 °māni 62 T1,T5 puna[omit 'r']
63 T4 bodhisatvā

stiko yāvaśikas[1] tenôpasaṃkrāmad[2] upasaṃkramya[3] svastikaṃ yāvaśi-
kaṃ[4] madhurayā vācā samālapati[5] sma. yâsau[6] vāg[7] ājñāpanī[8] vi-
jñāpanī[9] vispaṣṭā[10] [(11...]anelākalā varṇa⟨sukhā⟩[...11)] valguḥ[12] śravaṇīyā[13] snigdhā[14]
smāraṇī(yā)[15] codanī[16] toṣaṇī[17] premaṇī[18] akarkasā[19] agadgadā[20] aparuṣā
acapalā ślakṣṇā[21] madhurā karṇa[22]sukhā kāyacittôdbilyakarī[23] rāgadoṣa-[24]
mohakalikaluṣa[25]vinodanī[26] kalaviṅkaruta[27]svarā kunāla[28]jīvaṃjīvakâdinadita[29]ghoṣā
dundubhi[30]saṃgītirutaravita[31]nirghoṣavatī anupahatā[32] satyā[33] acchā bhūtā bra-
hmasvararutaravitanirghoṣā samudrasvaraveganibhā śaila[34]saṃghaṭṭanavatī[35]
devêndrâsurêndrâbhiṣṭutā[36] gambhīrā duravagāhā[37] namucibalâbalakaraṇī pa-
rapravādīvādamathanī[38] siṃhasvaravegā hayagajagarjita[39]ghoṣā nāga[40]nirnāda-
nī[41] meghastanitâbhi[42]garjitasvarā[43] daśadiksarvabuddhakṣetra[44]spharaṇī[45] vineya-
sattvasaṃcodanī[46] adrutā[47] anupadrutā[48] avilambitā[49] [50]sahitā yuktā kālavā-
dinī samayânatikramaṇī[51] dharmaśatasahasrasugrathitā[52] saumyā[53] aśaktā[54]
aviṣṭhita[55]pratibhānā[56] ekarutāṃ[57] sarvarutaracaṇī[58] sarvâbhiprāyajñāpanī[59] sar-
vasukhasaṃjananī mokṣapathasaṃdarśikā[60] mārgasaṃbhāravādinī[61] parṣad-
287 anatikramaṇī sarvaparṣatsaṃtoṣaṇī[62] sarvabuddhabhāṣitânukūlā[63] [iti][64] īdṛśyā
vācā bodhisattvaḥ svastikaṃ yāvaśikaṃ[65] gāthābhir adhyabhāṣata.[66]

1 T2 yāvasikas(R.,L.,V.); T3 yāvaśiko. cf. Other mss.(than T2,T3) yāvaśikas.
2 T2 °saṅkrāmad(R.); V. °krāmat 3 T2 upasaṅkra°(R.); T5 omits 'ṃ'.
4 T2 'yāvaśikaṃ' is marg.(R. omits). cf. All mss. except T2 yāvaśikaṃ.
5 T1,T5 °layati
6 T1,T4,T5 yāsā(N1,N3~5,C1,C2); T2 yā 'sau(R.). cf. N2,B,H yāsau.
7 T1,T4,T5 vā[omit 'g'](N3). cf.N4 vāg. 8 T1,T4,T5 jñāpanī[omit 'ā']
9 T3 omits 'vijñāpanī'(N5). cf. N4 °pani.
10 T1,T4,T5 viprastā(N3,N4); T2 vispṛṣṭā; T3 praviṣṭā
(11...11) T1 anelokalāvarṇṇaḥ[omits 'sukhā'];T2 anekalokaikavarṇasukhā(R.,L.,V.); T3 anelākālā [omits 'varṇasukhā']; T4 anekalokasvā?['ka' and 'kaṇṇasukhā?' is marg.]; T5 anelākalāvarṇṇaḥ [omits 'sukhā'](N3,N4);. cf. N1,C1,C2 anekalokakarṇṇasukhā; N2,N5,B anekelokakarṇṇasukhā(H °sukha); Tib. mi chod pa daṅ / chags par byed pa daṅ: BHSD,aneḍa,anela,nela.
12 T1,T5 omit(N3,N4); T2 valgu[omits 'ḥ'](R.); T3 vagluḥ; T4 'vaguḥ?' is marg.. cf. N1/H valguḥ.
13 T2 śramaṇīyā; T3 śramaṇīyāḥ 14 T3 snigdhāḥ
15 T1 smiraṇī(N3); T2 smāraṇīyā(N2,N5,B,H; R.); T3,T4 smīraṇī; T5 smāraṇī(N4); L.,V. smaraṇīyā. cf. N1,C1,C2 smaraṇīyo. 16 T5 codani
17 T1 ghoṣanī; T2 toṣa['ṇī' is marg.](R. omits 'ṇī'). cf. N5 omits 'ṇī'.
18 T1 semaṇī(N3,N4); T5 sevaṇī. cf. N2 preṣaṇī; BHSD,premaṇī.
19 T2 akarkaśā(R.,V.) 20 T1 agaṃgatā(N3); T4,T5 agadgatā
21 T1 śleksā; T3 śūkṣmā; T4,T5 ślakṣā
22 T1,T3,T5 varṇṇa°(T4 emends 'va' to 'ka'; N3,N4). cf. N1/H karṇṇa°; Tib. rnar(= karṇa).
23 T2 °karaṇī(N1/H; R.,L.,V.). cf. N3,N4 °karī. 24 T2 rāgadveṣa°(R.); T5 rāgadokha°
25 T1 °karīkaluṣa°(N4); T5 °kalikaluṣā° 26 T3 °virodanī
27 T1 °viṃkaluta°; T3~5 °viṃkaruta°. cf. N4 karaviṃkaruta°.
28 T2,T3 kuṇāla°(N1,N4,C1,C2; R.,L.,V.). cf. N2,N5,B,H kuṇāra°; N3 kunāla°.
29 T1 °jīvakābhinādita°;T2 °jīvakābhir nādita°(N4); T3 °jīvakābhinardita°(N3); T4,T5 °jīvakābhinadika°; R.,L.,V. °jīvakābhinadita°. cf. N1/B °jīvakābhinadita°; H °jīvakābhinaṃdita°. Acc. to Tib. and from the context we read '-jīvakādinadita-' though no ms. supports it.
30 T1,T3,T4 duṃdubhi°; T5 dudubhi°[omits 'n']
31 T1 °rutavita°[omits 'ra']; T4 °ruciravita°; T5 °ruravita°[omits 'ta']
32 L.,V. anapahatā. cf. N1,N3,C1,C2 anupahata; N2,N4,N5,B,H anupahatā.
33 T2 satva(R. sattva) 34 T1,T3,T5 śīla°(N3,N4). cf. Tib. ri(= śaila).
35 T5 °saṃghaṭṭanavitī; R. °saṅghadṛnavatī 36 T1 °drātiṣṭuṣṭā; T4 °drātiṣṭuṭā; T5 °drātīṣṭuṭā
37 T1 duravagāho; T5 duravatāgāhā
38 T1 paravāditādimarthanī(T5 °mathanī); T2 parapravādamathanī(N1/B,N4; R.,L.,V.); T3 paravādīvādamathanī; T4 parapravāditādamathanī. cf. N3 paravāditādamathanī; H prapracodanamathanī. Acc. to Tib.[phas kyi rgol baḥi smra ba ḥjoms pa] we read 'parapravādīvādamathanī'.
39 T5 °garjīta° 40 T2 nāda°(R.)
41 T1,T4,T5 omit 'nī'. 42 T1 °staritāni°; T4,T5 °stalitāni°
43 T1,T4 °garjitasvarāḥ; T5 °garjītasvarāḥ 44 T2 °kṣatra°
45 T2 °sphuraṇī(R.)
46 T3 °saṃcodinī. cf. Tib. tshim par byed pa (= saṃtoṣaṇī).
47 T2 anupadrutā(R.)
48 All mss. anupahatā(R.,L.,V.). cf. Tib. ḥtshe ba med pa (= anupadruta).
49 T2 avilambita; T5 avilaṃbikā
50 T1,T5 insert 'anupahatā'(T4 cancels with a mark.)
51 T1,T4,T5 samayānavikramaṇī 52 T4 °sugraṃthitā
53 T2 śaumyā; T3,T4 somyā
54 L.,V. asaktā. cf. N1,N2,C1,C2,B asaktā; N3~5 aśaktā; H āsaktā. aśaktā = asaktā.
55 T2 adhiṣṭhita°(N1/H; R.,L.,V.). cf. N3,N4 aviṣṭhita; Tib. rgyun chad pa med pa.
56 T5 °pratibhyanā 57 T2 omits 'ṃ'(R.,V.).
58 T2 °ramaṇī(N1/H; R.); L.,V. °racanī. cf. N3,N4 °racaṇī. racaṇī = racanī.
59 T1 °jñapanī 60 T1,T2 °darśitā(R.); T3 °darśikāḥ
61 T2 °sambhāracodanī(R.)
62 T1,T5 °parṣansaṃ°(N3); T2 this whole word is marg.(R. omits)
63 T1 °bhāṣitānukulā(N3); T2 °bhāṣitā anukulā(N1/H; R.); T4 °bhaṣitānukulā
64 T1,T3~5 insert 'iti'(N3,N4); T2 omits(N1/H; R.,L.,V.).
65 T2 'yāvaśikaṃ' is marg.(R. omits); L.,V. yāvasikaṃ. cf. N1/C2,H omit; N3,N4,B yāvaśikaṃ.
66 T1,T4,T5 °bhāṣataḥ(N3,N4); V. abhy°

[Meter ... Dodhaka(only No.47 is Vegavatī)]

47. trṇu[1] dehi mi svastika śīghraṃ[2]
adya[3] mamârthu[4] trṇaiḥ[5] sumahānto[6],
sabalaṃ numuciṃ[7] nihanitvā
bodhim anuttaraśānti[8] spṛśiṣye[9].

48. yasya[10] kṛte[11] mayi[12] kalpasahasrā[13]
dānu damo ’pi ca [(14...]saṃyamu tyāgo[...14)],
śīlavrataṃ[15] ca tapaś[16] ca sucīrṇā[17]
tasya mi[18] prāpti[19] bhaviṣyati[20] adya.

49. kṣāntibalaṃ[21] tatha vīryabalaṃ[22] ca
dhyānabalaṃ[23] tatha jñānabalaṃ[24] ca,
puṇya-abhijñavimokṣabalaṃ[25] [26] ca
tasya mi[27] niṣpadi[28] bheṣyati[29] adya.

50. prajñabalaṃ[30] ca upāyabalaṃ[31] ca
[(32...]ṛddhis asaṃgata[...32)]maitrabalaṃ[33] ca,
[(34...]pratisaṃvida satyabalaṃ[...34)] ca
[(35...]teṣa[...35)] mi niṣpadi[36] bheṣyati adya.

51. puṇyabalaṃ[37] ca tavâpi[38] anantaṃ[39]
yan[40] mama dāsyasi adya tṛṇāni,

1 T2 śṛṇu(R.)
2 T2 °ram
3 T3 omits 'dya'.
4 T2 mamārtha(R.)
5 T1,T4,T5 omit 'ḥ'(N3,N4).
6 T2 sumahānta(R.); T4,T5 samahānto; L.,V.,S. sumahāntaḥ. cf. N1/H sumahāntaṃ; N3 sumahāko; N4 sumahānto.
7 T1,T5 omit 'ṃ'(N3); T4 namucī
8 T1,T4 anuttarā tāṃ ca; T3,T5 anuttaratāṃ ca(N3 °tāñ ca; N4); R. anuttaraśāntiṃ; S. anuttara śānti [not a compound]. cf. N1/B anuttaraśāntiṃ(H omits 'ṃ'?); Tib. shi ba (= śānti).
9 T1,T4,T5 smṛtisye(N4); T3 spṛsisye. cf. N3 spṛtisye.
10 T1,T5 asya(N3,N4)
11 T5 kṛtai
12 cf. N4 maya.
13 T1 kalpaśahasrā
(14…14) T1,T4 saṃyamatyāgo(N3,N4; L.,S.); T2 saṃyamatyāgā(R.); T5 sayamatyāgo; V. saṃyama tyāgo[not a compound]
15 T1,T2 °vratañ(R.)
16 T3 tapaṃ
17 T2 sucīrṇaṃ
18 T2 omits 'mi'(N1/H; R.).
19 T2 niṣpadi(R.,L.,V.,S.). cf. N1,C1,C2,B niḥṣpadi; N2,H nispaṃdi; N3,N4 prāpti; N5 niḥspadi; BHSD,niṣpadi; Tib. thob pa (= prāpti).
20 T2 bheṣyati(N1/H; R.,L.,V.,S.). cf. N3,N4 bhaviṣyati.
21 T1,T4 °balan(R.); T2 °balas
22 T1,T2 °balañ(R.); T5 viryabalaṃ
23 T1,T3 °balan
24 T1 jñānabalañ; T2 prajñabalañ(R.). cf. N1/H prajñābalaṃ; N3,N4 jñānabalaṃ; Tib. śes rab stobs (= prajñābala).
25 T3,T4 punya°
26 T1,T2 °balañ(R.)
27 T1 ni
28 T1 miṣpadi?; T2 niṣpada; T5 ni[omits 'ṣpadi']. cf. BHSD,niṣpadi.
29 T5 ṣyati[omits 'bhe']
30 T2 prajñābalañ(R.); T3 prajñabalañ
31 T1,T2 upāyabalañ; R. upayābalañ
(32…32) T1,T3~5 ṛddhimasaṃgata°(N3,N4; L., V. ṛddhima saṃ°); T2 ṛddhisamaṅgata°(R.); S. ṛddhi-m-asaṃgata°. cf. N1/H ṛddhisamaṃgata°. Acc. to Tib. and from the context we read 'ṛddhis asaṃgata-'.
33 T1,T2 °maitrabalañ(N3; R.); L.,V.,S. °maitribalaṃ. cf. N1/C2,N4,H °maitrabalaṃ; B maitrībalañ.
(34…34) T1 pratisaṃvidāsatyabalañ(T4,T5 °balaṃ[N4]; N3); T2 pratisaṃvidasatvabalaṃ(R.); T3 pratisaṃvidaḥ satyabalaṃ; L.,V. pratisaṃvidaparisatyabalaṃ(S. °vida-pari°). cf. N1,C1,C2 pratisaṃvidasatyabalaṃ(N5 pratisvaṃvida°); N2 omits from here(prati-) to 'tava' in the following Gāthā[Note 2], and H omits from here to the last word(adya) of this Gāthā(No.50). This pāda seems to be unmetrical(or the meter of Vegavatī), for it drops one long vowel at the beginning.
(35…35) T2 tasya(R)
36 T1 liṣpadi?
37 T1,T2 °balañ(R.); T3,T4 punya°
38 T4,T5 tavo pi
39 T3~5 anaṃtaṃ
40 T1 yat

na hy avaraṃ[1] tava[2] etu nimittaṃ
[(3...]tvaṃ 'pi[...3)] anuttaru[4] bheṣyasi śāstā[5].

[Meter ... A kind of Atyaṣṭi[6]]

52. śrutvā svastiku vāca nāyake[7] suruciramadhurāṃ[8]
tuṣṭo[9] āttamanāḥ[10] ca harṣitaḥ pramuditamanasaḥ,
gṛhnītvā[11] tṛṇamuṣṭi[12] sparśa[na]vat[ī][13] mṛdutaruṇaśubha⟨ṃ⟩[14]
purataḥ[15] sthitvana[16] vāca[17] bhāṣate pramuditu[18] hṛdayaḥ.

53. yadi tāvat-tṛṇakebhi[19] labhyate padavaram amṛtaṃ
bodhī[20] uttamaśānta[21] durdṛśā purimajinapathaḥ[22],
tiṣṭhā[23] ⟨tāva⟩[24] ⟨mahā⟩guṇôdadhe[25] aparimitayaśā[26]
aham eva [(27...]pratham eva[...27)] budhyamī[28] padavaram[29] amṛtaṃ[30].

(bodhisattva āha[31])

54. nâiṣā[32] svastika [(33...]bodhi labhyate[...33)] tṛṇavaraśayanaiḥ[34]
acaritvā[35] bahukalpa[36] duṣkarī[37] vratatapa vividhāṃ[38],
288 prajñāpuṇya-upāya-udgato[39] yada[40] bhavi[41] matimāṃs[42]
[(43...]tada paścāj[...43)] jina vyākaronti[44] [(45...]munayo bhaviṣyasi[...45)] virajaḥ.

55. yadi bodhī[46] iya[47] śakyu[48] svastikā parajani[49] daditum[50]
piṇḍīkṛtya[51] dadeya[52] prāṇinā[53] ma[54] bhavatu vimatiḥ[55],
yada bodhir[56] maya prāpta jānase[57] vibhajami[58] amṛtaṃ[59]

1 L.,V.,S. aparaṃ. cf. N1,N4,N5,C1,C2,H aparaṃ; N3 avaraṃ; B avalaṃ.
2 cf. N2 omits from 'prati-' of the preceding Gāthā[Note 34] to here(tava).
(3…3) T2 tvam api(R.) 4 T2 anantaru(R.)
5 T2 śāstrā(R.)
6 This meter consists of six Gaṇas plus a long syllable[ma sa ja bha na la ga](cf. E.Müller, *Der Dialekt der Gāthās des Lalitavistara*, Weimar, 1874, p.33).
7 T1 nāyaka(N4); T5 ṇāyaka 8 T1,T5 surucirāma°(N4)
9 T1,T5 tuṣṭā
10 T1,T4,T5 āttamānāś(N3); S. ātmanāś. cf. N4 ātmanāś.
11 T2 gṛhṇītvā(R.,V.); S. gṛhnanītvā 12 T5 tṛṣṇa°?
13 T4 °vatīṃ(N4); Other mss. sparśanavatī(R.,L.,V.,S.). Metrically it is proper to read 'sparśavat', but no ms. supports it. 14 T1,T3~5 omit 'ṃ'(N3); T2 °śubhāṃ(N2,N4, H; V.); R.,L.,S. °taruṇasubhāṃ. cf. N1,N5,C2,B °taruṇasubhāṃ(C1 omits 'ṃ').
15 T3 purutaḥ 16 T2 omits 'na'(R.).
17 T1 cāca
18 T1,T5 pramudituḥ(N4); T2 pramudita°[unites with the next word as a compound](V.)
19 T1,T4,T5 tāvattṛṇa keci(N3; R.); T2,T3 tāvattṛṇa kecil(N4); V. tāva tṛṇakebhi
20 T1,T5 bodhi(N3,N4); T2 bodhim(R.) 21 T3~5 uttamasānta(T1 urtta°; N3); R.,V.,S. uttama śānta[not a compound]; L. uttamaśānta°[unites with 'durdṛśā']
22 T2 omits 'ḥ'(N2); R. °pathas. cf. N3 °pathas.
23 T1 tiṣṭhatāṃ; T2,T3~5 tiṣṭhatā(N3,N4; R.); L.,V.,S. tiṣṭhatu. cf. N1,C1,C2 tiṣṭha; N2,N5,H niṣṭhaṃ; B tiṣṭhi. Metrically we read 'tiṣṭhā' though no ms. supports it.
24 T1,T3~5 omit 'tāva'(N3,N4); T2 tāvan(R.); L.,V.,S. tāva(N1,N2,C1/H). cf. N5 tāvar.
25 T1,T3~5 omit 'mahā'(N2~4,B,H); T2 inserts(N1,N5,C1,C2; R.,L.,V.,S.). Acc. to Tib.[chen poḥi] and metrically 'mahā' should be inserted.
26 T1,T5 omit 'mi'; T3 aparimitavayasā. cf. N3 'paritayaśā[omits 'mi'].
(27…27) T2 prathame[omits 'va'](R.); L.,V.,S. prathame nu. cf. N1,C1,C2 prathame ru; N2 omits; N3,N4 pratham eva; N5 prathamanu; B prathamenu; H prathamena.
28 T2 budhyami(R.,V.,S.). cf. N1 budhyati. 29 V. omits 'm'(N3).
30 T2 amṛtam(R.); V. mṛtam[omits 'a'](N3)
31 T1,T3,T5 omit 'bodhisattva āha'(N3,N4; L.,V.,S.); T2 inserts(N1/H; R.); T4 'bodhisatva āha' is marg.. Acc. to Tib.[byaṅ chub sems dpas smras pa] these should be inserted.
32 T1,T3,T5 taiṣā(N3,N4); T2 eṣā(R.). cf. N1,N2,C1/H naiṣā; N5 naiteṣā.
(33…33) T1,T3~5 bodhisatvasya te(N3,N4) 34 R. °yanaiś. cf. N3 tṛṇavavara°.
35 T2 caritvā[omits 'a'](R.) 36 R.,L. bahukalpa°[unite with 'duṣkarī']
37 T1,T5 duskarī; T3 duṣkarīṃ; T4 duskarīṃ
38 T1 vividhā[omits 'ṃ'](N3,N4,C1; L.,V.,S.); T5 vividha. cf. N1,N2,N5,C2,B,H vividhāṃ.
39 T4 °punya° 40 T1 ya[omits 'da']; S. yadi
41 T1,T3,T5 bhava(N3,N4,B). We regard 'bhavi' as opt. 3. sg. form of √bhū.
42 T1 mitimās; T2 matimāṃ(N1/H; L.,V.); T3 mabhimās; T5 matimās(N3,N4)
(43…43) T2 tatpaścāj(R.); T5 tapadaścāj; S. tada-paścāj
44 T2 °karoti[omits 'n'](R.). cf. N4 omits 'nti'.
(45…45) These words(munayo bhaviṣyasi) are unmetrical.
46 T2 bodhi(N4; R.,V.) 47 T1,T2 iyaṃ(N4; R.)
48 T1,T4,T5 śakya(N3,N4; S.) 49 T1 padara°
50 T2 omits 'ṃ'(R.). 51 T3 paṇḍikṛtya
52 T2 ca deya(R.)
53 T1,T3 prāṇiṇā; T2 pāṇinā(R.); L.,V.,S. prāṇinām. cf. N1/H,N3,N4 prāṇinā.
54 cf. N1,N2,C1/H mā. 55 cf. N3 vimatir.
56 T1,T2,T3,T5 bodhi(N1/H,N3.N4; R.); L.,V.,S. bodhī
57 T1,T3~5 jānasi(N3,N4); L.,V.,S. jānasī. cf. N1/B jānase; H jānāse?
58 T1,T2,T4,T5 vibhajāmi(N1/H,N3,N4; R.) 59 T1,T4,T5 amṛtaḥ(N3)

āgatvā[1] śṛṇu[2] dharmam-ukta[3] [(4...]tvaṃ bhaviṣyasi[...4)] virajaḥ[5].
56. gṛhnitvā[6] tṛṇamuṣṭi[7] nāyakaḥ paramasumṛdukāṃ
[(8...]siṃhāhaṃsagatiś ca[...8)] prasthitaḥ[9] pracalita[10] dharaṇī,
devānāgagaṇāḥ[11] kṛtâñjalī[12] pramuditamanasaḥ[13]
adyo[14] mārabalaṃ nihaty ayaṃ spṛsiṣyati[m][15] amṛtaṃ[16].

iti hi bhikṣavo bodhisattvasya[17] bodhivṛkṣam[18] upasaṃkrāmato 'śīti-[19]bodhivṛkṣasahasrāṇi devaputraiś ca bodhisattvaiś ca maṇḍitāny abhūvan.[20] iha niṣadya bodhisattvo bodhiṃ[21] prāpsyaty abhisaṃbhotsyetêti.[22] santi tatra kecid[23] bodhivṛkṣāḥ puṣpamayā[24] yojana[25]śata[26]sahasrôdviddhāḥ.[27] [28]kecid bodhivṛkṣā gandhamayā[29] yojana[30]śatasahasrôd[31]viddhāḥ. kecid bodhivṛkṣāś[32] candanamayā[33] yojana[34]śatasahasrôdviddhāḥ.[35] kecid bodhivṛkṣā vastramayāḥ[36] pañcayojanaśata[37]sahasrāṇy uccaistvena.[38] kecid bodhivṛkṣā ratnamayā[39] daśayojanaśata[40]sahasrāṇy uccaistvena.[41] kecid[42] bodhivṛkṣāḥ[43] ⟨sarva⟩[44]ratnamayā [daśa]yojanakoṭī[45]nayutaśata[46]sahasrāṇy[47] uccaistvena.[48] [ke-[49]cid bodhivṛkṣā ratnamayā[50] koṭīnayuta[51]śatasahasram[52] udviddhāḥ].[53] sarveṣu[54] ca[55] teṣu bodhivṛkṣamūleṣu yathânurūpāṇi[56] siṃhâsanāni prajñaptāni[57] abhūvan[58] nānādivyadūṣya[59]saṃstṛtāni.[60] kvacid bodhivṛkṣe padmâsanaṃ prajñaptam abhūt. kvacid[61] gandhâsanaṃ, kvacin [(62...]nānāvidha[...62)]ratnâsanam[63].[64]

1 T2 āgatyā(R.) 2 T1,T3~5 tṛṇu(N3,N4)
3 T1,T5 dharmayuktaṃ(N2,N4,B); T2 dharmmayuktaṃ(N3,N5,C2,H; R.); T4 dharmayukta(L.,V.); S. dharma-y-ukta. cf. N1 dhammayuktaṃ; C1 varmayuktaṃ. Acc. to Tib.[chos kyi dam pa] it is better to read 'dharmottamaṃ', but no ms. supports it.
(4…4) T1,T3,T5 saṃbhaviṣyasi(N3); T2 sambhaviṣyati(R. °ṣyasi); T4 maṃbhaviṣyasi. cf. N1/H, N4 sabhaviṣyasi[omit 'ṃ']. Acc. to Tib. and from the context we read 'tvaṃ bhaviṣyasi'[agree with L.V.,S.] though no ms. supports it. 5 cf. N3 virajo.
6 T2 gṛhnītvā(N1,C1,C2; R.,L.,S.); V. gṛhṇītvā. cf. N2~5,B,H gṛhnitvā.
7 T5 tṛṇamukti (8…8) T3 °haṃsaś ca gati
9 cf.N3 prasthito. 10 T1,T5 acalita(N4). cf. N3 'calita.
11 T1,T4,T5 devānāṃ gagaṇo(N3,N4); T2 °gaṇe(R.); T3 devānāgāgaṇo; V. devā nāga°[not a compound]. cf. N1/H devānāṃ gagaṇe. 12 T3,T4 kṛtāṃjalī; T5 kṛtāṃjali
13 T1,T4,T5 °manasā(N3,N4); T2 °manasa[omits 'ḥ'](R.); T3 °manaso. cf. N1/H °manasaḥ.
14 T3 adyā(N4,N5; L.,V.,S.). cf. N1~3,C1/H adyo.
15 T1 smṛsiṣyasim?; T2 spṛśiṣyati(R.,V.); T3 spṛṣiṣyatim(N4); T4,T5 smṛsiṣyatim(N3); L.,S. spṛsiṣyati. cf. N1/H spṛsiṣyati; BHSG,§31.28('iṣy' is a short syllable).
16 T2 amṛtam(R.,V.) 17 T4 'bodhisatvasya' is marg.
18 T2 °vṛkṣamūlam(R.) 19 T4 'sītiṃ; T5 'śiti°
20 T1,T4,T5 abhūvann 21 T1 omits 'bodhiṃ'; T5 bodhi[omits 'ṃ']?
22 T2 °bhotsyata iti(R.,L.,V.). cf. N1.N4,N5,C1,C2 °bhotsyateti; N2,B,H °bhotsyeteti; N3 °bhotsyatati.
23 T5 kocid 24 T2 °mayāḥ(R.)
25 T2 pañcayojana°[adds 'pañca'](N1,N5,C1,C2,H; R.). cf. N2,B paṃcayojana°.
26 T5 °sata°(for 'śata'). cf. H omits 'śata'. 27 T2 °sahasrāṇy uccaistvena(N1/H; R.); T3 °sahasraudviddhāḥ; T5 °sahasrāṇy ustvena?. cf. N3 °sahasrodviddhāḥ; N4 °sahasrāṇi uccaistvena.
28 T5 omits from here(kecid) to 'uccaistvena'[Note 38](N5).
29 T1,T4 °mayāḥ
30 L.,V. dviyojana°. cf. All mss.(that can be referred) omit 'dvi'.
31 T2 °sahasrāṇy uccaistvena(N1/H; R.). cf. N3 °sahasrodviddhā[omits 'ḥ'](N4 °sahasrādvi°).
32 T3 °vṛkṣāḥ
33 L.,V. °mayās. cf. N1,N2,C1/H °mayāḥ; N3,N4 °mayā.
34 L.,V. triyojana°. cf. All mss.(that can be referred) omit 'tri'.
35 R. °srodbiddhāḥ 36 T3,T4 omit 'ḥ'.
37 T3 omits 'śata'.
38 T5 omits from 'kecid'[Note 28] to here[uccaistvena](N5).
39 T5 ratnayā[omits 'ma'] 40 T2 omits 'ja' and 'ha'; T3,T5 omit 'śata'.
41 T1,T4,T5 uccena(N4); T3 ucchrayena? cf. N1/H uccaistvena; N3 accena.
42 T2 omits from here(kecid) to 'uccaistvena'[Note 48].
43 T1,T3~5 omit 'ḥ'(R.). 44 T1,T3~5 omit 'sarva'(N1/H,N3,N4; R.); L.,V. add 'sarva'. cf. Tib. rin po che thams cad (= sarvaratna).
45 T1,T3~5 daśayojana°(N1,N3,N5,C1,C2,B; R.,L.,V.); S. omits 'daśa'. cf. N2,H omit 'daśayojana'; N4 omits 'daśa'; Tib. has no word corresp. to 'daśa'.
46 L.,V. °koṭinayuta°; R. °koṭiniyuta°. cf. N1,C1,C2 °koṭinayuta°; N2~5,B,H °koṭīnayuta°.
47 cf. N2,H °sahasram. 48 T1,T3,T4 uccatvena(N3); T5 uccatyena. cf. N1,N5,C1,C2,B uccaistvena; N2,H udviddhāḥ; N4 uccena.
49 T1 omits from 'kecid' to 'udviddhāḥ'(N2,H); Other mss. insert(R.V.); L. brackets. Tib. has no words corresp. to this insertion. 50 L.,V. °mayāḥ. cf. N1,N3~5.C1.C2,B °mayā.
51 T2 koṭiniyu°[omits 'ta']; R. koṭīniyuta°; L.,V. koṭinayuta. cf. N1,N3~5,C1,C2,B koṭīnayuta°.
52 T5 °sahasrānamm(N5). cf. N3 omits 'm'.
53 T3 omits 'ḥ'(N4); R. udbiddhāḥ. cf. N3 dvi°[omits 'u'].
54 T1 writes 'sarveṣu ------ °saṃstṛtāni(Note 60)' in the margin.
55 T2 omits 'ca'(N1/H; R.,L.,V.). 56 T2 yathārū°[omits 'anu']
57 T2 °ptāny(N1/H; R.,L.,V.) 58 T1 abhūn[omits 'va']; T5 'bhūvan(N4)
59 T1 °duṣyādivya°(T4?); T2 °divyapuṣpa°(N1/C2,H; R.); T3 °divyaduṣya°(B); T5 °duṣyadivya°(N3, N4)
60 T2 °saṃspṛtāni 61 T1,T5 kvaciṅ
(62…62) T5 omits 'n nā'. 63 T1,T4 °vidhaḥ ra°
64 T2 °sanaṃm

289 bodhisattvaś ca lalitavyūhaṃ[1] nāma samādhiṃ[2] samāpadyate sma. samanantarasamāpannasya[3] ca bodhisattvasyêmaṃ[4] lalitavyūhaṃ[5] (nāma)[6] bodhisattvasamādhim,[7][8] atha tatkṣaṇam[9] eva bodhisattvaḥ[10] sarveṣu teṣu[11] bodhivṛkṣamūleṣu siṃhâsane(ṣu)[12] niṣaṇṇaḥ(-ṇāḥ?)[13] saṃdṛśya(n)te[14] sma lakṣaṇânuvyañjanasamalaṃkṛtena[15] kāyena. ekâikaś ca bodhisattvo[16] devaputraiś[17] câivaṃ saṃjānīte sma, mamâiva siṃhâsane bodhisattvaḥ[18] samāpanno[19] niṣaṇṇaś[20] ca[21] nânyeṣām[22] iti. yathā ca te saṃjānate[23] sma, tathâsyâiva[24] lalitavyūhasya[25] bodhisattvasamādher[26] anubhāvena sarvanirayatairyagyoniyamalokikāḥ,[27] sarve[28] (29…devā manuṣyāś,…29) ca sarvagaty-[30]upapannāḥ sarvasattvā bodhisattvaṃ paśyanti[31] sma bodhivṛkṣamūle siṃhâsane[32] niṣaṇṇam.[33]

atha ca punar hīnâdhimuktikānāṃ[34] sattvānāṃ matiparitoṣaṇârthaṃ bodhisattvas[35] tṛṇamuṣṭim ādāya yena bodhivṛkṣas tenôpasaṃkrāmad[36] upasaṃkramya bodhivṛkṣaṃ[37] saptakṛtvaḥ[38] pradakṣiṇīkṛtya svayam evâbhyantarâgraṃ[39] bahirmūlaṃ samantabhadraṃ[40] tṛṇasaṃstaraṇaṃ[41][42] saṃstīrya[43] siṃhavac[44] chūravad balavad (45…dṛḍhavad vīryavat…45) sthāmavan[46] nāgavad aiśvaryavat svayaṃbhuvaj[47] jñānivad ⟨an⟩uttaravad[48] viśeṣavad[49] abhyudgatavad[50] yaśovat[51] kīrtivad[52] dānavac chīlavat kṣāntivad vīryavad dhyānavat[53] prajñāvaj[54] jñānavat[55] puṇyavan[56] nihatamārapratyarthika-[57]

1 T1,T4,T5 laḍitavyūhaṃ(N3,N4; L.); T3 laḍivyūhaṃ[omits 'ta']. cf. N1/H lalitavyūhaṃ;普曜「淨耀」; 方広「方廣神通遊戲大嚴」. laḍita = lalita.
2 T1,T5 omit 'ṃ'.
3 T3 tadanantara°; T4 samanaṃtara°
4 T1 °satvasya[omits 'imaṃ']; T2 °sattvasyedaṃ(R.); T5 °satvasyema[omits 'ṃ']
5 T1,T3,T4 laḍita°(N4; L.); T5 ladite°(N3). cf. N1/H lalita°.
6 T1,T3~5 omit 'nāma'(N3); T2 inserts(N1/H,N4; R.,L.,V.). Tib. has no word corresp. to 'nāma'.
7 T2 omits 'sattva'(R.).
8 T2 °dhiṃm
9 T1 takṣaṇam[omits 't']
10 T2 bosattvāḥ[omits 'dhi'](R. bodhisa°)
11 T5 te[omits 'ṣu']; L.,V. ca teṣu. cf. B omits 'teṣu'; No ms. inserts 'ca'.
12 T1,T3~5 °sane[omit 'ṣu'](N2~4; L.,V.); T2 °saneṣu(N1,N5,C1/H; R.)
13 T1 nirṣarṇṇa; T2 niṣaṇṇāḥ(R. saṃni°); T3 niṣarṇṇaḥ(N2.H); T4,T5 niṣarṇṇa(N3,N4); L.,V. saṃniṣaṇṇaḥ. cf. N1,C1,C2 saṃniṣarṇṇā; N5 saṃniṣaṇṇās; B saṃniṣarṇṇaḥ.
14 T1 saṃdṛśete; T2,T3 saṃdṛśyante(N1/C2,H; R. sandṛ°); T4,T5 saṃdṛśyate(N3,N4; L.,V.). cf. B saṃdṛśyanta.
15 T5 °vyaṃjanaṃ sam°
16 T3,T4 bodhisatva
17 T3 devaputraś. cf. BHSD,§37.18(Its interpretation is maybe wrong.); W.D.Whitney, *Sanskrit Grammar*, Motilal Banarsidass, 1962, p.93 (279).
18 T2,T4 bodhisattvo(N1/H,N3,N4; R.,L.,V.); T3 bodhisatvaḥ; T5 bodhisatvatvā
19 T3 samamāpanno; Other mss. omit 'samāpanno'(R.,L.,V.). cf. Tib. sñoms par shugs śiṅ (= samāpanna).
20 T1 niṣarṇṇā; T2 niṣaṇṇo(N3,H; R.,L.,V.); T3 niṣarṇṇaś(N4); T4,T5 niṣarṇṇo(N1/B)
21 T1,T2,T4,T5 omit 'ca'(N1/H,N3; R.,L.,V.). cf. N4 inserts 'ca'.
22 T1,T5 nānyaṣām; T3 nāmyaṣāṃ
23 T1 °jānante(N3,N4); T3,T4 °jānaṃte(N1,C1,C2). cf. N2,H °jānīte; N5,B °jānate.
24 T1,T4,T5 tathā tasya(N3,N4); T3 tathā tasyaiva. cf. N1,N5,C1,C2,B tathā 'syaiva; N2,H tathāsyaiva; Tib. ḥdi(= asya).
25 T1,T3~5 laḍita°(N3; N4 omits 'ta')
26 T2 °vyuhasya
27 T2 °tiryyagyoni°(N1,N4,N5,C1,C2; R.); L.,V. °tiryagyoni°. cf. N2,B.H °tiryagyoni°; N3 °tairyagyoni°.
28 T2 °yamalaukikāḥ(R.). cf. N3 °yamalokakikāḥ; N4 °yāmamalokikāḥ; BHSD,yamalokika.
(29…29) L.,V. devamanuṣyāś. cf. N4 devamanuṣyāś; Other mss. devāmanuṣyāś.
30 T1 sarvvetgaty?; T3 sarve gaty°(N3,N4; L.,V.); T4 sarvvagaty°(R.); T5 sarvve gaty°. cf. N1/H sarvagaty°.
31 T1 paśyenti
32 In T1 and T5 some texts of Chap.20[L.,p.290.3 ~ p.291.2] are moved and inserted here(N3,N4).
33 T1,T3,T5 niṣarṇṇam(N4); T5 viṣarṇṇa; L. niṣaṇaṃ[misprint]
34 T5 hinādhi°
35 T3 °satva[omits 's']; T4 °satvos
36 V. °krāmat
37 T3 bodhisatvaṃ
38 T3 omits 'ḥ'; T5 °kṛtvāḥ
39 R. vahir°
40 T1 °bhadram: T4 °bhadraṃs; T5 °bhadraṃm; R. °bhadra[omits 'ṃ']
41 T5 omits 'ṃ'.
42 T3 °staraṃ[omits 'ṇa']
43 T5 omits 'ṃ'.
44 T2,T3 omit 'ṃ'.
(45…45) T2 dṛdhavad vīryyavat(N3,C1); T4 dṛdhavad vīt[marg. ryyava]; L.,V. dṛdhavīryavat. cf. N1,N2,N4,C2 dṛdhavad vīryavat; N5 dṛdhava vīryyavat(B 'd' is marg.); H dṛdhavad vīryava [omits 't']; Tib. brtan pa lta bu daṅ brtson ḥgrus lta bu daṅ (= dṛdhavad vīryavat).
46 T1 °vat
47 T1 svayatbhūvat; T2 svayambhūvaj(R.); L.,V. svayaṃbhūvaj. cf. N1/H svayaṃbhūvaj; N3,N4 svayaṃbhuvaj.
48 T1,T3~5 omit 'an'(N3,N4); T2 anuttaravad(N1/C2,H; R.,L.,V.). cf. B anuravad[omits 'tta']; Tib. bla na med pa (= anuttara).
49 T4 viseṣavad
50 abhyuṅga°
51 T1,T3,T4 yasovat; T5 eśovat?
52 T5 kīrttiva[omits 'd']
53 T1 dānavat
54 T1,T4 prajñāvat; T5 prajñavaj
55 T1 jñāṇa°[omits 'vat']; T4,T5 jñāna°[omits 'vat']
56 T1,T5 puṇyavat; T3,T4 punyavat
57 T5 °mānapra°

vat saṃbhāravat[1] paryaṅkam[2] ābhujya[3] tasmiṃs[4] tṛṇasaṃstare nyaṣīdat[5] prāṅmukha(ḥ)[6] ṛju(ṃ)kāyaṃ[7] praṇidhāyâbhimukhīṃ[8] smṛtim upasthāpya īdṛśaṃ[9] ca dṛḍhaṃ[10] samādānam akarot.

[Meter ... Upajāti]

57. ihâsane suṣyatu[11] me śarīraṃ
tvagasthimāṃsaṃ[12] pralayaṃ[13] ca yātu,
aprāpya bodhiṃ bahukalpadu[r]labhāṃ[14]
nâivâsanāt[15] kāyam[16] ataś[17] caliṣyata,[18] iti.

bodhimaṇḍôpagamanaparivarto[19] nāmâikonaviṃśatimaḥ[20][21][22]

1 T4 omits 'vat'.
2 T3,T4 paryaṃkam
3 T3,T4 ābhuṃjya; T5 ābhurjya
4 T1 omits 'ṃ'; T2 yasmiṃs(R.); T4,T5 tasmin
5 T1,T5 nyakhīdan; T4 nyakhīdat
6 T1,T5 prāmukhaḥ; T2 prāṅmukha(N3; R.,L.,V.); T3 prāgmukhaḥ; T4 prāṃmukhaḥ. cf. N4 prāṅmukhaḥ.
7 T1,T3,T4 ṛjuṃ kāyaṃ(N4); T2 ṛjukāyaṃ(N3; R.,L.,V.); T5 ṛjuṃ kāya
8 T2 praṇidhāya abhimukhāṃ(R.,L.,V.); T5 °dhāyābhimukhī[omits 'ṃ'](N3,B). cf. N1,C1,C2 °dhāyāsimukhāṃ; N2,N5,H °dhāyābhimukhāṃ; N4 °dhāyābhimukhīṃ.
9 T1 idṛśaṃ; T2 īdṛśañ(R.)
10 T2 omits 'ṃ'(R.).
11 T1,T4,T5 sukhyatu(N3,N4); T2,T3 śuṣyatu(R.,V.)
12 T1,T4 °māṃsa[omit the last 'ṃ']
13 T2 °layañ(R.)
14 T1 °durlabhāḥ; T2 °durlabhāṃ(N4; R.,V.,S.); T3 °durllabhān(T4 °bhāṃ); T5 °durlabhaḥ; L. °dullabhāṃ. cf. N1,C1,C2,H °dullabhā[omit 'ṃ']; N2 °durllabhā; N3,N5,B durlabhā. m.c. dulabhāṃ?
15 T1,T5 naitāśatā; T4 naivāśatāt(?). cf. N3 naitāśatāt; N4 naivāśanāt.
16 T1,T5 kṣāyam
17 cf. N1,C1,C2 tataś.
18 T1,T4,T5 calikhyata(N2,H); T2 caliṣyate(R.,L.,V.,S.). cf. N1,C1,C2 cariṣyata; N3,N5,B caliṣyata; N4 carikhyata. m.c. caliṣyata?
19 T2 iti śrīlalitavistare bodhi°(R.,L.,V.; S iti śrī la°). cf. N1/H iti bodhi°[omit 'śrīlalitavistare'].
20 T1 bodhimaṇḍāye gamana°; T2 bodhimaṇḍagamana°(N1/H; R.,L.,V.,S.). cf. N3,N4 bodhimaṇḍopagamana°; 方広「詣菩提場品」.
21 T2 nāma ekona°(N1/H; R.,L.,V.,S.); T4 nāma kona°. cf. N3,N4 nāmaikona°.
22 T2 °viṃśatitamaḥ(N2,H; R.); L.,V.,S. °viṃśatitamo 'dhyāyaḥ. cf. N1,C1,C2 °viṃśatittamaḥ; N3,N4 °viṃśatimaḥ; N5,B °viṃśattamaḥ.

CHAPTER 20

(Bodhimaṇḍavyūha-parivartaḥ)

290 iti hi bhikṣavo bodhisattvasya bodhimaṇḍaniṣaṇṇasya pūrvasyāṃ[1] diśi ṣaṭkāmâvacarā[2] devāḥ[3] sthitā[4] abhūvan. mā bodhisattvasya kaścid antarāyaṃ[5] kārṣīd[6] ity,[7] evaṃ dakṣiṇapaścimôttarā[8] diśo devaiḥ parigṛhītā abhūvan.[9]

iti hi bhikṣavo bodhisattvo bodhimaṇḍaniṣaṇṇas tasyāṃ velāyāṃ bodhisattvasaṃcodanīṃ[10] nāma raśmiṃ[11] prāmuñcat. yayā[12] raśmyā [saṃcoditaḥ[13]] samantād daśasu dikṣv[14] aprameya[15]saṃ[16]khyeyāni dharmadhātuparamāṇy[17] ākāśadhātu[18]paryavasānāni[19] sarvabuddhakṣetrāṇy[20] avabhāsitāny[21] abhūvan.

atha khalu pūrvasyāṃ[22] diśo[23] vimalāyāṃ[24] lokadhātau[25] vimalaprabhāsasya[26] tathāgatasya buddhakṣetrāl[27] lalita[28]vyūho nāma bodhisattvo[29] mahāsattvas[30] tayā prabhayā saṃcoditaḥ san[31] gaṇanāsama[32]tikrāntair[33] bodhisattva[34]⟨iḥ⟩ parivṛtaḥ[35] puraskṛto yena bodhimaṇḍo[36] yena[37] ca[38] bodhisattvas[39] tenôpasaṃkrāmad[40] upasaṃkramya ca tasyāṃ velāyāṃ[41] ⟨bodhisattvasya pūjākarmaṇe[42]⟩ tathārūpām[43] ṛddhy[44]abhisaṃskārām[45] abhisamakarot,[46] yenârddhy[47]abhisaṃskāreṇâ[48]bhisaṃskṛtena daśasu dikṣv ākāśadhātuparyavasānāni sarvabuddha[49]kṣetrāṇy[50] ekaṃ maṇḍalamāḍam[51] ādarśayati[52] sma[53] śuddhasya[54] nīlavaiḍūryasya pañcagaty upapannānāṃ[55]

Variants and Notes

1 T1,T3,T4 °syān; T5 omits 'ṃ'.
2 T4,T5 omit 'ca'.
3 T3~5 omit 'ḥ'.
4 T4,T5 sthitāḥ
5 T1,T4,T5 omit 'ṃ'(N4); T3 antarāyi
6 cf. N3 kariṣyatid.
7 T3 īty; V. iti
8 From here(-rā) to 'sa(of 'sarva-)' in Gāthā No. 1b[L.,p.290.3 ~ p.291.2] the texts of T5(and N3,N4) are moved and inserted in Chap.19.
9 T3~5 abhūvann
10 cf. N3 °codanīn; 方広「開発菩薩智」; 普曜「班宣道場」.
11 T2 omits 'ṃ'.
12 T1,T3~5 mayā(N3,N4)
13 T1,T3~5 insert 'saṃcoditaḥ'(N3,N4); T2 omits(N1/H; R.,L.,V.).
14 T1 dikṣu
15 T1 'pra°
16 T3 °meyāśaṃ°
17 T2 °māny(R.)
18 T3 ākāsadhā°
19 T1,T4,T5 °avaśānāni
20 T1 °kṣatrāṇy; T3 °kṣetrāṇī
21 T5 °tāṇy
22 T1,T3 °vasyān(N3); T2 °vaśyāṃ
23 T3 diso; T2 diśi(N1/H; R.,L.,V.). cf. N3,N4 diśo.
24 T1,T5 omit 'ṃ'(N4); T3,T4 °yāḥ
25 T1,T3~5 °dhātoḥ. cf. N3 °dhāto.
26 T2 °prabhasya. cf. 方広「離垢光明」; 普曜「無垢光如来」.
27 T1 °kṣetrel(N3,N4); T5 omits 'kṣe'.
28 T1,T3~5 laḍita°(N3,N4). cf. 方広「遊戯荘厳」; 普曜「燿嚴光」.
29 T2 °satvas(R. °sattvas)
30 T1,T3~5 mahāsatvaḥ(N4); T2 omits 'mahāsattvas'(N1/H; R.). cf. N3 mahāsatvas.
31 T1,T3~5 saṃ(N3,N4)
32 T4 omits 'ti'.
33 T1,T4,T5 °taiḥ(N4); T2 °taiś ca(N1/H; R.,L.,V.). cf. N3 °tair.
34 T1,T3~5 °satva[omit 'iḥ'](N3,N4); T2 °satvaiḥ(R.,L.,V. °sattvaiḥ)
35 T1,T3~5 °vṛtaiḥ(N3,N4)
36 T2 °maṇḍas(R.); T3 °maṇḍe
37 T2 omits 'yena'(R.).
38 T2 omits 'ca'(R.).
39 T2 omits 'bodhisattvas'(R.); T3 bodhisatvaḥ; T4 bodhisas[omits 'tva']
40 V. °krāmat
41 T1 velāyān(N3)
42 T1,T3~5 omit 'bodhisattvasya pūjākarmaṇe'(N3,N4); T2 inserts(N1/H; R.,L.,V.). Acc. to Tib. these should be inserted.
43 T2 °rūpam(N1/H; R.,L.,V.). cf. N3,N4 °rūpām.
44 T1,T5 ṛdhy°
45 T2,T3 °kāram(N1,N3~5,B/H; R.,L.,V.). cf. N2 omits 'kārām'; N3,N4 °kārām.
46 T1 °saṃmakarot; T2,T3 saṃskarod(N1,N5; R.); T4 °saṃskarot; T5 °sapakarot; L.,V. °samakarod. cf. N2 °karod(omits 'abhisama'); N3,N4 °samakarot; C1 °saṃskāro; C2,H saṃskaro; B °samakarod.
47 T1,T4,T5 yenārdhy°(N3); T2 yenārddhy°(N1,N2,N5,C2,B; R.,L.); T3 yena ṛddhy°. cf. N4,C1 yenādhy°; H omits 'ye'.
48 T1 °abhisaskāreṇā°(omits 'ṃ'); T2 °abhisaṃskāraṇā°; T3 invisible. cf. N4 omits 'bhisaṃskāreṇā'.
49 T2 omits 'ddha'.
50 T2 °trāṇi(R.)
51 T1 maṃḍalaṃmāḍam; T2 maṃḍalamātram(N1,C1,C2,B,H; R.,L.,V.). cf. N2 °māḍem; N3,N5 °māḍam; N4 °māḍat.
52 T1 āndaśayati
53 T2 omits 'sma'(R.).
54 T3 suddhasya
55 T1 apapannānāṃ

sarvasattvānāṃ purato bodhimaṇḍa[1]niṣaṇṇaṃ[2] bodhisattvam upadarśayati[3] sma. te[4] ca sattvāḥ parasparam ekâṅgulikābhir[5] bodhisattvam upadarśayanti[6] sma.[7] ko 'yam evaṃrūpaḥ sattvo[8] lalitaḥ.[9] ko 'yam evaṃrūpaḥ[10] sattvo[11] virājata iti.[12] teṣāṃ ca sattvānāṃ[13] purato bodhisattvo[14] bodhisattvān[15] nirmimīte sma.[16] tatra te bodhisattvavigrahā[17] imāṃ[18] gāthā[19]⟨m⟩ abhāṣanta.[20]

[Meter ... Śārdūlavikrīḍita]

291 1. yasyâkiṃcanarāgadoṣakaluṣā[21] sā[22]vāsanā uddṛtā[23]
yasyā[24] kāyaprabhā kṛtā daśadiśe[25] sarva[26]prabhā[27] niḥprabhāḥ,[28]
yasyā puṇya[29]samādhijñānanicayaḥ kalpôgha[30]saṃvardhitaḥ[31]
so 'yaṃ śākyamuniḥ[32] mahāmunivaraḥ[33] sarvā diśo[34] bhrājate.[35]

atha khalu[36] dakṣiṇasyāṃ[37] diśo[38] ratnavyūhāyā[39] lokadhāto[40] ratnârciṣas[41] tathāgatasya buddhakṣetrād[42] ratnacchattrakūṭa[43]saṃdarśano[44] nāma bodhisattvo[45] mahāsattvas tayā prabhayā saṃcoditaḥ[46] san[47] gaṇanāsamatikrāntair[48] bodhisattvaiḥ parivṛtaḥ puraskṛto yena bodhimaṇḍo[49] yena ca[50] bodhisattvas tenôpasaṃkrāmad[51] upasaṃ[52]kramya bodhisattvasya pūjākarmaṇe ekaratnacchattreṇa taṃ[53] sarvāvantaṃ maṇḍalamāḍaṃ[54] saṃchādayati sma. tatra[55] śakra[56]brahmalokapālāḥ[57] parasparam etad avocan.[58] kasyêdaṃ[59] phalaṃ[60] kenâyam evaṃrūpo ratnacchattra-[61]

1 T1 bodhisatvamaṇḍa°; L.,V. bodhimaṇḍe. cf. All mss.(except T1) bodhimaṇḍa°.
2 T1,T5 °niṣarṇṇa; T2 °niṣaṇaṃ; T3 °niṣarṇṇaṃ(N3,N4)
3 T1,T4,T5 °yanti(N3,N4) 4 T4 omits from here(te) to 'sma'[Note 7].
5 T1,T3~5 °kābhiḥ(N4); R. omits 'kā'. 6 T5 °yatā
7 T5 smaḥ 8 T2 satva°(R. sattva°)
9 T1,T3~5 laḍitaḥ(N3,N4) 10 T2 °rūpa°(R.)
11 T1,T5 satva 12 T5 itiḥ(N4)
13 T5 omits 'ṃ'. 14 T2 °satvānāṃ(R. °sattvā°)
15 T2 °satvaṃ(R. °sattvaṃ); T5 °satvā 16 T2 omits 'sma'.
17 T3 °grahāḥ 18 T1 imāṅ; L.,V. imā[omit 'ṃ'].
19 T1,T3~5 gāthā(L.,V.); T2 gāthāṃ(N1/H; R.). cf. N3,N4 gāthāṃ.
20 T1,T3~5 abhāṣataḥ(N3). cf. N1,N5,C1,C2 abhāṣanta; N2,B,H abhāṣaṃta; N4 abhākhataḥ.
21 T2 yasyakiñcana°(R.); L.,V. yasyā kiṃcana rāga°[not a compound]; S. yasyā kiṃca na rāgadoṣa, kaluṣā[not a compound].
22 T2 omits 'sā'(R.). cf. BHSD,vāsana. 23 S. uddhatā
24 T5 inserts 'satvo virājata iti teṣāṃ ca satvānāṃ purato bodhi'.
25 cf. N4 daśadiśo.
26 From 'rā' of the preceding page[Note 8] to here(sa-)' the texts of T5(and N3,N4) are moved and inserted in Chap.19.
27 T1 sarvve prabhā(R.,V.); T2 sarve prabhā(L.); T4,T5 sarvvapra°(N3). cf. N1,C1,C2 suprabhā; N2,N4,H saṃprabhā; N5,B saprabhā.
28 T3,T4 omit 'ḥ'(N3,N4); T5 omits this whole word; L.,V. niṣprabhāḥ. cf. N1,N5,C1,C2,B niḥprabhāḥ; N2 niprabhāḥ; H nisprabhāḥ. 29 T3,T4 punya°
30 T1,T4,T5 kalpodhva°(N3); T2 kalpaugha°(R.,V.); T3 kalpodha°. cf. N4 kalpogha°.
31 T5 °vaddhitaḥ[omits 'r']
32 T2 °munir(N1,N2,N3,C1/H; R.,L.,V.); T5 omits 'muniḥ'; S. śakyamuniḥ. cf. N4 °muniḥ; N5 °mudir. 33 T1 °muṇivaraḥ
34 cf. N4 diṣe. 35 L.,V. add 'iti'. All mss.(and R.) omit 'iti'.
36 T2 inserts 'bhikṣavo'(N1,N5,C1,C2,B; R.,L.,V.). cf. N2~4,H omit.
37 T2 omits 'ṃ'(R.). cf. N3 °syān. 38 L.,V. diśi. cf. All mss.(and R.) diśo.
39 T3 °hāyāḥ; T5 °hāyāṃ. cf. 方広「寶荘嚴」; 普曜「最淨」.
40 T3 °dhātoḥ(N3,N4)
41 T1 °ciṣa[omits 's']. cf. 方広「光明」; 普曜「寶焔」.
42 T4 °kṣetrā[omits 'd']; T5 °kṣetrāṃt(?). cf. N3 °kṣetrāt.
43 T2 ratnakṣetra°(R.)
44 T3 °kūṭaṃsandarśano; T5 °kūṭasadarśano. cf. 方広「現寶蓋」; 普曜「現寶積蓋」.
45 T5 °satva 46 T5 omits 'ḥ'.
47 T1,T3~5 saṃ(N3,N4) 48 T1 °tai[omits 'r']; T3~5 °taiḥ
49 T1,T3,T4 °maṇḍe; T5 °maṇḍa 50 T3 omits 'ca'.
51 V. °krāmat 52 T5 upaṃsaṃ°
53 T3 tat
54 T2 °mātraṃ(N1,N3,C1,C2,B; R.,L.,V.); T5 maṇḍalaṃ mātraṃ. cf. N2,H maṇḍalamāṇuṃ; N4,N5 maṇḍalamāḍaṃ. 55 T1 tata
56 T5 sakra° 57 T1 °pālaḥ(N4); T3~5 °pāla(N3)
58 T1,T3~5 avocat(N3~5,C1,B). cf. N1,N2,C2,H avocan.
59 T5 kasyadaṃ 60 V. phalam
61 T5 °chatraḥ[adds 'ḥ']

vyūhaḥ[1] saṃdṛśyate.[2] [3]atha tasmād ratnacchattrād iyaṃ[4] gāthā niś-
carati sma.

[Meter ... Śārdūlavikrīḍita]

2. yena[5] cchattra[6]sahasrakoṭinayutā[7] gandhāna[8] ratnāna[9] ca
dattā[10] apratimeṣu maitramanasā[11] tiṣṭhanti[12] ke nirvṛte,[13]
so eṣo varalakṣaṇo[14] hitakaro nārāyaṇa[15]sthāmavān[16]
bodher[17] mūlam upāgato guṇadharaḥ,[18] tasyâiṣa[19] pūjā kṛtā.[20]

atha khalu paścimāyā⟨ṃ⟩[21] diśaḥ[22] campaka[23]varṇāyā[24] lokadhātoḥ
puṣpāvali[25]vanarāji[26]saṃkusumitābhijñasya[27] tathāgatasya buddhakṣetrād[28] indra-
jālī[29] nāma bodhisattvo mahāsattvas[30] tayā prabhayā saṃcoditaḥ
san[31] gaṇanā[32]samatikrāntair[33] bodhisattvaiḥ[34] [mahāsattvaiḥ][35] parivṛtaḥ
puraskṛto yena bodhimaṇḍo[36] yena ca[37] bodhisattvas [(38...]tenôpajagāma
upetya[...38)] ca bodhisattvasya [39]pūjākarmaṇe sarvāvantaṃ maṇḍalamāḍam[40]
292 ekaratnajālena saṃchādayati[41] sma. tatra daśasu dikṣu devanāga-
yakṣagandharvāḥ parasparam evam āhuḥ. kasyâyam evaṃrūpaḥ[42]
prabhāvyūhaḥ.[43] atha tasmād ratnajālād [(44...]iyaṃ gāthā[...44)] niścarati[45] sma.[46]

[Meter ... Vasantatilakā]

3. ratnâkaro[47] ratanaketu[48] ratis triloke
ratnôttamo[49] ratanakīrti[50] rataḥ [(51...]su dharme,[...51)]

1 T1,T4,T5 omit ‘ḥ’.
2 T1 °dṛśyete; T2 °dṛśyante; L.,V.,S. °dṛśyata. cf. N1/H,N4 °dṛśyate; N3 °dṛśate.
3 L.,V.,S. insert ‘iti’. cf. All mss.(and R.) omit ‘iti’.
4 T5 iyaḥ
5 T1 ye[omits ‘na’]
6 L.,S. cha°. m.c. ccha°.
7 T2 °koṭiniyutā(N3)
8 T4 ‘na’ is marg.
9 cf. N4 ratnana.
10 T3 datvā
11 T1 maitramaḥ / sā; T5 maitramasā[omits ‘na’](N3 ‘na’ is marg.)
12 T1,T4,T5 tisthanti(N3); T2 tiṣṭhaṃti; T3 tiṣṭhante. cf. N4 tiṣṭhanti.
13 cf. N4 cirvṛte.
14 T1,T5 valara°
15 T1 omits ‘ṇa’; T5 nārāyana°(N4)
16 T5 °sthānavān
17 T5 omits ‘r’.
18 T2,T5 °dharas(N1/H,N3,N4; R.,L.,V.,S.)
19 T1,T3,T4 tasyeṣa(N3,N4); T5 yeṣa[omits ‘tas’]
20 T3 kṛtāḥ; L.,V.,S. add ‘iti’. cf. All mss.(and R.) omit ‘iti’.
21 T1 °māyān; T2~5 °māyā(N1/B,N3; R.,L.,V.,S.). cf. N4,H °māyāṃ.
22 T1,T4,T5 diśo; T2 diśaś(R.,L.,V.,S.); T3 diśi. cf. N1/H,N3 diśaḥ; N4 diśiḥ.
23 T1,T3~5 caṃpaka°
24 T3 °varṇṇo. cf. 方広「詹波」; 普曜「思夷像」.
25 T1,T3~5 puṣpavati°(N3,N4). cf. N1,C1,C2 puṣpavali°; Tib. phreṅ ba (= āvali).
26 T1 °rājikāsaṃku°; T2 °rājiku°[omits ‘saṃ’](N1/H; R.,L.,V.). cf. N3,N4 °rājisaṃku°.
27 T3 °jñāsya. cf. 方広「開敷花王智慧神通」; 普曜「華厳神通」.
28 T1 °kṣatrād. cf. N4 °kṣetrāt.
29 cf. 方広「寶網」; 普曜「無著光明」.
30 T1,T3,T4 °satvaḥ; T5 °satvān
31 T1,T3~5 saṃ(N3,N4)
32 cf. N4 gaṇanāḥ.
33 T1,T3~5 °taiḥ
34 T1,T3,T4 °satvair(T5 omits ‘r’; N3,N4)
35 T1,T3~5 insert ‘mahāsatvaiḥ’(N3,N4); T2 omit(N1/H; R.,L.,V.). Acc. to Tib. and from the context this should be omitted.
36 T1,T4 °maṇḍe(N3); T5 °maṇḍa
37 T1,T5 omit ‘ca’(N3,N4).
(38…38) T1 °jagāmopatya; T3 jagāmā petya; T4,T5 jagāmopetya(N3). cf. N4 jagāma / upetya.
39 T3 inserts ‘ca’.
40 T2,T5 °mātram(R.,L.,V.). cf. N1/H °māṇḍam; N3,N4 °māḍam.
41 T2 sañcchā°(R.)
42 T1 °rūpaṃ; T2 °rūpo(R.,L.,V.); T4,T5 °rūpa(N4). cf. N1,N2,C1,C2 evarūpā; N3 evaṃrūpaḥ; N5,B,H evarūpo.
43 T1,T4 °vyūho tha(N3); T3 °vyūho ’tha(N4); T5 °vyūhoḥ / ; L.,V. °vyūha iti. cf. N1/H °vyūha.
(44…44) T1 iya thā[omits ‘ṃ gā’]
45 T1,T3,T5 niścārayati(N3,N4); T4 niścāraya[omits ‘ti’]. cf. N1,C1,C2 niścārati; N2,N5,B,H niścarati.
46 T3,T4 omit ‘sma’.
47 T3 ratanākaro
48 T2 ratna°(R.)
49 T1 ratnorttame; T2 ratnattamo; T3~5 ratnottame(N4). cf. N1/H,N3 ratnottamo.
50 T1,T3~5 ratanakīrtti; T2 ratnakīrtti(R.)
(51…51) T2 sudharmme(R.); L.,V. S. sudharme[as a compound]. cf. Tib. de(= so).

ratnāni[1] trīṇi[2] na ca chetsyati vīryaprāptaḥ[3]
so bodhi[4] prāpsyati [(5...]varām iya[...5)] tasya pūjā.[6]

atha khalûttarasyāṃ[7] diśaḥ[8] sūryāvartāyā[9] lokadhātoś[10] candrasūryajihmakaraṇaprabhasya[11] tathāgatasya buddhakṣetrād[12] vyūharājo[13] nāma bodhisattvo mahāsattvas[14] tayā prabhayā saṃcoditaḥ[15] san[16] gaṇanā-[17]samatikrāntair[18] bodhisattvaiḥ[19] parivṛtaḥ puraskṛto[20] yena bodhimaṇḍo yena[21] ca bodhisattvas[22] [(23...]tenôpasaṃkrāmad [...23)]upasaṃkramya bodhisattvasya[24] pūjākarmaṇe yāvanto daśasu dikṣu sarvalokadhātuṣu[25] buddhakṣetra-[26]guṇavyūhās[27] tān sarvāṃs[28] tasmin[29] maṇḍalamāḍe[30] saṃdarśayati[31] sma. tatra[32] kecid bodhisattvā[33] evam āhuḥ. kasyêma[34] evaṃrūpā [(35...]vyūhāḥ. [...35)]atha tebhyaḥ sarvavyūhebhya[36] iyaṃ gāthā niścarati sma.

[Meter ... Śārdūlavikrīḍita]

4. kāyo yena vośodhitaḥ[37] subahuśaḥ[38] puṇyena[39] jñānena ca
yenā[40] vāca vośodhitā vratatapaiḥ[41] satyena dharmeṇa ca,
cittaṃ[42] yena viśodhitaṃ[43] hiridhṛtī[44] kāruṇyamaitryā[45] tathā
so eṣo[46] [(47...]drumarājamūlu 'pagataḥ[...47)] śākyârṣabhaḥ[48] pūjyate.[49]

atha khalu pūrvadakṣiṇasyāṃ[50] diśo[51] guṇākarāyā[52] lokadhātor[53] guṇarājaprabhāsasya[54] tathāgatasya[55] buddhakṣetrād[56] guṇamatir[57] nāma bodhisattvo mahāsattvas[58] tayā prabhayā saṃcoditaḥ[59] san[60] gaṇanāsamati-

1 T3 ratanāni
2 T1 triṇi
3 T5 tīrya°
4 T2 bodhiṃ
(5…5) T1 varām iyan(N4 --- iyaṃ); T2 karomi(R.)
6 L.,V.,S. add 'iti'. cf. All mss.(and R.) omit 'iti'.
7 T2 khalu uttarasyā(R.); T3 khalu uttarasyāṃ(N4). cf. N3 khalūttarasyān.
8 T1,T3~5 diśi(N3,N4; L.,V.). cf. N1/H diśaḥ.
9 T3 sūryāvarttāyāḥ. cf. 方広, 普曜「日轉」.
10 T1,T5 °dhātuś(N3,N4); T2 °dhātauś
11 T2 °jihmīkaraṇapra°(R.); T5 °jimakaraṇapra°[omits 'h']; L.,V. °jihmīkarapra°[omit 'ṇa']. cf. N1/H °jihmīkarapra°; N3 °jihmakaraṇapra°(N4 °jiṃhma°); 方広「掩蔽日月光」; 普曜「蔽日月光」.
12 T1,T5 omit 'd'(N4).
13 T1 vyūho rājo. cf. 方広「莊嚴王」; 普曜「淨王」.
14 T1,T3,T4 °satvaḥ; T5 °satva
15 T1,T3 saṃ(N3); T4 saḍ; T5 saṅ(N4)
16 T5 gananā°
17 T1,T4,T5 omit 'sa'(N3,N4).
18 T1,T5 °tai[omit 'r']; T3 °taiḥ
19 T5 °satvo
20 V. °kṛtaḥ
21 T5 omits 'ca'.
22 T3,T4 °satvaḥ. cf. N4 °satvos.
(23…23) T1 tenopajagāmopa°(N3,N4); T3~5 omit 'saṃkrāmad upa'.
24 T1,T4,T5 °satva[omit 'sya'](N3,N4)
25 T5 omits 'ṣu'.
26 T2 °kṣatra°
27 T2 °vyūhas
28 T1,T4 sarvāns(N3); T2 saṃrvāṃs; T5 sarvās. cf. N4 sarvvān.
29 cf. N4 tasmi[omits 'n'].
30 T2 °mātre(B,H; R.,L.,V.). cf. N1,C2 °māḍa; N2 °maṃḍe; N3,N4 °māḍe; N5 °ptra?; C1 °mātra.
31 T1 saṃrśa°[omits 'da']
32 cf. N2 omits from here(tatra) to the end of Gāthā No.4(pūjyate).
33 T1,T3,T4 °satvāḥ
34 T1,T4,T5 kasya me(N4); T2 kasya[omits 'ma'](R.). cf. N3 kasyeme.
(35…35) T1 vyūhā 'tha; T4,T5 vyūhā atha(N3,N4)
36 cf. N4 °bhyaḥ.
37 T3 visodhitaḥ
38 T3,T4 subahusaḥ
39 T2 punyena
40 T2 yena(R.); T1,T4,T5 yeno(N3,N4)
41 T2 omits 'ḥ'.
42 T1 cirtta[omits 'ṃ']; T5 citta[omits 'ṃ'](N3,N4)
43 T4 omits 'ṃ'.
44 T1 °dhṛti. cf. N4 hiridhyatī.
45 T2,T3 karuṇāya°(R.)
46 T2 eṣa(R.)
(47…47) T2 °mūlopagataḥ(T4 emends 'upa' to 'opa'; N4; R.). cf. N3 °mūla pagataḥ(?).
48 T1,T4,T5 śākyaprabhaḥ(N3,N4); T2 śākyaprabhu(R. °bhuḥ)
49 L.,V.,S. add 'iti'. cf. All mss.(and R.) omit 'iti'.
50 T2 omits 'ṃ'(N5,B,H; R.,L.,V.). cf. N1,C1,C2 °syān; N2~4 °syāṃ.
51 T1 diśā; T3 diśi; T4 diśaḥ
52 T3 guṇakarāyo. cf. N4 guṇākaro; 方広, 普曜「德王」.
53 T1,T4,T5 °dhātoḥ; T3 °dhātu
54 cf. 方広「功德光明王」; 普曜「德明王」.
55 T4 omits 'ta'.
56 T1 °kṣetrān; T4,T5 °kṣetrāt(N3,N4)
57 T5 guṇavati. cf. 方広「功德慧」; 普曜「德音光明」.
58 T3,T4 °satvaḥ
59 T1,T3~5 saṃ(N3). cf. N4 saṅ.
60 T5 °nāśamati°

krāntair[1] bodhisattvaiḥ[2] parivṛtaḥ puraskṛto yena bodhimaṇḍo[3] yena
293 ca[4] bodhisattvas[5] tenôpasaṃkrāmad[6] upasaṃkramya bodhisattvasya pū-
jākarmaṇe sarva[7]guṇavyūhaṃ kūṭāgāraṃ[8] tasmin maṇḍalamāḍe[9] 'bhi-
nirmimīte sma. [10](tasya te parivārā evam āhuḥ. kasyâyam evaṃ-
rūpaḥ kūṭāgāravyūhaḥ[11].) tataś ca kūṭāgārād[12] iyaṃ[13] gāthā niścarati
sma.

[Meter ... Modaka?]

5. yasya[14] guṇaiḥ satataṃ guṇagandhikā[15]
bhonti[16] surâsurayakṣamahoragāḥ[17],
so[18] guṇavān[19] guṇarāja[20]kulôdito
bodhiviṭe[21] upaviṣṭu[22] guṇôdadhiḥ[23].

atha khalu dakṣiṇapaścimāyāṃ[24] diśo[25] ratnasaṃbhavāyā[26] lokadhāto[27] ratnayaṣṭes[28] tathāgatasya buddhakṣetrād[29] ratnasaṃbhavo[30] nāma bodhisattvo mahāsattvas[31] tayā prabhayā saṃcoditaḥ[32] san[33] gaṇanāsamatikrāntair[34] bodhisattvaiḥ[35] [mahāsattvaiḥ][36] parivṛtaḥ puraskṛto yena bodhimaṇḍo yena ca bodhisattvas tenôpasaṃkrāmad[37] upasaṃkramya bodhisattvasya pūjākarmaṇe[38] [(39…]aprameyān asaṃkhyeyān[…39)] ratnavyomakāṃs[40] tasmin maṇḍalamāḍe[41] 'bhinirmāyati[42] sma. [43]tebhyaś ca ratnavyoma-[44]kebhya[ḥ][45] iyaṃ gāthā[46] [(47…]niścarati sma[…47)].

1 T1,T3,T4 °taiḥ; T5 °tai[omits 'r']
2 cf. N4 omits 'ḥ'.
3 T5 °maṇḍā
4 T3 omits 'ca'(N4).
5 T3 °satvaḥ
6 V. °krāmat
7 T2 sava°[omits 'r']
8 T2 kuṭāgāraṃ. cf. N3 °gāran.
9 T2 °mātre(N1,C1,C2; R.,L.,V.). cf. N2 °māṃḍe; N3~5,B,H °māḍe.
10 cf. N2,H omit from here(tasya) to the end of Gāthā No.5[Note 23].
11 All mss.(that can be referred) omit 'tasya --- -vyūhaḥ'(R.); L.,V. insert. These words should be deleted, for Tib. has no words corresp. to this insertion.
12 T1,T5 °gārā[omit 'd'](N3,N4); T4 °gārāda['da' is marg.]
13 T1,T4,T5 yaṃ[omit 'i'](N3,N4)
14 T1,T5 asya(T4 emends 'asya' to 'yasya'; N3,N4)
15 T4 °gaṃdhikā. cf. N4 °garddhikā; BHSD,gandhika.
16 T2 bhānti(R.)
17 T5 °ragrāḥ(?)
18 T5 saṃ so[adds 'saṃ']
19 T3 °vāṃ
20 T1 °rājaṃ°[inserts 'ṃ']
21 T1,T5 °vitape(N3,N4); T2 °viṭapa(R.); T4 °viṭape(N1,N5,C1,C2,B; L.,V.,S.). m.c. bodhiviṭe. viṭa = viṭapa.
22 V. upaviṣṭa. cf. N4 upaviṣṭa.
23 T1 °dadhīḥ; L.,V.,S. °dadhiḥ // iti[add 'iti']. cf. All mss.(and R.) omit 'iti'; N2,H omit from 'tasya'[Note 10] to here(guṇodadhiḥ).
24 T1,T2 °ṇapaścimāyā[omit 'ṃ'](T3 °ṇamaści°; N2,N3,N5,B,H; R.,L.,V.); T5 dakṣiṇe paścimāyāṃ. cf. N1,N4,C2 °māyān; C1 °māyāṃ.
25 T3,T4 diśaḥ
26 T2 °sambha°(R.); T3 °vāyāḥ. cf. 方広「出寶」; 普曜「楽成」.
27 T1,T3~5 °dhātoḥ
28 T1,T4,T5 °yastes. Cf. N4 yeṣṭes; 方広「寶幢」; 普曜「寶林」.
29 T1,T3,T5 omit 'd'.
30 T2 ratnasasambhavo(R. ratnasam°). cf. N4 °saṃbhava; 方広「出衆寶」; 普曜「寶光明」.
31 T1,T3~5 °satvaḥ
32 T2 sañco°(R.). cf. N4 omits 'ṃ'.
33 T1,T5 sa[omit 'n'](N3,N4); T3,T4 saṃ
34 T1,T4,T5 °taiḥ
35 T1,T3,T4 °satvair(N3); T5 °satvai(N4 'r' is marg.)
36 T1,T3~5 insert 'mahāsatvaiḥ'(N3; N4 'mahāsatvai' is marg.); T2 omits(N1/H; R.,L.,V.). cf. Tib. has no words corresp. to 'mahāsattvaiḥ'.
37 V. °krāmat
38 cf. N4 pūja°.
(39…39) T1 aprameyānasaṃkhyeyād(T3 °aśaṃ°; T4 cancels 'na'; N3); T2 aprameyāsaṃkhyeyān (N1/H omit 'n'; R. °saṅkhye°; L.,V.); T5 aprameyānasaṃkhyayād(N4)
40 T1 °vyomakān; T3 ratnacopakāṃ?; T4 °vyomakās(N1/B; H omits 's'); T5 °vomakās. cf. N3 °vomakān; N4 °vyomakāt.
41 T2 °mātre(C1; R.,L.,V.). cf. Other mss.(than T2,C1) °māḍe.
42 T2 °nirmmimīte(R.; L.,V. °nirmi°); T4 °nirmmāyati(N4). cf. N1/H °nirmimīte; N3 °nirmāyati.
43 cf. N2,H omit from here(tebhyaś) to the end of Gāthā No.6[Note 15 in the following page].
44 T3,T5 °voma°
45 T1,T3~5 °bhyaḥ(N4); T2 °bhya(N3; R.,L.,V.)
46 T5 gāthāṃ
(47…47) T2 niścacāra(N1,N5,C1,C2,B; R.,L.,V.). cf. N3,N4 niścarati sma.

[Meter ... Śārdūlavikrīḍita]

6. tyaktā yena sasāgarā vasumatī[1] ratnāny (2...atho naikaśaḥ...2)
prāsādāś ca gavākṣaharmikavarā[3] yugyāni[4] yānāni[5] ca,
vyomâlaṃkṛta[6] puṣpadāma[7] rucirā udyāna[8]kūpāḥ[9] sabhāḥ[10]
hastā[11] pādaśirô[12]ttamâṅga[13]nayanāḥ[14] so bodhimaṇḍe sthitaḥ.[15]

atha khalu paścimôttarasyāṃ[16] diśo[17] meghavatyā[18] lokadhātor[19] megharājasya[20] tathāgatasya buddhakṣetrān[21] meghakūṭābhigarjita[22]svaro[23] nāma bodhisattvo mahāsattvas[24] tayā prabhayā saṃcoditaḥ san[25] gaṇanāsamatikrāntair[26] bodhisattvaiḥ[27] parivṛtaḥ[28] puraskṛto yena[29] bodhimaṇḍo
294 yena ⟨ca⟩[30] bodhisattvas tenôpasaṃkrāmad[31] upasaṃkramya bodhisattvasya[32] pūjākarmaṇe[33] kālânusāryagaru[34]megham abhinirmāyôraga[35]sāracandana[36]cūrṇavarṣaṃ[37] tasmin[38] maṇḍalamāḍe[39] 'bhipravarṣati[40] sma. tasmāc[41] ca kālânusārimeghamaṇḍalād[42] iyaṃ gāthā niścarati[43] sma.

[Meter ... Śārdūlavikrīḍita]

7. dharmāmegha[44] sphuritva[45] sarvatribhave vidyāvimukti[46]prabhaḥ
saddharmaṃ[47] ca virāga varṣi[48] amṛtaṃ nirvāṇa[49]saṃprāpakaṃ,[50]
sarvā[51] rāgakileśa[52]bandhanalatāṃ[53] sāvāsanāṃ[54] chetsyate[55]
dhyānârddhī[56]bala-indriyaiḥ[57] kusumitaḥ śraddhākaraṃ[58] dāsyate.[59]

atha khalûttarapūrvasyāṃ[60] diśo hemajālapraticch⟨ann⟩āyā[61] lokadhāto(ḥ)[62]

1 cf. N4 vasumati. (2…2) T1,T5 atho nekeśaḥ(N3); T2 athānekaśaḥ (N1,N4,N5,C1,C2,B; R.); T3 atho naikasaḥ; T4 atho nekasaḥ; L.,V.,S. atho ’nekaśaḥ
3 T4 °varāḥ 4 T1 yuṣmāś ca; T2 yugmāśva(R.); T3 aśvāś ca; T4 yugyāś ca; T5 yugmāś ca. cf. N3 yugmā[omits ‘ni’]; N4 yugyāni.
5 cf. N3 nāni[omits ‘yā’].
6 T2 °laṅkṛta(R.); T3,T5 vomālaṃkṛta(N3); S. vyomā ’laṃkṛta. cf. N4 vodhamālaṃkṛta.
7 L. puṣpa dāma[not a compound]; S. puṣpadāma°[unites with the next word(rucirā)]
8 T1 kuryyāna°(N3); T3 bhūdyāna°(?); T4 emends ‘kuryāna’ to ‘udyāna’; T5 kuyāna°. cf. N4 tuyyāna?
9 L.,V.,S. omit ‘ḥ’. cf. N1,N5,C1,C2,B °kūpā; N3,N4 °kūpāḥ.
10 T1,T4,T5 samāḥ(N3,N4); T2 sabhā[omits ‘ḥ’](R.,L.,V.,S.). cf. N1,N5,C1,C2,B sabhāḥ.
11 R.,L.,S. hastā°[unite with the next words]. cf. N4 hasta.
12 T1 °śirortta° 13 T4,T5 °māṃga°
14 T3 omits ‘ḥ’.
15 L.,V.,S add ‘iti’. cf. All mss.(that can be referred) omit ‘iti’; N2,H omit from ‘tebhyaś’[Note 43 in the preceding page] to here(sthitaḥ).
16 T2,T3 omit ‘ṃ’(N2,N5,B,H; R.,L.,V.); T5 omits ‘tta’. cf. N1,C1,C2 °syāṃ; N3,N4 °syān.
17 T3,T4 diśaḥ. cf. C1 diśi.
18 T5 omits this whole word. cf. 方広「雲」; 普曜「雨氏」.
19 T1,T4,T5 °dhātoḥ(T3?; N3,N4) 20 cf. 方広「雲王」; 普曜「雲香王」.
21 T3,T4 °kṣetrāt 22 cf. N4 °bhirgar°.
23 T2 °jiteśvaro(R.); T3,T5 °jitāsvaro(N3,N4). cf. 方広「雲雷震聲」; 普曜「積雷雨」.
24 T3 °satvaḥ; T4,T5 °satvo 25 T1,T3 saṃ; T4 sad; T5 saṅ(N3,N4)
26 T1,T5 °taiḥ 27 T1,T5 omit ‘bodhisattvaiḥ’(N3,N4 marg.).
28 cf. N4 °vṛtar. 29 T1,T4,T5 insert ‘ca’(N3,N4).
30 T1,T3~5 omit ‘ca’(N3); T2 inserts(N4; R.,L.,V.).
31 V. °krāmat 32 T5 °satva[omits ‘sya’]
33 T3 °karmaṇeḥ
34 T1,T2,T4 °aguru°(N1/H,N4; R.,L.,V.). cf. N3 °agaru°; Tib. a ga ruḥi(= agaru°).
35 cf. N4 abhinirmmāya uraga°. 36 T1 °sāragacan°[inserts ‘ga’]
37 T1,T4 °cūrṇṇaṃvarṣan; T2 °cūrṇṇaṃ[omits ‘varṣa’](R. °cūrṇaṃ); T3,T5 °cūrṇṇavarṣan(N3,N4). cf. C2 omits from ‘varṣaṃ’ to ‘bhipra-’[Note 40].
38 T2 omits ‘tasmin’(R.).
39 T2 omits this whole word(R.); L.,V. °mātre. cf. C1 °mātre; Other mss. °māḍe.
40 T2 varṣanti[omits ‘bhipra’](R.)
41 In T2 from here(tasmāc) to ‘niścarati sma’[Note 43] are written in the margin.
42 T2 °maṇḍalamātrād(N1,C1,C2,B; R.,L.,V.). cf. N2,N5 °maṇḍalamāḍād(H omits ‘la’). Acc. to Tib. and from the context ‘mātrā’ is unnecessary.
43 T1 ‘ti’ is marg.; T5 °caranti 44 T5 omits ‘gha’(N3). cf. N4 dharmmamegha.
45 T1,T4,T5 spharitva(T3?; N3). cf. N4 spharitvā.
46 All mss. vidyādhimukti°(R.,L.,V.,S.). cf. Tib. rig daṅ rnam par grol ba (= vidyā-vimukti).
47 T:all °mañ(R.) 48 T5 vaṣi[omits ‘r’]
49 T5 nirvāna° 50 T2 °samprāpakam(R.; V. saṃprā°)
51 cf. N3 sarvvāṃ. 52 T1 ragakilaṃśa°
53 T1 omits ‘ṃ’(H; R.,L.,V.,S.). cf. Other mss.(than T1,H) °latāṃ.
54 T1,T3 so vāsanāṃ; T2 so vāsanā(R.,L.,S.); T5 sāvāsanā[omits ‘ṃ’](N5,B); V. savāsanā. cf. N1~4,C1,C2,H sāvāsanāṃ; BHSD,vāsana.
55 T2 °syati(N1/H; R.,L.,V.,S.); T3 °syata?. cf. N3,N4 °syate.
56 T1,T3~5 dhyānavīrya°(N3,N4 °vīryya°); T2 dhyānarddhi°(N2; R.); V. dhyānadadhīr°. cf. N1,N5, C1,C2,B dhyānardhi°(H °rddi°); Tib. has no word corresp. to ‘vīrya’. Metrically we read ‘-rddhī-’ though no ms. supports it. 57 T1,T3~5 °balendriyaiḥ(N3,N4)
58 T1 omits ‘ṃ’. 59 T4 dāśyate; L.,V.,S. dāsyate // iti[add ‘iti’]
60 T1,T4,T5 °syān(N3); T2 omits ‘ṃ’(N2,N5,C2,H; R.,L.,V.). cf. N1,N4,C1,B °syāṃ.
61 T1,T3,T5 °praticchāyā(N3,N4); T2 °pratichannāyā(R. °ticcha°; L.,V.); T4 °praticchaṃnāyā[‘nā’ is marg.]; Tib. khebs pa(= praticchanna); 方広「金網」; 普曜「楽帛交露」.
62 T1,T3~5 °dhātoḥ(N3,N4); T2 °dhāto(R.,L.,V.)

ratnacchattrābhyudgatāvabhāsasya[1][2] tathāgatasya buddhakśetrād[3] dhemajālālaṃkṛto[4] nāma bodhisattvo[5] mahāsattvas[6] tayā prabhayā[7] saṃcoditaḥ san[8] gaṇanāsamatikrāntair[9] bodhisattvaiḥ[10] parivṛtaḥ puraskṛto yena bodhimaṇḍo[11] yena ca[12] bodhisattvas[13] tenôpasaṃkrāmad[14] upasaṃkramya bodhisattvasya pūjākarmaṇe sarveṣu teṣu kūṭāgāreṣu[15] ratnavyomakeṣu[16] ca[17] dvātriṃśallakṣaṇasamalaṃkṛtān[18] bodhisattvavigrahān[19] abhinirmiṇati[20][21] sma. sarve[22] ca te bodhisattvavigrahā divyamānuṣyakapuṣpadāmaparigṛhītā[23] yena bodhisattvas tenâvanatakāyās[24] tāni puṣpadāmāny[25] abhipralambayanti[26] sma.[27] imāṃ[28] ca[29] gāthām[30] abhāṣata.[31]

[Meter ... Candravartman(which ends with ya-gaṇa)]

8. yena buddhanayutā stavita[32] pūrve[33]
gauraveṇa[34] mahatā[35] janiya[36] śraddhāṃ,[37]
brahmaghoṣavacanaṃ[38] madhuravāṇiṃ
bodhimaṇḍu (39... ’pagataṃ ...39) śirasi vande.[40]

atha khalv[41] adhastād[42] diśaḥ samantavilokitāyā[43] lokadhātoḥ samantadarśinas[44] tathāgatasya buddhakṣetrād[45] ratnagarbho[46] nāma bodhisattvo mahāsattvas[47] (48... tayā prabhayā saṃcoditaḥ ...48) san[49] gaṇanāsamatikrāntair[50][51] bodhisattvaiḥ parivṛtaḥ puraskṛto yena bodhimaṇḍo yena
295 ca bodhisattvas tenôpasaṃkrāmad[52] upasaṃkramya bodhisattvasya[53] pū-

1 T1 °bhyuṅga°; T5 °bhūṅga°
2 T1 °gatāṃ 'va,; T5 °gato va°. cf. N4 °gato 'va°.
3 T1,T5 °kṣatrād
4 cf. 方広「金網莊嚴」; 普曜「嚴帛帳光明」.
5 cf. N4 °satva.
6 T3,T4 °satvaḥ
7 T2 omits 'prabhayā'.
8 T1 saṅ; T3,T5 saṃ(N3,N4); T4 sad
9 T1,T4,T5 °taiḥ
10 T5 omits 'ḥ'.
11 T1 omits 'dhi'. cf. N3 repeats 'boshimaṇḍo yena'.
12 T5 caḥ(?). cf. N4 omits 'ca'.
13 T3 °satvaḥ
14 V. °krāmat
15 T5 kūṭāṃgāreṣu
16 T3,T5 °voma°(N3)
17 T2,T3 omit 'ca'(N1/H; R.,L.,V.). cf. N3,N4 insert. Contextually 'ca' should be inserted.
18 T3 °śala°
19 T1,T3~5 °kṛtāṃ(N4). cf. N3 °kṛtām.
20 T1,T4,T5 °grahām(N3,N4); T3 °grahāṃ
21 T2 °nirmmimīte(N1,C2; R.; L.,V. °nirmi°). cf. N2,N5,C1,B °nirmimīte; N3 °nirmiṇati; N4 °nirmmāti; H °nirmite; BHSD,abhinirmiṇoti,°ṇati.
22 cf. N3 sarvva.
23 T3 divyāmā°
24 T1 tenāvanakāyā; T2 tenābhinatakāyās(N1/H; R.,L.,V.); T4,T5 omit 's'. cf. N3 tenāvanatakāyās; N4 tenāvatakāyā.
25 T2 °dāmany
26 T2 °prālamba°(R.). cf. N1,N4,C1,C2 °yati[omi 'n'].
27 L.V. insert 'te'. cf. All mss.(and R.) omit; Tib. has no word corresp. to 'te'.
28 T1 imāñ(N3); T3 imāś(N4); T4,T5 imāṃś
29 T2 omits 'ca'(N2,N5,B,H; R.,L.,V.). cf. N1,N3,N4,C1,C2 insert 'ca'.
30 T1 omits 'm'.
31 T1,T3,T4 abhāṣataḥ; T2 abhāṣanta(R.,L.,V.). cf. N1/H,N3,N4 abhāṣata.
32 T1,T4,T5 ṣṭavita(N3; N4?)
33 T1 pūrvva; T2 omits(R.); T4 pūrvve(N3,N4); L.,V.,S. pūrva. cf. N1/H pūrva;BHSD,pūrve.
34 T1,T4,T5 gauravena(N3,N4)
35 T5 omits 'ha'.
36 T1,T3,T5 omit 'ya'(N3,N4).
37 T1,T5 omit 'ṃ'(N3,C1);T2 śraddhān(N5,C2,B; R.,L.,V.,S.); T4 sarddhāṃ?; V. śraddhām. cf. N1 śraddhāt; N2,H śraddhāṃ; N4 śraddhāḥ.
38 T3 brahmā°(N3)
(39…39) T1,T5 °maṇḍa pa°(N3,N4); T2 °maṇḍopa°(N1/H; R.,L.,V.,S.); T3,T4 °maṇḍu pa°
40 T4,T5 vaṃde; V. vande // iti[adds 'iti'](S. brackets 'iti')
41 cf. N4 khalu.
42 T1 ādha°
43 T1 °tāyāṃ; T3 °tāyāḥ. cf. 方広「普観」; 普曜「普明」.
44 cf. 方広「普見」; 普曜「普現」.
45 T2 °kṣatrād
46 T5 ratnaṃgarbho. cf. 方広「寶藏」; 普曜「寶藏光明」.
47 T3,T4 °satvaḥ
(48…48) T4 marg.[omits 'ṃ' of 'saṃcoditaḥ']
49 T1,T3,T5 saṃ(N3,N4); T4 sad
50 T5 gaṇānāṃsam°
51 T1 °taiḥ(N4); T5 °tai[omits 'r']
52 V. °krāmat
53 In T1,T3,T4 the text of long parts(maybe one leaf) are missing, i.e. these mss. lack from here (bodhi-) to the end of Gāthā No. 23c[L.,p.295, line 1~p.298, line 9].

jākarmaṇe tasmin[1] vaiḍūrya(maya)[2]maṇḍalamāḍe[3] jāmbūnadasuvarṇapadmā-
ny abhyudgatāny[4] upadarśayati sma.[5] teṣāṃ ca padmānāṃ kar-
ṇikāsv[6] ardhakāyikā nāryo[7] varṇarūpasaṃpannāḥ[8] sarvâlaṃkāraprati-
maṇḍitā[9] upadarśayati sma. vāmadakṣiṇe[10] pāṇibhir harṣakaṭakakeyūra-
suvarṇasūtramuktāhārâdivividhâbharaṇaparigṛhītāḥ[11] puṣpapaṭṭadāmāni câbhi-
pralamba[12]yantyo[13] yena (14...bodhimaṇḍo yena...14) ca[15] bodhisattvas tenâbhi-[16]
natakāyās[17] (18...(tāś) cêmāṃ...18) gāthām[19] abhāṣanta.[20]

[Meter ... Aupacchandasika?]

9\. yo[21] onamiṣū[22] sadā gurūṇāṃ[23]
buddhaśrāvakapratyeka[24]jinānāṃ[25],
(26...nirmāṇa suśīlaḥ...26) sadâjñaprasṭho[27]
tasyā[28] onamathā[29] guṇa(-ṇā?)[30]dharasya.[31]

atha khalûpariṣṭād[32] diśo varagaṇāyā[33] lokadhātor[34] gaṇendrasya[35] ta-
thāgatasya buddhakṣetrād[36] gagaṇagañjo[37] nāma bodhisattvo mahāsat-
tvas tayā prabhayā saṃcoditaḥ san[38] gaṇanāsamatikrāntair bodhi-
sattvaiḥ parivṛtaḥ puraskṛto yena bodhimaṇḍo yena ca bodhisat-
tvas tenôpasaṃkrāmad[39] upasaṃkramya bodhisattvasya pūjākarmaṇe,
gagaṇatalastha[40] eva yāvanto daśasu dikṣu sarvabuddhakṣetreṣv[41] adṛṣṭâśruta-[42]
pūrvāḥ santi puṣpadhūpagandhamālyavilepanacūrṇacīvara[43]vastrâlaṃkāracchat-

1 T5 tasmiṃ(N3,N4)

2 T5 omits 'maya'(N3). cf. N1/H,N4 insert; Tib. has no word corresp. to 'maya'.

3 T2 omits 'mā'; T5 °māde(N2,N5; N3?); R.,L.,V. °mātre. cf. N1,C1 °mātre; N4,C2,B,H °māḍe.

4 T5 abhyuṃgatāny. cf. N4 °tāni.

5 T5(and N3) lacks from here(teṣāṃ) to the end of Gāthā No. 23c, therefore we can not find the texts of the principal mss. of Tokyo(T1,T3~5)[and N3] in this part[L.,p.295, line 2~p.298, line 9].

6 cf. N4 karkkaṇṇikāsv.

7 T2 nā māryo['nā' is marg.]. cf. N4 nāṃryyā.

8 T2 omits 'ḥ'(R.). cf. N4 °saṃpanna.

9 cf. N4 °ḍitām.

10 T2 °ḍakṣiṇa°(R.)

11 T2 °bharaṇāni pari°['ra' is marg.](R.)

12 T2 °prālam°(R.)

13 cf. N1,C1,C2 °yantyā; N2 °yaṃto; N4 °yento; N5,B °yanto; H °yato.

(14…14) T2 omits 'bodhimaṇḍo yena'.

15 T2 omits 'ca'(R.).

16 T2 tenoparyabhi°(N1,N5,C1,C2 °paryyabhi°; N2,B,H; R.,L.,V.). cf. N4 tena 'bhi°[omits 'upari']. Acc. to Tib. and from the context 'upari' is to be omitted.

17 V. °kāyāḥ

(18…18) T2 tāś cemāṃ(R.,L.,V.). cf. N1/H tā cemāṃ; N4 tāñ ca imāṃ; Tib. has no word corresp. to 'tāś'.

19 T2 gāthāṃ

20 T2 bhāṣanta[omits 'a'](R.)

21 cf. N1,N4,C1,C2 yā.

22 T2 ānamiṣṭa; L.,V.,S. onamiṣṭa. cf. N1,N2,N5,C2,B,H onamiṣū; N4 onamiṣu; C1 onamiṣṭa; BHSD,§32.46.

23 T2 guruṇāṃ(R.,V.)

24 '-pratyeka-' seems to be unmetrical, for 'tye' must be short and 'ka' must be long.

25 T2 °nānām(R.,V.)

(26…26) T2 nirmmānasuśīlaḥ(N4; R.); L.,V. nirmānasuśīla[omit 'ḥ'] ; S. nirmāna suśīla[not a compound]. cf. N1/H nirmānasuśīlaḥ.

27 T2 sadojvala praṣto(R.); L.,V.,S. sadojju praṣṭho. cf. N1,C1,C2,H sadojapra°; N2,N5,B sadojjapra°; N4 sadājju praṣṭā. Acc. to Tib.[dran dgaḥ la] we read 'sadā + ājñapraṣṭho' though no ms. supports it.

28 T2 tasya(R.)

29 T2 ānamathā(R.). cf. N4 unamathā.

30 Metrically 'guṇā-' may be good reading, but no ms. supports it.

31 L.,V. add 'iti'(S. brackets 'iti').

32 cf. N4 khalu upariṣṭā.

33 L. varagagaṇāyā[inserts 'ga'](V. °ganāyā). cf. N1/H varagaṇāyā; N4 varaśaṇāyā; Tib. tshogs kyi dam pa (= vara-gaṇa); BHSD,varagagaṇā; 方広「殊勝功徳」; 普曜「虚空」.

34 cf. N1/H,N4 °dhātoḥ.

35 cf. H guṇendrasya; Tib. tshogs kyi dbaṅ po (= gaṇendra); 方広「徳王」; 普曜「無限眼王」.

36 cf. N4 °kṣatrāt.

37 T2 gaganagañjo(R.,V.). cf. N4 gagaṇagaṃjo; 方広「虚空蔵」; 普曜「虚空蔵光明」.

38 cf. N4 sātā.

39 V. °krāmat

40 V. gaganata°. cf. N4 gaganatalaṣṭha.

41 T2 °kṣatreṣv. cf. N4 °kṣetreṣu

42 cf. N4 dṛṣṭvā 'śruta°.

43 T2 °cūrṇacīrṇṇacī°[inserts 'cīrṇṇa']

tradhvajapatākā[1]vaijayanti[2]ratnamaṇikanakarajatamuktāhāra[3]hayagajarathapatti[4]-vāhana(puṣpa)[5]vṛkṣapattrapuṣpa[6]phala[7]dārakadārikā[8]devanāgayakṣagandharvâsura-garuḍakinnaramahoragaśakrabrahmalokapālamānuṣyâmānuṣyāṇāṃ[9] sarvā[10] ga-gaṇatalān[11] mahāntaṃ puṣpavarṣam abhipravarṣanti[12] sma. sarvasattva-prītisukha[13]saṃjananaṃ[14] [15]na[16] ca[17] kasyacit sattvasya bhayaṃ côtpīḍāṃ vā karoti sma.

tatrêdam ucyate.

[Meter ... Vasantatilakā]

10. peyālam[18] eṣa diśatāsu[19] jinaûrasā[20] ye[21]
saṃpūjituṃ[22] hitakaraṃ anuprāptabodhiṃ[23],[24]
296 teṣāṃ viyūha kramavikramasukramāṇām[25][26]
aupamyamātra[27] niśṛṇotha[28] jinaûrasānāṃ[29][30][31].

11. ke câgatā[32] nabhasi megha iva stananto[33]
hārā[34] sahasranayutāni[35] pralambayantaḥ,[36]
ke câgatā makuṭaratnavilamba[37]cūḍāḥ[38][39]
pauṣpaṃ[40] vimāna gagaṇe[41] upadarśayantaḥ.

12. ke câgatā dharaṇi[42] siṃha ivā nadantaḥ[43]
śūnyânimitta[44]'praṇidhī[45]rava[46] muñcamānāḥ,
ke[47] câgatā yatha vṛṣā[48] abhinādamānāḥ[49]
na ca dṛṣṭapūrva rucirāṇi kṣipanti[50] puṣpāṃ[51].

1 T2 °patākā°(R.,V.)
2 T2 °yantī°(R.). cf. N1/H,N4 °yanti°.
3 cf. Tib. has no word corresp. to 'hāra'.
4 cf. N4 °pakti°.
5 cf. Tib. has no word corresp. to 'puṣpa'. Contextually 'puṣpa' seems to be unnecessary.
6 T2 omits 'pattrapuṣpa'(N1/H,N4; R.). Acc. to Tib. these should be inserted.
7 T2 °phalāni°. cf. N2,H omit 'phala'.
8 cf. N4 °dārikāḥ°.
9 T2 °mānuṣāḥ[omits 'amānuṣyāṇāṃ'](R.)
10 T2 sarve(R. sarvve). Cf. N1,N2,C1,C2,B sārvāṃ; N4 sarvvā; N5 sarvā(H?); BHSG,§21.26.
11 V. gagana°. cf. N4 gaganatalā[omits 'n'].
12 T2 °ṣayanti(H; R.)
13 T2 omits 'sukha'(N1/H,N4; R.). Acc. to Tib. 'sukha' should be inserted.
14 cf. N2 °janane.
15 T2 inserts 'ca'(R.,L.,V.). cf. N1/H,N4 omit 'ca'.
16 cf. N5 omits 'na'.
17 T2 omits 'ca'(R.).
18 T2 preyālam(R.). cf. BHSD,peyāla.
19 T2 diśatāśu(R.). cf. N4 disatāsu; BHSD,diśatā.
20 T2 jinorasā
21 cf. N4 ya.
22 T2 sampūjitaṃ(R.). cf. N4 saṃpūjantu.
23 T2 anuprāptu°. cf. N4 aprāpta°[omits 'nu'].
24 T2 °bodhim(R.,V.). bodhi = bodhidruma[cf. BHSD,bodhi(2)].
25 cf. N4 omits 'ma'.
26 L.,V.,S. °māṇāṃ. cf. N1,N2,N4,N5,B,H °māṇām; C1,C2 °māṇās.
27 L.,V.,S. opamya°. cf. N1/H aupamya°; N4 opaśya°.
28 T2 °mātraṃ(N4)
29 T2 nisṛṇotha
30 cf. N1/H jinora°.
31 T2 °rasārānām; R.,V. °rasānām. Acc. to Tib. it is better to read 'janopakārāṃ', but no ms. supports it.
32 cf. N4 °tāḥ.
33 cf. N4 °nantā.
34 T2 hārāḥ(R.). cf. N1,C1,C2 omit from here(hārā) to end of the Gāthā No.12a(nadantaḥ)[Note 43].
35 T2 °sraniyutāni(R.)
36 cf. N4 °yantiḥ.
37 T2 mukuṭa°(R.).
38 cf. N4 °vilaṃba°.
39 T2 omits 'ḥ'.
40 cf. N4 puṣpāṃ.
41 T2 gagaṇa(R.); V. gagane. cf. N4 gagane.
42 S. dharaṇī; R.,L.,V. dharaṇi°[unite with 'siṃha'(as a compound)]
43 cf. N1,C1,C2 omit from 'hārā'[Note 34] to here(nadantaḥ).
44 R.,L.,S. śūnyā ni°[not a compound]. cf. N4 sūnyāni°.
45 T2 °mittapra°(N1/H,N4; R.,L.,V.). cf. BHSD,a-praṇidhi.
46 cf. B emends 'rava' to 'vara' with a mark; Other mss. rava. cf. Tib. mchog(= vara).
47 cf. N2,H omit from here(ke) to the end of this Gāthā(puṣpāṃ)[Note 51].
48 T2 vṛśā
49 T2 aninardamānā['na' is marg.]; R. abhinardamānā; L.,V.,S. abhinandamānāḥ. cf. N1,C1,C2 abhinamānāḥ[omit 'nda']; N4,N5,B abhinandamānāḥ. Acc. to Tib. and from the context we read 'abhinādamānāḥ' though no ms. supports it.
50 cf. N4 kṣipaṃti.
51 L.,S. omit 'ṃ'. cf. N1,N5,C1,C2,B puṣpā; N4 puṣpaṃ.

13. ke câgatā nabhasi mora[1] ivā ravanto[2]
varṇasahasra[3] svaki[4] ātmani[5] darśayantaḥ,
ke câgatā śaśir ivā[6] gagaṇe[7] supūrṇāḥ
sugatâtmajasya[8] guṇamālam udīrayantaḥ.

14. ke câgatā ravir iva prabha muñcamānāḥ
sarvāṇi mārabhavanāni karonti jihmāṃ[9],
ke câgatā vimalaketu yathêndrayaṣṭyaḥ[10]
saṃbhārapuṇyanicitās[11] tahi bodhimaṇḍe.

15. kecit kṣipanti gagaṇān[12] maṇiratnajālāṃ[13]
candrāḥ[14] sucandra(s)[15] tatha bāla virocamānā(ṃ)[16],
māndāravāṃ[17] sumanavārṣikacampadāmāṃ[18][19]
saṃbodhisattva[20] drumarājasthite kṣipanti.

297 16. ke câgatā dharaṇi kampayamāna padbhyāṃ
saṃkampitā[21] [22]vasudha[23] prītikarī[24] janasya[25],
ke câgatā grahiya meru karetalebhiḥ[26]
utsṛṣṭa[27] puṣpaputa[28] saṃsthita[29] antarīkṣe[30].

17. ke câgatāś caturi[31] sāgara gṛhya mūrdhnā[32]
utsṛṣṭa siñci vasudhāṃ[33] varagandhatoyaiḥ,
ke câgatā ratanayaṣṭi gṛhītva[34] citraṃ[35]
saṃbodhisattvam[36] upadarśayi[37] sthitva[38] dūre.

1 T2 sāra(N4,N5; R.,L.,V.). cf. N1,C1,C2 sūryya(N2,B,H sūrya); 方広「孔雀王」. Acc. to Tib.[rma bya] and from the context we read 'mora'[agree with S.] though no ms. supports it. mora = mayūra.
2 T2 ravante(R.). cf. N4 ravantā.
3 T2 °sahasri(R.); V. varṇāsa°; S. varṇa(ā) sahasra. cf. N4 varṇṇaṃ sahasri.
4 cf. N4 śvakim.
5 T2 mātmani(R.)
6 T2 iva
7 V. gagane(N4)
8 cf. N4 °janasya[inserts 'na'].
9 L.,V.,S. omit 'ṃ'. cf. N1/H jihmāṃ; N4 jihmaṃ.
10 T2 °yaṣṭaḥ(R.). cf. N4 °yeṣṭaḥ.
11 T2 sambhā°(R.)
12 V. gaganān(N4)
13 L.,V.,S. omit 'ṃ'. cf. N1/H,N4 °jālāṃ.
14 L.,V.,S. omit 'ḥ'. cf. N1/H,N4 candrāḥ.
15 T2 °dras(N1/H,N4; R.); L.,V.,S. °dra[omit 's']
16 T2 °mānām(R.); L.,V.,S. °mānā[omit 'ṃ']. cf. N1/H,N4 °mānāṃ.
17 L.,V. māndāravā[omit 'ṃ'](S. mānda°). cf. N1,N5,C1,C2,B māṇḍāravāṃ; N2,H māndāravāṃ; N4 mandāravāṃ.
18 R.,L. sumana vār°[not a compound]; S. °ravā-sumana-vār°[unites with the preceding and next words]
19 T2 °campakamālyadāmāṃ(N1/H; R.); L.,V.,S. °campadāmā[omit 'ṃ']. cf. N4 °caṃpakadāmāṃ. campa = campaka.
20 T2 sambo°(C1; R.). cf. N1 sebo°; H sabo°[omits 'ṃ'].
21 R. saṅka°
22 T2 inserts 'ca'(R.).
23 T2 vasudhā(R.)
24 cf. N4 °kariṃ.
25 T2 janasyā(R.)
26 cf. N4 karata°.
27 R.,L.,V. utsṛṣṭa°[unites with the next word as a compound]
28 cf.N4 puṣpayuta.
29 cf. N4 omit 'ṃ'.
30 T2 antarikṣe(R.,S.)
31 T2 catura(N1/H; R.). cf. N4 caturi; BHSG,§19.15.
32 R. mūrddhnā. cf. N4 mūrddhā.
33 T2 omits 'ṃ'(N4; R.).
34 T2 gṛhītvā
35 T2 citrāṃ(R.). cf. N1/H,N4 citraṃ.
36 R. sambo°
37 T2 °śaya(N2,N5,B,H; R.,L.,V.,S.). cf. N1,N4,C1,C2 °śayi. Contextually we read 'upadarśayi', and regard it as a form of aor. 3 pl.
38 cf. N1,C1,C2 omit 'sthi'.

18. ke câgatā bhaviya brahma pra[1]śāntarūpāḥ[2]
śāntā[3]praśāntamanasa[4] sthita dhyānadhyāyī[5],
romebhya(s)[6] teṣa svaru[7] niścarate manojñā[8]
maitrī-upekṣakaruṇāmuditāpramāṇāḥ[9].

19. ke câgatā marutaśakra ivā[10] yathâiva[11]
devaiḥ sahasranayutaiś ca purākṛtās te,
upagamya bodhivaṭu[12] prahva[13] kṛtāñ[14]jalībhiḥ
śakrâbhi[15]lagnamaṇiratna kṣipanti citrāṃ[16].

20. ke câgatāś[17] catudiśā[18] ca[19] yathâiva pālā
gandharvarākṣasaparīvṛta[20] kinnarebhiḥ,
vidyut[21] sphuṭanti[22] kusumāni pravarṣamāṇāḥ[23]
gandharvakinnararutena stuvanti vīraṃ[24].

21. ke[25] câgatāḥ kusumitāṃ pragṛhītva vṛkṣān[26]
saphalāṃ sapuṣpa[27]varagandhapramuñcamānāṃ[28],
298 pattreṣu[29] teṣu sthita buddhasutârdhakāyāḥ[30]
avalambamāna mahimaṇḍi[31] kṣipanti puṣpāṃ[32].

22. ke câgatāḥ kusumitāḥ puḍinī[33] gṛhītvā
padmôtpalaiḥ kusumitais tatha puṇḍarīkaiḥ,
dvātriṃśalakṣaṇa[34]dharāḥ sthita[35] padmagarbhe
staviṣū[36] aliptamanasaṃ vidu bodhisattvaṃ[37].

1 T2 prāśā° 2 cf. N4 omits 'ḥ'.
3 T2 śāntāḥ pra°(R.); L.,V. śāntā pra°[not a compound]; S. śāntā-pra°
4 T2 °manasaḥ(R.,V.) 5 cf. N4 °dhyāyi.
6 T2 romebhyas(N1/H,N4; R.); L.,V.,S. romebhi
7 cf. N4 svara.
8 L.,V.,S. manojña(N1/B). cf. N4,H manojñā.
9 V. omits 'ḥ'. 10 cf. N4 iva.
11 T2 tathaiva(R.)
12 T2 bodhiviṭapa(R.). cf. N1,N2,N4,C2,B bodhivaṭu; N5,H bodhivahu; C1 bodhipaṭu; A(L.'s Varianten) omits 'vaṭu'.
13 T2 pragṛhya(N1/H; R.); L.,V.,S. gṛhya. cf. N4 prahva; A(L.'s Varianten) pahva.
14 cf. N4 kṛtāṃja°.
15 T2 śakro 'bhi°(R.). cf. N1,N2,N5 śakrobhi,; N4 śakrābhi°; H śakrabhi°; BHSD,śakrābhilagna.
16 T2 citrām(R.); L.,V.,S. citrā. cf. N1/C2,H,N4 citrāṃ; B citāṃ.
17 S. omits 'ś'. 18 T2 caturdiśā(N4; R.)
19 cf. N4 su(for 'ca'). 20 T2 °parivṛtaḥ(N4; R.)
21 T2 omits 't'(R.).
22 T2 sphutānta; R.,L.,V. sphuṭānta; S. sphuṭān ta. cf. N1,N2,N4,C1/H sphuṭānta; N5 sphaṭānta; S(L.'s Varianten) sphuṭanti. Contextually we read 'sphuṭanti', and regard it as a form of nt. acc. pl. of 'sphuṭat'(pres. participle of √sphuṭ).
23 T2 omits 'ḥ'(R.).
24 T2 vīram(R.,V.). Acc. to Tib.[brtan pa] this should be 'dhīraṃ', but no ms. supports it.
25 cf. N2,H omit from here(ke) to the end of Gāthā No.24c(raṇanti)[Note 21 in the following page].
26 cf. N4 vṛkṣāt. 27 T2 supuṣpa°(R.)
28 T2 °mānām(R.)
29 T2 jāteṣu(N1,N4,N5,C1,C2,B; R.,L.,V.,S.). Acc. to Tib.[lo mar] and from the context we read 'pattreṣu' though no ms. supports it.
30 T2 buddha śuddhakāyā(R.; L.,V. --- °kāyāḥ); S. buddha(-ja) śuddhakāyāḥ. cf. N1,C1,C2 buddha-viśuddhakāyāḥ; N4 buddhasutārddhakāyāḥ; N5,B buddha śuddhakāyāḥ; Tib. saṅs rgyas sras po lus phyed (= buddhasuta-ardhakāya).
31 T2 pratimaṇḍita; L.,V.,S. pratimaṇḍi. cf. N1,N4,N5,C1,C2,B pratimaṇḍi. Acc. to Tib.[saḥi sñiṅ por] and from the context we read 'mahimaṇḍi' though no ms. supports it.
32 T2 puṣpām(R.); L.,V.,S. puṣpā. cf. N1,N4,N5,C2,B puṣpāṃ; C1 puṣpā.
33 R. paḍinīr 34 T2 °śallakṣaṇa°(N4; R.)
35 T2 sthitu(R.)
36 T2 staviṣṭa(R.,L.,V.,S.). cf. N1,C1,C2 stavighuṣṭa; N4 stapiṣu; N5,B staviṣū.
In most mss. 'ṣṭa' and 'ṣū' are very similar in shape.
37 T2 °tvaṃm; R.,V. °tvam

23. ke câgatā vipulakāya tathêva[1] meru
sthitvântarīkṣa[2] svakam ātmanam utsṛjanti,
utsṛjyamātra[3] bhaviyā navapuṣpadāmāḥ[4]
[5]saṃchādayanti[6] trisahasri[7] jinasya[8] kṣetraṃ[9].

[10]24. ke[11] câgatā[12] ubhayacakṣuṣi[13] kalpadāhaṃ[14]
saṃdarśayanta(ḥ)[15][16] vibhavaṃ[17] tatha saṃbhavaṃ[18] ca,
teṣāṃ śarīra[19] bahudharmamukhā[20] raṇanti[21]
(22... tāṃ śrutva ...22) sattvanayutāḥ[23] prajahanti tṛṣṇāṃ[24].

25. ke[25] câgatā[26] ravitakinnaratulyaghoṣāḥ[27][28][29]
bimbôṣṭhacāruvadanā⟨ḥ⟩[30][31] paripūrṇavaktrāḥ[32],
kanyā yathâiva[33] su-alaṃkṛta[34] citrahārāḥ[35]
prekṣanta[36] yāṃ[37] suragaṇā na labhanti[38] tṛptiṃ[39].

26. ke câgatā[40] vajirakāya[41] ivā abhedyāḥ[42]
heṣṭâpaskandha[43] caraṇaiḥ pratigrāhamāṇāḥ[44],
ke câgatā[45] ravir[46] ivā śaśipūrṇavaktrāḥ[47]
jyotsnākarāḥ[48] prabhakarā[49] hatakleśadoṣāḥ.

299 27. ke câgatā[50] ratanamaṇḍita ratnapāṇī[51]
saṃchādayitva bahukṣetrasahasrakoṭyaḥ[52][53][54],
varṣanti ratnavara puṣpa sugandhagandhāṃ[55][56]
saṃtoṣaṇârtha[57] bahusattva⟨hitaṃ⟩[58] sukhâ[panā]rthaṃ[59].

1 T2 tathaiva(N1,N4,N5,C1,C2,B; R.,S.)
2 T2 °tarikṣa. cf. N4 sthitvā 'nta°.
3 cf. N4 °mātraṃ.
4 In T1,T3,T4 lack from 'bodhi-'[five pages before, Note 53] to here(-dāmāḥ)[L.,p.295, line 1~p.298, line 9], and T5(and N3) lacks from 'teṣāṃ'[four pages before, Note 5] to here[L.,p.295, line 2~p.298, line 9].
5 From here(saṃchā-) we can find again the text of the principal mss. of Tokyo[T1,T3~5](and N3).
6 T1 °dayati sma(N3); T2 sañchā°(R.); T3,T4 °dayaṃti; T5 saṃcchādati sma. cf. N4 °dayanti.
7 T1 trisāhasri. cf. N4 trisahsra.
8 T1,T3~5 janasya(N3). cf. N4 jinasya; Tib. rgyal ba (= jina).
9 T2 kṣetram(R.,V.)
10 T4 writes 'tasyāṃ verāyāṃ imāṃ gāthāṃ abhāṣata' in the margin.
11 T1,T4,T5 te
12 T1,T3~5 °tāḥ
13 T3 ubhayica°
14 T1,T5 °dāhā(N3); T3 °dāhāṃ
15 T2 sanda°(R.)
16 T1,T3~5 °yantaḥ(N3); T2 °yaṃti(R. °yanti); L.,V.,S. °yanta. cf. N1,N5,C1,C2,B °yanti; N4 °yanta.
17 T1,T5 vibhadhvaṃ
18 T2 sambhavañ(N4; R.)
19 T2 śarīri(N1/H; R.,L.,V.,S.). cf. N3,N4 śarīra.
20 T1 °masukha?(obscure); L.,V. °masukhā. cf. N1 °mamukho; N3 °masukhā; N4,N5,C1,C2,B °mamukhā; Tib. chos kyi sgo mo (= dharma-mukha).
21 T1 rakhante?(obscure); T3 ravanti(T5?; N3); T4 ratanti? cf. N1,N4,N5,C1,C2,B raṇanti; N2,H lack from 'ke' [Note 25 in the preceding page] to here(raṇanti).
(22...22) T1 tā śruta; T3 nācchrutva(?); T5 nā śrutva(N3)
23 T2 °niyutāḥ(R.); T5 saṃtvameyutāḥ; L.,V.,S. omit 'ḥ'. cf. N1/H,N4 °nayutāḥ; N3 satvamayutāḥ.
24 T2 tṛṣṇām(R.,V.)
25 T1,T4,T5 ye(T3?; N4)
26 T1,T3~5 cāgratā
27 T1,T5 ravitu°(N3); T2 racita°(R.)
28 T1,T5 °kiṃnara°(T4 'ra' is marg.)
29 T1,T2,T4,T5 omit 'ḥ'(N3,N4; R.). cf. N1,N2,N5,B,H °ghoṣāḥ; C1,C2 °ghoṣātha.
30 T4,T5 biṃbo°
31 T:all omit 'ḥ'(N3,N4; R.); L.,V.,S. °nāḥ. cf. N1/H °nāḥ.
32 T1,T2,T5 omit 'ḥ'(N3,N4; R.).
33 T2 yathaika(R.)
34 T2 omits 'su'(R.).
35 T2 omits 'ḥ'(R.).
36 T1,T4 prekṣaṃta; T5 prekṣāta. cf. N4 prekṣānta.
37 S. yān. cf. N3 yān; N4 yāṃ.
38 T1,T4,T5 labhaṃti
39 T1,T3,T4 tṛṣṇāṃ(T5?; N4); T2 tṛptim(R.,V.). cf. N1/H tṛptiṃ; N3 tṛṇṇām; Tib.ṅoms(= tṛpti).
40 T1 cāgratāḥ(T3?); T4,T5 cāgatāḥ(N4)
41 T1,T3~5 virajakāya(N3,N4); T2 vajirikāya(R.)
42 T1,T2,T4,T5 omit 'ḥ'(N3,N4; R.).
43 T1,T4 heṣṭāpaskaṃda; T2 heṣṭā praskandha°[unites with the next word] (R.); T3 heṣvāpaskandha(T5 °skaṃda; N3); L. heṣṭā paskandha°[unites with the next word] (V. heṣṭhā pa°); S. heṣṭā "pa°. cf. N1,N5,C1,C2,B heṣṭā paskandha(N2,H °skaṃdha); Tib. ḥog gi chu yi phuṅ po (= adhasāpaskandha); BHSD,āpa.
44 T1 omits this whole word; T2 pratigrāhyamāṇāḥ(N1/H; R.,L.,V.,S.); T3 pratigrāhamāno(T5 °mānāḥ). cf. N3 pratigrāhamāṇāḥ(N4 °mānā).
45 T1,T3~5 cāgratāḥ. cf. N3 cāgratā; N4 cāgatāḥ.
46 T1,T4,T5 ivāḥ(N3?; N4)
47 T2 omits 'ḥ'(N3; R.).
48 T3 jotsnākarā; T4,T5 jotsnākarāḥ
49 T1,T4,T5 °karāḥ. cf. N4 prabhākarāḥ.
50 T1,T3~5 cāgratāḥ. cf. N3 cāgratā; N4 cāgatāḥ.
51 T1 °pāṇi
52 T2,T5 bahukṣatra°(N4)
53 T1 °śahasra°
54 T5 omits 'ḥ'(N4).
55 T4,T5 sugaṃdha°
56 T3 °gandhā[omits 'ṃ'](N2,H; L.,V.,S.); T4,T5 °gaṃdhāṃ. cf. N1,N3~5,C2,B °gandhāṃ; C1 °gandhī.
57 T1,T2 santo°(R.). cf. N4 omits 'ṃ'.
58 T1,T3~5 omit 'hitaṃ'(N3); T2 °sattvahitaṃ(N1/H,N4; R.,L.,V.,S.). Acc. to Tib.[sems can maṅ la phan] 'hitaṃ' should be added.
59 T1,T3 sukhāpanārthaṃ(N3); T2 sukhārtham(R.,V.; L.,S. °thaṃ); T4 sukhopanārthaṃ(N4); T5 suṣāpanārthaṃ. cf. N1/H sukhārthaṃ. Contextually and metrically 'āpana' is unnecessary.

28. ke câgatā[1] mahata[2]dhāraṇi[3]ratnakośāḥ[4]
romebhya[5] sūtranayutāni[6] prabhāṣamāṇāḥ,[7]
pratibhānavanta[8] matimanta[9] subuddhivanto[10]
matta[11]pramatta[12]janatāṃ[13] pratibodhayantaḥ.[14]

29. ke câgatā[15] grahiya bheri[16] yathâiva[17] merur[18]
ākoṭya[19]mānu gaganaṃ[20] (21... ca raṇī manojñaṃ, ...21)
yasyā[22] ravaṃ[23] daśadiśe[24] vraji kṣetrakoṭye[25]
adyâvaboddhum[26] amṛtaṃ[27] anubudhya[28] (29... śāstā[r], ...29)[30] iti.

bodhi[31]maṇḍavyūha[32]parivarto nāma viṃśatimaḥ[33]

1 T1,T3 cāgratāḥ; T4 cāgratā; T5 yāgrato(N3)
2 T2 mahati[divides from the next word](N1,N2,C1/H; R.,L.,V.); S. mahati°[unites with the next word]. cf. N3,N4 mahata°; N5 mati[omits 'ha'].
3 T2 dharaṇi; R.,L.,V. dhāraṇi[divide from the preceding and next words]
4 T1,T3~5 °koṣāḥ(N4); T2 °kośā[omits 'ḥ'](N1/H; R.). cf. N3 °koṣā.
5 T1,T5 rāmebhya; T2 remeti(R.); L.,V.,S. romebhi. cf. N1,C1,H rometi; N2,C2 romati; N3 romebhya; N4,N5,B romebhi.
6 T2 sūtraniyu°(R.)
7 T2 prabhāsamā°; T5 °mānāḥ
8 T3~5 °bhāṇavanta; R. °bhānabanta. cf. N4 omits 'vanta'.
9 T1,T2 mativanta(N5,B; R. °banta; L.,V.,S.); T3,T4 maṇimanta. cf. N1,C1,C2 mantivanta; N2,H omit; N3,N4 matimanta.
10 R. subuddhibanto. cf. N4 subuddhimanto.
11 T1,T4,T5 mattaḥ(N3)
12 T5 pramattaḥ
13 T1 inserts 'pratibodhajanatāṃ'.
14 T3 °yaṃtaḥ
15 T1,T5 cāgratāḥ; T4 cāgatāḥ(N4)
16 T1 bherī
17 T5 °vaṃ
18 T1 merūr; T3 meruḥr; L.,V.,S. meru. cf. N1/H,N3,N4 merur.
19 T2 ākoḍya°(R.)
20 T1 gamaṇañ(N4); T2,T4 gagaṇe(R.,L.,S.); T5 gamaṇaṃ(N3 omits 'ṃ'); V. gagane. cf. N1/H gagane.
(21…21) T1 ca ramaṇī manojñaṃ ghoṣaṃ; T2 ca raṇī sumanojñaghoṣām(R.); T4,T5 ca raṇī manojñaṃ ghoṣaṃ(N3,N4); L.,V.,S. sumanojñaghoṣāṃ. cf. N1,C1,C2,B ca raṇī ṣumanojñaghoṣāṃ; N2 samanojñaghoṣāṃ; N5,H ṣumanojñaghoṣāṃ.
22 T2,T4,T5 yasya(T1?; N3,N4; R.)
23 T2 caivaṃ(R.). cf. N3 ravan; N4 varaṃ.
24 T2 dakṣiṇadiśo; T4 daśadise(T5 'di' is marg.; N3)
25 T2 kṣatrakoṭyā; T5 kṣetraketye; R.,L.,V.,S. kṣetrakoṭyā. cf. N1/H kṣatrakoṭyā; N3,N4 kṣetrakoṭye. We regard 'koṭye' (= koṭyau) as loc. sg. form of 'koṭi'.
26 T1 adyāvabodhaiuṃm(?); S. adyā 'va°. cf. N3 'dyāvabodhum.
27 V. amataṃ. cf. N3 amṛtam.
28 T2 anubuddhi(N1/H,N4; R.,L.,V.,S.). cf. BHSG,§32.23.
(29…29) T1,T2,T4,T5 śāster iti(N3,N4,C1,C2; R.); T3 sāstār iti; L.,V.,S. śāstā iti. cf. N1 śāstāriti; N2,B śāstreti; N5 śāstrariti; H śāsteti.
30 T2 adds 'daśadigdevāḥ sarve yathāgathās tathā ca svālaye yayuḥ'(R.).
31 T2 iti śrīlalitavistare bodhi°(R. omits 'śrī'; L.,V.; S. iti śrī lalita°). cf. N3 iti bodhi°[omits 'śrīlalitavistare'].
32 T1 °maṇḍamavyū°. cf. 方広「厳菩提場品」.
33 T2 viṃśatitamaḥ(R.); L.,V.,S. viṃśatitamo 'dhyāyaḥ

CHAPTER 21

(Māradharṣaṇa-parivartaḥ)

iti hi bhikṣavo bodhisattva⟨i⟩ś[1] cêma[2] evaṃrūpā[3] vyūhā(ḥ)[4] bodhi-
sattvasya[5] pūjākarmaṇe bodhimaṇḍe[6] (7...’bhisaṃskṛtā abhūvan....7) svayaṃ[8] ca
bodhisattvo yāvanto[9] daśasu dikṣv atītânāgatapratyutpannānāṃ[10][11] bud-
dhānāṃ[12] bhagavatāṃ sarvabuddhakṣetreṣu[13] bodhimaṇḍâlaṃkāravyūhā[ṃ]s[14][15]
tān[16] sarvāṃs[17] tasmin[18] bodhimaṇḍe[19] saṃdarśayati sma.

atha khalu bhikṣavo bodhimaṇḍaniṣaṇṇasya bodhisattvasyâitad abhūt.[20]
iha khalu kāmadhātau māraḥ pāpīyān[21] adhipatir īśvaro vaśavartī[22]
300 nâitan[23] mama pratirūpaṃ bhaved[24] yad ahaṃ tenâvidito ’nuttarāṃ
samyaksaṃbodhim abhisaṃbudhyeyam.[25] (26...ya⟨n⟩ nv...26) ahaṃ[27] mārasya pā-
pīyasaḥ[28] saṃcodanaṃ[29] kuryām.[30] tasmin vijite sarve[31] kāmâvacarā de-
vâdayo nigṛhītā bhaviṣyanti.[32] tataś ca māraparṣadaḥ[33] pūrvâvaropita-[34]
kuśalamūlā[35] mārakāyikā devaputrāḥ[36] [37]mama siṃhavikrīḍitaṃ[38][39] (40...dṛṣṭvā
...40)’nuttarāyāṃ samyaksaṃbodhau cittam utpādayiṣyanti.[41]

atha khalu bhikṣavo bodhisattva[42] evam anuvicintya[43] tasyāṃ velā-[44]
yāṃ[45] bhrūvivarântarād[46] ūrṇākośāt[47][48] ⟨sarva⟩[49]māramaṇḍalavidhvaṃsanakarī⟨ṃ⟩[50]
nāmâikāṃ[51] raśmim[52] utsṛjet.[53] yayā raśmyā[54] sarvasmiṃs[55] trisāhasramahā-
sāhasre[56] lokadhātau sarvamārabhavanāny[57] avabhāsya jihmīkṛtāni saṃ-
prakampitāni[58] câbhūvan. sarvaś câyaṃ trisāhasramahāsāhasralokadhātur[59]

Variants and Notes

1 T1 °satvaṃś; T2,T3,T4 °satvaś(T5?; N3~5,H); R.,L.,V. °sattvaiś. cf. N1,C1,C2 °satvaiḥ; N2, B °satvaiś.
2 T1 cedaṃm; T2 omits(R.); T3~5 cedam(N3). cf. N1, C2 meva; N2,N4,N5,B,H ceme; C1 evaṃ.
3 T1 °rūpāṃ; R. caivaṃ°. cf. N4 vaṃ°[omits 'e'].
4 T1,T3~5 vyūhāḥ; R.,L.,V. vyūhā. cf. N1/H,N3 vyūhā; N4 vyūhoḥ.
5 T1,T3,T4 °satvaiḥ(N3); T5 °satvai. cf. N1/H,N4 °satvasya.
6 T1,T3~5 omit(N3). cf. N1/H,N4 insert; Tib. byaṅ chub kyi sñiṅ por (= bodhimaṇḍe).
(7...7) T1 suvisaṃskṛtā abhūvan(T3 sūvi° ---; T4 °kṛtā bhūvan; T5 °kṛtāṃ bhūvan); V 'bhisaṃkṛ° [omits 's']. cf. N1/H,N4 'bhisaṃskṛtā abhūvan; N3 suvisaṃskṛtāṃ bhūvan.
8 T1,T3,T5 ayaṃ; T2 svayañ(R.)
9 T3 yāvantaḥ
10 T1 ātītā°; T4 omits 'tā'.
11 T2 omits 'tpa'; T5 °tyunpa°
12 T2 omits 'buddhānāṃ'(R.).
13 T2 °kṣatreṣu; T5 °burddha°
14 T5 °kālaṃvyū°
15 T:all °vyūhāṃs(N2~5,H); R.,L.,V. °vyūhās. cf. N1,C1,C2,B °vyūhās.
16 T3~5 tāṃ
17 T1 sarvvāns; T3 sarvvāṃ; T4 sarvvāṃs(R.); T5 sarvvas
18 T4 tasmiṃ; T5 tismin
19 T4 °maṇḍa
20 T2 abhavat(N1/H; R.,L.,V.). cf. N3,N4 abhūt.
21 T2 °yānn(R.)
22 T1,T2,T4,T5 °varttī(R.); T3 °vartti
23 T4 naitat
24 T2 bhavet(R.)
25 T1,T5 °budhyeyaṃ; T4 °bodhiyaṃ
(26...26) All mss. yanv(R.,L.); V. yan nv
27 T3,T5 akaṃ; T4 emends 'ekaṃ' to 'ahaṃ'.
28 T3 pāpīyaḥsaḥ
29 T1 °danāṅ; T2,T5 °danāṃ(R.); T5 °dano
30 T1,T3~5 kuryāt(N3,N4); L. kuryāṃ. cf. N5 kuryā(H?).
31 T4 sarvva
32 T4 °yaṃti; T5 °yati
33 T1 kāra°
34 T2 °valopita°(R.)
35 T3 °mūlāḥ
36 T1,T2,T5 °putrā(N2,N5,B,H; R.); L.,V. °putrās. cf. N1,C1,C2 omit; N3,N4 °putrāḥ.
37 L.,V. insert 'te'. cf. All mss. omit 'te'.
38 T3 hinsa°; T5 siha°[omits 'ṃ']
39 T1 °vikriḍi°
(40...40) T1,T4,T5 dṛṣṭvānu°; V. dṛṣṭvā anu°
41 T1 omits 'yiṣ'; T2,T4 °yaṃti
42 T1,T4 °satvo; T3 °satvaḥ; T5 °satvā
43 T1 °cintva; T3 °cintyaḥ
44 T1 verā°
45 T2 bhruvi°
46 T1 °varād[omits 'antara']; T5 °tarā[omits 'd']
47 T5 pūrṇṇā'
48 T3,T4 °kośān; T5 °koyān
49 T1,T3~5 omit 'sarva'(N3,N4); T2 sarvva°(R.); L.,V. sarva°. cf. N1 sava°; N2 sa°[omits 'rva']; N5,C1/H sarva°; Tib. thams cad (= sarva).
50 T1,T3~5 omit 'ṃ'(N1,N3,C1,C2,H); T2 °karīṃ(N2,N4,N5,B; R.,L.,V.)
51 T1,T3,T5 omit 'ṃ'(N2,N3,C1,H).
52 T2 rasmim; T4 raśmīṃ
53 T2 utsṛjat(N1/C2,H; R.); L.,V. udasṛjat. cf. N3,N4 utsṛjet; B udasṛjat; BHSG,§32.90.
54 T5 ramyā[omits 'ś']
55 T1,T3,T4 °smiṃ[omit tha last 's'](N2~4,C2); T5 sasmiṃ[omits 'rva' and the last 's']. cf. N2,B,H °smiṃs; N5 °striṃs; C1 °smi.
56 T3 °hasro; T5 °hasra°(V.). cf. N3,N4 °hasre.
57 T1 °nānya; T5 °māla°
58 T1 °kampītāni
59 T1,T3~5 °hasroloka°(N3). cf. N4 °hasraloka°.

mahatâvabhāsena sphuṭo[1] 'bhūt. tasyāś[2] ca[3] prabhāyā[4] ⟨māraḥ pāpī-
yān⟩[5] idam[6] evaṃrūpaṃ śabdam aśrauṣīt[7].

[Meter ... Vasantatilakā]

1. kalpôghacīrṇacarito[8] hy atiśuddhasattvaḥ[9]
śuddhodanasya[10] tanayaḥ pravijahya[11] rājyaṃ[12],
so[13] nirgato hitakaro hy amṛtâbhilāṣī
bodhidrumaṃ hy upagato 'dya kuru prayatnaṃ[14].

2. so[(15...] 'ttīrṇa[...15)] ātmana parān api tārayeyā(ṃ)[16]
moceṣyate[17] sa ca parāṃ[18] svayam[19] eva muktaḥ[20],
āśvāsaprāpta sa parān[21] api câśvaseyā[22]
nirvāpayiṣyati[23] parāṃ[24] api[(25...] nirvṛtaś[...25)] ca.

3. śūnyāṃ[26] kariṣyati apāyatrayo 'py aśeṣāṃ[27]
pūrṇāṃ[28] kariṣyati purāṃ[29] suramānuṣāṇāṃ[30],
301 dhyānāny[(31...] abhijña[...31)] paramaṃ[32] amṛtaṃ sukhaṃ[33] ca
dāsyaty[34] asau hitakaro amṛtaṃ (s)pṛśitvā[35].

4. śūnyaṃ kariṣyati puraṃ[36] tava kṛṣṇabandho[37]
abalâbalo[38] balavihīna[39] apakṣapakṣo[40],
na[(41...] jñāsyase[...41)] kva[(42...] nu[...42)] vrajāmi[43] karomi[44] kiṃ vā
yada dharmavarṣam[45] abhivarṣi[46] svayaṃ[47] svayaṃbhūḥ[48].

1 T1 sphoṭo(?)
2 T1,T3,T5 tasmāc; T2 omits 'ś'; T4 tasmā; R. tasyāḥ
3 T2 omits 'ca'(R.). 4 T3,T5 prabhayān; T4 prabhayā
5 T1,T3~5 omit 'māraḥ pāpīyān'; T2 inserts(R.,L.,V.; N1/H,N4). cf. N3 'māraḥ pāpīyān' is marg..
6 T1,T5 īdam
7 T4 aśroṣīt(N2/H; L.); T5 aśauṣīt(N1). cf. N3,N4 aśrauṣīt.
8 T2~4 kalpaugha°(R.,V.); T5 kalpaudyā°
9 T3 avi°(N1,C1,C2,H); L. abhi°; S. ayabhi°. cf. N2,N5,B abhi°; N3,N4 ati°.
10 T3 suddhodanasye 11 S. pravihāya
12 T2 °yam(R.,V.) 13 T1 sva
14 T2 °tnam(R.,V.)
(15...15) T1 sorttīrṇṇa; T2,T4,T5 sottīrṇṇa; T3 obscure; R. sottīrṇa L.,V.,S. so tīrṇa. cf. N1/H so tīrṇṇa; N3 sostīrṇṇa; N4 so 'tīrṇṇa.
16 T1,T5 °yeyā[omits 'ṃ'](N1,N3,C2; L.,V.,S.); T2 tārayiṣye(R.); T3 obscure; T4 tārayeyāṃ(N2, N4,B,H). cf. C1 tārayemā; N5 tāraṣeyāṃ.
17 T1 mocyeṣyate 18 T5 omits 'ṃ'.
19 T1 svayaṃm 20 T5 muktaṃ
21 T1,T3,T5 varān
22 T1,T5 cosvaśeṣā(N3); T3 cāsvaśeṣā; T4 cāsvāseyā. cf. N1/H cāśvaseyā; N4 cāsvaśeyā.
23 T3 °payiṣyeti; T5 °pariṣyeti 24 T1,T3~5 parān(N3,N4); T2 omits 'ṃ'(H).
(25...25) T1 pi nirvvitaś; T2 parinirvṛtaś(N2,B; N5 °vṛttaś; R.,L.,V.,S.); T3 atinivṛtaś; T4,T5 api nirvṛtiś(N3,N4). cf. N1,C1,C2 parinirvataś; H parinivṛtaś.
26 T1,T3~5 śūnyaṃ. cf. N1,N2,N4,C2,B śūnyāṃ; N5,C1,H śūnyā; N3 śūnya.
27 T3,T4 aseṣāṃ 28 T1,T4,T5 pūrṇṇaṅ(N4); T3 pūrṇṇaṃ(N3)
29 T1,T3~5 puraṃ(N3,N4); T2 purīṃ(R.). cf. N1/H purāṃ.
30 T1 °ṇām(R.,V.); T2 °ṇāṃm
(31...31) T1 °nāny abhijñā; T2 °nān abhijña(N1/H; R.,L.,V.); T4 °nābhijña; S. °nāna 'bhijña. cf. N3,N4 °nāny abhijña. 32 cf.N3 °mam.
33 T1,T2 sukhañ(R.); T3 mukhañ 34 T4 dāśyaty
35 T1,T5 pṛśitvā; T2,T4 spṛśitvā(N1/H,N3,N4; R.,L.,V.,S.); T3 pṛsitvā. cf. BHSD,pṛśati.
36 T3 puran(B,H)
37 T1 °badho; T3 °bandhoḥ(N4); T4 °baṃdhoḥ; T5 °baṃdho(N3)
38 T1,T4,T5 °balā(N3,N4); L.,V. abalo balo; S. abalobalo. cf. N1/H abalābalo(C1 abalālalābalo).
39 L.,V.,S. °hīnu. cf. All mss. °hīna. 40 T1 apakṣepakṣo; L.,V.,S. apakṣyapakṣyo
(41...41) T1 ajñasyaśa; T4 ajñasyase; T5 ajñasyaśe(N3,N4)
(42...42) T1,T4,T5 nv anu°(N3); T3 tv anu° 43 T2 vrajāsi(R.)
44 T2 karoṣi(R.) 45 T2 omits 'varṣa'.
46 T1 °varṣaṃ; T3~5 °varṣa(N2~4) 47 T1 omits 'svayaṃ'.
48 T2 svayambhūḥ(R.); L.,V. svayaṃbhūḥ // iti//

iti hi bhikṣavo māraḥ pāpīyān ābhiḥ saṃcodanābhir[1] gāthābhiḥ[2] saṃcoditaḥ[3] san dvātriṃśadākārāṃ[4] svapnam apaśyat.[5] katamad[6] dvā-triṃśad[7]ākārāṃ,[8] tad yathā, tamasākulaṃ ca svabhavanam[9] apaśyat. rajasākulaṃ câkīrṇa[10]sarkarakaṭhalyaṃ[11] ca svabhavanam apaśyat.[12] bhīta(s)[13]trastô[14]dvignaṃ[15] diśo diśaḥ[16] prapalāya[17]mānaṃ câtmānam apaśyat. vibhraṣṭa[18]mukuṭam[19] apaviddhakuṇḍalaṃ câtmānam apaśyat. śuṣkôṣṭha-[20]galatālukaṃ[21] câtmānam[22] apaśyat. saṃtaptahṛdayaṃ câtmānam apaśyat. śīrṇapattrapuṣpaphalāni[23] côdyānāny apaśyat.[24] apagatajalāḥ[25] pariśuṣkāś[26] ca puṣkiriṇīr[27] apaśyat. haṃsakroñca[28]mayūra[29]kalaviṅkakuṇāla[30]jīvaṃjīvakâdīṃś[31] ca[32] pakṣigaṇāṃś[33] chīrṇa[34]pakṣān apaśyat. bherīśaṅkha[35]mṛdaṅga[36]paṭahatuṇava-[37]vīṇāvallaki[38]tāḍasampâ⟨dī⟩ṃś[39] ca vādyabhāṇḍāṃś[40] chinnavicchinnān[41] bhūmau nipatitān[42] apaśyat. priyajanaparivārāś[43] ca māram utsṛjya dīnamukhā ekânte gatvā pradhyāyantam apaśyat. agramahiṣīṃ[44] ca mālinīṃ[45] śayana-(pra)bhraṣṭā⟨ṃ⟩[46] dharaṇyām ubhābhyāṃ ⟨pāṇibhyāṃ⟩[47] śīrṣam abhipīḍa-yantīm[48] apaśyat. ye ca te māraputrā(ḥ)[49] ⟨vīryavattamāś ca⟩[50] balavat-tamāś[51] ca tejo[52]vattamāś[53] ca prajñāvattamāś[54] ca[55] [56]bodhisattvaṃ[57] bodhi-maṇḍa[58]varâgragataṃ[59] namasyato[60] [61]'paśyat.[62] ātmanīyāś[63] ca duhitṝn[64] ⟨hā tāta⟩[65]

1 T1,T5 omit 'bhir'; T3,T4 °bhiḥ
2 T4 omits 'gāthābhiḥ'.
3 T1 sa[omits 'n']
4 T2 °ākāraṃ(N1/B,N4; R.,L.,V.). cf. N4 °ākārāṃ; H °ākāra.
5 T1 apaśyet; T5 apaśet
6 T1,T4 katamāṃ; T5 katamā
7 T1 dvātrīṃsad°; T5 dvātriṃsad°
8 T2 °ākāram(N1/H; R.,V.); L. °ākāraṃ. cf. N3,N4 °ākārāṃ.
9 T5 svabhāvanam
10 T3 cākīrṇṇaṃ. From here(cākīrṇa°) to 'cāsyā-'[Note 42 in the following page; L. p.302. line 8] T1 repeats the text, namely T1 gives the text of this parts twice, therefore we distinguish the variants of these parts by calling the former part T1[a] and the latter part T1[b].
11 T2 °śarkarākathillañ(R.); T3 °śarkarakaṭhalyaṃ(V.); T5 °makarakaṭhalyaṃ
12 T5 apaśet
13 T1,T2,T3~5 bhītas°(N3; R.); L.,V. bhīta°[omit 's']. cf. N4 bhīta°.
14 T1[b] °tastod°; T3 °traṣṭod°
15 T1,T4,T5 omit 'ṃ'(N3).
16 T2,T3 daśaḥ(N1,N4,N5,C1,C2,B; R.); L.,V. daśa. cf. N2,H daśa; N3 diśaḥ.
17 T5 praparāya°
18 T5 vibhrakṛmu°
19 T2 °makuṭam(R.,L.,V.). cf. N1/H,N4 °makuṭām; N3 °mukuṭam.
20 T5 śurṣkaṣṭha°
21 T3 °lukāṃ
22 T1,T3,T5 cātmam
23 T1[b] °puṣpalāṇi[omits 'pha']
24 T1,T4,T5 apaśyad
25 T1[b] °jarāḥ
26 T3~5 pariśuskāś
27 T1[a] puskṛiriṇīm; T1[b],T3~5 puskiriṇīm(N3); T2 puṣkiṇīr; R.,L.,V. puṣkariṇīr. cf. N1,N5,C1,C2,B puṣkiriṇīr; N2,H puṣkariṇī; N4 puskiriṇīr.
28 T2 °krauñca°(R.); T4 °kroṃca°; T5 °kroca°
29 T2,T5 °mayura°
30 T1[a] °karaviṃkarutasvareṇa; T1[b] °karaviṃkarutakuṇāla°
31 T1[a] °jīvaṃjīvaṃkādī[omits 'ṃś']; T1[b],T5 °jīvaṃjīvaṃkādi[omit 'ṃś']; T3,T4 omit 'ś'.
32 T1,T3~5 omit 'ca'.
33 T1,T4,T5 °gaṇān[omit 'ś']; T3 °gaṇāṃ; V. °gaṇāñ
34 T1,T3~5 śīrṇṇa°; T2 chinna°(R.)
35 T1,T3~5 °śaṃkha°
36 T1,T3~5 °mṛdaṃga°
37 T1 °paṭahetunava°; T5 °paṭahetuṇava°; L. °paṭahatūnava°. cf. N3 °paṭahatuṇava°; N4 °paṭahatunava°(H).
38 T2 °vallakī°(R.,L.,V.,S.)
39 T1[a] °sempāś[omits 'ādi']; T1[b] °sempā; T2 °sampādīṃś(R.,L.,V.); T3,T5 °sampāś(N3); T4 °sampādaś['da' is marg.]. cf. N4 °sampādīś.
40 T1,T4,T5 °bhāṇḍa(N3,N4); T2 °bhāṇḍāñc(R.); T3 °bhāṇḍaṃ. cf. N1/B °bhāṇḍāṃś; H °bhāṇḍā.
41 T1,T4,T5 °chinnāṃ(N3); T3 °chinnā
42 T1,T5 °tāny(N3,N4)
43 T1[a] °omits 'vārā'; T1[b],T3~5 °vāraś(N3). cf. N1/H °vāraiś; N4 °vārāś.
44 T1[b] °mahīṣīñ; T4 °mahiṣīṃś
45 L.,V. māriṇīṃ. cf. N1,N5,C1,C2 mālīnī; N2~4,B,H māliṇīṃ.
46 T1[a] °prabhaṣṭā; T2 °bhraṣṭāṃ[omits 'pra'](N1/H; R.,L.,V.); T1[b],T3~5 °prabhraṣṭā(N3,N4)
47 T1,T3,T5 omit 'pāṇibhyāṃ'(T4 marg.; N3,N4); T2 inserts(N1/H; R.,L.,V.).
48 T1[a],T4,T5 °yaṃtīm; T1[b],T3 °yantim(N4)
49 T1,T3~5 °putrāḥ(N4); T2 °putrā(N1/H; R.,L.,V.). cf. N3 °putrān(?).
50 T1,T3~5 omit the words in brackets(N3,N4); T2 inserts 'vīryyavattamāś ca'(R.,L.,V. vīrya°).
51 T1[a],T5 °varttamāṃś; T1[b] °varttamāś
52 L.,V. tejavat°. cf. N1/H tejavat°; N3,N4 tejovat°; T1[b] omits 'tejovattamāś ca'.
53 T1[a],T5 °tamāṃś(N3)
54 T1[a] prajñāvarttamāṃś; T1[b] prajñāvantamaś; T2 omits this whole word(R.); T5 prajñāvattamāṃś(N3)
55 T2 omits 'ca'(R.).
56 T1,T3,T5 insert 'tāṃ'(N3); T2 taṃ(N1/H; R.,L.,V.). cf. N4 omits.
57 T3,T5 °satvāṃ
58 T1,T5 °maṇḍā°(N3)
59 T1[b] °grataṃ[omits 'ga']; T3 °gragatāṃ; T4 °gragate. cf. N3 °gratan[omits 'ga'].
60 T2 °yanta(L.,V.); T3,T4 °yanto; R. °yante. cf. N2,H °yante; N3,N4 °yato.
61 T1 inserts 'evam'(N1/H; R.,L.,V.).
62 T2 apaśyat(N1/H; R.,L.,V.)
63 T1[b] °nīyaś; T2 omits 'ś'(R.).
64 T1[a] duhitrīr(L.,V.); T1[b] duhitṛr; T2 duhitrī(R.); T4 duhitrīn; T5 duhitṛs. cf. N1,C1,C2 duhitataro; N3 duhitṛ; N4 duhitṛṃ.
65 T1,T3~5 omit 'hā tāta'(N3,N4); T2 inserts(N1/H; R.,L.,V.). Acc. to Tib. these should be inserted.

hā[1] tātêti krandantyo[2] ’paśyat.[3] malina[ṃ]cailagātrañ[4][5] câtmānam[6] apaśyat.[7]
302 avakīrṇapāṃśuśiraskaṃ[8] [(9...]ca pāṇḍudurbalam[...9)] ojo’pahṛtaṃ[10][11] câtmānam[12] apaśyat.
harmyakūṭāgāragavākṣatoraṇāṃś[13][14] ca rajasâvakīrṇān[15] patato[16] ’paśyat. ye
câsya te senāpatayo yakṣarākṣasakumbhāṇḍagandharvâdhipatayaḥ,[17][18] tān[19] sar-
vān[20] hastāṃ[21] śirasi[22] kṛtvā rodantaḥ[23] krandantaḥ[24] palāyamānāmś[25] câpaśyat.
ye ca (te)[26] kāmâvacareṣu[27] deveṣu[28] devâdhipatayaḥ,[29] tad yathā, dhṛta-[30]
rāṣṭravirūḍhakavirūpākṣavaiśramaṇaśakrasuyāmasaṃtuṣitasunirmitavaśavarti-[31][32][33]
prabhṛtayaḥ, tān[34] sarvān[35] na[36] śuśrūṣamāṇān[37] māra⟨ṃ⟩[38] pāpīyāṃsa⟨ṃ⟩[39][40]
bodhisattvâbhimukhān apaśyat. raṇamadhye[41] câsyâsir[42] vikośo[43] na bhavati
sma, vikrośantam[44] aśivaṃ[45] câtmānam[46] apaśyat.[47] svena ca parivāreṇât-
mānaṃ[48] parityaktam apaśyat.[49] maṅgalapūrṇakuṃbhāṃś[50][51] ca [(52...]patitān dvāre
’paśyat.[...52)] [(53...]nāradaṃ ca[...53)] [(54...]brāhmaṇam amaṅgalyaśabdaṃ[...54)] śrāvayantam apaś-[55]
yat. ānanditaṃ[56] ca dauvārikam[57] anānandaśabdaṃ[58][59] śrāvayantam[60] apaśyat.
tamasākulaṃ[61] ca gaganatalam[62] apaśyat. kāmabhavananivāsinīṃ[63][64][65] ca śriyaṃ[66]
rudantīm[67] apaśyat. svam[68] aiśvaryaṃ[69] cânaiśvaryam[70] apaśyat. svapakṣaṃ[71]

1 T1[b] bhrā; T3 ha; T4 trā
2 T1[a],T4 kraṃdaṃtyo; T1[b] krandaṃtyo; T2 krandantīṃ(R.); T5 kradaṃtyo
3 R. apaśyat
4 T1,T3~5 malinaṃ; T2 omits 'ṃ'(N4; R.,L.,V.). cf. N3 malinañ.
5 T1[a],T5 caitrātmānam(T1[b] °māna; N3); T2 °celagātraṃ(R.); T3 caitraṃ ātmānam; T4 caitraṃ ragā [marg.?]; L.,V. °cailagātraṃ. cf. N4 °cailagātrāṃś; N1,N5,C1,C2,B °cailagātrañ.
6 T4 āt°[omits 'ca'; marg.]
7 T1[b] paśyat[omits 'a']
8 L. °pāṃsu°. cf. All mss. °pāṃśu°.
(9…9) T1[a] cāmapaśyat / durbbalam(T4 cam°); T1[b] cāśyat / durbbalam(T5 cāpaś°); L.,V. ca pāṇḍudurvarṇam. cf. N3 cāpaśyat / durbbalam; N4 ca paśyat / durbbalam.
10 T1,T3~5 ojopa°(N3,N4; V.)
11 T2 °tañ(R.); T3 omits 'ṃ'.
12 T5 °naṃm
13 T5 hasya°
14 T1 °ṇāś[omits 'ṃ']
15 T1,T5 °sākīrṇṇā[omit 'va']; T3 °sāvakīrṇṇa; T4 °sākīrṇṇo
16 T1[a],T3~5 patanto
17 T1 °kumbhāṇḍāḥ; T4 °kumbhāḥ; T5 °kumbhādāḥ
18 T2 °patayas(R.); T5 °pateya
19 T1,T3~5 tāṃ
20 T1 sarvvā[omits 'n'](T5 sarvā); T3,T4 sarvāṃ
21 T1[a],T3~5 svāṃ(N4); T1[b] svā; T2 hastañ(R.,L.,V.). cf. N1,N2,C1/H hastāṃ; N3 haste; N5 hastī.
22 T1,T4 śirāṃsi(N3); T2 chirasi(R.); T3 śira; T5 śirāsi. cf. N4 śirasi.
23 T2 rudantaḥ(R. rudataḥ); T3 rodanti. cf. N3 rodanta; N4 rodantar.
24 R. krandataḥ
25 T1,T5 parāya°
26 T1,T3~5 omit 'te'(N3,N4); T2 inserts(N1/H; R.,L.,V.).
27 T1[a],T3~5 °carāsteṣu(N3,N4); T1[b] °calāsteṣu
28 T2,T4 omit 'deveṣu'(N1/H; R.).
29 cf. H devādayaḥ.
30 T1[b] dhṛṣṭa°
31 T1[a] °vaiśravaṇa°(L.,V.)
32 T1[b] °sujāma°
33 T1[a] °vaśavarttī°; T1[b],T3~5 °vaśavartti°; T2 °vasavartti°(R.); L. °vasavarti°. cf. N3,N4 °vaśavarti°.
34 T3 tāṃ
35 T1,T5 sarvvā(N3); T2 sarvvāṃñ(R.); T3 sarvvāṃ(N4); T4 sarvvān; L.,V. sarvāñ. cf. N1/H sārvāṃ.
36 T2,T4 omit 'na'(N4; R.,L.,V.).
37 T1[a] śrutūva°; T1[b] śrusūṣa°; T2 chuśrūsa° (R. °śrūṣa°); T3 suśruṣa°(N4); T4 śrusruṣa°; T5 śusūṣa°(N3); V. śuśruṣa°
38 T1 °māṇānāṃ; T3,T4 °māṇā; T5 °māṇāna(N3). cf. N4 °māṇāṃ.
39 T1,T2,T4,T5 māraḥ(N3,N4; R.,L.,V.); T3 māra
40 T1,T3~5 pāpīyān sa°(N3,N4; L.,V.); T2 pāpīyān[omits 'sa'](R.). cf. N5 pāpīyāṃ sa°.
41 T1[b] rana°
42 T1,T3~5 cāsyāśi[omit 'r']. cf. From 'cākīrṇa'[Note 10 in the preceding page] to here(cāsyā°) T1 repeats the text.
43 T1,T4,T5 vikoso; T2 vikoṣo; T3 vikauso.
44 T1,T2 vikrosantam
45 T1 asivaṃ; T2 aśivañ(R.)
46 T1 °māna[omits 'm']
47 T1 paśyat[omits 'a']
48 T2 °māna[omits 'ṃ']
49 T4 inserts 'svam aiśvaryam cānaiśvaryam apaśyat'(T5 ---- apaśyan).
50 T2~5 maṃgala°. cf. 方広「吉祥瓶」.
51 T2 °kumbhāṃś(R.); T3,T4 °kuṃbhāś; T5 kubhāś
(52…52) T2 dvāre patitā, apaśyat(R. dvārapati°); T3~5 patitāṃ dvāre 'paśyat
(53…53) T3 nāradaś ca; T5 nāradasya(N3,N4)
(54…54) T2 °maṇaṃ māga°(R.)
55 T4,T5 °yaṃtam
56 T1,T3~5 anādikaṃ(N4). cf. N3 ānāṃditaṃ; B ānādikañ; 方広「歓喜神」.
57 T1 dovā°
58 T1,T4,T5 anānandā°; T3 anānaṃdā°
59 T2 omits 'śabda'(R.); T5 omits 'ṃ'.
60 T1 °yantaṃm
61 T2,T5 °kulañ; T1,T4 °kulaś
62 T1 °taram; V. gagana°
63 T1 kāmā°
64 T1 °vananīvā°; T5 °vanasiva°
65 T1 °śīniñ; T2,T3,T5 °sinīñ(R.); T4 °sinīṃś
66 T1,T5 striyaṃ; T4 emends 'striyaṃ' to 'śriyaṃ'.
67 T5 nudantīm
68 T2 svān(R.)
69 T2 °ryyan(R. °ryan)
70 T2 aṣṭān[for 'cānaiśvaryam'](R.)
71 T2 °pakṣañ(R.); T1,T5 °pakṣā

câpakṣam apaśyat. maṇimuktājālāni ca[1] kṛṣṇībhūtāni[2] chinnavicchinnāṃ[3] bhūmau[4] patitān[5] apaśyat. sarvaṃ[6] ca mārabhavanaṃ pracalitam apaśyat. vṛkṣāñ[7] chidyamānān[8] niryūhāṃś[9] ca patato[10] 'drākṣīt. sarvaṃ[11] ca mārasenāvyūham[12] ⟨an⟩abhimukha⟨ṃ⟩[13] pātyamānam[14] apaśyat.

iti hi bhikṣava(ḥ)[15] evaṃ dvātriṃśadākāraṃ māraḥ pāpīyān[16] svapnam apaśyat. sa[17] pratibuddhaḥ san[18] (19... bhītas trastaḥ ...19) saṃvignaḥ[20] sarvam antarjanaṃ[21] saṃnipātya[22] sabalapārṣadyasenāpatidauvārikasaṃnipatitāṃś[23][24][25] ca ⟨tān⟩[26] (27... viditvā, ābhir ...27) gāthābhir[28] adhyabhāṣata.[29]

[Meter ... Vasantatilakā]

5. dṛṣṭvāna[30] (31... tāṃ sa ...31) supināṃ[32] namucī[33] dukhârto[34]
āmantrayāti[35] (36... suta ...36) ye 'pi[37][38] ca pār⟨i⟩ṣadyā,[39]
303 senāpatiṃ[40] namuci[41] siṃhahanuś[42] ca nāmnā
sarveṣa[43] teṣa[44] paripṛcchati kṛṣṇabandhuḥ.[45][46]

6. gāthābhi gītaracito 'dya śruto 'ntarīkṣe[47]
śākyeṣu[48] jāta[49] varalakṣaṇacitritâṅgaḥ,[50][51]
ṣaḍvarṣa[52] duṣkaravratāni[53] caritvā ghorāṃ[54]
bodhidrumaṃ[55] hy upagataḥ prakuruṣva[56] yatnaṃ.[57]

7. so ced[58] vibuddha svayam[59] eva hi bodhisattvo
bahusattvakoṭinayutāni[60] vibodhayeta,

1 T2 omits 'ca'(R.).
2 T4 kuṣṇīṃ(?); L.,V. tūṣṇī°. cf. N1,B,H tūṣṇī°; N2 tūrṇṇā°; N3,N4 kṛṣṇī°; N5 omits; C1,C2 tṛṣṇī°.
3 T2 cchinnavichinnāni(R. °vicchi°); T3 chinnacchinnāṃ; L.,V. chinnabhinna°. cf. N1,C1,C2 chinnachina°; N2,B,H chinnachinna°; N5 chinnachinnā°.
4 L.,V. omit 'bhūmau'. cf. C1/H omit; N3,N4 insert.
5 T2 patitāny(R.); L.,V. °patitāny; T3 patitām. cf. N1/H °patitāny; N3,N4 patitān.
6 T1,T5 sarvve; T3 sarve
7 T1,T3,T5 vṛkṣaṃ; T4 vṛkṣāṃ
8 T1,T3~5 °mānāṃ; T2 °mānaṃ; R. °māna
9 T1 omits 'r'.
10 T1,T3~5 omit 'pa'.
11 T1,T4,T5 pūrvvañ(N4); T3 pūrvañ. cf. N1/H sarvañ(C1 sarvaṃ); N3 sarvvañ.
12 T1 mārasyenāvyūhaṃm
13 T1,T3~5 abhimukha(N3); T2 abhimukham(N1/H; R.); L.,V. abhimukhaṃ. cf. N4 abhimukhan. Acc. to Tib. and from the context this should read 'an-abhimukhaṃ' though no ms. supports it.
14 T1,T5 omit 'māna'(T4 marg.; N3,N4).
15 T1,T3~5 °vaḥ; T2 °vo(R.); L.,V. °va. cf. N3,N4 °va.
16 T1 pāpiyāṃś ca; T3 °yāṃ; T4,T5 °yāṃś ca(N3,N4)
17 T5 saṃ°
18 T1 sura°; T5 sa ca(N3). cf. N4 sat.
(19…19) T1 °bhi tatra svaḥ; T4 bhītaḥ trasvaḥ; T5 bhītatrasvaḥ(N4). cf. N3 bhītatrastaḥ.
20 T1,T3,T5 omit 'ḥ'(N3,N4).
21 T1,T4,T5 antarjjanaṃ
22 T5 °pātyu
23 T1 °parṣadyā°; T3~5 °parṣadya°
24 T2 °rikān sanni°(R.)
25 T1,T3,T5 omit 'ṃ'(N3).
26 T1,T3~5 omit 'tān'(N2,N3); T2 inserts(R.,L.,V.). cf. N1/H,N4 tāṃ.
(27…27) T2 °tvā "bhir(R.); T5 °tvā ābhi. cf. N1/H °tvābhir; N3,N4 °tvā ābhir.
28 T1 omits 'thā'.
29 T1,T3,T4 °ṣataḥ; L.,V. °ṣat. cf. N1,N2,C1/H °ṣat; N3~5 °ṣata.
30 T2 dṛṣṭvā nu(R.)
(31…31) T1,T3~5 tāṃś ca(N3,N4). cf. N1/H tāṃ sa.
32 T1,T5 svapināṃ(N3 °nān)
33 cf. N4 namuci.
34 T1 duḥkhātto; T2 duḥkhārtto(R.); T4 duḥkhārttāṃ; L.,S. dukhārtto
35 T5 āmama°
(36…36) T1,T3,T5 °yeti suta(N3); T2 °yābhisuta(R.); T4 °yaiti suta. cf. N4,H °yati suta.
37 T1,T4,T5 ti(N4)
38 T1,T4,T5 insert 'sutapiṃ'(N4 °piñ).
39 T1,T4,T5 pārṣadyā(N2,N4,N5,B,H); T2 pāriṣadyā(R.,L.,V.,S.); T3 pārṣadādyo. cf. N1,C1,C2 pārṣadya; N3 pārṣadyāṃ.
40 T1,T5 omit 'ṃ'(N4); T3,T4 °patī. cf. N3 °patiṃ.
41 T1 namucī
42 T2 °hanuñ(R.)
43 T1 sarrva; T2 sarveṣu(N1/H; R.); T3,T5 sarvvesa; T4 sarvesa(N3,N4)
44 T2 teṣu(N3,N4; R.)
45 T5 krrṣṇa°
46 T1 °bandhū
47 T2 °rīkṣāc(N1/H; R.,V.); L. °rīkṣā; S. °rikṣā. cf. N3 °rīkṣe; N4 °rīkṣa.
48 T2 chākyeṣu(N1/H; R.,L.,V.,S.). cf. N3,N4 śākyeṣu.
49 T2 jātu(N1/H; R.,L.,V.,S.). cf. N3,N4 jātu.
50 T2 °ṇavicitri°(R.)
51 T1,T3~5 °tāṃgaḥ
52 T5 ṣaḍa varṣa(S.)
53 T3,T4 duskara°
54 T2 ghorān(N1/H; R.,L.,V.,S.). cf. N3,N4 ghorāṃ.
55 T3 °drume
56 T2 °rusva
57 T1,T3,T5 yatnaḥ; T2 °nam(R.,V.). cf. N3 yatna; N4 yatnaṃ.
58 T2 'bhūd(R.)
59 T5 svayaṃm
60 T1,T5 °nayutāna; T2 °niyutāni(R.); T3 bahukoṭisatvanayutāna

śūnyaṃ kariṣyati sa me bhuvanaṃ[1] hy aśeṣaṃ[2]
yada[3] lapsyate hy amṛtu[4] [(5...] sparśana [...5)] śītibhāvaṃ[6].

8. hanta[7] vrajāma sahitā[8] mahatā balena
ghātema[9] taṃ[10] śramaṇa[11] eka[12] drumêndramūle,
udyojayadhva[13] caturaṅgiṇi[14] śīghra[15] senāṃ
yadi[16] icchathā[17] mama priya⟨ṃ⟩[18] [(19...] ma ciraṃ [...19)] karotha[20].

9. pratyekabuddha⟨bhi⟩[21] [(22...] ca arhabhi [...22)] pūrṇa loko[23]
nirvāyamāṇu[24] na balaṃ[25] mama durbalaṃ[26] syāt[27],
so bhūyu[28] eku[29] jinu[30] bheṣyati dharmarājo
gaṇanâtivṛttu[31] jinavaṃśu[32] na jātu chidye(t)[33].

atha khalu bhikṣavaḥ sārthavāho nāma māraputraḥ[34] sa māraṃ[35] pāpīyāṃsaṃ[36] [(37...] gāthābhir [...37)] adhyabhāṣata[ḥ][38].

[Meter ... Vasantatilakā]

10. kiṃ tāta bhinnavadano ’si vivarṇavaktro
hṛdaya⟨ṃ⟩[39] samutplavati[40] vedhati[41] ⟨te⟩[42] ’ṅgam-aṅgaṃ[43],
304 kiṃ te śrutaṃ [(44...] atha ca [...44)] dṛṣṭa[45] bhaṇāhi[46] śīghraṃ
jñāsyāma tattvatu[47] vicintya[48] tathā prayogaṃ[49].

11. nirmāṇu[50] māru avacī śṛṇu mahya vatsa
pāpaṃ mi[51] dṛṣṭu[52] supinaṃ paramaṃ[53] sughoraṃ[54],

1 T2 bhavanaṃ(N1/H; R.,L.,V.,S.). cf. N3,N4 bhuvanaṃ.
2 T3 aseṣaṃ
3 T1,T3~5 yadi(N3,N4); S. yadā
4 T1 amṛtaṃ; T3~5 amṛta
(5…5) T2 sparśi naśīti(R.); T3 sparśanasīti; T5 sparśanaśīti(V.)
6 T2 °vam(R.,V.)
7 T1 haṃta; T3 datta; L.,V.,S. hantaḥ. cf. N1/H,N3,N4 hanta. Acc. to Tib.[der ni] this should be 'tatra', but no ms. supports it.
8 S. sahita
9 T1,T5 omit 'ma'(N3).
10 T1,T5 omit 'taṃ'(N3); T4 hā
11 T2 śramaṇu(N4; R.,L.,V.,S.); T3 śravaṇa. cf. N1,C2,H śramanu; N3 śramaṇa.
12 L.,V.,S. eku. cf. All mss. eka.
13 T1,T2,T4 °dhvaṃ(N4; R.)
14 T1 °aṃginī; T3~5 °aṃgini
15 T3 śrighraṃ; T4 śīghraṃ
16 T2 yad(R.)
17 T2 icchayā
18 L.,V.,S. priyaṃ. cf. All mss. priya.
(19…19) R.,L. maciraṃ[compound]
20 T1,T4,T5 karothaḥ(N3,N4)
21 T1 pratyakabuddha; T2~4 pratyekabuddha(R.); T5 pratyakabu; L.,V.,S. °buddhabhi. cf. All mss. omit 'bhi'.
(22…22) T:all arhati ca(N1,N3~5; R.). cf. N2,C1/H arhabhi ca. Metrically we read 'ca arhabhi' [agree with L.] though no ms. supports it.
23 T2 loke(R.)
24 T1,T5 nibodhayamānu; T2 °māṇa(R.); T3 nirdhāyamānu; T4 nirbodhayamānu(N3; N4 °māṇu). cf. Tib. mya ṅan ḥdaḥ pa (= nirvāṇa).
25 T1 calaṃ; S. omits 'balaṃ'.
26 T3 durbalañ; T5 dubalaṃ. cf. N1,C1,C2 durbaraḥ; N4,N5 durbalaḥ.
27 T1,T5 cā(N3); T3,T4 ca. cf. N4 syāt.
28 cf. N4 bhūya.
29 T1,T4,T5 vyakti(N3); T3 vyukta?. cf. N1,N4 eka; N2,N5,C1/H eku.
30 T2 jina(N4; R.)
31 T1 gaṇanānuvṛrtti(T4,N3,N4 °vṛtti); T2 gaṇanāvyativṛttu(R.); T3 gaṇanānivṛtta. cf. N1/H °vṛtu.
32 T1,T4,T5 °vaṃsi(N4); T2 °vaṃśa(R.); T3 °vaṃsu
33 T1,T3~5 omit 't'(N3); T2 chidyet(N1/H,N4; R.,L.,V.,S.)
34 T1,T4,T5 °putro
35 T1,T4,T5 omit 'ṃ'.
36 T2 pāpīyasaṃ(R.)
(37…37) T2 gāthayādhy°(R.)
38 T1,T3~5 °bhāṣataḥ(N3,N4); T2 °bhāṣata(R.,L.,V.)
39 T1,T3~5 omit 'ṃ'. cf. N3,N4 hṛdayaṃ.
40 T1,T4,T5 samuplavati; R. samuplāvati(T2 emends 'plā' to 'pla'); T3 mamuplavati
41 cf. N3 vedhasi.
42 T:all omit 'te'(N3,N4; R.); L.,V.,S. insert. cf. Tib. khyod kyi (= te).
43 T1,T5 aṃgamaṃga(N3,H); T2 aṅgamaṅgam(R.; V. 'ṅgam°); T3,T4 aṃgamaṃgaṃ; L.,S. 'ṅgam aṅgaṃ. cf. N1,C1,C2 taṃaṅgaḥ; N4 aṅgamaṅga.
(44…44) L.,V.,S. athava. cf. N2,N5 athava; Other mss. atha ca.
45 T2 dṛṣṭu(N1/H; R.,L.,V.,S.). cf. N3,N4 dṛṣṭa.
46 T5 omits 'ṇāhi'.
47 T1,T4,T5 tatvatu; T2 tatva tu(R. tattva tu); T3 tatva nu
48 T1 vicinsva
49 T2 °gam(R.,V.). cf. N3 omits 'ṃ'.
50 T2 nirmmāṇa(R. nirmāṇa)
51 T1,T3~5 hi
52 T2,T3 dṛṣṭa(R.)
53 T1,T4,T5 camayā; T3 camayo
54 T2 °ram(R.,V.)

bhāṣeya[1] sarvam[2] iha parṣadi [(3…]adya ’śeṣaṃ[…3)]
saṃmūrchitā[4] kṣititale prapateya[5] yūyaṃ[6].

sārthavāha[7] āha.

12. raṇakāli prāpti yadi nāma jayo na doṣaḥ[8]
tatrâiva yas[9] tu nihato[10] bhavate sa doṣaḥ[11],
svapnântare[12] ’pi[13] yadi īdṛśa[14] te nimittā[15]
śreyo [(16…]upekṣa ma[…16)] raṇe paribhāvu[17] gacchet.

māro ’bravīt.

13. vyavasāyasiddhapuruṣasya[18] raṇe[19] prasiddhir[20][21]
avalambya[22][23] dhairya[24] sukṛtaṃ[25] yadi no jayaṃ syāt,
kā tasya śakti mama dṛṣṭva[26] sapāriṣadyaṃ
nôtthātu mahya[27] caraṇe śirasā prapattuṃ[28].

sārthavāha[29] āha.

14. vistīrṇam asti hi balaṃ ca sudurbalaṃ[30] ca
asty[31] eka śūra[32] balavāṃś[33] ca raṇaṃjahaś[34] ca[35],
khadyotakair yadi bhavet trisahasra pūrṇā[36]
eko ravi[37] grasati niṣprabhatāṃ[38][39] karoti.

1 T5 bhāṣeca?
2 T3~5 madyam
(3…3) T1,T3 adyaseṣaṃ; T2 adyaśeṣaṃ(R.,L.,V.);T4 adyāśeṣaṃ(?)
4 T2 °chitāḥ(R.); T5 samurcchitā
5 T2 °teyu(N1,C1,C2; L.,V.,S.). cf. N2,N5,B,H °teya; N3 °te; N4 °teyaṃ. We regard 'prapateya'(3 pl.?) as a substitution of 2 pl. form(cf. BHSG,§25.31).
6 T2 yūyam(R.,V.)
7 T1 omits 'r'.
8 T1,T4,T5 doṣaṃ; R. doṣas
9 T1 va; T5 omits 'ya'.
10 T3 nihataḥ
11 T1,T4,T5 doṣaṃ
12 T5 svapnotare
13 T2 tu(N1/H; R.,L.,V.,S.). cf. N3,N4 pi.
14 T1 īdṛśan; T5 īdrya
15 T1 nirmittāṃ(N4)
(16…16) T1,T3,T5 upekṣana(T4 'kṣa' is marg.; N3,N4); T2 upekṣaṇa(N5; R.). cf. N2,H upekṣa ma.
17 T2 bharibhāvu
18 T1,T3~5 °yabuddhipuru°(L.,S.); T2 °yabuddhi puru°(R.,V.). Acc. to Tib.[grub pa] and from the context we read '-siddha-' though no ms. supports it.
19 T5 °purukhasya
20 T1 raṇa; T5 ghaṇe
21 T3 °siddhar; L.,V.,S. °siddhi[omit 'r']
22 T1,T3~5 °laṃbya
23 T3 inserts 'buddhir avalaṃbya'.
24 T2 dhyairyya(R. °rya)
25 T5 sukyataṃ
26 T1,T3~5 dṛṣṭi(N3,N4; L.,V.,S.); T2 dṛṣṭa(N5; R.). cf. N1,C1,C2 dṛṣṭva.
27 T1 mahyaṃ
28 T1 praṇastu; T2 pravarttaṃ(R. °rtta); T3 prayaṃttuṃ; T5 prayantu; V. prapattum. cf. N1/H prapattuṃ; N3 prayatu(?); N4 prayattuṃ.
29 T1 omits 'r'.
30 T1 sudurbbalañ(T4,T5 °laṃ)
31 T1,T4,T5 hasty
32 T1,T5 bhūra; T4 emends 'sūra' to 'śūra'; L.,V.,S. śūru. cf. N1,N2,C1/H śūru; N3,N4 sūra; N5 sūru.
33 T1 omits 'ṃ'.
34 T2 raṇañ°(R.); T3 'raṇañ°
35 T5 cā
36 T2 pūrṇāṃ(R.)
37 T2 ravir(R.,V.,S.)
38 T1,T4,T5 nipra°[omit 'ṣ']; T3 nispra°
39 T2 °bhātaṃ

305 api ca,

[Meter ... Śloka]

15. yasya[1] mānaś ca mohaś ca mīmāṃsā[2] ca na vidyate,
(3...viduṣām ca...3) vilometi[4] nâsau[5] śakyaś cikitsitum[6].

iti hi bhikṣavo[7] māraḥ pāpīyān[8] sārthavāhasya vacanam [up]aśru-
tya[9] mahatī(ṃ)[10] caturaṅginīsenām[11] udyojayati[12] ⟨sma⟩[13]. mahābalaraṇa-[14]
śauṇḍāṃ[15] bhīṣaṇikāṃ[16] romaharṣiṇīṃ[17] adṛṣṭâ[18]śrutapūrvāṃ[19] devamanuṣyair[20]
bahuvidhamukhavikārakoṭīnayuta[21]śata[22]sahasravikāra[23]prakārāṃ bhujagaśatasa-[24]
hasrakaracaraṇa[25]kuṭilapariveṣṭitaśarīrām[26] asi[27]dhanuśaraśakti[28]tomarakuṭhārapaṭṭi-
sa[29]bhuśuṇḍi[30]musala[31]daṇḍapāśagadā[32]cakravajrakaṇaya[33]dharāṃ[34] varavarma[35]kavaca-[36]
varmita[37]śarīrāṃ[38] viparītaśiraḥ[39]karacaraṇanayanāṃ jvalita[40]śironayanavadanāṃ
duḥsaṃ[41]sthitôdarapāṇi[42]pādam[43] ugratejovadanāṃ paramavikṛtavadana[44]daśanāṃ[45]
vikarāla[46]vikṛtadaṃṣṭrāṃ[47] ghana[48]bahu[49]vipula[50]pralambajihvāṃ śuṇḍika[51]kilañjasa-[52]
dṛśa[53]jihvāṃ jvalana[54]sadṛśa[55]kṛṣṇa[56]sarpaviṣa[57]pūrṇa[58]raktanetrām. kecid ⟨tatr⟩âśī-[59]
viṣān[60] vamanti[61] sma. kecit[62] karatalair[63] āśīviṣān parigṛhya bhakṣayanti
sma, garuḍā[64] iva sāgarād[65] abhyutkṣipya. kecin naramāṃsarudhirakara-
caraṇa[66]śiroyakṛd[67]⟨antra⟩purīṣâdīṃ[68] bhakṣayanti sma. kecij jvalitapiṅgala-

1 T1,T5 yaś ca(N3)
2 T3 śīmāṃsā
(3…3) T2 vilomayati(R.); T3 viduṣāś ca; L. viloma yadi; V. vilomoyati. cf. N1,C1,C2 vilāmeyapi; N2,N5,B,H viloma yadi; N3,N4 viduṣāñ ca.
4 T1,T5 vilomayati(N3,N4); T2 vidvāṃso(N1/H; R.,L.,V.,S.); T3 vilomu pati. From the context and meter we read 'vilometi'(cf. BHSD,vilomayati) though no ms. supports it.
5 T2 śakyaṃ
6 T2 °tuṃm(R.,V. °tum)
7 L. mikṣavo[misprint]
8 T1,T3~5 pāpīyāṃ
9 T1,T3~5 upaśrutya(N4); T2 akṛtvā(N3; R.,L.,V.). cf. C1 akṛtvāḥ.
10 T1,T3,T5 °tī(N3,N4); T2 °tīñ(R.); T4 °tīṃ(L.,V.,S.). cf. N1 °tīś.
11 T2 °aṅgiṇīm senām(R.); L.,V. °aṅgiṇīṃ senām. cf. N2,N3 °aṃginīsenām; N1/B,N4 °aṅginīsenām; H °aginīsenām.
12 T1 uyojayaṃ; T3 udyojayan; T4,T5 udyojayaṃ(N3,N4)
13 T1,T3~5 omit 'sma'(N3,N4); T2 inserts(N1/H; R.,L.,V.).
14 T4 °rana°['na' is marg.]
15 T1 °śauṇḍā[omits 'ṃ']; T3 °sauṇḍa; T5 °śoṇḍa. cf. N3 °śauṇḍa; N4 °sauṇḍāṃ.
16 T1 bhīṣaṇikā[omits 'ṃ'](N3,N4); T5 bhiṣaṇikā; L.,V. bhīṣaṇāṃ. cf. N1/H bhīṣaṇikāṃ.
17 T1 romarhaṣīm; T2 °harṣaṇīṃ(T4 'ṇī' is marg.; R.); T3 °harṣiṇīṃm(N4 °ṇīm); T5 °harṣīm(N3); L.,V. °harṣaṇīm. cf. N1/B °harṣaṇīm; H °harṣanikāṃ romaharṣaṇīm.
18 T1,T3~5 adṛṣṭvāśru°(N3); T2 dṛṣṭvāśru°[omits 'a'](R.). cf. N4 adṛṣṭvā 'śru°.
19 T1,T4,T5 °pūrvvā(N3); T3 °pūrvā. cf. N4 °pūrvvāḥ.
20 T1,T3~5 °yaiḥ
21 T1 °koṭinayuta°(N4; L.,V.); T2 °koṭiniyuta°(R.). cf. N3 °koṭīniyuta°.
22 T5 omits 'śata'.
23 T1,T3~5 °vikārā°
24 T4 omits 'ga'; T5 bhujagarā°[omits 'śata']
25 T1,T3,T5 °caraṇā°; T4 °caraṇān°(?)
26 T4 °śarīrān; L.,V. °śarīrāṃ
27 T3,T4 aśi°
28 T2 °dhanuḥśara°(R.)
29 T1 °paṭṭasa°; T2 °paṭṭiśa°(R.)
30 T1 °mugaṇḍi°; T2 °bhuśuṇḍī°(R.); T3 °musuṇḍi°(N1/H); T4,T5 °muśaṇḍi°(N3,N4)
31 T1,T3,T4 °muśala°(N3,N4); T5 °mugala°
32 T2~5 °gadā°(R.,V.)
33 T1 °vāṇaya°; T2 °vāṇa°[omits 'ya'](R.)
34 T1,T4,T5 °dharāś; T2,T3 °dharām
35 T1,T4,T5 caravarma°; T2 varacarmma°(R. °carma°)
36 T1,T4,T5 °kava°[omit 'ca']; T2 °ka°[omits 'vaca'](R.)
37 T1,T4 °carmita°; T5 °camita°
38 T1,T4,T5 omit 'ṃ'; T3 °rāś
39 T1,T5 viparita°
40 T3,T5 omit 'ṃ'.
41 T5 omits 'ṃ'.
42 T1,T5 omit 'pāṇi'.
43 T2 °pādām(R.)
44 T1,T3~5 omit 'vadana'(N3). cf. N1/H,N4 insert(B °vadanā°).
45 T1 °darśanā; T2 °darśanāṃ(N2,N4; R.,L.,V.); T3 omits 'daśanāṃ'; T4,T5 °daśanā(N3). cf. N1,C2, B,H °daśanā; N5,C1 °daśānāṃ.
46 T1 vikalālavikarāravikṛta°; T2 vikarālakikṛta°; T3 omits 'vikarālavikṛta'; T5 vikarālavikarālavikṛta°(N3). cf. N4 vikarālavikṛta°.
47 T1 °draṣṭrāṃ; T2 °draṃṣṭrāṃ(R.); T3 °draṃṣṭā; T4 °draṃṣṭāṃ(N3,N4); T5 °draṣṭrā
48 T1,T4,T5 ghaṇa°
49 T2 omits 'bahu'(R.).
50 T1 °vipurapra°
51 L.,V.,S. suṇḍika°. cf. N3 śuṇḍika°; N4 suṇḍika°; BHSD,śuṇḍika.
52 T2 °kiñjalkaśa°(R. °kasa°); T3 °kilaṃjasa°
53 T1,T5 omit 'ṃ'(N3,N4).
54 T1 jvarana°
55 T5 °kṛrṣṇa°
56 T1 °sarppa°; T3 °śarpa°
57 T1,T4,T5 °pūrṇṇā°; T3 °pūrṇṇāṃ
58 T1 °netro; T3,T4 °netrāṃ(L.); T5 °netrā
59 T1 inserts 'dhi'(N1/H; R.,L.,V.).
60 T1 āśivisāṃ; T2 te āśīviṣāṃ(R.); T3 āśīviṣā; T4,T5 āśīviṣāṃ(N3,N4); L.,V. tatrāśīviṣāṃ. cf. N1, C1,C2,N5,H tatrāśīviṣāṃ; N2,B trāśīviṣāṃ.
61 T3 vamartti. cf. N3 vasanti.
62 T1 kaicit; T4,T5 kaiścit
63 T3 °taler
64 T2,T3 garuḍa(R.)
65 T2 atyut°(R.)
66 T1,T3,T5 °śirosakṛtaṃ(N3,N4); T2 °śira upakṛtta°(R. °śiropa°); T4 °śiroyakṛtaṃ. cf. N1,C1,C2 °śiroyakṛtta°; N2 °śiroyanta°; N5,B °śiropakṛ°(H?). Acc. to Tib.[mgo daṅ / mkhal ma daṅ] it is proper to read 'śirovṛkka', but no ms. supports it.
67 T:all omit 'antra'(N1~4,C1,C2l R.); L.,V. insert. cf. N5,B insert 'ntra'[omit 'a'](H?).
68 T1 °ṣāḍī[omits 'ṃ']; T2 °ṣāḍīṃś ca(N1/H; R.,L.,V.); T5 °ṣāḍi. cf. N3 °ṣāḍīn; N4 °ṣāḍīṃ.

kṛṣṇa[1]nīlaraktaka[2]drukarāla[3]vicitrarūpāḥ. kecid vikṛtakūpa[4]jvalita[5]ôtpāṭita[6]vikṛta-
kaṭâkṣāḥ. kecit[7] parivṛttajvalita[8]vikṛta[9]nayanāḥ. kecij jvalitān parvatān
parigṛhya salīlam[10] apareṣu parvateṣu (11... abhirūḍhā ...11) āgacchanti[12] sma. kecit
samūlān[13] vṛkṣān[14] utpāṭya[15] bodhisattvâbhimukhā[16] (17... abhidhāvanti ...17)[18] sma. kecid
ajakarṇa[19]sūrpa[20]karṇa[21]hasti[22]karṇalamba[23]karṇa[24]varāha[25]karṇāḥ[26]. kecid akarṇāḥ[27]. ke-
cid dagôdariṇo[28] durbalakāyā[29] asthikaṅkāla[30]saṃghātam[31] abhinirmāya bhagna-
306 nāsāḥ[32] kumbhôdarāḥ[33] karoṭapādā[34] ucchuṣka[35]tvagmāṃsa[36]rudhira[37]cchinnakarṇa[38]-
nāsā[39]karacaraṇa[40]nayanôttamâṅgāḥ. kecid rudhirapipāsayā[41] śirāṃsi[42] paras-
paraṃ nikṛntanti[43] sma. kecid bhinnavikṛtabhairava[44]rūkṣasvarāḥ[45] huṃhuṃ[46]-
kāra[47]picukāra[48]huluhulu[49]prakṣeḍitāni kurvanti sma. [kecid āhanata.][50] āharata[51]
haratâbhi⟨ha⟩nata[52] ⟨hanata⟩[53] bandhata[54] gṛhnata[55] chindata[56] [57] [58]mathayatôt-
kṣipata[59] nāśayatêmaṃ[60] śramaṇaṃ[61] gautamaṃ sārdhaṃ[62] drumeṇêti[63] bru-
vanti sma. kecid bheruṇḍaka[64]śṛgāla[65]sūkaragardabhagohastyaśvôṣṭrakharama-
hiṣa[66]śaśacamarakhaḍga[67]śarabha[68]nānāpratibhayaraudra[69]vikṛtavaktrāḥ. kecit siṃ-
havyāghrârkṣa[70]varāhavānaradvīpibiḍāla[71]cchāgala[72]urabhra[73]sarpanakula[74]matsyamakara[75]-
śiśumāra[76]kūrma[77]kākagṛdhôlūka[78]garuḍâdisadṛśa[79]ātmabhāvāḥ. kecid virūparūpāḥ[80].
kecid ekaśīrṣā(ḥ)[81] dviśīrṣā(ḥ)[82] yāvac chatasahasraśīrṣāḥ. kecid aśīrṣāḥ.

1 T1,T5 °kṛṛṣṇa° 2 T3 omits 'ka'.
3 T1,T4 °drumakarāḍa°(N3); T3 °drumakāgaḍa°; T5 °drutakarāḍa°. cf. N4 °drukarāḍa°.
4 T1 vividharūpa°; T3~5 vicintarūpa°. cf. N1,N5,C1,C2 vikṛtapūpa°; N2,B vikṛtakūpa°; N3 vicitrarūpa°; N4 vikṛtarūpa°; H vikṛtapūyakūpa°.
5 T2 °prajva°[inserts 'pra'](N1/H; R.,L.,V.). cf. N3,N4 omit 'pra'.
6 T3 °litet° 7 T1 keci[omits 't']
8 T1,T3,T5 °vṛtajvalita°(N3,N4); T4 °vṛta°[omits 'jvalita']
9 T1 °vṛkṛta° 10 T1,T5 līḍaṃ[omit 'sa'](N3); T4 śalīḍaṃ(N4)
(11...11) T1,T3~5 °teṣv api°(N3). cf. N4 °teṣu abhi°.
12 T1,T4,T5 āgacchante(N3,N4) 13 T1,T2 samūlaṃ(R.); T3~5 samūlāṃ
14 T2 vṛkṣam(R.); T3 vṛkṣāṃn
15 T3 utpātya 16 T3 omits 'sa'.
(17...17) T1,T4,T5 °khābhi°(N3,N4); T3 °khā[omits 'abhi']
18 R. °vantiṃ 19 T1,T3~5 ajakarṇṇā°
20 T1,T5 °sūpa°(N3); V. °śūrpa°
21 T1,T4,T5 °karṇṇā° 22 T1 °hastī°
23 T1,T4,T5 °karṇṇālaṃba°(N3,N4) 24 T1,T4,T5 °karṇṇā°
25 T3 °vahāha°; T5 °valāha° 26 T1 °karṇṇā; T3 °karṇṇaḥ
27 T1 akarṇṇāḥ(N3,N4); T3,T4 akarṇṇaḥ; T5 akarṇṇā; V. vṛkakarṇāḥ
28 T1,T4,T5 ago°(T3?; N3,N4,H); T2 eko°(R.); L.,V. dako°. cf. N1,C1,C2 kago°; N2,B dago°; N5 dako°. dagodara = dakodara. 29 T3 °kāyāḥ
30 T1,T5 asthiśaṃkalā°(N3; N4 °śakalā°); T2 asthisakala°(R. °śakala°); T3,T4 asthisaṃkalā°(N1/H). cf. Tib. keṅ rus (= kaṅkāla). 31 T2 °ghāṭam(R.,L.,V.). cf. N2~4 °ghātam.
32 T3~5 °nāśāḥ 33 T1 °dalā; T3~5 °darā[omit 'ḥ']
34 T1 kaṭotapādāḥ; T3~5 kaṭoṭapādāḥ(N3,N4) 35 T1,T4,T5 ucchuska°(N3); T3 ucchuṣṭa°
36 T2 °tvadmā°?; R. °tvaṅmā° 37 V. °rudhirāḥ
38 T1 °karṇṇā° 39 T1,T5 °nāśāḥ; T3,T4 °nāśā°
40 T1 °caṇaṇa° 41 T1 °pāśaya; T4 °pāśayā(N4); T5 °pāsayāsi
42 T5 omits 'ṃ'. 43 T1,T5 °taṃti; T4 °tati
44 T1,T3~5 °varukṣa°(R.); T2 °vararūta°(?) 45 T2 omits 'ḥ'(R.).
46 T2 huṃhuṅ°(R.); L.,V. phutphut. cf. N1,N5,C1,C2 phuphut°; N2 phuṃphut°; N4 huhuṃ°; B phuṃphuṃ°; H phuphu°. 47 T1,T5 °pirukāra°(N3); T2 °pitutkāra°; R.,L., V. °picutkāra°. cf. N1,C1,C2 °pidhutkāra°; N2,N5,H °picutkāra°; B °yivutkāra°.
48 T1 °huluhula°; L.,V. °phuluphulu°. cf. N1,N2,C1,H °phuluphulu°; N3,N4 °huluhulu°; N5 °phuluphala°; C2 °phuluphula°; B °phulaphula°.
49 T1 °precheditāni; T2 °prakṣveḍitāni(V.). cf. N5,B °prakṣetritāni.
50 T1,T3 kecid āhunatā°(N3); T2 kecid āhuḥ / (R.,L.,V.); T4,T5 kecid āhanatā°. cf. N1/H,N4 kecid āhuḥ; Tib has no words corresp. to 'kecid āhanata'.
51 T1,T3~5 °āharatā(N3)
52 T1,T3~5 hanatābhi°(N3); T2 harata[omits 'bhi'](N4; R.)
53 T1,T4,T5 °nnata[omit 'ha'](N3); T2 °hanata(R.,L.,V.); T3 °nata. cf.N4 °hanatā°.
54 T1,T3~5 bandhata(N3); T2 hanata(R.,L.,V.). cf. N4 °ābhinnatabandhata.
55 T1,T4,T5 vindata(N3,N4); T3 bhindata. cf. N1/H bandhata(N2 baṃdhata).
56 T2 gṛhṇata(R.,V.) 57 cf. N1,C1,C2 omit 'chindata'.
58 T2 inserts 'bhindata'(N1/H; R.,L.,V.). cf. N3,N4 omit.
59 T5 °kṣipaga 60 T1 omits 'maṃ'.
61 T3,T5 omit 'ṃ'(N3). 62 T5 omits 'ṃ'(N3).
63 T3,T4 drumeneti 64 T1,T5 °śṛgāra°
65 T1 °śūkala°; T2,T4,T5 °śūkara°(R.)
66 T1 °kharamahikha°(T4 'kha' is marg.); T2 °mahiṣakhara°(R.); T3 °kharanahiṣa°
67 T1,T3 °khaṅga° 68 T1,T4,T5 °sarabha°(L.)
69 T1 °raudraṃ
70 T1,T3~5 °ghrarṣabha°(N3); T2 °ghrarkṣa°(R.); L.,V. °ghraṛkṣa°. cf. N4 °ghraṛkṣa°.
71 T1 °dvipi° 72 T1,T5 °chaga°
73 T1 °rogra°; T3 °loraga°; T4,T5 °loragra° 74 T1 °nakūla°
75 T1,T4,T5 omit 'matsyamakara'. 76 T1 °śiśū°
77 T1,T4,T5 °mārukū° 78 T2 °gṛddhro°(R.); T4 °gṛdhro°(V.)
79 T1,T3~5 °ḍādiśadṛ°; T2 omits 'di'. 80 T3 omits 'ḥ'[marg.].
81 T1,T3~5 °ṣāḥ(N3,N4); T2 °ṣā(N1/H; R.,L.,V.)
82 T1 dvīśīrṣāḥ; T2 dvīśīrṣā; T3,T5 dviśīrṣā(N3; R.,L.,V.); T4 dviśīrṣāḥ(N4)

kecid ekabhujāḥ[1] ⟨yāvac chatasahasrabhujāḥ. kecid abhujāḥ[2]⟩ [kecid
abāhavaḥ][3] kecid ekapādakāḥ[4] [5] [(6...]yāvac chatasahasrapādāḥ.[...6)] kecid[7] apādakāḥ.[8]
kecit karṇamukhanāsikâ[9]kṣinābhīsrotābhir [(10...]āśīviṣān[...10)] niścārayanti sma. kecid
asidhanu[11]śaraśaktipaṭṭisa[12]paraśucakra[13]tomarakaṇaya[14]vajrabhuśuṇḍi[15]bhindipālâdīni[16]
nānāpraharaṇāni bhrāmayanto nṛtyanto bodhisattvaṃ[17] saṃtarjayanti sma.
kecin narâṅguliṃ[18] chittvā mālā(ṃ)guṇaṃ[19] kṛtvā dhārayanti sma. kecic[20]
chinnābhir[21] asthikaraṅkāñ[22] chīrṣa[23]kaṭāhakāṃś[24] ca mālā(ṃ)guṇam[25] iva[26] kṛtvā
dhārayanti[27] sma. kecid āśīviṣapariveṣṭitaśarīrāḥ. kecic[28] [(29...]chīrṣe śakaṭikāṃ[...29)]
parigṛhya hastyaśvôṣṭra[30]gogardabhamahiṣârūḍhāḥ. kecid adhośirasa[31]-ūrddha[32]-
pādāḥ. [(33...]kecit sū[...33)]cīromāṇaḥ[34]. kecid[35] gogardabha[36]varāhanakulachāgalorabhra[37]-
viḍāla[38]kapi[39]vṛkaśṛgālaromāṇa(ḥ)[40] āśīviṣā⟨ṃ⟩[41] vamanto,[42] ayoguḍāni nirgiranto[43]
dhūmaketūn[44] utsṛjanto jvalitatāmraloha[45]varṣa⟨ṃ⟩[46] pravarṣanto[47] vidyudvarṣāṃ[48]
307 kṣipanto vajrâśaniṃ[49] pramuñcantaḥ[50] tapta-m-ayo[51]vālikāṃ[52] pravarṣantaḥ[53] kā-
lameghāṃ[54] saṃjanayanto vātavṛṣṭim utpādayantaḥ śaramegha[55]varṣān[56] ut-
sṛjantaḥ kālarātriṃ[57] darśayanto[58] rāvaṃ[59] saṃjanayanto[60] bodhisattvam[61] abhi-

1 T2 omits 'ḥ'(N1/H; R.,L.,V.).
2 T1,T3,T5 omit the words in brackets(N3); T2 inserts(N1/H; L.,V.); T4 'yāvat sahasrabhujāḥ' is marg.; R. yāvat chataśatasahasrabhujāḥ. cf. N4 inserts 'yāvat sahasrabhujāḥ'.
3 T1,T3~5 insert 'kecid abāhavaḥ'(N1~4,C1/H); T2 omits(N5; R.,L.,V.).
4 T5 omits 'ḥ'. cf. N4 ekapādāḥ; B ekapādakaḥ.
5 T2 inserts 'kecid'(N1,N2,C2,B,H; R.,L.,V.). cf. N3~5,C1 omit.
(6...6) T2 bahupādā(R.). cf. N4 yāvat śata°; N5 omits.
7 T2 omits 'kecid'(R.). 8 cf. N1,N5,C1,C2 apādapādakāḥ.
9 T1 °mukhākṣināśikā°(T4,T5 °nāsikā°); T2 °mukhānāsikā°
(10...10) T1 °nābhiśrotrabhicāśīviṣāṃ; T2 °ṇābhiśrotobhir āśīviṣān(R.,L. °nābhi°; V. °sroto°); T3 °nābhīsrotrābhir āśīviṣāṃ; T4 °nābhīśrotrābhicāśīviṣāṃ(T5 °nābhi°; N3). cf. N4 °nābhīśrotrebhi cāśiviṣāṃ; BHSD,śrotā(= srotā; srotas).
11 T1,T3,T4 dhanuraśi°(T5 °asi°); T2 asidhanuḥ(R.)
12 T2 °paṭṭiśa°(R.); T3 °pattisa° 13 T1,T4,T5 omit 'cakra'.
14 T1,T4,T5 °kanaya°; T2 °kuṇapa°(R.); T3 omits.
15 T1,T3~5 °muṣṭi°[for 'bhuśuṇḍi'](N3,N4); T2 °bhuśuṇḍī°(R.). cf. N1 °sumuṇḍi°; N2 °sasuṇṭhi°; N5,H °samuṇṭhi°; C1,C2 °sumuṇṭhi°; B °suṇṭhi°.
16 T5 °pāladini 17 T3 omits 'bodhisattvaṃ'.
18 T1,T4,T5 narāṃgulim(N2,N3,N5,B,H); T3 narāṃguli; L.,V. narāṃgulīś. cf. N1,C1,C2 nārāgulim; N4 narāṃgulim.
19 T1,T2 mālāguṇaṃ(T4 'mālā' is marg.; N4; R.); T3 mālāṃguṇaṃ; T5 guṇaṃ[omits 'mālā'](N3); L.,V. mālāguṇān. cf. N1/H mālāṃ guṇāṃ. 20 cf. N4 kecit.
21 T1,T3,T5 chinnopir(N3); T2 chirobhir(N1/H,N4; R.,L.,V.); T4 chiropir. Contextually we read 'chinnābhir' though no ms. supports it. 22 T1,T4,T5 °karaṃkāc(T3?; N3); T2 °karakān (R.); L.,V. °karakāñ. cf. N1,N5,C1,C2 °karakāṃ; N2, H °karaṃkāṃ; N4 °karakāc; B °karakā.
23 T1,T3~5 chīrṣī°(N3); T2 śīrṣa°(N1/H; R.). cf. N4 chīrṣa°.
24 T1 °hakāś[omits 'ṃ']
25 T1,T4 mālāṃ°(N3,N4); T2,T3,T5 omit 'ṃ'(N1/H; R.,L.,V.).
26 T1 omits 'va'. 27 T2 °yati; T3 °yaṃti
28 T1,T4,T5 kecid(N3). cf. N4 kecit.
(29...29) T1,T4,T5 kaṭāhakāṃ śīrṣaṃ(N3); T2 chīrṣakaṭāhakān(R.,L.,V.); T3 chīrṣakaṭāhakāṃ(N1/H); N4 śīrṣakaṭāhakāṃ. Acc. to Tib. and from the context we read 'śīrṣe śakaṭikāṃ' though no ms. supports it. 30 T1 hastya 'śvo°
31 T1,T5 eṣāṃśirasaḥ; T2 adhaḥśirasa(R.,L.,V.); T3 arddhāśiraḥ; T4 adhośirasaḥ(N3). cf. N1 adhośirasa°; N4 aṣāṃśirasaḥ.
32 T2 urddha°(R.); L. ūrdha°; V. ūrdhva°. cf. N3,N4 ūrddha°.
(33...33) T1,T3,T4 kecic chūla°(N3); T2 kecit sthula°(R. sthūla°); T5 kecic chūra°. cf. N4 kecit śūcī°.
34 T4 °mānaḥ 35 T1 kecin
36 T1,T5 gar°[omit 'go']; T3 gagar° 37 T1 °chagalāla°; T5 °chagalola°
38 T2 °bhraśarabhaviḍāla°(R.); T3 °vilāḍa° 39 T3 °vṛkagośṛ°
40 T1,T3~5 °māṇaḥ(N4;V.); T2 °māṇa(N3;R.,L.)
41 T1,T3~5 °viṣā[omit 'ṃ'](N3,H4); T2 °viṣān(R.,L.,V.). cf. N1/H °viṣāṃ.
42 T2 'yo°(N1,N5,C1,C2,B; R.,L.,V.). cf. N3,N4 ayo°; N2(and H) omit from here(ayo°) to 'saṃjanayanto'[Note 60].
43 T2 nirgilanto(R.); T3 niranto; T4,T5 nirgaranto(L.,V.). cf. N3 nirgiranto; N4 nirgalanto.
44 T5 °ketun. cf. N1,C1,C2 °ketūm. 45 T2 °lauha°(R.)
46 T1,T3~5 omit 'ṃ'(N3); T2 °ṣaṃ(N4; R.,L.,V.) 47 T1 prarvvaṣanto
48 T1,T4,T5 omit 'ṃ'(N3); T3 °vārṣāṃ; L.,V. °varṣān. cf.N4 °varṣāṃ.
49 T1,T4,T5 °śaniḥ(N3); T3 °śanir. cf.N4 °śanim.
50 T1 °muñcanti sma; T2 °muñcantas(N1/H; R.,L.,V.); T4,T5 °muṃcataḥ(N4). cf.N3 °muṃcatas.
51 T2 taptāmayo°(R.,L.,V.); T5 taṃptamayo°. cf. N1,N5,C2,B taptamayā°; N3 taptamayo°; N4 tapta ayo°. 52 T2 °vālukāṃ(R.)
53 T1 prarvaṣantaḥ; T2 °ṣataḥ
54 T2 °meghān(R.,L.,V.); T5 kālakeme°. cf. N3 °meghā; C2 °megha.
55 T1 śalame° 56 T1 °varṣan; T3 °vṛṣṭom
57 T2 °trīṃ(R.); T3 kālārā° 58 T3 °yantaḥ
59 T1,T3,T5 omit 'ṃ'.
60 T1,T4,T5 °yaṃto. cf. N2 (and H) omit from 'ayo-'[Note 42] to here(-yanto).
61 T1 bodhisam[omits 'ttva']

dhāvanti sma. kecit pāśā⟨ṃ⟩[1] bhrāmayanto mahāparvatāṃ[2] prapātayanto mahāsāgarāṃ[3] kṣobhayanto laṅghayanto mahāparvatāṃś[4] cālayanto[5] meru-[6]parvatarājam[7] (8... ...8) abhidhāvantaḥ palāyamānāḥ,[9] vikṣipanto[10] 'ṅgapratyaṅgāni[11] bhrāmayantaḥ[12] śarīrāṇi hasanto (13... mahāhās(y)ān urāṃsi ...13) prasphoṭayanta(ḥ)[14] ⟨urāṃsi tāḍayantaḥ⟩[15] keśāṃcid[16] (vi)dhunvanto[17] pītamukhāni ca nīlaśarīrā[18] jvalitaśirasa(ḥ)[19] ūrddhakeśā(ḥ)[20] itas tato vegena[21] paridhāvanto[22] bheruṇḍâkṣāś[23] ca bodhisattvaṃ vibhīṣayanti[24] sma. jīrṇa[25]striyaś[26] ca[27] rudantyo[28] bodhisattvam upasaṃkramyaîvaṃ[29] vadanti sma.[30] hā[31] putra hā mama putrôtti-[32]ṣṭhôttiṣṭha[33] śīghraṃ prapalāyasva.[34] rākṣasīrūpāḥ[35] piśācīrūpāḥ[36] kāṇakhañja-[37]durbalāś ca pretāḥ kṣutkṣamâkhyā[38] ūrddhabāhavo[39] vikṛtâsyāḥ kranda-[ya]nto[40] bhayam[41] upadarśayantaḥ[42] trāsaṃ[43] janayanto[44] bodhisattvasya purato 'bhidhāvanti sma. tayā caîvaṃrūpayā[45] mārasenayā[46] samuditayā[47] (48... samantād ...48) aśītir yojanāny āyāmena[49] vistāreṇa[50] sphuṭam[51] abhūt. yath[âsy]aîkasya[52] mārasyaîvaṃ koṭīśatānāṃ[53] trisāhasraparyāpannānāṃ mārāṇāṃ pāpīyasāṃ senābhiḥ[54] tiryag[55] ūrddhaṃ[56] ca parisphuṭam[57] abhūt.

tatrêdam ucyate.

[Meter ... Dodhaka]

16. yakṣaku[m]bhāṇḍa[58]mahoragarūpāḥ[59]
rākṣasa[60]pretapiśācakarūpāḥ,

1 T1,T3~5 pāśā(N3); T2 pāśān(R.,L.,V.). cf. N4 pāśāṃ.
2 T2 °vatān(R.,L.,V.); T3 mahāvarṣatāṃ. cf. N1/H,N4 °vatāṃ.
3 T2 °garān(R.,L.,V.). cf. N1/H,N3 °garāṃ; N4 °garā.
4 T3 omits 'ṃ'. 5 T1 vārayanto; T5 cārayantaḥ
6 L.,V. meruṃ. cf. N1,C1,C2 mahā°; N3,N4 meru°.
7 T1,T5 °parvva°[omit 'ta']
(8...8) T1,T3~5 °rājo bhi°(N1~N4,C1/H); L.,V. °rājaṃ vi°. cf. N5 °rājā vi°.
9 T2 °mānā[omits 'ḥ'](R.,L.,V.); T5 °mānāṃḥ. cf. N:all °mānāḥ.
10 T1 °ptanto 11 T1 'ga°; T3 ṃga°. cf. N4 aṃga°.
12 T1 omits 'ḥ'; T4 °yaṃtaḥ; T5 °yaṃtaṃ
(13...13) T1 °hāsyaṃsām uramāṃsi; T2 °hāsyam urāṃsi(R.); T3 °hāsān urasāṃsi; T4 °hāsyāṃ narasāṃsi(?); T5 °hāsā naramāṃsi(N3); L.,V. °hāsyāny urāṃsi. cf. N1,C1,C2 °hāsyān urasāṃsi; N2 °hāsyāṃ narosi; N4 °hāsyāṃ urasāṃsi; N5 °hāsyāṃ naramāṃsi; B °hāsyāṃn urāsi; H °hāsyaṃ narāsi. 14 T1,T3~5 °taḥ(N3,N4); T2 °ta(R.,L.,V.)
15 T1,T3~5 omit the words in brackets(N3,N4); T2 inserts(R.,L.,V.). cf. N2,N5,B udarāṃsi tāḍa°; N1,C1,C2 omit from here(urāṃsi) to 'vibhīṣayanti sma'[Note 24].
16 T2 keśān[omits 'cid'](R.); L.,V. keśāṃsi. cf. N2 keśāṃsin; N3,N4 keśāṃcid.
17 T1 dhundhanto; T2 dhunvantaḥ(R.,L.,V.); T3 vidhunvanto; T4,T5 dhunvanto(N3,H). cf. N2,N5, B dhūnvanto; N4 vidhuṃddhanto. 18 T3 °rīrāḥ
19 T1,T3~5 °rasaḥ(N4); T2 °rasa(N3; R.,L.,V.)
20 T1,T4,T5 ūrddhakeśāḥ; T2 urddhakeśā(R.); T3 ūrddhakeśā; L. ūrdhakeśā; V. ūrdhvakeśā
21 T3~5 vego(N3) 22 T4 °vantaḥ
23 T1,T5 garuḍāṃkṣāś(T4 °kṣāṃś; N3,N4); T2,T3 garuḍākṣāś(R.). cf. N5 bhagaruḍākṣāś.
24 T1 pibhāṣa°; T2 omits 'vi'(R.); T3,T5 vibhāṣa°(N3)
25 T2 jīrṇāḥ(R.,V.); L. jīrṇā. cf. N1,C1,C2 urṇṇā; N3,N4 jīrṇṇa°.
26 T1 °strīyaś; T3 °striyaḥ 27 T3 sā
28 T3 runtyo. cf. N4 rudanto. 29 T1 °kramaivaṃ
30 T5 smaḥ 31 L.,V. aho. cf. All mss. hā.
32 V. putra, utti° 33 T5 °ṣṭhatti[omits 'ṣṭha']
34 T1 °parāya°
35 All mss. rākṣasarūpāḥ(R.,L.,V.). Acc. to Tib.[srin mo] we read 'rākṣasī-' though no ms. supports it. 36 L.,V. piśācarūpāḥ. cf. All mss. piśācī°.
37 T1 kāmakhaṃja°; T3 kānakhañja°; T4,T5 kānakhaṃja°
38 T1,T4,T5 °kṣāmākhya(N3); T2 °kṣamāś ca(R.); T3 °kṣāmākṣa; L.,V. °kṣamākṣā. cf. N1/H °kṣā-mākhyā; N4 °kṣāmākṣāt.
39 T1 urddha°; T2 ūrddhva°(R.); L. ūrdha°; V. ūrdhva°
40 T1 °dayante; T2 °danto(R.,L.,V.); T3~5 °dayanto(N3,N4). cf. N1,C1,C2 kraṃdaṃto.
41 T1 bhayaṃm 42 T2 °tas(R.,L.,V.); T5 °ta. cf. N3,N4 °taḥ.
43 T1,T3~5 trāśaṃ(N4); T2 omits 'saṃ'(R.). cf. N3 trāsaṃ.
44 T2 saṃjana°(R. sañ°; L.,V.). cf. N1/H,N3,N4 omit 'saṃ'.
45 T5 caivaṃrūpaṃyā; L.,V. caivarūpayā. cf. N1/H caivarūpayā; N3,N4 caivaṃrūpayā.
46 T1 mārasya syenayā 47 T1 samumudi°[inserts 'mu']
(48...48) T1,T3~5 samantā śīti[omit 'd a'](N3; N4 'da' is marg); T2 --- aśīti[omits 'r'](R.)
49 T3 āyāma 50 T4 vistāraiṇa
51 T1 sphuṭaṃm; T3 sphuṭām 52 T1,T3~5 yathāsyaikasya(N3); T2 yathā caikasya(N1/H; R.,L.,V.). cf. N4 yathā ca ekasya; Tib. has no words corresp. to 'asya'.
53 T1 koṭīgatā°; T5 koṭiśatā° 54 T2 °bhis(N1/H; R.,L.,V.). cf. N3,N4 °bhiḥ.
55 T3 tṛryag
56 T1 ūrddhañ(N4; R.); T3 ūrdhva; T4,T5 ūrddha(N3); L. ūrdhaṃ; V. ūrdhvaṃ
57 T5 °sphutam
58 T1,T2,T5 °kumbhāṇḍa°(N3,N4; R.,L.,V.); T3,T4 °kuṃbhāṇḍa°. Metrically it is proper to read '-kubhāṇḍa-', but no ms. supports it. cf. BHSD,kumbhāṇḍa.
59 T2 omits 'ḥ'(N3; R.). 60 T5 rākṣasaṃ pre°

yantaka[1] loki[2] virūpa[3]suraudrāḥ[4]
sarvi ta[5] nirmita tatra śaṭhebhiḥ[6].
17. ekaśirā[7] dviśirā triśirāś[8] ca
yāva[9] sahasraśirā bahuyakṣāḥ[10],
ekabhujā dvibhujā tribhujāś ca
yāva[11] sahasrabhujā bahubhujā[12]⟨ḥ⟩,
ekapadā dvipadā tripadāś[13] ca
yāva[14] sahasrapadā bahu anye.
308 18. nīlamukhāni[15] ca pītaśarīrā[16]⟨ḥ⟩
pītamukhāni ca nīlaśarīrāḥ[17],
*
anyamukhāni ca anyaśarīrāḥ[18].
evam[19] upāgata[20] kiṃkarasainyaṃ[21].
**
19. vāta[22] pravāyati varṣiya[23] varṣaṃ[24]
vidyusahasraśatāni[25] patanti,
deva gulāyati[26] vṛkṣa luḍanti[27]
bodhivaṭasya na iryati[28] pattraṃ[29].
20. vāyati[30] deva pravarṣati[31] varṣaṃ[32]
ogha vahanti[33] jalâkulabhūmiṃ[34],

1 T1,T4,T5 yanta(N3); T2 yattu(R.); T3 yatta; L.,V. yattaka. cf. N1 cantraka(C1,C2 candraka); N2,H yaṃtraka; N4 yantra; N5,B yantraka. yantaka = yāvantaka.
2 T:all viloki(N3; R.). cf. N1/B loka; N4 viloka; H roka.
3 T1 virūpāḥ; T3 omits 'pa'.
4 T1 omits 'suraudrāḥ'; T3,T5 °surūpāḥ(N3); T4 °surūpā. cf. N2,B,H °suraudrāḥ; N4 °suraudrā.
5 T2 te
6 T5 gaṭhe°. cf. BHSD,śaṭha.
7 T1 °śilā; T5 omits 'rā'.
8 T1 triśīrāś
9 T1,T2 yāvat(N1/H; R.,L.,V.); T3 yāca. cf. N3,N4 yāva.
10 T1,T3~5 bahuyakṣaḥ(N3); T2 bahu anye(R.); L.,V. bahuvaktrāḥ. cf. N1,C1,C2 bahuvakṣāḥ; N2,H bahuvaktrāḥ; N4,N5 bahuyakṣāḥ; B bahuvacakṣāḥ.
11 T1,T2 yāvat(N1/H; R.,L.,V.); T3 yāca. cf. N3,N4 yāva.
12 T1,T4,T5 omit 'ḥ'(N3,N4); T2 °bhujāḥ(R.,L.,V.); T3 °bhūya
13 T2 tripādāś
14 T1,T2 yāvat(N1/H; R.,L.,V.). cf. N3,N4 yāva.
15 T2 °mukhāś(R.); T5 omits 'mu'.
16 T1,T3~5 omit 'ḥ'(N3,N4; V.); T2 °rāḥ(R.,L.)
17 T1,T4,T5 omit 'ḥ'(N3,N4).
* Acc. to Tib. two lines should be inserted here. The texts of these missing lines may be 'śukla-mukhāni ca kālaśarīrāḥ, kālamukhāni ca śuklaśarīrāḥ'.
18 T1,T4,T5 omit 'ḥ'(N3,N4).
19 T1,T4,T5 sarvvam(N3,N4); T2 sarva evam(B; R.); T3 sarvam(N2,H); L.,V. ekam. cf. N1,N5,C1, C2 evam; Tib. de ḥdraḥi(= evam).
20 T2 upāgatu(R.,L.,V.). cf. B upāgantu.
21 T2 °yam(R.,V.)
** Acc. to Tib. six gāthās should be inserted here. The texts of these missing gāthās seem to be possible to be restored by depending on the Tib. translation. cf. 外薗幸一（2018）「ラリタヴィスタラ『降魔品』における欠落偈頌の還梵について」（『鹿児島国際大学国際文化学部論集』第18巻第4号，pp.317-333）.
22 T2 vātaṃ(N4; R.); L.,V.,S. vātu. cf. N3 vāta.
23 T1 varṣati(N4; R.,L.,V.,S.). cf. N3 varṣiya.
24 T1,T4,T5 omit 'ṃ'(N3).
25 T1 °śahasragatāni; T2 vidyutsa°(R.). cf. N4 °śatānisahasra.
26 T2 guḍāyati(R.,L.,V.,S.). cf. N3,N4 gulāyati; BHSD,guḍāyati.
27 T1 luḍantī(N4); T3 laḍantī; T4,T5 luḍaṃtī(N3). cf. BHSD,luḍati.
28 T2 īyati(R.); T4 īryati(L.,V.,S.). cf. N3 iryyati; N4 īryyati.
29 T2 patram(R.,V.)
30 T2 varṣa°(R.); T1,T3~5 varṣati(N3,N4; L.,V.,S.). cf. N1 vaṣati; N2 vayadi. Acc. to Tib.[rluṅ yaṅ gtoṅ] we read 'vāyati' though no ms. supports it.
31 T2 °varṣit
32 T1,T4,T5 omit 'ṃ'.
33 T5 vahaṃti
34 T2 °bhūmim(R.,V.); T5 omits 'ṃ'.

īdṛśa[1] bhīṣaṇikā[2] bahurāśī[3]
yatra acetana[4] vṛkṣa patanti.
21. dṛṣṭva[5] ca tān atibhīṣaṇa[6]rūpān[7]
sarva[8] visaṃsthita[9] rūpavirūpān,[10]
śrīguṇalakṣaṇatejadharasya[11]
citta[12] na kampati[13] meru yathâiva.
22. māyasamāṃs[14] tatha svapnasamāṃś[15] ca
abhranibhāṃ[16] samudīkṣati[17] dharmāṃ,[18]
īdṛśa dharmanayaṃ[19] vimṛṣanto
susthitu dhyāyati saṃsthitu dharme.
23. yasya[20] bhaveta[21] ahan[22] 'ti[23] mamêti[24]
bhāva samucchrayi[25] tattvaniviṣṭāḥ,[26][27]
so bibhiyād[28] abudhaḥ[29] sthitu grāhe
ātmani saṃbhramu[30] gacchi[31] nirīkṣ⟨y⟩a.[32]
24. śākyasutas[(33...] tu[...33)] svabhāvam[34] abhāvaṃ[35]
dharma pratītya[36] samutthita[37] buddh⟨v⟩ā,[38]
⟨so⟩[39] gaganôpamacitta[40] suyukto
na bhramate sabalaṃ śaṭha[41] dṛṣṭvā.

iti hi[42] bhikṣavo[43] mārasya pāpīyasaḥ[44] [45] putrasahasraṃ,[46] tatra ye māra-

1 T1 īdṛśaṃ(N4)
2 T3 °ṇika
3 T3 °rāśīṃ
4 T1,T3~5 avegana(N3). cf. N4 acetana.
5 T1,T2,T5 dṛṣṭvā(N4; R.)
6 cf. N1,C1,C2 abhibhī°.
7 T1,T3~5 °rūpāḥ; L.,V.,S. °rūpāṃ. cf. N1,C1,C2 °rūpāt; N3 °rūpān; N4 °rūpā.
8 T2 sarvi(N1/H: R.,L.,V.,S.). cf. N3,N4 sarvva.
9 T5 omits 'ṃ'.
10 T1,T5 rūpā[omit 'virūpān']; T3 °virūpāḥ; T4 °virūpā(N3,N4); L.,V.,S. °virūpāṃ
11 L.,V.,S. °rasyā. cf. All mss. °rasya.
12 T1 cirtta; T5 cittave; L.,V.,S. cittu. cf. N1/H,N4 cittaṃ; N3 citta.
13 T1,T5 kasyati; T2 kampita(R.); T3 kaṃpati
14 T2,T3 °samās[omit 'ṃ'](R.)
15 T1,T2 °samāś[omit 'ṃ'](R.)
16 T1 abhrānibhāṃ; T2 omits 'ṃ'(R.); S. abhrinibhāṃ
17 T1 °kṣanti; T4 samadī°
18 T1,T2 dharmmān; T3 dharmā; T5 dharmān; R. dharmmāt.
19 T1 dharmaṇayaṃ
20 T1,T3~5 asya(N3~5)
21 T1,T5 bhaventi(N3); T2,T4 bhavanti(N4; R.); T3 bhaveti. cf. N1,C1/H bhavati; N5 bhaveta. Contextually we read 'bhaveta'[agree with L.], and regard it as a form of aor. 3 sg.(or is it may be possible to read 'bhaveti'?).
22 L.,V.,S. ahaṃ. cf. N3,N4 ahan; B arhan.
23 R.,L.,V.,S. ti
24 T2 sameti
25 T1 °ucchayi. cf. BHSD,samucchraya.
26 T1~4 satva°(N1/H,N3,N4); T5 satvā°; R. sattva°. Acc. to Tib.[yaṅ dag] and from the context we read 'tattva-'[agree with L.] though no ms. supports it.
27 T2,T3 omit 'ḥ'.
28 R.,S. vibhiyād
29 T3 abudhā; T5 abuddhaḥ(N4); L.,V.,S. abuddheḥ. cf. N1/H,N3 abudhaḥ.
30 T1 maṃtramu; T2 sambhrama(R.); T5 maṃtranu; V. saṃbhrami
31 T:all gaccha(N3,N4; R.,L.,V.,S.). cf. N1,C1,C2 gacchi; N2 pagaccha. Contextually we read 'gacchi'(opt. 3 sg.).
32 T1,T4,T5 nirīkṣa(N3,N4); T2 nirīkṣva(R.); T3 nirīkṣaḥ; L.,V.,S. nirīkṣya. cf. N1/H nirīkṣya.
(33…33) T1,T4,T5 °sutasu
34 T1,T4,T5 svā°
35 T4 'vaṃ' is marg..
36 T5 pratitya
37 T1,T4,T5 samucchritu(N3,N4)
38 T1,T4,T5 buddhā(N3~5; V.); T2 buddhāḥ(R.); T3 buddhaḥ; L.,S. buddhvā. cf. N1,C1,C2,B buddhvāḥ; N2,H buddhvā.
39 All mss. omit 'so'(R.,L.,V.,S.). Metrically 'so' should be inserted though no ms. supports it.
40 T1 gaganopamacirtta; T2 gagaṇopamacitta(R.); T3 gaganasamopamacitta; L. gagaṇopamacittu (V.,S. gagano°). cf. N2,H gagaṇopamacittu; N3~5 gaganopamacitta.
41 T1,T4,T5 savu(N3,N4); T2 sādhu(N1/H; R.); T3 saca; L.,V.,S. śaḍha. Acc. to Tib.[gyo sgyu] and from the context we read 'śaṭha' though no ms. supports it.
42 T2 omits 'hi'.
43 T1 °kṣavaḥ
44 T1 pāpīya saḥ. cf. N1,C1,C2 omit from here(pāpī°) to 'māra-'[Note 4 in the following page].
45 T3 inserts 'sa'.
46 V. °sram

putrāḥ[1] bodhisattve 'bhiprasannāḥ sārthavāha[2]pūrvaṃgamās[3] te mārasya-dakṣiṇe pārśve sthitā abhūvan. ye mārapakṣikās[4] te vāmapārśve[5] sthitā[6] abhūvan mārasya pāpīyasaḥ[7]. tatra māraḥ[8] pāpīyāṃs[9] tān[10] svān[11] putrān[12] āmantrayate[13] sma. kīdṛśena balena vayaṃ bodhisattvaṃ dharṣayiṣyāmaḥ[14]. tatra dakṣiṇe[15] pārśve[16] sārthavāho nāma māraputraḥ[17] svapitaraṃ[18] gāthayā pratyabhāṣata[ḥ][19].

[Meter ... Vasantatilakā]

25. suptaṃ prabodhayitum[20] icchati pannagêndraṃ[21]
suptaṃ prabodhayitum[22] icchati yo gajêndraṃ[23],
309 suptaṃ[24] prabodhayitum[25] icchati[26] yo mṛgêndraṃ
susthaṃ[27] prabodhayitum[28] icchati[29] so narêndraṃ[30].

vāmapārśve[31] durmatir[32] [33]nāma[34] māraputra⟨ḥ⟩[35] sa evam[36] āha.

26. saṃprekṣaṇena[37] hṛdayāny abhisaṃsphuṭanti[38]
lokeṣu sāra mahatām api pādapānāṃ[39],
kā śaktir asti mama dṛṣṭihatasya tasya
(40… ko jīvituṃ …40) jagata[41] mṛtyuhatasya[42] 'vâstu.

dakṣiṇe[43] madhuranirghoṣo[44] nāmâha[45].

27. vṛkṣeṇa sāra[46] ka ihâsti tato bravīṣi[47]
dṛṣṭvā bhinanmi[48] manujeṣv[49] atha (50… me ka …50) 'vasthā,

1 T2 omits 'ḥ'(R.,L.,V.). cf. N3,N4 °putrāḥ.
2 T1,T4,T5 °vāhaḥ pū°(N3,N4)
3 V. °gamāḥ
4 T2 °pākṣikās(N1/H; R.,L.); T3 °pakṣikāḥs; V. °pākṣikāḥ. cf. N3,N4 °pakṣikās.
5 T5 vāmapāśve; L.,V. vāme pārśve. cf. N1/H,N3,N4 vāmapārśve.
6 T1,T4,T5 sthitāḥ
7 T2 pāpīyasasaḥ(R.); T5 pāpīyāsaḥ
8 T3 omits 'ḥ'.
9 T1,T3 omit 's'; T5 omits 'ṃs'.
10 T1,T3,T5 omit 'tān'; T4 tāṃ
11 T1,T3,T4 svāṃ; T5 svā
12 T1 putrām
13 T1 °trayete; T5 āmatra°
14 T1,T4,T5 omit 'ḥ'.
15 T1 dakṣiṇa
16 T1 omits 'r'.
17 T1,T4,T5 omit 'ḥ'; T3 °putraṃ
18 T2 sa pitaraṃ(R.,L.,V.). cf. N3,N4 svapitaraṃ. Tib. has no words corresp. to 'sva-' or 'sa'.
19 T1,T3~5 °ṣataḥ(N3,N4); T2 °ṣata(B; R.); L.,V. °ṣat. cf. N1/C2,H °ṣat.
20 T1,T4,T5 °dhayatum(N3,N4)
21 T3 paṃna°
22 T1,T4,T5 °dhayatum(N3,N4); T3 °dhayatim
23 T5 nṛjendra(?); T2 °draṃm; R.,V. °dram
24 T3,T5 omit from here(suptaṃ) to the end of this line(mṛgendraṃ); T4 supta[omits 'ṃ']
25 T1,T4 °dhayatum(N3,N4); T2 omits 'm'.
26 T2 omits 'icchati'.
27 T1,T4,T5 svapnaṃ(N3,N4); T2 suptaṃ(N1/H; R.,L.,V.). cf. Tib. legs gnas (= su-stha).
28 T1 °bodhayatum(N3,N4); T2 omits 'm'; T4 °boyayatum; T5 °boṣayatum
29 T2 omits 'icchati'; S. icchagi[misprint]
30 T2 narandram; T5 omits 'ṃ'; R.,V. narendram
31 T5 vāmapāśve; L.,V. vāme pārśve. cf. N1/H,N3,N4 vāmapārśve.
32 T1,T2,T5 °mati[omit 'r']. cf. 方広「悪慧」; 普曜「悪目」.
33 T4,T5 insert 'māra'(N3,N4).
34 T1 omits 'nāma'.
35 T:all omit 'ḥ'(N4); R.,L.,V. °putraḥ. cf. N1/H,N3 °putraḥ.
36 T5 yavam
37 T1,T4,T5 °preṣyaṇena
38 T1,T3~5 °sphuṭaṃti
39 T2 °pānān; R.,V. °pānām
(40…40) T2 sañjīvituṃ(R.); T5 ko jivituṃ; L.,V.,S. saṃjīvituṃ. cf. N2 kā jīvitu; N3,N4 ko jīvituṃ.
41 T2 jagati(R.,L.,V.,S.). cf. N3,N4 jagata.
42 S. -vā-'stu
43 T1,T5 dakṣiṇa
44 T1 madhuramati nāma nirghoṣo; T3 madhuramukho. cf. 方広「美音」; 普曜「軟音」.
45 T1 nāmāhaḥ; T4 nāmenāha
46 T3 māra. cf. N4 śāla.
47 T1,T5 'bravīti(N3,N4); T2 bravīṣī; T3 bravīti; T4 'bravīt(?). cf. N1/H bravīṣi.
48 T4 bhinatmi. cf. N4 bhinarmi.
49 T3 manujoṣv
(50…50) T1,T4,T5 me ka vasthā(N3,N4); T3 ma ka vasthā; T2 kā avasthā(R.,L.,V.,S.). cf. N5,B me kāvasthā.

merum[1] girim[2] yadi bhinatsi[3] nirīkṣaṇena[4]
nâivâsya tubhya [(5...]nayane hi 'bhito[...5)] 'nmiṣeran.

api ca,

28. yaḥ[6] sāgaraṃ taritum[7] icchati vai bhujābhyāṃ
toyaṃ[8] ca tasya[9] pivituṃ[10] [(11...]manujai⟨ḥ⟩ śvasantu,[...11)]
śakyaṃ bhaved idam[12] atas nu[13] vadāmi duḥkhaṃ
yas tasya[14] vaktram abhito 'py amalaṃ[15] nirīkṣet.[16]

vāme śatabāhur[17] nāmâha.[18]

[Meter ... Upajāti]

29. mamêha[19] dehesmi śataṃ[20] bhujānāṃ
kṣipāmi câikena śataṃ śarāṇāṃ,[21]
bhinanmi kāyaṃ[22] śramaṇasya[23] tāta
sukhī bhava tvaṃ vraja[24] mā vilamba.[25]

dakṣiṇe[na][26] subuddhir[27] āha.

30. śataṃ[28] bhujānāṃ yadi ko viśeṣo[29]
bhujā kim arthaṃ[30] na bhavanti romāḥ,
bhujâikameke[31][(32...] ca[...32)] tathâiva śūlāḥ[33]
taiś câpi kuryān[34] na hi tasya kiṃcit.[35]

kiṃ[36] kāraṇaṃ,

1 T1 merūṃ; T5 omits 'ṃ'.
2 T5 girī
3 T1,T4 bhinanmi(N3)
4 T1,T4,T5 °kṣatena(N3,N4); T3 nirīkṣitena
(5…5) All mss. nayanebhi haton°(R.,L.,V.,S.). cf. L.'s Varianten(α) hito°. Acc. to Tib. we read "nayane hi 'bhito 'nmiṣeran" though no ms. supports it.
6 T1,T5 ya[omit 'ḥ']
7 T3 taratum
8 T2 toyañ(R.); T3 tāpaṃ
9 T1 tasyā°
10 T1,T3,T5 micituṃ(N3,N4); V. pibituṃ. cf. N1,C1,C2 pivitu; N5 pivitraṃ.
(11…11) T1,T5 manujaiścasaṃtu(T3,T4 °santu; N3,N4); T2 manujeṣv asantu(R.,L.,V.); S. manuje ṣvasantu. N1,C1,C2 manujaiśvasatu; N2,N5,B,H manujeṣvasaṃtu. Acc. to Tib.[brṅubs] we read 'śvasantu'.
12 T2 iham(R.)
13 All mss. tu(R.,L.,V.,S.). Contextually we read 'nu'.
14 T4 teca; T5 ta[omits 'sya'](N3)
15 T3 amale
16 T1 nilirīkṣet
17 T3 śatabāhunā; T5 omits 'r'. cf. 方広「百臂」; 普曜「不浄？」.
18 T3 māraputreṇāha
19 T3 mamaiha
20 T1,T4 śatair(N3,N4); T3 śato; T5 śatai
21 T1 °ṇāṃm; T3 śarānāṃ; R.,V. °ṇām
22 T1 kāyā: T3,T5 kāyāṃ
23 T2 śravaṇa°
24 T3 vrajā
25 T1 vilaṃbaḥ; T2 vilambam(R.); T3~5 vilṃba
26 T1,T3~5 dakṣinena(N3,N4); T2 dakṣiṇe(R.,L.,V.)
27 cf. 方広「妙覺」; 普曜「善意」.
28 T1 śadataṃ; T3 śatataṃ
29 T1,T3~5 viśeṣāṃ
30 T5 omits 'ṃ'.
31 T3 omits 'ka'.
(32…32) T2 °mekena ca(T4 'na' is marg.; R.); L.,V.,S. °mekena. cf. N1,N5,C1,C2,B °mekena ca; N2,H °mekena; N3,N4 °meke ca.
33 T1 śūlās(N3); T21 śūrāḥ; T5 śūlā; R. śūrās
34 T3,T4 kuryā[omit 'n']
35 T2,T3 kiñcit
36 V. °ṇam

31\. maitrīvatas[1] tasya[2] muneḥ śarīram[3]
viṣaṃ na śastraṃ kramate[4] na câgniḥ,[5]
kṣiptāni śastrāṇi vrajanti puṣp[at]āṃ[6]
maitrîha[7] [(8…]lokôttara bhāvi[…8)] tasya.

api ca,

[Meter ... Aupacchandasika]

32\. divi bhuvi ca[9] jale ca ye[10] balâḍhyāḥ[11]
asiparaśudharāś[12][13] [14]guhyakā narā[15] vā,[16]
kṣamabalam imu prāpya te[17] narêndraṃ[18]
prabalabalâlpabalā[19] bhavanti sarve.

vāme [(20…]ugrateja āha[…20)].

[Meter ... Śloka]

33\. antargato 'haṃ dhakṣyāmi[21] praviśyâsya[22] tanu⟨ṃ⟩[23] śubhāṃ,[24]
vṛkṣaṃ sakoṭaraṃ[25] śuṣkaṃ dāvâgnir iva sūkṣmataḥ.[26]

dakṣiṇe sunetra[27] āha.

[Meter ... Uajāti]

34\. meru⟨ṃ⟩[28] dahes[29] tvaṃ[30] yadi vâpi kṛtsnaṃ
praviśya cântaragata[31] medinīṃ[32] vā,
dagdhuṃ[33] na śakyaḥ[34] sa hi vajrabuddhiḥ[35]
tvat[36] saṃnibhair[37] vālikagaṅgatulyaiḥ.[38][39]

1 T1,T4,T5 maitravatas(N3,N4); T2 maitrīvratas(R.); T3 maitrāvataḥs; L.,V.,S. maitrāvatas. cf. N1/B maitrīvatas; H maitrivatas.
2 T2 ya[omits 'tas'](R.)
3 T2 śarīre(N1/H; R.,L.,V.,S.)
4 T1,T5 kramata
5 T1,T4,T5 cāgniṃ; S. cagniḥ. cf. N3,N4 cāgni.
6 T1 puttaṃtāṃ; T2,T5 puṣpatāṃ(N1/H,N4; R.,L.,V.,S.); T3,T4 puṣpaṃtāṃ(N3). Metrically 'tā' should be deleted.
7 T2 maitrī viha°(R.); L.,V.,S. matrī hi. cf. N1/H,N3,N4 maitrīha.
(8…8) R.,L.,V.,S. °ttarabhāvi[compound]
9 S. omits 'ca'.
10 T3 omits 'ye'.
11 T1,T3,T4 ca nadyāḥ(N4); T2 omits 'ḥ'(N2; R.); T5 ca nadyā(N3). cf. N1,N5,C1/H balādyā.
12 T;all aśi°(N3,N4)
13 T3 °paradharārtha. cf. N1,N5,C1,C2 °parasudharāś.
14 T1,T2,T4,T5 insert 'ca'(N1/H,N3,N4; R.,L.,V.,S.).
15 T1 guhyekā
16 T1 narāṃ
17 T5 ne
18 T1,T3,T5 omit 'ṃ'(N3,N4).
19 T1,T5 °balātyabalā(N3,N4); T2 °balānyabalā(R.); S. °balā 'lpabalā. cf. N1,C1,C2 °balāpyabalā; Tib. chuṅ (= alpa).
(20…20) T2 °tejā āha(H; R.,L.,V.); T3 °tejasā āha. cf. N1/B °tejāha; N3,N4 °teja āha.
21 T1 dharkṣyāmi(N3); T3,T5 dhakṣāmi; T4 dharkṣāmi. cf. N4 dharṣyāmi.
22 T1,T3~5 pratisāmya(N3,N4); T2 praviśāsya(R.). cf. N2 praviśāmya; N5,B pravisāmya.
23 T1,T3~5 tanu[omit 'ṃ'](N3,N4); T2 tanuṃ(R.,L.,V.,S.). cf. N2,H tanuḥ. m.c. tanuṃ.
24 T2 śubhām(R.,V.); T3 subhāṃ
25 T1,T3,T5 sakoṭarāṃ(N3). cf. N1/H sakoṭalaṃ; N4 sakoṭarā.
26 T1,T4,T5 śūkṣmataḥ(N3,N4); T3 sūkṣmitaḥ. cf. N1/H śukṣmataḥ.
27 cf. 方広「善目」; 普曜「善因」.
28 T1 merū; T2 meruṃ(R.,L.,V.,S.); T3~5 meru(N1/H). m.c. meruṃ.
29 T1 dahas
30 T3 tva[omits 'ṃ']. cf. N3 taṃ.
31 T2 °gatu(N1/H; R.,L.,V.,S.). cf. N3,N4 °gata.
32 T1,T3,T5 omit 'ṃ'(N3,N4).
33 T3 dagdhaṃ
34 T3 omits 'ḥ'.
35 T1,T2,T4,T5 °buddhis(N1/H,N3,N4; R.); T3 °buddhiḥs
36 T1 tvaṃt
37 T1,T5 saṃnnibhai; T2,T4 sannibhair(R.)
38 R. bālika°
39 T1,T3~5 °gaṃga°

api ca,

[Meter ... Śloka]

35. caleyur[1] girayaḥ sarve kṣayaṃ gacchen[2] mahôdadhiḥ,[3]
candrasūryau[4] pated[5] bhūmau[6] mahī ca vilayaṃ vrajet.
36. lokasyârthe kṛtârambhaḥ[7] pratijñākṛtaniścayaḥ,
aprāpyâîṣa[8] varāṃ[9] bodhiṃ[10] nôtthāsyati mahādrumāt.[11]

vāme (12...dīrghabāhugarvita ...12) āha.

37. ālayaṃ candrasūryāṇāṃ[13] nakṣatrāṇāṃ[14] ca sarvaśaḥ,[15]
pāṇinâhaṃ pramardāmi tavêha bhavane sthitaḥ.
311 38. caturbhyaḥ sāgarebhyaś ca jalaṃ[16] gṛhṇāmi[17] līlayā,[18]
taṃ gṛhya[19] śramaṇaṃ[20] tāta sāgarasya paraṃ kṣipet.[21]
39. tiṣṭhatāṃ[22] tāta senêyaṃ[23] mā tvaṃ śokârdito[24] bhava,
taṃ (25...bodhivṛkṣam ...25) utpāṭya[26] kṣepsye[27] pāṇyā[28] diśo daśaḥ.[29]

dakṣiṇe prasādapratilabdha[30] āha.

40. sadevâsuragandharvā⟨ṃ⟩[31] sasāgaranagāmahī⟨ṃ⟩,[32][33][34]
tvaṃ[35] marditāṃ[36] prakuryāś ca pāṇibhyāṃ madagarvitaḥ.
41. tvadvidhānāṃ[37] sahasrāṇi[38] gaṅgāvālikayā[39] samāḥ,[40]
romaṃ[41] tasya na cāleyur[42] bodhisattvasya[43] dhīmataḥ.[44]

vāme[45] bhayaṃkara[46] āha.

1 T1 careyu; T5 omits ‘r’.
2 T1,T3,T4 gacchet; S. gacchan
3 T3 °dadhaiḥ
4 T4,T5 caṃdra°
5 T1 °sūyau[omits ‘r’]
6 T1 pater
7 T3 kriyāraṃbhaḥ
8 T1,T5 omit from here(aprā°) to ‘kṣipet’ that is the end of Gāthā No.38(T4 marg.); T3 aprāpyeṣa
9 T3 vārāṃ
10 T2,T3 omit ‘ṃ’(R.).
11 T3 °drumaṃ
(12…12) T2,T4 °bāhur garvita āha(N3; R.,L.,V.); T3 °bāhunirgataṃ āhuḥ. cf. N1,C1,C2,H °bāhu-garvitāha; N2,N5,B °bāhurgarvitāha; N4 °bāhuḥ garvvita āha; Tib. lag riṅs kyis bsgyiṅs te (= dīrghabāhur garvitaḥ); BHSD,dīrghabāhur-garvita; 方広「傲慢」; 普曜「所入變（？）」.
13 T3,T4 caṃdra°
14 T3 °trāṇāñ
15 T3 sarvvasaḥ
16 T3 omits ‘ṃ’.
17 T2 gṛhṇāmi(R.,V.)
18 T4 lilayā
19 S. gṛhyaṃ
20 T2~4 śravaṇaṃ
21 T1,T5 omit from ‘aprā-’[Note 8] to here(kṣipet); L.,V.,S. kṣipe[omit ‘t’]. cf. BHSG,§25.11.
22 T1,T4,T5 atiṣṭha°
23 T1,T4,T5 sainyeyaṃ(R.); T2 sainyeya. cf. N1,N4,N5,C1,C2 sainyayaṃ; N3 invisible.
24 T3 sokār°; T5 omits ‘r’.
(25…25) All mss. sabodhi°(R.,L.,V.); S. sa bodhi°. Acc. to Tib. and from the context we read ‘taṃ bodhi-’ though no ms. supports it.
26 T3 utpātya
27 T1 kṣapsau; T3 kṣepsyai(N3,N4); T4,T5 kṣepso. cf. N1,N2,N5 kṣapsye; C1,C2,H kṣapsya.
28 T1,T4 pānyā; T3 pāṇā; T5 pānā(N3). cf. N4 pāṇyā.
29 V. daśa[omits ‘ḥ’]. Acc. to Tib.[phyogs phyogs] it is proper to read ‘diśo diśaḥ’, but no ms. supports it. cf. 方広「十方」.
30 T2 prāsāda°. cf. 方広「有信」.
31 T1 °dharvvā[omits ‘ṃ’]; T2 °dharvāṃ(R.,L.,V.,S.); T3 °dharvāḥ; T4,T5 °dharvā(N3,N4)
32 T1 sasāgalana°
33 T2 °nagāṃ(R.,L.,V.,S.). cf. N1,N5,C1,C2 °nagaṃ; N3,N4 °nagā°.
34 T1,T3,T5 °mahī[omit ‘ṃ’](N3,N4); T2 mahīm(R.,V.); T4 °mahīn; L.,S. mahīṃ
35 T3 tva[omits ‘ṃ’](N4)
36 T1,T3~5 matitāṃ(N3,N4); T2 marṣitā(R.). cf. N1,C2 maṣitāṃ(C1 omits ‘ṃ’); N2 madhilī; N5, B matītāṃ; H madirttāśca. Acc. to Tib.[phyer rlog] and from the context we read ‘marditāṃ’[agree with L.] though no ms. supports it.
37 T1 tvaṃdvi°
38 T5 sahasāṇi
39 T1,T3~5 gaṃgā°
40 T3 omits ‘ḥ’.
41 T1,T3 loman(N3); T2 roma[omits ‘ṃ’](R.); T4,T5 lomaṃ(N4)
42 T1,T3,T5 caletuṃ(N3,N4); T2,T4 cāletuṃ(N1/B; R.); S. cālayeyur. cf. H cālayituṃ. Contextually we read ‘cāleyur’[agree with L.] though no ms. supports it.
43 T5 bodhisasyaṃ
44 cf. N4 dhīmatāḥ.
45 T5 vāvāme
46 T2 bhayaṅkara(R.). cf. 方広「可怖」.

[Meter ... Upajāti]

42. bhayaṃ hi te tāta bhṛśaṃ[1] kimarthaṃ[2]
senāya[3] madhye samavasthitasya[4],[5]
senā na tasyâsti[6] kutaḥ sahāyāḥ
kasmād bhayaṃ[7] te bhavatîha tasmāt.

dakṣiṇa[8] ekāgramatir[9] āha.

43. yūthaṃ[10] na [(11...]loke 'sti[...11)] śaśīravīnāṃ[12]
na cakravartī na ca keśarīṇāṃ[13],
na[14] bodhisattvān iha tāta yūthaṃ[15]
ekaḥ samartho namuciṃ[16] nihantuṃ[17].

vāme '[(18...]vatārapreksy āha[...18)].

44. na śaktiśūlā[ḥ][19] na gadā[20] na khaḍgāḥ[21]
na hastino 'śvā[22] na rathā na pattiḥ[23],
taṃ[24] sauṇḍam[25] ekaṃ śramaṇaṃ[26] niṣaṇṇaṃ[27]
[(28...]hansye 'dya[...28)] mā saṃbhrama[29] tāta kiṃcit[30].

dakṣiṇe puṇyālaṃkṛta[31] āha[32].

[Meter ... Vasantatilakā]

45. nārāyaṇasya[33] yatha[34] kāya [(35...]achedya 'bhedyo[...35)]
kṣāntībalaiḥ[36] kavacito dṛḍhavīryakhaḍgaḥ[37],

1 T4 bhṛsaṃ
2 T3 omits 'ṃ'; T5 omits 'r'; R.,L.,V.,S. kim arthaṃ[not a compound]
3 T1 senāpa
4 L.,V.,S. kim ava°. cf. B sameva°; Other mss. samava°.
5 T1 °tasyā
6 T1 syānti[omits 'ta']
7 cf. N4 bhayan.
8 T:all dakṣiṇe(N3,N4). cf. N2,N5 dakṣiṇa.
9 cf. 方広「一縁慧」.
10 cf. N3 yūthan.
(11…11) T2 lokesti(R.)
12 T1 śaśīvavī°
13 T2 °rīṇām(R.); V. kesarīṇām
14 T5 ma
15 T1,T4,T5 yūtham(N3,N4; R.); T3 yūthaḥm
16 T:all namucin(N3,N4; R.)
17 T1,T4,T5 tihetuṃ(N3,N4); T2 nihantum(R.,V.); T3 tihartuṃ
(18…18) T1,T4,T5 °preṣy āha(N3); T3 °prekṣāha. cf. N4 °prekṣy āha; 方広「求悪」; 普曜「求便」.
19 T1,T3,T4 °śūlāḥ(N4); T2 °śūlā(N3; R.,L.,V.,S.); T5 °śulāḥ. cf. H °śūrā.
20 T2 gaḍā(N4; L.,V.,S.); T3 gadāḥ. cf. N3 gadā.
21 L. khadgāḥ; V. khaṅgāḥ; S. khad(?ḍ)gā. cf. N3 khaḍgā; Other mss. khaḍgāḥ.
22 T4 svā. cf. N4 śva.
23 T1,T3~5 santi(N3,N4). cf. N1/H patti.
24 T1,T3~5 māṃ(N3). cf. N1,C1,C2 na; N2,N4 mā; Tib. de(= taṃ).
25 T2 śauṇḍam(R.,V.); T3 sorṇṇam; L. soṇḍam; S. so 'ham. cf. N1/H,N3,N4 sauṇḍam. sauṇḍa = śauṇḍa.
26 cf. N3 śramaṇan.
27 T1 nirṣarṇṇāṃ; T3,T4 niṣarṇṇaṃ(N4); T5 niṣarṇṇā(N3). cf. N1,C1,C2 nihantu; N2 niṣarṇṇa.
(28…28) T1 haṃntama; T2 hanteta; T3 taṃ harmye; T4 haṃtema[mg. nye dya?](?); T5 hataṃ ma; R. hanyeta. cf. N1,C1,C2,H hanya dya; N2,N5,B hanye dya; N3 haṃtaṃma; N4 hantaṃma. Acc. to Tib.[do mod dgum gyis] and from the context we read "hansye 'dya"[agree with L.] though no ms. supports it.
29 T1 saṃbhrame; T2 sambhrama(R.)
30 T2,T3 kiñcit(N4; R.); T4 kimci; T5 kicit; L.,V. kiṃci; S. kiñci. cf. N1/H,N3 kiṃcit.
31 T2 puṇyālaṅkṛta(R.); T4 puṃyālaṅkṛtaṃ; T5 puṇyālaṃkṛta(N3,N4); L.,V.,S. puṇyālaṃkāra. cf. N1/H puṇyālaṅkṛtā°[united with 'āha']; 方広「功徳莊嚴」; 普曜「徳嚴」.
32 T3 āhaḥ
33 T1,T4,T5 nārāyanasya
34 T3 yathā
(35…35) T1,T2,T4,T5 achedyabhedyā(N1/H,N3,N4; R.); T3 achedyabhedya(L.,S.); V. achedyamedyo. Contextually we read "achedya 'bhedyo".
36 T2 kṣāntiba°(N1/H,N4; R.,L.,V.,S.). cf. N3 kṣāntība°. 'kṣānti-' is unmetrical.
37 V. °khaṅgaḥ

312 trivimokṣavāhana[1] [(2…]”si[…2)] prajñadhanuḥ[3] sa tāta
puṇyaṃ-balena[4] sa hi jeṣyati[5] mārasenāṃ.[6]

vāme anivarty[7] āha.

46. na nivartate tṛṇagataḥ[8] pradahan[9] davâgniḥ[10]
kṣiptaṃ[11] śaro na ca nivartati[12] śikṣitena,[13]
vajraṃ[14] nabhe nipatitaṃ[15] na nivartate ca
na sthānam asti mama śākyasutaṃ[16] [(17…]hy ajitvā.[…17)]

dakṣiṇe[18] [19][(20…]dharmakāma āha.[…20)]

[Meter ... Indravajrā?(ta,ta,ja,ga,ga)]

47. [(21…]ā⟨r⟩draṃ tṛṇaṃ[…21)] prāpya nivartate ’gni(ḥ)[22]
girikūṭam[23] āsādya nivartate śara(ḥ),[24]
vajraṃ[25] mahīṃ[26] prāpya[m][27] atha[28] [(29…]kva yāti[…29)]
aprāpya śānta[m[30] amṛta]ṃ[31] na nivartate ’yaṃ.[32]

kiṃ kāraṇam.[33]

[Meter ... Pañcacāmara]

48. śakya[34] tāta[35] antarīkṣa[36] lekhyacitra[37] citrituṃ
yāvanta[38] keci[39] sarvasattva ekacitta[40] sthāpituṃ,[41]
candrasūrya[42] mārutaṃ[43] ca śakya[44] pāśa[45] bandhituṃ
na bodhisattva[46] śakya tāta[47] bodhimaṇḍa[48] cālituṃ.[49]

1 S. omits ‘vi’.
(2…2) T1,T4,T5 °vāhanaśi(N3,N4); T2 °vāhana si°(R.); T3 °vāhaṇaśi; L. °vāhanasi; S. °vāhana ’si. cf. N1/B °vāhanasi; H °vāhana ’si. Although the meaning of ‘si’ is not clear, we regard it as ‘āsi(’’si) [= āsīt]’.
3 T2 omits ‘jña’(H); R. prajñā°. cf. N4 prajñā°.
4 T1~3,T5 puṇyabalena(N1/H,N4); L.,V.,S. puṇyābalena. cf. N3 puṇyaṃbalena. Metrically both ‘puṇyā-’ and ‘puṇyaṃ-’ are possible, but there is no ms. that supports ‘puṇyā-’.
5 T1,T5 tosyati(N3); T4 tosyati[marg. jya]. cf. N4 bheṣyati.
6 T2 °senāṃm; T5 °semāṃ(?); R.,V. °senām
7 T1,T3,T5 anity[omit ‘var’](N3,N4); T4 anivaty[‘va’ is marg.]; L.,V. ’nivarty. cf. 方広「不退」; 普曜「不還」.
8 T5 tṛna°
9 T1,T3~5 pradahaṃ(N3,N4)
10 T1 devā°
11 T1,T2,T4,T5 kṣiptaḥ(R.)
12 T2 nivartta vi°(R.)
13 T1,T5 °tenā; T3 saṃkṣitena
14 T5 omits ‘ṃ’.
15 T1,T4,T5 tipa°
16 T3 śākyaśutaṃ
(17…17) T1,T4,T5 hi jitvā(N3,N4); S. hy ayajitvā
18 T5 dakṣiṇeṣa
19 T2 dhamma°[omits ‘r’]
(20…20) T1,T4,T5 (dharmma-)°kāmāha. cf. 方広「楽法」; 普曜「法楽」.
(21…21) T1,T5 ādratṛṇa(N4); T2 ārdratṛṇaṃ(B; R.,L.); T3 ādraṃ tṛṇa; T4 ādraṃ tṛṇaṃ(N3); V. ārdraṃ tṛṇaṃ; S. ārdra(ṃ) tṛṇaṃ. N1/C2 ārdraṃ tṛṇaṃ; H ādratṛṇaṃ.
22 T1,T3 ’gni(N2,N4,N5,H; L.); T2 ’gniḥ(V.); T4,T5 ’gnir(N1,C2,B; R.); S. ’gni(ḥ). cf. C1 ’gniṃ.
23 L.,S. °kūṭaṃ. cf. All mss. °kūṭam.
24 All mss. śaraḥ(R.,L.,V.,S.). ‘śaraḥ’ is unmetrical unless this is one long syllable which consists of two short syllables.
25 L.,V. vajra; S. vajra(ṃ). cf. All mss. vajraṃ.
26 T3,T5 omits ‘ṃ’(N4).
27 T1,T3~5 prāpyam(N4); T2 prāpya(N3; R.,L.,V.,S.)
28 T:all adhaḥ(N3,N4; R.,L.,V.,S.). cf. N1,C1,C2 atha.
(29…29) All mss. prayāti(R.,L.,V.,S.). Acc. to Tib.[de nas gaṅ du ḥgro] and from the context we read ‘atha kva yāti’ though no ms. supports it.
30 T1 sāntam
31 Metrically ‘amṛta’ should be deleted, but Tib. has the word corresp. to it[bdud rtsi].
32 T2 ’yam(R.); L. ayaṃ; V. ayam. cf. N1/H yaṃ; N3,N4 ’yaṃ.
33 T1 kāraṇā; T5 kāraṇāṃ
34 T1,T4,T5 śakyata(N3); T2 śakyayuḥ(R.). cf. N4 śakyayu; H śakyate.
35 T3 taṃ
36 T3 °rīkṣā; L.,V. °rīkṣe; S. °rikṣe. cf. N3 °rīkṣa; N4 °rī kṣu; B,H °rīkṣe.
37 T2 omits ‘citra’(R.); T3 citraṃ[omits ‘lekhya’]; L.,V.,S. lekhya citra[not a compound]
38 R. yāvantaḥ; L. yavanti; V.,S. yāvanti. cf. N1/H yāvantaḥ; N3,N4 yāvanta.
39 T1 kecit(N4; R.); T2 kiñcit
40 T1,T2,T4 ekacittā(N3; R.); T5 ekecittā. cf. N4 ekecittaṃ.
41 T1 sthāyituṃ; T2 °pitum(R.,V.); T5 sthāvituṃ. cf. N1,C1,C2 sthāpayituṃ.
42 T4 caṃdra°; L.,V.,S. candrā°. cf. N3,N4 candra°.
43 T1,T3,T5 mārataś; T2 mārutañ; T4 māraś[‘ta’ is marg.]. cf. N3,N4 mārutaś.
44 T2 śakyaṃ(R.). cf. N4 śakyā.
45 T3 omits ‘pāśa’.
46 T1 °satvo. cf. N1/B °satvaṃ.
47 T5 tatā
48 L.,V.,S. °maṇḍi. cf. N1/B °maṇḍe; N3,N4,H °maṇḍa.
49 T2 °tum(R.,V.)

[(1...]vāmād anupaśānta[...1)] āha.

[Meter ... Vasantatilakā]

49. dṛṣṭīviṣeṇa[2] mahatā pradahāni[3] meruṃ
bhasmīkaromi[4] śalilaṃ[5] ca mahôdadhīnāṃ[6],
bodhiṃ[7] ca [(8...]paśya śramaṇaṃ[...8)][9] ca ahaṃ hi tāta
dṛṣṭvā[10] yathâdya[11] ubhayaṃ[12] hi karomi bhasmaṃ[13].

dakṣiṇe siddhārtha[14] āha.

[Meter ... Upajāti]

313 50. viṣeṇa pūrṇo[15] yadi vâîṣa[16] sarvo[17]
bhavet[18] trisāhasravaraḥ pradīptaḥ,
nirīkṣaṇād eva guṇâkarasya
sunirviṣatvaṃ[19] viṣam abhyupeyāt[20].
51. viṣāṇam ugraṃ[21] [(22...]tribhave 'ha[...22)] yaś[23] ca
rāgaś[24] ca doṣaś[25] ca tathâiva mohaḥ,
te tasya kāye ca tathâiva citte[26]
nabhe yathā paṅkarajo[27] na santi.
52. ⟨kāye[28] ca vācāya viśuddha citte
sarveṣu sattveṣu ca maitracittaḥ[29],
na taṃ ca śastrāṇi viṣāṇi hiṃse⟩
tasmān[30] nivartāmaha[31] tāta sarve.

(1…1) T1 vāmād adhasānta; T2 vāme 'nupaśānta(R.,L.,V.); T3 vāmād adhastānta(N3?); T4 vāmād anupasānta['nu' is marg.](N4 °śānta); T5 vāmad adhasānta. cf. N1/H vāmād anupaśāntā°; 方広「不寂静」; 普曜「澹怕(?)」.
2 T3 dṛṣṭīviśena; T5 dṛṣṭivikṣeṇa
3 T1,T4,T5 pradahāti
4 T1,T3~5 bhaśmī°
5 T1 sarīlaṃ; T2 śalilañ(R.); L.,V.,S. salilaṃ. cf. N3 śalilaṃ; N4 śarīlañ. śalila = salila.
6 T2 °dhīnām(R.,V.); T5 °dhānāṃ. cf. N4 °dhināṃ.
7 T1 omits 'ṃ'; T2 bodhiñ(R.)
(8…8) T1 paśyeś ca
9 T2,T3 °maṇañ(R.); T4 °manaṃ
10 L.,V.,S. dṛṣṭyā. cf. All mss. dṛṣṭvā.
11 T1,T5 yathāyud°; T3 tathādy. cf. N3,N4 yathādyud.
12 T1,T5 abhayaṃ
13 T2 bhasmāṃ(R.); T3 bhaśmaṃ; V. bhasmam
14 cf. 方広「一切利成」; 普曜「一切吉」.
15 T1,T5 pūrvvo; T3 pūrvo; T4 emends 'pūrvvo' to 'pūrṇṇo'. cf. N3,N4 pūrṇṇo.
16 T1,T4,T5 vasa; T2 caiṣa; T3 obscure. cf. N3 vaiṣa; N4 ceṣa.
17 T1 sarvvā
18 T1 bhavat; T5 bhavas
19 T2 sunivir°; T5 sunivi°[omits 'r']
20 T1 askaṃpyeyāt; T5 askapeyāt. cf. N3 askaṣecāt; N4 abhyupeyāt.
21 T2 omits 'ṃ'(R.). cf. N3 ugran.
(22…22) R.,L.,V.,S. °bhaveha
23 L.,V.,S. yac. cf. N5 yac; Other mss. yaś.
24 T1,T5 gagaś
25 T2 dveṣaś(R.)
26 T1 cittaṃ
27 T1,T3~5 paṃka°(N3,N4)
28 All mss.(and R.) omit the following three lines(from 'kāye' to 'hiṃse'); L.,V. designate these missing parts by three marks of (***); S. brackets(possibly these texts were restored by depending on the Tib. translation.).
29 S. maitracetaḥ. cf. Tib. byams paḥi thugs daṅ ldan.
30 T2 omits 'n'.
31 T2 nivarttāmahai; T4 nivarttāmahaṃ; S. nivarttāmahe. cf. N3 nivarttāmahe; N4 nivarttāmaha.

vāme ratilolo[1] nāmâha.

[Meter ... Modaka(?)]

53. ahu[2] tūryasahasra pravāditair[3]
apsarakoṭisahasra[4] [(5...] (sv)alaṃkṛtaiḥ [...5)],
lobhayitvana[6] neṣyi[7] purôttamaṃ[8]
kāmaratiṃ[9] hi[10] karomi vase[11] tava[12].

dakṣiṇe dharmaratir[13] āha.

[Meter ... Dodhaka]

54. dharmaratī[14] [15] sada tasya ratîhā[16]
dhyānaratī[17] amṛtârtharatiś[18] ca,
sattvapramokṣaṇamaitraratiś[19][20][21] ca
[(22...] rāgaratiṃ sa [...22)] ratiṃ[23] na karoti.

vāme vātajavo[24] nāmâha.

[Meter ... Mixture of Upajāti and Vamśamālā]

55. [(25...] javena 'haṃ [...25)] candraravī[26] graseyaṃ[27]
pravāyamānaṃ gagaṇe[28] ca vāyuṃ[29],
adyâiva tāta śramaṇaṃ[30] gṛhītvā
tuṣasya[31] muṣṭiṃ[32] vikirāmi[33] vāyuvat[34].

1 T4 ratilo[omits 'lo']. cf. 方広「喜著」; 普曜「楽貪」.
2 This opening part is unmetrical because it is short of 1 mora.
3 V. °ditaiḥ
4 T2 °śata°[for 'koṭi'](N1/H; R.); T4,T5 omit 'koṭi'(N3,N4). cf. Tib. bye(= koṭi).
(5…5) T1 °sra alaṃ°(L.,V.,S.); T2 °srālaṅ°(N1/H; R.); T3 °sra svalaṃ°; T4 °sra sulaṃ°(N4); T5 °sra suraṃ°. cf. N3 °sra laṃ°. 6 T3 sola°; T4 T5 lola°
7 T2 °yitvamu(R.); S. °yitvāna. cf. N3 °yitvana; N4 °yitva; C1 °yitvanaṃ; H °yitvena.
8 T2 neṣye(S.); T3 bheṣyi; T4,T5 bheṣya. cf. N3 bhaiṣya; N4 bheṣi; C1 naṣyi.
9 T3,T5 omit 'ṃ'(N3,N4). 10 T3~5 hitaṃ(N3,N4). cf. N5 ha; H ta.
11 T2 vaśe(R.,V.)
12 T1 tave(N3; L.,S.); T2 bhavat(R. bhavet). cf. N1,C1,C2 vata; N2,N4,B,H tava; N5 bhava.
13 T3,T5 dharmamatir. cf. 方広「法慧」; 普曜「法行」.
14 T1 dharmmamatī(N4); T4,T51 dharmamatī 15 T3 inserts 'hi'.
16 T3 ratīha 17 T1,T3,T5 dharmaratī
18 T3 °ratīś 19 T5 satya°
20 T3 °pamo°[omits 'r'] 21 S. omits 'ṇa'.
(22…22) T1 rāgaratisya(N3,N4); T2 rāgaratiṃ ca(R.); T3,T5 rāgatisya. cf. N1,C1,C2 rāgaratiś ca.
23 T3 ratin(N3); T5 rati[omits 'ṃ']
24 cf. 方広 has no words corresp. to 'vātajava'; 普曜「好跂」.
(25…25) T1,T4,T5 javenahaṃ(N3,N4; L.,V.); T2 javenāhaṃ(N1/H; R.); T3 javenehaṃ
26 T3 caṃdraravim; T4 candraravīṃ 27 T2 graheyaṃ(T4?; R.)
28 T1 gagaṇai; V.,S. gagane 29 T2 vāyum(R.,V.)
30 T4,T5 śravaṇaṃ
31 T1 dharṣaya; T2 vegasya(R.); T3 vuṣasya; T4,T5 dharṣarya(N2,N3); L.,V. prāsasya; S. prā(?ghā) sasya. cf. N1,C2,H dharṣaye; N4 dharṣaryya; N5 invisible; C1 dharmaye; B emends 'dharṣarye' to 'veṣasya'; BHSD,prāsa. Acc. to Tib.[phub ma] we read 'tuṣasya' though no ms. supports it.
32 T1 omits 'ṃ'(N3); T3,T4 muṣṭim; T5 muṣṭiṣ. cf. N4 muṣṭiṃ.
33 T1 ṣṭikaromi; T2,T4,T5 vikarāmi
34 T2 vāyum(V.); L.,S. vāyuṃ. cf. N1/H,N3,N4 vāyuvat. Contextually we read 'vāyuvat' though it is unmetrical.

dakṣiṇe[1] ’ca(pa)lamatir[2] nāma[3] [(4…] māraputraḥ ⟨sa⟩ evam āha.[...4)]

56. yathā tavâiṣo[5] javavega ugraḥ[6]
tadvad[7] yadi syāt[8] suramānuṣāṇāṃ,[9]
sarve samagrâpi na te samarthāḥ[10]
kartuṃ rujām apratipuṅgalasya.[11]

vāme brahmamatir[12] āha.

57. syāt[13] tādṛśānām[14] api vṛndam ugraṃ[15]
kuryān na kiṃcit[16] tava [(17…] māna ghātaṃ,[...17)]
prāg eva sâikaḥ[18] prakaroti[19] kiṃ te
vṛndena sādhyanti[20] hi sarvakāryāḥ.[21]

dakṣiṇe siṃhamatir[22] āha.

314 58. na siṃhavṛndaṃ bhuvi [(23…] bhūta pūrvaṃ[...23)]
dṛṣṭīviṣāṇām[24] [25] api nâsti vṛndaṃ,[26]
tejasvināṃ satyaparākramāṇāṃ[27]
puruṣârṣabhāṇām[28] api nâsti vṛndaṃ.[29]

vāme sarvacaṇḍālo[30] nāmâha.

59. na te śrutā tāta [(31…] giro ’bhidīptā[...31)]
yathā nadante[32] tanayās[33] tavême,
vīryeṇa vegena[34] balena yuktāḥ[35]
vrajāma[36] śīghraṃ śramaṇaṃ[37] nihantuṃ.[38]

1 T3 dakṣiṇed
2 T1,T4 'calamatir(L.,V.); T2 acalamatir(R.); T3 acapalamatir; T5 'cavamatir(N3,N4)
3 T1,T4,T5 omit 'nāma'(N3,N4).
(4…4) T1,T4,T5 māraputreṇāha[omit 'sa evam'](N3,N4); T2 māraputra sa evam āha(R.,L.,V. māraputraḥ ---); T3 māraputraḥ evam āha[omits 'sa']. cf. N2 māraputrāha[omits 'sa evam']; C1 omits from here(māra-) to 'tādṛśānā'[Note 14].
5 T1 tavaiśo; T3 tavaiso
6 T1,T2,T4,T5 ugras(R.)
7 T1,T3,T5 tadad[omit 'va']
8 T3 omits 't'.
9 T2 °ṇām(R.,V.)
10 T1,T4,T5 omit 'ḥ'.
11 T1 °puṃgarasya; T2 °puṅgavasya(R.); V. °pudgalasya
12 T4 'ma' is marg.. cf. 方広 and 普曜 have no words corresp. to 'brahmamati'.
13 T3 omits 't'.
14 C1 omits from 'māra-'[Note 4] to here(°śānā-).
15 R. ugraṅ
16 T2 kiñcit(R.)
(17…17) T2 mānaghātam(R.,V.); L.,S. mānaghātaṃ[as a compound]
18 T1,T5 mekaḥ; T3 T4 sekaḥ(N3). cf. N4 śekaḥ.
19 T1 prakaloti
20 T1,T4,T5 sadhyanti
21 T1,T3~5 °kāryāṃ(N2); T2 °kāryyam(R.); L.,V.,S. °kāryā. cf. N1,N3,N5 °kāryyāṃ; N4 °kāryyāḥ; C1,B °kāryaṃ; C2 °kāryya; H °kārya.
22 cf. 方広 and 普曜 have no words corresp. to 'siṃhamati'.
(23…23) T1,T3~5 bhūtapūrvvaṃ(N3,N4); T2 dṛṣṭapūrvaṃ(R.,L.,V.,S.)
24 T5 dṛṣṭi°[omits 'vi']
25 L.,V. °ṇāṃ. cf. N1 °ṇāṃm; Other mss. °ṇām.
26 T2 vṛndam(R.,V.)
27 T5 omits from here '-rākra-' to 'yuktāḥ'[Note 35].
28 L.,V.,S. °ṇāṃ. cf. C1 °ṇāṃm; Other mss. °ṇām.
29 T1,T4 vṛndāḥ(N3); T2 vṛndam(R.,V.); T3 vṛndo. cf. N4 vṛndāṃḥ.
30 cf. 方広「梅蛇羅」; 普曜 has no words corresp. to 'sarvacaṇḍāla'.
(31…31) T1,T3 giro ti°; T4 girābhi°(N3). cf. N4 giro bhi°; N5 piro bhi°; H giri bhi°.
32 T1 nadatte; T2 nadanti; T4 nadaṃte
33 T1,T3,T4 tanayas(N3; R.). cf. N4 tanayās; H tayas.
34 T1 vaigana; T3 vegeṇa. cf. N3 vairona.
35 T2 omits 'ḥ'(N3; R.,L.,V.,S.); T5 omits from '-rākra-'[Note 27] to here(yuktāḥ). cf. N4 yuktāḥ; N5 yukta.
36 T1,T4,T5 vrajema(N4)
37 T5 śravaṇaṃ
38 T1 nihatuṃ; T2 hi hantum(R.); T3 vihantuṃ; T4 nihaṃtuṃ(N3,N4); T5 nihaṃtu.

dakṣiṇe siṃhanādī[1] nāmâha[2].

60. bahavaḥ [(3...]śṛgālā hi[...3)] vanântareṣu
nadanti[4] nādān[5] na satîha[6] siṃhe[7],
te[8] siṃhanādaṃ[9] [(10...]tu niśāmya[...10)] bhīmaṃ[11]
trastā[12] palāyanti [(13...]diśo diśāsu[...13)].

61. mārâurasās[14] tadvad[15] amī apaṇḍitāḥ[16]
aśrutva[17] nādaṃ puruṣôttamasya[18],
nadanti tāvat [(19...]svamatā ti dhṛṣṭā[...19)]
manuṣyasiṃhe nadite na santi.

vāmapārśve[20] duścintita(ś)cintī[21] āha[22].

[Meter ... Mixture of Upajāti and Vaṃśamālā]

62. yac[23] cintayāmī[24] tad[25] ihâśu[26] bhoti[27]
[(28...]kathaṃ na[...28)] eṣo ima[29] vīkṣate camū[30],
mūḍho[31] va[32] eṣo avidhijña[33] [(34...]kiṃ vā[...34)]
yad utthihitvā na palāyate[35] laghuṃ[36].

dakṣiṇapārśvāt[37] sucintitārtho[38] nāmâha.

63. mūḍho[39] na vâyaṃ[40] [avidhijña][41] aparākramo[42] vā
yuṣmâiva mūḍhāś ca asaṃyatāś[43] ca,
na yuṣmi jānātha imasya vīryaṃ
prajñābalenâsya[44] jitāstha[45] sarve.

1 T1,T3,T5 sihanādi(N4). cf. N3 siṃhanādī; 方広「師子吼」; 普曜「師子吼」.
2 T3 nācāha
(3…3) T1,T3 °lāpa(N4); T4,T5 °lāya. cf. N1/H,N3 °lā hi.
4 T5 nandanti
5 T1,T3,T5 nādā; T4 nādāṃ
6 T2 santīha(R.). cf. N4 saṃtīha.
7 T1,T5 siṃho
8 T1,T5 na(N3). cf. H tā.
9 T2 °nādan(R.)
(10…10) T1 muṇiśākya; T2,T4 tu niśamya; T3,T5 muniśākya(N3,N4). cf. N1/H tu niśāmya.
11 T1,T4,T5 bhīman(N3); T3 bhītaṃ
12 T1,T4,T5 traṣṭā(N4)
(13…13) T1 daśo diśāsu(N3,N4); T2~4 diśo daśāsu(N1/H; R.,L.,V.,S.); T5 daśadiśāsu. cf.Tib. phyogs phyogs dag pa (= diśo diśāsu).
14 T3 °rasām
15 T3 udvad
16 T2,T3 omit 'ḥ'(R.).
17 T2 aśrutya(R.)
18 T1 °ṣortta°
(19…19) T1,T2,T4,T5 °matātihṛṣṭā(N4; R.); T3 °manātihṛṣṭā; L.,V. °matā 'tidhṛṣṭā(S. --- °ṣṭāḥ). cf. N3 °matāṃ tihṛṣṭā; Tib. spyi rtol byed ciṅ (= dhṛṣṭa). We regard 'ti' as the same form as 'te'.
20 T1 vāmapārśvo; T3~5 vāmapārśvau(N3,N4); L.,V. vāmāt pārśvād. cf. N1,N2,N5,B vāmāt pārśvād; C1 vāmāpārśvo; C2 vāmāt pārśvā; H vāmapārśve.
21 T1 'ścintitaścintī; T2 duścintitacinty(N2,B; R.,L.,V.); T3~5 duścintitaścintī(N3). cf. N1,C1,C2 duścintitaś; N4 duścintitaścinti; N5,H duścintatanty; BHSD,Duścintita-cintin; 方広「悪思」; 普曜「念悪」.
22 cf. N1,C1,C2 cāha.
23 T1,T3~5 yaś(N3,N4). cf. C1 yad.
24 All mss. cintayāmi(R.,L.,V.,S.). Metrically we read '-yāmī' though no ms. supports it.
25 T1,T3,T5 nam(N4)
26 L.,V.,S. ihāsu. cf. All mss. ihāśu.
27 T1,T5 bhauni(N4)
(28…28) T1,T5 kathanaṃ(N3); T3 kathaṃ ca
29 T1,T4,T5 imaṃ(N4); T2 imu(N1/H; R.)
30 T2 ca[omits 'mū'](N1/H,N4; R.,L.,V.,S.). cf. N3 camū; Tib. dpuṅ tshogs (= camū).
31 T3 mūḍhe. cf. N4 mūḍhā.
32 T1,T2,T4 ca(N1/H,N3,N4; R.); T5 yaṃ
33 T:all anabhijña(N3,N4; R.,L.,V.,S.). cf. N1/H anabhijñaḥ. Acc. to Tib.[cho ga ma ḥtshal ba] and from the context we read 'avidhijña' though no ms. supports it.
(34…34) T2 kimvā(N3,N4); R. kimbā
35 T5 palayate. cf. N3 palaye.
36 V. laghum
37 T1,T5 dakṣiṇe pāśvau; T2 dakṣiṇāt pārśvāt(N1/C2; R.,L.,V.); T4 dakṣiṇe pārśvau. cf. N3 dakṣiṇe pārśvāt; N4 dakṣiṇapārśvāt; B dakṣiṇo pārśvān; H dakṣiṇot pārśvāt.
38 cf. 方広「善思」; 普曜 has no words corresp. to 'sucintitārtha'.
39 T3 mūḍha
40 All mss. cāyam(R.)
41 T1,T4,T5 insert 'avidhijña'(N3,N4); T2,T3 avidhijñam(N2,N5,B,H; R.); L.,V.,S. omit. cf. N1,C1, C2 avidhijñān; Tib. has no word corresp. to this insertion.
42 T1,T4,T5 parā°[omit 'a'](N3,N4)
43 T2 omits 'ṃ'.
44 T1 °balenā 'sya. cf. N2 °balenāstha.
45 T1,T3~5 jitārtha(N3,N4); T2 jitāḥ stha; L.,V.,S. jitā stha. cf. N1,C1/H jitā stha; N2 jitāśca; N5 jitār stha(?). We regard 'jitāstha' as 2 pl. form of periphrastic future.

64. mārâtmajānāṃ yatha[1] gaṅgavālikā[2]
etena vīryeṇa yathâiva[3] yūyaṃ[4],
româsya[5] ekaṃ[6] na samartha cālituṃ[7]
prāg eva yaś cintayi[8] ghātayiṣye[9].

*

65. mā yūyam[10] atra kṣiṇuyātha[11] mānasaṃ
prasannacittā[12] bhavathā sagauravā(ḥ)[13],
[(14...] nivartathā mā[...14)] prakarotha[15] vigrahaṃ
bhaviṣyate[16] 'sau tribhavesmi[17] rājā.

peyālam[18] evaṃ te [(19...] sarve[...19)] māraputrāḥ[20] paripūrṇasahasraṃ[21] śuklapakṣikā⟨ś ca⟩[22] [(23...] kṛṣṇapakṣikāś ca[...23)] māraṃ pāpīyāṃsaṃ[24] pṛthakpṛthag[25] gāthābhir adhyabhāṣanta[ḥ][26].

315 atha khalu [(27...] bhadraseno nāma[...27)] mārasya[28] pāpīyasaḥ senāpatiḥ[29] [30] sa māra(ṃ)[31] pāpīyāṃsaṃ[32] gāthābhir adhyabhāṣata[ḥ][33].

[Meter ... Āryā]

66. ye te tavânuyātrāḥ[34] [(35...] śakro [loka]pālāś[...35)] ca kinnaragaṇāś [(36...] ca,
asurêndrāḥ[...36)] garuḍêndrāḥ[37] kṛtâñjaliputāḥ[38] praṇata[39] tasmai.
67. kiṃ punar anānuyātrāḥ[40] brahmā ābhāsvarāś ca [(41...] suraputrāḥ,
devāś[...41)] ca śuddhāvāsāḥ[42] te 'pi[43] ca sarve[44] praṇata[45] tasmai.

1 S. yathā
2 T1,T3~5 gaṃga°; R. gaṅgabālikā
3 T2 tathaiva
4 T2 yūyam(R.,V.)
5 T2 lomāsya(R.); L.,V.,S. romasya. cf. N1/H,N3 romāsya; N4 romā 'sya.
6 T5 omits 'ṃ'.
7 T5 vālituṃ
8 T1 cittapi; T3~5 cittayi cf. BHSG,§29.14.
9 T1 ghāṭayiṣye; T5 ghātayiṣya
* T4 inserts 'siṃhahanūvāca'.
10 T1 yūryam; T5 yūyaṃm
11 T1,T4,T5 kṣaṇuyāta(N3,N4); T2 kṣiṇuyāta(N1,C1,C2,B; R.,L.,V.,S.); T3 śṛṇuyātha. cf.N2,N5, H kṣiṇuyātha.
12 T3 prasaṃnacittāḥ
13 T1,T4 omit 'ḥ'(N4); T2 sagauravāḥ(N1/H; R.,L.,V.,S.); T3 sagauravāṃ; T5 sagauravo(N3)
(14…14) T:all nivarttamānā(N3~5,C1,C2); L.,V.,S. virartayā mā. cf. N1 nivarttamā mā; N2 nivarttanāṃ mā; B nivarttamāṃ mā; H nivarttatāṃ mānā. Contextually we read 'nivartathā' (impv. 2 pl.) though no ms. supports it.
15 T1,T4,T5 matikrodha(N3,N4)
16 T2 vabhiṣyate
17 T4 tribhavesmiṃ; R. tribhave 'smi
18 R. preyālam
(19…19) T1,T4,T5 te sarvva; T3 ta sa[omits 'rve']
20 T3 omits 'ḥ'; L. mārapatrāḥ[misprint]
21 T1 °pūrṇṇaṃsahasraṃ; T2 °pūrṇṇaputrasahasraṃ(N1,N2,C1/H); L.,V. °pūrṇaṃ putrasahasraṃ; T3~5 °pūrṇṇasahasraṃ(N3). cf. N4,N5 °pūrṇaṃ putrasahasraṃ.
22 T1,T3~5 °pakṣikā[omit 'ca'](N3); T2 °pākṣikāś ca(N1/H,N4; R.,L.,V.)
(23…23) T2 omits(N1/H; R.); L.,V. kṛṣṇapākṣikāś ca. cf. N3,N4 kṛṣṇapakṣikāś ca.
24 T1 pāpīyaṃsaṃ; T2 pāpīyasaṃ(N2,N5,B,H; R.); T4,T5 pāpāyaṃsaṃ(N3). cf. N1,C1,C2 pāpīyaṃsa; N4 [māra°]pāpīyāṃsaṃ.
25 T1,T3~5 pṛthakpṛthak(N3,N4). cf. N1,C1,C2 pṛthag[omit 'pṛthak']; N2,N5,B,H pṛthakpṛthag.
26 T1,T3~5 °bhāṣataḥ(N3); T2 °bhāṣanta(N1,C1,C2,B; R.,L.,V.). cf. N2 °bhāṣante; N4,N5 °bhāṣantaḥ; H °bhāṣayantaḥ.
(27…27) T;all omit(N1/H,N3; R.). cf. N4 inserts 'bhadraseno nāma'; Tib. sde bzaṅ po shes bya ba (= bhadrasena nāma); 方広 has no words corresp. to 'bhadrasena'; 普曜「賢天」.
28 T2 māra°[omits 'sya'](R.); T5 mālasya. cf. N2 māraḥ; B māla°.
29 T2 °patir(R.); T5 omits 'ḥ'.
30 T2 inserts 'bhadraseno nāma'(N1/H; R.); T4 bhadra nāma(N3 marg.).
31 T:all māra°[omit 'ṃ'](N4; R.); L.,V. māraṃ. cf. N1/H,N3 māraṃ.
32 T2 °pāpīyasaṃ(R.;L.,V. pāpī°[not a compound]); T4,T5 °pāpīyaṃsaṃ. cf. N1/B,N3 pāpīyasaṃ; H omits.
33 T1,T3~5 °bhāṣataḥ(N3,N4); T2 °bhāṣata(N1/H; R.,L.,V.)
34 T5 mavānu°
(35…35) T1 sakrā lokapālāś; T2 śakralokapālāś(N1,N5,C1,C2,H; R.); T3,T5 śakrā lokapālāś(N4); T4 śakro lokapālāś(N2,N3,B; V.); L. śakro (loka)pālāś; S. śakro pālāś[omits 'loka']
(36…36) T2 cāsurendrāḥ(R.); L.,V. ca / asurendrā. cf. N1/B,N3,N4 ca / asurendrāḥ; H cāsurendrā.
37 T2 omits 'garuḍendrāḥ'(R.).
38 T1 kṛātāñjalimputāḥ['ñja' is marg.]; T2 kṛātāñjaputāḥ[omits 'li']; T3 omits 'ḥ'; T4 kṛātāṃja°; T5 kṛtaliputā(?)
39 T2 praṇate(R.)
40 T2 anuyātrā(R.); L.,V.,S. anānuyātrā[omit 'ḥ']. cf. N1/H,N4 anānuyātrāḥ; N3 anānuyātrā.
(41…41) T2 suradevaputrāś(R.). cf. N3 suraputrā devāś; N4 suradevaputrāḥ devāś.
42 T2 śuddhāvāsakās(N1/H; R.,L.,V.,S.); T3 suddhāvāsāḥ. cf. N3 śuddhāvāsās; N4 śuddhāvāḥ.
43 T1 omits 'ca'.
44 T5 sarva
45 T2 praṇate(R.). cf. N4 praṇamaṃta.

68. ye ca tavême[1] putrāḥ[2] prajñā medhāvinaś[3] ca[4] balinaś ca,
te bodhisattva[5] hṛdayaṃ[6] anupraviṣṭā[7] namasyanti[8].

69. yâpy eṣa mārasenā(ḥ)[9] aśīti sphuṭa yojanāni yakṣâdyaiḥ,
bhūyiṣṭha[10] (11…sarva prekṣī…11) prasannamanaso hi nirdoṣaṃ[12].

70. dṛṣṭvā yathā subhīmāṃ raudrāṃ vikṛtāṃ[13] camūm[14] imāṃ ghorāṃ[15],
na ca vismito na valino[16] dhruvam asya jayo bhavaty adya.

71. sthita[17] yatra ca senêyaṃ tatra ulūkāḥ śivāś ca viruvanti[18],
vāyasa[19]gardabharavitaṃ[20] nivartitavyaṃ kṣamaṃ[21] śīghraṃ[22].

72. vīkṣasva[23] bodhimaṇḍe[24] paṭakuntā[25]haṃsa[26]kokilamayūrāḥ,
abhidakṣiṇaṃ[27] karonti dhruvam[28] asya jayo bhavaty adya.

73. yatra sthita[ṃ][29] senêyaṃ ⟨tatra⟩[30] masiḥ[31] pāṃśavaś[32] ca varṣanti[33],
mahimaṇḍi kusumavṛṣṭiḥ[34] kuruṣva[35] vacanaṃ nivartasva[36].

74. yatra sthita[37] senêyaṃ[38] utkūlanikūlu[39] kaṇṭa[40]kākīrṇaṃ[41],
mahimaṇḍa[42] kanakanirmala[43][44] nivartitavyaṃ kṣama⟨ṃ⟩[45] prājñaiḥ[46].

75. dṛṣṭā[47] ti[48] supina[49] pūrve[50] bheṣyasi[51] pratyakṣa[52] yadi[53] na gacchesi[54],
bhasmaṃ[55] camūṃ[56] [57]kariṣyati[58] ṛṣibhiḥ[59] (60…deśā apakṛta…60) yathā[61] [bhasmaṃ][62].

316 76. (63…rājā jano…63) ṛṣivaro[64] roṣitu āsīt[65] sa brahmadattena[66],
uddagdha[67] daṇḍakavane[68] varṣair[69] bahubhis tṛṇa[70] na jātāḥ[71].

1 T1,T2,T4 tatreme(N1,N3~5,C1,C2,B; R.);T3,T5 tatraime. cf. N2 tatrema; H tatrame. Acc. to Tib. we read 'taveme'[agree with L.V.,S.] though no ms. supports it.
2 T2 omits 'ḥ'. 3 T1,T4 °vinaḥ; T2 °vino(R.); T5 °vina
4 T1,T5 omit 'ca'(R.).
5 R.,L.,V.,S. bodhisattva°[unite with the next word as a compound]
6 T2 °yam(R.) 7 T5 °viṣṭāḥ
8 T1 lacks the text from here(namas°) to the end of Gāthā No. 97c.; T4,T5 °yaṃti
9 T2 °senā(N1/H; R.,L.,V.,S.); T3~5 °senāḥ(N3,N4) 10 T3 bhūmiṣṭha
(11…11) R.,L.,V.,S. sarvaprekṣī[as a compound] 12 T2 °doṣaṃm; R.,V. °doṣam
13 T3 omits 'vikṛtāṃ'. 14 T2 camum(R.)
15 T2 ghorām(R.,V.); T4,T5 ghorā
16 T2 calito(N4; R.,L.,V.,S.). cf. N1,N2,B,H calīno; N3 valino; N5 valīno; C2 calīnī.
17 T2 sthitva 18 T2 vicaranti(R.); T4,T5 virutanti
19 T3 vāyaśagar°
20 T3,T5 °racitaṃ(N1,N3,N4,C1,C2); L.,V.,S. °ruditaṃ. cf. N2,N5,B,H °ravitaṃ.
21 T2 omits 'ṃ'(R.). 22 T2 °ram(R.,V.)
23 T3 vīkṣasye; T5 vīkṣasya(N4). cf. N3 vīkṣase. 24 T2 inserts 'viruta'(R. virutaṃ).
25 T2 paṭakrauñca°(R.); T3 paṭukuntā°; T4 paṭūkubhya°(?); T5 paṭūkuttā°; L.,V.,S. paṭukroñcā°. cf. N1,N2,C1,C2,B paṭukroñcā°; N3 paṭakuttā°; N4 paṭūkroñca°; N5,H paṭakroñca°;BHSD,paṭa(3).
26 T3 °hansa° 27 T2 abhiprakṣiṇaṃ; R. abhipradakṣiṇaṃ
28 S. dhrumam
29 T2 omits 'ṃ'(N1/H; R.,L.,V.,S.); T3~5 sthitaṃ(N3,N4)
30 T2 inserts 'tatra'(N1/H,N4; R.,L.,V.,S.); T3~5 omit(N3 marg.).
31 T2 omits 'ḥ'(R.); T3 mapasi; T4,T5 maśi
32 T3 yāṃsavaś; L.,S. pāṃśavāś. cf. N1/H,N3,N4 pāṃśavaś.
33 T5 ṣarṣa° 34 T4 kuśumavṛṣṭiḥ; T5 kuśumavṛṣṭi
35 T2 kurusva 36 T2 nivarttayasva(R.)
37 T5 sthitaṃ 38 cf. N3 seneyam.
39 T2 utkulanikula(N1,N2,C1,C2,H; R.,L.,S.); T3 utkūlu nikūlu; T5 unkūlu nikūlu; V. utkūlanikūla. cf. N3,N4 utkūlanikūlu; N5,B utkūlanikula.
40 T2 tac ca kaṇṭa°(R.); T3~5 śabdakaṇṭa°(N3,N4); L.,V.,S. śalyakaṇṭa°. cf. N1,C2 nikulaśabdaṃka-śabdaṃkaṇṭa°; N2,N5,B,H śabdaṃkaṇṭa°; C1 śabdaṃkaśabdaṃkaṇṭa°. From the context and meter 'śabda' is unnecessary. 41 T2 °ṇam(R.,V.); T5 omits 'ṃ'.
42 T3,T5 °maṇḍala(N3); T4 °maṇḍale(N4); S. °maṇḍi. cf. N1/H °maṇḍa.
43 T2 kananir°[omits 'ka']
44 T2 °malu(N1,N5,C1/H; R.,L.,V.,S.); T4 °malaṃ. cf. N2~4 °mala.
45 T2 kṣamaṃ(N1/H; R.,L.,V.,S.); T3~5 kṣama(N3,N4)
46 T5 yajñaiḥ 47 T2,T4,T5 dṛṣṭvā(N3,N4; R.)
48 T4,T5 kṣiti(N3~5); S. te
49 T2 supini(N1/H; N3?; R.,L.,V.,S.). cf. N4 supina.
50 L. purve[misprint?] 51 T3 nekṣasi
52 T2 °akṣu(R.,L.,V.,S.). cf. N3,N4 °akṣa. 53 T5 yaṃdi
54 T2,T4,T5 gacchasi(N1/H,N3,N4; R.); L.,V.,S. gacchāsi. m.c. gacchesi(opt. 2 sg.).
55 T2,T5 omit 'ṃ'(R.); T3 bhaśmaṃ 56 T2 camūñ(R.); T3~5 camuṃ
57 T2 inserts 'ca'(N1/H; R.,L.,V.,S.). cf. N3,N4 omit.
58 T3~5 °ṣyasi((N3). cf. N1,C1,C2 °ṣyati. Contextually we read 'kariṣyati'.
59 T2 °bhir(R.,L.,V.,S.). cf. N1,C2 ṛṣṭibhir; N3,N4 °bhiḥ.
(60…60) T2 deśā kṛtā(N1/H; L.,V.,S.); R. deśāḥ kṛtā; T3,T5 sāpākṛtā(T4 'deśā' is marg.; N3). cf. N4 yathā deśā kṛtā. Metrically we read 'deśā apakṛta' though the support of mss. is not enough.
61 S. yā. cf. N4 omits 'yathā'.
62 T3~5 bhasmaṃ(N3,N4; L.,V.,S.); T2 bhasma(R.); V. bhasmam. Metrically 'bhasmaṃ' is unnecessary.
(63…63) T2 rājāyano(N5; R.); T3,T5 rāvano(N3); T4 sarvato(N2,B); L.,V.,S. rājā yato. cf. N1,C1, C2 rāyato; N4 rājā jano; H rājñāyato; Tib. ḥgro ba (= jana).
64 T4 ṛṣavaro; T5 ṛṣavalo. cf. N4 ṛṣivalo. 65 T2,T3 āśīt(N4); T4,T5 āśīta(N3)
66 T5 °dantena
67 T4 udnagdha(T3?); T5 uṅgadnagdha(N3). cf. N4 uddagdha.
68 L.,V.,S. °vanaṃ. cf. N4 kaṇḍakavane. 69 T5 varṣe
70 R. tṛṇaṃ. cf. N1/H,N4 tṛṇaṃ.
71 T2 jātā[omits 'ḥ'](R.,L.,V.,S.). cf. N3,N4 jātāḥ.

77. ye[1] keci[t][2] sarvaloke ṛṣayo[3] [4]vratacāri[(5...]ṇas tapo[...5)]yuktāḥ[6],
teṣāṃ ayaṃ pradhāno hy ahiṃsakaḥ sarvabhūtānāṃ[7].

78. kiṃ te na śruta [(8...]pūrvaṃ kāye[...8)] dīptāḥ[9] [10]sulakṣaṇā yasya,
[11]niṣkrāmati câgārāt [(12...]sa bhavati[...12)] buddho jitakleśaḥ[13].

79. [14]iyaṃ īdṛśī vibhūtiḥ[15] pūjârthaṃ nirmitā[16] jinasutebhiḥ[17],
[18]tan nūnam agrasattvo[19] hy [(20...]agrâhuti saṃpratigrāhī[...20)].

80. [21]ūrṇā yathā suvimalā virājate kṣetra[22]koṭinayuteṣu[23],
jihmīkṛtā[24] 'sma[25] [(26...]ca tayā[...26)] nisaṃśayaṃ[27] [28][(29...]mārabala hantā[...29)].

81. mūrdhnaṃ[30] yathâsya[31] devair[32] draṣṭu[33] na śakyaṃ na[34] vai bhavâgrasthaiḥ[35],
[36]nūnaṃ sarvajñatvaṃ prāpsyaty anyair anupadiṣṭaṃ[37].

82. yatha merucakravāḍaś[38] candrāsūryaś[39] ca[40] śakrabrahmāṇaḥ[41],
[42]vṛkṣāś ca parvatavarāḥ praṇate[43] sarve [44]mahīmaṇḍaṃ.

83. niḥsaṃśayu[45] puṇya[46]balī prajñābala⟨vāṃ⟩ś[47] ca ⟨jñānabalavāṃś ca⟩[48],
kṣānti[49]balavīrya[50]balavān [(51...]abalaṃ kartā[...51)] namucipakṣāṃ[52].

84. hastī yathâmabhāṇḍaṃ[53] pramardate[54] kroṣṭukān yathā siṃhaḥ[55],
[56]khadyotāṃ vâ[yathā]dityo[57] bhetsyati sugatas [tu][58] tathā[59] senāṃ[60].

[61]etac chrutvâparo[62] māraputro 'tīva[63] [(64...]roṣāt saṃraktanayano[...64)] 'bravīt.

1 cf. N4 omits 'ye'. 2 L.,V.,S. keci[omit 't']. cf. All. mss. kecit.
3 T3~5 ṛṣaya
4 T2 inserts 'suyātra'(R.); T3 sūyo(N3 cancels with a mark); T4 bhūyo(?); T5 mūyo; L. (bhūyo). cf. N1,N4,C1,C2 omit; N2 tapo; N5 sūryyā; B bhū; H sūbhūyo.
(5…5) T3 °riṇa sūyo; T4 °riṇa bhūyo(?); T5 °riṇaḥ / suśo. cf. N3 °riṇaḥ / suyo°; N4 °riṇas tapo°.
6 T3 omits 'ḥ'. cf. N3 °yuktās. 7 T2 °bhūtām[omits 'nā'](R.); V. °bhūtānām
(8…8) T2 pūrvā kāye(R.); T3 pūrvaṃ kā; T4 pūrvakāṃye; T5 pūrvvakāṃ ye
9 L.,V.,S. omit 'ḥ'. cf. All. mss. dīptāḥ. 10 T3 sala°
11 T3~5 niskrā°
(12…12) T2 sa bhati[omits 'va']; T3 sa ruvati; T5 ruruvati
13 T3 °kleśo; T4 jitaḥ kleśaḥ
14 T2 ima(R.,L.,V.,S.). cf. N1,C1,C2 imaṃ; N2 omits from here(iyaṃ) to the end of Gāthā No.84; N3,N4 iyaṃ.
15 T2,T4,T5 omit 'ḥ'(N3,N4; R.); L.,V.,S. vibhūtiṃ
16 T3 likhitā; T4,T5 nisitā(N3) 17 cf. N3 °bhis.
18 T2,T4 taṃ(R.,L.,V.,S.); T3,T5 ta(N4). cf. N3 tan. 19 T5 agrasathau(?)
(20…20) T2 °hutisampra°(R.); T3 °hutiṃsati saṃpra°; T4,T5 °hutimati saṃpra°; L.,V.,S. °hutisaṃpra°. cf. N3 °hutinmati saṃpra°; N4 °hutiṃmati saṃpra°['mati' is canceled with a mark].
21 T2 urṇā(R.) 22 T2 kṣatra°
23 T4,T5 °nayutakoṭiṣu(N3,N4) 24 V. °kṛtāḥ
25 R.,L.,V.,S. sma
(26…26) T2,T4 vratatapā(N4; R.); T3 vratayo; T5 pratatayā(N3). cf. N1,C1,C2,B vratatayā; N5 ca tayā; H ca trayā.
27 T2 niḥsaṃśayam(R.); T3 niḥśaṃsayaṃ; T4,T5 niḥsaṃśaya(N3)
28 T2 inserts 'eṣa'(R.,L.,V.,S.). Metrically 'eṣa' is unnecessary.
(29…29) T2 māravarāhantā(R.); T4,T5 °tāḥ(N4); L.,V.,S. mārabarāhantā. We regard 'hantā' as fut. 3 sg. form of √han. 30 T3 mūrdha; T4 omits 'ṃ'; T5 mūrddhana
31 T5 yaccāsye 32 T3~5 vai[for 'devair']
33 T3 draṣṭaṃ; T4,T5 draṣṭuṃ 34 S. ca
35 T2 bhavagrastaiḥ(R.); T3 bhvāgrasthair 36 T3 omits 'ṃ'.
37 T2 anupraviṣṭaiḥ(R.); T3 anupadiṣṭa; T5 anupradiṣṭaṃ(N3,N4); V. °diṣṭam
38 T2 °vāḍa°(R.); L.,S. °vāḍāś; V. °vālāś. cf. N1,N5,C1/H °vāḍāś; N3,N4 °vāḍaś.
39 T2 °candrasūryya°(R. °sūrya°); T3~5 candrasūryaś(N1,N5,C1/H). Metrically we read 'candrā-' [agree with L.] though no ms. supports it. 40 T2 omits 'ca'(R.).
41 T2 °brahmāṇo(N3; R.); T3 °brāhmaṇaḥ 42 T4 vṛkṣaś
43 T3,T4 praṇata. cf. N4 praṇatā. 44 T2 °ḍam(R.,V.)
45 T3 °saṃśaya; T4 °saṃsayu(T5 omits 'niḥ') 46 T3 puṇya°
47 T2 °balavāṃś(B; R.,L.,V.,S.); T3~5 omit 'vāṃ'(N3,N4). cf. N1,C1,C2 °balavāś; N5 °balaṃvāś; H °balavāṃ.
48 T2,T3~5 omit the words in brackets(N1,N3~5,C1,C2); R.,L.,V.,S. insert. cf. B inserts['jñānabalavāṃ' is marg.]; H jñānabalavāñ ca.
49 T3 omits 'ba'.
50 T2 °balavāṃś ca vīryya°(R.; V. --- vīrya°); L. °bala(vāṃś ca) vīrya°. cf. N1,N5,C1,C2,B °balaś ca vīrya°; N3,N4 °balavīrya°; H °balavāñ ca vīryya°. Metrically 'vāṃś ca' is unnecessary.
(51…51) T3 °vān balaṃkarttā; L.,V.,S. °vān abalaṃkartā. cf. N1,C1,C2 °dhyānabalā hantā; N3 °dhyānabalakartā; N4 °vān abalaṃkarttā; N5,H °dhyānabalaṃ karttā; B °dhyānabalaṃ hantā.
52 T2 °kṣān(R.)
53 T2 yathāmatyaṇḍaṃ(R.); T3 obscure; T4 yathāsabhāṇḍaṃ['bhā' is marg.]; T5 yathāsaśauṇḍā. cf. N3,N4 yathāsaśauṇḍaṃ.
54 T5 °dante 55 T3 omits 'ḥ'.
56 L.,V.,S. khadyotaṃ. cf. All mss. khadyotāṃ.
57 T2,T3~5 vā yathādityo(N3; R.); L.,V.,S. vādityo. cf. N4 vā yathādityā.
58 T2,T3~5 insert 'tu'(N3,N4; R.); L.,V.,S. omit. cf. All mss. insert.
59 T3 thā[omits 'ta']
60 T2 senām(R.,V.). cf. N2 omits from 'iyaṃ'[Note 14] to here(senāṃ).
61 T2 evaṃ(R.) 62 T2 śrutvā 'paro(R.); V. chrutvā paro
63 T5 tāṃva (64…64) T4,T5 roṣāṇyarakṣita°

[Meter ... Upajāti]

85. ekasya varṇān ati-aprameyā⟨ṃ⟩[1]
[(2...] prabhāṣase tasya tvam [...2)] ekakasya,[3]
eko hi kartuṃ[4] khalu kiṃ samartho
mahābalaṃ[5] paśyasi[6] kiṃ na bhīmaṃ.[7]

atha [8][(9...] dakṣiṇapārśvān mārapramardako [...9)] nāma[10] [(11...] māraputra āha. [...11)]

317 86. sūryasya loke na sahāyakṛtyaṃ[12]
candrasya[13] siṃhasya ca[14] cakravartinaḥ,
bodhau niṣaṇṇasya ca niścitasya
na bodhisattvasya sahāyakṛtyaṃ.[15]

atha bodhisattvo mārasya durbalīkaraṇahetoḥ[16] vikasitaśatapattranibhaṃ vadanaṃ saṃcālayati[17] sma. yaṃ dṛṣṭvā māraḥ[18] prapalā(ya)no[19] ’bhūt[20] mama[21] camū[22] bodhisattvasya[23] vadanaṃ[24] praviṣṭêti[25] manyamānaḥ, prapalā-[26](ya)naḥ[27] ⟨na kiṃcid iti⟩[28] punar eva pratinivṛtya saparivāro vividhāni[29] praharaṇāni[30] bodhisattvasyôpary utsṛjanti[31] sma sumerumātrāṃś[32] ca parvatāṃs,[33] te ca bodhisattvasyôpari[34] prakṣiptāḥ[35] puṣpa⟨vitāna⟩vimānāni[36] saṃtiṣṭhante[37] sma. ye ca dṛṣṭiviṣā[ḥ][38] āśīviṣā⟨ḥ⟩[39] svāsaviṣā[40] agnijvālān[41] utsṛjanti[42] sma, tac câgnimaṇḍalaṃ bodhisattvasya prabhāmaṇḍalam iva saṃtiṣṭhate[43] sma.[44]

1 T2,T3~5 omit 'ṃ'(N1,N2~4,C1/H; R.); L.,S. °meyāṃ; V. °apremayāṃ. cf. N5 °aprameya.
(2...2) T5 prabhāṣasatvasya°(N3) 3 T4 ekaikasya; T5 ekakasyā
4 T3~5 vaktuṃ(N3,N4)
5 L.,V.,S. °balā. cf. N1/B,N3,N4 °balaṃ; H °bala. 6 T4 yasyasi
7 T2 bhīmān(R. °mām); L.,V.,S. bhīmā. cf. N3 bhīmaṃ; N4 bhīmāṃ; H bhīmā.
8 T3,T4 dakṣiṇāṃ; T5 dakṣiṇā(N3); L.,V. dakṣiṇāt. cf. N1/H dakṣiṇa°; N4 dakṣiṇāt.
(9...9) T3 pārśvān sāra°; T4 pārśvāṃstāra°; T5 pāśvatāra°. cf. N3 pārśvā māra°; N4 pārśvāt māra°; H pārśve māra°; 方広 and 普曜 have no words corresp. to 'mārapramardaka'.
10 T2 omits 'nāma'(R.).
(11...11) T3,T4 °putrāha 12 T5 sahāyaṃkṛ°
13 T3,T4 caṃdrasya
14 L.,V.,S. na. cf. N1,C1,C2 omit; N2~5,B,H ca. 15 T2 °yam(R.,V.)
16 T2 °hetor(N3; R.,L.,V.). cf. N4 °hetoḥ.
17 T2 sañcārayati(R.); L.,V. saṃcārayati. cf. N3 saṃcālayati; N4 sañcālayati.
18 L.,V. insert 'pāpīyān'. cf. All mss. omit; Tib. has no word corresp. to 'pāpīyān'.
19 T2 °lāyamāno(R.); T3 °lāno; T4,T5 °lāyano(N3,N4); L.,V. °lāyāno
20 T3 bhūn; T5 dūt. cf. N3 bhūt; N4 'bhūt. 21 T5 yasa. cf. N4 sa.
22 R. camūr 23 cf. N4 omits 'sya'.
24 T3~5 omit 'ṃ'. cf. N3 vadanaṃ; H vadanā.
25 T3,T5 pravṛṣṭe ni°; T4 prāvṛṣṭe ni°(N3); L.,V. pratiṣṭheti. cf. N1/H pratiṣṭheti[C1 omits 'ṣṭheti']; N4 prakṣati; Tib. shugs so (= praviṣṭa). 26 T3~5 °mānāḥ(N3). cf. N4 °mānaḥ.
27 T2 prapālāyamānaḥ(R. prapalā°); T3,T5 pravalānaḥ(N3); T4 pravalāyanaḥ; L.,V. prapalānaḥ. cf. N1,N5,C1,C2,H prapalānaḥ; N2 prapalāyanaḥ; N4 palāyanaḥ[omits 'pra']; B prapalāna.
28 All mss. omit the words in brackets(R.,L.,V.). Acc. to Tib. and from the context we insert 'na kiṃcid iti' though no ms. supports it. 29 T5 omits 'dhā'.
30 T3 °raṇāṇi 31 T2 °jati[omits 'n'](R.,V.)
32 T2 omits 'ṃ'. cf. N2 omits from here(sumeru-) to 'saṃtiṣṭhate sma'[Note 44].
33 T2 parvatān(R. parvva°; V.); T4,T5 parvvatās(N4). cf. N3 sarrvatās.
34 T3 omits 'ri'(T4 marg.). 35 T2~4 omit 'pra'(R.).
36 T2 puṣpavitānāni vimānāni(T4 'vitānāni' is marg.;R.); T3,T5 puṣpavimānāni[omit 'vitāna'] (N3); L.,V. puṣpavitāne vimānāni. cf. N1,N5,C1,C2,B puṣpavitānavimānāni; H puṣpavitāne vimānāni.
37 T3 tiṣṭhaṃte; T4,T5 tiṣṭhate
38 T2 dṛṣṭiviṣā(C1,H;R.,L.,V.); T3~5 dṛṣṭīviṣāḥ(N3,N4). cf. N5,C2,B dṛṣṭīviṣā.
39 T2 āśīviṣāḥ(R.,L.,V.); T3~5 omit 'ḥ'(N3,N4).
40 T2 śvāsaviṣāś(R.,L.,V.); T3 svāsaviṣāḥ. cf. N3,N4 svāsaviṣā; N5 svāsaviśaś; C1 svāviṣāś; C2,B,H svāsaviṣāś. svāsa = śvāsa.
41 T2 cāgnijvālān(N5,C1/H; R.,L.,V.); T3 agnijvālā; T4,T5 agnijvālām(N3,N4)
42 T5 utsṛjeti
43 T2 santi°(N3; R.); T3 °tiṣṭhante(N4); T4 °tiṣṭhaṃte.
44 cf. N2 omits from 'sumeru-'[Note32] to here(sma).

atha punar eva[1] bodhisattvo dakṣiṇena pāṇinā śīrṣa[2] pramā⟨r⟩ṣṭi[3]
sma. ⟨māraś ca paśyati sma⟩[4], bodhisattvasya haste[5] khaḍga[6] iti[7],
dakṣiṇamukhaḥ[8] prapalāya[n]te[9] sma. na kiṃcid[10] iti[11] punar eva nivar-[12]
tate sma. nivṛtya[13] ca bodhisattvasyôpari[14] nānāvidhāni[15] praharaṇāny[16]
utsṛjanti[17] sma, asi[18]⟨dhanu⟩[19]śaraśaktitomaraparaśv[20](adha)[21]bhuśuṇḍi[22]muṣala[23]kanaya-[24]
gadā[25]cakra[26]muḍgara[27]pādapaśilāpāśâ[28]yoguḍān[29] atibhayānakān[30], te côtkṣipta[31]mātrā(ḥ)[32]
nānāvidhāni[33] puṣpadāmāni puṣpavitānāni [(34…] (iva) […34)] saṃtiṣṭhante sma. mukta-
kusumāni[35] ca [(36…] mahīṃ ca […36)] vikiranto mālyadāmāni[37] câvalambamānāni[38] bodhi-
vṛkṣaṃ vibhūṣayanti ⟨sma⟩[39]. tāṃ[40] ca vyūhavibhūtiṃ[41] dṛṣṭvā[42] bodhi-
sattvasya māraḥ[43] pāpīyān[44] īrṣyāmātsaryôpahata⟨cetā⟩[45] [(46…] bodhisattvam abra-[…46)]
vīt[47]. uttiṣṭhôttiṣṭha[48] he rājakumāra rājyaṃ bhu⟨ṅ⟩kṣva[49] tāvat[50] tava
puṇyaṃ[51] kutas te mokṣaprāptiḥ[52].

318 atha bodhisattvo dhīra[53]gambhīrôdāraślakṣṇa[54]madhurayā vācā māraṃ[55]
pāpīyāṃsam[56] etad[57] avocat[58]. tvayā tāvat pāpīyann[59] ekena nirargaḍena[60]
yajñena kāmêśvaratvaṃ prāptam. mayā tv anekāni yajñakoṭīniyuta-[61]
śatasahasrāṇi[62] nirargaḍāni[63] yaṣṭāni. karacaraṇanayanôttamâṅgāni ca [ni-
kṛtya][64] nikṛtyârthibhyo dattāni. gṛhadhanadhānyaśayanavasanaṃ[65] caṅkra-[66]

1 T5 epa 2 T2 śīrṣaṃ(R.,V.)
3 T2 pramārṣṭi(N5,B; R.,L.,V.); T3 praśāṣṭi; T4,T5 pramāṣṭi(N2~4,H). cf. N1,C1,C2 prasāryyaṣṭi.
4 T2 māraś ca paśyanti sma(R.,L.,V. --- paśyati ---); T3,T5 omit the words in brackets(T4 marg.; N3). cf. N1/H māraś ca paśyati sma; N4 mārasya. 5 T3~5 hastena(N3,N4). cf. N1/H haste.
6 T2,T4 khaṅga(N4; R.,L.,V.); T3,T5 omit 'khaḍga'(N3 marg.). cf. N1/H khaḍga.
7 T3 inserts 'kṛtvā'; T4,T5 insert 'vadhvā'(N3,N4).
8 T2 dakṣiṇābhimukhaḥ(R.); T3 dakṣiṇamukha; T5 dakṣiṇamukhāḥ(N3); L.,V. dakṣiṇāmukhaḥ. cf. N1,C1,C2 manyamānā dakṣiṇamukhaḥ; N2/H dakṣiṇamukhaḥ; N4 dakṣiṇāmukhaḥ.
9 T2 °yate(N1/H; R.,L.,V.); T3~5 °yante(N3,N4) 10 T5 omits 'na'(N3; N4 marg.).
11 T2 kicid; T3 kiñcid(R.) 12 L.,V. pratini°. cf. All mss. omit 'prati'.
13 cf. N4 omits from here(ca) to 'araṇat'[L. p.318, line 20], and writes these parts in the margin, but they are obscure. 14 T5 °satvāsyapari
15 T2 °vidhānāni 16 T2~5 °ṇāni(R.)
17 T2 °jati(R.,V.); T3~5 °jaṃti(N3). cf. N5,C2,H °janti.
18 T3~5 aśi°(R.). cf. N3 asi°.
19 T2 °dhanuḥ°(R.); T3~5 omit 'dhanu'(N3). cf. N2/H °dhanu°.
20 T4,T5 °tomaradhanupa°[insert 'dhanu']
21 T2 °paraśvadha°(N1/H; R.,L.,V.); T3 °parasudhanu°; T4,T5 °paraśu°(N3)
22 T2 °bhuśuṇḍī°(R.); T3 °mūṣaṇḍi°; T4,T5 °muṣaṇḍi°(N3). cf. N1,N5,C1,C2,B °muṣuṇṭhi°; N2 °muṣuṇṭi°; H °bhusuṇḍi°.
23 L.,V. °musala°. cf. N1,N2,C1,C2,H °mukhala°; N3,N5,B °muṣala°.
24 T2,T3 °kaṇaya°(N2,N5,B; R.,L.,V.). cf. N1,N3,C1,C2,H °kanaya°.
25 T5 °gaḍā°(R.,L.). cf. N3,N5,B °gadā°.
26 T2 °cakravajra°[inserts 'vajra'](N1/H; R.,L.,V.). cf. N3 omits 'vajra'.
27 T5 °muṅgara°(N3) 28 T3 °śilāstā°
29 T4 °yoṃgu°
30 T3,T5 °yānakā(N3); T4 °yānakāṃ. cf. N1,C1,C2 °yākān.
31 T3 cakṣi° 32 T2 °mātrā(N3; R.,L.,V.); T3~5 °mātrāḥ
33 T5 °dhānī
(34…34) T2 °nāni iva(N1/H; R.,L.,V.); T3 °nāni[omits 'iva']; T4 °nānīva(N3); T5 °nān iva
35 T2 muktakusukusumāni; L.,V. muktasukusumāni. cf. N3 muktakusumāni; B mukutakusumāni ['ta' is marg.].
(36…36) T2 mahīṃ viki°(R.); T3 mahī sarva°; T4,T5 mahī ca viki°(N3); L.,V. mahīm avaki°. cf. N1,N5,C2,B,H mahīṃ ca viki°; N2 maṃhī ca viki°.
37 T3,T5 mālā°(N3) 38 T2 cāla°[omits 'ava'](R.)
39 T2 inserts 'sma'(N1/H; R.,L.,V.); T3~5 omit(N3).
40 T2 tāñ(R.); T3 tāś; T5 tā; L.,V. tāṃś. cf. N2,N3,H tāṃ.
41 L.,V. vyūhān vi°. cf. N2/H vyūhāṃ vi°; N3 vyūhavi°.
42 T3 omits 'ṃ'(H). cf. N3 °tin. 43 T3 omits 'ḥ'.
44 T3~5 °yāṃ(N3). cf. N1/H °yān. 45 T2 °hato[omits 'cetā'](R.); T2 īrṣyāmatsaryopahatāś ca; T4 °pahatā ca; T5 irṣyāmānsaryo pahatā ca; L.,V. °pahatacetā(N1,N5,C1/H). cf. N2 °pāhatācetā; Tib. sems(= cetas). (46…46) T3 °satvasya samabra°
47 T4,T5 °vīd 48 T5 uttiṣṭhotiṣṭha
49 T2 bhunktā(?); T3 bhuktaṃ; T4 bhuktvāṃ['ṃ' is deleted]; T5 bhuktvā(R.); L.,V. bhuṅkṣva. cf. N2,N5,C2,B bhukṣva; N3 bhuksva; H bhūkṣva.
50 T5 tāvan 51 V. puṇyam
52 T3~5 °ptir 53 T5 dhāra°
54 T3 °slakṣa°; T4,T5 °ślaṣya° 55 T3 omits 'ṃ'.
56 T2 pāpīyasam(N2,C2,B; L.,V.); T3 pāpīyāṃsaṃm(N5,H); T4 pāpīyāṃstam; T5 pāpīyāṃsaṃtam; R. pāpīṃyasam(?). cf. N1,C1 pāpīyāṃsam; N3 pāpīsāsataṃ.
57 T2 eta[omits 'd'] 58 T2 vocat[omits 'a']
59 T2 pāpīyan(R.); T3~5 pāpīyaṃ(N3). cf. B pāpīyann.
60 T2 nirargalena(R.); T3 nirargatena; L.,V. nirgaḍena. cf.N1,N5,C1,C2 nirgaḍena; N2,N3 nirargaḍena; B niragaḍena; H nirgatena. 61 T2 °koṭiniyuta°(N1/H; R.); T3 °koṭīnayuta°; T4,T5 °nayuta°[omit 'koṭī']. cf. N3 °niyuta°['koṭī' is marg.].
62 T5 °sata° 63 T2 nirargalāni(R.); T3 nirargatāṃni; T5 niragaḍāni; L.,V. nirgaḍāni(N1/H). cf. N3 nirargaḍāni.
64 T2 omits 'nikṛtya'(N1/H; R.); T3,T5 insert(N3; L.,V.); T4 nikṛtyo
65 T3,T4 °vaśana[omit 'ṃ']; T5 °vasana 66 T3,T4 caṃkra°(N3); T5 cakra°

môdyānāni[1] cânekaśo[2] yācanakebhyo[3] nisṛṣṭāni sattvānāṃ mokṣârthinā[ṃ][4].

atha khalu māraḥ[5] pāpīyān[6] bodhisattvaṃ gāthayā[7] pratyabhāṣata[ḥ][8].

[Meter ... Upajāti]

87. yajño[9] (10...mi yaṣṭas...10) tvam ihâtra sākṣī
nirargaḍaḥ[11] pūrvabhave 'navadyaḥ[12],
tavêha[13] sākṣī (14...tu na...14) kaścid asti[15]
kiṃcit[16] pralāpena parājitas tvaṃ[17].

bodhisattva āha. iyaṃ pāpīyan[18] mama[19] bhūtadhātrī[20] pramāṇam iti[21].

atha bodhisattvo māraṃ[22] māraparṣadaṃ[23] ca maitrīkaruṇāpūrvaṃ-[24]gamena cittena spharitvā[25] siṃhavad abhīto 'nuttrasto[26] 'cchambhī[27] adīno[28] 'līno[29] 'saṃkṣubhito[30] [31]'luḍito[32] vigatabhayalomaharṣaḥ[33], [34]śaṅkhadhvajamīna-kalaśasvastikâṅkuśacakrâṅkamadhyena[35][36][37] jālāvitānâvanaddhena[38] suruciratāmra-[39][40]nakhâlaṃkṛtena[41] mṛdutaruṇasukumāreṇânantakalpâparimitakuśalamūlasaṃbhā-[42][43]rôpacitena dakṣinena[44] pāṇinā[45] sarvakāyaṃ[46] parimārjya[47] salīḍaṃ[48] mahīṃ[49] parāhanati[50] sma. tasyāṃ ca velāyām imāṃ gāthā⟨m⟩[51] abhāṣata[ḥ][52].

[Meter ... Mixture of Upajāti and Vaṃśamālā]

88. iyaṃ[53] mahī sarvajagatpratiṣṭhā
apakṣapātā[54] sacarâcare samā,

1 T3~5 °myodyānāni(N3). cf. N2/H °modyānāni; N1 invisble.
2 T3~5 °kaso(N3) 3 T2 omits 'na'(R.).
4 T2 °thinā(N2,B; R.,L.,V.); T3~5 °thinām̩(N3). cf. N5,C1,C2,H °thina.
5 T2,T4,T5 omit 'ḥ'. 6 T3~5 °yāṃ
7 T2 gāthā
8 T2 °bhāṣata(N3; R.); T3~5 °bhāṣataḥ; L.,V. °bhāṣat. cf. N2/H °bhāṣat.
9 T3,T4 yajñu; T5 yajña. cf. N2/H,N3 yajño.
(10…10) T2 mayā yaṣṭa(R. --- yaṣṭas); T3,T4 mi yastas; T5 mi yaṣṭa; L.,V.,S. mayeṣṭas. cf. N2, C1/H mi yaṣṭas; N3 me yaṣṭas; N5 na yaṣṭas.
11 T2 °galaḥ 12 T3 yocarjya(?)
13 T3 te ceha
(14…14) L.,V.,S. na tu. cf. N1 invisible; Other mss. tu na.
15 T5 anti 16 T2,T3 kiñcit(R.)
17 T2 tvam(R.,V.) 18 T3,T4 pāpīyaṃ; T5 pāpīyā(N3)
19 T4,T5 omit 'mama'. 20 T5 bhūca°
21 T3,T5 ity(N3) 22 T5 omits 'ṃ'.
23 T3 pāra° 24 T5 °kaluṇā°
25 T2 sphuritvā(R.,L.,V.). cf. N2/H,N3 spharitvā; BHSD,sphurati.
26 T3 nutrastaḥ; T4 'nuttrastaḥ; T5 'nutrasteḥ. cf. N2/H,N3 'nuttrasto.
27 T2 'trasto(R.); T3,T5 acchanbhī(T4 'sta' is marg); L.,V. 'stambhī. cf. N2 'cchaṃbhī; N3 astambhī; N5,H 'cchambhī; C1,C2,B 'stambhī. 28 T4,T5 dīno[omit 'a'](N3)
29 T3,T4 līnaḥ; T5 līne; L.,V. 'līnaḥ. cf.N3 līno.
30 T3 asaṃkṣubhitaḥ; T4 'saṃkṣubhitaḥ; T5 saṃkṣubhito; R. 'saṅkṣubhito; L.,V. / asaṃkṣubhito. cf. N1/H,N3 'saṃkṣubhito. 31 T5 inserts 'mama'.
32 T2 'lulito(R.,V.); T3~5 aluḍito. cf. N1/H,N3 'luḍito.
33 T3 °harṣo; T5 °harṣaś 34 T5 omits 'śaṅkha- --- -kuśa[Note 36]'.
35 T3 °kalasa° 36 T3 °kāṃkuśa°; T4 °kāṃkuśaḥ
37 T3~5 °cakrāṃka° 38 T4 omits 'tā'(T5 marg.).
39 T2 °vavaddhena; T3 °vaddhena[omits 'na']; R. °vabaddhena
40 T2 °ciragātratāmra°(R.); T4 °ciratāṃmra°(N3); T5 °ciragātra°[omits 'tāmra']
41 T4 °nakhāṃlaṃkṛtena gātrasulaṃkṛtena; T5 °sulaṃkṛtena[omits 'nakhā']
42 T5 gṛha°
43 T3 °kalpāparimitena°; T4,T5 °kalpaupacita°. cf. N3 °kalpopacita°.
44 T4 omits 'na'. 45 T5 pāṇināṃ
46 T4,T5 sarvvaṅ; R. sarvvaṃ
47 T4 parimārya['ri' is marg.]; T5 parimāryya(N3). cf. N5 parimārjyaṃ.
48 T2 salīlaṃ(R.,V.) 49 T5 omits 'ṃ'.
50 T2 °hanti(R.) 51 T2 gāthām(N3; R.,L.,V.); T3~5 gāthā
52 T2 abhāṣata(N3,N5; R.); T3,T4 abhāṣataḥ; T5 amabhāṣataḥ; L.,V. abhāṣat. cf. N2,C1/H abhāṣat.
53 T4,T5 imaṃ
54 T3 ayaṃ kṣa°

iyaṃ pramāṇaṃ[1] mama nâsti me mṛṣā
sākṣitvam[2] asmiṃ[3] mama saṃprayacchatu.[4]

saṃspṛṣṭa[5]mātrā[6] cêyaṃ[7] mahāpṛthivī[8] bodhisattvena ṣaḍvikāram akam-
pat[a][9] prākampat[a][10] saṃprākampat[a].[11] araṇat[12] prāraṇat saṃprāraṇat.[13]
tad yathâpi nāma māgadhikā(nā)ṃ[14] kaṃsapātrī[15] kāṣṭhenâbhyāhatā[16] raṇaty
319 anuraṇaty[17] evam evêyaṃ mahāpṛthivī bodhisattvena [(18…]pāṇinā tāḍitā[…18)]
raṇaty[19] anuraṇati[20] sma.

atha khalu yâsmiṃ[21] trisāhasramahāsāhasra[22]lokadhātau sthāvarā nāma (mahā)[23]pṛthivīdevatā sā koṭīśata[24]pṛthivīdevatāparivārā sarvāṃ[25] mahāpṛthivīṃ[26] saṃprakampya[27] nâtidūre[28] bodhisattvasya pṛthivītalaṃ [(29…]bhittvârdhakāyam (abhy)unnāmya[…29)] sarvâlaṃkārapratimaṇḍitā yena bodhisattvas tenâvanata-[30]kāyā prāñjalīkṛtā[31] bodhisattvaṃ evam[32] āha.[33] evam etat,[34] mahāpuruṣâivam[35] etat.[36] yathā tvayâbhihitaṃ[37] vayam atra pratyakṣāḥ. api tu bhagavaṃs[38] tvam eva sadevakasya lokasya paramasākṣi[39][(40…]bhūtaḥ pramāṇa-[…40)]bhūtaś [(41…]ca. evam[…41)] uktvā[42] sthāvarā mahāpṛthivīdevatā māraṃ[43] pāpīyāṃsam aneka[44]prakāraṃ nirbhatsya[45] bodhisattvaṃ câ(bhyarcyâ)bhistutya[46] [(47…]vividhaṃ ca[…47)] svakaṃ[48] prabhāvaṃ saṃdarśya saparivārā[49] tatrâivântaradhāt.[50]

1 T5 pramānaṃ; L.,V.,S. pramāṇā. cf. N2/H pramāṇā; N3 pramāṇaṃ.
2 T2 sākṣītvam(R.). Is it better to read 'sākṣī tvam'?
3 T2 asmin(R.); T4,T5 asmi
4 T2 sampra°(R.)
5 T3 saṃṣpṛ°; T4,T5 saṃpṛ°
6 T4,T5 °mātre
7 T3,T4 omit 'ṃ'.
8 T4 °pṛthivīṃ
9 T2 akampata(R.); T3 akaṃpata; T4,T5 akaṃpita(N3); L.,V. akampat. cf. N2/H akampat.
10 T2 omits this whole word(R.); T3 prākaṃpata; T4 prakaṃpita(N3); T5 prakapita; L.,V. prākampat.
11 T2 samprākampata(T3 saṃprā°; R.); T4 prākaṃpitaṃ[omits 'saṃ']; T5 prākaṃpita(N3); L.,V. saṃprākampat
12 cf. N4 omits from 'ca'[L. p.317, line 14] to here(araṇat), so hereafter we get again the text of N4.
13 T3 °prārat[omits 'ṇa']
14 T2 °kānāṃ(N2/H,N4; R.,L.,V.); T3 °kāṃ; T4,T5 °kā[omit 'ṃ'](N3)
15 T2 kāsyapātrī(R.); T3 pātrī[omits 'kaṃsa']; T4 kāṃsapītrī['sa' is marg.]; T5 kāṃpātrī[omits 'sa']; L.,V. kāṃsapātrī. cf. N2,N5,C1,C2,B kānsapātrī; N3,N4 kaṃsapātrī(N3 'sa' is marg.).
16 T2 kāṣṭhenāvyāhatā; T3 kāṃṣṭhe°
17 T3~5 omits from here(anu°) to raṇaty[Note 20](N3 marg.; H); V. °raṇati. cf. N4 °raṇati sma.
(18…18) T2 pāṇinā "hatā(R.); L.,V. pāṇitāḍitā. cf. N3 pāṇinā tāritā[marg.]; N4 pāṇinā tāḍitā. cf. N1/H pāṇinā hatā.
19 T3~5 omits from 'anuraṇaty'[Note 17] to here(raṇaty)(N3 marg.; H).
20 T4,T5 araṇati[omit 'nu'](N3). cf. N4 anurati[omits 'ṇa'].
21 T2 yasyāṃ(N1/H; R.,L.,V.); T4,T5 yāsyaṃ. cf. N3 yāsmiṃ; N4 yasmiṃ.
22 T2 omits 'sra'; T3~5 °sāhasre
23 T3 omits 'mahā'; Other mss. insert(R.,L.,V.). Tib. has no word corresp. to 'mahā'.
24 T5 koṭiśatā°; V. koṭiśata°
25 T3 sarvvā[omits 'ṃ']
26 T3 omits 'ṃ'.
27 T3 °kaṃpa°; T4,T5 °kaṃpya°
28 T3 °mānā dūro; T4 °mānāṃ dūraṃ; T5 °mānā dūraṃ. cf. N1/H,N3 nātidūre; N4 °mānā dūre.
(29…29) T2 bhitvā 'rddhakāyam unnāmya(R.); T3 bhitvārddhakāyam unnāmyā; T4 bhitvārddhakāyam annāsyā(T5 --- °kāyam unnāsyā); L.,V. bhitvārdhakāyābhyunnāmya. cf. N1,C1,C2 °kāyābhyunnamya; N2,B °kāyam abhyunnāmya; N3 bhitvārddhakāyābhyunnāsyā; N4 bhitvā 'rddhakāyam utyannāsya; N5,H bhitvārdhakāyābhyunnāmya; BHSD,abhyunnāmya.
30 T3,T4 tenānavanata°; T5 tenānavaneta°
31 T3 prāṃjalīkṛto(T4 °kṛtā); T5 prājalīkṛto
32 T2 etad(N1/H; R.,L.,V.). cf. N3,N4 evam.
33 T2 avocat(N1/H; R.,L.,V.). cf. N3 āha; N4 āhaḥ.
34 T2 avaṃ; R. evaṃ; L.,V. etan. cf. N1,N3~5,C1,C2 etat; N2,B,H etan.
35 V. °puruṣa evam
36 T2 etad(R.)
37 T2 tvayāvihitaṃ; V. °hitam
38 T3 °vaṃ[omits 's'](N4)
39 T2 °sākṣī°(N1/B; R.,L.,V.). cf. N3,N4 °sākṣi°; H °śākṣī°.
(40…40) T2 omits(R.). cf. H °bhūt / pramāṇa°.
(41…41) T3~5 caivam(N1/H,N3,N4); L.,V. ceti / evam. cf. All mss. omit 'iti'.
42 T5 aktvā
43 T2,T5 omit 'ṃ'(R.).
44 T5 anekaṃ(N3)
45 V. nirbhartsya
46 T2 cābhyarcya stutvā(R.); T3 cābhyadyābhiṣṭutya; T4 cābhyarcyābhistutya['rcyā' is canceled with a mark](N4); T5 cābhyaḥ vyabhistutya(?); L.,V. cābhyabhistutya. cf. N1,C2,B,H cābhyarccyastutya(C1 °arcya°; N2 omits 'tya'); N3 cābhyacyistutya; N5 cābhyarcyāstutya; BHSD,abhyabhistutya.
(47…47) T5 vividhacara
48 T3~5 omit 'ṃ'.
49 T3 °vārāṃ
50 T2 tatrāivāntardadhe(R.)

[Meter ... Vasantatilakā]

89. taṃ śrutva[1] mediniravaṃ[2] sa śaṭhaḥ[3] sasainyaḥ[4]
uttrasta[5] bhinnahṛdayo[6] prapalāna[7] sarve,
śrutvêva[8] siṃhanaditaṃ[9] [(10...]hi vane[...10)] śṛgālāḥ
kākêva[11] loṣṭupatane[12] sahasā[13] pranaṣṭāḥ[14].

atha khalu māraḥ pāpīyān[15] duḥkhito durmanā anāttamanā apatrapamāṇarūpo[16] mānâbhibhavān[17] na gacchati[18] sma. na nivartate[19] sma. na palāyate sma. paścānmukhaṃ[20] (sthitvā)[21] uttari[22] ca[23] senām āmantrayate sma. sahitāḥ[24] samagrās[25] tāvad bhavantas[26] tiṣṭhantu muhūrtaṃ[27], yāvad vayaṃ jñāsyāmo yadi tāvac chakyetâyam[28] anunayenôtthāpayitum[29]. mā khalv[30] evaṃrūpasya sattvaratnasya[31] sahasā vināśo[32] bhūd iti.

320 atha khalu māraḥ pāpīyān[33] svān[34] duhitṝn[35] āmantrayate[36] sma. gacchadhvaṃ[37] yūyaṃ kanyakā[38] bodhimaṇḍam[39] upasaṃkramya bodhisattvasya jijñāsanāṃ kuruta.[40] kiṃ sarāgo[41] 'tha vītarāgaḥ, kiṃ mūḍho[42] 'tha prājñaḥ[43], [(44...]kim andho 'tha[...44)] deśajño[45] 'thâparāyaṇaḥ[46], dīno vā dhīro vêti.

idaṃ khalu vacanaṃ śrutvā tā[47] apsaraso yena ⟨bodhimaṇḍo yena⟩[48] ca bodhisattvas[49] tenôpasaṃkrāmann[50] upasaṃkramya bodhisattvasya purataḥ[51] sthitvā dvātriṃśadākārāṃ[52] strīmāyām[53] upadarśayanti[54] sma.[55] katamā dvātriṃśadākārā.[56] [(57...]tad yathā.[...57)] kāścit [(58...]tatrârdhavadanaṃ chādayanti[...58)] sma. kāścid unnatān[59] kaṭhinān[60] payodharān[61] darśayanti[62] sma.[63] kāścid ardha-

1 All mss. śrutvā. Metrically we read 'śrutva'[agree with L.] though no ms. supports it.
2 T2 medanīvaraṃ(R. °ravaṃ); T3~5 medinīravaṃ(N3,N4). cf. N1,C1,C2 medinī[omit 'ravaṃ']; N2,B,H medinīvaraṃ; N5 medinīvalaṃ. Metrically we read 'medini-'[agree with L.] though no ms. supports it.
3 cf. N1,C1,C2,H omit 'ḥ'.
4 T2 omits 'ḥ'(N1/H,N3; R.).
5 cf. N1/C2 uttrasto; B uttrastā; H uttrastra.
6 T2 °dayaḥ(R.). cf. N1,C1,C2 °dayoḥ.
7 T2 °palāyanaḥ['ya' is marg.]; T3 °palāṃ; R. °palānaḥ; S. °palān. cf. N1/B °palānaḥ; H °palān.
8 T2 śrutvaiva(R.); T3,T4 śrutvevaṃ; S. śrutve[omits 'va']
9 cf. N1,N3,C1/H siṃhanāditaṃ.
(10...10) T2 vane hi(R.,L.); T3~5 omit. cf. N1/H hi vane; N3 ṣe vane[marg.](?); N4 yathā vane.
11 L.,V. kākā va; S. kākāva. cf. All mss. kākeva.
12 T3,T5 leṣṭu°(N3); R. loṣṭhu°. cf. N4 lāṣṭu°; BHSD,loṣṭu.
13 cf. N2,N3 sahasrā.
14 T2 praṇaṣṭāḥ(R.,L.,V.,S.); T3~5 prabhaṣṭāḥ(N4). cf. N1/H,N3 pranaṣṭāḥ.
15 T3~5 pāpīyāṃ
16 T2,T4 °mānarūpo
17 T5 °bhāvān
18 T3,T4 gacchanti
19 T5 nivattate[omits 'r']
20 T3,T5 paścātsukhaṃ
21 T2 inserts 'sthitvā'(N1/H,N3,N4; R.,L.,V.); T3,T5 omit(T4 marg.).
22 T2 uttarī(N1/B; R.)
23 T2 omits 'ca'(N1/H; R.,L.,V.). cf. N3,N4 ca.
24 T3 sahitā[omits 'ḥ']; T4,T5 sāhitā
25 cf. N1,N4,N5,C1,H °grāḥ.
26 T3~5 °taḥ(N4). cf. N3 °tas.
27 T3,T4 mūhūrttaṃ; T5 mūhūrtta(N3,N4); V. muhurtaṃ
28 T2 chakyete 'yam(R.); T3 chakyaṃ tāyam
29 T2 °payituṃm(L. °tuṃ); T5 omits 'pa'(T4 marg.).
30 T3 ravalv
31 T3 °ramnasya. cf. N4 sattvasya ratnasya.
32 T2 vināśo(R.,L.,V.). cf. N1/H,N3,N4 vināso. vināsa = vināśa
33 T3~5 pāpīyāṃ
34 T2 svā(R.,L.,V.); T3,T4 svāṃ(N4,H). cf. N1/B,N3 svān.
35 T2,T4 duhitṝr(R.,L.,V.); T3 duhitṝn; T5 duhitṛ. cf. N1/H duhitṝn; N3,N4 duhitṛn.
36 T2 āmaṃtrayati; T5 mantrayaḥ.
37 T3 gacchatha; T4,T5 gacchatvaṃ
38 V. hanyakāḥ
39 T2 bodhisatvam
40 T5 kurutaḥ
41 T4,T5 omit 'sa'.
42 T5 mūddho; V. mūko
43 T3 prajñāḥ; L.,V. prajñaḥ. cf. N1/H,N3,N4 prājñaḥ.
(44...44) T2 kiṃ tatsvārtha°(R.); T3,T5 kim anto 'tha; T4 kim adho tha
45 T3 devajño
46 T2 'athāpalāyano(R. 'thā°); T3 parāyaṇaḥ; T4 vā parāyanaḥ(T5 --- °yaṇaḥ); L.,V. 'rthaparāyaṇaḥ. cf. N1/B thāpalāyanaḥ; N3 'thāparāyaṇo; N4 'thā 'parāyaṇaḥ; H pāpalāyana.
47 T2,T3 omit 'tā'(R.); T4 tār; T5 tāy(N3). cf. N1/H,N4 tā.
48 T3~5 omit the words in brackets(N3). cf. N4 inserts.
49 T3 bodhisatvo
50 T2 °saṅkrānn[omits 'ma']; T3 °saṃkraman; T4 °saṃkrāmad(N3); T5 °saṃkrāman(N4; V.). cf. N1,C1,C2,H omit 'saṃkrāmann upa'; N2,N5 °saṃkrāmann.
51 T3~5 omit 'ḥ'.
52 T3 °śadārikā; T4,T5 °śadākārā[omit 'ṃ']
53 T5 stri°
54 T5 °daśa°[omits 'r']
55 V. inserts 'tad yathā'.
56 T3 °śadārikānāṃ; T4 °śadākārāṃ
(57...57) V. omits(moves these words just above[Note 55] by mistake).
(58...58) T2 °vadanam ācchāda°(R.); T3~5 °vadanācchāda°(N3). cf. N1/H,N4 °vadanaṃ chāda°.
59 T3~5 udgatāṃ
60 T3 omits; T4,T5 kaṭhināṃ
61 T3~5 °dharāṃ
62 T5 daśayaṃti[omits 'r']
63 cf. H omits this whole part(kāścid ardha° --- darśayanti sma).

vihasitair[1] dantāvalīṃ[2] darśayanti sma. kāścid bāhūn utkṣipya vijṛmbha-[3]
[(4...]māṇāṃ kakṣāṃ[...4)] darśayanti[5] sma. kāścid bimbaphalôpamām[6] [(7...]oṣṭhāṃ dar-[...7)]
śayanti[8] sma. kāścid[9] ardhanimīlitair[10] nayanair[11] bodhisattvaṃ nirīkṣyan-
te[12] sma, dṛṣṭvā ca [(13...]śīghra(ṃ) śīghraṃ[...13)] nimīlayanti sma. kāścid ardha-
prāvṛtāṃ[14] payodharāṃ[15] darśayanti[16] sma. kāścic[17] [18]chithilâmbarāṃ[19] [(20...]samekha-
lāṃ[...20)] śroṇīṃ[21] darśayanti[22] sma.[23] kāścit samekhalāṃs[24] tanudukūlā(ṃ)[25] nivāsi-
tāḥ[26] śroṇīṃ[27] darśayanti sma. kāścid[28] ṛṇa-ṛṇā[29]śabdāṃ[30] nūpuraiḥ kurvanti
sma. kāścid ekāvalīṃ[31] stanântareṣû[32]pa[33]darśayanti sma. kāścid[34] vinagnān
ardhôrūn[35] upadarśayanti[36] sma. kāścic [(37...]chiraḥsv aṃseṣu[...37)] ca pattraguptāñ[38]
śukaśārikāṃś[39] côpa[40]⟨viṣṭān upa⟩[41]darśayanti sma. kāścid ardhaka[42]ṭâkṣair[43]
bodhisattvaṃ nirīkṣanti[44] sma.[45] kāścit[46] sunivast(r)āny[47] api durnivast(r)āṃ[48]
kurvanti[49] sma. kāścij jaghana[50]rasanāḥ kampayanti sma. kāścit[51] saṃ-
bhrāntā[52] iva [(53...]savilāsās ⟨itas⟩[...53)] tataś[54] caṅkramyante[55] sma. kāścin nṛtyante[56]
sma. kāścid gāyanti sma. kāścid vilasanti[57] sma[58] lajjante[59] ca. kāścit

1 T5 omits ‘r’.
2 T2 °valīr(R.); T3 °valī[omits ‘ṃ’]; T4 °valir(N4); T5 °vali; L.,V. °valiṃ. cf. N1,N5,C1,C2,B °valīn; N2 °valīṃ; N3 °valiṃ.
3 T3 vijyaṃbha°; T4,T5 vijyambha°(N3,N4)
(4…4) T2 °māṇakakṣaṃ(R.); T3~5 °mānā kakṣaṃ(N3,N4); L.,V. °māṇān kakṣān. cf. N1,N2,C1/H °mānāṃ kakṣāṃ; N5 °mānāṃ kakṣī.
5 T4 darśayiṣyaṃti; T5 darśayati
6 T3 biṃba°; R. vimba°
(7…7) T2 °mān oṣṭhān(L.,V.); T3 °māṃ oṣṭhau; T4,T5 °māṃ oṣṭhā; R. °moṣṭhān. cf. N3,N4 °mā oṣṭhān; N1/H °mām oṣṭhāṃ.
8 T5 daśayati
9 T2 kācid. cf. N1 omits from here(kāścid) to ‘śroṇīṃ darśayanti sma’[Note 23].
10 T3,T4 arddhavihalitair(T5 °litai; N3,N4). cf. N2/H °nimīlitair; Tib. btsums te (= nimīlita).
11 T4,T5 omit ‘r’(N3,N4).
12 T2 nirīkṣante(H; R.,L.,V.); T3 nirīkṣayante; T4 darśayata; T5 darśayaṃti. cf. N2 nirīkṣate; N3,N4 darśayante; C1 nirīkṣaṃte; N5,C2,B nirīkṣante.
(13…13) T2,T3 śīghraṃ śīghraṃ(N2/H; R.); T4,T5 śīghraśīghraṃ(N3,N4); L.,V. śīghraṃ.
14 T2 °vṛtān(R.,L.,V.). cf. N2/H,N3,N4 °vṛtāṃ.
15 T2 °dharān(R.,L.,V.). cf. N2/H,N3,N4 °dharāṃ.
16 T2 °yati; T5 °yaṃti
17 T3 kāści
18 T3 omits ‘chi’.
19 T4 °lāṃba°; T5 °lāba°
(20…20) T2 °ramekhalāṃ[omits ‘sa’](R.); T3 °rāḥ svamekhalāṃ; T4 °rāṃ svamekhalāṃ; T5 °rāṃ syamekhalāṃ(N3). cf. N2/H °rāṃ mekhalāṃ; N4 °rāḥ samekhalāṃ.
21 T2 śroṇiṃ(R.); T5 śroṇī[omits ‘ṃ’](N3,N4)
22 T2 darśayati[omits ‘n’]
23 cf. N1 omits from ‘kāścid’[Note 9] to here(sma).
24 T2 sumekhalāṃ(R.); T3~5 samekhalāṃs(N1/H,N3); L.,V. samekhalāṃ. cf. N4 samekhalās.
25 T2 tadanukūlāṃ(N1/H; R.); T3~5 tanudkūlāṃ(N3 °kūlān; N4); L. tanudkūlā°; V. tanudkūla°.
26 T2 nirvāsitāṃ(N2/H; R. nirvvā°); T3 nirvāsitāḥ; T4 nivāśitā; T5 nirvvāśitāḥ; L.,V. °nivāsitā. cf. N3 nirvvāśitā; N4 nirvvāśitāṃ.
27 T2 śroṇiṃ(R.); T5 śroṇī[omits ‘ṃ’]. cf. N3 śroṇīn.
28 T3~5 kāści; L.,V. kāścij. cf.N3 kāścidd; N4 kāścit.
29 T2 ruṇuruṇu°(R.); T3 jhaṇarṇāṃ(T4 °ṛṇā°); T5 kṣaṇarṇā°; L.,V. jhaṇajhaṇā°. cf. N1 ṛlla°; N2,N4,N5,C1,C2,H ṛllarlla°; N3 ṛnarṇā°; B ṛlarla°.
30 T2 °śabdān(N3; R.,L.,V.); T5 °śabdā. cf. N1/H,N4 °śabdāṃ.
31 T2 ekāṅgulīṃ(R.); T4,T5 ekāvalī[omit ‘ṃ’]
32 T3 starānta°
33 T5 °reṣupa°
34 T4,T5 kāści[omit ‘d’]
35 T3,T4 avorūn(N3); T5 acorūn. cf. N4 arddhorūn.
36 T5 upadaśapadaśayanti
(37…37) T2 chirahsvaṃ 'seṣu(R.); T3 chiraḥsvāgesu; T4 chiraḥsvāṃsaimu; T5 chiraḥsvāhaśu(?); L. chiraḥsv aṃśeṣu(V. --- aṃseṣu). cf. N1,N5,C1,C2 chiraḥsvāṃśeṣu; N2,B chiraḥsv aṃśeṣu; N3 chiraḥsvāseṣu; N4 chiraḥsvāṃseṣu; H chiraḥsvāśeṣu.
38 T2 °guptāḥ(R.); T3,T4 °guptāṃ; T5 °guptaṃ
39 T2 °śālikāś; R. °śārikāś
40 T3 cova°
41 T2 °viṣṭā upa°[omits ‘n’](R.); T3~5 omit the words in brackets(N3,N4); L.,V. °viṣṭān upa°. cf. N1/H °viṣṭān upa°.
42 L. adha°[omits ‘r’](misprint)
43 T4 °kaṭākṣai[omits ‘r’]; T5 °kakṣai[omits ‘ṭā’]. cf. N3,N4 °kakṣair[omit ‘ṭā’].
44 T2 °kṣante(N1/H; R.,L.,V.); T3 °kṣayantaḥ; T4 °kṣaṃti(N3); T5 °kṣati. cf.N4 °kṣanti.
45 T3 omits ‘sma’.
46 T2 kācit; T3 kāści
47 T2 sunirvastrā(R. sunirvva°); T3,T4 sunivastāny; T5 sunicastāny; L.,V. sunivastā. cf. N1,C2 sunirvastāny; N3 sunicestāny; N4 sinivastrāny; H sunivastyāny; BHSD,nivastra.
48 T2 durnnivastrāḥ(R. °nirvva°); T3~5 durnivastāṃ(N3); L.,V. durnivastāḥ. cf. N1,N5,H dunnivastāṃ; N4 durnivastrā; C1,C2,B durnnivastāṃ.
49 T3 kurvante; T4,T5 kurvvante
50 T2 jaṃghanara°(N4); T3~5 jaghaṇara°(N3)
51 T2 kāści; T4 kāścid
52 T4,T5 bhrāntā[omit ‘saṃ’](N3,N4)
(53…53) T2 °lāsam itas(R.,L.,V.); T3,T5 °lāsās(N4); T4 °lāśās(N3). cf. N5 °lāsīṃm; H °lāsaṃm.
54 T4,T5 tanaś(N3,N4). cf. N2 tataḥ; N5 atas.
55 T2 °kramante(R.); T3~5 cakramyaṃte. cf. N3 cakramyate; N4 caṃkramyante.
56 T3 °yantī; T4,T5 °yaṃte(N3,N4); L.,V. °yanti. cf. N1,C2 °yanta.
57 T2,T3 vilapanti(R.); T4,T5 vilapaṃti. cf. N4 vilayanti.
58 T2 inserts ‘kāścil’(N4; R.).
59 T2 sma(R.)

[(1...]kadalya iva[...1)] vāyuvidhūtā[2] [(3...]ūrū⟨ṃ⟩ kampayanti[...3)] sma. kāścid[4] gambhīrāṃ[5]
321 stananti[6] sma. kāścid aṃśukaprāvṛtāḥ[7] saghaṇṭārasanā[8] vihasantyaś[9] caṅ-
kramyanti[10] sma. kāścid vastrāṇy ābharaṇāni ca pṛthivyāṃ[11] chorayanti
sma. kāścid guhya[12]prakāśāni[13] sarvâbharaṇāny[14] upadarśayanti[15] sma. kāścid[16]
gandhânuliptāṃ[17] [(18...]bāhūn upadarśayanti[...18)] sma. kāścid gaṇḍ[19]ânulepana[20]kuṇḍa-
lāny upadarśayanti[21] sma. kāścid avaguṇṭhitakāyā[22] [(23...]vadanā⟨ni⟩ chāda-[...23)]
yanti sma kṣaṇe(na)[24] côpadarśayanti[25] sma.[26] kāścit pūrvahasita[27]ramita-
[(28...]krīḍitā anyonyaṃ[...28)] smārayanti[29] sma punar api lajjitā iva tiṣṭhanti[30]
sma. kāścit kumārīrūpāṇy[31] aprasūtirūpāṇi[32] madhyastrīrūpāṇi[33] côpadarśa-
yanti[34] sma. kāścit kāmôpahitena[35] bodhisattvaṃ[36] nimantrayante[37] sma. kāś-
cin[38] muktakusumair[39] bodhisattvam avakiranti sma, [(40...]purataś ca[...40)] sthitvā
bodhisattvasyâśayaṃ[41] mīmāṃsante[42] sma. vadanaṃ ca nirīkṣante sma.
kim ayaṃ raktêndriyaiḥ[43] paśyaty[44] āhosvi⟨d⟩[45] dūrīkaroti[46] nayane īryate[47]
vā [(48...]na vêti.[...48)] tāḥ paśyanti sma[49] bodhisattvasya vadanaṃ śuddhavi-
malaṃ[50] candramaṇḍalaṃ iva[51] rāhuvinirmuktaṃ[52] sūryam iva prodayamānaṃ
yūpam[53] iva kanakamayaṃ[54] vikasitam iva sahasrapattraṃ[55] havyâvasiktam[56]
ivânalaṃ merum ivâcalaṃ[57] cakravāḍam[58] ivâbhyudgataṃ[59] guptêndriyaṃ[60]
nāgam[61] iva sudānta[62]cittam.

atha tā[63] māraduhitaro bhūyasyā mātrayā bodhisattvasya sa⟨ṃ⟩lo-
bhanârtham[64] imā[65] gāthā[66] abhāṣanta[ḥ].[67]

(1…1) T2 kadalīm iva(R.). cf. N2 kadalīva.
2 T2 °dhutāṃ(R.); T3 °dhūtāḥ. cf. N3 °dhūtā; N4 °dhūtāṃ.
(3…3) T2 ūruṃ kampa°(N2; R.); T3 ūrūpadarśayanti; T4,T5 ūrū kaṃpayaṃti; L. ūrū kampayanti; V. urū kampa°. cf. N1,N3,C1/H ūrū kampa°; N4,N5 ūrūṃ kampa°.
4 T5 kāściṅ
5 T2 gambhīraṃ(N4; R.); T3,T4 gaṃbhīraṃ; T5 gabhīra(N3 °raṃ); L. gambhīrā; V. gambhīrāḥ. cf. N1,C1,C2,H gambhīrā; N2 gaṃbhīrāṃ; N5 dasthīrāṃ; B gambhīrāṃ.
6 T3 staranti; T4,T5 staraṃtiṣṭhanti(N3,N4). cf. N1/H stananti.
7 T2 aṃśukāprāvṛtāṃ(R.); T5 asuka°. cf. N3,N4 aṃsuka°.
8 T2 saghaṇṭāṃ rasanāṃ(R.); T3~5 saṃghaṇḍarasanā(N3). cf. N4 saghaṇṭārasanā.
9 T2 vihatya(R.); T4,T5 vihasyaṃtyaś(N3); L.,V. vihasyantyaś. cf. N1,N5,C1,C2,B vihasatyaś; N2 vihasaṃtyaś; H vihatyaś.
10 T2 caṅkramante(R.); T3 caṃkramanti; T4 caṃkramyati; T5 cakramyaṃti(N3); L. caṅkramyante(N4). cf. N1,C2 cakramyanta; N2 caṃkramyaṃte.
11 T2 chāra°(R.)
12 T2 guhyakāpra°(R.)
13 T3 °kāsāni
14 T3 °raṇāti
15 T5 uparśayaṃti[omits 'da']
16 T5 kāści[omits 'd']
17 T2 °lipta°(R.); L.,V. °liptān. cf. N3,N4,H °liptāṃ; N1/B °liptā.
(18…18) T2 bāhūpa°
19 All mss. gandhānu°(R.,L.,V.). Acc. to Tib.[mkhur ba bskus śiṅ] and from the context we read 'gaṇḍānu-' though no ms. supports it.
20 T2 °lipta°; T3 °liptāṃ; T4 °lepanaṃ. cf. N1/H,N3,N4 °lepana°.
21 T5 upadaśa°[omits 'r']. cf. N4 ca darśa°.
22 T2 °ṭhitakāyā['yā' is marg.](R. °kayā); L.,V. °ṭhikayā. cf. N1/H °ṭhitakayā; N3,N4 °ṭhitakāyā.
(23…23) T2 °nāny āchā°(R.); T3~5 °nāchā°(N3); L.,V. °nāni chā°. cf. N1 °nāni cha°; N4 °nāni chā°.
24 T2 kṣaṇena(N1/H,N4; R.); T3~5 kṣaṇe(N3); L.,V. kṣaṇekṣaṇā. cf. BHSD,kṣaṇekṣaṇā.
25 T5 °yati[omits 'n']
26 T3,T4 omit 'sma'.
27 T4 pūrvvaṃ ha°
(28…28) T2 °tāny anyo°(R.); T3,T4 °tānyonyaṃ(T5 omits 'ṃ')
29 T2 °yati[omits 'n']; T4,T5 °yaṃti
30 T5 tiṣṭhati[omits 'n']
31 T3,T4 °rūpāny
32 T3 °rūpo; T5 aṃpra°
33 T3 °rūpāṇyadhi
34 T3 omits 'sma'.
35 T3 °pasaṃhi°[inserts 'saṃ']
36 T3 °satvam; T5 satva[omits 'ṃ']
37 T3 upanimantrayate; T4 nimantrayate(T5 °yaṃte)
38 T3~5 °cit
39 T4,T5 kusumamuktai[omit 'r']
(40…40) T4 omits 'ś ca'.
41 T3~5 omit 'ṃ'.
42 T3,T5 °saṃte; T4 °sate[omits 'n']
43 T2 raten°[omits 'k']; T3,T4 °driya[omit 'iḥ']; T5 °driyaṃ
44 T3 paśyanty; T3 pasyaty
45 T2 āho svid(N4; R.,L.); T3~5 omit 'd'(N3).
46 T3~5 dūri°(N3). cf. N4 dūrī°.
47 T2 īrṣyate(N4; R.); T3 īryante; T5 īyete. cf. N3 īryate.
(48…48) T3 ṇa vedhi; T4,T5 na veḍi(N3); R. naveti. cf. N1/H na veti; N4 na vedi.
49 L.,V. omit 'sma'. cf. N1,N2~4,C1,C2,B insert 'sma'; N5,H omit.
50 T4 suddhaṃ vimala; T5 śuddhaṃ vimalaṃ(N3; L.,V.). cf. N1/B,N4 śuddhavimalaṃ; H śuddhaviśuddhavimalaṃ.
51 T5 ika
52 T5 °vinimu°[omits 'r']
53 T5 yūṣam
54 T4,T5 omit 'ṃ'.
55 T4 sahasraṃpa°; T5 sahapatraṃ[omits 'sra]
56 T3,T4 °vaśiktam
57 T5 omit 'ṃ'.
58 T3~5 °vākam(N3,N4); V. °vālam. cf. N1/H °vāḍam.
59 T5 °uṅgataṃ
60 T4,T5 omit 'ṃ'.
61 T5 nāgām
62 T4 sadāntacirtta
63 T4,T5 tāḥ
64 T2 sulobhārtham(H; R.); T3 salobhanārthaṃ(N4 °tham); T4,T5 salobhārtham(N1,N5,C1,C2,B; N3); L.,V. saṃlobhanārtham. cf. N2 salobhārthaṃ; BHSD,saṃlobhana.
65 T4,T5 imāṃ
66 T2 gāthām
67 T2 °ṣata; T3~5 °ṣataḥ; R.,L.,V. °ṣanta. cf. N1,N5,C1,C2,H °ṣanta; N2,N3,B °ṣaṃta; N4 °ṣaṃtaḥ.

[Meter ... Mixture of more than two Rhythms (Toṭaka, Nālinī,Moṭaka, Citragati, Sumukhī, Aṅgaruci, Aśvagati etc.)]

90. suvasantake[1] ṛtuvara[2] āgatake
ramimo[3] priya[4] phullitapādapake[5],
tava rūpa surūpa[6] suśobhanake[7]
[(8...]vaśa varti[...8)] sulakṣaṇacitritake[9].

322 91. vaya[10] jāta sujāta[11] susaṃsthitikāḥ[12]
sukhakāraṇa devanarāṇa [(13...]vayaṃ bhutikāḥ[...13)],
utthi laghuṃ[14] paribhuñja[15] suyauvanakaṃ[16]
durlabha[17] bodhi nivartaya[18] mānasakaṃ[19].

92. prekṣasi[20] tāva[21] imā marukanya su'laṃkṛtikā(ḥ)[22]
tavakāraṇa sajjita[23] bhūṣita[24] āgatikā(ḥ)[25],
ko rūpam imāṃ[26] samavekṣya[27] [(28...]na rajyati[...28)] rāgarato[29]
api[30] jarjarakāṣṭha[31] 'va[32] seṣitajīvitakaḥ[33].

93. keśa mṛdū[34] surabhīvaragandhinikāḥ[35]
makuṭa[36]kuṇḍalapattra[37]vibodhita-ānanikāḥ[38],
sulalāṭa[39] sulepana-ānanikāḥ[40]
padmaviśuddhaviśālasulocanikāḥ[41].

94. paripūritacandra[42]nibhânanikāḥ[43]
bimba[44]supakvanibhâdharikāḥ[45],

1 The 'e' of '-ke' should be counted as metrically short.
2 T2 ṛtupravare; R. ṛtuvare
3 T2 ratimo(R.); T3~5 racimo. cf. N1,C1,C2,H ratimā; N3 ramimo; N4 ravimo.
4 T2~5 priyā(N3,N4; R.). cf. C2 priyās. Metrically we read 'priya'[agree with L.] though no ms. supports it.
5 T5 °pako
6 T3~5 °mayaṃ[unite with the preceding word(rūpa) as a compound] (N3,N4); S. sarūpa. cf. N1/H surūpa; Tib. gzugs bzaṅ (= surūpa).
7 T2 °nako(R.); T3,T4 susobha°
(8…8) T2,T3 vaśavartti(R.); T4,T5 vasavartti(N1/H,N3,N4); L. vasavarti; V. vaśavarti. Contextually we read 'vaśa varti'[not a compound], and regard 'varti' as a form of opt. 3 sg.
9 T2 sulakṣaṇavicitritako(R.); L.,V. sulakṣaṇa citritake[not a compound]
10 T2 vayaṃ(R.)
11 T5 omits 'ta'.
12 T2 omits 'ḥ'.
(13…13) T2 °vasantutikāḥ(R.); T3 ca saṃbhutikāḥ; T4 rasatutikāḥ(T5 omits 'ḥ'); L.,V. susaṃtutikāḥ; S. susaṃstutikāḥ. cf. N1/B ca saṃtutikāḥ; N3 susatutikāḥ; N4 casatutikāḥ; H ca saṃtuṣikāḥ; BHSD,(su-)saṃtutikā. Acc. to Tib.[bdag cag byuṅ] and from the context we read 'vayaṃ bhutikāḥ(= bhūtikāḥ)' though no ms. supports it.
14 T2 omits 'ṃ'(R.).
15 T3~5 °bhuṃja
16 T3 °vanaka[omits 'ṃ']; T4 °vatakaṃ['ta' is marg.]; T5 °vakaṃ(N3 'na' is marg.); L.,V.,S. °vanikaṃ. cf. N4 °vanakaṃ.
17 T2 durllabha(R.); T4 dullabha(N4; L.); S. dullabha(? durlabha). cf. N1,C2 dulaṃbha; N3 durlabha; H durlabhaṃ.
18 T3 nivarttaye
19 T2 °kam(R.,V.)
20 T3~5 °kṣati(N3); R. pekṣasi(?). cf. N4 prekṣasi.
21 T2 tāvad
22 T2 sulaṅkṛtikās(R.); T3~5 sulaṃkṛtikā(L.,V.,S.; N3,N4). cf. N1/H sulaṃkṛtikāḥ; BHSD,alaṃkṛtaka.
23 T5 sarjjita
24 T3 bhūṣi; T5 bhūṣitam(T4 'bhūṣita' is marg.; N3,N4). cf. N1/H bhūṣita.
25 T2 °kāḥ(N1,N2,C1,C2,B; R.); T3 ratikā; T4,T5 °kā(N3~5,H; L.,V.,S.)
26 T2 imaṃ(N1/H; R.,L.,V.,S.). cf, N3,N4 imāṃ.
27 T3 °vekṣa. cf. N4 °vekṣe.
(28…28) T2 na rajjati(R.). cf. N1,C1,C2,H °ti[omit 'na rajya']; N4 ṇa rajyati.
29 cf. N3 rāgacato.
30 cf. N3 'pi.
31 T3 °kāṣu; T4 °kāṣva(N3)
32 T2 śoṣita°(R.,V.); L.,S. soṣita°. cf. N3,N4 seṣita°. seṣita = śeṣita.
33 T3 °vitaḥ; L.,V.,S. °vitako. cf. N1/H,N3,N4 °vitakaḥ.
34 cf. N4 surabhi°.
35 T2 °gandhinikā[omits 'ḥ'](N1/H; R.,L.,V.); T3,T5 °gadhinikāṃ(N3,N4 °gandhi°); S. °gandhanikā.
36 L.,V. makuṭā°; S. mukuṭā°. cf. N1/B makuṭā°; N3 mukuṭa°; N4 makuṭa°; H mukuṭā°.
37 R.,L.,V. °ḍala patra°[not a compound]
38 L.,V.,S. °nikā[omit 'ḥ']. cf. N5 °nikā; Other mss. °nikāḥ.
39 T3 sulalāta; T4,T5 omit this whole word(N3; N4 marg.).
40 T4,T5 omit this whole word(N3,N4); L.,V.,S. °nikā[omit 'ḥ']. cf. N1/H °nikāḥ.
41 T3,T4 °canakāḥ; T5 °canakāṃ(N3,N4); L.,V.,S. °canikā. cf. N1/H °canikāḥ.
42 T4,T5 °caṃdra°
43 T2 °nikā[omit 'ḥ'](R.,L.,V.,S.). cf. N1/H,N3,N4 °nikāḥ.
44 R. vimba°
45 T3~5 °nibhānanikāḥ(N4); L.,V.,S. °rikā[omit 'ḥ']. cf. N1/B nirbhādhanikā; N3 nirbhādharikāḥ; H nibhādharikāḥ; BHSD,-adharaka.

śaṅkha[1]kunda[2]himaśuklasudantinikāḥ[3]
prekṣa[4] kāntā[5] ratilālasikāḥ[6].

95. [7]kaṭhinapīnapayodhara udgatikāṃ[8]
trivalī[9]kṛtamadhya[10] susundarikāṃ[11],
jaghanâṅgana[12] cāru suvittharikāṃ[13]
[(14...]prekṣa sunātha[...14)] sukāminikāṃ[15].

96. gajabhujasaṃnibha-ūruṇikāṃ[16]
valayanirantara[17]bāhunikāṃ[18],
323 kāñcī[19]varaśroṇi[20]sumaṇḍi[21]tikāṃ[22]
prekṣahi[23] nātha[24] imāṃ[25] tava dāsinikāṃ[26].

97. haṃsa[27]gatī[28]suvilambita[29]gāminikāḥ[30]
mañju[31]manojñasumanmathabhāṣinikāḥ[32],
īdṛśarūpa[33]subhū[34]ṣitikāḥ
divya[35]ratīṣu supaṇḍitikāḥ[36].

98. gītaka[37]vāditanṛtta[38]suśikṣitikāḥ[39]
ratikāraṇajāta[40]surūpi[41]ṇikāḥ,
yadi nêcchasi kāmasulālasikāḥ[42]
[43]suṣṭhu suvañcitako[44] ’si[45] bhṛśaṃ[46] khalu loke.

1 T2,T4,T5 śaṃkha°
2 L.,S. °kuṇda°. cf. N2 °kuṃda°; N3 °kunda°; N4 °kuṇḍa°.
3 L.,V.,S. °tinikā[omit 'ḥ']. cf. N2 °tinikā; N3,N4 °tinikāḥ; B °tinikāṃ; H °tikāḥ.
4 cf. N3 praccha. 5 T2 kānta(R.,L.,V.,S.). cf. N3,N4 kāntā.
6 L.,S. °sikāṃ; V. °sikām. cf. N1,C1,C2,H °sikāṃ; N2~4,B °sikāḥ; N5 invisible.
7 cf. N3 writes 'kaṭhina° ------ °ūruṇikāṃ[Note 16]' in the margin.
8 T2 °kās(R.); T4 udgatikāḥ(T5 uṅga°; N4). cf. N3 invisible.
9 T3 tṛvalī°; T5 tṛtrivalī°
10 cf. N1,C1,C2 °līsuvṛtamadhye; N2,N5,B,H °līkukṛtamadhya.
11 T2,T4,T5 °rikāḥ(N4; R.); V. °rikām. cf. N1/H,N3 °rikā.
12 T2 °nāṅgaṇa(N4; R.,V.); T3 °ṇāṅgaṇa; T4,T5 °ṇāṃgana
13 T2 suvicchurikā[omits 'ṃ']; T3 suvintharikāṃ; T4,T5 suvicchurikāḥ(N4; R.); S. surittharikāṃ. cf. N1,C2 suvittharikāṃḥ; N3 savarttikā.
(14...14) R.,L.,V.,S prekṣasu nātha. This line is unmetrical because of the deficiency in 1 gaṇa.
15 T2,T4 sukāminikāḥ(T5 sūkā°; N4; R.); V. °nikām. cf. N1,C1,C2 °nikā; N2,N5,B,H °nikāṃ; N3 imā sarukanyanyalaṃkṛtikā(?); BHSD,kāminikā.
16 T2 °ūruṇikā[omits 'ṃ'](N3?; R.); T4 °ūrunikāṃ; T5 °ucunikāṃ. cf. N4 °ūruṇikāṃ.
17 T5 varayanicantara°
18 T2 °bāhunikāḥ(R.); T3 bāhinikāṃ; T4 °bāhunikā; T5 °bāhunikāṃ(N1/H); L.,S. °bāhanikāṃ(V. °kām). cf. N3,N4 bāhinikā.
19 T4 kāṃcī°; T5 kāci°. cf. N3 kāñca; N4 kāṃci. 20 L.,S. °sroṇi°. cf. All mss. °śroṇi°.
21 V. °samaṇḍi° 22 T2 °kāḥ(R.); T4,T5 omit 'ṃ'(N3,N4).
23 T2 prekṣa hi(R.); T3 kṣapeti; T4,T5 prekṣati(N3); S. prekṣasva. cf. N1/H prekṣahi; N4 prekṣasi.
24 T2 omits 'nātha'; T3 nāṃtha
25 T2 imās(N3; R.); T5 imā(N4; L.,V.,S.). cf. N5 imām; A(L.'s Varianten) imāḥ.
26 T2 °nikāḥ(R.); T4,T5 dāśinikāḥ(N3); V. °nikām. cf. N2,N5 dāminikāṃ; N4 dāsinikāḥ.
27 T5 haṃśa° 28 T2 °gati°(R.)
29 T3,T4 °laṃbita°; T5 omits 'lam'.
30 T2 °minikā(B; R.); T3 °minikāṃ(N1/C2; L.,V.); S. °minakāṃ. cf. N3,N4 °minikāḥ; H °minīkāṃ.
31 T3~5 maṃju°; V. maññu°(?)
32 T3~5 °bhāṣiṇikāḥ(N3); L.,S. °bhāsinikāṃ; V. °bhāṣinikām. cf. N1,C1,C2,N4 °bhāsinikāṃ; N2,N5, B °bhāṣiṇikāṃ(H °ṇikā); BHSD,-bhāsinikā.
33 T5 omits from here(°bhū-) to 'ārya-' that is the beginnig of Gāthā No.106b[L.,p.325,line 2].
34 T2 °ṣiṇikā(R.); L.,V.,S. °ṣiṇikāṃ. cf. N1/H °ṣitikāṃ(B omits 'ṃ'); N3 °ṣitikāḥ; N4 °ṣinikāṃ; BHD,-bhūṣiṇikā.
35 T1 lacks the text from 'namas-'(the end of Gāthā No. 68d) to here(divyara-), so hereafter we get again the text of T1.
36 T1,T3,T4 sumaṇḍitikāḥ; L.,S. supaṇḍitikāṃ(V. °kām). cf. N1/H supaṇḍitikāṃ; N3 supaṇḍitikāḥ; N4 supaṇḍikāṃ. 37 T2 omits 'ka'.
38 T2,T3 °nṛtya°(R.,L.,V.,S.). cf. N1/H,N3,N4 °nṛtta°.
39 T2 °suśikṣitikā(N3; R.); L.,S. °susikṣitikāṃ; V. °suśikṣitikāṃ. cf. N1/H °suśikṣitikāṃ; N4 °susikṣitikāṃ.
40 T1 °jātasūrū°; T2,T4 °jātisurū°(N1/H,N4; R.,L.,V.,S.). cf. N3 °jātasūrū°.
41 L.,S. °piṇikāṃ(V. °kām). cf. N1 °piṇiṃkā; N2/H °piṇikāṃ; N3 °piṇikāṃḥ; N4 °pinikāṃ.
42 T1 °lālakāḥ; L.,V.,S. °lālasikāṃ. cf. N1/H °lālasikāṃ; N3 °lālasikāṃḥ; N4 °lālaśikāṃ.
43 cf. N2 omits from here(suṣṭhu) to the end of Gāthā No.99[Note 10 in the following page].
44 T1 suvaṃsitakau; T3,T4 suvaṃcitako; S. omits 'su'.
45 T3 śi
46 T1,T4 bhṛṣaṃ(N3); L.,S. bhṛsaṃ. cf. N1/C2,H bhṛśi; N4 bhṛsaṃ; B bhṛśaṃ.

99. nidhi dṛṣṭva[1] yathā hi palāyati koci[2] naro
dhanasaukhyam ajānaku[3] mūḍhamano,[4]
tvam api tathâiva hi rāgam[5] ajānanako[6]
yaḥ[7] svayam āgatikāṃ[8] na hi bhuñjasi[9] kāminikāṃ.[10]

atha khalu bhikṣavo [(11...]bodhisattvaḥ, animiṣanayanaḥ[...11)][12] prahasitavadanaḥ [(13...]smitamukhaḥ, avikopitair[...13)] indriyair anabhisaṃskṛtair[14] gātrair[15] [(16...]ajihmaiḥ, arakto[...16)] 'duṣṭo 'mūḍhaḥ śailêndravad [(17...]aprakaṃpya⟨ḥ⟩, anavalīno[...17)] 'nava-[18]dīrṇaḥ,[19] asaṃpīḍitaḥ[20] su⟨saṃ⟩sthitayā[21] [22]buddhyā[23] svâdhīnena jñānamukhenâ-[24]tyantasuprahīnatvāt[25] kleśānāṃ[26] ślakṣṇayā madhurayā vācā brahmâtirekeṇa[27] ⟨ghoṣeṇa⟩[28] kalaviṅkarutena[29] svareṇa valgunā[30] manojñena tāṃ[31] māra-duhitṝn[32] gāthābhiḥ pratyabhāṣata[ḥ].[33]

[Meter ... Unknown(ma,sa,ja,bha,ga,ga)]

100. kāmā bho bahuduḥkhasaṃcayā[34] du[ḥ]khamūlā[35]
dhyānârddhītapasaś[36] ca bhraṃsanā[37] abudhānāṃ,[38]
324 na[39] strīkāmaguṇebhi[40][41] tṛptitāṃ[42] [(43...]vidur āhuḥ[...43)]
prajñātṛptikaro [(44...]bhaviṣy' ahaṃ[...44)] abudhānāṃ.[45]
101. kāmāṃ sevayato[46] vivardhate puna[47] tṛṣṇā[48]
pītvā vai lavanôdakaṃ[49] yathā naru kaścit,[50]

1 T1 dṛṣṭvā(S.); T2 dṛṣṭi(R.); T3 dṛṣṭa(N1,N4,N5,C1/H;L.,V.). cf. N3 dṛṣṭva.
2 T2 ko kopi(R.); L.,V.,S. ko ci. cf. N3 kocit; N4 kā si; B kā[marg. ke] cin. koci = kaścit.
3 T1,T4 °natū; T2 °naka(R.). cf. N4 °naku. 4 T1,T4 °manā(N4); T2 °manāḥ(N3; R.)
5 T1 rāmam
6 T3 ajānarako(N3,H); T4 ajānanarako. cf. N1,C1,C2 ajānako; N4 ajānanakā; B ajānakā.
7 L.,S. ya. cf. All mss. yaḥ. 8 T2 °tikān(N3; R.); L.,S. °tiko. cf. N4 °tikā.
9 T1,T3,T4 bhuṃjasi; S. bhuñjati
10 T2 °kāḥ(R.); L. °kāṃ // iti[adds 'iti'](V. °kām ---). cf. N2 omits from 'suṣṭhu'[Note 43 in the preceding page] to here(kāminikāṃ).
(11...11) T1,T3,T4 °satvaḥ animi°; T2 °sattvo 'nimi°(N1/H; R.,L.,V.). cf. N3,N4 °satva animi°.
12 T1 °ṇayanaḥ
(13...13) T1,T3,T4 °mukhaḥ aviko°(N4); T2 °mukho 'viko°(N1/H; R.,L.,V.). cf. N3 °mukha aviko°.
14 T1 aṇabhi° 15 T1,T4 °kṛtaiḥ(N3). cf.N4 °kṛtai.
(16...16) T2,T3 ajihmair arakto(N4,N5; R.); T4 ajihmai arakto(N2,B); L.,V. ajihmo 'rakto. cf. N1,C1,C2 ajihmaiḥ / arakto; N3 ajihmaiḥ / dra arakto['dra' is canceled with a mark]; H ajihmairakto(?).
(17...17) T1,T3,T4 aprakaṃpya anava°(N3 omits 'ṃ'; N4); T2 akaṃpyo 'nava°[omits 'pra'](R. akampyo ---); L.,V. aprakampyo 'nava°. cf. N1,N5,C1,C2,H aprakaṃpyānava°; N2 aprakaṃpyo nava° (B omits 'ṃ'). 18 T2 nāva°(R.)
19 T2 °dīrṇo(R.,L.,V.); T1,T3,T4 °dīrṇṇaḥ(N3 omits 'ḥ'; N4). cf. N1,N5,C1/H °dīrṇṇo; N2 °dīno.
20 T2 'saṃpī°(N1/H; R. 'sampī°; L.,V.). cf. N3,N4 asaṃpī°.
21 T1,T4 susthitayā[omit 'saṃ'](N3,N4); T3 suṣṭhitayā; T2 susaṃsthitayā(R.,L.,V.). cf. N1,C1,C2 susuṃsthitayā; H susaṃsthiyā. 22 T2 inserts 'ca'(R.).
23 T3 budhyā 24 T3 jñānasukhe°
25 T1,T4 °hīnatvā[omit 't'](N3); T2 °hīṇatvāt(R.,V.). cf. N4 °sukhahīnatvāt['sukha' for 'supra'].
26 T3 sla° 27 T1,T3,T4 °kena(N3)
28 T1,T3,T4 omit 'ghoṣeṇa'(N3 marg.). cf. N4 inserts.
29 T1,T3,T4 kalaviṃka°(N3); L.,V. karaviṅka°. cf. N4 karaviṅka°.
30 T1,T3,T4 valguṇā(N3) 31 T1,T2 tā[omit 'ṃ'](R.); T4 tān
32 T1 °tṝṣu(N3); T2 °tṝḥ; T3 °tṝṃ. cf. N1,C2 °tṝr; C1 °tṝ; N4 °tṝn.
33 T1,T3,T4 °ṣataḥ(N3,N4); T2 °ṣata(H; R.); L.,V. °ṣat. cf. N1/B °ṣat.
34 T1,T4 °śaṃcayā; T2 °sañcayā(R.). cf. N3 °śañcayā.
35 All mss. duḥkha°(R.,L.,V.). m.c. dukha.
36 T1 dhyānādhītataś[omits 'pa']; T2~4 dhyānādhītatapaś(R.); L.,V. dhyānārddhītapasaṃ. cf. N2 dhyānadhītatapasaś(B dhyānā°); N4 dhyānādvībhayasaś; Tib. rdsu ḥphul (= ṛddhi).
37 T2 °sanī(N4; R.,L.,V.); T3 °śanā. cf. N3 °sanā; BHSD,bhraṃśanin.
38 T1 adṛḍhānāñ; T2 adṛḍhānām(R.); T3 avṛdhānāṃ; T4 adṛḍhānāṃ(N3); V. °nām. cf. N4 abudhānāṃ; B adṛddhādhānāṃ; Tib. mi mkhas (= abudha).
39 T1 ca(N3)
40 T1 lacks the text from here(°ma-) to the end of this Chapter and the following whole Chapter.
41 T2 °guṇebhis(N4; R.); T4 °guṇeṣu(N3)
42 T2 tṛptikāṃ(R.); T4 tṛptītāṃ(N3). cf. N4 tṛptiṃstāṃ.
(43...43) T3 vidum āhuḥ(N3,N5,H; L.,V.); S. vidu-m-āhuḥ. cf. N1,N2,C1,C2,B vidur āhuḥ; N4 vidum āha. Contextually we read 'vidur', and regard it as a form of nom. pl. of 'vidu'(cf. BHSG,§12/57).
(44...44) T2 bhaviṣyam(N5;R.); T3 bhaviṣyehaṃ(N2,B °ham); T4 bhaviṣyahaṃ(N4,H; L.,V.,S.). cf. N1,C1,C2 bhaviṣyes; N3 bhaviṣyaham. 45 T2 °nām(R.,V.)
46 T3 sevato[omits 'ya'](N3). cf. N4 śevayato. 47 T2 punas(R.); T3 pana(N3)
48 T4 tṛptā(N3)
49 T2 lavaṇoda°(R.,L.,V.,S.). cf. N1,C1,C2 ravanoda°. lavana = lavaṇa.
50 T2~4 kaści(N3; R.,L.,V.,S.). cf. N2,N4 kaścin; N5 kaścit.

nâtmârthe na parârthi [(1…]bhoti ’ha[…1)] pratipanno[2]
ātmârthe ca parārtha[3] utsuko bhavitâhaṃ.[4]

102. phenā[5]budbuda⟨tulya[6]⟩saṃ[7]nibhaṃ tava rūpaṃ
māyāraṅgam[8] ⟨ivā⟩[9] vithāpitaṃ[10] svamatena,[11]
[(12…]krīḍā vai[…12)] [(13…]supine ’va[…13)] adhruvā[14] [(15…]api ’nityāḥ[…15)]
bālānāṃ sada cittamohanā abudhānāṃ.[16]

103. netrā budbuda⟨tulya[17]⟩sādṛśā[18] tvacanaddhāḥ
kaṭhina⟨ṃ⟩[19] śoṇitapiṇḍam udgataṃ[20] yatha[21] gaṇḍaṃ,[22]
udaro mūtrapurīṣasaṃcayo asucokṣaḥ[23]
karmakleśasamutthito ⟨yathā⟩[24] du[ḥ][25]khayantraḥ.[26]

104. saṃmūḍhā yahi[27] bālabuddhayo na tu vijñāḥ
śubhato[28] kalpayamāna āśrayaṃ[29] vitathena,
saṃsāre[30] bahukālasaṃsarī du[ḥ]kha[31]mūle[32]
anubhoktā[33] nirayeṣu vedanā[34] bahuduḥkhā(ḥ).[35]

105. śroṇi[36] prasravate[37] vigandhikā pratikūlā
ūrūjaṅgha[38]kramāś ca saṃsthitā[ḥ][39] yatha yantraṃ,[40]
bhūta⟨ṃ⟩[41] yuṣmi ahaṃ[42] nirīkṣamī[43] yatha māyā
[(44…]hetoḥ[…44)] pratyayataḥ pravartathā vitathena.

325 106. dṛṣṭvā kāmaguṇāṃś ca nirguṇāṃ guṇahīnāṃ[45]
ārya[46]jñānapathasya utpathāṃ[47] vitathāṃś[48] ca,

(1…1) T2 bhotīhā; T3 bhoti ha(N3); T4 bhotihā(N1/H,N4; R.,L.,V.,S.)
2 T3 inserts "'pratipanno"(T4 aprati°; N3).
3 T2,T4 parārthe(N3; R.); T3 parārthe ca[adds 'ca'](N1/H). cf. N4 parorthi. Metrically we read 'parārtha'[agree with L.] though no ms. supports it.
4 T2 bhavitā 'ham(R.); V. bhavitāham 5 T2 phena°(R.); T4 phenạ°(N3)
6 T2 °budbudatulya°(N1/B,N4; R.,L.,V.); T3,T4 omit 'tulya'(N3 marg.); S. °budbudtulya°[omits 'a']. cf. H °budbudatulyā°. 7 T2 °sanni°(R.)
8 T3,T4 °raṃga. cf. N4 māyāḥ aṅgam.
9 T2 iva; T3,T4 omit; R.,L.,V.,S. ivā. cf. N1,H,N3,N4 ivā.
10 T3 viṭhapitaṃ(N4); T4 vidhāpitaṃ; R. vitathāvitatha. cf. N1,C1,C2 vitathaviṭhapitaṃ; N3 vitathavitaṃ(H); N5 vitathavidhite. Metrically we read 'vithāpitaṃ'[agree with L.] though no ms. supports it.
11 T3 sumanena(N3); T4 sumatena. cf. N4 svamatena; N5 svasanetana; H svamanate.
(12…12) T3,T4 krīḍāpayasi(N3). cf. N1/H,N4 krīḍā vai.
(13…13) T2 supineva(N1/B,N4; R.,L.,V.,S.); T3 suvineca; T4 suvineya. cf. N3 supine ca; H supiva[omits 'ne']. 14 T3 adhrutā
(15…15) T2 apinityā(R.,L.,V.); T3 apinityāḥ(N4); T4 abhinityāḥ(N3,N5 omit 'ḥ'); S. api 'nityā. cf. B anityā[omits 'api'].
16 T2 °nām(R.,V.); T4 adhunā(N3). cf. N1,C1,C2 dhānā; H omits this whole word.
17 T2 budbudatulya°(N4,N5,B; R.,L.,V.); T3,T4 omit 'tulya'(N3); S. °budbudtulya°[omits 'a']. cf. N1,C1,C2,H budbudatulyā°(N2 °tulā°). 18 R. inserts 'dṛśa'(T2 cancels with a mark).
19 T2~3 omit 'ṃ'(N1/H,N4; R.); L.,V.,S. kaṭhinaṃ. cf. N3 kathina. m.c. kaṭhinaṃ.
20 T2 °tam(R.)
21 T2~4 yathā(N1/H,N3; R.,S.). cf. N4 yatha. m.c. yatha.
22 T2,T3 omit 'ṃ'(N3; R.); V. gaṇḍam. cf. N1,N5,C1/H gaṇḍaṃ; N4 guṇḍa; N2 gaṃḍa.
23 T2 'śucoktaḥ(R.); T3,T4 acokṣaḥ[omit 'su']. cf. N1,N2,C1,C2,B 'śuciracokṣaḥ; N3,N5,H 'sucokṣaḥ; N4 asucokṣaḥ.
24 All mss. omit 'yathā'(R.,L.,V.,S.). Metrically 'yathā' should be inserted though no ms. supports it. cf. L.'s Varianten(p.162, line 4–5). 25 All mss. duḥkha°(R.,L.,S.); V. dukha°
26 T2 °vantaḥ(R.); T3,T4 °yatraḥ(N4?). cf. N1/B °yantraḥ; N3,H °yaṃtraḥ.
27 T2 ye hi(R.)
28 L. subhato. cf. H subhato; Other mss. śubhato.
29 T2 āśayaṃ(R.) 30 S. saṃsāra
31 All mss. duḥkha°(R.,L.,V.,S.). m.c. dukha°. 32 T3 °śūle
33 T3 atrabho°. cf. N3 'nubho°. 34 T2 °nāṃ(N4; R.)
35 T2 °khām(R.); T3 °khā(L.,V.,S.); T4 °khāḥ(N3). cf. N1/H,N4 °khāṃ.
36 T2 śroṇiḥ(R.); L.,S. sroṇi. cf. N1/B,N3,N4 śroṇi; H śroni.
37 T2,T4 praśravate(N3); T3 obscure. cf. N4 prasravate.
38 T2~4 ūrujaṃgha°(N1/H,N3,N4); R. ūrujaṅgha°; V. urūjaṅgha°. cf. B ūrūjaṃgha°. m.c. ūrū°.
39 T2 °sthitā(N1/H,N4; R.,L.,V.,S.); T3,T4 °sthitāḥ(N3)
40 T2 yaṃtram(R.,V. yamtram); T4 yituṃ(N3)
41 T2 bhūtaṃ(N4; R.,L.,V.,S.); T3,T4 bhūta(N3). m.c. bhūtaṃ.
42 T2 omits 'ahaṃ'(R.).
43 T2 °kṣimi(R.); T3 °kṣasī; T4 °kṣami(N3). cf. N1/H,N4 °kṣamī.
(44…44) T2~4 hetuḥ pra°(N1/B,N3,N4; R.); L.,V.,S. hetupra°. cf. H hetoḥ pra°. Contextually it is proper to read 'hetoḥ pra-'. 45 T3,T4 °nāṃm(N3); R. °nān. cf. N4 °nān.
46 T5 omits from '-bhū-'(Gāthā No.97c[L.,p.323,line 5]) to here(ārya°), so hereafter we get again the text of T5.
47 T3 utpathāṃś; T4 bhūtpathāṃ(?); T5 bhutpathāṃ. cf. N4 utpathā[omits 'ṃ'].
48 T2 vitathāṃ(N2); T3 omits this whole word; T4,T5 vitathāś(N3,N4); R. vitathā; L.,V.,S. vipathāṃś. cf. N1,N5, C1/H vitathāñ.

viṣapattrâgnisamāṃ[1] mahôragāṃ yatha kruddhāṃ
bālā atra hi mūrchitā[ḥ][2] ⟨ataḥ⟩[3] sukhasaṃjñā⟨ḥ⟩.[4]

107. [(5...]kāmā⟨d⟩ dāsu[...5)] bhavāti[6] yo naraḥ[7] pramadānāṃ
śīle[8] utpathi dhyāyi[9] utpathā[10] matihīno,[11]
jñāne[12] so[13] hi sudūri[14] tiṣṭhate[15] ratilolo[16]
yo 'sau dharmaratiṃ jahitvanā[17] rami[18] kāmaiḥ.

108. no rāgeṇa[19] sahā[20] vasāmy ahaṃ na ca doṣaiḥ[21]
no[22] [(23...]vai nityaśubhâtmabhir[...23)] vasāmi[24] ⟨ca⟩[25] sārdhaṃ,[26]
ārātīya[27] ratīya saṃvasena[28] ca sārdhaṃ[29]
nirmuktaṃ mama cittu[30] māruto[31] gagaṇe[32] vā.[33]

109. pūrṇa⟨ṃ⟩[34] sarvajaga⟨t⟩[35] [(36...]tvad-īdṛśair[...36)] [(37...]yadi 'ha[...37)] syāt
kalpān[38] tābhi[ḥ][39] sahā[40] samosṛto[41] vihar[ay]eyaṃ,[42]
no cā[43] mahya khilaṃ na rajyanā[44] na ca moho
ākāśaḥsamatulyamānasā[45] jina bhonti.

[Meter ... Rathoddhatā]

110. yady apîha rudhirâsthivarjitāḥ[46]
deva-apsara sunirmalā⟨ḥ⟩[47] śubhāḥ,
te 'pi sarvi[48] sumahadbhaye[49] sthitāḥ[50]
nityabhāvarahitā aśāśvatāḥ.

1 T2 °samāṃś ca(R.)
2 T2 °tā(R.,L.,V.,S.); T3~5 °tāḥ(N1/H,N3,N4)
3 T2 inserts 'tāḥ'(R.); Other mss. omit(L.,V.,S.). Metrically 'ataḥ' should be inserted though no ms. supports it. cf. L.'s Varianten(p.162, line 11).
4 T2~5 °jñā(N2~5,B,H); L.,V.,S. °jñāḥ. cf. N1,C1,C2 °jña.
(5…5) T2 kāmadāsu(N2,N5,B,H; R.); T3 kāmādāsu(L.,V.,S.); T4 kāmādāśu; T5 kāmādaśu. cf. N1,C1,C2 kāmahāsu; N3 kāmadaśu; N4 kāmadāśu. Acc. to Tib. and from the context it is proper to read 'kāmād dāsu' though no ms. supports it.
6 T2 bhavīti(N1/B; R.,L.,V.,S.). cf. N3 bhavāti; N4 bhavātī; H bhaviti.
7 L.,V.,S. nara[omit 'ḥ']. cf. All mss. naraḥ.
8 All mss. śīla(R.). m.c. śīle.
9 T5 dhyāya(N3,N4)
10 T2 utpathi(N1/H; R.,L.,V.,S.). cf. N3,N4 utpathā.
11 T3~5 matihīnā(N3,N4). cf. N1,N5,C1/H matihīno; N2 mati ca hīno.
12 T2 jñāna(R.)
13 T4,T5 yo
14 T2 sundari(R.)
15 T4,T5 tiṣṭhati(N3,N4)
16 T2,T4,T5 omit 'rati'(N1/B,N3; R.). cf. N4 lolā; H lole.
17 T2 jahitva no(R.); S. jahilvanā[misprint]
18 T2 ramita(R.). cf. N5 ramike.
19 T3~5 rāgena(N4). cf. N3 rāgeṇa.
20 T2 sahi; T4 emends 'sahā' to 'saha'; T5 sabhā(N4); R.,L.,V.,S. sahī. cf. N5 sahī(N3?).
21 T2 doṣair(R.)
22 cf. N2 omits this line[from 'no' to 'sārdhaṃ'].
(23…23) T2 tairnṛtyāśubhātmabhir(R. tairnityā°); T3,T5 caināśubhātmabhi(T4 omits 't'); L.,S. nair-nitya-asubha-anātmabhir(V. °aśubha°). cf. N1,C1,C2,B vainītyāśubhātmabhir(N5 vairnī°); N3 caināṃ-śubhānmabhi; N4 caināśubhātmabhi; H vainītyā 'śubhātmabhir. Acc. to Tib. and from the context we read 'vai nityaśubhātmabhir' though the support of mss. is not enough.
24 T2 vasi(N1/B; R.,L.,V.,S.); T3 vasā(H?); T4,T5 vaśāmi(N3). cf. N4 vasātmi.
25 All mss. omit 'ca'(R.,L.,V.,S.). Metrically 'ca' should be inserted though no ms. supports it.
26 T2 sārddham(R.; V. sārdham); T3,T4 sārddhaṃ(N3,N4); T5 sārddha
27 T2~5 aratīya(N3,N4; R.). cf. N5 aratīma; Other mss. aratīya; BHSD,ārāti. Metrically we read 'ārātīya'[agree with L.] though no ms. supports it.
28 V. °vaśena; S. °vase na
29 T4 sārddha[omits 'ṃ'](N3); T5 sārddhā
30 T3~5 cittā(N3,N4). cf. N1/H cittu(C1 citu).
31 S. mārato[misprint]
32 T4,T5 gagano(N3,N4); V. gagane. cf. N1/H gagane.
33 T3 va. cf. N5,H ca.
34 T2 pūrṇaṃ(R.,L.,V.,S.); T4~5 pūrṇṇa[omit 'ṃ'](N1/H,N3,N4)
35 T2 °jagat(N1,C1,C2,H; R.,L.,V.); T3 °jagad(B); T4,T5 °jaga(N2,N4,N5). cf. N3 °jage.
(36…36) T2 tvam īdṛśair(R.,L.,V.,S.); T3 vaśīdṛśair; T4,T5 tvam īdṛśe(N3,N4). cf. N1,N2,C1,C2 tvadīdṛśai[omit 'r']; N5 tvamīdṛśai[omit 'r'](H omits 'tvam').
(37…37) R.,L.,V.,S. yadiha
38 R. kalpan; L.,V.,S. kalpaṃ. cf. N1,C1,C2 kalpaṃ; N2,N5,B kalpan; N3 kalpāṃ; N4 kalpān; H kalpa°.
39 L.,V.,S. tābhi; T2~5 tābhiḥ(N1/H,N3,N4; R.). cf. H °koṭibhiḥ.
40 All mss. saha(R.). m.c. sahā.
41 T2 samāśrito(R.); T3 samāsṛto. cf. N2 °srasāsṛto; N4 °sramosṛto; H °srasosṛto; BHSD,samavasarati.
42 T2 viharayeyam(R.); T3~5 viharayeyaṃ(N4); L.,V.,S. vihareyaṃ. cf. N3 vihacayeyaṃ; N5 vihāyeyaṃ; C1 viharaheya; H viharayyaṃ.
43 T2 vā(R.,L.,V.); S omits 'cā'. cf. N1,N3,N4,C1,C2 cā; N2,N5,B,H vā.
44 T5 rajyana. cf. N1 rajyatā; N3 rajyarnā; C1 rajyato; H rajyamā.
45 T2 omits 'ḥ'(R.); T3 ākāsaḥ°
46 T2 omits 'ḥ'(N3; R.,S.).
47 T2 °malāḥ(N4; R.,L.,V.,S.); T3~5 omit 'ḥ'(N3).
48 T3 sarvva. cf. H sarve.
49 T5 °bhaya(N4)
50 T2 omits 'ḥ'(N3; R.).

atha khalu tā māraduhitaraḥ[1] suśikṣitāḥ strīmāyāsu bhūyasyā mātrayā rāgamadadarpaṃ[2] saṃjanayya[3] ceṣṭām[4] upadarśya[5] gātrāṇi vibhūṣayitvā strīmāyām upadarśya bodhisattvaṃ pralobhayanti[6] sma.

326 tatrêdam ucyate.

[Meter ... Vaṃśapattra(patita)]

111. tṛṣṇaratyāratiś[7] ca sahitā pramadavaradhurā⟨ḥ⟩[8]
mārasamīritā⟨ḥ⟩[9] sulalitās[10] tvaritam upagatāḥ,
vāyusamīritā[11] [iva][12] kisalayās[13] taruṇatarulatā
nṛtyata[14] lobhayaṃ nṛpasutaṃ drumaviṭapagataṃ[15].[16]

112. eṣa vasantakālasamayaḥ pravara ṛtuvaro
nārinarāṇa[17] harṣaṇakaro[ti][18] nihatatamarajaḥ,[19]
kokilahaṃsa[20]moraravito[21] dvijagaṇakalilaḥ[22]
kāla upasthito 'nubhavituṃ[23] madanaguṇaratiṃ.[24]

113. kalpasahasraśīlanirato[25] vratatapacarito
niścala[26] śailarājasadṛśaḥ[27] taruṇa[28]ravivapuḥ,[29]
meghaninādavalguvacano[30] mṛgapatininado
vacanam[31] uvāca so 'rthasahitaṃ[32] jagati[33] hitakaraḥ.[34]

114. kāmavivāda vairakalahāḥ[35] saraṇa[36] bhayakarāḥ[37]
bālajanôpasevita[ḥ][38] sadā[39] budhajanarahitāḥ,[40]

1 T5 mācadu° 2 T4 omits 'mada'; T5 rāharṣa
3 T3 °jayā; T5 °jasya 4 T3 ceṣṭam
5 T3 upasaṃdarśya; T5 upadarśa 6 T3 °yaṃti; T4,T5 °yati
7 T2~4 tṛṣṇaratīratiś(N3,N4; R.,L.,V.); T5 tṛṣṇacatīratiś. cf. N1,C1,C2,H tṛṣṇāratyāratiś; BHSD, Arati & Ārati. Acc. to Tib. we read 'tṛṣṇaratyāratiś' though the support of mss. is not enough.
8 T2,T4,T5 omit 'vara' and 'ḥ'(N3~5,B; R.); T3 pramadavadhurā; L.,V.,S. pramadavara madhurā[not a compound]. cf. N1,C1,C2 pramadavaremadhurā; N2 pradamadhurā; H pramadavara madhurā; BHSD,dhura(2).
9 T2 °samīritāḥ(N1/H; R.,L.,V.,S.); T3~5 °samīratā(N3,N4)
10 T3 salaḍitās(N4); T4,T5 sulaḍitās; L.,S. sulaḍitā; V. sulalitā. cf. N1/H,N3 sulalitās.
11 L.,V.,S. °samīhitā(B). cf. All mss. except B °samīritā; BHSD,?samīhati.
12 T2~5 insert 'iva'(R.); L.,V.,S. omit. cf. N1/H insert 'iva'(B omit 'va'). Metrically 'iva' is unnecessary. 13 T3 kiśala°(N4)
14 L.,V.,S. nṛttata(N1/H). cf. N3 nṛtyata; N4 nṛtteta.
15 T3 °vitapa° 16 T2 °tam(R.,V.)
17 T2 nārīnarāṇa(N4; R.); T4 nāriṇarāṇa; T5 nāliṇarāṇa
18 All mss. harṣaṇa karoti(R.); L.,V. harṣaṇakaro; S. harṣaṇaro[omits 'ka']. Metrically 'ti' should be deleted. 19 T5 omits 'ḥ'; S. nihatamurajaḥ
20 T5 °haṃśa° 21 All mss. °mayūra°(R.). m.c. mora.
22 T2,T4,T5 °ravitā(N3,N4; R.); L.,V.,S. °raviśā. cf. N2 °ravi[omits 'to']; B °vitā[omits 'ra'].
23 S. omits 'vi'[misprint]. 24 T2 °tim(R.,V.); T5 omits 'ṃ'.
25 T5 °rati 26 T3 °calaḥ
27 T2 °dṛśas(N3; R.,L.,V.,S.). cf. N4 °dṛśaḥ.
28 T3~5 taraṇa°(N3). cf. N4 taruṇa°; Tib. śar ma thag pa (= taruṇa).
29 T5 omits 'ḥ'.
30 T2 meghanirnāda°(R.); T3 meghanirāda°; T4 meghanāda°(N4); T5 meghānāda°. cf. N3 meghanādavi°. 31 T3,T4 vacanas
32 T5 tha°[omits 'r'] 33 T5 omits 'jagati'.
34 T4 hitakaraṃ(N3,N4); T5 karaṃ[omits 'hita']
35 L.,V.,S. °kalahā[omit 'ḥ']. cf. N5 °kalahaḥ; Other mss. °kalahāḥ.
36 All mss. maraṇa°(R.,L.,V.). Acc. to Tib.[ñon moṅs bcas] and from the context we read 'saraṇa' [agree with S.] though no ms. supports it.
37 T2 °karā[omit 'ḥ'](N3; R.,L.,V.,S.). cf. N2 °karo; N4 °karāḥ.
38 T2 °vitāḥ(R.); T3~5 °vitaḥ(N1/H,N3,N4); L.,V.,S. °vita
39 T2,T4,T5 buddha°(N1/H,N3,N4; R.)
40 T5 °jananahitāḥ; L.,V.,S. omit 'ḥ'. cf. N1/H,N3,N4 °janarahitāḥ.

prāpnuyu[1] [(2...]kālu yatra[...2)] sugatair amṛtam[3] adhigataṃ[4]
adya bhaviṣya māru jiniyā[5] daśabala[6] arahān.[7]
115. māya nidarśayantya[8] [(9...]avadañ chṛṇu[...9)] kamalamukhā
rāju[10] [(11...]bhaviṣyasy īśvaravaraḥ[...11)] kṣitipati[12] balavān,[13]
tūryasahasra[14] saṃprabhaṇite[15] pramadavaragaṇe[16]
kiṃ muniveṣakena[17] bha[ga]vato[18] virama [(19...]rati bhajā.[...19)]

327 bodhisattva āha.[20]

116. bheṣyi[21] ahaṃ hi rāju[22] tribhave divi[23] bhuvi mahito[24]
īśvaru[25] dharmacakracaraṇo[26] daśabalu balavān,[27]
śaiṣya-aśaiṣyaputranayutaiḥ[28] satatam[29] abhinato
dharmaratī[30] ramiṣya[31] viṣayair[32] na mi[33] ramati manaḥ.

tā āhuḥ.

117. yāva[c][34] ca[35] yauvanaṃ[36] na [(37...]galitaṃ[...37)] prathamavayadharo
yāva[c][38] ca vyādhi nâkrama⟨ti⟩[39] te na ca jara[ṃ][40] asivā,[41]
yāva[42] ca[43] rūpayauvanadharo vayam api ca śakhī[44]
tāvad[45] 'nubhuṅkṣva[46] kāmaratayaḥ[47] prahasitavadanaḥ.[48]

bodhisattva āha.

118. yāva[c][49] ca durlabho[50] 'dya[51] labhitaḥ kṣaṇavara amṛto
yāva[c][52] ca varjitā[53] 'kṣanadu[ḥ]khā[54] asurasurapure,[55][56]

1 T3 prāpnuyuḥ; L.,V. prāptayu; S. prāpta 'yu. cf. N1/H,N3,N4 prāpnuyu. We regard 'prāpnuyu(ḥ)' as opt. 3 pl. form used as aorist(cf. BHSG,§32.105).
(2…2) T3,T4 kālam atra(T5?; N3?; N2,N4). cf. N1,N5,C1,C2,H kālu yatra; B kālum atra.
3 T3~5 amṛtar(N4). cf. N3 amṛtam. 4 T2 °gatam(R.); T4,T5 °gataḥ(N3,N4)
5 T3 jinuyā(N3) 6 L.,V.,S. °balu. cf. N1/H °balu; N3,N4 °bala.
7 T2 arhan(R.); T3,T4 arhaṃ(N3); T5 ahaṃ. cf. N4 arhān; N5 arhana. Metrically we read 'arahān'[agree with L.] though no ms. supports it.
8 T2 °yanti[omits 'ya'](R.); T3 obscure; T5 °yantya(?); L.,V. °yantiya; S. nirdaśayantiya. cf. N1/H,N3,N4 °yantya.
(9…9) T2 avadan śṛṇu(R.); T3~5 vadac chṛṇu(N1/B,N3,N4); L.,V.,S. vadaṃ śṛṇu. cf. H vadaṃc chṛṇu. Metrically we read 'avadañ chṛṇu' though no ms. supports it.
10 R. rāja. cf.N3 rājā.
(11…11) T2 °viṣyaseśvara°(N1/H; R.,L.,V.,S.); T3,T4 °viṣyasyeśvara°(N3); T5 °viṣyasyaśvara°. cf. N4 °viṣyase śvara°.
12 T4 'vara' is marg.. 13 T3,T4 °vāṃ; T5 °vā
14 T2 sampra°(R.); T4,T5 omit 'saṃ'(N1/H,N3).
15 L.,V.,S. °bhanite. cf. N1,N4,C1,C2,B °bhanite; N2,N3,N5,H °bhaṇite.
16 T4 °valagaṇe 17 T2 °veśakeṇa(R.)
18 T2 bhavato(N1/H; R.,L.,V.,S.); T3,T5 bhagavato(N3,N4); T4 emends 'bhagavato' to 'bhavato'.
(19…19) T2,T4,T5 tibhaje[omit 'ra'](N3,N4); T3 rati bhaje. cf. N2 mati bhaje; N5,C1,H ti bhajā; A(L.'s Varianten) bhaja. 20 T2 uvāca(R.)
21 T2 bheṣye. cf. H bheṣyasi. 22 T2 rājā(R.). cf. N4 rājya.
23 T4 dvivi(T5?)
24 T3,T4 bhavato(N3,N4); T5 bha vato. cf. N1/H mahito.
25 T2 īśvara(N4; R.); T3 iśvaru
26 T2,T4,T5 °cakrakaraṇo(N3,N4); T3 °cakrakaruṇo(N2,N5,B,H). cf. N1,C1,C2 °cakravaruṇo. Acc. to Tib.[chos kyi ḥkhor los ḥgro shiṅ] and from the context we read '-cakracaraṇo'[agree with L.V.,S.]. 27 T3,T5 °vā[omit 'n']; T4 °vāṃ(N3)
28 T2 śaiṣyāśaiṣya°(R.); T3 saiṣya°[omits 'aśaiṣya']; T4,T5 śaiṣya°[omits 'aśaiṣya'](N3); L.,V.,S. śaikṣya-aśaikṣya°. cf. N1/H 'śaiṣyā 'śaiṣya°(N5 omits "'śaiṣyā"); N4 śaiṣya aśaikṣa°.
29 T2 satatasamitam(N1/H,N4; R.,V.,S.); L. satasamitam. cf. N3 satatam.
30 T5 °rati(N3)
31 T4 ramiṣye; L.,V.,S. ramiṣyi. cf. N1/H,N3,N4 ramiṣya; BHSG,§31.33.
32 T5 omits 'r'. 33 T2 omits 'mi'(R.); T3,T5 ci°; T4 vi°(N3,N4); L.,V.,S. rami. cf. N1,N5,B,H rami; N2 mi; Tib. ṅa yi (= me).
34 All mss. yāvac(R.); L.,V.,S. yāva. m.c. yāva. 35 S. omits 'ca'.
36 T3 omits 'ṃ'. cf. N3 °nan.
(37…37) T2 sulalitaṃ(R.); T3~5 na gaḍitaṃ. cf. N2 sagalitaṃ; N4 salaḍitaṃ; N5 sulalitaṃ.
38 All mss. yāvac(R.); L.,V.,S. yāva. m.c. yāva.
39 All mss. omit 'ti'(R.); L.,V. °mati; S. nākrāmati. m.c. °mati.
40 T2~5 jaraṃ(N3,N4; R.); L.,V. jara; S. jarā. cf. N1,H jalaṃ.
41 T2 asi ca(R.); T4 asi cār°; T5 asirā°(?); L.,V.,S. asitā. cf. N3,N4 asicā; H api ca.
42 T2 yāvac(N1/H,N3,N4; R.) 43 T3~5 ra
44 T2 sukhī(N1/H; R.,L.,V.,S.); T5 śakhi. cf. N3,N4 śakhī. śakhī = sakhī.
45 T3,T5 tāva(L.,V.,S.); T5 tāvaḍ. cf. N1/H,N3,N4 tāvad.
46 T2,T4 anubhuṅkṣva(R.); T3 tanubhuṃkṣva; T5 hanubhukṣva; L.,V. nu bhuṅkṣva. cf. N3 anubhukṣva; N4 anubhuṃkṣva. 47 T3~5 omit 'kā'.
48 T5 °vataḥ. cf. H °vadanavākyaḥ.
49 All mss. yāvac(R.); L.,V.,S. yāva. m.c. yāva.
50 T3~5 dullabho(H; L.); S. dulla(?rla)bho. cf. N1/B,N4 durlabho; N3 durllabho.
51 T3 omits "'dya".
52 All mss. yāvac(R.); L.,V.,S. yāva. m.c. yāva. 53 T4 vajjitā; T5 varjjitā
54 R.,L.,V. kṣaṇa°
55 All mss. °duḥkhā(R.,L.,S.); V. °dukhā. m.c. °dukhā.
56 T2 °surapuro(R.); T5 °sugapure

yāva[j][1] jarā ca[2] vyādhimaraṇaṃ na (3…kupita[ṃ] ripavas…3)
(4…tāva 'hu…4) bhāvayiṣya[5] supathaṃ[6] abhayapuragama[na]ṃ.[7]

tā āhuḥ.[8]

119. devapura[9]âlaye[10] 'psaravṛtas[11] tridaśapatir ivā[12]
yāmasuyāma[13]saṃtuṣitake[14] amaravarastuto,[15]
(16…mārapure ca…16) kāmaratayaḥ pramadavaśagataḥ[17]
(18…krīḍya 'nubhuṅkṣva…18)[19] asmabhi[20] sahā[21] vipularatikaraḥ.[22]

bodhisattva āha.

328 120. kāma[23] tṛṇâusabindu[24]capalāḥ[25] sarada[26]ghana[27]samā
pannagakanyaroṣa[28]sadṛśā(ḥ)[29] bhṛśa[30]bhayakaraṇāḥ,[31]
śakrasuyāmadeva[s][32]tuṣitā(ḥ)[33] namucivaśa[34]gatāḥ[35]
(36…ko 'tra…36) rameta[37] nārya[bhi][38]laṣite[39] vyasana[40]⟨pari⟩gate.[41]

tā āhuḥ.

121. puṣpita (42…paśy' imāṃ…42) taruvarāṃ(s)[43] taru[44]ṇakiśalayā⟨ṃ⟩[45]
kokilajīvajīvakarutāṃ[46] madhukararavitāṃ,[47]
snigdhasunīla[48]kuñcitamṛdu⟨ṃ⟩[49] dharaṇitalaruhe
kiṃnarasaṃgha[50]sevitavane (51…rama suyuvatibhiḥ…51).

bodhisattva āha.[52]

122. kāla[53]vasāt[54] apuṣpita[55] ime kiśalaya[56] taravo[57]
bhukṣa[58]pipāsitā[59] madhukarāḥ[60] kusumam abhigatāḥ,[61]

1 All mss. yāvaj(R.); L.,V.,S. yāva. m.c. yāva. 2 T2 omits 'ca'(R.).
(3…3) T2~5 kupitaṃ ripavas(N3; R.); L.,V. kupitarupavaṃ; S. kupita ripuvaṃ. cf. N1,C1,C2 kupitaṃ rupas; N2 kupitaṃ riṣavas; N4 kupitaṃ rūpavas; N5,B,H kupitaṃ rupavas.
(4…4) R. tābahu; L.,V. tāvahu. cf. N1,B tāvatāhu; N2 tāhu.
5 T2 °yiṣye(N1/H; R.); L.,V.,S. °yiṣyi. cf. N3,N4 °yiṣya.
6 T2 supatham(R.); T5 supaṇyaṃ 7 T2 °gamanam(R.); T3~5 °gamanaṃ(N3,N4); L.,S. °gamaṃ; V. °gamam. cf. N1,N5,B °gamaṇaṃ.
8 T5 āha 9 T3 veva°
10 T4 °pulālaye 11 T3 psarāvṛtās; T5 °vṛta[omits 's']
12 T2 iva(R.) 13 T5 °suṣāma°
14 T2 °santuṣitako(R.)
15 T3~5 °varapure ca(N3,N4). cf. N1/H °varastuto; Tib. bstod pa (= stuta).
(16…16) T5 omits.
17 T4,T5 omit 'ḥ'(N3); L.,S. °vasagataḥ. cf. N1/H °vaśagataḥ; N4 °vasagata.
(18…18) R.,L.,V. krīḍyanu°. cf. N1 krīḍī nu°; C2 krīḍā nu°.
19 T3 °bhuṃkṣva; T5 °bhukṣva(N3,N4)
20 T2 °bhir(R.); T3 obscure; T4,T5 °bhiḥ(N3). cf. N4 asmābhiḥ.
21 All mss. mahā°(R.). cf. Tib. daṅ lhan cig (= saha).
22 T2 omits 'ḥ'(R.). 23 cf. N4 kāmā.
24 T2 tṛṇāgravindu°(R.); T3,T5 tṛṇosabindu°(N5; V.); T4 tṛṇosabiṃdu°; L. tṛṇāsabindu°; S. tṛṇā-gra-bindu°. cf. N1,N2,C1,C2,N3 tṛṇesabindu°; N4 tṛṇāsabindu°; H tṛṇasabindu°. We read 'tṛṇausa-' (tṛṇa + osa) though no ms. supports it.
25 L.,V.,S. omit 'ḥ'. cf. All mss. °capalāḥ. 26 T5 saradi°; V. śarada°
27 T3 °ghaṭhā°; T4 °ghaṇa° 28 T5 °ropa°
29 T2,T5 °sadṛśā(N3; R.,L.,V.,S.); T3,T4 °sadṛśāḥ(N4)
30 T3,T4 vṛṣa°(N3,N4); L.,S. bhṛsa°. cf. N1/H bhṛśa°.
31 T3 °karaṇaḥ; L.,V.,S. °karaṇā. cf. N1/H,N3,N4 °karaṇāḥ.
32 All mss. °devas°(R.); L.,V.,S. °deva°. m.c. °deva°.
33 T2 °tuṣitā(N3; R.,L.,V.,S.); T3,T4 °tuṣitāḥ(N4); T5 °tuṣitāṃ
34 L.,V.,S. °vasa°. cf. All mss. °vaśa°. 35 T4,T5 omit 'ḥ'(N3,N4). cf. N1/H °gato.
(36…36) R.,L. kotra
37 T5 ramata. cf. N1,N5,C1,C2,H rametā; N3 ramate.
38 T2 nāryy abhi°(N4; R.); T3~5 nāry abhi°(N3; L.,V.); S. nārya 'bhi°. Metrically 'abhi-' should be deleted. 39 T3 °laśite; T4,T5 °lasite(N3). cf. N4 °laṣite.
40 T3~5 vyaśana°(N3). cf. N1/H,N4 vyasana°.
41 T2 °parigate(N1/B; R.,L.,V.,S.); T3~5 omit 'pari'(N3,N4). cf. H °parigata.
(42…42) T2 paśyemāṃ(R.); T3,T4 paścimāṃ(N1/B; N4 omits 'ṃ'); T5 paścimān(N3); L.,V.,S. paś-yimāṃ.
43 T2 °varāṃ(R.,L.,V.,S.); T3,T4 °varāṃs(N3,N4); T5 °parāṃ. cf. N5 °calāṃs.
44 T3 svaru°
45 T3~5 omit 'ṃ'(N3,N4); L.,V.,S. °kisalayāṃ. cf. N1/B °kiśalayāṃ; H °kisalayāṃ.
46 T2 °jīvañjīva°(R.); T3,T4 °jīvaṃjīva°; T5 °jīvaka 'rutāṃ; L.,V.,S. omit 'ṃ'.
47 T2 °karavirutām(R.); T3 °raravitāṃ; T5 °karavirutā(T4 'ka' and 'ru' are marg.; L.,V.,S.). cf. N3 °viratāṃ['ka' and 'ra' are marg.]; N4 ravitāṃ[omits 'kara'].
48 T5 °sūnī°
49 T2~5 omit 'ṃ'(N3,N4,B,H; R.); L.,V.,S. °mṛduṃ. cf. N1,N2,C1,C2 °mṛduṃ; N5 °mṛduś.
50 T2,T5 kinnarasiṃha°(N3; R.); T3,T4 kiṃnarasiṃha°(N1/H; L.,V. kiṃ narasiṃha; S. kinnara-saṃgha. Acc. to Tib.[mi ci tshogs] and from the context we read 'kiṃnarasaṃgha'[agree with S.] though no ms. supports it.
(51…51) T3 ramamu yuva°; T5 ramasu yuva°(L.,V.,S.). cf. N1,N2,C1,C2,B ramasi yuva°; BHSG, §30.16. 52 T2 uvāca(R.)
53 T3 vāla° 54 T2 °vaśāt(R.,L.,V.,S.); T3 °vano; T4 °va-sād(?); T5 °vasāt(N1/B,N4). cf. N3 °vasā['t' is marg.]; H °vatsā. vasa = vaśa.
55 T2,T4,T5 puṣpita(N1/H,N4; R.,L.,V.,S.). cf. N3 apuṣpita.
56 L.,V.,S. kisalaya. cf. N1/B,N3,N4 kiśalaya; H kisalaya.
57 T3 ravo[omits 'ta']; T4 ratavo(N3)
58 T2,T5 bhuktvā(N3); T3,T4 bhuṃktvā. cf. N4 bhukṣa°; BHSD,bhukṣa.
59 T4 °pipāśito(N4); T5 °pipāsito(N3). cf. B °pipāsi[omits 'tā'].
60 T2~4 omit 'ḥ'(N3; R.). cf. N4 madhukaro. 61 T3~5 °gataḥ(N4). cf. N3 °gatāḥ.

bhāskaru[1] soṣayiṣyati[2] yadā dharaṇitalaruhā⟨ṃ⟩[3]
pūrvajinôpabhuktam[4] amṛtaṃ vyavasitam iha me.

māraduhitara āhuḥ.[5]

123. prekṣahi[6] tāva[c][7] candravadano[8] navanaḍininibhā[9]
vāca[10] manojña ślakṣṇa[11] daśanā himarajatanibhā,[12]
īdṛśa[13] durlabhā[14] surapure kuta[15] manujapure[16]
⟨te⟩[17] tvaya[18] labdha[19] ye suravarair[20] abhilaṣita[21] sadā.

bodhisattva āha.

124. paśyami[22] [(23…]kāya ’medhyam[…23)] aśuciṃ[24] kṛmikulabharitaṃ[25][26]
jarjaram itvaraṃ[27] ⟨ca⟩[28] bhiduraṃ[29] asukhaparigataṃ,[30]
329 yat sacarâcarasya jagataḥ paramasukhakaraṃ[31]
tat padam acyutaṃ pratilabhe budhajanamahitaṃ.[32][33]

*

125. tāḥ[34] catuṣaṣṭikāmakalikā[35][36][(37…] hi[…37)] ca-m-anubhaviyā[38]
nūpuramekhalā abhihanī[39] vigaḍitavasanā,[40][41]
kāmasarâhatāḥ[42][43] samadanāḥ[44] prahasitavadanāḥ
kiṃ tava āryaputra vikṛtaṃ[45] yadi na bhajase.

[bodhisattva āha.][46]

126. sarvabhaveṣu doṣa vidito [(47…]’vaci vidhutarajā[…47)]
[(48…]kāma ’siśaktiśūlasadṛśāḥ[…48)] samadhukṣurasamāḥ,

1 T5 °kara(N3)
2 T2 śoṣa°(N4; R.,V.); T5 soṣayiṣati
3 T2 °ruhāṃ(N1/H; R.,L.,V.,S.); T3,T4 omit 'ṃ'(N3,N4); T5 °lara phā
4 T3 °jinomabhu°(N4); T4 pūrvvajinabhu°[omits 'upa']
5 T5 omits 'ḥ'.
6 T2 prekṣa hi(R.)
7 All mss. tāvac(R.); L.,V.,S. tāva. m.c. tāva.
8 T2,T4 °vadanā(N3,N4; R.,L.,V.,S.); T5 °vedanā. cf. N1/B °vadano. We regard 'vadano' as a form of voc. sg..
9 T2 vadanāvali°(R.); T3,T5 naḍi°[omit 'nava' and 'ni']; T4 naḍini°[omits 'nava']; V. navanalini°. cf. N1,C1,C2 vadanānadinī°; N2 vadanotaḍini°; N3 vaḍi°; N4 nadi°; N5 vedanācaḍi°; B vadanānaḍini°; H vadanācaḍini°. naḍini = nalinī = nalina.
10 T5 vāc ca(N3,N4)
11 T3 slakṣṇaś ca; T4 ślakṣa
12 T2 °bhāḥ(R.)
13 T3~5 idṛśa(N3,N4). cf. N1/H īdṛśa.
14 T4,T5 durllabhā(N3); R. durlabhāḥ; L. dullabhā; S. dulla(?rla)bhā. cf. N1,C1,C2 durllabhāḥ; N4 dullabhā; N5,B,H durlabhāḥ(N2 °bhāḥs).
15 T3~5 insert 'puna'(N4).
16 T5 manajepura
17 T2 inserts 'te'(N1/H; R.,L.,V.,S.); T3~5 omit(N3,N4).
18 All mss. tvayā(R.). m.c. tvaya.
19 T3 labda
20 T3,T4 °raiḥ(N4)
21 T2 °lasita. cf. N3 °lapita.
22 T2 paśyāmi(N3; R.)
(23...23) T2 kāyamamedhyam(R.); T3 kāyāmadhyam; T4 kāyamedhyam(L.,V.,S.); T5 kāyamadhyam(N3). cf. N1,C1 kāyamadhyam; N2,N5,C2,B kāyamedhyam; H yemadhyam.
24 T3,T5 astuci(N3); T4 emends 'astuciṃ' to 'aśuciṃ'. cf. N1/H aśuciṃ; N4 asuciṃ.
25 T3 kṣami°; T5 bhūmi°
26 T4 °bhalitaṃ
27 T2 indhanañ(R.); T3,T4 indharaṃ(N3). cf. N1/H itvara; N4 idharañ; BHSD,itvara; Tib. myur du ḥgyes śiṅ (= itvaram).
28 T3~5 omit 'ca'(N4).
29 T2 bhiduram(N1/H; R.); T4 bhidūraṃ; T5 tṛram(?). cf. N3 triduram; N4 bhiduraṃ.
30 T2 °gataṃm; R.,V. °gatam
31 T5 °sukhavaraṃ(N3)
32 S. buddha°
33 T2 °hitam(R.,V.)
* T2,T5 insert 'tā āhuḥ'(N3 marg.; R.). Tib. has no words corresp. to this insertion.
34 T2 omits(R.); T3~5 tā(N3,N4; L.,V.,S.). cf. N1/H tāḥ.
35 T2 catuḥ(N4; R.); T5 omits 'ca'.
36 T3 °ṣaṣṭikoṭi°[inserts 'koṭi'](N4); T4 cancels 'koṭi' with a mark(N3).
(37...37) T2,T3~5 °kāmakalitāni(N1,N2,C1/H; R.); L.,V.,S. °kāmalalitāni. cf. N3 °kāmalalitāni; N4 °kāmakaritāni; N5 °kāmakalikā. Metrically we read '-kalikā hi' though no ms. supports it. kalikā = kalā?
38 T2 cānu°(R.); T3,T5 camanu°(N4 cancels 'ma' with a mark; L.,V.); T5 ca manu°(N3). cf. BHSG,§4.59.
39 T5 abhiphanī
40 T2 vigalita°(R.,V.)
41 T2,T5 °nāḥ(R.)
42 T5 kama°
43 T3 °sahāhatāḥ; V. °śarāhatāḥ. cf. N4 °sadāhaḥ; N5 °surāhatāḥ. sara = śara.
44 T3 saṃmada°; T5 savada°
45 T2 vikritaṃ. cf. N4 vikṛta[omits 'ṃ'].
46 T2,T4,T5 insert 'bodhisattva āha'(T3 inserts only 'bo'; N1/B,N3,N4; R.); L.,V. omit. cf. H omit. Tib. has no words corresp. to this insertion.
(47...47) T2 'vavidhu°[omits 'ci'](N2/H; R.); T3 avaci dhutarajo[omits 'vi']; T4 avacidhutaraja; T5 avavidhutarajaḥ. cf. N3 'vaci dhutarajo(N1 °rajā); N4 aṃcavidhutaraja.
(48...48) T2 kāmāsi°(R.); T3 kāmasi°(N4; V.); T4 kāmaśi°(N3); T5 kāmāśi°

[(1...] sarpiśiro ’gnikarṣusadṛśāḥ[...1)][2] suvidita iha me[3]
[(4...] tena ’hu[...4)] nārisaṃghu[5] tyajamī[6] guṇahara[7] pramadāḥ.[8]

127. tā bahubhiḥ prakāranayutaiḥ pramadaguṇakaraiḥ[9]
lobhayituṃ na śeku[10] sugata⟨ṃ⟩[11] gajakalabhagatiṃ,[12][13]
[(14...] lajji hirotrapatta[...14)] munina(ḥ)[15] prapatiṣu[16] caraṇe[17]
gauravu tuṣṭa[18] prema janiyā staviṣu[19] hitakaraṃ.[20]

128. nirmalapadmagarbhasadṛśā[21][22] saradiśaśimukhā[23]
sarpihutârcitejasadṛśā kanakagirinibhā,[24]
sidhyatu[25] [(26...] cintitā ti[...26)] praṇidhir[27] bhavaśatacaritā[28]
[(29...] svāmu ’patīrya[...29)] tāraya[30] jagad[31] vyasanaparigataṃ.[32]

129. tāḥ[33] karṇikāracampakanibhaṃ[34][35] staviya bahuvidhaṃ
kṛtva pradakṣiṇaṃ[36] atiśayaṃ[37] [(38...] girim iva[...38)] acalaṃ,[39]
gatva[40] pitur[41] nipatya śirasā idam avaci giraṃ
[(42...] sādhv apanehi[...42)] tāta pratighaṃ[43] amaranaraguroḥ.

130. paśyati padmapattranayanaḥ prahasitavadano[44]
nâpi[45] sarakta[46] prekṣati[47] janaṃ[48] [(49...] na ’pi[...49)] ca sabhṛkuṭiḥ,[50]
meru caleya śuṣya[51] udadhi⟨ḥ⟩[52] śaśiravi[53] prapate
nâiva[54] sa doṣadarśi[55] tribhave pramadavaśagamī.[56]

atha khalu māraḥ[57] pāpīyān idaṃ vacanaṃ śrutvā[58] bhūyasyā mātrayā

(1…1) T2 śarpaśirogni°; T3~5 sarpiśirogni°(N3; N4 sarppi°); R.,L.,V. sarpaśirogni°; S. sarpaśiro 'gni°. cf. N1/H sarpaśirogni°(N5 sarppa°).
2 T4 °karṣuśadṛśāḥ; T5 °karpyaśadṛśāḥ(N3 °karpyuśa°)
3 T3,T4 te(N4). cf. Tib. ṅas(= me).
(4…4) T2 te bahu°(R.); T3 tevahu; T4,T5 tenahu(N3,N4; L.,V.)
5 T2 °saṃghaṃ(R. °saṅghaṃ); T3~5 °saṃgu(N3); L.,V.,S. °saṃgha. cf. N1/H,N4 °saṃghu.
6 T2 tyajāmi(N1/H,N4; R.); T3,T4 tyajasi(N3); T5 ktajāsi. From the context and meter we read 'tyajamī'[agree with L.].
7 T2,T4,T5 °haru(N1/H,N3,R.) cf. N4 °hara.
8 T3,T4 omit 'ḥ'(N3,N4).
9 T2,T5 °rair(R.). cf. N1 omits 'ḥ'; N3 °rairl.
10 T2 śaktuḥ(R.); T3 sekṣa; T4 sekṣu; T5 śaku. cf. N1,C2 śekaḥ; N2,B,H śekuḥ; N3 meku; N4 saktuḥ; N5 śektuḥ; C1 śeṣakuḥ(?); BHSG,§33.1.
11 All mss. omit 'ṃ'(R.); L.,V.,S. °taṃ
12 T2 rājakara°(N1/H; R.); T4,T5 jagakala°(N3,N4); L.,V.,S. gajakara°
13 T2 °tim(R.,V.)
(14…14) T2 lajjibhi rātrapattaṃ(R.); T3 garjihirātrapatta(T5 garjjihi°); T4 rajjihirotrapatta; L.,V.,S. lajjihirotrapāttu. cf. N3 lajjirātrapatta; N4 gajjihirātrapatta[emends 'ga' to 'la' in the margin]; BHSD,otrapa; BHSG,§8.56.
15 T2 muninaṃ(R.); T3 munina(L.,V.,S.); T4,T5 muninaḥ(N3). cf. N4 obscure.
16 T2~4 °patita(N3; R.); T5 °patite. cf. N4 obscure; N5,B °patiṣu; H °pati[omits 'ṣu'].
17 T5 caṇe[omits 'ra']
18 T4 du(?); T5 duḥkha(N4?). cf. N3 emends 'duḥkha' to 'tuṣṭa' in the margin.
19 T2 stuviṣu(R.); T3 stavi[omits 'ṣu']
20 T2 °ram(R.,V.)
21 T5 °pakta°(?)
22 T3 °śadṛśā
23 T2 śaradiśa°(R.,V.); T3 saradaśa°
24 R. kaṇaka°
25 T3 sidhyaṃtu
(26…26) T2,T4,T5 °tāni(N1/H,N3,N4; R.)
27 T3 °dhi[omits 'r'](L.,V.,S.)
28 T3 °śataśaritā; T5 °śatasaritā
(29…29) T2 ścāś upatāraya(R.); T3 ścamuttīrya(N3 °ryya); T4 ścamūttīrya; T5 ścam / ttīrya(?); L.,V.,S. svām upatīrya. cf. N1,C1,C2 svaryaṃmuttīryya; N2 tāsusvayatīrya; N4 obscure; N5,H ścāsupa°[omit 'tīrya']; B svamukhatīrya.
30 T2 omits 'tāraya'(H; R.).
31 T2 jagat(R.); T5 jamad
32 T2 °taṃm; R.,V. °tam
33 L.,V.,S. tā[omit 'ḥ']. cf. H tā; Other mss. tāḥ.
34 'karṇ' is unmetrical because it must be short syllable.
35 T5 °kānacampaka°; S. omits 'ka'.
36 T2,T5 °ṇam(R.)
37 T4 °śayan(?)
(38…38) T2 girir iva(N5,H; R.,L.,V.,S.); T3 girivad; T4,T5 girīva(N3). cf. N1,C1,C2,B girim iva; N2 giripiva; N4 obscure.
39 T2 acalam(R.,V.)
40 T2,T4,T5 gatya(N3; R.)
41 S. pivur
(42…42) T2 sādhvasaṃ na[omits 'hi'](R.); T5 sādhayanohi; L.,V. sādhvasa naṃ hi(S. °sanaṃ hi). cf. N1,C1,C2 sādhvapanahi; N2,B sādhvapane[omits 'hi']; N3 sādhvapanehi; N4 obscure; N5 sādhvamane; H sādhvamapadi; JAOS66,p.204(§63). Acc. to Tib.[spaṅs na legs] we read 'sādhv apanehi(impv. 2 sg.)'.
43 T2,T5 °gham(T3?; N3; R.)
44 T4 °sitanayano
45 T4 nopi
46 T2 sa vaktu(R.); T3 obscure; T4 sarekta; L.,V.,S. saraktu. cf. N1 savaktu; N3 sarvavaktu; N3 sarakta; N4 obscure; B saktu.
47 T2 prekṣiti(R.)
48 T2 janam(R.)
(49…49) T2 api(R.); L. napi; V. na pi; S. nāpi
50 T5 °kuṭir(N3)
51 L.,V.,S. suṣya. cf. All mss. śuṣya.
52 T2 °dhiḥ(N1/H,N4; R.,L.,V.); T3~5 omit 'ḥ'(N3; S.)
53 T5 śasiravi
54 T5 naika(N3)
55 T5 dodaśi(?)
56 T2 °vaśa gamiyā(R.,V.); T3 °vaśamiyā[omits 'ga'](N3); T4 °vaśagamiyā['ga' is marg.]; T5 °vaśaniyā; L.°vasagamiyā. cf. N4 obscure; N5 °vasagaśiyā; H °vasagatiyā. Metrically we read '-vaśagamī' though no ms. supports it.
57 T4 omits 'ḥ'.
58 T3,T5 omit 'ṃ'.

duḥkhito durmanā[1] anāttamanāḥ[2] praduṣṭamanās[3] [(4...] tāṃ [...4)] svaduhitṝn[5] āmantrayate sma.[6] kathaṃ bho na śakyate[7] ⟨sa⟩[8] bodhimaṇḍād[9] utthāpayitum. mā khalu mūḍhaḥ ajño[10] 'tha yuṣmākaṃ rūpâkṛtiṃ[11] na paśyati.

atha khalu tā[12] māraduhitaraḥ svapitaraṃ[13] gāthābhiḥ[14] pratyabhāṣa⟨n⟩ta.[15]

[Meter ... Unknown(ma,sa,ja,bha,ga,ga(?)]

131. ślakṣṇaṃ[16] madhuraṃ[17] ca bhāṣate na ca rakto
guruguhyaṃ[18] ca[19] nirīkṣate na ca duṣṭaḥ,[20]
īryāṃ[21] caryāṃ[22] ca prekṣate[23] na ca mūḍhaḥ[24]
kāyaḥ[25] sarva[26] paneti[27] āsayo[28] sugabhīra[29]⟨ḥ⟩[30].

[Meter ... Vasantatilakā]

132. niḥsaṃśayena viditāḥ pṛthu istridoṣāḥ[31]
kāmair[32] viraktamanaso[33] na ca rāgaraktaḥ,[34]
nâivâsty[35] asau divi bhuvîha naraḥ suro vā
yas tasya cittacaritaṃ[36] parijānayeyā.[37]

133. yaḥ[38] istrimāya[39] upadarśita[40] tatra tāta
pravilīyu[41] tasya hṛdayaṃ [(42...] bhavi [...42)] yaḥ sarāgaḥ,[43]
taṃ[44] dṛṣṭva[45] ekam[46] api kampitu[47] nâsya cittaṃ
śailêndrarāja iva tiṣṭhati[48] so 'prakampyaḥ.[49]

331 134. śatapuṇyatejabharito[50] guṇatejapūrṇaḥ[51]
śīle[52] tapasmi[53] carito bahukalpakoṭyaḥ,[54]

1 T5 durmmano
2 T5 anārtta°
3 T3~5 omit 'ḥ'.
(4…4) T3 °manā tāṃś ca(N3 omits 'ṃ'); T4 °manā tāṃ śva°; T5 manāśvatā. cf. N4 obscure.
5 T3,T4 °tṝṇ(N2). cf. BHSG,§13.42. 'tāś svaduhitṝś' may be a better reading, but no ms. supports it.
6 T5 sā
7 T3 śakyāte
8 T2 inserts 'sa'(N1/H; R.,L.,V.); T3~5 omit(N3). cf. N4 obscure.
9 T5 °maṇḍod(N3)
10 T2 prājño(H; R.); T3~5 prajño(N3). cf. N4 obscure; N5 ajño; Tib. mi śes śiṅ (= ajño).
11 T2,T5 °kṛtin(N3; R.)
12 T2 omits 'tā'(R.).
13 T3,T4 svāṃ pi°
14 T3,T4 omit 'ḥ'.
15 T2 pratyābhāṣanta(R.); T3,T4 °bhāṣataḥ(N3); T5 °bhāṣata; L.,V. °bhāṣanta. cf. N1/C2 °bhāṣanta; N4 obscure; B, H °bhāṣaṃta.
16 T2 ślakṣṇa(N1/H); T3,T5 ślakṣṇaṃ?; R.,L.,V.,S. ślakṣṇā. cf. N3,N4 ślakṣṇaṃ.
17 T2 °rañ(R.)
18 T4 śubha°[for 'guru'](T3?). cf. N3 śubhaṃ; N4 obscure.
19 T2,T5 °guhyañ(N3; R.). 'guruguhyaṃ ca' is unmetrical.
20 T3 omits 'ḥ'(N1/H,N3).
21 T2 irṣyāñ(R.); T3,T5 īryā[omit 'ṃ'](N3 īryyā); T4 iryāṃ. cf. N4 īryyāṃ.
22 T2 omits 'caryāṃ'(N1,C1,C2,H; R.). Metrically it is proper to read 'cā cariyāṃ', but no ms. supports it.
23 T5 prekṣete
24 T2,T3 omit 'ḥ'(N4; R.). cf. N3 mūḍhaḥ.
25 L.,V.,S. kāyā. cf. N4 kāya; Other mss. kāyaḥ.
26 T2 sarve(R. sarvve)
27 T4,T5 panetī(N3). cf. BHSD,paneti.
28 T2 āśayo(N1/H; R.,L.,V.,S.). cf. N3 āsayo; N4 āśrayo. āsaya = āśaya.
29 T2 sugambhī°(N4; R.); T5 sugaṃbhī°
30 T2 °bhīraḥ(N1/H; R.,L.,V.,ś.); T3~5 omit 'ḥ'(N3,N4).
31 T3,T5 iṣṭi°; T4 stri°
32 T5 kārma
33 T2 vimukta°(R.); T3 vivikta
34 T3 rāsaraktaḥ
35 L.,V.,S. naivasty. cf. All mss. naivāsty.
36 T4,T5 cittaracitaṃ
37 T2 °nayevā; T3 °naneyā
38 T2 yā(N1/H; R.,L.,V.,S.); T4 ya(N3,N4); T5 iya
39 L.,S. °māyā. cf. N1/H °māyā; N3,N4 °māya.
40 T5 omits 'r'.
41 T2 pracalīyu(R.); T3,T4 pravalīyu(N3,N4); T5 pracālīyu. cf. N1/H pravilīyu; α(L.'s Varianten) °vilīya. We regard 'pravilīyu' as a form of aor. 3 sg.(cf. BHSG,§29.42.).
(42…42) T3 omits 'ḥ'; R.,L.,V.,S. bhaviyaḥ. cf. BHSG,§29.14.
43 T3 °gaṃ
44 T2,T5 tan(N3; R.)
45 T2,T3,T5 dṛṣṭa(N1/H; R.,L.,V.,S.). cf. N3,N4 dṛṣṭva.
46 T3~5 evam(N3,N4). cf. N5,B,H ekam; Tib. gcig(= eka).
47 T3~5 kaṃpitu(N3,N4). cf. N5,H tu[omit 'kampi'].
48 T5 tisthati
49 T2 °kampaḥ(R.); T3~5 °kaṃpyaḥ(N3,N4)
50 T4,T5 °punya°
51 T5 °ritā
52 T2 śīla°(R.); T3 obscure; T5 śīlena
53 T4 tapaśmi(N3); T5 tapaśyi. cf. N1,N5,C2 nayasmi; N2 tapasmi; N4 nayasmiṃ; B mayasmi; H nacasmi; BHSG,§16.21.
54 T4 °kalpya°

brahmā[1] ca deva śubhateja viśuddhasattvā[2]
mūrdhnā nipatya caraṇeṣu namanti tasmai.
135. niḥsaṃśayena[3] vinihatya sa mārasenāṃ[4]
pūrve[5] jinânumata[6] prāpsyati agrabodhiṃ,[7]
tātā[8] na[9] rocati hi (10...no va...10) raṇe[11] vivāda⟨ṃ⟩[12]
(13...balavatsu vigraha...13) sukṛcchra[14] ayaṃ[15] prayogaḥ.
136. prekṣasva[16] tāta gagaṇe[17] maṇi[18]ratnacūḍā⟨ḥ⟩[19]
saṃbodhisattvanayutāḥ[20] sthita gauraveṇa,[21]
ratnâkarā⟨ḥ⟩[22] kusumadāma[23]vicitritâṅgāḥ[24]
saṃpreṣitā⟨ḥ⟩[25] daśabalair iha pūjanârthaṃ.[26]
137. ye cetanā[27] api ca ⟨ye ca⟩[28] acetanāś[29] ca
vṛkṣāś ca (30...śaila garuḍêndra...30)surêndrayakṣāḥ,
abhyonatā[31] abhimukhā[32] guṇaparvatasya
śreyo bhavet[33] pratinivartitum adya tāta.

api ca,

[Meter ... Vaṃśastha]
138. (34...na tat tared...34) yasya na[35] pāram[36] uttare[37]
na[38] tat[39] (40...khane(d) yasya...40) na mūlam[41] uddhare(t),[42]
na kopayet taṃ kṣamayet (43...puno ’pi...43) yaṃ[44]
kuryān[45] na taṃ yena bhavec ca durmanāḥ.[46]

1 L. bahmā[misprint] 2 T4 viśuddhacittāṃ
3 T4,T5 °saṃsayena 4 T2 mārasainyaṃ(R.)
5 T2 pūrvaṃ(R. pūrvvaṃ); T4 pūrvve(N4,H); T5 pūrver. cf. N1/B,N3 pūrva.
6 T4 jino numataṃ(T5,N3 omit 'ṃ'). cf. N1,N5,C1/H jinānumataṃ; N2 jinānumati; N4 jinānumata. 7 T2 °bodhim(R.,V.)
8 T2,T5 tāta 9 T5 ne
(10...10) T2 mano 'pi(R.); T3 manoya(N4); T4,T5 manoraya. cf. N1,C1,C2,H manoca; N2,N3,N5, B manora. Acc. to Tib. we read 'no va'[agree with L.] though no ms. supports it.
11 T3 rane. cf. N1,C1,C2 ranai; N2,N5,B yane; N3 caṇe; H yaraṇane.
12 T2 vivādo(N1/H; R.); T3~5 vivāda(N3,N4); L.,V.,S. vivāde
(13...13) T3 balavatsuvigrahe(T4 °graha; T5 balevat°); L. balavat suvigrahu; V.,S. balavatsu vigrahu. cf. N1/C2 balatsugrahu[omit 'lava'](B,H °graha).
14 T3 kṛcchrā[omits 'su'](N3,N4); T4,T5 śvakṛcchrā. cf. N1,C1,C2,B sukṛccha; N2,N5 śvakṛcchra; H śvakṛccha. 15 cf. N4 'yaṃ.
16 T4 omits 'sva'(N3). 17 T2 gagane(V.); T4 gagaṇai
18 T5 omits 'maṇi'(N3).
19 T2 °cūḍāḥ(N4; R.); Other mss. omit 'ḥ'(L.,V.,S.).
20 T2,T5 °nayutāḥ(N1/H,N4; N3 omits 'na'; R.); T3 omits 'ḥ'(L.,V.,S.); T4 °satva ayutāḥ
21 T4,T5 °vena(N3,N4)
22 T3 °karo; Other mss. °karā[omit 'ḥ'](R.,L.,V.,S.)
23 T2 sukuma°
24 T3 °vicitratāṃgāḥ; T4 °vicitritāṃgāḥ(N3); T5 °vicitritrāṃgāḥ; L.,V.,S. omit 'ḥ'. cf. N1/H °vicitritāṅgāḥ.
25 T2 samprekṣitā(R.); T3~5 saṃprekṣitā(N2~5,B; L.,V.,S.). cf. N1,C2 saṃprasthitā(C1 °sthithā); H saṃprekṣatā. Acc. to Tib.[btaṅ rnams] and from the context we read 'saṃpreṣitāḥ' though no ms. supports it.
26 T2 °tham(R.,V.) 27 T5 catanā
28 T3~5 omit 'ye ca'(N3,N4). cf. N1/H insert.
29 T2 omits 'ś'(R.,L.,V.,S.); Other mss. °nāś
(30...30) T2 śailendra°[omits 'garuḍa'](R.); T5 śaila ruḍendra°[omits 'ga']; L.,V. śaila garudendra°; S. śaila garude(?ḍe)ndra°. cf. N1/H śailendragaruḍendra°; N3,N4 śaila garuḍendra°.
31 T2 abhyānatā(R.); T3~5 anyonya(N3,N4). cf. N1/H abhyonatā.
32 T3,T5 cā abhimukhāḥ(N3,N4); T4 cābhimukhāḥ
33 L.,V.,S. bhave. cf. All mss. bhavet.
(34...34) T3 tad anuttared; T4 tad anuttare(N3); T5 tac anuttare; L.,V.,S. na taṃ tared. cf. N1, C1,C2 na tat tare(N2 --- tared); N4 na tan tared(?); N5,B tad anantared; H tad antared.
35 T5 omits 'na'.
36 T3,T4 yānam(N3~5,H); T5 prāṇam. cf. N1,N2,C1,C2,B pāram; Tib. pha mthar (= pāram).
37 T2 uttaren 38 T4,T5 °ṇa(N3)
39 L.,V.,S. taṃ. cf. N5,B tan; Other mss. tat.
(40...40) T2 khaṇed yasya(N1/H; R.); T3 khaned yasya(L.,V.,S.); T4 khanetrasya; T5 khane yasya(N3,N4) 41 T5 mulam
42 T2 uddharet(N1/H; R.,L.,V.,S.); T3~5 omit 't'(N3,N4).
(43...43) R.,L.,V. punopi
44 T2 taṃ(N1/H,N4; R.,L.,V.); T3,T5 omit(N3); T4 ca[marg.]. Acc to Tib.[gaṅ la] and from the context we read 'yaṃ' though no ms. supports it.
45 T2 kuryyān(R.). 'kury' is unmetrical because it must be short syllable.
46 T3 omits 'ḥ'.

atha khalu bhikṣavas[1] tasmin samaye 'ṣṭau bodhivṛkṣadevatāḥ,[2] tad yathā, śrīḥ[3] vṛddhiḥ[4] tapā śreyasī[5] viduḥ[6] ojobalā[7] satyavādinī[8] samaṅginī[9]
332 ca.[10] ⟨tāḥ⟩ bodhisattvaṃ ⟨saṃ⟩pūjya[11] ṣoḍaśabhir ākārair bodhisattvaṃ śriyā vardhayanti[12] sma. abhiṣṭuvanti[13] sma.

[Meter ... Unknown(Gāthā Gadyagati; Prosaic Verse)]

139. upaśobhase[14] tvaṃ[15] viśuddhasattva candra iva śuklapakṣe,[16]
abhivirocase[17] tvaṃ viśuddhabuddhe[18] sūrya[19] iva prodayamānaḥ.[20]

140. praphullitas[21] tvaṃ viśuddhasattva(ḥ)[22] padmam iva vārimadhye,
nadasi tvaṃ[23] viśuddhasattva [(24...]keśarīr iva[...24)] vanôpavanacārī.[25]

141. vibhrājase tvaṃ[26] agrasattva parvatarāja[27] iva sāgaramadhye,
abhyudgatas tvaṃ[28] viśuddhasattva[29] cakravāḍa[30] iva parvataḥ.[31]

142. duravagāhas tvaṃ[32] agrasattva jaladhara[33] iva ratnasaṃpūrṇaḥ,[34]
vistīrṇabuddhir asi[35] lokanātha gaganam[36] ivâparyanta(ṃ).[37]

143. susthitabuddhir[38] asi viśuddhasattva[39]
dharaṇitalavat sarvasattvôpajīvya(ḥ),[40]
akaluṣabuddhir[41] asi agrasattva[42]
(a)navatapta[43] iva saraḥ[44] sadā[45] prasannaḥ.[46]

144. aniketabuddhis[47] tvam[48] agrasattva[49]
māruta iva sarvaloke sadâprasaktaḥ,[50][51]

1 T3,T5 °vaḥ
2 T5 omits 'ḥ'.
3 T2,T5 omit 'ḥ'(R.).
4 T5 vṛddhis
5 T4 śreyaśī
6 T4,T5 omit 'ḥ'.
7 T2 ojo balā[not a compound](R.)
8 T4 satyapādinī
9 T3 samagiriṃṇī; T4 samagiriṇī; T5 samagirīṇī
10 T2 tāḥ / tā(R.); T3~5 omit(N3); L.,V. tā etā. cf. N1/H tāḥ / (N2 tāḥ); N4 'tā' is marg..
11 T2 sampujya(R. sampū°); T3~5 pūjya[omit 'saṃ'](N3 pūjyaṃ); L.,V. saṃpūjya(N4)
12 R. barddha°
13 T3 abhistuvanti
14 T3 upasobhase; T5 upaśobhana(N3; N4 °bhame?); S. abhiśobhase
15 R. ttvaṃ(?)
16 cf. N3 °pakṣo.
17 S. omits 'vi'.
18 T2 °buddha(N5,C1,H; R.,L.,V.,S.). cf. N1~4,C2,B °buddhe.
19 cf. N3 sūye.
20 T4 prodayāmāna[omits 'ḥ']; T5 prādayomānaḥ
21 T2 prasphuṭitas(R.); T3,T4 praphulisas(N3); T5 praphullisa°. cf. N1,C1,C2 praphulitas; N2,B,H praphullitas; N4 praphullisas[emends 'sa' to 'ta']; N5 prasphullitas.
22 T2~4 °satvaḥ(N1,N3~5,C2,B,H; R. °sattvaḥ); T5 omits 'ḥ'(N2,C1; L.,V.,S.).
23 T5 tva; V. ttvaṃ(?)
(24…24) T2 keśarīva(N1/H,N4; R.,L.,S.); V. kesarīva. cf. N3 keśarīr iva.
25 T2 vane rājavanacārī(N1,C1,C2; R.); T3,T4 rājavanacārī(T5 gaja°; N3); L.,V.,S. vanarājāv anucārī. cf. N2 vanacārī; N4 vanopavanacārī; N5 vanevanacārī; B vanagajavanacārī; H vanarājavanecaritra. Acc. to Tib.[nags daṅ nags ḥdab na rgyu ba] we read 'vanopavanacārī' [agree with N4].
26 T4,T5 tvam(N3,N4)
27 T3 pavata°[omits 'r']
28 T5 inserts 'tvaṃ'['tvaṃ' is repeated].
29 T4 °satvaḥ(N4); T5 °satvaś(N3)
30 V. °vāla
31 T2 parvate(R. parvvate); T5 parvato(N3 parvvato)
32 T2,T5 tvam(N3; R.)
33 T5 jaradhara
34 T3,T5 °pūrṇṇaṃ(N3 omits 'ṃ')
35 T5 asmi
36 R.,L. gagaṇam. cf. N1/B,N4 gagaṇam; N3 gaganam; H gagam.
37 T2 °yantam(R.,V.); T3~5 °yanta(N3); L.,S. °yantaṃ. cf. N1/H °yantaṃ; N3 °yanta.
38 T3 susthira°
39 T5 omits 'vi'.
40 T2 °jīvyaḥ(N1,H; R.,L.,V.,S.); T3~5 omit 'ḥ'(N3,N4).
41 T5 akalupa°
42 T3~5 °satvā°(N2~4,H; R. °sattvā°). cf. N1,C1,C2 °sattva; N5,B °satvo.
43 T2 na ca(R.); T3 °na°[omits 'va']; T4 °nava°(N1/H,N3,N4); T5 °naca°; L.,V.,S. anava°
44 T2 rasa
45 T5 sacā
46 T5 °sannā. cf. N1,C1,C2 °sannoḥ; N3 °sanno; N5 °sannāḥ.
47 T4 aketa°[omits 'ni']; T5 aniketu°. cf. N3 aketu°.
48 L.,V.,S. tvaṃ. cf. All mss. tvam.
49 cf. N4 °satvaṃ.
50 S. sadā 'pra°. cf. N3 sado pra; N4 sahā pra°.
51 T2,T4,T5 °śaktaḥ(N1/H,N3,N4; R.)

durāsadas[1] tvam[2] agrasattva(s)[3]

tejorājā[4] iva sarvamanyanāprahīnaḥ.[5]

145. balavān asi tvam[6] agrasattva[7] nārāyaṇa[8] iva durdharṣaḥ,[9]

dṛḍhasamādānas tvaṃ lokanātha[10] 'nutthatā[11] bodhimaṇḍā⟨t⟩.[12]

146. anivartyas[13] tvam[14] agrasattva indrakaro(t)sṛṣṭam[15] iva[16] vajraṃ,[17]

sulabdhalābhas[18] tvam[19] agrasattva

daśabalasamagr(y)a[20] 'cirād[21] [(22...]bhaviṣyasi, iti[...22)].

evaṃ khalu[23] bhikṣavo bodhivṛkṣadevatāḥ[24] ṣoḍaśâkāraṃ[25] bodhisattvaṃ[26] śriyā[27] vardhayanti[28] sma.

tatra bhikṣavaḥ[29] śuddhāvāsakāyikā[30] devaputrāḥ[31] ṣoḍaśabhir[32] ākārair māraṃ[33] pāpīyāṃsaṃ[34] durbalaṃ[35] kurvanti[36] sma.[37] katamaiḥ[38] ṣoḍaśabhiḥ. tad yathā.[39]

[Meter ... Unknown(Gāthā Gadyagati; Prosaic Verse)]

333 147. dhvastas tvaṃ pāpīyaṃ[40]

[bodhisattvena][41] jīrṇakroñca[42] iva dhyāyase,

durbalas[43] tvaṃ pāpīyaṃ[44] jīrṇagaja iva[45] paṅkamagnaḥ.[46]

148. [(47...]ekāky asi[...47)] tvaṃ pāpīyaṃ nirjita[48] iva śūrapratijñā,[49][50]

advitīyas tvaṃ pāpīyaṃ[51] aṭavyāṃ tyakta[52] iva[53] rogârttaḥ.[54]

149. abalas[55] tvaṃ pāpīyaṃ bhārakliṣṭa[56][57] iva balīvardaḥ,[58]

apaviddhas[59] tvaṃ pāpīyaṃ vātakṣipta[60] iva taruḥ.[61]

1 cf. N2 omits from here(dur-) to '-thatā'[Note 11].
2 L.,V.,S. tvaṃ. cf. All mss. tvam.
3 T2 °sattva(R.,L.,V.,S.); T3~5 °satvas(N3,N5). cf. N1/H °satva.
4 L.,V.,S. °rāja. cf. N1,C1,C2 °rāja; N3~5,B,H °rājā.
5 T2 °manyamanā prahīnaḥ(R. --- °hīno); T5 °manyanāprahinā; L.,V.,S. °manyunā prahīnaḥ. cf. N3 °manyanāprahīno; N1,N4,N5,C1/H °manyanāprahīnaḥ; BHSD,manyanā(2).
6 L.,V.,S. tvaṃ. cf. All mss. tvam.
7 T3,T4 °satvaḥ(N4)
8 cf. N4 nārāyana.
9 T4 duddharṣaḥ; T5 darddharṣo. cf. N3 duddharṣā.
10 T2 °nāthā(N1,N5,C1/H; R.); T3~5 °nātho(N3,N4). Contextually we read '-nātha'(voc. sg.) [agree with L.] though no ms. supports it.
11 T2 anutthito(R.); T3,T5 nugacchatā; T4 nucchatā(N1,N3,C1,C2); L.,V.,S. anutthātā. cf. N4 nucchāstā; N5,B,H nutthatā.
12 T2 °maṇḍāt(R.); T3~5 bodhiṃ[omit 'maṇḍā'](N3 bodhin); L.,V.,S. °maṇḍā. cf. N1,C1,C2 bomaṇḍān[omit 'dhi']; N2,N5,B,H bodhimaṇḍān; N4 bodhimaṇḍād.
13 T2 nanivarttyas(R.); T3,T5 navinivarttis(N3); T4 nanivarttis. cf. N4 N1/H,N4 anivartyas.
14 T4 tvaṃ(N4; L.,V.,S.). cf. N1/H tvam; N3 tvaṃm.
15 T2 °karot°(N1/H; R.,L.,V.,S.); T3~5 omit 't'(N3,N4).
16 L.,V.,S. °sṛṣṭa[omit 'm']. cf. All mss. °sṛṣṭam.
17 T2 vajram(R.); L.,V.,S. vajraḥ. cf. N1/H,N3,N4 vajraṃ.
18 T3 sulabda°; T5 suladdha°
19 T3 tvaṃ(L.,V.,S.); T4 tvaṃm(N2). cf. N1,N3~5,C1/H tvam.
20 T2 °samagryā(N2; R.); T3~5 °samagrya(N3,N4); L.,V.,S. °samagryo. cf. N1,C1 °samagro; N5, B °samagryo; C2 °samago; H °samagyo; BHSD,samagrya.
21 T2 'cirāt
(22…22) T3~5 °ṣyasīti(N1~5,C2,B,H); S omits 'iti'. cf. C1 °ṣyasi / iti. Tib. has no word corresp. to 'iti'.
23 T4,T5 insert 'hi'.
24 T4,T5 omit 'ḥ'.
25 T3,T5 omit 'ṃ'.
26 T5 omits 'ṃ'.
27 T2~4 varddha°; T5 vaddha[omits 'r']; R. barddha°
28 T4 °yaṃti; T5 °yenti
29 T4,T5 suddhā°
30 T3 °vāśa°
31 T4,T5 omit 'ḥ'.
32 R. śoḍaśa°
33 T4 māraḥ; T5 mmāraṃ
34 T2 pāpīyānsaṃ; T5 pāpīyāṃsan
35 T4 durllabhaṃ; T5 durbala[omits 'ṃ']
36 T3,T5 kurvate
37 T2 omits 'sma'(R.).
38 T5 katanmaḥ
39 T5 yathāḥ
40 T4,T5 pāpīyāṃ
41 All mss. insert 'bodhisatvena'(R. bodhisattvena); L.,V.,S. omit. Tib. has no word corresp. to this insertion.
42 T2 °krauñca(R.)
43 T3,T4 durbbalas
44 T3,T4 pāpīyāṃ; T5 pāpīyā[omits 'ṃ']
45 T4,T5 paṃka°
46 V. °magraḥ
(47…47) T2 eko 'si(R.); T3 ekākṛṣi(N1,N5,C1,C2,H); T4,T5 ekāki si. cf. N2,B ekāky asi; N3,N4 ekākṣasi.
48 T2 omits 'r'.
49 T3,T4 sūra°(N3,N4); T5 sura°. cf. N1/H śūra°.
50 L.,V.,S. °jñaḥ. cf. N1,N3~5,C1,C2,H °jñā; N2 °jñaḥ; B °jña.
51 T5 °yam
52 T3~5 tyaktā(N3,N4). cf. N1/H tyakta.
53 T4 itara(N4)
54 T5 rogārttaṃ(T3?); V.,S. rogārtaḥ. cf. N3 rogārtta(?); N1/H,N4 rogārttaḥ.
55 T3 acas
56 T5 sāra°
57 T2 °kḷṣṭa(R.)
58 T2 °varddaḥ(R.); T3 obscure; T4,T5 °varddhaḥ
59 T3 obscure; T4,T5 apivaddhas
60 T3,T4 °ptaṃ
61 T5 omits 'ḥ'.

150. (1...kupathasthitas tvaṃ...1) pāpīyaṃ[2] mārgabhraṣṭa[3] iva sārthikaḥ,[4]
dīnadīnas[5] tvaṃ pāpīyaṃ [mat]sariṇa[6] iva daridrapuruṣaḥ.[7]

151. mukharas tvaṃ pāpīyaṃ vāyasa[8] iva pragalbhaḥ,[9]
mānâbhibhūtas tvaṃ pāpīyaṃ[10] akṛtajña iva durvinītaḥ.[11]

152. palāyiṣyase tvam adya pāpīyaṃ kroṣṭuka[12] iva siṃhanādena,
vidhuniṣyase[13] tvam[14] adya[15] pāpīyaṃ[16] [17]
vairambha[18](vāyu)[19]vikṣipta[20] iva pakṣī.[21]

153. akālajñas[22] tvaṃ pāpīyaṃ puṇya[23](pari)[24]kṣīṇa iva bhaikṣukaḥ,[25]
vivarjiṣyase tvam adya pāpīyaṃ
bhinnabhājanam[26] iva pāṃśupratipūrṇaṃ.[27]

154. nigṛhīṣyase[28] tvam adya pāpīyaṃ
bodhisattvena[29] mantreṇêvôragaḥ,[30]
sarvabalaprahīṇo[31] 'si [tvam adya][32] pāpīyaṃ[33]
chinnakaracaraṇa[34] (35...iva ruṇḍaḥ...35).

evaṃ khalu bhikṣavaḥ[36] śuddhāvāsakāyikā[37] devaputrāḥ ṣoḍaśabhir ākārair māraṃ pāpīyāṃsaṃ[38] durbalam akārṣuḥ.[39]

tatra bhikṣavo bodhiparicārakā[40] devatāḥ[41] ṣoḍaśabhir ākārair māraṃ[42] pāpīyāṃsaṃ[43] vicchindayanti[44] sma. katamaiḥ ṣoḍaśabhiḥ. tad yathā.

(1...1) T3 °sthita tvaṃ; V. °sthitasvaṃ[omits 't'] 2 T3 pāpīya[omits 'ṃ']; T5 pāpī[omits 'yaṃ']
3 T5 °bhuṣṭa 4 T2,T5 sārthiko(R.)
5 L.,V.,S. dīnahīnas. cf. N/B,N3,N4 dīnadīnas; H dīnas; Tib. dman pa bas kyaṅ dman paḥo (= dīnadīna).
6 All mss. matsariṇa(R.,L.,V.,S.). Acc. to Tib.[bu lon can] it is proper to read 'adhama-rṇa', but no ms. supports it. 7 T3 °puruṣāḥ(N4)
8 T3 vāyaśa; T5 vāsa[omits 'ya'] 9 T3 °bhaṃ
10 T5 °yaṃm 11 T5 °vilītaḥ
12 V. koṣṭuka
13 L.,V.,S. vidhuneṣyase. cf. All mss. vidhuniṣyase; BHSD,?vidhunayati.
14 T3 tva[omits 'm'] 15 T3 dya[omits 'a']
16 T4 pāpīyāṃ
17 T2,T5 insert 'bodhisatvena'(N1/H,N4; R. °sattvena).
18 T3 vairaṃbha°
19 T2 inserts 'vāyu'(N1/H,N4; R. °vāya°; L.,V.,S.); T3~5 omit(N3).
20 T4,T5 omit 'vi'; R. °bikṣipta 21 T4 pakṣīḥ
22 S. °jña[omits 's'] 23 T3 punya°
24 T2~5 omit 'pari'(R.); L.,V.,S. insert. cf. N4 inserts 'pari'; Other mss. omit.
25 T3 obscure; T4 omits 'ḥ'; T5 °kṣukasya(N3) 26 T3~5 bhinnayānam
27 T2 °ṇam(R.,V.). cf. N4 °ṇāni.
28 T2 nigṛhi°(R.); T3 obscure; T5 nīgṛhī° 29 T3 °satvenaiva
30 T2 maṃtreṇa coragāḥ(R. mantreṇa ---); T3 mantreṇoragaḥ; L.,V.,S. mantreṇevoragāḥ. cf. N1, N4,N5,C1/H mantreṇevoragāḥ; N2 mantreṇa coragaḥ; N3 mantreṇevoragaḥ.
31 T4,T5 °balaviprahīno
32 T2 omits 'tvam adya'(N1/H; R.,L.,V.,S.); T3~5 insert(N3,N4).
33 T5 omits 'ṃ'. 34 T4 inserts 'vāyu'(T5 vāyuḥ; N3,N4).
(35...35) T3 ivo ruṇḍaḥ(N1/H,N3; S.); T4 voruṇḍaḥ['i' is marg.]; T5 iviruṇḍaḥ; R. ivā ruṇḍaḥ; L.,V. ivoruṇḍaḥ. cf. N4 ivo ruṇḍāḥ; BHSD,?oruṇḍa. We read 'iva ruṇḍaḥ'[agree with T2] though the support of mss. is not enough.
36 T3~5 bhikṣavo(N3,N4). cf. N1/H bhikṣavaḥ. 37 T4,T5 °vāśakā[omit 'yikā']
38 T2 pāpīyānsaṃ; T3 pāpīyaṃ 39 T4 ākār°
40 T2,T3 °cārikā(N1/H,N4; R.,L.,V.). cf. N3 °cārakā; BHSD,bodhiparicārika.
41 T2 devaputrāḥ(N1/H,N4; R.,L.,V.). cf. N3 devatāḥ.
42 T5 omits 'ṃ'. 43 T2 pāpīyānsaṃ; T5 pāpīyāsa
44 T2 vikṣedayanti; T3 vicchindayati; T4 vicchidayati; T5 miccheddayanti(R. vicche°); L.,V. vichandayanti. cf. N1/H vichandayanti; N3 vicchadayanti; N4 vicchedayanti; BHSD,vi(c)chandayati.

[Meter ... Unknown(Gāthā Gadyagati; Prosaic Verse)]

155. adya tvaṃ[1] pāpīyaṃ[2] nirjeṣyase
bodhisattvena parasainya[3] iva śūreṇa,[4]
334 nigṛhīṣyase[5] tvam adya pāpīyaṃ[6]
bodhisattvena durbalamalla iva mahāmallena.

156. abhibhūṣyase[7] tvam adya pāpīyaṃ
bodhisattvena khadyotakam[8] iva sūryamaṇḍalena,[9]
vidhvaṃṣisyase[10] tvam adya pāpīyaṃ
bodhisattvena[11] tuṣamuṣṭir[12] iva mahāmārutena.[13]

157. vitrāsiṣyase[14] tvam adya pāpīyaṃ
bodhisattvena keśariṇêva[15] śṛgālaḥ,
prapātiṣyase[16] tvam adya pāpīyaṃ
bodhisattvena mahāsāla[17] iva mūlacchinnaṃ.[18]

158. vilopsyase tvam adya pāpīyaṃ
bodhisattvenâmitranagaram iva mahārājena,[19]
viśoṣiṣyase[20] tvam adya pāpīyaṃ
bodhisattvena goṣpadavārîva[21] mahātapena.[22]

159. palāyiṣyase[23] tvam adya pāpīyaṃ
bodhisattvena vadhyanirmukta[24] iva dhūrtapuruṣaḥ,[25]

1 T3 inserts 'māra'.
2 T3,T4 pāpīyāṃ
3 T2,T5 °sainyam(R. °yaṃ); T3 obscure; T4 °sainyar
4 T4 sūreṇa
5 T2 nigṛhiṣyase(R.)
6 T4 pāpāyāṃ; T5 pāpīyāṃ
7 T2 abhibhaviṣyase(N4; R.,L.,V.; S. °ṣyate); T3 abhibhūviṣyase; T4 abhibhūtiṣyase(N3). cf. N1/H abhibhūṣyase.
8 T2 khadyota[omits 'kam']; T4,T5 khadyotam(R.)
9 T5 °lenā
10 L.,V.,S. °vaṃsayiṣyase. cf. N3,N1/B °vaṃsiṣyase(N5 °vansi°); N4,H °vasiṣyase[omit 'ṃ'].
11 T5 bodhitvena[omits 'sa']
12 T2 kuśamuṣṭir(R.); T3 vusamuṣṭir; T4,T5 vuśamuṣṭir(N3); L.,V.,S. muñjamuṣṭim. cf. N1,N2, C1,C2,B vuṣamuṣṭim; N4 vuṣamuṣṭir: N5 vṛṣamuṣṭim; H tṛṇamuṣṭim. Acc. to Tib.[phub ma spar gaṅ la] and from the context we read 'tuṣamuṣṭir' though no ms. supports it.
13 T5 °tenā
14 R. vitra°(T2 emends 'tra' to 'trā')
15 T4 °ṇena; V. kesari°; S. kasari°
16 T3,T5 omit 'pra'(T4 marg.).
17 T3 mahāśāla(R.)
18 T2 °chinnaḥ(R.); T3,T5 omit 'ṃ'; V. °chinnam
19 T4 °jeva
20 T3 viśoṣyase; T4 visoṣyase; T5 viśopiṣyase. cf. N3,N4 viśoṣiṣyase.
21 T4 gospa°
22 T2 mahā "tapena(R.)
23 T4 palāyīṣyase. cf. N3 palayiṣyase.
24 T2 vandhanirmukta(R. bandha°); T3 vadhyanirmuktā(N4); T4 vadhyanimuktā(N3); T5 vadhyanimūrktā; L.,V.,S. vadhyavimukta. cf. N1,C1,C2 omit from here(vadhya-) to 'bodhisattvena' in the following Gāthā[Note 5 in the following page]; N2,N5,B vadhyanirmukta; H vadhanīrmukta.
25 T2~4 dhūrtta°(R.); T5 dhurtta°

udbhrāmiṣyase[1] tvam adya pāpīyaṃ
bodhisattvena[(2...] agnidāhenêva[...2)] madhukaravṛndaḥ.[3]

160. śoc⟨ay⟩iṣyase[4] tvam adya pāpīyaṃ
bodhisattvena[5] rājyabhraṣṭa[6] iva[7] dharmarājaḥ,[8]
dhyāyiṣyase tvam adya pāpīyaṃ
bodhisattvena jīrṇakroñca[9] iva[10] lūnapakṣaḥ.[11]

335 161. vipad⟨yi⟩ṣyase[12] tvam adya pāpīyaṃ
bodhisattvena kṣīṇapathyadana[13] ivâṭavīkāntāre,[14]
vilāyiṣyase[15] tvam adya pāpīyaṃ
bodhisattvena bhinnayānapātra[16] iva mahârṇave.[17]

162. (ā)mlāyiṣyase[18] tvam adya pāpīyaṃ
bodhisattvena kalpadāha[19] iva tṛṇavanaspatayaḥ,[20]
vikiriṣyase[21] tvam adya pāpīyaṃ
bodhisattvena mahāvajreṇêva[22] girikūṭaṃ.[23]

evaṃ khalu bhikṣavo bodhi[sattva]paricārakā[24] devatāḥ[25] ṣoḍaśâkāraṃ[26][27] māra⟨ṃ⟩[28] vicchindayanti[29] sma. na[30] ca[31] māraḥ pāpīyān[32] vinivartate[33] sma. tatrêdam ucyate.

[Meter ... Śārdūlavikrīḍita]

163. bhūtāṃ[34] codana śrutva[35] devatagaṇā[36] na nivartate[37] antako[38]
ucchethā[39] hanathā vilumpatha[40] imāṃ[41] mā[42] dāsyathā[43] jīvitaṃ,[44]

1 T5 dbhrāmiṣyase[omits 'u']; R. utrasiṣyase(T2 emends 'utra' to 'utrā')
(2...2) T2 °nāgni°(R.); T3 °na mahāśāla agni°
3 T2 °vṛndam(R.,V.); L.,V. °vṛndaṃ. cf. N2,N5,B,H °vṛndaṃ; N3,N4 °vṛndaḥ.
4 T2 udbhramiṣyase(R.); T3,T4 soṣiṣyase; T5 śroṣiṣyase(N3); L. roṣiṣyame[misprint]; L.,S. roṣiṣyase. cf. N2,N4 śoṣiṣyase; N5,B śodhiṣyase; H omits from here(śoc°) to 'dharmarājaḥ'[Note 8]. Acc. to Tib.[mya ṅan byed du bcug par ḥgyur] this should be 'śocayiṣyase' though no ms. supports it.
5 cf. N1,C1,C2 omit from 'vadhya-'[Note 24 in the preceding page] to here(bodhisattvena).
6 T2,T5 rāṣṭra°(N2,N3,N5,B; R.,L.,V.,S.). cf. N1,C1,C2 rājya°; N4 rāja°; Tib. rgyal srid(= rājya).
7 T5 °traṣṭa
8 S. (')dharma°
9 T2 °krauñca(R.)
10 T5 ivau
11 T3 lūṇapaksaṃ(T4 lūna°)
12 T2 vihaniṣyase(R.); T3,T4 vihasyase(N3,N4); T5 vihāsyase; L.,V.,S. vibhartsyase. cf. N1,N2, C1,C2,H vibhatsyase; N5 vihansyase; BHSD,vibhartsayati. Acc. to Tib.[phoṅs par byas par ḥgyur] we read 'vipadyiṣyase' though no ms. supports it.
13 T3 kṣīra°; T4,T5 kṣīna°
14 T2 °pathyodana(T4?; R.); L.,V.,S. °pathyādana. cf. N1/H,N3,N4 °pathyadana.
15 T2~4 vilayiṣyase(N1/H,N3,N4); L.,V.,S. vilapiṣyase. cf. Tib. smre sṅags ḥdon du bcug par ḥgyur (= vilapiṣyase). Contextually we read 'vilāyiṣyase'[agree with T5].
16 T2~5 °tram
17 T5 °ṛṇṇavaṃ
18 T2 āmlāsyase(N2,N5,B; R.); T3 mlāniṣyase; T4 mlāyiṣyase(N4); T5 āmlāṣyase; L.,V.,S. āmlāyiṣyase. cf. N1,C1,C2 āslāsyasa; N3 āyiṣyase; H āmlāsesya.
19 T3,T5 kalpā°; T4 kalpo°
20 T2 omits 'tṛṇa'(R.).
21 T4,T5 vikirī°(N3)
22 T4,T5 °vajreṇa[omit 'iva']
23 T2 °ṭam(R.,V.)
24 T2 bodhipari°(N1,N2,N4,N5,C2,H; R.,L.,V.); T3~5 bodhisatvapari°(N3). cf. C1 cancels 'satva' with a mark; B omits 'pari'.
25 L.,V. °cārikā. cf. N1/H °cārikā; N3,N4 °cārakā.
26 T2 devaputrāḥ(N1,N2,C1/H; R.,L.,V.). cf. N3,N4 devatāḥ; N5 devaputreḥ; Tib. lhaḥi bu rnams (= devaputrāḥ).
27 T2 °kārair(N1/B,N4; R.,L.,V.); T5 °kāra[omits 'ṃ']. cf. N3,H °kāraṃ.
28 T2 māraṃ(N1/B; R.,L.,V.); T3~5 māra[omit 'ṃ'](N3,N4). cf. H mārair.
29 T2 vicchedayanti(R.); T3,T4 vichinnayati(N3,N5,B,H °yanti); T5 vichindayanti(N4); L. vichandayanti; V. vicchandayanti. cf. N1,N2,C1,C2 vichandayanti.
30 cf. N3 omits from 'na' to 'sma'(T4 marg.).
31 T3,T5 omit 'ca'.
32 T3,T4 omit 'n'; T5 °yāṃ(N4)
33 T4 omits 'vi'.
34 T2,T5 bhūtañ(R.); L. bhūtāṃ°[unites with the next word as a compound]. cf. N3 omits 'ṃ'.
35 T4,T5 śuddha(N2~4). cf. N1,C1,C2 śrutvā.
36 T2 daivata°(R.)
37 cf. N2,B,H nivarttante.
38 T2 so 'ntako(R.,L.,V.,S.); T5 'ntako(N3). cf. N1,B sāntako; N2 sontakā; N4 antako; N5,C2 sontako; C1 sāntasāntako; H śāntako. Tib. has no word corresp. to 'so'.
39 T3,T5 utkṣethā(N3). cf. N4 ucchethā.
40 T3,T4 vilumpatha(N4)
41 T2 imā[omits 'ṃ'](R.)
42 cf. N1/H,N3 omit 'mā'.
43 T3 dāśyathā; T5 dāsethā
44 T2 °tam(R.,V.)

eṣôttīrṇa svayaṃ[1] mamâpi viṣayāt[2] tāreṣyate[3] câparāṃ
nânyaṃ[4] mokṣa vademi kiṃci[5] śramaṇe [(6…]utthāya yat[…6)] prakramet.[7]

bodhisattva āha.

164. meruḥ[8] parvatarāja[9] [(10…]sthānatu cale[…10)] sarva⟨ṃ⟩ jagan[11] no[12] bhavet
sarve[13] tārakasaṃgha[14] bhūmi prapate[15] sajyoticandrā[16] nabhāt,
sarve[17] sattva kareya ekamatayaḥ śuṣyen[18] mahāsāgaro[19]
na tv eva drumarājamūl'upagataś[20] cālyeta[21] asmadvidhaḥ.

336 māra āha.

[Meter ... Vasantatilakā]

165. kāmêśvaro 'smi vaśitā[22] iha sarvaloke
devāḥ[23] sadānavagaṇā[24] manujāś[25] [(26…]ca[…26)] tiryā,[27]
vyāptā[28] mayā mama vaśena[29] ca yānti sarve
uttiṣṭha mahya viṣayastha vacaṃ kuruṣva.[30]

bodhisattva āha.

166. kāmêśvaro 'si[31] yadi vyaktam[32] anīśvaro[33] 'si[34]
dharmêśvaro[35] 'ham api paśyasi tattvato[36] māṃ,[37]
[(38…]kāmêśvaro 'si[…38)] yadi durgati[39] na prayāsi
prāpsyāmi[40] bodhim[41] [(42…]avaśasya tu[…42)] paśyatas te.

[(43…]māra āha.[…43)]

1 T5 svayam(N3); S. svayūṃ
2 T3~5 viṣayā[omit 't']; L.,V.,S. viṣayāṃ. cf. N1/H viṣayāt; M3,N4 viṣayā.
3 T2 tāriṣyate(R.,L.,V.,S.); T5 tāraiṣete. cf. N3,N4 tāreṣyate; C2 tāriṣyante.
4 T4 mokṣaṃ
5 T2 kiñci(R.)
(6...6) T2 utthāpayat(N1,C1,N4); T3 utthāyaye; T4 utthāpayet(N3,N5,H; R.,L.,V.,S.); T5 utthāpasmet(?). cf. N2 utthāpaye; C2 utthāpacet(?); B utthāpaya. Acc. to Tib. and from the context we read 'utthāya yat'.
7 T4 prakrame[omits 't'](N3,N4); T5 prakame. cf. N1 pakramet; N2 pracamat.
8 L. meru; S. meru(ḥ). cf. N1,C1,C2 meru; Other mss. meruḥ. m.c. meruḥ.
9 T4 parvvarāja[omits 'ta']
(10...10) T2 sthānatu calet(R.); T3 thāna catule(N3,N4)
11 T2 sarvaṃ(R. sarvvaṃ; L.,V.,S.); T3,T5 sarva°; T4 sarvva°(N3,N4)
12 cf. N4 jagat.
13 T5 sarvai
14 R. °saṅgha
15 T2 prapatet(N1/H; R.)
16 T2 sajjyotiṣendrā(R.); T3,T5 sajyotiṣendrā(N2,N4,N5,B,H); T4 yajyotiṣendrā(N3 °dra); L. sajyotiṣendu; V. sajyotiṣendur; S. sajyotiṣendu(r). cf. N1,C1,C2 sajyotipendrā. Acc. to Tib.[zla ba bcas par] we read 'sa-jyoti-candrā' though the support of mss. is not enough.
17 T3,T5 sarva(T4 sarvva; N1/H); R. sarvve(N3,N4); L.,V.,S. sarvā. m.c. sarve.
18 T2 śuṣyan; T3 śuṣyet; T4 śuṣmet; T5 śuṣya
19 T3 °śāgaro
20 T2 °mūlopagataś(N1/H,N3,N4; R.); T3,T4 °mūlupagataḥ; T5 °mūlapagaś[omits 'ta']; L.,V.,S. °mūlupagataś
21 T3 cālyeti
22 T2,T4,T5 vasitā(N1/H,N3,N4; R.,L.,V.,S.). cf. BHSD,vaśitar.
23 T2 devāś(R.); T4 devāṃ; L.,V.,S. devā. cf. N1/H,N3,N4 devāḥ.
24 T2 cadā°(R.)
25 T3,T4 °gaṇāḥ(N4)
(26...26) T3 °jāsya
27 T2,T5 tīryyā(R.)
28 cf. N3 vyāpta; N4 vyāptaṃ.
29 T3,T4 vasena(L.,S.). cf. N1,C1,C2 vasana; N3,N4 vaśena.
30 T3 kuruś ca
31 T3 pi. cf. N3,N4 ṣi.
32 T3 vājyam; T5 vāktam. cf. N4 vākyam.
33 T5 ānī°. cf. N4 ani°.
34 T3 pi; T5 smi(N3,N4). cf. N1 mi.
35 T5 dharmmaśvaro
36 T3~5 tatvato. cf. N3,N4 tatvanā.
37 T2 mām(R.,V.). cf. N3,N4 maṃ.
(38...38) T3 omits; T5 nūpeśvaro 'si
39 T4 °gatiṃ
40 T5 °syami
41 T2,T3,T5 bodhi(N3; R.); T4 bodhiṃm. cf. N4 bodhim.
(42...42) T2 ca samasyatu(N3; R.); T3 vaśasasyatu; T4 asamasyatu; T5 vasasasyatu; L. avasasyatu(N4); S. avasasya tu. cf. N1,C1,C2 avasatasya tu; N2,B avagamasya tu; N5 avasamasya tu; H avasagatya tu. Acc. to Tib. and from the context we read 'avaśasya tu'[agree with V.].
(43...43) T3 omits;T4 mārāha; T5 māreṇa āha. cf. N3 āha[omits 'māra']; N4 māra āha.

167. ekâtmakaḥ[1] śramaṇa[2] kiṃ prakaroṣi 'raṇye[3]
yaṃ prārthayasy asulabhaḥ[4] khalu saṃprayogaḥ,
bhṛgvaṅgira[5]prabhṛtibhis tapasā[6] prayatnā[7]
prāptaṃ[8] na tat padavaraṃ[9] manujaḥ[10] kutas tvaṃ[11].

bodhisattva āha.

168. ajñānapūrvaku[12] tapo[13] ṛsibhiḥ[14] pratapto[15]
krodhâbhibhūtamatibhir[16] divalokakāmaiḥ[17],
nityaṃ[18] anityam[19] iti câtmani[20] saṃśrayadbhiḥ[21]
mokṣaṃ[22] ca deśagamanasthitam āśrayadbhiḥ[23].

169. te tattvato[24] 'rtharahitāḥ puruṣaṃ[25] vadanti
vyāpiṃ[26] pradeśagata[27] śāśvatam[28] āhur eke,
337 mūrtaṃ[29] na[30] mūrtam[31] aguṇaṃ guṇinaṃ[32] tathâiva
kartā[33] na karta[34] iti [(35...]câpy apare[...35)] bruvanti.

170. prāpyâdya bodhivirajām iha câsanasthaḥ[36]
tvāṃ[37] jitva māna[38] vihataṃ sabalaṃ sasainyaṃ[39],
vartiṣyam[40] asya jagataḥ prabhavôdbhavaṃ[41] ca
nirvāṇa duḥkhaśamanaṃ[42] tatha[43] śītibhāvaṃ[44].

*

[Meter ... Bhujaṅgavijṛmbhata]

171. māraḥ kruddho duṣṭo[45] ruṣṭaḥ[46] paruṣagira[47] puratu[48] bhaṇatī[49][50]
gṛhāṇa [(51...]su śrāmanaṃ[...51)]

1 T2,T4,T5 omit 'ḥ'(N3). 2 cf. N3,N4 śravaṇa.
3 T2 raṇyaṃ(R.); T3,T5 ranyaṃ(N3,N4); T4 ranye; L.,V. raṇye. cf. N1,C1,C2 raṇye; N2,B,H raṇe (N5 omits 'ra').
4 T5 asurabhaḥ
5 T2 °vaṅgiraḥ(R.); T3 °viṃgiraṃ; T4 °vaṃgira°; T5 °vaṃgiraṃ
6 T3 vayasī; T5 taprasā; L.,V.,S. tapaso. cf. N1/B,N3,N4 tapasā; H tapāsā.
7 T2,T4 prayatnāt(R.); T5 prayannā 8 T5 °ptan
9 T5 omits 'ṃ'.
10 T3~5 manujā(N3). cf. N1/H,N4 manujaḥ. 11 T2 tvam(R.,V.)
12 T5 °pūrvakṛ 13 T3 tapau
14 L.,S. omit 'ḥ'. cf. N3 ṛṣiḥ; Other mss. ṛṣibhiḥ. 15 T2 °ptaḥ(R.); T5 °ptā
16 T3 krodhāvibhū°
17 L. °bhi[omits 'r']; S. °bhi(r). cf. N1,C2,H °bhi(C1 °hi); N2~5,B °bhir.
18 T2,T4,T5 nityam(N1/H,N4; R.,S.); T3 nityaṃm(N3). m.c. nityaṃ.
19 L.,V. na nityam; S. na-nityam. cf. N1/B,N3,N4 anityam; H anityaṃm.
20 T5 omits 't'(N3). 21 T2,T5 °bhir(R.)
22 T2 mokṣañ(R.); T5 mmokṣañ
23 T3,T5 āśrayanti(N3); T4 āśrayaṃti['bhiḥ' is marg.]. cf. N1/H,N4 āśrayadbhiḥ.
24 T3~5 tatvato(V.) 25 T5 °ṣam
26 T4,T5 omit 'ṃ'(N3,N4). 27 T4 °gataḥ(or °gataṃ?)
28 T3 obscure; T4 śāsvatam; T5 sāśvatam(N1/H; L.,S.). cf. N3 svāsvatam; N4 sāsvatam.
29 T2,T4 mūrttiṃ(N3; R.); T3 muhūrtta; T5 mūtti. cf. N4 mūrttin.
30 S. na°[unites with the next word as a compound]
31 T2,T4,T5 mūrttim(N3,N4; R.); T3 mūrttan
32 T5 guṇitaṃ; L.,V.,S. guṇināṃ. cf. N1,N5,C1,C2,H guṇināṃ; N2,N4,B guṇinaṃ; N3 guṇinan.
33 T2~5 karttā(R.) 34 T2 karttā(R.); T3~5 kartta
(35...35) T4,T5 cāparato(N3,N4)
36 T2,T4 cāsanāsthas(R.); T3 cāsanasthaḥs; T5 cāsanastha(N3). cf. N4 cāsanasthas.
37 T5 tvāñ(N3)
38 T2~5 māra(N3,N4; R.,L.,V.,S.). cf. N2,N5 māna; H omits; Tib. ṅa rgyal (= māna).
39 T2 °yam(R.,V.)
40 T2 varttiṣyam(B; R.); T3,T5 varttiṣmim; T4 varttisyaṃm(N4 omits 'ṃ'); L.,V. varteṣyi; S. vartheṣyi. cf. N1,C1,C2,H varttasyam(N2 omits 'syam'); N3 varttesmim; N5 varttasyat. We regard 'vartiṣyam' as a form of fut. 1 sg.(cf. BHSG,§31.32).
41 T2 °bhavañ(R.)
42 T5 °śamanan(N3); L.,V. °samanaṃ. cf. N1/H,N4 °samanaṃ.
43 T2 sīti°(N1/H,N4; R.,L.,V.,S.); T5 śībhi°. cf. N3 śīti°.
44 T2 °vam(R.,V.)
* T5 inserts 'māra ā'(N4 --- āha).
45 T3 duṣṭe 46 T5 ruṣaḥ
47 T3 puruṣa°(N3~5,H)
48 T2 °giraṃ(R.); T4,T5 °giri(N3). cf. N4 °giriṃ.
49 T2 puna tu(N1,N5; R.,L.,V.,S.); T3,T5 puranu(N3); T4 puramu. cf. N2,N4,B,H puratu.
50 T2 bhaṇati(N1/H; R.); L.,V.,S. bhaṇate. cf. N3,N4 bhaṇatī.
(51...51) All mss. sugautamaṃ(R.,L.,V.); S. 'su gautamaṃ. Acc. to Tib.[dge sbyoṅ ḥdi] and from the context we read 'su śrāmanaṃ' though no ms. supports it(cf. BHSG,§21.9.).

eko[1] hy eṣo[(2...] ’raṇye[...2)] nyasto[3] grahiya[4] mama[5] puratu[6] vrajat(h)ā[7]
la(g)huṃ[8] vaśu[9] kurvat(h)ā,[10]
śīghraṃ gatvā mahyaṃ[11] gehe haḍinigaḍayugala[12]
vikṛtaṃ karotha duvārikaṃ[13]
svāmaṃ[14] drakṣye[15] duḥkhenârtaṃ[16] bahuvividhajavitaravitaṃ[17][18]
marūṇa[19] va[20] ceṭavān[21]

bodhisattva āha.

172. śakyâkāśe[22] lekhyaṃ[23] citraṃ bahuvividha⟨vi⟩kṛtapadaśaḥ[24][25][26]
prakartu[(27...] pṛthakpṛthak[...27)]
śakyo vāyuḥ pāśair baddhuṃ[28] diśavidiśa[ṃ]gamana[29][30]
javito nareṇa suyatnataḥ,[31]
śakyo[32] kartuṃ[33] candrâdityau tamatimira[34] vitimirakarau[35]
nabhātu[36] mahītalaṃ[37]
śakyo nâhaṃ tvatsādṛśyair[38] bahubhir api gaṇa⟨na⟩viratair[39]
drumāt praticālituṃ.[40]

*

[Meter ... Vasantatilakā]

173. abhyutthitā balavatī[41] namuceś camū[42] sā[43]
hā[hā]kāraśaṅkhavarabherimṛdaṅgaśabdaiḥ,[44][45][46][47][48]
hā[49] putra vatsa dayitā[50] kim[(51...] asi[...51)] pranaṣṭo[52]
dṛṣṭvā-n-imāṃ[53] namucisenam[54] atīva bhīmāṃ.[55]

1 T2,T4,T5 eṣo(N2,N3,N5,B,H; R.,L.,V.,S.). cf. N1,N4,C1,C2 eko.
(2…2) T2 akāraṇye(R.); T3 eṣo raṇya; T4 obscure; T5 eko raṇya(N3); L.,V.,S. eko 'raṇye. cf. N1/H eko 'raṇye; N4 eṣo eko raṇye.
3 T3 nyaso(?); T4 obscure. cf. N3 nāso.
4 T4 guhiya
5 cf. N3 marā.
6 T2 purannu(R.); T3 puranu(N3); T5 purana
7 T2 vrajatā(N4; R.); T3 vagatā; T4 vrajāṃ tā; T5 vrajaṃ / tā(N3); L.,V.,S. vrajathā. cf. N1,N5, C2 vrajātā(C1 pra°); N2 vrajaṃtā; B vrajato; H vrajāta.
8 T2 laghuṃ(R.,L.,V.,S.); T3~5 lahuṃ(N1/H). cf. N3 lahu(N4 'ghu' is marg.); NHSD,lahu.
9 T2 vaśa°(R.); T3,T5 bahu°(N1/H,N3; N4 emends 'hu' to 'śa' in the margin); T4 bahuśa°[cancels 'hu' with a mark); L.,V.,S. vasu
10 T2 °kurvatām(R. °kurvva°); T3,T5 °kurvatā(N3 °kurvva°); T4 °kurvvantāṃ(N4 omits 'ṃ'); L.,V., S. kurvathā. cf. N1,C1,C2,B °kurvatāṃ(H °ttāṃ); N2,N5 °kurvatha.
11 T3,T4 omit 'ṃ'(N3).
12 T3 obscure; L.,S. °yugaḍa. cf. N1~4,B °yugala; N5,H omit 'yugala'; C1,C2 °ṣugala; BHSD,yugaḍa.
13 T2 °rikā°(R.); T4,T5 °rikā(N3). cf. N1,N2,N5,B,H duvārikaṃ; N4 durvālikāṃ.
14 T2 °ścāmaṃ(R.); T4,T5 śvāmaṃ(T3?; N1/H,N3); L.,V. svā maṃ. cf. N4 svāmaṃ.
15 T2 drakṣe(T3?; N3?). cf. N1 drakṣyaṃ; N4 drakṣye.
16 T2 duḥkhenārttaṃ(N1/H; R.,L.); T4 duḥkhinārttaṃ; T5 duḥkhitārtaṃ(T3?; N3,N4)
17 T2,T4,T5 bahuvidha°[omit 'vi'](N3; R.)
18 T3 °rajavitaṃ. cf. N4 °raṃvitaṃ.
19 T5 maraṇa
20 cf. N4 omits 'va'.
21 T2 ceṭakam(R.,V.; L.,S. °kaṃ); T5 cetavān. cf. N3,N4 ceṭavān; N5 ceṭayān; B ceṭavākan.
22 T3 °kāse
23 T4,T5 omit 'ṃ'(N3).
24 T2 bahuvidha[omits 'vi'](R.)
25 T2 °vikṛta°(N4; R.,L.,V.,S.); T3~5 omit 'vi'(N3).
26 T3 °padasaḥ
(27…27) T2 pṛthak pṛthak prakarttuṃ(R.); T4 prakartta pṛthakpṛthak(N3); T5 prakarttuṃ pṛ°(T3?; N4). cf. N2 prakartuṃ pṛ°; N5,H prakartuṃ[omit 'pṛthakpṛthak'].
28 T4 baddhur(N3); T5 baddha(T3?). cf. N1,N4 baddhaṃ; N2,N5,B,H baddhuṃ.
29 All mss. insert 'ṃ'(R.); L.,V.,S. omit.
30 T3,T5 °gamanaṃ
31 T4 bahuyantrataḥ; T5 bahuyatnataḥ(N3). cf. N4 suyatnataḥ; N5 huyatnataḥ; H suyatnaṃ.
32 T3 obscure; T5 śakyau; L.,V.,S. śakyā. cf. N1,C1,C2 omit; N3 śakyo; N4 śakya; B śakyā.
33 T5 karttu[omits 'ṃ']
34 T2 °raṃ(R.)
35 T3 viśiśira°(N3); T5 visisira°
36 T2 nabhodya(N4; R.,L.); T3~5 nabhonya(N1~3,C1,C2,H); V.,S. nabho 'dya. cf. N5 nabhoya; B nabhānya. Contextually we read 'nabhātu'(abl. sg.) though no ms. supports it.
37 T5 mahi°
38 T3,T4 tvādṛśair; T5 tvādṛśai. cf. N3 tvodṛśair; N4 tvatsādṛśair.
39 T2 gaṇena virutair(R.); T3,T4 gaṇa virutaiḥ; T5 gaṇa virutair(N3); L. gaṇana virutair(V. gaṇanavi°); S. gaṇana vidrutair. cf. N4 gaṇana virutaiḥ; Tib. bgraṅ las ḥdas pa; BHSD,?viruta. Contextually we read 'gaṇanaviratair' though no ms. supports it.
40 T2 °cālayitum(R.); T4 °cālayituṃ(N3); T5 °cārayituṃ(N4); V. °cālitum.
* T2 inserts 'māra āha / '(R.).
41 T3 lavatā['ba' is marg.]; T4 balatī['va' is marg.]. cf. N3 lavatī; N4 balavati.
42 cf. N3 cama.
43 T3,T5 omit 'sā'(T4 marg.; N3).
44 T2,T5 hāhākāra°(N1,N2,C1/H; R.); T4 hahānkāra°(T3?); L.,V.,S. hākāra°. cf. N3 harānkāra°; N4 hākkāra°; N5 hārākā°.
45 T2,T4,T5 °śaṃkha°; T3 °saṃkha°
46 T2,T5 omit 'vara'(N1/H; R.); T3,T4 °rava°(N3,N4; L.,V.,S.). cf. Tib. mcog(= vara).
47 T2 °bherī°(R.); T4 °bhairi°
48 T3~5 °daṃga°
49 cf. N3 kā.
50 T3 tuṣitā; T5 strayitā(N3 °yinā); S. dayita
(51…51) T3 nilayi; T5 vilapi. cf. N3 kinākilami.
52 T4,T5 pranasto. cf. N3 vanaṣto; N4 pranaṣṭā.
53 T2,T5 dṛṣṭvānimāṃ(N2,N4,N5,B; H omits 'ṃ'; R.); T3 dṛṣṭānimāṃ(N1,C1,C2); L.,V.,S. dṛṣṭvā imāṃ. cf. N3 dṛṣṭvā vino°(?). 'n' is a saṃdhi-consonant.
54 T3 °śenam. cf. N3 °namānasenam(?).
55 T2 bhīmām(R.,V.); T5 bhiṃmāṃ

174. jambūnadākanaka[1] campakagarbhagaura[2 3]
sukumāra devanarasaṃstuta[4] pūjanīya,
338 adya prayāsyasi[5] vināśu[6] mahāraṇesmiṃ[7 8]
mārasya eṣyasi[9] vaśaṃ[10] [(11...]asurasya vêndraḥ[...11)].

175. brahmasvareṇa[12] kalaviṅkarutasvareṇa[13 14]
tān[15] yakṣarākṣasagaṇāṃ[16] sugato[17] babhāṣe,[18]
ākāśa[19] trāsayitum[20] icchati yo hy avidvān
so[21] 'smadvidhaṃ[22 23] drumavarād[24] grahaṇāya[25] icche⟨t⟩.[26]

176. [(27...]bhittvā[...27)] ca yo raju ganeya[28] mahāsahasre[29]
lomnā[30] ca sāgarajalaṃ[31] ca samuddhared yaḥ,
vajrāmayāṃ[32] girivarāṃ[33 34] vikiret kṣaṇāc ca
so câpi māṃ[35] tarugataṃ[36] na viheṭhayeta.[37]

[(*)] 177. yuga-m-antarasmi[38] sthita māra[39] praduṣṭacitto[40]
niṣkośa[41] pāṇina-m-asiṃ[42] pragṛhītva[43] tīkṣṇaṃ,[44]
uttiṣṭha[45] śīghra[46] śramaṇâsmamatena[47] [(48...]gaccha[...48)]
mā veṇuyaṣṭi[49] haritāṃ[50] va chinadmi[51] [(52...]te 'dya[...52)].

bodhisattva āha.

[Meter ... Śārdūlavikrīḍita]

178. sarvêyaṃ trisahasra[53] medini[54] yadi[55] māraiḥ prapūrṇā[56] bhavet
sarveṣāṃ yatha[57] meru parvatavaraḥ pāṇīṣu khaḍgo[58] bhavet,

1 T jāmbunada°(R.); T3,T4 jaṃbūnadā°; T5 jambunandā°; L.,V.,S. jāmbūnadā°. cf. N2 jāṃbūnada°; N3 jambūnadā°; N4 jāmbūnada°; B jāṃbunada°; H jāṃbunadasya.
2 T3,T4 caṃpaka°(N3); T5 capaka°
3 L.,V.,S. °gaurā. cf. N5 °gaure; Other mss. °gaura.
4 T5 devamanuṣyantuta; S. °sastuta[omits 'ṃ']. cf. N3 devamara°.
5 T5 prayāsi[omits 'sya'] 6 L.,S. vināsu. cf. All mss. vināśu.
7 T3 bhahā°(N3). cf. N4 emends 'bha' to 'ma' in the margin.
8 T2 °raṇe 'smin(R. --- 'smiṃ); T4,T5 °nesmiṃ 9 S. omits 'si'.
10 T3,T4 vasaṃ(N1/H,N4); T5 vasam. cf. N3 vasa.
(11...11) T2 asurasya candraḥ(R.); T3 asurasya sacendraḥ; T4 rmmaviṣāmbharasucandraḥ(N3 °sacandra); T5 asura['sa' is marg.] candre; L.,V.,S. asurasya venduḥ. cf. N1,N2,C1/H asurasya vendraḥ; N5 asurasye vendraḥ. va = vā = iva.
12 T5 °śvareṇa
13 T3~5 kalaviṃka°(N3); L.,V. karaviṅka°; S. karavik°[misprint]. cf. N1,N5,B karaviṃka°; N2 omits this whole word; N4 karavika°; H karaviṃ°[omits 'ka'].
14 L.,V.,S. °svareṇā. cf. N2 omits; Other mss. °svareṇa. N3 repeats this whole word.
15 cf. N4 tāṃ. 16 T4 omits 'rākṣa'(N3); T5 °rāja°
17 cf. N4 omits 'ṃ'.
18 T2 'vabhāṣase(R.); T3 'babhāse(N4); T4 babhāsabhāvaṃ(N3); T5 babhāse. cf. N2,B babhāṣe.
19 T4 ākāsa; L.,S. ākāsu; V. ākāśu. cf. N2 ākā; Other mss. ākāśa.
20 T2,T3 trāśayitum(R.); T4 trāmayituṃm; T5 bhrāmayitum(N3~5). cf. N1,N2,C1/H trāsa°.
21 All mss. yo(R.). Contextually we read 'so'[agree with L.,V.,S.] though no ms. supports it.
22 cf. N4 asma°['a' is canceled with a mark].
23 T3,T4 °vidhaḥ; T5 °vidha(N3). cf. N4 °vidhaṃ.
24 cf. N4 °varāt. 25 T4 gramaṇeya(N3)
26 T2 icchet(N2,N4,N5,B,H; R.,L.,V.,S.); T3~5 icche(N3). cf. N1,C1,C2 icchat.
(27...27) T2 bhitvā ca(R.,L.,S.); T3,T5 bhitvārddha(N3); T4 bhitvārdha. cf. B bhitvāddha.
28 T3 raja
29 T4,T5 °hasrai(N2~4,B); V. °hasra(N1,C1,C2). cf. N5,H °hasre. Contextually '-sahasraṃ' may be a better reading, but but no ms. supports it.
30 T3 lostā; T5 lolā. cf. N3 lomvā. 31 T2 °jalañ(R.)
32 T2 vajra°(N1,N2,C1/H; R.,L.); T3 obscure; T4 emends 'vajrā' to 'vajra'; S. vajra(ā)°. cf. N3~5 vajrā°. m.c. vajrā°. 33 T5 omits 'ṃ'.
34 T5 omits 'ṃ'. 35 T5 mān(N3)
36 T3 °gatāṃ
37 T2,T4,T5 viheṭhayec ca(N1/H,N3; R.). cf. N4 viheṭhayacca; BHSG,§43(p.239).
(*) cf. N4 inserts 'mārāha / '.
38 T3,T4 yugamandarasmi(N3); R. °smiṃ. cf. N4 °smiṃ; BHSD,yuga.
39 T2 māru(N2,N5,C1/H; R.,L.,V.,S.). cf. N1,C1,C2 māruta; N3,N4 māra.
40 T5 pradustha°(N3 °dastha°)
41 T2 niṣkoṣa(N2,N5; R.,L.,V.,S.); T3,T5 niskoṣa. cf. N1,C1,C2 niṣkona; N3,N4 niskośa; B niṣkāṣa; H niṣkośa.
42 T2 pāṇinamasiṃ(N4; R.,L.,V.); T3 pāṇinamaśiṃ; T4 pāṇimasiṃ(T5 °sim). cf. N3 pāṇim api.
43 T4 gṛhītva[omits 'pra']; T5 pragṛhitva. cf. N3 satva.
44 T2 °ṇam(R.,V.); T5 tīṣṇaṃ 45 T3 uttistha; T5 utkṣipta(N3)
46 T4 °raṃ 47 S. °maṇā 'sma°
(48...48) T3 omits '-na gaccha'.
49 T2 hari tāñ(R.); T5 haritāñ(N3,N4) 50 All mss. ca(R.). cf. Tib.ltar(= iva). Contextually we read 'va'[agree with L.] though no ms. supports it.
51 T3~5 chinanmi(N3). cf. N1,N4,N5,C1/H chinnadmi; N2 kiṃcchadmi.
(52...52) T2 'tedyaḥ; T3 todyaḥ; R. 'te 'dya. cf. N1/H te dyā; N4 te dyaḥ; BHSG,§20.16.
53 T3 trisahasri; T5 trisāhaśra; R. trisāhasra 54 T2 medinī(R.). cf. N3 omits 'ni'.
55 T5 omits 'yadi'.
56 T3 °pūrṇnam; T5 °pūrṇnaṃ(N3 omits 'ṃ'). cf. N1,N2,N5,B °pūrṇno; N4 emends '-pūrṇna' to '-pūrṇnā'; C1,H °pūrṇā.
57 T5 yathā 58 T3~5 saṃgo(N3). cf. N4 khaḍgo.

te mahyaṃ[1] na samartha[2] loma[3] calituṃ[4] prāg eva māṃ ghātituṃ
[(5...]mā dūṣī ativela[...5)] [(6...]saṃpranada he[...6)] [(7...]smāremi te 'haṃ dṛḍhaṃ[...7)].

[Meter ... Vasantatilakā]

179. vidhyanti śailaśikharāṃ[8] jvalitâgnivarṇā⟨ṃ⟩[9]
vṛkṣā⟨ṃ⟩[10] samūlaka[11] kṣipī[12] tatha[13] tāmraloha⟨ṃ⟩[14],
339 [(15...]uṣṭrāś ca[...15)] gogajamukhās[16] tatha[17] bhairavâkṣāḥ[18]
āśīviṣā bhujaga dṛṣṭiviṣāś ca ghorāḥ[19].

180. [(20...]meghāś 'va[...20)] utthita caturdiśa[21] garjamānāḥ[22]
vajrâśanī[23] tatha ayoguḍa[24] varṣamāṇāḥ[25],
asiśakti[26] tīkṣṇa[27] paraśuṃ[28] saviṣāṃś[29] ca bāṇāṃ[30]
bhindanti[31] medinitalaṃ pramathanti[32] vṛkṣāṃ[33].

181. bāhūśataiḥ[34] śaraśatāni[35] kṣipanti kecit[36]
āśīviṣāṃ[37] hutavahāṃś[38] ca mukhāt[39] sṛjanti,
makarâdikāṃś ca jalajān[40] udadher[41] gṛhītvā[42]
vidhyanti keci[43] bhujagāṃ[44] garuḍāś[45] ca bhūtvā.

182. kecit sumerusadṛśān ayaso[46] guḍāni
taptâgnivarṇaśikharāṇi[47(48...] kṣipanti[...48)] ruṣṭāḥ,

1 S. omits 'ṃ'(N4).
2 T3 samarthu; T5 sarthaṃ. cf. N3 mamārddha.
3 T3 roma(N4)
4 cf. N4 carituṃ.
(5...5) T2 kuryyāc cāpi hi vigrahe(T4,T5 kuryāc --- ; N3,B,H; R.); T3 māṃ dūṣīṃ nativela; L. mā dūṣī na ti vela(V.,S. --- nativela). cf. N1,C1,C2 kuryyā vāpi hi vigrahaṃ; N2 omits this whole line(mā ------- dṛḍhaṃ); N4 māṃ dūṣī nativala; N5 māṃ dūṣāṃ nativela.
(6...6) T2,T4,T5 omit 'saṃpranada he'(N1,N3,C1/H,B,H; R.); T3 saṃpranadahe(N4,N5;L.,V.; S. °dahe,). cf. BHSD,?saṃpranadahe; BHSG,§31.20.
(7...7) T2 sma varmmita dṛḍham; T3 māromi tena dṛḍhaṃ; T4,T5 smā varmitena dṛḍhaṃ (N3,B,H); L. smāremi te 'nadṛḍhaṃ(V. °ḍham); R. sma varmitena dṛḍham; S. smāremi tenā dṛḍhaṃ. cf. N1 sma varmmitena dṛḍhaṃ(C1,C2 --- varmitena ---); N4,N5 smāremi tena dṛḍhaṃ(N5 adds 'kuryyāc cāhi vigrahe smā varmitena dṛḍhaṃ'); Tib. ṅa yis brtan por dran par bya(= ahaṃ dṛḍhaṃ smāremi).
8 L.,S. °khalāṃ. cf. N1,N5,C1/H °khalāṃ; N2~4 °kharāṃ.
9 T2 °varṇāṃ(R.,L.,V.,S.); T3~5 °varṇṇa(N3). cf. N1/H °varṇṇā; N4 °varṇṇāṃ.
10 T2 °vṛkṣāṃ(N4; R.,L.,V.,S.); T3~5 omit 'ṃ'(N1/H,N3).
11 T3 dyamūlaṃka
12 T3 kṣipīna
13 T4,T5 tataḥ(N3 tataḥs)
14 T2 °loham(R.,V.); T3 tāmralo[omits 'haṃ']; T4 °loha[omits 'ṃ'](N3); T5 stāmracoha; L.,S. °lohaṃ(N4)
(15...15) T3 draṃṣṭos ca; T4,T5 draṣṭrāś ca(N3). cf. N1,C1,C2,H uṣṭrāś ca; N2,N5,B uṣṭrāśva; N4 uṣṭrāsva.
16 T3 °mukhā[omits 's']
17 T3 va; T4 tata. cf. N3 tad.
18 T2 °vākṣā[omits 'ḥ'](N1/H,N4; R.,L.,V.,S.); T4 °vākhyāḥ; T5 °vākhyā(N3)
19 T5 omits 'ḥ'(N3). cf. N1,C1,C2 ghorāṭa.
(20...20) T2,T4,T5 meghāś ca(N3,N4; R.); T3 megho ca; L.,V.,S. megheva. cf. N5,H meghāś va.
21 T4 °diśaṃ(N3,N4)
22 T2,T5 °mānā[omit 'ḥ'](N3; R.,L.,V.,S.). cf. N4 °mānāḥ.
23 L. vajrāsanī; S. vajrā 'śanī. cf. N3 vajrāśanī; N4 vajrāsani.
24 T4 °guḍar
25 T3 °mānāḥ(N1,N5,C1/H,N4); T4,T5 dharṣamāna(N3). cf. N2 °mānā.
26 T2,T5 kuntāsi°(N1/H,N3; R.); T3 aśi°(N4); T4 kuntāśi°
27 T4,T5 omit 'tīkṣṇa'(N3).
28 T2 omits 'ṃ'(N4; R.); T4,T5 °śuḥ(N3)
29 T2 saviṣāñ(R.); T3 savisāś; T5 saviśāś(N3,N4). cf. N1 savikhāṃ; N2,N5 saviṣāṃ.
30 R. vāṇāṃ
31 T4,T5 bhidyoṃti(N3)
32 T5 prathamanti
33 T3 vṛkṣaṃ(N3); T4,T5 vṛkṣa. cf. N4 vṛkṣāṃ.
34 T2,T5 bāhu°(R.)
35 L.,V.,S. sara°. cf. All mss. śara°.
36 T3 kecid; L.,V.,S. keci. cf. N1/H,N3,N4 kecit.
37 T5 ārśiviṣā
38 T3 °vahāñ; T4,T5 °vahāś(N3). cf. N4 °vahañ.
39 T2,T4 mukhot°(R.); L.,V.,S. mukhā[omit 't']. cf. N1/H,N3 mukhāt; N4 mukhāṃ.
40 T3 jalajan
41 T3 omits 'r'; T4,T5 °dheḥ(N3,N4). cf. N1/H °dher.
42 T5 gṛhitvā; L. guhītvā[misprint]
43 T2 kecid(N4; R.). cf. N1/H kecit.
44 T3 bhujā; T4,T5 omit 'ṃ'.
45 T3 gārudāṃ?; T4,T5 garuḍāṃś(N3)
46 T3 ayayo; L.,V.,S. ayasā. cf. N1/H,N3,N4 ayaso.
47 T5 °asi°
(48...48) L.,V.,S. °kharā nikṣi°. cf. N1/B,N3,N4 °kharāṇi kṣi°; H °khalāṇi kṣi°.

āsādya[1] medinitalaṃ kṣubhayanti[2] côrvīṃ[3]
heṣṭâpaskandhasalilasya[4] viloḍayanti[5].[6]

183. kecit patanti puratas[7] tatha pṛṣṭhato 'sya[8]
vāme ca dakṣiṇa patanti aho [(9...]'ti vatsa,[...9)]
viparītahastacaraṇā[10] jvalitôttamâṅgā[11]
netrebhi niścarati vidyud iva pradīptā.[12]

184. dṛṣṭvā vikāravikṛtā(ṃ)[13] namuces[14] tu senā(ṃ)[15]
māyākṛtaṃ[16] ca yatha prekṣati śuddhasattvaḥ,[17]
nâivâtra [(18...]māru na[...18)] balaṃ[19] na jagan[20] na câtmā[21]
'dakacandrarūpasadṛśo[22][23][24] bhramati trilokaḥ.[25]

340 185. [(26...]cakṣur na[...26)] istri[27] [na][28] puruṣo [(29...]na ca ātmanīyaṃ[...29)]
śrotraṃ[30] ca ghrāṇa[31] tatha jihva[32] tathâiva kāyāḥ,[33]
adhyātmaśūnya[34] bahiśūnya[35] pratītyajātāḥ[36]
dharmā ime karakavedakavītivṛttāḥ.[37]

186. so satyavākyam akarot sada[38] satyavādī
yenêha[39] [(40...]satyavacanena suśūnya[...40)] dharmāḥ,
ye keci[41] saumya[42] vinaye-anukūla[43] yakṣāḥ[44]
te śastra pāṇiṣu nirīkṣiṣu[45] puṣpadāmān.[46]

187. so dakṣiṇe[47] karatale[48] racitâgrajāle[49]
tāmrair nakhaiḥ surucairaiḥ[50] sahasrâracakraiḥ,[51]

1 T2,T4,T5 ācchādya(N3,N4; R.) 2 T3,T5 °yaṃti
3 T2,T3 bodhi(H; R.); T4,T5 bodhiṃ(N1/B,N3). Acc. to Tib.[sa ni] and from the context we read 'corvīṃ'[agree with L.] though no ms. supports it.
4 T2 heṣṭāpaskanda°(N1,C1,C2,B; R.); T3 heṣṭā maskanda°(N3); T4 heṣṭāpaskaṃda°(N4); T5 asvāṃda°(?); L.,V. heṣṭā paskandha; S. heṣṭā "paskandha. cf. N2,N5 heṣṭā maskandha; H heṣṭāpa-maskṛndha?. 5 T3~5 °śalilasya(N3,N4)
6 T2 viloda°; T3 °yaṃti 7 T3,T4 °taḥ(N4)
8 T2 'pi(R.); T3~5 pi(N3). cf. N4 'sya.
(9…9) T2 vivastrāḥ(R.); T3,T4 vivasta(N3,N4); T5 vivastra; L.,V.,S. ti vatsa. cf. B vivatsa. Acc. to Tib.[kye ma bu shes] and from the context we read "'ti(= iti) vatsa".
10 T2 °raṇo°(R.) 11 T3~5 °māṃgā(N3). cf. N4 °māṅgā.
12 T2 °ptāḥ; T5 prādī°
13 T2,T5 °kṛtāṃ(N2,B; R.); T3 °kṛtā(N3~5,H; L.,V.,S.); T4 °kṛtān. cf. N1,C1 °kṛta(C2 omits 'ta').
14 T5 namucais(N3)
15 T2 senāṃ(N1,N5,C1/H; R.); T3~5 senā(N2~4; L.,V.,S.)
16 T2,T5 °kṛtañ(N3; R.) 17 T3 suddha°
(18…18) T2~4 māruta°(N3,N4; R.). cf. N2,N5,B māru na; Tib. bdud(= māra).
19 T5 balan(N3)
20 T3 jayaṃ; T4 emends 'jagaṃ' to 'jagat'; T5 jayan. cf. N3 jayun; N4 jagat.
21 T2,T4,T5 cātmo°(N3,N4; R.)
22 T2,T4,T5 °daka(N2/B,N3,N4; R.); T3 obscure; L.,V.,S. uda°[omit 'ka']. cf. H °draka.
23 T4 °caṃdra°
24 T2 °sadṛśaṃ(N1/H; R.); T3 °śadṛśo; T4 °śadṛśe; T5 °śadṛśa. cf. N3 °sadṛśa; N4 °sadṛśeṃ.
25 T5 °lokaś (26…26) T2 cakṣurnā(R. omits 'r')
27 T3~5 iṣtri(N3,N4). cf. N1/H istri.
28 T2 omits 'na'(N1/H; R.,L.,V.,S.); T3~5 insert(N3,N4).
(29…29) T2,T4,T5 na cātma°(N1/H,N3,N4; R.); L.,V.,S. napi cātma°
30 T2,T4,T5 śrotaś(N3; R.); L. śrotaṃ; V. srotaṃ. cf. N4 śrotañ. cf. N1,B2,B,H śrotraś.
31 T4 °ṇaṃ 32 S. jihava
33 L.,V.,S. kāyaḥ. cf. N1,N2 kāyaḥ; N3~5,B kāyāḥ; H kāryyaḥ.
34 T5 °śunya
35 T3 bahirśūnya; T5 bahiśunya; R. vahi°. cf. N4 bahiḥśūnya.
36 T2 °jātā(R.,L.,V.,S.). cf. N1/H,N3,N4 °jātāḥ.
37 All mss. kāraka°(R.). m.c. karaka°.
38 T3~5 saca(N3,N4). cf/ N1/H sada; Tib. rtag tu (= sadā).
39 T3 yena ha
(40…40) T2 °nenema śūnya°(R.); T3 °nenasu sūnya°(T4,T5 --- śūnya°); L.,V. °nen ima śūnya°; S. °nonama śūnya°. cf. N1,N5,C1/H °nen imu śūnya°; N2 °nenan ima śūnya°; N3 °nenamu śūnya°; N4 °nenama śūnya°. 41 T2,T4 kecit(R.)
42 T4 somya(N3)
43 T2,T5 °ye 'nukūla(N1/H,N3; R.); L.,V. °ye anukūla°[unites with the next word as a compound]
44 T2 yakṣās(N3; R.); T5 °pakṣās; L.,V. °pakṣāḥ. cf. N1,C1,C2,B,H °pakṣāḥ; N2,N5 °yakṣāḥ; N4 °pakṣā. 45 T5 omits 'nirīkṣiṣu'.
46 L.,S. °dāmā; V. °dāmāṃ. cf. H °dāmāṃ; Other mss. °dāmān.
47 T2 dakṣiṇa° 48 T2 calitā°
49 S. °jāse 50 T2 sura°
51 T2 saha māracakraiḥ(R.); T5 sahasrānacakraiḥ; L.,V.,S. sahasrāracakre. cf. N1/H sahasrāra-cakraiḥ; N4 sahasrāracakre.

jāmbūnadârcisadṛśaiḥ[1][2] śubhapuṇyajuṣṭe[3]
mūrdhnātu[4] yāva[5] spṛśate[6] caraṇāṃ salīḍaṃ.[7]

188. bāhuṃ prasārya[8] yatha vidyud[9] ivā[10] nabhasthād[11]
ābhāṣate[12] vasumatī-n-iya[13] mahya sākṣī,[14]
(15... citrā mi ...15) yajñanayutān api yaṣṭa pūrve[16]
na[17] mi[18] jātu yācanaka vandhya[19] kṛtā na[20] dāsye.

189. āpo mi[21] sākṣi[22] tatha[23] teja tathâiva vāyuḥ[24]
brahmā prajāpati saj[y]otisa[25] candrasūryāḥ,
buddhā mi sākṣi daśasu sthita[26] ye diśāsu[27]
yatha mahya śīlavrata udgata bodhi-aṅgāḥ.[28]

190. dānaṃ[29] mi[30] sākṣi tatha śīla[31] tathâiva kṣānti⟨ḥ⟩[32]
(33... vīryaṃ 'pi ...33) sākṣi tatha dhyāna tathâiva prajñā,
341 catur-apramāṇa[34] mama sākṣi tathā abhijñā
anupūrva bodhicari sarva[35] mamêha[36] sākṣī.[37]

191. yāvanti sattva nikhilā daśasū[38] diśāsu
yas[39] teṣu puṇya[40] bala[41] śīla[42] tathâiva[43] jñānaṃ,[44]
yajñā nirargaḍa[45] ⟨ya⟩[46] yaṣṭa chaṭākalābhis[47]
te mahya roma śatimāṃ[48] kala nôpayānti.[49]

192. so[50] pāṇinā[51] dharaṇi[52] āhanate[53] salīḍaṃ[54]
raṇate iyaṃ vasumatī yatha kaṃsapātrī,[55]

1 T4 jāṃbū°(N4); T5 jāmbunadāci°[omits 'r'] 2 T4 °śadṛ°
3 T2 °juṣṭair(B; R.); T4 °yuṣṭai; T5 °yuṣṭe. cf. N1,N2,N5,C1/H °yaṣṭai; N3 °yaṣṭe; N4 °yuṣṭair.
4 T2 mūrddhātu?; T3 mūrddhnatra; T5 mūrddhatra(N3); S. mūrdhanātu. cf. N4 mūrdhnātu.
5 T2 yāvat(R.) 6 T2 spṛśase; T3 spṛsate
7 T2 salīlam(R.,V.); T4 śalīḍaṃ; T5 līḍaṃ[omits 'sa']. cf. B salī[omits 'ḍaṃ'].
8 T4,T5 praśārya(N3) 9 T5 vidyut(N3)
10 T2 iva
11 T3 °stha; T4 'ṣṭhā' is marg.; T5 °sthaḥ(N3); L.,V.,S. °sthā. cf. N1,N4,C1,C2 °sthād; N2 °sv; N5, B,H °svād. 12 T3 dābhāsate; T5 dābhāṣate(N3,N4)
13 T2 vasumatīmiya(R.); T3 vasumatīṃ tvaya; T4 vasumatīṃ tvayi(N3 omits 'ṃ'; N4); T5 vasumatāṃ tvayi; L.,V. vasumatīniya; S. vasumatī-na iya. cf. N1,N5,H vasumatīniya; N2 vasumatīnviya; B vasumatīya; BHSG,§4.65. 14 T4 śākṣīṃ
(15…15) T2~5 citrāṇi(N2~5,B,H; R.). cf. N1,C1,C2 citrāni; Tib. ṅas ni (= mi).
16 T5 rva[omits 'pū'] 17 T3 ṇa
18 T5 me
19 T2 vaṃdya(N2,N3); T3 vantya; T5 vaṃdyi; R. vandya; L. bandya; V. bandha°; S. bandhya. cf. N1,N5,C1/H vandya; N4 vande; Tib. don med (= vandhya).
20 L.,V.,S. nu. cf. N1,C1,C2,B,H omit; N2~5 na. 21 T2 'si(R.); T3~5 pi(N3). cf. N4 mi.
22 T3 śākṣi 23 T3 ratha
24 T2 vāyur(R.); T5 vāyu(L.,V.,S.). cf. N1/H,N3,N4 vāyuḥ.
25 T2 sajyotiṣa(R.); T3,T4 sajyotisa(N3,N4); T5 jyotiṣasa; L.,S. sajotisa; V. sajotiṣa. cf. N1 sa[omits 'jotisa']; C1 sajoti[omits 'sa']. m.c. sajo°. 26 T5 sthite
27 T3 disāsu 28 T3~5 °aṃgāḥ
29 T2 dānañ(N1,N4,N5,C1/H,; R.)
30 T2,T4,T5 ca(N1/H,N3,N4; R.); T3 pi. Acc. to Tib.[ṅa yi] we read 'mi'[agree with L.] though no ms. supports it.
31 T3 obscure; L.,V.,S. śīlu. cf. N1,N2,N5,C1,B śīlu; N3,N4,C2,H śīla.
32 T2~5 omit 'ḥ'(N3,N4,H; R.); L.,V.,S. °tiḥ. cf. N1/B °tiḥ.
(33…33) T2 vīryyañ ca(N4,H; R.); T3 vīryaṃ pi; T4,T5 vīryaṃ ca(N2,B); L.,V.,S. vīryāpi. cf. N1, N3,N5,C1,C2 vīryyaṃ ca.
34 R.,L.,V. catura pramāṇa; S. catu-r-apramāṇa. cf. BHSD,apramāṇa.
35 T4 sarvve
36 T3,T5 mamehi(N3); T4 mama hi. cf. N4 mameha.
37 T2 sākṣi
38 T5 dasu[omits 'śa']; Other mss. daśasu(R.,L.,V.,S.). Metrically we read 'daśasū' though no ms. supports it. 39 L.,V.,S. yat. cf. All mss. yas.
40 T4 punya 41 T3 balu?. cf. N1,N5 balu; N2 varu.
42 T3 śīlu(N2; L.,V.,S.). cf. N1,N3~5,C1/H śīla. 43 cf. N4 omits 'va'.
44 T2 °nam(R.,V.) 45 T4 ninar°(N4); T5 nivar°
46 T2~5 omit 'ya'(N1,N3,N4,C1/H; R.); L.,V.,S. insert(N2,N5).
47 T2 śataḥ kalābhis(R.); T3,T5 śataḥ kalībhis; T4 śaṭhaḥ kalābhi(V. °bhis); L.,S. saṭhaḥkalībhiḥ. cf. N1,C1,C2,H śaṭhaḥkalpabhis; N2,B śaṭhaḥkalābhis; N3,N5 śaṭhaḥkalībhis; N4 śaṭhakalibhiḥ. cf. BHSD,?saṭhaḥ. Acc. to Tib.[bsdoms kyaṅ ni] we read 'chaṭākalābhis' though the support of mss. is not enough.
48 T3 matimāṃ; T4,T5 satimāṃ(N3,N4). cf. N2 śatīmāṃ; H sutimāṃ.
49 T3 nopayāṃti; T4 lopayāṃti; T5 lopayānti(N3). cf. N4 nopayānti.
50 T5 sā 51 cf. N3 °nāḥ / .
52 cf. N3 omits 'dha'. 53 cf. N3 āhanite.
54 T2 salīlaṃ(R.,V.); T5 salītraṃ. 55 T5 kāṃsa°

māro[1] niśāmya[2] ravu[3] mediniye[4] nirastaḥ[5]
śṛṇute[6] ravaṃ[7] hanata grhnata[8] kṛṣṇabandhuṃ.[9]
193. prasvinnagātra[10] hatateja[11] vivarṇavaktro[12][13]
māro jarâbhihatu[14] ātmana[15] saṃprapaśyat,[16][17]
ura[18] tāḍa[19] krandati[20] bhayârta[21] anāthabhūto
bhrāntaṃ[22] mano[23] namucino[24] gatu cittamohaṃ.[25]
194. hastyaśvayānaratha bhūmitale[26] nirast[h]āḥ[27]
dhāvanti rākṣasaku[ṃ]bhāṇḍa[28] piśāca[29] bhītāḥ,[30]
saṃmūḍha[31] mārga[32] na labhanti[33] alenatrāṇāḥ[34]
pakṣī davâgnipatanêva[35] nirīkṣ⟨y⟩a[36] krāntāḥ.[37]
195. mātā svasā[38] pitara putra tathâiva bhrātā[39]
pṛcchanti[40] tatra kahi[41] dṛṣṭu[42] kahiṃ gatā vā,
anyonya vigraha[43] karonti[44] tasyâiva[45] hetoḥ[46]
prāptā vayaṃ vyasana jīvita nâvakāśaḥ.[47]
342 196. sā mārasena vipulā mahatī[48] akṣobhyā[49]
vibhraṣṭa[50] sarva viralīkṛta[51] nâiva saṃdhiḥ,[52]
divasāni[53] sapta[54] abhijāni[55] parasparena
ābhāṣi[56] dṛṣṭva[57] yadi jīvasi[58] (59…taṃ khu…59) prītāḥ.[60]
197. sā vṛkṣadevata[61] tadā karuṇāṃ hi kṛtvā
vārīghaṭaṃ[62] grahiya siñcati[63] kṛṣṇabandhuṃ,[64]

1 T5 mālā. cf. N3 mālo.
2 T2 niśamya(V.); T4,T5 ṇisāmya(N4); L.,S. nisamya. cf. N1/H niśāmya; N3 ṇisānya.
3 All mss. ripu(R.); S. khu. Acc. to Tib.[sgra] and from the context we read 'ravu'[agree with L.] though no ms. supports it.
4 T2 medinīye(R.)
5 T3 nariṣṭaḥ; T5 tirastaḥ
6 T2 °tevaṃ(R.)
7 L.,V.,S. vacaṃ. cf. N4 varaṃ; Other mss. ravaṃ.
8 T2 gṛhṇata(R.,V.)
9 T2 °dhum(R.,V.)
10 T3,T4 praśvinna°; T5 paśchinna°. cf. N3,N4 praśchinna°.
11 T4 °gātru(N3; L.,V.); S. °gātu. cf. N1/H,N4 °gātra.
12 L.,V.,S. °teju; T3 obscure. cf. All mss. except T3 °teja.
13 T3 omits 'vaktro'(?).
14 T2 jvarābhi°(R.); T3 jinābhi°; T5 jarā 'bhi°
15 T2 ātmani(R.); L.,V.,S. ātmanu(N2,N5). cf. N1,N3,N4,C1/H ātmana.
16 T2 sampra°(R.)
17 T3 °paśya ta; T5 °paśyata(N3); L.,V.,S. °paśyī. cf. N1/H,N4 °paśyat.
18 T3,T5 uttara(N3); T4 uttā. cf. N4 uttara[cancels 'tta' with a mark].
19 T2 rāḍa(R.)
20 T2 krandatu(N1/H; R.,L.,V.,S.); T3 krandanti; T4 krandaṃti; T5 kraṃdanti[emends 'nti' to 'ti']. cf. N3 kraṃdati; N4 krandati; BHSG,§18.35.
21 T2~5 °rtta(N3,N4,B,H?; R.); L. °rttu; V.,S. °rtu. cf. N1,C2 bharyyāttu(C1 °ryā°); N2 bhayāttu; N5 bharyātta.
22 T2 omits 'ṃ'(N1/H; R.).
23 T2,T5 manā(R.). cf. N1/H mano.
24 T2 namuci no(R.)
25 T2 °ham(R.,V.)
26 T5 °tare
27 T2 °stā; T3~5 °sthāḥ(N3); R.,L.,V.,S. °stāḥ(N1/H,N4)
28 T2 °kumbhāṇḍa(N1/B,N4; R.,L.); T3,T4 °kuṃbhāṇḍa(N3); T5 °kṛṃbhāṇḍa; V. °kubhāṇḍa(H); S. °kumbhaṇḍa. m.c. °kubhā°.
29 S. piśāsa
30 T4,T5 bhīmāḥ(N4). cf. N3 bhīnāḥ.
31 T2 sammū°(R.)
32 T4 mārgaṃ
33 T5 labha 'nti
34 T2 alenātr°(R.). Metrically 'natr' must be short.
35 T5 daṃvā°
36 T2 °kṣya(R.,L.,V.,S.). cf. N1/H,N3,N4 °kṣa.
37 T2 omits 'ḥ'.
38 T3 śvasā; T5 svasa
39 T3 bhrātāṃ
40 T2 pṛcchati[omits 'n']
41 T4 kahiṃ
42 T5 dṛṣṭa(L.,V.,S.). cf. N1,C2 draṣṭu; N2,N3,N5,B,H dṛṣṭu; N4 dṛṣṭva.
43 T5 vigrahaṃ
44 T5 karoti[omits 'n'](N3)
45 All mss. tathaiva(R.,L.,V.,S.). Acc. to Tib.[de yi] and from the context we read 'tasyaiva' though no ms. supports it.
46 L.,V.,S. heṭhāḥ. cf. All mss. hetoḥ; BHSD,heṣṭhā.
47 T3 obscure; T5 °kāsāḥ. cf. N3,N4 °kāsaḥ.
48 T5 mahetī
49 T4,T5 °bhyo(N3)
50 T5 vitrasṭa
51 T3 viraḍī°(N3; L.,S.); T5 virarī°. cf. N1,N5,C1/H vilalī°; N2 viralī°; N4 viraḍi°.
52 T2 sandhiḥ(N4; R.); T5 saṃdhi[omits 'ḥ']. cf. N3 saṃdhir.
53 T3 divaśāni
54 T3 sarvu; T4 sānta(N3?)
55 S. abhijāni(= abhiyāni)
56 T2,T3 ābhāsi(N1/C2,H; R.,L.,V.,S.); T4,T5 ābhāsva(N3). cf. N4 ābhāsa; B ābhāṣi.
57 T5 dṛkṣva(N3); L.,V.,S. dṛṣṭa. cf. N1,N2,N5,C2,B dṛṣṭā; N4 dṛṣṭva; C1,H dṛṣṭvā.
58 T5 jīvasī
(59...59) T2 bandhu(R.); T3 ca khu; T4,T5 vaṃṣu(N3). cf. N4 taṃ khu.
60 T2 prītā[omits 'ḥ'](R.); T3 dhītāḥ; T4 pītāḥ(N3); T5 pitāḥ. cf. N4 prītāḥ.
61 T5 °devatā
62 T2 °ghaṭāṃ(R.); T3,T5 °ghaṭa(N3). cf. N4 vālighaṭāṃ.
63 T3,T4 siṃcati. cf. N4 śiṃcanti.
64 T2 °bandhum(R.,V.); T3,T4 °baṃdhuṃ. cf. N3 bandhu[omits 'ṃ'].

uttiṣṭha śīghra[1] (2...vraja he ma...2) puno[3] vilamba[4]
evaṃ hi teṣa bhavate[5] guru-uddharāṇāṃ.[6]

māra āha.

198. duḥkhaṃ bhayaṃ vyasana[7]śoka[8]vināśanaṃ[9] ca
dhikkāraśabdam avamāna⟨ga⟩tañ[10] ca dainyaṃ,[11]
prāpto[12] 'smi adya aparādhya[13] suśuddhasattve[14][15]
aśrutva[16] vākya madhuraṃ hitam ātmajānāṃ.[17]

devatā āha.

[Meter ... Upajāti]

199. (18...bhayaṃ ca...18) duḥkhaṃ vyasanaṃ[19] ca dainyaṃ[20]
dhikkāraśabdaṃ[21] vadhabandhanaṃ[22] ca,
(23...doṣān anekāṃ...23) labhate hy avidvān[24]
nirāparādheṣv[25] aparādhyate[26] yaḥ.

[Meter ... Vasantatilakā]

200. devâsurā garuḍakinnararākṣasêndrā(ḥ)[27]
brahmâtha śakra paranirmita sâkaniṣṭhāḥ,
bhāṣanti[28] tasya vijayaṃ[29] jaya lokavīra
yatrêdṛśī namucisena tvayā nirastā.[30]

201. hārârdhacandra[31] dhvajachattrapatāka[32] dentī[33]
puṣpâgarus-tagaracandanacūrṇavarṣāṃ,[34][35]

1 T4 śīghraṃ. cf. C1 omits from here(śīghra) to 'adya' in the following Gāthā[No. 198c].
(2…2) T2 vraja hema°(R.); T3~5 vrajahe ma(N:all,C2,B,H; L.,S.)
3 T2 pura mā(R.); T3~5 puro(N:all,C2,B,H). Contextually we read 'puno'[agree with L.] though no ms. supports it.
4 T3,T4 vilaṃba(N3); T5 vilaṃ ca
5 cf. N3 bhavāte.
6 T2 °ṇām(R.,V.)
7 T3 vyaśana°
8 T3,T4 °soka°
9 T2 °nañ(N4; R.). cf. N3 omits 'ṃ'; N4 °vināsanaṃ.
10 T2 °nagatañ(R.); T3 °nanaś[omits 'ga']; T4,T5 °nanañ(N3). cf. N2,H °nagataṃ; N4 °nanataś.
11 T2 °yam(R.,V.); T5 omits 'ṃ'.
12 T4 prāpno
13 T3 omits 'pa'.
14 T3 susuddha°
15 cf. N4 °satvo.
16 T2,T5 'śru°(N3; R.)
17 T2 °nāṃm; R.,V. °nām
(18…18) T2 bhayañ ca(N3,N4; R.); T5 bhaya caṃ
19 T2 °nañ(R.); T3 omits 'ṃ'; T4,T5 vyaśanaṃ(N3)
20 T3 'dai°(?)
21 R.,L.,V.,S. badha°
22 T2,T5 °nañ(N3,N4; R.)
(23…23) T2 doṣān anekān; T5 doṣānaṃ naikā
24 T3,T4 °dvāṃ(N4); S. ayavidvān
25 T3,T4 °dhyeṣv(N3; S.); T5 °dhemv. cf. N1/H,N4 °dheṣv.
26 T2 apy aparādhyate(R.); T3~5 api rādhyate(N2,N3,N5,H; L.,V.). cf. N1,C1,C2 aparādhyate; N4 avirādhyate; B api madhyate; Tib. ñes byed pa (= aparādhyate); BHSD,nirāparādha.
27 T2,T4,T5 °kinnararākṣasendrā[omit 'ḥ'](N1/H,N3; R.); T3 °drāḥ; L.,V.,S. °rākṣasakinnarendrā. cf. N4 °rākṣasakinnarendrāḥ; Tib. min ci srin poḥi dbaṅ(= kinnara-rākṣasa-indra).
28 T5 bhāyanti. cf. N4 bhavanti.
29 T2,T5 omit 'ṃ'.
30 T3 raniṣṭāḥ. cf. N4 nirastāṭ; N5,B,H niraṣṭāḥ.
31 T2~5 °dhahāra(N1/H,N3; R.). cf. N4 °dhacandra; Tib. zla ba (= candra); BHSD,ardhacandra.
32 L.,S. °paṭāka. cf. N1,C2,H °paṭāka; Other mss. °patāka.
33 T2 °dantīn; R. °dantī(N4)
34 T2 °guru°(N4?; R.); T3 °garu°[omits 's']; T4,T5 °gurus°(N1/H,N3); L.,V.,S. °garū°. cf. Tib. a ga ru (= agaru). m.c. °agarus°.
35 T2 °vāṣām[omits 'r']; T3,T5 °vastrā; T4 °vastrāṃ(N3). cf. N2 °varttā; N4 °vārṣām.

tūryā parāhaniya vākyam udīrayante[1]
[(2...]acchā drume[...2)] [(3...]tuva ca[...3)] śūra[4] jitârisiṃhā.[5]

202. atrâiva[6] câsanavare labhase 'dya bodhiṃ[7]
āveṇikāṃ[8] daśabalāṃ[9] pratisaṃvidaś[10] ca,
sarvaṃ[11] ca buddhaviṣayaṃ[12] [(13...]labhase 'dya[...13)] śūra[14]
maitrā[15] vijitya vipulāṃ[16] śaṭhamārapakṣāṃ.[17][18]

203. iha māradharṣaṇakṛte ca raṇe pravṛtte
saṃbodhisattvabalavikrama[19] yebhi[20] dṛṣṭaṃ,[21]
ṣaṭtriṃśakoṭi[22][23] nayutā-cature[24] ca viṃśā(ḥ)[25]
tebhir[26] manaḥ praṇihitaṃ [(27...]varabuddhabodhāv,[...27)] iti.

māradharṣaṇaparivarto[28] nāmâikaviṃśatimaḥ[29][30]

1 T4 °yaṃte(N3); T5 °yaṃti
(2...2) T2,T5 ācchā drume(R.). cf. N1,C1,C2 acchodameta; H accho drume; BHSD,acchati; BHSG,§43[p.204].
(3...3) T2 tava[omits 'ca'](N4; R.); T3,T4 tu bhava(N3); T5 tu tava(N2,B). cf. BHSG,§20.9.
4 T3 tūra(T4 'śu' is marg.); T5 bhūra(N3?); L.,S. sūra. cf. Tib. dpaḥ po (= śūra).
5 T2 jitārisiṃha; S. jitā 'risaṃghā. cf. All mss. except T2 jitārisiṃhā. Acc. to Tib. it is proper to read 'ācchādayeya tava śūra jitārisaṃghāḥ', but no ms. supports it.
6 T3,T4 vāsa°(N3)
7 T2~5 bodhim(N3; R.). cf. N4 bodhiṃm.
8 T5 °kān(N3)
9 T2 °bala; T5 °balā[omits 'ṃ'](N3,N4; R.)
10 T2 °saṃvidāṃ(R.); T5 °sanvidaś; L.,V.,S. °saṃvidaṃ. cf. N1/B °saṃvidañ; N3,N4 °saṃvidaś; H °saṃvidaṃ.
11 All mss. °vañ(R.)
12 T2 °viśayaṃ; T5 'ṣa' is marg..
(13...13) T2 labhate 'dya(R.); T3 labhamedya; T4,T5 bhalamadya(N3). cf. N4 labhasa dya(?). Contextually we read "labhase 'dya"[agree with L].
14 T3,T4 sūra(N3,N4,H); T5 sūraṃ. cf. N1,N2 śūra; N5,B śūla.
15 T2 maitrī(R.)
16 T2 vipulān; T5 vipulo
17 L.,S. saṭha°. cf. All mss. śaṭha°.
18 T2 °pakṣān(S.)
19 T2 sambo°(R.)
20 T3,T5 yehi
21 T2 dṛṣṭa[omits 'ṃ'](R.); T3 dṛṣṭāḥ; T4 dṛṣṭvā(N4); T5 dṛṣṭā(N3); V. dṛṣṭam. cf. N1/H dṛṣṭaṃ.
22 T2 omits 'ṃ'; T5 ṣaṭviṃśa°
23 cf. N4 omits 'koṭi'.
24 T2 nayutāṃ(R.); T3 nayutaś
25 T2,T5 viṃśā(N3; R.,L.,V.,S.); T3,T4 viṃśāḥ(N1/H,N4)
26 T2 yebhir(N1/H,N4; R.,L.,V.,S.); T3~5 yebhin(N3). Acc. to Tib.[de dag] and from the context we read 'tebhir' though no ms. supports it.
(27...27) L.,V.,S. °bodhau, iti. cf. All mss. °bodhāv iti.
28 T2 iti śrīlalitavistare māradharṣaṇaparivartto(R.; L.,V.,S. --- °varto); T5 iti māradharṣaṇaparivartto.
29 T3 nāmaḥ eka°
30 T2 °śatitamo 'dhyāyaḥ(R.,L.,V.,S.). cf. N3,N4 °śatimaḥ.

第三部（上巻からの続き）

和訳

☆和訳の文章中において用いる括弧は、原則として、次のように区別する。
1. 「　」は、会話文を示すために用いる。
2. （　）は、直前の言葉を、別の言葉で言い換えるために用いる。
3. ［　］は、訳文を補充して、意味をはっきりさせるために用いる。
4. 〈　〉は、特殊な複合語や、重要な熟語を示すために用いる。
5. 《　》は、本文校訂（第二部）において〈　〉で示している部分の訳文に用いる。
6. 〔　〕は、本文校訂（第二部）において[　]で示している部分の訳文に用いる。
7. 【　】は、本文校訂（第二部）において(　)で示している部分の訳文に用いる。

＊本文校訂における〈　〉, [　], (　)の使い分けについては、第二部の冒頭に示した略号表（Abbreviations, Symbols）を参照のこと。

第15章

(出家品)

さて、その時、比丘らよ、菩薩にかくの如き思念が生じたり。「われ、もしシュドーダナ王(浄飯王)に知らせることなく、また、父の許可を得ることなくして[1]出家する[2]ならば、それは、われにふさわしからず、忘恩の行為となるべし」[と]。彼(菩薩)は、深々(しんしん)たる夜半に、自らの宮殿より降り、シュドーダナ王の正殿[3]に来たりて、立てり。しかもまた[4]、菩薩が[そこに]立つや否や、かの[5]正殿は、あまねく光明に照らされたり。その時、王は目覚めて、その光明を見たり。さらにまた、[それを]見るや、直ちに、急ぎ侍臣に訊ねたり。「おお、侍者よ、太陽が昇りたるや。そのために、かくの如き光明の輝けるや?」[と]。侍臣は答えたり。「王よ[6]、今なお、夜の[7]半分も経過せず。しかもまた、王よ、

1. [日中には]太陽の光によって[8]樹木や壁の影が生じ、

　また、[日光]は身体を焼き[9]、熱を[10]生ぜしむ。

1　T3~5によれば anujñāta (*or* anujñātya) と読めるが、文脈上、また Tib. によっても、an-anujñāta (許可を得ることなくして) でなければならない。
2　R.,L.,V. は pitrā niṣkra° と校訂しているが、Tib. を参考に pitrā + abhiniṣ° と読む。
3　原文 prāsāda-tala は「宮殿の平屋根」とも訳しうるが、tala はしばしば翻訳されない語であるので、ここでは単に「正殿」と訳した。Tib. でも単に khaṅ bzaṅ du (=prāsāda) と訳されている。
4　Tib. には、ca punar (しかもまた) に相当する訳語がない。
5　Tib. には、asau (かの) に相当する訳語がない。
6　R.,L.,V. は eva と読むが、Tib.[lha] を参考に、T4,T5に従って deva と読む。
7　T3,T4,N3によれば rājanya と読めるが、Tib.[dguṅ] を参考にすれば、rajanyāḥ (夜の) と読むのが適切である。
8　原文 sūryaprabhāya は inst. sg. (cf. BHSG,§9.59) である。Tib. は「太陽の光は樹木や壁の影を作り」という意味の訳文となっている。
9　R. は santāpayati と校訂し、L.,V. は saṃtāpayāti と校訂するが、T3~5によれば、saṃtāpayanti と読むべきである。韻律上は °yāti *or* °yanti でなければならないが、°yanti は複数形であるので、この文章の中では、同じ主語 (日光) に対して複数形 (saṃtāpayanti) と単数形 (prakaroti) とが混在することになる。
10　V.,S. 及び N4は dharmam (法を) と読んでいるが、Tib.[tsha ba] によれば、gharmam (熱を) と読むのが正しい。

夜明けには、ハンサ鳥やマユーラ（孔雀）やシュカ（鸚鵡(おうむ)）や、
コーキラ（郭公）やチャクラヴァーカ（鵞鳥）等が、
各々の鳴声を[11]発す。

2. されど、王よ、この光明は、人に[12]安らけく、快適にして、
清涼ならしめ、愉悦を[13]与え、熱悩を生ずることなし。
また、壁も樹木も突き抜けて[14]、影は全く[15]存在せず。
必ずや［誰か］功徳を有する者が、今、ここに到来せり」［と］。

3. かの王は、不安げに[16]、十方を観察したり。
かくて、蓮華の眼(まなこ)を有する、かの清浄衆生（菩薩）を見たり。
彼（王）は寝台より起たんと欲したれども、為し得ざりき。
心意清浄なる、高貴なる者[17]（菩薩）は、父への敬意を抱きたり。

4. 彼（菩薩）は、王の[18]前に立ちて、告げたり。
「もはや障難(しょうなん)を為すことなく、また、愁悩(しゅうのう)したまうこと勿れ。
王よ、われの出家すべき時機は到来せり[19]。されば、王よ、
親族[20]・国民もろともに、［わが出家を］忍受されたし」［と］。

11　L. は svarutā と校訂しているが、R.,V. に従って svarutāṃ（nt. acc. pl.; cf. BHSG, §8.102）と読むのが適切である。

12　L. は naradeva（人中の神；王）と複合語に読んでいるが、Tib. は ḥod di lha miḥi yid du mchi shiṅ（この光明は、王よ、人の心に適い）と訳しているので、nara と deva を分離すべきである。

13　R.,L.,V. は śubhakarī と読むが、T3~5,N3によれば śivakarī と読むべきである。ただし、Tib.［dge］によれば、śubha も śiva も可である。

14　東大写本に混乱が見られるが、韻律により、また Tib. を参考に、L. の校訂に従う。写本では N4のみが L. と一致する。

15　原文 câsti（ca+asti）の ca を eva に同意と見て「全く」と訳す。Tib. にも yoṅ と訳されている。

16　「不安げに」の原文 viṣaṇṇa は「落胆して」「暗い気持ちで」「恐る恐る」などの意味であろう。Tib. は mi dgaḥ と訳している。

17　L. は varaśuddhabuddhiḥ（最も清浄なる衆生？）と複合語に読んでいるが、Tib.［rnam dag blo can dam pa］によれば、vara と śuddhabuddhiḥ を分離すべきである。

18　T2,T5,N3,N4及び R. は nṛpatim avocat とするが、韻律上 nṛpatiṃ avocat でなければならない。

19　原文 yukta は「結合された」「～に適した」「ふさわしい」の意味であるが、ここでは、意訳して「（～の時機が）到来した」と訳した。Tib. は mṅon par ḥbyuṅ baḥi dus bab rigs（出家すべき時の到来を迎えたり？）と訳している。

20　原文 sajanaḥ の jana は、Tib.［gñen］を参考に「親族」と訳す。

5. 王は、目に涙をためて、彼（菩薩）に言えり[21]。

「汝の隠遁（出家生活）には、如何なる目的のあらんや？

われに如何なる所願を乞わんとするや。告げよ、何なりと与えん。

われと、王室と、この王国とを継承せよ」［と］。

6. その時、菩薩は美妙なる言音もて語りき。

「王よ、わが欲する四の所願あり。それらをわれに与えたまえ。

もし、御身にその能力[22]ありて、われに与えること叶わば、

いざ[23]、［われは］常に家の中に居住して[24]、出家せざるべし。

7. 王よ、われは、老のために損耗（そんもう）せられることなく、

永遠に、身色美麗にして、青春に住せんことを[25]。

また、無病たることを得て、病患に逼悩（ひつのう）せられることなく、

また、寿命は無量にして、死することなからんことを欲す[26]。

---

21 Tib. ḥdi skad smras（かくの如く言えり）は梵文 taṃ babhāṣe（彼に言えり）と合わない。

22 L. は vase と校訂しているが、T2~4及び R. に従って vaso と読み、Tib. mṅaḥ（= śakti）を参考に「能力」と訳す。

23 原文 tad は yadi と相関であり、「(もし～ならば) その場合」の意味であるが、ここでは Tib. ḥon taṅ（= hanta）を参考に「いざ」と訳す。ただし、T3,N1,N4,C1によれば、tada（その場合）と読むべきである。

24 原文 drakṣyase sada gṛhe は「［あなたは］常に家の中に［わたしを］見るであろう」の意味であるが、Tib.［rtag tu khyim na gzims śiṅ］を参考に「家の中に居住して」と訳す。

25 L. は śubhavarṇayauvanasthito bhavi と校訂し、V. は śubhavarṇa と yauvanasthito を分離している。Tib. を参考にすれば、V. に従うべきである。bhavi（opt. 1 sg.）については、BHSG,§29.9参照。

26 この一行と、次の（　）内に入れた一行については、諸写本の間に混乱が見られる。元来の原文は、恐らく4行より成るもので、老、病、死、衰亡の各々に一行を配当するものであったに違いないが、後に、死（mṛtyu）と衰亡（vipatti）を同一視して、いずれかを削除する写本があらわれてきたものと思われる。それは、老に関する文を2行に増やしたことと関係があったかもしれない。ともあれ、5行の偈では体裁が整わないので、最後の行を省略したのであるが、その場合、衰亡（vipatti）を残すものと死（mṛtyu）を残すものとの両者があったであろう。衰亡（vipatti）を省くと、この後の記述と合わなくなるので、これを残すべきである。しかし、そのためには死（mṛtyu）を省かなければならない。そのような写本があったことは、Tib. の訳文から知ることができる。すなわち、Tib. では第4行が衰亡（vipatti）に関するものとなっており、死（mṛtyu）に関する文はなく、第5行に関する訳文は見当たらない。

S. は Tib. に従って、第4行の末尾を bhaved vipattiḥ と校訂し、第5行を省略している。写本 N4は S. の校訂と同じ形になっているが、欄外には死（mṛtyu）に関する文を挿入しており、異文の存在したことを暗示している。また、方広の訳文「一願不衰老。二願恒少壮。三願常無病。四願恒不死」と、普曜の訳文「一者欲得不老。二者

【また、広大なる繁栄より衰亡の生ずることなからんことを[27]】」［と］。

8. 王は［この］言葉を聞くや、甚く苦悶して［言えり］、

「王子よ、［汝は］不可能なること[28]を願えり[29]。われにその[30]能力なし。

老・病・死の危難から、また、衰亡からは、

一劫もの［永き］間生存する[31]仙人たちですら、

決して解放されることなし」［と］。

［王子は言えり］[32]

9.「老・病・死の危難と、衰亡のなからんことをとの、

［これら］四の所願を、王よ、もし今[33]、施し得ざるとせば、

せめて[34]、王よ、別の、ひとつの所願を聞きたまえ。

［すなわち］われ[35]、ここより命終して、

再び生を受けること、なからんことを」［と］。

10. 人中の牡牛（菩薩）の、かくの如き言葉を聞くや、

［王は自らの］渇愛を微薄ならしめ、息子への愛著を断じたり[36]。

「福利を与える者よ、［汝が］衆生を度脱せしめること[37]を、

至竟無病。三者不死。四者不別」の相違も、依拠した原文の相違に基づくものに違いない。

27　L.,V. は nu bhaved と校訂しているが、文脈上、T2,T3,T5及び R. に従って、na bhaved と読むべきである。

28　「不可能なることを」の原文 asthānu は、T2,T5及び R. に従って asthāna と読むことも可能である。

29　Tib. は sloṅ bas（願うが故に）と訳している。

30　Tib. には、atra（その）に相当する訳語がない。

31　原文 kalpa-sthiti は BHSD に *abiding for a world-age* と訳されている。

32　L. はここに śrutvā vacanam atra pituḥ kumāro 'vaci（これなる、父の言葉を聞いて、王子は告げたり）という文を挿入しているが、これは T2,N2以外の写本には見当たらず（N4は欄外挿入）、Tib. にも相当訳文がないので、削除すべきである。

33　「今」の原文 dāni は、Tib.［ḥdi dag］によれば tāni（これらの）と読むべきであるが、写本の支持がない。

34　原文 hantaḥ は不明である。ここでは、hanta に同意と見て、韻律上の要求から hantaḥ（*or* hante?）の形をとっているものと考える。ただし、Tib. には gsol gyis（乞うが故に）と訳されており、梵文と合わない。

35　Tib. には、me（われ）に相当する訳語がない。

36　「断じたり」の原文 chindati（pres. 3 sg.）については、BHSG,§43（p.212）を参照。

37　pramokṣa は Tib.［thar byed］を参考に、「度脱せしめること」の意と見る。

われは随喜す[38]。

汝の意向のままに[39]、汝の意願の成就せられんことを」［と］。

その時、また、比丘らよ、菩薩は戻りて、自らの宮殿に登り、寝台に横たわれり。されど、彼の外出し、あるいは帰来せるを、誰も気づくことなかりき。かくして、実に、比丘らよ、シュドーダナ王は、その夜が明けるや、すべてのシャーキヤ族（釈迦族）衆を召集して、この事の顛末（てんまつ）を語りき。「王子は出家せんとす。されば、われらは如何にすべし？」［と］。シャーキヤ族の者たちは言えり。「王よ、われらは警護すべきなり。それは何故か[40]。これらシャーキヤ族の衆は大勢（おおぜい）にして、彼（王子）はただ一人なり。されば、力ずくにて（強引に）出家する、如何なる能力の彼にあらんや[41]」［と］。

そこにおいて、彼ら、シャーキヤ族衆とシュドーダナ王とは、シャーキヤ族の王子にして、武芸に秀で、実戦の訓練を積み[42]、弓術に熟達し、大力士の如き力を具足せる者五百名を、菩薩を警護するために、東の城門に配置せり。また、それぞれのシャーキヤ族の王子には五百乗の戦車が随伴し、さらに、それぞれの戦車には、五百名の随兵が、菩薩を警護するために、配置せられたり。同じく、南と西と北の城門にも、それぞれ、武芸に秀で、実戦の訓練を積み、弓術に熟達し、大力士の如き力を具足せる、シャーキヤ族の王子五百名が、また、それぞれのシャーキヤ族の王子に五百乗の戦車の随伴と、さらに、それぞれの戦車に五百名の随兵とが、菩薩を警護するために、配置せられたり。また、シャーキヤ族の［男女の］長

38　R.,L. は anumodanī と校訂するが、文脈上、また T3,N4を参考に、V. に従って anumodamī と読むべきである。

39　Tib. には、yanmataṃ te（汝の意向のままに）に相当する訳語がない。

40　Tib. は de ciḥi slad du she na（それは何故かといえば）と訳している。

41　Tib. は「彼は、ただ一人なるが故に、力ずくで出家する能力は、彼にはなければなり」という意味の訳文となっている。

42　原文 kṛtayogya は辞書に見あたらず、不明であるが、Foucaux の仏訳（1884）“soldats aguerris”（p.176）を参考に「実践の訓練を積んだ」と訳す。Tib. は ḥos su gyur pa と訳している。

老たちも、すべての十字路・交差路・岐路[43]に、見張りのために立てり。また、シュドーダナ王は、五百名のシャーキヤ族の王子を率い、［彼らに囲繞（いにょう）せられ随従せられて、自らの宮殿の門において、馬や象にまたがり、警備を怠らざりき。

また、マハープラジャーパティー・ガウタミーは、自分の[44]侍女衆に告げたり。

11.「明浄なる燈火を燃やし、すべての[45]宝珠を旗の先端に付けよ。
諸々の瓔珞（ようらく）を垂れ懸（か）け、この宮殿を[46]くまなく光明あらしめよ。
12. 伎楽（ぎがく）を演奏し、今宵（こよい）、怠ることなく警戒せよ。
知らぬ間に、王子が去り行くことのなきように、よく見張るべし。
13.［汝らは］武装して、手に矢筒を執り、剣や弓矢や槍や矛戟（ぼうげき）を持ち、
愛する息子（王子）を守護するために、みな、大いに奮励せよ。
14. 剛強なる框木（きょうぼく）の関鑰（かんやく）もて厳重に［扉］を固め[47]、
すべての門を閉鎖せよ。
時至らずして、［門を］開くこと勿れ。
この[48]、最勝なる衆生（菩薩）を、去らしめること勿れ[49]。

43 原文 pūgarathyā は「多くの大道の集まるところ」の意であるが、ここでは「岐路」と訳す。Tib. は lam po che maṅ po と訳している。
44 R.,L.,V. は svaṃ（自分の）を省略しているが、Tib.［raṅ gi］を参考に、T3,T4に従って、これを挿入すべきである。
45 「すべての」の原文 sarvi（acc. pl.）については、BHSG,§21.32参照。
46 「この宮殿を」の原文について L.,V. は gehesmin と校訂しているが、Tib. を参考に gehe 'smin と読む。
47 「関鑰もて厳重に［扉］を固め」の原文については、諸写本の間に混乱が認められ、L.,S. は suyantritānirgaḍāṃ と校訂しているが、文脈上、T3に従って suyantritān argaḍāṃ と読むべきである。BHSD,nirgaḍa(1);argaḍa 参照。Tib. は「すべての門を閉ざし、厳重に鍵をかけ、剛強なる框木の関鑰を［扉の］中央に差し込み」という意味の訳文となっている。
48 「この」の原文については、諸写本の間に混乱が認められ、L.,V.,S. は itu と校訂しているが、Tib.［ḥdi］を参考に imu と読むのが適切であろう。itu（= itas）と読めば、「ここより去らしめること勿れ」と訳すことになる。
49 諸刊本は na vrajeyā と校訂しているが、文脈上、また、韻律によっても na を削除すべきである。

15. 諸々の宝珠瓔珞(ほうじゅようらく)や真珠瓔珞、花かんざし[50]や半月宝[51]、

獅子・ターラ樹葉の［図案］の宝飾を[52]、

金帯や指環や耳飾りを[53]、［また］諸々の足環を、美麗に装着せよ。

16. 人天[54]を利益(りやく)なす者（菩薩）が、狂象の如くに駆け回り、

たとえ、突然に、出走せんとするも、

［彼が］傷害を被ることのなきように、

［汝らは］いよいよ、ますます、奮励努力せよ。

17. 槍を［手に］持てる女人たちが、

無垢なる者（菩薩）の寝台を囲繞せよ。

睡魔に囚縛(しゅうばく)せられることなく[55]、

蛾［の眼］の如き眼もて、見張りせよ。

18. 王子を警護するために、この宮殿に、宝石の羅網を掩覆(えんぷ)せよ。

また、笛の音を吹き鳴らし[56]、今宵、塵垢なき者（菩薩）を監視せよ。

19. 互いに、目を覚まし合い、眠ることなく[57]、

この夜を徹して警戒せよ。

［王子が］王位も王国も振り捨てて、出家することの、

断じて、なからんことを。[58]

20. 彼（王子）が去りゆかば、この王宮の一切は[59]楽しからず。

50　原文 mukhapuṣṭaka についてはBHSDを参照。方広は「花髻」と訳している。

51　原文 ardhacandra についてはBHSDを参照。方広は「半月垂」と訳している。

52　諸刊本の校訂に混乱が認められ、L. は saṃśṛkhalāḥ と校訂しているが、Tib.［seṅ ge śiṅ lo ris］を参考に、T4に従って siṃha-talāḥ（tala = tāla）と読むべきである。BHSD,? saṃśṛkhalā 参照。

53　Tib. は「金帯や指環や耳飾りを［身に］結び留めて」という意味の訳文となっており、chiṅs śiṅ thogs（結び留めて）が付加されている。

54　「人天」とは「人間と天神」のこと。菩薩は「人間や天神に利益を与える者」であるから、「人天の利益者」と呼ばれる。

55　Tib. は「睡魔に囚縛せられることのなきように」という意味の訳文となっている。

56　Tib. は gliṅ bu dag kyaṅ rab tu bud ciṅ loṅ（諸々の笛をみやびに吹き鳴らせ）と訳している。

57　原文 ma vasayathā については、BHSD,vasati（vasayati）を参照。

58　Tib. は「［王子を］家より出離せしめること勿れ」という意味の訳文となっている。原文 mā hu についてはBHSD,hu *and* hū を参照。

59　諸刊本は sarvimaṃ と校訂しているが、Tib. を参考に sarv' imaṃ（sarvaṃ + imaṃ[nt. nom. sg.]）と読むのが適切である。

久しく存続せる、王家の系譜も、ついに断絶すべし」［と］。

さて、その時、比丘らよ、パーンチカ（般遮迦）夜叉大将を筆頭とする、二十八《大[60]》夜叉将軍と、五百名のハーリーティー（鬼子母）[61]の息子たちは、一処に集会して、かくの如く談議をなせり。「諸卿（しょけい）よ、今日、菩薩は出家したまうべし。汝らは、彼を供養せんとの願望を起こすべきなり」［と］。

また、四大天王（護世四天王）は、アダカヴァティー[62]なる［夜叉の］王都に入りて、彼ら[63]、夜叉の大衆に呼びかけたり。「諸君、今日、菩薩は出家したまうべし。汝らは、彼の[64]乗馬の[65]脚を持ち上げて[66]、出城せしめよ」［と］。【しかし[67]】かの[68]夜叉衆は答えたり。

21.「その身たるや、金剛の如く堅固、不壊にして、

ナーラーヤナ（那羅延）神[69]にも似て重厚なる、

かの、一切衆生中の最尊者（菩薩）は、精進力（しょうじんりき）を具足して、不動なり。

巨大なる山王メール[70]を引き抜きて、

空中に持ち上げることは、よしんば[71]かなうとも、

---

60 「大」の原文 mahā は T3~5に欠けているが、Tib. を参考にすれば、これを挿入すべきである。
61 原文 hārītī については BHSD,Hārītī を参照。
62 原文 aḍakavatī については BHSD,Aḍakavatī を参照。
63 Tib. には、tāṃ（彼ら）に相当する訳語がない。
64 Tib. には、sa（彼の）に相当する訳語がない。
65 L.,V. は hayavara と校訂しているが、Tib. を参考に vara を削除する。
66 Tib. は rkaṅ lag nas theg la（脚を手で持ち上げて）と訳している。
67 「しかし」の原文 ca は T3~5になく、Tib. にも相当訳文が見あたらないので、削除すべきかもしれない。
68 Tib. には、sā（かの）に相当する訳語がない。
69 Nārāyaṇa（那羅延）は、ヒンドゥー教ではヴィシュヌ神やクリシュナ神の異名とされるが、「仏典一般では金剛力士、堅固力士、あるいは力士ともいい、大力を有する神の意。天上界の力士」（中村元『仏教語大辞典』1029頁）と説明される。BHSD, Nārāyaṇa 参照。
70 Meru とは須弥山（Sumeru）に同じ。「仏教宇宙観で、宇宙の中心をなす巨大な山」である。意訳して「妙高山」ともいう。中村元他編『岩波　仏教辞典』413頁参照。
71 原文は kenacit（誰かによって）であるが、ここでは「よしんば」と訳した。

勝者（仏陀）の功徳ありて、幾多のメール山を絶して重き[72]、
福徳と智とに依止せる者[73]（菩薩）を、
いずこへなりと運ぶことは不可能なり」［と］。

ヴァイシュラマナ（毘沙門天）は言えり。

22.「高慢にして尊大なる人々、その者たちに大師（菩薩）は重く、
絶えず愛念と敬意を払う者たちには、軽安に感ぜらるべし[74]。
衷心より尊重心を以て精励すれば[75]、
彼の肉体を、空中に舞う綿毛の如く軽きものと知覚すべし。[76]

23. われは、先に立ち［先導し］て行かん。汝らは馬を運ばれたし。
菩薩の出家したまう時に、［汝らは］多大なる功徳を獲得されよ[77]」［と］。

その時、また、比丘らよ、天主帝釈（天王シャクラ）は三十三天（忉利天）の天神たちに、呼びかけたり。「諸君、今日、菩薩は出家したまうべし。汝らは、みな、彼を供養せんとの願望を[78]起こすべきなり」［と］。

そこにおいて、シャーンタマティ[79]（寂意）と名づける天子あり、彼は、

---

72 L.,V.,S. は jinaguṇameru śailair guruḥ と校訂しており、Foucaux の仏訳（1884）は “celui qui est chargé de plusieurs monts Mérous de qualités d'un Djina”（p.178）と訳しているが、ここでは jinaguṇa meruśailair guruḥ と読み、〈meruśaila = メール山〉と見て、meruśailair guruḥ を「幾つものメール山よりも重い」の意味と考える。ただし、Tib. は rgyal baḥi yon tan lhun poḥi ri lci（勝者の功徳あるメール山〈菩薩〉は重く？）と訳している。

73 puṇyajñāna は「福智」と訳されることが多いが、「福徳と智」の意味であろう。Tib. は puṇyajñānā śritah を bsod nams ye śes gnas pa と訳している。

74 「感ぜらるべし」の原文 vijāni の用法は不明であるが、vi-√jñā の aor. 3 pl.（opt. 的用法）と見るべきか。Tib. は tshor（= to perceive, to feel）と訳している。

75 「精励すれば」の原文 abhiyujyatha については BHSD,abhiyujyate を参照。

76 この行は Tib. に bya yis śa kham bshin du yaṅ bar śes par gyis（［尊重心を以て］為すならば、少量の肉片の如き軽きものと知覚すべし？）と訳されており、梵文と合わない。

77 L.,V.,S. は ārjayāmo と校訂しているが、韻律上 ārjayatā（impv. 2 pl.）と読むべきである。BHSD,ārjayati 参照。

78 「願望を」の原文について、諸刊本は autsukyena と校訂しているが、T3~5,N3に従って autsukair と読む。BHSD,autsuka 参照。

79 śāntamati を方広は「静慧」と訳し、普曜は「寂意」と訳している。

かくの如く言えり。「われは、まず[80]、大都城カピラヴァスツの、すべての女・男・童児・童女をして、昏睡[81]せしむべし」[と]。

ラリタヴユーハ[82]（遊戯荘厳）と名づける天子あり、彼は、かくの如く言えり。「われもまた、すべての[83]馬・象・驢馬・駱駝・牛・水牛・女・男・童児・童女の、音声を隠没せしむべし」[と]。

ヴユーハマティ[84]（厳慧）と名づける天子あり、彼は、かくの如く言えり。「われは、天空上に、七台分の戦車の広さを有し[85]、宝石の欄干に囲まれ、日長石の珠宝の光明に輝き[86]、傘蓋・旗幟・幢幡が掲げられ、種々の花が散り敷かれ、種々の香炉より芳香の焚かれたる、荘厳なる道を造作すべし。その道によって、菩薩は出城したまうべし[87]」[と]。

アイラーヴァナ[88]と名づける象王あり、彼は[89]、かくの如く言えり。「われもまた、自分の鼻の上に、三十二ヨージャナ（由旬）の大きさの[90]重閣を造立すべし。その上に、アプサラス（天女）たちを載せ、楽器や伎楽の音を響かせ、大いなる歌詠と器楽とを以て、菩薩を慶賀し、供養を為しつつ、進行すべし」[と]。

また、天主帝釈（天王シャクラ）は、自ら、かくの如く言えり。「われは、[城]門を開かん。また、道を指し示すべし」[と]。

ダルマチャーリン（法行）天子[91]は言えり。「われは、中宮婇女衆の醜

80 Tib. には、tāvat（まず）に相当する訳語がない。
81 「昏睡」の原文について、L.,V. は prasvāpanaṃ と校訂しているが、写本によれば avasvāpanaṃ と読むべきである。
82 lalitavyūha を方広は「荘厳遊戯」と訳し、普曜は「光音」と訳している。
83 Tib. には、api sarva（また、すべての）に相当する訳語がない。
84 vyūhamati を方広は「厳慧」と訳し、普曜は「清浄」と訳している。
85 原文 saptarathavistārapramāṇaṃ を Tib. は śiṅ rta chen po bdun（七台の大戦車の）と訳している。
86 T3~5に従って sūryakāntamaṇiratnaṃ prabhōjjvalitam と分離すれば、「光明に輝き、日長石の珠宝を有し」と訳すことになるが、Tib. によれば複合語（sūryakāntamaṇiratnaprabhōjjvalitam）と見なすべきである。
87 「出城したまうべし」の原文について、諸刊本は 'bhiniṣkramiṣyati と校訂しているが、T3~5によれば 'bhigamiṣyati と読むべきである。
88 airāvaṇa を方広は「伊鉢羅王」と訳し、普曜は「伊羅末龍王」と訳している。
89 Tib. には、sa（彼は）に相当する訳語がない。
90 Tib. には、pramāṇaṃ（～の大きさの）に相当する訳語がない。
91 原文 dharmacārī devaputra を方広は「法行天子」と訳し、普曜は「法行菩薩」と

態を示現すべし」[と]。

サンチョーダカ[92]（勧発）天子は言えり。「われは、菩薩を寝台より起(た)たせ奉(まつ)るべし」[と]。

そこにおいて、ヴァルナ竜王と、マナスヴィー竜王と、サーガラ竜王と、アナヴァタプタ竜王と、ナンダとウパナンダ[93]の両竜王とは、かくの如く言えり。「われらもまた、《菩薩を供養せんがために[94]》カーラーヌサーリ[95]（随時檀香(ずいじだんこう)）の雲を化作(けさ)し、ウラガサーラ（龍勝）栴檀[96]の香末の雨を降らしめん」[と]。

かくの如く、実に、比丘らよ、天・竜・夜叉・ガンダルヴァ（乾闥婆(けんだつば)）たちもまた、これと同様なる類(たぐい)の[97]意願の決定を思念し、また、[その実行に]着手せり[98]。

また、菩薩が[99]法の思念に悟入(ごにゅう)し、伎楽殿(ぎがくでん)[100]において、安楽なる寝台に横たわり、中宮婇女衆の中に在りて、過去仏の所行を思念しつつ[101]、衆生の福利を[102]念慮したまえる時に、四種の本願の句が[心中に]現前せり[103]。[その]四種とは如何なるものか。[すなわち]「往昔(おうしゃく)、われ、自尊者

訳している。

92　saṃcodako devaputra を方広は「開発天子」と訳している。普曜には、これに当たる訳語が見あたらない。

93　以上、六龍王の名の原文は varuṇa, manasvī, sāgara, anavatapta, nanda, upananda である。

94　原文 bodhisattvasya pūjākarmaṇe は T3~5に欠けているが、Tib. によれば、これを挿入すべきである。

95　kālānusārin は「時に随順する」の意味であるが、荻原雲来編『梵和大辞典』には「安息香」と訳されている。BHSD,kālānusāri 参照。

96　uragasāra-candana も栴檀の一種で、「蛇心檀」「龍勝栴檀」等と漢訳される。

97　ayam evaṃrūpo を「これと同様なる類の」と訳した。

98　T3~5, N3, N4は 'bhūt // vyava° と分離しているが、文脈上、また Tib. によっても、'bhūd vyava° と続けるべきである。また、T3~5によれば vyavasitāś と読めるが、文脈上 vyavasitaś(sg.) と読むのが適切である。

99　諸刊本は °satvasyaivaṃ と校訂しているが、T3,T5に従って °satvasya ca と読む。ただし、Tib. には ca（また）に相当する訳語がない。

100「伎楽殿」の原文は saṃgītiprāsāda である。方広は「音楽殿」と訳している。

101「思念しつつ」の原文について、T3,T4,N3は cintayataḥ としており、vi が省略されているが、Tib. によれば vicintayataḥ と読むべきである。

102 Tib. には sems can la phan pa bya ba（衆生に対する利益の行為を）と訳されている。

103「現前せり」の原文は T3,T5,N3によれば āmukhībhavati と読めるが、文脈上、複数形 °bhavanti でなければならない。

中の王たる地位を欲し、一切智［性］を願求して、かくの如く鎧甲に身を固めたり[104]。苦悩せる衆生を見て、願わくは、われ、輪廻の大牢獄の縛紲に留置せられたる〈世間〉なる俗界の[105]、輪廻の牢獄を破りて、獄舎解放の声明を発すべし。また、渇愛の縄索と牢固たる足枷に[106]繋縛せられたる、諸々の衆生を解脱せしむべし」［との］[107]、この、第一の本願の句が［心中に］現前せり。

「願わくは、われ、【輪廻の[108]】無明の盲闇なる大密林に迷入し[109]、無智なる障膜と暗翳とに眼を覆われて智慧眼を喪失し、無明と愚癡とによりて盲目となれる世間に、法の大光明を投ずべし。また、智の燈明をともすべし[110]。三解脱門[111]の智の点眼薬[112]を処方し、また、方便と智慧と知識[113]とを調合して、無明の盲闇と愚癡の暗冥と【暗翳と】[114]障膜と汚濁とのすべてを取り除き、［衆生の］智慧眼を明浄ならしめるべし」［との］[115]、この、第二の本願の句が［心中に］現前せり。

「願わくは、われ、驕慢の旗を掲げ、我見と我所（自己の所作）とに執着し、〈我〉及び〈我の所有〉［あり］との謬見に従う[116]意識を有し、想・心・

---

104 普曜には「被弘誓鎧」と訳されている。

105 Tib. は「世間なる住処に縛られ、輪廻の大牢獄に留置されたる［衆生］を」という意味の訳文となっている。

106 諸刊本、諸写本の Text に混乱が認められるが、Tib. を参考に tṛṣṇā-pāśa-nigaḍa-gāḍha と読むべきである。

107 Tib. には「～との」に当たる訳語（shes bya ba）がある。

108「輪廻の」の原文 saṃsāra は Tib. によれば不要であるが、N4以外のすべての写本には、これがある。

109 原文 prakṣipta は「投げ込まれた」の意であるが、Tib.［shugs pa］を参考に「迷入し」と訳す。

110 T3~5は copasaṃhareyaṃ の copa（ca + upa）を省略しているが、Tib. によれば、少なくとも upasaṃ° と読むべきである。

111 諸刊本は trivimokṣasukha° と校訂しているが、Tib. によって trivimokṣamukha° と読む。方広は「空無相無願」と訳している。

112 諸刊本、諸写本の Text に混乱が認められるが、Tib. を参考に jñānabāṣpauṣadhi（智の点眼薬）と読むべきである。

113 原文 upāyaprajñājñāna は、方広には「方便智門」と訳されている。あるいは、prajñājñāna で「智慧」と訳すべきか。ただし、Tib. には thabs daṅ śes rab daṅ ye śes（方便と智慧と知識）と訳されている。

114 諸刊本、諸写本の Text に混乱が認められ、T3~5は timira を省略しているが、Tib. を参考にすれば moha-tamas-timira（愚癡の暗冥と暗翳と）と読むべきである。

115 Tib. には「～との」に当たる訳語（shes bya ba）がある。

116 諸刊本、諸写本の Text に混乱が認められるが、Tib.［bdag daṅ bdag gir ḥdsin pa

見の顛倒によって錯誤を生じたる、愛護を受けることなき[117]世間に、《聖》[118]道を顕示して、我慢（自負心）[119]の旗を[120]投降せしむべし」との、この、第三の本願の句が［心中に］現前せり。

「願わくは、われ、静穏なることなく[121]、たて糸の[122]もつれたるが如くにして、糸玉に纏絡せられたるが如きものとなり、生死を往来しては、この世からあの世へ、あの世からこの世へと流転し、輪廻して、輪廻より超出することなく[123]、旋火輪（回転する炬火）[124]の如きものとなれる世間に、安穏を与え［且つ］智慧の満足を生ぜしめる法を[125]説き示すべし」との、この、第四の本願の句が［心中に］現前せり。［以上］これら、四種の本願の句が［心中に］現前せり。

【また[126]】その刹那に、ダルマチャーリン（法行）天子と、浄居天に属する天子たちは、中宮婇女衆をして醜悪なるものに[127]変現せしめたり。醜態や忌むべき姿を示現せしめたるのち、また、彼らは[128]、天空に立ちて、菩薩に偈を以て告げたり。

24. 時に、大神力を具足せる、諸天子は、

---

daṅ ldan paḥi］を参考に ātma-ātmīya-grāha-anugata と読むべきである。

117 asaṃgrahagṛhīta（愛護を受けることなき）は、Tib. には bzuṅ ba ṅan pas zin pa（正しき摂受にあずからざる）と訳されている。

118 T3~5は ārya（聖）を省略しているが、Tib. によれば、これを挿入すべきである。

119 諸刊本、及び、T3以外の写本は asminmāna とするが、Tib. を参考に、T3に従って asmimāna と読むべきである。

120 Tib. には、dhvaja（旗を）に相当する訳語がない。

121 諸刊本によれば vyupaśāntasya であり、T3~5は mānadhvajocchritasya とするが、T3~5は筆写ミスと思われる。文脈上、また Tib. を参考に、a-vyupaśāntasya と読むべきである。

122 諸刊本は tandrā° と校訂するが、Tib. を参考に、多くの写本に従って tantra° と読む。

123「超出することなく」の原文について、L.,V. と多くの写本が abhinivṛtta と読んでいるが、Tib. によれば、T3に従って avinivṛtta と読むべきである。

124 原文 alātacakra は、方広に「旋火輪」と訳されている。

125 Tib. は「安穏を与える智慧を以て満足せしめる法を」という意味の訳文となっている。

126 原文 ca は、Tib. にその相当訳語が見あたらないので削除すべきかもしれないが、T3,H 以外の写本には ca が挿入されている。

127 原文 visaṃsthita は、BHSD によれば "deformed, misshapen" の意味であるが、ここでは「醜態」と訳す。Tib. は mi sdug par gnas pa と訳している。

128 Tib. には、ca...te（また、彼らは）に相当する訳語がない。

開花せる蓮華の如く長き眼の彼（王子）に[129]言わく、
「この、塚墓［に等しき場所］の中に住しながら、
如何にして、汝に喜楽の生ずることあらんや」［と］。

25. 天神の首長たる者たちに勧発せられて、彼は、その時[130]、
瞬時、かの[131]中宮［婇女衆］を見回せり。
それらの忌むべき姿を[132]観察するや[133]、
「われ、真実に塚墓の中に住せり」と見なしたり[134]。

さてまた、菩薩は、周遍一切の婇女衆に注目し[135]、子細に眺めたり[136]。そこにおいて[137]、ある女たちは衣服が脱げ落ち、ある女たちは髪が乱れ、ある女たちは装身具が散乱し、ある女たちは頭冠が落下し、ある女たちは肩がよじれ、ある女たちは四肢が露出し[138]、ある女たちは顔面醜陋となり、ある女たちは眼を廻転せしめ、ある女たちは唾液を垂らし、ある女たちは鼾をかき、ある女たちは哄笑し、ある女たちは咳嗽し[139]、ある女たちは譫言（うわごと）を発し、ある女たちは歯嚙の音を発し、ある女たちは顔色青ざめ、ある女たちは形貌醜怪にして、ある女たちは[140]腕を垂れ下げ、ある女たちは足を投げ出し、ある女たちは頭部を露出し、ある女たちは頭

129 Tib. には、taṃ（彼に）に相当する訳語がない。
130 Tib. には、'tha（その時）に相当する訳語がない。
131 Tib. には、taṃ（かの）に相当する訳語がない。
132「忌むべき姿を」の原文について、L.,V.,S. は bibhatsāṃ と校訂しているが、写本から総合的に判断する限り、vibhagnāṃ と読むのが適切である。
133「観察するや」の原文について、諸刊本は saṃpreṣate と校訂しているが、T3~5に従って saṃpreṣataḥ（pres. pt. nom. sg.）と読む。
134 Tib. は「(それらを）観察して、それらの忌むべき姿を見るや、塚墓の間に住せるは真実なり、と思いなせり」という意味の訳文となっている。
135 Tib. には、adrākṣīt（注目し）に相当する訳語がない。
136「子細に眺めたり」の原文 vyavalokayan paśyati は、Tib. には rnam par bltas pa（観察したり）と訳されている。
137 Tib. には、tatra（そこにおいて）に相当する訳語がない。
138 vigopita は、BHSD に "bared, uncovered" の意味とされているので、それに従って「露出し」と訳した。Tib. には rnam par ḥkhrugs（雑乱せる）と訳されている。
139 Tib. では、前後入れ替わって「ある女たちは咳嗽し、ある女たちは哄笑し」という意味の訳文となっている。
140 Tib. には、この部分においてのみ、kaścit（ある女たちは）に当たる訳語が見あたらない。

部を覆蔽し、ある女たちは顔面の形相が絶えず変化し、ある女たちは身相猥雑にして、ある女たちは身体丸裸となり[141]、ある女たちは俯して[142]喉を鳴らし、ある女たちはムリダンガ（小鼓）を抱いて頭と身体とを［それに］巻き[143]、ある女たちはヴィーナー（琵琶）やヴァッラキーの上に手を投げ出し、ある女たちはヴェーヌ（笛）を歯に咥えて軋々たる音を発し、ある女たちはキンパラ・ナクラ・シャムヤ[144]・ターダなる［名前の］楽器を引きずり（投げうち）[145]、ある女たちは眼を開閉旋転せしめ、ある女たちは口を開広せり。かくの如く、醜態を現じて[146]地に横臥せる[147]、中宮婇女衆を眺めて、菩薩は「［ここは］塚墓なり」との想念を生じたり。

そこで、かくの如く言われる。

26. 世間の庇護者なる、彼（菩薩）はそれを見るや、恐懼せり。
悲愍の心もて嘆息し、かくの如く述べたり。
「さても、実に悲惨なるかな、この生類たるもの[148]。
羅刹女［に等しき］衆の中にありて、如何にして喜楽を得んや。
27. 大いなる愚癡の[149]盲闇に覆われたる、蒙昧の輩は、

141「丸裸となり」の原文は、写本によればvibhagnaであるが、Tib.を参考にvinagnaと読むのが適当であろう。vibhagnaはvinagnaの筆写ミスである可能性が高い。
142 nikubjāḥ（俯して）は、Tib.にはlus bskums śiṅ（身体を縮めて）と訳されている。
143 Tib. lus gan rkyal du ḥgyel（身体を仰向けにして倒れ）は梵文parivartitaśīrṣaśarīrāḥ（頭と身体とを巻き）と合わない。
144 śamya（シャムヤ）は楽器の一種であるが、写本においてはsamya, sampa, saṃpa等と筆写される。samya, sampa, saṃpa等は書写上の癖や誤写によるものであろう。
145 apakarṣitaは「引きずった」または「投げ散らした」の意味であると思われるが、はっきりしない。Tib.にはḥdsin（掴み）と訳されている。また、方広には「取諸楽器撩亂委擲」の訳文が見える。
146 諸刊本はtadvikṛtaṃと校訂しているが、Tib.によればtadは不要である。あるいは、T3,T5に従ってvikṛtavantaṃと読むべきか。
147 Tib.は「地面に醜悪に横臥せる」という意味の訳文となっている。
148 多くの写本、及びR.,L.,V.によれば、vrajeyaṃと読むべきであるが、文脈上、また、Tib.を参考にprajeyaṃ（prajā + iyaṃ）と読む。ただし、Tib.にはiyaṃ（この）に相当する訳語はない。
149 韻律をDrutavilambitaと見た場合、原文atimoha°は韻律に合わない。S.は韻律に合わせてativa moha°と校訂しているが、写本の支持はない。なお、Tib.にはati°（大いなる）に相当する訳語がない。

徳なき感覚的享楽を[150]徳あるものと妄想し、
あたかも、篭の中に閉じ込められたる鳥の如くにして、
決して[151]脱出する機会を得ることなし。」

時に、菩薩は、この（以下の）法明門によって、再び中宮［婇女衆］を観察し、大悲の憐情を以て衆生を哀愍せり。［すなわち］[152]この世に於いて、彼ら凡愚なる者たちの殺害せられること、刑場における[153]死刑囚の如し[154]。この世に於いて、彼ら凡愚なる者たちが愛著すること、無知なる者が糞穢に満ちたる極彩色の瓶に対［して愛著］するが如し。この世に於いて、彼ら凡愚なる者たちが沈没すること、象の水中におけるが如し。【[155]この世に於いて、彼ら凡愚なる者たちが監禁せられること、牢獄における囚人の如し。】この世に於いて、彼ら凡愚なる者たちが楽逸すること、豚の汚穢に中におけるが如し。この世に於いて、彼ら凡愚なる者たちが貪著すること、骨骸の中における犬の如し。この世に於いて、彼ら凡愚なる者たちが墜落すること、燈火の炎に向かう蛾の如し。この世に於いて、彼ら凡愚なる者たちが捕縛せられること、罠にかかりたる猿の如し。この世に於いて、彼ら凡愚なる者たちが焼かれること[156]、網にすくい上げられたる魚の如し。この世に於いて、彼ら凡愚なる者たちが切り刻まれること、

150 諸写本に混乱が見られる。ここでは、T3及びR.,L.,V.に従って kāmaguṇair niguṇair と読むが、韻律に合わない。S.は韻律に合わせて niguṇa kāmaguṇair と校訂しているが、写本の支持はない。
151「決して」の原文 kadācit は、韻律上は kadāci であるべきだが、全ての写本において °cid とされている。
152 以下「凡愚なる衆生」に関する譬喩は「三十二相」として説明する構成になっているが、方広には「三十二」という数は意識されず十六の譬喩のみがあり、梵文より簡潔な表現になっている。
153 R.は āghātina と校訂し、L.,V.は āghātana と校訂している。BHSD によれば āghātina と読むべきであるが、Tib.を参考に T3,N3に従って āghatana と読む。
154 Tib.は「死刑囚の殺されるが如し」という意味の訳文となっている。
155 この【　】内の部分は T3,T4,N3には欠けており、削除すべきかとも思われるが、Tib.にはこれに相当する訳文が含まれている。しかし、これを入れると合計「三十三相」になり、「三十二相」とする結論に符合しない。
156「焼かれる」の原文 paridahyante は、Tib.［yoṇs su bzuṇ ba ste］によれば parigṛhyante と読むべきであるが、写本の支持がない。Tib.は「凡愚なる者たちが拿捕せられること、魚が網にすくい上げられたるが如し」という意味の訳文となっている。

焼き串に刺されたる[157]羊の如し。この世に於いて、彼ら凡愚なる者たちが刺し貫かれること、槍の切先に突かれたる罪人の如し。この世に於いて、彼ら凡愚なる者たちが没溺すること、泥沼に沈む老象の如し。この世に於いて、彼ら凡愚なる者たちが遭難すること、大海における難破船の如し[158]。この世に於いて、彼ら凡愚なる者たちが転落すること、生来盲目なる者が大坑に落下するが如し。この世に於いて、彼ら凡愚なる者たちが枯渇すること、水が地下の亀裂に流入するが如し。この世に於いて、彼ら凡愚なる者たちが煙におおわれること、劫滅［時］における大地の如し。この世に於いて、彼ら[159]凡愚なる者たちが輪転すること、陶工の轆轤が回転する[160]が如し。この世に於いて、彼ら凡愚なる者たちが彷徨すること、生来盲目なる者が山中に迷入せるが如し。この世に於いて、彼ら凡愚なる者たちが［同じ場所を］旋廻すること、革紐に[161]繋がれたる犬の如し。この世に於いて、彼ら凡愚なる者たちが萎萃すること、夏季（乾熱時）における草や草木の如し。この世に於いて、彼ら凡愚なる者たちが［次第に］滅失すること、黒分における月の［次第に欠減するが］如し。この女衆によって凡愚なる者たちが喰われる[162]こと、龍の[163]ガルダ（金翅鳥）によるが如し。この女衆によって凡愚なる者たちが呑み込まれること、小船の大マカラ（摩竭魚）によるが如し。この女衆によって凡愚なる者たちが掠奪せられること、隊商の盗賊団によるが如し。この女衆によって凡愚なる者たち

157 写本の支持は不十分であるが、文脈上、BHSD（?parikrūḍyate の項）に従って、śūlākāṣṭheṣu と読む。ただし、Tib. は śa ḥtshoṅ gi gnas kyi（売肉場の）と訳している。

158 Tib. は「大海において船の台基の破壊せるが如し」という意味の訳文となっている。

159「この世において、彼ら」の原文について、T5以外の写本及び諸刊本は ābhir とするが、Tib. を参考に T5に従って iha te と校訂する。

160 原文 āviddha は、ここでは、BHSD に従って “whirled, set in motion, made to revolve” の意味と見なす。

161 L.,V. は śardūla° と校訂しているが、写本によれば、そのように読むのは不可能である。ここでは BHSD に従って gardūla° と読み、「革紐」と訳す。ただし、Tib. stuṅ（*or* ltoṅ）の意味は不明である。

162「喰われる」の原文は、文脈上、能動態（bhakṣante）でなく受動態（bhakṣyante）であるべきだが、写本の支持がない。

163 多くの写本及び諸刊本によれば pannagāḥ と読むべきであるが、ここでは、T3,T4 に従って nāgāḥ と校訂する。Tib.［klu］によれば、pannagāḥ と nāgāḥ のいずれも可能である。

が倒壊せられること、シャーラ（娑羅）樹の【大[164]】暴風によるが如し。この女衆によって凡愚なる者たちが殺害せられること、人の毒蛇[165]によるが如し。凡愚なる者たちが味覚の想によって傷つけられること、蜜の塗られたる剃刀の刃による[166]が如し。この女衆によって凡愚なる者たちが押し流されること、樹木群の洪水によるが如し。この女衆と凡愚なる者たちとが戯楽すること、幼童が自らの糞尿に戯れるが如し。この女衆によって凡愚なる者たちが勾引せられること、象の鈎によるが如し。この女衆によって凡愚なる者たちが欺惑せられること、稚鈍なる者の詐欺師による[167]が如し。この世に於いて[168]、彼ら凡愚なる者たちが［自らの］善根を消失せしめること、賭博に耽る者が財産を消失せしめるが如し。この女衆によって凡愚なる者たちが喰われる[169]こと、旅商人の羅刹女によるが如し。以上、これら三十二相[170]を以て、菩薩は中宮婇女衆を思量せるのち[171]、身体に関して不浄の想を喚び起こし[172]、違逆の想を惹き起こし、嫌悪の想を生起せしめ、自らの身体を詳察して[173]、身体の過患を正観し、身体をして身体への執着より超脱せしめ、《［身体は］常なりとの想を除遣し、[174]》不浄なりと

---

164 Tib. によれば mahā（大）を加えるべきであるが、N4以外の写本はこれを省略している。

165「毒蛇」の原文は、多くの写本及び L.,V. に従って dṛṣṭīviṣa と校訂するが、N2,N4,H によれば dṛṣṭiviṣa である。どちらの読み方も可能であると思われる。

166 諸刊本は kṣuradhārābhir bālajātīyāḥ（幼稚なる者たちが剃刀の刃によって）と校訂しているが、Tib. を参考に、T3~5,N3に従って bālajātīyāḥ を削除する。

167「詐欺師による」の原文について、R. は dhūrttakair、L.,V. は dhūrtakair と校訂しているが、Tib. を参考に T3~5に従って dhūrtair と読む。

168 原文 iha は Tib. と合わない。Tib.［ḥdi dag ni］によれば、ābhir（この女衆によって）と校訂すべきであるが、写本の支持がない。

169 文脈上受動態でなければならないから、N4,N5,B 及び諸刊本に従って bhakṣyante と読むべきであるが、東大写本はいずれも bhakṣante としている。

170「三十二相」と記述しているが、第四相を含めると「三十三相」となる。Tib. にも、実際に数えてみると33種の譬喩が掲げられている。

171「思量せるのち」の原文は、T3~5によれば tulayitvā であるが、Tib. によれば paritulayitvā と読むべきである。

172「喚び起こし」の原文について、諸刊本は vicārayan と校訂しているが、Tib. を参考に T3,T4,N3に従って vibhāvayan と読む。ただし、すぐ後に vibhāvayan が逆の意味で用いられており、齟齬が生じる。註174参照。

173 原文は svakāyaṃ pratibhāvayan であるが、Tib. には raṅ gi lus la yaṅ de daṅ ḥdra bar rnam par sgom（自分の身体をも、それと同様に観想し）と訳されている。

174 原文 śubhasaṃjñāṃ vibhāvayan の vibhāvayan は「相を除く、除遣する」の意味であって、註172における「喚び起こす」と反対の意味である。同じ語が近接して相

の想を起こし[175]、下は両足の裏から、上は頭頂に至るまで、〈不浄より発起し、不浄より出生し、常に不浄を漏泄(ろうせつ)するもの〉と見たり。また、その時、かくの如き偈を[176]説けり。

28. ［身体は］業田(ごうでん)より生長し、渇愛の水より出現し、
有身(うしん)（個我）の［妄］想より造修(ぞうしゅう)せられ[177]、
涙・汗・痰[178]のために沾湿(せんしつ)し、尿のために汚れ、
血の滴に満ちたり[179]。
膀胱(ぼうこう)や膿汁や脂肪や脳味噌に[180]、また、諸々の汚物に満ちて、
常に排泄物を流出し、実に［それらの］すべてが、
種々の悪臭を発する。
29. 骨[181]や歯や髪毛や体毛による醜貌(しゅうぼう)あり、皮膜に覆われ、身毛雑乱し、
腸[182]・脾臓・肝臓・粘液・唾液[183]など、

反する意味で用いられていることは不可解である。T3~5にはこの部分が欠如しているので、削除すべきかもしれないが、Tib. によればこれを挿入すべきである。恐らく、この部分はオリジナルではなく、後代に増補挿入されたものであって、そのためにこれを含む写本と含まない写本とが存在し、また、同じ語を近接して逆の意味で用いるというような齟齬が生じたものと思われる。

175「起こす」の原文は avakrāmayan である。avakrāmati は「～の想念を起こす」の意味で用いられることがある。Tib. には ḥjug par byed と訳されている。BHSD (avakrāmati) 参照。

176 多くの写本及び諸刊本によれば、単数形と見て imāṃ gāthām と校訂すべきであるが、Tib.［ḥdi dag］によれば複数形であるので、imā gāthā(acc. pl.) と読む。

177 Tib. は「有身の想に結縛され」という意味の訳文となっている。

178「痰」の原文は、写本によれば kaṣa または kaha と読める。ここでは、Tib.［mchil ma］を参考に、kapha と校訂する。

179 諸写本の Text に混乱が認められるが、文脈上、また Tib. を参考に śoṇīta-bindu-ākulaṃ と読む。

180 Tib. は「脂肪や膿汁や膀胱や脳味噌」という順の訳し方になっている。「膀胱」の原文について、T3,N4以外の写本は vasti とするが、韻律によって vastī でなければならない。なお、「脳味噌」の原文 sa-mastaka-rasa は、直訳すれば「脳髄を有する液」である。

181 Tib. pags（皮膚）は梵文 asthī（骨）と合わない。

182 諸刊本及び諸写本によれば antaḥ(中に) と読むべきであり、Foucaux の仏訳 (1884) にも "au dedans" と訳されているが、文脈上、Tib.［rgyu ma］を参考に antra と校訂するのが妥当であろう。

183「肝臓、粘液、唾液」の原文については、諸写本の Text に混乱が見られるが、Tib. を参考に jakṛd(= yakṛd) + vapā + uṣṇarasana と読み、uṣṇarasana を「唾液」と訳す。

これら虚弱なるものが合聚(ごうしゅう)せり[184]。
髄(すい)と筋肉とを以て結合せる器械の如きものにして、
皮肉[185]を以て美麗に装えるも、
種々の病患(びょうげん)に満ちて憂悩(うのう)を包含し、飢渇のために逼悩(ひつのう)せられる[186]。
[187]種々の虫の住処[188]にして、無数の穴隙(けつげき)あり、
死と老とに占有せられたる［身体］を、
誰か賢明なる者が見るならば、自らの身体を
怨敵(おんてき)に等しきものと見なすべし[189]。

かくの如く、菩薩は、身体に関して、身体に随順する想念をなしつつ、時を過ごしたまえり。而(しか)して、虚空中に住する、［かの］天子たちは、ダルマチャーリン（法行）天子にかくの如く言えり。「友よ、このシッダールタ［菩薩］が、中宮婇女衆を眺めて微笑を[190]浮かべ、はたまた、心を悩ませ、繰り返し視線を注いでは躊躇せる［ように見えるの］は、如何なることか。さにあらず、むしろ彼は大海の甚深(じんじん)なるに似て、彼の器量を把握することは不可能ならんや。あるいは、もしかして執着なき者（菩薩）の心が[191]快楽の対象に執着せるにはあらざるや？　【また】もしや諸天神に

---

184 Tib. は「これらが合聚して、虚弱なり」という意味の訳文となっており、これによれば、「虚弱なる」の原文 durbalaiḥ は、durbalaṃ と読むべきである。
185 原文 māṃsa は通常「肉」の意味であるが、ここでは方広の漢訳に従って「皮肉」と訳す。
186 T3,T4,N3には「種々の病患に……逼悩せられる」に当たる部分の原文が欠けているが、書写ミスによるものであろう。
187「種々の虫の」から「見なすべし」までの部分は、L. においては別の偈として独立させられているが、V.,S. に従って第29偈の中に含まれると考えるのが妥当であろう。
188 Tib. は nilaya（住処）を lus（身体）と訳しているので、「生類の身体は」の意味と見ていることになるが、普曜には「有八萬種蟲」と訳され。方広にも「諸虫之窟穴」と訳されている。
189 Tib. は「［賢明なる誰が］自分の身体を怨敵に等しいものと見なさないであろうか」という意味の訳文となっている。
190「微笑を」の原文について、R. は sma / tañ、L.,V. は sma / taṃ と校訂し、諸写本によってもはっきりしないが、文脈上、Tib. 及び方広を参考に smitaṃ と読むべきである。
191 Tib. ḥdi（彼が）は梵文 manaḥ（心が）と合わない。

よって勧発せられたる[192]［にもかかわらず］本誓（本願）を忘失せるにはあらざるや？」［と］。

ダルマチャーリン（法行）天子は［答えて］言わく、「なんぞ、かくの如きの言をなすや？　汝らは、すでに往昔、彼が菩提のために修行せる時、出離（世俗からの離脱）と棄捨（施与）とにおいて、かかる種類の［快楽に対する］無執着ありと、現に見たるにはあらざるや。まして、今や、［彼は］最後身に住すれば、如何ぞ、執着の生ずることのあるべきや[193]」［と］。

さて、時に、比丘らよ、菩薩は意を決し、心に奮起し、立志勇断し、安詳に[194]、且つ、悠々として[195]、寝台より降り[196]、音楽殿に於いて、東方に向かって[197]立ち、右手を以て宝網を払いのけ、高楼の頂きに昇り、十指を合わせ（合掌し）て、一切の仏陀を憶念し、一切の仏陀に帰命なせるのち、天空を仰ぎ見たり。彼（菩薩）は、天神の長たる千眼者（千眼を有する天主帝釈）が、天空にありて、百千もの［多くの］天神たちに囲繞せられ、花・薫香[198]・花環・塗油・香末・衣・傘蓋・旗幟・幢幡・玉の耳飾り・宝石の首飾りを持ち、身体を屈めて、菩薩に敬礼をなしつつ、立てるを見たり。また、四護世王（四大王天）が、夜叉・羅刹・ガンダルヴァ（乾闥婆）・蛇（竜？）[199]の衆に囲繞せられ、《堅く》甲を結び鎧を被り[200]、剣・弓矢・槍・

---

192 諸刊本、諸写本の Text に混乱が見られるが、文脈上、amaraiḥ saṃco° または amaraiḥ ca saṃco° と読むべきであると思われる。また、Tib.[lhas rnams kyis bskul ba yi yid dam] によれば、saṃcodito は saṃcoditaṃ と読むべきであると思われるが、写本の支持が充分ではない。

193 Tib. は「［彼が］かかる種類の無執着を得たること、それは、汝らに明白なることなるが故に、まして、今や、最後身に住して執着の生ずべからざることは、敢えて言うまでもなし」という意味の訳文となっている。

194 原文 salīlaṃ avilambitaṃ に関して、方広には「安詳徐出」の訳文が見える。

195 L.,V. は avilambitaṃ と校訂しているが、Tib.[riṅs thabs med par] を参考にすれば、savilambitaṃ（あわてる風もなく；悠然として）と読むのが妥当であろう。

196 Tib. は paryaṅka を「結跏趺坐」の意と見、avatīrya を「［坐を］解ける」の意と見ている。ここでは「寝台を降り」と訳したが、Tib. に従うべきかもしれない。ただし、方広と普曜には、ともに「従座起」と訳されている。

197「東方に向かって」の原文 pūrvâbhimukhaḥ は、あるいは pūrvamukhaḥ と読むべきかもしれない。

198「薫香」の原文は、諸刊本には dhūpagandha とされているが、T3,T4には dhūpa が省略されている。しかし、いずれにしても「薫香」と訳すことができるであろう。

199 原文 bhujaga は「蛇」の意であるが、「竜」と漢訳されることもある。

200「鎧を被り」の原文 varmita-kavacita は、N3に従って varma-kavacita と読むべき

矛戟・三叉戟を手にして、優美に、宝珠の頭冠より辮髪を垂れ[201]、菩薩に敬礼をなしつつ、立てるを見たり。また、月と日（太陽）[202]との両天子が、［それぞれ］左側と右側[203]とに［分かれて、天空に］立てるを、［菩薩は］見たり。［さらに］真夜中に達したるといえども[204]、星宿の王プシュヤ（第六の月宿）は、［沈むことなく、日月の］かたわらに仕えたり[205]。また、［それらを］見るや、菩薩はチャンダカに告げたり。

30.「いざ、チャンダカよ、ためらうことなく、速やかに、
厳装せる馬王を、われに与えよ。
われに、これら、吉祥なるあらゆる事象が実現したれば、
今宵[206]、必ずや［わが］目的は成就せらるべし。」

その時、チャンダカは、この言葉を聞くや、心に恐懼して、かくの如く言えり。

31. [207]「いずこへと行かせたまうや？　眉長くして、
蓮華の葉に似たる清らけき眼を有する者よ、
人中の獅子、秋の満月、
クムダ（白睡蓮）や、兎の像（月）を喜ばしめる者よ[208]。

かもしれない。
201 Tib. は「宝珠と辮髪とを垂れ」という意味の訳文となっている。
202 Tib. には ñi ma daṅ zla ba（日と月）と訳されている。
203 Tib. には glo gyas gyon na（右側と左側）と訳されている。
204 諸刊本に混乱が見られ、L.,V. は ardharātriṃ ca samayaṃ saṃprāptaṃ と校訂しているが、ここでは Tib. を参考に ardharātrasamayaṃ ca saṃprāptaṃ と読み、「真夜中に達したるといえども」（副詞的用法）の意と見る。
205 Tib. は「星宿の王プシュヤが真夜中に昇りたるを見たり」という意味の訳文となっている。
206 原文 adya は「今日」の意味であるが、「今宵」と訳した。
207 この偈の韻律は不明である。この韻律を Ś. Śāstrī は Ṣatpadī とし、W. Schubring は Dohā とする。H. Smith によれば、第一行と第二行は Lalita という韻律に合するというが、はっきりしない。L.,V. はこの部分を偈（韻文）と見ているが、R. は長行（散文）として校訂し、Foucaux の仏訳（1884）でも長行として訳されている。なお、Lalita という韻律については、Piṅgalācārya: *Chandaḥśāstram*（Parimala Saṃskṛta Granthamālā saṃkhyā-6）5.27. を参照。
208 Tib. は「クムダの花や月を喜ばしめる蓮池」という意味の訳文となっており、これ

32. [209]若き睡蓮・優美に咲ける蓮華にもまがう顔容の、
純粋なる黄金、暁の太陽、明浄なる月光［の如き者］よ。
酥油の注がれたる火焔、宝珠、雷電の如く輝ける威光あり、
奮躍たる象・堂々たる象の如き歩み[210]を有し、
牡牛や獅子やハンサ鳥に似たる歩調ありて、
歩行は優雅に、御足美しき者よ」［と］。

菩薩は［答えて］言わく、

33. [211]「チャンダカよ、そのために、われは、前世に、
手や足や目や、また、頭や、愛する息子[212]や妻や、
［自分の］王国や財物や黄金や衣服や、宝石を満載せる車や、
風の如く軽快に奔馳する、剛勇無双の象や馬を捨てたり。
［また］われは、拘胝那由多もの幾多の劫にわたって、
戒を護持し、忍辱を修習し、精進力と禅定と智慧とに専念せり[213]。
しからば如何！　寂静にして安穏たる菩提を證得して、
老・死の籠に投げ込まれたる衆生を解放すべき時が、
遂に、われに到来せり」［と］。

チャンダカは言えり。「尊き王子よ、われはかくの如く聞けり。［すなわち］御身が生まれて間もなき頃、占相のために、諸の相師婆羅門に引見せしめられたり。而して、彼らは、シュドーダナ王の面前において、御身に

によれば、原文°mudita は°muditanalini と読むべきかと思われるが、写本の支持がない。なお、Foucoux の仏訳（1884）には “lotus blanc réjoui par la lune” と訳されている。

209 この偈の韻律もはっきりしないが、これについては、H. Smith: Les deux prosodies du vers bouddhique（*Bulletin de la Société Royale des Lettres de Lund*, 1949–1950, Sweden, pp.1~43）p.27に詳細な分析がある。

210 Tib. stobs（力；勢力）は梵文°gāmin（歩み）と合わない。

211 この偈の韻律も明確ではないが、H. Smith の分析を参考に調べてみると、第一行と第二行が（6+6+4+2 mora）+ 7 gaṇa であり、第三行が（6+6+4+2 mora）+ 8 gaṇa であり、第四行が（6+6+4+2 mora）+ 9 gaṇa であるように思われる。

212 Tib. lus（= tanu; 身体）は梵文 tanaya（息子）と合わない。

213「専念せり」の原文 nirata は、Tib. には dag（浄化せり）と訳されている。

ついて予言せり。『王よ、陛下の王室に繁栄あり』［と］。［王］言わく、『何故に？』と。［彼ら］言わく、

34.『百余もの［多くの］福徳相のある、この王子が、
御身の息子として生まれ、福徳の光に輝けり。
彼は、四［大］洲[214]に君臨する転輪聖王として、
七財（七宝）を具足する者となりたまうべし。
35. あるいは、もし［この王子が］世間の苦患を観察し、
中宮［婇女衆］を捨てて、出家したまうならば、
不老不死なる、菩提の[215]地位を獲得して、
法の慈雨もて、この［世間の］衆生を満足せしむべし』［と］。

まことに、尊き王子よ、この授記（予言）が確かに存在し、これ以外には有りうべからずといえども、しかし、しばらく、［御身の］利益を願う、わが言葉を聞きたまえ」［と］。［菩薩］言わく、「何をか？」と。［チャンダカ］言わく、「殿下、そのために、この世に於いて、ある人々が、種々なる禁戒と苦行とを勤修し、獣皮・辮髪の房・襤褸[216]・樹皮をまとい、爪・髪・鬚を長く伸ばし[217]、［自ら］身体の種々なる責め苦・苛虐に耐え、厳酷なる禁戒と苦行とを勤修す。何故かならば、『われらは、天界や人間界の栄華を獲得すべし』とて。而して、その栄華が、尊き王子よ、［すでに］御身には得られたり。しかも、この王国は繁栄し、富み、平和にして、食物豊饒なり、且つ、歓楽に満ち、多くの人民を擁す。また、これらの園林は、端厳殊妙なりて、《とりどりの》花や果実に彩られ、種々の鳥の群が

214「四洲」の原文について、多くの写本は caturdvīpa とするが、韻律上、L.,V.,S. に従って catudvīpa と読むべきである。
215「菩提の」の原文は、すべての写本において bodhim となっているが、韻律上、L.,V.,S. に従って bodhiṃ と読むべきである。
216 Tib. rtsva（= vīraṇa; 草）は梵文 cīvara（襤褸；乞食僧の衣）と合わない。
217 この部分の原文については、諸写本に混乱が見られるが、°smaśru cāneka° と読むのではなく、°smaśravo cāneka° と読むのが適切である。東大写本に °smaśruvo とされているのは °smaśravo の誤写であると考えられる。

美妙なる鳴声を発したり。また、諸々の池苑はウトゥパラ（優鉢羅）・パドゥマ（波頭摩）・クムダ（拘牟頭；黄蓮華）・プンダリーカ（分陀利華；白蓮華）の花に浄厳せられ、ハンサ・マユーラ（孔雀）・コーキラ（郭公）・チャクラヴァーカ（鶩鳥）[218]・クローンチャ（帝 釈 鴫）・サーラサ（鶴）［等の諸鳥］がさえずり、花咲けるサハカーラ（マンゴー）・アショーカ、チャンパカ・クラヴァカ・ティラカ[219]・ケーシャラ等の種々の樹木の堤塘に囲まれ、《種々の》宝樹の垣牆に厳飾せられ、［縦横］八交の道によって［碁盤目状に］区画せられ、宝石の欄杆に囲繞せられ、宝網が掛けられ、それぞれの季節に応じたる享楽があり、夏季・雨季・秋季・冬季［の各々］に安楽なる住居あり。また、これら、秋の雲の如くにして、カイラーシャ（カイラーサ）山にも類似せる、諸々の大宮殿は、［インドラ神の宮殿たる］ヴァイジャヤンタ宮さながらに、憂悩は滅し去れるのみならず、正法・善法・安穏ありて、露台・小塔・塔門・窓牖・涼房・重閣・高楼・屋根[220]に厳飾せられ、宝石の鈴網より振音が鳴り響けり。また、尊き王子よ[221]、この中宮婇女衆は[222]、ツナヴァ・パナヴァ・ヴィーナー（琵琶）・ヴェーヌ（笛）・シャムヤ[223]・ターダーヴァチャラー[224]（拍板）・キンパラ・ナクラ・スゴーシャカ・ムリダンガ（小鼓）・パタハ［等の楽器］と、舞踊や唱歌や奏楽や伎楽の編成に習熟し、諧謔・歌舞・遊戯・娯楽において心地よく［且つ］優美なる振舞をなす[225]。しかも、殿下、御身は青春の盛りにありて、少壮を過ぎず、初々しく[226]、幼輩にして、清新みなぎり、身体の柔軟なる

218 T3~5によればチャクラヴァーカ・コーキラという順序であるが、Tib. によればコーキラ・チャクラヴァーカの順である。
219 Tib. には、tilaka（ティラカ）に相当する訳語がない。
220 Tib. khyams（= vīthi; 回廊）は、梵文 prāsādatala（高楼；屋根）と合わない。
221 Tib. には、āryaputra（尊き王子よ）に相当する訳語がない。
222 Tib. は「［御身は］大宮殿と、～～振舞の優美なる、この中宮女衆とを所有しており、……」という意味の訳文となっている。
223「シャムヤ」の原文は、写本には saṃpa, samya 等とされることが多いが、前例に倣って śamya と校訂する。
224 原文 tāḍāvacarā は、Tib. には単に pheg（= tāḍa）と訳されている。
225 Tib. は「遊戯・娯楽・物腰は心地よく、振舞の優美なる［この中宮婇女衆を］」という意味の訳文となっている。
226 Tib. には、nava（初々しく）に相当する訳語がない。

若者にして[227]、髪は黒く、愛欲を未だ嬉戯することなし[228]。［それ故］しばらく、三十［三］天の主にして千眼を有する天主［帝釈］の如く、大いに享楽し[229]、その後、老年となってから、出家したまわんことを」［と］。

また、その時、かくの如き偈を説けり。

36. 享楽の儀軌を知る者よ[230]、
［御身は］三十［三］天界の天主（帝釈）の如く、享楽したまえ。
後に、老年となってから、
禁戒と苦行とを勤修したまわんことを。

菩薩は言えり。「止めよ、チャンダカ。実に、これらの愛欲は無常にして、堅実ならず、常恒ならず、変壊の法（性質）を有し、迅疾に去り、移ろい易きこと、山崖の急流の如し。久しく留まらざること、露の滴の如く、空疎なること、空拳（何も掴んでいない拳）を以て欺くが如く、脆弱なること、芭蕉樹の如し。坏器の如く、《遂には壊敗し》、秋の雲の如く、須臾（たちまち）にして生じ［また］消滅す。天空を走る電光の如く、瞬時とどまるのみにして、毒の含まれたる食物[231]の如く、転変して苦となり、マールター《の蔓[232]》の如く苦痛を与え、知性の遅鈍なる者たちの願求するところにして、水の泡沫の如く、忽ちに[233]変壊する法（性質）を有する。陽炎の如く、想の顛倒より生じ、幻の如く、心の顛倒より変現す。夢の如く、

227 Tib. は「身体は柔軟にして、うら若く」という意味の訳文となっている。
228 Tib. は「愛欲を未だ嬉戯せざるが故に」という意味の訳文となっている。
229「大いに享楽せよ」の原文について、L.,V. は abhiramasva と校訂しているが、写本によれば atiramasva と読むべきである。
230「享楽の儀軌を知る者よ」の原文は、T2以外の写本によれば、ratividhijñām または ratividhijñāṃ であるが、ここでは ratividhijñā と校訂し、呼格と見る。
231「食物」の原文は、Tib.［snod］によれば bhājana であるが、文脈上、bhojana と読むのが適切であろう。
232 T3~5には「蔓」の原文 latā が省略されているが、Tib. によればこれを挿入すべきである。
233「忽ちに」の原文は、諸刊本に校訂されているように kṣipraṃ でも可であると思われるが、ここでは、T3~5に従って kṣipra° と読む。

見の顛倒に取著せる結果［生じるもの］にして[234]、不満足を生じて満たし難きこと、大海の如く[235]、［飲めば渇きを増す］塩水の如く、渇望を増長せしむ。毒蛇の頭の如く、触れるべからざるものにして[236]、大深坑の如く、賢明なる人々の忌避するところなり。［愛欲は］危難をもたらし、闘諍をもたらし、殃禍をもたらし、過患をもたらす、と知って、英知ある者たちは忌避し、明智ある者たちは軽蔑し、高貴なる者たちは嫌悪し、聡明なる者たちは貶斥す。［もっぱら］愚昧なる者たちの取著し、凡劣なる者たちの親近するところなり[237]」［と］。

また、その時、［菩薩は］かくの如き偈を説けり。

37. 聡明なる者たちには、毒蛇の頭の如く、忌避せられ、
不浄なる糞瓶の如く、軽蔑せられる。
チャンダカよ[238]、実に、愛欲は、一切の善を破壊するもの
と知って、われに染愛の生じることなし。

その時、チャンダカは、矢に射抜かれたるが如く、号哭し、それから、目に涙を浮かべ、悲嘆にくれて、かくの如き言葉を語りき。

38.「殿下、そのために、この世に於いて、ある者たちは、
種々の厳酷なる[239]禁戒を勤修す。［すなわち］
獣皮〔や辮髪〕を身につけ、髪・爪・鬚を長く伸ばし、また、

234 原文°yogeṇa を「～の結果による」の意と見る。ただし Tib. には、これに相当する訳語がない。
235 Tib. は「満たし難き海の如く、不満足を生ぜしめ」という意味の訳文となっている。
236「触れるべからざる」の原文は、Tib.[reg par bya dkaḥ ba] によれば duḥsparśanīya と読むべきであるようにも思われるが、写本に混乱が見られ、はっきりしない。ここでは、T3,N5に従って asparśanīya と読む。
237「取著し」の原文 parigṛhīta は、写本によれば a-parigṛhīta であるが、Tib. によれば a は不要である。もし写本に従って校訂すれば、「聡明なる者たちは貶斥し、取著することなく、蒙昧なる愚人たちの親近するところなり」と訳すことになるが、ここでは Tib. に従って校訂する。
238 韻律によれば、L.,V.,S. が校訂しているように chandakā であるべきだが、写本の支持はない。chandakaḥ は主格の形であるが、呼格と見うるかどうか不明である。
239 Tib. には、tīvra（厳酷なる）に相当する訳語がない。

襤褸[240]や樹皮をまとい、四肢枯悴して、幾多の[241]禁戒に従事せり。
蔬菜・稗穀[242]・黍稷を食し、また、ある者たちは、
［頭を下にして］倒住[243]し、あるいは、
［牛を模倣する］牛行[244]に耽る。
『如何にして、われらは、地上の最尊第一にして、高貴なる
転輪聖王に、さては、護世［四天］王に、あるいは、金剛杵を
持てる［天主］帝釈や、夜摩［天］や
化楽［天］の天主にならん』とて。
また、［彼らは］梵天界における禅定の安楽を[245]願求せり。
［しかるに］人中の最勝者よ、御身の、この[246]王国は繁栄し、富み、
食物豊饒にして、また、庭園や園林や楼閣が造立せられ、
［インドラの宮殿たる］ヴァイジャヤンタ宮に類似せり[247]。
さらに、この婇女衆は[248]、ヴィーナー（琵琶）・
ヴェーヌ（笛）[249]の奏音や、
唱歌や器楽によって、戯楽と舞踊と《伎楽と》の結合に習熟せり。
これらの快楽を享受したまえ。
優美なる者（汝）の[250]、去り行きたまうことなかれ」［と］。

---

240 Tib. には、cīra（襤褸）に相当する訳語がない。
241 Tib. には、aneka（幾多の）に相当する訳語がない。
242 Tib. には sre da daṅ ni ldum dag daṅ（śyāmāka-śāka; 稗穀や蔬菜や）と訳されている。
243「倒住」（omūrdhaka; avamūrdhaka）とは「倒立して生活する苦行」の意。
244「牛行」（govrata）とは「牛をまねて生活する苦行」の意。
245「禅定の安楽を」の原文は、韻律上は dhyānā-sukhā（*or* dhyānaṃ sukhaṃ?）であるべきだが、写本の支持がない。ここでは、T3,T4に従って dhyānaḥ-sukhā（acc.）と読み、ḥ は韻律上加えられたものと見なす。
246 原文には tad ida(= idaṃ) とあるが、tad は「単なる強調」として用いられているものと見なす。Tib. にも単に ḥdi（この）と訳されている。
247「ヴァイジャヤンタ宮に類似せり」の原文 vaijayantaḥ-samaṃ も、註245における dhyānaḥ-sukhā と同じく、韻律のために ḥ が加えられたものと見なす。
248「この婇女衆は」の原文を L.,V.,S. は istrigāra svayaṃ と校訂しているが、Tib. を参考に、T3,T4,N3に従って istrigāraś ca 'yaṃ と校訂する。
249 諸刊本の校訂 veṇuvīṇā は韻律に合する。しかし、Tib. によれば vīṇāveṇu と読むべきである。T4に従って vīṇaveṇū と読めば、韻律にも合する。
250「優美なる者の」の原文について、L.,V.,S. は sūratā と校訂しているが、写本の支持はない。T3,T4,N3によれば sūrataḥ である。sūrataḥ は主格の形であるが、呼格のよ

菩薩は言えり。

39.「チャンダカよ、聴くがよい。かつて、前生において、

[われの] 蒙りたる幾百もの苦痛を。[すなわち] われは、

愛欲を求めたるがために、投獄や監禁や捶打や罵辱を受けたり。

されど、[わが[251]] 心は有為 [なる諸行] に対して

厭倦を生じざりき[252]。

《また》かつて、随意に放逸を行じ、愚癡に昏乱し、

邪見網に覆われて、[わが心は] 盲闇たりき。これら [愛欲] の法は、

無知より生じ、我想の取著するところにして、

行為者[253]や感受者[254]から逃れ去る。

これら [愛欲] の法の自性は、ことごとく、

変化動揺して、無常なること雲の如く、電光の如し。

露の滴にも似て、空虚、且つ、無益なりて、

堅実ならず、また、非我にして、空なり。

わが心は、感覚的 [愛欲の] 対象に染著することなし。

チャンダカよ、最勝なる馬王カンタカを厳装して[255]、

われに与えよ。われのかつて思念せる [ところの、あらゆる]

吉兆が実現したるが故に、[われは] 万有に超越せる、

一切法の支配者、法の王なる牟尼となるべし」[と]。

チャンダカは言えり。

40.「開敷せる蓮華の葉の如き眼を有し、

多彩なる瓔珞・宝珠・宝石に厳飾せられて、

うに「優美なる者よ」と訳すことも可能かもしれない。

251 Tib. には「われは」に相当する訳語（ṅa yis）がある。

252「厭倦を生じざりき」の原文については、諸写本の Text に混乱が見られ、はっきりしない。ここでは、総合的に判断して nirviṇṇa 'bhūt と校訂する。

253 Tib. には、kārakā（行為者）に相当する訳語がない。

254「感受者」の原文について、諸刊本は vedanā と校訂しているが、T3,T4,N3,N4に従って vedakā と読むのが妥当であろう。

255 Tib. には、alaṃkṛtaṃ（厳装して）に相当する訳語がない。

雲より天空に発したる電光の如く、寝台に横臥して、

燦然と輝ける、この女（ゴーパー妃[256]）を見ざるや？

41. また、これら、ヴェーヌ（笛）やパナヴァ（腰鼓）やスゴーシャカや、

ムリダンガ（小鼓）やヴァンシャ[257]（簫）［等の楽器］や、伎楽の演奏、

チャコーラやマウラ（孔雀）やカラヴィンカ[258]［等の鳥類］の鳴声、

キンナラ[259]女たちの宮殿の如き［楽しき生活］を、

［御身は］捨てたまうや？

42. スマナやウトゥパラやヴァールシカやチャンパカ[260]［等］の花、

また、芳香ある華鬘や、紐にて結べる花の束[261]、

馥郁たる薫香を漂わせたる、カーラーグル（黒沈水香）[262]や、

上妙なる塗香、それらを[263]［御身は］見たまわざるや？

43. かぐわしき香気を有する、勝妙の味、

また、よく調理せられたる惣菜や御馳走、

旨く造られたる、糖蜜入りの飲料にも、

目をくれずして[264]、殿下よ、いずこに[265]赴きたまうや？

44. 寒冷なる時の、暖かき、上妙の塗油[266]、また[267]、

---

256 釈尊妃ゴーパーのこと

257 以上の楽器の原語は、前から順次 veṇu, paṇava, sughoṣaka, vaṃśa である。

258 以上の鳥の原語は、前から順次 cakora, maura, kalaviṅka である。

259 kinnara（緊那羅）とは、「美妙な音声をもち、よく歌舞をなす天の楽人」（中村元『佛教語大辞典』250頁参照）である。

260 以上の花の原語は、前から順次 sumana, utpala, vārṣika（= vārṣikā）, campaka である。

261「紐にて結べる花の束」の原文は guṇapuṣpasaṃcayāṃ である。BHSD,guṇa 参照。Tib. には me tog brgyus と訳されている。

262 原文は kālāguru。aguru（沈水香；沈香）は「香木の名」であるが、「その木心および枝節は堅くて重く、水にしずむからこう呼ばれる」（中村元『佛教語大辞典』792頁参照）。

263 Tib. には de dag la yaṅ（それらをも）と訳されている。

264 Tib. には ḥdi laḥaṅ mi gzigs par（これらをも見ることなくして）と訳されている。

265 Tib. には khyod gaṅ du（御身はいずこに）と訳されており、khyod（御身は）が挿入されている。

266 L.,V.,S. の校訂に従うならば「塗油と衣服」と訳すべきであるが、Tib. には「衣服」に当たる訳語はなく、vara（最上の；上妙の）に当たる訳語（dam pa）があるので、T3,T4に従って anulepanāṃ varāṃ と読む。

267 Tib. には、ca（また）に相当する訳語がない。

暑き時の、かの[268]、ウラガサーラチャンダナ[269]（龍勝栴檀）、
かの[270]、快適なるカーシ産の細綿の美服[271]にも、
目をくれずして[272]、殿下よ、いずこに[273]赴きたまうや？

45. また[274]、〔殿下よ[275]〕これら、《御身の[276]》五欲の快楽は、
実に、諸天界における、天神たちのものの如くに、豊饒なり。
しばらく[277]、愛戯・楽事に追随し、享楽したまいて、
その後、シャーキヤ（釈迦）族の英傑よ、森林に赴きたまえ。」

菩薩は言えり。

46.「チャンダカよ、われは、［過去の］無限かつ無量なる劫に亘り、
色や声や香や味や触の、種々なる快楽を享受せり。
されど、天界［の快楽］にても、人間［の快楽］にても、
ついに満足を得る[278]ことなかりき。
高貴なる王子として、自在なる権力を行使し、
四洲（全世界）に君臨する転輪聖王となりたる、かの時は、
七宝[279]を具足し、婇女衆に囲まれて暮らしたり[280]。

---

268 Tib. には、tān（かの）に相当する訳語がない。
269 uragasāracandana は「蛇心檀」とか「龍勝栴檀」と訳される「檀香の一種」である。
270 Tib. maṅ po（多くの）は梵文 tāṃ（かの）と合わない。
271 この部分の原文は kāśikāvastravarāmbarāṃ であり、vara-ambara を「美服」と訳したが、Tib. には、単に ka śi pa yi na bzaḥ bzaṅ po（快適なるカーシ産の衣服）と訳されている。
272 Tib. には de dag la yaṅ mi gzigs（それらをも見ずして）と訳されている。
273 Tib. には khyod gaṅ du（御身はいずこに）と訳されており、khyod（御身は）が挿入されている。
274 Tib. には、ca（また）に相当する訳語がない。
275「殿下よ」の原文 deva は、N4以外の全写本において挿入されているが、Tib. にはそれに相当する訳語がなく、韻律上も削除すべきである。
276「御身の」の原文 te は、東大写本においては削除されており、Tib. にもそれに相当する訳語はないが、韻律上必要であるように思われる。
277 Tib. には、tāvad（しばらく）に相当する訳語がない。
278「満足を得る」の原文 tṛptā について、L.,V.,S. は tṛptīr と校訂しているが、これを支持する写本は見当たらない。すぐ下（本偈 c の部分）に出てくる同形の文と合わせるなら、tṛptī と読むべきかもしれない。
279 転輪聖王の七宝とは「輪宝、象宝、馬宝、珠宝、女宝、長者宝、将軍宝」である。
280 原文 istrigārasya madhye gataḥ は、直訳すれば「婇女衆の中に住したり」となる。

［かつては］三十［三］天主（帝釈）や、
スヤーマ天（夜摩天王）の王位に君臨し、
また、われは[281]、かしこ［の諸天］より命終して、
ここへと来生せり。《また[282]》ニルミタ天（化楽天）においては、
意のままになる最上の栄光を、われは、かつて享受せり。
また、天上界における自在主たる、マーラ（魔王）の支配権を
行使して、豊潤なる、無常の快楽を享受したれども、
ついに満足する[283]ことなかりき。まして、今、
この低劣なる［快楽］を用いて、如何にして、われは
満足することを得んや？　それは有りうべからず[284]。

47. さらにまた、チャンダカよ、われは、これら［世界］の衆生を愍念す。
［すなわち、衆生は］苦悩し、悲哀の曠野たる輪廻の渦中に流転し、
煩悩なる悪獣の動乱に常に押し流され[285]、
庇護なく、依怙なく、愚癡と無明との盲闇の中で[286]、
老・病・死の恐怖に怯え、生苦なる怨敵のために、
打ちのめされ、打ち砕かれたり。
われは、この世において、大いなる[287]捨施・持戒・禁戒・
忍辱・精進の力より成る[288]、
木材の資具を集積し[289]、［それらを］金剛の如く堅牢なる

---

281 Tib. には、ahaṃ（われは）に相当する訳語がない。
282「また」の原文 ca は、N4以外の写本には見当たらないが、韻律上必要である。
283「満足する」の原文について、L.,V.,S. は tṛptīr と校訂しており、これを支持する写本もあるが、ここでは T3,N4に従って、tṛptī と校訂した。すぐ上の同形の文（本偈 a の部分）では tṛptā と校訂したが、ここでは、写本の支持がないので、そのようには読めない。
284 原文 sthānam etan na saṃvidyate を直訳すれば、「その可能性は存在しない」となる。
285 Tib. は「煩悩なる悪獣に攪乱せられ、厄難により常に押し流され」という意味の訳文となっている。厄難（ñam ṅas = upāyāsa）に当たる語は梵文にはない。
286 Tib. を参考にすれば、「愚癡と無明と盲闇等の中で」と訳すべきである。
287 Tib. bzaṅ（見事な）は梵文 mahā（大いなる）と合わない。
288 諸刊本によれば °vīryābalāṃ と読むべきであるが、ここでは Tib.［brtson ḥgrus stobs can dag gi］を参考に °vīryābalān と校訂し、gen. pl. の形と見る。
289「集積し」の原文は saṃghātita であるが、これは saṃghaṭita に同意と見る。

増上意楽を以て[290]強固に結合して、法の船を造営すべし。
われ自らこの船に乗りて、自己自身輪廻の瀑流を渡りたるのち[291]、
われは、無数の衆生をして渡らしむべし。
険難たる苦悩の輪廻（生死）[292]・憤怒の波浪・
貪欲や執着の渦巻きと怨恨により動乱して渡り難き［瀑流］を。
わが心はかくの如し[293]。

48. それ故、怨恨・邪見・執着・煩悩なる羅刹の住める、
この有海（生死の海）を、自ら渡り、
自ら渡りたるのち、また、無数の衆生をして、
不老・不死なる、安楽なる陸地に導かん」［と］。

その時、チャンダカは、なおいっそう涕泣しつつ、かくの如く言えり。
「殿下、これは不動の決断なりや？[294]」
菩薩は言えり。

49.「聴け、チャンダカよ、わが決意は、
衆生を解脱せしめ、利益せんがために興されたり。
不動なること山の如く[295]、逡巡なく、堅固にして、
あたかも、メール山王の動かし難きに似たり。」

チャンダカは言えり。「貴公の決意は、如何なるものなりや？」

290「堅牢なる増上意楽を以て」の原文は、Tib. を参考に sāra-m-adhyāśayair と校訂し、m は saṃdhi-consonant と見なす。
291 この部分の原文については、諸写本の間で混乱が見られるが、Tib.［bdag ñid rgal te］を参考に imām ātmanā + uttīrya と見る。ただし、Tib. は「自己自身渡りたるのち、われは、輪廻の瀑流に沈溺せる無数の衆生を～～渡らしむべし」という意味の訳文となっている。
292 Tib. には śokasaṃsāra（苦悩の輪廻）に相当する訳語が見当たらず、これがあるのは文脈上も不自然である。
293「かくの如し」の原文 eva は evaṃ に同意である。Tib. にも de ḥdraḥo（= evaṃ）と訳されている。
294 Tib. は「かくの如く決断したるや？」という意味の訳文となっている。
295 原文 acalācalaṃ は、Tib. には mi gyo las kyaṅ mi gyo（不動なるよりも不動にして；山よりも不動にして）と訳されている。

菩薩は言えり。

50.「[インドラの] 金剛杵、また、斧や槍や矢が雨と降り、
また、蔓草状に閃く雷電や[296]、赤熱せる鉄塊や、
燃えさかる火の山頂が、頭上に落下せんとも[297]、
われは、決して、再び在家への願望を抱かざるべし。」

51. その時、天空に住する、《幾百もの？》天神たちは、
キリキラーなる喚声を挙げ、花の雨を降らしめたり[298]。
「万歳！　無上の英知を有する者よ、
衆生に無畏を施したまう、庇護者よ。

52. 最勝なる人（菩薩）の、心の［愛欲に］染著せざること、
虚空の、埃塵や黒闇や火煙等に染まらざるが如し。
無垢にして、感覚的快楽に汚されざること、
水中より生起せる、若き蓮華の如し」［と］。

さて、それから、比丘らよ、シャーンタマティ[299]（寂意）天子とラリタヴユーハ[300]（遊戯荘厳）天子は、菩薩の決意を知るや、カピラヴァスツの大都城の、すべての女・男・童児・童女をして、昏睡せしめたり。また、

---

296 Tib. は「赤熱せる鉄が、雷電の群の如く燃えながら」という意味の訳文となっており、これを参考にすれば、BHSD(pratāna の項)に示されているように、vidyut-pratāna-jvalitaṃ と読むのが適切かもしれない。

297「落下せんとも」の原文 prapateyu は、T3~5に従って prapateya と校訂すべきかもしれないが、ここでは L. に従った。

298「その時、～～降らしめたり」の部分は、Tib. によれば、また韻律上も文脈上も、本来、偈頌の一部ではなかった可能性が高い。方広に「爾時無量百千諸天。於虚空中歓喜踊躍。雨衆天華。而説頌曰」とあり、普曜に「応時諸天在於其宮。聞此言教。挙声歎曰。善哉。善哉。而雨天華。第一最上得勝。爲衆船師人中之尊」とあるのを見ても、この部分は、本来は長行（散文）であったものと思われる。なお Tib. では、この直後に当たる箇所に、偈の２行分に当たる挿入があり、文脈上自然な流れとなっているので、恐らく、Tib. の底本となった梵語原文が本来の形を伝えており、現存写本はいずれも誤写を保存しているものと思われる。Tib. に挿入されている２行分とは、yul rnams la ni yid kyaṅ ma chags śiṅ // sems can dag pa sñiṅ rje sñiṅ brcer ldan（感官の対象には心さえ愛著することなく、清浄なる衆生は悲愍の心を有したまえり）である。

299 śāntamati は方広に「静慧」と訳され、普曜には「寂意」と訳されている。

300 lalitavyūha は方広に「荘厳遊戯」と訳され、普曜には「耀浄」と訳されている。

すべての音声をして隠没せしめたり。

それからまた、比丘らよ、菩薩は、すべての城民の就眠せるを知りて、中夜（真夜中）時に達したるを了知し、また、［月が］星宿の王たるプシュヤに合したるを了知して、「今こそ出家すべき時なり」と考え、チャンダカに呼びかけたり。「チャンダカよ、もはや、われを煩わすことなかれ。［馬王］カンタカを厳装して、躊躇することなく、われに与えよ。」

また、菩薩がこの語を発するやいなや、まさに、その刹那に、四護世王は菩薩の言葉を聞き、各々自分の宮殿に戻りて[301]、菩薩を供養せんがために、それぞれの荘厳を以て、迅速に、再びカピラヴァスツの大都城に来たれり。

その時、ガンダルヴァ（乾闥婆）の王たるドゥリタラーシュトラ（持国天）は、数百千拘胝尼由多もの［多数の］ガンダルヴァ衆を率いて、種々の楽器や伎楽を演奏しつつ、東方より来たれり。来たりて、また、カピラヴァスツの大都城を右遶せるのち、来たりたる［方向の］ままに、東方に陣取り[302]、菩薩に稽首して、立てり。

南方からは、ヴィルーダカ（増長天）が、種々の《真珠瓔珞を手より垂れ下げ、［また］種々の珠宝を捧持し[303]》、［また］様々の香水の満ちたる瓶を捧持せる、数百千拘胝尼由多もの［多数の］クンバーンダ（鳩槃荼）衆を率いて、来至せり。来たりて、また、カピラヴァスツの大都城を右遶せるのち、来たりたる［方向の］ままに、南方に陣取り、菩薩に稽首して、立てり。

西方からは、ヴィルーパークシャ大王[304]（広目天）が、種々の真珠瓔珞

---

301 Tib. gnas nas byuṅ ste（宮殿より出て）は梵文 bhavanāni gatvā（宮殿に戻りて）と合わない。

302 upaniśritya は BHSD によれば near（近くに）の意味であるが、ここでは「陣取り」と訳した。Tib. には ñid du gnas nas と訳されている。

303《　》内の訳文に当たる原文は、T3~5には脱落しているが、諸刊本にはある。Tib. によれば、此の部分を挿入すべきである。

304「大王」の原文は、写本から総合的に判断して mahārāja、または mahārājaḥ であると思われる。これは mahārājan の nom. sg. の形ではなく、mahārājaḥ で nom. sg. と見る考え方によるものであろう。ただし、多くの写本に °rājāgato とされているのは、mahārājā（nom. sg. of mahārājan）+ āgato と見ているものであろうから、筆

を手より垂れ下げ、［また］種々の珠宝を捧持し、また、香末〔の爐[305]〕と花の雨雲を起こせる[306]柔和にしてかぐわしき種々の風を吹かしめたる、数百千拘胝尼由多もの［多数の］ナーガ（龍）衆を率いて、来たれり。来たりて、また、カピラヴァスツの大都城を右遶せるのち、来たりたる［方向の］ままに、西方に陣取り、菩薩に稽首して、立てり。

北方からは、クヴェーラ大王[307]（多聞天）が、ジュヨーティーラサ[308]（光の露）石の珠宝を捧持し、また、手に燈明を捧げ、燃え立つ炬火を手に持ち、弓・剣・矢[309]・槍・トーマラ（矛戟）・三叉戟・チャクラ（円盤）・カナヤ（槍の一種）・ビンディパーラ（矛槊）等の武器を手にし、鎧・甲冑に身を固めたる、数百千拘胝尼由多もの［多数の］ヤクシャ（夜叉）衆を率いて、来たれり。来たりて、《また[310]》カピラヴァスツの大都城を右遶せるのち、来たりたる［方向の］ままに、北方に陣取り、菩薩に稽首して、立てり。

また、天主帝釈は、天の花・香料・花環・塗油・末香・衣・傘蓋・旗幟・幢幡・耳飾り・装身具を捧持せる、三十三天の天神たちを率いて、来たれり。来たりて、また、カピラヴァスツの大都城を右遶せるのち、来たりたる［方向の］ままに、上方の空中に、眷属とともに、菩薩に稽首して、立てり。

かくして、実に、比丘らよ、チャンダカは、菩薩の言葉を聞くや、眼に涙をためて、菩薩にかくの如く言えり。「尊き王子よ、御身は時節を知り、時候を知り、時機を知りたまう。而して、今は、外出すべき時節・時機に

写者の間で混乱があったことがうかがわれる。

305 T3~5には「爐」に当たる原文 ghaṭikā が挿入されているが、Tib. にはこれに当たる訳語がなく、文脈上も不要であるから、削除すべきである。

306「雨雲を起こせる」の原文 °varṣameghasamutthitaiś は、Tib. を参考に、「風」にかかる形容詞と見る。

307「〜大王が来たれり」の原文は、多くの写本に従えば mahārājāgato と読むべきであるが、すぐ上の同形の文に合わせて mahārāja āgato と詠む。

308 jyotīrasa は「宝石の一種」である。

309「弓・剣・矢」の部分は、Tib. では「弓矢と剣と」という意味の訳文となっている。

310 写本の支持は充分ではないが、すぐ上の同形の文と合わせて、ca（また）を挿入すべきであろう。Tib. にも ḥoṅs nas kyaṅ（= āgatya ca）とある。

あらず[311]【しかるに、何すれぞ、かく命じたまうや[312]】」と。

菩薩は言えり。「チャンダカよ、今は【その[313]】時節なり。」

【チャンダカ[314]】言わく、「尊き王子よ、何の時節なりや？」

菩薩は言えり。

53.「すなわち[315]、諸々の衆生の利益を[316]尋求（じんぐ）するが故に、
『不老・不死なる菩提の地位を獲得して、
衆生を解脱せしむべし』と、われの、久しく
切望せる、その時機が到来せり[317]」［と］。

これ（以上のような次第で物語が展開すること）が、ここ［の場面］における常法[318]なり。

そこで、かくの如く言われる。

54. 地居神（じごしん）・虚空神（こくうしん）、また、護世［四天］王たち、
また、自らの朋党を伴える、天主帝釈、
ヤーマ（夜摩）やトゥシタ（兜率）やニルミタ（化楽）の諸天神、

311 諸写本の間に混乱が見られるが、文脈上 ca akālasamayo（*or* ca akālo 'samayo）と読むべきである。しかし、ここでは cākāla° とする写本が見当たらないので、ca 'kālasamayo と校訂する。Tib. には bshud paḥi dus daṅ / tshod ma lags na（外出すべき時節・時機にあらざるに）と訳されている。ただし、T3には ayaṃ kālo gantuṃ（今は外出すべき時なり）と書かれている。

312「しかるに、何すれぞ、かく命じたまうや」の部分に当たる原文は、多くの写本において省略されているが、Tib. によれば、これを挿入すべきである。

313「その」の原語 sa は T3,T4に見当たらず、Tib. にもこれに当たる訳語はない。

314 Tib. には、chandaka に当たる訳語がないので、これを削除すべきかもしれないが、T2,N4以外の全写本に挿入されている。

315 ここでは、yat tat を「すなわち」と訳す。Tib. には、これに当たる特別な訳語は見当たらない。

316「諸々の衆生の利益を」の原文について、諸写本の間に混乱が見られるが、Tib.［sems can rnams kyi don ni］を参考に L. の校訂に従う。

317「時機が到来せり」の原文は kṣaṇa upasthitaḥ となるべきところを、韻律のために kṣaṇā upasthitaḥ と書いたものと見る。

318「常法」の原文 dharmatā は BHSD によれば "natural and normal custum"（自然で一般的な成りゆき）の意味である。

また、パラニルミタ（他化自在）天の神々も、準備をととのえたり。

55. ヴァルナ竜王や、マナスヴィー[319]［竜王］、また、
アナーヴァタプタ［竜王］や、サーガラ[320]［竜王］、
彼らもまた、人中の雄（菩薩）の出家に際して、
［菩薩］を供養せんがために、奮励せり。

56. また、色界における諸天神は、［かねては］常に
禅定の境地に在りて、［その］所行は静穏なれども、
彼らもまた、三界において供養さるべき最勝人（菩薩）[321]を
供養せんがために奮励せり。

57. 宿世の行を勤修せるとき[322]朋友たりし
諸菩薩が[323]、十方より[324]来詣せり。
「［われらは］勝者（菩薩）の出家を見たてまつるべし[325]。
また、［われらは］適切なる供養をなさん」［とて[326]］。

58. また、かの、知性豊かなるグフヤーディパティ[327]（密迹金剛（みっしゃくこんごう））は、
煌々（こうこう）たる金剛を持ち、空中に立てり。
剛力（ごうりき）・威勢・勇猛をそなえ、鎧（よろい）に身を固め、
手には[328]、光り輝く金剛杵（こうごうしょ）を執（と）りて。

59. また、月と太陽との[329]両天子は、

---

319 T3,T5は manasvi とするが、韻律上 L. の校訂に従う。
320 T3~5は sāgarāḥ とするが、これは nom. sg. であるから、L. の校訂に従う。
321 Tib. には mi mchog de la（かの最勝人を）と訳されており、de（かの）が挿入されている。
322「勤修せるとき」の原文について、L.,V.,S. は carantaḥ と校訂しているが、carantaḥ とする写本は少ない。多くの写本に従って carantā または carantāḥ と読むべきか。
323 T3~5、及び L.,V.,S. によれば śuddhasattvāḥ であるが、Tib.［byaṅ chub sems dpaḥ］を参考に bodhisattvāḥ と校訂する。
324「十方より」の原文について、L.,V.,S. は daśādiśo と校訂しているが、これを支持する写本は見当たらない。韻律上、T3,T4に従って daśaddiśo と校訂し、Tib. phyogs bcur（= daśadiśi）を参考に「十方より」の意味と見る。
325「見たてまつるべし」の原文について、T2~5,N3は drakṣāmahe とするが、文脈上、未来形であるから、drakṣyāmahe と読むべきである。
326 Tib. には「～と言えり」に当たる訳語（sñam byed）がある。
327 原文は guhyādhipati（= guhyakādhipati）である。
328 Tib. には gsaṅ ba lag na（隠密なる手に？）と訳されている。
329 Tib. は「太陽と月との、かの両天子は」という意味の訳文となっており、de（かの）

［それぞれ］右側と左側とに位置を占め、
十指を合わせて合掌し、
［菩薩の］出家の宣言に[330]、思いをめぐらせり。

60. また、プシュヤ星宿[331]は、眷属もろともに、
［有形の］巨大なる身体を化現し、
かの、最勝なる人（菩薩）の前に立ちて、
優美なる音声[332]を発したり。

61.「今宵、御身に、あらゆる、めでたき瑞祥が実現し、
プシュヤ［星］は［月に］合して、出立の時は来たれり。
われもまた[333]、御身とともに行くべし。
貪欲を滅したる者よ、中断したまうことなかれ[334]」［と］。

62. サンチョーダカ[335]（勧発）天子は、［菩薩を］鼓舞せり。
「力と勇気とを奮って、速やかに起ちたまえ。
苦悩に打ちのめされたる、一切衆生を済度したまえ。
御身の[336]、出家すべき時は到来せり」［と］。

63. 幾千拘胝もの［多数の］天神が、
美しき花を雨と降らしめつつ、来集せり。
また、彼（菩薩）は、端厳なる結跏趺坐[337]に安坐し、
諸天神に囲まれて、威光赫奕と[338]輝けり。

が挿入されている。

330「宣言に」の原文について、T3~5、及びL.,V.,S.は°śabdoとするが、文脈上°śabdāと読むのが妥当である。ただし、Tib.には、これに相当する訳語がない。

331 普曜には「プシュヤ星宿」が「沸星」と訳されている。

332 原文はghoṣābhiruta（音響）であるが、Tib.［sgra］を参考に「音声」と訳す。

333 T3~5はaham hiとするが、Tib.［bdag kyaṅ］を参考にahaṃ 'piと読む。

334「中断したまうことなかれ」の原文は、諸写本によればanuttarāyo bhavaであるが、BHSD（anuttarāyo）及びTib.［bar chad ḥbyuṅ mi ḥgyur］を参考にanantarāyo bhavaと校訂する。

335 原語saṃcodakaは「勧発；鼓舞」の意味である。

336 Tib. da ni（今や）は、梵文te（御身の）と合わない。

337 paryaṅkaには「臥床；寝台」の意味もあるが、Tib.［skyil mo kruṅ bcas］を参考に「結跏趺坐」と訳す。Foucauxの仏訳（1884）には“assis les jambes croisées dans la meilleure posture”と訳されている。

338「威光赫奕と」の原文は、T2,T3に従ってdīptatejāḥと読むべきかもしれないが、ここではL.に従ってdīptatejaḥと校訂する。

64. 城中に在りし、男・女・童児・童女たちの、
彼らはみな、心に倦怠を生じ、威儀[339]を喪失して、睡臥せり。
象・馬・牛や、また、サーリカ・シュカ（鸚鵡）・クローンチャ・
マユーラ[340]（孔雀）等の、それらすべて［の鳥獣］も、
心に倦怠を生じて睡臥せり。彼らは、何ものをも見ざりき。

65. また、堅固なる金剛やトーマラ（矛戟）を持って、
象や馬や戦車や、高壮なる塔門[341]の上に立たされたる、
シャーキヤ（釈迦）族の若者たち[342]、彼らもまた眠睡せり。
王や王子たち、王宮の人々[343]、すべてが眠りに堕ちて、
婇女衆も昏睡し、衣服は脱げ落ち［裸になり］ても[344]、
彼女らは[345]目覚めざりき[346]。

66. かくて、夜が更けて[347]真夜中に達するや、彼（菩薩）は、
優美なる弁舌・カラヴィンカ鳥のさえずりの如き梵音を以て、
かのチャンダカに告げたり。「いざ、チャンダカよ[348]。
駿馬カンタカを厳装して[349]、われに与えよ。
もし、われに対して親愛の念があらば、

339「威儀」の原文については諸写本の間に混乱が見られ、はっきりしないが、ここではL. に従う。
340 以上の鳥類名の原語は sārika, śuka, kroñca, mayūra である。
341「塔門」の原文については写本に混乱が見られ、tomara とする写本が多いが、文脈上、Tib.[rta babs] を参考に、また L. に従って toraṇa と読む。
342 原文は śākyaiḥ sutāḥ と校訂し、Tib.[śākyaḥi bu] を参考に「シャーキヤ族の若者たち」と訳す。
343「王宮の人々」の原文は pārthivajana である。jana はこの場合、集合的に「人々」の意と見る。
344「脱げ落ちて」の原文について、T3~5は vibhagna とするが、文脈上、L. に従って vinagna と読む。Tib. は「衣服が脱げて、裸になっても」という意味の訳文となっている。
345 Tib. には、te（彼女らは）に相当する訳語がない。
346「目覚めざりき」の原文について、L.,V.,S. は韻律上の配慮から na buddhiṣū と校訂しているが、明確に buddhiṣū と読める写本はないので、na buddhiṣu と読む。
347「更けて」の原文について、L.,V.,S. は nirgata とするが、写本によれば nirgatu または nirgatuṃ であって、nirgata とする写本はない。
348「いざ、チャンダカよ」の原文 sādhū chandaka は、韻律上は sādhu cchandaka と読むことも可能であろう。
349「厳装して」の原文 svālaṃkṛtaṃ は、BHSD（svālaṃkṛta）及び Tib.[legs brgyan] を参考に su-alaṃkṛtaṃ に同義と見る。

障難をなすことなく、速やかにわれに[350]与えよ。」

67. ［これを］聞くや、チャンダカは目に涙をためて、
かの主人（菩薩）に言えり。「御身はいずこに行きたまうや。
衆生の最勝なる調御師よ、御身に馬が何の用かあらんや？
時節を知り時機を知りて法を行ずる者が、
いずこにか外出すべき時にあらず。御身の［宮殿の］門は閉じられ、
剛強なる関鑰がなされたり[351]。御身に[352]、誰がそれを開かんや？[353]」

68. その時、帝釈（インドラ天）の心の意志力によって、
それらの[354]門が開かれたり。チャンダカは［それを］見て、
感激しながらも、苦悶して、彼は涙を流したり。
「ああ！　誰か、わが味方なる者やある。一体いかに為すべきか？
はたまた、どの方向に走るべきか？　威光ある者（菩薩）は、
厳しき［命令の］言葉を発したまいて[355]、抵抗することは不可能なり[356]。

69. 四部より成る、かの、強力なる軍隊は、今、一体何を為せるや？[357]
王や王子たち、王宮の人々、彼らは全くこれに気づくことなし。
婇女衆は睡臥し、また、ヤシャヴァティー[358]（釈尊妃ゴーパー）も、

---

350 Tib. には、me（われに）に相当する訳語がない。
351「関鑰がなされたり」の原文は、T3~5によれば argaḍagatāḥ（閂がなされた？）と読むべきであるが、ここでは R. に従って argaḍakr̥tāḥ と校訂する。
352 Tib. には、tava（御身の）に相当する訳語がない。
353 Tib. は「誰も門を開かざるべし」という意味の訳文となっている。この訳文を参考に、原文 dāsyate の√dā は「［門を］開く」の意味と見る。
354 Tib. には、te（それらの）に相当する訳語がない。
355「発したまいて」の原文 bhaṇitaṃ を T3~5に従って bhaṇito と読めば、「威光ある者によって厳しく言葉（命令）が発せられたり。［それに］抵抗することは不可能なり」と訳すことができるが、ここでは L. の校訂に従う。
356 この部分は、Tib. には brgya byin ḥbaḥ shig thos（帝釈のみが聞けり？）と訳されており、梵文と合わない。Tib. は śakyaṃ na を śakreṇa と見たのであろうか？
357「今、一体何を為せるや？」の原文については、諸写本の間に混乱が見られるが、文脈上、また韻律に合わせて kiṃ nū karotī ihā と校訂する。
358 L. は śayavatī と校訂しており、多くの写本がその読み方を支持するが、Tib.［grags ldan］を参考にすれば yaśavatī と読むべきである。これは恐らく釈尊妃を yaśodharā とする他の伝承との混乱を示すものであろうと思われる。漢訳の方広では釈尊妃は常に「耶輸陀羅」（yaśodharā）とされるのに対して、普曜には「倶夷」（gopā）とされている。拙稿「Lalitavistara における釈尊妃名について」（『鹿児島経大論集』17-2、昭和52年、113～148頁）参照。

天神たちによって眠らされたり。ああ！［彼は］出家して[359]、

往昔（おうしゃく）志願したるところの、彼の誓願を[360]成就すべし」［と］。

70. 千拘胝（コーティ）もの［多くの］天神たちは、歓喜の心をもって、

かのチャンダカに告げたり[361]。「いざ、チャンダカよ[362]、

高貴なる［馬］[363]カンタカを与えよ。

導師（菩薩）を煩わすことなかれ。

天神やアスラ（阿修羅）の衆により、太鼓・螺貝（らがい）・ムリダンガ［等］の

那由多（ナユタ）（千億）の楽器が奏でられたるも、

諸天神によって眠らされたる、

この都城［の人々］は、ついに目覚めることなし。

71. 見よ、チャンダカ。明浄なる空に、天の光明が輝けり[364]。

供養のために来集せる、幾那由多（いくナユタ）[365]（数千億）もの菩薩たちを、

汝は見よ。軍勢に囲まれ、赫奕（かくやく）として城門に立てる、

シャチーの夫たる帝釈天（インドラ）を見よ。また、

供養のために来集せる、天神たちやアスラ（阿修羅）たちや、

キンナラ（緊那羅）衆を［見よ[366]］」［と］。

72. チャンダカは[367]天神たちの言葉を聞くや、

かの［馬[368]］カンタカに言えり。

「ああ！　この、最勝なる衆生調御師（しゅじょうじょうごし）（菩薩）は去り行きたまう[369]。

---

359 Tib. には、gacchati（出家して）に相当する訳語がない。
360 Tib. は「往昔志願したる誓願のすべてを」という意味の訳文となっている。
361「告げたり」の原文について、T3は aśruvan とし、T4は aśruvān とするが、文脈上、Tib.[smras] を参考に abruvan と読むのが妥当である。
362「いざ、チャンダカよ」の原文 sādhū chandaka は、sādhu cchandaka と校訂しても韻律上は可である。
363 Tib. には、「馬」に当たる訳語（rta）がある。
364 T3~5に従って antarīkṣi vimalā と読めば、「空に、明浄なる天の光明が輝けり」と訳すことができるが、ここでは Tib. を参考に L. の校訂に従う。
365 Tib. bye ba maṅ po（幾コーティ）は梵文 bahu ... nayutāṃ（幾ナユタ）と合わない。
366 Tib. には、「見よ」に当たる訳語（ltos）がある。
367 Tib. は「かのチャンダカは」という意味の訳文となっており、de（かの）が挿入されている。
368 Tib. には、「馬」に当たる訳語（rta pho）がある。
369 原文 eṣvāgacchati を eṣv āgacchati と読めば、「彼がこちらにやって来る」の意味となる（cf. BHSG, §21.5）。しかし、Tib.[ḥdi bshud]によれば「彼が去る」の意味であ

汝は、直ちに、［声高く］いななけ[370]」［と］。
彼（チャンダカ）は、ヴァルシカ花の色なす[371]彼（カンタカ）に、
黄金の蹄を装着し[372]、悄然として涕泣しつつ[373]、
功徳海なる者（菩薩）の乗匹を、引き来たれり。

73.「相好うるわしき利益者よ。御身の、この馬は、高貴にして端正なり。
行きたまえ。御身の往昔志願したる、かの誓願は成就さるべし[374]。
障礙となる諸事は滅除すべし。所願の禁戒を[375]成就されたし。
一切衆生に、生天ならびに寂静の安楽を施したまえ[376]」［と］。

74. 彼（菩薩）が寝台より起ち上がりたる時、大地は[377]、くまなく、
六種に震動せり。満月の光輪にも紛うばかりの、端麗なる、
かの馬王（カンタカ）に［菩薩が］またがるや、
護世[四天]王たちは[378]、清浄なること無垢なる蓮華の如き手を以て、
最勝なる馬（カンタカ）を支え上げたり[379]。また、帝釈と梵天の、
両名は、彼（菩薩）を先導して、「道はこれなり」と示したり。

75. 彼（菩薩）は清浄無垢なる光明を発し、大地は明るく照らされたり。

るから、S. の校訂に従って eṣv ā gacchati と読み、ā（= āḥ）は間投詞と見る。ただし、Tib. には、ā（ああ！）に当たる訳語はない。

370 Tib. は「馬の鳴き声を発せよ」という意味の訳文となっており、tāva（直ちに）に相当する訳語はない。

371 諸写本の間に混乱が見られ、L.,V.,S. は varṣiku varṇa° と校訂しているが、Tib. を参考に varṣikavarṇa と読む。varṣika（*or* vārṣika）は花の名（cf. BHSD,varṣika; vārṣika）である。

372 原文は svālaṃkṛtaṃ（美しく装着し？）であるが、ここでは単に「装着し」と訳した。Tib. にもただ brgyan byas nas（装着して）と訳されている。

373 Tib. には、rodantako（涕泣しつつ）に相当する訳語がない。

374 Tib. は「御身は、往昔志願したる、かの誓願を成就されよ」という意味の訳文となっている。

375 L.,V.,S. は āsāṃ vrataṃ と校訂しているが、T3~5に従って āsāvrataṃ と読み、Tib.［dgoṅs paḥi brtul shugs］を参考に「所願の禁戒を」と訳した。

376 Tib. は「一切衆生に、安楽と生天と寂静とを施したまえ」という意味の訳文となっている。

377 Tib. は「この大地は」という意味の訳文となっており、ḥdi（この）が挿入されている。

378「護世王たちは」の原文について、東大写本は mālā とするが、Tib.［skyoṇ ba］を参考に pālā と読む。

379「支えあげたり」の原文については諸写本の間に混乱が見られるが、ここでは総合的に判断して nyasayaṃsu［*or* nyasyaṃsu?］（aor. of ni-$\sqrt{}$asyati）と校訂し、Tib.［bteg］を参考に「支えあげた」の意と見る。

その時、一切の悪處［の熱惱］は和らぎ、
衆生は安楽を得、諸々の煩悩に逼迫せられることなかりき。
花の雨が降り、拘胝（千万）もの楽器が奏でられ、
天神やアスラ（阿修羅）たちは讃頌を唱えたり。
みな欣喜雀躍として、都城を右遶なせるのち、去り行けり。

76. 王の都城の氏神は落胆し、
偉大なる人（菩薩）の去り行く時に、来たりて、
前に立ち、悲哀に意気消沈して、
蓮華の如き［菩薩の］玉顔に向かいて、語りかけたり。

77.「この地の一切の城邑は暗冥に充たされた［るも同然な］り。
御身がなければ、［この城邑は］孤弱にして[380]、安和ならず。
今[381]、御身が、この宮殿を捨て去りたまわば、
われには、もはや、如何なる喜びも楽しみもなし。

78. 名声無辺なる者よ、諸鳥類の[382]さえずりや、
中宮婇女衆の美妙なる笛の音を、また、
御身を目覚ましめる、祝福の声や歌の調べを、
［われは］再び聞くことなかるべし。

79. 煩悩の群を[383]摧滅せる［者よ？］、御身が去り行かば、
日夜、御身に供養を為せる、
天神やシッダ[384]（神人）の衆を再び見ることなく、
天の芳香を嗅ぐことも、二度となからん。

380「孤弱にして」の原文について、諸刊本及び多くの写本が nagaraṃ とするが、Tib.［sgren mor］を参考に nagnaṃ と読む。

381 原文 atra を「今」と訳したが、Tib. には do mod（今宵）と訳されている。

382「諸鳥類の」の原文について、T3~5は pakṣigaṇā(ḥ) とするが、文脈上、また Tib.［bya tshogs rnams kyi sgra］を参考に、pakṣigaṇe と読むのが妥当であろう。

383 Tib. は単に「煩悩を」という意味の訳文となっており、gaṇe（群）に相当する訳語がない。

384 T3~5によれば surasaṃgha° と読むべきであるが、文脈上、また Tib. を参考に surasiddha と読むのが妥当であろう。siddha とは「神通力を有し、空を飛行するなどの超自然的な力を持つ神人族」（荻原雲来編『梵和大辞典』参照）である。

80. 枯衰せる、使いふるしの[385]花環の［捨てられたるが］如く、
実にまた、［この］宮殿も、今宵、御身に捨てられたり。
御身が去りたまわば、もはや威光も栄華もなく、
あたかも、［空々しき］戯劇の如くに、われには映ず。

81. 町全体の精気と活力とが奪われて、ここ（都城）は、
曠野の如く、荒寥となれり。『［御身が］地上において、
輪宝と勢力とを有する[386]［転輪聖王となる］』と予言せる、
仙人たちの言葉は、今や、虚妄となれり。

82. この地におけるシャーキヤ（釈迦）族の勢力は弱小となり、
この世に於ける、王族の系譜は断絶せん。
偉大なる福徳の樹たる御身が去りたまわば、
シャーキヤ（釈迦）族衆の希望は、ここに[387]失われたり。

83. 無垢・清浄なる（者よ？）、御身の進みたまうところに従いて、
われもまた、御身の行路を[388]［ともに］行かん。
されど、今いちど、悲愍の心を生じたまいて、
御身は、この宮殿を、瞻観されたし。」

84. かくて、英智ある者（菩薩）は、宮殿を瞻観し、
美妙なる音声を以て、［かくの如き[389]］言葉を発したり。
「生死の終滅を逮得することなくしては、われ、
［母国なる］カピラの都城に入る（帰り来る）ことなからん。

85. 不老・不死なる至上の地位、甘露（不滅の境地）、

---

385 原文 nirbhukta は、BHSD に “used up; that has served its purpose” との意味が示されているので、「使いふるしの」と訳したが、Tib. には btags nas（束ねてから）と訳されている。それ故、この部分を Tib. に従って訳すならば、「束ねてから時を経（て枯れ）たる花環の如く」となるであろう。

386 原文 cakrabalo は cakravaro（無上の輪宝を有する）と読むことも可能であるが、ここでは Tib.［ḥkhor lo stobs］を参考に、L. の校訂に従う。

387 原文 iha を「ここに」と訳したが、Tib. には ḥdi（この）と訳されているので、この部分を Tib. に従って訳すならば、「このシャーキヤ族衆の希望は失われたり」となるであろう。

388 原文 tubhya gati は、Tib.［khyod daṅ lhan cig］を参考にすれば tubhya saha（御身とともに）であるべきだが、写本の支持がない。

389 Tib. には、「かくの如き」に当たる訳語（ḥdi skad）がある。

最勝なる菩提が、われに得られざる間は、われは、

カピラヴァスツ（カピラ城）に向かいて[390]、立つことも、

坐すことも、臥すことも、経行することも為さざるべし。」

86. 衆生の最尊者たる、かの菩薩が［都城を］出立し、

彼が空中を進行しつつある時[391]、

アプサラス（天女）たちは[392]讃歎せり。

「この方は偉大なる応供（聖者）なり。この方は偉大なる福田なり。

[393]福徳を欲する者たちの田地にして、

甘露（不死）の果実を与える者なり。

87. この方は[394]、衆生を哀愍するが故に、幾拘胝（幾千万）もの劫に亘る、

布施・自制・律儀によって、彼の菩提を造修したり。

この方は持戒清浄にして、徳行すぐれ、所行に欠減あることなし。

諸の愛欲や［感覚的］享楽を希求することなく、よく戒を護持せり。

88. この方は、衆生を救護する[395]ために、常に忍辱を唱道し、

たとえ四肢身分が切断されようとも、忿怒なく、瞋恨なかりき[396]。

この方は常に精進を具足し、

拘胝（千万）もの劫に亘り疲倦あることなく、

彼の菩提を造修し、かつ、拘胝に及ぶ祭式を設けたり。

89. この方は、常に禅定に専心して、心は静穏・寂静なり。

---

390 R.,L.,S. に従って kapilavastumukhaṃ と校訂し副詞的用法と見ることもできるが、ここでは T3に従って kapilavastumukhaḥ と校訂した。

391「進行しつつある時」の原文 vrajanto は、Tib. を参考に acc. sg.（*or* gen. sg.?）と見るが、もし nom. sg. と見れば、BHSG,§7.69に示されているように、「天女たちは、空中に舞いながら、彼を讃歎せり」と訳すことになる。

392 L. は apsarāṇāṃ（V. °ṇām）と校訂しているが、BHSG,§16.24に示されているように、文脈上 nom. sg. でなければならないから、apsarāṇi（ただし、韻律によって °rāṇī）と読む。

393 Tib. には、「この方は」に当たる訳語（ḥdi ni）がある。

394「この方は」の原文は、T3~5及び L.,V.,S. によれば ena であるが、前後の用法に合わせて eṣa と校訂する。

395「救護する」の原文 paritrāyaṇa において、ri は短音でなければ韻律に抵触する。

396「瞋恨なかりき」の原文 naiva roṣaḥ は、写本によれば na caiva roṣaḥ または naiṣa roṣah であるが、文脈と韻律によって、L. に従って校訂する。

一切の煩悩を焼き尽くして、拘胝もの衆生を解脱せしむべし[397]。
この方は無礙なる智慧を有し[398]、
妄念や妄想《への固執より》離脱し[399]、
心解脱して、自存者なる勝者（仏陀）となりたまうべし。

90. この方は、常に慈心を有し、悲［心］の彼岸に達したり。
［また］喜［心］と捨［心］とを禅思し、梵道[400]の儀軌を了知せり。
この方は偉大なる天中天[401]にして、諸天神に供養さるべき者なり。
純粋・無垢・清浄なる[402]心ありて、
那由多[403]（千億）の功徳の彼岸に達したり。

91. ［この方は］恐怖に怯えたる者たちの庇護者、盲目なる者たちの燈明、
［また］懊悩せる者たちの休息処、久しく病める者たちの良医なり。
最勝の王なる[404]、法の王にして、
千眼を有するインドラ［の如き者］なり。
梵天の如き自存者となりて、身も心もよく鎮静せられたり[405]。

92. ［この方は］堅固にして、広大なる智慧あり、
勇猛にして、心は貪欲を離れ[406]、

397「解脱せしむべし」の原文について、L. は moceṣyi と校訂しているが、写本の支持がない。東大写本から判断すれば mociṣyati と読むべきであるが、韻律上は ti は不要である。BHSG.§31.34に mociṣya（fut. 3 sg.）の用例が挙げられているので、これに倣うべきか？

398「智慧を有し」の原文について、L. は °prājñaḥ と校訂しているが、°prajña（*or* °prajñaḥ）と読むのが妥当である。

399 この部分は、写本の支持はないけれども、文脈上 Tib.［rtog daṅ rnam par rtog ldan las // grol shiṅ］を参考に kalpair vikalpayuktair / mukto と読むべきである。

400「道」の原文を T2以外の写本はすべて pathi としているが、韻律によって pathe と校訂する。

401「天中天」とは「神々のうち最もすぐれた神」の意であり、「仏の称号」である（中村元『佛教語大辞典』983頁参照）。

402「清浄なる」の原文は、写本によれば viśuddha であるが、韻律上 vi は不要である。

403 写本中においては nayuta（ナユタ）と niyuta（ニユタ）の混乱が見られるが、仏教混淆梵語においては、どちらも「千億」の意味と見なすことができるであろう。

404「最勝の王なる」の原文については、写本の支持はないが、韻律により、また Tib. を参考に rājavara と校訂する。

405「鎮静せられたり」の原文は、写本によれば praśabda or praśrabda であるが、praśrabda と読む場合でも pra は短音でなければならない。

406 原文 vivikta は、Tib.［ḥdod chags bral］を参考に「貪欲を離れ」と訳す。

勇敢なりて、煩悩を摧滅し、降伏し難きを降伏し敵を征服せり[407]。
畏れを捨てたる獅子［の如く］にして、
心のよく調柔せられたる象［の如き者］なり。
群の頭目たる牡牛［の如く］にして、よく堪忍し、忿怒を捨てたり。

93. ［この方は］輝き照らす月［の如く］にして、
赫奕たる太陽［の如き者］なり。
光輝を放つ松明［の如く］にして、一切の闇冥より離脱せり[408]。
［泥に］染汚せられることなき蓮華［の如く］にして、
美徳の芳香ある[409]花［の如き者］なり。
メール[410]山の如く泰然たる教師にして、養育すること大地の如く、
動揺せざること大洋の如し[411]。

94. 彼は煩悩魔を降伏し、彼は蘊魔を降伏せり。
彼は死魔を降伏し、彼の天魔は摧滅せられたり。
この方は大商主［の如き者］にして、悪趣に堕せる者たちに[412]、
無上なる八支［聖］道を、久しからずして、説き示したまわん[413]。

95. ［この方は］老・死・煩悩を滅除し、暗冥・蒙昧を離脱して、
地上と天界において名声高き[414]、自存者・勝者となりたまわん。

---

407 Tib. は「征服し難き敵を征服せり」という意味の訳文となっている。

408 Tib. skar ma lta bur mun pa bral（星辰の如く闇冥を離れたり）によれば、tārā tamovimuktaḥ と読むべきであるが、写本の支持がない。なお、韻律によって sarvaṃtamo° と校訂する。

409「美徳の芳香ある」の原文については写本に混乱が見られ、L.,V.,S. は suśīlapatraṃ と校訂しているが、Tib. を参考に suśīlagandhaṃ と読むのが妥当である。

410 L. は韻律によって merūr と校訂しているが、写本の支持がない。ここでは、T3,T4 に従って meruḥ と読む。

411「動揺せざること大洋の如し」の部分は韻律上余分であるが、Tib. にも含まれている。ただし、Tib. では、次の第94偈中の第 1 pada（煩悩魔の部分）を省略し、第93偈中の余分な部分を第94偈に入れ込むことによって、pada の超過を無くしている。

412「堕せる者たちに」の原文について、L.,V.,S. は °pratisthitānāṃ と校訂しているが、°prasthitānāṃ とする写本が多く、意味上はこの方が妥当であるが、韻律上は °pratisthitānāṃ でなければならない。

413「説き示したまわん」の原文は、写本によれば deśayiṣyate と読むべきであるが、韻律によって L. の校訂に従う。

414「名声高き」の原文 saṃpraghuṣṭo については、東大写本に混乱が見られ、はっきりしない。ここでは、写本の支持はないが、Tib. を参考に L. の校訂に従う。

最勝人（さいしょうにん）の容色を有する者よ、

［私たちによって］限りなき讃頌が唱えられたり。

御身を賞讃せる、その福徳によって[415]、

［私たちは］辯才獅子（べんさいしし）（菩薩）の如き者とならん[416]」［と］。

かくして実に、比丘らよ、菩薩は出城し、シャーキヤ（釈迦）［族の国］を出て[417]、クロードゥヤ［族の国］を過ぎ、マッラ［族の国］を過ぎ、マイネーヤ［族の国］のアヌヴァイネーヤ[418]村より六由旬（ゆじゅん）の地点で、【そこにおいて】菩薩に夜明けが到来せり[419]。そこからは、菩薩は[420]［馬］カンタカより降り、大地の上に立ち、かの、天神・竜・夜叉・ガンダルヴァ・アスラ・ガルダ・キンナラ・マホーラガ[421]［の八部衆（はちぶしゅ）］より成る、大群衆を去らしめたり。［彼らを］去らしめたのち、彼（菩薩）は、かくの如く思念せり[422]、「これらの装身具と［馬］カンタカとを、チャンダカの手に渡すべし[423]」と。

その時、菩薩はチャンダカに呼びかけて、告げたり。「チャンダカよ、汝は去れ。これらの装身具と、カンタカとを連れて、引き返せ」［と］。か

---

415 ほとんどすべての写本において yat puṇyaṃ とするが、韻律上 ṃ は不要である。また、yat puṇya の意味は、Tib.［bsod nams des］のように、「その福徳によって」でなければならない。

416「～とならん」の原文について、T3~5は bhavema とし、L. は bhoma と校訂している。bhoma とする写本はないが、bhavema は韻律に合わない。その直前の stavitvā を stavitva と読めば、韻律に合うかもしれないが、これも写本の支持がない。

417「出て」の原文について、L.,V.,S. は 'tikramya と校訂しているが、文脈上 niṣkramya と読むのが適当である。

418 原文 anuvaineya は、Tib. を参考に anumaineya（*or* anumīya）と読むべきかもしれないが、写本の支持が充分ではない。

419 Tib. は「～より六由旬のところに菩薩が至るや、夜明けとなった」という意味の訳文となっている。

420「菩薩は」の原文は、T3,T5によれば bodhisattvaś と読むべきであるが、この部分に関して東大写本には混乱が見られるので、L. に従って bodhisattvo と読む。

421 deva, nāga, yakṣa, gandharva, asura, garuḍa, kinnara, mahoraga は、仏法を守護する霊的存在であって、「八部衆」と呼ばれる。

422 原文 cāsyaitad abhūd の abhūd は、語末の規則に従えば、R.,L.,V. の校訂の如く、abhūt と読むべきであるが、ほとんど全ての写本において abhūd とされている。

423「渡すべし」の原文は visarjayāmi であるが、Tib. ではこの部分が「チャンダカの手に渡して去らしむべし」という意味の訳文となっている。

くして、チャンダカが引き返したる地点、そこには、塔廟（チャイティア）が建てられたり。今日でも、その塔廟は「チャンダカの退還」として［その名が］知られたり。

更にまた、菩薩はかくの如く思念せり、「なんすれぞ、頂髻ありて出家となさんや[424]」と。彼は、剣をもって頂髻を切断し[425]、空中に[426]投げたり。それは、三十三天の天神たちによって、供養のために、受納せられたり。今日でも、三十三天界にありては「頂髻祭」が催される。そこにも、塔廟（チャイティア）が建てられたり。今日でもまた、それ（塔廟）は「頂髻の受納」として［その名が］知られたり[427]。

更にまた、菩薩はかくの如く思念せり、「なんすれぞ、出家なる者にカーシカ衣のふさわしからんや。もし、林住（森林での生活）にふさわしき袈裟衣[428]を得るならば、幸いなるべし」［と］。

その時、浄居天に属する天神たちに、かくの如き思弁が生じたり、「菩薩には、袈裟が必要なり」と。そこで、一名の天子が、天神の姿を隠して、猟師の扮装をなし、袈裟衣を身にまとって、菩薩の前に現れたり。

その時、菩薩は彼（猟師）にかくの如く告げたり。「友よ、もし汝がわれに袈裟衣を与えるならば[429]、われは汝に、これらのカーシカ衣を与えん」［と］。彼は答えたり。「それらの衣服（カーシカ衣）は、あなたにふさわしく、こちら（袈裟衣）はわれに［ふさわしきなり］」［と］。

菩薩は言えり。「われは、汝に懇請す」［と］。

そこで、かの、猟師の扮装をなせる天子は、菩薩に袈裟衣を与えたり。

424「髻」は「頭の頂上にたばねた髪のふさ、もとどり」である。方広には、この部分が「若不剃除鬚髪非出家法」と訳されている。

425「切断し」の原文について、R.,L. は chitvā と校訂しているが、これは写本における表記上の特色に基づくものであるから、V. の如く chittvā と校訂すべきであろう。

426「空中に」の原文については、antarīkṣe とする写本が多いが、ここでは T3,T4に従って antarikṣe と読む。

427 Tib. は「～と名づけられたり」という意味の訳文となっている。

428 Tib. は単に「森林に住するのにふさわしき服」という意味の訳文となっており、kāṣāya（袈裟）に相当する訳語がない。

429「与えるならば」の原文について、T3~5は dadyād とするが、文法的に dadyāḥ（ḥ は軟声の前で消滅）と読むのが適当であろう。

また、カーシカ衣を受領せり[430]。

その時、かの天子は、うやうやしく、それらの衣服を[431]、両手をもって頭上にささげ、それらを供養すべく[432]、そこから直ちに天界に去れり。また、それはチャンダカによって目撃され、そこにも塔廟（チャイティヤ）が建てられたり[433]。今日でも、それ《その塔廟[434]》は、「袈裟衣の受納」として[435]［その名が］知られたり。

また、菩薩が頂髻を[436]断除して、袈裟衣を身に着けたる[437]、その時、百千もの［多くの］天神衆が怡怡として、歓喜・踊躍し、喜悦し、《この上なく》満足し、欣快を生じて、ヒーヒーという声やキラキラーという歓呼の音声[438]を挙げたり。「さても、諸卿、シッダールタ王子は出家されたり。彼は、実に、無上正等覚を現等覚して、法輪を転じたまうべし。生の法に繋縛せられたる無数の衆生を、生より解脱せしむべし。乃至[439]、老・病・死[440]・憂愁・悲嘆・苦悩・落胆・迷乱より解脱せしめ、輪廻の海の彼岸に渡らしめ、至高の[441]平安・無畏・無憂・無災患・安穏・無塵[442]・不死（甘露）

---

430 この部分の原文について、R.,L.,V. には ca vastrāṇi が欠けているが、Tib. を参考に、T3,T4に従ってこれを挿入する。
431 Tib. は「衣服を受け取り」という意味の訳文となっており、「受け取り」（blaṅs nas）が挿入された形となっている。
432 Tib. は「それらを供養・恭敬すべく」という意味の訳文となっており、「恭敬」（bkur sti）が挿入された形となっている。
433 Tib. は「彼（チャンダカ）は塔廟を建てたり」という意味の訳文となっており、方広には「爾後衆人在此起塔」と訳されている。
434「塔廟」の原文 caityaṃ は T3~5には欠落しているが、Tib. を参考にこれを挿入すれば、「その塔廟は」と訳すことになる。
435「～として」の原文については、ity evaṃ = iti と見なす。Tib. にも特に evaṃ に当たる訳語は見当たらない。
436「頂髻を」の原文について、T3~5は mukuṭaṃ とする。mukuṭa にも「頂髻」の訳例があるが、通常は「頭冠」の意味である。ここでは、文脈上 cūḍāṃ と読むのが適当である。
437「身に着けたる」の原文について、R.,L. は prāvṛttāni と校訂しているが、Tib. を参考に、T3に従って prāvṛtāni と読む。
438 この部分の原文については、諸刊本、諸写本の間に混乱が認められるが、ここでは prakṣeḍita-nirnāda-nirghoṣa-śabda と校訂し、これを「歓呼の音声」と訳す。
439 Tib. には、yāvat（乃至）に相当する訳語はない。
440 Tib. の訳文では「老・死・病」の順となっている。
441 Tib. には、anuttare（至高の）に相当する訳語がない。
442「無塵」の原語について L.,V. は virajase と校訂しているが、写本によれば virajaske または virajasi であり、virajase とする写本はない。

の《法》界に導きたまうべし」と。また、その音声は[443]次第に展転して、アカニシュタ（色究竟天）の天宮にまで達したり[444]。

さて、［王宮の］中宮婇女衆は、王子［の姿］を見ざるが故に、夏季・雨季・冬季用の［三］時殿や、座処や宮室を【くまなく】探したれども、見出し得ざりしかば、その時、一緒に[445]集まりて、牝鶚の如く、哭声を挙げたり。そこにおいて、ある女たちは、深き悲しみに打たれて、「ああ！愛し子よ」と慟哭せり。《ある女たちは、「兄弟よ」［と］、ある女たちは「夫よ」と［言って］、慟哭せり[446]》。【ある女たちは、「ああ！庇護者よ」と慟哭せり[447]】。ある女たちは、「ああ！[448]主よ」と。ある女たちは、色々な愛の言葉を口にし、ある女たちは、様々に[449]身をよじって、哀哭せり。ある女たちは、頭をかきむしり、ある女たちは、互いの顔を視合いながら[450]、哀哭せり。[451]ある女たちは、眼を廻らせながら[452]、ある女たちは、腿に[453]手を打ちつけながら、ある女たちは、胸を《手で叩きながら[454]》、ある女た

443「音声は」の原文について、R.,L.,V. は śabdaḥ śabda° と校訂しているが、Tib. を参考に śabda を削除する。文脈上も śabda を繰り返す必要はない。

444「達したり」(abhyudgato 'bhūt) に当たる Tib.［grag par gyur to］は「響き渡れり」の意である。

445「その時、一緒に」の原文について、ほとんどの写本が tadekī° と書いているが、これは tadaikī° の誤写と見るのが妥当である。

446《　》の部分は、その原文が T3~5には欠けているが、Tib. によればこれを挿入すべきである。ただし、Tib. は「ある女たちは『ああ！兄弟よ』と言って泣けり。ある女たちは『ああ！夫よ』と言えり」という意味の訳文となっており、梵文とは幾分異なっている。

447 Tib. には【　】内の部分に当たる訳文が見当たらないから、T5,N4に従って、これを削除すべきかもしれない。

448 Tib. には単に「主よ」(jo bo) と訳されており、hā（ああ！）に相当する訳語はない。

449 Tib. には、nānā（様々に）に当たる訳語はない。

450「顔を視合いながら」の原文 mukhāvalokitayā は、T3に従って mukhavilokitayā と読むべきかもしれないが、意味は変わらないと思われるので、L. の校訂に従う。

451 T4,T5,N3では、ここに「ある女たちは、自分の顔を衣服で覆って、哀哭せり」という意味の原文が挿入されている。この挿入部分は、R.,L.,V. では、すぐ後の「眼を廻らせながら」の後に置かれているが、T3ではもっと後（「毒矢に射られたる牝鹿の如く、にわかに駆け回りつつ、哀哭せり」の後）に出てくる。諸写本の間に混乱が見られ、同じ文（ある女たちは、自分の顔を衣服で覆って、哀哭せり）を前後２回出している写本も多いが、文脈上 T3に従うのが妥当である。

452 Tib. は「眼を廻らせながら泣けり」という意味の訳文となっている。

453「腿に」の原文について、L.,V. は ūrū と校訂している。文脈上も acc. pl. と見るべきであるが、T3~5によれば、ūrum または ūrūṃ（acc. sg.?）である。

454 R.,L.,V. には《　》内に当たる原文（pāṇibhis tāḍayantyaḥ）が挿入されているが、

ちは、上腕に[455]手を打ちつけながら、ある女たちは、頭を［叩きながら］[456]、ある女たちは、頭に[457]砂塵を[458]振りかけながら、哀哭せり。ある女たちは、髪をふり乱し、ある女たちは、髪をかきむしり、ある女たちは、腕を上に差しのべて、号叫せり。ある女たちは、毒矢に射られたる牝鹿の如く、にわかに駆け回りつつ、哀哭せり。ある女たちは、自分の顔を衣服で覆って、哀哭せり[459]。ある女たちは、暴風に揺り動かされたる芭蕉の如く、身を震わせつつ、哀哭せり。ある女たちは、大地に倒れて、息も絶え絶えの様なりき。ある女たちは、水中より投げ上げられたる魚の如く[460]、地面を転がりつつ、哀哭せり。ある女たちは、根から断ち切られたる[461]樹木の如く、にわかに大地に倒れて、哀哭せり。

また、その音声を王は聞いて、シャーキヤ［族の］衆に訊ねたり。「何が故に、中宮にありては、かくの如き、大音声が響きたるや？」［と］。シャーキヤ衆（釈迦族の人々）は［事情を］知って、告げたり。「さても、大王よ、王子が中宮に在わしませず」［と］。王は言えり。「ただちに、城門を閉じよ。城内にて、王子を探索すべし」［と］。

彼ら（シャーキヤ衆）は、［宮殿の］内外ともに探索したれども[462]、［王

T3~5には欠けている。Tib. によれば、少なくとも pāṇibhis（手で）は不要である。

455「上腕に」の原文について、L.,V. は bāhūn と校訂している。文脈上も acc. pl. と見るべきであるが、明確に bāhūn とする写本は見当たらないので、T3~5に従って、bāhuṃ（acc. sg.?）と校訂する。

456 Tib. は「頭を叩きながら泣けり」という意味の訳文となっている。

457「頭に」の原文（chiraḥ）については、諸写本の間に混乱が見られ、はっきりしない。あるいは chiraṃ（acc.）と読むべきか。

458「砂塵を」の原文について、R.,L.,V. は pāṃśubhir と校訂している。文脈上も pl. と見るべきであるが、T3~5を参考に pāṃśum（acc. sg.?）と校訂する。

459 上記註451に記したように、この部分（ある女たちは、自分の顔を衣服で覆って、哀哭せり）については、諸写本に混乱が見られる。N4は、前には同じ文を欄外に挿入する形で書き、ここでは本文内に書いている。N1/H は本文内に同じ文を２回出すが、「覆って」にあたる原文が前には ucchādya とされ、ここでは paricchādya とされている。

460「投げ上げられたる魚の如く」の原文について R.,L.,V. は °kṣiptamatsya iva と校訂しているが、前後の文型と合わせ、T3,N4に従って °kṣiptā iva matsyāḥ と読む。

461 Tib. は「根こそぎ引き抜かれたる」という意味の訳文となっている。

462 この部分については諸写本、諸刊本の間に混乱が見られ、L.,V. は mṛgayante sma sāntarbahir を挿入した文となっているが、これは、Tib. を参考に、また文脈上も削除すべきである。なお、「探索したれども」の原文については、写本の支持はないが、Tib. を参考に mṛgayamāṇānāṃ と読み、絶対属格の形と見るべきであろう。

子を］見出し得ざりき[463]。

マハープラジャーパティー・ガウタミーもまた、悲嘆にくれて、地面をうろつき回り、【また】シュドーダナ王に、かくの如く言えり。「大王よ、即刻、私を息子に会わせたまえ」と[464]。

そこで、王は、四方に馬使者（馬に乗った使者）を派遣せり。「［汝らは］行け。王子を見つけざる間は、帰り来たることなかれ[465]」と。

また、占相師や卜筮者たち[466]によって、予言せられたり。「マンガラ（吉祥）門より、菩薩は出城すべし」と。［そこで］彼ら（馬使者たち）が、マンガラ門を通って進み行くと、道の中央に、花の雨の散り落ちたるを見たり。彼らに、かくの如き思念が生じたり、「この道を、王子は行かれたり」と。

彼ら（馬使者たち）が、わずかばかり進み行くと、かの天子が、菩薩のカーシカ衣を頭上に捧げ【持ち】て[467]、来たりくるを見たり。彼らに、かくの如き思念が生じたり、「これらのカーシカ衣は、確かに王子のものなり。よもや、これらの衣服のために、彼によって王子は殺害され、それ（カーシカ衣）を奪われたるにはあらざるや[468]」と。しかし、［彼らは］彼（天子）の後から、チャンダカが、カンタカと装身具とを将て、来たりくるを見たり。そこで、彼らは互いに言えり。「やや！　かのチャンダカがカンタカを連れて来たるが故に、彼に訊かざるうちは、軽率なることを為すべきにあらず[469]」［と］。

463 Tib.［ma rñed nas］は「見出し得なかったので」の意である。
464 Tib. には、iti（～と）に当たる訳語はない。
465 この部分について諸写本の間に混乱が見られ、L. は mā nivartayatha と校訂しているが、写本から総合的に判断すれば、mā nivarteyātha（*or* mā nivartayetha）と校訂し、opt. と見るべきである。
466 Tib.［mtshan mkhan daṅ ltas mkhan rnams］は「卜筮者（予言者）や占相師たち」の意である。
467 T3~5によれば「持ちて」に当たる原文 ādāya を挿入すべきであるが、Tib. は「頭上に捧げて」という意味の訳文となっており、この挿入は不要であるように思われる。
468 Tib. は「これらの衣服のために、彼は王子を殺害して、これらを奪いたるにはあらざるや」という意味の訳文となっている。
469「為すべきにあらず」の原文について、L.,V. は mā kārṣṭa とするが、kārṣṭa は、写本によれば kārṣuḥ または kārṣṭaḥ と読むべきである。写本中において ṣṭa と ṣu は混同されやすい。

彼らは、チャンダカに訊けり[470]。「やよ、チャンダカ。よもや、この男によって、カーシカ衣のために、王子は殺害せられたるにあらずや？」［と］。チャンダカは言えり。「いや、さにあらず。この者は、王子に袈裟衣を与えたり。また、王子は彼に、これらのカーシカ衣を与えたり」［と］。

その時、かの天子は、それらの衣服を、両手を以て頭上に捧げ、《それらを供養するために[471]》天界に去れり。

【さらにまた】彼らは再び[472]、チャンダカに問訊せり。「チャンダカよ[473]、汝は、これをいかに考えるや。われらは、行きて、シャーキヤ族（釈迦族）の王子を連れ戻すこと《可能なり[474]》や否や？」。彼は答えたり。「断じて、否なり。王子は不退転にして、堅固なる精進《と勇猛[475]》を有したまえり。しかも、彼はこのように仰せられたり。『われは、無上なる正等覚を現等覚せざるうちは、カピラヴァスツの大都城に再び[476]入らざるべし』と。まさに、王子によって宣言せられたること、それは、その通りに実現すべし。そのわけは、王子は不退転にして、堅固なる精進と勇猛とを有したまうが故に」［と］。

それから、チャンダカはカンタカと装身具とを将て、中宮に入りき。その後、久しく経ってより、それらの装身具をシャーキヤ族（釈迦族）の王子たるバドゥリカやマハーナーマンやアニルッダ[477]が着用したれども、大

もし、(a)kārṣṭa と読むならば2 pl. であり、(a)kārṣuḥ と読むならば3 pl. である。文脈上は前者の形であるべきだが、写本によれば後者の形が優勢である。

470「訊けり」の原文 paripṛcchanti sma について、T3~5は sma を削除しているが、文脈上これを挿入したほうが自然である。

471 T3~5には《　》内の部分の原文 teṣāṃ pūjārtham が省略されているが、Tib. によればこれを挿入すべきである。

472 文脈上 evaṃ ca（さらにまた）と bhūyaś（再び）のいずれかを削除すべきであると思われ、諸写本の間にも混乱が見られる。Tib. にも単に de dag gis yaṅ（彼らは再び）と訳されている。

473 Tib. には chandaka（チャンダカよ）に相当する訳語はない。

474 T3~5には śakyaḥ（可能なり）が削除され、R.,L.,V. は śākya（釈迦族の）を省略しているが、Tib. によれば、両方ともにあるべきである。

475 T3~5には parākramaḥ（勇猛）が削除されているが、Tib. によれば、これを挿入すべきである。

476 Tib. には punar（再び）に相当する訳語はない。

477 以上の王子名の原語は、前から順次 bhadrika, mahānāman, aniruddha である。

那羅延力[478]の如き堅牢さや半那羅延力の如き堅固さを有する[479]、それら［の装身具[480]］を、［彼らは[481]］保持すること能わざりき。それら［の装身具］を誰も着用し能わざりける、その時、マハープラジャーパティー・ガウタミーは思念せり。「私が、これらの装身具を目にする限り、私の心に悲しみが生じ来たらん。いっそ、私はこれらの装身具を池の中に投げ捨つべし」《と》。そこで、マハープラジャーパティー《・ガウタミー》は、それらの装身具を池の中に投げ捨てたり。今日でも、それは[482]「装身具の池」として知られたり。

そこで、かくの如く言われる。

96. [483]勇敢にして賢明なる菩薩が出離したる、
その時、カピラ城の市民は、ことごとく、目覚めたり。
みな、王子は寝台に横臥せりと信じて、
陽気に、楽しく、互いに談論に興じたり。

97. ［釈尊妃］ゴーパーは目覚め、
また、同じく中宮婇女衆も［目覚めて］、
寝台を眺めたる[484]も、菩薩［の姿］を見ざりき。
王の宮中に、哭声が響きわたれり。

478 那羅延（Nārāyaṇa）は「仏典一般では金剛力士・堅固力士。あるいは力士ともいい、大力を有する神の意。天上界の力士」である（中村元『佛教語大辞典』1029頁参照）。
479 この部分の原文については、諸写本の間に混乱が見られ、はっきりしないが、文脈上、また Tib. を参考に、BHSD（saṃghatana の項）に示される読み方に従って校訂する。なお、Ardhanārāyaṇa について BHSD には “a ‘half-Nārāyaṇa’, whose power is used as a unit of strength” と説明されている。
480 Tib. には、「装身具」に相当する訳語（rgyan）がある。
481 Tib. には、「彼らは」に相当する訳語（de dag gis）がある。
482 Tib. には、sā（それは）に相当する訳語はない。
483 以下の第96～120偈の韻律は明確ではない。S.（p.441）によれば Atijagatī の一種であるが、Apte の辞書（*The Practical Sanskrit-English Dictionary*）の巻末付録（Appendix A）のリストには見当たらない。ここでは、その韻律構成を ta（*or* ja）+ ta + na + ra + ga と見なす。cf. Eduard Müller: *Der Dialekt der Gāthās des Lalitavistara*, Weimar, 1874, p.34.
484「眺めたる」の原文は、T3,T4によれば nirīkṣa であるが、他の多くの写本を参考に、L. の校訂に従って nirīkṣī と読むのが妥当であろう。cf. BHSG,§32.16.

「ああ！　私たちは[485]欺かれたり。菩薩はいずこに行かれたるか？」

98. 王は、［それを］聞いて[486]、大地に倒れたり[487]。
「おお！　わが一人息子よ」と、哭声を発して、
失神したる[488]彼は、水瓶（みずがめ）から水を注ぎかけられ、
幾百ものシャーキヤ族の人々が、［彼の］息を回復せしめたり。

99. ゴーパーは、寝台より[489]地面に落下して、
髪をかきむしり、装身具を投げ捨てたり。
「さても、夫はかつて私に名言を発せられたり。
『愛するもののすべてを捨離（しゃり）すること、久しからざるべし』［と］[490]。

100. 容貌は端正にして、汚れなく、四肢は［相好（そうごう）の］彩（あや）なすところ、
清明かつ清浄にして、衆生に愛され、［その］心を魅了する、
幸運にして、名声高く、天衆と人間とに供養せらるべき者よ。
私を寝台に残して、貴方（あなた）は、いずこに去りたまいしや？

101. 功徳ある菩薩に、再び会うまでは、
［私は］蜜酒に酔うことなく[491]、酒類を飲まざるべし。
大地に横臥し、辮髪（べんぱつ）のふさをまといて、
沐浴（もくよく）をすることなく、禁戒（ごんかい）と苦行とを修すべし。

102. 一切の園林には、葉なく、花も果実もあることなく、
清浄なる瓔珞（ようらく）も、闇・塵・砂の如くなり。

---

485 原文の smaḥ は√as の pres. 1 pl. と見なす。
486 Tib. は「その声を聞いて」という意味の訳文となっている。
487「倒れたり」の原文について、T3~5には混乱が見られるが、nirasta で「倒れた」の意と見ることができるであろう。cf. Tib. ḥgyel gyur te.
488「失神したる」の原文については、諸刊本、諸写本の間に混乱が見られるが、文脈上 stīmita(= stimita) と校訂するのが妥当であろう。ただし、Tib. には単に de nas(それから) と訳されている。
489「寝台より」の原文 śayāto について、JAOS 66,§76. には "from the bed" (abl. to śayyā) と記されている。
490 この２行（前行と本行）分の Tib. 訳は「『愛するもののすべてを捨離すること、久しからざるべし』と、夫が私にかつて仰せられしことは、さても名言なりき」という意味の訳文となっている。
491 諸写本の原文に混乱が認められるが、文脈上 na ca madhunā pramādaṃ と校訂する。ただし、Tib.［rgyags pa rnams kyis］を参考にすれば madhunā pramādaṃ は madanaṃ pramādaṃ（諸情欲におぼれず）と読むべきかもしれない。なお、pramādaṃ は pramādyaṃ の変形であって pra-√mad の ger. の形と見るのが妥当であろう。

人中の最高の雄たる彼に[492]捨てられたる、
宮殿に光輝なく、都城は荒野の様を呈したり。
103. ああ！　歌詠も器楽も、この上もなく美妙なる音声も、
ああ！　諸装身具をあでやかに着用せる婇女衆も、
ああ！　黄金の網に遍満せられたる天空も、
功徳ある者(菩薩)を失えるが故に、[私は]再び見ることなからん。」
104. 姨母[493](マハープラジャーパティー)は同じく、激しき苦悩に打たれながらも、[494]「シャーキヤの娘よ、泣くことなかれ」と、慰安せり。
「人中の最高の雄たる者（菩薩）は、かつて仰せられたり。
『われは、世間において、老死より解脱することを得ん[495]』［と］。」
105. さて、幾千もの［多くの］善行を積みたる、かの大仙（菩薩）は、
夜半以降（夜明けまでに)、六由旬の［距離］を進み行き、
チャンダ（チャンダカ）に馬王（カンタカ）と装身具とを託して、
[言わく]「チャンダよ、[これらを[496]］将て、カピラ城に戻るがよい。
106. 母と父とに、わが名を以て、暇を告げよ。
『王子は去りたるといえども、もはや、悲しみたまうことなかれ[497]。
［王子は］菩提を證得して、再び、ここに帰り来たらん。
［その時は］汝らは法を聴き、心寂静なる者となることを得ん』」。
107. チャンダは涕泣しつつ、主（菩薩）に答えたり。
「『チャンダよ、功徳ある菩薩を、いずこに連れ去りたるか』と、
最勝なる人（菩薩）の親族衆は、われを打つべし[498]。

492 Tib. khyod kyis（貴方に）は梵文 tena（彼に）と合わない。
493 Tib. は「かの姨母」という意味の訳文となっており、「かの」(de) が挿入された形となっている。
494 N2においては、この部分から本偈の最後までの原文が欠落し、代わりに、直前の第102偈 c~ 第103偈 a の部分が反復されているが、これは単なる書写ミスであると思われる。
495 Tib. は「老死を終息せしむべし」という意味の訳文となっている。
496 Tib. には、「これらを」に相当する訳語（ḥdi dag）がある。
497「悲しみたまうことなかれ」の原文（ma śocayethā）中の ma は、T3以外の写本では na とされているが、文脈上 ma のほうが適当である。また、śocayethā は T3~5を参考に śocayāthā とすることも可であるが、ここでは L. の校訂に従う。
498「打つべし」の原文 haneyu は opt. 3 pl. の形と見る。cf. BHSG,§26.19.

われに［それに耐える］能力あることなく、
また、力勢も勇武もなし」［と］。

108. 菩薩は答えたり。「チャンダよ、恐れるなかれ。
わが親族衆は、満足をさえ生じて、
汝に対して、大師(だいし)であるとの想(おも)いを常に懐(いだ)きて、
われを愛するが如く、汝をも愛すべし。」

109. チャンダは、馬王（カンタカ）と装身具とを[499]将(もっ)て、
人中の雄なる者（王子）の園林に到着せり。
園林の番人は喜び、意気勇躍として、
歓喜の声もて、シャーキヤ（釈迦族）衆に、号呼(ごうこ)せり。

110. 「この、王子の名馬[500]と、チャンダカは、
園林に帰り来たれり。もはや、憂愁(うしゅう)せらるるに及ばず」［と］。
王は［それを[501]］聞くや、シャーキヤ（釈迦族）衆に囲繞(いにょう)せられて、
喜びに満ち、意気勇躍として、園林に来到(らいとう)せり。

111. ゴーパー［妃］は、菩薩の意志堅固なるを熟知したれば、
喜ぶことなく、また、［その[502]］言葉を信じることなかりき。
「王子が菩提を證得(しょうとく)することなくして、再び、ここに帰り来たる
というが如き、そのような退転は[503]ありうべからず」［と］。

112. 而(しか)して、王は、馬王（カンタカ）とチャンダカとを見るや、
哭声を発して、地面に倒れたり。
「ああ！　わが息子よ、歌詠や器楽に熟達せる者よ、
王国のすべてを捨てて、汝はいずこに去り行きたるや。

499「装身具を」の原文は、T3~5に従って bhūṣaṇāni と読むべきかもしれないが、ここでは L. の校訂に従う。
500「王子の名馬」の原文は kumāra-haya° であるべきだが、多くの写本が kumāra の代わりに kumāro とする。韻律上 kumāro と読まざるを得ず、ここでは cpd. として kumāro-hayavaru と校訂する。
501 Tib. には、「それを」に相当する訳語（de skad）がある。
502 Tib. には、「その」に相当する訳語（de）がある。
503「退転は」の原文は vinigatu であるが、これに対して、BHSD（vinigata の項）には “departed” という訳語が当てられている。しかし、Tib.［ldog par ḥgyur ba］によれば、これは「退転、中止」（vinivarta, vinivartana）の意である。

113. いざ、チャンダよ、今や、予に語れよかし。

菩薩は、いかなる方法により、また、いずこに去り行けるや。

また、誰によって城門は開かれ、誰によって導引せられたるや。

天神衆によって、彼のために、いかなる供養が為されたるや。」

114. チャンダは言えり。「大王よ、わが言葉を聞かれたし。

夜半、城中の老若ともに[504]熟睡せる時、

かの菩薩は、優雅なる音声をもって、われに仰せられたり[505]。

『チャンダよ、速やかに、われに馬王を与えよ。』

115. われは[506]、男衆や女衆を目覚ましめんとしたれども、

彼らは眠り、熟睡して、［わが］声を聞かざりき。

［やむなく］われは[507]涕泣しつつ、われは馬王を与えたり。

『いざ、福利を与える者（菩薩）よ、所望の處へ赴かれよ』［と］。

116. シャクラ（帝釈天）によって、閂のかけられたる門は開かれ、

四護世王（四大王天）は、馬の脚を支え上げたり[508]。

勇者（菩薩）が乗馬するや、三千世界は震動し、

極めて広大なる、天空の道を通って、去り行きたまえり[509]。

117. 光明が発せられ、闇冥・黒暗は消滅せしめられ、

花が[510]雨と降り、幾百もの楽器が鳴り響きけり。

天神たちと、また、アプサラス（天女）衆とに讃嘆せられ、

504「老若ともに」の原文は、T3~5によれば sabālavṛddhā（*or* °vṛddhāḥ）であるが、これは文法的に loc. と見るのが妥当であるから、L. に従って °vṛddhe と校訂する。

505 Tib. は「菩薩は優雅なる音声をもって、われにかくの如く仰せられたり」という意味の訳文となっている。

506「われは」の原文は so であるが、Tib. bdag gis（= aham）を参考に、この so は so 'ham の省略形と見なす。

507 この「われは」の原文 so についても、同上である。

508「馬の脚を支え上げたり」の原文について、L.,V.,S. は hayacaraṇe śiliṣṭāḥ としているが、これは韻律によって校訂したものであって、これを支持する写本はない。文脈上も、韻律上も、N4に従って hayacaraṇeṣu śliṣṭāḥ と校訂するのが妥当であるが、あるいは、T3に従って hayacaraṇe 'bhiśliṣṭāḥ と読むべきかもしれない。T2,T4,T5は 'bhiśliṣṭāḥ の代わりに viliṣṭāḥ としているが、これでは文脈上不適当である。

509 Tib. は「勇者が乗馬するや、三千世界の道は震動し、極めて広大なる、この天空より、去り行きたまえり」という意味の訳文となっており、梵文と幾分異なる。

510「花が」の原文 puṣpā は中性名詞であって、nom. pl. の形と見る。

天神の群衆に囲繞せられて、天空を進みたまえり」［と］。

118. チャンダは、馬王（カンタカ）と装身具とを将て、

彼は、涕泣しつつ、中宮へと帰り来たれり。

而して[511]、ゴーパーは、馬王とチャンダカとを見るや、

悶絶して、地面に倒れたり。

119. 多数の婦女衆が、みな、かいがいしく、水をとりて、

シャーキヤの娘（ゴーパー妃）を澡浴せしめたり。

「［妃が］悲痛のあまり、万一命終したまうことあらば、

愛する者両名を失うこととなるも同然なり[512]」［とて[513]］。

120. シャーキヤの娘（ゴーパー妃）は、苦悩しながらも、力を奮い起こし、

［かの[514]］馬王なる駿馬（カンタカ）の[515]頸を抱き抱えて、

かつての、［王子との］愛の遊戯を想起しては、

憂愁のうちに、種々なる譫言を語れり。

121.「ああ、私の、歓喜をもたらす者よ。ああ、私の、

人中の雄なる者よ、清らけき月の（如き）顔貌ある者よ。

ああ、私の、容姿端正なる者よ。

ああ、私の、相好の美しき者よ、威光の清浄なる者よ。

122. ああ、私の、身体に瑕疵なき者よ。

[516]高貴なる者よ、肢体の均斉のとれたる者よ、無比なる者よ。

ああ、私の、最高の功徳を有する者よ。

---

511 ここでは、tu を「而して」と訳したが、Tib. は de（= taṃ）と訳しているので、これに従って「ゴーパーは、かのチャンダカと馬王を見るや」と訳すべきかもしれない。ただし、tu = taṃ とする用例は BHSG に挙げられていない。

512 Tib. は「愛すべき者を、二人ともに失うことになり終わるべし」という意味の訳文となっている。

513 Tib. には、「とて」に相当する訳語（sñam byed）がある。

514 Tib. には、「かの」に相当する訳語（de）がある。

515「馬王なる駿馬の」の原文について、L.,V.,S. は hayavara aśvarāje と校訂しているが、これを支持する写本はない。aśvarājo とする写本が多いので、hayavara-aśvarājo と校訂し、°rājo は °rāj の gen. sg. と見るのが妥当であろう。Tib. も「馬王なる駿馬の」という意味の訳文となっている。

516 この行の原文は韻律上不備であり、２音節分が不足している。

人天[517]に供養せられたる者よ、無上の悲心ある者よ。

123. ああ、私の、力勢を具足せる者よ。

那羅延力[518]を有する者よ、敵衆を摧破する者よ。

ああ、私の、音声優雅なる者よ。カラヴィンカ鳥の

さえずりに似た声ある者よ、美妙なる梵音を発する者よ。

124. ああ、私の、名声無量なる者よ。

幾百もの福徳を生じたる者よ、汚れなき[519]福徳を有する者よ。

ああ、私の、栄誉限りなき者よ。

功徳聚に装飾せられたる者よ、聖仙たちを[520]喜ばしめる者よ。

125. ああ、私の、[かの[521]] 蜜蜂の羽音うなれる、

美しのルンビニーの森にて、めでたく生まれし者よ。

ああ、私の、名声あまねき者よ。天神や人間に

供養せられたる者よ、偉大なる智の[522]樹木たる者よ。

126. ああ、私の、最上味を得たる者よ。ビンバ果の唇ある者よ、

蓮華の眼を有する者よ、黄金の如き[色を有する[523]] 者よ。

ああ、私の、浄潔なる歯を有する者よ。

牛乳か雪にも似たる白き歯を有する者よ[524]。

517「人天」とは「人々と神々」「人間界と天上界」の意味である。

518 原文 nārāyaṇasthāmavan について、L.,V. は narāyaṇa° とするが、写本の支持はない。なお、韻律上 ṇa は短音であるから、sthāma は thāma(ターマ)と発音するのであろう。「那羅延」(nārāyaṇa)とは「大力を有する神」の意であり、ヴィシュヌ神の権化(または別称)である。

519 Tib. rgya chen(広大な)は梵文 vimala(汚れなき)と合わない。

520「聖仙たちを」の原文は、Tib.[draṅ sroṅ tshogs rnams] を参考にすれば ṛṣigaṇa と読むべきであるが、韻律上は T3,T4に従って ṛṣiṇa(= ṛṣīṇāṃ)と校訂するのが妥当である。

521 Tib. には、「かの」に相当する訳語(de)がある。

522 写本によれば vimalapuṇyajñāna(無垢なる福徳と智の)と校訂すべきであるが、Tib.[ye śes sdoṅ po che] を参考に、また韻律上も、L. の校訂に従うのが妥当である。

523 写本によれば「色を有する」に当たる原文 varṇa を挿入すべきであり、Tib.[gser mdog ḥdra] によっても kanakavarṇanibhā と読むべきであるが、韻律上は varṇa を削除すべきである。

524 L.,V.,S. は °saṃnibhasahita° と校訂しており、写本によれば °saṃnibhāsahita° と読むべきであるが、Tib. には sahita に当たる訳語はない。写本の支持はないが、文脈上 sita(白い)と読むのが妥当である。

127. ああ、私の、鼻の美しき者よ、眉の美しき者よ。
あなたの[525]眉間には、清浄なる［白］毫が生えたり。
ああ、私の、肩の円やかなる者よ。弓の如き腰ある者よ、
羚羊の臑を持てる者よ[526]、丸き臀部を有する者よ。

128. ああ、私の、象の鼻に似たる腿ある者よ。
手足の清楚清浄なる者よ、銅色の[527]爪を有する者よ。
これらの[528]、彼の荘厳相は、諸々の福徳より生じたるものにして、
［シュドーダナ］王を喜悦せしめたり。

129. ああ、私の、歌詠や器楽よ。
爽快なる好時節における、上妙なる華や塗香よ[529]。
ああ、私の、花や薫香よ。
中宮にて、歌詠や器楽による歓楽を与えし者よ。

130. ああ、カンタカよ、血統よきものよ。汝は、
私の夫の友なりけるに、［彼を］いずこに[530]連れ去りたるや。
ああ、チャンダカよ、悲心なき者よ。最勝なる人（菩薩）の
去り行きたまう時、［私を］呼び起こさざりしとは。

131. かの、福利を与える者（菩薩）が去り行かんとする、
その時に、何故［汝は］ただ一言も告げざりしか。
今や、この都城より、悲心ある、
人間の調御師（菩薩）は、去り行きたまえり。

132. 福利を与える者（菩薩）は、どのようにして去り行き、また、

---

525 T3~5にも L.,V.,S. にも te（あなたに）は挿入されておらず、また、Tib. にも te に当たる訳語はないが、文脈上も韻律上も、これを挿入するのが妥当である。
526「羚羊の臑を持てる者よ」の原文について諸写本に混乱が見られるが、韻律上 eṇejaṅghā または eṇījaṅghā と読むべきである。ここでは、Tib.［e neḥi byin pa］を参考に eṇejaṅghā と校訂し、eṇe = eṇeya と見る。
527 Tib. mdses pa（優美な）は梵文 tāmra（銅色の）と合わない。
528 諸刊本および多くの写本は、「これらの」の原語を iti としているが、Tib. を参考に、T3,T4に従って imi と校訂する。
529 Tib. は「ああ、私の、歌詠や器楽よ、上妙なる華や塗香よ、好時節の愉楽よ」という意味の訳文となっている。
530「いずこに」の原文 kva は韻律に合わない。kvā または kahi と読めば韻律に合うが、写本の支持がない。

誰によって、彼は[531]、この王宮より出離せしめられたるや。

［彼は］どの方向に去り行きたるや。

彼の道連れとなれる、森の樹神は、恵み深きものなるや。

133. 悲嘆にくれる私に、チャンダ[532]よ、宝蔵［たる菩薩］を見せよ。

眼を抜かれたる［が如き］者（私）に、眼を与えよ。

チャンダよ、『父母なるものは敬重さるべきなり』と、

一切の勝者（仏陀）によって、常に説かれたり[533]。

134. ［王子は］彼ら（父母）さえも捨てて去れり。

況して、かくの如き女人の愛の享楽の如きをや。

ああ、あわれなるかな。愛する者との別離は、

戯劇の特質に似て、無常なり[534]。

135. 凡愚なる者たちは、妄想にとらわれ、

見（見解）の顛倒せるが故に、生と滅とに[535]依止せり。

かつてすでに、彼（菩薩）によって説かれたり。

『老死ある有為の世界に、一人の伴侶もあることなし』［と］。

136. 彼の[536]願望は成就せられ、樹王（菩提樹）の下にて、

至高なる無常菩提を感得されんことを。

無塵なる菩提を證得したまいて、

531 L. は、「彼は」の原文 sa を次の単語 rājakulāt と結合して、sarājakulāt としているが、文脈上、R.,V.,S. に従って sa rājakulāt と分離する。ただし、Tib. には、sa（彼は）に相当する訳語はない。

532 原文 chanda は chandaka（人名「チャンダカ」）を略したものである。

533「敬重さるべきなり、と説かれたり」に当たる原文は、韻律上は varṇita pūjanīyāḥ または varṇitā(ḥ) pūjanīyāḥ でなければならないが、いずれも写本の支持がない。ここでは L. の校訂に従う。

534「～の特質に似て、無常なり」の原文について、諸写本に混乱が見られる。L.,V.,S. は °svabhāvasaṃnibhā anityā と校訂しているが、ここでは、文脈上 °svabhāva-saṃnibho anityo と校訂する。ただし、svabhāva は韻律上 svabhāvā と読むべきであるが、写本の支持がない。

535「生と滅とに」の原文は、写本によれば janmacyuti または janmacyutī であるが、文脈上 °cyutau と読むのが妥当である。T3~5の cyutī は °cyutau の誤写と見なしうるか？

536 Tib. khyod kyi（あなたの）は梵文 asya（彼の）と合わない。

やがて[537]、再び、この都城に[538]帰り来たらんことを。」

137. チャンダカは、心中深く悲傷しつつ、

ゴーピカー（ゴーパー妃）の言葉を聴き終わるや、

落涙哀哭のうちに、語声を発したり。

「いざ、ゴーパーよ、わが言説に耳を傾けたまえ。

138. 中夜分（夜なか）において、静寂がおとずれ、

すべての婇女衆が[539]熟睡したる、

その時、かの、百余の（多くの）福徳に輝ける[540]者（菩薩）は、

『予にカンタカを与えよ』と仰せられたり。

139. その御言を聞くや、間髪を入れず、

［われは］寝台の上に眠りたる、貴女を見たり。

その時、われは、大声を発したり。『起きたまえ、

ゴーパーよ、貴女の愛する[541]、この方は去らんとす』［と］。

140. 天神が、その声を、かき消したれば、

婇女たちの、誰ひとりとして[542]、目覚めざりき。

［われは］泣き泣き、馬王（カンタカ）を、

厳飾して、最勝人（菩薩）に与えたり。

141. カンタカは、猛々しく[543]いななき、

537「やがて」の原語は ihā（= iha）である。Tib. には、これに相当する訳語はない。

538「この都城に」の原文について、T3~5は puravaresmin としているが、これでは韻律に合わないので、L. の校訂に従って puravare asmin と読む。

539「婇女衆が」の原文 °nāriganạ について、L. は °nāriganị と校訂しており、文法的にも °ganị（loc.）と読むのが妥当であるが、写本の支持がない。

540「輝ける」の原文は udgata である。これは「～より出現せる」「～から発したる」という意味にとることもできるが、Tib.［ḥphags］から判断して「際立っている、卓越せる、勝れた」の意とも見ることができるので、ここでは「～によって輝ける」と訳した。「福徳（の威光）が身体から発して（輝いて）いる」ということであろうと思われる。なお、本章の第145偈および第154偈参照。

541「愛する」の原文は T3~5によれば priyā であるが、文脈上、L. に従って priyo と校訂する。

542 この部分の原文について、L.,V.,S. は napi kāci と校訂している。文脈上は na 'pi kāci と読むのが妥当かもしれないが、ここでは、T3~5から判断して na ca kāci と校訂する。

543「猛々しく」の原文について、L.,V.,S. は °tejasvī と校訂しているが、これを支持する写本はない。T3~5によれば °tejasāṃ と読むべきであるが、ここでは、Tib. を参考

その音声は、一クローシャ［の遠き］にまで、とどろけり。
されど、天神衆によって昏睡せしめられたる[544]、
城民の、誰ひとりとして、［その音声を］聞かざりき[545]。

142. 金や銀や宝珠に覆われたる地面を、
カンタカは、脚もて、撃ち鳴らしたり。
それは、美妙なるも、恐ろしき冴え冴えしき音を発したれど、
人間の[546]、ひとりだに、［その音を］聞かざりき[547]。

143. その時、ちょうど、プシュヤ宿合（第六の月宿）となり[548]、
月も星辰も、天空にありて、晃々たり。
拘胝もの（多くの）天神が、中空に立ちて合掌し、
身を屈め、頭を垂れて敬礼せり[549]。

144. 夜叉や羅刹の群衆が[550]、かたわらに立ち、
大神力を有する四護世王（四大天王）は、
蓮華の雄蕊の如き無垢清浄なる手を以て[551]、
カンタカの脚を、支え上げたり。

145. かくして、かの、百余もの（多くの）福徳の威光に輝ける者（菩薩）は、
クムダの花かヴァルシカの花[552]の如き［馬］に、乗りたまえり。

に °tejavān と校訂する。

544「昏睡せしめられたる」の原文 osvāpana について、BHSD には「avasvāpana とするほうが韻律上ベターである」と記されているが、写本の支持がない。

545 この部分の原文について、L. は kaści chṛṇute と校訂しているが、韻律上 kaści（= kaścit）であるから、kaści śṛṇute と読むのが妥当である。なお、Tib. は「城民の、誰ひとりとして、目覚めざりき」という意味の訳文となっている。

546「人間の」の原文 mānuṣāḥ は、T3によれば mānavāḥ と読むべきである。mānava も mānuṣa と同じく「人間」の意である。

547 Tib. は「目覚めざりき」（sad ma gyur）と訳している。

548 この部分の原文について、東大写本に混乱が見られる。文脈上も韻律上も、L. に従って yuktu abhu と読むのが妥当である。Tib. には skar ma rgyal daṅ ldan gyur と訳されている。

549「頭を垂れて敬礼せり」の原文については、諸写本の間に混乱が見られ、はっきりしないが、ここでは T4,T5に従って sirasābhivandiṣuḥ と校訂する。

550 この部分の原文について、諸刊本は °gaṇair upa° と校訂しているが、ここでは、Tib. を参考に、T4に従って °gaṇā upa° と読む。

551 この部分の原文の末尾について、諸写本に混乱が見られる。ここでは、写本の支持はないが、文脈上、また Tib. を参考に °nirmale と校訂する。なお、本章の第74偈参照。

552「クムダ」と「ヴァルシカ」の原文は kumuda, varṣika である。

大地は六種に震動し、

仏国土に、無垢なる[553]光明が遍満せり。

146. 天神の首長にして、シャチーの夫たるシャクラ（帝釈）は、

その時、自ら、城門を開けたり。

拘胝那由多もの（多くの）天神たちに随従せられて、

彼（菩薩）は、神々や竜たちの供養する中を、進みたまえり。

147. この時、カンタカは、ただ想像のみによって、

『[われは] 世間の庇護者（菩薩）を[554]天空より運べり[555]』

と認知せり[556]。

天神や鬼神の群衆こそ、インドラ（帝釈）天とともに、

善逝（菩薩）が去り行ける時、馭し導ける者どもなりき。

148. 伎楽の芸に秀でたる、アプサラス（天女）衆は、

菩薩の功徳を、讃歎称揚したり[557]。

彼女らは、カンタカに力を与えながら[558]、

爽快にして美妙なる音を発したり。

149. [すなわち]『カンタカよ、世間の導師（菩薩）を、

迅速に運び行け。疲倦を[559]生ずることなかれ。

世間の庇護者（菩薩）を満足せしむれば[560]、汝には、

553「無垢なる」の原文について、L.,V.,S. は nirmalā と校訂しているが、N4以外の写本はいずれも nirmalāḥ となっている。なお、Tib. は「仏国土は、無垢なる光明に満たされたり」という意味の訳文となっている。

554「世間の庇護者を」の原文について、L.,V. は lokanāthu と校訂しているが、これを支持する写本はない。ここでは、T3~5に従って lokanātha と校訂する。

555「運べり」の原文について、L.,V. は vahatī と校訂しているが、文脈上、T3,T4に従って vahamī と読むのが妥当である。

556「認知せり」の原文は、全写本において jāti と記されているが、文脈上、また Tib. を参考に jāni と校訂する。

557 この部分の原文は、T3~5によれば bhāṣiṇikā(ḥ) であるが、韻律上、L. に従って bhāṣamāṇikāḥ と校訂する。

558 Tib. stobs mthud byed ciṅ は「より一層の力を与えながら」の意である。

559「疲倦を」の原文は、T3~5によれば khedakān または khedikān であるが、ここでは、文脈上 L. に従って khedatāṃ と校訂する。BHSD（kheda-tā の項）に記されているように、khedanāṃ と読むのが妥当かもしれないが、写本の支持がない。

560「満足せしむれば」の原文について、L.,V.,S. は abhidhārayitvanā と校訂しているが、Tib. を参考に abhirādhayitvanā と読むのが妥当である。

怖畏あることなく、悪趣・悪道[561]［に堕すること］もなからん』［と］

150. 天神は、各々、歓喜［して思念］せり。

『われこそは[562]、世間の導師（菩薩）を搬運せり。

拘胝もの（多くの）天神の脚もて踏まれる[563]ことなきが故に、

ここに[564]（この場所に)、［他の］誰も存在することなからん』［と］

151. 見よや、カンタカ。天空中に[565]延びたる、

光彩ありて輝かしき、この[566]道路を。

色とりどりに厳飾せられたる、宝石の欄干があり、

天界の最上なる樹脂・香料が焚かれたり。

152. カンタカよ、［汝の］この浄業の故に、

汝は、［かの[567]］化作妙巧なる[568]三十三天宮に［生まれ］て、

アプサラス（天女）たちに囲まれ、かしずかれて、

天上の愛の享楽を、享受せん。

153. いざ、ゴーパーよ、もはや悲泣したまうことなかれ。

悦意を生じ、最高の喜びに安んぜよ。

最勝人（菩薩）が、菩提を證得して、天神衆に

かしずかれる［様］を、貴女は、久しからずして、見たまわん。

154. 善業を積集せるところの人々は、

561「悪道」の原文について、諸刊本は durgatiṃ と校訂しているが、Tib. を参考に durgatī（nom. sg.）と読む。

562 この部分の原文について、L.,V.,S. は ami ahu と校訂しているが、これを支持する写本はない。ここでは、T3に従って siya 'hu と校訂する。

563「踏まれる」の原文について、T3は manditaṃ としているが、文脈上 marditaṃ と読むのが妥当である。

564 この部分の原文 api deśu について、R. は iha deveṣu と校訂している。Tib.［ḥdi na］を参考にすれば、api を iha と読むべきかもしれないが、ここでは、L. に従って校訂し、deśu を「ここに」の意味と見る。

565「天空中に」の原文 nabho'ntare は、T3~5によれば nabha'ntare と読むべきかとも思われるが、ここでは、上（第147偈）と合わせる。

566「この」の原文について、諸刊本は imaṃ と校訂しているが、写本から総合的に判断して、imāṃ と読むのが妥当である。

567 Tib. には、「かの」に相当する訳語（de）がある。

568「化作妙巧なる」の原文について、L.,V.,S. は sunirmito と校訂しており、T3~5によれば sunirmitā と読むべきであるが、ここでは、文脈上、また Tib. を参考に sunirmite と校訂する。

ゴーパーよ、決して、嘆傷せらるべきにあらず。

彼（菩薩）もまた、百余の福徳の威光に輝きたれば、

慶祝さるべきにして、嘆傷せらるべきにあらず。

155. 王侯たる者（菩薩）が、人天に供養せられて、

出離したまえる、その時生じたる荘厳は、

それらの荘厳［の委細］を、ゴーピカー（ゴーパー）よ、

七日間[569]（七日七夜）説かんとも、

《説き尽くすこと能わざるべし[570]》。

156. 汝は、衆生を利益する者（菩薩）に仕えたるが故に、

汝の[571]［獲得すべき］利得は、最上にして、不可思議ならん。

わたくし自身の考えるところによれば、

汝は、実に、最勝なる人（菩薩）に等しき者となるべし。[572]」と。

［以上］「出家品」と名づける第15章なり。

569「七日間」の原文を、L.,V.,S. は saptarātra と校訂しているが、これを支持する写本はない。ここでは、T3~5に従って saptarātru と校訂する。

570 この部分の原文 napi śakya kṣepituṃ / yā viyūha が T3~5と N3には欠落している。これは、これらの写本における単純な書写ミスである。

571 Tib. には、tubhya（汝の）に相当する訳語がない。

572 Tib. は「わたくしの考えるところでは、汝もまた、かの最勝なる人に等しき、その如くになるべし、と信じる」という意味の訳文となっている。

第16章

（ビンビサーラ来詣品）

かくの如く、実に、比丘らよ、チャンダカは、菩薩の威神力（加持(かじ)）によって、シュドーダナ王と、釈女(しゃくにょ)[1]ゴーパーと、また、すべての中宮婇女衆と、さらに、シャーキヤ族（釈迦族）衆全員の悲しみを慰撫(いぶ)する言葉を語りたり。

かくして、比丘らよ、菩薩は、猟師の扮装(ふんそう)をなせる天子にカーシ産の[2]美服を与え、彼より袈裟衣(けさえ)を受け取りて、世間に随順せんがために、衆生を哀愍(あいみん)するが故に、また、衆生を教化せんがために、まさに自ら[3]出家せり。

さてまた、菩薩はヴァンシャキー婆羅門女[4]の隠棲処に赴けり。彼女は、菩薩を休息せしめ、食物を捧げたり。

それから、菩薩はパドマー婆羅門女[5]の隠棲処に赴けり。彼女からもまた、菩薩は、宿泊と食物との提供を受けたり。

それから、ライヴァタ梵仙[6]の隠棲処に赴けり。彼もまた、全く同様に、菩薩を歓待せり。同じく、ダマダンディカの息子ラージュヤカ[7]もまた、菩薩を歓待せり。

---

1 「釈女」とは「シャーキヤ族（釈迦族）の娘」の意味である。

2 原文 kāśika を「カーシ産の」と訳した。

3 R., L. は evaṃ と校訂しているが、Tib.［ñid］を参考に eva と読む。これは、釈尊の出家作法が、他から具足戒を授けられるのではなく、無師にして自ら戒を具足する「自具足」によるものであったことを指すものと思われる。

4 この部分の原文について、R.,L.,V. は yenaiva śākyā と校訂しているが、Tib. を参考に yena vaṃśakyā と読むのが妥当である。vaṃśakī という人名については不明であるが、方広には「鞞留梵志苦行女人」と訳されている。

5 パドマーの原文は padmā である。方広には「波頭摩梵志苦行女人」と訳されている。

6 ライヴァタの原文は raivata である。方広には「利婆陀梵行仙人」と訳されている。

7 「ダマダンディカ」の原文は、写本によれば tṛmadaṇḍika と読むべきであるが、Tib.［gdul baḥi be con can］を参考に damadaṇḍika と校訂し、tṛma は dama の誤写と見る。方広には「光明調伏二仙人」と訳されており、ラージュヤカ（rājyaka）とダマダンディカが別人と見られているようである。

かくして、実に、比丘らよ、菩薩は、次第に、大都城ヴァイシャーリー[8]に到達せり。而して、実に、その時、アーラーダ・カーラーマ[9]は、声聞の大衆会と三百名の弟子たちとともに、ヴァイシャーリー城に依止して[10]住したり。彼は弟子たちに無所有處の戒行に相応する[11]法を説けり。彼は、菩薩が遠方より来至せるを見て[12]、奇特の念を生じ、弟子たちに呼びかけたり。「さても、見よ。彼の姿を見よ」と。彼らは答えたり。「われらも、同じく[13]、それを観察せり。彼は甚だ驚歎すべき［人物］なり」［と］。

それから、比丘らよ、われは、アーラーダ・カーラーマのいるところに近づき、アーラーダ・カーラーマに、かくの如く言えり。「いざ、われは、アーラーダ・カーラーマのもとにて[14]、梵行を修学すべし」［と］。彼は言えり。「さればゴータマよ。浄信ある族姓子[15]がそこにおいて［修行すれば］労苦少なくして遍知[16]を獲得するところの、かくの如き法の教説のもとにて修行せよ」［と］。

8　ヴァイシャーリーの原文は vaiśālī である。方広には「毘舎離城」と訳されている。

9　アーラーダ・カーラーマの原文について、L.,V. は ārāḍa kālāpa（アーラーダ・カーラーパ）と校訂しているが、写本の大勢に従うならば、R. の校訂の如く ārāḍa kālāma と読むのが適切であろう。方広は単に「阿羅邏」と訳している。

10 「依止して」の原文 upanisṛtya について、BHSD（upaniśritya の項）には「upanisṛtya は疑いなく誤り（error）である」と記されているが、写本中では「ṛ」と「ri」は混同されることが多いので、upanisṛtya = upanisritya（upaniśritya）と見ることが許されるであろう。「依止する」とは「たよる、よりどころとする」の意味で、ここでは出家者が生活の糧を得るために城の近くに住んでいたことを示すものと考えられる。方広は単に「城傍」と訳している。

11 「無所有處の戒行に相応する」の原文は ākiṃcanyāyatanasahavratāya である。方広は単に「無所有處定」と訳している。無所有處とは「いかなるものもそこに存在しない三昧の境地」（中村元『佛教語大辞典』1329頁参照）である。なお、Mahāvastu（II, 118.3）には、これにあたる部分に、āśaṃkitavyasahavratāyai という原文が記されている。

12 「遠方より来至せるを見て」とは、「近づいてくる菩薩が、まだ遠くに見えるのに」というような意味であろうと思われる。

13 「同じく」の原文について、多くの写本が eva と記し、L. もそのように校訂しているが、文脈上、Tib.[de bshin du] を参考に、evaṃ と読むのが妥当である。

14　Tib. は「いざ、アーラーダ・カーラーマよ、御身よりわれは」という意味の訳文となっている。

15　族姓子とは「良家の子。立派な男子。善良な紳士」の意味である。中村元『佛教語大辞典』890頁参照。

16　遍知とは「あまねく知り尽くすこと。さとりの智慧」の意味である。中村元『佛教語大辞典』1213頁参照。

比丘らよ、われは自らかくの如く思念せり。「われに願楽[17]あり、精進あり、正念あり、三昧あり、智慧あり。さればいざ、その法を正しく獲得し、現証[18]せんがために、われはひとりで、不放逸かつ熱心に、遠離の行[19]に住すべし」［と］。

そして、実に、比丘らよ、われは、ひとりで、不放逸かつ熱心に、遠離の行に住し、労苦少なくして、その法を正しく会得し、現証したり。

その時、比丘らよ、われはアーラーダ・カーラーマのもとに赴き、かくの如く言えり。「さて、アーラーダよ、御身はかくの如き類の法を会得して[20]、現証したるや」［と］。彼は言えり。「実に、ゴータマよ。それ、その如くなり」［と］。われは彼に[21]言えり。「されば、われもまた、その法を現証し、会得したり」［と］。彼は言えり。「しからば、実に、ゴータマよ、われが知るところの法、それを御身もまた知り、御身が知るところのもの、それをわれもまた知る。それ故に、この弟子衆をも、われら両名が教導すべし[22]。」

かくして、実に、比丘らよ、アーラーダ・カーラーマは、最高の尊敬を以てわれを供養したり。また、近住弟子[23]たちの中でも、われを［師と］同等なる地位に置けり[24]。

比丘らよ、われは自ら、かくの如く思念せり。「この、アーラーダの法は、解脱に導くものにあらずして、それを行ずる者に[25]完全なる苦の消滅を成就せしめるものにあらず。されば、われはこれよりも勝れたるものを尋求

17　願楽とは「知ろうと欲すること。ねがいこのむ」の意味である。中村元『佛教語大辞典』200頁参照。

18　現証とは「あきらかに見通すこと」である。

19　遠離の行とは「世俗的なものから遠ざかり離れ、けがれとまじわらず、寂静のうちに過ごすこと」である。

20　「法を会得して」の原文 dharmādhigataḥ は dharmo 'dhigataḥ と読むべきであるが、T2以外の写本の支持がない。

21　Tib. には、tam（彼に）に相当する訳語がない。

22　「教導すべし」の原文は pariharāvaḥ である。方広には「教授」と訳されている。

23　近住弟子（antevāsin）とは「阿闍梨（師）の下に住み、教授を受ける者」の意味である。中村元『佛教語大辞典』431頁参照。

24　方広には、この部分が「諸学徒中以我一人為其等侶」と訳されている。

25　「それを行ずる者に」の原文は tatkarasya であるが、Tib. には de byed pa（それを行ずるとも）と訳されている。

して、修行すべし。」

かくして、比丘らよ、われは、心ゆくまでヴァイシャーリーに住したるのち、マガダ国に向かって遊歴し[26]、マガダ国のラージャグリハなる都城[27]、そこに赴き、また、山の王なるパーンダヴァ[28]のふもとに達したり。その山王パーンダヴァの中腹に、われは、ひとりで、同伴者なく、仲間なけれど、幾百千拘胝那由多もの天神衆に守護せられて、住したり。

それから、われは、晨朝時[29]において、内衣を着け、鉢と上衣とを持ちて[30]、タポーダ（温泉）門[31]より、ラージャグリハの大都城に、托鉢すべく入りたり。前進するも後退するも、前方を見るも左右を眺めるも[32]、身を屈するも伸ばすも優雅なりて、僧伽梨衣（大衣）[33]と帛巾[34]と鉢と衣類を持すること端厳にして、感官は散乱することなく、心を外面に表さざること化人の如く、胡麻油の壺[35]を持てるが如く軛の長さ（足下前方の地面）を見ながら。その時、ラージャグリハの人々は《われを[36]》見て、奇特の念

26　多くの写本と諸刊本には、この部分に ca prakrānto 'bhūt so 'haṃ magadheṣu という語句が挿入されており、これを含めるならば「ヴァイシャーリーに住したるのち、マガダ国に赴き、われはマガダ国を遊歴し」と訳すことになるが、Tib. には、この挿入部にあたる訳語はないので、本文から削除する。

27　ラージャグリハの原文は rājagṛha である。Tib. には rgyal poḥi khab kyi groṅ khyer chen po（ラージャグリハの大都城）と訳され、方広には「王舎大城」と訳されている。

28　パーンダヴァの原文は pāṇḍava である。方広はこの山の名を「靈鷲山」（りょうじゅせん）としている。

29　晨朝とは「昼を三時に分けたうちの卯から巳の刻（午前六時～十時）」をいう。中村元『佛教語大辞典』787頁参照。

30　「内衣を着け、鉢と上衣とを持ちて」の部分は、Tib. では「内衣と上衣とを身に着け、鉢を持ちて」という意味の訳文となっている。

31　「温泉門」の原文については、諸写本に混乱が見られるが、Tib.[chu dron can] 及び方広［温泉門］を参考に tapoda-dvāra と読むべきである。

32　「前方を見るも左右を眺めるも」の原文については、諸写本に混乱が見られ、諸刊本には ālokita（前方を見るも）が省略されているが、Tib. に従って、また、T3~5を参考に、これを挿入する。BHSD（ālokita-vilokita の項）参照。

33　僧伽梨（saṃghāṭī）とは「大衣・重衣」ともいい、「比丘の三衣の中で最大のもの」であり、「説法や托鉢のために王宮や聚落に入る時には、必ず着ける」ものである。中村元『佛教語大辞典』874頁参照。

34　帛巾の原文は paṭa である。Tib. には thaṅ ba と訳されている。帛巾とは「織ったばかりの模様のない絹ぎれ」であり、「縵衣（まんえ）」と漢訳されることもある（中村元『佛教語大辞典』1288頁参照）。Mv（II, 307.16）の用例では、Jones によって the cloak と訳されているが、同じく Mv（III, 53-54）においては、cotton と訳されている。

35　Tib. は「胡麻油の満ちたる壺」という意味の訳文となっている。

36　「われを」の原文 māṃ は T1,T3~5には欠けており、Tib. にもこれに相当する訳語

を生じたり。「これは、もしや[37]梵天ならんや。天主帝釈ならんや。あるいは、毘沙門天ならんや、あるいは、いずれか[38]山の神なるものならんや」［と］。

そこで、かくの如く言われる。

1. 時に、垢穢(くえ)あることなくして、威光無量なる、
   菩薩は、今や[39]、自ら出家したまいて、
   心は寂静なりて、温順に、威儀具足して、
   山王パーンダヴァの中腹に、住したまえり。
2. 菩薩は、夜の明けたるを[40]知るや、
   この上もなく身綺麗(みぎれい)に着衣して、
   鉢を持ち、謙虚なる心のままに、
   彼は、ラージャグリハに托鉢のために入りたり。
3. 紫磨金色(しまこんじき)[41]の黄金の如く、よく清められ、
   また、三十二相［の大人相］の鎧を着けたり。
   女人のみならず、男衆もまた［彼を］眺めながら、
   誰も、［彼を］見ることに厭足(えんそく)を生じることなかりき。
4. 宝の衣類と穀類とを以て[42]飾られたる街路[43]を、
   人々は掃除しながら、彼の後に従えり。

はないから、元来なかったものと思われるが、文脈上はこれを挿入した方がわかりやすい。

37　原文 kiṃ svid について東大写本に混乱が見られ、T1,T4は kiṃścid と記しているが、これは kiṃ svid の誤写と見るべきであろう。

38　原文 kiṃcid について、東大写本に混乱が見られるが、ここでは L. の校訂に従う。

39　「今や」の原文は iha である。Tib. には、これに相当する訳語はない。

40　「夜の明けたるを」の原文について、L.,V.,S. は rajani vigatu と校訂しているが、rajani vigatu と記しているのは N2のみである。ここでは写本の大勢から判断して rajani vinirgata と読み、第２・４行の韻律によっているものとみる。第12偈第１行も同じ原文となっているので、それに合わせるという考え方もある。方広には「晨朝」と訳されている。

41　紫磨金色とは「紫色を帯びた金色」である。中村元『佛教語大辞典』546頁参照。

42　「穀類とを以て」の原文について、多くの写本が °dhāryair と記しているが、Tib. を参考に °dhānyair と校訂する。

43　「街路」の原文は、韻律上は vīthi と読むのが妥当であるが、T2以外の写本はすべて vīthī と記している。

「光明を以て[44]都城全体を輝かしめる、
かつて見ざりし、この衆生は一体誰か」［と］。

5. 幾千もの女人が、屋上に、あるいはまた、
門上に、さらには、円窓にも立ちて、
彼女らは、家を空（から）にして、道路にあふれ、
他の仕事は放置して、最勝人（菩薩）を眺めたり。

6. また、［彼らは］売買も全然行うことなく、
酒飲みも酒を全く飲まざりき。
最勝なる丈夫（じょうぶ）の姿を[45]観察せる時、
［人々は］家にても道路にても安座する[46]ことなかりき。

7. ある男が、急いで王宮に行き、
彼は嬉々（きき）として、ビンビサーラ[47]王に告げたり[48]。
「王よ、御身に最高の利得が得られたり。
この都城にて、梵天が自ら托鉢を為せり」［と］。

8. ある者は「［彼は］天主帝釈ならん」と言えり。
他の者は「スヤーマ天子（夜摩（やま）天子）ならん」と言えり。
同じくまた、他の者は「サントゥシタ（兜率（とそつ）天子）か、または、
ニルミタ（化楽（けらく）天）か[49]、それとも、スニルミタ[50]（他化自在天（たけじざいてん）？）

---

44 「光明を以て」の原文は、Tib. によれば prabhāva と読むべきかとも思われるが、写本の支持がない。ここでは、写本に従って prabhāya と校訂し、prabhā の inst. sg. の用法と見る。
45 「姿を」の原文は、文法的には rūpaṃ と読むのが妥当であるが、ここでは、T1, T3~5を参考に rūpāṃ と校訂する。
46 原文 ramante は「喜ぶ、楽しむ、娯楽する」の意味であるが、ここでは Tib.［ḥdug par mi dgaḥ］を参考に、「安座する」と訳した。
47 この王の名は、写本中において、bimbisāra（ビンビサーラ）と記されたり bimbasāra（ビンバサーラ）と記されたりして、混乱している。
48 「告げたり」の原文 avaciṣu は 3 pl. の形であるが、ここでは 3 sg. として用いられている。BHSG,§25.30. 参照。
49 「サントゥシタか、またはニルミタか」の原文について諸写本に混乱が認められるが、ここでは T3に従って校訂する。韻律は第２・４行の形になっている。
50 「スニルミタ」（sunirmita）は、一般には「化楽天の主」の名であるが、ここでは、文脈上「他化自在天の主」を指すものと思われる。方広にも「他化主」と訳されている。

の天神[51]ならん」と言えり。

9. ある者たちはまた、「[彼は] 月か太陽ならん」と言えり。
はたまた、「ラーフか、バリか、ヴェーマチトリン[52]ならん」と。
ある者たちはまた、かくの如き言葉を語れり。
「これは、かの、山王パーンダヴァに住する者なり」[と]。

10. かの[53]王（ビンビサーラ）は、この言葉を聞くや、
心に最高の喜びを得て、窓辺に立ち、
よく精錬せられたる黄金の如く、威光に輝ける、
最勝衆生たる菩薩を眺めたり。

11. ビンバサーラ王[54]は、[かの] 男に[55]命じたり。
「[人々をして菩薩に] 食物を与えしめ[56]、
[その後に] どこに行くかを見よ」と。
彼（菩薩）が、最勝なる山に戻りたるを見て、
「王よ[57]、彼は山の中腹に居住せり」と告げたり。

12. 人民の王ビンビサーラは、夜の明けたるを[58]知るや、
多くの家臣衆に囲繞（いにょう）せられて、

51　原文は deva なので「天神」と訳したが、Tib.[lhaḥi bu] によれば「天子」である。
52　Rāhu, Bali, Vemacitrin は、いずれも阿修羅王の名である。
53　Tib. には asau（かの）に相当する訳語がない。
54　王の名について、この場面で、V. は bimbisārah̤ と校訂し、S. は bimba(?mbi)sārah̤ と校訂しているが、写本によれば、bimbasārah̤ と読む以外にはない。bimbi° とする写本が見当たらないからである。
55　この「男」（puruṣa）とは、第７偈に登場する「王に菩薩の到来を最初に告げた男」を指すものと思われる。Tib. には mi de la（かの人に）と訳されている。
56「与えしめ」の原文について、諸刊本は dadiya と校訂しているが、T1,T3~5によれば dadiyu である。ここでは、dadiyu と校訂して opt. 3 pl. の形と見る。dadiya と読めば、ger. と見て、「(食物を）与えた後」と訳すことになるが、dadiyu と読めば、impv. 的な用法と見て、「[人々をして菩薩に] 食物を与えさせて（その後に)」というような意味であると考えることができる。この部分について、Tib. には bsod sñoms byin la（食物を与えた後）と訳されているが、方広には「王因勅左右。奉献菩薩食」と訳されている。
57　Tib. kha cig（ある者が）は梵文 deva（王よ）と合わない。
58「夜の明けたるを」の原文について、L.,V.,S. は rajani vigatu と校訂しているが、写本による限り rajani vinirgatu または rajani vinirgata と読むべきである。ここでは T1,T3~5にしたがって、rajani vinirgata と校訂し、第２・４行の韻律によっているものとみる。上記註40参照。

山王パーンダヴァのふもとに赴き、

その山が威光によって輝けるを見たり[59]。

13. 車駕(しゃが)より降りて、歩行にて進み、

菩薩を、最高の敬意を以て眺めたり。

かの人中尊(にんちゅうそん)[60]（菩薩）は[61]、あたかもメール山の如く、

不動なりて、［地に］草を敷き、［その上に］坐したり。

14. 王は［菩薩の］足下に頭面(ずめん)をつけて礼拝し、

さまざまの言葉を発して、語りかけたり。

「［われは］汝に全領地の半分を与うべし[62]。

この世における感覚的快楽を享受せよ。托鉢することなかれ[63]。」

15. 菩薩は美妙(みみょう)なる《言葉を[64]》発したり。

「大地の主よ、久しく寿命を守らせたまえ。

われは、好ましき王国を捨てて、しかも［それに］

愛著あることなく、［心の］寂滅を求めて出家したり。」

16. ［王は言えり[65]］「汝は少壮にして、清新なる若さを有し、

身体の色つやも美しく、勢威（元気）に満ちたり[66]。

---

59 「見たり」の原文について、諸刊本は adṛśāti と校訂しているが、韻律によって addṛśāti または addaśāti（あるいは、andṛśāti）と読むべきである。

60 人中尊とは「生きもののうちで最も尊い者」の意味である。中村元『佛教語大辞典』1070頁参照。

61 「かの人中尊は」の原文について、L.,V.,S. は sostikena（結跏して）と校訂しており、Tib.[skyil mo kruṅ] によっても、そのように読むべきであると思われるが、文脈上は、T1,T3~5にしたがって so narendraḥ と読むのが適当である。なお、R. は svastike narendraḥ と校訂している。

62 Tib. は「与えるが故に」という意味の訳文となっている。

63 「托鉢することなかれ」の原文について諸写本に混乱が見られ、L. は ahaṃ ca piṇḍaṃ と校訂している。ここでは、Tib. を参考に、また文脈上、ma aśnu piṇḍa と読む。ただし、写本の支持は十分ではない。

64 「言葉を」の原文は T1,T3~5系統の写本に欠けており、他の系統の写本には giri と記されている。同一の文が第19偈に見られるが、そこでは、T1,T3~5系統の写本は gira と記しているので、ここでもそれに合わせて gira と校訂する。

65 発言者が交代しているので、誰の発言か分かりにくい。われわれの写本中、T5のみが sa prāha（彼は言った）という語句を挿入しており、L. の Variant 表によれば、L 写本（ロンドンの India Office Libraly の写本）は rājāha（王は言った）という語句を挿入している。

66 Tib. は「満ちたるが故に」という意味の訳文となっている。

広大なる財物と女人衆とを領受[67]して、

この、わが王国に住し、愛欲を享楽されよ。」

17. かの[68]マガダ王（ビンビサーラ）は、菩薩に告げたり。

「われは汝を[69]見て、最高の喜びを得るなり。

わが全領民の同胞となりたまえ。

われは汝に権勢を与うべし[70]。愛欲を享楽されよ。

18. もはや[71]、空寂たる森中に住することなかれ。

今よりは、大地に横たわることなく草の上に休むことなかれ。

汝の身体は、この上もなく優美なり。

この、わが王国に住して、愛欲を享楽されよ。」

19. 美妙なる、邪曲なくして愛すべき、

有益にして哀愍あふれる言葉を、菩薩は語りたり。

「大地の主よ、御身には常に吉祥あれ。

されど、われは感覚的快楽を願求することなし。

20. 愛欲は毒に似て、無限の罪過を有し、

［それに愛著する者を］地獄や餓鬼や畜生に[72]堕さしめる。

また、愛欲は高貴ならずして、賢者には嫌悪される[73]。

われもまた、汚れたる涕唾[74]の如く［それを］捨棄す。

21. 愛欲は、樹上の果実の如く、落下し、

67　領受とは「わがものとして執すること」である。中村元『佛教語大辞典』1428頁参照。

68　Tib. には、sa（かの）に相当する訳語がない。

69　Tib. は「汝の身体を」という意味の訳文となっている。

70　「与うべし」の原文について、L.,V.,S. は dāsyi と校訂している。韻律上は dāsyi と読むべきであるが、写本の支持がない。ここでは dāsye と校訂し、末尾の e を短音と見なす。

71　Tib. には、puna（もはや）に相当する訳語がない。

72　「畜生に」の原文について、L.,V.,S. は tiryagyonau（R. は tiryyag°）と校訂しているが、ここでは、T1,T3~5を参考に、また韻律に合わせて、tiryayonau と読む。

73　「嫌悪される」の原文は、韻律上は、L.,V.,S. の校訂のように vigarhita であるべきだが、諸写本はいずれも °hitā と記している。

74　「涕唾」の原文 kheṭapiṇḍa は Tib. には ṅar snabs と訳されているが、このチベット語は張怡蓀編『蔵漢大辞典』によれば「鼻涕」の意味である。ここでは方広に従って「涕唾」と訳した。

去り行くこと、あたかも雨雲か雷雲の如し[75]。
堅実ならずして[76]、風の如く移ろい易く、
一切の浄善を散逸せしめ、誑惑（おうわく）す。

22. 愛欲は、獲得されざる間は、憔悴（しょうすい）せしめ、
また、獲得されるとも、満足を生ぜしめることなし。
もし、自在ならざる者がみだりに親近（しんごん）すれば[77]、
その時、愛欲は、恐るべき多大の苦を生ぜしむ。

23. 大地の主よ、天界の欲楽なるものと、
さらにまた、人間の欲楽の勝妙（しょうみょう）なるものとの、
すべての欲楽が、ある人に得られたとせよ、
その者は、なおいっそう尋求（じんぐ）して、満足を得ることなからん。

24. されど、大地の主よ、心寂静にしてよく自制し、
高貴にして、煩悩なく、法の想念に満ち、
賢き智慧によって満足する者、彼らはよく満足す。
而して、感覚的快楽には如何なる満足もあることなし。

25. 大地の主よ、愛欲に専心するとも、
かつて、有為法（ういほう）[78]には辺際あることなし。
あたかも、人が海塩水を飲む[79]に似て、
愛欲に専心すれば、いっそう渇きが増大す。

26. 大地の主よ、さらにまた、身体を見よ。
それは、恒常ならず、堅牢ならざる、苦悩の器械にして[80]、

75　Tib. は「あたかも雲や雨の如く去り行く」という意味の訳文となっている。
76　「堅実ならずして」の原文 adhruva において、冒頭の a は、韻律上、短音と見なされなければならない。
77　「親近すれば」の原文について、諸刊本、諸写本の Text に混乱が認められるが、T3,T4を参考に bhajyayante と校訂する。「親近する」とは「愛好を示す、好意をもって近づく」の意味である。
78　有為法とは「種々の条件が集まって形成されたもの。因縁によって生滅する現象界の一切の事物」である。中村元『佛教語大辞典』80頁参照。
79　「人が～を飲む」の原文について、諸刊本、諸写本の Text に混乱が認められ、L. は hi nāru pitvā と校訂しているが、ここでは、文脈上、また韻律の観点から naro hi pītvā と校訂する。
80　「苦悩の器械にして」の部分は、方広には「衆苦作機関」と訳されている。

九孔[81]の門より常に［汚穢を］漏泄す。

王よ、われは欲楽に愛著することなし。

27. われは、多大なる欲楽をも、あるいはまた、

幾千もの、見目うるわしき女人衆をも捨て、

最高に安穏なる無上菩提を得んと欲して、

われは世俗の生存を楽しむことなく、出家したり。」

【王は言えり[82]】

28. 「比丘よ、汝は、どの地方の、どこより来たれりや[83]。

汝の生まれはどこか。汝の父はいずこに。母はいずこに。

［汝は］クシャトリヤか、バラモンか、それとも王侯か。

比丘よ、もし負担に思わざれば、語りたまえ[84]。」

【菩薩は言えり[85]】

29. 「大地の主よ、釈迦族のカピラ城は、

最も豊饒にして富裕なりと知られたり[86]。

わが父はシュドーダナ（浄飯）と名づけたり。

われは、功徳を求めて、そこより[87]出家したり。」

81　九孔とは「肉体の九つの門」であり、「両眼・両耳・両鼻・口・大小便の九処」をいう。中村元『佛教語大辞典』253頁参照。

82　発言者が菩薩から王へ交代するので、多くの写本にこの語句が挿入されているが、T1,T3,T4等には、元来この挿入部は欠けていたと思われる。Tib. においても、この部分を挿入している版本と省略している版本とがあり、挿入すべきか否か、いずれとも決しがたい。

83　「来たれりや」の原文について、R.,L.,V. は gato と校訂しているが、Tib.［byon］を参考に āgato と見なし、S. に倣って、ʼgato と校訂するのが妥当である。

84　「語りたまえ」の原文について、諸刊本、及び多くの写本が parikatha と記しているが、T3~5によれば parikathi である。この parikathi は、parikatheti の opt. 2 sg. であり、inpv. 的な用法として用いられていると見なしうるであろう。

85　発言者が王から菩薩へ交代するので、多くの写本にこの語句が挿入されているが、T1,T3,T4等には、元来この挿入部は欠けていたと思われる。以下、上記註82と同じ。

86　「知られたり」の原文について、諸写本に混乱が見られるが、文脈上 śrutam iti の意と見て、śrutu ʼti と校訂する。なお、Tib. は「知られたるにあらずや」という意味の訳文となっている。

87　「そこより」の原文について、諸写本に混乱が見られ、T1,T3~5は tanu と記してい

【王は言えり[88]】

30.「汝の知見はよく観察せられたるものにして、汝は正善なり[89]。
汝を生み育てたるところのもの[90]、われもまたその弟子なり[91]。
われ[92]、染愛（ぜんあい）[93]なき者（汝）を愛欲に招待したりとはいえ、
願わくは、われを深心（じんしん）より[94]忍受したまわんことを。

31. もしも汝によって菩提が證得されたならば、
その時、法の支配者なる者（汝）は、われに分与をなしたまえ[95]。
しかもまた、自存者よ、［汝が］この[96]わが領土に住したまうが故に、
われには、最高の[97]利得がよく得られたり。」

32. それからさらに、王は［菩薩の］足下に敬礼し、
うやうやしく右遶（うにょう）[98]をなせるのち、
人民の主（王）は、自らの眷属衆に囲繞（いにょう）せられて、
再びラージャグリハに戻りたり。

33. 世間の庇護者（菩薩）は、マガダの町に入りて[99]、

るが、Tib.［der］を参考に tatu（= tatas）と読む。写本中において tu と nu とは混同されやすい。

88 発言者が菩薩から王へ交代するので、多くの写本にこの語句が挿入されている。上記註82と同じ。

89 この行全体は、方広には「善哉大導師」と訳されている。

90 この部分の原文 yatu tava janma のうち、yatu について諸写本に混乱が見られ、L.,V.,S. は yanu と校訂しているが、Tib.［gaṅ las］を参考に yatu（= yatas）と読むのが妥当である。

91 この行全体は、方広には「我本臣事汝」と訳されている。

92 この部分の原文について写本間に混乱が見られ、L.,V.,S. は yam api と校訂し、R. は ayam api と校訂しているが、文脈上、ya maya と読むのが妥当である。ただし、Tib. には、maya（われ）に相当する訳語がない。

93 染愛とは「情欲が対象に染まって愛着すること。また欲望の意」である。中村元『佛教語大辞典』845頁参照。

94 「深心より」の原文は āśayenā であるが、方広はこれを「哀愍」と訳している。

95 「分与をなしたまえ」の原文について、多くの写本が soti bhoti と記しており、諸刊本は seti bhoti と校訂しているが、これでは文意不明である。写本の支持はないが、文脈から見て、Tib. を参考に bhoti vibhakti と校訂するのが妥当である。なお、Tib. は「法の分与をなしたまえ」という意味の訳文となっている。

96 Tib. には、iha（この）に相当する訳語がない。

97 「最高に」の原文について、諸刊本、諸写本ともに purā と記しているが、Tib.［mchog tu］を参考に parā と読むのが妥当である。

98 右遶は「右回り。常に中央に右肩を向けるように、時計の針の回り方と同じ回り方をする。インドの礼法」と説明されている。中村元『佛教語大辞典』79頁参照。

99 「入りて」の原文 praveśi は、praviśati の ger.（non-caus.）の形と見る。BHSG,§43

満足するまで、寂静なる心もて安住し、

天神や人間たちに利益あらしめたる後に、

人中尊（にんちゅうそん）（菩薩）はナイランジャナー河の岸辺に赴けり。

［以上］「ビンビサーラ来詣品」と名づける第16章なり。

（p.231）参照。

第17章

（苦行品）

実にまた、比丘らよ、その時、ウドゥラカ[1]・ラーマプトラ（ラーマの子ウドゥラカ）は、多くの弟子衆、七百名の弟子たちとともに、ラージャグリハ（王舎城）と名づける[2]大都城に依止して[3]住したり。彼は、彼ら（弟子衆）に〈非想非非想処〉[4]の戒行に相応する法を説けり。実にまた、比丘らよ、菩薩は、ウドゥラカ・ラーマプトラが僧団の主[5]、集団の長、群衆の師にして、名声あり、尊重され、多くの人々に供養され、賢明にして、崇敬せられたるを[6]見たり。また、［それを］見るや、彼（菩薩）は、かくの如く思念せり。「さてもまた、このウドゥラカ・ラーマプトラは僧団の主[7]、集団の長、群衆の師にして、名声あり、尊重され、多くの人々に供養され、賢明にして、崇敬せられたり。もし[8]、われ、彼（ウドゥラカ）のもとに赴きて、戒行と苦行とを始めざるとすれば、彼は、われに対して、『最

1　ウドゥラカの原語は、写本の大勢に従うならば rudraka（ルドゥラカ）であるが、BHSD（Rudraka の項）に指摘されているように、これは udraka の誤りであることが明らかであり、直後（6行後）において写本上も udraka の形を残しているものが見出されるので、われわれもこれを一貫して udraka と校訂する。漢訳の音写（方広「烏特迦」; 普曜「鬱頭藍弗」）からもその原語が udraka であったことは疑えない。なお荻原雲来著『実習梵語学』（116頁と117頁の間）に添付されている「梵字沿革略表」に ru の形の梵字を u の字形として掲げているのは、恐らく、ラリタヴィスタラにおけるこの部分の混同を原因として発生した誤りであろう。

2　Tib. には「名づける」（nāma）に当たる訳語がない。

3　「依止」とは「たよる、よりどころとする」の意味。前章（第16章）の註10を参照のこと。

4　「非想非非想処」とは「表象があるのでもなく、表象がないのでもない三昧の境地」（中村元『佛教語大辞典』1125頁参照）。なお、Tib. には「處」（āyatana）に当たる訳語が見当たらない。

5　「僧団の主」の原語については諸写本に混乱が見られるが、ここでは BHSD（gaṇin & saṃghin）に従って、saṃghinaṃ と校訂する。

6　「賢明にして、崇敬せられたるを」の原文について、諸刊本は paṇḍitasaṃ° と複合語にしているが、Tib. を参考に paṇḍitaṃ saṃ° と分割するのが適切である。

7　「僧団の主」の原語について諸写本に混乱が見られ、諸刊本は samghe° と校訂している。ここでは前出（註5）に合わせて saṃghī と読む（ただし、写本の支持はない）。

8　この部分の行頭には、諸写本・刊本ともに sa ced と記しているが、文脈上、Tib. を参考に na ced と読む。

勝なり』との思念を生じざるべし。また、現前知（面前での直接的知識）によりて理解を生じることなく、また、有為（因縁によって生滅変化する無常の存在）にして有漏（煩悩のけがれを有する状態）なる、取著（執着の念）を有する禅定・三昧・等至[9]に対して非難が加えられざるべし。さればいざ、われは、かくの如き方便を示すべし。すなわち、それによりて、彼らが禅定の境界（境地）および等至の所縁[10]に関して現前知を得たるものとなり、世俗的な三昧は出離（解脱の境地）に導くものにあらざることが示されるべきところの［方便を］。いざ、われは、ウドゥラカ・ラーマプトラのもとに赴きて、わが三昧の功徳の殊勝なることを顕示せんがために、［彼の[11]］弟子となることを忍受して、有為なる三昧の堅実ならざることを示すべし」［と］。

時に比丘らよ、菩薩は、この理由によるが故に、ウドゥラカ・ラーマプトラのいるところに近づけり。近づきて、ウドゥラカ・ラーマプトラに、かくの如く言えり。「卿よ、汝の師は誰か。あるいは、誰によって示されたる法を、汝は了知せるや」と[12]。

かくの如く言われて、ウドゥラカ・ラーマプトラは、菩薩にかくの如く言えり。「卿よ、われに師はひとりもなし。しかれども、われは自ら、これを正しく證得せり」［と[13]］。

菩薩は言えり。「汝は何を證得したるや」。［彼は］言えり。「非想非非想處[14]の等至の道なり」。

9　「等至」（samāpatti）とは「身心の平等で安らかな状態」（中村元『佛教語大辞典』1004頁）を言う。「無欲無心にして定まった境地」であり、禅定・三昧と同義語と見なしうるであろう。

10　「所縁」（ārambaṇa; ālambana）とは「心作用を引き起こす原因となるもの、認識の対象」を指す。

11　Tib. には、「彼の」に当たる訳語（deḥi）がある。

12　Tib. には「〜と」（iti）に当たる訳語はない。

13　L.,V. には iti（〜と）が付加されているが、これは全写本に欠けているので、削除すべきである。

14　「非想非非想處」の原文が、東大主要写本では ākiṃcanyāyatana（無所有處）とされているが、これは文脈上「非想非非想處」でなければならないから、Tib. を参考に、諸刊本の校訂に従う。

菩薩は言えり。「【われは[15]】、汝より、この[16]三昧の道の訓戒と教示とを[17]得んことを欲す」。［彼は］言えり。「よろしい」と、乃至（途中は省略して）、訓戒が与えられたり。

それから、菩薩は一方に行き、結跏趺坐して坐せり[18]。坐して間もなく、菩薩の福徳の殊勝なること、また、知の殊勝なること、また、前世に善修せる所行の果報の殊勝なること、また、一切の三昧の習熟の殊勝なること、また、もちろん［彼の[19]］心の自在なることの故に、幾百[20]もの世俗的な〔超世俗的な[21]〕等至のすべてが、［それぞれの］様相を有し、特性をそなえて［心中に］現前したり[22]。

かくして、菩薩は、正念かつ正知にして、坐より立ち上がり、ウドゥラカ・ラーマプトラのいるところに近づき来たりて、ウドゥラカ・ラーマプトラにかくの如く言えり。「卿よ、非想非非想處の等至よりも上に、何か別の道ありや」。彼は答えたり、「あらず」と。

時に、菩薩はかくの如く思念せり。「ウドゥラカのみに《浄信[23]》、精進、正念、三昧、智慧あるにあらず。われにもまた浄信、精進、正念、三昧、智慧あり」［と］。

時に、菩薩はウドゥラカ・ラーマプトラにかくの如く言えり。「卿よ、汝が證得せるところの法、それをわれもまた会得したり」。彼は答えたり。

---

15 「【われは】…得んことを欲す」の原文は labhemahi（vayaṃ）であり、複数形（opt. 1 pl.）が用いられている。もし文脈により主語（菩薩）を単数とみるならば、vayaṃ（われわれは）を削除し labheya hi と読むのが適切かもしれないが、ここでは単数形の代わりに複数形（いわゆる「威厳複数」の用法）が用いられているものとみなす。

16 Tib. には「この」（asya）に当たる訳語はない。

17 「道の訓戒と教示とを」の原文を直訳すれば「訓戒と教示の道を」となるが、ここでは Tib. を参考に、このように訳した。

18 「坐せり」の原文（upaviśati）は、東大主要写本によれば praviśati と読むべきであるが、文脈により L. の校訂に従う。

19 Tib. には、「彼の」に当たる訳語（de）がある。

20 Tib. には brgya stoṅ（百千）と訳され、方広にも「百千三昧」と記されている。

21 写本には「超世俗的な」に当たる原語（lokottarāṇi）があるが、Tib. には対応する訳語はない。文脈上も削除すべきである。

22 この部分が、方広には「所有差別種々行相皆現在前」と訳されている。

23 「浄信」の原語（śraddhā）は東大主要写本に欠けているが、Tib. によっても文脈上も必要である。なお、この語を含む直後の部分が普曜には「藍弗無信。獨吾有信。藍弗無精進念定意智慧。獨吾有之」と訳されている。

「しからば、来たれ。汝とわれは、これらの［弟子］衆を教導すべし」［と］。そして、菩薩を［自らと］同等なるものとして師の座に就かしめたり。菩薩は言えり。「卿よ、この道は厭離[24]に導かず、離欲に導かず、寂滅に導かず、寂静に導かず、神通（超越的知見）に導かず、等正覚に導かず、沙門道に導かず、【婆羅門道に導かず[25]】涅槃に導かざるなり」［と］。

かくして、比丘らよ、菩薩はウドゥラカ・ラーマプトラ[26]を、弟子ともども、よく誘引したるのち、やがて「［これで］十分なり」と考えて、［そこから］去れり。「これ（非想非非想處）は、われには不要なり」とて[27]。

しかして実に、その時、五群賢者[28]は、ウドゥラカ・ラーマプトラのもとにて梵行を修習しつつありき。彼らは、かくの如く思念せり。「われらが、そのために、長夜において（長期間にわたり）尋求し勤修せるも、極致あるいは究竟に到達することを得ざりし、それ（その境地）に、沙門ガウタマ[29]は、労少なくして到達し、證得せり。されど、彼はそれに満足せず、さらに[30]その上を求めたり。疑いなく、彼は世間の教師となるべし。彼が證得するであろうところのもの、それをわれらにも分与すべし[31]」と。かくの如く考えて、五群賢者はウドゥラカ・ラーマプトラのもとより去り

---

24 「厭離」の原語について、L. は nirvṛtaye と校訂しているが、これは写本に合致しない。Tib. によっても nirvide と読むべきである。なお「厭離」とは「世俗を厭い離れること」である。

25 この部分の原文は全写本に記されているが、文脈上不要であり、Tib. にも方広にもこれに対応する訳語はない。本来はなかったものか？ なお方広には、この語を含む前後の部分が「非為正路。非厭離法。非沙門法。非菩提法。非涅槃法」と訳されている。

26 Tib. には「ウドゥラカ」に当たる訳語のみがあり、「ラーマプトラ」に当たる訳語は欠けている。

27 Tib. は「弟子ともども、傾倒せしめたるのち、『これで十分なり』と満足して去るに至れり」という意味の訳文となっている。

28 「五群賢者」とは「後に仏陀の最初の弟子になる五名の修行者から成るグループ」のことである。方広には「五跋陀羅」と訳されている。

29 「ガウタマ」は通常パーリ語発音で「ゴータマ」と呼ばれるが、本訳では、原語 gautama をそのまま写して「ガウタマ」と表記する。

30 「さらに」の原語について、L. は tathā と校訂しているが、文脈上 atha と読むべきである。

31 「分与すべし」の原語は、T3~5には saṃvibhajyati と書かれているが、文脈上未来形でなければならないから、L. の校訂（saṃvibhakṣyati）に従う。jya と kṣya は写本中において混同されやすい。

て、菩薩に従えり。

かくして、比丘らよ、《菩薩は[32]》望むがままに、ラージャグリハ（王舎城）に住したるのち、五群賢者とともに、マガダ国に遊行し、遍歴せり。

さてまた、その時、ラージャグリハとガヤー[33]との中間において、ある衆が宴(うたげ)を催したり。その衆からも、菩薩は、五群賢者とともに、休息と食物との供養を受けたり[34]。

かくして、比丘らよ、菩薩はマガダ国を遊歴しつつ、マガダ国のガヤー[35]なるところ、そこに赴き、そこに到達せり。実にまた、比丘らよ、菩薩は［煩悩の］断滅のために、ガヤー山の頂きに住せり。彼がそこに住したる時、かつて聞かれざる、かつて知られざる三種の比喩が［心に］顕現せり。三種とは何か。実に、ある沙門・婆羅門たちは、諸愛欲から身体が離れることなくして【住せり。】、《また》【諸愛欲から】心が離れることなくして住せり。しかもまた、彼らの愛欲への歓喜、愛欲への貪著(とんじゃく)、愛欲への願(がん)求(ぐ)、愛欲への飢渇、愛欲への渇望[36]、愛欲への迷悶(めいもん)[37]、愛欲への熱悩(ねつのう)[38]、愛欲への執着なるもの、それも鎮静せられずしてあれば[39]、いかに彼らが自らを傷つけ、《身体を痛めつけて、》苦しく、激しく、恐ろしく、苛烈なる感覚を受けようとも[40]、なお、その場合に、彼らは人間の法より上の、全

---

32 「菩薩は」の原語（bodhisattvo）は東大主要写本には欠けているが、Tib. にはこれに当たる訳語がある。

33 「ガヤー」は、Tib. には ri ga yā（ガヤー山）と訳され、方広にも「伽耶山」とある。

34 以上、「五群賢者がウドゥラカのもとから去って菩薩に従った」とする部分は、Mv（II, pp.119~123）の対応部分の記述には含まれていないから、後代に創作されたものであろう。

35 「ガヤー」は、Tib. には ri ga yā（ガヤー山）と訳されている。

36 Tib. には「愛欲への飢渇、愛欲への渇望」に対応する部分として ḥdod pa la skom pa（「愛欲への飢渇」または「愛欲への渇望」）の一語しかない。

37 Tib. には「愛欲への迷悶」（kāmeṣu mūrchā）に当たる訳語はない。

38 この部分については諸写本に混乱が見られ、paridāha（熱悩）と mūrchā（迷悶）とを前後入れ替えるもの多数あり。また、paridāha とするものと parihāra（監視・守護）とするものとに分かれるが、文脈上も、Tib. によっても、paridāhaḥ と読むべきである。

39 この部分については諸写本に混乱が見られ、upaśāntā［または upasāntā］（鎮静せられた）とするものが多いが、文脈上も、Tib. によっても、an-upaśāntā（鎮静せられざる）でなければならない。なお、Mv（II, pp.121~123）の対応部分では aprativinītā（= not removed）が用いられている。

40 「苦しく…感覚を受けようとも」の部分は、Tib. では「激しく、恐ろしく、苛烈な

く神聖なる最勝の知見を[41]證得することあたわざるなり。あたかも、ある人が火を必要とし、光明を欲し、光明を求めて[42]、彼が[43]、湿りたる［下部の］材木と湿りたる［上部の］摩擦木とを取りて、［それらを］水中に置いて[44]鑽るが如くにして、彼は火を起こし火を発生せしめることあたわず[45]。全く同様に、これらの沙門・婆羅門にして、諸愛欲から身体が離れることなく、また［諸愛欲から[46]］心が離れることなくして住し、しかも、彼らの愛欲への歓喜、愛欲への貪著、愛欲への願求、愛欲への飢渇、愛欲への渇望[47]、愛欲への迷悶、愛欲への熱悩[48]、愛欲への執着なるもの[49]、それも鎮静せられずしてあれば、いかに彼らが自らを傷つけ、身体を痛めつけて、苦しく、激しく、恐ろしく、苛烈なる感覚を受けようとも[50]、なお、その場合に［彼らは］[51]人間の法より上の、全く神聖なる最勝の知見[52]を證得することあたわず。これが、菩薩［の心］に顕現せる第一の比喩なりき。

さらに、彼（菩薩）はかくの如く思念せり。これら沙門・婆羅門にして、

る苦の感覚を受けようとも」という意味の訳文となっている。

41 「人間の法より上の、全く神聖なる最勝の知見を」に該当するTib.は「すぐれた人間の法を超えて最高に達する、神聖なる最勝の知見を」という意味の訳文となっている。

42 「火を必要とし、光明を欲し、光明を求めて」の部分は、Tib.にはただme ḥdod la（火を欲して）とのみ訳されている。

43 Tib.には「彼が」(sa) に当たる訳語はない。

44 「置いて」の原語（pratiṣṭhāpya）が諸刊本ではprakṣipyaと校訂されている。意味は同じであるが、ここでは東大主要写本に従う。

45 「火を起こし、火を発生せしめることあたわず」の部分は、Tib.ではただ「火を起こすことあたわず」という意味の訳文となっている。

46 Tib.には、「諸愛欲から」に当たる訳語（ḥdod pa rnams las）がある。

47 Tib.には「愛欲への飢渇、愛欲への渇望」に対応する部分としてḥdod pa la skom pa（「愛欲への飢渇」または「愛欲への渇望」）の一語しかない。

48 「愛欲への迷悶」と「愛欲への熱悩」はTib.では前後入れ替わっており、「愛欲への熱悩、愛欲への迷悶」という意味の訳文となっている。

49 「執着なるもの」の原語（adhyavasānaṃ）は、写本の大勢に従えば°sānaḥと読むべきであるが、述語のanupaśāntam（nt. nom. sg.の語形）と合致させるためには°sānaṃと校訂する以外にない。

50 「苦しく…感覚を受けようとも」の部分は、Tib.では「激しく、恐ろしく、苛烈なる苦の感覚を受けようとも」という意味の訳文となっている。

51 Tib.には「その場合に」(tarhi) に当たる訳語はなく、逆に「彼らは」に当たる訳語（de dag）があるので、tarhiではなくte hiと読むべきか？

52 「人間の法より上の、全く神聖なる最勝の知見を」に該当するTib.は「すぐれた人間の法を超えて最高に達する、神聖なる最勝の知見を」という意味の訳文となっている。

諸愛欲より身体と心とが離れて住するも、彼らの愛欲への歓喜云々と、すべてが前述の如くなされて、乃至、火を求めるとしても、彼が湿りたる［下部の］材木を取りて、陸の上に置き、湿りたる［上部の］摩擦木で鑽るが如くにして、彼は火を起こすことあたわず。全く同様に、これらの沙門・婆羅門にして云々と、すべてが前述の如くなされて、乃至、人間の法より上の、全く神聖なる最勝の知見[53]を證得することあたわず。これが［菩薩の心に］顕現せる、かつて聞かれず知られざる、第二の比喩なりき[54]。

また次に、これら尊敬すべき[55]沙門・婆羅門にして、諸愛欲から身体と心とが離れて住し、さらに、彼らの愛欲への歓喜云々と、すべて略して、それもまた、彼らには鎮静せられたり。しかもまた、彼らが自らを傷つけ、身体を痛めつけて、《苦しく[56]、》激しく、恐ろしく、苛烈なる感覚を[57]受けるならば、その時、実に彼らこそは、人間の法より上の、全く神聖なる最勝の知見を[58]證得することあたうべし。あたかも、ここに人ありて[59]、火を必要とし、光明を欲し、光明を求めて、彼が乾ける［下部の］材木と乾ける［上部の］摩擦木とを取り、陸の上に置きて鑽るが如くにして、彼は、火を起こし、光明を発せしめることを得る。全く同様に、これら尊敬すべき[60]沙門・婆羅門にして云々と、すべて前述の如くにして、［苦の］感覚を受けるとすれば、その時なお、彼らこそは人間の法より上の、全く神聖なる最勝の知見を[61]證得することあたうべし。これが［菩薩の心に］顕現せる、かつて聞かれず、かつて知られざる、第三の比喩なりき。

その時実に、比丘らよ、菩薩はかくの如く思念せり。「われは、今、諸

53 同上（註41と同じ）
54 この部分を直訳すれば「この、かつて聞かれず知られざる、第二の比喩が［菩薩の心に］顕現せり」であるが、あえてこのように意訳した。
55 Tib. には「尊敬すべき」(bhavantaḥ) に当たる訳語はない。
56 「苦しく」の原語 (duḥkhāṃ) は東大主要写本に欠けているが、文脈上、また Tib. によっても、これを挿入すべきである。
57 「苦しく」以下の部分は、Tib. では「激しく、恐ろしき苦の感覚を」という意味の訳文となっており、「苛烈なる」(kaṭukāṃ) に当たる訳語はない。
58 上掲（註41）と同じ
59 Tib. には単に「ある人が」(skyes bu shig) と訳されている。
60 Tib. には「尊敬すべき」(bhavantaḥ) に当たる訳語はない。
61 上掲（註41）と同じ

愛欲から身体が離れ、また、［諸愛欲から］心が離れて住せり[62]。さらに、われの愛欲への歓喜云々と、すべて前述の如くにして、それもまた、われには鎮静せられたり。しかもまた、われが自らを傷つけ、身体を痛めつけて、苦しく云々と、中略して、乃至、感覚を受ける。その時、実に、われは人間の法より上の、全く神聖なる最勝の知見を[63]證得することあたうべし」［と］。

かくして実に、比丘らよ、菩薩は、望むがままに、ガヤーのガヤ－シールシャ山[64]（象頭山）に住したるのち、徒歩にて遊行遍歴しつつ、ウルヴィルバーのセーナーパティ村[65]なるところ、そこに赴き、そこに到達せり[66]。そこにおいて［菩薩は］、水清くして、よき沐浴段があり[67]、端麗なる樹木と叢林に荘厳せられ、近隣に托鉢できる村のある、ナイランジャナー河を見たり。また、その時、菩薩の心は大いなる満足を生じたり。「まことに、この地処は平らかにして心地よく、独居黙考するに適したり。これは、断惑行を願求する族姓子（善男子）[68]にとりて充分なり。われもまた断惑行を願求するが故に、いざ、われは、ここにこそ住すべし」［と］。

かくして実に、比丘らよ、菩薩はかくの如く思念せり。「われは、このジャンブドゥヴィーパ［閻浮提］[69]に、五濁［悪世］[70]の時に来下せり。衆生は劣悪なるものを信解し、外道の衆に満ち、種々の邪見に陥り、身体に

62　Tib. は「諸愛欲から身体が離れて住し、諸愛欲から心が離れて住せり」という意味の訳文となっている。
63　上掲（註41）と同じ
64　gayāśīrṣa は「伽耶城の西南にある山」であり、「伽耶山」あるいは「象頭山」と呼ばれる。
65　uruvilvā は地名、senāpati は村名であり、釈尊が苦行した場所である。ただし、方広には「優樓頻螺池側東面」と訳されている。
66　Tib. は「そこに赴き、到達せり」という意味の訳文となっている。
67　原語は sūpatīrtha (= having good steps for bathing) であり、方広には「涯岸平正」と訳されている。
68　「族姓子（善男子）」(kulaputra) には「良家の子、善良な紳士、立派な若者、正しい信仰を持つ人」の意味がある。在家の男性信者に対する敬称として用いるが、菩薩に対して用いる場合もある。
69　jambudvīpa（閻浮提）とは「須弥山の南方にあるとされる大陸の名」であり、人の住む四大洲の一つであり、インド亜大陸からイメージされた人間世界である。
70　原語は pañcakāṣāya（五濁）であるが、方広には「五濁悪世」と訳されている。五濁とは「劫濁・見濁・煩悩濁・衆生濁・命濁の五つのけがれ」を指す。

食物を摂ることに執着し[71]、愚癡者たちは種々なる痛苦・熱苦［を受けること］によりて身体の[72]清浄を求め、［その道を］教示せり。例えば、かくの如し。マントラ（呪文）を用い、手を舐め、乞食をせず[73]、言葉を話さず[74]、種々の根を食し、魚・肉を[75]食さず、雨期に外出せず、酒（スラー）・糠・水を摂らず、１軒・３軒・５軒・７軒の家より食を受け、根・果実・シャイヴァーラ（水草の一種）・クシャ草・葉・牛の糞・牛の尿・乳糜・乳酪・酥[76]・甘蔗汁（さとうきびの濃汁）・生の粉を飲食し、鶴や鳩が[77]噛み吐いたものを洗って食し[78]、また、村と林野の［の両處］にて生活し、牛戒行（牛の言動をまねる苦行）や鹿・犬[79]・野猪（イノシシ）・猿・象の戒行をなし、直立し、沈黙し、勇者の如く坐し、また、一口食し、乃至、七口食し、また、一昼夜の、乃至、四・五・六昼夜の間に一回だけ食し、また、半月の断食・ひと月の断食・月の行程に合わせる断食をなし[80]、また、禿鷲や梟の翼を身に着け、また、樹皮・ムンジャ草・アサナ樹（亜麻？[81]）の皮・ダルバ草・ヴァルヴァジャ草[82]・駱駝の毛皮・毛髪の上衣・獣皮の

71　Tib. は「執着せる時に来たれり」という意味の訳文となっている。

72　Tib. には「身体の」（kāya）に当たる訳語はない。

73　「乞食をせず」の原語については諸写本に混乱が見られ、L. は nayācanakair と校訂しているが、そのように読める写本はない。ここでは N4に従って ayācanakair と校訂する。

74　L. は「言葉を話さず」の原語（anāmantraṇakair）を括弧に入れているが、Tib. にはこれに対応する部分があるので、括弧をはずすべきである。

75　Tib. には śa daṅ ña（肉・魚を）と訳されている。

76　「乳糜」（pāyasa）は「牛乳で煮た米、乳粥」、「乳酪」（dadhi）は「牛乳を発酵させて飲みやすくしたもの、凝乳」、「酥」（sarpis）は「精製された牛酪（バター）」である。

77　「鶴や鳩が」の原文については諸写本に混乱が見られ、L. は sārasikāpotaka と校訂しているが、ここでは Tib. を参考に、sārasikākapota° と読む。

78　原文 saṃprakṣālaka は単に「洗って」の意味であると思われるが、Tib.［bkrus te za ba］を参考に「洗って食し」と訳す。

79　「鹿・犬」の原文は全写本において mṛgāśva（鹿・馬）とされているが、Tib.［ri dags daṅ khyi daṅ］を参考に mṛgaśva（mṛga + śvan）と読む。

80　「一昼夜の」以下の部分は、Tib. には「食物を［一日に］一回摂り、一昼夜の、乃至、四・五・六昼夜の間隔をおいて食し、半月［に一回］の、あるいはひと月［に一回］の食事をなし、月の行程に合わせて断食し」という意味の訳文となっている。

81　「アサナ樹」（asana）は Tib. には zar ma（= atasī；亜麻）と訳されている。

82　「ダルバ」（darbha）、「ヴァルヴァジャ」（valvaja; balbaja）ともに、一種の草（恐らく粗野な草）の名である。

衣服をまとい[83]、濡れた布・露台の上[84]・水中に横たわり、灰・砂利・石・板・棘・草の葉・棍棒の上に横たわり、倒立し[85]、蹲坐し[86]、露地に横たわり、また、一枚の衣服、二枚、三枚、四枚、五枚、六枚、七枚、さらに多くの衣服を着け、また、裸体になり、是處・非處の[87]規律を有し、髪・爪・鬚を長く伸ばして辮髪の髻を有し、なつめ・ごま・米の一粒だけを食し、灰・墨・供花の残余・煙煤・黒塵・砂塵・粘土を［全身に］塗り、身毛・［人の］頭蓋骨[88]・毛髪・爪・襤褸[89]・泥・髑髏を持ち、熱湯・米の汁・褐衣で漉した水[90]・洗滌後の［鍋の中の］汚水[91]を飲み、炭・［赤い？］顔料[92]・袈裟[93]・三岐杖[94]・剃頭[95]・水瓶・頭蓋骨[96]・寝台の脚を持って、愚癡者たちは清浄を［めいめい］感得する。煙を吸い、火焔を呑み、太陽を凝視し、五

83　「～をまとい」の原語について写本間に混乱が見られ、BHSD には nivāsana と読むべきであると示唆されているが、ここでは写本の大勢に従って nivasana と校訂する。
84　「露台の上」の原語について写本間に混乱が見られ、BHSD には āstopaka という読み方が疑問符付きで示されているが、ここでは Tib. を参考に stopaka（= staupika?）と読む。
85　「倒立し」の原語を諸刊本は avākchiras としているが、ここでは多写本を参考に avāñcchiras と読む。
86　「蹲坐」（utkuṭuka）とは、相撲にいうところの「蹲踞（そんきょ）」に近い姿勢の坐し方と思われる。
87　「是處・非處の」の原文（sthānāsthāna）については、中村元『佛教語大辞典』(688.1) に「處非處」として説明がなされているが、Tib. によれば snānāsnāna（沐浴と非沐浴の）と読むべきところ、写本の支持がない。
88　muṇḍa は通常「禿頭」の意であるが、ここでは Tib. を参考に「人の頭蓋骨」と見る。
89　諸刊本は cīvara と校訂しているが、Tib.［tshal buḥi smad gyogs］を参考に cīra と読むのが適切である。
90　「褐衣で漉した水」の原文は写本間で混乱が見られるが、Tib.［la bar btsags pa］を参考に srāvitakāmbalika と読むのが適切である。なおここで用いている「褐衣」とは「毛織の粗末な衣服」の意である。
91　原文 sthālīpānīya は「調理鍋の水」の意味であるが、ここでは Tib.［khrud ma］を参考に「洗滌後の汚水」と訳す。
92　原語 dhātu は意味不明であるが、Tib.［tshon rtsi］は梵語 raṅga の訳語に当たるので、「顔料」と訳す。
93　kāṣāya（袈裟）は通常、仏教修道僧の衣服（法衣）の呼称であるが、元来「赤褐色」の意味があり、「もとインドの猟師などが着ていたぼろの衣」のことであった。中村元『佛教語大辞典』298頁参照。
94　「三岐杖」（tri-daṇḍa）とは「杖の先が三つに分かれているもの。ヒンズー教の行者が手にする」ものである。中村元『佛教語大辞典』459頁参照。
95　「剃頭」の原語について諸刊本は muṇḍika と校訂しているが、東大主要写本に従って muṇḍa と読む。
96　原語 kapāla は、Tib. には miḥi thod pa（人の頭蓋骨）と訳されている。

火[97]［の苦行］を修し、片足・腕揚げを持続し、一本足で立ち［などの方法により］て[98]、苦行を積集する。籾殻等の炭[99]・焼けた壷[100]・焼けた石・燃える火焔に入り、食物を摂らず、砂漠や沐浴場に行って死ぬことにより、望ましき来世の境界[101]を求める。オームとの発声・ヴァシャットとの発声・スヴァダーとの発声・スヴァーハーとの発声[102]・祈祷[103]・讃辞・［祭壇の］薪積み・［神々の］招請[104]・真言（マントラ）の念誦・読誦［された文句］の記憶をなすことによって、［愚癡者たちは］清浄を［めいめい］感得する。また、清浄なるアートマン［の存在］を考えて、それらに依存する。すなわち、ブラフマン・インドラ・ルドラ・ヴィシュヌ・デーヴィー・クマーラ・マートリ・カートヤーヤニー[105]・月・太陽・毘沙門天・ヴァルナ（水神）・ヴァーサヴァ[106]・アシュヴィン[107]［双神］・竜・夜叉・ガンダルヴァ・アスラ（阿修羅）・ガルダ・キンナラ・マホーラガ・ラークシャサ（羅刹）・ブータ・クンバーンダ・プレータ[108]・パールシャダ（神々の従者）・ガナ（低位

---

97 「五火」とは、「身の回りの四方に火を燃やし、頭上の太陽の暑熱に身をさらす苦行」（五熱炙身）である。中村元『佛教語大辞典』373頁参照。

98 「片足」以下の部分がTib.では「片足と片手を上に揚げ、一本足で立ち、同一処にのみ住して」という意味の訳文となっている。このTib.によれば、原文中のsthānaはekasthānaではないかと思われるが、写本の支持がない。ここではsthānaを「持続」と訳した。

99 Tib.は「籾殻など・焼けた炭」という意味の訳文となっている。

100 原文dāhanikumbhasādhanaは意味不明である。ここではTib.[bum pa bsregs pa]を参考に、kumbhasādhanaを「壷」の意味と見なし、全体を「焼けた壷」と訳す。

101 「境界」とは、この場合、「（善悪の行為の）果報として各自が受ける境遇」の意味である。

102 「オーム」以下の聖音の原語は、順次Om, Vaṣaṭ, Svadhā, Svāhāである。

103 「祈祷」の原語（āśī）をL.はāśīrvacanaと校訂しているが、L.の依用せるA写本にāsīvacanaとある以外には、確認できる写本のすべてにvacanaは欠けている。

104 「薪積み・招請」の原文について写本間に混乱が見られ、東大主要写本はcayana-vāhanaと記しているが、文脈によりL.に従ってcayana-āvāhanaと読む。なお、「薪積み」（cayana）はTib.にはsbyin sreg（= homa；護摩）と訳されている。

105 「ブラフマン」以下の神名の原語は、順次brahman, indra, rudra, viṣṇu, devī, kumāra, mātṛ, kātyāyanīである。

106 vāsavaとは「Vasu神群」であり、神々の一部類（その数は通常８名）の名称である。インドラ神をその首長とするが、後世にはアグニ（火神）およびヴィシュヌ神がその首長とされる。荻原雲来編『梵和大辞典』1183頁参照。

107 aśvinは「暁の双生神」とされる。

108 東大写本および諸刊本はpreta-bhūta-kumbhāṇḍaとし、「プレータ」と「クンバーンダ」が入れ替わっているが、東大写本以外の７写本にbhūta-kumbhāṇḍa-pretaとされ、こちらがTib.に合する。

の神群)・ピトゥリ[109]（祖先)・ピシャーチャ（食肉鬼)・また、神仙・王仙・梵仙などに帰命し、彼らを主要な実在であると妄想する。また、地・水・火・風・空に依存する。また、山・峡谷・川・泉・池・湖・沼・海・貯水池・井戸・蓮池[110]・樹木・叢林・蔓・草・切株・牛舎[111]・墓地・十字路・三叉路・街路などに依止する。また、家・柱・石・杵・剣・弓・斧・矢・槍・三叉戟などに帰命する。また、乳酪・酥油・芥子・大麦・ドゥールヴァー草[112]・宝珠・金・銀などを吉祥なるものと［それぞれ］考える。これらの外道たちは[113]、輪廻の恐怖におびえて、かくの如き類のことを行い、また、依止する。

この世における、ある者〔男子[114]〕たちは、『われらの昇天と解脱とは、かくの如きによって成就すべし』と考えて、[115]邪道に赴き、帰依処ならざるものを帰依処と妄想し、吉祥ならざるものを吉祥と妄想し、清浄ならざるものを清浄と考える。さればいざ、われは、一切の外道異論が摧伏されるべき、また、業と所作（義務）とを忘失せる諸衆生に業と所作との消滅せざることを示すべき、また、禅定の境界[116]にある色界の天神たちを殊勝なる禅定を示すことにより善く誘引すべきところの、かくの如き、すぐれた禁戒と苦行とを勤修せん」と。

かくして、比丘らよ、菩薩はかくの如く思念して、六年の間、非常に激しく、甚だ行じ難く[117]、極めて為し難き禁戒と苦行との難行を始めたり。

109 pitṛ の部分は、諸刊本に pati と校訂されている。東大主要写本によれば preta であるが、これは直前の preta と重複するので、Tib. mtshun（祖先・祖宗）に従って pitṛ と読む。
110「井戸・蓮池」の原文（kūpa-puṣkariṇī）は諸刊本には puṣkariṇī-kūpa と校訂されているが、Tib. に従って kūpa を前に移す。
111「牛舎」は Tib. には単に lhas（= śālā；小屋）と訳されている。
112 dūrvā とは「祭式に用いられる草の名」である。
113「外道たちは」の原語について諸写本に混乱が見られる。Tib.［gshan mu stegs］によれば anyatīrthyāḥ と読むべきであるが、東大写本および諸刊本には anya は欠落している。
114 多くの写本が「男子」に当たる部分に putrair を挿入しており、L. は paratra を挿入しているが、いずれも文脈上不要と思われる。Tib. にもこれに当たる訳語は見当たらない。
115 Tib. には de ltar（かくして）が挿入されている。
116 この場合の「境界」は「心の状態、境地」の意である。
117「甚だ行じ難く」の原語は、写本の大勢によれば L. の校訂（suduṣkarāt）が正しい

何故に難行と呼ばれるかと言えば、それは耐え難き苦痛なり。それ故に難行と呼ばれる。衆生界に存在する人間や魔物にして、かくの如き難行を実修しうる、かくなる衆生は一人もなし。「呼吸の停止」[118]（止息）の禅定に入りたる、最後身[119]の菩薩を除きて。何故に「呼吸の停止」と呼ばれるかと言えば、彼は、まず第一に、第四の禅定に入りたる時、入息出息を抑圧し、停止させる。その禅定は妄念なく、妄分別[120]なく、不動にして、意識なく、変化することなく、一切のものに随入し、一切のものに依止せず、また[121]、その禅定は、いまだかつて、有学（阿羅漢位に達していない聖者）、無学（阿羅漢位の聖者）、独覚、あるいは、正行の道に入りたる菩薩の、誰によりても全く経験せられざるものなり。さらにまた、《呼吸の停止は》「虚空」とも呼ばれ[122]、充溢することなく、作為なく、変化することなく[123]、しかも、それは一切に遍満するが故に、実に、その禅定は虚空の如し。それ故に「呼吸の停止」[124]と呼ばれる。

さてまた、比丘らよ、菩薩は、世間に不可思議を顕示するために、また、諸外道の傲慢を除去するために、また、諸異学を摧伏するために、また、諸天神を善く誘引するために、断見や常見を説いて業と所作（義務）とを忘失せる諸衆生に業と所作とを深く理解せしめるために、福徳の果報を宣

が、これでは文意が不明である。ここでは Tib. を参考に suduṣcarāṃ と読む。

118「呼吸の停止」（āsphānaka）は、Tib.（mkhaḥ khyab；虚空遍満）によれば āsphāraṇaka（*or* āspharaṇaka）と読むべきであるが、写本の支持がない。この後、この語の梵語と Tib. の不整合は一貫して同じである。方広には「我今住彼不動三昧。…猶如虚空遍於一切無能變異。此定名為阿娑婆那」（大正三581中）と訳されている。『仏本行集経』でも「不動三昧」と呼ばれている（大正三中～下）。

119「最後身」（carama-bhavika）とは、「この世でさとりを開いて、もはや生まれかわることのないこと」であり、「最後生」ともいう。中村元『佛教語大辞典』445頁参照。

120「妄分別」とは「主・客対立的に物事を認識する主観のはたらき」をいう。中村元、同上書、1364頁。

121 Tib. には「また」（ca）に当たる訳語はない。

122「呼吸の停止は」の原語（āsphānaka）は東大主要写本には欠けており、また Tib. には、「さらにまた」以下の部分が、mkhaḥ shes bya ba ni nam mkhaḥ ste（虚空とは天空にして）と訳されている。

123「変化することなく」（avikaraṇaṃ）は、Tib. には rnam par mi mthor ba（散乱することなく）と訳されている。

124 文脈上、この「呼吸の停止」は、Tib. の如く「虚空遍満」とするのが適切であるように思われる。

揚するために、智慧の果報を顕示するために、禅定の要素を区別（分析）するために、身体の力と強さを顕示するために、また、精神の勇気を生ぜしめるために、整地せざる自然の[125]大地の上に、結跏趺坐して坐せり。また、坐して、自らの身体を心によって抑制し、逼悩[126]せしめたり。

それから、比丘らよ、われは、［厳寒なる］冬季の［満月後］第八日目の夜、同様に、身体を抑制し逼悩せしめたる時に、両腋からも汗が流れ出て、また、額からも汗が流れ出て、《地面に落ちて[127]》結露し、熱をおびて、蒸気を発したり。あたかも、剛強なる者が非常に虚弱なる者の頸を捕らえて圧迫するが如く、まさにその如く、比丘らよ、この身体を心によって抑制し逼悩せしめたる時、両腋からも汗が流れ出て、また、額からも汗が流れ出て、地面に落ち、結露し、熱をおびて、蒸気を発したり。

比丘らよ、その時、われはかくの如く思念せり。「いざ、われは呼吸停止の禅定[128]を修習すべし」［と］。それから、比丘らよ、われは呼吸停止の禅定を修習せる時、口からも鼻からも入息出息の［両方ともに］停止したり。両耳孔より、高き音・大きな音を[129]発したり。あたかも、鍛冶屋のふいごが吹かれる時に、高き音・大きな音が出るが如く、まさにその如く、比丘らよ、口と鼻［の両方］からの入息出息を停止したる時、両耳孔より高き音・大きな音を発したり。

比丘らよ、その時われは、かくの如く思念せり。「いざ、われは、さらにいっそう、呼吸停止の禅定を修習すべし」と。それから、われの口と鼻と耳とを閉塞したり。それらを閉塞せる時、［体内の］風は上方において頭蓋骨を打てり。比丘らよ、あたかも、ある者が先鋭ならざる槍を以て頭

---

125 原語はasaṃskṛtaであるが、Tib.[byi dor ma byas paḥi sa tha mal ba] を参考に「整地せざる自然の（大地）」と訳す。

126「逼悩」（niṣpīḍayati）とは「無理に苦しめること」である。

127「地面に落ちて」の原文は東大主要写本に欠落しているが、文脈上も Tib. によっても必要である。

128「呼吸停止の禅定」は、Tib. には「虚空遍満の禅定」（bsam gtan mkhaḥ khyab）と訳されている。

129「高き音・大きな音を」は Tib. には「激しい大きな音を」という意味の訳文となっている。

蓋骨を打てるが如く、まさにその如く、比丘らよ、口と鼻と耳における入息出息を閉塞したる時、上方において頭蓋骨を打てり。

そこにおいて、ある天神たち[130]は、菩薩のこの状態[131]を見て、かくの如く言えり。「ああ悲しきかな、このシッダールタ王子は、あわれにも[132]、命終（死亡）せり」。他の者たちは、かくの如く言えり。「これは命終したるにあらず。而して、これは、阿羅漢たちが禅定に住する時の通常の様式なり[133]」と。［彼らは］その時、かくの如き偈を唱えたり。

1. この、シャーキヤ（釈迦）王の息子たる者が、
   念願を成就せず、目的も達せずして、
   苦悩せる三界を庇護者なきものとなし、
   命終したまうことのなからんことを。
2. おお、堅実なる衆生よ、誓言の確固たる者よ、
   往昔[134]、われらは兜率天にて、庇護者たる御身によって[135]、
   正法の祭式に招待せられたり。
   清浄なる衆生よ、御身の、あの誓言はいずこにありや。

それから、かの天子たち[136]は、三十三天界に行き、マーヤー妃に、これらの経緯を知らせたり、「王子は命終したまえり」［と］。

そこで、マーヤー妃は、アプサラス（天女）衆に囲繞せられて、真夜中時に、ナイランジャナー河の岸辺の、菩薩のいますところに近づけり。彼女は、身体枯渇して[137]命終したるが如き菩薩を見たり。［それを］見て、

130「天神たち」（devā）は、Tib. には lhaḥi bu（天子）と訳されている。
131「状態」（avasthā）は、Tib. には na ba（病状）と訳されている。
132 Tib. には「あわれにも」（bata）に当たる訳語はない。
133 Tib. は「これは命終したるにはあらずして、禅定に住する阿羅漢たちの［修行の］方法がかくの如くなり」という意味の訳文となっている。
134「往昔」とは「むかし」の意である。
135 Tib. は「庇護者によって」という意味の訳文となっており、「御身」（te）に当たる訳語はない。
136「天子たち」（devaputrā）は、Tib. には lha（天神）と訳されている。
137「枯渇して」（śuṣka）の部分は、確認できる全写本において śuddha（清浄な）となっ

［マーヤー妃は］涙で喉（のど）をつまらせながら、泣き始めたり。

また[138]、その時、次の如き偈を唱えたり。

3. ルンビニーと名づける森にて、私の息子として生まれし時、
獅子の如くに、支えられることなくして、汝は自ら七歩を歩行せり。
4. 四方を観察して、汝は浄妙（じょうみょう）なる語を発したり。
「これはわが最後の生（しょう）なり」と。それは汝によって成就せられざりき。
5. アシタ仙は、汝が世間において仏陀とならんと告げたりしも、
彼の授記（じゅき）は[139]破れたり。彼は［世間の］無常性を見ざりき。
6. ［私の］息子は、喜ばしき転輪聖王（てんりんじょうおう）[140]の栄光をも享受せず、
また、菩提を證得することもなくして、森にて死に赴（おもむ）けり。
7. 息子のために誰かを頼って苦悩せる［私は］、誰に哀願すべし。
息もたえだえの私の一人息子に、誰が命を与えるならん。

菩薩は言えり。

8. 非常に[141]悲しげに泣いている[142]、この人は誰か。
髪を振り乱し、優雅さを失い、
激しく[143]息子を悲歎して哀哭し、
地面に坐して身もだえするは。

マーヤー妃は言えり。

ているが、文脈上、また Tib. に従って、śuṣka と読む。
138「泣き始めたり。また」の部分が、Tib. には ṅus nas（泣いたのち）と訳されている。
139 Tib. には luṅ bstan pa yaṅ（授記も）と訳されている。
140「転輪聖王」とは「統治の輪を転ずる聖王の意。インド神話において世界を統一支配する帝王の理想像」である。中村元『佛教語大辞典』991頁参照。
141「非常に」の原語について写本に混乱が見られ、L. は ati tvāṃ と校訂している。ここでは、写本の支持はないが、韻律により atīvā と読む。
142「泣いている」の原語についても写本に混乱が見られ、L. は rudāsi と校訂している。ここでは、写本の支持はないが、韻律と文脈から rudantī と校訂する。
143「激しく」の原語は、確認しうる全写本において atīva と記されているが、韻律により atīvā と読む。

9. 私によって、十ヶ月の間、金剛の如き［汝］が懐胎せられたり。
息子よ、私は汝の[144]、かの母にして、深く哀しみ哀哭せり。

その時、菩薩は《母を[145]》なぐさめて告げたり。「息子を愛する者よ、恐れるなかれ。［われは］あなたの労苦を実りあるものとなさん。仏陀［となるため］の[146]世俗的欲望の放棄は有意義なり。また、［われは］アシタ仙の予言を実現し、【また】ディーパンカラ仏（燃燈仏）の授記を実現すべし」［と］。

10. たとい大地が百の断片に裂けようとも、
宝の峰なるメール山が水に浮かぼうとも、
日・月・星辰が大地に落ちようとも、
凡夫のままにては、われは決して死なざるべし。
それ故に、今や、あなたは悲しむことなかれ。
久しからずして、［あなたは］仏菩提（仏陀の悟り）を見るならん。

［それを］聞くや否や、マーヤー妃は、歓喜して身毛竪立し、菩薩にマーンダーラヴァ（曼陀羅）の花を撒き散らして、右繞三匝[147]し、天上の楽器をかなでつつ、自らの宮殿のあるところへと、帰り行けり。

比丘らよ、その時[148]われはかくの如く思念せり。「わずかの食物を摂ること（断食行）を清浄と考えるところの、或る沙門や婆羅門たちが存在する。さればいざ、われは断食行を実修すべし」と。比丘らよ、われは、ただ一粒の棗の実を食物として一個だけ食することを決意せり[149]。しかるに、

---

144 Tib. には「汝の」（te）に当たる訳語はない。
145「母を」の原語（mātaram）は、文脈上、また Tib. を参考に、挿入すべきであるが、写本の支持がない。
146 Tib. は「仏陀とならんがためには」という意味の訳文となっている。
147「右繞三匝」とは、「（神聖なものを）右回りに三周すること」である。
148 Tib. には「その時」（tasya）に当たる訳語はない。
149 Tib. は「われは決意して、ただ一粒の棗の実を一個だけ食したり」という意味の訳文となっている。

比丘らよ、汝らにかくの如き心念あらん。［すなわち］「その時の棗の実はきわめて大なるものなりけむ[150]」と。しかし、そのように見らるべきにあらず。而して実に、その時の棗も今［の棗］と同じほどなりき。その時われは、比丘らよ、ただ一粒の棗の実を食物として、一個だけ食したれば、身体は極度に衰弱し、痩せたり。比丘らよ、あたかも、アーシータキー[151]茎の節、あるいは、カーラ[152]茎の節の如く、われの身体部分と各肢節は、まさにその如くになれり。あたかもカルカタカ（蟹）[153]の肋骨の如く、《われの[154]》肋骨も、まさにその如くになれり。あたかも、老朽化して両側から破れた荷馬車小屋[155]や象小屋の、梁の骨組みの間が光って明るく見えるが如く、まさにその如くに、《われの[156]》肋骨は、［前後の］両側から体内が光って、明るく見えたり。あたかも、つづられた数珠がでこぼこにして、滑らかに且つざらざらになれるが如く、その如く、われの背骨はでこぼこにして、滑らかに且つざらざらになれり。あたかも、若くて苦い瓢箪が切られて萎れ、《しぼんで[157]》空の椀器の如きもの[158]《になれる[159]》が如く、まさにその如くに、【われの[160]】頭は萎れ、しぼんで、空の椀器の如きものになれり。あたかも、夏季の最後の月に［水が少なくなり］、井戸の［中に

---

150 Tib. は、単に「その時の棗は大きかった」という意味の訳文となっている。
151 āsītakī は、Tib. には ldum bu（茎状植物の名）と訳されている。
152 kāla は、Tib.［ka li kaḥi］によれば kālikā とすべきであるが、写本の支持がない。
153 karkaṭaka は、Tib. には srog chags kar ka ta ka（カルカタカ虫）と訳されている。
154「われの」の原語（me）は B 以外の写本に欠けているが、文脈上、Tib. に従って挿入すべきである。
155「荷馬車（小屋）」の原語（vāhanakāra）は BHSD によっても Mv の当該箇所においても vāhanāgāra と読むべきであるが、写本の支持がない。ここでは Tib. bshon pa（= vāhana）を参考に「荷馬車（小屋）」と訳す。
156「われの」の原語（me）は東大主要写本に欠けているが、文脈上、Tib. に従って挿入すべきである。
157 原文 bhavati saṃmlānaḥ は東大主要写本に欠けているが、Tib. によればこれを挿入すべきである。
158 原語 sam(ut)puṭakajātaḥ は、Tib. には rtsum rtsum por（Foucaux の蔵訳テキスト *RGYA TCH'ER ROL PA* では rtsub rtsub por）と記されており、「～の如きもの」に当たる訳語は見当たらない。
159 上記註157に示したように「～になれる」の原語（bhavati）は東大主要写本に欠けている。
160「われの」の原語（me）は T3以外の写本に欠けているが、Tib. によれば挿入すべきである。

映る］星[161]が底深くに行き、辛うじて見えるが如く、まさにその如く、われの眼の瞳は、孔奥にくぼみ、辛うじて見えたり。あたかも、山羊の足、あるいは、駱駝の足の如く、まさにその如くに、われの腋・腹・胸等はなれり。それ故、比丘らよ、われが手で腹をなでようとすれば、背骨に直に触れたり。立とうとして起きあがらんとするも、そのまま、うつ伏せに倒れたり。辛うじて起きたるも、埃にまみれたる身体を手で掃うや、われの[162]腐敗せる身毛は[163]身体から落ちたり。かつてのわが身色は優美なりしも[164]、それも消失せり。言うでまもなく[165]、苛烈なる勤行に自ら専念したるが故に。また、われの托鉢村[166]に住する近隣の者たちも、[167]かくの如く認識せり。「ああ実に、沙門ガウタマは黒い。ああ実に、沙門ガウタマは青黒い。ああ実に、沙門ガウタマはマドゥグラ［魚］[168]の肌色の如し。かつての彼の、かの[169]明浄なる[170]身色の輝き、それも消失したり」［と］。

比丘らよ、その時われはかくの如く思念せり。「いざ、われは、さらにいっそう烈しく、断食行を実修すべし」と。比丘らよ、われは、ただ一粒の米を食物として、一個だけ食することを決意せり[171]。比丘らよ、汝らにかくの如き［心念］があるべし、「その時の米粒はきわめて大なるものなりけむ」と。しかし、そのように見らるべきにあらず。而して、その時の米粒も、今のものと同じほどなりき。比丘らよ、その時われは一粒の米を食物として食したれば、身体は直ちに云々と、前述の如くにして、乃至、

161 方広には「井底星」と訳されている。
162 Tib. には「われの」（me）に当たる訳語はない。
163 Tib. は「身毛はすべて」という意味の訳文となっており、「すべて」（thams cad）が挿入されている。
164 Tib. は「わが身色は艶やかにして優美なりしも」という意味の訳文となっており、「艶やかにして」（mdses śiṅ）が挿入されている。
165「言うでまもなく［～が故に］」（yathāpīdaṃ）は、Tib. には ḥdi ltar（かくの如く［～専念したるが故に］）と訳されている。
166「托鉢村」（行乞村）とは「修行者が乞食のために托鉢に行く村」の意味である。
167 Tib. には「その時」に当たる訳語（de la）が挿入されている。
168 madgura は Tib. には ña mad gu ra（マドゥグラ魚）と訳されている。
169 Tib. には「かの」（sā）に当たる訳語はない。
170「明浄なる」の部分の Tib. は「艶やかにして優美なる」という意味の訳文となっている。
171 Tib. は「われは決意して、われは食物として、ただ一粒の米を、一個だけ食したり」という意味の訳文となっている。

「ああ実に、沙門ガウタマはマドゥグラ［魚］の肌色なり」と［続き］、「《かつての[172]》彼の《かの[173]》身色は優美なりしも[174]、それも消えたり」［というところまで同じ］。

比丘らよ、その時われはかくの如く思念せり。「いざ、われは、さらにいっそう烈(はげ)しく、断食行を実修すべし」と［いうところから］、比丘らよ、われは、ただ一粒の胡麻(ごま)を食物として、一個だけ食することを決意せり、等々と［略して］彼の《優美なる[175]》身色、それも消えたり」というところまで［同じ］。

比丘らよ、その時われは、かくの如く思念せり。全く食さざることを清浄と考える、或(あ)る沙門や婆羅門たちが存在する。さればいざ、われは、全く完全に、断食を実修すべし」と。比丘らよ、それから、われは[176]［完全なる］断食を遂行(すいこう)したり。比丘らよ、その時われは［完全に］断食したれば、身体は極度にひからび、衰弱して、痩せたり。あたかもアーシータキー茎の節(ふし)、あるいはカーラ茎の節の、それより二倍・三倍・四倍・五倍・十倍までに、われの身体部分と各肢節は痩せたり。たとえば《肋骨は[177]》カルカタカ（蟹）の肋骨、あるいは、荷馬車小屋の梁(はり)の骨組み［の如く］[178]、背骨は二重巻きにつづられた数珠《の如く[179]》、頭蓋骨は苦(にが)い瓢簞(ひょうたん)の如く、瞳孔は井戸の［中に映る］星の如くになれり。比丘らよ、われが、しっかり立とうとして、身体を起こさんとするも[180]、うつ伏せになって倒れたり。

---

172 原文 sābhūt paurāṇā は T2以外の写本に欠けている（sā は T2にも欠けている）が、Tib. によればこれを挿入すべきである。

173 上註172に示したように「かの」の原語（sā）は全写本に欠けている。

174「優美なりしも」は Tib. には「艶やかにして明浄なりしも」という意味の訳文となっている。

175「優美なる」の原語（śubha）は東大主要写本に欠けているが、文脈上、Tib. に従って挿入すべきである。

176 Tib. には「われは」（ahaṃ）に当たる訳語はない。

177「肋骨は」の原語（pārśve）は東大主要写本に欠けているが、Tib. によればこれを挿入すべきである。

178 Tib. には「梁の骨組み」（gopānasī）に当たる訳語はなく、「荷馬車小屋の如くになれり」という意味の訳文となっている。

179「～如く」の原語（°vat）は東大主要写本に欠けているが、文脈上、Tib. に従って挿入すべきである。

180 Tib. は「身体を動かしても」という意味の訳文となっている。

辛うじて起きたるも、埃にまみれたる、われの[181]身体を［手で[182]］掃うや、根の[183]腐敗せる身毛は［すべて身体から[184]］落ちたり。［かつて[185]］われにありしところの、かの[186]優美なる身色[187]、それも消えたり。言うでまもなく[188]、苛烈なる勤行に自ら専念したるが故に。また、われの托鉢村に住する近隣の者たちも、かくの如く認識せり。「ああ実に、沙門ガウタマは黒い。ああ実に、沙門ガウタマは青黒い。ああ実に、沙門ガウタマはマドゥグラ［魚］の肌色の如し。かつての彼の、かの[189]明浄なる身色の輝き、それもまた消失したり」と。

その時、シュドーダナ王（浄飯王）もまた、毎日、菩薩のもとに使者を送りたり。

比丘らよ、かくの如く、菩薩は、世間に奇特なる所行を顕示するために、業と[190]所作（義務）を忘失せる諸衆生に、業と所作とをよく理解させるために、また、福徳の集積［の果報］を宣揚するために、また、偉大なる智の功徳を顕示するために、また、禅定の諸要素の区別（分析）のために、一粒の胡麻・棗・米によって六年間苦行を顕示して、心は怯弱[191]ならざりき。菩薩は、六年間、［最初］坐したるがままに、結跏趺坐して坐し続け、しかも、威儀を失うことなかりき。日向より蔭に行くことなく、蔭より日向に行くこともなかりき。また、風・日光・雨から避難することもなかりき。また、虻・蚊・蛇蝎類を追い払わざりき。また、大便・小便・痰・鼻汁を出さざりき。また、［身を］縮めることも伸ばすこともなかりき。脇・

181 Tib. には「われの」（me）に当たる訳語はない。
182 Tib. には、「手で」に当たる訳語（lag pas）がある。
183 Tib. には「根の」（mūla）に当たる訳語はない。
184 Tib. には、「すべて身体から」に当たる訳語（thams cad lus las）がある。
185 Tib. には、「かつて」に当たる訳語（sṅon）がある。
186 Tib. には「かの」（sā）に当たる訳語はない。
187 śubhavarṇatanunibhā の nibhā は単なる冗語と見なし、「優美なる身色」と訳す。なお、Tib. は「（わが）身色は艶やかにして優美なりしも」という意味の訳文となっている。
188「言うでまもなく［～が故に］」（yathāpi tad）は、Tib. には ḥdi ltar（かくの如く［～したるが故に］）と訳されている。
189 Tib. には「かの」（sā）に当たる訳語はない。
190 Tib. には「業と」（karma°）に当たる訳語が欠落している。
191「怯弱」とは「心がおびえ弱弱しいこと」である。

腹・背を下にして横たわることもなかりき[192]。また、〔かの[193]〕大雲・驟雨[194](にわか雨)・雨・稲妻・秋・夏・冬なるところのもの、それらも菩薩の身体に降りかかりたり[195]。されど、菩薩は手によってすらも［わが身を］蔽うことなかりき。感官を閉じることなくして、［しかも］感官の対象を執らざりき。また、そこに来たれる、村の少年たち、あるいは、村の少女たち、あるいは、牧牛者たち、あるいは、牧畜者たち、あるいは、草を運ぶ者たち、あるいは、材木を運ぶ者たち、あるいは、牛糞を運ぶ者たち、彼らは菩薩を塵塊のピシャーチャ[196]（食肉鬼）と考えたり。また、彼（菩薩）に戯れて、彼に土を擦りつけたり。

かくして、菩薩は、その六年間において、しばらく[197]、身体の粗悪・劣等・虚弱なる者となれり。そのために[198]、彼の両耳孔より草や綿を入れると両鼻孔より出で来たれり。両鼻孔より草や綿を入れると両耳孔より出で来たれり。両耳孔より草や綿を入れると口より出で来たれり。口より入れると耳孔と鼻孔より出で来たれり。［一方の］鼻より入れると、耳と［他方の］鼻と口より出で来たれり。

また、天・竜・夜叉・ガンダルヴァ・アスラ（阿修羅）・ガルダ・キンナラ・マホーラガの衆、〔人間や魔物たち[199]〕彼らは、菩薩の功徳を現前に見て、昼夜に（一日中）とどまりて、菩薩の供養をなせり。また、誓願を立てたり。そこにおいて、菩薩が、その[200]六年間、苦行を顕示したるが故

192 Tib. は「脇を下に向けたり、うつ伏せになったり、仰向けになったりすることなくして坐し続けたり」という意味の訳文となっている。
193 N4以外の全写本に te（かの）が挿入されているが、これは文脈上不要であるから、削除すべきである。
194 Tib. には yul ṅan chen po（大驟雨）と訳されている。
195「降りかかりたり」の部分は Tib. には ma phog go(影響を与えざりき)と訳されており、梵語原文と合わない。恐らく、Tib. の ma(～せず）は削除すべきものと思われる。
196 piśāca は「屍肉を食らう悪鬼」とされる。中村元『佛教語大辞典』1119頁参照。
197 原語 tāvat は「［その間］しばらく」の意とみる。
198 Tib. には「そのために」(yad) に当たる訳語はない。
199「人間や魔物たち」の原文（manusyāmanuṣyāḥ）は、N4以外の写本に挿入されているが、Tib. にはこれに当たる訳文はない。後代に挿入されたものと思われ、L. はこの部分を括弧に入れている。
200 Tib. には「その」(taiḥ) に当たる訳語はない。

に、総計十二那由多[201]に達する天神や人間が、三乗[202]に教化せしめられたり。

そこで、かくの如く言われる。

11. 功徳を具えたる、かの菩薩が、
城邑より出たる時に、
衆生の利益と安楽のために、
方便と結合せる思念が生じたり。

12. 五濁悪世[203]の時代にて、
《世間が[204]》劣悪なる法を信解せる時、
世間が業[205]と所作（義務）とを放棄せる[206]時に、[われは]
このジャンブドゥヴィーパ（閻浮提）[207]に生まれたり。

13. 外道の衆に満ち満ちて、
彼らは奇行や祈願祭式に専念せり。
身体を傷害することをもって、
愚者たちは「清浄（なる行為）」と考える。

14. 火・砂漠・深坑に入り[208]、
裸体に土や塵灰等[209]を塗り、

201「十二那由多」は通常「一億二千万」あるいは「一兆二千億」とされるが、この場面の方広の漢訳は「絡叉」（十万）となっている。

202 「三乗」とは「声聞乗・縁覚乗・菩薩乗という三つの実践のしかた」「声聞・縁覚・菩薩の三者の能力に応じて、さとりに導いていく教えを乗り物にたとえた語」である。中村元『佛教語大辞典』476頁。

203「五濁悪世」とは「五つのけがれ（五濁）に満ちている悪しき世」の意である。上掲註70参照。

204「世間が」の原語（loke）は全写本に欠落しているが、文脈上、また韻律の上からも、Tib. に従って挿入すべきである。

205 諸刊本は、「業」（karma）ではなく、「法」（dharma）と読んでいるが、dharma と記す写本は T2のみである。

206「放棄せる」の原語について、uddhure と記す写本・刊本が多いが、文脈上、Tib. を参考に uddhare と読むべきである。

207 上掲註69参照。

208 この行は韻律に合わない。また、Tib. は「深坑・火・砂漠」の順となっている。なお、「深坑」（prapāta）とは「断崖に囲まれた深いくぼみ」である。

209 bhasmādi（塵灰等）は Tib. には lci ba（牛糞）と訳されいる。

身体を苦しめんがために、

五火のヨーガ（瑜伽行）に専心せり。

15. ［常に］身体を広げ伸ばして行動し[210]、

ある愚者たちは手を舐める。

また、瓶の口・盆からは［食物を］受けず、

門や柱を隔てては［食物を］受けず。

16. 犬がいるところ［の家］からは［食物を］受けず。

「いざ来たれ」との声、「待て」との言葉によっては［食物を］受けず、

一軒の家のみから乞食し[211]、

ここにおいて[212]「清浄になれり」と自ら信ずる。

17. 酥油・胡麻油・甘蔗汁・乳酪・

牛酪・魚肉・獣肉を拒否して、

稗穀[213]・蔬菜[214]を食し、

蓮根・黍稷（革紐？）[215]・屑米を食する。

18. 根・木の実・葉［のみ］を食し、

また、クシャ草・襤褸（ぼろ）・褐衣・獣皮を身に着け、

他の者たちは、裸体で遊歴し、

愚者たちは「これが正しく、他は誤りなり」と［考える］。

19. 手を上に揚げ続け、

---

210 この四半偈の原文は、諸刊本には mantrāvicārakaraṇā(ḥ)（「マントラ（呪文）の使用に従事し」）と校訂されており、この方が前出の mantra-vicāraka（L.,p.248, line 16）に適合するが、Tib. には lag pa bskyaṅ ste rgyu ba（手を広げ伸ばして遊行し）と訳されている。ここでは Monier-Williams: *Sanskrit-English Dictionary*, p.1001に見られる visāritāṅga の用例を参考に mātrāvisārakaraṇā と校訂する。『仏本行集経』の「精進苦行品上」（大正三766中）に見られる「有擧其兩臂而住」の記述も参考にした。

211 Tib. は「家から一食を受けることによって」という意味の訳文となっている。

212 Tib. には「ここにおいて」（iha）に当たる訳語はない。

213 原語 syāmāka(= śyāmāka）を、荻原雲来編『梵和大辞典』（1351頁）の用例に従って「稗穀」と訳した。

214「蔬菜」（sāka = śāka）とは「あおな、野菜」の意である。

215 原語（garḍula）はパーリ語の gaddula（*or* gaddūla）に相当するものとみて「革紐」または「縄紐」と訳すべきかもしれないが、ここでは文脈を念頭に「黍稷」（「もちきび」と「うるちきび」）と訳した。ただし、Tib. には ba laṅ lci ba（牛糞）と訳されている。

髪を上に立て、また、辮髪を上に立てて、
悪道に住し、正道より退堕していながら[216]、
安楽（なる境地）に赴くことを欲する。
20. 草・棒・灰の上に横臥し、
また、棘の上に横臥して、じっとうずくまり、
ある者は一本足で立ち、
顔を上に向けて、月・太陽を眺める。
21. 泉・池・沼、《また[217]》海や池に、
あるいは、太陽や月に、
樹木・山・山岳の頂上[218]に、
［また］陶器・大地［など］に帰命する。
22. かの愚者たちは、種々なる危害をもって[219]、
身体を清浄ならしめんとする[220]。
［彼らは］邪見に捕えられて、
速やかに悪趣[221]に転落する。
23. さればいざ、われは、禁戒と苦行の、
恐るべき難行を開始せん。
すなわち[222]、諸の天神や人間の
行ずること能わざる難行を。

216「退堕していながら」の原文について写本間に混乱が見られ、L. は atipranaṣṭā と校訂しているが、そのように記す写本はない。ここでは、韻律により、N4の原文（tu vipranaṣṭā）に従う。
217 原語 ca は全写本に欠けているが、韻律上、必要である。
218 Tib. には「山」（giri）に当たる訳語はなく、単に riḥi rtse mo（山の頂上）と訳されている。
219「危害をもって」の原語は kāraṇais であるが、Tib.[gnod] を参考に、kāraṇa = kāraṇā（危害）とみる。
220「清浄ならしめんとする」（pariśodhayanti）の部分は Tib. には yoṅs su skem par byed（乾燥せしめんとする）と訳されており、これによれば、H 写本に従って pariśoṣayanti と校訂すべきであるが、文脈からみて、L. に従うのが適切と思われる。
221「悪趣」とは「悪業の報いとして受ける生存状態」であり、「地獄・餓鬼・畜生」を三悪趣という。
222「すなわち」の原語（yad）について、L. は yaṃ と校訂しているが、そのように記す写本はない。

24. 金剛の如く堅固に止住[223]する、
呼吸停止の禅定を[224]［われは］修定せん。
すなわち、独覚仏ですらも、
示現せしめうることなき禅定を。

25. この世には、粗暴なる戒行を喜ぶ、
外道の天神や人間が存在する。
彼らを教化するために、
［われは］厳酷なる戒行[225]を始めん。

26. ［菩薩は］何も敷かれざる地面に、
結跏趺坐して坐せり。
［一粒の[226]］棗・胡麻・米による
食事の作法を示したり。

27. 入息を停止し、出息を停止して、
なお、力ある者（菩薩）は、動揺せざりき。
六年の間、最勝なる禅定、
呼吸停止[227]［の禅定］を修定せり。

28. 妄念なく、妄想なく、
動揺することなく、心に迷いなく、
空界に遍満する、
呼吸停止の禅定[228]を修定せり。

29. 彼（菩薩）は、日向から蔭にも、
蔭から日向にも行くことなかりき。

223「止住」とは「とどまり安住すること」である。中村元『佛教語大辞典』507頁参照。
224 Tib. には mkhaḥ khyab bsam gtan（虚空遍満の禅定）と訳されている。上掲註118参照。
225 原文としては vratatapa（戒行と苦行）とする写本が多く、諸刊本もそのように校訂している。文脈上も「苦行」（tapa）を挿入すべきかと思われるが、Tib. にはこれに当たる訳語はないので、ここでは tapa を削除する。
226 Tib. には、「一粒の」に当たる訳語（gcig）がある。
227 Tib. には nam mkhaḥ khyab（虚空遍満）と訳されている。
228 Tib. には mkhaḥ khyab bsam gtan（虚空遍満の禅定）と訳されている。

メール山[229]の如く不動にして[230]、
呼吸停止の禅定[231]を修定せり。
30. また、風・雨に対して蔽いをなさず、
虻・蚊・蛇蝎類に対して防護をなさず、
騒擾（騒ぎ乱れること）なき行によって、
呼吸停止の禅定[232]を修定せり。
31. 彼（菩薩）は、決して自分だけの利益のために、
呼吸停止の禅定[233]を修定せるにあらず。
他者への慈悲心をもって、
世間の大利益のために修習せり。
32. 村の少年たち、また、牧牛者たち、
材木を運ぶ者・草を運ぶ者たちは、
彼（菩薩）を塵塊のピシャーチャ（食肉鬼）と考えて、
〔彼に[234]〕土を擦りつけたり。
33. 彼（菩薩）に汚物を撒布し[235]、
また、彼らは、種々なる危害を加えたれども、
［菩薩は］動揺することなく、また、動転することなく、
呼吸停止の禅定[236]を修定せり。
34. ［身を］曲げることなく、かがめることなく[237]、
身体の防護のために［身体を］なでることなく[238]、

---

229 meru は通常 sumeru（須弥山）の異称である。
230 Tib. は「不動なる［禅定を］」という意味の訳文となっている。
231 上掲註224と同じ。
232 同上。
233 同上。
234 東大主要写本には taṃ（彼に）が挿入されており、Tib. にもこれに当たる訳語（de la）があるが、韻律上、削除すべきである。
235 この四半偈については諸写本に混乱が見られ、L. は asucīnā ca kirante と校訂している。ここでは、写本の支持は十分ではないが、韻律を念頭に、asuciṃ taṃ vikirante と読む。
236 上掲註224と同じ。
237 この行の Tib. は「高ぶることなく、卑下することなく」という意味の訳文となっている。
238 この行の Tib. は「身体を防護することなく、なでることなく」という意味の訳文

全く大小便をすることなく、

　音に驚かず、他者を見ざりき。

35. 肉と血は乾燥して、

　皮・静脈・骨［のみ］が残され、

また、背骨は、腹部を通して、

　つづられたる数珠の如くに見えたり[239]。

36. ［かつて］すぐれた供養をなせる、かの[240]、

　天神・阿修羅・竜・夜叉・ガンダルヴァたちは、

功徳を有する者（菩薩）を現前にして、

　彼らは日夜に供養を[241]なせり。

37. また、彼らは誓願を立てたり。

　「われらも、速やかに、この人の如くにならん。

虚空の如き心を有し、

　呼吸停止の禅定[242]を修定せる彼の如くに。

38. 自らの利益のためのみにあらず、

　禅定の楽を味わうためにあらず、安楽心[243]によるにあらず、

ただ悲愍の心によるのみにして、

　世間に大利益をなさん」［と］。

39. 異学異論は摧伏せられ、

　知性を喪失せる諸外道は制圧せられたり。

カーシュヤパ（迦葉仏）[244]によって言葉で説かれたる、

となっている。

239 この半偈の Tib. は「背骨を見れば透けて、つづられた数珠の如くなりき」という意味の訳文となっている。

240 Tib. には「かの」（te）に当たる訳語はない。

241「供養を」の箇所の原文について諸写本に混乱が見られ、L. は pūjāṃ と校訂しているが、文脈上、T3に従って te 'rcāṃ（彼らは…供養を）と読む。ただし、Tib. には「彼らは」（te）に当たる訳語はない。

242 上掲註224と同じ。

243 ここでの「安楽心」（sukha-buddhi）とは、「安楽を目的とする心」の意とみるべきであろう。

244「迦葉仏」は「過去七仏の第六番目の仏陀」であり、釈尊（過去七仏の第七番目）の直前に出現したとされる。

業と所作（義務）とが、（菩薩によって）示されたり。

40.「剃髪者（比丘）にとって菩提とは何か。この世において[245]、
菩提は、多劫の間、得られ難し」［と迦葉仏より説かれしことが］。[246]
［菩薩は］諸の衆生を満足せしめるために、
呼吸停止の禅定[247]を修定せり。

41. 総計十二那由多に達する
天神や人間たちが、三乗に教化せられたり。
これによるが故に、善意ある者（菩薩）は、
呼吸停止の禅定[248]を修定せり。

［以上］「苦行品」と名づける第17章なり。

245 Tib. には「この世において」(iha) に当たる訳語はない。
246 第39偈後半と第40偈前半の４行は、Tib. には「『剃髪者よ、菩提はいずこにありや。菩提は、多劫の間、得難し』と、カーシュヤパ仏によって言葉で説かれたる、業と所作とが示されたり」という意味の訳文となっている。
247 上掲註224と同じ。
248 同上。

第18章

（ナイランジャナー［河］品）

比丘らよ、マーラ（悪魔）波旬(はじゅん)[1]は、菩薩が六年間苦行をなせる間、背後に常に随従せり[2]。［菩薩の］隙(すき)をうかがい、［誘惑の］機会を狙(ねら)えども、一度も、いかなる隙をも見出し得ざりき。彼は隙を見出し得ずして落胆し、悔恨(かいこん)に満ちつつ、去り行けり。

そこで、かくの如く言われる。

1. 林は心地(ここち)よく、森の灌木(かんぼく)は音もなき[3]、ウルヴィルヴァー[4]の東方、
   ナイランジャナー[5]河のあるところ、
2. そこにおいて断惑行(だんわくぎょう)[6]に専心し、常に堅固なる勇猛(ゆうみょう)ありて、「精神の完全なる平安」（瑜伽(ゆが)安穏(あんのん)）[7]を得るために、精進して勤修(ごんしゅ)せる時に[8]、
3. ナムチ[9]（悪魔）は、甘美なる[10]言葉を語りつつ、近づけり。
   【「シャーキヤの息子[11]よ、立て。
   身体を苦しめて、汝、如何(いかん)とする」】[12]
4. 「いざ、生きよ[13]、生命を愛すべきなり。

1　「波旬」の原語 pāpīyas は「邪悪なる者」の意。一般に「魔王波旬」と称せられる。
2　原文に pṛṣṭhataḥ pṛṣṭhataḥ とある。同一語を反復せるは強調表現とみて、「常に随従せり」と訳す。
3　「音もなき」の原文は諸写本に混乱が見られ、L. は vīrudhāḥ と校訂しているが、Tib. を参考に、T3,T4に従って nīravāḥ と読む。
4　原語は uruvilvā である。V. は urubilvā と表記している。
5　原語は nairañjanā である。
6　原語 prahāṇa は「正断」とも訳し、「正しく煩悩を断ずる修行」のことである。
7　原語 yogakṣema は、Tib. には grub daṅ bde ba（成就と平安）と訳されている。
8　Tib. は「精進して勤修せる彼に」という訳文になっている。
9　namuci は悪魔の別称。
10　原語 madhura は、Tib. には ḥjam shiṅ sñan pa（甘美にして美妙なる）と訳されている。
11　「シャーキヤの息子」とは「菩薩釈尊」のこと。
12　【　】内の１行は T1,T3に欠けており、Tib. にもこれに相当する訳文がない。この１行を挿入すると、１行余分となるため、第２偈が３行で一偈となる。後代に挿入された可能性もある。
13　「いざ、生きよ」の原語は写本によれば jīvato であるが、この部分に相応するパーリ経典スッタニパータ（『経集』）の Padhānasutta（精勤経）の原文（PTS Sutta-

生存してこそ［汝は］法を修習しうる。

生きてなすべきこと、それらをなしてこそ、悲しむことなし。

5. 汝は痩せ、青ざめ[14]、衰弱せり。汝の死は近づけり。

千の比率において死があり、生はわずかに一の比率なり。

6. 常に布施をほどこし、また、

アグニホートラ[15]（火供祭）で供物を焼けば、

大福徳を生ずべし。［汝は］断惑行もて何をかなさんとするや。

7. 断惑行の道は苦に満ちて、心の制御はなし難し」［と］。

かくの如き言葉を、その時、マーラ（悪魔）は

［かの］[16]菩薩に語りたり。

8. かくの如く語りたる、かのマーラ（悪魔）に、

菩薩はその時[17]答えたり。

「邪悪なる者、放逸の親族なる者よ、

汝は自らの利益のために［ここに］来たれり。

9. マーラ（悪魔）よ、われに、福徳による利益は、微塵も存在せず。

されば、福徳による利益を求める者に、そのように語るがよい。

10. 生は死によって終わるが故に[18]、

われは［その生を］不死なりと思うことなし。

［われは］梵行の究竟に達して、退転せざるものとなるべし。

11. 風は、諸の河の流水をも、実に[19]、枯渇せしむべし。

まして、自ら勤修せる者の血を、

Nipāta, p.75, 第427偈参照）によれば jīva bho である。Tib.[ḥtsho bar gyis] によれば「生きよ」（命令法）と読むべきであるので、ここでは、パーリ経典に従って、jīva bho と校訂する。bho と to は写本中においてしばしば混同される。

14 東大写本、諸刊本によれば、原語は vivarṇo であるが、韻律によって vivarṇa と読む。

15 agnihotra とは、通常「朝夕に、火に牛乳を供える儀式」のこと。

16 Tib. には、「かの」にあたる訳語（de）がある。

17 Tib. ḥdi skad（かくの如く）は梵文 tato（その時）と合わない。

18 Tib. は「生の終わりには死があるが故に」という意味の訳文となっている。

19 「実に」の原語について、ほとんどの写本が eṣa とするが、文脈上、また Tib. に従って、eva と読む

それ（風）は何すれぞ枯渇せしめざらんや。

12. [20]されど、血が枯渇して、その後に、まさに肉が枯渇し、
肉が干からびる時に、心は、なおいっそう、清浄となり、
さらになお、意楽[21]と精進と三昧とは存続せり。

13. まさに、かくの如くわれは住しつつ、
最高の感受[22]（知覚）を得たれば、
［われの］心は身体を[23]顧慮することなし。
［わが］自制心[24]の清浄なるを見よ。

14. われには意楽（念願）があり、また、精進と智慧とが存在せり。
われの精進を動揺せしめうるような者を、われは世間に見出さず。

15. 生命を奪う死はむしろ優れたり。あわれにも、俗悪なる生は然らず。
敗北して生きるよりも、戦闘における死が、より好ましい[25]。

16. 臆病なる者は軍勢に勝利せず。されど、勇猛なる者は軍勢に勝利し、
勝利してもそれを誇ることなし。
マーラよ、［われは］速やかに汝に勝利せん。

17. 愛欲が汝の第一の軍勢にして、また、不快が第二なり。
汝の第三は飢渇にして、渇愛が第四の軍勢なり。

18. 惛沈睡眠[26]が汝の第五にして、恐怖が第六と言われたり。
汝の第七は疑惑にして、また、
忿怒と偽善（過ちを隠すこと）が第八なり。

20　第３偈に１行挿入したがために、１行の余分となれば、文脈を勘案して、本偈の構成を３行とする。
21　「意楽」とは「目的を達成しようとする意志、意向、望み、念願」の意味。
22　「感受」の原語について、L. は cetanā と校訂しているが、Tib.［tshor ba］によれば vedanā と読むべきである。
23　Tib. は「身体と生命とを」という意味の訳文となっており、citta（心）は jīva（生命）と読むべきであるが、写本の支持がない。
24　原語 sattva は、Tib. sran thub（忍耐）を参考に、「強い意志、決意、自制心」の意味とみる。
25　Tib. は「戦闘における死は、より好ましく、敗北して生きるは然らず」という意味の訳文となっている。
26　「惛沈」は「心が暗く沈みこみ、ふさぎこむこと」、「睡眠」は「意識がぼんやりして刺激反応が起こらないこと」である。

19. 利得（財利）[27] と名声、また厚遇[28]、さらに、不正に名誉を得ること、
自らを称賛すること、また、他者を誹謗すること、

20. これらが、苦悶を与える[29]、黒闇の親族ナムチ（悪魔）の軍勢なり。
ある[30]沙門・婆羅門たちは、これらに侵されたり[31]と見られる。

21. 汝の軍勢は天界を含むこの世間を制圧すれども[32]、汝の[33]その軍勢を
［われは］智慧によりて、焼かれざる土器を水により破るが如く、
打ち破るべし。

22. ［われは］正念を確立し、また、智慧を余すところなく修習して、
正知をもって修行せん。悪意ある者よ、
汝は何をかなさんとするや。」

かくの如く言われて、マーラ（悪魔）波旬は苦悩し、落胆し、憂愁し、悔恨に満ちて、まさに、そこにおいて隠没[34]せり。

さてその時、比丘らよ、菩薩は、かくの如く思念せり。「過去・未来・現在の世における、ある沙門や婆羅門たちは、自らを傷つけ、身体を痛めつけ、苦しく、烈しく、辛く、苛酷にして、不快なる感覚を感受する。彼らは、かくの如き類の[35]、この上なき苦痛を受ける」［と］。

---

27 写本の大勢によれば lobha と読むべきであるが、Tib.［ḥthob］に従って lābha と校訂する。

28 「厚遇」の原語について、L. は saṃskārau と校訂しているが、Tib.［bkur sti］によれば satkāra である。

29 原文 pratāpinaḥ は、Tib. には lhuṅ baḥi（堕落せる）と訳されており、原文を prapatanaḥ または prapatitaḥ とみたものと思われる。

30 「ある」の原語について、L. は ete と校訂しているが、Tib.［kha cig］によれば eke と読むべきである。

31 「侵されたり」の原語を、L. は avagāḍhā と校訂している。°gāḍhā で韻律を ma-vipulā とみることも可であるが、ここでは pathyā とみて °gāḍha と読む。

32 「制圧する」の原語について、Tib.［rab ḥdul ba］によれば、R. の校訂の如く pradharṣayati と読むべきであるが、韻律上の問題ありや？　しかし、dharṣayati だけでも韻律に合わない。

33 Tib. には、「汝の」に当たる訳語がなく、代わりに「彼らを（打ち破るべし）」に当たる訳語（de dag）がある。

34 「隠没」とは「姿が隠れ、見えなくなること」。

35 Tib. には「かくの如き類の」（etāvat）に当たる訳語がない。

比丘らよ、その時われは、かくの如く思念せり。「この、わが[36]修行によっても、この行法によっても、人間（世俗）の法を超えたところの、真に高貴なる知見の殊勝なる境地が証得せらるることはよもあるまじ。これは、菩提の道にあらず。この道は、将来の生・老・死《の発生》[37]を断滅するものにあらず。《これより別に、将来の生・老・死の苦の発生を断滅する、菩提の道があるべし」［と］。》[38]

比丘らよ、その時われは、かくの如く思念せり。「われが、［かつて］父の園林において、ジャンブ樹の陰に坐して、諸の愛欲を離れ、悪・不善の法を離れ、有尋（有覚）・有伺（有観）[39]にして、遠離より生じたる喜・楽を有する第一の禅定（初禅）に達して安住し[40]、乃至、第四の禅定にまで達して安住したるところの、あれが、生・老・死の苦の集起[41]（集合的発生）を断滅する菩提の道なるべし」と。それに随順して、われに認識（確信）が生じたり、「あれが菩提の道なり」と。

その時われは、かくの如く思念せり。「この道は、かくの如く衰弱せる状態にありては、等正覚[42]を現証するに至ること能わず。もしわれが、かくの如く粗悪にして虚弱なる身体そのままに、神通[43]と智との力によって、菩提道場に赴くならば、われは後世の人々に、悲愍をほどこさざることとなるべし。これもまた菩提の道にあらず。されば、われは、固形の食物（美食）[44]を食して、身体の精力を生ぜしめたるのち、初めて菩提道場

36　Tib. には「わが」（mayā）に当たる訳語がない。
37　「の発生」の部分の原語（saṃbhavānām）は東大主要写本には欠けているが、Tib. によれば挿入すべきである。
38　《　》に入れた部分の原文は東大主要写本には欠けているが、Tib. によれば挿入すべきである。
39　尋（覚）とは「粗大な思惟活動」（表象作用）であり、伺（観）とは「微細に分別する深い考察」（識別作用）である。
40　Tib. には「安住し」（vyāhārṣaṃ）に当たる訳語がない。
41　「集起」の原文について、諸写本、諸刊本に混乱が見られるが、文脈上、また Tib. を参考に、samudayasaṃcayāyāḥ と読む。
42　「等正覚」とは「正等覚」ともいう。「一切平等の理を正しく覚ること」「最高至上の仏の境地」である。
43　「神通」（abhijñā）とは「凡人の能力を超えた、不可思議で自在な能力」である。
44　「美食」とは「酥・生酥・油・蜜・砂糖・魚・肉・乳・凝乳」をいう（中村元『佛教語大辞典』1293頁）。

に赴くべし」［と］。

その時、比丘らよ、劣悪なるものを信じ求める天子たちがありて、彼らは、われの心の[45]思案を心で察知して、われのところに近づきて、われにかくの如く言えり。「善士（立派な人）よ、あなたは固形の食物を受けたまうことなかれ[46]。われらは、あなたの毛孔より、精気を注入せん」［と］。

比丘らよ、その時われは、かくの如く思念せり。「われは、『断食せん』と自ら宣誓したり。また、《われの》[47]托鉢する村（托鉢村）に住する、近隣の人々も、かくの如く、『沙門ガウタマは断食せり』と認知したり[48]。しかるに、かくの如く、これらの、劣悪なるものを信じ求める天子たちが、われの毛孔より精気を注入するならば、それは[49]、われにとって最大の妄語（虚言）たるべし」［と］。かくして、菩薩は、妄語を避けるために、かの天子たち［の申し出］を拒絶して[50]、固形の[51]食物に心を向けたり。

かくして実に、比丘らよ、六年間の禁戒[52]と苦行を成し遂げて、菩薩は、その座より起ち上がり、「固形の食物を食すべし」との言葉を発したり。「例えば、甘蔗汁・ムンガ[53]（隠元豆の一種）の煮汁・ハレーヌカ[54]（豆の一種）の煮汁・米飯[55]・粥・混合粥を［食すべし］」と。

さてその時、比丘らよ、五群賢者[56]に、かくの如き思念が生じたり。「か

---

45 「心の」の原語について、L. は cetaś と校訂している。ここでは、写本の支持不足であるが、文脈上、また Tib.[sems kyi] を参考に、cetasaś と校訂する。
46 「～ことなかれ」の原文については、諸写本に混乱が見られる。ここでは、文脈上、また Tib.[ma gsol cig] を参考に、L. の校訂に従う。
47 東大主要写本には「われの」の原語（me）が欠けているが、Tib.[bdag gi] によれば挿入すべきである。
48 「認知したり」の原文（saṃjānante sma）のうち、sma は東大主要写本には欠けている。文脈上 sma は不要か？
49 Tib. には「それは」（sa）に当たる訳語がない。
50 Tib. は「かの天子たちの言葉を聞くことなく」という意味の訳文となっている。
51 「固形の」の原語について、L. は audārikaṃ と読んでいるが、写本によれば °dārika（= °dārike）と読むべきである。
52 「禁戒」とは「禁じられた戒めを守ること」である。
53 「ムンガ」は、L. によれば mudga であるが、ここでは T3に従って muṅga と読む。
54 原文は hareṇuka である。
55 「米飯」の原語について、L. は mathyo° と校訂しており、諸写本も混乱して明瞭でないが、ここでは、Tib.[zan] を参考に anna と読む。
56 常に菩薩釈尊に随従してきた五名の修行者であり、後に、釈尊の最初の弟子（五比丘）となる。

くの如き、この修行[57]によってすら、かくの如き、この行法によってすら、沙門ガウタマは、人間（世俗）の最上なる法を超越せる、真に高貴なる知見の殊勝なる境地を、少しも証得すること能わざりき。況や、今[58]、固形の食物を食して[59]、世俗の安楽の享受に専心して住すれば尚のことなり。この者は愚昧なる小人なり」と考えて、菩薩の傍から去り行けり。彼らは、ヴァーラーナシー（ベナレス）に行き、リシパタナ（仙人堕處）のムリガダーヴァ（鹿野苑）に住したり。

その時、苦行を勤修せる菩薩には、最初から、村長の娘十名が、［菩薩を］見るために、礼拝するために、また、親しく仕えるために近侍したり[60]。かの五群賢者もまた、［菩薩に］仕え、一粒の棗・胡麻・米の施物は［彼らから］献上せられたり。［十名の娘とは[61]］バラーと名づける娘と、バラグプターと、〔プリヤーと[62]〕スプリヤーと、ヴィジャヤセーナーと、アティムクタカマラーと、スンダリーと、クンバカーリーと、ウルヴィッリカーと、ジャティリカーと、及び、スジャーター[63]（善生）と名づける村長の娘にして、これらの娘たちは、菩薩のために、色々な種類の[64]粥汁の、それらすべてを作りて、献上したり。

また、菩薩は、それらを食したる後、次第に、托鉢村を乞食してまわるようになり、顔色よく、容色すぐれ、活力ある者となれり。それ以来、菩薩は、スンダラ（端正なる）沙門、大沙門と呼ばれたり。

比丘らよ、その時、スジャーターなる村長の娘は、菩薩が苦行を勤修せるとき、最初から、菩薩の禁戒と苦行が成就［することを祈願］するため

57 「修行」の原語 caryā は、Tib. には lam（道）と訳されている。
58 「今」の原語 etarhi は、Tib. には ḥdi（この）と訳されている。
59 「食して」の原語について、L. は āharan と校訂しているが、ここでは T3に従って āhare（opt. 3 sg.）と読む。
60 Tib. は「親しく仕えたり」という意味の訳文となっている。
61 Tib. には、「村長の娘十名とは」にあたる訳文（groṅ paḥi bu mo bcu ni）がある。
62 諸写本によれば priyā ca を挿入すべきであるが、Tib. にはこれに当たる訳語がなく、また、これを入れると十一名になるので、削除すべきである。
63 十名の名前の原語は順次、balā, balaguptā, supriyā, vijayasenā, atimuktakamalā, sundarī, kumbhakālī, uluvillikā, jaṭilikā, sujātā である。
64 「色々な種類の」の原語は、写本によれば °vidhayaḥ（vidhi の nom. pl.）であるが、これは文脈に合わないので、L. の校訂に従う。

に、また、［菩薩の］身体の養生[65]のために、毎日、八百名の婆羅門に食べ物を供養せり。また、かくの如き誓願を発したり。「わたしの食べ物を食して、菩薩が無上正等覚を証得したまわんことを」と。

比丘らよ、六年を経過して、その時われの袈裟衣は朽ち弊れたり[66]。《比丘らよ[67]》その時われは、かくの如く思念せり。「もしわれが、［一枚の］[68]腰布[69]を得るならば、甚だ宜しかるべし」［と］。

実にまた、比丘らよ、その時、村長の娘スジャーターの下女にして、ラーダー[70]と名づける者が命終せり。彼女は麻の衣に包まれて、墓地に運ばれ[71]、捨てられたり。われは、その糞掃衣[72]を見つけたり。それからわれは、その糞掃衣を左足で踏みつけ、右手を伸ばして、それを取るために、身をかがめたり[73]。

その時、大地の神々は中空の神々に、声を出して告げたり。「友らよ、希有なり。友らよ、これは奇特なり。そもそも、かくの如く、偉大なる王の家系に生まれながら、転輪聖王の王位を捨てて、糞掃衣に心を向けるとは」と。中空の神々は大地の神々の声を聞いて、四大王天の神々に声を発して伝えたり。四大王天衆は三十三天［衆］に、三十三天は夜摩天に、夜摩天は兜率天に、兜率天は化楽天に、化楽天は他化自在天に、《他化自在天から》[74]、乃至、梵衆天に至るまで、かくの如く、実に、その刹那、その瞬間、その須臾の間に、色究竟天宮に至るまで、ひとつの声、ひとつの

65　梵語 āyatana（處）は通常「感覚器官とその対象」（十二處）を表す術語であるが、ここでは Tib.[rtas par bya ba] を参考に「養生、保養」の意とみる。

66　Tib. には、「その時われの袈裟衣は朽ち弊れたり」の訳文が欠落している。訳者のミスによるものか。

67　東大主要写本には「比丘らよ」の原語が欠けているが、Tib. によれば挿入すべきである。

68　Tib. には、「一枚の」にあたる訳語（ḥgaḥ shig）がある。

69　「腰布」の原文 kopīnapracchādana とは「陰部を覆うもの」の意である。

70　原語は rādhā である。

71　Tib. には「運ばれ」（apakṛṣya）に当たる訳語が欠けている。

72　「糞掃衣」とは「塵芥の中に捨てられてあるぼろきれ」であり、「そのぼろきれをつづり合わせてつくった衣」である。ここでは、「死体を包んであった衣」を指している。

73　Tib. は「その糞掃衣を取るために、左足で踏みつけ、身をかがめて、右手を伸ばしたり」という意味の訳文となっている。

74　東大主要写本には「他化自在天から」の原語が欠けているが、Tib. によれば挿入すべきである。

叫びが、響きわたれり。「友らよ、これは希有なり。これは奇特なり。そもそも、かくの如く、偉大なる王の家系に生まれながら、転輪聖王の王位を捨てて、糞掃衣に心を向けるとは」と。

その時また、菩薩は、かくの如く思念せり。「われは糞掃衣を得たり。もし水を得たらば、甚だ宜しかるべし」［と］。すると即座に、［ある］神が手で地面を撃てり。そこに池が出現したり。今日でも、その[75]池は「パーニハター」（手で撃たれた）として知られたり。

さらにまた、菩薩は、かくの如く思念せり。「われは水を得たり。もし、この糞掃衣を洗うための平石を得たらば、甚だ宜しかるべし」［と］。その刹那に、帝釈は、まさにその場所に、平石を安置したり。それ［の上］で、菩薩は、かの糞掃衣を洗濯したり。

その時、天主帝釈は、菩薩に、かくの如く言えり。「善士（立派な人）よ、これをわれに渡されよ[76]。われが洗わん」と。しかるに、菩薩は、出家者は自ら［自分の］所用を済ませるべきことを示すために、その糞掃衣を[77]帝釈に渡さず、自分自身で洗濯したまえり。彼（菩薩）は疲れ[78]、疲弊せる身体を以て池に降りたのち、上がらんとせり。【しかし[79]】マーラ（悪魔）波旬は、嫉妬の情に捕えられて、池の岸を高峻なるものに変化せしめたり。その池の岸辺に、カクバ[80]の大樹あり。そこにおいて[81]、菩薩は、世間に随順するために、また、［樹］神に利益を与えるために、樹神に告げたり。「樹神よ、樹の枝を差し出せ」［と］。かの女神（樹神）は樹の枝を垂れ下げたり。菩薩は、それを摑んで上がりたり。上がりたるのち、また、そのカク

75　Tib. には「その」（sā）に当たる訳語がない。

76　「渡されよ」の原文について諸写本に混乱が見られ、L. は dadasva と読んでいるが、文脈上、また Tib. を参考に、dada と読む。

77　Tib. には「その糞掃衣を」（tat pāṃśukūlaṃ）に当たる訳文がない。

78　Tib. には「疲れ」（śrāntaḥ）に当たる訳語がない。

79　「しかし」と訳した原語（ca）は東大主要写本に欠けており、Tib. にもそれに当たる訳語はない。

80　kakubha は「樹木の種類の名」であるが、方広は「阿斯那」としており、梵文に合わない。また、Tib. の訳語（sgrub byed）も梵文に合わないように思われる。

81　Tib. には「そこにおいて」（tatra）に当たる訳語がない。

バ樹の下にて、【かの[82]】糞掃衣を、僧伽胝衣（大衣）[83]と作し、縫い合わせたり。今日でも、それは「縫合糞掃衣」と［いう名をもって］、斯く知られたり。

その時、ヴィマラプラバ[84]（離垢光）と名づける、浄居天に属する天子あり、彼は、天上の衣服にして袈裟の色に染められた、適当にして沙門にふさわしきもの数枚を、菩薩に献上したり。また、菩薩は、それらを受納して、晨朝時（午前六時から十時まで）に、内衣（肌着）を著け、僧伽胝衣（大衣）を着て[85]、托鉢村に向かいたり。

その時に、神々は、ウルヴィルヴァーのセーナパティ村の、ナンディカという村長[86]の娘スジャーターに、真夜中時に告げたり。「そのために、汝があれほど[87]、かの供犠祭式を捧げたるところの、その禁戒を成就して、彼（菩薩）は、滋味ある[88]、固形の食物を食したまうべし。しかも、汝はかつて誓願を発したり。『わたしの食べ物を食して、菩薩が無上正等覚を証得したまわんことを』と。あの、汝のなすべきこと、それをなすがよい」と。

さて、その時、比丘らよ、村長[89]ナンディカの娘スジャーターは、かの神々から、その言葉を聞くや、ただちに、千頭の牛の乳を七回精製して、最高の滋味ある醍醐（最も醇正なる乳酪）を得たり。また［それを］得て、彼女は[90]、その乳酪を、きわめて新鮮なる[91]米とともに、新しき鍋に入れ、

82 「かの」の原語はT3以外の写本に含まれているが、Tib. にはそれに当たる訳語はないから、削除すべきか？

83 「大衣」とは僧の三衣の中の最大のものであり、説法や托鉢に際して必ず身に着けるべきもの。

84 原語は vimalaprabha であり、方広には「離垢光」と訳されている。

85 Tib. は「内衣と僧伽胝衣を身に着けて」という意味の訳文となっている。

86 Tib. groṅ mi shig（ある村民）は、梵文 grāmika（村長）と合わない。

87 L. は mahā と校訂しているが、Tib. には mahā に当たる訳語はないので、ayā と読み「あれほど」と訳した。

88 L. は subhagam と校訂しているが、Tib. bzaṅ po を参考に śubham と読み、「滋味ある」と訳す。

89 Tib. groṅ mi（村民）は、梵文 grāmika（村長）と合わない。以下、「村長の娘スジャーター」という表現については、すべて同じ。

90 Tib. には「彼女は」（sā）に当たる訳語がない。

91 原文 abhinavam-abhinavais は反復強調の形とみて「きわめて新鮮なる」と訳す。Tib.[sar pa sar pa] も反復表現になっている。

新しき竈(かまど)に据えて、その食物を用意したり。また、それを用意している時に、次の如き前兆が見られたり。すなわち、その乳酪の上に[92]、シュリーヴァトサ・スヴァスティカ・ナンディアーヴァルタ・パドゥマ・ヴァルダマーナ[93]等の、諸(もろもろ)の吉兆相が現れたり。その時、彼女は、かくの如く思念せり。「かくの如き、これらの兆(きざ)しが現れたるが故に、必ずや、食物を食したるのち、菩薩は無上正等覚を証得したまわん」[と]。また、手相占いの知識と儀法(ぎほう)に通じたる占相師(せんそうし)が、その地方に到来せり。彼もまた、全く同様に、まさしく甘露(かんろ)(悟り)の獲得を予言したり。それから、スジャーターは、その乳糜(にゅうみ)(乳粥)を煮終えて、[鍋を]地面に置き、花を散じて、香水を灌(そそ)ぎ、丁重に座を設(しつら)えて、ウッタラー[94]と名づける侍女に告げたり。「ウッタラーよ、行って、婆羅門を招待せよ。わたしは、この美味なる乳糜を監視せん」[と]。「承知しました、ご主人さま」と答えて[95]、[ウッタラーは]東の方向に行けり。彼女はそこに[96]菩薩を見たり。同様にまた、南方にも菩薩を見たり。同様に、西と北との、各方向に行くや、それぞれそこに、菩薩を見たり。実にまた、その時、浄居天に属する天子たちによって、一切の外道衆が摧伏(さいふく)せられたるが故に、[外道衆の]誰も[その姿]が見えなくなれり。そこで、彼女(ウッタラー)は戻り来たりて、主人(スジャーター)にかくの如く告げたり。「実にご主人さま[97]、他の沙門や婆羅門は誰も見えません。ただ、わたしがどの方向に行きましても、それぞれそこに、スンダラ(端正(たんしょう)なる)沙門だけが見えます」[と]。スジャーターは言えり。「ウッタラーよ、[再度]行きなさい。彼こそ婆羅門にして、彼こそ沙門なり[98]。まさに彼のために、これは用意せられたり。彼だけを招待しなさい」[と]。「承知しました、ご主人さま」と、ウッタラーは行って、

---

92 Tib. は「乳酪の中に」という意味の訳語となっている。
93 śrīvatsa, svastika, nandyāvarta, padma, vardhamāna は、いずれも瑞相である。方広には「千輻輪波頭摩等吉祥之相」と訳されている。
94 原語は uttarā である。
95 Tib. は「彼女に答えて」という意味の訳文となっている。
96 Tib. には「そこに」(tatra)に当たる訳語がない。
97 Tib. には「実にご主人様」(khalv ārye)に当たる訳文がない。
98 Tib. には「彼こそ沙門なり」(sa eva śramaṇaḥ)に当たる訳文がない。

菩薩の両足の前に平伏して、スジャーターの名によって招待せり[99]。かくして、比丘らよ、菩薩は、村長の娘スジャーターの住處に赴き、設けられたる座に坐したり。

さらにまた、比丘らよ、村長の娘スジャーターは、金製の鉢を、美味なる乳糜で満たして、菩薩に献上せり。

その時、菩薩に、かくの如き思念が生じたり。「スジャーターによって、この食物が献上せられ、われが、今、これ〔なる食べ物[100]〕を食すれば、必ずや、無上正等覚を証得すべし」[と]。

それから、菩薩は、その食物を受けて、村長の娘スジャーターに、かくの如く言えり。「淑女よ、この金製の鉢は、いかになすべきや」[と]。彼女は答えたり。「御身のものとなしたまえ」と。菩薩は言えり。「かくの如き容器（鉢）は、われには無用なり」[と]。スジャーターは言えり。「欲するままに、処したまえ。わたしは、誰に対しても、容器（鉢）を別にして食物だけを施与することはございません」[と]。

そこで、菩薩は、その施物（食物を入れた鉢）を持ち、ウルヴィルヴァーから去りて、《日中の[101]》[食事を摂るべき] 時間帯に、龍の河なるナイランジャナー河に[102]赴き、その施物と上衣（大衣）とを、一箇処に置きて、身体を清めるために、ナイランジャナー河に降りたり[103]。

実にまた、比丘らよ、菩薩が沐浴せる時に、数百千もの天子たちが、天界のアガル[104]（沈水香）・栴檀の香末や塗香を河に混入せり。また、天界の、さまざまな色の花を水中に撒布したり。言うまでもなく、菩薩を供養せんがために。

99 Tib. は「スジャーターの名によって『招待します』と言った」という意味の訳文となっている。
100 東大主要写本には bhojanaṃ（食物）が挿入されているが、Tib. にはこれに相当する訳語はない。文脈上不要につき、削除すべきか？
101 東大主要写本には「日中に」の原語（pūrvāhna）が欠けているが、Tib. を参考にすれば、これを挿入すべきである。
102 Tib. は「河の堤に」という意味の訳文となっている。
103 Tib. は「河の中に入りたり」という意味の訳文となっている。
104 aguru とする写本が多いが、Tib.[a ga ru] を参考に、T3に従って agaru と読む。

それ故また、その時、ナイランジャナー河は、天界の香や花に満ちて、流れたり。そして、その香水をもって菩薩が沐浴するや、《それを[105]》百千拘胝尼由多（コーティーニユタ）もの天子たちが汲（く）み上げて、それぞれ自分の宮殿に持ち帰りたり。塔廟（とうびょう）（チャイティヤ）を建てて供養するために。

また、菩薩の髪と鬚（ひげ）たりしところのもの、それらも、村長の娘スジャーターが、「吉祥なり」と考えて、塔廟を建てて供養するために、持ち帰りたり。

また、菩薩は河より上がりて、坐（すわ）らんと欲して、中洲（なかす）を見たり。その時、ナイランジャナー河に竜女（りゅうにょ）ありて、彼女は、地中より涌出（ゆじゅつ）して、意より成る玉座（ぎょくざ）を、菩薩に献上したり。菩薩はそこに坐して、村長の娘スジャーターを哀愍（あいみん）するが故に、その美味なる乳糜（にゅうみ）（乳粥）を、必要とするだけ、食したり。また、食したるのち、その金製の鉢を、躊躇（ちゅうちょ）することなく、水中に投げ捨てたり。捨てられるや否や、それを[106]サーガラ[107]竜王は、「供養の価値あり」と考えて、尊崇と恭敬（くぎょう）の念を生じて受け取り、自らの宮殿に向かって、出立（しゅったつ）せり。その時、城邑（じょうゆう）の破壊者たる千眼者（せんげんしゃ）（インドラ）は、ガルダ鳥（金翅鳥（こんじちょう））の姿に変化（へんげ）し、金剛の嘴（くちばし）を化作（けさ）して[108]、サーガラ竜王より、かの金製の鉢を強奪（ごうだつ）せんと試みたるも、果たし能（あた）わざりしかば、その時、自分［本来］の姿に戻り、礼を尽くして懇願し［譲り受け］て、塔廟を建てて供養するために、三十三天の［インドラの］宮殿に持ち帰りたり[109]。持ち帰りて、また、「鉢の祝祭」と名づける節会（せちえ）[110]を催したり。今日でも、三十三天の天界では、毎年一回、鉢祭が催される。また、かの玉座も、かの竜女自身が、塔廟を建てて供養するために、持ち帰りたり。

---

105 東大主要写本には「それを」の原語（taṃ）が欠けているが、Tib. によれば挿入すべきである。
106 Tib. には「それを」（tāṃ）に当たる訳語がない。
107 sāgara 竜王は「海竜王」（海に住む竜王）である。
108 Tib. は「口を金剛の嘴に変えて」という意味の訳文となっている。
109 方広では、この部分が「金鉢を奪い取り、本宮に還り、塔を起して供養せり」となっている。梵文の表現のほうが後代の改変である可能性が高い。
110 Tib. では「大鉢の僧伽祭」（snod chen poḥi dge ḥdun gyi dus ston）という表現となっている。

また、比丘らよ、菩薩が固形の食物を食し終えるや否や、その時、まさにその瞬間に、菩薩の福徳の力により、また、智慧の力によって、身体に、かつての、美しく円満なる身色が出現したり。また、三十二の大人相と、八十種の随好相と、円光一尋相もまた［出現したり］。

そこで、かくの如く言われる。

23. 六年間の禁戒を完遂して、賢明なる世尊は、かくの如く考えたり。
「もし、われが禅定・神通・智力を有しながら、
かくの如く身体羸痩せるがままに、
樹王（菩提樹）の枝の[111]下に赴き、
一切智（無上正等覚）を証得するとせよ、
斯くするとせば、われは、
後代の人々に悲愍をほどこさざることとなるべし。

24. さればいざ、最上なる固形の食物を食して、
身体の精力を回復してから、
一切智を証得するために、樹王（菩提樹）の枝の下に赴くべし。
貧弱なる福徳を有する、これらの[112]天神や人間たちが、
粗暴［なる苦行］によって智を探し求めることなく、
また、彼らが身体を虚弱なるものとなすことにより、
甘露（不死）を証得し[113]得ざることのなきように」［と］。

25. 前世に修行を積みたる、スジャーターと名づける、かの、村長の娘は、
「導師（菩薩）が禁戒を成就したまんことを」との、
かくの如き願いをもって、常に祭式を捧げたり。
彼女は、天神たちからの勧告を聞くや、

---

111 Tib. には「枝の」（viṭapa）に当たる訳語がない。

112 この部分の原文については、諸写本に混乱が見られ、L. は mā haivetvarapuṇya と校訂しているが、Tib. を参考に、mā 'me itvarapuṇya と読み、'me = ime（これらの）とみる。

113「証得する」の原文について、諸写本に混乱が見られ、L. は buddhyanāya と校訂しているが、文脈上、また Tib. を参考に、buddhinā ca と校訂する。

その時、美味なる乳糜を持ちて、
心に歓喜し、河の堤に近づきて、ナイランジャナーの岸辺に立てり。

26. 千劫の［永き］間、勤修して、
平静・寂静なる感官を有する、かの聖仙（菩薩）は、
天神や竜の群衆に囲まれて[114]、ナイランジャナー河に来たり、
［自ら］彼岸に渡りて衆生をも渡らしめる、
智者（菩薩）は、沐浴せんと思念して、
清浄無垢なる牟尼（菩薩）は、世間を哀愍するが故に、
河に入りて沐浴せり。

27. 千拘胝もの［多くの］天神が、歓喜の心もて、河に降り来たり[115]、
最勝なる衆生(菩薩)の洗浴のために、諸の香や香末を水に混入せり。
無垢なる菩薩は沐浴し、［十分に］沐浴し終えて、
岸に上がらんとの想いを起こせり[116]。
千［もの多く］の天神が、最勝なる衆生の沐浴水を、
供養のために持ち帰りたり[117]。

28. 袈裟と、無垢清浄なる衣とを、天子が彼（菩薩）に与えたり。
［袈裟の］適当なるものと、内衣とを身に着けて、
世尊は河の岸に立ちたまえり。
竜の娘（竜女）は歓喜し、喜悦の心をもって、
彼女は[118]、玉座を設けたり。
そこに、かの、世間に眼を与える心意寂静なる者（菩薩）は、
坐したまえり。

29. かのスジャーターは、金製の鉢に食物を入れて、智者(菩薩)に与え、

---

114 Tib. は「彼（菩薩）は、天神と竜の群衆と聖仙たちに囲まれて」という訳文になっている。
115 Tib. には「河に降り来たり」(oruhyā nadi) に当たる訳文がない。
116 原語 sūrataḥ は、Tib.［śes gyur nas］を参考に「〜せんとの想いを起こせり」と訳す。
117「持ち帰りたり」の原文について、L. は harṣur と校訂しているが、ここでは T4に従って hariṣū と読む。韻律上の問題があるが、二短音で一長音とみなす。
118 Tib. には「彼女は」(sā) に当たる訳語がない。

足下(あしもと)に平伏し、彼女は歓喜して[119]、
「調御師(じょうごし)よ、わたしのために食したまえ」［と言えり］。
智者（菩薩）は、必要とするだけ、食物を食したるのち、
鉢を河に投げ捨てたり。
それを、天神の師主(ししゅ)なる、城邑(じょうゆう)の破壊者（インドラ）は、
「われは供養なすべし」とて、取得せり。
30. また、勝者(しょうしゃ)（菩薩）が、最上なる固形の食物を食したる時、
その刹那(せつな)において、
彼の身体の精力と、威光と美しさは、以前の如くに、具(そな)われり。
スジャーターと天神たちに、法を説示(せつじ)して、
多大なる利益を与えたるのち、
獅子(しし)なる者（菩薩）は、鵞鳥(がちょう)の歩調と象王(ぞうおう)の歩行とをもって、
菩提樹へと出立せり。

［以上］「ナイランジャナー品」と名づける第18章なり。

119 Tib. には「彼女は歓喜して」（sā pramuditā）に当たる訳文がない。

第19章

（菩提道場往詣品）

かくの如く、実に、比丘らよ、菩薩はナイランジャナー河において沐浴し[1]、また、食事をして、身体の力勢を興起せしめて、［マーラより］勝利を得るために[2]、十六相［の功徳][3]を具えたる地處にある、偉大なる菩提樹王の根元(ねもと)なるところ、そこに、彼は[4]、大人物の歩調なるところの、次の如き歩調をもって、進み行けり。［すなわち］動揺することなき歩調、インドラの杖（虹）[5]の如き歩調、山王メールの如き安定した歩調[6]、陰湿ならざる歩調、屈曲なき歩調、逼迫せざる歩調、急疾ならざる歩調[7]、遅滞せざる歩調、動乱なき歩調、蹉跌(さてつ)なき歩調、［四肢が］散動(さんどう)する[8]ことなき歩調、怯弱(こにゃく)ならざる歩調、過度に緩慢ならざる歩調[9]、軽躁(けいそう)ならざる歩調、[10]優美なる歩調、無垢なる歩調、清浄なる歩調、瞋恚(しんに)なき歩調、愚癡(ぐち)なき歩調、貪欲(とんよく)なき歩調、獅子の歩調、鵞鳥(がちょう)王の歩調、竜王の歩調、ナーラーヤナ（那

1　T4とN3においては、「沐浴し」（snātvā）以下の原文に混乱が見られる。これら両写本では、この部分（L.,p.272.8）から約２頁半の原文（L.,p.274.21のsarvapāramitā°まで）が第18章中に混入し、しかも、その原文は前後の順序が乱れた三部分に分かれている。

2　Tib.［bdud las rnam par rgyal bar bya baḥi phyir］および方広（「降伏彼魔怨故」）の両訳によれば、「マーラ（悪魔）より」に相当する原語があるべきだが、どの写本にも見当たらない。

3　方広には「十六功徳」と訳されているが、原文には「功徳」に当たる語はない。

4　Tib.には「彼は」（asau）に当たる訳語がない。

5　原語indra-yaṣṭiは「虹」の意である（cf. BHSD,indra-yaṣṭi）。方広には「如虹蜺(こうげい)而行」と訳されている。「虹」と「蜺」はいずれも「にじ」である。

6　諸刊本はsusaṃsthitagatiḥ merurājagatiḥ（非常に安定した歩調、山王メールの如き歩調）と校訂しているが、Tib.を参考に、東大主要写本に従ってsusthitamerurājagatiḥと読むのが適切である。

7　「急疾ならざる歩調」の原語apadrutagatiḥは諸刊本には省略されているが、Tib.と東大主要写本によれば、これを挿入すべきである。

8　saṃghaṭṭitaの意味は明確ではないが、Tib.［ḥdrud pa］を参考に「締まりなくばらけて互いに擦れ合う」の意味とみて、「散動する」と訳す。

9　L.,V.にはnātivilambitagatiḥが省略されているが、Tib.と東大主要写本によって挿入する。

10　Tib.には「優美なる歩調」の前に、rtab rtab po med paḥi stabs（狼狽することなき歩調）が挿入されている。

羅延)[11]の歩調、地面に触れざる歩調、千輻輪相(せんぷくりんそう)[12]を地面に刻印する歩調、指間網・赤銅爪の歩調、大地を響かせる歩調、山が震動する歩調、凸凹(でこぼこ)を平坦となす足裏の歩調、［指の］網の間から光線を発して衆生に触れるや善趣(ぜんしゅ)に赴く歩調、無垢なる蓮華を足下に置く歩調[13]、過去の浄善行の歩みの歩調、過去の仏陀の獅子《座》に近づく歩調、金剛の如く志願堅固にして破砕されざる歩調、[14]一切の悪趣・悪道を閉じる歩調、一切の安楽を生起せしめる歩調、解脱道を顕示する歩調、マーラ（悪魔）の力を無力となす歩調、邪悪な集団に属する外道異学の衆を正法によって摧伏する歩調、癡暗(ちあん)の翳膜(えいまく)・煩悩を滅除(めつじょ)する歩調、輪廻の徒党を朋党なきものとなす歩調、帝釈・梵天・大自在天・護世王(ごせおう)を凌駕する歩調、三千大千世界における第一の勇士の歩調、自存者にして［他に］凌駕せられざる歩調、一切を知る智に到達する歩調、正念と覚知の歩調、善趣に赴く歩調、老・死を滅除する歩調、安穏無塵(あんのんむじん)にして、マーラ（悪魔）の怖畏なき涅槃の都城に赴く歩調、かくの如き歩調をもって、菩薩は菩提道場に進み行けり。

かくして、実に、比丘らよ、ナイランジャナー河より菩提道場までの、その間を、風の雲[15]の天子たちは、掃き清めたり[16]。雨の雲【の天子】たち[17]は、香水を灑(そそ)ぎかけたり。また、花を撒布したり。また、この三千大千世界に存在するところの樹木、それらのすべてが、菩提道場のある方向に向かって、頭(こうべ)を垂れたり。また、その日に生まれたる子どもたち、彼らもまた、菩提道場に頭を向けて[18]寝たり。また、この三千大千世界におけ

11　nārāyaṇa は「ヴィシュヌ神の権化たる大力士」の呼称である。
12　「千輻輪」は仏の三十二相の一つで、「仏の足の裏にある千の輻(や)をもつ車輪のような模様」(『広辞苑』第六版参照）である。
13　方広には「所踐之地皆生蓮花」と訳されている。
14　R. はここに sarvopāyagatiḥ（一切の方便の歩調）を挿入し、L.,V. はこれを括弧に入れて挿入しているが、Tib. にはこれに当たる訳語がないので、削除する。
15　原文 vāta-balāhaka は Tib. にも rluṅ gi sprin（風の雲）と訳されている。方広には「風天雨天」の訳語が見られる。
16　Tib. は「道路の掃除をなせり」という意味の訳文となっている。
17　「天子たち」の原語（devaputrair）は T3,T4には省略されており、Tib. にも相当する訳語が見当たらないが、文脈上は、これが必要である。
18　L. に従って °śīrṣakā と校訂するが、諸写本に混乱が見られ、意義明瞭ではない。ここでは Tib.［mgo bstan te］を参考に「頭を向けて」と訳す。

る、スメール（須弥山）を初めとする、諸の山、それらもすべて、菩提道場の方向に向かって敬礼をなせり。【また】ナイランジャナー河を起点として、菩提道場に至るまでの、その間を、欲界の天子たちが、［道幅の］広さが一クローシャ[19]に及ぶほどまで、【蓮華を以て[20]】道路を厳浄ならしめたり。また、その道路の左右の側辺には[21]、七種の宝石より成る欄杆が化作されたり。［その欄杆は］七ターラ[22]ほどの高さがあり、上は宝石の網に覆われ、天界の傘蓋・旗幟・幢幡によってみごとに飾られたり。また、矢の射程間隔ごとに[23]、七種の宝石より成るターラ樹が化作され、［それらは］かの欄杆よりも高く聳えたり。また、すべてのターラ樹より次のターラ樹まで宝石の網が懸けられたり[24]。また、二つのターラ樹の中間には、蓮池が造られたり。［その蓮池は］香水に満たされ、金の砂が敷かれ、ウトパラ（青蓮）・パドマ（蓮華）・クムダ（黄蓮）・プンダリーカ（白蓮）[25]に覆われ、宝石の欄杆に囲まれ、瑠璃・珠宝（摩尼宝）によって階段は飾られ、アーディ・バラーカー・ハンサ（鵞鳥）・チャクラヴァーカ（鴛鴦）・マユーラ（孔雀）[26]の啼声に充ちたり。また、その道路を、八万のアプサラス（天女）たちが香水を灑ぎ清めたり。八万のアプサラス（天女）たちが、天界の芳香を有する花吹雪を散らしたり。また、すべてのターラ【樹】の前面に宝石の天柱[27]が配置されたり。また、すべての宝石の天柱上に、八万のアプサラス（天女）たちが、チャンダナ（栴檀）・アガル（沈水）[28]

19　長さの単位としての krośa は約2マイルである。方広には「縦廣一拘盧舍」と訳されている。
20　Tib. には「蓮華を以て」（padmair）に相当する訳語はないが、方広には「以爲花臺」の訳語がある。
21　Tib. は「その道の右側と左側には」という意味の訳文となっている。
22　tāla は樹木の名（多羅樹）であるが、高さの単位としても用いられる。
23　Tib. は「矢の［届く］距離・矢の距離ごとに」という意味の訳文となっている。
24　Tib. は「宝石で結ばれたすべてのターラ樹は互いに繫がれて立てり」という意味の訳文となっている。
25　これらの蓮華の原語は順に utpala, padma, kumuda, puṇḍarīka である。
26　これらの鳥名の原語は順に āḍi（水鳥の一種）、balākā（鶴の一種）、haṃsa, cakravāka, mayūra である。なお、Tib. には「マユーラ」の前に khruṅ khruṅ（= kroñca）が挿入されている。
27　「天柱」の原語 vyomaka は「天を支えると見なされる柱」の意味である。方広には「妙臺」、普曜「埰」の訳語が見出される。
28　「栴檀」の原語は candana、「沈水（香）」の原語は agaru である。

の香末の［じょうご状の］袋を持ち、カーラーヌサーリン[29]香料の香炉を持って、立てり。また、すべての、宝石の天柱上に、五千[30]のアプサラスたちが、天界の伎楽を演奏しながら、立てり。

かくして実に、比丘らよ、菩薩は諸の地處を震動させ、百千拘胝尼由多の光線を放ちたまえり。［また］百千〔拘胝[31]〕の楽器が奏でられ、多量の花の大雨[32]が降らされ、百千の衣が打ち振られ、百千の太鼓が敲かれ、馬・象・牡牛どもが咆哮し、百千のシュカ（鸚鵡）・サーリカー（鴝鵒）コーキラ（郭公）・カラヴィンカ（印度杜鵑）・ジーヴァンジーヴァカ（鷓鴣）・ハンサ（鵞鳥）・クローンチャ（帝釈鴫）・マユーラ（孔雀）・チャクラヴァーカ（鴛鴦）[33]【・チャーシャ[34]（緑色の樫鳥）】が右回りに旋回し、百千の吉祥物が奉献される、かくの如き種類の、この道路の荘厳を以て、菩薩は菩提道場に赴けり。菩薩が菩提を証得せんと欲したるところの夜、まさに、その夜に、ヴァシャヴァルティン[35]（自在主）と名づける、三千大千［世界］の王たる梵天は、かの、梵天の大衆に呼びかけて、かくの如く言えり。「諸君、なにとぞ知られたし[36]。ここに（今）、菩薩摩訶薩ありて、彼は、大甲冑にて武装し、偉大なる誓言を捨棄することなく、堅固なる鎧に身を固め、心に倦怠なく、一切の菩薩行を完成し、一切の波羅蜜の彼岸に達し、一切の菩薩地において自在たるを得て、一切の菩薩意楽の儀軌をよく知り[37]、一切衆生の機根に随順し、如来のあらゆる秘密處に正しく入

29　kālānusārin は「白檀の一種」である。

30　Tib. は「五万」（lṅa khri）と訳しているが、方広には「五千天諸婇女」、普曜にも「五千玉女」とある。

31　東大主要写本には拘胝（koṭī）が挿入されているが、Tib. にはこれに当たる訳語がないので、削除すべきである。

32　「花の大雨」の原文を諸刊本は puṣpāḍhyena と校訂している。T3によれば puṣpādyena であるが、写本中において dya と gha とは区別がつかないので、文脈上 puṣpaugheṇa（= puṣpa + oghena）と読むのが適切である。

33　これらの鳥名の原語は順に śuka, sārikā, kokila, kalaviṅka, jīvaṃjīvaka, haṃsa, kroñca, mayūra, cakravāka である。

34　cāṣa という鳥名は、諸刊本になく、Tib. にもこれに当たる訳語が見当たらないが、T1,T4には cāsa という語が挿入されている。

35　vaśavartin は通常「他化自在天王」を指すが、ここでは一梵天の名とされている。

36　「知られたし」の原語は jānīyād と校訂し、三人称で鄭重な表現とみる。

37　「儀軌をよく知り」の部分について、諸刊本は suviśuddhaḥ（極めて清浄であり）と校訂しているが、Tib. によれば、T5に従って suvidhijñaḥ と読むべきである。

り、マーラ（悪魔）のあらゆる業道を超出し、一切の善根において他者の縁に由らず、一切の如来に加持せられ、一切衆生に解脱道を指し示す大商主たる者、マーラ（悪魔）の全領域を破壊する、三千【大千】［世界］の第一の勇者、一切の法薬を保有する大医王にして、解脱の冠飾を著けたる[38]大法王、智慧の大光明を放出する大旗幟の王、八世間法に汚染せられざる大蓮華の如き者、一切法の陀羅尼を忘失せざる大海の如き者、貪愛と憎悪を滅除し、堅固にして震動せしめられざること大須弥山の如き者、非常に無垢かつ甚だ清浄にして極めて明浄なる[39]覚知を有する［が故に］大宝珠（大摩尼宝）の如き者、一切法の自在者にして、心が行動に適合する［が故に］大梵天の如き者なり。［かの］菩薩は、菩提道場に赴きたまえり。マーラ（悪魔）の軍勢を降伏せんがために、無上正等覚を証得せんと欲して、また、十力・［四[40]］無畏・十八不共仏法を成満するために、大法輪を転じるために、大師子吼をとどろかせる[41]ために、法の布施によって一切衆生を満足せしめるために、一切衆生の法眼を清浄ならしめるために、一切の外道異学を正法によって摧伏するために、過去世の誓言（本誓）[42]の成就を顕示するために、一切法における至上の自在力を得るために。それ故、諸君、汝らは、まさに、菩薩への供養・奉仕の行為に対する、あらゆる願望を発したまえ」［と］。

かくして、実に、大梵天ヴァシャヴァルティン[43]（自在主）は、その時、次の偈頌を唱えたり。

1. その威光と福徳と、また、威徳によって、

38　Tib. は「解脱の方便を得たる」という意味の訳文となっている。
39　「極めて明浄なる」の原文について写本間に混乱が見られるが、Tib. を参考に svavadāpita と校訂する。avadāpita は ava-√dai の caus., ppp. の用法で、「明浄ならしめられた」の意とみる。
40　Tib. には「四」に当たる訳語（bshi）がある。
41　「とどろかせる」の原文について、諸刊本は nādana と校訂しているが、諸写本によれば nadana と読むのが適切である。
42　「本誓」の原語は pūrva-pratijñā であるが、方広は「本願」と訳している。
43　原語は vaśavartin である。写本中では vaśavarttin と表記されることが多い。

［彼の］梵道は明示されたり。

［彼の］慈・悲・喜・捨［の心］と、

また、禅定と神通も［明示されたり］。

千劫［もの永き］にわたり、勤修せる、

彼は、菩提道場に出立したまえり。

いざ、かの牟尼の志願せる禁戒[44]の成就に対して、供養をなしたまえ。

2. 彼に帰依すれば、悪趣の怖畏なく、無暇(災難)[45]に陥ることもなし。

天界における望ましき安楽を得て、また、広大なる梵天宮に到るべし。

彼(菩薩)は、六年間、苦行を勤修したるのち、菩提樹に赴きたまう。

いざ、みな、歓喜と喜悦の心をもって、彼への供養をなしたまえ。

3. 彼は、三千［世界］の王にして、

至上の支配者、法の自在主たる王者なり。

帝釈[46]・梵天の都城、また、月・太陽［の都城］にも、

彼に等しき者は一人もなし。

彼が生まれたる時、拘胝尼由多［もの多く］の国土が、

六種に震動せり。

彼は、今日、マーラ（悪魔）の軍隊に勝利すべく、

無上の大樹に赴きたまう。

4. 彼の頭頂は、この梵天界に立つとも、見ること能わざるなり。

彼の身体は、非常に優美なる相好を具え、

三十二相もて装飾せられたり。

彼の言葉は、さても、甘美かつ美妙にして耳に心地よく、

美しき声の梵音[47]なり。

---

44 「志願せる禁戒」の原語については諸写本に混乱が見られ、L.,V. は āśivrate と校訂しているが、Tib.[bsam paḥi brtul shugs] を参考に āśāvrate と読む。

45 「無暇（處）」(akṣaṇa) とは「不遇、不運、災難」の意。中村元『佛教語大辞典』1316頁参照。

46 「帝釈」の原語について、L.,V.,S. は śakrā° と校訂しているが、諸写本の大勢によれば、R. に従って śakro° と読むべきである。

47 「梵音」とは「梵王（ブラフマン）の音声」の意味であるが、仏陀の「清らかな音声」をたたえていう。中村元『佛教語大辞典』1270頁参照。

彼の心は寂静にして、憎悪を離れたり。

彼の供養に［われらは］行かん。

5. 帝釈・梵天の宮殿において、

禅定の[48]楽もて過ごさんとの意向を有する者、

あるいはまた、一切煩悩の繋縛の蔓たる、

かの羅網を切断せんと欲する者、

他者より聴聞することなくして、

安穏なる独覚菩提[49]の甘露を得んと望む者、

あるいは、もし三界における仏果[50]を欲する者あらば、

その者は導師（菩薩）を供養すべきなり[51]。

6. その［菩提の］ために、大海を含む大地や、また、無数の宝石や、

多くの窓や涼房を有する[52]高楼や、

また、車駕（乗物）と［車駕を］牽く動物や、

非常に美しい花環に飾られた、園林・井戸・池を有する[53]国土や、

手・足・頭[54]・眼などを捨施したる、彼は菩提道場に赴けり。

かくして実に、比丘らよ、三千【大千】[55]［世界］の大梵天は、その刹那に、この三千大千世界を、掌の如く平坦に変化せしめたり。瓦礫や砂利は除かれ、宝珠・真珠・瑠璃・螺貝・碧玉・珊瑚・銀・金に満ち、青くて柔

48 「禅定の」の原語について、諸刊本は nityaṃ と校訂しているが、Tib.[bsam gtan] を参考に、T3に従って dhyāne と読む。

49 「独覚菩提」（独覚仏の悟り）の原語は pratyeka-bodhi である。

50 buddhatva を「仏果」と訳し、「仏陀の位」の意とみる。

51 「その者は…供養すべきなり」の原文については諸写本に混乱が見られ、諸刊本は pūjetv asau と校訂しているが、東大主要写本を参考に、T4に従って pūjetu so と読む。

52 「多くの…を有する」の原語について、R.,L.,V. は °kalikā と校訂しており、東大写本もそのように記しているが、Tib. を参考にすれば、S. の校訂に従って °kalilā（「～に充ちた」の意）と読むべきである。なお、BHSD（°kalikā の項）には「°kalitā(ḥ) と読むべし」と述べられている。

53 Tib. では、「園林・井戸・池を有する」の部分が、「園林によって美しく飾られた」という意味の訳文となっている。

54 Tib.［mgo］を参考に śirottamāṅga で「頭」と訳す。

55 Tib. には「大千」の原語（mahāsāhasra）に相当する訳語が欠けているので、これを削除すべきか？

らかく、クンダラ（螺旋）の如く[56]右方に旋回し、ナンディアーヴァルタ[57]の形をなし、カーチリンディカ[58]衣の如く触れて心地よき草によって覆われたものへと、この大千世界を変化せしめたり。また、その時、一切の《大》[59]海は、大地の如き［平静なる］ものに成り、しかも、水棲の動物たちへの危害は全く生じることなかりき。まさに、かくの如く荘厳に飾られたる、この世界を見て、十方の帝釈・梵天・護世王たちは、菩薩の供養のために、百千の仏国土を荘厳に装飾したり。また、菩薩の供養のために、諸の菩薩が、天界・人界をはるかに超出せる、荘厳なる諸供養によって、十方の無数の仏国土を装飾したり。また、これら一切の仏国土は、種々の荘厳なる装飾をもって飾られたるが故に、ひとつの仏国土の如くに見えたり。さらにまた、世界中間［の暗黒処］・黒山[60]・［小］鉄囲山・大鉄囲山[61]等は、識別せられざりき[62]。また。これら一切の仏国土は、菩薩の光明によって、明瞭に見られたり。また、菩提《道場[63]》を守護する十六名の天子あり。すなわち、ウトゥカリン[64]と名づける天子、また、ムトゥカリン[65]と名づける天子[66]、また、プラジャーパティ（生主）、シューラバラ（勇

56　Tib. には「クンダラの如く」に当たる訳語がない。

57　nandyāvarta は吉祥なる図形の一種（「難提迦物多」と音訳される）で、もとはヴィシュヌ神の毛髪の旋回するものを意味する、とされる。『望月佛教大辞典〈増訂版〉』4756頁参照。

58　kācilindika（迦栴隣陀）は水鳥の一種。その羽毛は細軟で、集めて織ると柔軟な衣服を作ることができるという。中村元『佛教語大辞典』151頁参照。

59　「大」の原語 mahā は東大主要写本には欠けているが、Tib. によればこれを挿入すべきである。

60　「黒山」とは「大鉄囲山と小鉄囲山の間の暗黒処」である。中村元『佛教語大辞典』412頁参照。

61　「鉄囲山」（cakravāḍa）とは「須弥山をめぐる鹹海の外を囲むと想像される山脈」である。鉄よりできているというが、cakravāḍa の意味は「車輪の円い縁」である。仏典にはしばしば cakravāḍa（［小］鉄囲山）と mahācakravāḍa（大鉄囲山）とが並記されている。岩本裕『日本佛教語辞典』（平凡社、1988年）530頁参照。

62　「識別せられざりき」（na prajñāyante sma）は、Tib. には mi snaṅ bar gyur to（見えなくなった）と訳されている。

63　「道場」の原語 maṇḍa は東大主要写本には欠けているが、Tib. によれば、これを挿入すべきである。

64　この天子の名は東大主要写本には utkhulī とされているが、Tib. には ut ka li と訳されているので、諸刊本に従って utkhalī（utkhalin の m. nom. sg. の語形）と読む。

65　諸写本に混乱が見られ、L.,V. は sūtkhalī と校訂しているが、Tib.[mut ka li] を参考に mutkhalī（mutkhalin の m. nom. sg. の語形）と読む。

66　「天子」（devaputraḥ）は、諸刊本には省略されているが、Tib. によれば、これを

力)、ケーユーラバラ（肱環力)、スプラティシュティタ（善住)、マヒンダラ（持地)、アヴァバーサカラ（作光)、ヴィマラ（無垢)、ダルメーシュヴァラ（法自在)、ダルマケーツ（法幢)、シッダヤートラ（成就吉祥)、アプラティハタネートラ（無障眼)、マハーヴユーハ（大荘厳)、シーラヴィシュッダガンダ（清浄戒香)、パドマプラバ（蓮華光明)[67]［と名づける天子］なり。かくの如き、これら十六名の、菩提《道場》[68]を守護する天子たちは、皆が、不退転の忍辱を得たる者なり。彼らは菩薩の供養のために、菩提道場を厳飾せり。［すなわち、菩提道場の］周囲八十由旬まで、七重の《宝石の[69]》欄杆によって囲まれ、七重のターラ樹の並木、七重の宝石の鈴網[70]、七重の宝石の紐によって囲まれたり。また、七種の[71]宝石によって象眼されたジャンブーナダ金（ジャンブー河産の黄金）の薄板と、金製の飾り紐と、ジャンブーナダ《金[72]》の蓮華によって蔽われたり。最高の樹脂の香料が焚かれ、宝石の網によって蔽われたり。また、十方の種々なる世界には、高貴にして[73]尊重される、天界や人界の、さまざまな樹木が存在するが、それらのすべてが、かの菩提道場に出現したり。また、十方には、水生および陸生の、色々な種類の花が存在するが、それらもすべて、かの菩提道場に出現したり。【また[74]、】十方の種々なる世界における、無

挿入すべきである。

67　以上、プラジャーパティ以下の天子名の原語は順に prajāpati, śūrabala, keyūrabala, supratiṣṭhita, mahindara, avabhāsakara, vimala, dharmeśvara, dharmaketu, siddhayātra, apratihatanetra, mahāvyūha, śīlaviśuddhagandha, padmaprabha である。この中の siddhayātra については諸写本、諸刊本ともに siddhapātra とするが、Tib.［ḥgro grub］を参考に siddhayātra（or siddhiyātra?）と読む。また、śīlaviśuddhagandha は東大主要写本、諸刊本によれば śīlaviśuddhanetra であるが、Tib. によれば śīlaviśuddhagandha と読むべきである。

68　「道場」の原語 maṇḍa は東大主要写本には欠けているが、Tib. によれば、これを挿入すべきである。

69　「宝石」の原語 ratna は東大主要写本には欠けている。Tib. には rin po che sna bdun（七種の宝石；七宝）と訳されている。

70　「鈴網」は Tib. には dril bu gyer kaḥi dra ba（鈴・小鈴の網）と訳されている。

71　「七種の」（sapta）は、Tib. には thams cad（一切の）と訳されている。

72　「金」の原語 suvarṇa は東大主要写本には欠けているが、Tib. によれば、これを挿入すべきである。

73　Tib. には「高貴なる」（mṅon par ḥphags pa）の後に「清浄なる」（bzaṅ ba）が挿入されている。

74　「また」の原語（ca）は、東大主要写本には欠落しているが、諸刊本はこれを挿入

量なる福徳と智の集積の荘厳とをもって菩提道場を装飾せるところの菩薩たち、彼らも、かの菩提道場に出現したり。

かくして、菩提道場を守護せる天子たちによって、かくの如き荘厳が、菩提道場に化現せられたり。それらを見て、天神・竜・夜叉・ガンダルヴァ《・阿修羅[75]》たちは、各自の宮殿が墓地の如きものなりとの想いを生じたり。また、それらの荘厳を見て、甚だ驚歎(きょうたん)の念を抱きたり。また、ウダーナ（感歎の句）を唱えたり、「善きかな、福徳の異熟(いじゅく)（応報）の結果は、まことに不思議なり」と。また、四名の菩提樹神あり。すなわち、ヴェーヌ（竹笛？）・ヴァルグ（妙音）・スマナス（善意）・オージョーパティ（持精）[76]なり。彼ら、四名の菩提樹神は、菩薩の供養のために、菩提樹を化現せしめたり。［その菩提樹の］根は隆盛にして幹も盛大なり、種々なる[77]枝・葉・花・実が茂盛(もせい)し、高さも大きさも円満具足し、美しく端正にして広大なり、八十ターラ[78]の高さありて、それにふさわしき太さあり、鮮麗(せんれい)にして見目麗(みめうるわ)しく魅力あり、宝石[79]の欄杆によって七重に囲まれ、七重の、宝石のターラ樹の並木と、七重の、《宝石の[80]》鈴網[81]と、七重の、宝石の紐[82]とによって、あまねく囲まれて[83]外辺が埋め尽くされ、パーリジャータカ・コーヴィダーラ[84]の如く、見る者の眼に［いつまでも］厭足(えんそく)

している。

75 「阿修羅」の原語 asura は東大主要写本には欠けているが、Tib. によれば、これを挿入すべきである。

76 以上４名の菩提樹神名の原語は順に veṇu, valgu, sumanas, ojopati である。

77 「種々なる」の原語 nānā は諸刊本では省略されているが、Tib. によれば、これを挿入すべきである。

78 Tib. は「七ターラ樹（の高さ）」という意味の訳文となっている。

79 Tib. は「七種の宝石」という意味の訳文となっている。

80 「宝石の」の原語（ratna）は東大主要写本には欠落しているが、Tib. によれば、これを挿入すべきである。

81 「鈴網」は Tib. には dril bu gyer kaḥi dra ba（鈴・小鈴の網）と訳されている。

82 「紐」の原語（sūtra）は、Tib. には brgyus paḥi phreṅ ba（紐の輪）と訳されている。

83 「囲まれて」の原文については諸写本に混乱が見られ、L.,V. は anuparivṛtair と校訂しているが、Tib. を参考に、T3に従って anuparivṛtam と読む。

84 pārijātaka-kovidāra は「天界の如意樹」の名であるが、pārijātaka と kovidāra という二本の樹木名ではなく、「pārijātaka という名の kovidāra 樹」の意味か。Tib. には śiṅ yoṅs ḥdus brtol（= kalpa-druma）とのみ訳されており、これは一本の樹木名と見なされうる。BHSD（kovidāra の項）には、「一つの森と見なしうるほどに大きな

あることなかりき。また、菩薩がそこに坐して菩提を証得せんと欲したるところの、その地処は、三千《大千[85]》世界の金剛の臍(へそ)(中心)たる[86]、堅固なる中枢部なりて、[そこは]破壊せられざる、金剛の自性を保持するものとなれり。

かくして実に、比丘らよ、菩薩が菩提道場に進みたまえる時、身体より、かくの如き類(たぐい)の光明が発散せられたり。[すなわち]その光明によって、一切の悪趣は鎮静せられ、一切の無暇(むか)(災難)は断滅せられ、一切の悪道の苦痛は枯渇せしめられたり。また、感官の不具なる衆生、彼らは、感官を成満することを得たり。また、病人は病気から解放せられ、[87]また、恐怖に脅かされたる者たちは安息を得たり。また、牢獄に繋(つな)がれたる者たちは、牢獄より解放せられたり。また、貧窮せる衆生たちは、財物を有する者となれり。また、煩悩に焼かれたる者たちは、熱悩なきものとなれり。また、飢えたる衆生たちは、満腹することを得たり。また、渇(かわ)ける者たちは、渇きを癒されたり。また、妊婦たちは安楽に出産したり。老衰によって[88]脆弱なる者たちは、力を具足するものとなれり。また、その時、いかなる衆生にも、貪欲(とんよく)・瞋恚(しんに)・愚癡(ぐち)・忿怒・愛著・敵意・悪意・嫉妬・慳貪(けんどん)[89]の苦悩は消失したり。また、その時、いかなる衆生も死なず、下生せず、生まれざりき。また、その時、一切衆生は、慈心《と利益心と[90]》を有して、互いに、父母に対するが如き想いを生じたり。

そこで、かくの如く言われる。

一本の樹木」との説明がある。

85 「大千」の原語(mahāsāhasra)は東大主要写本には欠落しているが、Tib.によれば、これを挿入すべきである。

86 「金剛の臍たる」の原文について、諸刊本はvajreṇābhi°と校訂しているが、Tib.を参考に、東大主要写本に従ってvajra-nābhirと読む。

87 Tib.には、この箇所に、「すべての安穏たらざる者は安穏を得たり」という意味の一文が挿入されている。

88 「老衰によって」(jīrṇa)はTib.にはshum pa(= dīna;臆病にして)と訳されている。

89 Tib.には「慳貪」(mātsarya)に当たる訳語がない。

90 「利益心」の原語(hitacittāḥ)は東大主要写本には欠落しているが、Tib.によれば、これを挿入すべきである。

7. 阿鼻（無間地獄）に至るまでの、見るも無惨なる地獄の、
衆生たちの苦悩は鎮まり、安楽を感ずるを得たり。

8. 畜生のあらゆる衆生たちは、互いに殺害し合えるも、
大牟尼（菩薩）の光明に触れるや、彼らは慈心を生じたり。

9. 餓鬼界のあらゆる餓鬼どもは、飢渇に苦しめられたるも、
菩薩の威光によって、彼らは飲食することを得たり。

10. 一切の無暇處は閉鎖せられ、諸の悪道も枯渇せしめられたり。
一切衆生は安楽となり、天界の至福に満たされたり。

11. 眼や耳の欠けたる者、また、他の、感官の不具なる者たちは、
一切の感官を具備し、一切の肢体が健全なるものとなれり。

12. 貪欲・瞋恚等の諸煩悩によって、常に[91]苦しめられたる衆生は、
その時、一切の煩悩が鎮まりて、安楽に満ちたるものとなれり。

13. 狂気の者たちは正念を得、また、貧窮せる者たちは財を得たり。
病気の者は病が治り、牢獄に繋がれた者たちは解放せられたり。

14. 敵意なく、慳貪なく、また、悪意も争論も、
互いに行使し合う[92]ことなく、その時、慈心をもって住したり。

15. 母や父、また一人息子に対して愛を起こすが如く、
その如く、衆生は、その時、互いに子への如き愛情を生じたり。

16. 菩薩の光明の網によって、周遍十方において、
ガンガー[93]の砂の数に等しき、
不可思議なる諸国土が照らし出されたり。

17. さらにまた、諸の鉄囲山も、諸の黒山も観見されず、
これら、一切の広大なる諸国土は、ひとつであるかの如くに見えたり。

18. また、掌の如く[平ら]になり、一切の宝石を有する様が見られたり。
菩薩の供養のために、一切の国土が装飾せられたり。

---

91 Tib. には「常に」(sadā) に当たる訳語はない。
92 原文の saṃprakurvanti は、Tib.[byed pa] を参考に「共に実行する、行使する」の意とみる。
93 gaṅgā とは「ガンジス河」のこと。

19. また、菩提道場に仕える十六名の天神たちも、同じく、
[周囲] 八十由旬(ゆじゅん)の範囲まで、菩提道場を厳飾(ごんじき)したり。
20. 拘胝(コーティ)もの[多くの]国土における、無限の[94]大荘厳なるところのもの、
それらすべては、菩薩の威光によって、そこに出現せり。
21. 天神、竜、また、夜叉、緊那羅(キンナラ)、および、摩睺羅迦(マホーラガ)の衆は、
それぞれ自分の宮殿を、墓地の如き [貧弱なる] ものと想念せり。
22. この時、その荘厳を見て、天神や人間たちは驚歎せり。
「善きかな、福徳の果報たるやこれなり。その栄華はかくの如し。」
23. 身体と言葉、また、意によって、
全く奮励することなきにもかかわらず、
彼(菩薩)の意(こころ)[95]に欲せられたる、一切の目的は成就せられたり。
24. それと同じく、他の諸願望も、かつて修行せる時に成満(じょうまん)せられたり。
彼(菩薩)の業の成熟(じょうじゅく)(果報)により、
この、かくの如き栄華は生じたり。
25. 四名の菩提樹神によって、菩提道場は厳飾せられ、
天界のパーリジャータ(如意樹)の、
それ [の崇高さ] よりも優れたり。
26. 天神たちによって造作せられたる菩提道場の荘厳なるものの、
それらの特質のすべてを、言葉によって説き尽くすことは不可能なり。

かくして実に、比丘らよ、菩薩の身体より発せられたる、かの光明によって、カーリカ[96]竜王の宮殿は照らされたり。[その光明は] 清浄かつ無垢にして、身体と心を爽快(そうかい)ならしめ歓悦(かんえつ)を生ぜしめ、一切煩悩を滅除し、一切衆生に安楽・歓喜・浄心・喜悦を生ぜしめる[97]ものなりき。さらにま

94 「無限の」(anantaka) は、Tib. では「拘胝の国土」にかかる修飾語として訳されている。
95 原語 manorathaiḥ を、Tib.[yid la] を参考に、「意に」と訳す。
96 kālika (kāla, kālaka) は竜王の名である。BHSD(Kālika)参照。
97 Tib. は「衆生に、一切の歓喜・安楽・浄心・喜悦を生ぜしめる」という意味の訳文となっている。

た、[それを] 見て、カーリカ竜王は、その時、自らの眷属衆の前に立って、かくの如き偈を説けり。

27. クラクッチャンダ[98]（拘楼孫仏）の時、かくの如き、
美妙なる光明が見られ、また、コーナー［ガマナ］（拘那含）と
名づける[99]［仏］の時にも見られたり。
同じく、過失なき法王たるカーシュヤパ[100]（迦葉仏）の時にも、
無垢なる光明が見られたり。
疑いなく[101]、最勝なる相好を有する利益者にして、
智の光明を有する者が出現せり。
それ故、この、わが宮殿は、実に、黄金の光明に飾られて輝けり。
28. この［わが］住居においては、月・太陽の広大なる光明も見られず。
また、火や宝珠の光明も、無垢なる電光、
また、諸の星の光明も［見られず]。
あるいは、帝釈の光明や梵天の光明、
また、阿修羅の光明も［見られず]。
以前の不善なる業の故に、わが住居は、もっぱら黒暗に覆われたり。
29. 今、この宮殿の中は、太陽の光明によるが如く[102]、清浄に輝けり。
心には歓喜が湧き起こり、身体は安楽にして、
四肢は清涼となれり[103]。
［わが］身体の上に熱き砂が落ちきたれるも、

98 krakucchanda は過去七仏としては古い方から４番目であるが、賢劫（現在の劫）では最初（第１番目）の仏である。
99 「コーナーと名づける」の原文については諸写本に混乱が見られ、諸刊本は kanakāhvaye（R. °vayaṃ）と校訂しているが、韻律と写本の大勢から konāhvaye と読む。konā（= koṇāgamana）は賢劫第２番目の過去仏である。
100 kāśyapa は賢劫第三番目の過去仏であり、釈尊の直前に現れた仏である。
101 諸刊本は niḥsaṃśayaṃ と校訂しているが、東大主要写本を参考に、韻律によって niḥsaṃgaṃ と読み、niḥsaṃśayaṃ（疑いなく）と同義と見る。
102「太陽の光明によるが如く」の原文については諸写本に混乱が見られ、L.,V.,S. は ravimdīptivat と校訂しているが、T3,T4によれば、ravirdīptivat と読むべきである。
103「四肢は清涼となれり」の 部分について L.,V.,S. は gātrādbhutā śītalā と校訂しているが、東大主要写本を参考に、gātrā bhutā śītalāḥ と読むのが妥当である。

それすら、われに清涼さを生じたり。
幾多もの拘胝（コーティ）の劫に修行せる者が、菩提樹のもとに赴けるは明白なり。
30. 速やかに、竜［の世界］の美妙かつ優美なる花と、衣と芳香、
また、真珠・瓔珞（ようらく）・装身具[104]・腕環（うでわ）などや、
末香と最上の薫香などを執（と）れ。
優雅なる太鼓や小鼓によって、さまざまの、伎楽（ぎがく）や楽器の演奏をなせ。
いざ[105]、われらは、一切世間に供養されるにふさわしき
利益者の供養に赴かん。
31. 彼［竜王］は起（た）ち上がりて、竜女たちとともに、四方を観察せり。
かくして、メール山にも似たる、
威光によって美しく飾られたる者（菩薩）を見たり。
拘胝（コーティ）もの天神・鬼神衆によって、
また、梵天の王[106]や夜叉たちに囲まれ、
［彼らは］歓喜の心をもって、彼（菩薩）を供養し、
「［菩提道場への］道はこれなり」と示したり。
32. かの竜王は、歓喜し踊躍（ゆやく）して、世間の最勝者（菩薩）を供養し、
［菩薩の］両足に、うやうやしく敬礼して、
牟尼（菩薩）の前に立てり。
竜女たちも、歓喜し、喜悦の心をもって、牟尼の供養をなせり。
［彼女らは］諸（もろもろ）の花・香料・塗香（ずこう）などを散らし、諸の楽器を演奏せり。
33. 竜王は大なる喜びをもって合掌し、
［菩薩が］真実の功徳を有するが故に、讃歎せり。
「導師よ、世間の最勝者よ、
満月の如き尊顔を拝謁（はいえつ）するは、有難きかな。

104「装身具」の原語は諸写本によれば pinaddhata または pinaddhana と読めるが、Tib.［rgyan］を参考に pinaddhaka と見るべきである。
105 原語 hantā は Tib.［brduṅ shiṅ］によれば「［太鼓や小鼓を］叩きながら」と訳すべきであるが、ここでは間投詞 hanta に同義とみて、「いざ」と訳す。
106「梵天の王」の原文 brahmendra は「梵天・インドラ（帝釈）」とも訳しうるが、Tib. には tshaṅs paḥi dbaṅ（梵天の王）と訳されている。

われは、過去の諸仙（過去仏）の瑞相を見たりしも、
御身にもまさにそれを見る。
今日、御身は、マーラ（悪魔）の軍勢を[107]摧滅して、
所願の地位を得たまわん。

34. そのために、往昔、自制・布施・律儀に努め、
すべての財を捨施したり。
そのために、自制・持戒・慈・悲・忍辱力[108]を修習したり。
そのために、堅固なる精進と禅定に専心し、智慧の燈火を熾したり。
御身の、それら一切の誓願は成就せられて、
今日、勝者（仏陀）と成りたまわん。

35. [109]葉と花と実とをつけたる樹木が、菩提樹に向ってお辞儀せるが故に、
水の満ちたる、千の瓶が［御身を］右繞せるが故に、
樫鳥（カケス）の群が、歓喜に満ちて、甘美なる啼声を発するが故に、
ハンサやクローンチャ[110]の群が、虚空を飛びながら、優美に舞いつつ、
好意をもって[111]仙人（菩薩）を右繞せるが故に、
今日、御身は阿羅漢[112]となるべし。

36. 黄金の色に似たる妙光が、百もの（多くの）国土に達したるが故に、
また、悪趣は余すところなく鎮静せられ、
生類は苦悩より解放されたるが故に、
月や太陽の宮殿には雨が降り、風も柔和に吹けるが故に、
今日、御身は、生と老とを度脱せしめる、三界の商主となるべし。

37. 天神たちは、愛欲の享楽を捨て、御身の供養のために来集せるが故に、

---

107 「マーラの軍勢」の原文 māra balavān（L.,V. は mārabalavān と連結している）は、文脈上、また、Tib. を参考に acc. sg. の語形と見る。
108 Tib. には bzod pa（忍辱）とのみ訳され、bala（力）に当たる訳語はない。
109 この第35偈は５行で一偈を成している。
110 haṃsa は「鵞鳥」、kroñca は「帝釈鴫」である。
111 「好意をもって」（sumanāḥ）は Tib. には daṅ baḥi yid kyis（清浄なる心をもって）と訳されている。
112 原文の arhavān は、Tib.［dgra bcom］を参考に、arhavant（= arhant; cf. BHSD）の nom. sg. とみる。

また、梵天や梵輔天（ぼんほてん）の神々は[113]、禅定の楽を放棄して来集せるが故に、
また、三界における最高の支配者たる者たちの[114]、
すべてがここに来集せるが故に、
今日、御身は、三界における生・老を度脱せしめる医王となるべし。
38. 御身が、今日、進みたまうところの、
その道は天神たちによって掃き清められ、
そこを通って、クラクッチャンダ（拘楼孫）世尊も、
カナカ（拘那含）と名づける［世尊］や
カーシュヤパ（迦葉）［世尊］も進みたまいし故に、
また、純粋・無垢・清浄なる蓮華が大地を破りて出現し、
そこに［御身の］力強き歩足（ほあし）が下（お）ろされるが故に、
御身は、今日、阿羅漢となるべし。
39. 幾千拘胝那由多（コーティナユタ）もの、ガンジス河の砂に等しき、マーラ（悪魔）たち、
彼らは、御身を菩提樹の下（もと）から動かすことも、
揺るがすことも能（あた）わざるべし。
色々な種類の、千那由多（ナユタ）もの、ガンジス河の砂に等しき祭式が、
御身によって行われ、世間の利益（りやく）のために修行がなされたり。
それ故に、今、［御身は］光り輝けり。
40. 星宿が月を伴いて、［あるいは］星座もろともに大陽が、
天空から地面に落ちようとも、
高荘（こうそう）なる大山（たいざん）が、自らの座より動こうとも、
あるいは、大海の水が涸（か）れようとも、
誰か賢き者が、四大（しだい）[115]の一つひとつを、
［それぞれ個別に］指し示すことができようとも、

113 Tib. は「梵天と梵輔天と天神たちは」という意味の訳文となっている。
114「また…最高の支配者たる者たちの」の原文は、諸写本からは判定しにくく、諸刊本は tathaiva ca pure と校訂しているが、文脈上、Tib.［dbaṅ phyug dam pa mchis pa］を参考に tathaiśvarapare と校訂する。
115「四大」とは「地・水・火・風の四元素」のこと。

御身が、樹王（菩提樹）の下に達したるのちは、
菩提を得ずして起つことはありうべからず。

41. 調御師よ、御身にまみえて、供養をなし、また、功徳を讃歎し、
菩提のために勧進したるが故に、
われには広大なる利益の増進が得られたり。
一切の竜女とわれは、息子ともども、
この出自（境涯）から脱することを得ん。
御身が、興奮せる象の歩調で進めるが如く、
われらもその如くに進みゆくべし。

かくして実に、比丘らよ、カーリカ竜王の第一妃にして、スヴァルナプラヴァーサー[116]と名づける者あり。彼女は、種々の宝石の傘蓋を持ちたる、［また］種々の楽器を持ち、種々の真珠の瓔珞を持ち、種々の珠宝を持ち、種々の天界・人界の花鬘〔塗香[117]〕を持ち、種々の香炉を持ち、種々の楽器と伎楽を演奏せる、衆多の竜女に囲繞され侍従せられて、進みゆく菩薩に、種々の宝石の花を散らしつつ、かくの如き偈をもって、讃歎せり。

42. 動揺することなく、恐懼なく、臆病ならず、畏怖することなく、
怯弱ならず、憂愁なく、歓喜に満ち、摧伏し難く、
染著なく、瞋恚なく、愚癡なく、貪著することなく、
欲を離れ、繫縛を離れたる、大仙人[118]よ、貴方に帰命す。

43. ［貴方は］とげを抜く医者、弟子を教導する者にして、
生類を諸の苦悩から度脱せしめる、優れたる医師なり。
休息処なく避難処なくして衰弱せるを知りて、

116 suvarṇaprabhāsā は「黄金の輝き」の意。方広には「金光」と訳されている。
117「塗香」の原語 vilepana は全ての写本に記載されているが、Tib. にはこれに当たる訳語はない。文脈上も不要につき、これを削除し、mālya-guṇa で「花鬘」（花環を編んだ紐）の意とみる。
118 Tib. には「大」に当たる訳語がなく、単に draṅ sroṅ（仙人よ）と訳されている。

貴方は、この三界における休息處・避難處となりたまえり。

44. 天神の群衆が、浄心を生じ、喜悦して、

花の大雨を、虚空より降らしめるが故に、

また、これらの者たちが、大きな衣類を投げ散じるが故に、

今日、[貴方は] 勝者（仏陀）となるべし。大いに喜ばせたまえ。

45. 樹王（菩提樹）の下に赴きて、怖れることなく坐したまえ。

マーラ（悪魔）の軍を撃ち破り、煩悩の網を断除したまえ。

往昔の、かの[119]、勝者主（仏陀）たちによって正覚せられたるが如く、

最も寂静なる、無上の菩提を証得したまえ。

46. そのために、貴方が、幾拘胝もの劫において、

生類を解脱せしめるために、苦行を為したまえる、

貴方の、その[120]願望は成就して、今、時は来たれり。

樹王（菩提樹）の下に赴きて、無上の菩提を獲得したまえ。

さて、その時、比丘らよ、菩薩に、かくの如き思念が生じたり。「彼ら、往昔の如来たちは、いかなる座に坐して、無上正等覚を証得したりしや」と。それから、彼にかくの如き思念が生じたり。「草の座に坐したまえり」と。

その時実に、虚空に立ちたる、百千の、浄居天に属する天神たちが、菩薩の心の所念を、まさに、心によって了知し、かくの如き言葉を告げたり。「その通り、善士よ、その通りなり。善士よ[121]、草の座に坐して、彼ら、往昔の如来たちは、無上正等覚を証得したまえり」[と]。

実にまた、比丘らよ、菩薩は、道の右側に、草売人のスヴァスティカ[122]が草を刈れるを見たり。[その草は] 青く、柔らかく、夭夭として、愛らしく、螺旋状に渦巻き、右方に旋回し、マユーラ（孔雀）の頸の如くにし

119 Tib. には「かの」（tair）に当たる訳語がない。
120 Tib. には「その」（sa）に当たる訳語がない。
121 Tib. には、この箇所の「善士よ」（satpuruṣa）に当たる訳語がない。
122 svastika は草売人の名であり、方広も普曜もともに「吉祥」と訳している。

て、カーチリンディカ[123]衣の如く触れて心地よく、芳香あり、妙色を有し、艶やかなりき。［それを］見て、また、菩薩は道から逸れて、草売人スヴァスティカ（吉祥）のいるところに行き、近づきて、草売人スヴァスティカに美妙なる言音をもって話しかけたり。その言音は、諭すが如く、勧告するが如く、分明にして、音節に滞りなく、音調《楽しく》[124]、美妙にして、聴聞に値し、情愛深く、記憶せしめ、鼓舞し、満足せしめ、悦楽を生ぜしめ、粗暴ならず、吃音なく、荒々しからず、軽佻ならず、円滑にして、魅力あり、耳に快く、身心を大いに勇躍たらしめ、貪欲・瞋恚・愚癡・闘諍・汚穢を滅除せしめ、カラヴィンカ[125]鳥の啼声の如く、クナーラ鳥[126]・ジーヴァンジーヴァカ鳥[127]などの囀りの音響の如く、太鼓と伎楽の演奏の音響を有し、逼悩せしめることなく、誠実にして、清明なる、真正にして、梵音声の音響の如く、海鳴りの勢威に似たる、擦れ合う山の如き音響あり、天神の主や阿修羅の主にも讃歎せられる、甚深にして、測り難く、ナムチ（悪魔）の軍勢を無力ならしめ、外道異学の説を論破し[128]、師子吼の威勢あり、馬や象が嘶く声の如く、竜の雄叫びの如く、雷鳴の轟く音の如く、十方の一切仏国土に遍くゆきわたり、教化さるべき衆生を勧発し[129]、まごつくことなく、苛苛させることなく[130]、遅滞なく、適切にして、理路整然た

---

123 kācilindika（迦栴隣陀）については、中村元『佛教語大辞典』151頁参照。

124「音節に滞りなく、音調楽しく」の原文については諸写本に混乱が見られ、諸刊本は anekalokaikavarṇasukhā と校訂しているが、文脈上、Tib. を参考に anelākalā varṇasukhā と読むべきである。

125 kalaviṅka（迦陵頻伽）は「ヒマーラヤ山中にいる美声の鳥で、殻の中にある時、すでによく鳴き、その声を聞く者はあきることがないという」。中村元『佛教語大辞典』152頁参照。

126 kunāla（= kuṇāla; 鳩那羅）は鳥の一種で、その眼が清冷なることから「好眼鳥」とも訳される。

127 jīvaṃjīvaka も鳥の名で、「命命鳥」「共命鳥」等と訳される。「身は一つで頭は二つあり、心も二つあるという鳥」で「よい声を発するといわれる」。中村元『佛教語大辞典』274頁参照。

128「外道異学の説を論破し」の原文については、諸写本に混乱が見られ、諸刊本は parapravādamathanī と校訂しているが、Tib.[phas kyi rgol baḥi smra ba ḥjoms pa] を参考に parapravādīvādamathanī と読む。

129 Tib. は「教化さるべき一切の衆生を満足せしめ」という意味の訳文となっているので、この部分の原文末尾の saṃcodanī は saṃtoṣaṇī であるべきだが、写本の支持がない。

130「苛苛させることなく」の原文については、全写本、諸刊本ともに anupahatā とす

る、時宜に適(かな)って話し、好機を逸(いっ)することなく、百千の法がよく編み込まれ、心地よく、執著を離れ、中断することなき弁才を有し、一音をもって一切音を発し、すべての意向を知らしめ、あらゆる安楽を生ぜしめ、解脱道を開示し、正道の資糧を説示し、大衆を超絶することなく、一切大衆を満足せしめ、一切の仏陀の所説に随順するものなりき。〔以上〕かくの如き言音を以て、菩薩は、草売人スヴァスティカ（吉祥）に偈によって呼びかけたり。

47.「スヴァスティカよ、速やかに、われに草を与えよ。
今日、われには、草によって、いとも大なる利益があるべし。
ナムチ（悪魔）を軍勢もろともに滅ぼして、
無上の、安穏なる菩提を証得せん。

48. そのために、われは、千劫にわたり、
布施、自制、また、律儀、棄捨(きしゃ)、
持戒、禁戒(ごんかい)、また、苦行を勤修(ごんしゅ)せり。
われは、今日、それ（菩提）を証得すべし。

49. 忍辱力、また、精進力、
禅定力、また、智力（理解力）[131]、
また、福徳・神通・解脱力、
それらの完成が、今日、われに生ずべし。

50. 智慧力、また、方便力、
威神力、また、障礙なき慈の力[132]、
［四］無礙辯(むげべん)、また、真実の力[133]、

るが、この語はすでに前出である。同じ語を二回用いるのは、文脈上不整合であるので、Tib. を参考に anupadrutā と校訂する。

131「智力」の原語は、Tib. によれば prajñābalaṃ（智慧力）であるが、この語句は次の偈に再出するので、東大主要写本と L.,V.,S. に従って jñānabalaṃ と読む。

132 この行の原文については諸写本に混乱が見られ、東大主要写本と L.,V. は ṛddhima saṃgata° としているが、文脈上、Tib. を参考に ṛddhis asaṃgata° と校訂する。

133 この行の原文についても諸写本に混乱が見られ、L.,V.,S. は pratisaṃvida-parisatyabalaṃ と校訂しているが、文脈上、Tib.[so so yaṅ dag rig daṅ bden paḥi

それらの完成が、今日、われに生ずべし。

51. 今日、われに草を与えるならば、
汝の福徳力もまた、無量とならん。
これは、汝の悪徳の原因を生ずることなく、
汝もまた、無上なる師（仏陀）とならん。」

52. スヴァスティカは、導師（菩薩）の優美にして美妙なる言葉を聞くや、
歓喜・踊躍し、喜悦し、欣快を生じたり。
柔軟・新鮮・美麗にして、感触のよい草を手一杯に持ち、
［菩薩］の前に立ちて、喜悦の心をもって、言葉を述べたり。

53.「もし、草ごときによって、不死なる、至高の地位たる菩提、
最高の寂静にして見難き、往昔の勝者（仏陀）の道が得られるならば、
《大》功徳の海たる者よ、名声無辺なる者よ、
貴公は《しばらく》待たれよ[134]。
われこそ、まず最初に、不死なる至高の地位を証得せん。」

【菩薩は告げたり。[135]】

54.「スヴァスティカよ、種々の困難なる禁戒・苦行を
多劫に為すことなくして、
［ただ］端麗なる草の座によりて、この菩提が得られるにはあらず。
覚知ありて、智慧・福徳・方便に卓出（たくしゅつ）せる者となりたる、
その後に、勝者たる牟尼（仏陀）によりて、
『［汝は］塵垢なき者に成るべし』との授記がなされる。

55. スヴァスティカよ、もし、この菩提を
他の者に与えることができるならば、

---

stobs］を参考に pratisaṃvida satyabalaṃ と校訂する。

134「しばらく待たれよ」の原文については諸写本に混乱が見られ、L.,V.,S. は tiṣṭhatu tāva と校訂しているが、韻律によって tiṣṭhā tāva と読む。なお、東大主要写本には tāva（しばらく）が欠けており、Tib. にもこれに当たる訳語がない。

135 この括弧内の部分は、東大主要写本には欠けているが、Tib. によれば挿入すべきである。

有情（衆生）を[136]一団となして［われは］与うべし。
汝は疑念を持つべからず。
われが菩提を証得して、甘露の分与がなされると
汝が知りたる[137]、その時に、
来たりて、説法を[138]聴聞すれば、汝は塵垢なき者とならん。」

56. 導師（菩薩）が、この上なく柔軟なる草を、手一杯に受け取りて、
獅子・ハンサ鳥（鵞鳥）の歩調もて進みゆけば、大地は震動したり。
天神・竜の群衆は、喜悦の心をもって合掌せり。
「今日、この方は、マーラ（悪魔）の軍勢を撃破して、
甘露を得たまわん」［と］。

かくして実に、比丘らよ、菩薩が菩提樹に近づきつつある時に、八万の菩提樹が、諸の天子たちと、諸の菩薩たちによって、荘厳に飾られたり。「菩薩はここに坐して、菩提を得、正等覚を証得したまわんことを」と［考えて］。そこにおいて、いくつかの菩提樹は、花の自性を有し、百千由旬の[139]高さを有したり。いくつかの菩提樹は、香の自性を有し、百千由旬の[140]高さを有したり。いくつかの菩提樹は、チャンダナ（栴檀）の自性を有し、百千由旬の高さを有したり。いくつかの菩提樹は、衣の自性を有し、高さは五百千（五十万）由旬なりき。いくつかの菩提樹は、宝石の自性を有し、高さは十百千（百万）由旬なりき。いくつかの菩提樹は、《あらゆる[141]》宝石の自性を有し、高さは〔十[142]〕百千拘胝那由多由旬なりき。〔い

136「有情を」の原語について、L.,V.,S. は prāṇināṃ と校訂しているが、末尾の ṃ は全写本に欠落しているので、prāṇinā と読み、inst. sg. の語形とみる。
137 Tib. には「汝が知りたる」（jānase）に当たる訳語がない。
138「説法を」の原文は、多くの写本が dharmayuktaṃ としているが、T3によれば dharmamukta である。Tib. によれば dharmottamaṃ（最勝なる法を）と読むべきであるが、写本の支持がない。ここでは、T3に従って dharmam-ukta と校訂する。
139 Tib. は「百由旬の」という意味の訳語となっている。
140 Tib. は「千由旬の」という意味の訳語となっている。高さが順に高くなる表現技法であれば、Tib. がオリジナルの文意を伝えていると思われる。
141「あらゆる」の原語（sarva）は東大主要写本には欠けているが、Tib. によってこれを付加する。
142「十」の原語（daśa）に当たる訳語は Tib. にはないので、これは削除べきである。

くつかの菩提樹は、宝石の自性を有し、百千拘胝那由多の高さありき[143]〕。また、これらすべての菩提樹の下には、それぞれにふさわしき、天界の種々なる更紗の敷かれたる、師子座[144]が設けられたり。ある菩提樹の下には蓮華の座が設けられたり。ある［菩提樹の］下には香の座が、ある［菩提樹の］下には色々な種類の宝石の座が［設けられたり］。また、菩薩はラリタヴユーハ（遊戯荘厳）と名づける三昧に入定したり。また、菩薩が、このラリタヴユーハ【と名づけるところ[145]】の菩薩三昧に入定するやいなや、その時、まさにその刹那に、それら一切の菩提樹下の師子座に、諸相随好に美しく飾られたる身体をもって坐せる菩薩が出現したり。而して、［師子座を設けたる］それぞれの菩薩たちは、天子たちともども[146]、かくの如く考えたり。「まさに、私の［設けたる］師子座に菩薩は［三昧に］入定して[147]坐したるにして、他者の［座に坐する］にはあらず」と。また、このラリタヴユーハなる菩薩三昧の威神力によりて、一切の地獄・畜生・ヤマの世界[148]（餓鬼道）、一切の天神と人間、また、あらゆる境界（再生の場所）に生まれたる、一切の衆生が、菩提樹下の師子座に坐せる菩薩を見たり。

然りといえども、さらに、低劣なるものを信解せる衆生たちの心を満足せしめるために、菩薩は手一杯の草を取りて、菩提樹へと近づき来たれり。近づきて、菩提樹を七回右繞して、まさに自ら、［草の］先端を内側に向け根元を外側に向け、全面にわたって美しき草の座を敷き、獅子の如く、

143〔　〕内に入れた部分は直前の箇所と重複する表現となっており、Tib. にもこれに相当する訳文は欠けているので削除すべきであるが、多くの写本がこれを挿入している。

144「師子座」（獅子座）とは「仏の座席」の意。「獅子が百獣の王であるように、仏も一切の者の王者であるから、人間の中での獅子であるといい、その座所を師子座という」。中村元『佛教語大辞典』544頁参照。

145「名づける」の原語（nāma）に当たる訳語は東大主要写本には欠けており、Tib. にもこれに当たる訳語がないので、この【　　】内の部分は削除すべきかもしれない。

146 Tib. は「菩薩と天子は、それぞれの心中に」という意味の訳文となっている。

147「入定して」の原文はT3を除く全写本（および諸刊本）に欠落しており、T3は samamāpannno と記しているが、Tib. を参考に samāpannno と読み、これを挿入する。

148「ヤマ（閻魔）の世界」（yama-lokika）は、ここでは文脈上「地獄」ではなく「餓鬼（道）」を指すと考えられる。

勇者の如く、力ある［者の］如く、堅固なる［者の］如く、精進ある［者の］如く、威勢ある［者の］如く、象[149]の如く、自在主の如く、自存者の如く、智者の如く、無上なる［者の］如く、卓越せる［者の］如く、超出せる［者の］如く、名声ある［者の］如く、名誉ある［者の］如く、布施［者］の如く、持戒［者］の如く、忍辱［者］の如く、精進［者］の如く、禅定［者］の如く、智慧［者］の如く、智（理解力）ある［者の］如く、福徳ある［者の］如く、魔賊（まぞく）を摧伏せる［者の］如く、資糧（しりょう）（善根・功徳）ある［者の］如く、結跏趺坐（けっかふざ）して、その草の座に、東方を向いて坐し、身体をまっすぐに伸ばして、正念を現前に生ぜしめて、かくの如き、堅固なる誓いを為したまえり。

57. この座において、われの身体が枯れようとも、
また、皮・骨肉が朽ち果てようとも、
多劫において得難き[150]菩提を、得ずしては、
この座より、身体を決して動かさざるべし[151]、と。

［以上］「菩提道場往詣品」と名づける第19章なり。

---

149 nāga は通常「龍」の意味であるが、ここでは Tib.［glaṅ po］を参考に「象」と訳す。
150「得難き」の原語 durlabhāṃ は韻律に合わない。dulabhāṃ と読み、二つの短音で一つの長音とみれば、韻律に合する。
151「動かさざるべし」の原文中「動かす」の原語を caliṣyate と読めば韻律に合わない。caliṣyata と読み、°yata の部分を二つの短音で一つの長音とみれば、韻律に合するか？

第20章

（菩提道場荘厳品）

かくして、実に、比丘らよ、菩薩が菩提道場に坐せる時、東の方向に、六欲界[1]の天神たちが立てり。「誰も[2]菩薩に障礙をなすことのなきように」と。同じく、南・西・北[3]の方向も、天神たちによって警護せられたり。

かくして、実に、比丘らよ、菩薩が菩提道場に坐せる、その時に、「菩薩の勧発」と名づける光明を発したり。その光明により〔勧発せられたる〕[4]、周遍十方の無量・無数の、法界（事物の根源）[5]を究極とする虚空界[6]の果てに至るまでの、一切の仏国土が照らされたり。その時実に、東方の、ヴィマラ（無垢）世界における、ヴィマラプラヴァーサ（無垢光明如来）[7]の仏国土から、ラリタヴユーハ（遊戯荘厳）[8]と名づける菩薩摩訶薩が、その光明に勧発されて、おびただしい数の菩薩たちに囲繞され、侍従せられて、菩提道場へ、また、菩薩のところへと近づき来たれり。来たりて、また、その時、《菩薩の供養のために》[9]かくの如き種類の神通変化を造作したり。［すなわち］その神通変化を造作せることによりて、十方における虚空界の辺際に達するまでの、一切の仏国土は、清浄なる青琉璃によって

1　三界（欲界、色界、無色界）のうち欲界に属する六重の天（六欲天）を指す。すなわち、四天王天、三十三天、夜摩天、兜率天、化楽天、他化自在天の六天界である。

2　Tib. には「誰も」（kaścid）に相当する訳語がない。

3　T5,N3,N4においては、この部分から第１偈 b の途中までに当たる原文が第19章中に混入している。

4　東大主要写本には「勧発せられたる」に当たる原文（saṃcoditaḥ）が挿入されているが、Tib. にはこれに当たる訳語がなく、文脈上も不要なので、削除すべきである。

5　ここにおける「法界」（dharma-dhātu）は、「真理（法）の根源」「事物の根源」を意味する大乗仏教の用語と考えられる。中村元『佛教語大辞典』1249頁参照。

6　Tib. には「界」（dhātu）に相当する訳語がない。

7　ヴィマラおよびヴィマラプラヴァーサの原語は vimala および vimalaprabhāsa である。

8　「遊戯荘厳」（lalitavyūha）は、Tib. では「安楽荘厳」という意味の訳文（bde ba bkod pa）となっている。

9　「菩薩の供養のために」の原文は東大主要写本には欠けているが、Tib. にはこれに当たる訳文があるので、挿入すべきである。

造られたる、ひとつの講堂として示され、五道[10]に生まれたる一切衆生の前に、菩提道場に坐せる菩薩が示現せられたり。そこで、それらの衆生は、互いに、ひとつの指で菩薩を指し示し合えり。「かくの如く優美なる、この衆生は誰か。かくの如く光輝ある、この衆生は誰か」と［言いながら］。また、それらの衆生の前に、菩薩は、諸の菩薩［衆］を化作したり。そこにおいて、それら化身の菩薩たちは、次の偈を説けり。

1. その人の、残りわずかな貪欲・瞋恚・垢穢は、
　　習気（潜在余力）とともに抜除せられ、
　その人の身体より光明が発せられ、
　　十方における一切の光明は、光輝なきものとなれり。
　その人の福徳・三昧・智の集積は、多劫において増大せられたり。
　まさにその、最勝の大牟尼たる、
　　シャーキヤムニ（釈尊）が、あらゆる方向を照らしたり。

それからまた、南方の、ラトナヴユーハ（宝荘厳）世界の、ラトナールチス（宝焔）如来の仏国土から、ラトナチャットラクータサンダルシャナ（示現宝蓋楼）[11]と名づける菩薩摩訶薩が、その光明に勧発されて、おびただしい数の菩薩たちに囲繞され侍従せられて、菩提道場へ、また菩薩のところへと近づき来たれり。来たりて、菩薩の供養のために、ひとつの宝石の傘蓋によって、その講堂の全体を覆えり。そこにおいて、帝釈・梵天・護世［四天］王たちは、互いに、かくの如く言えり。「これは誰の果報にして、何のために、この、かくの如き種類の、宝石の傘蓋は出現したるや」［と］。その時、その宝石の傘蓋より、次の偈が現出したり。

10　五道とは、六道輪廻の六界（地獄、餓鬼、畜生、阿修羅、人、天）から「阿修羅」を除いた五界である。

11　ラトナヴユーハ、ラトナールチス、ラトナチャットラクータサンダルシャナの原語は、それぞれ ratnavyūha, ratnārcis, ratnachattrakūṭasaṃdarśana である。

2. その人によって、宝石および香の、千拘胝那由多もの傘蓋が、
無比なるものに住する者たちと、涅槃［に住する者］に対して、
慈心をもって捧げられたり。
彼こそまさに、最勝なる相好を有する利益者にして、
ナーラーヤナ[12]の如き力（那羅延力）を具有せり。
［かの］具徳者は、菩提［樹］[13]の根元に赴けり。
彼のために、この供養はなされたり。

それからまた、西方の、チャンパカヴァルナー（薝波花色）世界の、プシュパーヴァリヴァナラージサンクスミタービジュニヤ（花條森花列満開神通）如来の仏国土から、インドラジャーリー（因陀羅網）[14]と名づける菩薩摩訶薩が、その光明に勧発されて、おびただしい数の菩薩〔摩訶薩[15]〕たちに囲繞され、侍従せられて、菩提道場へ、また菩薩のところへと近づき来たれり。来たりて、また、菩薩の供養のために、その講堂全体を、ひとつの宝石の網によって覆えり。その時、十方の天神・竜・夜叉・ガンダルヴァたちは、互いに、かくの如く言えり。「この、かくの如き種類の光明の荘厳は誰のものか」［と］。その時、その宝石の網より、次の偈が現出したり。

3. 宝の蔵、宝の旗、三界の喜び、
無上の宝にして、宝の名声ある、彼は法を喜べり。
精進を獲得して、三宝（仏・法・僧）を断絶せしめざる、
彼は無上なる菩提を得たまわん。これは彼への供養なり。

---

12 nārāyaṇa（那羅延）は「天上界の力士」（大力を有する神）の意であり、ヒンドゥー教の最高神格であるヴィシュヌの異称とされる。
13 Tib. には「樹」に当たる訳語（śiṅ）が付加されている。
14 チャンパカヴァルナー、プシュパーヴァリヴァナラージサンクスミタービジュニヤ、インドラジャーリーの原語は、それぞれ campakavarṇa, puṣpāvalivanarājisaṃkusumitābhijña, indrajālī である。
15 東大主要写本には「摩訶薩」に当たる原語（mahāsatvaiḥ）が挿入されているが、Tib. にはこれに相当する訳語はなく、文脈上も不要なので削除すべきである。

それからまた、北方の、スールヤーヴァルター（日転）世界の、チャンドラスールヤジフマカラナプラバ（覆蔽日月光）如来の仏国土から、ヴユーハラージャ（荘厳王）[16]と名づける菩薩摩訶薩が、その光明に勧発されて、おびただしい数の菩薩たちに囲繞され、侍従せられて、菩提道場へ、また菩薩のところへと近づき来たれり。来たりて、菩薩の供養のために、十方の、一切世界における仏国土の、あらゆる功徳荘厳の、それらすべてを、その講堂に示現したり。その時、ある菩薩たちは、かくの如く言えり。「この、かくの如き種類の荘厳は誰のものか」［と］。その時、それら一切の荘厳より、次の偈が現出したり。

4. その人により、数限りなく、福徳や智によって身体が浄修せられ、
その人により、誓戒・苦行と、また真実の法によって語が浄修せられ、
その人により、慚恥[17]と決意、また、悲と慈によって、
心（意）が浄修せられたり。
まさに、その、樹王下に赴けるシャーキヤ族の牡牛たる者が
供養せられたり。

それからまた、東南の方角の、グナーカラー（功徳蔵）世界の、グナラージャプラバーサ（功徳光明王）如来の仏国土から、グナマティ（功徳慧）[18]と名づける菩薩摩訶薩が、その光明に勧発されて、おびただしい数の菩薩たちに囲繞され、侍従せられて、菩提道場へ、また菩薩のところへと近づき来たれり。来たりて、菩薩の供養のために、一切の功徳荘厳を有する楼閣を、その講堂に化作したり。【彼（グナマティ菩薩摩訶薩）の、かの従者たちは、かくの如く言えり。「この、かくの如き種類の楼閣の荘厳は誰

16　スールヤーヴァルター、チャンドラスールヤジフマカラナプラバ、ヴユーハラージャの原語は、それぞれ sūryāvartā, candrasūryajihmakaraṇaprabha, vyūharāja である。
17　「慚恥」とは「恥じること」「恥を知ること」である。
18　グナーカラー、グナラージャプラバーサ、グナマティの原語は、それぞれ guṇākarā, guṇarājaprabhāsa, guṇamati である。

のものか」［と］。[19]】また、その楼閣から、次の偈が現出したり。

5. [20]その人の功徳によって、天神・阿修羅・夜叉・マホーラガたちは、
常に、功徳の香気（小量の分配）[21]にあずかれり。
功徳を有する彼は、功徳具有の王家に生まれたり。
［その］功徳海［たる彼］が、菩提樹の下に坐したまえり。

それからまた、南西の方角の、ラトナサンバヴァー（宝生）世界の、ラトナヤシュティ（宝柱）如来の仏国土から、ラトナサンバヴァ（宝生）[22]と名づける菩薩摩訶薩が、その光明に勧発されて、おびただしい数の菩薩〔摩訶薩〕[23]たちに囲繞され、侍従せられて、菩提道場へ、また菩薩のところへと近づき来たれり。来たりて、菩薩の供養のために、無量・無数の宝石の天柱[24]を、その講堂に化作したり。また、それらの、宝石の天柱から、次の偈が現出したり。

6. [25]その人によって、大海を含む［全］大地と、また、無数の宝石と、
美しい窓や涼房を有する高楼と、
また、車駕（乗物）と［車駕を］牽く動物と、

19　L.,V. は【　】内の訳文に当たる原文を挿入しているが、確認できる写本のすべてにその原文が欠落しており、Tib. にもそれに相当する訳文が見当たらないので、削除すべきである。

20　この偈の韻律［bha × 3 + ra（12音）］は、Śāntibhikṣu Śāstrī: *Lalitavistra*（562頁）によれば、Modaka であるが、Apte の韻律表によれば Modaka は［bha × 4］の形式とされており、［bha × 3 + ra］の形式のものは名称不明である。外薗幸一「ラリタヴィスタラの韻律について」（鹿児島国際大学『国際文化学部論集』第18巻３号、2017、183–208頁）参照。

21　「香気」の原語 gandhika は「～の香りに触れる」「～の小量を有する」の意味であり、Tib. には「［功徳を］分配されたり」（［yon tan］bgos）と訳されている。

22　ラトナサンバヴァー、ラトナヤシュティ、ラトナサンバヴァの原語は、それぞれ ratnasaṃbhavā, ratnayaṣṭi, ratnasaṃbhava である。

23　東大主要写本には「摩訶薩」に当たる原語（mahāsatvaiḥ）が挿入されているが、Tib. にはこれに相当する訳語はなく、文脈上も不要なので削除すべきである。

24　vyomaka は「天（vyoman）にも届くほどの高い柱」「天を支える柱」の意味とみて、「天柱」と訳す。

25　この第６偈は前章（第19章）の第６偈に酷似し、ほぼ同一の内容である。

装飾された天柱と、美妙なる花環と、
諸の園林や井戸[26]と、諸の会堂と、
手・足・頭・眼などが捨施せられたり。その彼が菩提道場に坐せり。

それからまた、北西の方角の、メーガヴァティー（有雲）世界の、メーガラージャ（雲王）如来の仏国土から、メーガクータービガルジタスヴァラ（雲峰発雷鳴）[27]と名づける菩薩摩訶薩が、その光明に勧発されて、おびただしい数の菩薩たちに囲繞され、侍従せられて、菩提道場へ、《また[28]》菩薩のところへと近づき来たれり。来たりて、菩薩の供養のために、カーラーヌサーリアガル（随時沈水香）の雲を化作し、ウラガサーラチャンダナ（龍勝旃檀）の香末の雨を、その講堂に降らしめたり。また、そのカーラーヌサーリン（随時香）[29]の雲の円輪から、次の偈が現出したり。

7.［彼は］明知と解脱[30]の光明を有する法の雲により、
三界の一切を遍満し、
正法と、離欲・甘露・涅槃を獲得せしめる雨を降らしめ、
一切の愛欲・煩悩の繋縛の蔓を、
習気（潜在余力）もろともに断ち切り、
諸の禅定・神通力・機根[31]によって開花せしめ、浄信を生ぜしむべし。

それからまた、北東の方角の、ヘーマジャーラプラティチャンナー（宝

26　Tib. には「井戸」（kūpa）に相当する訳語がない。
27　メーガヴァティー、メーガラージャ、メーガクータービガルジタスヴァラの原語は、それぞれ meghavatī, megharāja, meghakūṭābhigarjitasvara である。
28　東大主要写本には「また」に当たる原語（ca）が欠落しているが、文脈上、これを挿入すべきである。
29　カーラーヌサーリアガル、ウラガサーラチャンダナ、カーラーヌサーリンの原語は、それぞれ kālānusāryagaru, uragasāracandana, kālānusārin である。
30　「解脱」の原語について、写本と校訂本のすべてが adhimukti としているが、Tib. によっても、文脈上も、vimukti と読むのが適切である。
31　「機根」（indriya）とは「教えを聞いて修行しうる衆生の能力・素質」である。『広辞苑』第六版参照。

網覆蓋）世界の、ラトナチャットラービウドガターヴァバーサ（宝蓋起光）如来の仏国土から、ヘーマジャーラーランクリタ（宝網荘厳）[32]と名づける菩薩摩訶薩が、その光明に勧発されて、おびただしい数の菩薩たちに囲繞され、侍従せられて、菩提道場へ、また、菩薩のところへと近づき来たれり。来たりて、菩薩の供養のために、それら一切の楼閣（ろうかく）と宝石の天柱とに、三十二相によって美しく飾られたる菩薩の形像（けいぞう）を化作したり。また、それらすべての菩薩の形像は、天界・人界の花環を持ち、菩薩の在（いま）せる、その方向に身を屈（かが）めて、それらの花環を垂（た）れ懸（か）けたり。また、［かの宝網荘厳菩薩摩訶薩は］次の偈を唱えたり。

8. 彼によって、往昔、那由多（ナユタ）もの［多くの］仏陀が称讃せられ、
［彼は諸仏に］大いなる敬意を以て、浄信を起こし[33]、
梵音声（ぼんおんじょう）を発して、美妙なる言葉を語りたり。
［その彼が］菩提道場に来至せるが故に、頂礼せん。

それからまた、下方の、サマンタヴィローキター（普観）世界の、サマンタダルシン（普見）如来の仏国土から、ラトナガルバ（宝胎）[34]と名づける菩薩摩訶薩が、その光明に勧発されて、おびただしい数の菩薩たちに囲繞され、侍従せられて、菩提道場へ、また、菩薩のところへと近づき来たれり。来たりて、[35]菩薩の供養のために、その琉璃【製】の講堂に、ジャ

32 ヘーマジャーラプラティチャンナー、ラトナチャットラービウドガターヴァバーサ、ヘーマジャーラーランクリタの原語は、それぞれ hemajālapraticchannā, ratnachattrābhyudgatāvabhāsa, hemajālālaṃkṛta である。
33 この行の Tib. は「敬意を以て、大浄信を起こし」という意味の訳文となっている。
34 サマンタヴィローキター、サマンタダルシン、ラトナガルバの原語は、それぞれ samantavilokitā, samantadarśin, ratnagarbha である。
35 東大主要写本のうち３本（T1,T3,T4）において、この部分（「菩薩の」に当たる部分）から第23偈の途中までの原文が欠落している。また、１行後の中ほどから、T5（および N3）も同じく第23偈の途中までの原文が欠落しているので、結局、我々は、この大きな欠落（第20章のほぼ３分の１に相当する）部分では東大主要写本を全く利用できず、わずかに N4に残された原文によって東大主要写本にあったはずの原文を推測する以外にない。

ンブー河産黄金（閻浮檀金）の諸蓮華を出現せしめたり。また、[36]それらの蓮華の花心に、妙色相を具足し、あらゆる装身具に飾られたる、半身の女人たちを顕現せしめたり。

［それらの女人たちは］左右の手に、首飾り・腕環・肱環・金の紐・真珠の瓔珞などの、種々の装身具を持ち、また、花と綾絹の飾り紐を垂れ懸けて、菩提道場に、また、菩薩の在せる方向に身を屈めて、【彼女たちは[37]】次の偈を唱えたり。

9. 彼（菩薩）は、常に、諸の尊師に、
　［また］仏陀・声聞・独覚仏に稽首せり。[38]
　戒を具足し、常に、正念を第一として、慢心なかりき。
　功徳を有する、その方に、［私たちは］稽首せん。

それからまた、上方の、ヴァラガナー（最勝聚）世界の、ガネーンドラ（聚衆王）如来の仏国土から、ガガナガンジャ（虚空蔵）[39]と名づける菩薩摩訶薩が、その光明に勧発されて、おびただしい数の菩薩たちに囲繞され、侍従せられて、菩提道場へ、また、菩薩のところへと近づき来たれり。来たりて、菩薩の供養のために、そのまま［上方の］虚空中に停住せる時、十方の一切の仏国土に存在する限りの、かつて見られたことも聞かれたこともなき、［あらゆる］花・薫香・香料・花環・塗油・香末・衣・着物[40]・装身具・傘蓋・旗幟・幢幡・軍旗（勝利を予知する幢）[41]・宝石・宝珠・金・

36　上註に記したごとく、T5（および N3）において、他の東大主要写本と同じく、ここ（「それらの」にあたる部分）から第23偈の途中までの原文が欠落している。

37　R.,L.,V. はいずれも tāś（彼女たちは）を挿入しているが、Tib. にはこれに当たる訳語はない。

38　本偈１～２行の Tib. は「彼は、常に、仏陀・声聞・独覚仏たちと、諸の尊師に稽首せり」という意味の訳文となっている。

39　ヴァラガナー、ガネーンドラ、ガガナガンジャの原語は、それぞれ varagaṇā, gaṇendra, gagaṇagañja である。

40　Tib. には、「香末」と「衣」の間に「煙香」（dhūpana）に当たる訳語（bdug spos）が挿入されており、逆に「衣」と「装身具」の間にあるべき「着物」（vastra）に当たる訳語は見当たらない。

41　「軍旗」の原語 vaijayanti は、Tib. には rnam par rgyal baḥi khaṅ pa（勝利の幢）

銀・真珠・瓔珞[42]・馬・象・戦車・歩兵・馬車・【開花した】[43]樹木・枝葉・花弁・果実・童男・童女・天・竜・夜叉・ガンダルヴァ・阿修羅・ガルダ・キンナラ・マホーラガ・帝釈・梵天・護世王・人類・鬼類[44]などの、すべてが、虚空中より、花の大雨[45]を降らしめたり。［その雨は］全ての衆生[46]に歓喜と安楽を生ぜしめるものにして、いかなる衆生にも恐怖や危害を与えざりき。[47]

そこで、かくの如く言われる。

10. 略説すれば、かくの如し[48]。利益者（菩薩）を供養するために、
諸方より[49]、菩提［樹］に来至せるところの仏子（菩薩）たち、
彼ら諸仏子の、歩行・勇進・美しき歩調の荘厳は、
譬喩によってのみ、これを聞くべし[50]。

11. ある者たちは、虚空より、雷雲の如く、音を響かせて、
千[51]那由多もの瓔珞を垂れ懸けながら、来至せり。
ある者たちは、宝冠を著け辮髪を垂れて、
空中に花の宮殿を示現しつつ、来至せり。

12. ある者たちは、地上より、獅子の如くに吼えながら、

と訳されている。

42 「真珠・瓔珞」の原語 muktāhāra は、Tib. には単に mu tig（真珠）と訳されている。

43 確認できる諸写本と諸校訂本のいずれも puṣpavṛkṣa（開花した樹木）と記しているが、Tib. は単に śiṅ ljon（樹木）と訳しており、puṣpa（開花した）に当たる訳語はない。この puṣpa（花）は、文脈上も不要と思われるので、削除すべきか？

44 「鬼類」の原語 amānuṣya は「人ならざるもの」の意味である。

45 Tib. には単に char chen por（大雨を）と訳されており、花（puṣpa）に当たる訳語はない。

46 Tib. には「衆生」（sattva）に当たる訳語はない。

47 Tib. には、この箇所に de bshin du sbyar te（「以下、略説する」の意）が挿入されている。

48 Tib. には、「略説すれば、かくの如し」（peyālam eṣaḥ）に当たる訳文は見あたらない。上註47に示した挿入部分に該当するが、Tib. ではこれが偈の外に置かれていることになる。

49 Tib. は「それら十方より」という意味の訳文となっている。

50 本偈3～4行の Tib. は「彼ら、衆生を利益する者たちの荘厳、諸の歩行・勇進・美しき歩調などの、譬喩のみを聞け」という意味の訳文となっている。

51 Tib. には「千」（sahasra）に当たる訳語はない。

空・無相・無願の音声を[52]発しつつ、来至せり。
ある者たちは、牡牛の如く嘶きながら、
かつて見られたることなき、美しき花を散らしつつ、来至せり。

13. ある者たちは、空中より、孔雀の如く啼きながら、
自らの身体の千の色相を示現しつつ、来至せり。
ある者たちは、空中より、月の如く盈満しつつ、
善逝の子（菩薩）の功徳の蔓を称揚しながら、来至せり。

14. ある者たちは、太陽の如く光明を発しながら、
一切のマーラ（悪魔）の宮殿を暗冥となしつつ、来至せり。
福徳資糧を積集せる、ある者たちは、インドラの杖（虹）の如き
清浄なる旗を持って、その菩提道場に来至せり。

15. ある者たちは、空中より、珠宝の網を散らし、
また、昇ったばかりの妙月の［如き］煌々たる[53]輝きを放ちつつ、
マーンダーラヴァ・スマナス・ヴァールシカ・チャンパ（カ）[54]の
花環を、樹王下に坐せる菩薩に散じたり。

16. ある者たちは、両足で大地を震動させながら来至せり。
大地は震動すれども、有情（生き物）には歓喜を生じたり。
ある者たちは、メール山を掌に執持して来至し、
［そのまま］虚空に立ちて、花筺（花を入れた箱）を散じたり。

17. ある者たちは、四大海を頭上に載せて来至し、
大地に芳香ある水を灑ぎ、清めたり。
ある者たちは、色々な宝石の杖を持って来至し、
遠方に立って、菩薩に見せたり[55]。

52　Tib. は「空・無相・無願こそ最上なりと」という意味の訳文となっている。
53　「煌々たる」の原語 candra は、通常「月」の意味であるが、ここでは「光る、輝く」の意味とみる。
54　これらの花名の原語は、順に māndārava, sumanas, vārṣika, campa(ka) である。campa は通常は campaka であるが、ここでは韻律によって最後の ka が省略されている。
55　本偈 3 ~ 4 行の Tib. は「ある者たちは、色々な宝石の杖を持ち、遠方に立って、菩薩に見せながら、来至せり」という意味の訳文となっている。

18. ある者たちは、梵天の［如き］安穏なる容貌を化現して来至し、
静穏・寂静なる心意を保ち、禅定に安住せり。
彼らの諸毛孔からは、「慈・悲・喜・捨は無量なり」との、
甘美なる音声を発したり。
19. ある者たちは、帝釈天さながら、まさにその如くに、
千那由多もの［多くの］天神たちに侍従せられて来至し、
彼らは、菩提樹に近づき、合掌して敬礼し[56]、
帝釈が着用する、種々の珠宝を散じたり。
20. ある者たちは、まさに四方の護世王（四天王）の如く、
ガンダルヴァ・ラークシャサ・キンナラ[57]たちに囲繞されて来至し、
稲妻の［如き］赫奕たる花の雨を降らせつつ、
ガンダルヴァやキンナラの音声を以て、勇者[58]（菩薩）を讃歎せり。
21. ある者たちは、花咲ける樹木の、果実をつけたる、
［また］花をつけて最勝なる芳香を発する［樹木］を持って来至せり。
それらの[59]葉の上には、半身の仏子（菩薩）たちが坐しており、
身を屈めて、菩提の坐（菩提道場）に諸の花を散じたり。
22. ある者たちは、パドマ（蓮華）・ウトパラ（青蓮）、また、
プンダリーカ（白蓮）などの花が咲きたる池を把持して、来至せり。
［それらの］蓮華の中心には、三十二相を具足せる者たちが坐して、
執著なき心を有する、賢明なる菩薩を讃歎せり。
23. ある者たちは、同じく、メール山の如く広大な身体を化現して来至し、
虚空に停立して、自らの身体を抛棄せり。

---

56 「敬礼し」の原語について、N4以外の写本とR.は pragṛhya と記し、L.,V.,S.は gṛhya と校訂しているが、文脈上、N4に従って prahva（「前傾した、お辞儀をした」の意）と読む。ただし、Tib.は「彼らは、菩提樹の下に近づき、合掌して」という意味の訳文となっており、prahva に当たる訳語は見当たらない。
57 ガンダルヴァ・ラークシャサ・キンナラは、漢文には、順に「乾闥婆」「羅刹」「緊那羅」と音訳される。
58 Tib.には brtan pa（堅固なる者）と訳されているので、原語は vīra（勇猛なる者）ではなく dhīra（堅固なる者）であろうと思われるが、写本の支持がない。
59 Tib.には「それらの」（te）に当たる訳語はない。

抛棄するや否や、［それらの身体は］新鮮なる[60]花鬘（けまん）となりて[61]、

三千［世界］の勝者（仏陀）の国土を覆い尽くせり。

24. ある者たちは、両眼に、劫火（こうか）［の如きもの］[62]と、また、

［劫の］発生と消滅とを示現しつつ、来至せり。

彼らの身体からは、多くの法門［の教え］が鳴り響き、

それら［の教え］を聞いて、

那由多（ナユタ）もの［多くの］衆生が渇愛を断じたり。

25. ある者たちは、キンナラ（緊那羅）[63]の如き声で歌いながら来至し、

唇はビンバ果[64]の如く顔容（がんよう）うるわしく、面貌よく円満せり。

色々な瓔珞で美しく飾りたてたる娘たちの如く[65]にして、

それを見て、天神衆といえども、厭足（えんそく）することなし。

26. ある者たちは、金剛の如く破砕されざる［堅固な］身体を有し、

足もて地下の水聚を掘り出しつつ、来至せり。

ある者たちは、太陽の如き、［また］満月の如き顔面ありて、

光輝を放ち、光明を発して、諸の煩悩・罪過を滅除せり。

27. ある者たちは、宝石で身を飾り、手に宝石を持ちて来至し、

幾千拘胝（コーティ）もの［多くの］国土を覆い尽くしたり。

多くの衆生に《利益と[66]》安楽〔の獲得[67]〕と満足とを与えるために、

最勝なる宝石・花・妙香の雨を降らしめたり。

28. ある者たちは、偉大なる陀羅尼（だらに）の宝蔵（ほうぞう）を生じ、

---

60 Tib. には「新鮮なる」（nava）に当たる訳語はない。

61 東大主要写本（およびN3）における、第９偈の直前からの長い原文欠落は、ちょうどこの箇所まででで終わり、次の行からは、再びそれらの原文を参照することができる。上註34、同35参照。

62 Tib. には sreg paḥi bskal pa lta bu（劫火の如きもの）と訳されている。

63 「緊那羅」は「美妙な音声をもち、よく歌舞をなす天の楽神」（中村元『佛教語大辞典』250頁）である。

64 bimba 樹の果実は熟すると赤色になるので、美人の唇に譬えられる。

65 Tib. は「色々な瓔珞を美しく飾りて盛装せる娘の如く」という意味の訳文となっている。

66 「利益」の原語（hitaṃ）は東大主要写本には欠けているが、Tib. によればこれを挿入すべきである。

67 東大主要写本には「獲得」に当たる原語（āpana）が挿入されているが、これは、文脈上も韻律上も不要であるから、削除すべきである。

諸の毛孔より、那由多(ナユタ)もの［多くの］経典を演説しつつ、来至せり。
［彼らは］弁才を具足し、英知を具(そな)え、すぐれた覚知を有し、
酩酊し惑乱せる民衆を、覚醒せしめたり。

29. ある者たちは、メール山の如き太鼓を持ち、打ち鳴らして、
空中より美妙なる音を発しつつ[68]、来至せり。
その音は、十方の、拘胝(コーティ)もの［多くの］国土に響きわたり、
「師（菩薩）は甘露（不死）を会得して[69]、
今宵(こよい)正覚せん」と知らせたり。

［以上］「菩提道場荘厳品」と名づける第20章なり。

---

68 「空中より美妙なる音を発しつつ」の原文については諸写本間に混乱が見られ、L. は gagaṇe sumanojñaghoṣāṃ と校訂しているが、文脈と韻律との両面から、T3に従って gagaṇaṃ ca raṇī manojñaṃ と読む。
69 Tib. は「甘露を［まだ］得ざりし師は」という意味の訳文（bdud rtsi ma thob ston pa）となっている。

第21章

（降魔品）

かくの如く、実に、比丘らよ、諸の菩薩によって、これらの、かくの如き種類の荘厳が、菩薩の供養のために、菩提道場に準備せられたり。また、菩薩は自ら、十方における、過去・未来・現在の諸仏陀世尊の、一切の仏国土に存在する限りの、菩提道場の装飾荘厳の、それらすべてを、その菩提道場に顕現せしめたり。

それから、また、比丘らよ、菩提道場に坐せる菩薩に、かくの如き思念が生じたり。「実に、マーラ（悪魔）波旬は、この欲界の王・支配者・自在主なり。もしわれが、彼に知られることなくして、無上正等覚を証得するならば、それは、われにふさわしからざるべし。さればいざ、われはマーラ（悪魔）波旬を挑発すべし。彼を降伏せしむれば、欲界の天神等の、すべてが降伏せらるべし。さらにまた、マーラ（悪魔）の眷属にして、かつて善根を種(う)えたるも［今は］マーラ（悪魔）界に属する天子たちが、われの、獅子の［如き］遊戯神通(ゆげじんづう)を見て、無上正等覚に対する心を発(おこ)すべし」［と］。

かくして実に、比丘らよ、菩薩は、かくの如く思念したるのち、その時、眉間の［白］毫相(ごうそう)より、「《一切の》悪魔の領域を破壊する」（一切魔圏破壊）[1]と名づける、ひとつの光線を発(はっ)したり。その光線によって、一切の三千大千世界における、すべての[2]マーラ（悪魔）の宮殿が照らされ［覆われ］て、鈍暗なるものとなり、また、震動したり。また、この、一切の三千大千世界が、大光明によって遍照せられたり。また、その光明の中から、《マーラ（悪魔）波旬は[3]》この、かくの如き種類の声を聞けり。

1　この光明名は、方広には「降伏魔怨」、普曜には「消魔宮場」と漢訳されている。
2　「すべての」の原文 sarvasmin は、Tib. では「この、一切の「三千大千世界の」」いう意味の訳文となっているので、原文を sarve 'smin と読んだものと思われる。
3　「マーラ（悪魔）波旬は」の原文は東大主要写本に欠けているが、Tib. によれば、

1. 多劫において勤修せる、極めて清浄なる衆生にして、
シュドーダナ王の息子なる者は、王位を捨て、
かの利益者(りやくしゃ)は、甘露(かんろ)（不死）を希求して出家し、
菩提樹の下(もと)に来たりて、今、奮励努力せり。
2. 彼は自ら［彼岸に］渡り、他者をして渡らしむべし。
また、彼は自ら解脱して、他者をも解脱せしむべし。
彼は［自ら］安息を得て、他者をも安息せしむべし。
まら、［自ら］涅槃を得て、他者をも涅槃に導くべし。
3. ［彼は］三悪趣を、余すところなく、空無ならしむべし。
天と人との都城を充満ならしむべし。
かの利益者は、［自ら］甘露（不死）を得たるのち、
至高の禅定・神通・甘露・安穏を施与すべし。
4. 自存者（菩薩）が自ら法の雨を降らしめる時、
黒闇の親族よ、汝の都城を空無ならしむべし。
［汝は］無力よりも無力なるものとなり、
味方に加勢なく、軍勢は衰退し、
「どこに行くべきか、また、何をなすべきか」を汝は知らざるべし。

かくの如く、実に、比丘らよ、マーラ（悪魔）波旬は、これらの挑発の偈によって刺激せられて、三十二相の夢を見たり。如何なる三十二相かと言えば、すなわち、自分の宮殿が暗黒に覆われたるを見たり。自分の宮殿が塵埃に覆われ、砂と砂利とに満たされたるを見たり。自分が恐れおののいて、あちこちに逃げまどえるを見たり。自分の頭冠が消失し、耳環が投げ捨てられたるを見たり。自分の唇と喉と口蓋が乾燥せるを見たり。自分の心臓に痛苦あるを見たり。園林の葉・花・果実が萎(しお)れたるを見たり。諸の池が干上(ひあ)がり、水が消失せるを見たり。ハンサ（鵞鳥）・クローンチャ（帝釈鴫）・マユーラ（孔雀）・カラヴィンカ（印度杜鵑）・クナーラ（好眼鳥）・

これを挿入すべきである。

ジーヴァンジーヴァカ（共命鳥）などの、鳥群の翼が切り落とされたるを見たり。ベーリー（太鼓）・シャンカ（螺貝）・ムリダンガ（小鼓）・パタハ（釜形太鼓）・ツナバ（一弦琵琶）・ヴィーナー（琵琶）・ヴァッラキー・タータ（シンバル）・サンパ（シンバルの一種）《など》の、諸の楽器が粉々に切断されて、地面に落ちたるを見たり。愛する親族たちですら、マーラを見捨て、悲しげな顔をして[4]、一方に行き、沈思せるを見たり。第一妃たるマーリニーが、寝台から地面に落ちて、両《手[5]》で、頭を悶え打てるを見たり。マーラ（悪魔）の息子たちの中で、《最も勇猛なる者たちと[6]》最も剛強なる者たちと、最も威光ある者たちと、最も智慧ある者たちの、彼らでさえも、最も秀麗なる菩提道場に坐せる菩薩に、敬礼をなせるを見たり。自分の娘たちが「《ああ、父さま。[7]》ああ、父さま」と哀哭せるを見たり。自分の身体に汚れた衣服をまとえるを見たり。自分の頭が埃に蔽われ、青ざめて衰弱し、精気が奪われたるを見たり。涼房・重閣・円窓・塔門などが、塵埃に蔽われて、崩壊せるを見たり。彼の軍将にして、夜叉・羅刹・クンバーンダ・ガンダルヴァの王たる者たち、彼らのすべてが、手で頭をかかえて[8]、涕泣し慟哭しながら、遁走せるを見たり。欲界諸天における天王たるところの者たち、すなわち、持国天・増長天・広目天・多聞（毘沙門）天・帝釈・スヤーマ（夜摩天王）・サントゥシタ（兜率天王）・スニルミタ（化楽天王）・ヴァシャヴァルティン（他化自在天王）などの、彼らのすべてが、マーラ（悪魔）波旬を[9]尊重することなく、菩薩の方を向けるを見たり。戦闘の最中に、彼の剣が鞘から抜けず、自ら不吉なる声を発したるを見たり。自分の家臣たちから自分が捨てられたるを見たり。

4　Tib. は「顔に冷笑を浮かべて」という意味の訳文となっている。
5　「手」の原文は東大主要写本に欠落しているが、Tib. によれば、これを挿入すべきである。
6　「最も勇猛なる者たちと」の原文は東大主要写本に欠落しているが、Tib. によれば、これを挿入すべきである。
7　「ああ、父さま」の原文は東大主要写本には1回だけ書かれているが、Tib. によれば、2回繰り返すべきである。
8　「手で頭をかかえて」の原文 hastāṃ śirasi kṛtvā は、Tib. には om tshugs bcas te（杖によりかかり）と訳されている。
9　Tib. には pāpīyāṃsaṃ（波旬を）に当たる訳語が見あたらない。

満水の吉祥瓶が、戸口に落下せるを見たり。ナーラダ婆羅門[10]が不吉なる語を唱えるを見たり。門衛（もんえい）のアーナンディタ（歓喜）が、不快なる語声を発するを見たり。天空が暗黒に覆われたるを見たり。カーマ（愛欲）宮殿に住するシュリー（吉祥）神[11]が涕泣せるを見たり。自分の権力が、権威なきものとなれるを見たり。自分の味方が、味方ならざるものとなれるを見たり。宝珠や真珠の羅網（らもう）が黒くなり[12]、粉々に切断されて地面に[13]落ちたるを見たり。一切のマーラ（悪魔）の宮殿が震動せるを見たり。樹木が切られ、小尖塔が倒れたるを見たり。すべてのマーラ（悪魔）の軍隊が、顔を反（そむ）けて倒れたるを見たり。

かくして実に、比丘らよ、マーラ（悪魔）波旬は、かくの如き三十二相の夢を見たり。彼は目覚めるや、恐怖・戦慄（せんりつ）・懊悩（おうのう）して、一切の家眷（かけん）を招集し、《彼ら》剛強なる者・親族・軍将・門衛たちが集合したるを知って、かくの如き偈を唱えたり。

5. かのナムチ（悪魔）は、それらの夢を見て、苦悩し、
息子たちと、親族なるところの者たちと、
シンハハヌ（獅子頬（ししきょう））と名づけるナムチの軍将とに呼びかけて、
黒闇の親族（マーラ）は、彼らすべてに問訊せり。

6. 昨夜[14]、虚空より、偈による歌が聞こえたり。
「シャーキヤ族に生まれたる、身体を相好に飾られたる者は、
六年間、過酷にして困難なる禁戒（ごんかい）を修習して、
菩提樹の下（もと）に赴けり。［汝は］発奮精励せよ」［との偈が］。

7. かの菩薩が、自ら悟りを得たならば、
幾多もの拘胝那由他（コーティナユタ）の衆生を開悟せしむべし。

---

10 「ナーラダ婆羅門」は方広には「那羅天」と訳されている。
11 方広には、この部分が「護宮神」と訳されている。
12 Tib. には、kṛṣṇībhūtāni（黒くなり）に相当する訳語がない。
13 Tib. には、bhūmau（地面に）に相当する訳語がない。
14 原文 adya は「今日」の意味であるが、Tib.［mdaṅ sum］を参考に「昨夜」と訳す。

甘露（不死）を会得して、清涼なる真実に達したる時、
彼は、わが国土を余すところなく、空無ならしむべし。

8. いざ[15]、大軍勢を率いて出陣すべし。
樹王下に坐せる、かの、独りの沙門を殺すべし。
四部兵衆を速やかに召集せよ。
わが好意を［得んと］願わば躊躇することなかれ。

9. 声聞や独覚が、世間に充満しようとも、
［彼らが］入滅すれば、わが軍勢は無力とならざるべし。
されど、彼ひとりでも勝者・法王となるならば、
勝者の系譜は、計数の域を超えて、決して断滅することなし。

その時、実に、比丘らよ、サールタヴァーハ[16]（商主）と名づける、マーラ（悪魔）の息子ありて、彼は[17]、マーラ（悪魔）波旬に、偈によって告げたり。

10. 父よ、何ゆえに悲しげな顔をして、顔色は青ざめたるや。
《貴方の[18]》心臓は激しく脈動し、身体肢分は震えたり。
貴方は何を聞き、また、何を見たるや。速やかに述べたまえ。
［我らは］正しく思量し、また、［正しく］対策を講ずべきなり。

11. 矜持を失えるマーラ（悪魔）は言えり。「息子よ、われの言葉を聞け。
われは、恐ろしきことこの上もなき、不吉なる夢を見たり。
今、この衆会において、すべてを余すところなく話さば、
汝らは、気絶して、大地に倒れ伏すべし。」

サールタヴァーハ（商主）は言えり。

15　Tib. der ni（そこに）は梵文 hanta（いざ）と合わない。
16　サールタヴァーハの原語は sārthavāha である。
17　Tib. de（かの［マーラに］）は梵文 sa（彼は）と合わない。
18　「貴方の」の原文（te）は東大主要写本に欠けているが、Tib. によれば、これを挿入すべきである。

12. 戦闘のとき至らんとも、もし実に勝利するならば、罪過なく、
そこにおいて、もし敗北するならば、その者には罪過あるべし。
而(しか)して、貴方(あなた)の夢の中に、かくの如き前兆ありとせば、
断念するのが最良なり。戦闘において屈辱を受けることなかれ。

マーラ（悪魔）は言えり。

13. 不動の決意を確立せる人は、戦闘において、名声を得る。
もし堅忍不抜を所依として、よく為(な)さば、われらが勝利すべし。
眷属衆を率(ひき)いたるわれを見るならば、立ち上がりて、
わが足元に頭を下げざることが、如何にして彼に可能ならんや。

サールタヴァーハ（商主）は言えり。

14. 大勢(おおぜい)の軍隊ありと言えども、極めて脆弱(ぜいじゃく)なりて、
剛強なる一人の勇者あらば、[一人のほうが] 戦闘に勝利すべし。
たとえ、蛍火(ほたるび)が三千 [世界] に充ちるとも、
ひとつの大陽に陰蔽(いんぺい)せられて、光輝を失う [がごとし]。

さらにまた、

15. 慢心と愚癡のみありて、思量なく、
賢者に逆らうところの、そのような者は、癒(いや)し難し。

かくの如く、実に、比丘らよ、マーラ（悪魔）波旬は、サールタヴァーハ（商主）の言葉を聞かずして、四部兵(しぶひょう)（象兵、戦車兵、騎兵、歩兵）の大軍勢を召集せしめたり。[その軍勢] は大勢力ありて戦闘を好み、見るも恐ろしく、身の毛がよだち、天神や人間たちによってかつて見聞せられたることなく、多様なる顔の異形(いぎょう)ありて、その変現(へんげん)の種類は百千拘胝(コーティー)那由多(ナユタ)に及び、百千の蛇が手足にとぐろを巻いてからみついた身体を有

し[19]、剣・弓・矢・槍・投槍・斧・三叉戟・ブシュンディ・棒・鞭・索縄・棍棒・円盤・金剛杵・カナヤ（一頭杵）［など］を持ち、豪奢な甲冑を身に着け、頭・手足・眼が逆さまになり、頭・眼・顔から炎を出し、腹や手足の形が醜悪なりて、猛火の顔を有し、極めて奇怪なる形相で歯をむき出し、醜怪なる牙をむき出し、多くの厚大なる舌が垂れ下がり、亀の首か筵の如き［ざらざらの］舌を持ち[20]、火焔の如く［また］黒蛇の毒に充ちたる［眼の］如き赤き眼を有したり。《そこにおいて[21]》ある者たちは毒蛇を吐けり。ある者たちは、ガルダ鳥（金翅鳥）が大海より掬い上げたるが如く、毒蛇を掌に掴んで喰らえり。ある者たちは、人の肉・血・手足・頭・肝臓[22]・《腸[23]》・糞などを喰らえり。ある者たちは、燃え立つ褐色・黒[24]・青・赤・黄色の、恐るべき様々の姿をなせり。ある者たちは、朽ち果てた井戸の［如き］眼[25]・燃える眼・抜き出されたる［が如き］眼・醜い斜視の眼を有し[26]、ある者たちは、醜悪なる眼が燃えつつ回転したり。ある者たちは、燃える山を持ち上げて、得意げに、他の山まで登りたるのち、帰来せり。ある者たちは、樹木を根こそぎ引き抜いて、菩薩の方に向かって突進せり。ある者たちは、山羊の如き耳・箕の如き耳・象の如き耳・垂れ下がりたる耳・野猪の如き耳を有し、ある者たちは耳を有さざりき。ある者たちは、腹部のみが腫れ膨れて身体は痩せこけ、多くの[27]骨骸を現出せしめ、鼻は折れ曲がり、腹は壷の如く、足は頭蓋骨の如く、皮膚・肉・血は干涸

19　Tib. は「百千もの蛇に巻きつかれたる手足を有し」という意味の訳文となっている。
20　Tib. には「亀の首」に当たる訳語はなく、「舌はざらざらの筵の如く」という意味の訳文となっている。
21　「そこにおいて」の原文（tatra）は東大主要写本に欠けているが、Tib. によれば、これを挿入すべきである。
22　Tib.［mkhal ma］によれば、yakṛd（肝臓）ではなく vṛkka（腎臓）と読むべきであるが、写本の支持がない。
23　「腸」の原文（antra）は、東大写本を含む多くの写本に欠落しているが、Tib. によれば、これを挿入すべきである。
24　「燃え立つ褐色・黒」の部分は、Tib. では「青黒・茶（褐色）」という意味の訳文となっている。
25　Tib. は「変形した眼・井戸の如き眼」という意味の訳文となっている。
26　「醜い斜視の眼を有し」の部分は、Tib. では「くぼんだ眼をして醜く」という意味の訳文となっている。
27　原語 saṃghātam を Tib.［maṇ po］を参考に「多くの」と訳す。

びて、耳・鼻・手足・眼・頭が切断せられたり。ある者たちは、血を飲まんと欲して、互いに頭を切り落としたり。ある者たちは、きれぎれの、調子はずれの、恐ろしく耳障りな声を出し、フンフンという音・ピチュという音[28]・フルフルという音の叫声を発したり。〔ある者たちは〕「この沙門ガウタマを樹もろともに、〔攻撃せよ、[29]〕連れ来たれ、連れ去れ、打ちのめせ、《打ち殺せ、[30]》縛りあげよ、捕らえよ、切れ、切り刻め、投げ捨てよ、放逐せよ」と言えり。ある者たちは、狐・野干・豚・驢馬・牛・象・馬・駱駝・騾馬・水牛・野兎・犛牛・犀・シャラバ（八脚獅子）の如き、さまざまの、身震いするほど恐ろしき醜悪なる顔貌を有したり。ある者たちは、獅子・虎・熊・野猪[31]・猿・豹・猫・山羊・羊・蛇・大黄鼠・魚・マカラ（摩竭魚）・海豚・亀・烏・禿鷲・梟・ガルダ（金翅鳥）等の如き身体を有したり。ある者たちは奇怪な姿をなせり。ある者たちは一頭を有し、［あるいは］二頭を有し、乃至、百頭を有したり。ある者たちは頭を有さざりき。ある者たちは一本の腕を有し、《乃至、百千本の腕を有したり。ある者たちは腕を有さざりき。[32]》〔ある者たちは上腕を有さざりき。[33]〕ある者たちは一本の足を有し、乃至、百千本の足を有したり。ある者たちは足を有さざりき。ある者たちは、耳・口・鼻・眼・臍の孔より毒蛇を出せり。ある者たちは、剣・弓矢・槍・三叉戟・斧・円盤・投槍・カナヤ（一頭杵）・金剛杵・ブシュンディ（火器の一種）[34]・矛槊等の、種々なる武器を振り回

28 「フンフン」「ピチュ」という擬声語は、Tib. では「フフ」「ピチ」と読める音訳となっている。
29 東大主要写本には「ある者たちは［言えり］、攻撃せよ」にあたる原文（kecid āhanata）があるが、Tib. にはそれらに相当する訳語がないので、いずれも削除すべきである。
30 「打ち殺せ」の原語 hanata は東大主要写本に欠けているが、Tib. によれば、これを挿入すべきである。なお、この前後の原文については諸写本の Text に混乱が見られ不明であるが、Tib. を参考に校訂する。
31 「熊・野猪」は、Tib. では「野猪・熊」の順となっている。
32 《 》内の部分の原文は東大主要写本に欠けているが、Tib. によれば、これを挿入すべきである。
33 〔 〕内の部分の原文（kecid abāhavaḥ）は東大主要写本にあるが、文脈上も Tib. によっても不要である。
34 「ブシュンディ」の原文については、諸写本の Text に混乱が見られ不明である。ここでは L. の校訂に従う。

し、踊りながら、菩薩を脅したり。ある者たちは、人の指を切って首飾りを編み、［それを］身に著けたり。ある者たちは、骨骸や頭蓋骨を切断して[35]、首飾りの如きものを編み、身に著けたり。ある者たちは身体に毒蛇を巻きつけたり。ある者たちは、頭上に火盆を乗せて、象・馬・駱駝・牛・驢馬・水牛に乗れり。ある者たちは頭を下に足を上に向け（倒立し）たり。ある者たちは[36]、針の如き身毛を有したり。ある者たちは、牛・驢馬・野猪・大黄鼠・山羊・羊・猫・猿・狼・野干（ジャッカル）の如き身毛を有し、毒蛇を吐き、鉄球を呑み込んでは[37]火を吐きつつ、焼けた銅・鉄の雨を降らせ、電光（稲妻）の雨を降り注ぎ、金剛の稲妻を放ち、熱き鉄砂の雨を降らせ、黒き雲を集めて風の雨を起こし、矢の雲から［矢の］雨を降らせ、黒夜（世界が終わる破滅の夜）を現出せしめ、叫声を挙げながら、菩薩に突進したり。ある者たちは、縄索を振り回し、大きな山を投げ落とし、大海を動乱せしめ、大山を跳び越え、山王メールを動揺せしめ、［メール山に］突進し［あるいは］後退しては、身体肢分と各肢節を投げ散らし、身体を旋転させ、大声で哄笑し、胸を［平手で］打ち、《胸を叩き、[38]》髪の集積部（頭頂）[39]を振り動かし、黄色の顔と青い身体を有し、頭は燃えあがり、髪は上方に直立して、此処彼処にすばやく駆け回りつつ、狐狼[40]の如き眼で、菩薩を威嚇せり。また、老女たちが泣きながら菩薩に近づき来たりて、かくの如く言えり。「ああ息子よ、ああ、わが息子よ、起ちなさい。起って、すぐに逃げなさい」［と］。また、羅刹女の姿の者たち・ピシャーチャ女（食肉鬼女）の姿の者たち・盲目で跛で痩せており飢餓によってや

35　Tib. には、chinnābhir（切断して）に相当する訳語が見あたらない。
36　Tib. には、この箇所の kecit（ある者たちは）に相当する訳語がなく、「ある者たちは倒立して、針の如き身毛を有したり」という意味の訳文となっている。
37　「呑み込んで」の原文について、L. は nirgaranto と校訂しているが、Tib.［mid pa］を参考に nirgiranto と校訂する。
38　「胸を叩き」の原文（urāṃsi tāḍayantaḥ）は東大主要写本に欠けているが、Tib. によれば、これを挿入すべきである。
39　「髪の集積部」の原文 keśāṃcid は Tib. には mgo（頭）と訳されている。
40　「狐狼」の原文（bheruṇḍa）は、写本によれば garuḍa（金翅鳥）であるが、ここでは文脈により L. の校訂に従う。Tib. va（狐）によれば bheruṇḍaka と読むべきか。

つれた表情の[41]餓鬼たちが、腕を上げ、口を歪めて、泣きながら、恐怖の念を表し、脅かしつつ、菩薩の前に殺到せり。これら、かくの如き種類の、マーラ（悪魔）の軍勢の集合によって、周遍縦横八十由旬に至るまで充満せられたり。〔その[42]〕一人のマーラ（悪魔）のそれら［の軍勢］と同様なる、百拘胝もの三千[43]［世界］に属するマーラ（悪魔）波旬たちの軍勢によって、水平方向も上方も、充満せられたり。

そこで、かくの如く言われる。

16. 夜叉・クンバーンダ・マホーラガの姿の者たち、
羅刹・餓鬼・ピシャーチャ（食肉鬼）の姿の者たち、
世間に存在する限りの、醜く恐ろしき者たち、
それらのすべてが、幻術[44]によって、そこに化現せられたり。

17. 一頭、二頭、三頭を有する者から、
乃至、千頭を有する、多くの夜叉たち。
一腕、二腕、三腕を有する者から、
乃至、千腕を有するところの、多腕の者たち。
一足、二足、三足を有する者から、
乃至、千足を有するところの、他の多くの者たち。

18. 顔は青くして、身体が黄色なる者たち、
また、顔は黄色にして、身体が青き者たち、
〈顔は白くして、身体が黒き者たち、
また、顔は黒くして、身体が白き者たち、[45]〉

41 「飢餓によってやつれた表情の」の原文を kṣutkṣamākhyā と校訂し、ākhyā を「～の表情の」の意とみたが、Tib. には、ākhyā に相当する訳語はない。
42 Tib. には、asya（その）に相当する訳語がないので、L. に従って削除すべきか。
43 Tib. は「三千大千［世界］」という意味の訳文となっている。
44 原語 śaṭha は通常「詐欺」の意味であるが、ここでは Tib.［sgyu］を参考に「幻術」と訳す。
45 〈 〉内の部分の原文は全写本に欠落しているが、Tib. によって挿入した部分である。Tib. に訳された時点では存在した原文が、その後の早い段階で欠落したために、いずれの写本にも伝わらなかったものと思われる。この直後に２行を挟んで、さらに６偈分の欠落があるが、これらも同じ経過で失われたものであろう。この欠落偈頌の

顔が異形にして、また、身体が異形なる者たち、
かくの如き、キンカラ（緊迦羅）の軍勢が来集せり。
〈虎・蛇・豚の顔を有し、象・馬・驢馬・駱駝の顔、
猿・獅子・豺（ハイエナ）の顔を有する者、
かくの如き顔を有する軍勢が来集せり。
辮髪の逆立てる、恐ろしき多くの夜叉、
羊の頭・骨・でこぼこの瘤を有し、
身体が人間の血にまみれたる、
かくの如き夜叉たちが、そこに来集せり。
足は羚羊の足の如く、瞳孔は猿の眼に類似し、
歯は象の牙歯の如くなる、かくの如き顔の軍勢が、そこに来集せり。
身体の形状はマカラ（摩竭魚）の如くにして、
二つの瞳孔はめらめらと燃え、
耳は山羊の耳の如くなる、かくの如き顔の軍勢が、そこに来集せり。
ある者たちは手に棍棒を持ち、
槌（ハンマー）・槍・三叉戟を手に持ち、
ある者はメール山を手に持ち、
見るも恐ろしき行相を有する夜叉が来集せり。
鋤を持ち、円盤を持ちて、眼をぎょろつかせ、
大なる山の峰を手に持ちて、
風・石・雷電を激しく降らせる、
見るも恐ろしき夜叉がそこに来集せり。[46]〉

19. 風が吹き起こり、雨が降り出し、
百千の稲妻が落ちたり。

還梵については拙稿「ラリタヴィスタラ『降魔品』における欠落偈頌の還梵について」（『鹿児島国際大学　国際文化学部論集』第18巻第4号、2018、317-333頁）を参照されたい。

46 〈　〉内に示した部分（原文にして6偈分）は、上註のとおり、Tib.によって挿入した部分である。

天には雷鳴がとどろき[47]、樹木は揺動せり[48]。
［されど］菩提樹の葉［のみ］は揺れざりき。

20. 天は激しく雨を叩きつけ[49]、風を吹きつけたり。
激流が流れ下り、水は大地に氾濫せり。
かくして、恐るべき夜陰（やいん）が訪れ、
その夜［の恐怖］に、心識なき樹木すら倒れたり。

21. それら、極めて恐るべき風貌（ふうぼう）の、容貌醜怪（しゅうかい）にして、
奇奇（きき）たる姿をなせる、すべての者を見たれども、
栄誉[50]・功徳・相好・威光を有する者（菩薩）の、
心は、メール山の如く、動揺せざりき。

22. 幻の如くにして、夢に似たるもの、また、
叢雲（むらくも）の如くなりと、［一切の[51]］法を観じたり。
かくの如く、法の理を熟考しつつ、
安穏なる禅定に入りて、［正］法に住したり。

23. 「われは」「われの」と［のみ］考えて、
有（存在）と身体における実在とに執著（しゅうじゃく）し、
愚昧（ぐまい）にして謬見（びゅうけん）に住するところの、その者が見るならば、
恐れを生じて、自性も迷乱すべし。

24. されど、シャーキヤ［王］の息子（菩薩）は、自性に実体なきこと、
［また］諸法は縁によって起こることを覚知して、
《彼は[52]》虚空の如き心を、よく具足せるが故に、
軍勢を率いたる幻惑者（マーラ）を見るも、迷乱することなし。

---

47 Tib. は「雷雲の音がとどろき」という意味の訳文となっている。
48 Tib. sgyel（倒れたり）は梵文 luḍanti（揺動せり）と合わない。
49 Tib. は「雨は激しく叩きつけ」という意味の訳文となっている。
50 Tib. には、śrī（栄誉）に相当する訳語がない。
51 Tib. には、「一切の」に相当する訳語（kun）がある。
52 「彼は」の原語（so）は全写本に欠けているが、韻律によってこれを挿入すべきである。

かくして、実に、比丘らよ、マーラ（悪魔）波旬に千子ありて、そこにおいて、サールタヴァーハ（商主）をはじめとする、菩薩に浄信を生じたるところのマーラの息子たち、彼らはマーラの右側に座を占めたり。マーラに味方する者たち、彼らはマーラ（悪魔）波旬の左側に座を占めたり。その時、マーラ（悪魔）波旬は、自分の息子なる彼らに呼びかけたり。「我らは、いかなる戦略を以て、菩薩を攻撃すべきならんや」［と］。

そこにおいて、右側の、サールタヴァーハと名づけるマーラの息子は、自分の[53]父に偈によって告げたり。

25. 眠りたる竜王を起こさんと欲し、
眠りたる象王を起こさんと欲し、
眠りたる獣王を起こさんと欲するところの、
その者［だけ］が、安坐せる人王を起こさんと欲する。

左側に、ドゥルマティ[54]（悪慧）と名づけるマーラの息子ありて、彼はかくの如く言えり。

26. ［われを］一見するのみにて心臓（精神）は破裂し、
世間における、大樹の心髄（霊魂）もまた［裂ける］。
われの視線に打たれるならば、
彼に生存する能力が如何にしてあらんや。
死に打たれたる生類の誰もが、かくあるべきが如く。

右側より、マドゥラニルゴーシャ[55]（美妙音）と名づける者が言えり。

27. ［汝は］「われは視るのみにて破砕す。
［他に］何をか為（な）さん」と言うも、
されど、いったい樹木に、また人間に、如何なる心髄のあらんや[56]。

53　Tib. には、sva（自分の）に相当する訳語がない。
54　ドゥルマティの原語は durmati である。
55　マドゥラニルゴーシャの原語は madhuranirghoṣa である。
56　本偈 1 ~ 2 行の Tib. は「一見するのみにて樹木も破砕すれば［当然］人間をも［破

たとえ、汝が視線によって、メール山を砕くとも、
彼の面前にて、汝の両眼は、開くことすら為し得ざるべし。

さらにまた、

28. 大海を両腕を以て［泳ぎ］渡らんと欲し、
また、その水を吸い込み、飲み尽くすことが、人間によって、
よしんば可能であるとせよ、
彼（菩薩）の無垢なる玉顔を面前にて見ること、
これは、かのことよりも、はるかに苦なりと、われは断言す。

左側から、シャタバーフ[57]（百腕）と名づける者が言えり。

29. わが、この身体には、百本の腕ありて、
一本［の腕］にても、百本の矢を放つ。
父よ、われは［かの］沙門の身体を射抜くべし。
貴方は、安心して、ためらうことなく出陣されたし。

右側から、スブッディ[58]（善智）［と名づける者］が言えり。

30. 百本の腕ありて、いかに卓抜ならんとも、
（たとえ）身毛までもが腕にならんとも、如何なる意味もなし[59]。
また、各々の腕に、同じく、投槍があろうとも、
それらによって、彼に何ごとをも為し得ざるべし。

何故ならば、

砕す］。われは奮励して何をかなさん、と［汝は］言うも、［それらの］心髄とはいずこにありや」という意味の訳文となっている。

57 シャタバーフの原語は śatabāhu である。

58 スブッディの原語は subuddhi である。

59 Tib. は「身毛までもが、何ゆえに、腕にあらざるや」という意味の訳文となっている。

31. 彼は、この世において[60]、世間を超えたる慈を修習せり。
慈を有する、かの牟尼の身体をば、
毒も剣も火も、よく害することなし。
投げられたる諸の刀剣は、花に変ずる。

さらにまた、
32. 空界、地上、水中における、剛強なる者たち、
また、剣や斧を持てるグフヤカ（密迹力士）や人間たちも、
忍辱力を有する、この人王の前に至るや、
大力ありて威勢よき、彼らはみな、微力なるものとなる。

左側から、ウグラテージャス[61]（猛威）［と名づける者］が言えり。
33. われは、彼の清浄なる身体の中に入りて、焼尽すべし。
山火事が、空洞のある枯れた樹木を[62]、
微小なるものまで（ことごとく）焼尽するが如く。

右側から、スネートラ[63]（善眼）［と名づける者］が言えり。
34. たとえ、汝がメール山の地中に入りて、あるいは、
［その山の］すべてを焼尽することができようとも、［そして］
汝の如き者が、ガンガー（ガンジス河）の砂の数ほどありても、
金剛の覚知を有する、彼（菩薩）を焼くこと能わざるなり。

さらにまた、
35. 一切の山が震動しようとも、大海が涸渇することがあろうとも、
月と大陽が地に落下しようとも、また、大地が溶けて無くなろうとも、

60 Tib. には、iha（この世において）に相当する訳語がない。
61 ウグラテージャスの原語は ugratejas である。
62 Tib. は「芯髄を有する樹木をも」という意味の訳文となっている。
63 スネートラの原語は sunetra である。

36. 世間のために勤修し、固き誓いを立てたる彼は、
無上菩提を得ずしては、大樹（菩提樹）の下（もと）から起たざるべし。

左側から、ディールガバーフガルヴィタ[64]（長腕自慢）［と名づける者］が言えり。

37. 貴方（あなた）の、この宮殿に住しながら、われは［自分の］手によって、
月や太陽、また、諸の星宿の宮殿の、すべてを粉砕すべし。
38. また、四大海［のいずれ］からでも、われは、やすやすと水を汲む。
父よ、［われは］かの沙門を捕（と）らえて、大海の彼方に放擲（ほうてき）すべし。
39. 父よ、この軍勢は残留せしめたまえ。貴方（あなた）は憂愁したまうことなかれ。
かの菩提樹を引き抜き、［わが］手を以て、十方に[65]投げ捨てん。

右側から、プラサーダプラティラブダ[66]（浄心獲得）［と名づける者］が言えり。

40. 天神・阿修羅・ガンダルヴァの住める［宮殿］を、
［また］大海・山・大地を、
もろともに、汝が驕（おご）り高ぶりて、［その］手を以て粉砕しようとも、
41. 汝の如き者が千人あり、［あるいは］
ガンガー（ガンジス河）の砂の数ほどあらんとも、
賢明なる、かの菩薩の、身毛すら動かし得ざるべし。

左側から、バヤンカラ[67]（生怖畏）［と名づける者］が言えり。

42. 軍勢の中に安坐しながら、父よ、
貴方（あなた）は、何ゆえに、極度に恐れるや。

64　ディールガバーフガルヴィタの原語は dīrghabāhugarvita である。ただし、Tib. は「ディールガバーフが自慢して」という意味の訳文となっており、これによれば、L. の校訂に従って dīrghabāhu と garvita を分けるべきである。
65　Tib. phyogs phyogs（彼方此方に）は梵文 diśo daśaḥ（十方に）と合わない。
66　プラサーダプラティラブダの原語は prasādapratilabdha である。
67　バヤンカラの原語は bhayaṃkara である。

彼に味方する軍勢は、どこにもなし[68]。

何を以て、貴方は、今、彼を恐れるべきや。

右側から、エーカーグラマティ[69]（一尊慧）［と名づける者］が言えり。

43. 世間において、月や太陽に群臣はなし。

転輪聖王にも、また、獅子にも。

父よ、この菩薩に軍勢はなしといえども、

［彼］独りで、ナムチ（悪魔）を能(よ)く制圧せん。

左側から、アヴァターラプレークシン[70]（間隙伺求）［と名づける者］が言えり。

44. 槍も投槍[71]もなく、棍棒もなく、剣もなく、

象も馬もなく、戦車もなく、歩兵もなく、

独りで坐せる、かの酩酊せる[72]沙門を、

われは今日殺すべし。父よ、いささかも取り乱すことなかれ。

右側から、プニヤーランクリタ[73]（福徳荘厳）［と名づける者］が言えり。

45. 彼は[74]、ナーラーヤナ（那羅延天）の身体の如く

切断し難く破砕し難き、

忍辱力の鎧(よろい)を著(つ)け、堅固なる精進の剣を持ち、

三解脱［門］（空・無相・無願）を戦車とし、智慧を弓となせり。

父よ、福徳の力によって、彼はマーラの軍勢に勝利せん。

---

68 「どこにもなし」の部分は、Tib. では「いずこにありや」という意味の訳文となっている。

69 エーカーグラマティの原語は ekāgramati である。これは ekāgracitta（一つの対象に専心せる）に同意と思われる。

70 アヴァターラプレークシンの原語は avatārapreksịn である。

71 Tib. rtse gsum（三叉戟）は梵文 śūlā（投げ槍）と合わない。

72 Tib. には、saunḍa（酩酊せる）に相当する訳語がない。

73 プニヤーランクリタの原語は punỵālamkṛta である。

74 Tib. には、sa（彼は）に相当する訳語がない。

左側から、アニヴァルティン[75]（不退）［と名づける者］が言えり。

46. 草を焼き焦がす山火事は退却することなし。
また、練達者の放（はな）ちたる矢は退転することなし。
また、虚空より落ちたる雷電は退歩（たいほ）することなし。
シャーキヤ[王]の息子を制圧せずしては、われは安坐することなし。

右側から、ダルマカーマ[76]（法楽）［と名づける者］が言えり。

47. 濡れたる草に遇（あ）わば、火も退却し、
岩山の峰（みね）に当たれば、矢も退転し、
雷電は大地に当たりて、そこから、いずこに行かんや。
［されど］彼（菩薩）は、寂滅〔の甘露〕を得ずしては、
退転することなし。

何の故にか。

48. 父よ、虚空に書画を描（か）くことができようとも、
存在する一切衆生の心を一つに結合することができようとも、
また、月・太陽・風を縄索を以て縛ることができようとも、
父よ、菩薩を菩提の座より動かすこと能（あた）わざるなり。

左側から、アンウパシャーンタ[77]（不寂静）［と名づける者］が言えり。

49. われは、視線の猛毒を以て、メール山をも焼尽すべし。
諸の大海の水をも、塵灰（じんかい）となすべし。
父よ、今日、われは菩提［樹］と沙門（菩薩）とに想見（あいまみ）え、
視るや否や、両方ともに、塵灰に帰せしむべし[78]。

75　アニヴァルティンの原語は anivartin である。
76　ダルマカーマの原語は dharmakāma である。
77　アンウパシャーンタの原語は anupaśānta である。
78　本偈の後半部分は、Tib. では「われは、今日、これら両者（菩薩と菩提樹）を塵灰に帰すべく、父よ、菩提［樹］と沙門（菩薩）に相見えんと欲す」という意味の訳文となっている。

右側から、シッダールタ[79]（利益成就）［と名づける者］が言えり。

50. たとえ、これら（メール山や大海）のすべてが毒によって充満し、
宏壮なる三千［世界］が燃焼するに至るとも、
功徳蔵（菩薩）が観るならば、ただちに、
毒は、全く無毒なるものとなるべし。

51. この三界における毒中の最悪なるものは、
貪欲と瞋恚と、また、愚癡にして、
それらは、彼（菩薩）の身体にも、また、心にも無し。
虚空に泥も塵も無きが如し。

52. 〈［彼の］身体も言語も心意も極めて清浄にして、
一切衆生に慈心を有すれば、
彼を武器や毒を以て害すること能わず。[80]〉
それ故、父よ、全軍を退却させたまえ。

左側から、ラティローラ[81]（楽著）と名づける者が言えり。

53. われは、千の楽器を演奏する、
装飾せる千拘胝のアプサラス（天女）によって、
［彼に］愛著を生ぜしめて、［魔の］最妙なる城に牽き来たり、
愛欲を享楽する［彼］を、貴方の支配下に置くべし。

右側から、ダルマラティ[82]（法楽）［と名づける者］が言えり。

54. 彼は、この世において、常に、法楽を歓悦し、
禅定を楽しみ、甘露の利楽を喜び、
衆生を解脱せしめることと慈善とを愛楽す。

79　シッダールタの原語は siddhārtha である。
80　〈　〉内の部分は、全写本において原文が欠落しており、かなり早期に失われたものと思われるが、Tib. にはこの部分が残っているので、それに基づいて訳出した。なお、S. は Tib. をもとに復元した梵文を括弧をつけて提示している。
81　ラティローラの原語は ratilola である。
82　ダルマラティの原語は dharmarati である。

彼は、愛欲の嬉戯(きぎ)を享楽することなし。

左側から、ヴァータジャヴァ[83]（風疾）と名づける者が言えり。

55. われは、突進して、月・太陽を飲み込まん。
また、空中より強風を吹きつけて、
父よ、今宵(こよい)こそ、沙門を引(ひ)っ捕(と)らえ、
一握りの[84]籾殻を［吹き散らす］風の如く、吹き散らさん。

右側に、アチャ【パ】ラマティ[85]（不動慧）と名づけるマーラの息子ありて、《彼は[86]》かくの如く言えり。

56. 汝の突進の威力が、かくの如く猛烈(もうれつ)にして、
たとえ、諸の天神・人間が、それと同様なるものとなり、
彼らすべてが、ひとつに集まらんとも、
［かの］無垢なる人に、害を加えること能(あた)わず。

左側から、ブラフママティ[87]（梵慧）［と名づける者］が言えり。

57. かくの如き猛烈なる者が、しかも多数あれば、
貴方(あなた)（マーラ）の誇りを、少しも傷つけることはあり得ず。
あらゆる目的は、多数（群集）によってのみ成就せられる。
況(ま)して、彼はただ独りなれば、貴方に何をか為し得んや。

右側から、シンハマティ[88]（獅子慧）［と名づける者］が言えり。

58. 地上に、獅子の群住はかつて存在せず、

---

83 ヴァータジャヴァの原語は vātajava である。
84 Tib. には、muṣṭiṃ（一握りの）に相当する訳語がない。
85 この名前は T3によれば、acapalamati であるが、acalamati であっても意味はほぼ同じである。
86 「彼は」の原文（sa）は東大主要写本に欠けているが、Tib. によれば、これを挿入すべきである。
87 ブラフママティの原語は brahmamati である。
88 シンハマティの原語は siṃhamati である。

蛇（視線に毒あるもの）もまた、群住することなし。
威光ありて、真に勇猛なるところの、
人中の牡牛なる者（菩薩）もまた、群住することなし。

左側から、サルヴァチャンダーラ[89]（一切旃陀羅）と名づける者が言えり。

59. 貴方の息子にして、勇猛と威勢と剛力とを具有せる者たちが、
声を挙げたるところの、かくの如き、憤激せる言葉を、
父よ、貴方は［かつて］聴聞したることなし[90]。
［われらは］速やかに、［かの[91]］沙門を征伐しに行かん。

右側から、シンハナーディン[92]（師子吼）と名づける者が言えり。

60. 森林の中にて、多くの野干（ジャッカル）は、
獅子がいなければ、そこにて、叫声を発する。
されど、恐るべき獅子の咆哮を聞かば、
恐懼して、彼方此方に、逃走する。

61. 同じく、これらの、愚昧なる、マーラの息子たちも、
最勝なる人（菩薩）の言葉を聞かざる、
その間は、彼らは大胆に出まかせを述べるも、
人中の獅子なる者（菩薩）が咆哮を発するや、逃走する。

左側から、ドシュチンティタチンティン[93]（悪思念）［と名づける者］が言えり。

62. われの思念したること、それは、即刻、この世に実現する。

89 サルヴァチャンダーラの原語は sarvacaṇḍāla である。
90 Tib. は「父はかつて聞かれたるや」という意味の訳文となっている。
91 Tib. には、「かの」に相当する訳語（de）がある。
92 シンハナーディンの原語は siṃhanādin である。
93 ドシュチンティタチンティンの原語は duścintitacintin である。

［しかるに］彼は、何ゆえに、この軍隊を見ざるや。
速やかに起ち上がりて、遁走せざるが故に、
彼は愚蒙なるか、もしくは、便法を知らざる者なり。

右側から、スチンティタールタ[94]（善思利財）と名づける者が言えり。

63. 彼は愚蒙にあらず、〔便法を知らざる者にあらず[95]〕
勇なきにあらずして、
汝らこそ、愚蒙にして、自制することなき者なり。
汝らは、彼の剛勇を知らざるなり。
彼の智慧力によって、［汝らは］みな制圧せらるべし。

64. マーラ（悪魔）の息子たちがガンガー（ガンジス河）の砂ほどありて、
その剛勇によって、［みな］汝らの如く［猛者］ならんとも、
彼の身毛の一本をだに、動かすこと能わず。
況して、［彼を］殺害せんとの考えは、さら［に不可能］なり。

65. 汝らは、彼に対して、害意を持つことなかれ。
尊重心を持ち、清浄なる信心を生ずべし。
彼は三界における王となるが故に、
戦闘を為すことなく、退却すべし。

略説すれば、かくの如く、彼ら、満千名の、マーラの息子たちはみな、清白の部と黒闇の部とに分かれて、マーラ（悪魔）波旬に、それぞれ偈を以て告げたり。

その時、バドラセーナ[96]（賢軍）と名づけるマーラ（悪魔）波旬の将軍あり、彼は、マーラ波旬に対して、偈を以て告げたり。

66. 貴公の従者たる帝釈・護世王・緊那羅の群集と、また、

94 スチンティタールタの原語は sucintitārtha である。
95 東大主要写本には〔 〕の原文（na avidhijña）があるが、Tib. にはこれに相当する訳文がない。
96 バドラセーナの原語は bhadrasena である。

阿修羅王やガルダ（金翅鳥）王たちは、合掌をして、彼を礼拝せり。

67. 況して、[貴公の] 従者たらざる、梵天や遍光天の天子たち、
また、浄居天の天神たちの、
彼らすべてが彼（菩薩）を礼拝せるは言うまでもなし。

68. 貴公の息子たちのうち、これら、智慧あり剛力ありて、
聡明なる者たち、彼らは、
菩薩に対して心から随順し、帰命頂礼せり。

69. 八十由旬に亘りて充満せる、夜叉をはじめとする、
このマーラの軍勢もまた、みな、過失なき者（菩薩）を視て、
大部分は、清浄なる信心を有したり。

70. 暴悪かつ醜怪にして、おぞましき、これらの、凄絶なる軍勢を見ても、
驚愕することなく、畏縮することもなければ、
彼は、今日、必ずや勝利を得ん。

71. この軍勢が陣を構えたる、その場処にて、梟や狐狼が叫声を挙げ、
また、烏や驢馬が鳴けるが故に、即刻、退却するが適切なり。

72. 菩提の座を御覧あれ。パタクンター[97]・ハンサ（鵞鳥）・
コーキラ（郭公）・マユーラ（孔雀）鳥が、右遶をなせるが故に、
彼は、今日、必ず勝利を得ん。

73. この軍勢が陣を構えたる、《その場処には[98]》煙煤や砂塵の雨が降り、
大地の中心（菩提の座）には、花の雨が降るが故に、
[われの[99]] 忠告に従いて、退却されたし。

74. この軍勢が陣を構えたる場処は、凸凹にして、棘に覆われたるに、
菩提の座は明浄なる黄金なれば、
聡明なる者たちは退却するが宜しかるべし。

---

97 paṭakuntā は不明であるが、Tib.[pa ta kun ta] を参考に「パタクンター」で一つの鳥名とみる。
98 「その場処には」の原文（tatra）は東大主要写本に欠けているが、Tib. によれば、これを挿入すべきである。
99 Tib. には、「われの」に相当する訳語（bdag gi）がある。

75. もし退却せざれば、［汝が］かつて見たりし夢は現実となるべし。
仙人たちによって諸国が損壊され〔灰にされ〕たるが如く、
［彼は、この］軍勢を灰燼に帰せしめん。

76. かの、高貴なる仙人たりしジャナ［カ？］王[100]が、
ブラフマダッタ[101]（梵与王）によって激怒せしめられ［たる時］、
ダンダカ[102]の森は焼尽せられ、多年に亘り、草も生えざりき。

77. 一切世間における、禁戒を修習し苦行に専心せる、あらゆる仙人たち、
彼らの中で、この人（菩薩）は最勝者にして、
実に、一切の生類に害をなさず。

78. 貴公はかつて聞かざりしや。「身体に美しき相好の輝ける者があり、
しかも、出家するならば、その者は、煩悩を滅除して、仏陀となる」と。

79. 諸の仏子（菩薩）によって、供養のために、
これら、かくの如き光厳が化作せられたり。
それ故に必ずや、最勝衆生（菩薩）は、最上なる献供を受領すべし。

80. ［彼の[103]］明浄なる眉間［白］毫が、拘胝那由多の国土を照らし、
それにより、われらは覆蔽せられたるが故に、
［彼が[104]］マーラ軍を降伏するは必定なり。

81. 存在（世界）の頂上に住する天神たちですら、
彼の頭頂を見ること能わざるが故に、必ずや、
他者によって説かれたることなき、一切智性を獲得したまわん。

82. メール山や鉄囲山、また、月・太陽・帝釈・梵天や、
諸の樹木や高壮なる山の、すべてが菩提の座に敬礼をなせるが故に、

83. 福徳力あり、智慧力[105]を有し、《また智力を有し[106]》、

---

100 諸写本に混乱が見られはっきりしないが、Tib.［rgyal po ḥgro ba］を参考に rājā jano と校訂し「ジャナ王」（「ジャナカ王」を指すか？）と訳す。
101 ブラフマダッタの原語は brahmadatta である。
102 ダンダカの原語は daṇḍaka である。
103 Tib. には、「彼の」に相当する訳語（ḥdi yi）がある。
104 Tib. には、「彼が」に相当する訳語（ḍes）がある。
105「智慧力」は判断力や洞察力を、「智力」は理解力を意味するものと考えられる。
106「また智力を有し」の原文（jñānabalavāṃś ca）は東大主要写本に欠けているが、

忍辱力と精進力を有する彼は、

ナムチ（悪魔）の朋党を、無力なるものとなすこと必定なり。

84. 象が、焼かざる（生の）土器を、また、獅子が狐狼を摧破するが如く、

あるいは、大陽が蛍火を［制圧するか］の如く、

善逝（菩薩）は［悪魔の］軍勢を摧破せん。

かくの如き言葉を聴き、別の、マーラの息子が、烈しく怒り、眼を真っ赤にさせて、言えり。

85. 汝は、かの、孤独なる、独りの者の讃辞を、

甚だしくも際限なく述べたてたるも、

独りだけで、いったい何を為し得ようか。

恐るべき大軍勢を［汝は］何ゆえ見ざるや。

その時、右側から、マーラプラマルダカ[107]（魔摧伏）と名づける、マーラの息子が言えり。

86. 世間において、大陽や月、また、

獅子や転輪聖王に、味方は必要にあらず。

菩提［樹下］に坐して、決意せる、

菩薩もまた、味方を必要とせざるなり。

その時、菩薩は、マーラの勢力を減退せしめるために、満開の百葉蓮華の如き顔を振り動かせり[108]。それを見て、マーラは、「わが軍勢は菩薩の口中に入れり」と考えて、逃走せり。逃走したれども、《「何ごとにもあらず」とて[109]》再び戻り来たりて、眷属とともに、色々な種類の武器を、また、

Tib.によれば、これを挿入すべきである。

107 マーラプラマルダカの原語は mārapramardaka である。

108 Tib.では「満開の百葉蓮華の如き顔を振り動かせり」の部分が、本段落の最後尾に位置する部分に移動している。Tib.訳者の間違いと思われる。

109《 》の部分の原文は全写本に欠落しているが、Tib.[ci yaṅ ma yin no sñam nas]によれば、これを挿入すべきである。

須弥山ほどもある山々を、菩薩の上に投下したり。しかし、それら、菩薩の上に投下せられたるものは、花の《天蓋や[110]》宮殿の形に変じたり。また、見毒のある蛇・猛毒のある蛇・気毒のある蛇たちが火焔を放出したれども、その火の輪は、菩薩の光輪の如きものに、形を変じたり。

その時、再び、菩薩は、右手で、頭を撫でたり。すると、「菩薩の手に剣あり」と《マーラは見て[111]》、南方に逃走せり。[されど]「何ごとにもあらず」とて、再び、戻り来たれり。戻り来て、また、菩薩の上に、様々な種類の武器を、[すなわち] 非常に恐るべき、剣・弓矢・槍・投槍・斧・ブシュンディ（火器の一種）・ムシャラ（槌棒）・カナヤ（一頭杵）・ガダー[112]（棍棒）・円盤・ムドガラ[113]（金槌）・樹木・石・縄索・鉄球を投げたり。されど、それらは、投下されるや否や、色々な種類の[114]、花の瓔珞や花の天蓋【の如きもの】に、形を変じたり。また、花吹雪に変じて、大地にも降り注ぎ、また、花環の鬘となって、菩提樹を装飾したり。また、菩薩の、これらの偉大なる荘厳を見て、マーラ（悪魔）波旬は嫉妬と羨望に《気分を[115]》害されて、菩薩に言えり。「いざ、王子よ、起て、起ち上がれ。王権を享受せよ。汝の福徳は［わずか］それしきなり。どうして、汝が解脱を得ようか」［と］。

その時、菩薩は、堅固・甚深・高大・柔和・美妙なる音声を以て、マーラ（悪魔）波旬に、かくの如く言えり。「波旬よ、汝は、わずか一度の無遮施会によって、欲［界］の支配権を得るに至れり。されど、われは、幾百千拘胝尼由多もの祭式を、無遮施会として設けたり。また、手・足・眼・

110「天蓋」の原文（vitāna）は東大主要写本に欠けているが、Tib. によれば、これを挿入すべきである。
111「マーラは見て」の原文は東大主要写本に欠けているが、Tib. によれば、これを挿入すべきである。
112「ブシュンディ」「ムシャラ」「カナヤ」「ガダー」の原語はそれぞれ bhuśuṇḍi, muṣala, kanaya, gadā である。
113「ムドガラ」の原語は mudgara である。
114 Tib. には、nānāvidhāni（色々な種類の）に相当する訳語がない。
115「気分を」の原文（cetā）は東大主要写本に欠けているが、Tib.[sems la] によれば、これを挿入すべきである。

頭などを〔切り取り[116]〕切り取っては、乞う者たちに与えたり。諸の衆生を解脱せしめるために、住居・財物・穀物・臥具・衣類・経行處・園林などを、幾度となく、乞う者たちに与えたり」[と]。

すると、その時、マーラ（悪魔）波旬は、菩薩に、偈を以て返答したり。

87. 往昔、余が、申し分のなき、無遮施の
祭式を設けたることは、今ここに、汝が証人なり。
されど、汝の証人は、ここに、誰も居らざれば、
[汝の] 贅言に何の利やあらん。汝は打ち負かされたり。

菩薩は言えり。「波旬よ、この大地が、われの証人なり」と。

その時、菩薩は、マーラ（悪魔）とマーラの眷属を、慈と悲とを首とする心によって覆い尽くして、獅子の如く、恐れず・驚かず・狼狽せず・臆病ならず・畏縮せず・動揺せず・混乱せず、恐懼も身毛竪（身の毛のよだつこと）もなく、手の平には螺貝・旗・魚・瓶・卍字・勾鉤（L型）・輻輪（車輪の輻）の相を有し、[指間は[117]] 網蓋によって結び合わされ、美麗に輝く銅色の爪に飾られ、纖細・柔軟にして極めて優美なる、無数の劫における無量なる[118]善根資糧の蓄積によって成就せられたる、右手を以て、全身を撫でたるのちに、悠然として、大地を打てり。また、その時、次の偈を述べたり。

88. この大地は、一切の生類の住処にして、
動くもの動かざるものに平等にして、差別なし。
これがわれの証人にして、われに偽りあることなし。
今ここに、汝（大地）は、わがために証言をなせ。

116 「切り取り」の原文（nikṛtya）は東大主要写本において繰り返されているが、Tib. によれば、これを反復する必要はないので、削除すべきかと思われる。
117 Tib. には、「指間は」に相当する訳語（sor moḥi bar）がある。
118「無数の劫における無量なる」の部分は、Tib. では「無量の劫における」という意味の訳文となっている。

菩薩［の手］が触れるや否や、この大地は六種に震動し、烈しく震動し、あまねく震動したり。鳴響し、激しく鳴響し、あまねく鳴響したり。あたかも、マガダ国の銅製の器物が、材木によって打たれて[119]、音を発し、反響する[120]が如く、まさにその如くに、この大地は、菩薩の手によって打たれて、音を発し、反響したり。

すると、その時、この三千大千世界にスターヴァラー[121]（堅住）と名づける、【大[122]】地の女神ありて、彼女は、百拘胝もの［多数の］地女神の眷属を伴い、全大地を震動させて、菩薩からさほど遠からざるところに、地面を破りて半身を現出し、あらゆる装身具に身を飾りて、菩薩に向かって敬礼し、合掌して、菩薩に、かくの如く言えり。「それ、その通りなり。大丈夫よ。それ、その如くなり。貴方の述べたるが如くなり。私たちは、これを現前に見たり。それどころか、世尊よ、貴方自らが、天界を含む［全］世界の、最高の証人たるものにして、権証（判断基準）たるものなり[123]」［と[124]］。かくの如く言って、大地の女神[125]スターヴァラーは、マーラ（悪魔）波旬を、色々な方法で非難し[126]、また、菩薩を【讃美し[127]】称讃して、さらに、自らの力を様々に示現したるのち、まさに、そこに隠没せり。

89. その大地の声を聞くや、かの[128]幻惑者（マーラ）は、軍勢もろともに、

119 Tib. には、kāṣṭhenābhyāhatā（材木によって打たれて）に相当する訳語がない。
120「反響する」の部分は、Tib. では「永く反響する」という意味の訳文となっている。
121 スターヴァラーの原語は sthāvarā であるが、方広、普曜の両漢訳に、この名に該当する訳語は見当たらない。
122 Tib. には、mahā（大）に相当する訳語がなく、T3にもないので、削除すべきかもしれない。
123「権証（判断基準）たるものなり」の原語 pramāṇabhūta に関する論文として、袴谷憲昭「pramāṇa-bhūta と kumāra-bhūta の語義」（『駒澤短期大学佛教論集』第６号所収）があり、それによれば bhūta は「真実の」の意であるという。その指摘に従って、これを「真実の基準なり」と訳すことも可であるが、ここでは Tib. tshad mar gyur pa dam pa lags so（権証たるものの最上者なり）を重視して訳した。
124「と」に該当する原語（iti）は全写本に欠落しているが、L. はこれを挿入している。
125 Tib. には、mahāpṛthivīdevatā（大地の女神）に相当する訳語がない。
126「非難し」の部分は、Tib. では「口実（つけいる隙）を消失せしめ」という意味の訳文となっている。
127 Tib. によれば「讃美し」に当たる原語 abhyarcya は削除すべきである。
128 Tib. には、sa（かの）に相当する訳語がない。

恐懼し、気が動転して、みな、遁走したり。
森の中にて、獅子の咆哮を聞ける野干の如く、
［また］烏が、土塊を投げるや否や、たちまち、飛び去るが如く。

かくして、実に、マーラ（悪魔）波旬は苦悩し、落胆し、憂愁して、慚愧に耐えぬ形相をしながらも、慢心に囚われたるが故に、去ることなく、再び戻り来たることなく、逃亡することもなく、後方を向いて【立ち[129]】、さらにまた、軍勢に呼びかけたり。「諸君は、共に集まりて、もうしばらく待たれよ。今から、われらは、この者を、もしや貪愛によって起たしめうるか否かを検証すべし。まことに、かくの如き類の衆生宝（立派な衆生）を、即時に、壊滅することなかれ」と。

それから、実に、マーラ（悪魔）波旬は、自分の娘たちに告げたり。「娘らよ、汝らは行って、菩提の座に近づき、菩薩を試査せよ。愛欲を有するや、あるいは、愛欲なきや。愚癡ありや、あるいは、智慧ありや。盲昧なる者なりや、あるいは、諸方を明知せる者なりや、あるいは、究竟の依処なき者なりや。怯懦なる者なりや、それとも、堅固なる者なりやを」と。この言葉を聞いて、かのアプサラス（婇女）たちは、《菩提道場へ[130]》また、菩薩のところへと近づき来たりて、菩薩の前に立ち、三十二種の、婦女の媚惑を示現したり。三十二種とは、如何なるものか。すなわち、次の如し。ある女たちは、そこにおいて[131]、顔の半分を覆い隠したり。ある女たちは、引き締まり盛り上がりたる乳房を見せたり。ある女たちは、微笑して、歯並を見せたり。ある女たちは、腕を上げ、伸びをして、腋下を見せたり。ある女たちは、ビンバ果の如［く赤[132]］き唇を見せたり。ある女たちは、

129 Tib. には「立ち」（sthitvā）に当たる訳語がないから、これは削除すべきかもしれない。
130「菩提道場へ」の原文（bodhimaṇḍo yena）は東大主要写本に欠けているが、Tib. によれば、これを挿入すべきである。
131「ある女たちは、そこにおいて」の部分は、Tib. では「彼女たちの中の、ある者は」という意味の訳文となっている。
132 Tib. には、「赤き」に相当する訳語（dmar baḥi）がある。

半分閉じたる眼で菩薩を見つめ、見ては、また、すぐに閉じ［て瞬きをし］たり。ある女たちは、半ば覆われた乳房を見せたり。ある女たちは、衣服をゆるめ垂らして、腰帯[133]を巻ける臀部を見せたり。ある女たちは、ドゥクーラ製の薄衣をまとい、腰帯[134]を巻ける臀部を見せたり。ある女たちは、足環でリンリンという音を立てたり。ある女たちは、乳房の間から、一連の首飾りを見せたり。ある女たちは、半ばまで開けたる股を見せたり。ある女たちは、頭や肩の上に、パットラグプタ（護羽）鳥やシュカ（鸚鵡）やシャーリカー（鴝谷鳥）《が止まりたる[135]》を見せたり。ある女たちは、菩薩を、流し目によって視たり。ある女たちは、美しき衣裳を着けながら、醜く装えるが如くにふるまえり。ある女たちは、臀部と腰帯[136]を振り動かせり。ある女たちは、とまどえるが如き姿をつくりて艶かしく、此処彼処に歩き廻れり。ある女たちは、舞い踊れり。ある女たちは、歌をうたえり。ある女たちは、戯れては、また、羞恥してみせたり[137]。ある女たちは、風に揺り動かされたるカダリー（芭蕉樹）の如く、腿を揺り動かせり。ある女たちは、幽艶なる声を洩らせり。ある女たちは、薄絹を着て、鈴をつけた金の腰帯を巻き、戯笑しながら歩き廻れり。ある女たちは、衣服や装身具を地面に脱ぎ捨てたり[138]。ある女たちは、隠れたると露わなるとの、装身具のすべてを顕示せり。ある女たちは、香を塗れる腕を見せたり。ある女たちは、頬に塗油して耳環を見せたり。ある女たちは、身体[139]を覆い隠し、顔を覆いながら、時々ちらっと［顔を］見せたり。ある女たちは、初めに笑いざわめき嬉々として戯れ遊び、互いに思い出話をしては、再び、恥ずかしげに黙坐せり。ある女たちは、少女の姿や、未出産の女の姿や、

---

133 Tib. は「金の腰帯」という意味の訳文（gser gyi phag ska）となっている。
134 Tib. は「金の腰帯」という意味の訳文（gser gyi phag ska）となっている。
135「止まりたる」の原文（upaviṣṭān）は東大主要写本に欠けているが、Tib.［ḥdug par］によれば、これを挿入すべきである。
136 Tib. は「金の腰帯」という意味の訳文（gser gyi phag ska）となっている。
137「羞恥してみせたり」の部分は、Tib. では「羞恥せるが如き振りをなせり」という意味の訳文となっている。
138「脱ぎ捨てたり」の部分は、Tib. では「脱ぎ捨て、恥ずかしげに、再び拾い上げたり」という意味の訳文となっている。
139 Tib. mgo（頭）は梵文 kāyā（身体）と合わない。

中年の女の姿を示現したり。ある女たちは、愛欲を帯びて、菩薩を招きたり。ある女たちは、花吹雪を菩薩に注ぎかけて、また、[菩薩の[140]] 前に立ちて、菩薩の心境を考量し、また、顔を凝視したり。「この人は、欲に染まりたる感官を以て視るや、あるいは、両眼は遠方を視るや、[眼は] 動くや、動かざるや」と。[しかし] 彼女らは[141]、菩薩の顔が清浄無垢にして、ラーフ（蝕をおこす阿修羅）より解き放たれた月の光輪の如く、昇り来たれる旭日（あさひ）の如く、黄金の祭柱の如く、千の花弁の満開せる蓮華の如く、供物に注がれた火焔の如く、不動なることメール山の如く、超然たること鉄囲山（てっちせん）の如くにして、感官をよく護持（ごじ）すること象の如く、心は極めて温順なるを見たり。

その時、それらマーラの娘たちは、さらにいっそう[142]菩薩を魅惑せんがために、[143]かくの如き偈を唱えたり。

90. 最高の季節なる、うるわしき春が訪れたる時、
満開の花咲く樹の下で、私たちは恋愛を娯（たの）しむ。
貴方（あなた）の容貌は端正にして、非常に美しければ、
相好（そうごう）に彩（いろど）られたる者よ、[貴方の] 欲するがままになるべし[144]。

91. 私たちは、高貴なる生まれにして、容貌うるわしく、
私たちは、天神・人間の安楽の因を生ずる。
速やかに起（た）ち上がりて、青春を享楽したまえ。
菩提は得難きが故に、心を転向せられたし。

92. 貴方（あなた）のために身支度（みじたく）し、盛装（せいそう）して来たりたる、
これらの、美しく着飾りたる天女たちを、しばらく[145]御覧あれ。
この姿を視（み）て、愛欲への執著ある者の、誰が魅惑せられざるべし。

---

140 Tib. には、「菩薩の」に相当する訳語（byaṅ chub sems dpaḥi）がある。
141 Tib. には、tāḥ（彼女らは）に相当する訳語がなく、「〜と見たれども」という意味の訳文となっている。
142「さらにいっそう」(bhūyasyā mātrayā) の部分は、Tib. には、単に「強く」(śin tu) と訳されている。
143 Tib. には、「歌と踊りをまじえたる」という意味の訳文が挿入されている。
144 Tib. は「[貴方に] 従うものと、私たちはなるべし」という意味の訳文となっている。
145 Tib. には、tāva（しばらく）に相当する訳語がない。

たとえ、枯木の如く、余命少なき者ならんとも。

93. 髪はしなやかにして、かぐわしき甘き香りあり。
頭冠や耳環や飾り葉をつけて満開の［花の如き］顔を有し、
額は優美なりて、顔には綺麗に化粧をなせり。
眼は、清浄なる[146]蓮華の如く、大きくて愛らしきなり。

94. 顔容は、満月の如くなりて、
熟したるビンバ果の如き［赤き］唇を有し、
螺貝・クンダ花・雪の如く白き歯を有したる、
愛楽を求める、魅力にあふれたる女たちを御覧あれ。

95. 乳房は、よくひきしまり、ふくよかに盛り上がり、
腹部の三条の襞はきわめて優美なりて、
臀部は、寺廟を囲む周円道の如く、豊満にして愛らしき、
この上もなく美しき婇女［たち］を、御主人さまは御覧あれ。

96. 象の鼻の如き［丸き］股を有し、
腕には、腕環を隙間なく嵌め、
胴部は、豪奢なる黄金の帯もて艶やかに飾りたる、
この、貴方の側女［たち］を、御主人さまは御覧あれ。

97. ［私たちは］ハンサ鳥（鵞鳥）の歩調もて、緩る緩ると歩き、
甘美かつ優雅に、深く情愛をこめて語り、
かくの如き装いもて、非常に美しく身を飾り、
天界の諸快楽に、よく通暁したり。

98. ［私たちは］歌詠・器楽・舞踊に熟達し、
享楽のために美しき姿を有して現れたり。
愛欲を切望せる女たちを、貴方が、もし欲せざるとせば、
貴方は、この世にて、甚だしくも、みごとに欺かれたり。

99. 財の楽事を知らざる、愚かなる、ある人が、
宝を見つけたるにもかかわらず、逃走するが如く、

---

146 Tib. rgyas pa（満開の）は梵文 viśuddha（清浄なる）と合わない。

貴方もまた、愛の享楽を知らずして、

自ら来たる婇女たちを享受することなからば、それと同様なり。

すると、その時、比丘らよ、菩薩は、眼を瞬(まばた)きさせることなく、微笑を浮かべ、破顔一笑(はがんいっしょう)して、感官に惑乱あることなく、身体に気取りあることも疚(やま)しきところもなく、愛著なく、瞋恚(しんに)なく、愚癡(ぐち)なく、山王の如く不動にして、怯弱(こにゃく)ならず、当惑せず、物怖(ものお)じすることなく、ゆるぎなく確立せられたる覚知を以て、［また］諸の煩悩を徹底的に滅除せるが故に自らに依止(えじ)する智の法門を以て、温和にして甘美なる語言と、梵天を超過せる《音響と[147]》、カラヴィンカ鳥の啼声(さえずり)と、美妙にして優美なる音声と[148]を以て、かの、マーラ（悪魔）の娘たちに、偈によって、返答したり。

100. 愛欲は、実に、多くの苦悩の集積にして、苦の根本なり。
　　諸の愚者をして、禅定と神力と苦行とを喪失せしむ。
　　「婦女との欲楽に満足あることなし」と、賢者は言えり。
　　われは、諸の愚者をして、智慧もて満足せしむべし。

101. 愛欲に耽(ふけ)るならば、渇愛は、ますます増大すべし。
　　あたかも、誰かある人が塩水を飲めるが如し。
　　そこに陥りたる者に、自己の利益なく、他者の利益もなし。
　　われは、自己の利益と他者の利益とを切望する者なり。

102. 汝［ら］の姿は、水沫(みなわ)か泡沫(うたかた)《に似たるもの[149]》の如くにして、
　　幻の彩色《の如く[150]》、自らの想念によりて創作せられたり。
　　まさしく夢の中の遊戯の如く、堅実ならず、また、常ならずして、
　　愚かなる若者の心を、常に、惑乱せしむ。

147「音響と」の原文（ghoṣena）は東大主要写本に欠けているが、Tib.［ṅa ro daṅ］によれば、これを挿入すべきである。

148 Tib. には、svareṇa（音声と）に相当する訳語がない。訳者の見落としと思われる。

149「似たる」の原文（tulya）は東大写本に欠けているが、Tib.［mtshuṅs śiṅ］によれば、これを挿入すべきである。

150「如く」の原文（iva）は東大写本に欠けているが、Tib.［ltar］によれば、これを挿入すべきである。

103. ［人の］眼は、水の泡《に似たるもの[151]》の如くにして、皮膚に覆われ、
血の塊が堅くなって突出したる腫瘍の如きものなり。
腹部は、尿と糞の集積にして、はなはだ不浄なり。
［身体は］苦を生み出す器械《の如きもの[152]》にして、
業と煩悩から生起したり。

104. 凡愚なる者たちは、それに惑乱せられ、顚倒（謬見）により、
身体を清浄なるものと妄想すれど、智者は然らず。
苦悩の根源たる輪廻に、長時にわたり転生すれば、
諸の地獄において、多くの耐え難き苦痛を受くべし。

105. 臀部からは、不快なる悪臭物を漏泄し、
腿と脛と足とは、器械の如くに繋留せられたり。
われ、汝らを真実に観察すれば、幻の如くにして、
顚倒せる因と縁より生起したるものなり。

106. 高貴なる智道にある者には、顚倒せる邪道なりて、
火炎か毒の葉の如く、また、忿怒せる大蛇の如し。
徳あることなく、徳を忘失せしめる、愛欲の享楽を見て、
そこに、愚昧なる者たちは迷悶し、《故に[153]》安楽の想念を生ずる。

107. 愛欲の故に女人たちの奴隷となれるところの人、
［また］法の楽を捨てて、愛欲により歓楽するところの人、
その者は、快楽を熱望して、持戒の道より逸脱し、［また］
禅定の道より逸脱し、覚知を喪失して、智より遠く離れて住する。

108. われは、欲情や瞋恚と共に住することなくして、
常［見］・浄［見］・我［見］と共に住することもなし。
不快とも、また、快とも、共に住することなくして、

---

151 「似たるもの」の原文（tulya）は東大写本に欠けているが、Tib.[mtshuṅs śiṅ] によれば、これを挿入すべきである。
152 「如きもの」の原文（yathā）は全写本に欠落しているが、韻律によってこれを挿入すべきである。
153「故に」の原文（ataḥ）は全写本に欠落しているが、韻律によってこれを挿入すべきである。

わが心は、全く解放せられ、虚空の風の如し。

109. たとえ、汝の如き者たちによって、この、一切世間が充満し[154]、
幾劫(いくこう)もの間[155]、そのような者たちと共に交わりて暮らそうとも、
われに、忿恨(ふんこん)あることなく、また、欲情なく、愚癡あることもなし。
勝者（仏陀）の心は、虚空に似たるものの如くなればなり。

110. たとえ、この世において、天神や天女は、非常に無垢にして、
血も骨も無く、清浄なりといえども、
彼らもまた、みな、大いなる恐怖のうちに暮らせり。
永遠性を欠き、常住ならざるが故なり。

すると、その時、婦女の魅惑に熟達せる、かのマーラ（悪魔）の娘たちは、さらにいっそう、情欲と興奮と淫靡(いんび)とを現わし、媚態(びたい)を示して、全身を飾り立て、婦女の幻惑を示現して、菩薩を誘惑したり。

そこで、かくの如く言われる。

111. 妓女(ぎにょ)の中で最も魅力あるトゥリシュナー（渇愛）とラティ（愛戯）と
アーラティ[156]（歓楽）とは、共に、マーラ（悪魔）に遣(つか)わされ、
いとも艶(あで)やかに装いて、速やかに来たれり。
若葉の繁る樹の若枝が、風に揺れる〔が如く[157]〕、[彼女たちは]
舞い踊りつつ、[菩提] 樹の根元(ねもと)に坐せる王子を誘惑せり。

112. 今は、春の季節なりて、最高に美しき季節なり。
暗冥(あんみょう)も塵埃(じんあい)も除き去り、諸(もろもろ)の男女に喜びを与え、鳥の群に満ちて、
コーキラ（郭公）やハンサ（鵞鳥）やモーラ[158]（孔雀）が啼けり。
性愛の利得たる快楽を享受すべき時が訪れたり。

154「この、一切世間が充満し」の部分は、Tib. では「一切の衆生によって、この世が充満し」という意味の訳文となっている。
155 Tib. bskal par（一劫の間）は梵文 kalpān（幾劫もの間）と合わない。
156「トゥリシュナー」「ラティ」「アーラティ」の原語は、それぞれ tṛṣṇā, rati, ārati である。
157「如く」の原語（iva）は全写本に欠落しているが、韻律によってこれを挿入すべきである。
158「コーキラ」「ハンサ」「モーラ」の原語は、それぞれ kokila, haṃsa, mora である。

113. 千劫もの間、持戒に専念し、禁戒と苦行とを修習し、
山王の如く不動にして、昇り来たれる旭陽の如き姿をなせる、
語音は雷鳴の如く美妙にして、獣王の吼えるが如き音声の、
かの、生類に利益なす者（菩薩）は、有益なる言葉を語りたり。

114. 愛欲の闘諍と敵意と喧嘩とは、煩悩を伴い、恐怖を生ぜしむ。
愚物なる人は熱中すれど、賢明なる人には常に唾棄せられたり。
諸の善逝（仏陀）によって甘露（菩提）が得られたる、
その時が到来したり。今日、［われは］
マーラ（悪魔）を打ち破りて、十力を有する阿羅漢となるべし。

115. ［彼女たちは］幻惑を示現しつつ言えり。
「蓮華の顔容を有する者よ、聞きたまえ。
貴方は、強大なる大地の主・至上の支配者となりたまうべし。
華麗なる婇女衆によって、千もの楽器が演奏せられたる時に、
貴方は[159]牟尼の服装などして、何をか為さんや。
棄てて、快楽を享受されたし。」

菩薩は言えり。

116. われは、三界における支配者として、天界や人間界にて尊重せられ、
法輪を以て進軍し、［如来の］十力を有する、強大なる王となるべし。
那由多もの有学（阿羅漢位以前の聖者）と無学（阿羅漢）を子とし、
常に［彼らに］敬礼せられ[160]、法の楽を歓楽すれども、
感官の対象によってわが心が歓楽することなし。

彼女たちは言えり。

117. 青春が未だ去らずして、最高の年齢にあるうちに、
また、貴方が未だ病気に罹らず、忌むべき老年に達せざるうちに、

---

159 Tib. には、bhavato（貴方は）に相当する訳語がない。
160 Tib. は「常に［彼らの］敬礼を眼前に見る」という意味の訳文となっている。

また、［貴方が］美貌[161]と若さとを有し、私たち伴侶もまた、
そうであるうちに[162]、そのうちにこそ、
笑顔を浮かべて、愛欲の歓楽を享受されたし。

菩薩は言えり。

118. 今日、得難き甘露（菩提）に導く好機が得られたるうちに、
また、阿修羅界や天界における無暇処（むかしょ）の患難（かんなん）を免れてあるうちに、
また、老と病と死という敵衆が暴怒（ぼうど）するに至らざるうちに、
そのうちにこそ、われは、畏懼（いく）なき都城に至る、
至上の道を修習すべし。

彼女たちは言えり。

119. 天の宮殿において、三十三天界の主（インドラ）が、天女に囲まれ、
また、ヤーマ・スヤーマ・サントゥシタ等の諸天や[163]、
マーラの都城にて、［天王たちが］華麗なる天衆に讃美されるが如く、
［貴方も］婇女衆に身を委ねて、愛欲を享楽し、遊戯し娯楽して、
私たちと共に、大いなる快楽を交歓（こうかん）すべし。

菩薩は言えり。

120. 愛欲は草の露滴（ろてき）の如くはかなくて、秋の雲にも似たり。
激怒せる雌蛇（めすへび）の如く、激しき恐怖をもたらすものなり。
帝釈（インドラ）・スヤーマ（夜摩天王）・兜率天（とそつてん）等は、
ナムチ（悪魔）の支配下にあり。
卑賤（ひせん）なる者たちに愛好される、この災厄に満ちたるものを、
誰が歓楽すべけんや。

161 Tib. には、rūpa（美貌）に相当する訳語がない。
162「そうであるうちに」の部分は、Tib. では「青春期にあるうちに」という意味の訳文となっている。
163 この部分の原文は yāma-suyāma-saṃtuṣitake である。

彼女たちは言えり。

121. これらの端麗なる樹木が、若葉をつけて、花開きたるを御覧あれ。
コーキラ（郭公）やジーヴァンジーヴァカ[164]（共命鳥）が鳴き、
蜜蜂の羽音に満ちたり。
地面には草が生え、青々として柔かく、螺旋状に巻いてしなやかなり。
キンナラ[165]（天の楽神）衆が奉仕する森の中にて、
美しき妓女たちと[166]歓楽されたし。

菩薩は言えり。

122. 地面より生えたる草を、太陽が枯らしむる、その時には、
［今］若葉をつけたる、これらの樹木も、時に従いて開花せず[167]、
花に近づく蜜蜂たちも、飢渇に苦しめられる[168]。われは、今こそ、
往昔の勝者（仏陀）たちに享受せられたる甘露を、必ずや受用せん。

マーラの娘たちは言えり。

123. 月の顔容ある者よ、しばらく[169]御覧あれ。［私たちは］瑞々しき蓮華にも似て[170]、柔軟かつ甘美に語り、歯は白銀か雪の如［く白］し。
かくの如きは、天界にても得難きものなれば、
人間界にてはなおさらなり。
至高の天神たちによって常に望まれたるところのものが、
［今］貴方に得られたり。

---

164 ジーヴァンジーヴァカの原語は jīva(ṃ)jīvaka である。ここでは韻律によって jīvajīvaka と表記されている。
165「キンナラ」の原語は kiṃnara である。
166「森の中にて、美しき妓女たちと」の部分は、Tib. では「優雅なる森の中にて、妓女たちと」という意味の訳文となっている。
167 Tib. me tog rgyas（開花し）は梵文 apuṣpita（開花せず）と合わない。
168 Tib. は「また、蜜蜂たちは、飢渇に苦しめられて、諸の花に近づく」という意味の訳文となっている。
169 Tib. には、tāva[c]（しばらく）に相当する訳語がない。
170「蓮華にも似て」の部分は、Tib. では「蓮華の如き顔を持ち」という意味の訳文となっている。

菩薩は言えり。

124. 身体は、不浄なる糞穢と蛆虫の群に満ち、牢固ならずして、
すぐに散失し壊滅する、悲哀の充溢せるものと［われは］観る。
動くものと動かざるものとの［すべての］生類に至上の安楽を
もたらすところの、賢者［たち］に尊崇せられたる、
不滅なる、その地位を［われは］得ん。

125. 彼女たちは、実に、六十四の愛の技芸を試用して、
足環や金帯を鳴り響かせ、衣服をはだけて、
愛欲の矢に射抜かれ、発情して、あざ笑いながら［言えり[171]］、
「高貴なる子よ、［この女たちを[172]］享受しないとならば、
貴方に何か欠陥ありや」［と］。

〔菩薩は言えり[173]〕

126. 一切世界の罪過を了知して、塵垢を除去せる者は言えり。
愛欲は、剣か槍か投槍[174]の如くにして、蜜を塗れる剃刀にも似たり。
牝蛇の頭か火坑[175]の如きものと、われは、今、正しく了知せり。
女人は徳を奪うものなり。それ故に、われは婦女衆を捨て去れり。

127. 彼女たちは、幾那由多もの種類の婇女の技量を示したるも、
若き象の如き態度を有する善逝[176]（菩薩）を誘惑すること能わざりき。
［その時[177]］慎みと羞恥心より恥を感じて牟尼（菩薩）の足元に平伏し、

171「言えり」の原文はないが、Tib. には「かくの如く言えり」（ḥdi skad smras）との訳文が付加されている。
172「この女たちを」の原文はないが、Tib. には「この者たちを」（ḥdi dag）との訳文が挿入されている。
173「菩薩は言えり」の原文は東大主要写本には記載されず、Tib. にもこれに相当する訳文がない。
174 Tib. rtse gsum（三叉戟）は梵文 śūla（投槍）と合わない。
175「火坑」とは「火の燃えさかる穴」の意。
176 Tib. には、sugataṃ（善逝）に相当する訳語がなく、単に de（彼を）と訳されている。
177 Tib. には、「その時」に相当する訳語（tshe）がある。

敬意と[178]、喜びと、好意を生じて、利益者[179]（菩薩）を讃歎せり。

128. 無垢なる蓮華の花芯に似たる、［また］秋の月の如き顔容ある者よ。
酥油にて供物に点火された火光に似たる、黄金の山の如き者よ。
御身が[180]［幾］百もの生にて修行し、
熟考し［て立て］たる[181]誓願を成就されたし。
自ら［彼岸に］渡りたるのち、苦悩に満ちたる衆生を渡らせたまえ。

129. 彼女たちはカルニカーラ樹かチャンパカ樹[182]の如き［菩薩］を種々に讃歎し、超絶せる山の如くに不動なる［菩薩］を、右遶なせるのち、戻りて、父に頭面礼足して、かくの如き言葉を述べたり。
「いざ[183]、父よ、天神と人間との師なる者への[184]憎悪を捨てたまえ。

130. ［菩薩は］顔に微笑を浮かべ、蓮華の葉の如き眼もて見そなわせり。
愛欲もて人を視ることなく、また、眉をしかめて視ることもなし。
メール山が震動し、大海が涸渇し、日月（太陽と月）が落下しようとも、
三界（輪廻界）の過悪を知悉せる、彼が婦女子になびくことなし」［と］。

さて、その時、マーラ（悪魔）波旬は、この言葉を聞いて、なおいっそう、苦悩し、落胆し、憂愁し、忿怒に駆られたる心を以て、かの、自分の娘たちに告げたり。「さても、なんすれぞ彼を菩提の座より起たしめ得ざるや。愚蒙かつ無知なる者ならば、汝らの美貌を視ざる筈のあらんや」［と］。

すると、その時、かの、マーラの娘たちは、自分たちの父に、偈によって返答したり。

131. ［彼（菩薩）は］温和かつ優美に語り、しかも、愛著あることなし。

---

178 Tib. には、gauravu（敬意と）に相当する訳語がない。
179 Tib. は「かの利益者」という意味の訳文となっている。
180 Tib. には、ti（御身が）に相当する訳語がない。
181 Tib. は「熟考して立てたる」という意味の訳文となっている。
182「カルニカーラ」「チャンパカ」の原語はそれぞれ karṇikāra, campaka である。
183 Tib. には、sādhu（いざ）に相当する訳語がない。
184 Tib. は「師なる彼への」（bla ma de la）という意味の訳文となっている。

重大なる秘密を観察し、かつ、瞋恚あることなし。
諸の威儀と諸行とを認識し、かつ、愚癡あることなし。
身体のすべてを正しく評定し、かつ、心意は甚だ深妙なり。
132. 女人の過悪の甚大なるを、明確に知悉し、
染著なき心を有し、愛欲への執着あることなし。
この天にも地にも、彼の心と諸行とを熟知しうるところの、
そのような天神も人間も、全く存在せざるなり。
133. そこ（天界・人界）において、妓女の幻惑を示現せられたならば、
父よ、愛欲あるところの、その者の心は溶解すべきなるも、
それを視ても、彼の心は微動だにせざりき。
山王中の王の如く、彼は、動揺することなく安坐せり。
134. ［幾］百もの福徳の威光に満ち、功徳の光輝みなぎりて、
幾拘胝もの劫に亘り、持戒と苦行[185]とを勤修せり。
天神や梵天等の、清浄なる威光に輝く衆生たちも、
彼の足元に頭面をつけて、礼拝せり。
135. 必ずや、彼は[186]、マーラの軍勢を打ち破り、
往昔の勝者（仏陀）に愛好せられたる、無上の菩提を得たまわん。
父よ、私たちは、戦闘にて争うことを望まざるなり。
力ある者と戦闘する、この方策は甚だ困難なり。
136. 父よ、見られたし。虚空には、頂髻（頭頂の髻）に珠宝をつけたる、
那由多もの［多くの］等覚菩薩が、うやうやしく、侍立せり。
宝石に満ち満ちて、身体を花環もて飾りたる［彼ら］は、
諸の十力尊（仏陀）によって、供養のために、
ここに遣わされた者たちなり。
137. 思覚（精神作用）あるものたちや、思覚なきものたち、
樹木や山岳、ガルダ（金翅鳥）王や天王や夜叉たちが、

185 Tib. brtul shugs（禁戒）は梵文 tapas（苦行）と合わない。
186 Tib. には、sa（彼は）に相当する訳語がない。

功徳の山なる者（菩薩）に対面して、お辞儀をなせり。

父よ、今日は、退却するが至当なるべし。

さらにまた、

138. あるものの向う岸（対岸）に渡らずしては、

それを渡り終えることなく、

あるものを根より抜き出さずしては、

それを掘り出し終えることなからん。

ある者に重ねて寛恕を請うならば、

その人を怒らしむることなかるべし。

あることにより悲哀を生じるとすれば、それを為すべきにあらず」

［と］。

さてまた、比丘らよ、その時、八名の菩提樹の女神ありき。すなわち、シュリー（功徳）、ヴリッディ（増長）、タパー（苦行）、シュレーヤシー（安寧）、ヴィドゥ（聡慧）、オージョーバラー（大力）、サトヤヴァーディニー（実語）、および、サマンギニー[187]（全備）なり。《彼女たちは[188]》菩薩を《ねんごろに[189]》供養してから、十六相を以て菩薩の威徳を称揚し[190]、讃歎したり。

139. [191]清浄なる[192]衆生よ、御身は、白分（びゃくぶん）の（満ちゆく）月の如く明浄なり。

187 以上八名の女神名の原語は、前から順に、śrī, vṛddhi, tapā, śreyasī, vidu, ojobalā, satyavādinī, samaṅginī である。

188「彼女たちは」の原文（tāḥ）は東大主要写本に欠けているが、Tib.［de dag gis］によれば、これを挿入すべきである。

189 この部分の原文 saṃpūjya は Tib. には yaṅ dag par mchod nas（ねんごろに供養して）と訳されているが、東大主要写本には単に pūjya（供養して）とあり、saṃ が欠落している。

190 Tib. は「十六相の威徳を以て菩薩を称揚し」という意味の訳文となっている。

191 以下、139偈から162偈までは散文調であり、厳密には韻律のない長行である。そのために、E. Müller, W. Schubring ともに、「これらは韻文にあらず」と指摘しているが、Śāntibhikṣu Śāstrī の校訂本では Gāthā Gadyagati（散文調の偈）として偈番号が付されている。確かに厳密な韻律はないが、リズミカルな繰り返しが認められるので、本書でも、一種の韻文類とみなすことにする。

192 Tib. dam pa（至高なる）は梵文 viśuddha（清浄なる）と合わない。

清浄なる覚知ある者よ[193]、御身は、昇り来たれる旭日(あさひ)の如く輝けり。

140. 清浄なる[194]衆生よ、御身は、水中の蓮華の如く満開なり。

清浄なる[195]衆生よ、御身は、森や林を徘徊する獅子の如くに咆哮す。

141. 至高なる衆生よ、御身は、大海の中心にある山王の如く照(て)り映(は)えたり。

清浄なる[196]衆生よ、御身は、鉄囲山(てっちせん)の如く超出したり。

142. 至高なる衆生よ、御身は、大海の如く、宝石に満ちて測り難し。

世間の導師よ、御身は、覚知広大にして、虚空の如く無辺際(むへんざい)なり。

143. 清浄なる衆生よ、御身は、大地の如く一切衆生の所依にして、

覚知は甚だ堅固なり。

至高なる衆生よ、御身は、アナヴァタプタ[197]（無熱悩）池の如く

常に清涼にして、汚れなき覚知を有したり。

144. 至高なる衆生よ、御身は、風の如く、常に、

一切世間に愛著するところなく、覚知の停頓することなし。

至高なる衆生よ、御身は、火焔の王の如く、

一切の憍慢を焼尽し、近づき難し。

145. 至高なる衆生よ、御身は、ナーラーヤナ[198]（那羅延天）の如く

鎮圧し難き者にして、剛力あり。

世間の導師よ、御身は、菩提の座より起つことなき者にして、

誓約堅固なり。

146. 至高なる衆生よ、御身は、インドラ（帝釈天）の手より放たれたる

金剛杵の如く、退転することなし。

至高なる衆生よ、御身は、善利を獲得せる者にして、

久しからずして十力具足（仏陀）となりたまわん。

---

193 Tib. blo rnam par dam pa（無上の覚知ある者よ？）は梵文 viśuddhabuddhe（清浄なる覚知ある者よ）と合わない。
194 Tib. dam pa（至高なる）は梵文 viśuddha（清浄なる）と合わない。
195 Tib. dam pa（至高なる）は梵文 viśuddha（清浄なる）と合わない。
196 Tib. dam pa（至高なる）は梵文 viśuddha（清浄なる）と合わない。
197 アナヴァタプタの原語は anavatapta である。
198 ナーラーヤナの原語は nārāyaṇa である。

善利を獲得せられたり。

かくの如く、実に、比丘らよ、菩提樹の女神たちは、十六相を以て、菩薩の威徳を称揚したり。

その時、比丘らよ、浄居天に属する天子たちは、十六相を以て、マーラ（悪魔）波旬[199]の勢力を減退せしめたり。いかなる十六相によってか。すなわち、次の如し。

147. 波旬よ、汝は崩壊せしめられ、
愁思せる老クローンチャ[200]（帝釈鴫）の如し。
波旬よ、汝は非力にして、泥中に沈淪せる老象の如し。

148. 波旬よ、汝は孤独にして、勇猛なる誓言を立てて敗れたるが如し。
波旬よ、汝は侶伴なくして、病気に罹りて森中に捨てられたるが如し。

149. 波旬よ、汝は疲弊して、重荷に苦しめられたる牡牛の如し。
波旬よ、汝は放棄せられて、風に倒されたる樹木の如し。

150. 波旬よ、汝は悪路に立ちて、道に迷える隊商人の如し。
波旬よ、汝は劣等中の劣等にして、負債ある貧窮者の如し。

151. 波旬よ、汝は弄舌にして、鳴きわめく烏の如し。
波旬よ、汝は慢心に囚われて、不躾なる忘恩者の如し。

152. 波旬よ、汝は、今日、逃走すべし。師子吼にて逃げ去る狐狼の如く。
波旬よ、汝は、今日、駆逐さるべし。
毘藍風[201]に吹き散らされる鳥の如く。

153. 波旬よ、汝は時を知らざる者なり。福徳の尽きたる乞食者の如く。
波旬よ、汝は、今日、捨棄せらるべし。
砂にまみれたる、損壊せる容器の如く。

154. 波旬よ、汝は、今日、菩薩により[202]調伏せらるべし。

---

199 Tib. には、pāpīyāṃsaṃ（波旬）に相当する訳語がない。
200 クローンチャの原語は kroñca である。
201「毘嵐風」の原語は vairambha である。
202 Tib. には、bodhisattvena（菩薩により）に相当する訳語がない。

マントラ[203]による蛇の如く。

波旬よ、汝は〔今日[204]〕一切の力を奪われたり。

手足を切断せられたる胴体[205]の如く。

かくの如く、実に、比丘らよ、浄居天に属する天子たち[206]は、十六相を以て、マーラ（悪魔）波旬の勢力を減退せしめたり。

そこにおいて、比丘らよ、菩提［樹］に仕える天神たちは、十六相を以て、マーラ（悪魔）波旬を貶斥（へんせき）したり。いかなる十六相によってか。すなわち、次の如し。

155. 波旬よ、汝は、今日、菩薩により征服せらるべし。

勇者による敵軍の如く。

波旬よ、汝は、今日、菩薩により征圧せらるべし。

大力士による非力なる力士の如く。

156. 波旬よ、汝は、今日、菩薩により隠蔽（いんぺい）せらるべし。

大陽の光輪による蛍火（ほたるび）の如く。

波旬よ、汝は、今日、菩薩により吹き散らされるべし。

大風による一握（いちあく）の籾殻（もみがら）の如く。

157. 波旬よ、汝は、今日、菩薩により戦慄せしめらるべし。

獅子による野干（やかん）の如く。

波旬よ、汝は、今日、菩薩により倒壊せしめらるべし。

根より伐（き）られたるサーラ樹の大木の如く。

158. 波旬よ、汝は、今日、菩薩により壊滅せしめらるべし。

大王による友軍なき都城の如く。

波旬よ、汝は、今日、菩薩により枯渇せしめらるべし。

強き日射しによる牛跡（ごしゃく）の水溜（みずたまり）の如く。

203「マントラ」（mantra）は「呪文」の意である。
204 Tib. には、adya（今日）に相当する訳語がない。
205 Tib. mi（人）は梵文 ruṇḍa（胴体）と合わない。
206 Tib. lha rnams（天神たち）は梵文 devaputrāḥ（天子たち）と合わない。

159. 波旬よ、汝は、今日、菩薩により逃走せしめらるべし。
死刑となるべき悪漢が脱走したるが如く。
波旬よ、汝は、今日、菩薩により騒乱せしめらるべし。
火熱による蜜蜂の群の如く。

160. 波旬よ、汝は、今日、菩薩により悲嘆せしめらるべし。
王位を奪われたる法王の如く。
波旬よ、汝は、今日、菩薩により沈思せしめらるべし。
羽を切られたる、老クローンチャ（帝釈鴫）の如く。

161. 波旬よ、汝は、今日、菩薩により遭難せしめらるべし。
剣難なる荒野において糧食の尽きたるが如く。
波旬よ、汝は、今日、菩薩により沈没せしめらるべし。
大海において難破したる船の如く。

162. 波旬よ、汝は、今日、菩薩により枯衰せしめらるべし。
劫火（劫滅時の大火）による草木の如く。
波旬よ、汝は、今日、菩薩により破砕されるべし。
大金剛杵[207]による山の峰の如く。

かくの如く、実に、比丘らよ、菩提［樹］[208]に仕える天神たちは、十六相を以て、マーラ（悪魔）を貶斥したり。されど、マーラ（悪魔）波旬は退転（断念）せざりき。

そこで、かくの如く言われる。

163. 天神衆からの真実の諫言を聞きたるも、
死神（マーラ）は退却せずして［言わく］、
「起たせよ、打ちのめせ。この者を壊滅せしめよ。
命を与えることなかれ。
この者は自ら［彼岸に］渡りたるのち、

207 Tib. は単に「金剛杵」と訳され、mahā（大）に相当する訳語はない
208 東大主要写本によれば bodhisattva（菩薩）であるが、文脈からみて、bodhi（菩提）であり「菩提樹」の意味であると考えられる。

わが領域から他の者をも度脱せしむべし。
起ちて退却するより他に、[この[209]] 沙門には、
他の如何なる釈放もなしと、われは断言す」[と]。

菩薩は言えり。

164. 山王メールが根底から動揺しようとも、一切の生類が消滅しようとも、
すべての星辰群が、月もろともに、天空より地上に落下しようとも、
一切衆生の思念がひとつに統合されようとも、
大海の水が乾涸しようとも、
まさに、樹王の根元に坐したる、われの如き者を、
動かすこと能わざるべし。

マーラ(悪魔)は言えり。

165. われは愛欲の支配者にして、この一切世界の自在主なり。
天神や鬼神衆を含み、人間や禽獣たちも、
みな、われに占有せられ、われに服従せり。
われの領域に住する者 [たる汝] は、起ちて命令に従え。

菩薩は言えり。

166. たとえ、汝が愛欲の支配者たらんとも、断じて自在主たるにあらず。
汝が如実にわれを見るならば、われもまた、法の自在主なり。
たとえ、汝が愛欲の支配者にして、悪趣に赴くことなからんとも、
自在ならざる汝の目の前で、われは、菩提を証得すべし。

マーラは言えり。

167. 沙門よ、[汝は] 自分ひとりで、閑静処にて、何をか為さんや。
汝が希求せるところのものに会遇するは、実に困難なり。

209 Tib. には、「この」に相当する訳語 (ḥdi) がある。

ブリグやアンギラス[210]等［の聖仙］が、苦行に精励したれども、
その至上の地位を得られざりき。まして、人たる汝においてをや。

菩薩は言えり。

168. 忿怒に囚われたる心と、天界への愛欲を持ちて、
「常なり、無常なり」とアートマン（自我）に執着し、
諸国を遍歴する生活に解脱ありと固執せる、
無知に導かれたる仙人たちが、苦行に専念したり。

169. 彼らは、実際には道理なくして、人に［虚偽を］語れり。
ある者たちは、偏在的なり、限定的なり、
［あるいは］常住なりと言えり。
また他の者たちは、有形なり、無形なり、
あるいは、グナ（根本的要素）なし、グナあり、
作者（創造者）あり、作者なし、［など］と述べたり。

170. ［われは］今日、この座に坐して、慢心を克服し、
兵隊・軍勢もろともに汝を打ち破りて、無垢なる菩提を証得し、
この世界の原因と発生を、また、涅槃と、
苦の寂滅と、また、清涼なる境地とを説くべし。

［これを聞いて］

171. マーラは憤怒（ふんぬ）し、激昂（げっこう）し、瞋恚（しんに）を生じて、［菩薩の］面前にて、
粗暴なる言葉を発したり。「この沙門を捕らえよ。
ひとりで森中に捨てられたる、この者を、俺（わし）の目の前から、
ひっ捕らえて連行し、とっとと服従せしめよ。
俺（わし）の宮殿に直ちに連行し、一対の足枷（あしかせ）と鉄鎖（てっさ）に繫（つな）ぎ、門番役をさせよ。
苦痛に逼悩（ひつのう）せられ、種々様々のうめき声をあげつつ、
天神たちに隷従するさまを、われは自ら見物せん」［と］。

210「ブリグ」「アンギラス」の原語は bhṛgu, aṅgiras である。

菩薩は言えり。

172. 虚空に、種々様々の書画を、図形の各部分ごとに分けて、
それぞれ別々に描くことはできようとも、
諸方諸維（四方四維）に動く、迅速なる風を、
人が奮励して、縄で縛ることはできようとも、
闇の暗黒を除く、照耀たる日月（太陽と月）を、
天空より地上に落下せしめることはできようとも、
汝らの如き者らが、多勢にして、数限りなくあらんとも、
［菩提］樹下より、われを動かすこと能わざるなり。

［これを聞いて］

173. かの[211]、ナムチの軍隊は、威勢よく、決起して、
オーという喚声、ほら貝・太鼓・小鼓の勇壮なる音をとどろかせて、
［言わく］「おお、子よ、いとし子よ。これらの、物凄く怖ろしき、
ナムチの軍勢を見ながら、お前は何ゆえに遁走せざるや。

174. ジャンブー河産の黄金か、チャンパカ樹の花芯の如く、赫奕たる者よ。
極めて優美なりて、天神・人間に称讃されたる、供養せらるべき者よ。
汝は、今日、大戦闘において、壊滅するに至り、
阿修羅がインドラによ［り壊滅す］るが如く、
マーラの軍門に降るべし。

［これを聞いて］

175. 梵天の音声と、カラヴィンカ鳥[212]の囀りとを以て、
善逝（菩薩）は、かの夜叉・羅刹衆に告げたり。
「虚空を恐懼せしめんと欲するところの、愚昧なる者、
その者が、われの如きを最勝樹（菩提樹）下より、

211 Tib. には、sā（かの）に相当する訳語がない。
212 カラヴィンカの原語は kalaviṅka である。

捕捉せんと欲する[213]。

176. 大千[214]［世界］を破壊して、［その］屑を数えうるところの、
また、身毛によって大海の水を汲み出しうるところの、
あるいは、金剛より成る堅牢なる山を、刹那に破砕しうるところの、
その者ですら、［菩提］樹下に坐せるわれを
悩乱せしめうることなし」［と］。

［それを聞いて］

177. マーラは、怒り心頭に発して、軛の長さよりも近きところに立ち、
鞘から抜きたる鋭き剣を手に持って［言わく］、
「沙門よ、即刻、起ち上がりて、われの意に従いて、立ち去れ。
緑の［若い］竹の茎［を切るか］の如く、
今日、［われが］汝を[215]切ることのなきように。」

菩薩は言えり。

178. たとえ、この三千［世界］の大地すべてが、
マーラ（悪魔）によって充満し、
すべての［マーラの］手に、高壮なるメール山の如き剣があらんとも、
彼らはわれの身毛をだに動かすこと能わず。
まして、われを殺害することをや。
誘惑者（悪魔）よ、あまり声高に叫ぶことなかれ。
いざ、われは汝に堅固さというものを思い知らしむべし[216]。

［これを聞いて］

213 Tib. は「起たしめんと欲する」という意味の訳文となっている。
214 Tib. は「大三千」という意味の訳文となっている。
215 Tib. には、te（汝を）に相当する訳語がない。
216 Tib. は「誘惑者（悪魔）よ、あわてる勿れ。［汝のために］少しの時間を費やして、われは堅固さというものを思い知らしむべし」という意味の訳文となっている。

179. 駱駝・牛・象の頭を持てる、また、恐ろしき眼を有する者たち、
物凄き、猛毒のある蛇や、見毒のある蛇どもが[217]、
灼熱せる火の色の峯を有する山を投げつけ、
根付きの樹木や、また、銅や鉄を投げ散らしたり。

180. 雲の如くに屹立し、四方に咆哮しつつ、
金剛の雷電や、鉄の剛球や、鋭利なる剣・槍・斧や、
また、毒を塗りたる矢を、雨と降らしめ[218]、
大地を穿ち砕きて、諸の樹木を摧破したり。

181. ある者たちは、百本の腕によって百の矢を放ち、
口から、猛毒を有する蛇や火焔を吐けり。
また、マカラ（摩竭魚）等の魚類を、海中から捕らえ上げ、
ある者たちは、ガルダ（金翅鳥）に変化して、竜を放擲したり。

182. ある者たちは、憤怒の形相で、須弥山ほどもある鉄球や、
灼熱せる火の色の峰頂を投下したり。
また、地面に降り来たりて、大地を震動せしめ、
地下の水聚の水を撹拌したり。

183. ある者たちは、彼（菩薩）の前に、あるいは、後ろに飛び跳ね、
「おお、愛子よ」と言っては、右や左に飛び跳ねたり。
手と足とが逆さまに付いており、頭が燃え上がり、
眼より稲妻の如き閃光を発したり。

184. 奇怪なる醜貌の、ナムチ（悪魔）の軍勢を見たれども、
清浄衆生（菩薩）は、幻術により生じたるものの如くに、観察したり。
「ここにはマーラ（悪魔）なく、軍隊なく、生類なく、
アートマン（自我）もなし。
三界（全世界）は、水中の月の影像の如く、旋転せり。

217「蛇どもが」の部分は、Tib. では「蛇の如き者どもが」という意味の訳文となっている。

218「斧や、また、毒を塗りたる矢を、雨と降らしめ」の部分は、Tib. では「また、毒を塗りたる斧を降らしめ」という意味の訳文となっている。

185. 眼も、女も男もなく、また、我所（自己の所有するもの）もなし。
耳も鼻も同様にして、また、舌も身体も同様なり。
これらの法は作者（行動主体）と受者（感受主体）とを超脱してあり、
縁によって生起し、内(六根)も空にして、外(六境)も空なり」［と］。

186. [219]常に真実を語る彼（菩薩）は、真実の言葉を告げたり。
「真実なる言語によれば、
この世における諸法（存在）は全く空なり」［と］。
律に随順するところの、温和なる夜叉たちありて、
彼らは、手にしたる武器を花環と観たり。

187. 彼（菩薩）は、華麗なる羅網に飾られたる、
銅色の明浄なる爪と千輻輪相とを有する、
ジャンブー河産の黄金の如く輝く、善浄なる福徳の慶瑞たる、
右の掌で、悠然と、頭上から足の先までを撫でたり。

188. ［菩薩は］天空からの稲妻の如くに、腕を伸ばすや否や、
言明したり。「この大地が、われの証人なり。
われは、かつて、那由多もの［多くの］色々な祭式を設けたり。
来乞者に対して、与えずと［思念し[220]］て、
無益たらしめたること決してなし。

189. 水も、火も、また、風も、まさしく、われの証人にして、
ブラフマン（梵天）やプラジャーパティ（生類の主）[221]も、
星辰を従えたる日月も、
十方に住したまえる、諸の仏陀や、われの戒行・禁戒、
菩提支分（七覚支）もまた、同じく、われの、卓越せる証人なり。

---

219 本偈の全文は、Tib. では「真実なる言語によれば、この世の法（存在）は全く空なれば、律に随順する、温和なる夜叉たち、彼らは、手に持てる武器を花環と見たりと、常に真実を語る彼（菩薩）は、真実の言葉を告げたり」という意味の訳文となっている。

220 Tib. には、「思念し」に相当する訳語（sñam ste）がある。

221 原文 brahmā prajāpati は、Tib.［tshaṅs pa skye dgu bdag daṅ］を参考にして、「プラジャーパティなる梵天も」と訳すことも可である。

190. 布施も、持戒も、また、忍辱も、われの証人なりて、
精進も、また、禅定も、また同じく、智慧も、
四無量［心］も、同じく神通（超越的知見）も、われの証人なり。
次第に進展する菩提行のすべてが、今ここに[222]、わが証人なり。

191. 十方［の世界[223]］に存在する限りの、すべての衆生、
その者たちの福徳・力[224]・持戒、また、知識と、
無遮にて（万人に開放して）設けたる祭式（無遮施会）を合計しても、
それらは、わが身毛の百分の一にも及ばざるなり」［と］。

192. 彼（菩薩）が、悠然として、手で大地を打つや、
この大地は、青銅の壷の如くに、音響を発したり。
マーラは、［その］音を聞いて、地面に倒れ伏し、
「黒闇の親族（悪魔）を捕らえよ、殺せ」との声を聞けり。

193. 身体より発汗し、威光は消失し、顔色は青ざめて、
マーラは、自らが老に侵されゆくさまを観たり。
恐怖におののき、庇護する者なく、胸を叩いて泣き叫び、
ナムチ（悪魔）の意識は混乱し、心は悶絶するに至れり。

194. ［魔軍の］象・馬・馬車・戦車は地面に転倒し、
羅刹・クンバーンダ（鳩槃荼）・ピシャーチャ[225]（食肉鬼）は
恐れて逃走したり。
［彼らは］迷悶し、逃げ道を失い、依處も避難處もなく、
森火事の中に迷い込める鳥の如く[226]、［菩薩を］見ては奔走したり。

195. そこにおいて[227]、母、姉妹、父、息子、また、兄弟たちが、
「どこで見たか、どこに行ったか」と尋ね合い、

---

222 Tib. には、iha（今ここに）に相当する訳語がない。
223 Tib. には、「世界」に相当する訳語（ḥjig rten）がある。
224 Tib. には、bala（力）に相当する訳語がない。あるいは、原文を puṇyabala なる複合語とみて、「福徳力」と訳すべきか。
225「クンバーンダ」「ピシャーチャ」の原語は kuṃbhāṇḍa, piśāca である。
226 Tib. は「風に打たれた森火事による鳥の如く」という意味の訳文となっている。
227 Tib. には、tatra（そこにおいて）に相当する訳語がない。

そのための故に、［彼らは[228]］互いに口論したり[229]。

「われらは敗北を蒙(こうむ)れり。命を容赦されることあらざるべし」［と］。

196. 不滅なるが如き、豪壮(ごうそう)なる、かの、マーラの大軍勢は、

みな逃走し、全軍壊滅(かいめつ)して、四散(しさん)したり。

［彼らは］七日を過ぎるまで、互いに、会遇(かいぐう)することなかりき。

顔を合わせたる時、言わく、

「汝が生存してあれば、それだけで幸いなり」［と］。

197. かの、［菩提］樹の女神は、その時、非心(ひしん)を生じて、

水差しを持ちて、黒闇の親族（悪魔）に注ぎかけたり。

「速やかに立ち上がりて去るがよい。これ以上躊躇(ちゅうちょ)することなかれ[230]。

尊者［の言葉］を無視する、その者たちが、

かくの如き目に会えり[231]」［と］。

マーラは言えり。

198. わが息子たちの、有益にして親切なる諫言を聞かずして、

極清浄(ごくしょうじょう)なる衆生（菩薩）に対して罪を犯したるが故に、

苦悩と恐怖と敗北と悲嘆と破滅と、また、

叱責の声と、屈辱と、落胆とを、われは、今日[232]、得たり。

女神は言えり。

199. 実に、罪過なき者に対して罪を犯すところの、

無知なる者は、恐怖[233]と苦悩と敗北と落胆と、

228 Tib. には、「彼らは」に相当する訳語（de dag）がある。

229「口論したり」の部分は、Tib. では「争い口論したり」という意味の訳文となっている。

230「去るがよい。これ以上躊躇することなかれ」の部分は、Tib. では「躊躇することなく、急ぎ去れ」という意味の訳文となっている。

231 Tib. は「尊者の言葉を聞かざるが故に、かくの如き目に会えり」という意味の訳文となっている。

232 Tib. には、adya（今日）に相当する訳語がない。

233 Tib. ñes（罪過）は梵文 bhaya（恐怖）と合わない。

叱責の声と、死罪と禁錮と、
幾多の患難とを得る。

200. 天神・阿修羅、ガルダ・キンナラ・羅刹の王、
また、梵天・帝釈・他化自在天・色究竟天等は、
彼（菩薩）の勝利を宣言したり。「かくの如きナムチの軍勢は、
御身によって摧滅されたるが故に、
世間の勇者よ、［御身の］勝利なり」［と］。
201. ［彼らは］瓔珞・半月宝・傘蓋・旗幟・幢幡を奉献し、
花や沈水香・多伽羅香[234]・栴檀の香末を雨と降らしめ、
諸の楽器を演奏しつつ、歓声を挙げたり。
「敵を征服せる獅子［の如く］、勇猛なる者よ。
御身は［菩提］樹下に坐したまえ[235]。
202. この最勝なる座において、
慈心を以て邪悪なるマーラの大軍を打ち破り、
勇猛なる者よ、［御身は］今日、菩提を得て、
不共なる（仏陀に特有の）十力と、［四］無礙辯（説法自在能力）と、
一切の、仏陀の境界とを、今こそ、証得したまわん」［と］。
203. マーラ（悪魔）の調伏のために、ここに、戦闘が勃発したる時、
等覚菩薩（成仏直前の菩薩）の力と剛勇とを観たるところの、
三十六拘胝と、二十四那由多もの［多数の］者たち、
その者たちは、無上なる仏陀の菩提を心に発願したり、と［言われる］。

［以上］「降魔品」と名づける、第21章なり。

234「沈水香・多伽羅香」の原語は agaru, tagara である。
235 この行は写本に混乱が見られ、文意不明である。Tib. では「敵衆を征服せる勇者たちが、御身を覆い包むべし」という意味の訳文となっており、これによれば、ācchādayeya tava śūra jitārisaṃghāḥ と読むべきであるが、写本の支持がない。ここでは L. に従って校訂する。

外 薗 幸 一（ほかぞの　こういち）
昭和23年　鹿児島県霧島市隼人町に生まれる
現　　在　鹿児島国際大学　名誉教授
現 住 所　〒891－0150
鹿児島市坂之上6－13－8

著書　『ラリタヴィスタラの研究　上巻』（大東出版社）
『宗教と道徳』（南日本出版）
『哲学的倫理学の構造』（高城書房）

ラリタヴィスタラの研究　中巻

2019年2月 1 日　初版印刷
2019年2月15日　初版発行

著　者　外 薗 幸 一
発行者　岩 野 文 世
発行所　株式会社 大東出版社
〒113-0001　東京都文京区白山 1-37-10
電話 03-3816-7607　FAX 03-3818-1528

組　版　斯文堂株式会社
印　刷　亜細亜印刷株式会社
製　本　株式会社 ブロケード

ISBN978-4-500-00771-4